U0358331

品职教育·CFA一考而过系列

CFA三级
中文精讲

何旋 李斯克 编著

机械工业出版社
China Machine Press

图书在版编目（CIP）数据

CFA 三级中文精讲 / 何旋，李斯克编著 . —北京：机械工业出版社，2019.1
（品职教育·CFA 一考而过系列）

ISBN 978-7-111-61565-1

I. C⋯　II. ①何⋯　②李⋯　III. 金融 – 分析 – 资格考试 – 自学参考资料　IV. F83

中国版本图书馆 CIP 数据核字（2018）第 277103 号

　　本书从考生的角度出发，集作者多年 CFA 培训经验于一体，力邀国内外众多金融投资专业人士精心打造，体现了当今国内 CFA 考试中文解析的高水准。本书完全参照 CFA 协会官方指定用书编写，囊括全部核心内容和重点内容，契合中国考生的实际情况，有利于考生快速阅读、备考。本书具有专业性、前沿性、全面性、实用性和效率性等特点，适合作为考生备考 CFA 三级的参考书。

CFA 三级中文精讲①

出版发行：机械工业出版社（北京市西城区百万庄大街 22 号　邮政编码：100037）

责任编辑：宋　燕　　　　　　　　　　　　　责任校对：李秋荣

印　　刷：中国电影出版社印刷厂　　　　　　版　　次：2019 年 1 月第 1 版第 1 次印刷

开　　本：185mm×260mm　1/16　　　　　　印　　张：15.75

书　　号：ISBN 978-7-111-61565-1　　　　　定　　价：300.00 元（全三册）

本书的缘起

第一次接触到 CFA 考试是在 2008 年，金融危机寒冬笼罩下的金融市场一片惨淡。

身边的朋友或为了保住自己的职位，或为了能够挤进金融行业，都纷纷考证充电，争取可以让自己的简历看起来更有竞争力一些。于是，CFA 这个不算便宜的考试便成为大家共同奋斗的目标。

那时候 CFA 考生远没有现在那么多，学习资料也非常少，我买了一套原版书就开始备考。在一次次和原版书死磕、搏击并先后自学完诸如曼昆的《经济学原理》、兹维·博迪的《投资学》和《金融学》以及罗斯的《公司理财》之后，工科背景、金融零基础的我终于过关斩将，如愿以偿地通过了 CFA 三个级别的考试。

CFA 的考生，虽然背景千差万别，但目标却是一致的：通过考试、学到知识。而中国的考生备考过程，有以下"三座大山"需要翻越。

第一座大山——语言不熟悉。语言上的熟悉程度，会在很大程度上影响对知识的理解与记忆，尚未习惯全英文考试的考生，哪怕英文基础还可以，也很有可能会翻完一页书感觉读懂了，但是合上书就什么都回忆不起来了，就更别说要灵活应对三级的英文写作了。所以，CFA的考生需要一本中文参考书，英文不理解的地方，翻翻中文书，提高备考效率。

第二座大山——背景知识缺失。学习就是要把不知道的东西放进脑袋里的过程，不仅要记住，更要理解。可是为了理解一个知识点，你需要很多相应的背景知识，比如要理解股权与债券的区别，需要知道资产负债表的左侧与右侧的关系、投资与融资的关系，需要理解企业资本流动的规律。但是，不管是中文教材还是英文教材，特点都是以讲结论为主，解释上也更多地在论述"是什么"，而不是从根源上告诉你"为什么"。比如，为什么会有衍生品，基本上所有教材都不会提及。可是，如果这个背景知识考生不理解，后面学起来就会非常难。如果考生一级、二级的底子没打扎实，应对三级考试难免遭遇"新账、旧账"一起被清算的窘境。所以，教材的背景知识缺失是横在考生面前的第二座大山。

第三座大山——不理解考试特点。CFA 考试有自己的考试特点与体系，比如一级考试侧重概念理解，二级考试侧重估值计算，三级考试侧重资产组合管理应用。不了解考试特点，很容易走弯路，浪费时间。特别是部分三级考生，急于求成的同时又一味地沿用一级、二级的学习方法，自然事倍功半。

面对三级考试，虽然原版书教材体量小，但其逻辑结构远不如一级、二级教材清晰，总体来说框架感较差。此外，由于三级教材引用了不少学术论文，语言较为晦涩，初次阅读时很难直击重点，把握脉络。鉴于此，这临门一脚的三级考试是摆在中国考生面前的一道儿"坎儿"。

后来，我误打误撞地进入培训行业，成为 CFA 培训师一讲就是 6 年。看到每年都有越来越多的中国考生选择挑战 CFA，他们都那么努力，而横在考生面前的那三座大山却还在那里，也有部分考生由于上述原因，花费了很多年才迈过三级最后一道坎儿。于是，写一套适合中国考生的 CFA 中文参考书的心愿，反倒更加强烈了。

后来，就有了本书。

我跟何旋结合多年的培训经验，对 CFA 的知识体系进行了重新整理，在贴近考纲的前提下让知识结构更加清晰；同时我们在考生学习过程中容易产生困惑的地方补充了背景知识，让大家"知其然，也知其所以然"。此外，也会告诉大家每门课的考试特点以及相应的复习方法，让考生做到有的放矢。

希望本书，可以让大家 CFA 的备考之路走得更舒服、平稳，能让即将临门一脚的三级考生正中靶心。

本书的使用方法

不比 CFA 一级、二级有着明晰的学科界定，三级的教材分为 14 个学科（即 14 章），但这些板块围绕"资产配置"有着很强的内在逻辑：

- 一首一尾的两章内容涉及道德、GIPS 等组合构建环节，考生必须熟悉法规条文。
- 第 2～6 章的内容说明了构建资产配置前的诸如了解客户行为特点、市场特征等准备工作。
- 第 7～11 章的内容则系统性地阐述了为客户构建资产组合的具体方法以及管理这些组合投资的方法策略。
- 第 12 章和第 13 章介绍了诸如"下单操作"以及业绩评估这些看似孤立于组合构建之外却与其紧密相连的话题。

复习顺序

三级知识点数量虽然较少，但是对于逻辑架构的掌握却是三个级别中要求最高的。三级内容的核心在于正确使用投资工具实现经典投资策略。我们建议大家按照以下顺序复习，复习流程会更加顺畅。

首先，我们需要了解行为金融以及个人投资者、机构投资者，由此充分了解市场上每类客户的特点，这是我们实施投资策略的第一步。

接着，我们再来学习"经济分析"的知识，将市场的观点与客户的特点相结合后我们便可以开始着手为客户配置资产了。因此"资产配置"便是我们紧接着要学习的内容。

悉知资产配置理念后，我们还要掌握各类金融产品的投资策略，这部分主要涉及对固定收益、股权、其他类投资收益这三大类金融产品的学习。

在帮助客户实现资产配置的同时，我们还需要对其进行有效的风险管理，因此还必须学习风险管理的内容，特别是运用衍生品管理风险的相关技巧。

在掌握配置管理资产的内容之后，我们还需要学习具体的执行交易的流程以及如何评估基金经理的投资绩效的方法。

最后，我们再来学习 GIPS 以及职业伦理道德。这两部门内容与其他学科是独立的，而且记忆的内容比较多，学早了也会遗忘。

如何与其他学习资料配合

CFA 考试毕竟是全英文的考试，最终大家一定要建立英文的思维方式。所以本书应该作为英文复习资料的一个配套参考书，是补充性质的，方便大家提高备考效率。

与其他学习资料的配合上，建议大家可以采取如下的学习方式。

- 如果你的金融基础知识很薄弱：可以先通读一遍本书，建立起整体的框架感，对知识有基本的理解，然后再看英文教材。

- 如果你已经有一定的金融基础了：建议边看英文教材边看本书，比如在英文教材理解不深的地方翻看本书，中英文互补，加强理解。

另外需要补充一下，本书并不是英文教材的翻译，而是根据考纲编写的中文参考书。特别是三级系列整合后的结构较之原版教材更加清晰，大家试着用本书的知识结构学习，应该可以节省很多自己整理知识结构的时间。

其他学习资源

书籍只能通过视觉的形式传递信息，有其局限性。为了更好地帮助大家学习，我们为本书的读者提供了更丰富的免费学习资料，大家可以关注我们品职教育的官网和公众号，里面会持续地更新学习方法、学习资料等有价值的信息，还可以加入学习社群，与一群志同道合的伙伴一起学习，让备考的道路不再孤单。

随本书配套赠送品职教育超值课程，登录品职教育官网 www.pzacademy.com，在"读者中心"即可听课，提升备考效率。

品职教育微信公众号：CFAPASS，全部都是原创的文章，让大家的备考少走弯路。

感谢

非常感谢在本书成稿的过程中，给予了我们大量支持与帮助的伙伴们。

感谢品职教育的全职教研团队刘哲源、蔡延燕、熊竹、景发亮、韩相宜、周诗旻、陈紫薇、付森威、严菲的辛苦付出，他们让书稿的文字更加易读、内容更加丰富。

此外，还有下面的伙伴根据我们讲课的内容对书稿进行了整理与编排，为书稿打下了坚实的基础，特此感谢（排名不分先后）。

秦吴昊、杨丽丽、张煊婕、姜鑫珏、王玥、何叶青、马宁、曹佩、李国威

李斯克

目　录

第1章

资产管理者职业行为准则

学科介绍

该学科从大的方面分为三大部分，每一部分对应一节。其中第一部分介绍了对资产管理公司进行约束的道德规范。第二节和第三节为今年新增内容。其中第二节简要介绍了资产管理行业，其中较多内容在 CFA 三级的其他章节中有涉及，本章旨在介绍资产管理行业的发展情况等。第三节介绍了投资管理行业的专业性，介绍了专业性对行业的作用以及面临的调整。

1 道德规范

本节说明

CFA 协会规范金融从业人员的行为，特别是 CFA 会员和候选人的行为，要求会员和候选人在做投资决策时以最高的道德标准要求自己，并由此制定六大条道德规范。

本节考试形式固定，考生只需熟记六大条道德规范，了解新版道德规范与旧版道德规范的不同即可。

知识点自查清单

☐ 诉讼、AMC 与道德规范和专业行为准则的对比

☐ 道德规范★

1.1 诉讼、AMC 与道德规范和专业行为准则的对比

1.1.1 诉讼

1. 诉讼（proceedings）的首要原则

✓ 公平性：对于每个 CFA 会员和候选人，诉讼流程都是公平的。

✓ 保密性：诉讼过程是保密的。

2. 纪律审查委员会（Disciplinary Review Committee，DRC）

CFA 协会纪律审查委员会的职责：负责会员职业行为项目（professional conduct program，PCP）；负责道德规范和专业行为准则（code and standards）的实施。

3. CFA 协会纪律审查委员会的信息来源

第一，自我披露，会员每年在职业行为述职报告中进行自我披露，披露其是否涉及民事诉讼和刑事侦查，或者是否涉及书面投诉。

第二，书面投诉，关于职业行为的书面投诉。

第三，公开渠道，通过媒体报道或广播等公开渠道获得 CFA 会员和候选人不端行为的证据。

第四，CFA 考试监考人，在 CFA 考试过程中，监考人对于 CFA 候选人可能存在违规行为撰写的书面报告。

4. 诉讼的过程

诉讼的过程如图 1-1 所示。一旦启动调查，纪律审查员要求被投诉的对象提供书面申诉，通过采访被投诉的对象、采访投诉者或第三方收集调查资料，根据调查结果出具审查意见。

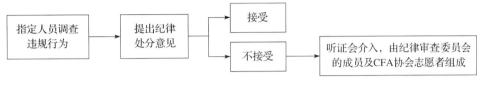

图 1-1 诉讼的过程

纪律审查员可能出具的审查意见包括：没有纪律处分、出具警告信、处罚会员和候选人。处罚结果包括：私下谴责、公开谴责、限时暂停会员和候选人资格、限时吊销会员和候选人资格、暂停会员和候选人资格、吊销会员和候选人资格。

听证会（hearing panel）★：如果会员和候选人不接受审查意见和处罚结果，则听证会介入调查。**听证会由纪律审查委员会的成员及隶属于纪律审查委员会的 CFA 协会志愿者组成**。听证会将重新评估指定的调查员收集的资料及会员和候选人提供的资料，决定是否存在违反道德规范和专业行为准则的行为。听证会出具的结果为最终审判结果。

1.1.2 AMC 与道德规范和专业行为准则的对比

基金经理行为准则（Asset Manager Code of Professional Conduct，AMC）：针对基金经理和基金公司，规范基金经理的行为准则。

道德规范和专业行为准则：针对 CFA 会员和候选人等个人投资者，不区分个人投资人的岗位和职责。

1.2 道德规范详述 ★

CFA 会员及候选人必须严格遵守下述六条规定。

第一条：个人作风行为需要满足诚信正直、专业胜任、勤勉尽责且受人尊敬，并以一个高风亮节的形象出现在公众、客户、潜在客户、雇主、同事以及全球资本市场参与者的面前。

（Act with integrity, competence, diligence, respect, and in an ethical manner with the public, clients, prospective clients, employers, employees, colleagues in the investment profession, and other participants in the global capital markets.）

第二条：将资本市场的诚信和客户利益置于自身的利益之前。

（Place the integrity of the investment profession and the interests of clients above their own personal interests.）

何老师说

客户利益置于自身的利益之前是指客户利益大于任何层次的利益，即客户利益 > 雇主利益 >

个人利益。例如，基金经理在购买股票时，要先为客户购买，再给公司（雇主）购买，最后给自己购买。

但是，有一个层次的利益高于客户利益，这个层次的利益就是资本市场的利益，CFA 会员和候选人需要首先维护资本市场的利益，保证资本市场的诚信。例如，基金经理获得内幕信息，要先为客户交易，再给自己交易，这样的做法并不符合本条规定，因为利用内幕信息进行交易损害资本市场的诚信，违反资本市场的利益。切记，资本市场的利益大于客户利益。

第三条：在进行投资分析、提供投资建议、采取投资行动和从事其他专业活动时，应合理谨慎，保证独立客观判断。

（Use reasonable care and exercise independent professional judgment when conducting investment analysis, making investment recommendations, taking investment actions, and engaging in other professional activities.）

何老师说

合理谨慎，是指会员或候选人做出的投资建议必须有合理的依据，经过审慎地研究和分析；保持独立客观判断，是指其做出的判断不受他人影响。例如分析师在给上市公司写研究报告时，收取上市公司的贵重礼物，受到上市公司的影响，做出"推荐购买"的投资建议，从而损害广大投资者的利益，这种行为就是不符合本条规定的。

第四条：实践并鼓励他人也以一种专业的、道德的方式实践，这将为他自己和行业增加信誉。

（Practice and encourage others to practice in a professional and ethical manner that will reflect credit on themselves and the profession.）

第五条：促进全球资本市场的诚信和与时俱进，最大化全社会的整体利益。

（Promote the integrity and viability of the global capital markets for the ultimate benefit of society.）

何老师说

第五条较以前的条款有所更新，重点强调了促进资本市场的与时俱进和最大化全社会的整体利益，删除了原条款中对资本市场规则的遵守。因为随着科技的日新月异，资本市场的信息沟通越来越便利，出现更多的新型业务，资本市场的原有规则并不适用于新型业务，作为金融从业人员，不能固守原规则，而是需要促进资本市场的与时俱进，这样才能最大化全社会的整体利益。

第六条：保持和提升自身的专业能力和其他竞争力。

（Maintain and improve their professional competence and strive to maintain and improve the competence of other investment professionals.）

2 专业行为准则

本节说明

本节介绍了七条专业行为准则，是考试的重点部分。首先，将这七条专业行为准则主要分为四大部分理解。

第一部分讲述专业性，金融从业人员受客户所托，管理客户的资产，需要时刻保持专业形象。第一部分包含准则Ⅰ（专业性），需要遵守准则Ⅰ（A）知法守法、准则Ⅰ（B）客观独立性、准则Ⅰ（C）错误性陈述和准则Ⅰ（D）不正当行为。第一部分是总纲领，后面的条款和这部分均有关联。

第二部分阐述责任，金融从业人员需要将资本市场利益、客户利益和雇主利益置于自身的利益之前，需要对资本市场负责，对客户和雇主负责。第二部分包含准则Ⅱ、准则Ⅲ和准则Ⅳ，准则Ⅱ是对资本市场的诚信，准则Ⅲ是对客户的责任，准则Ⅳ是对雇主的责任。

第三部分论述规范投资过程的行为，金融从业人员在给客户做投资建议和投资决策时要合理谨慎，在投资过程中发生利益冲突时如何抉择。第三部分包含准则Ⅴ和准则Ⅵ，准则Ⅴ是投资决策，准则Ⅵ是利益冲突。

第四部分介绍了CFA会员和候选人应对CFA协会履行的职责，包含准则Ⅶ（CFA会员和候选人的责任）。

七条专业行为准则框架如图1-2所示。

准则 （standards）	Ⅰ	专业性 （professionalism）	Ⅰ（A）	知法守法 （knowledge of the law）
			Ⅰ（B）	独立客观性 （independence and objectivity）
			Ⅰ（C）	错误性陈述 （misrepresentation）
			Ⅰ（D）	不正当行为 （misconduct）
	Ⅱ	对资本市场的诚信 （integrity of capital markets）	Ⅱ（A）	重大内幕信息 （material nonpublic information）
			Ⅱ（B）	市场操纵 （market manipulation）

图1-2　七条专业行为准则框架

准则 (standards)	Ⅲ	对客户的责任 (duties to clients)	Ⅲ（A）	忠诚、谨慎和仔细 (loyalty，prudence and care)
			Ⅲ（B）	公平交易 (fair dealing)
			Ⅲ（C）	适当性 (suitability)
			Ⅲ（D）	业绩展示 (performance presentation)
			Ⅲ（E）	保密 (preservation of confidentiality)
	Ⅳ	对雇主的责任 (duties to employers)	Ⅳ（A）	对雇主忠诚 (loyalty)
			Ⅳ（B）	额外收入安排 (additional compensation arrangements)
			Ⅳ（C）	作为主管的责任 (responsibility of supervisors)
	Ⅴ	投资决策、 建议以及行为活动 (investment analysis, recommendations, and actions)	Ⅴ（A）	勤勉尽责和合理依据 (diligence and reasonable basis)
			Ⅴ（B）	与客户的沟通 (communication with clients and prospective clients)
			Ⅴ（C）	记录保存 (record retention)
	Ⅵ	利益冲突 (conflicts of interest)	Ⅵ（A）	利益冲突的披露 (disclosure of conflicts)
			Ⅵ（B）	交易优先次序 (priority of transaction)
			Ⅵ（C）	介绍费 (Referral fees)
	Ⅶ	CFA 会员和候选人的责任 (responsibilities as a CFA institute member or CFA candidate)	Ⅶ（A）	CFA 会员和候选人的行为准则 (conduct as participants in CFA institute programs)
			Ⅶ（B）	关于 CFA 协会和称号的引用 (reference to CFA institute, the CFA designation，and the CFA program)

图 1-2 （续）

知识点自查清单

- ☐ 准则Ⅰ：专业性 ★★★
- ☐ 准则Ⅱ：对资本市场的诚信 ★★★
- ☐ 准则Ⅲ：对客户的责任 ★★★
- ☐ 准则Ⅳ：对雇主的责任 ★★★
- ☐ 准则Ⅴ：投资决策 ★★★
- ☐ 准则Ⅵ：利益冲突 ★★★
- ☐ 准则Ⅶ：CFA 会员和候选人的责任 ★★★

2.1　准则Ⅰ：专业性 ★ ★ ★

2.1.1　准则Ⅰ（A）：知法守法

1. 原则

- ✓ CFA 会员和候选人必须了解和遵守所有适用的、**与工作直接相关**的法律法规以及职业道德准则，包括政府、监管机构、行政机构或任何管理职业行为的职业协会颁布的法律法规以及职业道德准则。
- ✓ 当法律法规存在冲突的情况下，CFA 会员和候选人必须遵守**更加严格**的法律和规定。
- ✓ CFA 会员和候选人不得故意或协助任何违反法律和规章制度的行为。
- ✓ 当意识到可能参与违法违规的业务时，CFA 会员和候选人应该及时与违法行为脱离关系。

何老师说

准则Ⅰ（A）的关键词如下：知法、守法和违法。

知法：CFA 会员和候选人应当知道与工作直接相关的法律。

守法：遵守更严格的法律，如果法律规定较 CFA 道德规范和专业行为准则更为宽松，CFA 会员和候选人需要遵守 CFA 道德规范和专业行为准则。

违法：CFA 会员和候选人遇到违法行为时，只要其与相关违法行为脱离关系就不违反该准则。

该准则并不要求 CFA 会员和候选人成为法律专家，只需要其知道与工作直接相关的法律法规即可。例如，CFA 会员从事 IPO 业务，知道与 IPO 相关的法律法规并遵守，就不违反该准则；此会员如果不知道与并购相关的法律法规，不算违反该准则。

2. 指南

✓ **CFA 道德规范和专业行为准则**（code and standards）**与当地法律对比**

不论在任何国家开展业务，CFA 会员和候选人都必须了解与工作直接相关的法律法规。CFA 协会并不要求 CFA 会员和候选人成为法律专家或合规专家，只要了解跟工作直接相关的法律即可。

在遵守法律法规的过程中，CFA 会员和候选人常常面临多个法律法规同时适用的情况，此时他应该遵守更为严格的规定（见表 1-1）。

表 1-1　CFA 会员及候选人应遵守更为严格的规定

适用的法律	应遵守
CFA 会员为宽松法律（less strict, LS）国家的公民，在严格法律（more strict, MS）国家开展业务。宽松法律（LS）规定，应该遵守开展业务所在地的法律法规（MS）	严格法律（MS）
CFA 会员为严格法律（MS）国家的公民，在宽松法律（LS）国家开展业务。严格法律（MS）规定，应该遵守开展业务所在地的法律法规（LS）	CFA 道德规范和专业行为准则
CFA 会员为严格法律（MS）国家的公民，在宽松法律（LS）国家开展业务。其客户是宽松法律国家（LS）的公民。此时更为严格的法律适用，但严格法律（MS）规定，应该遵守客户所在国家的法律（LS）	CFA 道德规范和专业行为准则

（续）

适用的法律	应遵守
CFA 会员为严格法律（MS）国家的公民，在宽松法律（LS）国家开展业务。其客户是严格法律国家（MS）的公民。此时更为严格的法律适用，但严格法律（MS）规定，应该遵守客户所在国家的法律（MS）	严格法律（MS）

更为严格的规定不仅包括法律法规，还包括 CFA 道德规范和专业行为准则。当 CFA 会员和候选人未违反法律，但违反 CFA 道德规范和专业行为准则时，也违反该准则。

✓ **与他人的违规行为相关联或参与违规行为**

在工作过程中，CFA 会员和候选人可能会发现他人正在进行违法违规行为。我们处理此类情况的基本原则是脱离关系（dissociate），只要与相关违法行为脱离关系，就不违反该准则。CFA 会员和候选人可能面临两种情况：第一，确切地知道（know）违法违规行为正在发生；第二，怀疑（in doubt）可能会有违法违规行为。

第一种情况，确切地知道：当确切地知道违法违规行为正在发生时，CFA 会员和候选人应该向上级汇报，或向公司内部的合规部门汇报。如果上级和公司内部的合规部门不受理和制止违法违规行为，则说明他们也可能牵扯其中。此时，CFA 会员和候选人应该选择离开，并立即与该违法违规行为脱离关系。

脱离的具体行为包括：拒绝在书面报告或建议中署名，申请调离现在的工作团队，更换工作任务，拒绝受理新客户或拒绝为现任客户提供服务。当上述行为均无法实施时，CFA 会员和候选人即使辞职也要脱离违法违规行为。

第二种情况，怀疑：如果没有确切证据，只是怀疑存在违法事件时，CFA 会员和候选人应该咨询公司的合规部门或第三方的法律顾问。但是，CFA 会员和候选人不能因为执行了咨询人员给出的错误意见而免责。即 CFA 会员和候选人在咨询公司的合规部门或第三方的法律顾问后，获得错误的意见，并实践了违法行为；这种情况也违反了该准则。

发现违法违规事件时，CFA 协会并不要求 CFA 会员和候选人上报给政府等权威机构，虽然在某些情况下，CFA 协会会建议上报或按法律要求上报。

发现违法违规行为后不作为，也被视作缺乏职业道德，也违反了该准则。正确的做法就是应该立刻脱离关系。

✓ **投资产品和相关法律法规**

从事投资产品开发、维护、监管的 CFA 会员和候选人应当了解与投资产品相关的法律法规，如投资产品销售区域的法律法规和宗教规定。CFA 会员和候选人需要确保销售的产品符合法律规定，尤其在从事跨区域业务时，需要了解不同地区的法律法规。例如，20 世纪 90 年代，高盛公司将投资产品销售到伊斯兰国家，但忽略伊斯兰国家的法律规定"合同中不允许出现利息（interest）的字眼"，在合同上标注了"利息"，结果受到客户诉讼，损失惨重。

3. 推荐的合规程序

✓ 对于 CFA 会员和候选人的建议：保持信息渠道畅通，审阅审查流程，保存现有文件。

✓ 对于公司的建议：制定和实施道德规范，提供相关法律信息，完善违规行为汇报的流程。

✓ 关于产品销售区域的法律法规：遵守当地的法律法规。

√ 关于法律咨询：如果怀疑行为涉嫌违法，CFA 会员和候选人应当咨询公司的合规部门或第三方的法律顾问。

√ 关于脱离关系：当与违法行为脱离关系时，CFA 会员和候选人应当记录违法行为，并敦促公司劝导违法者终止违法违规行为。

4. 案例

案例 1：John 在一家证券经纪公司负责证券承销工作。公司的行政人员告诉 John，他向证监会提交的财务报表高估了发行人的利润。John 随后向公司的法律顾问咨询，法律顾问告诉他，证监会将很难证明他从事了任何违规的行为。

解析：虽然协会推荐 John 向法律顾问咨询，但是如果法律顾问给出的咨询结果是错误的，John 也不能因为咨询错误而免责。正确的做法是向上级汇报该情况，寻求第三方独立的法律意见，然后再决定是否应该向证监会汇报该错误。

案例 2：Jennifer 的公司为投资业绩做广告，展示过去 10 年客户账户的复合投资回报数据。Jennifer 发现，这个报告的业绩中并没有包含这 10 年内已终止账户的数据，而不包含终止账户数据的记录是高估整个复合投资回报率，虚增公司业绩的表现。公司要求用于招揽业务的宣传材料包含这些错误高估的业绩信息。

解析：业绩的错误性陈述违反 CFA 道德准则。虽然 Jennifer 并未参与计算这些业绩数据，但是如果她在招揽客户时使用这些高估的业绩数据，也就违反了 CFA 道德规范和专业行为准则。此时，她必须从该事件中脱离关系。正确的做法是向计算业绩的人员、上级及公司合规部门反映这一错误。如果公司不愿意重新计算投资的正确业绩，她必须拒绝使用包含错误数据的宣传材料，并向公司说明原因。如果公司坚持让她使用这些材料，为了脱离该事件，她应该考虑辞职。

案例 3：一位投资银行的从业人员正在参与证券承销，发现发行人修改了财务报表，掩盖了其中一个部门的运营损失。已经发布的初步招股说明书里包含了这些错误数据。

解析：这位从业人员应该立即向上级汇报这个问题。如果发行人不愿意修改这个错误，这位从业人员应该选择调离该证券承销活动。就此违规行为是否应该继续上报或采取其他行为，这位从业人员应该寻求相关法律意见。

案例 4：Amanda 是一个美国公民，她为一家总部在美国的跨国投资咨询公司工作。她在一个岛国分公司工作，该岛国国家规定，从事投资、咨询的人员禁止使用个人账户认购首次公开发行的股票。

解析：在美国法律（公司所在地）、CFA 道德规范和专业行为准则、工作所在地的法律之间，Amanda 应该遵守最严格的规定。因此，在这种情况下，她个人不应认购首次公开发行的股票。

案例 5：一名初级基金经理发现，公司与一个之前从来没有业务合作的国家最近有了投资组合和业务关系，据说一名该国家的经纪人负责此业务。之后，该基金经理在研究报告经费名单上看到了该经纪人的名字，但是他并没有看到过任何该经纪人撰写的报告。他认为通过研究经费支付给经纪人新业务报酬是不恰当的。他希望与该违法行为脱离关系。

解析：为更好地揭露这些费用和研究报告的性质，他应该遵循公司的规章制度汇报潜在的、违反 CFA 道德规范和专业行为准则的行为。

2.1.2 准则Ⅰ(B)：独立客观性★★★

1. 原则

✓ CFA 会员和候选人必须运用合理的分析和判断，保持自身的独立客观性。

✓ CFA 会员和候选人一定不能提供、索取或接受任何礼物、好处和报酬等会损害其独立客观性的安排。

何老师说

准则Ⅰ(B)的关键词如下：威逼和利诱。

该准则主要约束分析师的行为，是指分析师做出的建议必须是独立客观的，不能因受到威逼或利诱而影响独立客观性。

利诱：一般是指别人给的礼物或好处，对于分析师而言，这种礼物一般不能收，因为在客户看来收取礼物会影响分析师独立客观的判断。

威逼：别人的威胁和外界的压力。

2. 指南

✓ **利诱：收受礼物**

独立客观性需要以客户的视角审视，在客户看来，收受礼物是可能被视为影响自己和他人独立客观性的行为。

如果对方给予礼物的目的并不是影响独立客观性，而是一般性的礼物，如纪念性的小礼品，分析师是可以收的。但比较奢侈的礼物，比如高级餐厅和会所的邀请函、球赛门票（tickets），投其所好的礼物、工作介绍等，都是被视为影响其独立客观性的礼物。

上市公司给的礼物：作为分析师，上市公司给的礼物，可能会影响分析师的独立客观性。在判断是否能接受时，应该从两个方面来考虑：一是评估该礼物对分析师做出独立客观判断产生的实际影响；二是要从客户的角度审视该礼物是否影响分析师的独立客观性。

客户给的礼物：作为基金经理，客户给的礼物并不是为了影响基金经理独立客观性的，而是对基金经理实现超额业绩回报给予的额外报酬，基金经理可以接受礼物，但需要及时披露，不予披露就违反了该准则。并且，基金经理需要尽可能在接收礼物前，向雇主披露客户的礼物。如果基金经理无法提前通知雇主，也应该事后向雇主披露具体细节。雇主在得知雇员收到了客户给的礼物后，能更好地判断这些礼物是否会影响到他们的独立客观性。

何老师说

对于分析师，上市公司给的礼物，只要是贵重礼物，一定要拒绝，拒绝就不违反准则Ⅰ(B)，与披露无关。

对于基金经理，客户给的礼物，只要披露，就不违反准则Ⅰ(B)。如果披露了，未得到雇主的书面同意，基金经理接受礼物，则违反准则Ⅳ(B)：额外收入安排。总结如表 1-2 所示。

表 1-2 接受礼物的各种违规总结

未披露礼物，基金经理接受礼物	违反 Ⅰ（B）和Ⅳ（B）
披露，雇主未书面同意，基金经理接受礼物	不违反 Ⅰ（B），违反Ⅳ（B）
披露，雇主书面同意，基金经理接受礼物	不违反 Ⅰ（B）和Ⅳ（B）

基金经理最好在事前披露，如果无法在事前披露，也可以在事后披露具体细节。例如，客户临时安排宴请基金经理，基金经理并不知道宴请是否奢华，只能事后将具体情况披露给雇主，这并不违反该条准则。

✓ 威逼：来自公司内部的压力

公司内部会给分析师压力，影响其独立客观性。比如，为了留住投资银行部门现有的客户，公司可能会要求分析师为投资银行部门服务的上市公司发布利好的研究报告。

面对此种情况，分析师一般有两种做法：第一，拒绝公司的要求；第二，将这家上市公司列入限制性清单（restricted list）。

限制性清单是指分析师对这家上市公司的情况只阐述事实，不阐述观点，既不推荐是否买卖这家公司股票，也不建议增持或者减持这家公司股票。

✓ 补充：现实中可能影响独立客观性的关系

以下 9 类关系是在现实中常见的一些业务关系，CFA 会员和候选人在处理这些关系时要保持其独立客观性，不要受到影响。

第一，买方客户（buy-side clients）与卖方分析师（sell-side analysts）的关系：买方主要是指基金经理，也是购买研究报告的客户；卖方主要是指投资银行和卖方分析师，投资银行帮助上市公司卖股票，卖方分析师撰写并卖出上市公司研究报告。

买方客户可能会对卖方分析师施压。基金经理是卖方分析师研究报告的主要使用者，是买方客户。卖方分析师出具的研究报告可能对基金经理持有的投资组合市值产生重大影响，从而影响基金经理的薪酬。因此，一些买方基金经理可能会威胁卖方分析师，要求卖方分析师出具对所持投资组合有利的研究报告。卖方分析师不能因为买方客户的威胁，影响独立客观性，买方基金经理也不能威胁卖方分析师。

第二，大型基金的基金经理和信托人之间的受托关系：大型基金的基金经理，如养老金的基金经理，通常需要聘请外部基金经理和第三方信托人共同管理资产，在选择外部基金经理共同管理资产时，大型基金的基金经理不能接受礼物、娱乐和旅行安排等，以保持其独立客观性。

第三，投资银行内部的关系：相关金融机构应该在公司内部、投资银行部门和研究部门之间需要建立防火墙（firewall），降低利益冲突。

何老师说

公司建立防火墙的目的是隔离投资银行部门和研究部门，隔离方式包括物理隔离和实质隔离。

物理隔离是指投资银行部门和研究部门不在同一区域工作。

实质隔离是指两个部门人事关系分隔，薪酬分隔。人事关系分隔，是指投资银行部门和研究部门的直接上级不能是同一个人，投资银行部门和研究部门有各自的直接主管；薪酬分隔，是指研究部门的薪酬不能与投资银行部门的业绩挂钩。

在充分披露利益冲突后，研究部门的分析师可以和投行部门的基金经理一起工作。例如，研究部门的分析师可以和投资银行部门一起路演。

公司应该定期审查公司的制度和流程，保证研究部门的分析师得到充分保护，保证利益冲突得到充分披露。

第四，业绩衡量分析师和基金经理间的关系：CFA 会员和候选人在做业绩归因时，可能会遇到影响独立客观性的情况。作为业绩衡量分析师，当其发现基金经理的投资偏离对外宣称的投资风格时，将出具报告指出基金经理存在的问题，那么基金经理可能要求业绩衡量分析师修改这份报告。在业绩衡量分析师岗位的 CFA 会员和候选人绝对不能受到内部或外部的威胁，影响自身的独立客观性，应该如实地完成业绩的分析计算以及相关的工作。

第五，分析师与上市公司的关系：分析师不应该受到他们所服务的上市公司的压力，以发布对该上市公司利好的报告。分析师可以保证撰写上市公司研究报告，但不可以承诺发布对上市公司利好的研究报告。

第六，信用评级机构与被评级公司的关系：在信用评级机构工作的 CFA 会员和候选人，需要有相应的流程来保证其在评级过程中不会受到被评级公司的压力和影响。

第七，选择基金经理过程中受到的影响：CFA 会员和候选人在招聘或解聘基金经理时，应保持独立客观性，在招募过程中不应该收取礼物以及其他会影响其独立客观性的报酬。比如，养老金的工会主席在选择基金经理时不能收受贿赂，基金经理对工会主席竞选活动进行赞助也被视为尝试影响工会主席的独立客观性的行为。基金经理也不能主动提供礼物、捐赠以及其他会影响招募人员独立客观性的报酬。

第八，发行人付费的研究报告（issuer-paid research）：发行人寻找分析师撰写研究报告，并支付给分析师薪酬。分析师的薪酬安排，必须符合规定，可以是固定服务费（flat fee），但不得与研究报告的结论或推荐相挂钩。分析师还应在研究报告中充分披露薪酬的实质和潜在的利益冲突。

何老师说

分析师在充分披露潜在的利益冲突的情况下，可以收取固定服务费（flat fee），但不能收取与研究报告结论相挂钩的额外费用和奖励（bonus）。

第九，差旅费用：分析师在撰写研究报告时，需要调研目标公司的情况，在出差过程中可能会享受乘坐目标公司的私人飞机等奢华待遇，这将影响分析师的独立客观性。最好的方法是，尽量选择公共交通出行，不接受客户付费的差旅安排。当分析师前往没有公共交通覆盖的地点做调研时，只能接受一般性的差旅安排。

3. 推荐的合规程序

✓ 保证观点的独立性，保证观点是独立客观的。

- ✓ 创建限制型清单（restricted list）：如果 CFA 会员和候选人不希望对清单上的公司发布负面观点，只需要阐述事实。
- ✓ 限制特殊的消费安排：CFA 会员和候选人需支付自己的差旅费，不接受上市公司或发行人报销任何相关费用；限制乘坐发行人的私人飞机前往公共交通不便的地区调研；分析师不能总是接受发行人的招待。
- ✓ 限制礼物的收取，纪念性的普通礼物除外：通常来说，只要不是为了影响独立客观性，普通的商务娱乐活动是可以接受的。根据当地的习惯，限制礼物的收取形式可以表现为限制礼物的个数或者每年接受礼物的价值总额。
- ✓ 限制投资：公司应该设立规章制度来规范职员购买股票或新发行股票；员工购买新发行股票应该事先得到批准；禁止参与超额认购的 IPO（oversubscribed IPO）；禁止购买私募股票（securities in private placements）。
- ✓ 审查流程：提供有效的监管和审查流程，审查个人投资活动。
- ✓ 独立政策：制定正式的书面政策。
- ✓ 指定专员：指定专人监管，为职员提供上报违规行为的流程和章程。

4. 案例

案例 1：Tom 是一家经纪代理机构的采矿分析师，P 矿业公司邀请他和其他一些同行参观考察美国西部几个矿业设施。P 公司安排了各个采矿点间的专用飞机，在采矿点附近唯一的一家连锁酒店安排了三晚住宿。Tom 和其他几位分析师都接受 P 矿业公司报销了账单，只有一位来自一家大型信托公司的 Eric 坚持自己公司的规定，自行支付了酒店费用。

解析：Eric 的公司规定最符合准则 I（B）的独立客观性，它极大地避免了利益冲突的可能性。但 Tom 和其他分析师也没有违反独立客观性。一般来说，当允许发行公司在特定情况下为自己的差旅住宿费买单时，CFA 会员和候选人应该运用自己的判断，确保这些安排并没有影响到他们的独立客观性。在上面这个例子中，此旅行安排完全是以商务为目的，Tom 也没有接受任何不相关的或特别奢侈的招待。这个旅程必须使用专用飞机，所以并不要求分析师自己为之买单；相关的住宿条件也是普通的；这些安排都是一般性的，所以这类情况并没有违反独立客观性原则。对于这类情况的分析我们还需要考虑两点：一是分析师的独立客观性是否真的被影响了；二是在客户的眼中，这些行程安排是否可能影响分析师的独立客观性。

案例 2：Jimmy 是 A 经纪代理机构的采矿行业股票分析师。他的研究结论得出，M 矿业公司当前的股票价格高于其合理价值。但是，他担心这个负面的研究报告会影响 M 矿业公司和他们 A 公司投资银行部门的友好关系。而且，A 公司刚刚宣布承揽 M 矿业公司债券发行的提案。Jimmy 需要尽快发布更新的研究报告，但他又担心负面报告发布后所带来的不利影响。

解析：Jimmy 对于 M 矿业公司的研究必须保持独立客观性。任何来自公司其他部门的压力都是不适当的。如果 A 公司既想承揽 M 矿业公司债券发行业务，又要消除利益冲突唯一的方法就是把 M 公司放入限制性清单中。

案例 3：Linda 在 A 基金担任债券分析员，其工作是给她所在公司销售的债券提供信用分析及评价，她的薪酬跟公司债券销售的业绩密切相关。本季度末，她们公司销售的债券因为发行主体本身经营出现了一些问题而无法出售，公司销售人员联系 Linda 让她联系一些大客户来推销这些债券。

解析：Linda 要保持自己的独立客观性去分析其公司销售的债券，不能受到销售人员的影响，也应该拒绝销售人员让她联系客户推销滞销的债券；而且其薪酬是不能与公司债券销售业绩相关，一旦薪酬与销售业绩相关，客户就可以认为其独立客观性受到了一定影响。

案例 4：Jacky 是专门研究航空业股票的分析师，他的老板一直对国际航空公司的股票持买入建议。最近，他的老板要求他接手这家公司继续跟踪，并且告诉他任何情况下都要对这家公司的股票持买入建议。

解析：根据介绍，Jacky 在所接手的新公司的研究上受到了来自老板的压力，但是 CFA 协会准则的要求，他必须保持客观独立性，所以他应该拒绝老板的要求或者委婉地告诉老板自己不能接手这家公司的研究。

案例 5：David 是一名基金经理，他将自己管理基金的许多交易业务交给了一家纽约的经纪公司。作为回报，这家公司给 David 赠送了两张南非世界杯的门票，并且配套提供了附近度假胜地的酒店食宿以及豪华轿车接送服务。David 并没有把这个事项披露给他的主管部门。

解析：作为基金经理，David 需要保持客观独立性，他挑选交易公司的原则是能为客户提供最好的交易服务。一旦其接受了交易公司的礼物就会影响他的客观独立性，违反了该准则。

案例 6：Gerry 是 A 公司养老金计划的基金经理。近期，这个养老金计划在寻找一个外部的咨询管理机构来帮助 Gerry 完成一些投资组合管理工作。Gerry 根据相应的标准筛选了一些符合要求的公司，最后他跟养老金董事会建议选择 B 公司，因为这家公司具备丰富的投资经验，投资策略也很好，而且过去的业绩表现也很好。但是，在选择 B 公司后，一个报道披露质询本次选择外部机构是否跟之前 Gerry 参加在亚洲进行的 "投资事实调查之旅" 活动有关，因为其参加的这次活动的赞助商之一就是本次其建议选择的 B 公司。

解析：尽管 Gerry 在选择外部咨询机构的做法做到了尽职调查，但是后来被揭露出之前与被选择的 B 公司有利益关联，这可能会影响到 Gerry 推荐该机构的客观独立性。虽然之前 Curry 可能确实按照标准进行客观筛选，但是没有披露这层关系，则违反了独立客观性这一条。

案例 7：Olivia 是一个研究员，最近刚从一个大的投资顾问公司离职。在寻找新职位的同时，她受雇于一家投资者关系公司。公司要求 Olivia 对一家做小型教育软件的客户出具研究报告。同时，公司希望引起投资者对这家教育软件公司的兴趣，许诺给 Olivia 固定费用的基础上，如果有新的投资者因为 Olivia 的报告而购买其客户公司的股票则会提供额外的奖金。

解析：如果 Olivia 同意给这个公司写报告，则违反了该准则。Olivia 本身是可以为公司提供发行人付费的研究报告的。但是，所收取的佣金不能跟股票被交易的额度挂钩，因为这会影响其出具研究报告的客观独立性。

案例 8：William 是负责对次级抵押贷款证券进行敏感性分析的分析师。他坚持自己对房地产市场的情景为：房屋价格上涨率为第 1 年 -10%，第 2 年 -5%，然后（模拟最坏的情况），第 3~5 年为零。但基金经理认为这个假设太可怕了，因为历史中从未有过房屋价格升值小于零的时刻。William 认真评估了自己的模型假设、分析逻辑。根据测试结果，William 不看好未来房地产市场，因此不建议购买相关证券化产品。

针对 William 的分析结果，基金经理遵循了他的建议并不投资。

第 2 年，房地产市场崩溃，该基金经理人的投资组合胜过当年的同行水平。

解析：William 的做法是符合 CFA 准则的。一开始的假设基金经理认为太悲观了，但是 William 没有受到基金经理的压力，坚持自己的观点和分析，保持了自己的独立客观性。

2.1.3 准则Ⅰ（C）：错误性陈述

1. 原则

✓ CFA 会员和候选人一定不能故意地做出任何有关投资分析、建议、操作以及其他专业行为的误导性陈述。

何老师说

准则Ⅰ（C）的关键词如下：吹牛、遗漏重大信息和剽窃（plagiarism）。

吹牛包括：

第一，吹嘘业绩。例如保证收益率，由于金融产品具有市场风险，存在一定的不确定性，因而一般不能保证产品的收益率，但是如果金融产品本身如美国国债具有保本的属性，这类产品就可以保证收益率。

第二，吹嘘资质。例如，一位 CFA 候选人仅通过 CFA 一级考试，却声称是 CFA 会员，这会误导客户，违反该条准则。

第三，吹嘘服务。例如，承诺提供市场涉及的所有服务就违反该条准则，正确的做法是提供公司服务清单，让客户了解提供的服务内容。例外情况：如果公司相关人员发现在其宣传册页上说明的相关服务内容出现打印错误，并且在发现错误后及时进行了修正，这类情况就不违反该条准则，但如果相关人员发现错误后未及时修正错误，则违反该条准则。

遗漏重大信息包括：

第一，量化分析中的重大遗漏。例如，遗漏模型输入变量，正确的做法是建模时考虑所有可能的情况。此外，量化分析中使用模型得出的结果是预测结果，不是事实，公司将模型预测结果表述为事实，就违反该条准则。

第二，作为业绩衡量分析师，只披露优异的业绩，遗漏不好的业绩，会误导客户，违反了该条准则。

剽窃（plagiarism）：指未标明出处的引用。包括：

第一，直接抄袭别人的文章或观点，未表明引用，违反该条准则；总结别人的观点，未标明引用，也违反了该条准则。

第二，使用常用名词时，如标准差、久期等，用自己的语言描述常用名词的定义，未标明引用，不违反该条准则；但是直接复制别人对常用名词的描述，未标明引用，就违反该了条准则。

第三，使用国家统计数据或者权威非营利性机构统计的数据，如 GDP、通货膨胀、CPI 等数据，未标明引用，不违反该条准则；使用营利性机构统计的数据，如高盛集团统计的数据，未标明引用，就违反了该条准则。

第四，引用主流媒体，当引用不是原出处，而是间接引用时，需要先验证媒体引用信息是否正确，然后再直接引用原著或者既引用原著又引用媒体信息，例如，《新财富》上有一段关于马克思主义的描述，正确的做法是先通过查找原著验证《新财富》的描述是否正确，再直接引用原著，或者既引用原著又引用《新财富》的相关表述。

第五，直接引用离职员工的研究报告，不提及离职员工，以公司名义发布，不违反该条准则，因为离职员工的研究报告属于公司财产，不需要说明来源；直接引用离职员工的研究报告，并署以自己的姓名发布，就违反了该条准则。

第六，可以使用第三方研究报告，但需要充分披露第三方研究报告的来源，不能将其当成自己的研究报告发布。

2. 指南

✓ 错误性陈述的定义

错误性陈述就是任何不真实的或是对事实遗漏的陈述，以及任何错误性和有误导性的陈述。

不能故意遗漏或者错误地陈述信息，陈述形式包括口头陈述、广告（新闻报告或宣传手册）、电子信息或书面材料。这些陈述的内容不可以对公司、机构或证券造成错误表述。

不能遗漏事实或结果：即使有些模型不能测试出所有可能的因子和结果，也应该保证分析结果基于合理假设，假设应该分别包含极端有利或者极端不利的情况。

✓ 保证投资表现

对有风险的投资产品而言，不可以误导性地向投资者保证一定的收益率。比如，禁止陈述"保证今年获得8%的收益率"或者"保证投资一定不会亏损"等语句。

但是对于一些收益率有保证的产品或亏损可以有损失赔偿的结构化产品，可以保证收益率。

相关宣传材料出现打印错误应该及时修改，若未及时修正则违反该条准则。

公司绝不可以宣称"可以提供市场涉及的所有服务"，这是误导性陈述。正确的做法是提供公司能够提供的金融服务清单。

✓ 对于投资行为的影响

使用第三方研究报告时，应该进行审慎的研究和分析。

如果第三方研究报告的错误内容和结论影响到客户收益，使用该第三方研究报告的人员也应该对误导性陈述负责。

对于不熟悉的领域，如果通过外部基金经理投资，需要披露外部基金经理管理的范围等，CFA 会员和候选人不能将这些外部基金经理的研究成果作为自己的研究成果展示给客户。

✓ 业绩披露

CFA 会员和候选人可能利用不适合其投资风格的衡量标准（benchmark），误导性地展示他们的历史业绩。如果基金经理投资风格和衡量标准不匹配，则违反该条准则。

正确做法是在可选范围内选择一个最合适的衡量标准。

本条准则并不要求所有的投资都需要有衡量标准。由于投资策略的复杂性和多样性，一些投资策略并没有合适的衡量标准。例如，对冲基金，由于存在多种投资策略，因此并没有衡量其业绩的统一标准。没有衡量标准，并不一定违反该条准则，但是如果有衡量标准，衡量标准必须与基金经理的投资风格相匹配，如果不匹配，则违反该条准则。

对于流动性较差或者交易频率低的证券来说，证券估值的过程中也可能存在错误性陈述，必须采取合理、准确、可靠的估值方法来计量证券的价值。

✓ 社交媒体

通过社交媒体与客户交流时，CFA 会员和候选人必须提供通过其他传统媒介与客户交流的相同信息。

通过社交媒体进行误导性陈述也被视作违反该条准则。

✓ 遗漏重大信息

在技术分析被广泛使用的当下，遗漏事实和结果的问题也日益严峻。使用模型得出的结果是预测，不是事实，因为使用模型得出的结果基于大量假设。

CFA 会员和候选人应该鼓励公司实行严格的规章制度防止仅披露优异的业绩。

✓ 剽窃

剽窃的定义：大量地抄袭或使用他人撰写的材料，并不标明材料出处（作者和来源）。不能在未经允许的情况下抄袭他人原创的想法或材料，必须标明这些想法、材料或模型的来源。

剽窃的形式：

第一，摘录他人报告（不管是逐字誊写或是仅修改部分词语），不标明出处；在报告中只说"某著名分析师"或"投资专家"等，不说明具体指代的情况；使用没有标明出处的表格和图形。

第二，未引用限制性条件（qualifying statement）展示他人的统计预测和标明来源时，未说明限制性条件。

第三，未经授权，使用他人有自主开发权的电子表格和算法。

第四，以自己的名义发布第三方研究机构的报告。正确做法需要披露研究报告的出处，注明是不是由公司内部或外部人员撰写。充分披露有助于客户了解专业知识的来源。

第五，当引用主流媒体的内容时，最好的方法是直接引用原作者的内容，或者同时引用原作者和主流媒体的内容，以避免曲解原作者的意图。

第六，以个人名义发布离职员工完成的工作：离职分析师的报告仍是公司的资产，可以以公司的名义发布，但不能以公司在职分析师的名义发布。分析师在职期间做的研究报告和模型都是公司的财产，当分析师离开公司时，公司仍有使用这些工作成果的权利。

3. 推荐的合规程序

✓ 事实陈述：提供书面的服务清单和资质描述。

✓ 资质总结：提供服务清单、相关资质和经验。

✓ 核实外部信息：第三方公司的错误性陈述会损害第三方公司的名誉和资本市场的诚信，建议公司制定规章制度以核实外部信息。

✓ 公司网站的维护：定期检查公司网站以确保网站信息的准确性和实时性。

✓ 关于剽窃的规定：保留报告的副本以及引用的来源资料等。

4. 案例

案例 1： Matt 是一位撰写发行人付费研究报告的分析师，受雇于上市公司来宣传他们的股票。Matt 创建了一个网站来宣传其服务公司的研究报告，从网站上来看，Matt 是一名独立分析师。对于网站上的每家公司，Matt 都发布基本信息和购买建议，表示这些公司的股票存在升值的空间。他并没有在网站、研究报告及网络聊天室中披露他和这些公司的合同关系。

解析： Matt 违反了准则 Ⅰ（C）错误性陈述，因为网站对潜在的投资者具有误导性。即使这些购买推荐是合理的，并有足够的研究支持，Matt 没有提及他和这些公司的真正关系已经造成了错误性陈述。Matt 也违反了准则 Ⅵ（A）利益冲突的披露，因为他并未在报告里披露收取的报酬。

案例 2： Ann 是 D 公司的量化分析师，刚从一个精彩的研讨会回来。在研讨会上，一位全国性证券经纪公司的知名量化分析师 Jack 详细阐述了他最近开发的一个模型。Ann 对此非常感兴趣，回来后开始测试这个模型，保留了模型的主要概念并进行适当修改，最终得到一个非常好的结果。Ann 迅速告知 D 公司的上级，她发现了这个新的模型，她希望客户和潜在客户了解这个模型可以得到的好结果，以此也可以展示 D 公司持久的创新能力和价值创造能力。

解析： Ann 违反了准则 Ⅰ（C）错误性陈述。虽然 Ann 独自测试 Jack 的模型，甚至小幅地修改模型，但是她应该承认这个模型想法的最初来源并不是她自己的。Ann 当然可以把最终结果的功劳归给自己，也可以用自己的测试结果来支撑结论，但是这个创新想法是 Jack 的。

案例 3： Paul 经营着一个由两个人组成的投资管理公司 H。H 公司订阅了一家大型投资研究公司的研究报告，这些研究报告可以打包销售给小公司来服务客户。H 公司把这些报告当作自己的研究报告，发送给客户。

解析： Paul 违反了准则 Ⅰ（C）错误性陈述。Paul 可以在经过审慎分析后使用第三方研究报告，但这并不意味着他就是报告的作者。否则，Paul 错误性地陈述了他的工作内容，会误导公司的客户和潜在客户。

案例 4： George 创建并发布了一份公司整体业绩表现的说明，该材料显示其公司拥有 350 亿美元的资产管理规模。而事实上，这个公司的资产管理规模只有 35 亿美元，出现了印刷错误的问题。然而，在 George 发现错误之前，已经把错误的材料分发给了一些客户。

解析： 因为印刷错误，而不是故意做出错误陈述所以他没有违反准则 Ⅰ（C）。但是一旦发现错误，George 必须采取措施停止分发不正确的材料，并将错误和更正信息立即通知已经收到错误材料的人。

案例 5： A 公司市场部门在该公司的宣传材料中声称，其公司董事长除了是 CFA 持证人外，还拥有某著名商学院的金融学高级学位。该公司董事长之前在该商学院进行过短期的交流学习，但他并没有获得相关学位。多年来，公司一直使用这份宣传材料分发给众多客户。

解析： 尽管该公司董事长可能没有直接对错误陈述负责，但他一直在使用这些材料进行宣传，并且知道这是虚假陈述。因此，该公司董事长违反了准则 Ⅰ（C）。

案例 6： Alice 通过主流媒体渠道了解到一项研究，她想引用到自己的研究中。在使用这些信息时，她是否应该同时注明这个研究来源于主流媒体，同时注明研究本身的作者来源？

解析： 最佳做法就是从原作者那里获得完整的研究报告，进行审查后，仅引用该作者的研究并注明资料来源；如果要引用主流媒体的内容，那么也需要注明主流媒体和原作者这两个资料来源。

案例 7：当 Finn 被要求提供基金业绩数据以协助评级机构时，他避免提到公司基金经理在投资组合构建方面没有固定的指引，同时组合中包含何种资产的原因也未完全解释。虽然向评级机构报告的投资组合的表现值中每个账户的信息都是准确的，但这并不能真实地反映基金经理的能力。

解析：这种专挑好的表现进行披露与准则Ⅰ（C）冲突。将基金转入或转出投资集合来影响整体业绩表现会严重误导投资者对基金经理投资能力的判断。Finn 应该与他的公司合作，加强关于投资组合管理的报告工作，以避免影响公司的业绩记录和所提供信息的质量。

2.1.4　准则Ⅰ（D）：不正当行为

1. 原则
CFA 会员和候选人不可以参与任何包含欺诈、不诚信、欺骗或任何违反专业性形象的行为。

何老师说

准则Ⅰ（D）不正当行为包含两个方面：一是欺诈；二是与本职工作相关的错误性的行为。

第一，不管是否与本职工作相关，如果欺诈，一定违反该条准则，因为欺诈影响专业形象，损害客户利益。

第二，只有与本职工作相关的错误行为才算作违反该条准则，有些违法行为与本职工作并不相关，如损害文物等，不算违反该条准则。

2. 指南
✓ **不诚信的行为**

任何撒谎、欺骗、盗窃或不诚信的行为都会违反该准则，因为这些行为会影响到 CFA 会员和候选人的专业形象。

不能过度使用该条准则来评判与职业道德不相关的个人、政治和其他纠纷。

✓ **缺乏充分尽职调查**

CFA 会员和候选人在做投资建议前，应该进行尽职调查，了解投资的本质和风险。

若没有进行尽职调查，就违反了该条准则。

✓ **损害诚信或能力的行为包括对开展本职工作产生负面影响的行为**

例如，分析师在工作之前过度饮酒，会影响到完成本职工作的能力。

个人破产不一定是由于个人诚信行为导致的，不一定违反该条准则，比如因为公司经营困难破产。但是，如果具体的破产原因是欺诈等不诚信行为，此时破产就违反该条准则。

3. 推荐的合规程序
✓ 道德规范：公司采用统一道德规范，让每位职员都了解任何对个人、公司或投资行业产生不利影响的行为都是不允许的。

✓ 违规行为清单：向所有职员发布可能存在的违规行为以及相应的处罚规定。

✓ 员工推荐信：在雇用前查看推荐信，以保证职员拥有良好的品行并且适合在投资行业工作。

4. 案例

案例1：Tom 是一家信托投资公司的工作人员。每天他都和朋友在俱乐部享用午餐，某天他被客户撞见大量饮酒，午餐后他回到工作岗位时，明显已经酩酊大醉。他的同事都在上午和他交接工作，因为下午他的判断力已经受到酒精的影响。

解析：Tom 在午餐时过度饮酒并且在工作时保持醉酒状态，违反准则 Ⅰ(D)，因为他的行为已经影响到他的专业能力，他的行为对自身、雇主和整个投资市场都会造成不良的影响。

案例2：Karmen 管理了一个专注社会责任投资的共同基金，她同时也是一位环境保护的积极分子。在一次非暴力的抗议中，Karmen 由于破坏大型化工厂基地的财产而被逮捕。

解析：一般来说，准则 Ⅰ(D) 并未要求规范个人信仰，因为个人信仰并不影响会员和候选人作为一名金融从业人员的声誉、诚信和竞争力。

案例3：Dastin 是某大型经纪公司的证券分析师，他在向公司提交的自费医疗保险计划的报销表中多提交了很多费用，公司的员工福利部门发现了这个行为。

解析：Dastin 多提交报销就是涉及欺诈和欺骗的故意行为，这对他的诚信造成了不利影响，因而违反了准则 Ⅰ(D)。

2.2 准则Ⅱ：对资本市场的诚信★★★

2.2.1 准则Ⅱ(A)：重大内幕消息

1. 原则

获得重大内幕消息（material nonpublic information）的 CFA 会员和候选人，不能自己利用或促使他人利用此消息，从而影响投资决策。

何老师说

准则Ⅱ(A) 重大内幕信息包括两个方面：一是作为 CFA 会员和候选人，自己不能利用也不能让别人利用重大内幕信息；二是马赛克理论（mosaic theory）。

第一，基本原则。作为 CFA 会员和候选人，自己不能利用也不能让别人利用重大内幕消息，从中套利。关键问题在于怎样鉴定消息是否属于重大内幕消息。满足重大内幕消息有 3 个条件：消息来源可靠；消息对股价有显著影响；消息未向公众公开。只有满足了以上 3 个条件，才能算是重大内幕消息。

第二，马赛克理论。马赛克理论是指 CFA 会员和候选人可以通过分析重大公开消息或非重大内幕消息从而做出结论，此行为并不违反该准则。

此外，我们还要注意从社交媒体、行业专家和知名分析师的研究报告这 3 个渠道获得的信息应该有哪些要注意的地方。

2. 指南

✓ **基本原则**

市场参与者自己利用或促使他人利用重大内幕消息交易，破坏了资本市场的诚信。个体虽然通过利用内幕消息可实现短期获利，但大众投资者会因为对市场缺乏信任感而退出投资，从而影响资本市场的有效性。因此，从长期来看，使用内幕消息获利最终还是会使利益受损。该准则旨在维持资本市场的诚信，资本市场的诚信是投资行业的基础。

如何鉴定是否属于重大内幕消息（见图 1-3）。

图 1-3　鉴定重大内幕消息的方法

重大消息：一旦被披露，会显著影响股价的消息或者会影响投资者投资决策的消息。鉴定消息是否重大必须满足两点：第一，消息来源的可靠性。例如，来自公司高管层（CEO、CFO、CIO、COO、高级经理等）的消息；第二，消息对股价有显著的影响。

以下 5 类消息均属于重大消息。

第一类，公司基本面信息。例如净利润，兼并收购，公司资产规模及资产质量的改变，产品的创新，新的专利权、商标，监管层对产品的认证许可，客户及供应商的改变，管理层的改变，审计师的更换及审计师出具的报告，发行新股票或债务的消息，破产，法律诉讼，债券评级的变化等。

第二类，宏观经济相关信息。例如政府经济趋势报告，如就业率、新房开工率、利率等。

第三类，大额交易订单。例如，在大型基金经理操作前获得的大额交易订单的消息。

第四类，知名分析师的观点。例如，知名分析师的研究报告以及投资观点。

第五类，行业专家。例如，行业专家对于新药测试结果的信息；不参与新药测试的行业专家发布的推测观点不一定是重大信息。

例外情况：竞争对手的预测不属于内幕信息。

内幕消息：在市场未被传播或未被公开的消息属于内幕消息，内幕消息一旦在市场上被披露便不再属于内幕消息。

选择性披露：在一些情况下，会发生选择性披露。例如，上市公司提前向部分指定的分析师披露消息，分析师也有可能因为兼并收购、债券发行、信用评级等业务要对企业进行尽职调查而提前获得上市公司内幕消息等，这种情况下只要不使用这些信息就不违反该准则。然而，如果重大内幕信息被选择性披露后，分析师应促使公司尽快对外披露此信息，以避免被用来套利。

✓ **马赛克理论**（mosaic theory）

定义：分析师综合利用重大公开信息（material public information）和非重大内幕信息

（nonmaterial nonpublic information）进行分析，从而得出关于公司活动或大事件的结论。即使这个结论是重大内幕信息，也并不违反该准则。

在运用马赛克理论进行分析时，必须将所有收集的信息进行存档。

可以利用的信息有重大公开信息、非重大非公开信息、非重大公开信息。总结如表 1-3 所示。

表 1-3　马赛克理论可以利用的信息总结

	重大消息	非重大消息
公开消息	√	√，但非必须
非公开（内幕）消息	×	√

何老师说

马赛克理论中提到分析师可以利用非公开和非重大信息做出结论。

非公开信息是指公司没有披露，分析师通过实地调研而得来的信息。

非重大信息是指不符合上文中总结的五类重大消息和一种例外情况的信息。或者我们在判断是否是重大信息时，将自己想象成一个普通投资者而非金融专家，如果遇到此类信息，能否立刻判定是利好还是利空，如果不能立刻判断，则此类信息是非重大消息。比如，对于公司季度用电量这一信息，普通投资者根本无法通过此信息得知该公司的业绩如何，也无法通过该信息判断是否应该买入该公司的股票，这样的信息就是非重大信息。反之，对于公司利润大幅增长这一信息，普通投资者能够立刻判断这一信息对该公司的股票会产生利好影响，这样的信息就是重大信息。所以，普通投资者无法利用的，只有分析师或行业专家可以利用并分析得出结论的信息才是非重大信息。

因此，利用马赛克理论分析得出结论，并不违反本条准则。

- 社交媒体

CFA 会员和候选人在社交媒体（如公司文件、网站、出版期刊等）上获得的重大信息，需要确定一下是否属于内幕消息，如果是内幕消息，也不能使用，否则就违反该准则。

与传统媒介（如电子邮件、出版期刊）一样，CFA 会员和候选人在通过社交媒体传递信息时，只要做到同一时间向所有客户发布信息或向公众投资者公开信息就不会违反该准则。

例如，在微信群里，有人分享了其刚为某公司做了一个兼并收购的业务的信息，这条消息还未向公众对外披露，如果 CFA 会员和候选人利用这条消息购买这家公司股票，就违反了该准则。

- 行业专家

CFA 会员和候选人可向行业专家支付报酬来聘请行业专家做外部咨询，但必须对行业专家提供的信息负责，需要关注和专家沟通时是否获得重大内幕消息，如果获得，自己不能利用也不能促使他人利用此消息获利，直到此消息向公众披露。

对于重大内幕消息，行业专家与 CFA 会员和候选人之间往往需要签订保密协议。

- 知名分析师的研究报告

知名分析师的研究报告或其投资建议的改变很有可能会对市场有所影响，因此知名分析师的研究报告和投资建议本身就是一个重大信息。理论上，根据重大内幕消息准则，研究报告一旦向公众发布就属于公开信息。

知名分析师不需要把其研究报告向公众发布，只需要在第一时间内向其所有客户发布就不违反该准则。

投资者想得到相关的投资信息，可以选择自己分析信息或者成为知名分析师的客户。

3. 推荐的合规程序

✓ 实现公众传播：如果 CFA 会员和候选人确定获得了重大内幕消息，必须尽快促使这个消息对外公布。如果向公众传播未能实现，CFA 会员和候选人应该仅与上级主管和合规部人员沟通，并禁止利用此消息做任何投资决定或更改任何投资建议。

✓ 采取合规程序：CFA 会员和候选人应该鼓励公司采取合规程序从而防止重大内幕消息被利用，特别是在自营业务、投资建议、存档过程和部门沟通等方面做好合规工作。CFA 会员和候选人发现公司相关人员违反合规程序利用重大内幕消息的行为，应向上级主管和合规部门举报。

✓ 采取披露程序：会员和候选人应鼓励公司完善并遵循披露政策，以确保信息公平地向市场传播。

✓ 发布新闻稿件：如果在分析师会议或者电话会议上首次披露重大非公开信息，上市公司应立即发布新闻稿件或以其他方式公开披露此信息，以减少他人利用内幕信息的机会。

✓ 防火墙的程序：通过建立防火墙来阻碍重大内幕消息泄露是各公司常用的方法。最基本的隔离程序包括：

- 实质性地控制公司各部门之间的信息交流，此类交流应由公司合规部门或法律部门进行。
- 审查员工的私人交易情况，建立"观察""限制""谣言"的清单。
- 当公司拥有重大内幕消息时，提高审查力度或直接限制自营交易。

✓ 适当的部门间沟通：即使是小型公司，各部门间交流的程序，也应该被规范，如审查交易活动和调查违规操作等。

✓ 部门间的实质隔离：公司的投资银行部门和研究部门应做到实质性的隔离。例如，公司投资银行部门正在从事一家公司的兼并收购业务，很可能掌握这家公司的内幕消息，如果投资银行部门把此信息泄露给研究部，研究部门则可能在撰写研究报告时利用此信息，或透露给基金经理，从而获利。因此，投资银行部门和其他部门之间应该做到充分隔离，避免信息泄露。

✓ 汇报系统：建立有效防火墙的主要目的是建立一个汇报系统，此系统可审查和批准各部门之间的沟通。当各个部门确实存在进行沟通配合的需求时，应向上级主管或合规部门汇报，由其授权才可以进行信息的沟通共享。

✓ 个人交易限制：公司应限制或禁止员工的私人交易并对其监管。公司应要求员工定期提交报告，汇报其交易情况及其家人的交易情况。拥有重大内幕消息的股票应被放在公司的禁止名单中。

✓ 记录存档：业务多元化的公司应把各部门之间的沟通记录存档。

> ✓ 自营交易：当公司获得重大内幕消息时，需要监察和限制自营交易，CFA 会员和候选人利用重大内幕信息进行自营交易违反该准则。

在自营交易里有两个特殊的情况：

第一个情况是，当做市商拥有内幕信息时，立刻从市场撤离将会给市场一个明确的信号，因此，做市商获得内幕消息时，应该被动交易，不做主动交易，不要求立刻停止业务。

第二个情况是，以风险对冲为目的的股票买卖，在此情况下公司买股票的目的并不是赚取价差，而是对冲风险。例如：基金经理为了对冲风险卖出某一家公司的股票，但是同时基金经理又获得这家公司的内幕信息，此时最好的做法是停止交易。如果迫切需要进行风险对冲，仍可以交易股票，但是需要书面保存交易记录，以应对未来证监会的审查。

> ✓ 向所有员工传达：CFA 会员和候选人应鼓励公司向全体员工发放书面的合规手册，并且根据合规手册提供相关培训，从而让全体员工对重大内幕消息有清晰的认识。

4. 案例

案例 1：Winston 是 B 公司的分析员，正协助 A 公司进行增发项目。Winston 参与了和 B 公司投资银行部门的员工、A 公司的 CEO 的电话会议。在会议中，Winston 得知了 A 公司预期盈利下滑的消息。电话会议中，B 公司的销售人员在 Winston 办公室进出，因此也得知了 A 公司业绩下滑的消息。在电话会议结束之前，这个销售人员代表公司客户交易了 A 公司的股票，并且公司的其他人员也通过公司全权负责的账户和自己私人的账户交易了此股票。

解析：Winston 违反了准则 Ⅱ（A），因为他没有能够防止重大非公开消息被公司其他人员传播和利用。Winston 的公司应该建立相关机制，防止重大非公开信息在不同部门之间传播。那些利用这则内幕消息进行交易的销售人员和公司其他人员都违反了准则 Ⅱ（A）。

案例 2：Ethel 任职于一家新加坡的公司，并负责中国台湾地区的投资市场。她被邀请会见一家制造公司的财务总监和其 10 位大股东。在会议期间，公司的财务总监陈述会把工作重点放在下周五的员工罢工事件中，此事件将会影响公司的生产业绩和销售业绩。Ethel 是否可以利用此消息作为依据将她的推荐从买入改成卖出？

解析：首先，Ethel 必须明确这个信息是不是公开的。如果这个信息不是公开的信息（案例中提到的小规模的会议并不能使这则信息变成公开信息），根据准则 Ⅱ（A），她不能使用该信息。

案例 3：Jason 是一个负责跟踪家具行业的买方分析员。为寻找一个合适的买入机会，他通过研究财务报表、实地调研的方式，分析了几个家具制造商，并且通过一些设计师、零售商了解到当前家具的流行款式。最终，他研究的家具制造商的股票在当前都不存在合适的买入时机，但在这些公司中，他发现 SFC 这家公司可能出现了问题。SFC 奢华的新款设计在宣传费上花费了巨大的成本，尽管这些新款一开始吸引了一些人的注意，但长期来看，消费者还是会偏向从其他家具制造商处购买更加保守款式的家具。基于这个信息以及对利润表的分析，Jason 相信 SFC 家具公司下个季度的盈利会大幅下降。他由此给了卖出的建议。在收到这个建议后，基金经理马上开始出售 SFC 公司的股票。

解析：关于季度盈利的信息属于重大非公开信息。然而，由于 Jason 是通过公开信息和零碎的非重大非公开信息（例如设计师和零售商的看法），得出了关于季度盈利下降的结论。因此，Jason 的结论是基于马赛克理论得出的，所以基金经理基于 Jason 的结论进行交易不违反准则 Ⅱ (A)。

案例 4：A 公司的总裁及控股股东 Allen 决定接受一个要约收购。Allen 把这个决定告诉了他的妹妹（A 公司的财务主管），其妹妹把这个消息传达给了她的女儿（目前在家族公司没有股票），她女儿告诉了自己的丈夫 Steven。Steven 将这个消息告诉他的股票经纪人后，股票经纪人立即为他购买了 A 公司的股票。

解析：有关重大重组的信息非常重要而且尚未公开。Steven 向其经纪人传达内部信息违反了准则 Ⅱ (A)。其经纪人通过以重大非公开信息为基础购买股票也违反了准则。

案例 5：Warren 是一名对冲基金的基金经理。为了了解行业最新动态，Warren 会依靠外部专家获取相关行业的信息。Warren 安排了一个电话会议讨论该基金现在持有的一家技术公司正在测试的新半导体产品的未来前景。但测试的科学家表示他对新半导体产品性能感到失望。在电话会议之后，Warren 让交易部门卖掉了持有的这家公司的股票并买入了许多看跌期权。

解析：Warren 违反了准则 Ⅱ (A)，行业专家的信息属于重大信息，而且尚未公开，他通过有关正在进行的产品测试的重大非公开信息为依据，用于给基金交易相关公司的证券和期权。

2.2.2　准则 Ⅱ (B)：市场操纵

市场操纵就是人为地通过虚增交易量或者散布谣言的方式来扭曲市场价格，误导市场投资者，破坏资本市场的诚信。

1. 原则

CFA 会员和候选人不得通过扭曲股价或人为虚增交易量来误导市场参与者，损害资本市场的诚信。

何老师说

准则 Ⅱ (B) 市场操纵的手段一般分为两种：一是散布谣言；二是虚增交易量。

判断行为是否属于市场操纵需要看交易目的，如果交易目的是满足自身利益，则违反该准则，但是如果交易目的是采取套利或对冲投资策略来实现避税和增加交易流动性，则不违反该准则。

2. 指南

✓ **市场操纵的手段**一般分为以下两种。

第一，在信息方面：散布谣言、发布虚假信息，来误导市场上其他投资者，扭曲市场价格，自己从中获利。

第二，在交易量方面：通过虚增市场交易量，人为地影响价格或者交易量，误导市场其他投资者。

✓ **市场操纵要看目的**，如果目的是满足自身利益就是典型的市场操纵，但也存在例外情况，以下 3 个目的是例外情况：

目的一，套利或对冲。某些投资者的投资策略就是通过一个账户买再通过另一个账户卖（典型的是对冲基金，分别做多和做空），既买又卖表面上是在虚增交易，但实际上是套利的一种策略手段，这种情况就不违反市场操纵准则。

目的二，避税。某些基金经理可能为了避税，在 12 月末把亏损的股票先卖出去，实现亏损，降低税收，到次年 1 月初再把这些股票买回来，表面看起来是虚增交易量，但如果这类行为的初衷仅仅是为了避税就不违反市场操纵准则。

目的三，增加流动性，参考案例 2。期货交易所发布了一个新的期货产品，期货交易所的主席为了让产品展示更好的流动性，就与他的会员达成协议，只要会员完成最低的交易额度，就可以减免交易佣金，这种做法表面上是为了增加市场交易量，但是增加交易量的目的并不是误导投资者，而是增加产品的流动性，所以这类情况没有违反准则，我们只要对此情况做到充分披露即可。

3. 案例

案例 1：Michael 是 S 公司证券分析师，该公司最重要的客户中有很多是投资对冲基金的。在公布季度业绩报告的前两个交易日，Michael 告诉他的小团队，他将要发布一个关于 W 公司的研究报告，内容主要如下：季度利润很可能低于管理层预期，每股盈利将比预期至少低 5%（很可能超过 10%），W 公司的知名首席财务官可能加入另一个公司。

由于 Michael 知道 W 公司已经宣布在汇报业绩之前公司将处于沉默期（因此不会对市场上的谣言做出回应）。Michael 特意选择了发布他研究报告的时间，故意危言耸听利用负面消息打压 W 公司的股价，从而使 S 公司的对冲基金投资获利。Michael 研究报告的结论也是基于猜测而非事实。第二天，公司的所有客户和一些新闻机构都获得了 Michael 的研究报告。在 W 公司的投资者关系部门评估此报告造成的影响和进行辟谣之前，W 公司的股票开盘就大跌，使得 Michael 公司的做空投资获得了大额的收益。

解析：Michael 违反了准则 II(B)，因为他试图制造人为的价格波动，来对 W 公司的股票价格进行实质性的影响。此外，由于他的研究没有足够的依据，他还违反了准则 V(A) 勤勉尽责和合理依据。

案例 2：A 期货公司正在发行一款新的债券期货合约。为了说服投资者、交易者、套利者、对冲者等投资人使用此合约，A 公司试图证明该合约具有最好的流动性。为了达到这个目的，A 公司和所有成员达成协议，这些成员将在未来一段时间内承诺完成最低的交易量就可以减少交易的佣金。

解析：理论上，增加市场流动性是市场做市商的义务，但实际的流动性一般是通过交易量和买卖差价衡量。在增加流动性方面，误导参与者的行为是违反准则 II(B) 的。该案例中，投资者并未被误导，在协议期结束后，如果 A 公司的策略没有奏效，投资者将会看到成交量大幅降低。如果 A 公司完整地披露了在初始阶段为了增加流动性而提高交易量的协议，就没有违反准则 II(B)。在这种情况下，A 公司的目的是给予投资者更好的服务，而不是伤害投资者。出于这样的目的，可以采取提高流动性的策略，但必须完全披露相关信息。

案例 3：Alex 是某投资基金的业绩分析师。他认为，该公司的某专门投资小盘股股票基金的基金经理不喜欢他，因为该基金经理从不向他提供当地棒球队比赛的门票，但却给其他员工门票。为了报复他企图引起监管机构对该经理的审查，Alex 在以该基金经理的名义在几个在线论坛上创建了用户资料，并开始传闻该基金经理管理的投资组合中几家较小公司要潜在合并。随着这些公司股票价格的上涨，该基金经理出售相关股票，导致监管机构根据 Alex 的要求对该基金经理进行调查。

解析：虽然 Alex 并没有从市场对谣言的反应中获益，但他违反了准则Ⅱ(B)。Alex 在发布虚假信息时误导了市场中的其他投资者，让他们认为这些公司有可能被收购。尽管他的意图是为基金经理制造麻烦，但他的行为明显地操纵了市场上可获得的事实信息。

2.3　准则Ⅲ：对客户的责任★★★

2.3.1　准则Ⅲ(A)：忠诚、谨慎和仔细

1. 原则

✓ CFA 会员和候选人必须忠于客户，合理谨慎，审慎判断。

✓ CFA 会员和候选人要时刻把客户的利益置于雇主和自身利益之前。

何老师说

准则Ⅲ(A) 包含了对客户的所有责任，只有对客户负责，才是对客户忠诚。因此，准则Ⅲ(A) 是纲领性条款，只要违反准则Ⅲ对客户的责任的后面四条准则Ⅲ(B)(C)(D)(E)，就违反准则Ⅲ(A) 忠诚、谨慎和仔细。

准则Ⅲ(A) 包含 3 个部分：一是理解受托责任（fiduciary duty）；二是识别真正的客户；三是在对客户尽职时面临问题，主要是软佣金政策（soft commission policy）和代理投票权政策（proxy voting policy）。

2. 指南

✓ **受托责任**

受托责任是指受托人接受委托人托付后，即应承担所托付的责任，这种责任是对委托人的责任。

CFA 会员和候选人作为受托人，肩负重大受托责任。例如，在信托关系中，受托人需要对客户（信托受益人）绝对忠诚，将客户的利益置于首位。

谨慎人原则（prudent man rule）要求受托人在管理客户的资产时必须做到绝对忠诚，审慎仔细。

该准则并不要求所有岗位都履行受托责任，但是不管工作性质如何，CFA 会员和候选人都需要对客户忠诚，以客户利益为重。

承担受托责任的工作岗位主要有两种。

第一，为客户提供投资建议的工作岗位，如理财经理和基金经理，需要对客户未来的投资负责。

第二，管理客户资产的工作岗位，如基金投资经理、信托投资经理、私人财富投资经理等，决定客户的资产配置，需要对客户负责。

不承担受托责任的工作岗位主要有交易员。基金经理决定客户的资产配置，交易员只负责执行基金经理的下单指令，不承担受托责任。但是，交易员在为客户服务的过程中，仍需利用专业技能，审慎地执行交易，帮助客户寻求最优的执行价格。例如，由于基金经理要求买入股票，交易员一次性买入会推高当日股票价格，不仅不能在当天执行全部买入指令，还可能推高次日的买入成本，此时需要交易员具备专业的下单技能，比如将大单拆分成小单，这样操作对股价影响较小，交易成本较低，相当于交易员为客户提供最优的条件，履行了对客户的责任。

有些工作岗位既要求执行交易指令，又要求为客户提供投资建议。CFA 会员和候选人需要提前告知客户投资建议的范围和限制，并根据客户的投资目标和风险承受能力推荐最合适的产品。

✓ 识别真正的客户 ★★★

CFA 会员和候选人需要明确忠诚的对象，识别真正的客户。

客户主要有以下 4 种类型。

第一，个人投资者（individual）：例如高净值客户、私人银行经理的客户等。

第二，受益人（beneficiary）：在管理养老金或者信托资产时，客户是养老金或者信托的受益人，基金经理需要对养老金或者信托的受益人负责。例如，福特汽车公司为员工缴纳养老金，员工退休前，养老金是存放在养老金账户中，公司代为进行投资，员工退休后便可以从养老金账户中取钱。福特汽车公司的管理层聘请专业的基金经理管理养老金，养老金的受益人是公司的员工。养老金基金经理的客户是养老金的受益人（公司员工），而非管理层。养老金基金经理不能根据管理层的利益需求做投资决策，而要考虑员工的利益。同样地，在信托合同关系中，委托人把财产委托给受托人（信托基金经理），受托人的客户应该是信托的受益人。

第三，投资风格（mandate）：基金经理在管理基金时，投资建议需要与对外宣称的投资风格相一致，基金经理应该对基金的投资风格负责，所以此时基金经理面对的责任就是其对外宣传的投资风格，而不是购买基金的具体每位客户。例如，基金经理对外宣传的投资风格是跟踪大盘指数的基金，那么基金经理就需要投资大盘指数，而非某个客户要求投资的房地产。

第四，社会大众（investing public）：研究员的客户是社会大众，在撰写研究报告时，需要保持独立客观性，对社会大众负责。例如，研究员在撰写上市公司研究报告时，需要保持独立客观性，对社会大众负责，而非只对上市公司的管理层负责。

✓ 考虑客户的整个投资组合

基金经理在构建投资组合时，需要保证客户的目标和收益是现实可行且合适的，其投资风险是可以承受的，投资策略需要考虑客户的长期目标和自身情况。

基金经理需要基于整个投资组合做投资决策，抉择时需要考虑到投资组合内各个资产之间的相关性，而非基于组合中的单个资产做出投资决策。

✓ 软佣金政策（soft commission policy）

软佣金政策示意图，如图 1-4 所示。

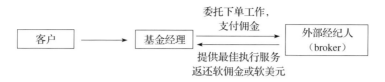

图 1-4 软佣金政策示意图

当客户寻找基金经理做资产配置时，需要向其支付管理费。基金经理进行资产配置后，一般需要委托外部经纪人执行下单工作。基金经理支付交易佣金，外部经纪人收到交易佣金后完成下单操作。交易佣金实际上属于客户支付给基金经理管理费的一部分，是属于客户的资金。

因此，基金经理寻找外部经纪人提供下单服务时，需要以客户利益为先，选择外部经纪人时需要考虑以下 3 个方面：

第一，物美价廉。物美价廉是指外部经纪人能够为客户提供最佳交易服务（best execution），在提供同等质量服务的经纪人中，收取的佣金费用最低。

第二，适合客户的投资目标和风险，是指外部经纪人的擅长领域与客户投资目标和风险相符。例如，客户的资产配置是大盘股，则基金经理应寻找擅长大盘股交易执行的经纪人。

第三，基金经理只能收取直接有利于帮助客户做投资决策的软美元（soft dollar）或软佣金。市场上的经纪人，为了提高竞争力，吸引基金经理委托下单，除了提供执行交易的服务外，往往会返还给基金经理额外的好处，这部分额外的好处往往不是以现金形式提供的，而是以非现金形式提供的。例如，为基金经理提供研究报告，让基金经理免费使用经纪公司的数据库，或者赠送电脑给基金经理，这种非现金形式的额外好处就是软美元。

何老师说

外部经纪人返还给基金经理的非现金形式的额外好处就是软美元（soft dollar）或者软佣金（soft commission）。

基金经理支付给外部经纪人佣金，不仅购买了外部经纪人的下单服务，还获得了额外的好处。这些佣金是客户支付给基金经理的管理费的一部分，是客户的资金，不是基金经理的自有资金。因此，基金经理只可以收取直接有利于帮助客户做投资决策的软美元。如果这些额外的好处不是直接有利于帮助客户做投资决策的软美元，基金经理是不可以收取的，如果收取了，则违反准则Ⅲ(A)。

例如，外部经纪人返还给基金经理一台电脑，但是基金经理使用这台电脑80%的时间用于给客户做投资决策，20%的时间用于处理私事，则这20%的部分需要基金经理用自有资金去购买，而不能使用客户的佣金。

✓ **代理投票权政策**（proxy voting policies）

基金经理在基金中配置了某上市公司的股票，此时申购基金份额的客户成为该上市公司股东。但是实际上，客户本身不会去参加上市公司的股东大会，而是委托基金经理去参加股东大会，并在申购基金份额时将投票权委托给基金经理。基金经理可以代理客户行使投票权，即代理投票权，但要求基金经理需要做出有利于客户利益的投票，而不是做出有利于上市公司管理层的投票。

基金经理不需要参加每一次投票。在投票之前，基金经理需要对是否行使代理投票权进行成本收益分析，如果参与投票成本远远超过为客户带来的利益，则可以不行使代理投票权。此外，基金经理要将代理投票权政策披露给客户。

3. 推荐的合规程序

✓ 遵守相关法律法规。

✓ 为客户建立投资目标。

✓ 做投资决策时考虑所有信息（如客户的目标收益、风险容忍度等）。

✓ 分散投资风险。

✓ 定期进行审核。

✓ 投资时公平地对待所有客户。

✓ 披露利益冲突。

✓ 披露报酬安排。

✓ 行使代理投票权时，以客户和最终受益人的利益为重，并向客户披露代理投票权政策。

✓ 保守客户的秘密。

✓ 寻找最优执行交易。

✓ 将客户的利益置于首位。

4. 案例

案例 1：某银行是 A 公司养老金基金的受托人。A 公司是 B 公司恶意收购的目标。为了阻止 B 公司的恶意收购，A 公司的管理层劝说该银行的基金经理 Will 利用 A 公司的养老金基金在公开市场上购买 A 公司的股票。尽管 Will 认为 A 公司的股价被高估，不应该买入，但 Will 仍购买 A 公司的股票来支持该公司的管理层，以维持与 A 公司的良好合作关系，并希望与 A 公司开展更多的业务合作。最终 A 公司股票由于大量被买入，价格被推高，B 公司的收购需要付出更多的成本，B 公司最终取消了恶意收购计划。

解析：受托人在做投资决策时必须以受益人的利益为重，在该案例中受益人为养老金基金的受益人，是公司的员工，而不是公司的管理层。在该案例中，Will 是否买入股票，应该完全取决于买入股票的决定是否有利于养老基金的受益人，即客户的利益，而不能为了自身和所在公司获利。因此 Will 违反准则Ⅲ（A）。

案例 2：Jean 是某信托公司的工作人员。Jean 的上司负责审查 Jean 管理的信托账户交易情况以及 Jean 个人股票账户的月度报告。Jean 一直安排 Bob 作为管理信托账户的经纪人。作为回报，当 Bob 作为股票的做市商时，相较于 Jean 的信托账户和其他投资者，Bob 提供给 Jean 的个人股票交易账户更低的买价和更高的卖价。

解析：Jean 违背了对信托账户客户的忠诚，因为她选择 Bob 作为经纪人仅仅是因为 Bob 对 Jean 的个人交易账户有利。

案例 3：A 投资咨询公司主要负责养老金计划投资管理，其日常交易会使用许多经纪公司和研究服务，但其大部分的交易活动是通过一家大型经纪公司 B 处理的，因为两家公司的高管之间有着密切的友谊。但与其他公司的类似经纪服务相比，B 公司的佣金较高，同时 B 公司的研究服务和执行能力处于市场平均水平。作为交换，B 公司帮助 A 公司承担了一些总部费用，包括租金等。

解析：A 公司没有公正客观地选择对客户最有利的经纪人，没有为他的客户获得最佳价格和最佳执行力，所以他没有尽到忠诚义务，违反了准则Ⅲ(A)。

案例 4：George 的父亲和哥哥开设了新的付费交易账户。George 负责管理他的家庭成员开设的这些账户，同时也管理着其他个人客户。对他的许多客户来说，首次公开募股都是一项合适的投资，包括他的哥哥。George 为了避免利益冲突，他没有分配任何 IPO 申购股份给他的哥哥的账户。

解析：对于 George 来说，他的哥哥也是一个符合资质的普通客户，他应该对每一个客户负责人，公平地对待任何一个客户，所以他违反了准则Ⅲ(A)。

2.3.2　准则Ⅲ(B)：公平交易

1. 原则

CFA 会员和候选人在为客户提出投资分析、进行投资推荐以及采取投资行为或从事其他专业活动时，必须客观公正地对待所有客户。

何老师说

准则Ⅲ(B) 本质在于要求 CFA 会员和候选人公平对待所有客户，不能歧视客户。主要包含以下 3 个方面：

第一，公平并不等于平等，CFA 会员和候选人可以提供差别化服务，只要不损害其他客户的利益并向所有客户披露收费标准。

第二，为客户提供投资建议时，CFA 会员和候选人必须第一时间将建议发布给所有客户。原投资建议出现重大改变时，CFA 会员和候选人应确保第一时间通知所有客户。

第三，为客户执行投资交易时，CFA 会员和候选人需要按照订单的优先顺序下单。对于同时下单的客户，如果市场股票数量不足，不能满足所有订单需求（超额认购），CFA 会员和候选人需要按照客户的订单比例下单，而不是按照客户的资产规模下单。

2. 指南

✓ 公平不等于平等

公平意味着 CFA 会员和候选人在发布投资建议或者采取投资行动时，不能歧视任何客户。

公平不意味着每个人都享受同样的服务，客户可以付费享受差别化待遇。CFA 会员和候选人可以针对不同客户给予差别化服务，但是这种服务不能对其他客户产生负面影响或者将其他客户置于不利地位。

CFA 会员和候选人要将差别化服务的收费标准披露给客户，做到明码标价，不能选择性披露，使任何愿意支付相应价格的客户都有机会享受到相应程度的服务。

✓ 提供投资建议要第一时间披露给所有客户

CFA 会员和候选人应当第一时间将投资建议披露给所有客户。利用电话通知客户时，可以按照客户姓名字母先后顺序通知，在这种情况下产生的时间差异并不违反该准则，但是由于客户收到投资建议的时间以及客户自身体验有较大差异，因此不建议采用电话通知的方式。建议采用群发邮件或者群发短信等方式第一时间为客户提供投资建议。

此外，当投资建议出现重大改变时，CFA 会员和候选人应当确保第一时间通知所有客户，尤其确保通知那些已采取投资行动或受之前投资建议影响的客户，避免客户按照之前的投资建议买入股票后未及时卖出产生亏损。

如果客户要求下单的内容与当前投资建议相反，会员和候选人首先需要向客户再次陈述最新的投资建议，确保客户知晓最新的投资建议。如果客户依旧坚持下单，那么 CFA 会员和候选人则按照客户的意愿执行交易。

✓ 执行投资交易要满足所有客户的要求

CFA 会员和候选人在执行投资交易时，要满足所有客户的要求，根据客户的投资目标和背景，公平对待每位客户。在执行交易过程中，确保同时执行同一时间的订单，严格按照客户的下单顺序执行交易。

如果出现超额认购，CFA 会员和候选人应按照客户的订单比例分配，而不是客户的资产规模分配，以避免歧视客户。若订单存在非整数情况，则按照四舍五入的原则进行分配。在超额认购的情况下，CFA 会员和候选人不能利用自身优势损害客户，例如不能将超额认购的份额分配给自己或家属。

何老师说

如果出现超额认购的情况，CFA 会员和候选人需要按照客户的订单比例下单，不能按照客户的资产规模下单，以避免发生歧视客户的情况。

例如，A 客户有 200 万元的资产，B 客户有 100 万元的资产。A 和 B 同时想买股票 S，A 想买 100 手，B 想买 200 手，然而市场上只有 150 手股票 S，则必须按订单比例（A∶B = 1∶2）分配，即 A 分配 50 手，B 分配 100 手。

市场上往往存在最小交易规模限制，目的是避免资源浪费，避免降低市场流动性。例如，一位私人财富基金经理认为，某个新发行的 10 年期债券满足他 5 位客户的资产配置要求。其中，3 位客户要求买入 10 000 美元，另外两位客户要求买入 50 000 美元，该债券最小交易规模限制为 5 000 美元。这位基金经理仅能购买 55 000 美元的份额，此时就出现超额认购的情况。如果完全按比例分配，四舍五入后，3 位客户分别得到 4 231 美元份额，两位客户分别得到 21 154 美元份额，不能满足最小交易规模限制 5 000 美元，因此最终的分配方案是分配给 3 位客户每人 5 000 美元份额，分配给另外两位客户每人 20 000 美元份额。尽管这种分配方案未完全按照订单比例分配，但是基金经理已经尽最大可能分配订单，未歧视客户，不违反公平交易的准则。

---

3. 推荐的合规程序

✓ 公司建立相应的合规审查流程，合理发布投资建议，公平对待所有客户，同时需要考虑以下几点：

第一，在改变投资建议前，限制参与的员工数量。

第二，缩短投资建议产生和发布的时间，在做出投资建议后，尽快将信息传达给客户。

第三，发布员工守则，在投资建议发布前，禁止参与的员工讨论投资建议或基于投资建议采取投资行动。

第四，将最新的或者更新的投资建议第一时间披露给所有客户。

第五，建立一个客户和其持有证券的清单，以确保公平地对待所有客户。

第六，建立书面的交易配置流程，保证买卖指令快速、有效、准确地执行。

✓ 披露交易配置流程，对所有的客户披露如何配置下单份额。

✓ 建立系统账户审查机制，确保投资行为与账户投资目标一致，没有客户受到特别优待。

✓ 披露不同程度和不同水平的服务内容。

4. 案例

案例 1：知名分析师 Allen 负责研究计算机行业。在研究过程中，他发现一个不知名的、股票在场外交易的小企业，刚刚和他负责跟踪的几家公司签订了重大合同。在经过一系列调查研究后，Allen 决定出具一份关于这个小企业的研究报告，同时推荐买入小企业的股票。当这份研究报告处于被公司审核阶段时，Allen 在午餐会上与几位关系紧密的客户讨论这家小企业，Allen 提到研究报告的买入建议将在下周初推送给公司的所有客户。

解析：Allen 违反准则Ⅲ（B）公平交易原则，因为在投资建议披露给所有客户之前，Allen 披露给了参加午餐会的客户。

案例 2：Toby 是 A 公司的总裁。Toby 将 A 公司的成长型养老金基金转移到 B 银行，因为 B 银行的混合型基金在过去 5 年的时间里表现非常好。几年之后，Toby 将 A 公司的养老金基金同 B 银行的其他混合型基金进行对比，他惊讶地发现尽管两个账户有相同的投资目标和相似的投资组合，A 公司的养老金基金表现明显不如 B 银行的混合型基金。在与养老金基金经理的一次会谈中，Toby 针对该结果提出质疑。

Toby 被告知，根据政策，当一个新的股票被放到买入推荐名单时，养老金的基金经理 Jill 首先为混合型基金账户买入该股票，然后再依照比例为其他所有养老金账户买入该股票。同样，当推荐卖出股票时，Jill 先卖出混合型基金账户中的股票，再按比例为其他账户操作。Toby 了解到，如果 B 银行不能为所有账户获取足够多的新发行股票份额，政策要求仅将新股分配给混合型基金账户。

意识到 Toby 对这个解释很不满意，Jill 马上补充道，非自主型养老金账户和个人信托账户在买卖推荐时，比自主型养老金基金账户的优先级低。Jill 进一步解释说，公司的养老金基金可以投资 5% 在混合基金里面。

解析：B 银行的政策没有做到对所有客户的公平交易。Jill 违反了对客户的责任，因为 Jill 优先交易混合型基金和自主型基金。Jill 必须按公平交易的原则对待所有客户，严格执行下单指令。此外，交易的配置流程必须一开始对所有客户披露。但是在这个案例中，即使 B 银行事先披露政策，仍旧无法改变 B 银行的政策是不公平的这一事实。

案例 3：David 了解到 A 公司最近要进行增发股票融资，而且他认为这家公司股票很热门。他为自己安排了一些份额，而且当这次增发被超额认购时，他提交了所有的订单（包括他自己的），但削减了机构投资者的份额。

解析：David 由于没有公平对待所有客户违反了准则Ⅲ(B)。他本人不应该持有任何股份，并且应该按比例向所有客户提供股份。

案例4：Henderson 使用电子邮件向所有客户发布新建议。然后，他打电话给他的三家最大的机构客户，详细讨论该建议。

解析：Henderson 没有违反准则Ⅲ(B)，因为他在与少数几个人讨论之前，广泛传播了建议并向所有客户提供了信息。Henderson 最大的客户得到额外的个人服务，因为他们可能支付了更高的费用，或者因为在 Henderson 管理下拥有大量资产，所以得到额外服务也是合理的。但如果 Henderson 在向所有客户分发之前就先向这几个大客户讨论该报告，他将违反准则Ⅲ(B)。

2.3.3 准则Ⅲ(C)：适当性

1. 原则

- ✓ 为客户提供投资建议时，CFA 会员和候选人在做出投资建议或者采取投资行动之前，必须对客户或者潜在客户的投资经验、风险承受能力、投资回报目标以及财务限制等情况进行合理充分的了解，并定期重新评估和更新这些信息。
- ✓ CFA 会员和候选人在做出投资建议或采取投资行动之前，明确投资建议与客户的财务状况相一致，与客户书面投资政策说明书上的投资目标、投资风格、投资限制相一致。
- ✓ CFA 会员和候选人要基于客户的整个投资组合来判断投资对于客户的合适性。
- ✓ CFA 会员和候选人管理一个投资组合时，其做出投资建议或者采取投资行动必须与投资组合所描述的目标和限制保持一致。

何老师说

准则Ⅲ(C) 适当性，是指会员和候选人给客户做投资时，投资适合客户的产品。

对于个人客户，会员和候选人采取的步骤如下：

第一，充分了解客户。

第二，撰写客户的投资政策说明书，即客户的投资目标和投资限制，投资目标包括风险和收益目标，其中了解客户的风险目标（风险承受能力）尤为重要，投资限制包括流动性、时间期限、税收、法律法规要求和特殊的要求以及偏好这 5 个限制。

第三，投资与客户的投资政策说明书相一致的投资产品，并定期更新客户的投资政策说明书。客户的投资政策说明书需要每年更新一次，或在客户情况发生重大改变时更新。此外，判断投资产品是否与客户的投资政策说明书相一致，不能单看投资产品本身，而要站在整个投资组合的角度做投资决策，还需要考虑分散化效果。例如，衍生产品就产品本身而言属于高风险产品，可能并不适合低风险低收益型客户，但是衍生产品可以分散整个投资组合的风险，从整个投资组合的角度来看，它是适合低风险收益客户，那么我们就可以为该类客户配置衍生产品。

与负责个人客户投资的基金经理不同，共同基金的基金经理只要与对外宣称的投资风格相一致就不违反该条准则。

2. 指南

✓ 撰写客户的投资政策说明书（investment policy statement，IPS）

CFA 会员和候选人在为个人客户提供投资建议时，首先应搜集客户的信息，全面了解客户。

客户的信息包括客户本身的财富状况、个人情况（如年龄、职业）等与投资决策、风险态度和投资目标有关的信息。

IPS 中应包括客户的信息、客户的收益要求、风险容忍度和所有投资限制。

只有充分收集客户的信息，了解客户本身情况，才能做出适合客户的投资建议，才能进一步配置适合的金融产品。如果 CFA 会员和候选人只跟客户接触了很短的时间（比如 5 分钟）就推荐金融产品，则违反准则Ⅲ（C）。

✓ 理解客户的风险承受能力

在判断投资产品是否适合客户的需求和情况时，最重要的因素是衡量客户的风险容忍度。

✓ 更新客户的 IPS

客户的 IPS 至少每年更新一次，并且在客户情况发生重大改变时及时更新。例如，客户突然获得一大笔遗产，客户的风险承受能力就随之增加，就需要更新客户的 IPS。

如果 CFA 会员和候选人认为某种金融产品特别适合客户，但与客户的 IPS 并不相符，在未更新 IPS 的情况下买入该款产品，就违反了该条准则，因为该产品与客户的 IPS 不一致。正确的做法是，先更新客户的 IPS，让客户签字确认，再买入该产品。

✓ 投资分散化的需求

CFA 会员和候选人应站在整个投资组合的角度考虑金融产品是否适合客户。

高风险的投资品种如衍生品，可能从整个投资组合角度出发是适合客户的，或者当客户陈述的目标要求考虑高风险投资产品时，这类资产配置也是适合客户的。

在 CFA 会员和候选人只负责客户整个投资组合的一部分，或者客户并未提供整体投资组合的情况下，此时 CFA 会员和候选人仅需基于客户实际提供的信息和标准，衡量金融产品是否适合客户。

✓ 管理指数型基金或共同基金

CFA 会员和候选人管理共同基金或指数基金时，只要确保投资策略与其对外宣称的投资风格相一致即可，不要求对单一个人投资者负责。

✓ 客户主动提出的交易请求

基金经理有时会收到客户自己主动提出来的交易请求，然而基金经理认为这些交易请求与客户的 IPS 不相符。在与客户充分沟通该交易请求的适当性之前，基金经理不应该盲目依据客户的指令进行交易。

如果基金经理认为这项交易请求对客户整体投资组合的风险和收益情况会带来较小程度的影响，基金经理应该与客户进行沟通，解释该交易请求会如何偏离客户当前的 IPS，至少让客户了解该交易请求的不适合性和可能导致的影响。

如果基金经理认为这项交易请求对客户整体投资组合的风险和收益情况存在重大影响，基金经理应该利用这个机会更新客户的 IPS，并告知客户该交易请求产生的影响。

3. 推荐的合规程序

✓ 客户的投资政策说明书

客户的投资政策说明书应该包括客户的需求、背景情况、业绩衡量基准和投资目标，整理后形成书面形式。

衡量投资的适当性并不能保证投资一定不出现亏损。

✓ 定时更新

定期更新客户的投资目标和限制，反映客户情况的改变。

✓ 检测适当性的政策

随着法律法规对检查适当性的要求增加，CFA 会员和候选人应该鼓励所在公司制定相关政策和流程，以检查投资建议的适当性。

4. 案例

案例 1：投资顾问 Luke 建议一位风险厌恶的客户王先生在他的股票投资组合中买入持保看涨期权（covered call option），这样做一方面可以提高王先生的收入；另一方面可以对冲因股票市场或其他环境对投资组合产生的不利影响。Luke 告诉了王先生所有可能的结果，包括因股价上涨，看涨期权被行权，股票被卖出后带来额外的税务负担，以及股票急剧下跌时投资组合失去保护的情况。

解析：当决定投资组合的适当性时，基金经理应当重点考虑客户整个投资组合的特点，而非单独考虑某一项投资品种的特点。Luke 站在客户的整个投资组合角度考虑该项投资，并且充分地向客户做出了各类情况下收益解释，因此并没有违反准则Ⅲ（C）。

案例 2：Manny 是一家大型金融集团财产保险子公司的首席投资官，他希望能更好地分散公司的投资组合，提高收益。公司的 IPS 要求只投资具有高度流动性的资产，如大盘股、政府债券、国家机构债券和评级在 AA 级以上、5 年以内到期的公司债券。

在最近的投资策略会上，一家提供私募股权基金融资的风险投资机构给予客户非常吸引人的预期收益，基金的退出机制要求最初的投资者具有不超过 3 年的锁定期，3 年后，投资者可以采取阶梯式的退出方式退出，每年退出的份额不超过总金额的 1/3。

Manny 不想错过这个机会，在对该投资及公司目前的资产组合做了详尽的分析之后，他决定投资 4% 在这个基金里面，投资后整个投资组合的风险敞口仍远低于规定的上限水平。

解析：Manny 违反准则Ⅲ（A）和准则Ⅲ（C）。他的新投资使公司的部分资产被锁定。因为 IPS 要求必须投资具有高度流动性的产品，并且描述了可以接受的范围。显然，具有锁定期的私募股权投资不符合公司的 IPS 要求。即使不考虑锁定期的问题，投资这类资产的市场流动性不好的产品，也是不适合的。尽管 IPS 详细描述了客户的投资目标和投资限制，基金经理仍需尽力了解客户的业务以及所面临的环境，这样做的目的也是使基金经理了解并同客户讨论其他可能对投资过程产生重大影响的因素。

案例 3：Lauren 管理着一个价值股股票共同基金。他在一家金融服务公司购买了零股息股票，因为他认为该股票被低估并处于正在快速增长的行业，这使得它成为一项具有吸引力的投资。

解析：零分红的股票不符合 Lauren 管理的基金对外宣传的投资风格。所以 Lauren 违反了准则Ⅲ（C）。

案例 4：John 是 M 公司的投资顾问，他的一个朋友在 C 基金公司做基金经理。最近 C 基金公司新发行了一只由他朋友管理的基金。历史业绩来看，C 基金里两只表现最好的对冲基金是他的朋友管理的。考虑到这两个基金之前的良好表现纪录，John 相信这个新基金也会是一个成功的组合，因此以低于市场价的管理率水平在吸引投资者购买这个由他朋友新管理的基金。

解析：John 违反了准则Ⅲ(C)，因为新基金的风险状况可能不适合每个客户。作为投资顾问，John 需要为每个客户建立一份投资政策说明书，并且只推荐符合 IPS 中每个客户风险和回报情况的投资，而不是只看投资产品的收益率。

2.3.4　准则Ⅲ(D)：业绩展示

1. 原则

CFA 会员和候选人在向客户展示业绩表现时，应该如实陈述，确保展示的业绩信息是公正、准确和完整的，不应该有任何不真实的、错误的表达。

何老师说

准则Ⅰ(C) 错误性陈述包含了准则Ⅲ(D) 业绩展示的内容。准则Ⅰ(C) 错误性陈述，不仅包括误导性的业绩展示，也包括在其他方面的误导性陈述；准则Ⅲ(D) 业绩展示，专指误导性的业绩展示。

2. 指南

- ✓ CFA 会员和候选人在披露业绩时，应该保证披露信息的准确性，不能错误性展示过去的业绩和预期收益。例如，基金经理过去管理基金的收益率为 10%，那么他就不能披露给客户基金的收益率为 20%；去年基金的收益率为 15%，他就不能披露给客户每年基金的收益率为 15%。CFA 会员和候选人不能暗示或者保证客户将来能获得和过去一样的业绩，应该披露给客户所有信息。例如，在不同经济情况下获得收益所有可能的情况。
- ✓ CFA 会员和候选人在披露业绩时，应该保证信息的完整性，在业绩披露中应当包含已经终止的基金业绩，防止人为虚增基金收益的情况，以便客户客观地了解基金经理的投资能力和公司的业绩水平。
- ✓ 对于有相似投资风格的基金，CFA 会员和候选人应该披露基金的加权平均收益率，不能仅披露单个基金的收益率。
- ✓ CFA 会员和候选人在披露业绩时，要将详细的情况全部披露给客户。如果其只披露了简要的业绩报告，那么在客户要求时，CFA 会员和候选人要能够提供详细的支持信息。正确的做法是在简要的业绩报告中附上详细内容的参考链接。

3. 推荐的合规程序

- ✓ 全球投资业绩标准（global investment performance standards，GIPS）的应用。针对投资公司的投资业绩披露和结算，鼓励公司遵守 GIPS。GIPS 只是针对公司的规范，而不是严格意义上的法律条款，不是必须遵守的。但是一旦公司宣称遵守 GIPS，就必须全面遵守，否则就违反准则Ⅲ(D)。

✓ 充分披露。CFA 会员和候选人应当披露所有信息，包括是不是模拟业绩、是不是前公司的业绩记录、是否扣除手续费、是税前还是税后收入等。

✓ 不得暗示将获得与历史投资业绩相同的业绩。

✓ 包含详细信息的业绩展示将支持投资建议。

4. 案例

案例 1：某信托公司的员工 Jay 注意到公司在过去两年普通信托基金的表现，在发给潜在客户的宣传材料上提到，"投资人可以获得稳定的投资回报，预期年化复合增长率 25%"。信托公司普通信托基金去年的年化收益率的确为 25%，但是这与市场大盘增长率相同。同时，这个基金的历史业绩中仅有一年达到 25% 的收益率，过去 5 年的平均增长率只有 5%。

解析：Jay 的宣传册内容违反准则Ⅲ（D）。Jay 应该披露仅有一年的收益率为 25%。此外，Jay 的宣传没有包含除普通信托基金之外的其他基金。公司在做业绩披露时应该包括所有类型的基金。最后，Jay 也违反准则Ⅰ（C）错误性陈述，因为他称客户预期可以获得稳定的 25% 的年化复合收益率，这种保证收益的说法是违反准则的。

案例 2：Mitchell 是一家新成立的 A 公司股权投资部门的副总裁。A 公司招聘 Mitchell 是因为他过去 6 年在 B 公司的业绩良好。在 A 公司进行宣传和营销过程中，Mitchell 制作了宣传材料，包含他之前在 B 公司的股权投资业绩。A 公司的宣传材料没有提到这些业绩是 Mitchell 在 B 公司获得的。A 公司的客户和潜在客户均收到了宣传材料。

解析：Mitchell 违反了准则Ⅲ（D），因为他发送的宣传材料中包含对 A 公司历史业绩的不当陈述。准则Ⅲ（D）要求 CFA 会员和候选人尽全力确保业绩信息披露是公正、准确和完整的。准则Ⅲ（D）并不禁止 CFA 会员和候选人展示过往的业绩，但是需要充分披露其在什么地方获取该业绩，以及个人在实现业绩时起到的作用。如果 Mitchell 要在 A 公司的宣传材料中使用他在 B 公司的业绩，他必须充分披露。

案例 3：David 应用 1996～2003 年期间的数据，测试了他新建立的共同基金选择产品的方法，产生了应用这些年份数据的模拟绩效结果。2004 年 1 月，David 开始推销该产品。在广告宣传中，他使用了 1996～2003 年数据模拟的绩效结果，但并未注明该结果是模拟的。

解析：David 违反准则Ⅲ（D），因为他没有明确标明该业绩结果是一个模拟结果，没有充分披露。

案例 4：James 为一家基金公司工作，该公司声称采用自下而上的股票投资理念，即旨在通过个股基本面研究增加价值，其业绩归因方法是将每只股票与其组合的收益进行比较。业绩归因报告显示，本季度投资组合绩效的增加值主要来自行业选择的贡献，而个股选择对业绩归因产生负面影响。但 James 发现，通过应用几种不同的方法来比较每种股票与其行业的收益，可以在业绩归因分析中改善基金经理个股选择的贡献比例。由于后者业绩归因方法看起来更好地反映了该基金公司对外宣传的投资策略，因此 James 建议，客户报告应使用这种修订的方法。

解析：James 没有向客户提供适当的披露，他的建议完全是为了公司的利益，这种标准的变化对客户不公平，并且模糊了公司能力的事实，不符合准则Ⅲ（D）的要求。如果 James 认为新方法提供了对原始模型的改进，那么他将需要向客户报告两种计算的结果。报告还应该解释包括为什么新方法可以计算出更高的个股选择贡献的原因。

2.3.5 准则Ⅲ（E）：保密

1. 原则

✓ CFA 会员和候选人要为客户保密，不能泄露客户的信息，必须对过去的、现在的以及潜在的客户信息保密。

2. 指南

CFA 会员和候选人需要对过去的、现在的以及潜在的客户信息保密。

如果法律要求披露客户的违法行为，则 CFA 会员和候选人仍有义务向相关部门披露。

✓ **客户状态**

即使已经终止服务关系的客户，CFA 会员和候选人仍需对客户的信息加以保密。如果过去的客户授权披露，我们在披露信息时必须遵守相应的授权条款，并提供相关信息。

✓ **法律规定**

披露必须遵守法律规定，如果法律要求保密，即使是违法行为，CFA 会员和候选人也要对此保密，不能披露。

如果不确定信息是否可以披露，CFA 会员和候选人可以在披露客户保密信息前，向法律监管部门寻求建议。

✓ **电子信息和安全**

准则Ⅲ（E）并未要求 CFA 会员和候选人成为信息安全技术方面的专家，但是他们应该全面了解公司相关政策。不同规模的公司可以制定不同的信息保密政策。

CFA 会员和候选人应该鼓励公司定期开展与保密流程相关的培训。

✓ **CFA 协会的职业行为调查**

准则Ⅲ（E）并不是阻止 CFA 会员和候选人协助 CFA 协会职业行为项目（professional conduct program，PCP）开展调查。

3. 推荐的合规程序

✓ 最简单、保守、有效的遵守准则Ⅲ（E）的方法是避免披露从客户处得到的任何信息，但是 CFA 会员和候选人可以把信息披露给同一公司、为同一客户服务的同事。

✓ 通过社交媒体平台与客户交流时也要做到保密，CFA 会员和候选人需要和客户讨论合适的提供保密信息的方式。

4. 案例

案例 1：Alex 是 A 公司的金融分析师，为城市医疗中心的信托受托人提供投资咨询。受托人给 Alex 许多关于城市医疗中心医疗设备更新和扩张的内部报告。受托人希望 Alex 能推荐一些投资产品，能够保证捐赠资金的资本升值，满足计划内的资本性支出。一个当地的商人 Penny 找到 Alex，表示她正在考虑给城市医疗中心或者另一个当地医疗机构捐款。Penny 希望了解医疗机构的建设计划，但是她不愿意直接同受托人交流。

解析：受托人将内部报告交给 Alex，是希望 Alex 对如何管理捐赠基金提出建议。因为报告里涉及的内容明显是机密的，在保密范围之内。准则Ⅲ（E）要求 Alex 拒绝向 Penny 泄露信息。

案例 2：Frank 为一个经营房地产开发的家族企业管理财产。他同时也为几个家庭成员和公司的管理人员（包括首席财务官）管理个人投资组合。基于公司的财务记录，以及他观察到的该首席财务官的可疑行为，Frank 认为首席财务官挪用了公司的钱财并放入了他的个人账户中。

解析：Frank 应该征求他所在公司的合规部门或者外部法律顾问的意见，来确定相关的法规是否要求报告该首席财务官的可疑财务记录。

2.4 准则Ⅳ：对雇主的责任 ★★★

2.4.1 准则Ⅳ(A)：对雇主忠诚

1. 原则

CFA 会员和候选人必须依照雇主的利益行事，不得剥夺雇主技能方面的优势，不得泄露机密信息，不得从事其他损害雇主利益的行为。

何老师说

准则Ⅳ(A) 对雇主忠诚是纲领性条款，如果违反准则Ⅳ(B) 和准则Ⅳ(C) 也就违反准则Ⅳ(A)。

基本原则在于不能损害雇主的利益，主要考虑两个方面：一是在职情况；二是离职情况。

在职情况：

第一，本准则不要求把个人私生活置于工作之后。案例 1，度假期间雇主要求完成研究报告，CFA 会员和候选人未完成，不违反该条准则；案例 2，CFA 会员和候选人业余时间做健身教练，不违反该条准则。但是，私生活不能影响本职工作，如果私生活影响本职工作，则违反该条准则；案例 3，CFA 会员和候选人业余时间做健身教练，每天都很疲惫，影响次日工作，则违反该条准则。题干中会指明私生活是否影响本职工作（对比案例 2 和案例 3）。

第二，CFA 会员和候选人在工作时间内必须从事与本职工作相关的事情，利用工作时间从事与本职工作无关的事情，违反该准则。案例 4，CFA 会员和候选人工作时间做健身教练，违反该条准则。但是，业余时间从事与本职工作无关的事情，不需要披露给雇主，也不需要获得雇主的同意，不违反本准则（同案例 2）。

第三，CFA 会员和候选人不能从事与本职工作相竞争的业务，除非披露给雇主，并收到雇主的书面同意。案例 5，CFA 会员和候选人作为 A 公司的基金经理，同时在为 B 公司做投资，违反该条准则。

第四，CFA 会员和候选人自己成立新公司，正式离职前，利用业余时间为新公司成立做准备（如工商登记），不披露给雇主，不违反该条准则。但是其在正式离职前，不能开展新公司的业务（与雇主相竞争的业务）。

在职情况总结如表 1-4 所示。

表 1-4　在职情况总结

在职情况	工作时间	业余时间
与本职工作相竞争的业务	×	×（除非雇主书面同意）
私生活，不影响本职工作	×	√
私生活，影响本职工作	×	×（除非雇主书面同意）

离职情况：原则是 CFA 会员和候选人在离职时不可以带走雇主的财产，损害雇主的利益。

第一，CFA 会员和候选人离职时不可以带走客户名单。其离职后，可以招揽原雇主的客户，但是不能利用原雇主的客户名单招揽客户，可以利用公共信息资源招揽原雇主的客户。离职前，CFA 会员和候选人不可以招揽原雇主的客户。记住客户名单的行为也是不被允许的，因为此类行为等同于带走客户名单。

第二，CFA 会员和候选人不可以带走机密信息。

因此，在离职时，CFA 会员和候选人必须删除所有留存在私人手机和私人电脑上的客户信息和机密信息，除非原雇主同意其保留。

第三，CFA 会员和候选人在离职时能够带走的只有知识技能。案例 6，CFA 会员和候选人离开 A 公司时，不被允许带走原来在 A 公司撰写的研究报告或创建的模型，但可以在新公司重新利用新公司的数据库撰写研究报告或创建模型。

离职情况部分总结如表 1-5 所示。

表 1-5　离职情况部分总结

离职情况	离职前	离职后
招揽原客户，利用公共信息	×	√
招揽原客户，利用原客户名单	×	×

2. 指南

✓ **基本原则**

通过避免从事使雇主蒙受损失的活动，以达到维护其雇主利益的目的。尽管 CFA 会员和候选人需要对雇主忠诚，但应当将客户利益置于雇主利益之上。

此外，对雇主忠诚不代表将家庭和个人的利益置于雇主利益之后。如果出现公司与个人利益冲突的情况，CFA 会员和候选人应就如何处理二者关系与雇主进行充分交流。

✓ **雇主的责任**

鼓励 CFA 会员和候选人向雇主提供 CFA 协会的道德规范和专业行为准则，让雇主了解作为 CFA 协会的会员和候选人的职责。

雇主可以不采纳 CFA 协会的道德规范和专业行为准则。

高级管理层应当在设计薪酬和激励措施的过程中考虑到鼓励遵守职业道德的行为。

✓ **在职情况**

CFA 会员和候选人在其业余时间无须履行雇主赋予的责任，但不能影响本职工作。CFA 会员和候选人业余时间活动无须向雇主披露并获得雇主的同意。

禁止 CFA 会员和候选人利用工作时间从事与本职工作无关的活动。

CFA 会员和候选人不能从事与本职工作相竞争的业务，避免与现有雇主的利益相冲突情况的发生。除非充分披露并获得雇主的书面同意，CFA 会员和候选人才能从事此类业务。充分披露的内容包括从事业务的具体种类、服务的预计时长，以及服务获得的报酬等。

✓ **离职情况**

CFA 会员和候选人离职前，应继续基于雇主利益从事各项工作，并且在正式离职之前，不能从事与其工作职责相违背的业务活动。CFA 会员和候选人可以利用业余时间准备新工作的入职手续等事宜，但不能开展与雇主相竞争的业务，除非将具体情况披露给雇主并获得雇主的书面同意。

CFA 会员和候选人离职时，在原公司习得的技能和经验属于雇员自己能力的提升，不属于"机密信息"或"专有信息"，不会造成对原雇主利益的损害。但在原雇主工作时完成的工作，如研究报告、模型等，属于原雇主的财产，CFA 会员和候选人不能保留。

CFA 会员和候选人在离职时，不能带走客户名单等雇主的财产。

CFA 会员和候选人在离职前，不能招揽原雇主的客户。

CFA 会员和候选人在离职前，可能构成违背其工作职责的行为包括：盗用商业机密、滥用机密信息、在正式离职之前为其即将就职的公司招揽客户、个人交易（利用公司的商业机会或信息，用自己的资金进行投资活动，并将所得收益据为己有）、窃取公司客户名单等。

CFA 会员和候选人在离职后，可以招揽原雇主的客户，这属于合理竞争。但在招揽原雇主客户时不能使用原雇主的客户名单（包括通过记忆、复制等方式），只能使用公开信息。

如果 CFA 会员和候选人在职时与雇主签订了非竞争性协议（non-compete contract），如在两年之内不能从事与原雇主有竞争关系的职业，那么 CFA 会员和候选人在离职后就要遵守此协议以保证其对原雇主的忠诚。

CFA 会员和候选人离职时，不得通过纸质或电子形式带走原雇主的机密信息，如资料、文件等。原先储存在个人手机或电脑上的信息也应当全部清除，除非原雇主同意其保留。

✓ **利用社交媒体平台与客户沟通**

CFA 会员和候选人必须遵守公司关于社交媒体平台的规章制度，合理利用社交媒体平台与现有客户或者潜在客户沟通，这点在 CFA 会员和候选人计划离职时显得尤为重要。

推荐的做法是 CFA 会员和候选人在社交媒体平台区分个人账户及工作账户，在其离职时将工作账户移交他人。在无法区分个人账户和工作账户的情况下，需与其雇主讨论此问题的解决办法。

基本原则：通过判断 CFA 会员和候选人是否损害原雇主利益来判断是否违反准则。

✓ **检举揭发**（whistleblowing）

如果雇主存在违法行为，CFA 会员和候选人应当揭发雇主的违法行为。这种行为不违反该准则，因为它维护了资本市场的诚信和客户的利益。资本市场的诚信及客户的利益永远高于个人利益及雇主利益。

✓ **雇用的性质**

CFA 会员和候选人与雇主是独立合约人（independent contractor）的关系，也要遵守对雇主的忠诚。

独立合约人是指，雇员以兼职的形式为雇主服务，雇主与雇员之间签订口头或书面协议。

3. 推荐的合规流程

✓ **竞争政策**

如果 CFA 会员和候选人的雇主选择与雇员签署非竞争性协议，那么 CFA 会员和候选人必须确保在签署协议前理解协议细节。

✓ **离职政策**

CFA 会员和候选人应该了解雇主针对离职的相关政策。

✓ **检举揭发流程**

CFA 会员和候选人应该了解公司检举揭发的政策，并鼓励公司采取行业最优做法。

✓ **员工分类**

鼓励公司采取标准化的员工分类框架（如分为全职员工、兼职员工、外部合同工），并明确公司政策对于不同类型员工的适用范围。

4. 案例

案例 1：William 为 A 公司工作了 15 年。他从一个分析员干起，并逐步承担了更多的责任，目前是该公司的高级基金经理及投资决策委员会成员。William 决定离开 A 公司，自己成立一家投资管理公司。对于这件事 William 非常谨慎，没有告知任何他在原公司的客户相关消息，以免涉嫌"在离职之前争取原公司的客户"导致其违反公司的相关规定。William 准备将一些在 A 公司工作时的文件和资料复印并带走，其中包括：①客户名单，包括地址、电话，以及其他的相关信息；②客户的账户明细；③A 公司向潜在客户宣传用的材料样本，其中包括 A 公司业绩信息；④A 公司推荐的股票清单；⑤不同账户决定资产配置的计算机模型；⑥股票筛选模型；⑦William 在做分析员时开发的、储存在私人电脑上的公司推荐表。

解析：除非得到雇主的同意，离职的员工不得带走雇主的任何财产，包括书籍、客户名单、记录、报告及其他材料，也不能够影响其雇主的业务机会。带走雇主的任何资料，即使这些资料是由该员工制作准备的，也违反准则Ⅳ（A）。

案例 2：B 公司雇用了 Allen，而 Allen 曾经在一家竞争对手的公司工作了 18 年。当 Allen 开始为 B 公司工作时，他希望联系原雇主的客户，因为他熟悉那些客户，并且相信那些老客户中许多都会跟着他到新公司。如果 Allen 与他之前的客户联系，是否违反准则Ⅳ（A）？

解析：客户信息是公司的财产，未经原雇主的许可，通过客户清单，或从原雇主处得到其他信息而联系之前的客户的行为都是违反Ⅳ（A）的。此外，由于员工与原雇主很有可能签订"非竞争性协议"，因此其在离开原雇主之后与老客户交往将受限制。

但是，当员工离职之后，例如老客户姓名之类的简单信息不算作机密，可以使用公开信息联络原雇主的客户，并不违反准则Ⅳ（A）。

因此，在没有签订"非竞争性协议"的情况下，只要 Allen 在加入 B 公司之前仍然履行对原雇主的义务，在没有得到原雇主同意的情况下没有使用原雇主的信息招揽老客户，那么他就没有违反 CFA 道德规范和专业行为准则。

案例 3：C 公司的几名雇员即将离职并成立一家新公司，他们在离职之前非常小心，避免做任何损害原雇主利益的事情。他们刚获悉 C 公司的一位客户向 C 公司及其他竞争对手递交了一份要约，有可能雇用新的顾问公司。他们相信即将成立的新公司将符合该要约的条件，但该要约的申请期限很有可能在他们正式离职前就结束了。这些雇员在离职之前可以以即将成立的公司的名义申请这份要约吗？

解析：这些雇员与原公司共同申请要约无疑将导致雇主与员工之间的直接竞争，因此，除非获得雇主对相关申请行为的许可，否则上述行为将违反准则Ⅳ（A）。

案例 4：Jason 暑假在 A 公司参加了无薪实习开发一款财务软件。两个月后，他在 B 公司工作，工作内容也是金融财务软件的开发。离开 A 公司之前，Jason 复制了在 A 公司他协助开发的软件并运用在 B 公司的工作当中。

解析：虽然 Jason 在 A 公司没有获得货币酬劳，但仍然是 A 公司的一名雇员，他已经使用 A 公司的资源，并收获了工作经验和相关技能。在上一个公司中所生产的内容是属于 A 公司的资产，他未经同意就复制 A 公司软件的行为违反了准则Ⅳ（A）。

案例 5：Arron 是一名股票分析师，在没有通知现在雇主的情况下，他就注册成立了新的投资公司，其新成立的公司将与他的雇主竞争。但是，现阶段他还没有积极拓展客户。

解析：如果 Arron 是利用业余时间注册自己的新公司，并且在离职之前没有招揽客户和业务，与自己雇主的业务产生冲突，这并不违反准则Ⅳ（A）。

案例 6：Thomson 刚从 A 公司的投资组合分析师职位离职。入职时其劳动合同包括一个非招揽协议条款，要求他离职两年内不得招揽 A 公司的客户。他从 A 公司离职时，被告知 A 公司将立即通知客户关于他的离职并介绍他的接手人员。在 A 工作期间，Thomson 通过他的 LinkedIn 网络与客户、其他行业伙伴和朋友联系。他的商业和个人关系混杂在一起，因为他认为他的许多客户都是私人朋友。意识到他的 LinkedIn 网络将成为新的就业机会的宝贵资源，他在离开 A 公司几天后更新了自己的个人资料。LinkedIn 自动向 Thomson 的整个好友发送了一个通知，告知他的个人资料的变化。

解析：Thomson 并没有违反准则Ⅳ（A）。在 A 公司通知客户其离职几天后，他才更新了 LinkedIn 网络上的个人资料，他已将雇主的利益放在他自己的个人利益之上。此外，如果他两年内没有向 A 公司的客户招揽拓展相关投资服务业务，则没有违反他与 A 公司签署的非招揽协议。

2.4.2 准则Ⅳ（B）：额外收入安排

1. 原则

- **额外收入安排**：CFA 会员和候选人不得接受礼物、好处、补偿或报酬，导致与雇主利益相竞争，或者与雇主的利益发生冲突。如果 CFA 会员和候选人有额外收入，必须经由雇主的书面同意之后才能收取。

- **额外收入**（additional compensation）：除了雇主以外的第三方机构给予的收入，仅限于与本职工作相关的额外报酬，CFA 会员和候选人接受此类收入可能会与雇主的利益发生冲突。

何老师说

准则 Ⅳ(B) 要求 CFA 会员和候选人如果想要接受额外收入，需要披露给雇主，并获得雇主的书面同意才能收取。

该条准则需要重点理解什么是额外收入。额外收入是指除工资外的，与本职工作相关的额外报酬。与本职工作相关的额外报酬，可能会与雇主的利益相冲突，如客户给的额外奖励。

关于该条准则，与 Ⅰ(B) 独立客观性有关，总结如表 1-6 所示。

表 1-6　接受额外收入的总结

向雇主披露	得到雇主书面同意	违反条例
√	×	Ⅳ(B)
√	√	—
×	×	Ⅰ(B)、Ⅳ(B)、Ⅵ(A)

2. 指南

✓ 任何可能与雇主利益相冲突的礼物、好处、补偿或报酬，在未得到所有相关方，尤其是雇主的书面同意时，均不可以接受。

✓ 书面同意包括任何可以存档的交流方式，如电子邮件等。

✓ 要求取得雇主书面同意的原因，是这些行为可能影响 CFA 会员和候选人的独立客观性和对雇主的忠诚度，可能引起利益冲突。

3. 推荐的合规流程

对于除雇主给予的报酬之外的额外报酬，CFA 会员和候选人应当立即向雇主提出书面的报告，报告中应包括将要提供的服务和获得的报酬。

4. 案例

案例 1：George 是 A 信托公司的投资组合分析师，负责管理客户 Kathy 的账户。A 公司支付 George 工资，而 Kathy 向 A 公司支付一个基于她投资组合市场价值的标准费用。Kathy 告诉 George，如果在任何一年里，他的投资组合实现 15% 的税前收益，George 和他的妻子可以在 1 月的第三个星期去摩纳哥度假，住 Kathy 的房子，且 Kathy 将支付一切度假相关的费用。George 没有将此计划告诉他的雇主，但在 1 月的假期应 Kathy 之邀前往摩纳哥。

解析：由于没有书面告知他的雇主关于这个额外收入的安排，George 违反了准则 Ⅳ(B)。这项额外收入可能会使 George 在日常业务中更加偏向 Kathy，从而影响 A 公司其他客户的账户。George 在接受这个额外收入安排之前，必须获得其雇主的书面同意。

案例 2：Mark 是 B 公司的董事会成员，作为他在董事会服务的回报，Mark 及其家人在 B 公司可以享受无限会员特权。同时 Mark 也是一名基金经理，他给他的客户购买了 B 公司的股票。Mark 没有向他的雇主透露这种安排，因为他认为他没有获得为董事会服务的货币补偿。

解析：Mark 未能向其雇主披露他在 B 公司担任董事并获有非货币性报酬，同时他也没有向客户披露他与 B 公司之间的董事关系，有可能会影响到客户对 Mark 投资 B 公司股票的判断。他不仅违反了 Ⅳ(B)，还违反了 Ⅰ(B) 独立客观性原则。

2.4.3　准则Ⅳ（C）：作为主管的责任

1. 原则

CFA 会员和候选人必须采取一切合理的措施来监督下属，以确保下属遵守相关的法律、法规、条例或 CFA 道德规范和专业行为准则。

何老师说

准则Ⅳ（C）作为主管承担的责任分为 3 个方面：一是积极预防下属犯错；二是及时发现下属犯错；三是一旦发现下属有违规行为，应当采取相应措施。

第一，主管应当积极预防下属犯错，完善公司的规章制度，定期对下属进行教育和培训，制定职业道德激励机制。如果公司的规章制度不完善，CFA 会员和候选人应当拒绝履行主管责任。

第二，主管应当及时发现下属犯错，及时监管。如果 CFA 会员和候选人作为主管已经履行相关义务，采取完善的规章制度及完善的措施积极监察下属是否违规，但仍然有违规的行为发生，那么此种情况就不违反该准则。主管可以委托他人代为履行对雇员的监督职责，委托期间主管本身不能免责。

第三，主管一旦发现下属有违规行为，应采取相应措施，立即展开调查，采取处罚措施防止违规行为再次发生。

2. 指南

CFA 会员和候选人作为主管应当对职业道德准则有深入的了解，并以此将这些准则运用于履职期间。

✓ **积极预防下属犯错**

主管应当完善公司的规章制度，如果因为规章制度不完善而导致下属犯错，主管就应当承担连带责任。

如果公司规章制度不完善，主管有义务向公司管理层提出，并且推荐相应的更正措施。如果公司拒绝建立完备的合规审查系统，主管应当拒绝接受任何管理的任职。

主管应当定期给下属开展职业道德的教育和培训项目。

主管应当建立一个完善的职业道德激励机制，包括物质上的和精神上的，一方面更好地激励员工为公司的经营目标而努力工作；另一方面也是从道德层面给予员工奖励。

规章制度的建立可以参考 CFA 协会的职业道德规章制度，也可以参考公司自己的职业道德规章制度等。

✓ **及时发现下属犯错**

主管应当加强监督并阻止下属的违规行为。

如果主管已经履行相关义务，采取完善的规章制度及完善的措施积极监察下属是否违规，但仍然有违规的行为发生，那么主管就不算违反准则Ⅳ（C）。

主管可以委托他人代为履行对雇员监督的职责，但在委托之前应当指导被委托人如何监督、检查违法违规行为，并且主管委托期间自己不能免责。

✓ 发现下属有违规行为后应采取相应措施

当主管发现下属有违规或可能出现违规行为时，应当立即展开对下属有关行为的全面调查，以确认该下属的违规程度。

主管应该根据调查结果，采取必要的措施确保相关违规行为不会再次发生。例如，对违规下属的业务活动加以限制、增加对该下属的业务审核等。简单的口头警告、员工保证和向上级汇报并不能满足对违规行为处理的要求。

3. 推荐的合规流程

✓ CFA 会员和候选人应当向其雇主推荐建立道德准则。雇主应当避免混淆公司的合规流程和道德准则。CFA 会员和候选人应当鼓励雇主向其客户提供道德准则。

✓ CFA 会员和候选人应当知晓监督和预防违规行为的流程，并严格按流程执行。

完备的合规流程包括：制定清晰且易于理解的合规政策；指定合规审查员；明确管理层级及主管职责；制定审查和协调系统；简述合规流程内容；简述审查合规流程的过程；简述允许的行为；建立举报和惩罚违规行为的流程。

当合规流程建立之后，作为主管应该做到如下几个方面：向相应的下属分发审查的流程，并做到及时更新；经常给下属做关于合规流程的培训；必要时提醒下属遵守合规准则；具备专业的评估能力；审查下属的行为，确保下属的行为符合规范，及时发现违规行为；在发现违规行为之后，执行相应的程序；常规性检查合规流程，根据实际情况更新流程，以免将来类似的违反合规流程事件再次发生。

一旦发现违反合规流程的事件，主管应当迅速反应、展开全面调查、限制被怀疑对象的活动，直至调查完成。

✓ 实行合规教育和培训。主管应定期对下属进行职业道德及合规培训。

✓ 制定适当的激励机制。主管应将下属薪酬奖励与客户利益挂钩，而不是与公司利润挂钩；应营造诚信的工作氛围，鼓励员工做正确的事，而不是为了牟利不惜一切代价。

4. 案例

案例 1：Lucas 是一家地区性经纪公司 A 公司的高级副总裁兼研究部主管。他打算更改 T 公司的"买入"评级改为"卖出"评级。按照 A 公司的流程，他在给所有客户发布这个报告之前告知 A 公司的一些高层管理人员关于评级变更的事宜。Frank 是 A 公司的另外一名高级管理人员，是 Lucas 的手下，得知评级变更后，立即卖掉了自己账户中 T 公司的股票，同时也卖掉了一些全权委托客户账户中 T 公司的股票。此外，公司其他员工也在 T 公司研究报告公开发行之前将改变 T 公司评级的事情告诉一些机构投资者。

解析：Lucas 没有做到上级监管的责任。他没有去防止或者建立相关的程序来预防消息提前泄露，以及利用该信息进行交易。他必须确保公司对未公开的评级变更有相应的审查或者交易记录程序。Lucas 还应当告知其所有下属他们应当履行的责任，并能够检查到 Frank 和一些客户的不当交易行为。

案例 2：Leo 是 B 公司的研究部总监。投资组合经理对 Leo 及其下属非常不满意，因为他们推荐的股票中没有任何被收购的标的。Tracy 是 Leo 的下属，她告诉 Leo 她最近在研究一家当地公司 E，推荐买入。Tracy 说，这家公司传言将与一家知名的综合型大公司合并，合并的谈判正在进行中。按照 Leo 的要求，Tracy 准备了一个备忘录来推荐这个股票。Leo 将这个备忘录转给了公司的投资组合经理，注明还未经其审阅，然后休假了。由于这份备忘录的推荐，投资组合经理立即买入了 E 公司的股票。当 Leo 休假结束回到公司的时候，她得知，Tracy 推荐 E 公司股票的唯一消息来源竟然是其哥哥。Tracy 的哥哥是 M 公司的收购分析师，而那家"知名的综合型大公司"及所谓的会谈虽然有计划，但还未正式开始洽谈。

解析：Leo 违反了准则Ⅳ（C），原因是她在没有证实 Tracy 备忘录有充足、合理基础及没有使用重大非公开信息的情况下，就把此备忘录散发出去，因此没有履行其作为上级的责任。

案例 3：Lucy 是一名对冲基金的交易员，她最近发现一些过往的对冲基金投资策略有些问题，可能会降低其价值，损害客户利益。她将自己的担忧告诉了交易部门领导，但该领导告诉她不用担心，这个基金规模很大，不会有什么风险。但是 Lucy 觉得自己的想法是对的，将此情况反映到公司的合规部门，仍然得到不用担心此情况的回复。

解析：Lucy 公司的监管部门并没有尽到监管整个投资过程的责任，显然违反了Ⅳ（C），同时如果 Lucy 继续向有关部门反映此问题，根据行为准则中有关内部检举的指导，她并不违反Ⅰ（D）对雇主忠诚这一条。

案例 4：Peter 以前是卖方科技行业的初级分析师，他现在决定重返校园学习 MBA 学位。同时为了保持他的研究技能和行业知识，Peter 接受了一个互联网研究公司的职位。该职位要求每月针对不同的公司发布一些建议和报告。最初，Peter 是在线研究报告的定期撰稿人，也是相关讨论委员会的参与者。随着时间的推移，他的学业任务加重，在时间上与他的工作开始相互冲突。赶上第二天要更新报告，Peter 只能整理一些网上的新闻提交为规定的报告；同时，他推荐的股票也都是一些市场上的热门股票。

解析：这家线上研究机构允许 Peter 公布没有经过自己谨慎研究的报告，没有尽到监管应有的责任，违反了Ⅳ（C）。同时，Peter 自己违反了准则Ⅴ（A）勤勉尽责和合理依据。

2.5 准则Ⅴ：投资决策 ★★★

2.5.1 准则Ⅴ（A）：勤勉尽责和合理依据

1. 原则

✓ CFA 会员和候选人在做投资分析与决策、给客户投资建议时，应做到有合理依据，勤勉尽责；应当在进行独立、审慎并完整的分析过程后才可以采取投资行动。

✓ 每一个投资分析、投资建议及投资决策都应当有合理依据并充分地分析和调研。

何老师说

准则Ⅴ（A）（B）（C）是指在投资过程中需要遵守的准则，准则Ⅴ（A）勤勉尽责和合理依据的精髓在于投资决策的过程中要做到有理有据有节，勤勉尽责。主要关注以下 4 个细节：一是使用第三方研究报告；二是量化研究中对模型使用者和模型建造者的不同要求；三是选择外部咨询师；四是团体研究报告。

第一，使用第三方研究报告。

CFA 会员和候选人可以使用第三方研究报告，但是在使用前需要进行审慎研究，并披露第三方研究报告的来源。如果其没有进行审慎研究，直接使用第三方研究报告，并且第三方研究报告中存在误导性陈述，那么这类情况就违反准则 I（C）错误性陈述以及准则 V（A）；如果 CFA 会员和候选人在对报告进行了审慎研究的基础上，使用了第三方研究报告，但将其作为自己的研究报告发布；这种情况就属于剽窃，虽然不违反准则 V（A），但违反了准则 I（C）。关于使用第三方研究报告的总结如表 1-7 所示。

表 1-7　关于使用第三方研究报告的总结

使用第三方研究报告	I（C）错误性陈述	V（A）勤勉尽责和合理依据
未审慎研究	违反	违反
审慎研究，以自己的名义发布	违反	不违反
审慎研究，披露来源	不违反	不违反

第二，量化研究中的不同要求。

模型使用者，相关准则不要求 CFA 会员和候选人成为建模专家，但要求其必须了解模型的假设条件以及局限性，定期对模型进行检验，检验模型假设是否符合现实市场的情况。

模型建造者，要求 CFA 会员和候选人具备更高的勤勉尽责的责任，需要全面了解模型并定期对模型进行深入检测。

第三，CFA 会员和候选人在选择外部咨询师时，要做到有理有据有节。

第四，团体研究报告。如果某个分析师的研究结论和团队中其他分析师的结论不一致，但是该分析师认为团队的研究过程是尽职尽责且独立客观的，那么该分析师可以在团体研究报告上署名，同时也可以自行保存自己的不一致的研究结论。

2. 指南

✓ 定义勤勉尽责和合理依据

CFA 会员和候选人在提供投资服务时，会用到很多资源，例如公司的研究报告，第三方的研究报告，以及模型的计算结果等。

CFA 会员和候选人需要考虑的因素包括：国家及地区的宏观经济情况；行业在经济周期中所处的阶段；公司的经营以及财务状况；基金的费用结构和管理历史；数量模型的输出结果和潜在的局限性；资产证券化中标的资产的质量；比较对象选择的合理性。

✓ 使用二手资料⊖研究或者第三方研究报告时的注意事项

判断一份研究报告是否完善的标准包括：假设的正确性；分析的严密性；结论的及时性；建议的客观性及独立性。

在使用二手资料研究或者第三方研究报告前，CFA 会员和候选人必须对报告展开审慎的分

⊖　二手资料是指这些资料是经他人收集、整理的，这些资料可以来自于书籍、网络、期刊等。它们和调研得来的一手资料（primary research）同样重要。

析，判断该报告是否可靠。若对报告的完善性持有怀疑态度，则不应使用该报告。

可以依靠公司内部其他员工的帮助来判断研究报告是否完善。

✓ **使用量化分析模型时的注意事项**

对于模型使用者的要求：

相关准则不要求模型的使用者成为建模专家，但是必须掌握模型的假设和使用时的局限性，以及如何将模型分析的结果运用于决策过程中。

对模型进行定期检验，检验参数及假设是否符合现实市场。

案例 1：美国次贷危机之前，很多金融机构使用 RMBS 模型。RMBS 模型假设房价在区域与区域之间相关性很低。在房价较稳定时，该假设符合现实。但是当房地产市场整体崩溃时，市场出现恐慌情绪，会出现全国房价下跌的情况，此时大城市房价与小城市房价之间的相关性就会升高。该模型的假设便不再符合市场实际情况，使用者就需要对其进行调整。

案例 2：20 世纪 90 年代，美国的一家著名的对冲基金——长期资本管理公司，通过模型计算金融产品之间的相关系数，进而实行对冲策略。在正常市场状况下，美国公司债和美国国债之间的相关性为正，该公司通过买入公司债获得较高的收益率，卖出国债支付较低的收益率，以此来赚取利差。不幸的是，1997 年发生东南亚金融危机，俄罗斯也被卷入其中，从而发生了国债违约事件。于是投资者在避险心理的驱使下，纷纷抛售美国公司债，转而购入美国国债，导致美国国债价格上涨，公司债价格下跌。这时国债与公司债之间相关性变为负的，模型的假设已经与市场环境不相符，于是长期资本管理公司买入公司债、卖出国债的投资策略给公司带来了巨大的亏损。

对于模型建造者的要求：

- 建模者对于模型要有更深层次的了解。
- 必须理解模型技术层面的知识。
- 必须对模型和其产出的结果进行深入的检验。
- 必须考虑模型使用的数据的来源和时间范畴。
- 必须考虑模型的假设和分析的严密性。

✓ **选择外部咨询师时的注意事项**

确保公司对于审查外部咨询师有明确的标准，这些标准应当包括但不限于：

- 审查外部咨询师的道德准则。
- 了解外部咨询师的合规和内控流程。
- 评估公开信息的质量。
- 审查外部咨询师是否遵循其对外声称的策略。

需要外部咨询师的情形有：当基金的体量较大，需要进行全球配置时，如果基金经理自身对于国外市场不太了解，则需要寻找对国外市场比较了解的基金经理来帮助其进行相关管理；对养老金开展管理时，由于养老金的数额巨大，基金经理也往往会寻找其他基金经理来辅助管理，这样每位基金经理就可以管理投资组合中自己擅长的部分。

✓ **使用团队研究报告时的注意事项**

团队研究报告的结论代表整个团队的意见，但并不一定和团队中某个分析师的观点一致，即使他也在报告中签字。

如果分析师不认同团队的结论，应该在研究报告上签字吗？

如果团队的结论有合理且充分的理由，并且是独立且客观的，那么该分析师即使不同意研究报告的观点，也可以在团队研究报告上签字。但是该分析师不能不经过审慎的分析，直接遵循少数服从多数的原则，在团队报告上签字。

如果某基金经理总是推荐热门股票（由于时间不够，未经自己的审慎研究），那就违反了该准则。

3. 推荐的合规流程

CFA 会员和候选人应该鼓励他们所在的公司考虑采取如下政策和流程来支持准则 V（A）的要求：

- 公司对于证明研究报告和投资推荐是合理充分的，有明确的政策支持。
- 公司对于恰当研究和审慎分析，有详细的、书面的指南说明。
- 公司对于评判研究的质量有可计量的标准，并且与分析员的薪酬挂钩。
- 公司对于基于计算机的模型，有书面的流程以提供一个最低的可接受的情景测试的水平，该流程还应包含对于情景范围的适用标准、模型持续的准确性，现金流对于模型的假设和输入变量的敏感性的度量等。
- 公司对于评估外部信息提供者有明确的政策，强调提供的信息的合理性和准确性，并且明确评估的频率。

4. 案例

案例1：Adam 管理 S 证券公司的公司金融部门。该证券公司预期政府将很快消除一个税收漏洞，该漏洞目前允许石油和天然气开采公司把开采费用传导给某一类股票的持有者。因为目前市场上对于这种有税收优惠的股票仍然有很高的需求，S 公司说服好几个公司在这个税收漏洞被政府封堵前通过发行该类股票进行股权融资。由于时间紧迫，S 公司缺乏足够的资源去对所有可能的发行公司进行充分的研究。Adam 决定先基于每个公司的相对规模来预估其首次公开发行的股票价格，等公司员工有时间时再去对这个定价进行合理解释。

解析：S 公司应该只承担自己能力范围内的工作。通过简单的规模来对发行者进行分类，Adam 在给新股定价时就遗漏了所有其他定价因素的研究，因此就没有体现充分的审慎性。这样的遗漏会导致投资者购买的股票的定价并没有确实的依据，因而违反了准则 V（A）。

案例2：Jenson 是 A 公司的企业财务顾问，他最近新争取到一个客户 B 公司在他所在的公司做二级市场增发业务。B 公司要求增发价格是公司现在的价格。目前这家公司的股票价格相较于同业公司被高估。为了使现的估值看起来比较合理，Jenson 询问了公司的最大产量，发现如果用公司预测的最大产量来计算的话，B 公司的估值是可以接受的。他在给经纪公司进行路演的时候，将这个预期最优产量作为基本情况下的产量假设。

解析：在向外界提供信息时，Jenson 应该提供不同情况下的不同产量的股票增发的估值水平以及每种情况的概率，但他仅提供预期的最大产量来跟客户沟通，这会误导客户，因此违反了准则 V（A）。

案例3：C 公司是一家全球性养老金资产管理公司，这家公司对全球各个区域的各类投资资产基金经理都有研究，并在对每一个经理进行了彻底的尽职调查后，将他们的评级放在公司的基金经理数据库中。Andrew 担任英国的基金经理，他管理的 B 养老基金准备聘用一家专业的美国股票投资机构负责相应部分的投资。Andrew 访问了他们的全球数据库，并根据客户的投资理念，期望收益与风险承担能力对数据库中所有美国股票投资机构进行筛选后择出 5 家符合这些标准的第三方投资机构，并在 10 天后向客户提交简报。

在这期间，Andrew 被告知，C 公司的基金经理数据已经更新，其中被他选中的一家机构的首席投资官离职了。但是 Andrew 没有用这个更新的信息修改他的简报，仍然使用之前的版本。

解析：Andrew 在得知数据库已更新以后，特别是一家机构高管和创始人发生离职的情况，没有更新他的报告以反映新信息，所以以未能满足准则 V（A）的要求。

案例 4：Anthony 决定寻找一名外部基金经理来管理客户越来越多的海外投资需求。他使用 CFA 协会 "征求建议书" 的格式设计了调查问卷。在设定的截止日期之前，他收到了 7 家来自国内和国际公司的申请。Anthony 详细审查了所有申请，并决定选择收取最低费用的公司，因为这样做对公司的净利润影响最小。

解析：Anthony 选择外部顾问服务只是从费用高低决定，没有对其历史绩效和成本结构做全面和完整的评估，所以 Anthony 违反了准则 V（A），而且仅选择一个最便宜的机构，很有可能不适合客户要求，可能违反准则 Ⅲ（C）。

案例 5：William 是负责对次级抵押贷款证券进行敏感性分析的分析师。他坚持自己对房地产市场的前景为：房屋价格上涨率为第 1 年 - 10%，第 2 年 - 5%，然后（模拟最坏的情况），第 3~5 年为零。但基金经理认为这个假设太可怕了，因为历史中从未有过房屋价格升值小于零的时刻。William 认真评估了自己的模型假设、分析逻辑。根据测试结果，William 不看好未来房地产市场，因此不建议购买相关证券化产品。

针对 William 的分析结果，基金经理遵循了他的建议并不投资。

第 2 年，房地产市场崩溃，该基金经理人的投资组合胜过当年的同行水平。

解析：可以看到，William 做了十分充分的研究，符合准则 V（A）的要求；同时，没有受到基金经理的压力，保持了客观独立性。

案例 6：Ethan 是 A 基金的首席量化分析师。他负责开发、维护用于增强 A 基金自身管理的专有模型。Ethan 平时会阅读一些高水平的数学出版物和博客，以了解当前量化模型研究的发展情况。他发现，由专家 C 运营的一个博客发布了一些有趣的研究，这可能有益于 Ethan 目前开发的模型。刚好近期 Ethan 正受到企业高管的压力，让他提高其模型的预测能力，所以 Ethan 就将在网上看到的专家 C 研究中的讨论因素加入自己模型中。Ethan 将更新后的模型结果产生的投资结果发送给了基金经理。

解析：Ethan 没有经过自己审慎的研究就将从网上看到的模型因素纳入自己的模型中，这违反了准则 V（A）。

2.5.2 准则 V（B）：与客户的沟通

1. 原则

✓ 将投资产品基本的投资概念及理念要披露给客户，不能仅仅向客户给出投资结论。

✓ 投资自身发生重大改变且这些变化可能影响投资者的投资判断时，应当及时向客户披露。

✓ 投资过程中显著的限制性和风险要披露给客户，使客户享有知情权。

✓ 对投资分析、投资建议、投资行为有重大影响的因素要披露给客户。

✓ 与客户沟通时要区分事实与观点。

何老师说

准则 V（B）与客户的沟通要求 CFA 会员和候选人与客户沟通时必须全面、如实、及时。

全面：公司及自身任何影响客户投资决策的改变，应当及时向客户披露，便于客户做出准确的投资决策。

如实：不能错误表述，误导客户。

及时：及时与客户沟通，便于客户快速反应，避免损失。

与客户沟通的内容包括：

第一，CFA 会员和候选人应当披露基本的投资理念，不能仅仅给出投资结论。

第二，投资自身任何影响客户投资决策的重大改变，如模型改变、基金经理改变、公司管理层改变等，需要及时向客户披露。但是如果一些改变与客户投资决策无关，如公司更换保安，则没必要向客户披露。

第三，投资过程中显著的限制性和风险，客户拥有知情权。

第四，与客户沟通时要区分事实与观点，将观点阐述为事实，违反准则 V（B）、准则 I（C）。

准则 I（C）错误性陈述包含准则 V（B）的内容，只要违反准则 V（B），就违反准则 I（C）。

2. 指南

✓ **投资的基本特征要披露给客户**

● 让客户持续了解投资过程的变化。

● 让客户了解投资的基本特征，对于独立判断该项投资的适当性很重要，在判断该项投资对整个投资组合的影响时更加重要。

● 让客户知晓外部咨询师的专业性或分散化技能。

✓ **与客户沟通的方式**

与客户沟通可以采取多种方式，不仅包括研究报告，还包括口头交流、电话、电邮沟通。使用新媒体向客户提供信息时，应该确保公平对待所有的客户。

如果投资建议采用非常简短的形式（如股票推荐清单），应当告知客户详细的信息和分析是可以提供的。

✓ **投资分析的风险和限制性**

应当向客户及潜在客户披露投资产品及投资建议的重大风险及限制性。披露的风险主要包括：杠杆的使用会带来重大风险、市场风险、运用复杂金融工具带来的重大风险等。其他应当披露的风险包括但不限于：对手方风险、国家风险、行业风险、单项资产风险以及信用风险。

投资产品存在的一些限制性因素会影响客户及潜在客户的投资决策。限制性因素包括但不限于：流动性的限制，投资能力的限制（投资能力是指投资金额超出该投资上限后，新增投资会给投资回报带来负面影响）。

✓ **报告展示**

会对投资结果产生重大影响的因素都应当披露给客户。

只要分析师明确了分析报告的局限性，并且做了充分的调研，他可以在报告中对某些内容进行重点描述，并忽略一些不重要的内容。

基于数量分析的投资建议应当有相关的参考资料作为支撑，并且要与使用的方法保持一致。如果方法改变，应当着重标出。

✓ **区分事实与观点**

如果相关报告中没有指出盈利预测、未来股利的变化、未来单位市场价格是受到未来条件的影响，这些情况就算作没有区分事实与观点。

当使用复杂的数量分析模型时，分析师应该清楚区分事实与分析结论（模型得到的是观点而非事实），并且明确已知的分析的局限性。

应当与客户及潜在客户明确讨论投资模型及投资过程中使用的假设。

在向客户介绍模型或者分析过程的准确性时，CFA 会员和候选人应当遵循谨慎原则，因为模型或分析的结果只是对于未来的一种不确定性的预测。

3. 推荐的合规流程

研究报告中对于相关因素的选择是评判报告质量的一项标准，所以 CFA 会员和候选人应当保存记录用来说明研究的本质；并且当客户或者其他报告使用者提出对额外信息的需求时应当能够提供相关资料。

4. 案例

案例 1：Cindy 是 A 公司的营销总监，她确信找到了增加公司收入并使产品多样化的完美公式。Cindy 计划通过向高净值客户营销一个 A 公司独有且昂贵的投资建议来建立 A 公司作为领先的资金管理者的声誉。这个计划实施的障碍在于 A 公司投资系统的复杂性，该系统是以技术交易规则（基于历史价格和成交量的波动）和最小化风险为目的构建投资组合。为了实施这个计划，Cindy 决定建议中仅包含每周排名前五的买入和卖出推荐，但不包含估值模型和组合构建机制的具体细节。

解析：Cindy 的计划违反了准则 V（B），因为她没有披露这个投资建议背后的所有相关因素。为了有效地实施这个建议，Cindy 不需要详细描述投资系统，但是客户必须了解 A 公司的基本投资过程和投资逻辑。如果不了解这些投资特性，客户很可能无法知晓投资的局限性和内在风险。

案例 2：Mike 是 A 证券公司的一名采矿行业研究员。他刚刚完成了对于 B 采矿企业的研究报告，报告中包含了他从地质学角度对于 B 企业开采地的矿产储蓄量的估计。Mike 使用 B 企业最近的开采量作为核心样本来完成他的计算。根据 Mike 的计算结果，B 企业在该开采地有超过 50 万盎司⊖的金矿可供开采。Mike 在他的研究报告中发表了如下结论："基于事实分析，B 企业有 50 万盎司的金矿可供开采，我强烈建议买入该公司股票。"

⊖ 1 盎司 = 28.3495 克。

解析：Mike 违反了准则Ⅴ（B）。他对于金矿可开采量的计算结果是一种观点，而非事实。观点和事实必须在其研究报告中被区分开来。

案例 3：B 公司是一家激进的成长型投资公司，自公司成立日起，它就宣称自己是国内小盘股的投资专家。B 公司的选股标准之一是投资标的公司的最大资产量不超过 2.5 亿美元。连续几年，B 公司都获得了卓越的相关投资业绩，客户群也随之增长，目前它的资产管理量超过 3 亿美元。为了提高流动性，首席投资官决定将投资标的公司的最大资产量的标准提高至 5 亿美元，并且相应地改变公司的销售和营销策略以告知潜在客户和第三方顾问。

解析：虽然在关于投资过程的改变上，首席投资官通知潜在的利益相关方的做法是正确的，但是他也应该告知 B 公司的现有客户。在多个基金经理的管理方法下，现有客户中可能会有相当一部分群体不仅把 B 公司作为一个小盘股管理者，也把它视为中盘股和大盘股的投资管理专家。这样的客户会把 B 公司选股标准的改变视为投资风格的转变，因为这个改变会扭曲他们整体的资产配置。

案例 4：上例中，B 公司没有把最大资产量的标准由 2.5 亿美元上调至 5 亿美元，而是将它的投资范围扩大到包含一些外国公司的股票。

解析：准则Ⅴ（B）要求 B 公司的首席投资官告知客户这个改变；因为公司部分客户之所以选择 B 公司就是看中它对于国内小盘股的投资能力。其他一些需要告知客户的改变包括：投资组合为了模拟某一个市场板块的表现而引入衍生品；放松其他限制条件，如投资组合的 beta 值。在这种情况下，CFA 会员和候选人必须向所有的利益相关方披露这些改变。

案例 5：Jayden 是 D 基金（慈善捐赠基金）的投资总监。D 基金决定不再只单一投资大盘股票，也想投资一些中小盘股票，并想通过聘请外部基金经理来管理这部分投资需求。Jayden 在最新给客户的信件中指出，"作为投资总监，我将直接监督管理基金的大盘股投资配置，同时会联络外部专门的基金经理由他们管理其他资产投资并会持续监督审查"，信中还描述了变更的原因以及外部管理机构的资质和历史投资业绩。

解析：Jayden 的做法符合准则Ⅴ（B）的要求。他将投资类别变更，以及由外部基金经理负责投资大盘股以外资产等细节全部披露，客户获得了足够的信息来判断是否继续投资。

案例 6：Ryan 是主要为南美客户提供投资咨询服务的风险分析师。他向客户介绍了该公司如何使用 VaR 风险分析来追踪其策略风险。Ryan 向客户保证，以 99% 的置信水平计算风险价值，使用 20 天的持有期，并应用基于事前蒙特卡罗模拟的方法是非常有效的，该公司的损失从未超过该风险价值分析预测出的损失。

解析：Ryan 没有充分传达与投资过程相关的风险以满足准则Ⅴ（B）的要求。Ryan 的风险价值分析预测的损失在很大程度上取决于模型中使用的输入。损失的规模和概率可能与个人模型预测的差异显著不同。Ryan 必须披露这些模型参数是如何选择的，并披露潜在的风险和限制等因素。

案例 7：Ben 出席了一次行业会议，并结识了 A 公司中的基金经理 James，James 在与会者中引起了极大关注。根据他对 A 公司过去良好的声誉以及在会议上 James 出色的表现，Ben 建议将 A 公司添加到自己公司的经理人平台。他向公司审批委员会提出的建议中陈述"James 在业内备受尊重，他的见解一直受到投资者的追捧。我们的客户肯定会从与 A 公司的合作中受益"。

解析：Ben 没有详尽审慎地考查 James 真实的投资能力，只是依据自己的个人意见认为

James 的声誉很好就进行建议，所以违反了准则 V（A）。他在给公司推荐时，在建议中没有区分他自己的观点和事实，只是通过行业会议上别人的讨论而做出判断，也违反了 V（B）。

2.5.3 准则 V（C）：记录保存

1. 原则

✓ CFA 会员和候选人应当建立并保存关于投资分析、投资建议、投资决策，保存与客户及潜在客户关于投资的沟通记录。

何老师说

准则 V（C）记录保存是指保存与客户沟通时的所有资料。需要理解以下两个方面：

第一，准则 V（C）要求记录保存期限至少为 7 年，如果当地有关于记录保存年限的法律规定，则按照法律规定的年限保存记录。注意该条规定与准则 I（A）知法守法的不同。

可以以任何形式保存记录，如果只用一种形式保存记录，并不违反该准则。

例如，当地法律规定记录要保存 5 年，该公司以纸质、电子形式保存了 6 年，结果发生了火灾，纸质记录全部被烧掉，电子的记录都还在。该公司的做法符合法律规定（因为公司实际保存了 6 年的数据，大于当地法律规定的 5 年要求），不违反该准则。

第二，保存的记录属于公司财产，员工离职时如果带走，那就违反准则 V（C）、IV（A）对雇主忠诚。

2. 指南

✓ **保存方式**

记录可以采用纸质或者电子的保存方式。

✓ **保存的记录是公司的财产**

如果 CFA 会员和候选人离职，在未得到前任雇主同意的情况下，保存的记录不能被带走，包括研究报告及相关记录的原件和复印件。

CFA 会员和候选人不能使用在前公司撰写的研究报告和投资建议。

CFA 会员和候选人在新公司运用新的资源重新创建记录是可以的，但是不能通过记忆或背诵原记录的方式来实现。

✓ **新兴社交媒体平台上与客户的沟通记录需要妥善保存**

近年来，互联网技术的发展，尤其是互联网社交平台、即时通信技术的发展与普及促进了信息的传播，方便了信息的共享。与此同时，也为我们记录、保存相关信息带来了挑战。以往传统纸质记录的信息，如与客户的协议、对客户的投资建议、与客户的交流信息等正在逐渐被线上使用的电子信息所替代，如社交媒体发布的投资建议、报告等信息，即时通信软件、公众号与客户交流的信息。

虽然信息的载体发生了变化，但是只要信息与投资活动相关的本质没有发生变化，CFA 协会要求我们仍需要对此类信息做好记录和保存。该准则记录保存的本质就是要求我们对一切与投资建议、与客户沟通内容等相关的信息做出妥善的保存。

当下电子信息的普及度、发展速度远远快于监管当局相关监管政策的推出速度。因此与信息保存、记录相关的监管仍属于空白地带，这就要求我们格外地注意信息的记录与保存。本着谨慎性原则，我们要确保所有相关的信息都得到了记录和妥善的保存。需要保存的电子信息来源包括但不限于：电子邮件、短信、微博、博客、微信公众号发布的信息等。

✓ 遵守当地法律关于保存记录的规定

保存年限遵守当地法律规定，若无法律规定，CFA 协会建议的保存期限是 7 年。

3. 推荐的合规流程

总体而言，记录的保存是公司的责任。

4. 案例

案例 1：John 的一位客户对于所获得的差劲的投资回报感到不满。这位客户的投资政策说明书要求基金经理采用比较基准导向的投资方法。该客户的投资比较基准包括 35% 的科技板块投资，并且该比例在投资前已获得客户的确认。在过去的 3 年中，科技板块的投资产生了巨大亏损，该客户向 John 抱怨该板块的投资过多。

解析：对 John 来说，拥有恰当的记录能够证明过去 3 年科技板块的投资占比为 35% 是非常重要的。这样的话，根据客户的投资政策说明书，该客户投资在科技板块的金额就是合适的。John 还应当在该客户的投资政策说明书中表明投资比较基准也适合该客户的投资目标。John 还应该具备可以显示他已经向该客户恰当地解释过该项投资的相关记录，并且定期更新投资政策说明书。

案例 2：Benjamin 是一位研究分析师，撰写了大量有关奢侈品零售业评级公司的报告。他的报告基于多种来源，包括与上市公司经理、制造商和经济学家的访谈，现场公司参观，客户调查，以及涵盖相关行业的分析师的二次研究。

解析：因为 Benjamin 的报告基于很多数据来源，所以他必须仔细记录并保存其报告中的所有信息的副本，包括其他分析师或第三方的研究。

案例 3：Tyler 在 A 公司工作时开发了一个分析模型。他系统地记录了组成该模型的假设以及背后的推理原理。由于他的模型取得成功，Tyler 后来被聘为 A 公司竞争对手之一的研究部门的负责人。Tyler 将他研发的模型的记录复制到了新公司。

解析：Tyler 在未经过 A 公司允许的情况下，将原公司的所有记录复制到竞争公司违反了准则 V（C）；同时，也违反了 Ⅳ（A）对雇主忠诚。

2.6　准则Ⅵ：利益冲突 ★ ★ ★

2.6.1　准则Ⅵ（A）：利益冲突的披露

1. 原则

✓ 对于有可能会影响独立客观性或是涉及对客户、潜在客户及雇主的责任的事项，CFA 会员和候选人必须充分公平地将所有事项披露出来。

✓ 披露时需注意披露重点，并用简单易懂的语言进行相关信息的有效沟通。

何老师说

我们可以用一个成语来理解利益冲突，就是"瓜田李下"，是指在瓜田里不提鞋子，在李树下不整理帽子，以免被别人怀疑，即指容易引发嫌疑的地方，或指比较容易引起嫌疑，让人误会而又有理难辩的场合。

如何判断是否有利益冲突，最简单的办法是把自己当成客户，判断案例中的主人公的行为是否会引起你的怀疑。

只要充分披露利益冲突，就不违反准则Ⅵ（A）。

2. 指南

该准则通过要求 CFA 会员和候选人对客户、潜在客户、雇主充分披露所有现有或潜在的利益冲突，从而保护客户和雇主的利益。

一旦利益冲突被完全披露，雇主和客户便有足够的信息去衡量投资建议的客观性，评估自身利益是否会受到损害，因此，只要 CFA 会员和候选人充分公平地披露利益冲突，就不违反该准则。

✓ **向雇主披露利益冲突**

当 CFA 会员和候选人推荐一家公司的股票时，需要对雇主披露的利益冲突包括以下几种情况：

第一，CFA 会员和候选人持有这家公司的股票。

第二，CFA 会员和候选人是这家公司的外部董事。

第三，来自其他方面的压力。例如，自己的伴侣或是家人通过继承或其他方式拥有了这家公司的股票，等同于自己间接拥有。

这些情况都必须充分披露给雇主，才能保证投资推荐的独立客观性。

✓ **向客户披露利益冲突**

当 CFA 会员和候选人研究推荐一家公司的股票时，需要对客户披露的利益冲突，有以下几种情况。

第一，CFA 会员和候选人所供职的公司是这家上市公司的顾问或公司内有成员是这家上市公司的外部董事。

第二，CFA 会员和候选人所供职公司的投资银行部门正在帮助这家公司做兼并收购、债券发行等投资银行业务。

第三，CFA 会员和候选人所供职的公司与这家公司有资金上的往来。

第四，CFA 会员和候选人所供职的公司是这家公司股票的做市商。

第五，CFA 会员和候选人本身是这只股票的受益人，或拥有这家公司的决策投票权等。

CFA 会员和候选人对于雇主已经知晓的信息，不需要再披露给雇主，只要披露给客户即可。

何老师说

只要违反了准则Ⅵ（A）利益冲突的披露就肯定违反了准则Ⅰ（B）独立客观性，因为违反了利益冲突的披露就说明没有将令人怀疑的事项事先披露出来，也就意味着并没有对事件的独立客观性有所澄清。

反之，违反准则Ⅰ（B）独立客观性的行为，却并不一定违反准则Ⅵ（A）利益冲突的披露。

此外，还可联系Ⅳ（B）额外收入安排来记忆，如果员工获得额外的报酬却未向雇主披露，也就违反了Ⅵ（A）和Ⅳ（B）。

✓ 部门间的利益冲突

市场部可能会要求卖方研究员向客户推荐公司承销发行的股票或债券，从而稳定公司业绩。

CFA 会员和候选人需要妥善处理解决此类潜在的利益冲突或根据准则Ⅵ（A）的要求对其进行披露。

✓ 持股引起的利益冲突

当会员和候选人推荐一家公司的股票，同时自己又持有这家公司的股票时，需要披露这一事实，才不会违反该准则。

✓ 作为董事引起的利益冲突

作为一家公司的董事会成员，主要有以下 3 个方面的利益冲突，只要清晰地披露给客户，就不违反该准则：

第一，对客户责任和对公司股东的责任相互之间产生利益冲突。作为一位研究员，应该把公司的优缺点都清晰地披露给客户，以保证客户的利益；与此同时，作为这家公司的董事，又要履行其保障公司股东的利益的义务。

第二，董事收到公司以股票或期权作为报酬时应充分披露。

第三，董事有机会获得公司重大内幕消息。因此对于如何管理内幕信息也应该披露给客户。

3. 推荐的合规流程

✓ CFA 会员和候选人应把获得的额外报酬都清晰地披露给客户，如业绩提成、佣金、激励费用、奖金、介绍费等。如果公司有规定不允许披露这些额外费用，CFA 会员和候选人应该将公司有关规定存档，或是脱离此项业务。

✓ 鼓励 CFA 会员和候选人把所有关于额外报酬的信息列入公司的资料库内，当由于资产升值或业绩提成得到额外报酬时，相关信息就会向客户披露。如果在某项融资活动中，CFA 会员和候选人获得期权作为额外报酬，应在任何有关此融资活动的研究报告批注里披露其即将获得期权的份额及到期时间。

4. 案例

案例 1：Hill 是一家券商公司 FMA 的分析师。FMA 的兼并收购部门为 Sight 公司提供兼并收购业务近 20 年，并且 FMA 一些员工也曾多次列席 Sight 公司多个子公司的董事会。Hill 现要写一篇关于 Sight 公司的研究报告。

解析：Hill 必须在研究报告里披露，FMA 公司和 Sight 公司的特殊关系。在公开募股发行中参与的经纪人、做市商和参与公开募集发行的情形都必须在研究报告里披露，因为这些都是特殊关系的具体表现。在此案例中，FMA 公司是 Sight 公司兼并收购业务的承销商，一个公司的承销商代表了它和这个公司在投资业务方面特殊的过去关系和潜在的未来关系。此关系会影响研究报告的独立客观性，因此需要披露。

案例 2：MC 是 Thomas 投资咨询公司的投资组合经理，负责投资养老金账户，这些基金有长期的投资目标，目前正处在资本累积阶段。一年前，MC 的公司为了激励员工，引进了分红报酬体系。该体系基于基金经理每个季度的同行业类似公司业绩和一些行业指数的表现。MC 改变了他的投资策略，为客户购买了一些波动性较高的股票从而提高短期收益。然而这些购买策略与客户当时签订的投资政策说明书并不一致。在这一年中，MC 也没有建议客户改变投资目标和策略。现在 Thomas 公司的客户询问为何其账户里的投资组合都是以高波动性、高成交量的股票为主。

解析：MC 违反了准则Ⅵ(A)，因为他没有能够通知他的客户关于他和雇主之间的报酬协议的变化导致的利益冲突。Thomas 投资咨询公司根据员工的业绩支付员工薪酬，因此公司以员工短期业绩目标为基础的薪酬体系与客户的账户产生利益冲突。此外，MC 改变其投资策略前也必须向其客户披露这一决定。同时，这一操作也违反了Ⅲ(C) 适当性。

案例 3：Boris 在一个新兴市场表现很优秀的投资公司 Mars&Evenly 里负责东欧股票投资。在一次前往俄罗斯的出差中，Boris 得知在俄罗斯直接购买股权很困难，但可在纽约一个投资银行总部购买与俄罗斯股票相关的债券。Boris 觉得自己的公司不会对这个债券感兴趣，于是在没有告知公司的情况下自己购买了一个与俄罗斯电信公司挂钩的债券。一个月后，Boris 准备写一个研究报告，认为其所在的公司应该通过在纽约购买此类债券，从而投资俄罗斯的股票，并且推荐了几个投资机会。其中，Boris 自己所投资的债券也并列其中。

解析：Boris 违反了准则Ⅵ(A)，因为他没有披露他持有一个和俄罗斯电信公司挂钩的债券。根据准则，Boris 必须向其雇主披露此项投资机会，并且需要根据公司关于员工个人交易的政策，决定他是否可以为自己的私人账户购买此债券。尽管购买这个债券，不一定影响 Boris 的投资能力以及独立客观性，但他没有披露这一事项，就会影响公司对此类关系是否有利益冲突的判断，影响公司日后对 Boris 投资推荐能力的判断。

案例 4：Nicholas 作为 B 基金公司的高级投资组合经理，他最近成为 C 基金会的受托人，该基金会是他家乡的一个非营利性大型基金会。B 基金公司是一家小型理财公司（管理资产约为 1 亿美元），主要针对个人投资者的需求。而 C 基金的资产超过 20 亿美元。Nicholas 认为他不用告诉雇主 B 基金公司他参与了 C 基金的管理。

解析：由于 Nicholas 兼职管理的 C 基金管理资产规模巨大，可以合理地预计 Nicholas 管理起来会非常耗时，所以这可能会损害 Nicholas 对雇主 B 基金公司投资管理责任，所以违反了Ⅵ(A)。

案例 5：Gavin 是他所在州的养老基金首席投资官。该基金一直使用外部顾问进行房地产投资。Jackson 是 Gavin 的老朋友，最近刚离开了他所在的投资银行，开办了自己的资产管理公司 B。Jackson 正试图建立他自己公司的资产管理，并与 Gavin 联系，想获得一些养老基金管理的分配。刚好在过去几年中，养老基金之前的房地产投资的表现让 Gavin 不是很满意，所以 Gavin 决定帮助他的老朋友 Jackson，并将房地产投资配置交给了 Jackson 的公司。而有关投资顾问的变更通知只出现在了下一年度披露的相关顾问名单中。

解析：Gavin 更换了投资顾问，并没有事前进行披露，而是在下一年度，没有及时披露给投资者以供其做出及时判断，违反了准则Ⅵ(A) 同时也违反了Ⅴ(B) 跟客户沟通原则。而且他只是披露了管理机构的改变，没有披露换成他朋友的公司，所以也违反了Ⅰ(B) 独立客观性。同时，他选择 Jackson 的公司没有进行详尽、审慎的调查违反了Ⅴ(A) 原则，作为州养老基金的首席投资人，更换投资总经理没有合适的监督管理机制，还违反Ⅳ(C) 作为主管的责任。

2.6.2　准则Ⅵ(B)：交易优先次序

1. 原则

CFA 会员和候选人应把客户和雇主的利益置于自己的利益之前。此准则的设立是为了防止在交易过程中 CFA 会员和候选人的个人交易与客户或雇主的交易产生利益冲突。为确保客户和雇主的利益，交易顺序依次为客户、雇主、个人。

何老师说

对比准则Ⅵ(B) 交易优先次序和准则Ⅲ(B) 公平交易。

准则Ⅵ(B) 交易优先次序是指在客户、雇主和分析师个人之间发生利益冲突时，应优先保障客户利益，把个人利益置于最后，交易的具体顺序为客户 > 雇主 > 个人。

准则Ⅲ(B) 公平交易是指客户和客户之间需要公平对待，这两个准则针对的对象并不相同。

需要注意的是，对于准则Ⅵ(B)，分析师要留给客户足够的时间接收信息并做出反应。如果分析师在向客户推荐股票后，时隔几分钟，自己就买了这只股票，表面上看起来分析师已经尊崇了客户优先的交易顺序，但实际上它违反了准则Ⅵ(B)，因为分析师并没有留给客户足够的时间接收信息并做出反应。

2. 指南

✓ 避免潜在利益冲突

在服务客户时，即使存在利益冲突，CFA 会员和候选人依然可以进行个人投资，只要满足以下 3 个条件：

第一，相关交易不损害客户的利益。

第二，分析师进行个人投资时不得从客户的交易中获利。

第三，投资活动要遵循相关法律要求。

✓ 客户和雇主的交易应优先于分析师的个人交易

这是为了防止分析师从客户和雇主的交易中获取私人利益。

有时分析师和客户或雇主同时投资一类产品也不一定会造成利益冲突，在一些特定的投资中，客户会要求和分析师拥有一致的利益。

✓ 内幕信息的条款

CFA 会员和候选人有可能在代表客户或公司进行投资活动时提前获得了内幕消息，CFA 会员和候选人不允许将内幕消息透露给任何人，或是通过他人持有自己受益的账户来进行投资套利。

✓ 受益人账户的影响

CFA 会员和候选人可以在客户和雇主之后用其受益账户进行交易。

受益账户包括 CFA 会员和候选人自己的账户、家庭成员的账户（包括配偶、孩子和其他直系亲属的账户）、直接或间接拥有的货币账户（如信托账户和退休金账户）等。

如果 CFA 会员和候选人家庭成员的账户和其他客户的账户一样是支付服务费的，那么 CFA 会员和候选人就必须向服务其他客户一样为家庭成员账户提供服务，而不应该因为家庭成员账户的关系将其特殊对待。

3. 推荐的合规流程

- ✓ CFA 会员和候选人应该鼓励公司建立相应的程序，来处理由于分析师个人账户交易而导致的利益冲突，避免客户或公司的利益受损。

- ✓ 公司应建立适合自己的合规流程，不同公司的流程需要具体确定，但所有的公司都应该建立以下几项基本的程序：

第一，限制参与股票 IPO。由于 IPO 的股票在面向市场后会在短时间内出现巨大的升值空间，CFA 会员和候选人可以通过不参与股票 IPO 的方式来避免利益冲突的发生。

第二，投资私募股权的限制。私募股权属于高风险的投资，公司一般不会建议客户投资私募股权。当私募股权的项目在二级市场成功退出时，将会和股票 IPO 一样获得巨大的收益，因此，如果 CFA 会员和候选人个人投资了私募股权，就很有可能在股权需要退出时向客户大力推荐，从而加剧利益冲突的产生。因此，公司需要严格限制私人购买私募股权，并且建立适合的监管流程和审查程序。

第三，设置股票的锁定期。为避免 CFA 会员和候选人的私人投资交易优先于客户的投资从而产生利益冲突，可对 CFA 会员和候选人私人投资的股份设置股票的锁定期，即不能在预期客户或雇主交易之前进行交易。

第四，汇报机制。上级应对员工私人投资建立汇报流程机制，流程应包括：披露个人或个人受益账户的持有证券、对公司和员工交易的反复确认、参与 IPO 的事前审批等。

第五，披露政策。必要时，CFA 会员和候选人应向投资人完整披露公司关于私人交易的政策。

4. 案例

案例 1：Evan 是股票研究分析师，他不建议其雇主购买一只股票，是因为他想自己优先购买该股票，所以不希望等到该建议被雇主采纳后买入该股票推高其价格。

解析：Evan 在其雇主获得收益之前，优先自己购买获利，他把自己利益放在雇主利益之前违反准则 Ⅵ(B)。

案例 2：Ray 是一家保险经纪公司的分析师，他正在为公司各地的分支机构做一份报告。在报告中，他给出了行业内一家龙头公司的负面评价。第二天，Ray 的报告被印刷分发给公司的销售队伍和公众客户。报告中建议短期和中期的投资者出售这家龙头公司的股票。在报告被传播出去几分钟之后，公司交易部门主管 Lily 便停止了买入这家公司股票的操作，转而迅速准备卖出。Lily 宣称她进行这样的操作是为了预期机构投资者将出售该股票。

解析：Lily 预见到股票和期权市场都会对"卖出"的建议有所反应，但她没有在自己为公司进行交易之前为客户买入或卖出股票提供行动的时间窗口。在报告向大众传播时就采取交易，Lily 为自己公司的交易很有可能可以压低"买入"的价格而抬高"卖出"的价格。Lily 如果等到客户充分接收和考虑 Ray 的建议后，再对自己的账户进行操作，则可避免利益冲突。因此，Lily 的行为违反了准则 Ⅵ(B)。

案例 3：Tiffany 帮助客户管理若干股票交易账户的同时用她的丈夫的名义开有一个股票交易账户。当在购买热点股票时，她首先用丈夫的账户购买，如果还有剩余购买额度的话，再替其客户购买。

解析：Tiffany 丈夫的账户视同为自己收益的账户，在做交易时，她把自己的利益放在了客户利益之前，违反准则Ⅵ(B)。当存在利益冲突时，她必须首先为她的客户购买股份，再为她的丈夫购买热点股票。

案例 4：Mason 是 A 基金公司的基金经理，他管理退休金账户，这其中包括他父母的退休账户。每当有新股发行可认购时，他首先将新股份额分配给所有其他适合投资的客户，然后才会将剩余部分分配给其父母的账户（满足 IPS 要求的条件时）。

解析：Mason 的父母也是其公司的客户，有权享受与公司其他客户相同的待遇，所以他违反了准则Ⅵ(B)。

2.6.3　准则Ⅵ(C)：介绍费

1. 原则

CFA 会员和候选人在做产品或服务的推荐时，必须事前向客户、潜在客户及公司披露任何收到或支付的佣金、利益或好处。

何老师说

介绍费不仅需要向客户或潜在客户披露，还需要向雇主披露，因为 CFA 会员和候选人收取了介绍费就相当于收取了额外好处，因此，必须向雇主披露。

但在雇主已知晓介绍费存在的情况下，CFA 会员和候选人就无须向雇主二次披露。

此外，介绍费的披露必须在事前进行，因为要让客户客观衡量其选择产品或服务的真实价值。

2. 指南

- ✓ CFA 会员和候选人有责任告知雇主、客户及潜在客户其推荐产品时收到的任何介绍费用。
- ✓ 这类披露可以让客户或雇主判断 CFA 会员和候选人推荐的服务有无偏袒倾向以及帮助客户和雇主评估出真正的服务成本。
- ✓ CFA 会员和候选人应在客户、潜在客户签订任何正式的合约之前，披露将收到或支付的介绍费。
- ✓ CFA 会员和候选人必须披露介绍费的性质。

3. 推荐的合规流程

- ✓ CFA 会员和候选人应当鼓励其所在公司制定介绍费的管理程序。
- ✓ 公司可以完全禁止介绍费的收取；如不禁止，应建立详细的审批程序。
- ✓ 公司应向客户提供可收取的介绍费用说明，并且及时更新（至少每季度一次）收取费用的金额和性质。

4. 案例

案例1：C 证券公司和 W 投资顾问公司签订了一份推荐协议。协议约定，C 公司向 W 公司推荐所有潜在的免税账户，包括养老金、利益分配账户、捐赠账户等。作为回报，W 公司定期给 C 公司证券投资建议，并且让其员工为 C 公司的客户服务。此外，W 公司还定期为 C 公司做月度经济分析，并将所有推荐账户的佣金聚集起来交给 C 公司用于投资操作。

Tony 是 W 公司的合伙人，他计算出 C 公司研究部门每年的增量成本约有 2 万美元。C 公司在 W 公司获得的介绍费收入有 20 万美元，此外，通过聚集佣金的投资又使 W 公司的成本增加了 1 万美元。

Frank 是 M 公司的首席财务执行官，他联系 Tony 并表示他正在寻找一位基金经理对 M 公司的利益分配账户进行管理。并对 Tony 说"我的朋友 Hill 在 C 公司工作，他毫无保留地向我推荐你们公司，这对我来说已经很好了，我们可以成交吗？" Tony 接受了这个新的账户，但是并没有披露他的公司和 C 公司之间签订过推荐协议。

解析：Tony 违反了准则Ⅵ(C)，因为他没有向潜在客户披露：C 公司在实际服务中存在客户介绍费以及向 C 证券公司提供无限期研究服务的佣金。此信息如果被披露，Frank 很可能会重新考虑 C 公司的推荐，并且能够对 W 公司的服务进行更准确的评价。

案例2：Julie 在中央银行信托部工作。她只要向中央银行的信托经纪人或私人理财部门推荐产品并且只要成功销售，就可以获得报酬。她向私人理财部门推荐了一些客户，但是并未披露她和中央银行之间的协议关系。

解析：Julie 违反了准则Ⅵ(C)，因为她没有向客户披露在中央银行的推荐可以获得相应的报酬。GIPS 没有区分第三方支付的客户推荐报酬以及公司某部门为了吸引新的业务而支付的客户推荐报酬之间有什么区别。CFA 会员和候选人必须披露所有的客户推荐报酬。所以，Julie 必须在推荐产品时，就应当披露中央银行各部门客户推荐报酬的安排。披露的内容包括报酬的性质和实际的价值，并且应该以书面的形式对上述相关信息进行披露。

案例3：Paul 是 A 公司的基金经理，A 公司是专为高净值人士管理资产的基金公司。Paul 将其大部分的佣金业务分配给他朋友的 B 经纪公司，但该公司提供的报告没有太多参考意义。作为回报，B 公司会为 Paul 介绍大客户。这种安排没有被披露给其雇主 A 公司以及由 B 公司介绍给 Paul 的客户。

解析：Paul 没有通知他的雇主这项介绍费安排，违反了准则Ⅵ(C)。

2.7 准则Ⅶ：CFA 会员和候选人的责任 ★★★

2.7.1 准则Ⅶ(A)：CFA 会员和候选人的行为

1. 原则

CFA 会员和候选人均不得参与任何损害 CFA 协会名誉及信用的行为，亦不可损害 CFA 考试的信任性、有效性及安全性。

何老师说

准则Ⅶ（A）规范 CFA 会员和候选人的行为，包括日常行为和考场纪律。

CFA 会员和候选人不能考试作弊，必须严格遵守考场纪律，不能提供 CFA 考试的机密信息（如考题），不能利用 CFA 协会的关系为自身谋利，也不能提供误导性信息等。

该准则允许 CFA 会员和候选人发表关于 CFA 考试或协会的个人观点。

2. 指南

✓ **CFA 会员和候选人均不得参与任何损害 CFA 诚信的行为**，包括：

- 在 CFA 考试或任何其他考试中作弊。
- 违反 CFA 协会关于考场纪律的规章制度。
- 向候选人或社会大众提供 CFA 考试的机密信息。
- 忽视或设法绕开 CFA 协会为考试设置的安全措施。
- 不当利用 CFA 协会的关系来实现个人或职业目的。
- 在职业行为述职报告或 CFA 协会继续教育项目中提供误导性信息。

✓ **机密信息**

CFA 协会严格保护 CFA 考试内容以及考试过程的诚信，且禁止候选人泄露考试中的机密信息。

✓ **附加限制**

候选人在考试中违反考试规定，如违反有关计算器、个人随身物品、候选人宣誓等规定，就违反了Ⅶ（A）。

✓ **陈述个人观点**

该准则允许 CFA 会员和候选人发表任何关于 CFA 考试或协会的个人观点。

3. 案例

案例 1：Jason 是几个小公司的投资者关系顾问，这些小公司希望可以让更多的投资者知晓。同时，Jason 也是他所在城市的 CFA 协会分会主席。为了给客户特殊的方便，Jason 只让他的客户公司在当地的 CFA 协会做演讲展示。

解析：Jason 利用他在 CFA 协会的志愿职务，为他和他的客户谋取私利，损害了 CFA 协会的声誉，因此，违反准则Ⅶ（A）。

案例 2：John 是一名 CFA 考试的监考人员，他在考试前一晚看到了 CFA LEVEL Ⅱ 考试的副本，并向两名考生提供有关考试的信息，以便使用该信息准备考试。

解析：和考试相关的信息在考前属于协会机密文件，不能向外界披露，John 及两名考生都违反了Ⅶ（A）。

案例 3：在完成 CFA 一级考试后的一周内，Lily 和其他几个人在论坛上开始讨论一些最难的问题，并尝试确定正确的答案。

解析：Lily 等人通过小组讨论有关正确答案的行为违反了准则Ⅶ（A），因为 CFA 协会认为所有考试题目和答案都是考生应该保密的内容。

案例 4：Franklin 作为 CFA 协会 GIPS 执行委员会的成员，负责对 GIPS 进行编写、修改以及执行。作为执行委员会成员，他可以接触到一些 GIPS 的机密信息。他告诉他的客户，他可以用他的身份更好地协助客户遵守 GIPS 的变化。

解析：Franklin 正在利用他与 GIPS 执行委员会的关系来拓展客户，他暗示客户将使用机密信息来提高其客户利益时，Franklin 正在损害 CFA 协会的声誉和诚信并违反Ⅶ（A）。

2.7.2　准则Ⅶ（B）：关于 CFA 协会和称号的引用

1. 原则

在涉及 CFA 协会、CFA 会员资格、CFA 称号或考试候选人的引用时，CFA 会员和候选人不能错误或夸大陈述其代表的意义。

何老师说

准则Ⅶ（B）规范 CFA 会员和候选人如何引用 CFA 协会和 CFA 称号。

2. 指南

✓ **如何使用 CFA**

- CFA 是形容词，不是名词，所以"CFAs"是错误的表达。
- CFA 三个字母必须大写。
- "通过 CFA level Ⅰ"的表达是错误的，可表达成"通过 CFA 一级考试"。
- C. F. A. 是错误的表达，不能加点。
- 个人不能根据 CFA 创造新的词汇或用法。
- CFA 只能用于个人，不能用于公司的称号中。
- 不能过于强调 CFA 的称号，不能加大或加粗 CFA 字体。
- 不能引用通过 CFA 考试的预期时间和发证时间。
- 通过 CFA 三级考试，但还未收到证书的人士，不能使用 CFA 称号。
- 在简历中引用 CFA 称号时，必须注明证书颁发日期并且注明 CFA 协会是授予证书的机构。
- 只能在个人名片或信封上引用 CFA 标志。
- CFA、PHD 和 CPA 的前后顺序不做要求。

一旦成为 CFA 会员，必须满足下列事项以保证会员资格：

- 每年上交职业行为述职报告（professional conduct statement）。
- 每年缴付会员费用。

✓ **使用 CFA 称号**

如果 CFA 持证之后未能满足持证人的要求，就不能再使用 CFA 称号。除非持证资格重新激活，才能称自己是 CFA 持证人。

✓ **引用候选人资格**

我们在注册了 CFA 考试之后和收到成绩之前可称自己为 CFA 候选人。

陈述一次性通过三级考试是可以的，因为陈述的是事实，但不可因此说明自己的能力高于别人或可以获得一个更高的预期未来投资收益率。

3. 推荐的合规流程

✓ CFA 会员和候选人应根据准则Ⅶ（B）的要求通过书面信息及附加指引向公司法律部、合规部、公共关系部和市场部进行宣传。

✓ CFA 会员和候选人应鼓励公司根据准则Ⅶ（B）的要求建立模板，授权相关部门（比如合规部）对 CFA 协会会员、头衔、候选人的引用统一合规。

4. 案例

案例 1：AMA 投资公司的一份宣传材料宣称，公司所有的合伙人都是 CFA 会员，并且一次性通过了 CFA 考试。这个宣传明显地将这一事实和 AMA 公司共同基金良好的投资表现关联起来。

解析：如果情况属实，AMA 公司可以宣称公司所有合伙人都是 CFA 会员，并且一次性通过了 CFA 的考试。但这些事实不应该与投资表现联系起来，也不应该暗示公司员工有卓越的投资能力。暗示 CFA 会员投资表现更好，或是一次性通过了 CFA 考试的人相比没有一次性通过考试的人更加成功，都违反准则Ⅶ（B）。

案例 2：在获得 CFA 证书 5 年后，Lily 辞去了投资分析员的职务，并开始了两年的环球之旅。在这两年期间，Lily 没有从事投资行业的业务，因此她没有提交职业行为述职报告，也没有缴纳会员费。在她结束旅行之后，她成为一个自我雇用的分析师，以独立承包人的身份接受业务。在没有提交述职报告和补缴会费激活 CFA 会员资格的情况下，她就在新印刷的名片上写了自己是 CFA 会员。

解析：Lily 违反了准则Ⅶ（B），因为她不提交述职报告或没有缴纳会费，其 CFA 会员资格已经被自动暂停。因此，她不能继续使用 CFA 头衔。当她提交述职报告并补缴会费和完成会员资格激活手续后，才可以继续使用 CFA 头衔。

案例 3：Charles 已经从他的公司退休，但他没有向 CFA 协会提交完整的职业操守声明，也没有支付他的 CFA 协会会费。然而，Charles 设计了一张普通名片（没有公司标志），他继续在名字后加上"CFA"。

解析：由于他没有提交职业操守声明，而且停止缴纳会费，他的会员资格已被暂停，他必须放弃使用 CFA 抬头，但他仍继续使用，所以 Charles 违反了准则Ⅶ（B）。

案例 4：Linda 自 2000 年以来一直是 CFA 的持证人。她在与正考虑加入 CFA 考试的一个朋友的对话中，表示她从 CFA 考试中学习到了很多知识，许多公司也要求其员工成为 CFA 持证人。她建议很多想从事投资管理职业的人参加 CFA 考试。

解析：Linda 的陈述符合事实：包括 CFA 考试提高了她的知识水平，许多公司要求 CFA 持证的评论均为事实，所以她的评论符合准则Ⅶ（B）。

3 资产管理者职业行为准则概述

本节说明

资产管理者职业行为准则（asset manager code，AMC）规范的是资产管理公司。主要规范的内容包括基金经理的职业道德和专业责任，采用该准则有利于企业获得客户的信任及提升其对企业的信心。

资产管理者职业行为准则是全球通用的、带有自愿性特点的管理准则。CFA协会鼓励企业采用资产管理者职业行为准则，因为采用该准则，即表明了企业将客户利益放在首位。此外，该准则提供的风险管理的指导比较灵活，为了确保符合资产管理者准则的要求，企业需要根据其自身业务和客户的特点，量身定制政策和程序。

知识点自查清单

- ❏ AMC 概述
- ❏ AMC 具体条款

何老师说

AMC是CFA三级中一块比较新鲜的内容，在之前的学习过程中没有接触过，但是总体来说比较简单，大部分内容和前面学过的7大条准则内容重合，秉承着之前学过的职业伦理道德的内容，应付考试也是没问题的。它和道德的区别主要在于，道德是对于我们个人（CFA member或是 candidate）的监管，而AMC主要是对于资产管理公司的监管。协会制定AMC只为提供了一个行业标准，那些希望符合较高道德标准的资产管理公司可以选择采用AMC来制定公司的规章制度。由此可见，AMC和GIPS都是公司层面自愿遵守的准则。但是从内容上来看，GIPS主要监管的是基金公司业绩披露和计算，而AMC监管的是公司的方方面面，包括但不限于人员、部门设置、组织架构等方面。

3.1 AMC 相关概念

3.1.1 AMC 和职业伦理道德的主要区别

职业伦理道德旨在为CFA会员或考生在日常投资活动中提供解决道德困境指引；AMC主要概述了资产管理公司需要履行的道德和专业责任。

✓ AMC 主要对以下 3 个主体进行监管：

- 管理高净值客户或联合基金账户的资产管理公司。
- 基金经理，包括对冲基金经理。对冲基金往往缺少现成的管理准则，是法律监管的空白地带，AMC 也适用于监管对冲基金经理。
- 风险管理工作的标准——AMC 为基金经理提供合规操作的标准。

✓ AMC 准则适用于资产管理公司的所有员工，这部分内容和职业伦理道德类似。

✓ 基金经理必须遵守所有适用的相关法律法规。当存在 AMC 和相关法律法规发生冲突时，基金经理要保证优先遵守相关的法律法规。

✓ 如果对外宣称采用或遵守 AMC 准则意味着资产管理公司需要遵守 AMC 准则中规定的所有条款，部分遵守或不完全遵守合规的做法是不允许的。

✓ 当公司对外宣称遵守 AMC 时，必须对外做出以下陈述："××公司宣称遵守 CFA 协会资产管理经理执业行为准则。该声称并没有得到 CFA 协会的验证"。

3.1.2　基本原则

资产管理者对其客户负有以下责任。资产管理者必须：

✓ 始终以道德和专业的方式行事。

✓ 以客户的最佳利益行事。

✓ 以客观、独立的方式行事。

✓ 从事专业的活动时需要以应有的技能、专业胜任、勤勉负责的准则行事。

✓ 定期与客户进行准确的沟通。

✓ 遵守与资本市场有关的法律和法规要求。

3.1.3　资产管理者的职业行为具体准则

资产管理者的职业行为具体准则包括：

✓ 对客户的忠诚。

✓ 投资流程与执行。

✓ 交易。

✓ 风险管理、合规性与支持。

✓ 业绩评估与估值。

✓ 对外披露。

3.2　具体条款

何老师说

我们将学习资产管理者职业行为准则中的 6 个通用准则。除非下文中的条目被标注为建议，否则它代表一项准则的要求。

建议不是要求，而是针对企业可采用的政策和程序类型提供的指导。在采纳了所有准则的要求后，企业即可宣称遵守资产管理者职业行为准则。

3.2.1 对客户的忠诚

1. 将客户利益置于企业利益之上

客户的利益是最重要的。资产管理者在为客户进行投资选择、交易、监控和托管等各项服务前应该制定政策和程序确保客户利益是放在首位的。这里建议将客户的利益与基金经理的薪酬挂钩，以避免与客户的最佳利益发生冲突。例如，避免由于薪酬的激励机制导致客户承担过度的投资风险。

2. 为客户保密

作为资产管理者道德责任的一部分，资产管理者必须谨慎持有与客户沟通的信息并且必须采取一切合理的措施来保证这些信息的机密性。但是法律高于准则，如果法律要求报告有违法嫌疑客户的账户，那么资产管理者需要遵守更为严格的法律要求。建议投资公司制定隐私保护政策，记录信息的收集、存储和使用方式，包括反洗钱政策，以防止公司参与非法活动。

3. 拒绝那些会损害基金经理独立性、客观性和对客户忠诚度的业务关系和赠予礼品的行为

为了避免很明显的利益冲突，建议投资公司对于接受来自服务提供商和客户的礼品赠予限度建立书面规定，禁止现金礼品赠送。对于接受的礼品赠予，基金经理均应予以披露。

3.2.2 投资流程与执行

在管理客户资产时，基金经理需要做到合理谨慎并能做出审慎判断。审慎需要的是小心以及慎重。谨慎行事需要基金经理以小心慎重的态度行事，避免对客户造成伤害，并采取行动来平衡客户需承担的风险和回报。

市场操纵在大多数国家、地区是非法的，投资者不要设法操纵价格和成交量，以免误导市场参与者，因为这会损害市场的诚信，损害所有投资者的利益。

为了维护客户的信任，基金经理在提供投资信息、投资建议和采取投资行动时，应对所有客户采取公平、客观的态度。如果投资公司提供分层服务，并且有客户愿意为之付款，那么基金经理可为某些客户提供更高水平的服务以获得更高的报酬。这样的操作是允许的，前提是投资公司必须向所有的客户进行披露。

投资公司应拥有合理和充分的建议依据，所需的尽职调查将基于商业策略的复杂性和风险性而有所不同。如果有合理的支持依据，可以利用第三方研究结果。基金经理必须了解经由他们推荐的证券。对于复杂的策略而言尤其如此，此类策略必须以客户可理解的方式向其做出解释。

针对特定风格或策略的投资组合，基金经理不必评估其对既定客户的适用性。基金经理必须提供适当的信息披露，以便于客户判定该投资组合是否符合他们的需求。建议基金经理在允许的范围内偏离预期时需要及时向客户披露。如果投资组合的策略或风格发生变化，允许客户赎回投资而不受到不必要的惩罚。

在管理特定客户的投资组合时，资产管理者需要了解客户的目标、风险容忍度、投资期

限、流动性需求、财务限制独特的要求以及一切能够影响到投资策略的信息，以便为该客户采取适当的行动、策略。资产管理者必须根据每个客户的情况来评估投资行为和策略的适用性。建议基金经理至少每年或在情况发生重大改变时，都要为该客户更新书面投资政策说明书。

3.2.3 交易

在交易过程中，资产管理者必须遵守以下准则。

- ✓ 不要使用或诱导他人使用那些可能会影响上市交易投资工具价格的重大非公开信息（material nonpublic information）。在大多数国家、地区，此类做法是非法的，并且会损害市场诚信。资产管理者必须采取合规程序，如防火墙，防止重大非公开信息的泄露和滥用。资产管理者应该制定程序来评估企业的特定信息是否满足重大非公开的信息的定义。这一规定并不是为了防止基金经理们使用马赛克理论。

- ✓ 客户的利益高于公司的利益。基金经理不能先于客户采取投资行动，也不能损害客户或损害客户的利益。建议由资产管理者制定用于监督和限制个人和雇员交易的做法和程序。特别是在个人参与首次公开发行和私募股权投资的情形下，资产管理者应该要求雇员得到事先的批准方可参与，并需要向合规部门提供员工个人交易和持股的资料。另一种方法是订立企业投资限制名单，未经批准，基金经理不得进行交易。

- ✓ 客户佣金只能用于支付直接有益于客户的相关产品和服务，不能用于企业管理等其他目的。资产管理者必须认识到客户支付的佣金以及获得的任何收益都是客户的财产。因此，由佣金支付所获得的任何"物品或服务"都应该使客户受益。为了避免利益冲突，一些资产管理公司已经限制软美元政策。如果软美元政策被使用，需要对客户进行披露，并采用行业最佳做法，如 CFA 协会软美元标准。

- ✓ 为所有客户交易寻求最佳执行方案。在为客户进行交易时，资产管理者有责任寻找能够最大化客户投资组合价值的执行方案。如果客户采用自主交易方式或指示经理通过特定的经纪商进行交易时，基金经理应向客户提出建议，表示该方式可能会损害投资人员寻求最佳执行方案的能力，并需从客户处获得书面确认。

- ✓ 制定公平、公正的交易分配政策。所有适合该交易的客户都应有机会参与。在为客户进行交易时，基金经理必须公平地分配交易（全部以相同的价格参与），当不能满足全部申请指令时，应按申请指令比例分配部分交易，并特别说明公开募股和私募发行的处理方式。

3.2.4 风险管理、合规性和支持

在风险管理、合规性和支持方面，资产管理者必须遵守以下准则。

- ✓ 制定符合资产管理人员准则，符合所有法律、法规要求的详细政策和程序。
- ✓ 任命有能力，具备相关知识，可信赖的合规官负责实施该做法及程序。

有效的合规计划要求资产管理者任命一名有知识、有信誉、有能力完成工作职责的合规官。建议任命的合规官应独立于投资和运营人员并应该直接向 CEO 或董事会进行汇报。此外，合规官应审查所有企业和员工交易并要求所有员工确认他们了解并会遵守资产管理者准则。

✓ 确保基金经理向客户提供的投资组合信息是准确的。利用独立的第三方来验证提供给客户的信息是否准确和完整。验证可基于审计、集合资金池、账户报表，以及托管银行对个人账户的交易报告，即不仅仅是企业的内部记录。

✓ 在规定的时间内，保存记载投资行为的记录。资产管理者必须保留证明其代表他们的客户做出的投资活动、投资范围、研究结论的基础，以及采取行动原因的记录。建议基金经理保留合规记录、违规记录及纠正措施。除非当地法律法规另行要求，该记录保留期限至少为 7 年。

✓ 聘用合格的员工和足够的人力和技术资源，深入调查、分析、实施和监控投资决策。基金经理必须提供承诺的服务，并确保遵守相关做法和程序。

✓ 制定一份业务连续性计划来应对突发灾难或市场混乱。业务连续性规划的详细程度取决于公司规模、性质以及复杂性。该计划至少应包括：

  ● 账户信息的备份（最好是异地备份）。

  ● 一旦原系统受到破坏，就要监督、分析和交易投资的备选计划。

  ● 与主要供应商和供货商的沟通计划。

  ● 在执行正常沟通时，应实现员工沟通和关键业务功能的覆盖。

  ● 客户沟通备选方案，一旦原沟通无法进行。

✓ 制订公司层面的风险管理计划，以识别、衡量和管理所要承担的风险。该计划必须客观并独立于基金经理的影响之外。

  有效的风险管理过程应该可以识别单个投资组合的风险因素以及基金经理的整个活动。尽管基金经理认为风险问题是投资战略的一部分，公司的风险管理过程必须客观、独立并且不受基金经理的影响。建议如有需要，可考虑外包该流程。该计划可能包括压力、情景分析以及回测检验。基金经理应做好向客户描述该流程的准备。

3.2.5 绩效评估与估值

在绩效评估与估值方面，资产管理者应遵守以下准则。

✓ 提交的业绩数据应是公平的、准确的、相关的、及时的和完整的；不要篡改单独账户业绩或公司的业绩；建议投资公司采纳全球投资业绩准则（GIPS）的要求。

✓ 在独立第三方市场报价无法获取时，可采用公平的市场价格进行估值。建议由独立第三方负责评估，以避免利益冲突，因为管理费用通常是根据账户规模决定的。资产管理者应该使用被广泛接受的评估方法和技术对有价证券和其他投资有价证券的投资组合进行估值，并应保证这些方法在使用上的一致性。

3.2.6 披露

在披露方面，资产管理者应遵守以下准则。

✓ 采用适当的方式与客户进行持续、及时的沟通。

✓ 披露需确保以真实、准确、完整和可理解的方式呈现，采用简明平实的语言以有效传达信息的格式呈现。

✓ 需要包括与企业、员工、投资和投资流程相关的所有重要事实。

✓ 披露：

- 与经纪人或其他人员的任何关系，包括与实体、其他客户账户、费用结构或其他事项所产生的利益冲突。
- 与企业或员工的职业行为相关的监管和纪律处分措施。
- 投资流程信息，包括关于禁售期、投资策略、风险因素、衍生工具和杠杆比率。
- 管理费用和客户成本，包括其确定的方法；提供总收益和净收益；披露任何非正常费用；使用平实的语言来解释所有费用的计算方式；披露所有费用，并要求提供分项费用；向潜在客户披露平均或预期费用。
- 所有的软美元策略和捆绑费用，收益比以及它们是如何使客户受益的。
- 定期和及时的客户投资业绩报告。建议在季度末 30 天内提交季度业绩报告。
- 披露用于制定投资决策和评估客户资产的估值方法。通常按照资产类别来披露。
- 股东的投票政策。
- 交易分配政策。
- 基金或账户的审查或审计结果。

4 资产管理和组合管理行业概述

本节说明

资产管理行业在金融市场有着举足轻重的地位，它为有钱人和有思想的人建立起了重要的投融资平台，使得有钱人有地方投资，有思想的人可以运用专业知识让这些钱发挥更大的作用。资产管理行业的资产规模大约占据着全球金融资产总量的 25%。目前，资产管理行业在北美和欧洲属于成熟的行业，在亚洲属于新兴行业，因此学习欧美的资产管理和组合管理经验对我们有着非常重要的借鉴作用。

知识点自查清单

- ☐ 资产管理行业概述
- ☐ 组合管理概述
- ☐ 投资治理和监管

4.1 资产管理行业概述

我们首先要弄懂什么是资产管理？

资产管理是指由专业的金融服务公司为机构客户和个人客户提供专业的投资服务，为客户委托的资产进行组合管理，目标是：实现资产的保值和增值；提供各种保险保值产品；为客户提供资产配置、财富结构、税务和养老等一系列的专业金融服务。

目前，市场上提供资产管理的专业服务参与者有：

- 商业银行。
- 私人银行。
- 证券经纪公司。
- 保险公司。
- 投资银行。
- 信托银行。

资产管理涉及的产品种类有：

- 股权投资（例如可以通过投资银行直接参与到公司的 IPO 业务，通过风险投资可以参与到公司的早期投资以此来获得超额回报）。

- 另类投资（例如私募、房地产投资和大宗商品）。
- 债权投资（例如债券投资货币基金和各种主权债务）。

由此可见，资产管理可以投资的范围非常广，这也为资产管理行业可以为客户提供种类多样的产品创造了很好的环境，还可以为一些特殊的客户提供定制化产品，这些特殊的客户往往是家族财富或者是大型跨国公司，甚至还有大型公司的养老金，这些客户对于财富的保值增值有着强烈的需求，这就要求服务提供者可以提供专业的投资服务，因此这个行业的竞争也是非常激烈的。

何老师说

由于全球化进程的加剧，国内的金融市场已经无法满足贪婪的资本，这就要求资产管理者有很全面的专业知识和更开阔的全球视角，为资产进行全球配置。资产管理者需要对传统金融市场、另类市场以及各个国家的市场进行研究，不能放过任何一次资产增值的机会，使得资本非常迅速地流向高收益的地方，随时流向世界任何一个有机会的角落。

4.2　资产管理的投资方式

在资产管理行业，投资方式主要有两种：一种是主动管理；另一种是被动管理。

主动管理（active management）是基金经理通过研究基本面分析，从上千只股票里选取出一些具有成长性、质地优良的股票，再通过量化的方式进行合理的权重配置，然后再用技术分析找到合适的买点建仓。主动管理的基金经理相信通过他的努力可以获得超过指数回报的超额收益 α。主动管理的成本是很高的，这些成本包括雇用大量的分析师和付给经纪人（broker）的交易佣金。衡量基金经理主动管理能力的指标是夏普比率。

被动管理（passive management）是基金经理不需要做任何分析和研究，只需要照着指数上的股票和权重进行投资，其追求的目标是复制模拟指数的表现以获得与指数一致的收益，因此超额收益 $\alpha=0$。被动管理的成本很低，因为不需要频繁地交易。因此不需要给经纪人大量的交易佣金。

4.3　资产管理的分类

基金经理按照其投资风格可以分为传统投资经理和另类投资经理。传统投资经理专注于传统的投资方法和金融工具，如他们只进行多头股票投资（只做多，不进行做空），专注于固定收益投资等。传统投资经理的利润主要来自资产管理费。与之不同的是，另类投资经理更多地关注对冲基金（hegde fund）、私募股权投资（private equity）和风险投资（venture capital）。另类投资经理的利润主要来自资产管理费以及业绩报酬（carried interest）。从全球范围来看，另类投资的资产规模占比远远小于传统投资的资产规模占比，但另类投资的投资收益占整个行业总收益的较大比例。

但是现在，传统和另类之间的界限越来越模糊，因为传统投资经理需要提供更加有诱惑的回报，这就要求他们必须去涉及一些回报高的另类投资；另类投资经理需要降低收益波动，于是也需要配置一些传统的金融产品。

4.4 资产管理公司的所有权结构

资产管理公司的所有权结构可以描述为关键人领导，这个关键人可以是手握一些重要客户资源的人，也可以是有非常好的投资策略的人，前者可以为公司带来资金，后者可以为公司带来投资回报。

资产管理公司最主要的所有权结构是私有制的，这种结构的公司往往是有限责任公司或者是有限合伙制。这种模式的最大好处就是投资风格非常灵活，不需要向大众披露或者是受到投资限制，基本上是随心所欲的，只要可以赚钱，就可以投资。

资产管理公司也有上市公司，这种公司受到的监管和投资限制比较多，但好处是稳定，因此上市的资产管理公司往往管理的资产都是非常巨大的。在固定的投资框架下，把犯错的概率降到了最低，这当然也就失去了获得超额回报的机会。

何老师说

有一个美剧《亿万》（*Billions*）很形象地描述了美国的私人资产管理公司，亿万富豪鲍比·豪艾克斯德罗就是 Axe 基金的关键人物，投资决策和资金来源都是依赖他，甚至在非常时刻可以不顾全公司的反对一意孤行地坚持自己的策略，这就是典型的私有制资产管理公司。

4.5 资产管理公司的客户

资产管理公司的客户广义上可以分为个人投资者和机构投资者。专注于个人投资者客户的资产管理公司受到的监管更加严格，比如共同基金和交易所交易基金。专注于机构投资者客户的资产管理公司更擅长为客户定制化产品，这就要求单独账户管理和有限合伙制。

接下来我们就分别讨论一下个人投资者和机构投资者的特征。

4.5.1 个人投资者

基金经理服务于个人投资者（individual）主要是通过财务咨询或者是退休金计划。针对个人投资者的分销渠道在全球不同的地方也是不一样的：

- 在美国有超过 30 万个财务顾问，他们或是独立的财务顾问，或是受雇于全国范围的大型机构，或者受雇于地区的经纪商、银行和信托公司。此外，很多基金经理还通过在线经纪人和存托银行为客户提供服务。

- ✓ 在欧洲，金融产品在不同国家的零售渠道也是不同的。例如，在欧洲大陆，分销渠道主要是通过私人银行、零售银行的理财顾问。与此不同的是，在英国，大部分产品是由独立的理财顾问进行销售；在瑞士和北欧，主要是通过大型区域性商业银行和私人银行。
- ✓ 与欧洲和美国相比，亚洲市场的零售渠道主要是由大型区域性的商业银行和国际银行的私人银行部门垄断。
- ✓ 在中国，互联网也日益成为一个重要的分销渠道。

4.5.2　机构投资者

机构投资者（institutional）主要包括：

- ✓ 养老金计划（既有收益确定型计划，也有缴费确定型计划）。
- ✓ 主权财富基金。
- ✓ 银行。
- ✓ 保险公司。
- ✓ 基金会。

每一个机构客户的目标不一样，各自有其投资偏好和投资策略。

1. 养老金

由企业养老金（pension plans）组成的信托基金规模在 2016 年已经超过了 36 万亿美元，主要分布在美国、英国和日本。

养老金计划按照其特征可以分为缴费确定型计划和收益确定型计划。

- ✓ **缴费确定型计划**（defined contribution plan，or DC plan）是指企业在向员工的独立账户缴纳固定金额的提存金后，不再承担进一步支付义务，提存金的金额可以按照职工年龄、服务年限、薪酬水平或公司利润水平为基础，也可以按照职工缴存金额的一定比例来确定。

　　在缴费确定型计划下，企业的法定义务是按时交纳提存金，职工所取得的退休金取决于提存金的多少以及这些提存金按照员工自己投资决策而产生的回报。因此，缴费确定型计划的投资风险是由职工自己来承担的。

- ✓ **收益确定型计划**（defined benefit plan，or DB plan）是指企业承诺在职工退休后为其提供约定金额福利的退休金计划。金额一般以职工服务年限和退休时或退休前工资水平为基础。例如企业承诺，如果职工每多服务一年就能按其最终年薪的 2% 获得养老金。

　　在收益确定型计划下，企业的法定义务是为现在以及已退休的职工提供约定的福利。为了在未来能有足够的资金进行福利支付，企业需要设立一些单独的主体（通常为信托基金）来接受并运作提存金，而无论基金的投资回报如何，职工在退休后取得的福利金额都是确定的。因此，收益确定型计划的投资风险是由企业来承担的。

2. 主权财富基金

主权财富基金（Sovereign Wealth，SWF）是指一国政府通过特定税收与预算分配、可再生资源收入和国际收支盈余等方式积累形成的，由政府控制与支配，通常独立于中央银行和财政部的专业投资机构管理这些基金。

SWF 的基本目标是要获取较高的投资回报，以保证国家盈余财富购买力的稳定。因此投资风格趋向于全球化多元化资产组合，甚至扩展到了外国房地产、私人股权投资、商品期货、对冲基金等非传统类投资类别。

3. 银行

银行是金融市场里最典型的中介机构，银行扮演的角色就是为有钱人和有思想的人提供一个投融资平台，银行的利润来源是低息吸储高息放贷，赚取中间的利差。中国目前有近 5 000 家银行，而美国有 8 000 多家银行，因此目前中国的银行业还是具有发展空间的。银行的投资风格偏于保守，还有流动性监管要求，因此投资受限制比较多。但是银行是一个重要的理财产品分销渠道，银行的对私业务可以为个人投资者提供种类多样的理财产品，对公业务可以为企业定制化理财产品，可以满足各种需求，如提供不同投资期限的产品。产品又可以分为保本或非保本、固定收益或浮动收益等。

4. 保险公司

保险公司（insurance companies）可以分为 3 类：寿险公司、财险公司和再保险公司。

无论哪种公司都是通过出售保险的方式赚取保费，并将保费投资于金融市场。保险公司的主要资金来源就是保费，主要收入来源就是用这些保费进行投资获取的回报，只要投资回报大于保险理赔，保险公司就会有盈利。但是由于保险理赔发生的时间点是不可预计的，所以保险公司需要考虑流动性来应对保险理赔。

因为保险公司的独特性质使得对其经济保障能力和资本运营有更高的要求，因此保险公司为了可持续发展，其业务不能仅仅局限于承保，投资业务也成为保险公司生存与发展的重要部分，并且现在金融业中，证券、银行、保险相互渗透，业务的多元化为保险公司的资本运营提供了更多的资产组合选择。

5. 捐赠基金和基金会

基金会（foundation）是指利用社会上捐赠的财产以从事公益事业为目的的非营利性机构。基金会是以捐赠为基础形成的公益财产集合，是以基金形式存在的公益财产，本质上是捐赠人、受托人和受益人之间的信托关系，并且要求基金会通过资本运作有效地实现资产的保值增值。但是基金会除了慈善目的以外，往往也有避税的目的，政府不希望这种基金会长期存续，一般会要求基金会每年有一个固定的支出比例。

捐赠基金（endowment）一般是由多个赞助人捐赠成立的，通常由教育、文化和慈善机构以及那些专门为实现基金特别目的而设立的机构来管理，如哈佛大学校友基金。

4.6 主要的投资产品

主要的投资产品包括：共同基金、单独账户管理、交易所交易基金（exchange- trade funds）、对冲基金、私募股权基金（PE）、风险投资（VC）。

4.6.1　共同基金

共同基金（mutual fund）是为小额财产所有者提供投资，可以随时赎回变现的投资信托基金组织。

在我国，共同基金称为证券投资信托基金，是由投资信托公司根据信托契约的形式发行收益凭证，主要的投资标的为股票、债券、短期票据等。

在美国，共同基金称为 mutual fund，除了证券投资外，也投资贵金属、期货、期权和一些另类投资。

共同基金有很多优点，具体包括：可以增加投资的分散化、专业人士管理、流动性高、交易成本低。

4.6.2　单独账户管理

单独账户管理主要是由大型机构客户的特殊要求制定的，为了考虑这些客户的一些特殊的投资偏好而设定。比如有些客户是环保爱好者，在机构 IPS 里明确标明了禁止投资钢铁行业、造纸行业以及纺织行业等高污染行业。资产管理公司单独为这种客户管理账户，就可以避免投资环境污染行业。

4.6.3　交易型开放式指数基金

交易型开放式指数基金又称**交易所交易基金**（exchange trade funds，ETF），它兼具了开放式基金和封闭式基金的特点，既保留了开放式基金流动性高的优点，也具备了封闭式基金交易费用低的特点，本质上是股票进股票出。也就是说，机构投资者可以拿已有的股票存进 ETF 的后台，然后 ETF 给机构投资者等额的基金份额，个人投资者也可以用现金和机构投资者买 ETF 的基金份额。因此 ETF 可以在一级市场和二级市场同时交易，ETF 基金可以帮助我们将资产分散于多个投资品种，降低市场波动。

ETF 有很多优点，具体包括：有效跟踪指数、交易成本低、流动性好、组合管理高效、分散化更明显。

4.6.4　对冲基金

对冲基金（hedge funds）的名字经常令投资者混淆，误认为该投资相对安全，但实际上对冲基金是一类风险极高的投资品种，它的目的不是规避风险，而是采用各种交易手段进行对冲、换位、套头、套期来主动承担风险赚取巨额利润的投资模式。前述的各项交易手段已经超出了传统的降低风险、保障收益操作的范畴。加之对冲基金充分利用了各种金融衍生产品的杠杆效用，同时做多做空，并且配置大量的非流动性资产，使其风险进一步加大。

为了规避监管审查以及税收考虑，相较于公司制企业，对冲基金通常设立有限合伙制。**有限合伙制**（limited partnership）是对冲基金的主要组织形式，其中投资人以**有限合伙人**（limited parter，LP）的身份，仅仅投资资本，不参与公司管理，并且有限合伙人有一定的人数限制。由于对冲基金投资风险巨大，它只对满足特定要求的投资者开放，并严格限制普通投资者介入，这些投资门槛包括但不限于：投资额度、财富水平、流动性。

关于对冲基金有一些专业术语。

- ✓ **抵押物**：由于对冲基金使用了大量的杠杆，收益放大的同时风险也会被放大，因此，为了防止违约风险，投资者会被要求缴纳一定的抵押物（collateral）。
- ✓ **管理费**：管理费根据基金规模的百分比每年征收，与投资回报没有关系。管理费的计算可以基于资产的期初余额或期末余额。资产管理规模（asset under management，AUM）越大，管理费越高。
- ✓ **激励费**：激励费与收益有关，可以基于扣除管理费后的利润，也可以基于全部利润。
- ✓ **赎回**（redemption）：不利于对冲基金的运作，当投资者在对冲基金表现不佳时提出赎回，基金经理必须变卖资产，这会导致资产价格进一步下跌。因此为了防止频繁赎回对冲基金往往会使用以下几种方法。
  - 赎回费：投资者赎回份额时需要支付一笔很高的赎回费。
  - 通知期：在赎回之前的一段时间提前通知基金经理。
  - 锁定期：在锁定期内不能赎回基金份额。
  - 投资 FOF：FOF 的赎回相对比较灵活，这也是 FOF 的优势之一。

> **何老师说**
>
> 我们平时买房通常是首付三成，即 100 万元的房产只要先支付 30 万元，从而达到用 30 万元的资金撬动 100 万元的资金量。然而，对冲基金的杠杆比例却高达 50 ~ 100 倍。以 50 倍杠杆计算举例，只要基础资产下跌 2%，该投资本金部分价值就跌为零了。所以，对冲基金对投资人的资金要求非常高。

4.6.5 私募股权基金

私募股权基金（PE）专门投资于非上市公司的股权或准备私有化的上市公司股权。私募股权基金的组织形式与对冲基金相似，也是有限合伙制，即投资人作为有限合伙人（LP）把资金交给一般合伙人（GP）。LP 承担有限责任，GP 负责项目投资，承担无限责任。

私募股权基金的费用结构由管理费和激励费组成，管理费一般是承诺投入资本（commiteed captial）的 1% ~ 3%，而不是基于管理的资产规模来征收的。激励费基于基金的增值额来征收，通常为当年利润的 20%，但是这部分只有当收回全部投资之后才会开始向一般合伙人分配。

私募股权投资的退出方式主要有：首次公开发行、出售、股份转让、再融资、注销/清算。

> **何老师说**
>
> IPO 面向众多投资者，出售（trade sale）和股份转让（secodary sale）面向少数人发售。清算发生在没有人愿意买的情况，而再融资（recapitalization）相当于拿到一笔特殊的分红。其中，IPO 和出售是 PE 投资中最常用也是最有利的退出方式。

4.7　资产管理行业的机遇和挑战

全球资产管理规模呈现增长趋势，到 2016 年年末全球资管行业的规模将近 167 万亿美元。由于现在监管愈发严格，社会平均回报率在下降，新科技和金融的融合 Fintech 衍生出来的大数据和智能投顾正在改变着资产管理行业，互联网＋资产管理的趋势正在显现，我们会进一步讨论在这种背景下，资产管理行业所面临的挑战和机遇。

4.7.1　投资风格的转变

资产管理行业在过去的几年里，被动投资风格的增长大于主动投资风格，所以在未来几年，基金经理可能会继续增加对指数类如 ETF 的投资。被动投资有以下两个趋势：第一，被动型投资资产的管理集中在少数资产管理者手中；第二，被动投资越来越集中在股票投资。有数据显示，前三名的资产管理者管理着 70% 的市场份额。被动投资的最大优点就是交易费用会大幅下降，这也是在当今全社会平均回报下降的大背景下，通过缩减成本，从而获得生存之地的一种方式。推动被动投资发展的第二个原因是超额收益愈发难以获得。

4.7.2　大数据

大数据（big data）最初的理解是一类海量数据的集合，2011 年美国麦肯锡在研究报告《大数据的下一个前沿：创新、竞争和生产力》中给出了大数据的定义：大数据是指大小超出典型数据库软件工具收集、存储、管理和分析能力的数据集。大数据是需要新的处理模式才能转化为决策力。因此大数据具有以下两个特点。

- ✓ 大：数据量非常多。
- ✓ 数据来源丰富：不仅包括结构化数据，还包括了非结构化数据，如地理位置、音频、图像等。

基金经理利用机器学习技术（machine-learning techniques）和先进的算法可以处理和分析这些大数据。计算机可以自动阅读大量的经济指标和财务指标通过算法在很短的时间就可以给出投资建议。这些数据来源可以是客户的收入数据、消费数据、网上浏览点击数据、消费数据等，通过对这些数据的收集和处理分析，基金经理可以精准地把握客户的需求，提供客户需要的理财产品，实现个性化服务。

由于大数据的发展，基金经理会面临许多的机遇和挑战。一方面对数据的处理，可以帮助构建投资组合，实现超额收益；另一方面，由于市场的参与者都在利用技术的更新发掘新的机遇，这就不可避免地导致了市场上各方参与者为了抢占先机不得不进行一场"信息装备竞赛"。各方都在加大人力资本、机器设备等的投资。

何老师说

现在的金融公司可以通过网络爬虫工具来搜索社交媒体网站、微博、淘宝、贴吧，可以分析当前市场的走向和热点，以及大家的喜好，进而判断出哪些公司的产品市场份额属于上升期，可以很好地预测出公司将来的发展，这对投资决策提供了很好的数据支持。

4.7.3　智能投顾

智能投顾（robo-advisers）是指线上财富管理平台，提供自动化、基于运算方法的投资组合管理建议，不需要人工参与的智能技术。

美国的 Wealth、Betterment 开创了人工智能理财产品的先河，它们通过设计人工智能的程序，为客户提供组合配置策略。近年来，美国大型资产管理机构也在积极地布置人工智能。例如，资产管理巨头 Vanguard 也在大力推进人工智能理财产品。

智能投顾的本质是基于云服务的信息辅助系统，客户在家就像是在百度搜索一样，在智能投顾界面填写个人信息，如年龄、工作、家庭收入、风险偏好、投资期限、投资金额，智能投顾会根据客户的个人情况推荐最适合客户的投资建议。这种模式的原理是资产组合理论和衍生模型，在云端低成本、快速、批量化的解决各种数据运算，再根据客户的个人情况，个性化地提供资产配置组合方案，这是传统人工理财服务所无法比拟的。简而言之，智能投顾可以让客户的投资操作变得简单化，就像傻瓜相机一样简单易操作。

市场普遍认为智能投顾会在未来迎来较大的发展机遇，这是因为：

- 大众富裕阶层（mass affluent）和年轻一代的投资者通常拥有较少的可投资资产，传统的投资方法不一定能够满足这类投资者的投资需求。由于智能投顾拥有高效性、批量化的数据运算以及可实现个性化的配置等优点，这类投资者的投资需求可以轻松满足。
- 较低的费用。较低的费用是从两个角度进行考虑的：第一，智能投顾的资产配置建议主要集中在指数化的投资产品，如 ETF 等；第二，智能投资得益于其可实现批量化服务的优点，其服务费用远远低于传统的投资顾问费用。
- 更多的市场参与者。除了大型的资产管理公司，一些大型的保险公司，非金融公司也在布局智能投顾市场。例如，一些互联网企业正在布局该领域，这是因为他们拥有大量的客户数据，具有先天的优势对客户的金融投资需求进行开发。

4.8　组合管理

组合是指投资者的投资篮子，即投资者手上的资金买了什么投资品种。管理是投资者的投资过程，即资产配置的过程，也是形成组合的过程。作为基金经理，最重要的任务是服务客户，为客户做资产配置，在给客户提供投资建议或代替客户进行投资决策时不应当只是关注单一投资标的物的收益与风险，而是应该站在整个投资组合的角度来考虑该项投资是否适当。

组合管理的核心思想就是"不要把所有鸡蛋放在同一个篮子里"。投资者应当将手上的资金做分散化处理，投资于不同的金融产品。基金经理在为客户制订投资计划时需要权衡客户的收益目标与风险承受能力，其中对于风险的考量更为重要，因为客户的风险承受能力的高低决定了其最终收益率的水平。

何老师说

　　在马科维茨提出资产组合可以分散化风险的理论之前，基金经理在进行投资分析时都是逐一对单个资产的风险和收益进行考量的。自从组合理念诞生以来，我们便形成了站在整个组合的角度来考虑投资是否适合客户的思路。例如，我们在单独观察衍生金融产品时会发现其风险很高，但是由于它与很多金融资产的相关性很低，所以将其放在资产组合里就可以降低整个组合的风险。因此，我们在做资产配置时一定要从组合的角度出发来分析。

4.8.1　组合管理的过程

组合管理的过程可以分为以下 3 个步骤。

- ✓ **计划**（planning）：了解客户的特点和需求，根据客户的特点编写客户投资政策说明书（investment policy statement，IPS）。IPS 细述了客户的投资目标和限制，明确了投资目标和投资基准。IPS 应当每几年更新一次或者在投资目标、投资限制有重大变化的时候更新。
- ✓ **执行**（execution）：执行的过程包括资产配置（asset allocation）、证券分析（security analysis）和组合构建（portfolio construction）。比如，设定股票和债券投资权重属于资产配置。资产分析包括自上而下分析法（top-down analysis）和自下而上分析法（bottom-up analysis）。组合的构建是为了充分分散化（diversification）。
- ✓ **反馈**（feedback）：反馈的过程包括投资组合的监控与调整（portfolio monitor and rebalance）和组合业绩的衡量（measure portfolio performance）。因为市场状况随时都会发生改变，客户自身状况也在不断变化，这就需要基金经理随时监控和调整投资组合。在投资期结束后，客户也会对组合业绩进行衡量。

4.8.2　投资者的特点

我们可以把投资者分为两类：一类是个人投资者；另一类是机构投资者。不同的客户有不同的需求和目标。

- ✓ **个人**：比如个人投资者资产 100 万元，每年需要生活费 10 万元，而客户的生活费要从投资收益中获得，那么他的收益目标就是每年 10%。
- ✓ **养老金**：对于机构投资者中的养老金，尤其是 DB 型养老金，由于其需要履行合约约定的义务，其风险承受能力相比较其他机构投资者（如捐赠基金（Endowment）、基金会（Foundation））较低；此类养老金资产的目的就是满足未来养老金的支出，因此绝大多数养老金采用资产负债匹配策略（ALM）管理资产负债。
- ✓ **银行**：银行的资金来源是存款，随时有资金支出的需求，因此其投资期较短，风险承受能力比较低，流动性需求高。银行的收入需求主要是为了满足利息的支出。
- ✓ **捐赠基金**：由于捐赠基金要永续存在，因此其投资期限很长。捐赠基金的资金来源主要是有钱人，风险承受能力很强，流动性需求很低。收入需求主要是为了满足捐赠基金的支出。
- ✓ **保险公司**：由于保险公司资金是为了满足理赔需求，其风险承受能力很低。保险主要是分为两大类：寿险和财险。寿险，一般是死亡险，只有在投保人死亡时才有理赔支出，因此寿险资金的投资期限较长，没有紧急现金流支出。财险，比如车险，发生频率较高，保险公司无法预测理赔时间和理赔金额，需要预留大量现金满足临时现金流支付，因此财险资金的投资期较短，流动性需求高。

无论是机构投资者还是个人投资者，基金经理需要确定投资者的投资目标，而不同的投资者往往具有不同的投资目标。例如，个人投资者的投资目标可能是退休计划；养老金的投资目标是满足养老金支出。此外，还需要确定投资者的资产状况，包括人力资本状况。只有充分了解了投资者的资产状况，才能有效地为客户进行资产配置。第三个需要了解的信息是客户的限制，如客户的流动性需求、客户的投资期限制等。一旦确定了以上的关键信息，基金经理需要依照此类信息为投资者撰写投资政策说明书。

4.9 投资政策说明书

投资政策说明书（IPS）是用来指导基金经理为客户做出全部投资决策的书面说明文件。一般包括但不限于风险目标（risk objective）、收益目标（return obiective）和投资限制（investment constraint），投资限制又包括流动性、投资期限、税收、法律法规以及特别情形。

4.9.1 撰写 IPS 的目的

撰写 IPS 的目的：①更好地理解客户目标、需求和风险偏好，以便更好地服务客户。②确保目标是可实现的。③提供一个衡量组合业绩的客观标准，通过比较实际收益率和 IPS 里制定的预期收益率，衡量基金经理的业绩水平。

4.9.2 IPS 的主要内容

IPS 的主要内容具体如下。

- ✓ 介绍：主要介绍客户的基本情况。
- ✓ 阐述目标：主要描述 IPS 的投资目标。
- ✓ 明确双方的责任和义务。
- ✓ 投资的流程：主要描述如何保持 IPS 的实时更新和如何应对重大事件对 IPS 的影响。
- ✓ 投资目标。
- ✓ 投资限制。
- ✓ 投资纲领：主要提供关于 IPS 如何执行的信息（例如，能否使用杠杆和衍生产品），提供投资政策说明书中要求的不能投资的特殊资产类别。
- ✓ 评估和审核。
- ✓ 附录：战略资产配置和调整方案。

何老师说

为什么一定要写投资政策说明书呢？除了可以更好地服务客户之外，IPS 还是有效保护基金经理的工具。因为金融市场瞬息万变，不存在稳赚不赔的投资，只要基金经理严格按照 IPS 的投资策略进行投资，一旦投资发生亏损，那么 IPS 就是有力的免责说明，避免客户秋后算账。

投资政策说明书有 3 个需要重点关注的地方：

- ✓ 每个客户的情况都不相同，因此 IPS 必须量体裁衣，不存在统一的模板。
- ✓ 一旦客户自身情况出现重大改变，如遗产的获得、中彩票等，那么他的投资政策说明书就需要被及时更新。即使客户情况没有发生重大改变，我们也要求至少每年对 IPS 进行审核。
- ✓ IPS 反映的是客户自身的情况，它不会随着宏观经济环境的改变而发生改变的。

4.9.3　投资目标

投资目标分为**风险目标**（risk objective）和**收益目标**（return objective）。要了解客户的风险目标，基金经理可以从客户承受风险的意愿和承受能力两个方面进行分析。其中，客户对于承受风险的意愿，我们通常采用问卷的形式来对其进行采集、评估，而客户对于风险的承受能力，我们可以基于以下几个方面进行判断：客户的资产存量、年龄、收入和支出比例、未来保障情况、负债等。

风险评估的问卷调查其实就是希望通过客户日常生活来判断其承受风险的意愿，通常我们会询问客户两个问题：

- 业余爱好。如果投资者喜欢蹦极，就可以知道他是爱冒险的，我们通常用**高于平均**（above average）这一措辞来描述风险偏好的投资者。
- 过往的投资经历。如果投资者以前仅投资余额宝和高级别债券这一类低风险偏好的投资品种，我们就可以判定他的风险承受能力比较低，我们通常用**低于平均**（below average）这一措辞来描述风险厌恶的投资者。

其次，我们还应该考虑客户的收益目标。

收益目标包含以下两个方面。

- **要求回报**（required return）：投资者要求的最低限度的资产回报率，是基金经理必须为客户实现的收益率。
- **期望收益率**（desired return）：客户希望获得的收益率，不是必须实现的。例如，客户已经能满足基本需求，但需要用投资收益购买奢侈品，则这部分收益率为理想收益率。

4.9.4　投资限制

投资限制（investment constraint）是指客户限制、禁止投资选择的范围，主要包括以下 5 种限制。

- ✓ **流动性限制**（liquidity）：客户在短期内出现的预期或非预期到的现金需求。
- ✓ **投资期限**（time horizon）：应当与投资目标相匹配。
- ✓ **税收**（tax）：税收的支出将降低整体投资的收益率，有些机构投资者能够享受免税优惠（如养老金、捐赠基金）。

✓ **法律法规**（legal and regulatory）：具体是指政府、监管机构、行业协会等机构对投资决策的相关监管。

✓ **特别情形**（unique circumstances）：投资者自身对于投资的特殊限制要求。例如，一个反对吸烟的投资者就会要求基金经理不能将其资产投资于烟草公司。

4.10　投资的治理和监管

投资治理包括了明确投资决策的责任，投资活动的监管。投资治理的目标是确保资产管理公司是在参照客户的风险特征、投资限制、投资目标，以及遵守法律法规等条件下进行投资的。有效的投资治理保证了每一项投资决策是由专业人士做出的。相关研究发现，良好的投资治理与较好的业绩回报之间存在联系。

4.10.1　治理结构

投资治理关注的焦点在于：明确目标、制订计划、监督实现短期目标和长期目标的过程。治理监管结构从上至下可以分为以下 3 个层次：①投资管理委员会（governing investment committee）；②投资专员；③第三方资源。

第一层的投资委员会可能会由董事会成员构成，也可能是董事会将此职位交由内部投资人员代理。第二层的投资专员可能是公司内部完整的投资团队，也可能是由公司内部人员监督管理的外包投资团队。第三层的第三方资源是指投资活动中一切由公司外部人员提供的职业服务，其中包括投资顾问、基金经理、会计师等。

有效的治理结构具有以下 6 个特点：

✓ 明确投资的短期、长期目标。

✓ 根据公司人员的能力、知识、职务等分配权利与责任。

✓ 明确制定 IPS 的流程、明确审核、批准 IPS 的流程。

✓ 明确制定战略性资产配置（SAA）的流程、明确审核、批准 SAA 的流程。

✓ 明确汇报监管结果的流程。该监管的目的是确保投资按照既定目标发展。

✓ 定期进行监管审查。

4.10.2　明确投资目标

明确客户的投资目标，也就是明确客户想要通过投资获得什么？不同的投资者，想要获得的投资目标不同。例如：对于 DB 养老金，其目标就是满足养老金负债；而对于捐赠基金，其目标就是在打赢通胀的情况下满足基金既定的支付目标；对于个人投资者，其目标可能是退休计划、遗产规划等。

通常，客户投资目标反映出的要求回报率是 IPS 的核心内容。除此之外，了解投资者的其他信息也是十分重要的。综合考虑这些信息会有效地帮助投资者找到风险、收益的最佳平衡。这些因素包括：投资者的风险承受能力和承受意愿；投资资产需要满足的义务，如投资组合可能需要定期满足现金流支出；组合现金流流入、流出的特性。例如，捐赠基金的现金流特性就会和养老金的现金流特性有很大的区别。因为捐赠基金的资金来源是外界捐赠，其较难控制外界捐赠基金的时间和数额，而对于养老金来说，其现金流流入的可控性更强。这样现金流流入、流出的特性会影响到投资目标的制定。在考虑投资者的风险承受能力与意愿时，这里的风险需要从多个维度进行理解，不仅仅局限于承受收益波动的能力和意愿，还包括承受流动性风险的能力意愿，以及能否及时止损纠错的承受能力。有效的投资治理需要保证投资时能够充分考虑流动性需求。例如，对于养老金来说，其流动性需求就是能够满足养老金的支付，所以在投资时需要考虑到一些流动性较差的标的资产（如房地产、股权私募基金）的变现能力，尤其是当市场情况不好时，如金融危机时的变现能力。当资产组合的特点是高收益、高风险时，资产组合的期间价值波动较大，这样的波动会影响到养老金的盈余状态，从而会影响到养老金的管理策略。因此，期间波动也是需要考虑的因素。

简而言之，不同的投资者其投资特点不一。想要有效地管理其资产就需要首先理解其短期、长期的目标，并以此目标作为指导进行投资。

4.10.3　权利与责任的分配

投资治理活动中最重要的一步就是明确投资活动中的权利及责任。投资治理中权利与责任的分配是投资项目能否获得成功的关键。权利与责任分配的一个核心准则就是：将权利与责任分配给最合适的人。有效的投资治理要求合适的人选能够有足够的知识储备进行决策，有专业能力去充分评估、对比备选决策，有能力持续跟踪、承担已做决策。合适的人选还需要有能力及时做出决策。分配时要参考多方面的信息，如投资的规模大小，员工的能力、知识储备、时间等。每家投资机构的规模不一，能够获取的资源也不同，因此其投资项目的大小、复杂程度也不同。因此在权利与责任分配时，面临的情况也不同。例如，当投资项目较小时，公司可利用的资源有限，如投研人员较少，可以运行的投资策略较为单一，此时投资权利与责任的分配就与大资金多策略的投资项目不同。

4.10.4　投资政策说明书的作用

前文已单独介绍过 IPS。而在有效的投资活动中，IPS 是投资成功的基础。这是因为 IPS 起到了以下作用。

- ✓ 介绍投资者，如投资者所处的环境状况；投资项目可以利用的资源；和本投资项目相关的法律条款等。这部分内容的作用就是让基金经理了解投资者、投资项目的背景状况。因为一旦投资者为投资项目更换了基金经理，继任基金经理可以通过这部分充分了解投资者及其投资项目。
- ✓ 陈述了投资目标。
- ✓ 陈述了投资者的投资限制。
- ✓ 明确了投资活动中权利与责任的分配。
- ✓ 明确了投资活动中的纲领性规定，如是否使用衍生品。
- ✓ 规定了向投资委员会、董事会汇报的频度以及内容。

4.10.5 资产配置以及调整资产组合

当构建好了投资者的 IPS，基金经理首先会根据投资者的目标、限制等 IPS 内的内容模拟进行投资，然后评估分析各战略性资产配置的收益风险特性，最后提交战略性资产配置。该配置权重一般由投资委员会批准。投资治理除了关注战略性资产配置之外，还关注资产权重的调整。有效的投资治理要求明确调整资产权重的相关责任。

4.10.6 汇报框架

好的汇报框架可以让负责人迅速、准确地判断出投资项目相比投资目标当前的运行状况。好的汇报框架需要包括以下 3 个部分的内容：

- ✓ 投资项目目前所处的状态。
- ✓ 投资项目相对于投资目标的情况。
- ✓ 投资管理为投资项目增加/减少了什么价值。

汇报中需要包含以下几个要素：①业绩评估（performance evaluation）；②遵守投资规定的情况；③投资项目（相对于目标）的进展。

4.10.7 投资治理审计

审计的目的是确保确定的规则、程序、治理结构是有效的。审计活动是由第三方的审计人员完成的，其目标是检查公司的管理文件，评估公司是否有能力有效地按管理文件执行，以及评估公司管理的组合在投资治理的框架下是否管理得有效。

有效的投资治理确保了投资活动的持续性以及存活能力。一个好的投资项目，应该具备在市场未预期到的波动下存活的能力，好的投资治理确保了这类波动的结果在投资之前就已经考虑到了。好的投资治理同时会尽量避免**决策反转风险**（decision-reversal risk），即在错误的时间（损失最大时）决定改变之前的决策。好的投资治理也会充分考虑到人员变动对投资项目持续性的影响。同样地，关键人员离职的风险也是好的投资治理需要避免的。

5 投资管理行业中的专业性

本节说明

本章内容从道德标准、职业标准角度出发以证明道德行为、职业行为对于建立信任至关重要。从业人员以建立准则、设立标准的方式帮助维护行业的信任；而这些准则、标准从大的框架上规范了行业的道德行为和技术能力。从业人员还设定了更广泛的目标，即获得和维护整个社会的信任。在投资行业中，专业人士有他们的期望，但也同样面临着多方面的挑战。

知识点自查清单

- ❑ 专业人士的定义
- ❑ 专业如何取信
- ❑ 投资管理行业中的专业性
- ❑ 投资管理专业人士的期望
- ❑ 投资管理专业人士面临的挑战

5.1 专业人士

专业人士是指在特定领域受过专业教育并拥有较强的专业知识的群体；专业人士有一套特定的职业活动、行为以增强社会对其的信任、尊重及认可。大多的专业人士都注重职业道德以及关注如何为客户提供良好的服务。

在过去的一个世纪，日益增多的新兴专业领域使得专业人士的规模有了很大的增长。这不仅仅源自政府和监管机构的推动，还得益于从业人员对专业资格的追捧以达到在职场上获得优势的目的，此外，客户对专业人士的依赖也推动了专业化的发展。职业化并没有在每个国家都得到发展，但是在大多数国家，专业人士（专业领域工作的人）会受制于职业资格的要求和技术标准的要求。这种专业性的工作包括医生、律师、精算师、会计师、建筑师和工程师等。正是这些要求、标准将专业人士与行业工会区分开来。其中最明显的差异是：专业人士需要遵循较高的职业道德准则。另一个差异是行业工会并不会把为社会服务作为使命，也不会制定、实施专业行为规则约束从业人员。

何老师说

　　职业中最常见的专业人士有医生、律师、金融从业人员等，他们的共同点是具有很高的职业道德、很强的专业知识并担负重大的受托责任。比如金融从业人员，他们的专业知识是经过日积月累的，外行人很难看懂和学会，壁垒很高。这就更需要他们拥有较高的职业道德和自我约束，当然也会受到其他组织的监督。举个例子，某基金经理本应该帮客户投资股票与债券混合型基金，但是因为最近亏损严重，就私自挪用了客户的资金转投房地产来弥补一定的亏损。这种行为损害了客户的利益，因为客户无法看到基金经理的持仓，也不知道他们的资金具体投资到哪里去了。这就需要基金经理以很高的职业道德来规范自己的行为，与此同时，基金公司后台部门和托管银行都会对其持仓和投资行为进行监督。

5.1.1　专业人士如何取信

　　要使专业人员可信，首要目标是在客户之间和整个社会之间建立起信任关系。

1. 专业规范了从业者的行为

　　专业性可以通过专业机构制定的准则和标准进一步加强。监管机构通常很支持职业道德建设，也很认可专业人士提供的职业道德框架。世界各地的许多监管机构都与专业机构密切合作，以了解他们的准则和标准，以及了解他们是如何执行这些准则和标准的。他们制定的规范和标准可以作为法规的补充，相比于法规来说更加侧重于对个人行为的规范化和标准化。

　　许多政府监管机构已经认识到，专业人士可以通过从业者持续不断地反馈以及行业内部强烈的共同利益所维持的优秀准则、习惯而制定出更精细的标准化体系。政府之所以支持专业人士，是因为其有助于社会，并且为一些复杂的、高难度的服务提供了专业性和执行力度的保障。

2. 专业人士为社会提供服务

　　专业人员有义务追求除遵守准则和标准之外的更高要求。专业人士应该倡导个人自发地或者通过其公司追求更高等的教育和更严格的道德标准。通过增强行业内的信任，专业人士可以获得更多的业务，并且行业内的信任可以增强经济活动。专业人士已经意识到，赢得社会团体的信任不仅可以让自身获得自豪感和认可，还可以带来商业利益。获得信任的专业人士在对自身事务的管理上具有更大的灵活性，这使得他们能够开发出既对客户有用又对会员有益的服务模式。

3. 专业人士是以客户为中心的

　　专业人士的目标就是制定并且执行各项准则、最佳实践指南和标准要求来指导行业发展。这些准则、指南和标准帮助专业人员明确了其应将客户的利益置于首位，客户利益高于其自身利益；用细致入微的真诚态度和专业的知识技能服务客户。大多数雇主鼓励员工成为相关的专业人士，并且许多雇主为这些会员提供财务支持，以便提高客户服务质量并加强他们的道德意识。

4. 专业有很高的入门标准

　　专业的会员资格意味着专业人员需要按照承诺的标准提供高质量服务，不仅仅只是拿到一个专业认证这么简单。未来的专业人员必须同时具备技能、知识和道德 3 个方面的能力。

5. 专业人士拥有可供使用的专业知识库

由经验丰富且技术熟练的从业人员开发的知识库可供所有专业人员使用。这些知识会提高会员的工作效率，并加强他们的职业道德。

6. 专业鼓励和促进继续教育

进入一个专业领域并不能保证个人能够保持专业能力并继续遵循专业标准。在专业人员取得资格认证之后和他们的整个职业生涯中，技术、道德行为标准，提供的服务以及相关的法律和商业环境都会发生变化，这些变化都要求专业人士的能力和道德意识能够保持同步提升。大多数专业机构会对其会员定期进行继续教育作为其保持会员资格的条件。要满足会员资格的条件，通常需要投入较多的时间精力，包括需要完成不同类型的学习活动，以及不同能力的培养。这通常被称为专业后续发展，被视为维持专业标准的重要部分。专业人员进行的培训和教育可以提高其人力资本，从而促进经济增长和社会流动性。

7. 专业机构监督专业行为

专业人员为了维护行业的诚信和声誉必须对其行为负责，其中包括专业机构通过监督和对成员实施制裁进行自我监管。

8. 专业人士是协作发展的

即使在竞争的情形下，专业人士也应该相互保持礼貌。至少，他们必须尊重他人的权利、尊严和自主权。

9. 专业机构是被认可的监督机构

许多专业机构都是非营利性组织，其使命是强调卓越、诚信和公共服务。尽管专业人员个人有责任维持他们的专业胜任能力，但监管机构通常会对其胜任能力进行监管。这些机构为个人提供了持续性的教育资源，使他们能够获得有关标准变化的信息，并为他们建立起纪律框架。持续的成员资格表明专业人士需要维持其（或获得更好的）胜任能力，同时持续遵守道德行为准则。

10. 专业机构鼓励成员参与其发展

成员作为志愿者参与其发展是专业机构必不可少的一部分。专业人士更有可能参考、使用和遵守他们帮助开发的价值观，他们作为成员通常有权力来修改这些价值观。一个优秀的专业人士希望指导、激励刚进入或希望进入该行业的新人。专业人士应自愿推动这一专业，并与同行一起发展并改善专业知识和道德规范。专业人士也应自愿去帮助教育新人的道德认知和道德决策。大多数专业人士发现，专业志愿服务的经验可以提高他们的技能并加强他们在行业内的联系。因为专业团体的成员会与其他专业人士进行必要的接触。

何老师说

信任是金融市场的基石。信任的建立、培养和维持依赖于所有市场参与者的道德行为。当市场参与者能够遵守道德准则时，投资者就能够相信投资机构提供的信息是真实可信的，从而对投资更加有信心，也更愿意参与到金融市场活动中。

5.1.2 专业的演变

没有专业会停滞不前。透明度和公共责任的不断提高等迫使专业与时俱进。同时，技术为新服务和不同的工作方式提供了可能性。此外，专业人员其责任的关键流程可能需要由政府机构或独立的公共机构进行审查。一般而言，专业机构经常会与非会员个人交流，这有助于他们在确定政策时会考虑到公众、客户或其他利益相关者的观点，从而进行综合全面的评估。这种交流也有助于增强公众对于专业行为和纪律处理过程的信任。

5.2 投资管理中的专业性

投资管理是一个相对年轻的行业，这意味着公众对其行为和行业规范仍处于了解的阶段。监管机构和雇主的认知也落后于专业机构。但是并非所有从事投资管理的人都是专业人士，一些从业者尚未进行特定的投资培训或不是专业机构的成员，这为投资管理专业取信带来了挑战。因为并非所有从业者都需要遵从较高的道德标准。然而，投资管理领域的关键要素已经稳定地建立了几十年。例如，1934 年格雷厄姆和多德的《证券分析》的出版是建立投资知识体系的重要里程碑。

投资管理领域满足了大多数（但并非目前全部）的专业机构期望。在大多数国家，部分认证的形式需要进行实践，同时加入专业机构的也并非是强制要求的。在全球范围内，大的趋势是从业人员在进入投资管理领域管理之前需要进行准入资格测试；同时该测试能够帮助从业人员保持持续的胜任能力。然而，很少有专业机构能够完美地实现所有的预期。与其他行业类似，投资管理领域正在着手改善并满足不断变化的需求。

随着全球范围内资本市场的开放，投资管理领域日益全球化。跨境监管协调和技术的发展是促进投资管理全球化的重要因素。各个国家已经建立了各种投资管理专业机构，其中一些机构已在向国际化迈进。此外，其他的专业机构，包括精算专业机构和会计服务专业机构，都有投资管理专业人员的成员。

5.2.1 投资管理中的信任

如今，投资管理专业人员与医学和法律等专业人士有相似之处。与医生和律师一样，投资管理专业人员因为具备一系列专业知识受到大众的信赖，同时大众也相信其会酌情审慎地应用其专业知识。与客户相比，投资专业人员还应具备卓越的财务专业知识、技术知识以及相关的法律法规知识。客户可能无法完全了解投资中所涉及的冲突、风险和费用，因此投资管理专业人员必须始终以符合客户最佳利益的方式处理并充分披露这些问题。遵守道德规范和专业标准至关重要，实践时必须以谨慎、透明和诚信为指导。

投资管理专业机构和投资公司必须相互依存以维护信任。雇主和监管机构自己的标准和做法，可能会与专业机构制定的规则和标准不同。此时，投资管理专业机构通常需要指导专业人员如何解决这些差异。

在许多发达经济体中,投资管理专业机构影响经济的许多关键领域,包括储蓄、退休计划以及资本的定价和分配。在大多数国家,较为准确的证券定价可以提高资本配置效率,并与公司的道德治理相结合,有助于吸引国际投资者的投资。当获取了更高的信任度、获得了更好的资本配置时,投资管理专业机构可以帮助降低交易成本并且帮助实现客户目标从而为社会提供更多的价值。这就解释了为什么从业者、客户、监管机构和政府支持投资管理专业机构的发展。

5.2.2 协会:投资管理专业团体

CFA 协会是投资管理专业人士最大的会员机构。投资管理的全球化发展使得 CFA 协会在 20 世纪 80 年代起的影响力不仅仅局限于北美。随着投资管理行业的发展,CFA 协会进行了一系列的改变。2015 年发生的一次重大变化,就是 CFA 协会决定实施美国非营利部门最高标准的治理标准。协会理事会立志要实施美国上市公司标准和美国非营利领域最高标准,除非董事会认为这样做不符合会员或组织的最高利益。

CFA 协会的使命是"通过促进最高标准的道德、教育和卓越人才来引领全球投资行业,以达到社会的最终利益"。CFA 协会《道德规范和职业行为标准(准则和标准)》志在促进成员成为一个具有职业操守的人,并建立起了符合道德要求的行为模式。CFA 协会的候选人和会员必须满足 CFA 协会、监管机构或者雇主所要求的最高标准。在客户利益和市场利益发生冲突的情况下,道德准则规定了投资管理专业人员必须将维护市场诚信作为首要义务。CFA 协会旨在通过呼吁大家制定符合公司和客户利益的法规来建立市场诚信。

作为一个专业机构,CFA 协会从从业人员那里收集知识,进行严格的考试,并确保从业者参与制定其规范和价值观。CFA 协会全球投资知识体系(GBIK)和候选知识体系(CBOK)通过实践分析的过程进行持续更新,通过与从业人员的交流,保证了实践分析有助于确保投资管理专业的知识体系是持续更新的并且全球通用。CFA 计划确保候选人充分掌握投资专业人员普遍接受、应用的必要核心知识、技能和能力。CFA 协会还通过出版《金融分析师》期刊、CFA 协会研究基金会发布的书籍、研究摘要和评论以及《CFA 协会》杂志为金融领域的新研究和创意做出贡献。

CFA 协会鼓励其会员参与到他们的专业群体,并且让其会员参与其改变举措。CFA 协会当地社团维持会员间的联系,保证会员能够参与到社团活动中。CFA 协会为当地社团提供继续教育计划和活动来促使会员的加入。对于 CFA 协会的会员,当地社团的会员资格是保持其专业性的重要途径,特别是对于专业后续教育来说。

CFA 协会的会员与候选人都必须遵守协会的道德准则和标准,并每年必须签署一份声明,证明其将持续遵守。CFA 协会的会员和候选人必须保持和提高他们自身的专业能力,并努力保持和提高其他投资专业人士的能力。

5.3 投资管理专业人员的期望

所有专业人士所期望的特征和行为包括诚实、正直、利他、持续改进、卓越,忠诚以及对同事、雇主和客户的尊重。专业人员应通过他们的行动维护其专业领域的声誉，并在他们的工作中保持负责及可靠的工作态度。专业人员应定期对个人成长进步进行反思。这种反思从自我评估开始，认识到认知差距，制订持续发展的专业计划以填补这些差距，将新学习付诸实践，然后对结果进行评估并进行下一个周期。专业人员的主要职责是提供独立的建议、避免或者披露利益冲突、尊重客户信息，并且保持客观性、透明度和保密性。

不同职业领域的行为会因职业而异，但大多数职业都会有一些共同的属性。其中包括在交易过程中必须具备的诚实和公开，这个过程涵盖了职业行为的所有方面，包括撰写摘要概述，提供建议，记录保存，以及在最大程度上让客户知晓并获得同意。这意味着应当确保客户了解决策的后果、结果的范围和风险。客户将不具备专业人员所拥有的专业知识水平，但同时专业人员不应该滥用这种专业的知识。由于判断和实践中的错误，有时会对客户产生不利后果。专业人员应该及时承认错误，从中学习并纠正错误。一些专业法规规定，专业人员必须与任何违反法律或法规的行为脱离关系。这意味着，即使他们无法改变他人的行为，个人也可能需要采取行动来杜绝这些违法行为。

在他们的职业生涯中，投资管理专业人员可能会遇到困境，包括那些道德意义上的困境。如何选择处理这些问题可能会对客户、对雇主、对他们专业的取信度甚至对他们自己的职业生涯都会产生重大影响。雇主通常的做法与道德准则和行为标准之间的平衡可能是不明确的或者存在着细微的差别。在这些情况下，投资管理专业人员拥有采取行动的责任，但在采取行动之前，他们需要仔细考虑如何确定问题的真实情况，并评估采取这个行动对客户、雇主以及他们自己的职业生涯所带来的影响。

投资管理专业人员应该学会对专业机构的道德规范、标准和对雇主之前的忠诚度的联系进行判断。道德行为意味着投资管理专业人员必须能够平衡竞争利益和动机，即使这可能会对其个人发展造成劣势。有时，专业人士可能需要具备一定的勇气来维护最高的道德标准。利用道德决策框架，例如 CFA 协会在道德和专业标准中所描述的框架，可以帮助投资专业人员分析利益冲突情况下的行为。为了应对这些他们可能会面临的困境，投资管理专业人员应该保持并提高他们的道德决策能力。

一般专业人士有多个渠道可以反映他们的问题，包括同事或者同龄人、监察人、公司的合规专员或者道德专员、公司以外的独立第三方、专业机构的热线电话、公司高层、公司的举报专线以及监管机构或者执法机构等。

当困境发生时，在内部提出问题往往是一个良好的起点，并为独立的内部审查创造机会。在寻求他人的建议时，专业人士应注意保密。雇主的合规部门可能会更侧重于保护公司免受监管违规的风险或后果，他们会优先选择保护客户和企业。

5.4 投资管理专业人员所面临的挑战

新趋势正在重塑专业人士的专业行为和期望。这种趋势变化并不新鲜，专业领域与社会之间的契约也在不断被重新定义。尽管专业的重要性日益增加，并且在解决社会日益复杂的问题上，这些专业的接纳度大大提升，但长期以来人们始终保持怀疑的心态。"2017 年爱德曼信任晴雨表"（Edelman Intelligence，2017）显示，"政府、商业、媒体和非政府组织的信任度下降幅度最大。"更具体地说，在这份研究中，与能源、消费品、食品和饮料以及技术部门相比，金融服务被评为最不值得信赖的部门。

越来越多的人认为，专业人士无法很好地管理利益冲突，其中金融服务从业者"名列前茅"。更为重要的是，投资专业人士的能力受到了社会各界更为严格的审查。例如，财经媒体经常质疑积极投资管理的价值以及投资专业人士的贡献。

如今，投资管理面临着几股"力量"的挑战，包括消费主义、监管、全球化和技术创新等。

- 消费主义的兴起是现代最具影响力的社会力量之一。受到消费习惯的影响，零售客户倾向于以品牌和广告为参考来购买投资产品。透明度的增加也使消费者更容易比较服务价格。

- 监管在全球范围内变得越来越普遍，很大程度上是受到 2007～2008 年全球金融危机中一些严重的金融违规行为的影响。一些监管机构对投资顾问提出了要求：①投资顾问应属于专业机构；②遵守合适的行为准则；③获得相关的最低教育要求；④承诺专业后续发展；⑤遵守对任何不法行为的制裁。简而言之，他们需遵循专业化的基本原则。监管有助于提高职业道德标准水准，使道德要求成为实操中的要求，尽管这可能会牺牲专业发展所需的自主性和灵活性。

- 全球化促进了全球范围内的行为习惯趋同，反过来又使得 CFA 协会等全球性专业组织得到了发展，并且扩大其影响范围。投资实践和监管的国际协调得到了加强。然而，如果大型的跨国公司通过全球化整合建立起与专业机构准则相冲突的属于公司自己的标准时，全球化可能会对投资管理领域的发展不利。虽然在道德行为规范上可能没有差异，但在不同的国家和地区，市场的职业操守和客户利益可能会有所不同。

- 技术创新是投资管理专业面临的最大挑战。计算能力、数据存储和互联网的快速发展可能会改变专业知识的定义以及它们在服务投资者上的应用方式。数字系统可能会取代或增强投资专业人员在做投资过程中起到的作用。目前，复制指数、风险管理、交易执行、使用投资组合优化的资产配置、业绩分析、算法交易、量化投资管理以及其他领域正在实现自动化。人工智能的发展可能会加速这一趋势。

第 2 章

行为金融学

学科介绍

　　行为金融学虽然是一门新兴科学，但是在金融学领域扮演着非常重要的角色；这是因为所有的市场参与者包括金融领域的行家都会出现行为偏差。很好地认知感情和认知范围内的行为偏差将有助于我们进一步洞悉这些偏差是如何影响投资者的判断以及投资决策的选择。

　　行为偏差的相关理论知识可以帮助金融从业人员更好地理解他所服务客户的目标和完成投资组合的构建。行为金融学还可以帮助我们解读有关市场异常现象。所以将行为学与传统金融学有机结合将会催生奇妙的化学反应，两者结合所得到的研究结果具有跨学科的理论价值。

1 行为金融学观点

本节作为行为金融学的开篇内容，阐述了行为金融学对投资者在投资决策活动决定方面造成的影响。其主线在于传统金融学与行为金融学的比较。本节先后介绍了微观行为金融学和宏观行为金融学的相关概念，并将它们的概念与实际应用分别与传统金融学的观点进行了详细的对比。

大家学习本节的关键在于理解相关名词、术语。部分术语之间的含义存在少许的交叉重叠，这也是该部分学习的难点所在。考生应当注意本章概念之间的联系与区分，不要混淆。

知识点自查清单

- ☐ 行为金融学与传统金融学的比较
- ☐ 理性经济人
- ☐ 效用理论及贝叶斯公式
- ☐ 风险厌恶
- ☐ 针对传统金融学以及理性经济人的挑战 ★
- ☐ 关于效用最大化的挑战 ★
- ☐ 关于风险厌恶的挑战 ★★
- ☐ 神经经济学
- ☐ 不同理论间的比较
- ☐ 关于市场行为的观点
- ☐ 关于组合构建的观点 ★★

1.1 行为金融学与传统金融学的比较

金融学可以分为传统金融学和行为金融学。传统金融学旨在研究投资活动中，投资者"应当"如何表现，这些表现活动通常建立在理性经济人（rational economic men）假设之上。理性经济人假设是指投资者都是风险厌恶（risk-averse）、利己主义（self-interested）以及追求效用最大化的（utility maximizers）。我们假设理性的投资者的行为不会受到心理因素的影响，因此他们的投资活动能够促使市场价格如实反映所有可得的与市场相关的信息。

行为金融学旨在描述投资者在投资活动中的"实际"表现。不同于传统金融学，行为金融学中所描述的投资者往往并不是完全理性的，他们是一类具有感情的容易受到各类心理因素影响的普通人。为了分析清楚投资者的活动行为，行为金融学的理论体系包含了传统金融学、投资者心理学、行为学、试验经济学以及认知心理学等诸多学科。

李老师说

国外有人曾经做过这样一个实验：将一群实验者分为 A、B 两组。实验伊始先给 A、B 两组实验对象分别观看了老年人步履蹒跚的影片和年轻人活力四射的影片，之后再让所有参与实验的调查对象填写一份调查问卷。填写完调查问卷后的实验对象需要走过一个狭长的走廊，然后向走廊另一边的工作人员提交自己的问卷。其实，这个实验的研究重点并非在于调查问卷本身，而在于观测那些观看了不同影片的实验对象通过走廊时的速度。实验结果表明，观看了"老年人步履蹒跚"的影片的 A 组实验对象通过走廊的速度要明显慢于观看了"年轻人活力四射"的影片的 B 组人员。由此我们不难发现，人们在日常生活、学习中是非常容易受到外界因素干扰影响的，这正是行为金融学重点关注的范畴。

1.1.1　行为金融学的分类

依照研究领域的不同，行为金融学可以分为微观和宏观两大类。

- ✓ **微观行为金融学**（behavioral finance micro，BFMI）通过检验相关个体的行为偏差以区分个体投资者实际投资活动表现与理性经济人投资活动表现之间的差别。微观行为金融学向传统金融学中有关完全理性假设以及理性人的决策过程提出了质疑。
- ✓ **宏观行为金融学**（behavioral finance macro，BFMA）的研究重点在于鉴别各类市场反常现象（market anomalies）；区分实际市场以及传统金融学中假设的有效市场。该研究领域向市场的有效性假说提出了质疑。

1.1.2　决策制定的构架

1. 规范分析

规范分析（normative analysis）假设了一类理想的情景，在这些情景模式下，投资者都会以理性的方式按照相关规章制度处理问题。传统行为学认为人们的投资行为都是规范的，人们的投资活动都是建立在对投资收益的期望方差的度量规则之上的。

2. 描述性分析

描述性分析（descriptive analysis）可以被看作是对于一个个心理实验案例的总结性描述。它关心的是人们在投资活动中的"实际"表现是怎样的，投资者是如何受到心理因素作用影响的。行为金融学对于投资活动的解释就是描述性的。

3. 规定性分析

规定性分析（prescriptive analysis）关注的是如何有效地帮助投资者在投资活动中尽可能地获得与"理性人"在规范模式下（normative）相同的投资结果。利用行为金融学指导实际投资行为就是"规定性的"。

1.2　理性经济人

理性经济人（rational economic man，homo economics）会在一定的预算限制（budget constraints）条件下利用可得的机会、信息，最大限度地实现效用最大化。这里的效用通常都是可以被量化的，是可以通过打分的方式进行计算的。

1.2.1　理性经济人的假设

- ✓ **完全理性**（perfect rationality）：假设理性经济人是能够随时做出有利于自身的判断决策。
- ✓ **利己主义**（self-interest）：假设理性人的行为模式都是"利己主义"的。这里的"利己"是一个中性词，人们的决策行为虽然优先考虑自身的状况，但仍然要受到法律法规的约束，以此来保证社会公平。
- ✓ **完全信息**（perfect information）：假设人们能够获得完全的或者是接近完全的信息；投资者有能力对获取的所有信息进行深入分析，并且按照马科维茨有效前沿理论开展投资活动。

上述 3 条假设确保了投资者能够对投资活动产生的效用进行准确的量化。

1.2.2　理性经济人是如何做决策的。

在一个完美假设的世界里，理性经济人在做决策时一般会经历以下步骤：

- ✓ 运用效用理论公式。
- ✓ 在理性人行为模式下评估出特定事件发生的概率。例如，判断市场上某只股票价格上涨或是下跌的概率。
- ✓ 当理性人获得了新的信息时，他们会结合贝叶斯公式重新评估特定事件的条件概率（conditioning probability）。
- ✓ 遵照能够实现最大效用功效的方式行事。

1.3　效用理论及贝叶斯公式

接下来我们再具体阐述一下效用理论及贝叶斯公式，这部分内容我们曾在 CFA 一级的内容中讲述过。

1.3.1　效用理论

效用理论强调了"效用最大化"这一概念，即人们在约束条件下如何实现**效用现值**（present value of utility）的最大化。为了实现效用的最大化，一个理性的投资者在做投资决策时需要遵从以下 4 个方面。

- **完备性**（completeness）：理性的投资者能够知晓所有选择的可能性，能够准确评估出每个选择的价值大小，并且能够对各个选择进行排序。此外，任何两个选择都可以进行排序比较，不会发生模棱两可、无法比较的情况。
- **传递性**（transitivity）：不同选择之间的排序应当保持一致性。例如，投资者相对于选择 Y 更偏好选择 X；同时该投资者相对于选择 Z 更偏好选择 Y。那么我们可以得出结论，该投资者相对于选择 Z，他一定更偏好选择 X，否则就会出现逻辑上的悖论。
- **独立性**（independence）：效用是可以被叠加和分割的。
    - 假设投资者原先相对于选择 Y 就更偏好选择 X。现在我们再将选择 Z 的效用价值同时叠加到选择 X 与选择 Y 的效用上，那么该投资者将会偏好（X + Z）相较于（Y + Z）。由此可见，Z 的加入并没有改变该投资者对于原先选择 X 与选择 Y 的偏好排序。
    - 同理，如果投资者原先相对于选择 Y 就偏好选择 X，我们将选择 Z 的部分效用价值 pZ 同时叠加到选择 X 与选择 Y 的效用后，该投资者相较于（Y + pZ）将会更偏好（X + pZ）。
    - 如果对于不同选择最终的偏好排序是基于 p 的大小决定的，那么这就违背了独立性原则。
- **连续性**（continuity）：无差异曲线是平滑的并且没有间断（smooth and unbroken）。
    - 假设存在 L、M 和 N 这 3 个选择。投资者相对于选择 N 更偏好选择 M，相对于选择 M 更偏好选择 L。那么必定存在这样一个关于 L，N 的组合 aL + bN（a，b 代表了一定的比例系数）。投资者投资在这个组合获取的效用等于该投资者投资了 M 所获取的效用。
    - 上述的例子可以表明无差异曲线是连续非间断的。对于连续的函数，我们就可以对其求导（求极值），从而可以求得最优解。

以上 4 点可以确保理性投资者能够对不同选择的效用进行打分、评估、量化。

1.3.2　贝叶斯公式

贝叶斯公式（Bayes' formula）通过相关数学方法解释了一个新的市场信息是如何改变一个已经存在的特定概率数值的。由一级数量学科知识我们可以得到：

$$P(AB) = P(A)P(B \mid A) \tag{2-1}$$

$$P(AB) = P(B)P(A \mid B) \tag{2-2}$$

式中　$P(AB)$——事件 A、B 同时发生的概率；

　　　$P(A)$——事件 A 发生的概率；

　　　$P(B)$——事件 B 发生的概率；

　$P(A \mid B)$——假定事件 B 发生的条件下，事件 A 发生的概率；

　$P(B \mid A)$——假定事件 A 发生的条件下，事件 B 发生的概率。

联立式（2-1）与式（2-2），我们便得到了贝叶斯公式的表达式：$P(A \mid B) = \dfrac{P(B \mid A)}{P(B)} \times P(A)$，

因为贝叶斯公式在 CFA 一级数量学科中已作为重点内容被详细介绍说明过，所以我们在此不再展开赘述。需要注意的是贝叶斯公式的考试重点在于概率的计算。

李老师说

投资活动中，人们会做出不同的决策。例如，投资者在执行决策 1 时有可能会产生 3 个结果：A、B、C，根据效用理论，我们可以算得每个结果的效用大小 U_A，U_B，U_C；同时依据包括贝叶斯公式在内的相关概率公式我们可以求得不同结果发生的概率 P_A，P_B，P_C。再运用 $U_1 = U_A P_A + U_B P_B + U_C P_C$ 这一等式，便可以求得决策 1 的效用 U_1。如法炮制，我们还可以求得投资者实行决策 2 时的效用 U_2 以及执行决策 3 时的效用 U_3。通过比较不同决策下效用的大小，我们就能够判别出可以实现的最大化效用的决策。上述过程也是传统金融学中投资者实现效用最大化的常规方法。

1.4 风险态度

1.4.1 风险态度的类型

假设有两个具有相同预期投资收益的资产，不同的人群对于风险会持有 3 种截然不同的态度。它们分别是风险厌恶、风险中性和风险偏好。

- ✓ **风险厌恶**（risk-averse）：风险厌恶型投资者更愿意去投资一个可以事先确定其投资价值的资产而不愿意投资另一个不能预先确定其投资价值的资产。
- ✓ **风险中性**（risk-neutral）：在上述两个资产中，风险中性型投资者对于上述两个资产的投资偏好相同，无所谓究竟要投资哪一个资产。
- ✓ **风险偏好**（risk-seeking）：相对于具有确定收益的资产，风险偏好型投资者更倾向于投资具有不确定性收益的资产。尽管这两个资产的预期收益率是相同的。

李老师说

假设年末时某单位要为员工发放年终奖。发放的形式有两种：一种是直接给员工确定的 10 000 元现金；另一种是让员工通过投掷硬币的方式来决定年终奖发放金额的多少。如果员工投掷硬币结果显示正面朝上，则可以获得 20 000 元的现金，如果员工投掷硬币结果显示背面朝上，则不予发放奖金。由此我们可以算得在投掷硬币模式下，员工可以获得的年终奖金预期值为 $0.5 \times 20\,000 + 0.5 \times 0 = 10\,000$ 元，与第一种直接派发 10 000 元的预期值完全相等。

如果员工是风险厌恶型的，他就会选择直接领取 10 000 元，因为他更喜欢一个确定性的结果。而对于风险偏好型的员工，他就会选择通过投掷硬币的方式搏一把获取 20 000 元年终奖的机会。对于风险中性型的员工，他会随意选择两个方法中任意一种，因为他没有特定的风险厌恶或者偏好。

这里涉及的风险指代的是不确定性。所谓不确定性是指，投资的收益有可能大于预期期望从而产生更高的收益，也有可能小于预期期望从而产生损失。对于这种不确定性，我们通常用标准差 σ 进行度量。数学上 σ 可以用于测量观测值偏离预期期望的大小程度。

传统金融学假定个体投资者都是风险厌恶的，在确定性与不确定性之间，他们都更加偏好确定性的结果。但是行为金融学却假定个体投资者都是损失厌恶的（loss averse），考生需要注意这两者之间的区别。

不同风险态度的预期收益率比较如图 2-1 所示。

如图 2-1 所示，图中蓝色曲线代表了风险厌恶型投资者的选择。随着风险的增加，投资者对于收益率的补偿会提出更高的要求；图形上投资收益的增长速度要快于投资风险的增长速度；该曲线表现为凸向原点（convex）。

图 2-1 中的绿色曲线代表了风险偏好型投资者的投资选择。随着风险的增加，投资者对于收益率的补偿有所增加，但增速却有所放缓。图形上投资收益的增长速度要慢于投资风险的增长速度。该曲线表现为凹向原点（concave）。

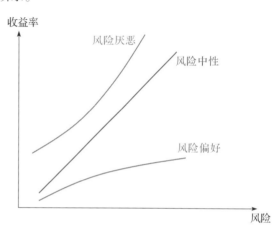

图 2-1　不同风险态度的预期收益率比较

图 2-1 中的红色中线代表了风险中性型投资者的投资选择。随着风险的增加，投资者对于收益率的补偿也有所增加。图形上投资收益的增长率等于投资风险的增长速度，因此这样的曲线就是一条直线。

1.4.2　财富效用函数

与上述的传统效用函数不同，财富效用函数研究了因变量效用与自变量财富之间的关系，投资者对于风险的态度决定了其财富效用函数的形状（见图 2-2）。

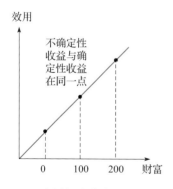

a）风险中性型投资者的效用函数

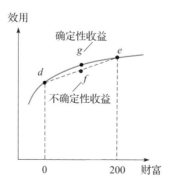

b）风险厌恶型投资者的效用函数

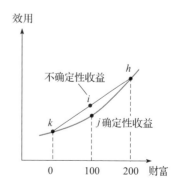

c）风险偏好型投资者的效用函数

图 2-2　财富效用函数

我们首先观察图 2-2b。图中凹向原点的曲线代表了风险厌恶型投资者的财富效用函数。在该曲线上，连接 d、e 两点，并取其中点 f。f 点视作 d、e 两点的平均期望，它所代表的是一个不确定的期望值。曲线上 g 点代表了与 f 点有着相同期望的组合点，但是 g 点的收益是确定的。因为 g 点的位置要高于 f 点（更高的效用水平），这表明该投资者相比于不确定的投资结果会更加偏好于一个确定的投资结果，所以我们说类似图 2-2b 中这类凹向原点的曲线代表了风险厌恶型投资者的财富效用函数。

再来观察图 2-2c。图中凸向原点的曲线代表了风险偏好型投资者的财富效用函数。在该曲线上，连接 k、h 两点，取其中点 i。i 点视作 k、h 两点的平均期望，它所代表的是一个不确定的期望值。曲线上 j 点代表了与 i 点有着相同期望的组合点，但是 j 点的收益是确定的。图中 j 点的位置要低于 i 点（更低的效用水平），这表明该投资者相比于确定的投资结果会更加偏好于一个不确定的投资结果，所以我们说类似图 2-2c 中这类凸向原点的曲线代表了风险偏好型投资者的财富效用函数。

最后我们再来观察图 2-2a。图中的直线代表了风险中性型投资者的财富效用函数。该曲线上任意两点连线的均值也都位于直线上。图形上具有确定性的结果的投资组合与具有不确定性的投资组合在图形上处于相同的位置，这就表明投资者对两者的投资偏好是相同的，因此这样的直线就代表风险中性型投资者的财富效用函数。

李老师说

上述取点做平均的分析方法，大家一定要能够灵活掌握，切勿死记硬背。

判别图形的"凸性"与"凹性"并不难。通过一二级固定收益学科的学习，我们知道"凸性"具有在价格方面"涨多跌少"的性质，记住了这点，我们便能够快速判别曲线"凸""凹"的性质。

1.5 针对传统金融学以及理性经济人的挑战

传统金融学假设投资者都是理性经济人；他们都是能够获取完整的信息，都是完全理性的，并且都是利己主义的。针对传统金融学的假设，行为金融学提出了挑战性的质疑，这些质疑包括以下几点：

- ✓ 投资者在做决策时会面临信息的缺失，或者投资决策的机制本身存在问题。
- ✓ 人们的行为活动可能是非理性的，短期消费目标与长期投资目标之前存在一定的冲突，人们往往因为短期消费而忽视了长期投资的目标。此外人们的活动也不是完全自私的。在追求自身利益的同时，人们也会兼顾社会价值。
- ✓ 缺乏相关金融知识，这可以视作最大的挑战。大多数非金融行业的投资者是缺乏必要的投资金融知识的。很多投资者无法自行搜集金融数据，也无法解读金融政策。因此他们不太可能遵循完美的理性经济人的投资行为。
- ✓ 财富效用函数也并非总是表现为凹性的，投资者也会表现出风险追寻的特征。

1.6　关于效用最大化的挑战

传统金融学建立在边际收益递减的效用理论之上。在此基础上我们便可以得到理性消费者的无差异曲线（见图 2-3）。在无差异曲线上，投资者总能用一定数量的商品（服务）替代另一种商品，并且使得其整体效用保持不变。

图 2-3 中的无差异曲线反映了理性人工作与闲暇之间的替代关系。如图 2-3 所示，理性人位于 A 点的选择（工作 4 小时，休闲 6 小时）与 B 点的选择（工作 7 小时，休闲 3 小时）所获取的效用大小是相同的，因为两者位于同一条无差异曲线上。

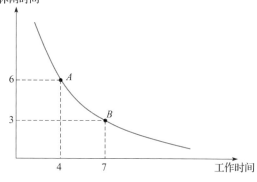

图 2-3　无差异曲线

但是，行为金融学认为并非所有人都能深入认识、了解效用理论。效用理论中关于概率的精确计算尤其是条件概率的计算是非常复杂困难的；因此对效用本身的评估也存在一定的不确定性。此外，即便投资者计算出了精确的效用值，其实际选择活动还会受到诸多外部因素的影响。例如图 2-3 中，一般的雇员是无法做到一天只工作 4 小时休闲 6 小时的（A 点处），因为他会受到公司规章制度以及公司老板的约束。

1.7　关于风险厌恶的挑战

传统金融学假设理性经济人都是风险厌恶型的。但是我们在实际生活中观察到的结果却否定了这一假设，因为人们并非总是持续性地表现出对风险的厌恶。

1.7.1　对风险厌恶的挑战

我们观察到人们会同时购入保险和彩票。无论是保险还是彩票，它们的预期收益都很低。其中购买保险可以视作是风险厌恶的表现，但是购买彩票就不再是风险厌恶的表现了。我们观察到越是那些获奖金额丰厚的彩票越是能够激发人们的购买欲望。

此外，实证观察的结果还表明：不同收入阶层的人群对于风险的接受程度也是不一样的。收入较低的人群更加愿意尝试承担那些获奖概率很小，但是一旦获奖就能赢取巨额回报的风险。此外，该类人群也十分偏好那些收益完全确定的投资品（无风险利率产品），而中产阶级人群则会更加偏好一些公平的赌博游戏（fair gambles）。

造成上述现象的原因在于，风险评估是相对决定的过程，它既取决于财富水平，也取决于投资者所处的实际环境。

　　假设一张售价 2 元的彩票的获奖概率为一千万分之一，获奖金额为 1 000 万元。这样的彩票对于公众就很有吸引力，虽然它的预期收益只有 1 元，并且它的预期收益明显小于它的售价。现在有另一类同样售价 2 元的彩票，只不过这类彩票的中奖概率为十分之一，获奖金额为 10 元，其预期收益也是 1 元。但是对于这类彩票，人们就不会有很大的兴趣去购买它。

　　对于上述现象，行为金融学给出了如下解释：人们对于风险的考量不是基于财富本身的绝对值，而是基于财富的变化量，因此有些彩票虽然获奖概率很小，但是获奖后的巨额奖金却能大幅增加人们的财富水平（带来的财富增加量是巨大的）。因此，这样的彩票往往就更具有吸引力。

　　此外，行为金融学还认为投资者并非是风险厌恶的，而是损失厌恶的。

1.7.2　前景理论★★

　　行为金融学根据观察到的人们对风险的厌恶偏好情况，提出了**前景理论**（prospect theory）。该理论是对预期效用理论的一种代替。不同于传统金融学将关注点聚焦在财富绝对值的水平上，前景理论关注的是**收益**（gain）以及**损失**（loss），即**财富的变化量**（changes in wealth）。

　　前景理论观察到：人们对于收益仍然表现出了风险厌恶的倾向，但是对于损失却呈现出风险偏好的特征。相较于收益，人们对于等额的损失会表现得更为敏感。前景理论图示如图 2-4 所示。

　　如图 2-4 所示，位于横坐标的上方的曲线表现出凹向原点的特性，这表明增加的收益虽然能给人们带来效用值的增加，但是增加的幅度却是逐步放缓的（曲线的斜率逐渐变小），由此我们判定人们对于收益仍然呈现出了风险厌恶的倾向。但是位于横坐标下方的曲线表现出凸向原点的特性，这表明增加的损失给人们带来了效用值的下降，并且下降的幅度是不断加速的（曲线的斜率逐渐变大），由此我们判定人们对于损失呈现出了损失厌恶的倾向。

　　图 2-4 同时表明，对于同样幅度的财

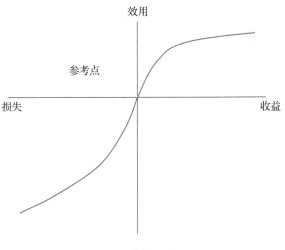

图 2-4　前景理论图示

富变化量（横坐标的变化）。收益所引起的效用增加值明显小于损失所引起的效用下降值。这就很好地说明了人们由于对损失存有更大的恐惧。那么在损失发生的情况下，为了尽可能地挽回损失，投资者因此便呈现出了风险偏好的特征。

　　前文我们讲到了人们在获取年终奖时会选择一个确定性的派发金额的方式。现在假设一个员工因为操作失误损坏了单位的机器设备而面临 10 000 元的赔偿款。老板给了他两个选择：一是直接缴纳 10 000 元的赔偿款；二是以投掷硬币的方式决定他的赔偿金额。如果该员工投掷硬币正面朝上，则免去赔偿；如果该员工投掷硬币反面朝上，则需赔偿 20 000 元。尽管在第二种以投掷硬币决定赔偿金额的方法下需要赔偿金额的预期值也是 10 000 元，与第一种方法下缴纳赔偿金的预期值相同。但是由于出于对损失的厌恶恐惧，人们便会抱着侥幸心理赌一把，更倾向于选择第二种通过投掷硬币决定赔偿金额的方式。这充分说明人们在面对损失的时候往往会表现出风险偏好的倾向。

1.8　神经经济学

人们的所有情绪和行为决策本质上都是大脑对外界信息做出的反应。投资决策也只是人们日常众多行为决策中的一种，它也是大脑神经在化学物质作用下的反应而已。我们发现，很多聪明绝顶的投资高手往往都具备超乎常人的优秀的心理素质；越是到了面临生死攸关的抉择时，他们越是能够集中注意力，保持冷静，一击制胜。而神经经济学（Neuro-economics）正是结合了神经系统科学、心理学以及经济学等学科知识，并且试图解释人们是如何做出经济决定的。

神经经济学的支持者们认为，该理论可以通过研究人类大脑在判定和决策时的活动机制，以建立起经济学与决策研究机制方面的相关联系，从而指导人们在投资活动中做出更为有利的决策。尽管神经经济学的研究领域是相当神秘且有趣的，而且在未来，它还能够帮助我们更好地洞察个体投资者的经济决策，但是就现阶段而言，这一领域的研究成果还寥寥无几，并且有待证实检验。

1.9　不同理论间的比较

1.9.1　决策理论

决策理论（decision theory）假设投资者都是能充分获取信息的，都是有能力进行精确运算的，并且都是完全理性的。他们能够运用所有能够获得的信息以及掌握的数学方法，得到一个**理论上的最优决策**（theoretically optimal decision）。决策理论是规范（normative）的，这意味该理论下的选择决定都是一个个理想化的决定。

决策理论本身是在不断进化的，对于它的分析，我们应当关注以下几点：

- ✓ 起初该理论的分析关注于如何选择一个最高的收益（以概率为权重）。之后该理论区分了预期价值以及预期效用这两个概念。预期价值是指市场上真实发生的成交价格，是客观存在的；而预期效用则是一个主观概念，它取决于个体自身的特性，并且因人而异。

✓ 风险与不确定性之间也存在区别。风险是一个随机变量，是可以被衡量的。而不确定性是指一个不可知的概率或者结果，它是不可测量的，传统的效用最大化分析法无法对其进行处理。

✓ 主观效用理论扩展了效用最大化理论，该理论认为只有主观概率（非客观）是可得的。这种分析法往往可以使得亟待解决的问题化繁为简。

1.9.2 不同理论之间的联系

不同理论之间的关系如图 2-5 所示。

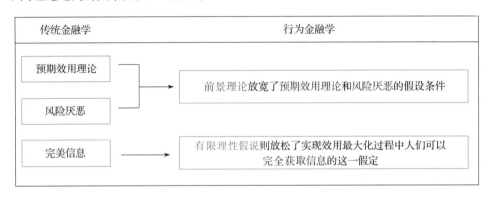

图 2-5 不同理论之间的关系

如图 2-5 所示，传统金融学中，预期效用理论以及决策理论都是规范性的，它们都力图刻画一个理性经济人做出决策的过程。但是前景理论以及有限理性假说则都是描述性的（descriptive）；它们共同描述了实际生活中人们是如何表现以及做出决定的。前景理论放宽了"预期效用理论"的假设条件，并且表明人们是损失厌恶而非风险厌恶的。而有限理性假说则放松了实现效用最大化过程中人们可以完全获取信息的这一假定。那么究竟什么是有限理性假说，接下来我们就对此展开进一步的学习。

1.9.3 有限理性假说

有限理性假说（bounded rationality）认为人们在做决策的时候并非能够做到完全理性（fully rational），因此他们所做的决定也并非是最优（optimize）的，而是一个满意解（satisficing）。

最优解（optimal solution）可以实现个人的效用最大化。满意解则是力图找到一个可以被投资者接受的解决方案，这个方案在所有解决方案中并不是立刻就能实现投资者个人效用最大化的。

在有限理论的假设下，投资决策需要遵循以下几点：

✓ 投资决策者出于时间以及成本的考量往往选择满意解的解决方案而非最优解的解决方案。

✓ 当投资者的意愿已经被实现的时候，人们就会将其意愿向上调整；而当人们的意愿没有被实现的时候，人们就会向下调整其意愿。

✓ 决策的制定是循序渐进的。每一次决策的调整制定都会逐渐靠近最终的目标状态，这个过程将一直持续下去直至最终的目标被达成。这样的一个动态调整过程被称作**分步解决程序**（divide-and-conquer procedure）。

李老师说

　　前景理论的实际应用是非常广泛的。例如一名应届毕业生在找工作时，如果想要获得最优解的录取通知，就应当向市场上所有的公司投发自己的简历，但是出于时间和成本的考虑，这显然是不太现实的。一个比较稳妥的做法就是该同学只向市场上 50 家公司投发简历，之后他有可能会获得 10 家公司的面试机会，并且最终只获得了其中 3 家公司的录取通知，此时该同学便会从这 3 家公司中挑选一家自己最为满意的公司入职。在这样的应聘方法下所产生的结果便是一个"满意解"，它很有可能并不是能够实现效用最大化的"最优解"。

　　假设这名应届毕业生起初给诸多用人单位报价的预期薪水是 20 000 元/月，但是没有用人单位愿意雇用他。那么此时这名毕业生就会降低自己的预期，并去应聘每月只能提供 15 000 元薪水的用人单位就职。如果在一开始就有用人单位愿意以 20 000 元/月的薪水雇用他，那么这名应届毕业生就会上调自己的预期薪水，并试着寻找同样工作强度下月薪 25 000 元或是 30 000 元的工作机会，直至预期薪水能够完全实现其效用最大化为止。

1.9.4　前景理论

　　有限理论的一个分支也被称为"前景理论"，它与我们此前所接触到的"前景理论"都是同一个学者提出的，但是这里的前景理论主要研究的是人们在有限理性的条件下，究竟是如何做出决策的。

　　该前景理论在描述性分析（descriptive analysis）的基础上分析了人们做出决定的过程，并且将其划归为两大步骤。在两大步骤中排序在前的步骤叫作"编辑过程"，排序在后的步骤叫作"评估过程"。

　　编辑过程的具体流程如下。

- ✓ **汇编**（codification）：投资者不再执着于最后的财富总额，而是将投资结果按照"收益"和"损失"进行分类，并且给出每个结果的相应概率。投资者需要事先确定出**参考点**（reference point），这样才能准确评估出投资结果究竟属于"收益"还是"损失"。

- ✓ **整合**（combination）：投资者会将那些确定性的数值进行整合。例如，一项投资的期望最初被编码为（200，0.3；150，0.2；150，0.15；100，0.35），即第一种投资结果的收益为 200，该结果发生的概率为 0.3；第二种结果的收益为 150，该结果发生的概率为 0.2；第三种结果的收益为 150，该结果发生的概率为 0.15；第四种结果的收益为 100，该结果发生的概率为 0.35。对此，投资者可以对获取相同收益的第二和第三类结果进行合并。合并后的编码为：（200，0.3；150，0.35；100，0.35）。

- ✓ **隔离**（segregation）：投资者将投资结果的风险部分与无风险部分进行隔离。例如，一项投资的期望最初被编码为（200，0.7；100，0.3）：第一种结果的收益为 200，该结果发生的概率为 0.7；第二种结果的收益为 100，该结果发生的概率为 0.3。无论在哪种情形下，投资者都可以获得至少 100 的收益，因此这部分收益可以看作是一类无风险资产，因此我们对数据隔离后得到的编码为（100，0.7；0，0.30）。这种隔离方法对于处理损失也同样适用。

✓ **删除**（cancellation）：在诸多选择中摒弃那些具有相同概率的结果。例如，有如下一对选择，前者为（100，0.3；200，0.2；50，0.5），后者为（100，0.3；250，0.3；10，0.4）。注意到两种选择下的第一种结果的收益率均为100，并且它们的发生概率均为0.3。因此，我们就可以直接忽略掉第一种结果，直接比较两类选择下的其他两种结果的收益情况。因此我们取消部分数据后的编码期望为（200，0.2；50，0.5）和（250，0.3；10，0.4）。

✓ **简化**（simplification）：将投资期望四舍五入。例如，现有一项投资的期望编码为（52%，48），即以52%的概率获得48的收益。投资者可以对其进行简化处理，认为该项投资能够以50%的概率获得50%的收益。请注意：重新编码后的数字应方便我们记忆。此外，对于那些非常不太可能发生的事件结果，我们通常可以忽略其发生的可能性，直接将其发生概率定义为零。

✓ **占优检查**（detection of dominance）：那些全面处于被压制的结果将会受到检测，压制结果一旦被确认，它们将被拒绝参与进一步的评估。例如：在第一类选择下，投资者有50%概率获得600的收益（第一类选择下的第一种结果），有50%的概率获得800的收益（第一类选择下的第二种结果）。但是在第二类选择下，投资者有50%概率获得200的收益（第二类选择下的第一种结果），有50%的概率获得400的收益（第二类选择下的第二种结果）。无论是第一种结果还是第二种结果，投资者的第一类选择获取的收益都将超过其第二类选择。由此，我们认为第一类选择的收益全面压制了第二类选择，第二类选择将被摒弃。

编辑过程处理完数据编码后，投资者就需要对数据进行评估，评估过程中我们会借用效用公式的原型效用$_{选择}$ = $P_X U_X + P_Y U_Y + P_Z U_Z$ 以求解具体的效用数值。

但是实证研究表明个体投资者往往会对于一些小概率事件表现出过度反应，这些小概率事件包括极端的损失或者收益。这会导致投资者在计算效用时无意识地高估了这类事件的发生概率。同时投资者还会低估那些很可能发生事件的概率，这会又导致投资者在计算效用时无意识地用一个较小的概率评估此类事件。鉴于此，这些主观概率的权重应当被纳入投资者计算效用表达式的考虑范围，由此我们便得到了最终的效用计算公式。

$$效用_{选择,i} = w_X P_X U_{X,i} + w_Y P_Y U_{Y,i} + w_Z P_Z U_{Z,i}$$

式中　P_X，P_Y，P_Z——X、Y和Z结果发生的概率；

　　　　U_X、U_Y和U_Z——X、Y和Z结果能给投资者带来的效用值；

　　　　w_X、w_Y和w_Z——投资者主观上高估或者低估特定事件概率的趋势程度。

1.9.5　传统金融学和行为金融学的总结

对于传统金融学以及行为金融学的假设区别，考生需要对其仔细琢磨、记忆。

传统金融学假设投资者是风险厌恶的，是追求效用最大化的，他们掌握无限的知识储备，并且在决策过程中做到完全理性。

　　有限理性假说和前景理论的假设则认为投资者对于风险的态度是相对的，取决于收益以及损失的表现，因此投资者是损失厌恶的。他们寻求满意解而非效用最大化，鉴于他们知识储备也是有限的，所以在决策过程中充满了认知限制。

1.10　对于市场行为的观点

1.10.1　传统金融对于市场行为的观点

　　上述所有内容都属于行为金融学的第一大分支——微观行为金融学的范畴。接下来我们将进入行为金融学第二大分支——宏观行为金融学部分的学习，即探讨市场是不是有效性的。

　　有效市场假说（efficient market hypothesis，EMH）认为市场参与者都是理性经济人；市场价格已经全面、准确、迅速地反映了所有信息。因此有效的市场价格就能反映证券的内在价值；同时投资者无法跑赢大盘。

　　有效市场假说可以分为以下 3 种，如表 2-1 所示。

表 2-1　有效市场假说的分类

分类	假设	结果
弱势有效市场	市场当前的价格反映了过去市场上所有的关于价格和成交量的信息	技术分析失效
半强有效市场	市场的当前价格反映了所有公开信息	基本面分析、技术分析失效
强势有效市场	市场的价格反映了所有公开的、非公开的信息	没有人可以战胜市场

　　通过表 2-1 我们不难发现：

- ✓ 弱势有效市场（weak-form EMH）的价格能够包含过去市场上所有的关于价格以及成交量的信息。半强有效市场（semi strong-form EMH）的价格反映了所有公开信息，而强势有效市场（strong-form EMH）的价格反映了所有公开的、非公开的信息。
- ✓ 在弱势有效市场中，基金经理将无法通过技术分析的手段持续地获得超额收益。在半强有效市场中，基金经理也无法通过技术分析以及基本面分析持续地获得超额收益。在强势有效市场中，如果一个市场的价格反映了所有公开的、非公开的信息。那么这样的市场就是强势有效市场。在该市场上，没有人可以利用内幕信息或者公开信息持续地获取超额收益。在现实生活中，这类市场是几乎找不到的，因为现实中投资者往往可以通过获取内幕信息来获取超额收益。

李老师说

　　技术分析通常运用价格、成交量等信息来判别未来股价的未来走势，在弱势有效市场中，技术分析被证明是无法为投资者带来超额收益的。基本面分析主要通过研究公司财务状况、指标，以及各类已公开的公司重大事项（高层人员变动）信息来判别未来股价的走势。实践表明，半强有效市场上，技术分析以及基本面分析都是无法为投资者带来超额收益的。而在完全有效市场上，公开的、非公开的信息都已经体现在了股价上，因此无论运用何种信息以及何种分析方法，投资者都无法获取超额收益。那么在这种情况下，投资者应该去做被动投资。

1.10.2 支持市场有效的观点

1. 关于弱势有效市场观点的讨论

罗伯特·希勒（Roberts Shiller）于 1959 年指出：如果市场表现如同轮盘赌一样，存在机械上的不完美性（轮盘上每个挡板的绝对高度存在的差异或者轮盘的非水平位置都将引起骰子落入轮盘其中某一档的概率增大）；那么人们就会发现这个机会，并且利用这个机会完成交易。但是这样的机会将在人们的交易中迅速消失，所以市场是有效的。

如果过去的股价表现出显著的正相关性（positive correlation），那么过去的股价就可以被用来预测未来股价的变化。但是尤金·法玛（Eugene Fama）于 1965 年又指出，同只股票的每个交易日价格之间的相关系数几乎接近于零；萨缪尔森（Samuelson）以及马尔基尔（Malkiel）随后又分别指出股价的变动其实是一个随机事件，并无规律可循。如此，同一只股票股价之间基本不存在关联就说明了弱势有效市场假说成立。

2. 关于半强有效市场观点的讨论

法玛的研究表明，市场参与者在股票拆分之前的前两年就会对股票拆分事件有所预期，因此当前的股价就已经包含了人们对于该股票所有的预期。正因为如此，分析基本面信息无法为人们获取超额收益。阿尔弗雷德·考尔斯（Alfred Cowles）以及詹森（Jensen）通过实证研究表明，所谓的专业投资者也是无法在长期跑赢市场大盘的。由此，我们认为半强市场也是存在的。

1.10.3 市场反常现象的研究

不少研究表明市场并非总是有效的；市场反常（anomalies）现象也是存在的。这类反常现象直接证明了人们可以通过一些方法获取超额收益 α。不同的市场反常现象归类如下。

- ✓ **基本面反常**（fundamental anomalies）：分析师通过分析上市公司的基本面情况可以预测公司股票未来的表现。这些基本面包括股票市值以及现金流情况等。
  - 规模效应（size effect）：人们发现，就长期而言，小盘股的表现会超过大盘股的表现。人们可以通过更多地买入小盘股从而获取超额收益。
  - 价值效应（value effect）：价值型的股票在长期的表现要优于成长型的股票。这类股票拥有较低的市盈率、较高的股票分红以及较低的市值/账面价值比率，成长型股票则与之相反。因此，投资者可以通过更多地买入价值型股票从而获取超额收益。
- ✓ **技术反常**（technical anomalies）：可以通过观察股票的价格以及成交量来识别，技术反常现象的存在说明了市场不是有效的。
  - 移动平均（moving averages）：价格短期的移动平均线上穿长期移动平均线，表明了一个买入信号；短期的移动平均线下穿长期移动平均线，则表明了一个卖出信号。当投资者按此信号买卖股票时，便可以获取一定的超额收益。
  - 打破趋势（trading range break）：股价上穿阻力位（support level），表明了一个买入

信号；股价下穿支撑位（resistance levle），表明了一个卖出信
号。当投资者按此信号买卖股票时，便可以获取一定的超额收益。

- ✓ **日历反常**（calendar anomalies）：日历反常集中表现为 1 月效应（January effect）。它是指股价尤其是小盘股的股价通常在每年的 1 月会出现不同寻常地上涨。这种不寻常的现象显然是对有效市场假说的一个有力挑战。投资者可以通过在当年年底买入股票并在次年 1 月卖出股票的方式获得一定的超额收益。

尽管各类反常现象的出现违背了有效市场假说。但是只有当投资者的套利所得因为流动性或者相关政策等原因受到限制时，市场反常现象才能得以持续存在。

李老师说

各类市场反常现象的存在说明了市场并非总是有效的。有效市场本身也并非是一个非黑即白的地带，它是一个灰色地带。市场会对某一类型消息有效，而对另一类型的消息表现得无效。股票市场上大盘股市场就相对有效，而小盘股市场又会显得相对无效，这就是人们频繁投资小盘股以便获取超额利润的原因。

关于"1 月效应"的现象也不难解释。很多基金经理会在当年年底卖出账面上已经出现浮亏的股票，从而真正实现"亏损"，以此抵减资本利得收益达到少交税的目的。但是为了保持资产配置的品种战略比例不发生变化，在次年伊始，基金经理还会把去年年底卖出的股票悉数再买回来，大量的买入便会引起股票价格的"异常"上涨。

1.11 对于组合构建的观点 ★ ★

行为金融学认为人们的投资活动会存有一定的心理偏差；这一观点便对传统的通过"有效前沿"的方式构建组合的学说发起了挑战。接下来，我们就来学习一下行为金融学中有关投资组合的 4 类观点。

1.11.1 消费与储蓄

传统金融学假设投资者能有意识地管理消费和储蓄行为，很好地实现两者之间的平衡，同时满足自身短期消费与长期储蓄的双重目标。但是，人们想要有效地抑制住短期的消费欲望是很困难的，于是传统金融学提出了以下论点。

- ✓ **框架理论**（framing）：一个问题的表述方式，通常能够影响人们对于不同选择的看法，从而影响人们做出合理的决定。
- ✓ **自制力**（self-control）：人们做出正确的消费以及储蓄的决定需要依靠自身的自制力。但是大部分人存在**自制力偏差**（self-control bias）。自制力偏差是指相对于长远的储蓄目标，人们往往更偏好于短期消费所能带来的满足感。
- ✓ **心理账户**（mental accounting）：个体投资者往往按照目标将私人财产进行分类（用于旅游的账户，用于养老投资的账户），却因此忽视了个人财产是一个整体，不同层级

间的资产其实是可以相互转化的事实。这会降低投资的有效性以及风险分散化的
效果。

李老师说

假设单位给员工发放了一笔奖金，如果单位告知员工该笔奖金是当月的奖金，那么这笔奖金就很有可能很快地被花掉。如果单位告知员工，该奖金是当年的奖金，那么此时员工就会对这笔奖金用于消费还是储蓄做出慎重的思考。如果单位告知员工，这笔奖金是对针对来年的一笔预支收入，这笔奖金就很有可能被员工预先储蓄起来，等来年再消费。同样一笔奖金，因为表述不同，就会导致员工做出不同的选择，这便是框架偏差（framing bias）。

投资者会将自身的财产分为"当前收益"（current income）、"当前拥有资产"（currently owned assets）以及"未来收益的现值"（present value of future income）。归属于"当前收益"类的财富更容易被人们花掉，而作为"当前拥有资产"（如储蓄账户）的财富，人们就不再愿意将其迅速消费出去；同样作为"未来收益"的财富，人们也不会轻易将其花掉。

1.11.2 行为资产定价

经典定价模型（例如资产定价模型 $E(R) = r_f + \beta(E(r_M) - r_f)$ 假设合理的资产价格是用一个折现率对该资产未来预期现金流进行折现得到的。那么定价时我们就要先确定一个合理的**要求回报率**（required return）。这个要求回报率的大小通常由无风险利率以及一个基础的风险溢价组成。

但是**行为资产定价模型**（behavioral asset pricing model）却认为资产定价应当考虑到人们的**情感溢价**（sentiment premium），该溢价是一个**随机折现因子**（stochastic discount factor）。通常人们会对资产的预测存有分歧，如果分歧越大，情感溢价的数值就越大，人们对于资产的要求回报率也就越高。因此考虑到情感溢价的资产要求回报率表达式如下：

$$\text{The required return on an asset} = \text{risk-free rate} + \text{fundamental risk premium}$$
$$+ \text{sentiment premium}$$

资产的要求回报率 ＝ 无风险利率 ＋ 基础的风险溢价 ＋ 情感溢价

1.11.3 行为组合理论 ★★

传统金融学将人们的财富资产看作一个整体，在此基础上，投资者应当持有充分分散化的组合（well-diversified portfolio），并考虑整个组合的收益以及方差。但是，**行为组合理论**（behavioral portfolio theory，BPT）却认为人们会依据不同的预期收益、风险对资产组合进行**分层**（layer）。资产究竟会被分配在哪一层可以参考以下因素。

 ✓ 每一层级目标的重要性：假设低风险是某类资产层级最重要的投资目标，如养老金账户里的资金，那么这类资金就应当被分配在承担低风险、低收益的层级中，反之亦然。

 ✓ 资产选择（asset selection）：将依据不同的层级以及不同的层级目标来完成构建。如果低风险是首要目标，那么低风险低投机性的投资品种将被纳入该层级投资的目标中。

✓ 一个层级内投资资产的品种数量通常由以下因素决定。

- 投资者的风险厌恶情况：表现为风险厌恶的投资者，将在一个层级中配置大量类别的资产以实现分散、降低风险的目的。
- 信息优势：如果一个投资者坚信他在交易中具有信息优势（information advantage），即他所知道的信息是其他交易者不知道的。那么该投资者就会用大额资金集中投资在某一资产上。
- 损失厌恶：如果投资者是损失厌恶的，那么该投资者将持有大量的现金仓位，以此来避免需要通过低价卖出资产以偿还亏损的情况。

由于投资者通常没有考虑到资产分层后每个层级之间的相关性，因此他们对财富资产进行分层的行为会带来资产组合分散化不足的结果。通常，分层模式下得到的资产组合并非一个最优配置组合。正因为如此，同一个投资者在持有低风险资产的同时也持有高风险资产并且投资者在不同层级的账户中持有过多的低风险或是高风险资产。

李老师说

只要发现题目中出现类似"layer""pyramid""goal based""mental accounting"一类的字眼，都是在表达投资者对资产进行分层的意思。大家要能够将上述关键词迅速关联到这一知识点上。

1.11.4　适应性市场假说

传统金融学假定投资者都是在试图追求个人效用最大化的，并在此基础之上推演出了有效市场假说。而行为金融学中的**适应性市场假说**（adaptive markets hypothesis，AMH）则将进化论中的"竞争""适应""自然选择"等相关理论金融引入金融市场中。该假说认为，没有一种投资方法可以在市场上永远屹立不倒，市场参与者需要及时适应市场环境的变化并且发展出新的投资方法。市场上的"成功"应当被定义为能够"存活"（survival）下来，而非实现效用最大化。

"适应性市场假说"是"有效市场假说"的一个修订进化版本。市场上人们的投资行为会获得一个满意解，并且在这个次优选择的基础上，不断地向最优目标靠近。在这一过程中，投资者就需要不断地试错，发展出新的理论方法，这些成熟的理论方法将被越来越多的投资者所采纳，直至市场再次进化后将这些方法淘汰。

适应性市场假说可以帮助我们得到以下 5 点结论，见表 2-2。

表 2-2　适应性市场假说的结论

序号	结论
1	随着投资者的风险偏好以及竞争市场环境的不断变化，"风险"与"收益"之间的关系也是在时刻变化的
2	积极主动的管理可以通过攫取套利机会来增加资产的价值
3	虽然任何投资策略都不会在市场上持续良好的表现，但是它们仍然会在特定的时间段出现优于或者劣于市场的表现
4	投资者的适应能力以及创新能力对于其能否在市场生存下来有着至关重要的影响
5	"存活"是最重要的目标

上述有关组合构建的理论观点总结如表 2-3 所示。

表 2-3　有关组合构建的理论观点总结

传统金融学视角	4 种行为金融学模型
传统金融学中一个"理性的"投资组合是通过均值方差理论构建出来的	4 种行为金融学模型试图解释投资者和市场的行为，以及说明这些行为对投资组合的构建产生什么样的影响： ● 消费与储蓄 ● 行为金融学中的资产定价 ● 行为组合理论 ● 适应性市场假说

2 个人的行为偏差

本节说明

本节在前一节的基础上，进一步详细说明了个体投资者的各类行为偏差，具体包括认知错误和情感偏差。大家需要重点掌握每个偏差的定义和表现；每类偏差对于投资者制定决策时造成的不利影响以及认知错误的纠正、克服方法。学习各类偏差的目的在于指导实践，将方法运用于投资政策的制定以及资产配置的过程中。

考试通常会为考生描述一个场景并且让考生判别该场景指向哪一类行为偏差。考虑到部分行为偏差存在一定内在关联，因此考生在做题时，一定要仔细甄别题目，选择一个最为合适的偏差选项。

知识点自查清单

- ☐ 行为偏差的分类
- ☐ 各类固执信念偏差 ★★
- ☐ 各类信息处理偏差 ★★
- ☐ 各类情感偏差 ★★
- ☐ 对于投资政策制定的启示
- ☐ 对于资产配置的启示
- ☐ 对于行为偏差的诊断调查

2.1 行为偏差的分类

传统金融学假设个体投资者能够像理性经济人一样做出理性的决定，我们观察到的实际情况却并非如此。实证研究表明：个体投资者的行为活动存在着各类行为偏差，这些偏差不仅影响了个人的投资决策，也影响了市场有效性的达成。

行为偏差（behavioral biases）可以分为两大类：一类叫作**认知错误**（cognitive errors）；另一类叫作**情感偏差**（emotional biases）。

- ✓ 认知错误：个体投资者在处理信息、制定决策时可能会面临信息不足、缺失的情况，或者发生记忆错误、理解错误的情形；这些情形最终都将影响决策的正确制定。这一类情形导致的决策错误就是认知错误。通过训练，人们可以纠正认知错误。认知错误还可以被划分为两类，分别是**固执信念偏差**（belief perseverance biases）和**信息处理偏差**（information-processing biases）。

- 固执信念偏差：该类偏差表明个人投资者有强烈的愿望想要维持原先的信念观点。
- 信息处理偏差：该类偏差说明虽然个人投资者有意愿改变观点，但是在处理具体信息时却犯下了错误。

✓ 情感偏差：情感偏差通常与信息的获取、处理过程无关，它根植于人们的基因当中，来自于人们的感情以及直觉反应（冲动）。这类偏差通常会影响到人们看待信息处理问题的方式。正因为如此，该类偏差很难被克服或者战胜；人们只能去不断地适应它。

李老师说

人类的进化路径与我们"远亲"黑猩猩有所不同，人类的祖先放弃了强壮的肌肉，但却进化出了无与伦比的大脑，这一复杂的智慧器官对"能量"的需求也是极大的。在食物匮乏的远古时代，为了能尽量减少大脑的日常能量消耗，人类便进化出了"直觉"机制。在很多情况下，人们无须通过精密的思考而是凭借直觉便能迅速地做出决定。

例如，当我们的祖先走进原始丛林听到一声动物惨叫后时，便会下意识地做出逃跑的举动，这便是直觉反应；再比如当我们身处地理位置很高的地方时，多数人便会感到恐惧不安，想要逃离；这一直觉举措能够使我们有效地避免从高处坠落的危险。这些"直觉机制"通过基因被一代一代地延续下来，这便是情感偏差的根源。

有些行为偏差本身既有认知因素，又有情感因素。而当我们想要战胜这些偏差时，就应当主动从认知因素方面着手，因为情感偏差是很难被战胜的。接下来我们就这一个个具体偏差展开学习，首先从认知错误中的"固执信念"一类偏差开始。

2.2 保守偏差

保守偏差（conservatism bias）是指人们即使在获取了新的信息后，也没能正确地将其纳入决策制定的过程中，而是错误地保留了原先的观点。发生这类偏差时，人们赋予了原有观点更高的权重，但是赋予了新的信息较少的权重，这就导致他们在重新审视原先观点时对新的信息处理不足。

2.2.1 保守偏差的后果

保守偏差会造成如下后果：

✓ 保守偏差会使得人们在更新观点时变得更加滞后，即便他们已经获取了足够新的信息。

✓ 人们在处理信息、更新观点时，如果需要处理更为复杂的数据、应对更大的精神压力，他们就会更倾向于保留原先的观点。精神压力越大、工作难度越高时，保守偏差就越容易显现。

2.2.2　发现和克服保守偏差

1. 发现偏差

由于人们更新观点的倾向与为之付出的努力程度之间存在反向的关系，因此当我们在面对巨大压力、处理复杂事物时就应当留意该类偏差的发生。越是复杂的工作，越是容易出现此类问题。

2. 克服偏差

人们应当问一问自己以下问题："新的信息是如何改变我的预测的？""这条信息对我的预测会产生怎样的影响？"这类问题往往有助于我们发现保守偏差问题。此外，当获得的信息难以被解读或者理解时，人们应当向专业人士寻求帮助，专业人士的帮助有助于我们判定是否就此需要更新原有观点。

李老师说

接下来我们在学习每一类偏差时，都会讲述其定义、判别其结果、明晰其识别方法，并说明其克服方法。部分偏差的识别以及克服方法都很近似；有些偏差互为因果，有些偏差之间没有明显的界定区别。所以，大家不用刻意纠结任意两个偏差之间的比较。掌握各自偏差的概念、定义是这部分的学习重点。

2.3　确认偏差

确认偏差（confirmation bias）也是一类"固执信念"偏差。它具体是指人们在已经拥有了一个观点的情况下，会倾向于寻找支持自己观点的信息证据，同时刻意忽视或者回避那些与自己观点相左的意见信息。确认偏差是一种选择性偏差，它容易使得投资者产生错误的安全感。

2.3.1　确认偏差的后果

确认偏差会造成如下后果：

- 人们只考虑接纳那些对现有投资表达出正面评价的信息，却忽视了那些对当前投资表达出负面评价的信息。
- 在构建投资筛查标准时忽视负面信息的行为就会降低筛查标准的效力，或者间接支持了其他类型的筛查标准。这又会导致一些符合筛查标准的投资品种被投资者忽视，而另一些不好的并且不符合筛查标准的投资品种被纳入投资标的之中。
- 在确认偏差下，人们会表现出盲目的自信去投资于他们认为有把握的产品，这会导致投资组合分散化不足，过多地承担了风险。
- 由于人们信任其就职的公司，所以会以一个不太合适的比例投资在其就职公司的股票上。

2.3.2 发现和克服确认偏差

投资者发现和克服确认偏差的具体措施包括：积极地寻找那些对自己原有观点形成挑战的信息；获取能够证实现有投资决定的支持信息，即存在充分的证据对投资者现有的决策观点进行佐证、支持；尽可能地多做调查研究。

2.4 代表性偏差★★

代表性偏差（representativeness bias）也是一类固执信念偏差，它具体是指人们在对新的信息进行归类时，更愿意参考过往经历总结出的经验以及分类模板，并以此为依据来预测未来。

这类偏差发生的原因在于人们试图从自身的经验中汲取帮助，从而将事物进行个性化的划分。但是每个人的经验都是有限的，并不能涵盖未来所有未知的情况。人们一旦获得了新的信息，便急于将这些信息划归到过去的个性化的类别（模板）中，即使这些信息被如此归类并非合乎情理的。

2.4.1 两类代表性偏差

代表性偏差可以分为以下两类：

- ✓ **忽视基本概率**（base-rate neglect）：在该类偏差下，投资者没有能够正确考虑归类类别发生的概率。例如，一个投资者将自己投资的 ABC 公司的股票定义为成长股。他这样进行分类客观上很可能就忽视了一个公司能够被归类为成长型公司的基本概率。一个公司被归类为成长股是一个小概率事件，满足成长性定义的股票非常少见。
- ✓ **忽视样本规模**（sample-size neglect）：在该类偏差下，投资者错误地假设一个较小样本数据就可以反映总体的情况。投资者在没有进一步分析调查的情况下就将小样本数据中的特征归结为总体的特征，这样的做法显然高估了小样本蕴含信息发生的概率。

2.4.2 代表性偏差的后果

代表性偏差会造成如下后果：

- ✓ 在代表性偏差下，投资者会基于新的信息以及小样本进行预测。例如，市场参与者在评估基金经理业绩时，往往会重点关注其最近两三年的高收益表现，却没有综合考虑经济周期等相关因素对于收益率的影响，并且忽略了这些高收益表现在一个长期阶段发生的概率。
- ✓ 人们在处理复杂数据时，更倾向于使用简单的分类，而不是通过客观、审慎的分析，更新原先持有的观点。例如，投资会将所有上市公司简单分为"好的公司"和"坏的公司"，这种过于简单的分类显然是不合适的。

2.4.3 发现和克服代表性偏差

过去发生的事情不代表其在未来会继续发生，投资者应当明白他们很可能会犯下统计错误。投资者应当持续地就是否忽视了当前客观的投资局势进行自我反省。投资者不断向自己发问有助于其认识到"忽视基本概率"以及"忽视样本规模"两类代表性偏差的问题，从而避免错误地评估当下的投资局势。

李老师说

判别代表性偏差的关键在于研判案例中的主人公是否由过去的经历得到了一个经验规律，并借此预测未来。

一个典型的代表性偏差案例如下：当人们被问及是心脏病对人类的威胁大还是癌症对人类的威胁更大的问题时，被问及的人往往会依据自身接触到的身边亲戚、朋友的经验给出答案，如果这个人身边刚好有人因为心脏病过世，他就会认为心脏病的危害更大；如果这个人身边恰巧有人因为癌症而离世，他就会认为癌症的危害更大。像这种基于自身过往经验来判断未来的方法所基于的样本容量太小了，因此在这种方法下估计的结果会存在偏差。正确的做法应该是找到一个足够大的样本人群，再分别比较心脏病和癌症在样本人群中导致的死亡率。

2.5　控制错觉偏差

控制错觉偏差（illusion of control）是指人们会错误地认为事件的结果完全在他们的掌握之中，虽然事实上他们并不能做到上述事情。

2.5.1　控制错觉偏差的后果

在控制错觉偏差下，市场参与者会出现以下行为。

- ✓ 过多地从事交易：交易者自信他们可以控制或影响投资的结果，这样的想法会使得他们的交易频率超过合适的范围，从而导致一个较低的投资回报率相比于一个长期持有策略下所获得的投资回报率。
- ✓ 持有未充分分散化的组合：投资者更愿意投资那些自认为可以控制的投资结果的股票，这会导致他们手中的资产头寸更为集中，不利于分散化效果的实现。

2.5.2　发现和克服控制错觉偏差

发现和克服控制错觉偏差的具体措施包括：

- ✓ 投资者需要认识到成功的投资是一个概率事件，它并不被人为所操控。国际资本市场上的资本非常复杂，即便是最厉害的投资者也没有对它们的控制能力。
- ✓ 投资者应当被鼓励去寻找与其相反的观点意见。
- ✓ 保存记录非常重要，事实胜于雄辩。失败的投资记录可以让投资者清楚地意识到投资结果并不受到他们的控制。

李老师说

　　打牌的时候有的人在抓牌前，会刻意地搓一搓手。这一举动会给他带来一定的心理暗示，认为如此一来手气将会变好，将有很大的概率抽到好牌。但是，实际上这些心理暗示只是他们一厢情愿的错觉而已。再比如，那些希望获得较大数值骰子的人往往会用力投掷骰子，而那些希望获得较小数值骰子的人则会轻轻地投掷骰子，人们认为通过上述方式，就能控制投掷骰子的结果，这也是控制错觉的表现。还比如，研究表明：人们购得一张彩票后，其他人需要出资4 倍于原始彩票购买价格才能从彩票持有者手上买走彩票，这是因为人们会固执地认为自己选择的号码的彩票的中奖概率更大。这些全部都是控制错觉偏差的表现。

2.6　后视偏差

　　后视偏差（hindsight bias）是指人们基于选择性的记忆，认为过去发生的事件是可以被准确预测的。出现这样结果的原因在于已经发生的结果比那些没有发生的结果更具有证据性，更容易被人们记忆。此外大多数人会倾向于夸大他们对于未来预测的准确性，虽然事实并非如此。

2.6.1　后视偏差的后果

　　在后视偏差的影响下，市场参与者会出现以下行为：
- 他们会高估自己预测投资结果的能力，这会带来盲目的过度自信，诱发亏损。
- 他们可能会错误地评估基金经理的业绩表现；鉴于高估了自己的预测能力，投资者会认为自己的预测能力相比基金经理更优秀。

2.6.2　发现和克服后视偏差

　　发现和克服后视偏差的具体措施包括：
- 投资者应当清楚后视偏差发生的概率并且不断地向自己提出类似的问题："我是否如实地记录了自己的投资业绩历史，我有没有如实对待对自己过往所犯的错误？"
- 市场参与者需要仔细记录并且回顾检验他们的投资决定，无论这些决定是好的还是坏的。这一过程有助于人们在将来避免过去所犯的错误。
- 在对基金经理的业绩进行评估时，需要选取合适的参考标准（同业界人士）。

李老师说

　　上述介绍的5 个偏差（保守偏差、确认偏差、代表性偏差、控制错觉偏差和后视偏差）都属于固执信念偏差。在这些偏差的影响下，人们要么畏于压力不知道如何改变原先观点，要么盲目自信认为自身能够准确预测未来，不愿意改变原有的观点。

　　接下来我们再来学习一下各类信息处理偏差。

2.7　锚定与调整偏差 ★

锚定与调整偏差（anchoring and adjustment）是一类信息处理偏差。该偏差是指心理启发（psychological heuristic）的经验将影响人们评估特定事件的概率。人们在评估一个未知数值的伊始会先确定一个初始默认的数值，这个初始数值就是一个"锚"（好比船丢下锚后，就能固定船体方位一样，初始默认数值一旦确认，人们便会被"锚"定在这一数值上）。此后，虽然人们会根据后续的信息以及分析围绕着这个"锚"上下调整得到新的预测值。但是在这一过程中人们对于"锚"的调整往往是不充分的，因此调整后的结果与真实值之间多半是存在较大偏离的。

请注意，锚定与调整偏差的表现与我们先前学过的保守偏差的表现十分相像，但是相较于保守偏差，考题在考察锚定与调整偏差时会更加强调一个具体的初始默认数值，这一应试技巧大家一定要掌握。

2.7.1　锚定与调整偏差的后果

在锚定与调整偏差的影响下，市场参与者会坚持他们先入为主的锚定默认数值，即便后来他们又获取到了其他新的信息，也不愿意对此数值进行充分的调整。

2.7.2　发现和克服锚定与调整偏差

发现和克服锚定与调整偏差的具体措施如下。

- ✓ 持续地发问下述问题有助于人们发现锚定与调整偏差："我目前持有这只股票是基于理性分析的结果吗，抑或是我只是期待股价能够达到一个锚定值（购买价或者是该股票前期价格的高点）？"
- ✓ 投资者需要记住的是，过去的"价格、市场水平以及信誉度"这类信息只能为未来的投资提供极少的信息参考，因此这些信息不应该过多地干扰投资者的买卖行为。

> **李老师说**
>
> 人们曾做过如下两个实验。
>
> 实验一：首先我们要求参与实验的人员写出自己身份证号的后两位数字，然后再让他们评估同一瓶酒的价格。实验结果发现：身份证号后两位数字较大的实验者给出的关于酒的估价价格也比较高，而身份证号后两位数字较小的实验对象给出的关于酒的估价价格就比较低。之所以出现这样的结果就是因为人们被自己身份证号的后两位数字先入为主地锚定住了；虽然身份证号码与酒的价格毫无因果关系。
>
> 实验二：将实验人群分为 A、B 两组，实验要求 A 组人群估算 $1 \times 2 \times 3 \times 4 \times 5 \times 6 \times 7 \times 8$ 的结果，同时要求 B 组人群估算 $8 \times 7 \times 6 \times 5 \times 4 \times 3 \times 2 \times 1$ 的结果。虽然这两组算式运算的结果应该相等，但是 A 组人群估算的数字要明显要小于 B 组人群估算的数字。究其原因，A 组实验

者在估算时率先看了"1"这个数值很小的数字，而 B 组实验者却刚好相反地率先看了"8"这个数值较大的数字，大家都被初始数值给锚定住了，因此有了一小一大的不同估值结果。

2.8 心理账户偏差

心理账户偏差（mental accounting bias）也是一类信息处理偏差。该偏差使得人们会以不同的方式对待两笔相同金额的资金，其中的原因仅仅是这两笔资金分属于不同的心理账户。

如先前小节所述，不同的心理账户是依据资金的不同来源（如工资奖金、遗产继承、赌博所得）以及不同的规划用途（休闲度假、购买必需品）被人为划分的。但是在传统金融学中，市场参与者会将所有资产组合看作一个整体进行投资。

2.8.1 心理账户偏差的后果

在心理账户偏差的影响下：

- ✓ 投资者会对心理账户进行金字塔式的分层，以此来满足其实现不同的投资目标需求。这种分层的方式虽然可以帮助投资者战胜一些其他的偏差，但是从传统金融学的角度而言，分层的模式忽视了不同层级间的相关性，因此在这种方法下得到的组合只是一个次优组合，而非最优组合。
- ✓ 受到该偏差影响的投资者通常不会去购买与现有组合存在较低相关性的资产，从而失去了进一步降低组合风险的机会。
- ✓ 投资者会非理性地区分利息收益以及资本利得收益。因为利息收益能够为投资者的当前开销支出提供支持，因此相对于资本利得，投资者会更加重视利息收益，过分重视利息收益的观念会使得投资者获取了一个较低的总收益，并且导致账户资产配置的不平衡。

2.8.2 发现和克服心理账户偏差

发现和克服心理账户偏差的具体措施包括：

- ✓ 市场参与者应当将所有层级的资产加总起来，并将其视为一个整体之后再评估、检验这个整体资产的收益情况。
- ✓ 投资者应当关注资产的总体收益而非利息收益。例如，如果投资资产 A 的预期总体收益是 10%，并且这一收益主要由利息收益所贡献，现有还有另一个风险相同的投资资产 B，其利息收益较低（5%），但是它总体预期收益为 15%，这时作为一个理性的投资者就应当选择投资资产 B 进行投资。

2.9 框架依赖偏差 ★ ★

框架依赖偏差（framing bias）在先前的章节中已经被介绍过，它同样也是一类信息处理偏差。框架依赖偏差具体是指人们会依据问题提问的表述方式不同，而对同一问题给出不同的答案，得出不同的结论。

2.9.1 框架依赖偏差的后果

在框架依赖偏差的影响下：

- ✓ 由于风险承受能力的问题的表述方式不同，投资者错误地判断风险承受能力。当一项投资被表述为存在获得收益时，人们就会变得更加厌恶风险；而当一项投资被表述为发生损失时，人们就会表现出风险偏好的倾向。
- ✓ 即便投资者能够正确地识别自身的风险承受能力，但是由于其他投资信息仍然会被框架依赖表述，因此投资者最终会选择一个次优的投资结果。
- ✓ 由于市场参与者会更多地关注短期价格的波动，所以他们会过于频繁地进行交易。

2.9.2 发现和克服框架依赖偏差

发现和克服框架依赖偏差的具体措施包括：

- ✓ 投资者应该多问问自己这样一类问题："我的投资决策是基于已经实现的收益和损失，还是因为我被框架依赖表述给迷惑了？"类似发问有助于投资者发现框架依赖偏差的存在。
- ✓ 投资者在陈述当前投资形势时，应该尽量保持中立，做到没有偏见。

李老师说

中国俗语中最能体现框架依赖偏差的便是"屡战屡败"与"屡败屡战"。同样的事件，前者的说辞会给人得出主人公无能、打不赢仗的印象，而后者的说辞却塑造了一种百折不老、不畏失败的形象。这就是典型的框架依赖偏差。

再比如，假设有一驴友在野外迷了路，走到一个岔路口时听见有人对他说了一句话："向左走你有1/3之一的概率会找到出路，向右走你有2/3的概率会迷路。"这句话其实暗示了无论向左走还是向右走能够找到出路的概率都是1/3。但是由于向左走的表述中提及了"出路"，而向右走的表述中提及了"迷路"，所以在此影响下，人们会下意识地高估了向左走幸存的概率，从而选择向左的岔路口。

此外，大家在研读上市公司年报时，如果发现当中有提及类似"公司披荆斩棘、乘风破浪，克服一个又一个困难，取得了一个又一个阶段性成果"的说辞就应当引起注意。因为足够优秀的公司在发展道路上，往往都是一帆风顺，顺风顺水的。"披荆斩棘""乘风破浪"其实也是一种对于困难的框架依赖的说法。

2.10 易得性偏差

易得性偏差（availability bias）是一类信息处理偏差。它是指人们通过经验法则（rule of

thumb）或者是思维捷径（mental shortcut）去评估特定事件概率结果时，往往会基于大脑获取这一结果的容易程度。那些容易回忆的结果比那些难以回忆理解的结果更容易被人们所采纳。越是最近发生的事情越容易被人们回忆起来。

2.10.1 易得性偏差的来源

易得性偏差的来源的主要基于以下 4 种。

- ✓ **可回收性**（retrievability）：如果一个答案或者观点相较于其他答案或者观点能够快速地被我们的大脑所捕捉，那么这个答案或是观点将被我们认为是正确的，即便事实并非如此。

- ✓ **分门别类**（categorization）：人们在解决问题时，会从他们的"搜索集"（search sets）里获取信息帮助。如果搜索集里没有类似的相关信息，那么人们对特定事件的概率评估就会出现偏离。例如，美国人通常认为打篮球的名人要多于踢足球（英式足球）的名人。这是因为在美国，打篮球的人要多于踢足球的人，但是放眼全球而言，这一观点就并非正确。

- ✓ **有限经验**（narrow range of experience）：这类情况是指当人们根据其有限的个人经验得到一个极为狭隘参照物并以此为依据进行评估。例如，一个 CFA 持证人选择到基金公司就职，他在工作中遇到了其他的一些 CFA 持证人，此时他认为大多数 CFA 持证人都会在对冲基金公司工作，虽然事实上在对冲基金公司工作的 CFA 持证人只占了持证人总数的一小部分。

- ✓ **共鸣**（resonance）：人们总是认为自己的兴趣爱好是具有代表性的，别人一定会对自己感兴趣的事物有着同样的兴趣。例如，爵士乐爱好者就会高估喜欢爵士乐的人口比例。

2.10.2 易得性偏差的后果

在易得性偏差的影响下：

- ✓ 投资者会基于广告（advertising）而非谨慎的分析去选择投资组合以及基金经理。

- ✓ 由于人们通常都投资于自己熟悉的投资类别，这就限制了很多不错的投资机会。

- ✓ 由于人们基于有限的经验做决定，因此投资组合将无法得到充分的分散化。

- ✓ 人们根据自身的喜好而不是考虑风险、收益投资标的股票的行为将会导致无效的资产配置。

2.10.3 发现和克服易得性偏差

发现和克服易得性偏差的具体措施包括：

- ✓ 投资者应制定一个合理的投资策略，并且在做出决策前进行审慎地研究分析，专注于投资的长期目标，坚守投资的纪律性。

- ✓ 投资者在挑选股票时，需要考虑到易得性偏差发生的可能性，应经常向自己发问"你听说过某某股票吗？"之类的问题。

- ✓ 投资者需要明白人们会摒弃或者遗忘多年以前发生的事项，现在能回想起的信息也不一定是完整的。

- ✓ 投资者还需要知道自己接收到的大多数信息都是不准确的、过时的、容易让人困惑的。

李老师说

至此，关于信息处理偏差的 4 类错误（锚定与调整偏差、心理账户偏差、框架依赖偏差以及易得性偏差），我们也都一一向大家解释完毕了。考生需要重点掌握这些偏差的概念定义。再次强调，这些偏差也都属于认知错误的范畴，是可以被纠正克服的。

至此所有认知错误（固执信念偏差以及信息处理偏差）也都介绍完毕，接下来，我们会进入情感偏差的部分进行学习。

2.11　损失厌恶偏差

接下来我们所要学习的所有偏差都是情感偏差的具体表现。我们首先从**损失厌恶偏差**（loss aversion bias）开始学习。关于这一偏差，先前"前景理论"章节已经对其有所涉猎。它是指相对于获取收益，人们更加担心损失的发生。

2.11.1　损失厌恶偏差的后果

在损失厌恶偏差的影响下：

- ✓ 投资者会过久地持有损失头寸。因为一旦将浮亏的头寸卖出，投资者就会真正实现损失，这正是损失厌恶型投资者所不愿意经历的。
- ✓ 投资者会过早地卖出那些小幅收益的头寸。这是因为投资者想要尽早将浮盈套现，避免意外损失的发生。
- ✓ 由于投资者经常卖出获利头寸、保留亏损头寸（selling winners and holding losers），因此他的投资组合的获利能力将会受到限制。
- ✓ 投资者频繁地卖出盈利股票（selling winners）会增加不必要的交易费用，这在无形中也降低了投资组合的收益表现。
- ✓ 投资者持有亏损的资产，希望它们能够重新回本。但是这类资产往往面临着继续下跌的风险，持有该类资产会进一步增加整个投资组合头寸的风险。

2.11.2　发现和克服损失厌恶偏差

基于基本面分析的止损方法可以帮助我们减少损失厌恶偏差带来的影响。例如，当投资者发现其所投资的公司的基本面发生明显的恶化时，就应该卖出该公司的股票。虽然这种方法不能减轻投资者在卖出损失股票时所承受的痛苦，但是有效分析当前投资形势，判断未来股票的上涨下跌概率可以帮助投资者做出理性的决定。

2.12　过度自信偏差★★

过度自信偏差（overconfidence bias）是指人们盲目地相信自己的直觉或者推理，但事实上，这类自信是没有保障的。

2.12.1　过度自信偏差的来源

知识幻觉和自我归因是造成过度自信偏差的两大主要原因。

- ✓ **知识幻觉偏差**（illusion of knowledge bias）是指人们高估了自身知识水平以及获取信息的能力。该类偏差有以下两类集中表现。
  - ● **预测过度自信**（prediction overconfidence）：当人们对于自身的预测表现出盲目自信时，就会收窄他们的预测区间（置信区间）。例如，投资者对于未来 3 个月的股价波动的预期区间是（50，51），如此狭窄的一个波动区间就属于预测过度自信。
  - ● **确定性的过度自信**（certainty overconfidence）：市场参与者对于某一事件结果的发生概率有着过高的估计，因为他们对于自己的判断十分确定。例如，投资者确定某只股票有 99.99% 的上涨概率，这样的预测就是确定性的过度自信。
- ✓ **自我归因偏差**（self-attribution bias）：将成功的功劳都归结于自己，而将失败的责任统统推卸给别人。根据定义，自我归因偏差具体又可以被分为如下两类：
  - ● **自我强化偏差**（self-enhancing bias）：人们倾向于将更多的功劳归功于自己。
  - ● **自我保卫偏差**（self-protecting bias）：人们拒绝为失败承担责任。

2.12.2　过度自信偏差的结果

在过度自信偏差的影响下：

- ✓ 盲目的自信容易导致人们在低估风险的同时高估了预期收益。
- ✓ 投资者持有的组合头寸没有得到有效的风险分散化。
- ✓ 盲目的自信容易导致投资者过于频繁地买卖股票，因为他们总是坚信自己的买卖观点是正确的。
- ✓ 过高的交易手续费和其他原因将会导致投资者的实际投资回报低于市场大盘水平。

2.12.3　发现和克服过度自信偏差

发现和克服过度自信偏差的具体措施包括：

- ✓ 投资者应当经常回顾他们的交易记录，确认其中获得盈利的交易以及发生亏损的交易，并且至少每两年计算一次投资组合的收益表现。
- ✓ 投资者在评估市场投资决策时应当做到客观公正。
- ✓ 在投资结束后，无论是盈利还是亏损，投资者都要做分析总结，以及时纠正过度自信问题。

2.13　自我控制偏差

自我控制偏差（self-control bias）是指人们由于缺乏自律，为了获取短期的满足感从而放弃了对长期目标的坚持。

2.13.1　自我控制偏差的结果

在自我偏差的影响下：

- ✓ 人们为未来准备的储蓄不足。
- ✓ 因为储蓄不足，所以人们对于较少的储蓄资产有着一个较高的预期收益率目标，以此来弥补亏空的储蓄部分。这会使得投资组合被迫去投资那些风险较高的金融产品，从而增加了组合的整体风险。
- ✓ 市场参与者会更倾向于投资那些能够产生利息收益的资产，因为高额的利息能够为投资的日常开销提供保证。但是能够提供高额利息收益的资产的总体收益率相对较低（综合考虑利息收益以及资本利得收益）。过高地配置高利息收益的投资品会导致资产配置的不平衡。

2.13.2　发现和克服自我控制偏差

发现和克服自我控制偏差的具体措施包括：

- ✓ 确保存在一个合适的投资计划并且需要预先制定个人预算。
- ✓ 投资计划需要以书面形式呈现，这样便于人们对其进行定期回顾。
- ✓ 市场参与者需要在资产配置时做出平衡，并且要确保其长期目标得以实现。

2.14　现状偏差

现状偏差（status quo bias）是指人们维持现状不愿意改变，什么也不想做。这就是人们通常所说的"犯懒"，这种"犯懒"是没有任何原因的。

2.14.1　现状偏差的结果

在现状偏差的影响下：

- ✓ 由于投资者不愿做出改变，所以投资组合中不知不觉地保留了风险不适宜的资产。
- ✓ 投资者由于"犯懒"会错过挖掘其他投资的机会。

2.14.2　发现和克服现状偏差

一个不幸的消息是，现状偏差是非常难以克服的。人们一旦犯起懒来是无药可救的。但是我们还是应当对投资者进行有关风险/收益以及头寸过于集中危险的教育，告知投资者这些情况如果不得到及时纠正将会出现的严重后果。

2.15 禀赋偏差

禀赋偏差（endowment bias）是指相较于那些不属于自己的资产，人们会对那些自己拥有的资产给予了更高的估值评价。所有权"赠予"（endows）了资产一定的附属价值；因此市场参与者会非理性地继续持有他们已经持有的证券。这一点在"继承遗产"上体现得尤为明显，因为这类资产经常被投资者视作家族荣耀或者寄予了其对于亲人的缅怀之情。

2.15.1 禀赋偏差的后果

在禀赋偏差的影响下：

✓ 投资者不愿意卖出特定的资产，也不愿意用其他资产将这一类特定资产替换掉。

✓ 投资者会维持一个不适当的资产分配比例，尤其是在考虑到自身当前的风险承受水平以及财务目标状况之后。例如，某投资者目前已经持有大量的股票，他突然又继承了一大笔股票。在权衡风险、收益之后，该投资者应当卖出部分股票，买入一定的债券。但是在禀赋偏差的影响下，该投资者很有可能继续维持其原有的大量股票的头寸。

✓ 投资者会持续地持有那些他们熟悉的资产。因为越是熟悉的资产，人们对其就越有感情。

2.15.2 发现和克服禀赋偏差

发现和克服禀赋偏差的具体措施包括：

✓ 在面对继承的资产时，市场参与者应该问问自己如下问题："如果我收到的是和该份遗产等额的现金，我会怎么做？我还会把这些现金投资在这些资产上吗？"如果投资者愿意拿等额的现金去购买相同的资产，这就表明这一资产确实值得投资，否则就说明了禀赋偏差的存在。

✓ 投资者应当定期回顾持有资产组合的历史表现，并且回顾那些纳入我们考虑范围之中的但是并不被我们所熟悉的资产的表现及其风险特征。此外，投资者还应当对于投资推荐背后的原因展开思考，多做调查研究。

2.16 后悔厌恶偏差

后悔厌恶偏差（regret-aversion bias）是指人们会对由于自身决策失误所导致的投资局势恶化产生恐惧心理或者难堪情绪。为了尽量避免类似的恐惧和难堪，人们便会放弃做出决定。这一偏差的发生很有可能与人们之前做出过糟糕的决策有关；曾经的后悔和伤痛使得人们尽量避免重蹈覆辙。

2.16.1 后悔厌恶偏差的后果

在后悔厌恶偏差的影响下：

- ✓ 鉴于过去投资的风险资产的糟糕表现，投资者对于资产配置的选择会变得过于保守。人们甚至不愿意再购买风险资产以避免该类资产下跌时所带来的后悔情绪。就长期而言，这是不利于投资者进行组合规划的，投资者很难实现一个满意的收益率目标，因为无风险资产所能提供的收益率有限。

- ✓ **羊群效应**（herding behavior）：市场参与者会放弃自己的主观意见并且跟随大多数人的观点意见。因为在羊群效应下，所有人的观点一致，大家一起出错，那么个人投资者的错误在集体行为的掩盖下就不会显得特别显眼，因此也不会受到特别的责备。

2.16.2 发现和克服后悔厌恶偏差

发现和克服后悔厌恶偏差的具体措施包括：

- ✓ 对投资者进行相关教育是非常必要的。
- ✓ 投资者需要明白投资损失会发生在每一个投资者的身上，人们应理性权衡风险以及收益的性价比，不能因为此前的一两次损失，就放弃风险资产在长期为组合所提供的好处。
- ✓ 投资者还需知晓泡沫（bubbles）是经常发生的，制定长期目标能够有效阻止人们投资于那些风险表现非常激进的资产。

2.17 行为偏差的总结

至此，我们逐一介绍了所有 6 类情感偏差（损失厌恶偏差、过度自信偏差、自我控制偏差、现状偏差、禀赋偏差、后悔厌恶偏差）。所有的行为偏差我们也都全部学习完毕了。大家在知晓每一个偏差的具体概念定义的同时，还需要知道这个偏差的分类，它是属于认知错误，还是属于情感偏差；如果属于认知错误，那么它是属于固执信念偏差还是信息处理偏差。准确地判断每个偏差的分类是我们学习后续内容的基础。

为了方便大家记忆，我们提供如下分类记忆方法，大家可以按照此法记忆每一类型下的偏差。认知错误下的偏差总共有 9 个，其中有 5 个属于固执信念偏差，它们分别是：

- ✓ conservatism bias
- ✓ confirmation bias
- ✓ representativeness bias
- ✓ illusion of control bias
- ✓ hindsight bias

我们按一定顺序连接它们的首字母得到一个虚拟单词"RICH-C"（丰富的维生素 C）。认知错误下还有 4 个偏差属于信息处理偏差，它们分别是：

- ✓ anchoring and adjustment

- ✓ mental accounting bias
- ✓ framing bias
- ✓ availability bias

我们也按照一定的顺序链接它们的首字母得到另一个人名单词"FAMA"，相信通过 CFA 二级的考生对于这个鼎鼎大名的金融学家的名字一定了然于心。那么只要记住了认知错误下的这 9 个偏差，剩下的 6 个偏差自然就自动被归类为情感偏差中，它们分别是：

- ✓ loss aversion bias
- ✓ overconfidence bias
- ✓ self-control bias
- ✓ status quo bias
- ✓ endowment bias
- ✓ regret-aversion bias

李老师说

部分行为偏差的表现都很近似，但是大家一定要注意区分其背后的原因。这就要求考生掌握关于每一个偏差的准确定义。例如，保守偏差、锚定与调整偏差、现状偏差以及后悔厌恶偏差的主要表现都是投资者没有修正原有的观点。虽然 4 类偏差的表现相似，但是在保守偏差下，人们是因为处理信息能力有限，承受精神压力较大时就不愿意更新其观点。锚定与调整偏差强调的是投资者有意愿更新观点，但是不知道如何更新观点，于是将自身锚定的初始观点或是数值上。现状偏差下的无动于衷是没有具体原因的，它就是人们犯懒的表现。而后悔厌恶偏差更多地强调了一个情感方面的诉求，是指投资由于恐惧和好面子的心理，所以避免做出新的决定。

2.18 对于投资政策制定的启示

那些熟知行为偏差的基金经理往往有着更好的投资业绩表现。先前我们提到过对于认知性错误，我们可以教育投资者令其纠正；但是对于情感偏差，我们也只能让投资者去自我适应。在做出具体投资决策前，基金经理不妨问一问如下问题：

- ✓ 客户表现出的行为偏差都有哪些？
- ✓ 这些偏差主要是认知错误还是情感偏差？
- ✓ 这些偏差将如何影响组合资产的分配？
- ✓ 考虑到客户的行为模式，对"理性"（基于风险容忍度）的资产配置是否应该做出调整？

李老师说

假设作为基金经理，你所服务的一个高净值客户的合理资产配置应该是将 80% 的资产投资于股票，20% 的资产投资于债券。但是由于受到行为偏差的影响，实际上该客户将其 90% 的资产投在了股票上，其余的 10% 的资产投在了债券上。如果这些行为偏差主要来自认知错误，那么作为基金经理就应该积极地对该客户进行教育，帮助其克服相关偏差，让其资产配置回归到有效合理的水平。但是如果影响该客户的行为偏差来自情感偏差，那么基金经理就只能让客户自己去适应这些偏差，而不宜强行令其做出改变，否则这个客户就会寻找其他基金经理寻求帮助。

金字塔式的组合

关于分层的概念先前已经介绍过，我们并不陌生。如图 2-6 所示，客户会依据投资目标的重要性对资产组合进行金字塔（pyramid）式分层。

- ✓ 越是靠近金字塔底部的层级，其投资目标对于投资者而言就越重要，这一层级需要满足投资者的基本义务及需求（obligations and needs），如养老资金投资和日常花费开销，因此这一层级会被最先构建起来。通常，这些层级的资金只能投资于一些低风险的资产。

- ✓ 当靠近底部的基础层级构建完毕后，投资者便会构建向上一个层级的资产，这一层级的资产投资目标重要性对于投资者而言有所下降，它主要用于满足投资者更高级别的优先需求以及愿望（priorities and desires），如旅游、娱乐等。投资者可以为这一层级配置适度风险的投资项目。

- ✓ 向上构建层级的过程将逐步继续，越往上方的层级，投资目标的重要性对投资者而言就越低，最上方的层级主要满足投资者的一些志向性（aspirations）需求，如用于捐赠的资金，最上方的层级可以参与高风险资产的投资。

图 2-6　金字塔式的组合

该种分层方法下，由于层级与层级之间的相关性没有被考虑到，因此从传统金融学的角度出发，分层后的资产组合不一定是最有效的；其分散化效果不一定是最好的。但是在本小节中，我们认为在这种方法下，投资者可以更好地理解每一层级的风险，从而更加容易地管理风险；因此组合资产也是能做到一定分散化的。

2.19　对于资产配置的启示

行为调整资产配置（behaviorally modified asset allocation，BMAA）理论认为组合资产的构

建应当考虑投资者的风险特性以及回报要求。修正后的资产组合（modified portfolio）在传统金融学的组合构建理论基础上，又充分考虑了投资者的认知错误、情感偏差以及现有的财富水平等影响因素。行为调整的资产配置理论坚持以下几个观点：

- ✓ 客户越富有，他的行为偏差就越可以去被适应。
- ✓ 认知错误应该更多地被纠正，而情感偏差则应当更多地被适应。
- ✓ 财富水平是一个相对值，我们在对客户财富水平进行评估时应当结合其生活开销去考虑其财富总量的真实水平；客户生活风险标准（standard of living risk）越低（开销收入占比越小），其有效财富水平就越高，他也就越有能力去适应行为风险。

李老师说

财富水平是一个相对概念。例如，一个投资者的年薪是 100 万元，但是他一年的开销是 99 万元，我们就不能说这位投资者是财富富有的。所以在评估一个人的财富水平时，我们不仅要看其财富总量水平，还要考虑其日常开销状况，综合得出其生活风险标准（SLR）状况。

长期来看，人们会偏离其理性投资组合，针对不同特点的人群，我们给出了一个合理偏离范围的建议（见表 2-4）。

表 2-4　不同特点的人群的合理偏差范围

	认知偏差	情感偏差
较高的财富水平、较低的生活风险标准	允许适中地偏离理性组合；允许每一项资产在其合理资产配置的 5%～10% 区间波动	允许大幅度地偏离理性组合；允许每一项资产在其合理资产配置的 10%～15% 区间波动
较低的财富水平、较高的生活风险标准	可以进行微调、需要接近理性组合配置；允许每一项资产在其合理资产配置的 0～3% 区间波动	允许适中地偏离理性组合；允许每一项资产在其合理资产配置的 5%～10% 区间波动

通过表 2-4，我们可以印证如下结论：

- ✓ 在同样的偏差类型下，较低的生活开销和较高的财富水平允许人们更大程度地偏离理性组合。
- ✓ 情感偏差下拥有低水平财富的人群与认知错误下拥有高水平财富的人群，他们对于组合的合理偏离程度是相同的，都是 ±5% 至 ±10% 的水平。
- ✓ 越小的建议偏离范围说明了投资者需要更努力地克服这些行为偏差。
- ✓ 偏离幅度会受到组合中不同资产类别个数的影响。

2.20　对于行为偏差的诊断调查

基金经理为了能更好地服务客户，通常会对客户进行有关行为偏差的诊断调查。需要注意的是，此类诊断调查只对认知错误有效，而对于情感偏差多半是无效的。这是因为人们碍于情面，是不愿意承认诸如"恐惧""懒惰"等具有负面倾向的情感偏差的。

3 行为金融与投资过程

本节说明

投资过程包含了多个环节，这些环节包括投资政策说明书的制定、维护客户与投资顾问之间的关系、投资组合的构建、分析师的预测等。本章就将具体说明行为金融对这些环节流程所造成的影响。

本节可以看作是上一节的拓展与实际应用，它讲述了行为偏差对与投资相关的环节的影响。学好本节对我们理解实务投资有着不小的帮助。

知识点自查清单

- ❏ 关于投资者类型的讨论
- ❏ 对投资者划分归类的局限性
- ❏ 客户与投资顾问之间的关系
- ❏ 行为因素与固定缴款型的养老金组合构建 ★
- ❏ 行为金融与分析师的预测
- ❏ 行为因素是如何影响投资决策委员会的决策制定的
- ❏ 行为金融是如何影响市场行为的

李老师说

CFA 三级是应用性很强的级别，本章就要将之前章节中的所学内容运用到各类现实投资场景中。在行为金融学的理论中，市场参与者都会存有非理性的表现。当基金经理面对一位客户时，需要根据这位客户的言行，判别出该客户身上会存在哪些偏差，再试图根据这些偏差判定这位客户在行为金融学上的分类。判定好分类后，基金经理就能依据分类人群的特点有效地与客户进行交流沟通。

此外，基金经理及其供职公司部门在日常各类投资活动中也会受到行为偏差的影响。考生要能够识别出这些影响，并尽量避免类似偏差的发生。综上所述，本章主要讨论了以下两大方面内容：

- ✓ 投资者应当被如何归类。
- ✓ 行为金融因素是如何影响以下各类投资场景的。
  - ● 投资顾问与客户之间的关系。
  - ● 组合的构建。
  - ● 分析师的日常工作。

- 投资决策委员会关于投资决策的制定。
- 市场的异常表现。

3.1 关于投资者类型的讨论

如果投资顾问需要仔细研判每一个客户的个体情况，这就会大量占用其工作时间，为了提高投资顾问的工作效率，他们会率先对客户进行分类，之后再依照每一类型人群的特点，为其推荐最为合适的投资品种并与其进行有效的沟通，这样做就会大大提高投资顾问的工作效率。

常见的投资者分类模型有 3 种，它们分别是：Barnewall 的两分法模型；Bailard、Biehl 和 Kaiser 的五分法模型；Pompain 模型。

3.1.1 Barnewall 的两分法模型

Barnewall 的两分法模型（the Barnewall two-way model）的"两分"是指将投资者分为"被动"和"主动"两大类型。

被动投资者（passive investors）：这类投资者通常从事"雇员"性质的工作；他们财富积累的方式是被动的，也不愿意用自己的资产去冒险。通常，经济获取渠道越有限的投资者，就越容易成为被动投资者。与另一类主动投资者相比，被动投资者非常注重投资的"安全性"，所以他们所能承受的风险水平很低。

主动投资者（active investors）：这类投资者愿意用自己的资本去冒险以获得财富收益，在做投资时，他们都扮演了主动的角色。较之追求资本的安全性，他们更愿意冒险以获取更多的财富。这类投资者认为自己更多地参与投资并且获取了有用的信息，因此他们人为地降低了投资风险。虽然事实并非如此。

根据该模型，我们应当向被动投资者推荐风险较小的投资品种，而为主动投资者提供可以通过承担一定风险从而获得较高收益的投资品种。

3.1.2 Bailard、Biehl 和 Kaiser 的五分法模型

Bailard、Biehl 和 Kaiser 的五分法模型（the Bailard, Biehl, and Kaiser five-way model）以投资者的投资态度及性格入手，从以下两个维度入手对投资者进行划分归类。

- ✓ 信心：考量了投资者在制定决策时的自信程度。信心程度在"有信心"（confident）与"焦虑"（anxious）组成的这样一个区间内展开波动。
- ✓ 行动方法：衡量了投资者做决定时的方式方法，即投资者是以自发式的行为做出决定还是以井井有条的方式做出决定。行动方法在"小心"（careful）与"冲动"（impetuous）组成的这样一个区间内展开波动。两个维度构建了 4 个象限 5 类人群。

Bailard、Biehl 和 Kaiser 的五分法模型如图 2-7 所示，经过两个维度的划分，投资者被分为个人主义者（individualist）、冒险家（adventurer）、守卫者（guardian）、名流（celebrity）和规矩正直的人（straight arrow）这 5 大类。接下来，我们就具体阐述一下每一类人群的特点。

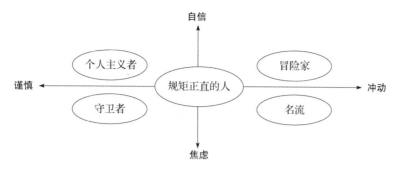

图 2-7　Bailard、Biehl 和 Kaiser 的五分法模型

冒险家人群具有以下特点：

- 他们既自信又冲动。
- 他们持有的资产头寸往往过于集中。
- 他们为了获利乐意去冒险，因此不太愿意听从别人的意见，投资顾问发现这类人群往往难以合作共事。

名流人群具备以下特点：

- 他们既焦虑又冲动。
- 他们有着自己的观点，但是其对于事物的认知见解又非常有限。
- 他们会主动寻求关于投资的建议，但是这类人群的忠诚度不高，容易被"忽悠"。

个人主义者人群具备以下特点：

- 他们既自信又小心谨慎。
- 他们乐于自己做决定，但是在做决定前都会进行审慎的分析。
- 由于个人主义者善于听取别人的意见并且能够理性地处理分析信息，所以这类人群也比较容易与人合作共事。

守卫者人群具备以下特点：

- 他们既焦虑又小心谨慎。
- 他们很担心自身的未来，有着强烈的保护资产的意愿。
- 如果他们认为他人比自己更加博学专业，他们就会向这样的人寻求意见帮助。

规矩正直的人人群具备以下特点：

- 他们代表了投资者的平均状态，他们位于两个维度坐标的交点。
- 他们既不过度自信也不焦虑，既不过度谨慎也不冲动。
- 为了能够获得一定的收益，他们愿意承担相应的风险。

3.1.3　Pompain 模型

Pompain 模型将投资者划分为被动的守护者（passive preserver）、友善的跟随者（friendly follower）、独立的个人主义者（independent individualist）和主动的积聚者（active accumulator）4 大类，该模型建议基金经理通过以下 4 个步骤决定出投资者的所属类型：

　　✓ 采访客户，评估其是主动投资者还是被动投资者，为进一步确定其风险容忍度提供依据。

✓ 以主动、被动以及风险容忍度为维度划分投资者。

✓ 测试投资者的行为偏差。

✓ 将投资者具体归类。

接下来我们分别学习一下 Pompain 模型所划分出的 4 类人群。

1. 被动的守护者

被动的守护者有着较低的风险承受能力，不愿意让其本金承担风险。这类人群在做投资决策时也不会经过审慎、严谨的思考，他们容易感情用事，因此他们很难听从投资顾问的建议。

被动的守护者容易表现出的情感偏差包括禀赋偏差、损失厌恶偏差、现状偏差、后悔厌恶偏差，他们容易犯的认知错误包括心理账户偏差、锚定与调整偏差。

2. 友好的跟随者

这也是一类较为被动的投资者，他们所能承受投资风险的能力也不强。他们倾向于跟随朋友、同事、分析师的建议做出决策。因此，他们比较喜欢盲目追随投资当前市场上最热门的投资品种，缺乏长期的投资目标。认知错误更容易发生在他们身上。对于这类投资者，我们比较难以给出建议，因为他们总是会高估自己的容忍度。我们对这一类的投资者最好进行教育，并且要以真实数据为依托。

友好的跟随者容易表现出的情感偏差主要为后悔厌恶偏差，他们容易犯的认知错误包括易得性偏差、后视偏差和框架依赖偏差。

3. 独立的个人主义者

独立的个人主义者有着中等乃至较高的风险容忍度，愿意让其本金承担风险。他们意志坚定，具有独立思考能力，因此他们依据可得的信息源、自己做研究独立完成决策。这类投资者往往不愿意变更自己原先的对于市场观点的看法。对于这一类投资者，我们应该对其加强教育，教育的内容可以是与投资者密切相关的投资理念。只要分析师的建议足够有理有据，这类投资者还是愿意与其沟通。

独立的个人主义者容易表现出的情感偏差主要包括过度自信偏差、自我归因偏差，容易犯得认知错误包括保守偏差、易得性偏差、确认偏差、代表性偏差。

4. 积极的积聚者

这是一类最为激进的投资者，这类人群多有创业经历，并且累积了不少财富，因此做事风格更加激进。他们意志坚定、果敢自信，对于自身的投资结果有着极强的控制欲。因此在这 4 类人群中，积极的积聚者也是最难被建议的。所以，投资顾问最好能自行控制投资过程，尽量不要让这类投资者过多地控制局面，否则将会出现难以预料的结果。

积极的积聚者容易表现出的情感偏差主要包括过度自信偏差和自制力偏差，容易犯的认知错误主要为控制错觉偏差。

不同类型的人群对于风险的容忍度在逐步增高，其投资风格也越发激进，并且不同类型的投资者所表现的行为偏差是不一样的。对于这部分内容大家了解即可。

李老师说

因为行为金融学尚未形成一个完整统一的体系，各个流派都以自己的思路观点在做着相关的问题研究，所以不同流派间对于同一概念给予的不同名称和术语解释也就不足为奇了。所以在本学科中，同一个现象，可能对应着不同的术语名词。对于这一点，大家不必过于纠结。

3.2　对投资者划分归类的局限性 ★

通过前文的学习，我们知道个人经常会出现各种各样的非理性行为，由于非理性行为的表现千差万别，所以这些举动往往也是不易被预测的。同样地，金融市场的参与者的行为模式也并非始终如一的。鉴于此，我们对投资者的划分归类往往会面临以下限制：

- ✓ 投资者会在表现出情感偏差的同时也表现出认知错误。因此，强行将他们身上的错误单一地归类为感情偏差或是认知错误都是不合适的。
- ✓ 投资者身上表现的行为特征会在诸多的投资者类别中出现。因此，将这样的投资者归类为某个单一类别也是不合时宜的。
- ✓ 随着投资者年龄的增长，投资者自身的行为特征也在发生着变化。这种变化通常表现为投资者风险容忍度的下降，并且他们对于投资决策更加感情用事。忽视这一点而对投资者进行归类就是不合适的。
- ✓ 个体投资者多多少少都有着自己的特性，即便两个投资者都被划分为同一投资者类型，这两个投资者也需要被区分对待。
- ✓ 不同投资者的非理性行为往往发生在不同的时间段，并且是不可预测的。

3.3　客户与投资顾问之间的关系

融洽的客户与投资顾问的关系可以产生这样的结果：投资顾问构建出客户满意的投资组合，客户乐意执行投资顾问为其提供的指导意见。如果运用我们之前学习过的行为金融相关理论，投资顾问在制定决策时将客户的行为偏差考虑其中，便能有助于有效达成上述结果。良好的客户与投资顾问的关系包含以下 4 点：

- ✓ 投资顾问需要深刻理解客户的长期财务目标，特别是在制定投资政策报告书时。
- ✓ 投资顾问为客户服务时所提供的方法应当保持一致性。
- ✓ 投资顾问应当按照客户的期望开展业务，对于投资结果，投资顾问应该定期告知客户，并且在考虑到客户自身特点的情况下以有效的方式传达这些信息。
- ✓ 客户以及投资顾问需要同时受益于两者之间的关系，即客户获取满意的投资回报，投资顾问在获得合理的回报同时还能增加其自身投资经验。

风险容忍调查问卷的限制

投资顾问通常采用调查问卷的形式了解客户对于风险的容忍度，但是这个方法本身存在以下缺点和限制：

✓ 投资者的作答会受到问题陈述方式的（框架依赖）影响。描述语言的不同会引起调查结果的差异，所以调查问卷至少每年都要被重新评估。

✓ 优秀的投资顾问有能力就客户的回答判定客户的意愿、倾向。投资顾问不应当原封不动地翻译字面意思，而是应当通过客户的叙述表达来确定投资者对于风险和回报的态度。

✓ 风险承受度调查问卷通常可以作为评估机构投资者的有效诊断工具。这是因为机构投资者通常不会出现情感偏差。

✓ 风险调查问卷对个体投资者会失去检测、评估的作用。因为他们会受制于情感偏差的影响。

3.4　行为因素与固定缴款型的养老金组合构建 ★

实证研究表明，行为方式会影响固定缴款型养老金组合的构建，具体表现为以下几点。

3.4.1　惰性与默认

投资者在管理固定缴款型养老金账户（DC plan）时会存在现状偏差：即使在不考虑交易手续费的情况下，投资者往往也不愿意改变他们原先的资产组合配置。投资者的风险承受能力每过几年便会发生变化。所以一个合理的固定缴款型养老金账户的资产权重就应当体现上述的变化。通常，投资者会接受雇主提供的一个默认的资产种类和缴费比率（contribution rate）。而雇主提供的投资品种多半是和现金有关的货币市场产品，这里产品的收益率较低，无法满足投资者的长期投资目标。

一些公司提供诸如"目标日期基金"（target date funds）一类的策略以解决上述问题。这种策略下运作的资产试图战胜"现状偏差"；其具体运作机制是在临近到期日的时候，投资者的资产会自动转向诸如固定收益资产一类风险较小的资产。但是这样的策略也无法满足每一个投资者的具体个性需求。

> **李老师说**
>
> 我们在 CFA 财务学科中学习过固定缴款型养老金账户和固定收益型养老金账户。在固定缴款型养老金账户中，雇主会为雇员提供一系列的关于投资组合建议的选择，但是实际的投资决策还是需要雇员自己完成，投资风险也需要其自行承担。而对于固定收益型养老金账户，其退休后的收益确定，投资过程由雇主完成，投资风险也由雇主承担。在固定缴款型养老金账户中，雇员只能从雇主提供的选择方案中选择投资的品种及方式。

3.4.2　简单分散化

简单分散化（naïve diversification）是指投资者将它们的资金平均分配到雇主为其提供的投资组合方案中（N 个方案中的每个方案分得 $1/N$ 的资金）。一个有意思的实证研究结果表明，当提供给投资者的选择是股票和债券基金时，投资者会将自有资金的 50% 投资于债券基金；

将剩余 50% 的资金投资于股票基金。如果提供给投资者的选择是股票型基金和平衡型基金，投资者仍然会将其自有资金平均投资在股票基金与平衡型基金上。其中平衡型基金就是由 50% 的股票和 50% 的债券构成的。由此看来，投资并不是对于各个资产的投资比重有着明确的目的性要求。

其他研究表明，投资者会遵循这样的理念进行投资。他们首先会缩减投资标的的范围，确定一个小额数目的基金，比如 3 ~ 5 个，然后再将自有资金平均投资到这些基金上。

投资者之所以会采用上述的简单分散化方法是因为他们企图避免产生"后悔"情绪。这种简单的平均分配资金的方法可以让投资者多少都能投资一些事后观察最好表现的投资品种选择。

3.4.3　公司股票：投资于熟悉品种

雇员通常会将固定缴款型养老金账户里的资金投资于其雇主公司的股票。究其原因可归结为以下几点。

- ✓ 熟悉以及自信效应。雇员通常自认为对于所供职的公司十分熟悉，并且自以为对于公司的表现的估计是非常准确的。这会使得投资者低估了其投资风险。
- ✓ 过于天真地解读公司过去的业绩（代表性偏差）。投资者的养老金账户如果投资了供职公司的股票，并且该股票过去业绩表现很好，投资者就会预期该股票的优秀表现将会延续。基于这一点，他们将会继续持有雇主公司的股票。
- ✓ 框架依赖偏差和现状偏差也会对雇员的投资决策产生影响。如果公司决定将其养老金账户投资于公司的股票上，那么雇员通常会采纳这一建议。
- ✓ 忠诚效应。投资者将养老金账户投资于雇主公司的股票，将被看作是其对雇主忠诚的体现。
- ✓ 财务动机。雇员非理性地投资于雇主公司的股票会出于一些财务目的。例如，雇员能够以一定的折扣，以低于市场价的价格购买雇主公司的股票。

3.4.4　过度交易

有证据表明，固定缴款型养老金账户里体现出的"惰性"较"零售投资账户"（retail investment accounts）要明显的多。这就是**过度交易**（exessive trading）。投资者在操作"零售投资账户时"表现得更像是一个主动交易者，其原因是零售投资账户投资者还会表现出**处置效应**（disposition effect），卖出那些上涨的股票，持有那些下跌的股票。这些现象是受到后悔情绪干扰的影响，同时也是投资者过于自信的表现，他们总认为自己有着卓越的选股能力。

3.4.5　本土偏差

本土偏差（home bias）是指投资者会维持一个较高的投资比例在其本国投资品上（投资品在本国注册），这既是处于安全需要的考虑，也是投资者更愿意利用信息优势去投资那些自己比较熟悉的投资产品的体现。

3.5 行为金融与分析师的预测

不管是行业专家还是分析师，他们都会受到各种行为偏差的影响，从而导致预测结果的偏颇。接下来我们就学习一下这方面的问题。

3.5.1 对于预测技能的过度自信

分析师善于夸大他们的知识、能力以及获取信息的渠道，这使得他们会对自身的预测产生过度的自信。此外，分析师还会美化他们的预测结果，使其看上去更加准确。为此，我们总结一下容易导致分析师出现过度自信表现的行为偏差，具体如下。

✓ 信息错觉偏差：这一偏差会促使分析师高估他们所掌握知识的程度以及预测结果的准确性。研究表明，当分析师收集到大量数据时，尽管这些数据对于预测并没有多大帮助，但是分析师会认为他们通过这些数据可以获取更准确的预测。

✓ 控制错觉偏差：该类偏差导致分析师误以为他们已经获取了所有数据，他们已经可以操控投资的结果（实际不然），从而加剧过度自信倾向。

✓ 易得性偏差：分析师容易给予当前的、容易回忆起的数据以过高的权重，并将其用于信息的处理与结果分析中。

✓ 分析师还会犯下"自我归因偏差"以维护其预测的可信度。该偏差下，人们将功劳归于自己，将责任推给别人，以此来显示自己预测的权威性。

✓ 后视偏差：该偏差的产生源于分析师的自我防卫机制。它是指分析师为了使其预测结果看上去与事件真实结果更加吻合，故意"美化"（歪曲）其预测结果。分析师更容易记住他们预测正确的结果，而忽视预测错误的结果。该偏差下，分析师通常不愿意再对其关于未来的预测进行校对、调整。

✓ 代表性偏差：在此偏差下，分析师会错误地预估当前事件重复过去事件发生的概率。

为了克服过度自信偏差，分析师还应当积极寻找有价值的反对意见，并且基于大样本数据做出预测。

3.5.2 公司管理层的影响

公司管理层阐述信息的方式（框架依赖偏差）将会影响分析师对于信息的解读，最终左右其预测结果。公司管理层在汇报业绩时最常出现的几类认知错误包括：

✓ 框架依赖偏差：信息表述方式的不同会造成人们对同一信息的不同解读。例如，公司管理层表现出的典型的框架依赖表述便是在汇报业绩时首先陈述公司取得的成绩。诸如这一类调整信息表述次序的方法便能够诱导人们记住公司好的一面的信息。

✓ 锚定与调整偏差：公司管理层对于业绩的框架依赖表述和分析师可能会受到最先获取的锚定信息，这些因素都会导致分析师对行情做出过于乐观的预测分析。当分析师已经被先前的数据观点所"锚定"时，就很难做出真实客观的评价。

✓ 易得性：那些公司管理层慷慨激昂地陈述公司取得的成就是最容易被分析师回忆起来的，因此这些成就掩盖了公司发展的困难，从而左右分析师的预测观点。

✓ 自我归因偏差：管理层的业绩报告中通常也会体现自我归因偏差，将公司的优秀业绩都归因于自己的管理得当。管理层的薪酬设计是与公司业绩相挂钩的，这是导致自我归因偏差的直接原因。

为了尽力避免管理层报告对于分析师产生过度影响，分析师需要注意收益的计算方法是不是被认可的，并且定期重新计算收益结果。

3.5.3　分析师在分析过程中出现的偏差

分析师在做分析预测时会收集大量的信息数据，数据的获得又促使分析师产生各类偏差错觉，这些偏差错觉是导致其过度自信的根源。这里我们着重介绍 3 个代表性的偏差错误。

✓ **确认偏差**（confirmation bias）：分析师倾向于在新获得的信息中挑选出那些可以佐证其原先观点的信息。在该偏差下，即使相关信息暗示了分析师的分析有误，他也会不以为然，坚持原先的观点。

✓ **赌徒谬误**（gambler's fallacy）：分析师错误地预计了事件回归均值的概率。赌徒谬误可以通过一个预测天气的案例进行解释。假设某地晴天和雨天的概率分别为 50%。现在假设已经连续出现了 10 天的晴天天气，那么人们很有可能预测明天雨天的概率比较大。但实际上，明天出现雨天的概率仍为 50%。这便是赌徒谬误的心理表现。

✓ **代表性偏差**（representative bias）：分析师错误地挖掘了过去数据的"含义"。分析师研究过程中一个典型的代表性偏差案例便是其基于公司过去的高速增长的业绩表现，将其划分为"成长性公司"，而这一做法通常都是欠考虑的。

分析师应当在分析研究的各个流程中避免行为偏差的产生，如寻找可靠的数据，倾听不同的观点。

3.6　行为因素是如何影响投资决策委员会的决策制定的

通常，我们认为一群专家在一起研究讨论后能够得出一个更好的投资决定，但是，实际情况并非如此，无论是个人还是集体都会受到行为偏差的影响。

社交佐证偏差（social proof bias）发生时，集体中的个体会服从、跟随集体的观点。研究表明，在集体环境中制定的决策往往是非常糟糕的，因为大家一起出错，谁也没有意识到，并且群体的决策还容易诱发过度自信偏差。

由于投资决策委员都有着相似的背景，他们对于研究问题的方式、方法相同，也容易得到相同的结论。为了避免类似的情况发生，一个理想的委员会应该具有以下特征：

✓ 委员会应当吸纳拥有不同背景的成员，这样才有利于得到不同的观点、声音。

✓ 委员会应当形成这样一种机制，鼓励成员表达其自身的看法而不受歧视，而成员应敢于表达他们不同于他人的观点。

✓ 所有成员应该做到互相尊重，倾听、考虑别人的意见、看法，而非一味地固执己见。

3.7 行为金融是如何影响市场行为的

3.7.1 定义市场异常

有效市场假说认为，个人无法跑赢市场行情。市场异常是对有效市场假说的背离。当市场中可以获得持续的超额收益时，我们就可以确认市场异常的存在。部分市场异常现象可以用以下原因解释。

✓ 定价模型的错误导致所谓的"市场异常"，当我们对模型进行修正后，该类市场异常现象便会消失。

✓ 市场异常现象通常都是基于小样本数据的，当样本数据足够大时，该类异常现象将会消失。

✓ 当所有成本都被考虑到的时候，超额收益将会消失。

✓ 对于经济财务因素的理性反应。

✓ 当某些异常被投资者认知并且加以利用时，该类异常将会消失。

3.7.2 惯性效应

如果未来的股价与当前股价之间存在一定的关联，这一现象就被定义为**惯性效应**（momentum effect）；这类效应在趋势出现反转之前的持续期存在。通常，市场上有一个领头人开始了一个合理的操作，此后该操作迅速被市场上大量的交易者所模仿，于是导致了非理性的行为结果。

羊群效应是指市场上的投资者都操作（买、卖）同一种证券，甚至这种操作有无投资原理都是被投资者忽略的，并且投资者掌握的私人信息也被忽略了。因为和大家操作一致，即便出错也不会产生过多的后悔感。有以下两类因素与羊群效应的发生息息相关。

✓ 易得性偏差：在羊群效应中，近期的资产价格走势和趋势将被投资者过度解读，左右其预测，这一点在小样本数据上体现得尤为明显。

✓ 后悔（regret）：既是人们错失机会时产生的情绪，也是后视偏差的一种体现。后悔表达了人们认为他们原本可以盈利或者减少损失，但实际中却错失机会的情绪。在后悔情绪的感染下，投资者买入那些此前他们想买入但实际没有买入的股票，从而形成**趋势追逐效应**（trend-chasing effect）。

此外，有研究证据表明，价格的反转或者回归均衡水平需要长达 3~5 年的时间，处置效应会鼓励投资者去持有那些已经发生损失的投资标的，鉴于此，对于资产基础价值的调整与修复往往是无效且缓慢的。

3.7.3 金融泡沫与市场崩盘

金融市场会出现泡沫以及崩盘现象，在此类现象下，资产价格会被长期高估或者低估。

泡沫或者崩盘可以被定义为资产价格指数超过其均值 2 个标准差的历史偏离。崩盘还可以被定义为在几个月的时期内，资产价格跌幅超过 30%，而泡沫通常则需要更久的时间才能完成这一过程。

在泡沫的开始阶段，人们的行为还是偏理性的，理性的投资者能够预计未来崩盘的产生，虽然他们并不知道具体的时间点。但是随着时间的推移，投资者便会摒弃资产的基础价值，同时基金经理也会错误地理解风险，并且误认为自己有能力控制风险。

以下行为偏差表现可以作证泡沫的存下。

- ✓ 过度自信：导致投资者忽略反对意见，低估资产风险的同时实施了过度交易。
- ✓ 确认偏差：投资者会寻找那些可以帮助他们确认自己观点的证据并且忽视那些与自己观点相悖的证据，以此继续持有原先的头寸。
- ✓ 自我归因偏差：投资者将功劳归功于自己。
- ✓ 后视偏差：投资者在回顾近况时会出现料事如神的错觉，从而加剧其过度自信的状态。
- ✓ 后悔厌恶：投资者不愿意错失那些其他人都可以轻易获得的收益。
- ✓ 处置效应：投资者更愿意卖出浮盈的股票同时继续持有浮亏的股票，这将在长期进一步加剧他们的损失。

随着泡沫的发展，投资者不愿意接受损失，而到了崩盘阶段，处置效应导致投资者继续持有亏损头寸以延缓后悔。这样暂时性的消极举措会在日后进一步加剧股价的下跌。

3.7.4　价值型与成长型股票

价值型股票有着较低的价格/收益比率、较高的账面价值/市场价值比率，以及较低的价格/分红比率、较低的价格/现金流比率。而成长型股票的特点则与之相反。

法玛和弗伦奇通过研究，发现了关于价值型与成长型股票的如下两个异常现象：①价值型股票的历史表现要优于成长型股票；②小市值（small-capitalization）股票的表现要优于大市值股票的表现。

法玛和弗伦奇通过研究再次澄清：如果将市值、价值、以及系统性风险（β）这些因子纳入其三因素模型之后，价值型股票的错误定价便消失了，因为公司在经济转折点所承受的这些风险因素是不一样的。

但是其他行为学观点学派对上述结论存有异议，他们认为上述两类市场异常更像是错误定价而非对风险的调整。

光环效应（halo effect）是指投资者会夸大公司的某些优质属性而将其股票视作优秀的投资品种，具体表现为具有良好成长记录以及股价表现的公司会被投资者视作优秀的投资标的，并且被寄予了高收益的回报期望却忽视了它的风险。在估计公司成长性的时候，人们往往还容易犯过度自信的错误。

此外，研究还表明情感因素在评估股票的风险与预期收益时发挥着巨大的作用。例如，在本土偏差的影响下，投资者出于信息优势或者安全性的考虑，更乐意将其资金投向国内资产而非外国资产。

第 3 章

个人资产管理

学科介绍

个人资产管理，涉及个人资产规划、税费管理、遗产规划、资产配置以及个人风险管理方面的内容。其中个人投资政策说明书写作是历年来三级考试考查的重点。这部分内容会涉及较多的结论性判断，如判断哪些因素会增强投资者承担风险的能力；也会涉及一些计算，如计算投资者的要求回报率。税费管理的部分会涉及很多复杂的税费计算公式，考生对于这些公式一定要理解原理，在此基础上要会应用。遗产规划问题主要讲几种资产转移的方式以及几种方式之间的对比；资产配置部分会涉及如何处置投资者个人过度集中资产；个人风险管理部分会运用不同的工具对个人投资者的风险进行管理。

1 个人资产管理

本节说明

本节主要讲解了在个人投资政策说明书的制定过程中，首先需要确定的因素，包括投资者个人的情景分析、确定其收益和风险目标，了解客户的投资限制。在此基础上，基金经理选择适合投资者的最优资产配置。

知识点自查清单

- ☐ 投资者情景分析
- ☐ 投资者心理分析
- ☐ 个人投资政策说明书（IPS）的意义
- ☐ 收益目标的确定
- ☐ 风险目标的确定
- ☐ 收益与风险之间的关系
- ☐ 投资限制
- ☐ 选择最优的资产配置
- ☐ 蒙特卡罗模拟在退休规划中的应用

1.1 情景分析

我们可以依据经济场景以及人生阶段的不同，对个体投资者进行分类，这样做的好处是可以把一些复杂的情况简单化。这样的处理方式我们称为"情景分析"（situational profiling），但是每一位客户的个体情况又具有一些个性，因此在做情景分析时，我们应当考虑到每一个个体投资者的实际情况。例如，投资者的资产来源、投资者的财富衡量以及对客户所处的人生阶段。

李老师说

情景分析的目的就是了解客户的风险容忍度。

1.1.1 情景分析

1. 资产的来源（source of wealth）

基金经理通过分析个人积累财富的方式可以了解客户的投资风格以及风险承受意愿。通常来讲，我们可以依照个人资产获取的途径将其分为主动型资产和被动型资产。

如果个人资产是通过创业所得，就属于**主动创造型财富**（active wealth creation）。创业历程充满不确定性，因此这部分资产往往经历过相当大的风险。如果客户是企业家并且其资产是主动型资产，就说明客户可能会有很大的风险承担意愿。但是术业有专攻，部分企业家擅长企业运作，但他们却不认为自己有能力管理好金融投资，所以这些企业家可能对金融投资的态度较为保守。所以，具体情况需要具体分析。当基金经理分析客户的风险承受意愿时，需要观察他们的言行是否一致，即需要确定客户自我描述的风险承受意愿与其实际行为是否一致。

被动创造型财富（passive wealth creation）所能承担的风险就较小。被动型投资包括继承财富、意外所得以及长期稳定的工资储蓄。客户通过被动的方式积累资产意味着他们不具备承担风险的经验，可能是由于缺乏金融投资方面的专业知识，并且他们对自己做投资决策缺乏信心。对于这样的情况，基金经理应该充分考虑。

> **李老师说**
>
> 注意这样分类所得出的客户风险承受意愿只是通常的情况。在考试的时候，大家一定要注意题目是怎么描述客户的。比如，题目中说有一位企业家对投资比较保守，因为他认为他的钱都是辛苦赚来的，不应该承受过高的风险。

2. 财富的衡量（measure of wealth）

我们很难依据投资组合的绝对数值大小来判断投资者的财富持有量。通常，如果投资者认为自己持有的财富较少，他所能承受的投资风险波动也就越小。

> **李老师说**
>
> 财富的衡量讲的是客户认为自己有没有钱。有钱和没钱是一个相对概念，是客户资产与其开支的相对量。如果 A 客户有 1 亿元资产，但是他每年需要支出 2 000 万元，在这种情况下，客户可能不认为自己富有，所以承担风险的意愿可能没那么强。B 客户虽然只有 1 000 万元，但是每年只有 10 万元的花费。在这种情况下，我们通常认为 B 客户会更富有。一般来说，客户认为自己越富有，他的风险容忍度会越高。

1.1.2　人生的不同阶段

我们知道每个人在不同的人生阶段（stage of life）所掌握的财富情况是不一样的，因此处于人生不同阶段的投资者承担风险的能力以及意愿也是不一样的。接下来，我们就来研究一下一个典型的生命周期究竟包括哪几个阶段。

1. 基础阶段

处于基础阶段的投资者往往会寻求各种方式来创造积累财富，所以可以认为他们还很年轻，有很长的投资期，因此他们有能力去承担比较大的风险。如果处在这个阶段的投资者继承获得了一大笔财富，并且考虑到他们较长的投资期，我们认为他们有能力承担较高的风险。但是如果没有这些财富的继承，处于该阶段的投资者的可投资金额是有限的，并且财务的不确定性是最大的。

2. 积累阶段

处在积累阶段的投资者，投资者的投资技巧以及能力都会得到提升，因此它的收益也会得到快速上涨。一些花费需求会在这个时期增加，如家庭的成立、购房的需求、子女教育等。在该阶段的末期，由于各项支出接近尾声，所以投资者的财富积累会再次上升。总体而言，处于该阶段的投资者对于风险的承受能力以及容忍度都会增强。

3. 维持阶段

一般处于维持阶段的投资者，其岁数也不小了。处于该阶段的投资者主要关心如何维持想要的生活方式（防止生活质量的下降）以及财务安全。该阶段投资者投资期的缩短以及发生亏损后回本概率的下降，导致投资者缺乏自信。因此他们对于风险的承受能力开始出现下降。这表现为投资者更愿意投资一些低波动性的产品，而远离那些高波动性的产品，以此增加投资的稳定性。

4. 分配阶段

处于分配阶段的投资者，他们的花费需求下降，不需要太多资产满足其开支需求，所以此时他们会开始进行财富分配。这一过程对于税收的考量显得特别重要，投资者希望实现税后转移资产价值的最大化。对于特别富有的人，其金融投资目标可能会是跨越家族几代的。转移财富的过程往往需要好几年，因此这一过程可以提前开始。

现实中，每个人的情况不同，其生命周期并不一定会经历每一个阶段，并且也不一定会从上一个阶段逐级向下一个阶段发展，经历上述所有阶段。例如，一位年轻客户通过继承获得了一大笔资产，此时他们的生命周期会直接跳过积累阶段。一些投资损失或者意外所得也会打乱不同阶段出现的顺序。

李老师说

不同阶段的人表现出的投资特性也不一样。一般来说，越年轻的人风险承受的意愿或者能力越强。

1.2　心理情景分析

行为金融学认为投资者的心理因素会影响其投资决策，所以在为投资者制订个人投资政策说明书时，需要对其进行心理情景分析。

1.2.1　传统金融学观点

传统金融学（例如现代组合理论）假设投资者具有以下 3 个特征。

1. 呈现风险厌恶

风险厌恶是指，当给定投资者一个确定的投资回报率时，他们会追求在此回报率下的最小风险。投资者更加偏好那些能产生确定性结果的资产。这里我们用资产的波动率衡量其风险。

2. 表现为理性预期

理性预期认为投资者都是连贯、准确、无偏的预言家，并且他们的预测都能准确地反映资产的所有信息，他们也可以从过往的错误中汲取经验。因此他们的行为总是理性的。

3. 资产整合

投资者进行投资时，会结合当前的投资组合头寸以及众多的投资机会，比较投资组合的收益以及风险。请注意，此时投资者在评估资产时，是要将资产放在整体组合的背景下进行评估的。

基于传统金融学的假设，传统金融学模型认为资产的价格会反映相关经济因素，并且组合的构建反映了资产间的相关性以及投资的目标和限制。

1.2.2 行为金融学观点

行为金融学（behavioral finance）认为投资者除了考虑收益和风险之外，也会考虑其他因素，而且会受到自身情绪的影响。这些都会对投资决策产生影响。行为金融学认为投资者的投资行为表现出以下几种特征。

1. 损失厌恶

损失厌恶是指人们面对同样数量的收益和损失时，更加厌恶损失。投资者为了避免损失，会寻求风险。损失厌恶反映了投资者的风险偏好并没有表现出一致性：当投资者面对收益时，表现为风险厌恶（与传统金融学一致），会试图追求该风险下的最大收益；当投资者面对损失时，表现为风险寻求（与传统金融学不同），试图"回避"损失。这样的行为称为损失厌恶。

损失厌恶可以用以下例子解释：当给投资者两个选择：①已知 100% 会损失 200 元；②有 50% 的概率会损失 200 元，有 50% 的概率会损失零元。其实无论是选择一还是选择二，他们的预期损失都是 200 元。但是由于投资者表现出损失厌恶，会试图回避确定性的损失，所以投资者会选择第二个 50% 让他不发生损失的选择。请注意，如果把以上的选项中的损失换为获利时，投资者又会选择确定性收益。所以投资者对于损失会表现得更加厌恶。

2. 预期偏差

预期偏差来源于投资者的认知错误以及投资者对其未来的预测能力的过度自信。常见的预期偏差包括：认为某位特定基金经理的收益可以代表所有基金经理的平均收益；过度关注小概率事件；错误地高估了一个资产的代表性。

3. 资产分离

资产分离是指投资者会独立地看待每一项资产，而不是将资产放入整个组合背景下来进行研究（如忽略资产负相关带来的风险分散化效果）。这会产生以下问题：

- ✓ 资产的价格会同时反映诸如成本、税费等潜在的经济因素。
- ✓ 投资组合会被分割成不同层，每一层会对应投资者不同的投资目标。投资者选择资产进行投资时，会依据不同层的投资目标行事，而不是将所有资产视为一个整体进行考虑。

1.2.3 投资者性格分析

行为金融学认为在分析投资者投资行为及预期时，还需要考虑投资者个人的性格和偏好。

这些因素通常可能不会出现在传统金融学投资决策中（如个人性格、投资风格），但它是行为金融学中投资决策的一部分，这些因素能够帮助基金经理更好地理解客户的投资行为以及预期。

性格归类可以帮助投资顾问确定个人投资者的冒险倾向和他的决策风格再寻求回报。通过识别个人在投资过程中承担的风险，投资顾问预估出客户的风险容忍度，这是非常有用的信息。

问卷调查法、性格测试法是性格分类的两种常见方法。利用问卷调查可以判断投资者的风险承受意愿、了解投资决策的理念。这些对于投资顾问后期的资产分配以及投资都是大有帮助的。

根据投资理念和处事风格的不同，我们可以将投资者分为 4 大类，接下来我们就逐一学习一下。

1. 谨慎型投资者

谨慎型投资者（cautious investors）表现出风险厌恶，投资决策主要依据个人感觉。这类投资者喜欢选择波动率低的投资，寻求财务安全。他们不喜欢自己做投资决策，也不喜欢咨询专业人士。考虑到对于损失的厌恶，谨慎型投资者会错失一些不错的投资机会，并且他们很少进行盲目的投资，所以他们的投资组合会表现出较低的调整频率。

2. 有条理型投资者

有条理型投资者（methodical investors）的投资决策基于一些客观事实，所以他们很少会对投资产生个人情感喜好。即便他们的调研得到了回报，但是他们依然会努力获取其他各种更好的投资信息。执行策略时所形成的高度纪律性使得他们更倾向于保守的投资风格。

3. 个人主义型投资者

个人主义型投资者（individualistic investors）崇尚一种自信的投资方式。个人主义者从各种各样的来源获得信息，并且愿意花时间把矛盾的数据从他们可信的来源中剔除。他们在行动过程中表现出投资独立性。个人主义型投资者愿意在投资方面勤奋钻研，努力培养自己的洞察力，并且有信心实现长期投资目标。

4. 自主型投资者

自主型投资者（spontaneous investors）会根据市场的变化不断地调整自己的投资组合的权重以及头寸大小。因为他们担心如果不对市场的变化进行及时调整，其收益会受到不利的影响。他们本身并不算是投资高手，但他们也怀疑外部建议的可靠性。尽管这个群体中部分投资者实现了盈利，但是总体而言，投资组合的整体收益会被交易佣金等成本所抵消。这类投资者容易追随市场的趋势以及投资的热点。他们更关心自己错失投资机会而非自身所能承担的风险水平。

1.3　投资政策说明书的意义

投资政策说明书对客户和基金经理都是必要的。投资政策说明书应该与客户的收益目标和风险目标相符合，并且是根据当前资本市场情况和投资者的个人限制制订出的合理计划。制订投资政策说明书对于个人以及基金经理无疑都是有益的，具体体现在：

✓ 帮助投资者确定其投资目标和投资限制，并且以文件形式记录以上信息。

✓ 投资政策说明书是动态调整的。基金经理不仅应当确认客户投资的目标以及限制，还应当不断地根据客户个人情况的变化和资本市场的变化对投资政策说明书中的投资目标和限制进行调整。

✓ 投资政策说明书简单易懂。投资政策说明书可以像投资者的"个人档案"一样，记录与其投资相关的信息。这样客户就可以在不影响当前投资的情况下增加新的基金经理或者更换基金经理，保持投资的连续性。

✓ 在制定投资政策说明书的过程中，客户也能接受金融知识教育，更加理解如何做出投资决策。

站在基金经理的角度而言，投资政策说明书可以更好地帮助其更好地了解客户。作为投资决策的依据，投资政策说明书在解决基金经理与客户之间的纠纷时发挥关键作用。

1.4　收益目标★★★

在为投资者制定投资政策说明书时，确定的投资收益目标（return objective）是关键的一步。收益目标的制定必须结合投资风险以及投资限制一起考量。

投资者的投资回报率可以分为**要求回报率**（required return）和**想要的回报率**（desired return）。要求回报率是为了实现投资者重要的长期财务目标所制定的回报率，这些目标中包括了基本的生活支出。想要的回报率是用来实现投资者较为次要的目标所制定的回报率，这些目标即便不能实现，也不会对客户的生活产生巨大影响。例如，购买第二套房产或者全球旅行等目标。通常要求回报率会低于想要的回报率。收益目标的分析图示如图 3-1 所示。

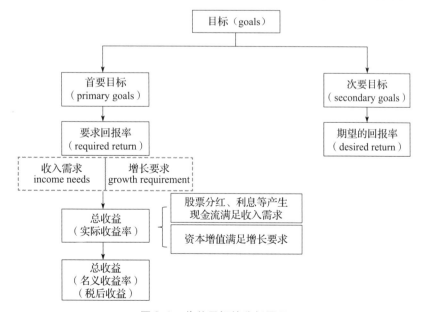

图 3-1　收益目标的分析图示

李老师说

投资一旦亏损，会对一些目标产生巨大的影响，通常这些目标可以定为首要目标。例如，一旦投资亏损没有满足这些目标就没法生活。一些其他目标，如环球旅行就相对次要，这些目标可以划分为次要目标。

首要目标是一定要实现的目标，所以对应的收益率叫作要求回报率。次要目标对应的收益叫作想要的回报率。考试中只考查要求回报率的计算。要求回报率可以分为两部分，一部分为收入需求（income needs），这部分回报可以满足投资者的日常生活开支，如每年的债券利息可以满足一部分生活开支。第二部分叫作增长要求（growth requirement），这部分回报是要求资产价值在投资期内可以达到多少。比如，要求组合的价值在 10 年后达到 500 万元，因为那时客户需要一笔 500 万元进行开支。

要求回报率的计算不仅和客户的目标有关，也与客户的花费有关。此外，有时候计算出来的要求回报率需要考虑税收和通货膨胀的影响。所以，大家在考试中一定要看清楚计算的是什么类型的回报率。

此外，我们在计算收益率的时候还必须考虑到通货膨胀率的影响，区分真实收益率与名义收益率的差别，并且考虑税收的影响，区分税前收益率与税后收益率的差别。

🖐 **【例题】 计算客户的要求回报率**

Bob 于年初持有一个价值 100 万元的投资组合，他希望该投资组合在 8 年内增长到 150 万元。Bob 的儿子 Jim 将要上大学，硕博连读至少 8 年。上学期间产生的学费需要由这个投资组合负担。第一年学费产生的现金流为 1 万元。此后每一年的学费以 2% 的速度增长。请计算出客户的要求回报率？

解析：

由题意可知客户投资的要求回报率有两部分，第一部分为投资组合的价值增值部分（8 年增长到 150 万元），第二部分为每年需要获取的现金流部分（提供学费开支部分）。

客户的投资期为 5 年，未来几年通胀率为 3%，这就意味着生活成本增长速度也为 3%，也就是说，未来几年从投资组合中获得的现金要以每年 3% 的速度增长才可以满足其生活开支。

解答这类问题，画图可以帮助我们理清思路（见图 3-2）。

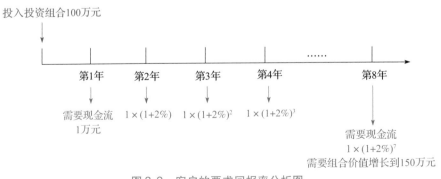

图 3-2　客户的要求回报率分析图

如图 3-2 所示，已知客户目前拥有的投资组合价值为 100 万元。8 年后希望组合增长到 150 万元。那么当期投资 100 万元，即（$CF_0 = -100$），通过计算知道第 1 年的现金流为 1 万元，第 2 年为 1.02 万元，第 3 年为 1.0612 万元，第 4 年为 1.0824 万元，以此类推，最终第 8 年为 1.1717 + 150 = 151.1487（万元）。用计算器可算出 $IRR \approx 6\%$。

有时候题目会列出客户的所有资产，但并不是每一项都属于可投资资产，也并不是每一项资产可以用来构建投资政策说明书。

例如，某客户现在 35 岁，其父母为他设立了一笔价值 100 万元的信托，信托条例规定客户到 45 岁时才可以获得这笔信托资产，在计算客户的可投资资产时就不能考虑这笔信托。因为客户直到 45 岁才可以拿到这笔资产，距离客户实际对这笔资产有使用权还有很长的时间。

1.5　风险目标★★

确定客户的风险目标（risk objective）需要同时考虑客户的风险承受能力（ability）和风险承受意愿（willingness）。

1.5.1　风险承受能力

客户的风险承担能力是指客户能够承担多大的投资波动以及多大的损失。它是一个相对客观的指标。

投资者的风险承受能力在很大程度上会受到以下 5 个因素的影响：①投资期的长短；②投资组合的相对规模；③客户花费需求；④客户目标的重要程度；⑤目标的灵活度。接下来我们就对这些因素逐一展开讲解。

1. 投资期的长短

投资期与风险承受能力正相关，投资期越长，承受风险的能力就越强。如果短期内需要很大一笔开支，这部分钱就不适合投入风险资产。投资期越长，组合能够承受波动的能力就越强，因为组合有足够的时间去弥补亏损。

2. 投资组合的相对规模

组合的相对规模需要从两个维度考虑：一是组合有多大规模的资产；二是客户需要通过组合实现多少收益来满足其目标。

通常来讲，如果投资者要求实现的收益相对于其投资组合的规模较小，客户可以选择的投资品种就很多。在这种情况下，客户的投资组合可以承受较大的损失并且仍可以满足客户的投资目标。反之亦然。简单地讲，如果客户的投资组合规模越大或者要求收益越低，则其承担风险的能力就越强。

3. 客户花费需求

通常，客户的花费需求和风险承受能力成反比，客户花费需求越大，投资的收益要求也越高。这种高收益、高风险带来的损失往往是客户承受不起的。

4. 客户目标的重要程度

客户目标的重要程度与风险承受能力成反比，目标越重要，风险承受能力就越小。因为一旦亏损，目标可能会实现不了。例如，投资目标是为自己的家人提供生活所需等首要目标，如果这些目标不能实现，将会对客户的生活产生较大影响。此时为了保证目标能够顺利实现，基金经理会构建一个低风险的投资组合。

5. 目标的灵活度

目标的灵活度较为自由会增加组合的风险承受能力，比如客户目标是每年需要捐赠一部分钱给慈善机构，万一投资亏损，这个目标可以不用实现，也不会影响投资者的正常生活。如果目标能够通过其他收入实现，那么客户承担风险的能力也会增强。

考试的题目一般会围绕着上述 5 个因素，让考生判断客户的风险承受能力。

1.5.2 风险承受意愿

相较于风险承受能力，风险承受意愿是一个较为主观的因素。基金经理可以通过分析客户的性格以了解其风险承受意愿。

需要注意的是，客户对自我的风险承受意愿的判断不一定准确，对此基金经理需要加以识别。例如，客户认为自己有低于平均水平的风险承受意愿，可是他的大部分资产都投资于风险较高的资产。实际行为表明，这位客户有高于平均水平的风险承受意愿。

当客户的风险承受能力和风险承受意愿有矛盾时，比如客户风险承受能力很强，但意愿很弱，基金经理首先要做的是教育他们。如果教育不成功，客户的风险目标需要服从风险承受能力和意愿中较低的一项。比如客户风险承受能力很强，但意愿很弱，且基金经理对其的教育不成功，那么客户的风险目标为低于平均水平。

关于确定客户风险目标的相关内容总结如表 3-1 所示。

表 3-1 确定客户风险目标的相关内容总结

风险承受能力	风险承受意愿
1. 投资期和承担风险的能力：两者是正相关	1. 和客户的心理情况有关
2. 组合相对规模的大小和承担风险的能力：两者是正相关	2. 会反映在客户的投资风格、资产的换手等方面
3. 目标的重要程度和风险的承受能力：两者是负相关	
4. 收益目标的灵活性：越灵活，承担风险的能力越强	
5. 目标能否通过其他收入实现：能实现增强风险承受能力	

李老师说

风险目标是从两个维度进行考虑的：一是风险承受能力；二是风险承受意愿。

风险目标（风险容忍度）是综合考虑客户风险承受能力和承受意愿确定的。所以考生在考试中，一定要注意题目问的是风险承受能力、风险承受意愿还是风险目标。考题一般只会让考生选择客户的情况是高于平均水平，还是低于平均水平。

1.6 收益与风险之间的联系

投资的收益与风险是并存的，但并不总是互相一致匹配的。

当收益目标与其风险承受意愿不匹配时，基金经理应当对客户风险承受意愿施加影响。具体做法是通过教育客户让其接纳一定范围内的额外风险来实现既定目标收益率。或者基金经理也可以调整收益目标，具体做法是调整那些重要程度较低或中等优先级别的目标。

如果投资组合产生的回报率超过客户的要求回报率，那么基金经理应当将盈余投资于低风险的资产（风险小于客户风险目标的资产），以保证盈余的安全性；或者将盈余投资于高风险的资产（风险大于客户风险目标的资产），从而追求更高的回报率。

1.7 投资限制

基金经理在为客户制定投资政策说明书时，还需要理解不同投资者在做投资时所面临的一些限制。这些限制因素会影响客户获得既定的收益目标。投资者会受到的限制通常可以被归类为以下 5 个因素：①投资期；②流动性；③税务因素；④法律和监管因素；⑤自身的特殊情况。

协会在考查个人投资政策说明书的题目时，会问大家哪些限制因素会增强或是减弱客户承受风险的能力。所以大家需要理解不同限制对客户目标的影响。

1.7.1 投资期 ★

投资期（time horizon）会影响到客户承受风险的能力。通常认为，15 年是较长的投资期（long time horizon），3 年及以下是短的投资期。除此之外，很多投资者的投资期并不是一个单一的阶段，而是可以被划分为多个阶段（multistage）。例如，某投资者即将退休，预期寿命还有 30 年，则该客户拥有较长的投资期；并且退休这一事件将客户的投资期划分为了两部分：退休前的阶段和退休后的阶段。

投资期的确定需要注意以下几点：

✓ 在投资期内，如果客户的情况发生重大变化，就会划分出一个新的阶段（例如，退休会产生投资期的一个新阶段）。

投资期内，如果客户的情况发生了重大变化，基金经理就需要依据这些变化重新调整客户的投资政策说明书，并以此为依据再次调整客户的投资组合。也就是说，当客户的情况发生重大改变时，需要重新规划客户的投资组合，并且确定新的投资目标和限制。这样的变化还会将投资者的投资期划分为不同的阶段。

例如，某客户目前 30 岁且预计 60 岁退休，预期寿命还有 30 年。那么他的投资期就很长，且投资期可以分为两个阶段。第一个阶段是从现在起直至他退休的这 30 年，第二个阶段则要从退休后的时间开始计算。

在大多数题目中，退休就意味着一次个人情况的巨大变化。此外，投资者获得巨额财富继承等情况都需要考虑对投资期进行划分。

✓ 投资周期每个阶段的时长十分重要。例如，假设一位投资者的第一个阶段是从当前 30 岁直至 60 岁退休，第一个阶段的时长为 30 年。第二个阶段是退休后直至死亡前 5（85 岁）年。第二个阶段预期为 20 年。准确掌握不同投资期的时长有利于基金经理合理地为客户规划投资。

✓ 其他人也会影响到投资者的投资期。例如，客户需要付出一笔子女的教育费用，或者为爱人支付一笔医疗费用。那么，在这些情况下基金经理就应该为客户划分出另一个阶段。

李老师说

确定投资者的投资期，就是确认题目中投资者的短期目标、中期目标以及长期目标。考试中，题目一般会问客户的投资期是长期还是短期，涉及几个阶段，每个阶段的时间是从何时开始到何时结束。一般的案例都是长的投资周期（long term horizon）。这是因为只有长的投资周期才会涉及投资政策说明书写作（投资规划），否则短期就是遗产规划的问题。此外，考试中遇到的案例一般都为多阶段的（multistage）投资期。

1.7.2　流动性★★

在为客户制定个人投资政策说明书过程中，关于流动性需求，我们需要知道以下两点。

✓ 我们可以把流动性理解为在没有损失的情况下，一项资产能以多快的速度转换成现金。流动性越好的资产，可以越快地以其应有的价值变现。即便资产可以快速变现，但是变现的价值是低于其本身的价值，这就是低流动性的表现。

✓ 流动性需求是指短期内的现金需求。这里的流动性需求是一个净额，是扣除短期投资者的现金流流入之后仍然需要从投资组合中实现的现金需求。★

李老师说

假设某位投资者有 100 万元可以构建投资组合。预计 1 年后该投资者出国旅行需要花费 20 万元。制定投资政策说明书时，基金经理需要考虑到这笔支出。基金经理不能投一个 3 年期的信托产品，因为这样就不能满足投资者的短期目标。类似这样的目标就会产生流动性需求。

流动性需求是指，当基金经理帮助客户规划投资政策说明书时，短期内需要从投资组合中变现的现金流净额，这笔净额可以满足客户的短期需求。还是上面那个例子，投资者有 100 万元可以构建投资组合，投资者 1 年后出国旅行需要花费 20 万元，但是投资者这一年间有工资净收入 15 万元，此时这位投资者 1 年后的流动性需求就变为 5 万元。这 5 万元的流动性需求需要从投资组合中满足。从这个例子我们可以知道，流动性需求有两个关键词：①短期的需求；②差额不足的部分。

假设投资者打算 30 年后再去旅行，预计花费 20 万元。假设那一年，投资者的工资净收入为 15 万元，且差额部分仍为 5 万元。此时这 5 万元便不再是流动性需求，因为这不是短期需求。在考试真题中有时会这样出题：客户 1 个月后有一笔 50 万元的投资到期，在到期的同时客户需要买房，首付需要 30 万元，此时客户没有流动性需求。

常见的投资者流动性需求包括：

✓ 持续性、可预测到的现金流支出。

✓ 应急储备（cash reserve）。应急储备的大小通常应该需要能够支付投资者 3 个月到 1 年的生活开支。它可以帮助投资者应对突然的失业以及损失。应急储备非常重要，否则投资者会为了应对突发事件持有大笔现金投资。这种情况容易打乱投资者原先的投资计划，从而降低投资组合的预期收益率。

✓ 计划中的大笔支出（例如，旅行、购房、捐赠等）。

1.7.3　税费因素

投资者主要面临以下几种主要税费。

✓ 个人所得税：通常是按年缴纳，并且任何形式的收入都需要缴纳所得税（按照收入的一定比例）。

✓ 资本利得税：当客户卖出资产时，资产价格上涨实现的获利部分需要缴税。通常，资本利得税的税率要小于个人所得税的税率。

✓ 财产转移税：当财产通过遗产、赠与等方式转移给他人时，税务当局会对这部分转移资产的总额征收税费。

✓ 个人财产税：根据个人财产不动产的价值所缴纳的税费，有时也包括金融资产。该税费也是按年缴纳。

基金经理在为客户制订投资计划时需要考虑诸多税费因素方面的影响。例如，投资者需不需要缴纳税费，怎样利用合理的规则以及免税账户使得投资组合缴纳的税费实现最小化。如果基金经理对相关税费的征收不是很明确，可以咨询专门的法律顾问。

李老师说

关于税收部分，基金经理的目标就是帮客户少缴税或者合理避税。后面的章节会详细讨论税收的问题。这里需要说明，税收会影响到投资决策。比如，国家对股票分红的征税税率高于资本增值部分的税率，那么基金经理可以多投资成长型股票来合理降低税率。

那么哪些方法可以帮助减少税费带来的不利影响呢？主要有以下几种方式。

✓ 延期缴税：投资者在资产持有到期时一次性缴税，这样可以保证在持有期取得的收益是以复利形式保持增长，以便减少每年定期扣税对组合总收益带来的影响。

✓ 合法避税：投资者投资免税证券等情况下，税务局不会对收益征税的投资。

✓ 减税：将资产投资于税率较低的资产或者投资于可以递延缴税的资产。例如，税法规定资本利得税税率低于分红收入税率，假设投资者收益大部分是通过股票价格上涨实现的，这种情况下投资者的有效税率就会更低。此外，只要净收益是被征税的，就可以通过承认亏损（loss harvesting）的方式减少每年的应缴税额。

✓ 财产转移税：财产转移方面涉及的内容更多地和律师有关，而非与基金经理有关。但是基金经理需要了解客户关于财产转移的诉求，并且寻求法律顾问的帮助。诸如净收益、投资期、年龄等因素都会影响财产转移的方式。财产转移可以分为死亡转移和早期转移两种。合理的转移规划可以帮助客户最小化财产转移税，具体方法我们会在后续内容中为大家进一步介绍。

1.7.4 法律及监管因素

法律和监管的限制通常会影响到投资者的财产转移和税款减免。具体的限制会因司法体制的不同而不同。涉及法律监管的产品主要有私人信托（the personal trust）、家庭基金（the family foundation）等。同时，我们认为基金经理应当积极寻求法律专业人士的帮助。此外，法律因素中，我们还需要注意谨慎投资原则（prudent investor rule）。

1.7.5 特殊情况

特殊情况包含了很多种情况，只要会影响到客户的投资政策说明书并且不能归为其他几种限制的因素，都可以划分为这一类。其包括特殊的投资目的、资产的买卖现值、指定经纪条款以及隐私信息等。比如，客户希望自己的资产能够投资在医疗、环保、教育等特殊的基金上，或者客户指定留给子女的房子不能算在可投资资产里，这些情况都属于个人投资者的特殊情况。

1.8 选择最优的资产配置 ★

通常，投资者在做投资时并不是只投资一种或者一类资产，而是投资不同种类的资产，每类资产究竟应该买多少，这便是资产配置涉及的内容。**策略性资产配置**（strategic asset allocation）是指依据投资者的投资限制和投资目标，对多种资产种类投资设定目标权重而形成的投资组合。

考试中一般会给出几个投资组合，让考生根据客户的情况选出最合适的资产配置。当有好几个投资组合备选时，我们通过筛选可以排除掉那些不合适的组合。回答这类问题，考生首先要关注客户的投资目标和限制。任何不满足客户投资目标和限制的资产配置组合都应该排除。一些定量的计算方法可以帮助基金经理排除不符合要求的资产配置，这些计算包括：投资组合的税后收益，排除小于要求收益的组合；计算投资组合的风险，排除不符合风险目标的组合；计算投资组合的夏普比率，选出夏普比率最大的组合。

李老师说

选择客户的最优资产配置组合时，可以运用排除法。

当为客户筛选最合适的投资组合时，可以通过以下步骤选出最优的组合：

（1）首先排除不能满足客户税后收益要求的组合。

（2）排除可能亏损额超过客户要求的。这里用我们在 CFA 一级的课程中学过的安全第一法则（safety-first rule）的公式 $\dfrac{R_P - R_L}{\sigma_P}$，这里的 R_L 可以代表客户的要求回报率。计算出来的比率越高越好。

（3）任何组合中含有不允许投资的资产。（例如，客户不允许投资另类投资，那么含有另类投资的组合可以排除。）

（4）流动性需求不能满足组合需要的资产排除。

（5）排除到这里，如果还有备选项，注意组合要最小化现金，因为存在现金拖累（cash drag）。

（6）如果排除到这一步，还有备选项，那么挑选出夏普比率最大的那一个组合，即选出 $\dfrac{R_P - R_f}{\sigma_P}$ 最大的组合。

1.9　蒙特卡罗模拟在退休计划中的应用 ★

1.9.1　蒙特卡罗模拟

传统的方法计算要求回报率是一个静态的过程，它忽略投资收益的波动性，并且传统计算方法在计算收益的时候忽略了对投资风险的考量。

通常在计算收益率的时候，我们需要获取以下输入变量：投资者在退休前和退休后的投资期；投资者的相关财务和税务状况；当前市场上利率和通货膨胀率的情况等。

传统的方法根据输入变量计算出的要求回报率都是一个固定的常数。与之相比，伴随着计算机的普及，运用蒙特卡罗模拟计算要求回报率时，变量都以概率分布的形式纳入计算过程，这样计算出的结果也是一个概率分布，就考虑到了收益表现的波动性与潜在风险。

一次蒙特卡罗模拟过程如下：首先对计算回报率的各个变量因子赋予一个值，该值满足变量的概率分布；然后计算出这一种情况下的要求回报率。如果这个模拟的过程进行足够多的次数，如 5 000 次，那么我们就会得到 5 000 个可能的要求回报率，以及每一个回报率对应的概率。这样的结果就可以看作是一个概率分布。

> **李老师说**
>
> 蒙特卡罗模拟计算要求回报率的所有输入变量会是一个分布，所以蒙特卡罗模拟充分地考虑到了未来情况变化的可能性，蒙特卡罗模拟最终会得到要求回报率的分布。相比传统的要求回报率计算方法，蒙特卡罗模拟是一个动态的过程。

蒙特卡罗模拟要优于传统的静态算法，因为在蒙特卡罗模拟的预测中，会运用到各种变量的长期假设分布，它会考虑到各种变量可能存在的变化。同时，蒙特卡罗模拟产生的结果，会考虑到路径依赖（path dependency）的影响。在 CFA 二级的学习过程中，我们在住房抵押贷款债券（MBS）见到过路径依赖。它是指在未来某个时间点，客户提前还款的金额和现金流不仅受到当前利率水平的影响，还会受到先前利率走过的路径的影响。

> **李老师说**
>
> 假设在某个时间点，利率下降了，此时的利率下跌是否一定导致提前还款呢？其实不一

定，这取决于以前发展的路径。如果曾经利率已经发生过一次下跌了，很有可能很多人在之前的那次下跌已经提前还款了，那么这次利率的下跌就不会产生很多人提前还款的情况。简单来讲，路径依赖就是当前的结果取决于过去的发展状况。

投资组合中的路径依赖情况会更加复杂。这不仅仅是因为资产的数目变多了，还因为每个资产所占组合的权重也是动态调整的。例如，某客户每年需要从一个价值 600 万元的投资组合中变现 40 万元供其生活开支。假设某年组合的价值增加到 800 万元，此时这笔固定的 40 万元在组合的比例就变小了。此后组合可以以一个较低收益水平满足客户的生活开支。

1.9.2 蒙特卡罗模拟的优缺点 ★ ★ ★

1. 蒙特卡罗模拟的优点

蒙特卡罗模拟的主要优点包括以下方面。

- ✓ 它考虑到了各种变量存在的变化，考虑到了路径依赖的影响。
- ✓ 它可以更清晰地展示风险和收益之间的关系。通过蒙特卡罗模拟，投资者可以得到要求回报率的分布概率，借此也可以很清晰地知道某个收益发生的概率。
- ✓ 它更清晰地展示短期和长期的关系。需要注意的是，投资者的长短期目标往往不可兼得。例如，为了实现长期收益的目标需要在短期承受足够的风险。
- ✓ 它更加精准地考虑了税赋的影响。税赋模型会考虑投资者的实际税率以及资产所在账户的税收处理方式。税率大小有时会受到收益情况的影响，也会受到资产变现情况的影响，这些因素都可以被蒙特卡罗模拟考虑进去。
- ✓ 它能更好地分析多期影响。传统的分析方法计算多期组合收益时，只是对资产各期收益率进行简单的加权平均。而蒙特卡罗模拟可以通过模拟不同的路径，能够更加准确地反映真实情况。在这个过程中，组合初始价值以及投资期间组合所发生的现金流也都能被考虑进模型中去。
- ✓ 现金流的影响都会收纳进模拟的过程中。因此用蒙特卡罗模拟法分析所得的多期收益会更加精准。

2. 蒙特卡罗模拟的缺点

蒙特卡罗模拟虽然存在诸多优点，但是这种方法并不是完美的，本身也存在诸多的局限性。蒙特卡罗模拟的劣势主要包括：

- ✓ 简单地应用历史数据。变量的输入数据，主要基于历史数据总结得来，这样的来源过于单一。不过这个缺点可以通过对未来数据进行预测来消除。
- ✓ 模型模拟的是某个大类资产的收益，而不是实际持有资产的收益。例如，用债券指数收益代替实际持有的债券的收益进行模拟。
- ✓ 税赋模型通常很简单，无法具体反映每一个个体投资者的实际情况。

李老师说

蒙特卡罗模拟在考试中会对比它的优缺点。所以这一块的内容需要考生着重记忆它的优缺点。

2 全球视角下的税费和个人资产管理

本节说明

本节主要讲解投资过程中涉及的税费问题以及各种税费的计算方法。本节涉及较多的税费计算公式，考生需要在理解的基础上进行应用。由于存在一些税收优惠账户以及税法允许的特殊情况，投资者可以运用一些方法合理避税。本节会具体讲解基金经理应当如何运用这些方法为投资者进行税收规划。

知识点自查清单

- ❑ 全球税收种类概览
- ❑ 投资收益相关的税费：应付税费
- ❑ 投资收益相关的税费：递延的资本利得税
- ❑ 资产税
- ❑ 混合税费
- ❑ 投资账户的种类
- ❑ 税收与投资风险
- ❑ 交易行为对投资税费的影响
- ❑ 盈亏互抵法和高进先出法

2.1 全球的税收种类概览

2.1.1 税收的 3 个主要类别

投资者需要交纳的税费具有不同种类，主要类型分为 3 种，它们分别是：针对收入的收入税；针对持有资产的资产税；针对消费的消费税。接下来我们就分别了解一下这三者的概念。

1. 收入税

收入税（taxes on income）主要针对个人、企业或其他法律主体。对于个人而言，这些被征税的收入包括：工资收入、利息收入、股票分红收入、实现的资本利得以及未实现的资本利得。当收入存在多种类型时，何时以及如何征收收入税便是收入税结构研究的话题。

2. 财产税

财产税（wealth-based taxes）是指对投资人持有的特定资产和转移的资产缴纳的税费。

3. 消费税

消费税（taxes on consumption）可以分为销售税和增值税两个子类。其中，销售税是对最终产品和服务征税。缴纳税款的主体是消费者。另一类税则是增值税。它是对产品生产的每个中间环节价值增加部分所交的税。这部分税费会包含在产品定价中，因此税收的最终承担者还是消费者。

不同国家或地区通过税收制度鼓励或者限制人们从事相关的活动，因此随着政府意图的改变，税收结果也是在不停动态变化的。作为基金经理，需要在复杂多变的税收环境中明白和实施具体的投资策略，从而为投资者获得巨大的利益。

2.1.2 全球的 7 个税收体系

许多国家在对全体国民工作收入进行征税的同时，还会对投资者的收入进行征税。依据不同的收入类型（如利息、股息以及资本利得），征收不同的税费。例如，对于考虑到公司在发放股息时给投资者时已被征缴过一次税费，所以这部分税费通常有其具体的适用征收条款。再比如，对于资本利得部分，长期的投资税率通常低于短期的税率，这样的做法能够鼓励人们的长期投资行为。

在不同的税收体系中，如何对居民的投资收益展开征税？表 3-2 对此做出了说明。它把全球不同的税收体系简单地分为 7 大类别，并说明了每种税收体系下，对居民的投资收益征税的具体措施。

表 3-2　不同的税收体系中对居民的投资收益征税办法

税收体系	普通的累进税	重股票分红税	重资本利得税	重利息税	低资本利得税	固定收入税与轻投资收益税	固定收入税与重投资收益税
普通收入的征税体系	累进	累进	累进	累进	累进	固定	固定
对于利息收入	优惠或减免	优惠或减免	优惠或减免	普通税率	普通税率	优惠或减免	优惠或减免
对于股息收入	优惠或减免	普通税率	优惠或减免	优惠或减免	普通税率	优惠或减免	优惠或减免
资本利得收入	优惠或减免	优惠或减免	普通税率	优惠或减免	优惠或减免	优惠或减免	普通税率
适用国家	奥地利、巴西、中国、法国、日本、意大利等	阿根廷、印度尼西亚等	哥伦比亚	加拿大、丹麦、德国、卢森堡等	澳大利亚、印度、墨西哥、新西兰、挪威等	哈萨克斯坦、俄罗斯、沙特阿拉伯	乌克兰

表 3-2 中，红色横线上方代表的是对工资收入的征税情况，红色横线下方代表的是对投资收入征税的情况。请注意，对于利息收入给予一定的减免其实是鼓励投资者进行债券投资，而对于资本利得的税收减免其实是鼓励投资者进行股权投资。

普通的累进税（common progressive）是全球最常见的税收体系。美国、英国、中国、法国、意大利、日本以及一些其他国家都是这种税收制度。虽然在该种税收体系下，对于投资者的利息收入、股息收入、资本利得收入都有一定的优惠政策，但是该种税收体系也存在一些子体系。例如，有的子体系对于所有利息收入都予以减免征税，而有的子体系只是对部分利息收入予以减免征税，而其余的利息部分则需要缴纳正常税款。低资本利得税体系是第二常见的税收体系。

2.2　投资收益相关的税费：应付税费

2.2.1　应付税费

应付税费（accrual taxes）一般是按期支付的（例如，按年支付）。大多数国家征收的应付税费通常一年征缴一次，税率固定。实行应付征税的投资收益通常是利息和股息。在应付税费体系下，假设一项投资期为 N 年的投资，其每年收益率为 R，税率为 T，那么该项投资在第 N 年年末的终值可以通过以下步骤得到：

$$[(1 + R) - R \times T]^N = [1 + R(1 - T)]^N$$

上式我们称其为终值因子。其中 $R(1 - T)$ 为每一年税后收益率，由此我们可以进一步得到该项投资在第 N 年年末的终值为

$$FV_{AT} = PV[1 + R(1 - T)]^N$$

式中　PV——投资组合的现值；

　　　FV——终值；

　　　AT——税后收入。

👆【例题】

投资者老王打算投资 2 000 万元人民币，投资期为 15 年。现在预期该笔投资的税前收益率为 12%。但由于投资数据巨大，投资收益每年按 40% 的税率缴税。求老王这笔投资到期时的税后终值。

解答：代入公式计算可得这笔投资到期时的税后终值为

$$FV_{AT} = 2\,000 \times [1 + 0.12 \times (1 - 0.4)]^{15} = 5\,674.82（万元）$$

2.2.2　应付税费情况下的税收拖累

与没有征税的情形相比，税收会减少投资者的实际税后收益，从而产生**税收拖累**（tax drag）。税收拖累的现金形式等于由于税收减少的净收益，即没有税收时的净收益减去税后的净收益。其表达式为

$$FV_{PT} - FV_{AT}$$

式中　PT——税前；

　　　AT——税后。

税收拖累有两种形式表达：一种是现金形式；另一种是百分比形式。其中税收拖累的百分比形式可以写作：税收拖累（%）= 由于税收减少的净收入（%）= 税收拖累的现金形式/没有

税收时的净收入。

> **【例题】**
>
> 投资者老王打算投资 2 000 万元的组合,投资期为 15 年。现在预期该笔投资的税前收益率为 12%。但是由于投资数据巨大,投资收益每年按 40% 的税率缴税。求老王这笔投资到期时的税后终值、现金形式以及百分比形式下的税收拖累。
>
> 在考虑交税的情况下,组合的终值为
>
> $$FV_{AT} = 2\,000 \times [1 + 0.12 \times (1 - 0.4)]^{15} = 5\,674.82(万元)$$
>
> 于是,税后的组合净收益为 5 674.82 - 2 000 = 3 674.82(万元)
>
> 在不考虑交税的情况下,组合的终值为
>
> $$FV_{AT} = 2\,000 \times (1 + 0.12)^{15} = 10\,947.13(万元)$$
>
> 于是,在不考虑交税的情况下,组合净收益为 10 947.13 - 2 000 = 8 947.13(万元)
>
> 现在将数据代入税收拖累的公式可得
>
> 税收拖累的现金形式:8 947.13 - 3 674.82 = 5 272.31(万元)
>
> 税收拖累的百分比形式:5 272.31/8 947.13 = 59%

对于应付税费形式下税收拖累,有以下结论需要我们掌握:

首先,当投资期大于 1 年时,税收拖累的百分比形式下的数值要大于税率。这是因为在考虑到复利作用的影响下,每年缴纳的税费对于投资的常年累积的影响必定大于 1 年期税率本身的影响。例如,在我们先前例题中假设的税率为 40%,而由此算得的税收拖累为 59%。显而易见,在投资期 $N = 15$(大于 1)的情况下,59% 的税收拖累大于 40% 的单期税率。

其次,随着资期的增加,税收拖累的百分比和现金都会增加。这是因为每年的缴税额会减少组合的投资总额,并且这部分减少额原本可以享受投资组合的复利增长。投资期越长,受到的复利影响越大,则税收拖累越大。我们将之前例题中的数据年份由 15 年增加到 25 年,其他假设条件不变。然后将主要计算结果列置于表 3-3 中,可以看到税收拖累的绝对值由 5 272.31 万元增加到 22 626.48 万元,而其百分比由 59% 增加到 71%。

表 3-3 税收拖累计算对比(投资期由 15 年增加到 25 年)

该项投资信息如下:			
投资期(N)=25 年	税率(T)=40%	税前收益(R)=12%	资产的现值为 2 000 万元
税收拖累计算如下:			
	终值	净收益	税收拖累
考虑税收	11 373.64 万元	9 373.64 万元	税收拖累 22 626.48 万元
不考虑税收	34 000.13 万元	32 000.13 万元	71%

再者,投资的回报率越高,税收对投资的影响就越大。因为越高的回报率对应着越多的税费,所以产生的税收拖累就越大。因此,投资回报率增加会同时增加税收拖累的现金额以及税收拖累的百分比。我们将原先例题中的税前收益率由 12% 增加到 18%,然后将主要计算结果列置于表 3-4 中,可以看到税收拖累的绝对值由 5 272.31 万元增加到 14 633.71 万元,而其百

分比由 59% 增加到 67% 。

表 3-4　税收拖累计算对比（税前收益率由 12% 增加到 18%）

该项投资信息如下：			
投资期（N）= 10 年	税率（T）= 40%	税前收益（R）= 18%	资产的现值为 2 000 万元
税收拖累计算如下：			
	终值	净收益	税收拖累
考虑税收	9 313.79 万元	7 313.79 万元	税收拖累 14 633.71 万元 66.68%
不考虑税收	23 947.50 万元	21 947.50 万元	

最后，如果当投资期和投资的收益率同时增加时，两者的效应会相互叠加，税收拖累效应对投资的影响会进一步变大。

2.3 投资收益相关的税费：递延的资本利得税

2.3.1 递延的资本利得税

接下来我们看一下在征收递延的资本利得税（deferred capital gains taxation）下，投资资产终值的计算方法。

资本利得税只针对资产的增值部分征税。一般情况下，只有当投资者卖出资产，并且实际获得资本利得时才会征收资本利得税。通过这类递延交税的方式，投资者可以获得更大的税后收益。

我们用字母 T_{CG} 表示对资本增值部分征收的资本利得税税率，投资组合在投资期结束时交完资本利得税后，得到的未来终值因子（$FVIF_{CGT}$）可以写作：

$$FVIF_{CGT} = (1 + R)^N - [(1 + R)^N - 1] \times T_{CG}$$

2.3.2 成本基础

成本基础（cost basis）是指投资者购得资产时所用的花费。由于资本利得税是对资产的增值部分征税，所以资产的成本基础就十分重要。投资者可能是于投资分析期开始前就购得了资产，那么在投资分析期开始时这笔资产就已经产生了一笔未实现资本利得或者损失。为此，我们再引入税基的概念，在一般的情况下，税基的计算公式为

$$B = \frac{成本基础}{分析期开始时的资产价值}$$

我们规定，如果资产的初始成本就等于资产的购买成本（成本基础），那么该项资产在计算资本利得税时的税基 B 就等于 1。例如，假设成本基础（投资者购买资产时的初始价格）为 1 000 元，现在资产的现值为 1 000 元，那么其税基 $B = 1$。

当组合中资产的税基 $B = 1$ 时，投资组合在缴纳资本利得税后的未来价值因子为

$$FVIF_{CGT} = (1 + R)^N - [(1 + R)^N - 1] \times T_{CG}$$

如果资产的成本基础和投资期开始时的现值不一样时（即投资组合分析开始阶段资产的现

值不等于其购买成本），上述公式就需要直接调整税基。调整后的因子公式为

$$FVIF_{CGT,MV \neq Basis} = (1 + R)^N - [(1 + R)^N - B] \times T_{CG}$$

式中 $[(1 + R)^N - B] \times T_{CG}$——投资期结束时缴纳的资本利得税税费。

举个例子，假设在投资分析期开始之前投资者已经购入了此项资产，且购入价格为 500 元（成本基础 =500 元）；在分析期开始时，这项资产的市场价格涨到了 1 000 元，那么这项资产的税基调整为 $B = 500/1 000 = 0.5$。这么处理的背后逻辑在于考虑在投资分析期开始之前，就已经获得了价值 500 元的未实现资本利得，这部分未实现资本利得将被递延到投资期结束时才缴纳税费。因此我们将因子公式中的税基下调为 0.5，这样就考虑到了递延交税的影响。

相反地，假设在投资分析期开始之前以 1 000 元的成本购得某资产（成本基础为 1 000 元）并且在投资分析期开始时资产的市场价格跌落至 500 元，那么资产的税基 $B = 1 000/500 = 2$。较大的税基表明在未来投资期结束时，投资者可以少交一部分税费。

我们将一般情况下仅考虑资本利得税的投资组合税后未来价值分解为图 3-3，这类公式需要理解记忆。

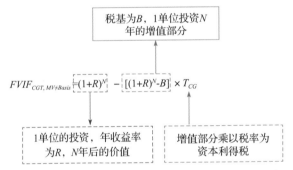

图 3-3　仅考虑资本利得税的投资组合税后未来价值分解图

2.3.3　延期缴纳的资本利得税的税收拖累

对比应付税费，延期缴纳的资本利得税对税收拖累会产生的影响有所不同，这集中体现在税收拖累的百分比形式上：①当投资期变长，税收拖累的百分比不变；②当投资回报率增加，税收拖累的百分比不变。

在其他条件不变的情况下，投资期变长或者投资回报率增加不会影响税收拖累的百分比形式。这里简单证明一下，帮助大家加深理解。

已知税收拖累的百分比形式公式为

$$税收拖累的百分比 = \frac{税收拖累的现金形式}{没有税费情况下的净收益}$$

假设资产的现值为 1 元，资产的税基为 B，则税后的净收益（扣除购买成本）为

$$FV_{AT} = (1 + R)^N - [(1 + R)^N - B] \times T_{CG} - B$$

没有资本利得税时，资产的净收益为

$$(1 + R)^N - B$$

两者相减可算得税收拖累的现金形式

$$(1 + R)^N - B - \{(1 + R)^N - [(1 + R)^N - B] \times T_{CG} - B\}$$

化简后可得税收拖累的现金为

$$(1 + R)^N - B - (1 + R)^N + B + [(1 + R)^N - B] \times T_{CG} = [(1 + R)^N - B] \times T_{CG}$$

税收拖累的百分比形式为税收拖累的现金形式除以没有资本利得税情况下的资产净收益

$$\frac{[(1 + R)^N - B] \times T_{CG}}{[(1 + R)^N - B]} = T_{CG}$$

于是可知,在延期缴纳资本利得税的情况下,投资期、资产收益率不会影响税收拖累的百分比形式。

不同的百分比形式,延期缴纳的资本利得税的现金形式依然受到投资期和收益率的影响:①当投资期变长,税收拖累的现金形式上升;②当投资收益率增加,税收拖累的现金形式上升。

2.4 资产税

2.4.1 资产税

在一些国家,每年对个人持有资产价值进行核算征收资产税(wealth tax)。

✓ 应付税费和资本利得税仅对投资的收益部分征税(应付税费按年对利息收入、股票分红收入征税;资本利得税对实现的资产增值部分征税)。资产税与这两项税种的不同之处在于,它对资产的总价值进行征税。例如,当一个价值发生增值或者贬值后,我们只需要对其改变后的价值进行征税即可。

✓ 资产税最常见的形式是房产税。资产税税率通常小于应付税费的税率和资本利得的税率。这主要是因为对资产进行征税的影响比较大,这类税收其实是同时对其初始价值和投资期的盈利部分进行征税。

用 T_W 代表资产税率,每年定期缴完资产税后,资产 N 年后的终值因子为

$$FVIF_{WT} = [(1 + R) \times (1 - T_W)]^N$$

👆【例题】 缴纳资产税的投资组合

投资者老王打算投资 2 000 万元,投资期为 15 年。现在预期该笔投资的税前收益率为 12%。假设老王这笔投资每年要交 5% 的资产税。求老王这笔投资到期时的税后终值以及其税收拖累。

解答:

代入公式期末的税后价值为

$$FV_{AT} = 2\,000 \times [(1 + 0.12) \times (1 - 0.05)]^{15} = 5\,071.71(万元)$$

投资的税后净收益为

$$5\,071.71 - 2\,000 = 3\,071.71(万元)$$

在没有资产税的情况下,组合的终值和净收益分别是:10 947.13 万元和 8 947.13 万元。

由税收产生的损失为，即税收拖累的现金形式：

$$8\,947.13 - 3\,071.71 = 5\,875.42(万元)$$

税收拖累的百分比形式为

$$\frac{5\,875.42}{8\,947.13} = 65.57\%$$

2.4.2 缴纳资产税情况下的税收拖累

对于资产税这种税收形式，税收拖累有以下特点：

✓ 税收拖累% > 资产税税率

由上面例题我们可以直观地发现拖累税率百分比形式 65.57% 大于每年的资产税税率 5%。在其他条件相同的情况下，资产税这种形式产生的税收拖累要大于应付税费以及资本利得形式产生的税收拖累，这也佐证了对资产进行征税的影响比较大。

✓ 当投资期增加时，资产税所产生的税收拖累百分比形式和税收拖累的现金形式都增加。

当投资期增加时，资产税对投资的负面影响增加。例如，我们把上述例题的投资期由 15 年改为 20 年，再将其计算的主要结果列于表 3-5 中。从表 3-5 中，我们可以看到税收拖累由 5 875.42 万元增加到 12 376.47 万元，百分比形式由 65.57% 增长到 71.57%。

表 3-5　税收拖累计算对比（投资期由 15 年改为 20 年）

投资期（N）= 20 年	税率（T）= 5%	税前收益（R）= 12%	资产的现值为 2 000 万元
	终值	净收益	税收拖累
考虑税收	6 916.12 万元	4 916.12 万元	12 376.47 万元
不考虑税收	19 292.59 万元	17 292.59 万元	71.57%

✓ 当投资的年化回报率增加时，税收拖累的现金形式增加，税收拖累百分比形式降低。

税收拖累的现金形式增加很容易理解，资产税费的很大一部分实际上是对资产的初始价值征收的，而初始价值的税费本质上是固定的；税费中的剩下一部分是对资产的投资收益征收的，因此当投资收益增加时，资产税费增加，税收拖累的现金形式增加。下面我们简单证明一下税收拖累的百分比形式为什么会下降。假设投资期为 1 年，投资的收益率为 R，资产税税率为 T。已知计算税收拖累百分比形式的公式为

$$税收拖累的百分比 = \frac{税收拖累的现金形式}{没有税费情况下的净收益}$$

$$资产的税后净收益 = (1 + R) \times (1 - T) - 1$$

$$没有资产税的情况下,资产的净收益 = (1 + R) - 1$$

可得

$$税收拖累的百分比 = \frac{[(1 + R) - 1] - [(1 + R)(1 - T) - 1]}{(1 + R) - 1} = \frac{(1 + R)T}{R} = \frac{T}{R} + T$$

综上推导出来的公式可知：当投资回报率 R 增加时，税收拖累百分比形式下降。我们将之前例题中税前投资收益率由 12% 增加到 15%，再将其主要计算数列于表 3-6 中，从中可以发现税收拖累由 5 875.42 万元增加到 8 734.46 万元，百分比形式由 65.57% 下降到 61.19%。

表 3-6　税收拖累计算对比（投资收益率由 12% 增加到 15%）

投资期（N）= 15 年	税率（T）= 5%		税前收益（R）= 15%		资产的现值为 2 000 万元
	终值		净收益		税收拖累
考虑税收	7 539.66 万元		5 539.66 万元		8 734.46 万元
不考虑税收	16 274.12 万元		14 274.12 万元		61.19%

2.5　混合税费 ★

2.5.1　混合税费概述

在实务中，投资者可能涉及多类投资品种的投资（利息收入、股票分红收入和实现的资本利得）。投资组合因为持有证券种类、交易频率以及收益状况的不同，需要缴纳不同的税费。特别是对于未实现的资本利得出现递延缴税时，投资期的长短会改变递延的资本利得税对组合价值的影响。最终这些情况会导致税收的计算变得非常复杂。

2.5.2　实际交的税率

投资组合的税后收益率，可以用税前的收益率 × （1 - 实际交的税率）（realized tax rate）得到。我们可以把实际交的税率看作是各种收益对应的实交税率的加权平均。

李老师说

资产增值部分（资本利得）（capital gain），例如股票的增值部分，只有当投资者卖出股票实现这部分增值收益时，才需要缴纳资本利得税。而股票分红收益和利息收益需要按年对其缴纳税费。

这部分问题的复杂之处在于题目会给定一个投资组合，以及各部分资产收益，让求一个未来 N 年后的组合终值。因为不同的收益对应着不同的税率，而且资本利得又分为已实现的资本利得和未实现的资本利得两部分，并且这两部分的税收处理方式又不相同。已实现的资本利得需要缴纳税费，而未实现的资本利得税费可以递延至实现。不同资产的征税方式如图 3-4 所示。

图 3-4　不同资产的征税方式

为了帮助理解，用图 3-5 将投资收益部分单独拿出来，进行划分。

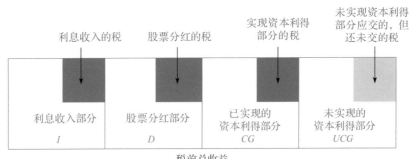

图 3-5　投资收益部分的征税方式

图 3-5 中整个长方形面积代表税前的总收益，它可以划分为 4 个部分，对应图中的 4 个正方形。第一部分是债券的利息收入，用 I（interests）表示；第二部分是股票的分红收益，用 D（dividend）表示；第三部分是已实现的资本利得，用 CG（capital gain）表示；第四部分是未实现的资本利得，用 UCG（unrealized capital gain）表示。注意到每一部分上面有一小正方形面积，前 3 个蓝色的面积对应的是各自收益缴纳的税费。在第四个未实现的资本利得收益中，则对应的是灰色的面积，这是因为这部分税还没有缴纳，因为资产没有卖出，所以还没有实现这部分资本利得。因此这部分税是应交还未交的税，也就是递延的税。

于是，组合实际交的税率，就为前 3 个收益部分对应的税费之和占总收益的比率。请注意：这时不用考虑第四部分收益的税费，即不考虑未实现资本利得的税率。当未实现的资本利得将来某天实现时，其就会变为已实现的资本利得，这时对应的税率为资本利得税率（T_{CG}）；所以我们认为未实现资本利得的税率（T_{UCG}）和资本利得税率（T_{CG}）实际上是一回事，只不过未实现的资本利得税费递延至收益实现时。

假设已知利息收入占总收益的比率为 P_I，利息收入的税率为 T_I；股票分红收入占总收益的比率为 P_D，股票分红的税率为 T_D；已实现的资本利得占总收益的比率为 P_{CG}，资本利得的税率为 T_{CG}，那么就可以求出组合实际交的税率 T_R 为

$$T_R = P_I \times T_I + P_D \times T_D + P_{CG} \times T_{CG}$$

当求得实际交的税率后，我们便可以计算出组合的税后收益率：

$$R_{ART} = R \times (1 - T_R) = R \times [1 - (P_I \times T_I + P_D \times T_D + P_{CG} \times T_{CG})]$$

税前每年总收益与税后每年总收益对比如图 3-6 所示。

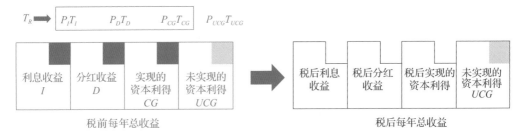

图 3-6　税前每年总收益与税后每年总收益对比图

> **李老师说**

图 3-6 中左边的图是税前的收益，从中间挖去实际缴纳的税费（蓝色小正方形），就会得到右边的图，即税后收益。也就是说，$R \times (1 - T_R)$ 就代表右边图形的面积。

2.5.3 有效资本利得税率

有效资本利得税率（effective capital gain tax，T_{ECG}）是交过利息税、股票分红税和已实现的资本利得税后，调整得出的税率。有效资本利得税率实际上是递延的未实现资本利得税费占扣除实交税后总收益的比例。

> **李老师说**

如何区分理解有效资本利得税率和资本利得税率呢？

首先我们来看一下资本利得税率（T_{CG}）。资本利得税率就是实现资本利得时缴纳税费的占比。同时资本利得税率也是未实现资本利得里面应该交而未交的税费占比。如图 3-7 所示，灰色部分是递延的资本利得税费，其占未实现资本利得的比例就是资本利得税率。

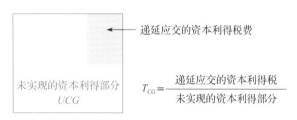

图 3-7　递延的资本利得税率

对于有效资本利得税率，如图 3-8 所示，就是灰色部分面积占整个红色面积的比例。其中灰色部分代表递延应交的资本利得税费，红色部分代表实际交税后的总收益（缴纳完利息税、股票分红税和实现的资本利得税费后的总收益）。

图 3-8　有效资本利得税率图示

有效资本利得税率的计算方法 ★

计算有效资本利得税率就是计算递延的资本利得税费占实际交税后的总收益的比例，于是只需要求出递延的资本利得税费和实际交税后的总收益即可。

在例题中，一般会给出投资组合的各部分收益，用资本利得税率（T_{CG}）乘以未实现的资本利得，就可以算出递延应交的资本利得税费。有时，题目不会直接给出未实现资本利得的具体数值，但是会给出其他 3 个部分收益占总收益的比例，于是我们可以用 1 减去利息收益占比、股票分红收益占比和已实现的资本利得占比，就可以得到未实现资本利得占总收益的比例。例如，已知利息收益、股票分红收益和已实现的资本利得收益占总收益的比例分别为 P_I、P_D、P_{CG}，于是就可以求得递延的资本利得税费为

$$R \times T_{CG} \times (1 - P_D - P_I - P_{CG})$$

通过先前的学习我们知道，实际交税后的总收益就是从税前收益中减去实交的利息税费、股票分红税费以及已实现的资本利得税费。那么可得：

$$R_{ART} = R \times (1 - T_R) = R \times [1 - (P_I \times T_I + P_D \times T_D + P_{CG} \times T_{CG})]$$

通过上面的推导，可知有效资本利得税率 T_{ECG} 的公式：

$$T_{ECG} = \frac{[1 - (P_I + P_D + P_{CG})] \times T_{CG}}{1 - (P_I T_I + P_D T_D + P_{CG} T_{CG})}$$

接下来我们将上述公式变形，以帮助大家理解。将等式两边同时乘以实交税后的总收益，得到如下等式：

$$T_{ECG} \times [1 - (P_I T_I + P_D T_D + P_{CG} T_{CG})] = T_{CG} \times [1 - (P_I + P_D + P_{CG})]$$

接着我们画出如下图形来帮助大家理解变形后的等式。

等式左边的 $[1 - (P_I T_I + P_D T_D + P_{CG} T_{CG})]$ 为实交税后的总收益，用图形表示为整个红色区域的面积，见图3-9。

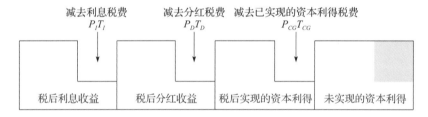

图3-9　实交税后的总收益

我们再用有效资本利得税率 T_{ECG} 乘以实交税后的总收益 $T_{ECG} \times [1 - (P_I T_I + P_D T_D + P_{CG} T_{CG})]$ 可以得到递延的资本利得税费，也就是图3-9中的灰色部分。

等式的右边部分的 $[1 - (P_I + P_D + P_{CG})]$ 为未实现的资本利得，即为图3-10中的红色部分。我们再用资本利得税率（T_{CG}）乘以未实现的资本利得可以得到递延的资本利得税费，如图3-10中的灰色部分。

图3-10　税前的投资总收益

综上所述，等式左右两边都是递延的资本利得税费，只是出发的角度不同而已。

2.5.4　计算混合税费情况下组合的终值因子

利用税后的投资总收益（R_{ART}）和有效资本利得税率（T_{ECG}），并且在考虑税收基数后，可以得到计算终值的因子：

$$FVIF_T = (1 + R_{ART})^N - \left[(1 + R_{ART})^N - 1 \right] \times T_{ECG} - (1 - B) \times T_{CG}$$

我们将上面复杂的公式分解可得图 3-11，即税后的总收益率复利 N 年后的终值，减去终值中递延的资本利得税费（假设税基 $B=1$），再减去调整税基的影响。

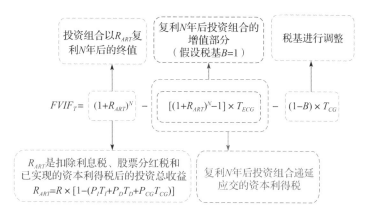

图 3-11　混合税费情况下投资组合的终值因子分解图

上面公式中，我们计算的是混合税费情况下投资组合的终值因子，其中最后一项进行了税基的调整。那么这一项应当怎么理解呢？

我们在前面的章节中学到过税基的相关知识。这里简单回顾一下，如图 3-12 所示：在 $T=0$ 时刻，即投资分析期开始的时间，存在一个资产的现值 MV。如果资产的购买时间就是 $T=0$ 时刻，资产现值 MV 就等于资产的成本基础；或者即便购买资产发生在 $T=0$ 时刻之前，但资产的成本基础等于资产现值 MV，于是税基 $B=1$（税基公式：$B=$ 成本基础/资产的现值 MV）。如果资产的购买时间发生在 $T=0$ 时刻之前，资产的购买成本（成本基础）不等于资产的现值 MV，B 就不等于 1。

$$FVIF_T = (1 + R_{ART})^N - \left[(1 + R_{ART})^N - 1 \right] \times T_{ECG} - (1 - B) \times T_{CG}$$

图 3-12　税基的调整对投资组合终值的影响

上面公式是混合税费情况下投资组合的终值因子，其中第 2 项：$\left[(1 + R_{ART})^N - 1 \right] \times T_{ECG}$，假设投资组合在 $T=0$ 时刻先以 $B=1$ 的税基增值，即先不考虑组合资产的成本基础在 $T=0$ 时刻与资产的现值不相等的情况。

但实际情况是税基 B 可能不等于假设的 1，因此公式的第 3 项：$(1 - B) \times T_{CG}$，就是对税基不等于 1 的情况进行了调整。

当税基 B 不等于 1 时，就意味着投资分析期的开始时刻（$T=0$ 时刻），资产的现值 MV 不等于资产的成本基础；也意味着分析期开始时刻，资产存在着未实现的资本利得（损失）。本公式已经假设了不论 $T=0$ 时刻资产的税基是什么，此时刻都先以税基 $B=1$ 开始增值；这可以

理解为在 $T=0$ 时刻，先实现之前时间段产生的任何资本利得（损失）。而公式中的第 3 项就是实现分析期开始之前的资本利得（损失）。

如果税基 $B=1$，就意味着资产现值 MV 等于成本基础，那么资产不存在未实现的资本利得（损失），就不需要进行调整，第三项为 0。

如果税基 B 大于 1，即资产的成本基础大于资产的现值 MV，意味着资产从购买后到分析期开始时有未实现的亏损。这部分亏损具有一定的抵税效用，因为将来的收益先要弥补亏损直至收益超过成本基础时才开始计算资本利得税。

而当税基 B 小于 1 时，就意味着资产的购买成本小于资产的现值 MV，即资产从购买后到投资分析期开始，有未实现的资本利得。为了将 $T=0$ 时刻的税基调整为 1，就假设 $T=0$ 时刻实现这部分资本利得，于是需要补交 $(1-B) \times T_{CG}$ 的税费。

👆 **【例题】** 求有效资本利得税率和混合税下投资组合的终值

基金经理 Bob 掌管着一项投资组合，该投资组合的年初市场价值为 70 000 美元。年末的市场价值为 79 000 美元。由于该投资组合类似于一个封闭基金，因此投资期间，客户并没有机会追加投资，也没有从组合中提取资金，所有的利息收入和股票分红收入都在投资组合中。这些收益包括：价值 400 美元的利息收益，税率为 35%；2 000 美元的股票分红收益，税率为 15%；3 600 美元的已实现资本利得，税率为 15%。

要求：

（1）有效资本利得税率（T_{ECG}）。

（2）假设基金经理 Bob 将管理该组合 6 年，投资组合的成本基础为 60 000 美元，请计算投资组合的终值。

解答：

由以上信息可知，各部分收益和税费，如表 3-7 所示。

表 3-7 各部分收益和税费

	金额（美元）	税率	税费（美元）
利息收入	400	35%	140
股票分红收入	2 000	15%	300
实现的资本利得	3 600	15%	540
实际交的税费			980

（1）求有效的资本利得税率。

有效资本利得税率的计算公式为

$$T_{ECG} = \frac{[1 - (P_I + P_D + P_{CG})] \times T_{CG}}{1 - (P_I T_I + P_D T_D + P_{CG} T_{CG})}$$

即递延的税费除以投资组合实际交的税后的总收益。

下面将分步求出需要的数据，帮助大家理清计算思路：

投资组合税前投资总收益为

$$79\,000 - 70\,000 = 9\,000（美元）$$

发现利息收入、股票分红收入、已实现的资本利得收入总和小于投资收益9 000美元，所以存在未实现的资本利得。

未实现的资本利得为

$$9\ 000 - 400 - 2\ 000 - 3\ 600 = 3\ 000（美元）$$

收益情况如图3-13所示。

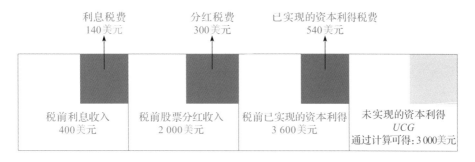

图3-13 收益情况图示

未实现的资本利得中递延的税费为 $3\ 000 \times 15\% = 450$（美元）

实际交的税后总收益为

$$9\ 000 \times \left[1 - \left(P_I T_I + P_D T_D + P_{CG} T_{CG}\right)\right] = 9\ 000 - 140 - 300 - 540 = 8\ 020（美元）$$

代入公式求得

$$T_{ECG} = 5.61\%$$

此外，我们还可以用第二种思路求有效的资本利得税率（T_{ECG}）。

我们知道，有效的资本利得税率（T_{ECG}）乘以实际交的税后总收益应该等于递延的资本利得税费700美元。

于是可得

$$T_{ECG} \times \left[9\ 000 - \left(P_I T_I + P_D T_D + P_{CG} T_{CG}\right)\right] = 450$$

代入数值可得

$$T_{ECG} \times \left(9\ 000 - 980\right) = 450$$

可以算出

$$T_{ECG} = 5.61\%$$

（2）计算该投资组合的终值。

混合税费情况下的投资组合终值因子公式：

$$FVIF_T = \left(1 + R_{ART}\right)^N - \left[\left(1 + R_{ART}\right)^N - 1\right] \times T_{ECG} - \left(1 - B\right) \times T_{CG}$$

已知投资期为6年，即 $N = 6$；同时资产的成本基础为60 000美元，可知税基为 $B = \dfrac{60\ 000}{70\ 000}$ $= 0.857$（意味着在 $T = 0$ 时刻投资分析期开始时刻，投资组合有未实现的资本利得）。

投资组合的税后总收益率 R_{ART} 为

$$R_{ART} = \frac{(9\,000 - 980)}{70\,000} = 11.46\%$$

第一问中已经求出了有效资本利得税率（T_{ECG}），将各项数据直接代入公式，可求终值因子。由于公式求出的是终值因子，还需要再乘以投资期开始时的资产现值，就可以求得混合税费情况下投资组合的终值。

$$FVIF_T = (1 + R_{ART})^N - [(1 + R_{ART})^N - 1] \times T_{ECG} - (1 - B) \times T_{CG}$$

$$FV = \{(1 + 11.46\%)^6 - [(1 + 11.46\%)^6 - 1] \times 5.61\% - (1 - 85.7\%) \times 15\%]\}$$
$$\times 70\,000 = 129\,114(\text{美元})$$

2.5.5 有效年收益率

当计算出了混合税费情况下投资组合的终值，就可以求出投资组合的等效税后收益率。这种收益率可以称为**有效年收益率**（effective annual return）。

$$FV = PV(1 + R_{AE})^N$$

式中　FV——混合税费情况下投资组合扣除所有税费后的终值；

　　　PV——投资组合的初始值；

　　　N——投资期；

　　　R_{AE}——有效年收益率。

有效年收益率是综合考虑投资组合中所有的税费之后投资组合的收益率。

例如，上例中投资组合的初始价值为 $PV = 70\,000$ 元，投资期限为 $N = 6$ 年，已经通过终值公式计算出混合税费情况下投资组合的税后终值为 $FV = 129\,114$ 元；计算可得有效年收益率为 $R_{AE} = 10.74\%$。

一般情况下，有效年收益率是通过倒推求得的收益率，即先求出混合税费情况下投资组合的税后终值，再倒推求出。

2.5.6 投资组合的等效税率

对应有效年收益率，可以进一步计算出**投资组合的等效税率**（accrual equivalent tax rates）。两者之间的关系为等效税率乘以税前收益率，即可得到有效年收益率。

等效税率是将投资组合的所有收益看作一个整体进行征税的税率。它综合考虑了递延税费、利息税、股票分红税的影响。等效税率的计算公式为

$$R_{AE} = R(1 - T_{AE}) \rightarrow T_{AE} = 1 - \frac{R_{AE}}{R}$$

式中　R——投资组合的税前收益率；

　　　T_{AE}——投资组合的等效税率；

　　　R_{AE}——投资组合的有效年收益率。

下面我们通过一个具体的例题看一下。

👆 【例题】 计算投资组合的等效税率

基金经理 Marry 所投资的组合在过去一年获得的有效年收益率为 10.74%，如果不考虑交税情况，该投资组合的收益率就为 11.29%。计算这个投资组合的等效税率。

解答：

将数据直接代入公式：

$$T_{AE} = 1 - \frac{0.107\,4}{0.112\,9} = 4.87\%$$

2.6 投资账户的种类 ★★★

2.6.1 3 种不同的投资账户

接下来，我们就对普通的交税账户、税收递延账户、免税账户进行比较。其中税收递延账户（tax-deferred accounts，TDA）和免税账户（tax-exempt accounts，TEA）属于优惠账户。放在优惠账户里的资产、收益可以享有一定的税收减免政策，但是对于可以放置在优惠账户里的具体数量、种类，税务管理部门对此都做出了具体规定。

1. 交税账户

交税账户就是普通的投资账户，它没有任何税收优惠。投资者获得收入（工资等），需要先缴纳个人所得税，税后的资金可以用于投资。投资获取的不同收益，需要缴纳的税费也不同。例如，利息税费、股票分红税费、资本利得税费的税率是各不相同的。

2. 税收递延账户

税收递延账户对初始放入账户内的投资金额免税，即存放在税收递延账户里的投资不需要先缴纳个人所得税。除此之外，税收递延账户里的投资组合获得的所有收益是不需要缴纳税费。只有当客户从税收递延账户里取出资金时，才需要按取出金额的大小缴纳相应的税费。例如，客户的税前工资为 10 000 元，客户计划放入税收递延账户 1 000 元进行投资，那么这 1 000 元投资就不需要缴纳个人所得税。因此税收递延账户里投资的终值因子可以写作：

$$FVIF_{TDA} = (1 + R)^N (1 - T_N)$$

3. 免税账户

免税账户对初始放入账户内的投资金额征收税费，即投入免税账户里的资金先要缴纳个人所得税。免税账户里的投资组合不用对其收益缴税，当从免税账户里取出资金时，也不需缴税。例如，某客户税前的收入为 1 000 元，客户计划把这笔资金投入免税账户里进行投资，则这 1 000 元需要先缴纳个人所得税，再进行投资。因此对于那些已经交过税的进入免税账户里投资的终值因子为

$$FVIF_{TDA} = (1 + R)^N$$

虽然税收递延账户和免税账户能为客户的投资带来税收优惠，但是这两个账户设有投资额

上限，上限以外的投资只能当作普通的交税账户处理。

李老师说

　　3 个账户的税收处理方法不同，所以即便是一模一样的投资组合放在 3 个不同的账户里可能会产生不同的税后收益，因此基金经理需要选择合适的投资并放在合适的账户里。

　　对于交税账户：钱进交税账户时需要先交一笔税，这里的税费是个人所得税，需要从工资中扣除税费。而账户中的投资组合，需要缴纳收益的税费。

　　对于税收递延账户：投入税收递延账户的资金不需要先交税，即税前收入。最常见的养老金账户就是此类账户。税收递延账户里取得的投资收益，包括利息收入、股票分红收入以及资本利得，其对应的各类税费可以递延直至客户从税收递延账户里取出投资组合的资金时。从税收递延账户里取钱时需要缴纳特定的税率，取多少钱就对应征收多少税。

　　对于免税账户：资金进入账户时需要征税，即对个人收入征收个人所得税。账户里的所有投资收益都不征税。从账户里取钱时也不征税。

2.6.2 税收递延账户与免税账户的对比 ★

1. 税收递延账户的终值

　　投入税收递延账户的资金不需要交税，例如客户税前收入为 1 元，这笔钱不用缴纳个人所得税直接投入税收递延账户。同时，在税收递延账户里获取的投资收益也不缴纳税费。只有当客户从税收递延账户里提钱时，才需要缴纳一笔取现时收取的税费。于是税收递延账户里投资组合的终值因子为

$$FV_{TDA} = PV(1 + R)^n(1 - T_N)$$

式中　T_N——N 时刻从账户中取钱时需要交的税率。

2. 免税账户的终值

　　投入免税账户里的资金首先需要缴纳税费，例如，客户的税前收入为 1 元，这笔钱首先要缴纳个人所得税，税后资金 $1 \times (1 - T_0)$ 可以投入免税账户。在免税账户里的投资组合不用对收益缴税，并且投资者从账户取现时也不需要交税。于是可得免税账户的终值因子为

$$FV_{TEA} = PV(1 - T_0)(1 + R)^N$$

3. 对比两个账户的终值公式

$$税收递延账户资产的终值公式：FV_{TDA} = PV(1 + R)^N(1 - T_N)$$

$$免税账户的终值公式：FV_{TEA} = PV(1 + R)^N(1 - T_0)$$

　　我们发现两个账户的区别在于对账户的征税发生在不同的时刻。税收递延账户是对账户里提取的资金进行征税。免税账户是对初始投入账户的资金进行征税。由此，我们可以得到以下结论，这些结论作为参考依据可以帮助基金经理为投资者合理分配资金。

$$当\ T_0 > T_N\ 时，FV_{TDA} > FV_{TEA}$$
$$当\ T_0 = T_N\ 时，FV_{TDA} = FV_{TEA}$$
$$当\ T_0 < T_N\ 时，FV_{TDA} < FV_{TEA}$$

2.7　税收与投资风险

在一些情况下，征缴的税费虽然一方面减少了投资者获得的投资收益率，但是随着收益率的减少，其波动幅度也随之减少，这在一定程度上也降低了投资者的风险。税后收益率和税后标准差与税前收益率和税前标准差的关系分别表示为

$$R_{AT} = R_{BT} \times (1 - T)$$

$$\sigma_{AT} = \sigma_{BT} \times (1 - T)$$

式中　AT——税后；

　　　BT——税前。

但并不是所有的税收账户都能帮助投资者承担风险。当同一笔投资分别放在交税账户、免税账户和递延账户里时，政府分担风险的情况是不同的。

1. 对于交税账户

投资者放在交税账户里的投资，政府承担了部分的投资风险。这是因为工资收入在进入账户时需要先交纳一笔税费，剩余部分才会进行投资，而此前交纳的税负会减少投资金额及其收益，相应地也就减少了收益的波动。并且，政府最后对这部分收益进行征税时取决于投资收益的多寡，因此政府实际上替投资者承担了部分风险。

2. 对于递延账户

虽然投资收益从递延账户取出时需要征税，但是此时征税已经不会再影响投资收益的波动了，因此政府不再为投资者承担投资风险。

3. 对于免税账户

投资者承担所有的投资风险。这是因为在免税账户里的任何投资收益都是免税的，当投资者从账户里提现时也不用缴纳税费，所以投资者承担所有的投资风险。

👆 **【例题】　税收与风险**

分析师 Andy 正在研究税收与风险之间的关系。他发现某客户的交税账户做出了以下权重的投资：40% 的股票投资，60% 的债券投资。股票的分红产生的年收益按 20% 的税率征税，债券利息产生的收益按 30% 的税率征收。税前股票收益的标准差为 6%，税前债券收益的标准差为 14%。Andy 假设股票和债券间的相关系数为 1，由此他想要计算税前和税后的投资组合收益的标准差，以此推断税收和风险之间是否存在关系。

解答：

根据题目债券和股票市场的相关系数的假设，可得投资组合的税前收益的标准差为

$$\sigma_{P,税前} = 0.4 \times 6\% + 0.6 \times 14\% = 10.8\%$$

已知政府每年需要对利息和股票分红进行征税，那么投资组合的税后收益的标准差为

$$\sigma_{P,税后} = 0.4 \times 6\% \times (1 - 0.15) + 0.6 \times 14\% \times (1 - 0.25) = 8.34\%$$

假设投资者将债券投资放入免税账户，那么投资组合的税后标准差变为

$$\sigma_{P,税后} = 0.4 \times (6\%) \times (1 - 0.15) + 0.6 \times 14\% = 10.44\%$$

相较于先前的计算结果，投资组合的风险变大，这是因为政府不分担免税账户里的投资风险。由于股票投资仍然放在交税账户里，政府要承担部分投资风险。

2.8 交易行为对投资税费的影响

2.8.1 税收 alpha

鉴于政府会对税收优惠账户设置投资额上限，因此基金经理应该将那些征收税率较高的资产放入诸如递延账户或者免税账户的优惠账户中，而将那些征收税率较低的资产放入普通的交税账户中，以此尽量减少投资者所缴纳的税费。通过对投资组合税收的有效管理产生的收益，称为**税收 alpha**。例如，对于一笔同样的投资组合，基金经理甲通过合理的税收管理获得的税后收益为 8%；基金经理乙的税后收益为 6%。那么基金经理甲的税收 Alpha 为 2%。

在大多数情况下，税收管理的策略是将股权投资放在交税账户里，债券投资放入税收优惠账户，如税收递延账户。这是因为，债券会产生很多的期间收益（利息收入），而股权投资（尤其是成长型股票投资）产生的期间现金流小于债券，且股票投资获得的资本利得天然可以递延交税，所以可以将股票投资放在交税账户里。

2.8.2 投资者的交易行为

因为股票的资本利得天然具有递延税费的属性，不同交易频率和交易风格会对投资收益尤其是股票的资本利得产生不同的影响。为了实现税费最小化，除了要将资产放入合适的账户中，基金经理还应该注意不同投资者的交易习惯。按照交易频率和风格的不同，我们可以对投资者进行如下分类。

- ✓ **交易者**：交易比较活跃，高频率的交易会使投资者失去股票投资中资本利得税费递延的优势，会失去税收 alpha。交易者获得的收益都是短期的，所以税费按年缴纳。
- ✓ **主动投资者**：交易频率没有交易者活跃，因此他们的投资期要长于交易者的投资期。主动投资者获取的大部分投资收益本质上都是长期收益，因此能获得一些税收方面的优惠。
- ✓ **被动投资者**：买入股票并且持有股票，他们的收益是长期递延的，因此投资收益能享受更为优惠的税率。
- ✓ **免税的投资者**：免税投资者将他们的股票投资放入免税账户，因此不必缴纳税费。

2.9　盈亏互抵和高进先出法

2.9.1　盈亏互抵

投资者在做投资时，不仅会产生收益，有时还会发生亏损。当投资者卖出资产确认亏损时可以确认亏损，并且利用这部分亏损抵减原先投资组合中实现的总盈利，以此减少投资当期需要交纳的税收部分。这便是**盈亏互抵**（tax loss harvesting）。相比较盈亏互抵减少税费的方式，资产配置本身对于投资收益的作用更加重要。投资者应当先配置好资产，然后再去考虑减少税费的问题。

并且有一点需要注意，有时税前收益减少获利只能递延应交的税费（减少当期的应交税费），而不能减少投资者最终支付的最终税费。

李老师说

例如某投资组合年终要对其投资收益缴税。投资组合中 A 股票已实现的资本利得为 1 000万元；组合仍持有 B 股票，但是 B 股票有未实现的亏损约 800 万元。如果组合不做任何变动，此时投资组合的应税收益为 1 000 万元。但是，如果我们将 B 股票卖出，承认这笔 800 万元的损失，该投资组合的最终收益变为 200 万元，那么当期应税收益减少为 200 万元，缴纳的税费减少。

但是客户的投资组合是由投资政策说明书所提前规定好的，卖出 B 股票就意味着将来还要将其买回。假设 B 股票最初每股的购买成本为 100 元，年终以 20 元/股卖出，每股实现的亏损80 元。B 股票一共抵减投资组合的应税收益 800 万元。假设实现盈亏互抵后，基金经理按照投资政策说明书买回股票 B，买入价为 20 元/股，1 年后股票价格上涨至 120 元/股，在这种情况下，应税额是 1 000 万元。如果客户最开始没有实现盈亏互抵，则此时对应的应税额为 200 万元（120 万元的现价和 100 万元的成本价）；现在后者比前者的应税额少 800 万元。于是就长期而言，盈亏互抵的方法不会减少缴纳的税费。但是如果预期 1 年后资本利得税率要下降，那么盈亏互抵的方法可以减少所交的税费。

总之，税费缴费应当遵循的原则是：能少交则少交；能晚交就晚交；能不交就不交。

2.9.2　高进先出法可以减少实现的资本利得

投资者所持有的某只股票投资通常是以不同的成本分批买入的。如果税法允许高进先出法（high-in/first-owt，HIFO）的会计处理方式，则投资者卖出股票时，可以优先选择卖出高成本部分，这样就可以减少应税收益。

假设某人持有 A 股票 300 股。这 300 股是投资者每次以 100 股分 3 次买入的，成本价分别为 10 元、12 元和 15 元。假设投资者想要卖出 100 股。如果股票的市场价高于 15 元，则投资者选择卖出 15 元成本的 100 股可以最小化资本利得以此最小化税费。如果股票的卖出价格小于 15 元，投资者选择卖出 15 元成本的 100 股，可以实现最大化的投资损失，这部分损失可以冲抵其他投资收益。

另一种情况是，如果预期未来政府会提高税率，即未来的资本利得税率大于当期的资本利得税率。同样是卖出 100 股，投资者可以优先选择卖出购买成本为 10 元的 100 股，这样可以尽可能地在税率较低的时期实现较多的收益；在税率较高的时期，实现较少的收益。

考虑到货币具有时间价值，盈亏互抵法和高进先出法可以将避税节省下来的资金进行再投资，由此可以创造出不断享受复利增长的税收 alpha。

2.9.3 持有期对税费的影响

一些国家对长期投资获得的资本利得征收的税率要低于短期投资的税率，这样能鼓励投资者进行长期投资，促进一国资本市场的长期稳定发展。

3 全球视角下的遗产规划

本节说明

本节主要讲解了资产转移的几种工具，同时通过税收和资产价值终值的角度对比了各种工具的优劣。

知识点自查清单

- ❏ 遗产、遗嘱、遗嘱认证
- ❏ 法定继承权和婚后财产体系
- ❏ 根据死亡率计算的核心资本
- ❏ 运用蒙特卡罗模拟估算核心资产
- ❏ 资产转移的时机
- ❏ 遗产规划工具
- ❏ 双重征税

3.1 引言

遗产规划会涉及以下 3 个问题：资产需要转移给谁、转移多少以及什么时候转移。在这个过程中需要考虑税收等问题，力求转移的成本最小化。

3.2 遗产、遗嘱和遗嘱认证 ★

遗产（estates）包括了个人的所有资产，如银行存款、股票、公司股份等的金融资产、住宅、艺术品和收藏品等。一般来讲，遗产规划是最常见也是最有效的一种转移财产的方式，它可以是在生前转移也可以是在死后转移。如果是死后对财产进行转移，最常用到的工具就是**遗嘱**（will，也称为 testament），它的本质是一种文件，**立遗嘱的人**会在遗嘱里说明谁拥有分配财产的权利且可以分配哪些财产。

为了验证遗嘱的真实有效性，需要进行法律的**认证流程**（probate）。遗嘱认证程序通常会很复杂，且耗时会产生较高的费用，另外对于一些有声望和社会影响力的家族来说，也不希望遗嘱的内容被公众知道，所以很多人并不希望进行认证流程，而是通过其他方式转移财产。以下几种方法可以避免遗嘱认证程序：

- ✓ 将个人资产设为夫妻共有资产（joint ownership），这样一来，当夫妻一方死亡，财产将自动转移给另一方。
- ✓ 设立信托或保险，此时财产的转移或者死亡之后的赔偿金额就取决于具体的合约条款。
- ✓ 其他不用认证流程的方式。

3.3 法定继承权和婚后财产体系

3.3.1 法定继承权

在**法定继承权**（forced heirship）下，无论子女是否为婚内孕育的，或者与家庭成员的关系是否和睦，子女都有权利获得父母的遗产。如果财产所有者想规避法定继承权，他通常会将自己的资产转移到境外或者声明将财产捐赠他人。但这种方法有时并不能完全回避法定继承权，因为一些法律体系设有**回收条款**（clawback），即在计算子女应继承的份额时会将赠与的部分加入到总财产中。如果遗产不够子女的应继承的数额，子女可以向被赠与者回收赠与的金额来补足差额。此外，在法定继承权下，配偶也有类似的权利。

👆 **【例题】 回收条款**

某国允许子女有法定继承权，可以继承父母33%的遗产，并设有回收条款。某位先生一共有3个子女，子女A是该先生与第一任妻子所生，子女B和C是该先生与第二任妻子所生。这位先生生前已处于离婚单身状态，且生前将300万元资产通过赠与的方式转移给了子女B和C。死后留有遗产200万元。

在这种情况下，求A可以获得的遗产。

解析： 由于该国子女有法定继承权，且有回收条款。即便这位父亲生前将资产转移给了B和C，在回收条款下，生前的这笔转移要回收。所以这位父亲死后一共留有资产500万元。法定继承权规定每位子女可以获得33%的遗产，则A可以获得：500万元×0.33 = 165万元。

3.3.2 婚后财产体系（marital property regimes）

除了法定继承权，在适用**夫妻共同财产权**（community property rights）的地区，配偶双方都拥有一半的婚姻期间财产的所有权，而婚前和婚姻结束后的财产还是属于个人财产。当配偶去世，一半的共同财产会自动转移给对方，剩余部分再按照遗嘱进行分配。

与共同财产权不同，有些法律体系中规定夫妻双方拥有独立的财产所有权，有独立分配财产的权利。

如果配偶同时拥有法定继承权和共同财产权，则他/她会选择一个最有利的方案来继承财产，具体以下面的例题进行说明。

> 🖐 【例题】　共同财产权和法定继承权
>
> 　　一对夫妇有两个子女，他们同时拥有法定继承权和共同财产权。
>
> 　　在夫妻共同财产权下，当某一方去世，活着的一方有权利获得婚后共同财产的一半。
>
> 　　在法定继承权体系下，活着的一方有权利获得40%的总遗产，并且两个子女有权利共同分配30%的遗产。
>
> 　　婚后，丈夫继承了一笔遗产，价值80万元，该国法律规定，婚后某一方继承的资产不属于其夫妻共有财产。丈夫去世时总财产价值280万元，他希望能遗赠给他的好朋友50万元。要求计算：
>
> 　　（1）妻子可以继承的最小遗产金额。
>
> 　　（2）在法定继承权下，两个子女各自能获得多少遗产。
>
> 　　（3）好朋友可以获赠的金额。
>
> 　　**解析：**
>
> 　　（1）总财产为280万元，其中有80万元属于丈夫的个人财产，因此共同财产价值为 $280 - 80 = 200$（万元）。
>
> 　　在夫妻共有财产体系下，妻子获得共同财产的一半，即 $200 \times \dfrac{1}{2} = 100$（万元）
>
> 　　在法定继承权体系下，妻子能够获得总资产的40%，即 $280 \times 0.4 = 112$（万元）
>
> 　　此时妻子至少可以继承112万元。请注意：这里的最小金额并不是两者取其低，而是妻子会选择最有利的情况拿到一个更高的确定金额，除此之外，根据遗嘱可能还可以获得更多的财产。
>
> 　　（2）在法定继承权下，子女可以共同获得总资产的30%，即 $280 \times 0.3 = 84$（万元），每人可以继承42万元。
>
> 　　（3）在妻子继承112万元，两个子女继承84万元的情况下，还剩余 $280 - 112 - 84 = 84$（万元）可以自由分配，因为该金额大于希望赠与给朋友的金额，所以朋友可以获得50万元。如果剩余金额不足50万元，朋友只能拿到剩余部分。

3.4　根据死亡率计算的核心资产

3.4.1　核心资产★

　　类似于企业，个人也有资产负债表。资产负债表的左边是个人所拥有的全部资产，它包括：金融资产，比如存款、股票等；人力资本（human capital），即工作收入的现值。在资产负债表右边的负债包括房贷、车贷、教育基金或者医疗保险的支出等维持现有生活水平的目标支出。其中，为了满足个人未来必要支出的现值部分称为**核心资本**（core capital），资产超出该部分的金额称为**额外资产**（excess capital），额外资产可以用来做资产规划（见图 3-14）。

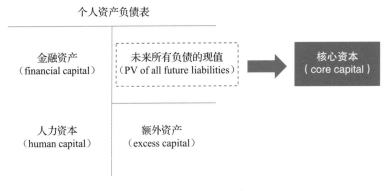

图 3-14 个人资产负债表图解

计算核心资本，就是计算未来所有负债的现值。其原理就是核心资本必须满足未来所有必要的费用支出。和普通的未来现金流折现不同的是，计算核心资本时需要考虑折现未来多少期的费用，因为需要预估个人的预期寿命。所以未来每一笔现金流的发生都会有一定的概率，于是在计算核心资本时，每一笔现金流要乘以一个对应的概率。例如，某客户能活到 90 岁的概率为 70%，那么 90 岁那年的现金流支出发生的概率就为 70%。

3.4.2 死亡率表格（mortality table）

估算客户的寿命是资产转移规划中的一个重要问题，统计上会给出客户在某个特定年龄仍能存活多少年的概率，也就是未来发生那年现金流发生的概率。

我们用例题帮助大家理解如何利用死亡率表格（mortalily table）计算核心资产。

【例题】

丈夫和妻子目前的年龄分别是 79 岁和 68 岁。

（1）利用表格（见表 3-8），计算丈夫和妻子在未来 3 年每年的存活概率。

（2）利用表格，计算出核心资本，假设夫妻维持现有生活水平的必要支出为 300 000 元，名义无风险利率是 4%，通货膨胀率为 2%。

表 3-8 丈夫和妻子在未来 3 年每年的存活概率

年数	丈夫活到各年龄的概率		妻子活到各年龄的概率	
1	80 岁	0.935 5	69 岁	0.983 1
2	81 岁	0.870 2	70 岁	0.964 9
3	82 岁	0.803 8	71 岁	0.945 7

解析：

表格给出的是每个人每年的存活概率，我们需要计算出至少有一个人存活的概率，即联合概率。

$$P(联合概率) = P(丈夫存活的概率) + P(妻子存活的概率)$$
$$- P(丈夫存活的概率) \times P(妻子存活的概率)$$

（1）第 1 年：P（联合概率）= 0.935 5 + 0.983 1 − 0.935 5 × 0.983 1 = 0.998 9

第 2 年：P（联合概率）= 0.870 2 + 0.964 9 − 0.870 2 × 0.964 9 = 0.995 4

第 3 年：P（联合概率）= 0.803 8 + 0.945 7 − 0.803 8 × 0.945 7 = 0.989 3

（2）每年的必要支出为 300 000 元，该数字为真实的金额，而不是名义金额，因此需要用真实利率进行折现，真实利率 = 4% − 2% = 2%。

$$第 1 年现值 = \frac{300\,000 \times 0.998\,9}{(1 + 2\%)} = 293\,794$$

$$第 2 年现值 = \frac{300\,000 \times 0.995\,4}{(1 + 2\%)^2} = 287\,024$$

$$第 3 年现值 = \frac{300\,000 \times 0.989\,3}{(1 + 2\%)^3} = 279\,672$$

核心资本等于 3 个现值之和，即 860 490 元。

3.4.3　保障储备

死亡率的假设存在以下问题：

- ✓ 死亡率假设的是没有人的寿命能超过 100 岁，也就是寿命超过 100 岁的概率为零，现实中寿命的概率是不可能出现零概率的。
- ✓ 死亡率是一个统计得出来的预期寿命，实际中，客户的寿命可能会超过平均年龄，此时核心资产就会被低估。

除了死亡率以外，投资组合的收益率也可能低于无风险利率，此时可能也会导致资产无法满足生活必需的开支。基于这两点，我们应该在核心资产的基础上增加一部分保障储备（safety reserve）应对特殊情况，而保障储备金额的设置就仁者见仁智者见智了。

3.5　运用蒙特卡罗模拟估算核心资产

我们之前计算核心资产的方法只是将预期支出进行折现求和得出，这样做会有一些问题，比如如果通货膨胀率变化了怎么办，存活率不一样了怎么办，或者是支出改变了怎么办。这些问题都可以通过蒙特卡罗模拟（Monte Carlo simulation）解决。

它可以根据我们输入的变量得出很多不同的结果路径，不同的结果在期末可以形成一个数据分布。只要确定了置信度，比如95%的置信度，我们就可以找到对应的核心资产的金额。置信度越高，所对应的核心资产的金额就越大。当然，在这种方法下也可以加上保障储备作为缓冲。

这里考生不需要知道蒙特卡罗模拟具体是怎么实现的，了解即可。

3.6　资产转移的时机

当客户有额外资产时，就可以考虑将资产转移出去。但在现实生活中，转移资产需要考虑很多因素。其中包括尽可能地少交税、让资产接受者拿到足够多的资产等，因此资产转移的时机非常重要。

如果在生前将资产转移，我们称为**赠与**（gifs）。转移资产的一方称为**赠与者**（donor），接受资产的一方称为**资产接受者**（recipient）。如果在死后转移资产，则称为**遗赠**（bequest，也称为 testamentary），此时转移资产的一方称为**立遗嘱的人**（testator），接受资产的一方称为**遗产继承人**（beneficiary）。

对赠与而言，就需要交赠与税，但有的税收体系下可以免税，一般有免税金额的上限。如果是遗赠，按照税费缴纳人的不同可以分为**遗产税**（estate taxes）和**继承税**（Inheritance taxes），其中遗产税是由资产转移者支付的，从转移的资产中扣除，而继承税是由资产接受者支付的。

客户在考虑用赠与或是遗赠的方式转移资产时，一个重要的考虑因素是让资产接受者拿到足够多的资产。

通常，我们会将赠与方式下的税后终值与遗赠方式下的税后终值相除求比率，如果该比率大于 1，则说明赠与方式下的资产接受者可以拿到更多的资产，我们就选择赠与的方式。如果该比率小于 1，则说明遗赠方式下的资产接受者可以拿到更多的资产，我们就选择遗赠的方式。

3.6.1 赠与资产免税

税收体系不征收赠与税时，资产接受者可获得的资产净值为

$$★ \quad RV_{赠与资产免税} = \frac{FV_{赠与}}{FV_{遗赠}} = \frac{[1 + R_g(1 - T_{ig})]^N}{[1 + R_e(1 - T_{ie})]^n(1 - T_e)}$$

式中　RV——relative value，如果大于 1，说明资产转移者活着的时候赠与更合适；

　　　R_g——资产接受者的税前投资收益率；

　　　T_{ig}——对资产接受者的投资收益征收的税率；

　　　R_e——资产转移者的税前投资收益率；

　　　T_{ie}——对资产转移者的投资收益征收的税率；

　　　T_e——对继承的资产征收的税率；

　　　N——投资年限；

　　　FV——N 年后账户里有多少钱。

从上例的公式可知，一般来说，对于同样一笔投资，如果投资收益率很高，在生前转移出去更有利，因为赠与是免税的，当然该收益还要被征收投资相关的税。如果不在生前转移出去，就会增加遗赠的总金额，该部分需征收遗产税或继承税。

李老师说

下面这个例子帮助大家理解上面的公式和结论。

假设资产的持有者为 A，资产的接受者为 B。现在时刻为 0 时刻，A 在 N 时刻死亡。

要比较什么时候转移资产最划算，需要对比在 N 时刻时，哪种转移方式可以让接受者获得更多的资产（见图 3-15）。

如图 3-15a 所示，**情况 1**，也就是生前赠与资产。假设 A 将 1 单位的资产转移给 B，由于

没有赠与税，B 会获得 1 单位的资产。此时，基金经理根据 B 的投资政策说明书构建投资，获得回报 R_B，B 的投资收益税率为 T_B。则在 N 时刻资产的价值为

$$FV_{\text{赠与}} = \left[1 + R_B (1 - T_B) \right]^N$$

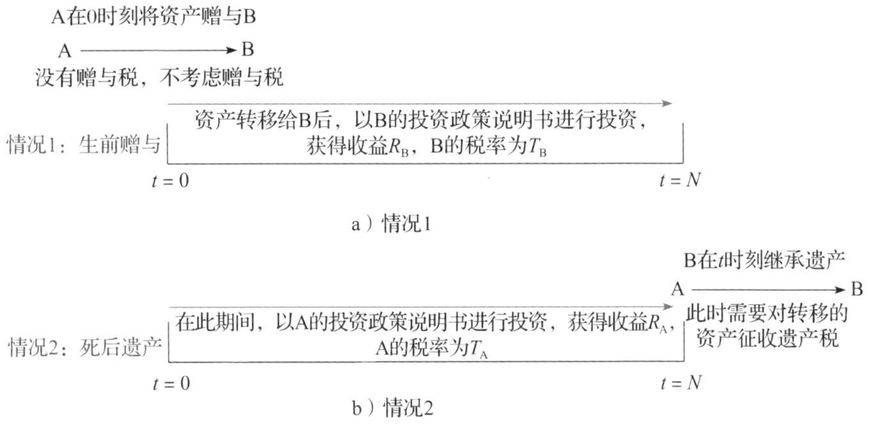

图 3-15 资产转移方式分析图（赠与资产免税）

情况 2，也就是在资产所有者死后进行遗产转移。A 从 0 时刻起到 t 时刻仍然持有资产，基金经理根据 A 的情况构建投资，A 的收益率 R_A，A 的投资收益税率 T_A。当 B 在 N 时刻继承遗产时，还需要交一笔遗产税。假设遗产税率为 T_e。则在 N 时刻 B 能继承到资产的净值为

$$FV_{\text{遗赠}} = \left[1 + R_A (1 - T_A) \right]^N (1 - T_e)$$

于是考虑哪种形式转移资产就是对比两种情况下的资产终值的大小。哪个终值大，就选择哪种转移方式。

3.6.2 对资产接收者征收资产赠与税

上一小节提供给我们了一种思路：通过对比资产生前赠与的终值和死后遗产转移的终值来决定相对更优的资产转移策略。

本小节继续运用该思路，来判断当资产的接受者需要缴纳资产赠与税时的情况。

当资产接受者需要缴纳资产赠与税时，两种资产转移方式的相对值比较：

$$RV_{\text{征收资产赠与税}} = \frac{FV_{\text{赠与}}}{FV_{\text{遗赠}}} = \frac{\left[1 + R_g (1 - T_{ig}) \right]^N (1 - T_g)}{\left[1 + R_e (1 - T_{ie}) \right]^N (1 - T_e)}$$

我们用图 3-16 来分析两种不同的资产转移方式。

情况 1：在 t = 0 时刻，A 直接转移 1 单位资产给 B，由于资产接受者需要缴纳赠与税，假设赠与税税率为 T_g，所以 B 收到税后资产为 $1 \times (1 - T_g)$。

此后按照 B 的投资政策说明书进行投资，获得投资收益 R_B，B 的投资收益税率为 T_B，在 N 时刻，资产的价值为

$$FV_{\text{赠与}} = PV \times (1 - T_g) \times \left[1 + R_B (1 - T_B) \right]^N$$

情况 2：在 N 时刻，B 收到遗产。此前从 0 时刻到 N 时刻，A 扔持有资产并且获得收益率 R_A，税率为 T_A。在 B 继承遗产时需要缴纳遗产税，税率为 T_E。则 N 时刻，B 收到的净资产为

$$FV_{遗赠} = [1 + R_A(1 - T_A)]^N (1 - T_E)$$

A在0时刻将资产赠与B

A ——————→ B

B需要交赠与税，T_g

情况1：生前赠与

资产转移给B后，以B的投资报告进行投资，获得收益R_B，B的税率为T_B

$t = 0$ ———————————————————————— $t = N$

a）情况1

B在7时刻继承遗产

A ——————→ B

此时转移的资产需要征收遗产税

情况2：死后遗产

在此期间，以A的投资报告进行投资，获得收益R_A，A的税率为T_A

$t = 0$ ———————————————————————— $t = N$

b）情况2

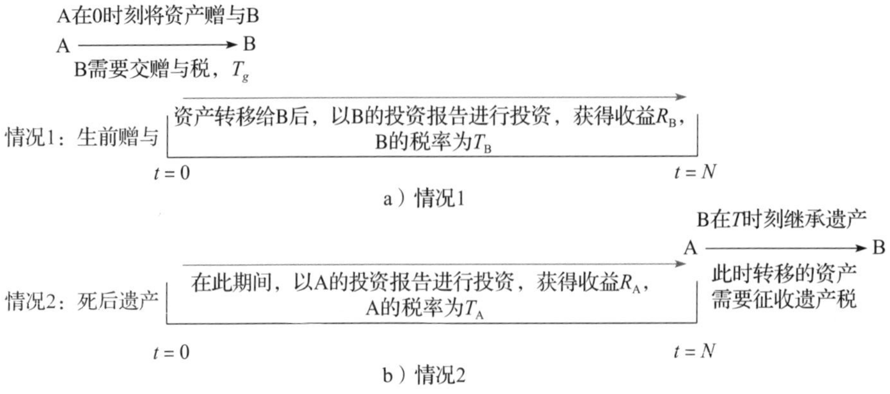

图 3-16　资产转移方式分析图（征收资产赠与税）

可以通过对比两者终值来判断哪种资产转移方式更优。

✍ 【例题】

王先生正在考虑将其资产转移给儿子，资产的价值为 100 万元。他有两种选择：第一种是现在直接将资产赠与儿子；第二种是遗产规划，死后将自己的资产转移出去。

王先生目前 65 岁，预期寿命为 85 岁，他的税前收益率为 10%，且投资收益的税率为 35%。王先生的儿子税前收益率为 8%，且投资收益的税率为 25%。已知资产赠与的税率为 25%，继承资产的税率为 40%。

要求：计算哪种情况下王先生的儿子可以获得更多的税后资产？

解析：

已知王先生预期寿命还有 20 年，为了对比赠与和遗产规划哪种方法给合适，则假设这笔资产的投资期为 20 年。

如果王先生现在将资产转移给儿子，则 20 年后的税后收益为

$$FV_{赠与} = PV \times (1 - T_g) \times [1 + R_B(1 - T_B)]^N$$
$$= 100 \times (1 - 25\%) \times [1 + 8\% \times (1 - 25\%)]^{20}$$
$$= 75 \times 3.21$$
$$= 240.75（万元）$$

如果王先生以遗产的方式转移资产，则 20 年后的税后收益为

$$FV_{遗赠} = PV \times [1 + R_A(1 - T_A)]^N \times (1 - T_E)$$
$$= 100 \times [1 + 10\% \times (1 - 35\%)]^{20} \times (1 - 40\%)$$
$$= 211.42（万元）$$

则已知在这种情况下，王先生直接将资产赠与给儿子能获得更多的税后资产。

3.6.3　对资产赠与者征收资产赠与税

在一些国家，如果个人通过赠与转移资产，赠与者需要缴纳赠与税，而非接受者。

$$\star \qquad RV_{征收资产赠与税} = \frac{FV_{赠与}}{FV_{遗赠}} = \frac{[1 + R_g(1 - T_{ig})]^n(1 - T_g + T_gT_e)}{[1 + R_e(1 - T_{ie})]^n(1 - T_e)}$$

当赠与者需要缴纳赠与税时，计算赠与资产终值的方式与资产接受者的赠与资产终值略有不同。

当资产赠与者 A 需要缴纳赠与税时，由于税费的作用会降低 A 总财产的金额，因此也会降低未来的遗产税，相当于有一部分好处，它等于 T_gT_e。

我们继续用图形来描述这种情况，如图 3-17 所示。

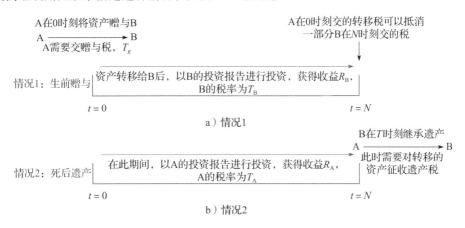

图 3-17　资产转移方式分解图（对资产赠与者征收资产赠与税）

3.7　遗产规划工具 ★ ★ ★

3.7.1　隔代转移

在某些税法体系下，第一代可以直接将资产转移给第三代来避免双重交税的问题。如果第一代将资产转移给子女，第二代再将资产转移给子女，两个过程都需要缴纳税费。在某些税法体系下，第一代可以直接将资产转移给第三代来避免双重交税的问题。

假设第一代持有资产时间为 N_1，第二代持有资产时间为 N_2，通过转移两次和隔代转移的形式，第三代可获得资产的终值分别如下。

转移两次后第三代继承的资产价值：

$$FV_{不隔代} = PV \times [(1 + R)^{N_1} \times (1 - T)] \times [(1 + R)^{N_2} \times (1 - T)]$$

隔代转移第三代直接继承时的价值：

$$FV_{隔代} = PV \times [(1 + R)^{N_1 + N_2} \times (1 - T)]$$

从这两个公式可以发现，隔代转移可以增加资产的未来价值。对比转移两次，隔代转移资产的终值是两次转移资产终值的 $(1 - T)$ 倍，其中 T 为遗产税税率。

3.7.2　配偶免税

许多国家的法律允许资产所有者将自己的资产通过赠与或者遗产规划转移给配偶时不需要

交税。

3.7.3 估值减值

税收通常是基于资产的市场价值的。有些资产的市场价值比较可靠，也容易观察，比如流动性好的股票或者现金等价物等。但有的资产没有明确的市场价格，比如非上市公司股权，此时就需要用估值模型进行估计。需要注意的是，在模型中输入的变量通常是从可比的上市公司数据中得来的，所以对于非上市公司股权进行估值时，我们需要针对流动性与控制权进行减值处理。

另外，如果资产的质量有问题，也可能导致减值。这些减值都会降低资产的价值，从而使得税费减少。

3.7.4 慈善捐赠

在一些税法体系中，如果捐赠者通过生前捐赠将资产转移给慈善机构可以免交赠与税。还有的税法规定捐赠额可以抵减所得税，获得一些好处，或者慈善机构可以免交与投资收益的相关税费。

慈善机构的捐款终值和这笔资产继承时终值的对比，这个公式只做了解：

$$RV_{慈善捐赠} = \frac{FV_{慈善捐赠}}{FV_{遗赠}} = \frac{(1 + R_g)^N + T_{oi}[1 + R_e(1 - T_{ie})]^N(1 - T_e)}{[1 + R_e(1 - T_{ie})]^N(1 - T_e)}$$

式中 T_{oi}——普通收入的税率。

当捐赠者生前将 1 单位的资产赠与慈善机构时，不用缴纳赠与税。慈善机构收到 1 单位的资产，进行投资且不需要缴纳投资收益税费。则 N 年后这笔捐赠在慈善机构手中的终值为 $(1 + R_g)^N$。

此时捐赠者每捐出的 1 元钱，可以少交 T_{oi} 元的税费。于是，这 1 单位捐赠可以少缴税 T_{oi} 元。这笔节省下来的税费可以继续按照捐赠者的收益进行投资 N 年后的终值为

$$T_{oi} \times [1 + R_e \times (1 - T_{ie})]^N$$

这笔资产在捐赠者死后通过遗产规划转移给慈善机构，则慈善机构可以获得：

$$T_{oi} \times [1 + R_e \times (1 - T_{ie})]^N \times (1 - T_e)$$

所以，如果捐赠者通过生前赠与的方式将 1 单位资产转移给慈善机构一共可以获得的资产为

$$(1 + R_g)^N + T_{oi} \times [1 + R_e \times (1 - T_{ie})]^N \times (1 - T_e)$$

3.7.5 信托★

信托资产所有者（或委托人，settlor/grantor）以**受益人**（beneficiaries）的名义成立信托，**委托受托人**（trustee）以受益人的最大利益来管理资产，受托人根据信托成立时的条款将资产转移给受益人。通过这种形式转移资产不用进行遗产认证程序。

信托（trusts）按照两个维度可分为**可撤销型信托**（revocable trust）和**不可撤销型信托**（irrevocable trust）；**固定信托**（fixed trust）和**自由裁量信托**（discretionary trust）。

对于可撤销型信托，信托委托人拥有撤销信托的权利，是信托资产的所有者。在这种情况下，税法认为委托人应该报告该资产的收益并且承担税费。

对于不可撤销型信托，信托委托人没有撤销信托的权利，在税法上受托人是资产的所有者，并承担税费。不可撤销型信托一旦成立，这部分资产已经实现和委托人的"隔离"。任何对信托委托人的债务追讨，都不会涉及该资产。

对于固定信托而言，合约会提前约定好发放给受益人的金额和时间，其金额和时间都是固定的。

对于自由裁量的信托，受托人有权根据实际情况对信托资产进行分配。

如果受益人不能或者不愿意管理资产，使用信托的好处是可以使受益人享受到资产的收益，同时委托人可以保留资产的控制权，比如受益人无自由处理权的信托（spendthirft trusts）。

李老师说

信托顾名思义就是"信任的委托"。资产委托人将资产转移给信托，也就是受托人，受托人对资产进行管理，按照条款将信托资产转移给受益人。

信托按照不同的类别区分可以用图 3-18 表示。

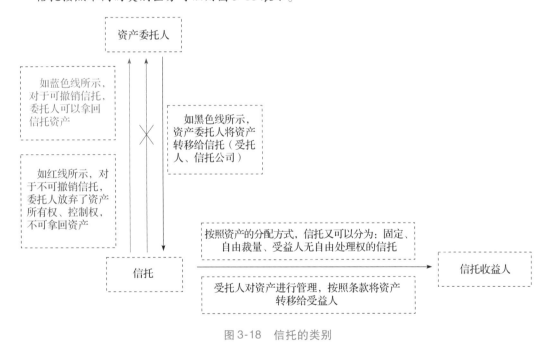

图 3-18　信托的类别

3.7.6　寿险 ★

寿险（life insurance）的**投保人**（policy holder）支付给**承保人**或**保险公司**（insurer）一定数额的**保费**（premium），当投保人过世之后，承保人有义务支付给保险受益人一定的好处。在很多税法体系中，这个好处是免税的。此外，保费不纳为资产所有者的应税资产，也不需要交税。所以，寿险在很多时候也被用于遗产规划的工具。

3.8 税收系统与双重征税

3.8.1 税收系统

征税的原则可以分为两类：一类是来源地原则，即无论该收入是本国公民产生的还是外籍人士产生的，只是要该国境内产生的收入就需要征税，这种体系被称为收入所得**来源地征税体系**（source jurisdiction）；第二类是公民原则，即只要是本国公民，无论他是在境内产生的收入，还是在境外产生的收入都要征税，这种体系被称为**公民征税体系**（residence jurisdiction）。

李老师说

简单地说，第一种税收体系就是"属地原则"，只要在该领域内赚钱，不论你是哪国人，都需要交税。第二种税收体系是"属人原则"，只要你是 A 国家的人，不论你是在 B 国还是 C 国赚取的钱都需要向 A 国交税。

于是会出现这样的情况，一位"属人原则"国家的人，跑到了"属地国家"去工作，这个人需要交两次税。他先要向其本国交税，同时还要向他工作的国家交税。

由于本国税负太高或者公民征税体系的存在，一些人就会放弃其公民身份，并加入税收负担较轻的国家以此避税，有时需要交纳**退出税**（exit tax）作为代价。退出税的计税基础大部分是针对资产的未实现收益征收的，有时也针对放弃公民身份一段时间内的收入征收。

3.8.2 双重征税

由于不同的国家拥有不同的税收体系，所以当某人有多个国家的身份时，或者某企业是跨国企业时，就可能出现两个国家同时对某一笔收入、资产征税。这样就会出现 3 种情况的冲突。第一种为公民权和公民权体系的冲突，假设某人有两个国家的身份，且这两个国家都是公民权税收体系，于是此人在全球范围内的收入需要同时对两个国家缴税。第二种冲突来自于两个国家都是"属地原则"的征税体系。例如，A 公司在 B 国开办工厂，工人都来自 B 国家，但管理人员来自 C 国家，这两个国家都认为这个工厂产生的收入属于各自国家，因此都对其征税。第三种情况，是一个来自"属人原则"国家的公民，在一个"属地原则"的国家生活、工作，于是他在国外赚取的收入需要在当地缴纳一笔税费，同时他仍要向自己的国家针对这笔收入缴纳一笔税费。

　　✓ 双重税收中的税收减免★

有 3 种方式可以解决第三种情况的矛盾：全额抵免法（credit method）、外国税收豁免（exemption method）以及扣除法（deduction method）。

在全额抵免法下，公民权税收体系的国家允许税费全额抵免，抵免的金额就是该国公民已向收入来源地征税体系国家缴纳的税费。

例如，某人是 A 国公民，A 国实行公民权税收体系。该人在 B 国工作赚取收入，B 国实行收入来源地征税体系。假设 A 国的税率为 6%，B 国为 5%。此人在 B 国赚到的 100 元，首先要向 B 国缴纳税费：$100 \times 5\% = 5$（元）。同时理论上他需要向 A 国缴纳税费：$100 \times 6\% = 6$（元）。但是由于公民权税收体系国家允许税费全额抵免。已经在 B 国交的 5 元，可以全额抵免向 A 国缴纳的税费，所以只需要向 A 国交 1 元的税费。反过来，如果他在 B 国的税率为 6%，A 国的税率为 5%。理论上讲，他需要向 B 国交 6 元的税费，向 A 国交 5 元的税费，由于公民权税收体系国家允许税费全额抵免（A 国允许全额抵免），在这种情况下，他就不需要再向 A 国交税。这种方法可以完全解决双重征税问题。

从上面的例子可以看出，如果"属人原则"下的税收金额小于"属地原则"下的税收金额，我们按"属地原则"的金额交纳税费。如果"属人原则"下的税收金额大于"属地原则"下的税收金额，我们除了"属地原则"的税费还需交纳两者的差额，实际上就是交纳了更大金额的"属人原则"的税费。因此，在这种方法下是交纳两者中较大的金额，用公式总结，即

$$T_{\text{credit method}} = \text{Max}\left[T_{\text{residence}}, T_{\text{source}}\right]$$

在外国税收豁免法下，实行公民权税收体系的国家对本国公民在境外赚取的收入免税，相当于本国公民只需在收入来源地交纳税费，因此它也可以完全解决双重征税问题。

还是上例，某人是 A 国公民，A 国实行公民权税收体系。该人在另外一个国家 B 工作赚取收入，B 国实行收入来源地征税体系。假设 A 国的税率为 6%，B 国为 5%。此人在 B 国家赚到的 100 元，要向 B 国缴纳税费：$100 \times 5\% = 5$（元），同时 A 国不对其国外收入征税。

用公式总结得到以下结论：

$$T_{\text{exemption method}} = T_{\text{source}}$$

在扣除法下，公民权税收体系的国家只允许本国公民用在收入来源国缴纳的税费抵减其应税额，相当于只能抵扣税基，还是需要交纳公民税收，所以这种方法不能完全解决双重征税的问题。

上例情况表示，向 B 国缴纳的税费为应税的扣除项目，扣除后的余额作为税基向 A 国缴税。假设此人在 B 国缴纳税费：$100 \times 5\% = 5$（元）。同时他还需要向 A 国缴纳税费：$(100 - 5) \times 6\% = 5.7$（元），所以一共需要交纳 10.7 元。

用公式总结得到以下结论：

$$T_{\text{deduction-method}} = T_{\text{source}} + T_{\text{residence}}\left(1 - T_{\text{source}}\right)$$

👆【例题】

某人的公民身份属于 A 国，A 国是实行公民权税收体系的国家。此人在 B 国工作，收入来源 B 国，B 国实行收入来源地征税体系。假设 A 国的税率为 45%，B 国的税率为 40%，计算 3 种处理双重征税方法下的税率。

解析：

（1）在全额抵免法下，按较高的税率交纳税费，即 45%。

（2）在外国税收豁免法下，此人不需要向 A 国缴纳税费，只需要按 B 国税率 40% 缴纳即可。

（3）在扣除法下，A 国只允许此人用已向 B 国缴纳的税费抵减应税收入。

在这种情况下，应向 A 国缴纳税率为 $(1 - 0.4) \times 0.45 = 27\%$

扣除法下总的税率 $= 40\% + 27\% = 67\%$

4 过度集中的资产配置

本节说明

本节主要讲解了个人投资者在投资过程中产生的投资过度集中的问题，解释了产生这种现象的原因；针对不同的资产，如何处理投资过度集中的策略。其中税收因素是处理资产时考虑的一个重要因素。

知识点自查清单

- ❑ 过度集中资产投资产生的风险
- ❑ 管理过度集中资产的目标
- ❑ 影响过度集中资产的因素
- ❑ 以目标为基准的决策过程
- ❑ 资产账户和资产转移
- ❑ 管理过度集中资产的步骤
- ❑ 管理过度集中的股票头寸风险
- ❑ 非上市公司的货币化策略
- ❑ 房地产投资的货币化策略

4.1 引言

通常，个人或者家庭的财富会过度集中在某项资产或者某类资产上，比如中国家庭的财富大多集中在房地产上。过度集中会导致很多问题，比如没有分散化、投资的风险很高，或者非流动性资产占比太高，无法满足支出的需求。

如何解决这个问题就是我们需要讨论的话题。简单地卖出一部分资产并不能解决问题，因为涉及流动性、法律、税费等问题，甚至与投资者的心理偏差也有关系。

本节会涵盖 3 大类常见的过度集中的资产类型：上市公司股票、自有的非上市公司以及商业或投资性房地产（非自住）。

4.2 过度集中资产投资产生的风险

过度集中的资产投资会导致投资者面临一些风险，风险可以分为系统性风险和非系统性风险。系统性风险就是无法通过分散化规避的风险，通常是宏观意义上的风险，比如非预期的通货膨胀的改变。针对过度集中的资产带来的非系统性风险包括**公司特有的风险**（company-specific risk）和**物业特有的风险**（property-specific risk），这两种风险都是可以被分散化的。从名字可以看出，公司特有的风险是针对股权的，所以它产生于上市公司股票和非上市公司股票集中的投资中，比如公司经营中的风险；而物业特有的风险是产生于对商业房地产集中的投资中。

4.3　管理过度集中资产的目标

简单来讲，管理过度集中资产的目的就是分散化风险、提供现金流、减少税费。但其实在处理过度集中的资产时，既满足分散化效果很好，又可以最小化税费的目标很难实现。这是因为在卖出过度集中的资产获得分散化时，需要承担税费。

以下内容将会告诉我们如何同时满足这两个目标。其中的核心理念就是：不卖出持有的过度集中的资产，通过抵押，货币化部分过度集中的资产，获得资金去构建分散化投资。

4.4　影响过度集中资产的因素

4.4.1　处理过度集中资产时需要考虑的因素

大多数过度集中的资产购买时的成本很低，而现在的市场价值很高，因此，如果直接卖出这部分资产会产生很大一笔资本利得税费。

除了税费，流动性也是一个很重要的问题。对于上市公司股票而言，虽然可以公开交易，但如果市场交易量远小于持有的资产，那么该股票的流动性也很低。对于非上市公司股票，没有公开市场进行交易，其流动性更低。除此之外，投资性房地产的流动性也不高。

4.4.2　机构及资本市场限制

1. 保证金贷款规则★（理解原理）

投资者可以通过质押、抵押手中资产获得贷款资金（此过程也称为货币化），构建分散化的投资。**保证金贷款规则**（margin-lending rules）决定了银行或者证券公司能为客户抵押的资产或者质押的证券提供多少贷款。

如果抵押资产的价值为 100 万元，贷款的金额不一定也是 100 万元，它取决于不同的贷款体系，有的依据贷款的用途来确定贷款的金额，有的依据业务的风险来确定贷款的金额。

李老师说

比如某客户的资产主要是集中在某只股票 A 上。客户的目标是想实现分散化的投资，但同时继续持有该资产，因为卖出这些资产会产生很高的税费。此时，客户可以利用保证金贷款，质押这部分股票获得贷款资金，然后通过购买其他资产，如股票指数来分散风险。

通过这种方法可以把集中的资产投资转化成分散化的资产投资，并且客户并没有卖出原集中的持仓，这样就不会产生过高的税费。因此，保证金贷款规则是影响客户处理过度集中资产的影响因素。这里一定要理解保证金贷款规则的原理。

2. 证券法规和其他规定

证券的法律法规对公司的管理层或内部人员交易该公司的股票做出一定的限制。因为作为内部人员，他们可能会提前获取重要信息或者知道内幕消息。

除了证券法规，其他一些规章制度也会影响公司内部人员处理其持有的公司股票。例如，IPO 的锁定期限制（lockups）禁止交易股票。

3. 资本市场限制

当客户质押其持仓获得贷款，进行分散化投资时，可以先用衍生品构建一个零风险的组合。因为风险越低，获得的贷款资金就越高。

例如，某客户的资产主要投资在股票 A 上，为了实现分散化投资且不卖出股票 A，投资者可以通过质押股票 A 获得贷款。由于股票 A 具有一定的风险，那么客户能够质押出来的资金就相对较少。如果客户能够卖空股票 A，构建了一个股票 A 的零风险头寸，这时客户锁定了股票 A 的价值。那么，此时客户再去质押手中的"股票 A 组合"，可以获得一个更高的质押率，融得更多的资金。

因此资本市场是否有卖空的限制就影响了组合对冲的能力，从而影响融资比率。如果资本市场限制越多，投资者对冲的灵活度就越低，那么可以融到的资金就越少。

此外股票的日交易量也很重要，因为它代表了股票的流动性。中间商需要定期地买卖股票来调整头寸，如果股票的流动性很低，则交易成本会很高。

4.4.3 心理因素

投资者有时持有过度集中的资产投资是由其心理因素导致的。这部分内容和行为金融学中的内容有交叉，这里只做简单的回顾。

1. 认知偏差

- ✓ 保守偏差（conservatism bias）：投资者即使获取了新的信息，也未能正确将其纳入决策制定的过程中，而是错误地保留了原先的观点。
- ✓ 确认偏差（confirmation bias）：投资者在已经拥有了一个投资观点的情况下，会倾向于寻找支持自己观点的信息证据，同时刻意忽视或者回避那些与自己观点不同的意见信息。
- ✓ 控制错觉偏差（illusion of control）：投资者会错误地认为自己有能力控制或者影响投资的结果，虽然事实上他们并不能做到对结果的控制。
- ✓ 锚定与调整偏差（anchoring and adjustment）：投资者的经验将影响评估特定事件的概率，一旦"锚"确定好了，只会在其上下做调整。

✓ 易得偏差（availability Bias）：投资者做决定依靠获得信息的难易程度。那些容易回忆到的信息比那些难以"想起"的信息更容易被投资者所采纳。

以上的认知偏差，都会导致客户不愿意分散化自己的投资。

2. 情感偏差

✓ 过度自信（overconfidence）和熟悉性（familiarity）：认为自己对该项资产非常了解，往往高估了自身知识水平以及获取信息的能力，很容易低估投资的风险，高估投资的收益。

✓ 现状偏差（status quo bias）：投资者想要维持现状不愿意改变。

✓ 简单的推测（Naïve extrapolation）：由过去的结果简单地推测现在和未来。

✓ 禀赋效应（endowment effect）：投资者对其持有的某项资产有深厚的感情、对家族资产等具有荣誉感，因此认为该项资产的价值高于市场价格。

✓ 忠诚偏差（loyalty bias）：员工倾向于持有雇主公司的股票，以示忠诚。

认知偏差通常比情感偏差更容易克服，通过投资者教育可以克服认知偏差。

4.5　以目标为基准的决策过程

4.5.1　如何克服心理因素

心理因素很难克服，以目标为基准的方法可以帮助客户更为直观地识别自己的资产类型以及风险，帮助他们克服心理因素。这种方法将投资组合划分为不同的**风险层**（risk buckets），按照风险的大小和目标的重要程度，依次为个人风险层、市场风险层和愿景风险层。

4.5.2　风险分层和实现的优先顺序 ★ ★ ★

风险分层和实现的优先顺序如表 3-9 所示。

表 3-9　风险分层和实现的优先顺序

风险层次	内容
个人风险层（personal risk bucket）	保证客户避免陷入贫困或者避免极端情况发生 ● 低风险的资产，如货币市场基金和银行存款 ● 个人住宅也属于这一档 ● 这一层的资产首要目标是保证资产安全性
市场风险层（market risk bucket）	维持客户现有的生活水平 ● 可以投资股票和债券获得预期的市场收益
愿景风险层（aspirational risk bucket）	高风险的投资可以大幅提高客户的生活水平 ● 投资非上市公司 ● 集中持有上市公司股票 ● 房地产投资和其他高风险的投资

第一层为个人风险层，它的主要目的就是避免客户陷入贫困状态或者生活水平大幅下降。

这是客户最基本的需求，所以这一层的投资首先要考虑的因素是安全性，应该投资于低风险的资产，注意投资者自住的房产也属于这一类。

当满足了客户的个人风险层的投资后，可以将剩余资产投资于市场风险层。这一层是为了维持客户目前的生活水准，可以投资一些与市场收益率持平的产品，如股票债券等。

以上两层的投资完成后，客户可以将剩余资产投入"愿景层"。这一层的投资一旦成功，将会大幅提高投资者的财富水平。3 大类过度集中的投资都属于这一层，即集中持有的上市公司股票、自有的非上市公司股权、投资性房地产等。

4.5.3 实行以目标为基准的投资计划 ★★★

根据上面的分层，客户可以很直接地识别出自己的资产类型是否过度集中于第三个层次。然而第一层和第二层才是满足客户生活基本需求的资产，只有在满足前两个目标的前提下，将剩余资产投资于第三层才是比较合理的规划。如果第三层的占比过高，就说明该客户面临着资产过度集中的风险。

我们将第一层和第二资产统称为**基本资产**（primary capital），将满足前两个目标之后的部分称为**剩余资产**（surplus capital），它是用来满足第三层的目标的。

对于拥有过度集中的资产的客户，基金经理需要开诚布公地与之说明他所面临的风险，即有可能基本的生活需求支出都无法满足。如果客户同意处理过度集中的问题，基金经理可以通过卖出或者货币化的方式来实现基本资产的需求。这些方法我们会在后文中详细说明。

4.6 资产账户和资产转移

4.6.1 资产账户

在管理过度集中资产时，应该考虑到**资产账户**（asset location）的类型，因为不同的账户决定了征税方式的不同。在前面的章节中我们学习过账户可以分为税收递延账户、应税账户和免税账户。因为税收递延账户和免税账户针对特定的资产，或者是金额有上限，所以大部分的资产都在应税账户里。有时，不同类型的资产税收比率也不一样，比如利息收入与资本利得的税率有可能不同。基金经理需要了解这些情况，最小化税费，使得投资者的利益最大化。

4.6.2 资产转移

如果在拥有资产的期初，即资产还未大幅升值的时候将资产转移出去，此时税费的影响就较少，甚至没有。但如果资产已经有大幅的升值，此时再做**资产转移**（wealth transfer）就会复杂得多，转移的成本也相应地变高。

除了直接将资产赠与给他人，我们还可以用**遗产税锁定**（estate tax freeze）的方法在拥有资产的期初，以较少的税费将资产未来的升值转移给下一代。

李老师说

这里需要讲一下怎么做遗产税锁定。我们假设客户 A 持有公司的全部股份，公司价值 100 万元，A 预测自己的公司未来会有大幅的增长空间，同时 A 想将来把公司顺利地转移给儿子 B。

现在转移公司是一个明智的选择，因为现在转移需要缴纳的赠与税税基很小，未来等公司价值大幅增长后再做转移需要缴纳更多的税费。但这里有个问题，B 还没有能力管理公司，A 想将公司此刻就转移给儿子 B，因为可以最低程度地缴税，同时 A 还想继续保留对公司的控制权。

所以此时 A 的目的有两个：第一，将公司提前转移给 B，也就是未来公司的增长部分提前转移给下一代；第二，自己仍然保留对公司的控制权。

于是，可以如下操作：我们知道公司的股票可以分为优先股和普通股。A 在转移自己的公司前，先将公司的股份拆分为价值 100 万元的具有投票权的优先股和没有投票权的普通股。一个不具有投票权的普通股价值为零。于是 A 可以通过信托等一系列方式，将价值为零元的普通股转移给 B，同时自己保留具有投票权且价值为 100 万元的优先股。由于目前普通股的价值为零，A 不需要缴纳任何资产赠与税费。

随着公司的成长，优先股的价值不变，因为优先股的定价原则是永续的、确定的分红折现。随着公司做大做强，公司的价值不断增长，增长的部分逐渐累积到普通股。于是就做到了很早将 A 公司未来的增长部分提前转移给下一代，同时保留对公司的控制权。等将来适宜的时候再将价值 100 万元的优先股转移给儿子。相比公司增长后的全额转移，这个部分转移实际上产生的税费很小。

以上操作思路如图 3-19 所示。

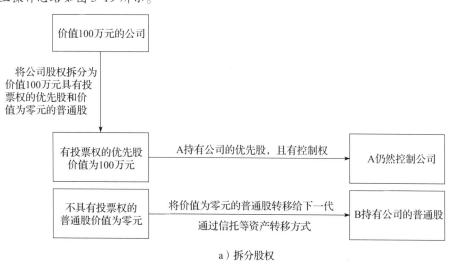

a）拆分股权

图 3-19　资产转移图解

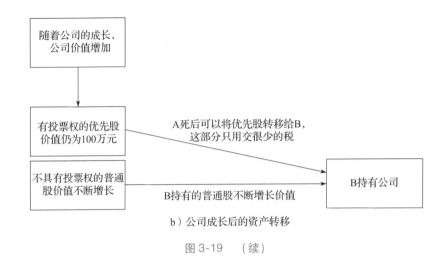

b）公司成长后的资产转移

图 3-19 （续）

4.7 管理过度集中资产的步骤

与管理个人资产需要制定投资政策说明书一样，管理过度集中的资产也有一定的步骤，且也是一个动态调整的过程。

- ✓ 识别投资者的目标与投资限制。
- ✓ 如何实现这些目标，有哪些工具和策略？其中税收是需要着重关注的方面。有很多策略可能达到相同的目标，但它们的税费可能是不一样的。如果税法中存在着不匹配的地方，就存在"套利"空间。投资者可以通过详尽的规划、筛选、执行，找出合适的交易，产生最优的收益和税费情况。这样可以帮助投资者获得税费节省的收益、减少税收风险。
- ✓ 非税收因素也需要考虑。特别是在运用衍生品对冲风险的时候，有的是场内交易的衍生品，有的是场外交易的，它们的特征是不同的，这些不同之处也需要关注。
- ✓ 总结并记录合适的策略。

李老师说

怎么理解通过利用税负的不匹配实现少交税？假设投资者持有股票，投资者担心股票的下跌，为了降低风险，可以买入看跌期权（long put）。但是此时投资者需要支付一笔期权费。投资者为了减少期权费的支出，可以卖出一个看涨期权，获得的期权费以抵消购买看跌期权的费用。此时就构建出了零成本期权头寸（zero-cost collar）。当股价下跌时，因为持有看跌期权，投资者会获得收益。投资者卖出看涨期权，也会获得期权费的收入。此时就会对这两种不同的收入有不同的征税方式。对卖出看涨期权获得的收入按个人所得税税率征税（假设为 30%），对持有看跌期权的收益按照资本利得税税率征税（假设为 10%）。此时就会产生税负的不匹配。这里只是帮助大家理解税负不匹配的理念，具体的操作不属于我们讨论的范围。

4.8 管理过度集中的股票头寸风险

4.8.1 3种方法管理投资过度集中产生的风险

一般有下面 3 种方法被用来管理投资过度集中的问题。

- ✓ 卖出资产（sell the asset）★：这是最直接获得资金的方式，但往往伴随着高昂的税费。
- ✓ 货币化资产（monetize the asset）★：通过抵押或者质押的方式获得贷款，这样做的好处是不需要交税。
- ✓ 利用对冲工具：通常使用衍生品来实现。

4.8.2 上市公司股票货币化的两个步骤 ★ ★ ★

货币化的核心理念是质押持有的股票获得现金，这样做可以帮助投资者避免卖出股票需要立即交税（税费能晚交就晚交）。

前文我们提到了，质押率越高，获得的贷款金额也就越高。质押率往往和质押品的风险挂钩，如果质押品的风险越低，则质押率就越高。所以在做货币化之前通常会先对冲股票的风险，然后再进行质押。

4.8.3 货币化的工具

这里货币化的工具是指可以建立一个股票空头头寸，将组合的价值锁定为一个固定值，主要有 4 种方法。

为了帮助大家理解货币化工具，我们假设某投资者持有 XYZ 公司 500 000 股，现在每股的价格为 60 元。

- ✓ 做空：投资者借入 500 000 股 XYZ 的股票，并且将其卖出。由于投资者自己持有 500 000 股的 XYZ 公司股票，同时又做空了 500 000 股，此时无论股票价格如何变化，都不影响组合的价值，因此是一个无风险组合，可以获得很高的质押率。卖空收到的现金可以用来做其他投资，实现组合的分散化。
- ✓ 构建远期合约卖出股票：投资者构建一个远期合约，以约定好的价格在将来某时刻卖出 500 000 股的 XYZ 股票，从而规避了股票价格波动的风险。
- ✓ 期权合成远期合约：如果远期合约构建不成功，投资者可以通过卖出一个看涨期权，同时买入一个看跌期权（执行价格一样）合成一个远期合约的空头头寸。这样也可以锁定组合的价值，获得很高的质押率。
- ✓ 股票总收益互换合约：投资者可以构建互换合约，付出股票的总收益，收到其他资产的收益，如固定利率或者浮动利率。

4.8.4 对冲工具

货币化的工具目标是将股票收益锁定为一个固定值，而对冲工具的目标是对冲股票价格下降的风险，同时保留全部或者部分价格上涨的空间。

最直接的对冲工具就是购买看跌期权，它的优点是可以对冲股票价格下降风险的同时保留全部的上涨空间，但缺点是成本太高。为了降低成本，投资者可以买入价外看跌期权，即执行价格更低的期权。它给投资者的保护更少，所以价格更为便宜。

此外也可以在购买看跌期权的基础上再卖出一个执行价格更低的看跌期权（看跌价差），此时既可以提供一定的保护，也可以收到一部分期权费来抵减成本。但缺点是当股票价格比执行价格更低时，期权组合无法提供保护。

也有少数投资者会使用敲出的（knock-out）看跌期权来降低成本，它属于奇异期权的一种，因为它的执行有一定的限制条件，所以期权费比普通的期权要更为便宜。同样地，正是因为它提供的保护有限，所以价格才便宜。

大部分人会使用**领子期权**（collar）来降低对冲成本，尤其是**零成本的领子期权**（cashless，也称为 zero-premium collar）。它由买入看跌期权，同时卖出看涨期权组成。其中，看跌期权的期权费与看涨期权的期权费相同，到期日相同，同时看涨期权的执行价格高于看跌期权。这样一个组合使得股票收益在一定的范围内浮动，为股票价格下降提供保护的同时也牺牲了股票价格大幅上涨的空间。

4.8.5 增强收益率

当投资者认为股票价格只在一定范围内波动的时候，他可以选择在已有股票头寸的基础上卖出看涨期权（形成持有看涨期权，covered call）获得期权费，就可以增加收益。看涨期权的执行价格一般会高于现在的市场价格。

当股票价格下降时，看涨期权的多头选择不执行，投资者可以获得一定的期权费作为价格下降的补偿。当股票价格上升时，看涨期权的多头选择执行，投资者以执行价格（高于现在的市场价格）卖出股票，实现管理过度集中头寸的风险。

因此这个策略除了可以增强收益率以外，还可以让投资者从心理上接受卖出股票的决策，并可以以一个确定的价格卖出。其缺点就是如果股票价格过低，收到的期权费就不足以补偿这部分损失，投资者还是会面临亏损。

4.8.6 其他工具

1. 股票投资的税费最优处理方式

当投资者货币化集中持有的股票资产并且获得资金后，就可以将获得的资金投资于不同的资产上。税费最优处理方式的目标在于结合投资者的风险收益特征以及税收的因素来做投资决策。一般来说有以下两种方法。

✓ 追踪指数，并且主动管理税费：这种方法并不是完全的复制指数，它可以通过盈亏互抵（tax loss harvesting）来推迟资本利得税的交付，从而达到税后收益高于指数收益的目标。

✓ 构建完整的投资组合（completeness portfolio）：所谓完整的投资组合，即与已有集中的股票头寸组合的相关性非常低，即使不是指数组合也可能达到分散化的作用。如果集中的股票头寸大涨，而完整的投资组合有亏损，利用盈亏互抵也可以使得卖出股票时不用缴纳税费。

2. 交叉对冲

很多时候，当投资者没有办法直接对自己持有的资产进行对冲时，可以通过交叉对冲（cross hedge）来实现目标，即选择一个与持有资产相关性非常高的替代资产进行对冲。

- ✓ 卖空一个或者多个与持有资产相关性很高的资产。
- ✓ 卖空与持有资产相关性很高的指数。
- ✓ 买入基础资产为替代资产的看跌期权。

4.9　非上市公司的货币化策略

4.9.1　非上市公司

很多企业家的财富都集中在自己创立或者经营的企业中，它们的资产可能非常值钱，但流动性很差。企业家可以通过卖出股票获得现金来提高投资组合的分散化，但是这些股票升值幅度很高，卖出会产生很高的税费。另外，创立和经营企业都需要耗费大量的精力，企业家对自己公司的感情很深，这也会加重管理这类过度集中资产的难度。

在管理非上市公司资产过度集中的问题时，要考虑以下因素：

- ✓ 公司的价值。
- ✓ 相关税费。
- ✓ 信贷市场的状况，如利率水平、获得贷款的难度等。因为管理非上市公司股权时既涉及股权又涉及债权，因此需要关注信贷市场。
- ✓ 对方是否有足够的财力购买公司。
- ✓ 货币的价值。

4.9.2　处理非上市公司股权的策略 ★ ★ ★

1. 卖给战略投资者

战略投资者会买入公司并且长期持有公司，通常出价最高。这是因为战略投资者与目标公司处于相同或者类似的行业，收购之后具有协同效应，他们买入公司主要是补充现有的公司业务。

2. 卖给财务投资者

财务投资者通常是私募股权基金，他们不会长期持有公司，也没有协同效应。他们的目标是在基金的存续期内（3～5 年）提高公司的价值，再将其卖出获得较高的投资收益，因此出价不会太高。

3. 资本结构调整

公司创业者让渡一部分股权给私募股权公司，私募股权公司也可以帮助引入夹层资本，这样一来，创业者可以收到一部分现金，在增加流动性的同时保留一部分的控制权。这种策略是一种阶段性退出的策略。

4. 将公司卖给管理团队或者核心员工

将公司卖给管理团队或者核心员工，它的好处在于企业家了解他们的能力，他们也熟悉公司具体的运营管理流程。但有一个潜在的不确定性，即好的员工不代表是一个好的创业者，他们可能无法如预期一样经营好公司，这时再想获得融资也会变得十分困难。

在这种情况下，他们可能会要求公司所有者以期票（promissory note）的形式融资买股权，它会约定好未来的购买价格，这样做相当于推迟了价款的支付，有时候期票是否执行还取决于公司未来的财务状况。

另外，公司所有者与员工在协商的过程中可能会发生不愉快，这样也会影响未来雇主与雇员的关系。

5. 卖掉公司的非核心业务

如果公司的所有者想立即实现部分的流动性，他们可以选择卖掉公司的非核心资产或者业务，类似于给树木修枝，将不影响公司未来发展的部分处置从而换取现金，实现分散化。

6. 将公司卖给或者赠与家庭成员

将公司通过有税收优势的方式赠与或卖给家庭成员也是一种常见的退出方式。潜在问题是家庭成员可能不愿意接手企业，有另外的职业规划。

7. 公司的所有者用他持有的公司的股权做质押获得贷款

公司所有者可以用股票做质押，向其公司获得个人贷款，从而获得现金流。

8. 上市 IPO

上市虽然可以提高股票的流动性，但是上市对于所有者想提高短期的流动性却不是一个好的策略。另外，上市前的费用也非常高昂，而且为了使公司业绩进一步提高，所有者往往需要继续参与到公司的经营决策中，无法实现真正意义上的退出。

9. 员工股权激励计划

员工股权激励计划（employee stock ownership plan，ESOP）可以被看作是退休计划的一种，它允许员工以一定的价格购买部分或者全部的股票。这种策略也属于阶段性退出，所有者可以实现部分的分散化，同时还保留对公司的控制权。有的国家对 ESOP 售出的股票还有税收优惠政策，比如递延交纳资本所得税。

4.10 房地产投资的货币化策略

4.10.1 房地产投资

房地产单价较高，通常在投资者财富中所占的比例也很高，而且房地产的流动性非常差。相对于购买成本，房地产升值的幅度也较大，因此在处置房地产的时候往往需要交纳较高的税费。在管理房地产投资时，投资者不仅需要估计房地产的市场价值及走势，还需要考虑税率以及信贷市场的情况。

4.10.2　房地产投资的货币化策略 ★ ★ ★

1. 房地产抵押贷款

通过房产抵押贷款，投资者可以获得资金，同时不会失去对房产的所有权，也不会产生税费。

当投资者的房地产抵押贷款是一个没有追索权的贷款（non-recourse loan）时，即如果投资者不能按期偿还贷款或者投资者违约，资金出借人只能追索抵押品，即房产；出借人没有权利追索贷款者的其他资产。在这种情况下，投资者贷款买入房产，或者抵押房产获得贷款，实际上是给自己的房产投资买了一个看跌期权。

另外，因为投资者依旧拥有房地产，所以拥有房地产期间产生的现金流也归投资者所有。如果期间现金流可以正好覆盖贷款的成本，那么净现金流就等于零，也不会产生收益税。

2. 捐赠给慈善信托、基金

捐赠给慈善机构不但可以免税，有时还可以抵税。

3. 出售并且回租

房产所有者通过卖出并回租，可以在卖出房产的同时，继续使用。注意在这个过程中的税费问题需要综合考虑。这个策略有以下几个好处：

- ✓ 提高投资者资产的流动性，并且消除了与该资产有关的债务。
- ✓ 可以将资产全部的价值变现，虽然会产生税费，但如果公司有其他的资本损失可以抵消房地产的资本利得，也就可以减少相关税费。
- ✓ 回租之后需要支付租赁费用，这笔费用也可以抵税。

5 个人资产的风险管理

本节说明

本节主要以更全面的角度考察了个人投资者总财富的构成，讲解了个人投资者所面临的风险，介绍了几种帮助投资者管理风险的工具和方法。

知识点自查清单

- ☐ 个人总财富的构成
- ☐ 个人风险管理的框架
- ☐ 保险的相关概念
- ☐ 年金的相关概念
- ☐ 个人风险管理

5.1 个人总财富的构成

5.1.1 总财富

1. 经济意义上的资产负债表/全面的资产负债表

个人全面的资产负债表或者经济意义上的个人资产负债表可以帮助我们更好地了解个人的经济状况、管理个人可能会面临的各类风险。

李老师说

传统的资产负债表只会考虑一些显性的东西。以个人的资产负债表为例，考虑资产时，我们会想到房产、车产、股票、现金等；考虑负债时，我们会想到房贷、车贷等。剩余部分就是权益。按照传统的资产负债表，个人的资产负债如图 3-20 所示。

看似通过传统的个人资产负债表可以了解个人的财富。但是它忽略了一个人一生中最重要资产，那就是自己。个人具有人力资本，即未来能赚到的所有钱的现值。传统的资产负债表还忽略

传统的个人资产负债表

资产	负债
·现金 ·银行活期存款 ·银行定期存款 ·股票投资 ·债券投资 ·房产 ·车	·房贷 ·车贷 ·剩余部分

图 3-20　传统的个人资产负债表

了人最重要的一笔负债，那就是生活成本，即未来所有的生活费用折现求和得到的值。全面的个人资产负债分析，考虑了人力资本和未来所有的生活成本现值。这可以帮助我们更加全面地了解个人资产状况。对于大多数人来说，人力资本是一生中最重要的资产，于是在进行个人财富管理时，就需要考虑到投资的资产要和人力资本具有一定的分散化效果。人力资本又有其独特的风险，如个人会生病、失业等，所以在资产配置时还需要考虑到对冲掉这部分风险。保险就是一个很好的选择。全面的个人资产负债表如图 3-21 所示。

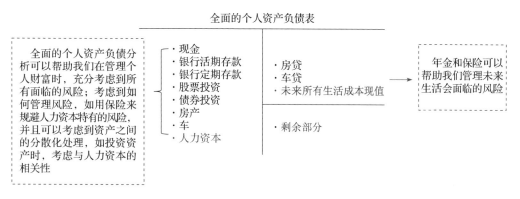

图 3-21　全面的个人资产负债表

2. 个人资产的两个主要组成部分

投资者的个人总财富包含两个部分，第一部分为投资者的人力资本，第二部分为投资者的金融资产，两种财富来源给个人风险管理带来了独特的挑战。

- ✓ 人力资本：投资者个人未来预期赚到的工资的现值。具体可以估算投资者未来某年能赚取的收入乘以投资者那年仍能存活的概率；将未来所有年限的预期收入加总求和并折现，就可以算出投资者的人力资本。

- ✓ 金融资产：
  - 个人的金融资产可以分为有形资产和无形资产。
  - 个人的房产、车产、各类证券投资、银行存款和退休金，都是属于个人的金融资产。

5.1.2　人力资本

计算人力资本需要做很多预测，例如，需要估算个人未来能赚取多少工资、工资的增长率，同时要根据死亡率表估算未来现金收入能实现的概率，需要估算名义和实际无风险利率等。在对人力资本折现时，折现率需要根据未来收入现金流的风险进行相应的调整。例如，某人从事的是高风险行业的工作（股票分析师），就应该用对应的较高的折现率。如果某人的工作很稳定（如公务员），则可以用较低的折现率。

1. 人力资本

人力资本就是个人通过自己的工作技能、知识和经验赚取的未来收入折现加总值。从家庭的全面资产负债表来看，人力资本通常是其最主要的资产。劳动力市场的作用就是帮助个人出租自己的人力资本以换取持续的现金收入。人力资本是不可交易的个人资产。

2. 人力资本计算（了解即可）

$$HC_0 = \sum_{t=1}^{N} \frac{W_t}{(1+r)^t} \rightarrow HC_0 = \sum_{t=1}^{N} \frac{P(S_t) \times W_{t-1} \times (1+g_t)}{(1+r_f+y)^t}$$

式中　$P(S_t)$——个人在 t 年还能存活的概率；

　　　W_t——t 年通过工作获得的收入；

　　　W_{t-1}——$t-1$ 年通过工作获得的收入；

　　　g_t——年工资增长率；

　　　r_f——名义无风险利率；

　　　y——根据工作收入的波动性调整的风险溢价；

　　　N——工作的年限。

👆【例题】

　　王先生已经 63 岁了，公司要求员工 65 岁时退休，预计王先生还将工作 2 年。他目前的年收入是 30 万元。预期在未来两年年收入将会以 5% 的速度增长。当前市场的无风险利率为 3%，并将在未来两年内保持稳定。王先生从事的工作风险较高，收入波动性较大，所以假设其工资有一个 5% 的风险溢价。从死亡率表格得知，王先生未来两年的存活概率为 98%，97%。利用以上信息计算其人力资本（HC）。

解析：

总结以上信息得到表 3-10。

表 3-10　王先生的个人信息汇总

折现率为：3% + 5% = 8%
当前年收入为：30 万元
工资增速为：5%

年龄	存活概率	预期工资收入（万元）	考虑存活概率后的预期工资收入（万元）	现值（万元）
64	98%	$30 \times (1+5\%) = 31.5$	30.87	28.583
65	97%	$30 \times (1+5\%)^2 = 33.075$	32.08275	27.506
			人力资本	56.089

5.1.3　金融资产

投资者的**金融资产**（financial capital）可以分为具有消费属性的资产，具有投资属性的金融资产，以及兼备两个属性的资产。

1. 具有消费属性的资产

具有消费属性的资产具体是指个人在一生中要使用或者消费的资产。

例如，汽车、衣服、家具等（具有消费属性的资产）。个人住宅也属于个人资产。

消费属性的资产通常不会增值，它们对个人的价值要高于市场的购买价格。

个人资产（房产），可以同时具有消费属性和投资属性。在持有的同时，资产价值可能会增加。其他混合属性的资产包括一些收藏品，如珠宝、酒、邮票和艺术品。

2. 投资性资产★

投资性资产通常是个人财富中最好识别的一类资产。通常，这部分资产是理财规划师、专业投资人士最为关心的部分。

投资性资产具体包括：

- ✓ 公开市场交易的资产，包括货币市场工具、债券、普通股和优先股。
- ✓ 非公开市场交易的资产。非公开市场交易的资产包括：房产、一些种类的年金、寿险中的现金价值、非上市公司和收藏品。房产通常是个人持有的单笔最大的资产，有时投资者会贷款买入房产。年金是金融机构未来向投资者支付的持续性现金流（类似 DB 养老金计划）。寿险中的现金价值是指允许投资者个人提前从寿险中获取部分现金（将会减少死亡时的最终赔付）。个人持有的非上市公司股权通常在投资者总财富中占有很大比例，特别是私营企业的老板。收藏品的交易通常会产生较高的交易费用，同时收藏品具有消费属性和投资属性。
- ✓ 没有交易市场的资产★：养老金通常没有交易市场，不论是由政府机构提供的养老金还是由企业提供的养老金都没有交易市场。

5.2　个人风险管理的框架★★

5.2.1　个人风险管理的策略

个人风险管理可以通过以下 4 个步骤实现，依次为确定目标，确定风险，评估并且管理风险，监控风险并做相应调整（见表 3-11）。

表 3-11　个人风险管理的具体措施

4 个主要的步骤	内容
确定目标（specify the objective）	个人风险管理的最主要目标是通过平衡资产收益和资产的安全性来实现家庭财富的最大化。确定目标就是确定以下两点：一是确定家庭长期的消费目标（长期投资目标）；二是确定家庭愿意为此目标承担多少风险（风险承受能力）
确定风险（identify risks）	一个家庭会面临许多的风险，这些风险包括：收入风险、意外死亡风险、长寿的风险、资产风险、负债风险和健康风险。这里的每一个风险都会引起金融资产的损失或者人力资本的损失。所以个人需要确定他要面临的各类风险，然后确定怎么解决、处理这类风险
评估并且管理风险（evaluate and manage risks）	确定合适的风险管理策略需要考虑风险的大小，以及化解风险能用到的工具
监控风险并做调整（monitor outcomes and adjustments）	一旦确立了合适的风险管理策略，投资者还要时刻监控风险，同时要根据家庭情况的变动及时更新或者重新确立风险管理策略

5.2.2　人生财务状况的不同阶段

投资者的总财富包括其人力资本和金融资产。投资者的净财富是其总财富扣减所有负债后的净额。投资者的人力资本和金融资产在人生的不同阶段往往呈现不同的状态。一般来说，随着个人年龄的增长，其人力资本减少，金融资产增加（见表 3-12）。

表 3-12　人生财务状况的不同阶段

人生阶段	内容
教育阶段（education phase）	处于教育阶段的个人投资于自己的教育，增加其人力资本，提升自己的技能和知识储备。这个阶段投资者很少考虑个人储蓄和风险管理
初入职场阶段（early career）	初入职场阶段是个人刚刚结束自己的教育，刚刚踏入职场开始职业生涯。处于这个时期的投资者通常很难进行储蓄，同时需要考虑为自己的人力资本购买寿险避免意外死亡或者无法赚取工资收入带来的损失
职业发展阶段（career development）	职业发展阶段通常在 35 ~ 50 岁，这个阶段的人会在自己的专业领域内不断提升自己的专业技能，同时会获得职位提升、工资增长的机会。这时期的投资者可以考虑储蓄、金融投资增加财富
财富积累的最高阶段（peak accumulation）	财富积累的最高阶段通常发生在 51 ~ 60 岁，这时期的人要么处于或者即将步入自己一生中能获得最高收入的阶段。这个阶段的个人可以获得积累财富的机会
退休前阶段（pre-retirement）	退休前的阶段是个人到达退休年龄的前几年，处于这个时期的个人会获得职业生涯里最高的收入
早期退休阶段（early retirement）	早期退休阶段一般是指退休后的前 10 年时间。对于成功的投资者，这个时期的投资组合会获得足够的投资收入和资产去满足生活开支
晚期退休阶段★（later retirement）	晚期退休阶段通常是不可预测的，因为很难准确地预测到个人寿命

李老师说

晚期退休生活时间的不可预测性，带来的风险就是长寿的风险（longevity）。长寿风险就是"人还活着，钱不够花了"。一般来说，可以运用年金来对冲这种风险。

5.2.3　传统的个人资产负债表

传统的个人资产负债表（traditional balance sheet），就是最简单的个人资产负债表，具体包括可识别的、可以进行市场交易的资产和负债（见图 3-22）。

5.2.4　经济意义上（全面的）个人资产负债表

解读全面的个人资产负债表的首要目标就是帮助我们更加清晰、准确地了解个人资产状况。全面的个人资产负债表考虑到了个人所有的可进行市场交易和不可进行市场交易资产的现值，以及所有负债的现值（见图 3-23）。全面的个人资产负债表通过分析个人现有的资产和将来预期获得的资产，帮助个人规划出未来最优的消费目标和非消费目标（如遗产规划和转移资产）。

拥有较高人力资本的年轻家庭相比那些拥有较低人力资本的家庭，可以在他们生命的早期阶段花费更多的钱去保护他们的人力资本，同时还可以规划出更高的退休储蓄目标。

相较于传统的个人资产负债表，全面的资产负债表在资产端加入了人力资本和养老金现值；在负债端加入了其一生生活费用的现值和遗产规划现值。这样考虑的优点是可以更加全面地、准确地做资产投资。

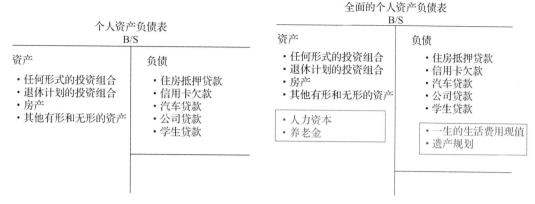

图 3-22　传统的个人资产负债表包括的内容　　图 3-23　全面的个人资产负债表包括的内容

李老师说

例如，某位投资者将自己金融资产的 80% 投资了股票指数，20% 投资了债券。这看似是一个分散化的投资，如果考虑到这位投资者的人力资本，情况就大不一样了。如果这位投资者本身就是一位证券分析师，他的收入与股票市场的表现高度相关，也就是人力资本和股票市场高度相关，那么结合他的金融资产投资和人力资本情况，可以发现他的资产投资没有充分分散化风险。

5.2.5　传统的资产负债表和经济意义上的资产负债表对比

传统的资产负债表和经济意义上的资产负债表对比：

✓ 传统的资产负债表中考虑的资产和负债通常比较容易量化。

✓ 经济意义上的资产负债表通过对传统的资产负债表进行补充可以帮助投资者对自己的总财富有一个更全面的了解。经济意义上的资产负债表会额外考虑：①人力资本和养老金；②其他负债，如个人消费和遗产规划。

5.2.6　人力资本和金融资产的变化

人力资本的总价值和金融资产的总价值变化趋势如图 3-24 所示，通常呈现一个负相关的关系。个人可以通过借贷、储蓄和消费规划来平滑自己一生中的消费。当一个人"用尽"了自己的人力资本时，如果他没有金融资产，他就没有足够的资金去维持自己的生活。

通常，一个人一生中人力资本最高的时期就是年轻时，金融资产最多的时期就是当他刚刚退休的时期。

5.2.7　个人面临的风险

个人会面临的各类风险，就是他全面的个人资产负债表里每一项资产或者负债对应的风险。所以面临的风险可能是金融资产的风险、人力资本面临的风险以及负债的风

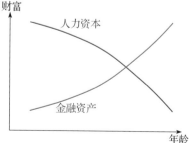

图 3-24　人力资源的总价值和金融资产的总价值的变化趋势

险。个人面临的风险及其应对措施见表 3-13。

表 3-13　个人面临的风险及其应对措施

风险	内容
收入风险（earnings risk）	收入风险是指会影响个人获得收入的事件（例如，伤残将不能继续工作赚取收入）。这些事件会影响个人的人力资本或者金融资产。个人可以通过购买伤残险管理收入风险
意外死亡的风险（premature death risk）	意外死亡的风险是指个人的意外死亡，并由此带来的人力资本损失。家庭可能会因为个人的意外死亡而不能继续维持生活。个人可以通过购买寿险管理意外死亡风险
过长寿命的风险（longevity risk）	过长寿命的风险是指个人寿命过长，他的金融资产和收入不能继续维持其生活。个人可以通过购买年金管理过长寿命的风险
资产风险（property risk）	资产风险是指个人的资产可能会被偷、丢失、遭到破坏、损坏等。一般不同的资产会有不同的财产险。例如，有汽车保险和房产险。个人可以通过购买财产险管理资产风险
负债风险（liability risk）	负债风险是指个人对他人的财产或者人身造成伤害，需要对此承担的法律赔偿责任。个人可以通过购买责任保险管理负债风险
健康风险（health risk）	健康风险是指个人可能会生病或者身体受到损伤。生命的不同阶段会面临不同的健康风险，同时这些风险会对人力资本产生巨大的影响。个人可以通过购买健康险管理健康风险

5.3　保险

5.3.1　寿险

1. 寿险的作用

寿险的作用主要体现在以下几个方面：

✓ 可以对冲掉家庭成员的意外死亡带来损失的风险。买入寿险最合适的金额需要同时考虑保险的费用以及家庭成员的死亡对家庭生活质量的影响程度。

✓ 也可以作为遗产规划的重要工具。

✓ 在一些国家，例如美国，寿险可以作为一种避税的储蓄方式。

2. 寿险涉及的一些概念

✓ **理赔金额**（face amount）：理赔金额会规定寿险将来赔付的金额。这种赔付既可以一笔付清，也可以以"年金"形式按年赔付。

✓ **保费**（premium）：投资者购买保险需要支付的金额。

✓ **现金价值**（cash value）：在寿险赔付前，投保人可以取出的金额。这部分金额会减少寿险的最终赔偿金额。

3. 寿险的种类（了解即可）

主要的寿险种类有两种：**定期保险**（temporary）和**永久保险**（permanent）。定期保险为投资者提供特定期间内的保险服务。永久保险为投资者提供一生的保险服务，同时投资者需要在一生中不断地缴纳保费。永久寿险的保费通常是固定的。永久保费通常会存在一个现金价值。

永久保险可以分为以下两类。

  ✓ 传统终身保险：为投保人提供终身的保障，保费是固定不变的。

  ✓ 万能寿险：相比传统终身保险，万能寿险会给投保人提供更多的灵活性。投保人有权少
交或者多交保费金额，同时有更多的选择权去投资现金价值。

李老师说

为了帮助大家理解永久保费存在的现金价值，这里讲一下基本原理，只做了解。假设永久
保费要求投资者每年交 10 万元，且连续交 10 年。寿险承诺当被保人死亡时将会赔偿 100 万
元。但人在不同的年龄里会有不同的死亡概率，一般而言，随着年龄的增长，死亡的概率会增
加。于是就可以估算出每年可能收到的预期赔偿。假如，已知 31 岁死亡的概率为 1%，那么
31 岁收到的预期赔偿为 1 万元，32 岁死亡的概率为 1.2%，那么预期赔偿为 1.2 万元。一个合
理的保费，应该是所有保费的现值等于预期赔偿的现值（见图 3-25）。

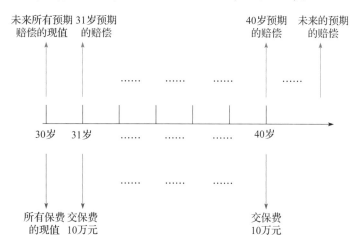

图 3-25　永久保费存在的现金价值图示

这位投资者在 31 岁要交 10 万元的保费，但预期的赔偿为 1 万元，其中 9 万元的差额就是
现金价值。

4. 寿险是如何定价的

关于寿险定价需要考虑的因素及其内容见表 3-14。

表 3-14　寿险定价需要考虑的因素及其内容

考虑因素	内容
死亡率预期（mortality expectations）	保险公司（insurer）会考虑被保人在保险期限内死亡的概率。精算师（actuaries）会根据被保人的个人情况估算出他的死亡概率。考虑的信息包括被保人的年龄、性别、父母的寿命、身体健康状况等，同时还会关心被保人的其他情况，如是否吸烟、是否有任何疾病史、是否身体有损伤等会引起被保人死亡的因素
折现率（discount rate）	折现率或利率因素，代表保险公司投资组合能获得的预期收益率。预期收益是保险公司的预期现金流出。折现率会使得未来所有净保费的现值等于未来预期赔付的现值
附加费用（loading）	计算出合理的保费后（这个保费可以理解为保险的实际价值，净保费），保险公司会根据自己的运营成本、利润等，在合理保费的基础上向上调整。向上调整的金额就是额外的费用，这个调整过程就是增加附加费用

5. 投资者应该买多少保险

买寿险的主要目标就是如果个人意外死亡，保险可以赔付其未来收益的现值。所以人力资本越高的人越应该买寿险。我们用最简单的人力资本公式来说明问题。

$$HC_0 = \sum_{t=1}^{N} \frac{W}{(1+r)^t}$$

通过公式可知：在其他条件相同的情况下，工作年限越长的人（N 越大），人力资本越高；工资越高（W 越高），人力资本越高；工资的波动率越小（折现率 r 越小），人力资本越高。所以越年轻的人、工资越高的人、工资越稳定的人就应该购买足够的寿险对冲风险。

投资者购买寿险时，还应该考虑的因素有：①直接相关的支出，当被保人死亡时，会需要其他的支出，如葬礼费以及法律费用。②遗产目标，寿险除了可以向受益人赔付被保人未来收益的现值，个人还可以用寿险来实现特定的遗产转移目标。③确定保险公司是否有足够的实力履行其义务。

5.3.2 其他类保险

1. 伤残险

个人可能会因为身体受到了损伤、疾病或者其他问题导致其不能正常工作赚取收入。个人可以通过购买伤残险来管理因身体伤残带来的收入降低的风险。

2. 财产险

个人可以购买财产险管理与其财产相关的风险。

3. 健康险/医疗险

健康险/医疗险是指保险公司通过疾病保险、医疗保险、失能收入损失保险和护理保险等方式对因健康原因导致的损失给付保险金的保险。它一般包括医生的医疗费和手术费，还包括住院、护理、医院设备等费用。

4. 责任保险

个人对他人的财产或者人身造成伤害时，需要对此承担法律赔偿责任。个人可以通过购买责任保险管理负债风险。

5.4 年金

5.4.1 年金的相关概念

年金（annuities）和寿险都可以用来帮助个人管理与其寿命相关的风险。保险管理的是被保人意外死亡带来的风险，年金是用来管理被保人寿命过长带来的风险（储蓄资产不能满足生活开支）。

1. 为什么需要年金

人的生命虽然有限，但是个人的寿命却是很难估计的。个人可能会出现寿命过长，资产及储蓄不能满足其日常开支的情况。在人未知的寿命期间内对其金融资产进行合理、有效的配置是一项艰巨的挑战。这是因为平滑一个人一生的消费需要在其预期寿命内对其资产进行合理的分配。通常，人们会参考人类的平均寿命来分配他们一生中的资源，但是这种方法有一定的风险。因此年金可用来管理、解决因未知寿命带来的风险。

2. 年金合同中涉及的 4 个名词

✓ **承保人**（the insurer）：通常承保人就是保险公司。保险公司一般有牌照去做年金业务。

✓ **年金接受者**（the annuitant）：年金的接受者将来可以收到年金支付。

✓ **年金合同所有者**（the contract owner）：交钱购买年金的人。通常也是年金接受者。

✓ **受益人**（the beneficiary）：年金接受者死亡时，会收到赔付的人。

3. 年金的分类

✓ **递延发放且金额变动的年金**（a deferred variable annuity）：年金的发放发生在未来某时刻，且年金接受者收到的年金金额会变动。年金承保人会给年金投资者提供一系列的投资工具供其选择。这些特定的投资工具一般是由基金经理管理并投资于充分分散化的证券。投资者选择高收益投资还是低收益投资会影响其未来收到的年金金额。如果年金的接受者死亡，递延发放且金额变动的年金可能会给年金受益人发放一笔赔付。该类年金与共同基金（mutual fund）相比，投资者可选择的投资范围有限，且产生的费用较高。

✓ **递延发放且金额固定的年金**（deferred fixed annuities）：年金的发放发生在未来的某个时间。对于投资者每投入的 1 元钱，保险公司会告诉投资者当年金接受者到达特定的年龄时，能收到多少金额的年金支付。

在其他条件相同的情况下，投资者开始缴纳年金费用的时间与保险公司开始发放年金之间的间隔越长，投资者每年需要缴纳的年金费用越少。这是因为保险公司有足够长的投资期进行投资以满足未来的年金支付。

✓ **立即发放且金额可变的年金**（immediate variable annuities）：年金合同的签订者一笔付清年金合同要求的金额，年金的接受者就会开始收到年金，年金的发放持续接受者的一生。年金发放的金额会受到保险公司投资组合投资收益大小的影响。当与年金业务相关的投资取得了较好的收益时，年金接受者能收到较多的年金，反之亦然。

✓ **立即发放的固定数额的年金**（immediate fixed annuities）：年金合同的签订者一笔付清年金所要求的金额，以换取向接受者发放固定数额的年金，年金的发放持续接受者的一生。

✓ **混合型年金**（advanced life deferred annuities，ALDA）：混合型年金结合了递延发放的固定年金和立即发放的固定年金的特点。和立即发放的固定年金相似，混合型年金的合同签订者需要一次性支付完年金合同所要求的金额，以换取将来年金承诺的发放金额。和立即发放的年金不一样的是，混合型年金的并不是立即开始向年金接受者发放年金，而是在将来规定的时间开始向年金接受者发放年金。这个特点又很像递延发放的年金。例如，当接受者到达 80 岁时开始发放年金。

4. 固定金额的年金和可变金额的年金的优缺点

固定金额的年金对接受者发放的金额是确定的、固定的。可变金额的年金对接受者发放的金额是变化的，发放的金额取决于投资组合的表现。

5. 投资者决定选择固定年金还是可变年金，需要考虑的因素 ★★★

✓ **年金金额的波动率**（volatility of benefit amount）：对于退休人员来讲，固定年金能更好地满足他们对金额确定性的要求；或者那些金额波动率小的年金、金额变动范围有限的年金也可以满足此类投资者的要求。有高风险容忍度的退休人员，可能会对可变数额的年金更感兴趣。

✓ **灵活性**（flexibility）：对于立即发放的固定年金，投资者一次性支出了自己财富中的一部分以换取此后每年固定的年金收入。在大多数情况下，这种交易是不可撤销的（irrevocable）。可变金额的年金发放金额通常是和年金投资账户的表现有关。可变数额的年金允许年金的接受者取出账户中的金额（该金额有一定的限制）。

✓ **市场未来的预期表现**（future market expectations）：购买固定年金的投资者，相当于投资了一个债券型的（bond-like）投资组合。购买时已经确定了"债券"的利率，也就是说提前确定了年金的发放金额。所以在这种情况下，年金要承担一定的利率风险。因为如果将来市场利率上升，这种债券型的证券价格将下跌。如果市场表现很好，对于购买变动金额年金的投资者，年金接受者可能会收到更高的年金支付，因为变动金额的年金允许投资者分享的投资收益。

✓ **费用**（fees）：变动金额的年金产生的费用要高于固定金额的年金。高出来的费用主要是因为账户要进行市场风险对冲、年金投资产生的管理费用以及市场上不足的价格竞争。

✓ **通货膨胀**（inflation）：对于传统的固定年金来说，通货膨胀会对年金的实际收入产生很大的影响。一些固定年金会对其支付的金额进行通货膨胀调整，但是此类年金需要投资者支付更多的费用购买。很多可变数额的年金，允许年金支付的金额根据通胀的变化进行调整。

李老师说

年金的分类很多。实际上这种分类可以看成年金两个属性之间的任意组合。这两个属性分别为：年金发放的时间和年金发放的现金流是不是固定金额。

年金发放的时间分为两种：一种是递延的年金（deferred annuity）。另外一种是立即发放的年金（immediate annuity）。

递延的年金，如某人从 30 岁开始交年金，交到 60 岁，保险公司从他的 60 岁开始每年给他发放年金。

立即发放的年金，这种年金是现在开始交，现在开始发放。例如，某人从 30 岁开始交年金，年金也从这年开始发放一定数额的现金流。

第二个属性是年金发放的现金流是固定的还是变化的数额。如果是固定的（fixed），就代表每年收到的年金金额都一样。如果是变动的（variable），就说明每年收到的年金数额是变化的。按照上面的两个属性，我们任意组合。

5.4.2 年金适合什么样的投资者

以下因素会增加投资者对年金的需求 ★★★：

✓ 投资者的个人预期寿命会超过平均寿命。

✓ 投资者的个人偏好，期望其一生中有持续的收入。

✓ 投资者个人没有给后代留遗产的想法。

✓ 投资者的投资风格较为保守（例如，极其厌恶风险）。

✓ 投资者的其他保障性收入较少（例如，退休金很少）。

✓ 全球很多国家的养老金体系从养老金固定收益计划（defined benefit plan）体系转变为养老金固定缴款计划（defined contribution plan）体系，会增加个人对年金的需求。

5.5　个人风险管理

5.5.1　风险管理的常用方法

风险管理的常用方法就是损失控制。**损失控制**（loss control）是指减少或者消除风险带来的损失，有 3 大类方法可以控制损失。

✓ **风险回避**（risk avoidance）：最简单的控制损失的方法。它是指中止、放弃某种决策方案从而回避相应的风险。风险回避彻底地规避了某个事件带来的损失。例如，如果客户不购买豪车，就不用支付豪车的修理费用。

✓ **损失预防**（loss prevention）：采取措施去减少会带来损失的事件的发生概率。例如，把车停放在有人看管的地下停车场内，就减少了被剐蹭、进行修理的风险。

✓ **损失减少**（loss reduction）：通过一系列措施减少一些事件带来的损失程度。例如为汽车购买保险，保险公司会承担部分修理费用。

我们根据损失发生的频率和损失的影响程度，可得到以下 4 种风险管理方法（见表 3-15）。

表 3-15　根据损失发生的频率和损失的影响程度得到的 4 种风险管理方法

损失的特性（loss characteristics）	高的发生频率（high frequency）	低的发生频率（low frequency）
损失的影响较大（high severity）	风险回避（risk avoidance）	风险转移（risk transfer）
损失的影响较小（low severity）	减少风险（risk reduction）	风险保留（risk retention）

根据不同的风险，我们可以采取不同的措施。

对于发生的频率较高且一旦发生会产生较大损失的风险事件，个人采取风险回避的应对措施。比如，放弃去战乱地区的旅行计划，就可以彻底回避被劫持的风险。

对于发生的频率较低且一旦发生会产生较大损失的风险事件，个人可以进行风险转移。例如，对于个人来说，严重车祸的发生概率较小，但是一旦发生就需要花费大量金钱进行赔偿或者需要支付较高的医疗费用，这时保险就可以帮助投资者转移这部分风险。

对于发生的频率较高，但是一旦发生产生损失较小的风险事件，个人可以尽可能地降低风险发生的概率。

对于发生的频率较低且一旦发生产生的影响较小的风险事件，个人可以可以保留。因为做风险管理是需要一定成本的，对这种影响不大且发生概率很小的风险可以不予管理。

5.5.2 人力资本和资产配置

1. 投资者的投资策略需要根据人力资本的风险进行相应的调整 ★ ★ ★

投资性资产和投资者的人力资本可能会有较高或者有较低的相关度。整体来看，这种相关度会影响投资者的投资收益与风险。例如，某位投资者是证券分析师，他的人力资本和股票投资相关度较高，所以为了分散化投资，可以配置较多的债券投资。从投资者个人全面的资产负债表的角度来看，将金融资产投资于和其人力资本相关性较低或者相关性为负的资产，可以降低投资者个人整体的投资风险。当考虑投资行业时，基金经理将投资者的资产投资于和个人工资收入相关度较低的行业可以降低其投资风险。例如，投资者是一位在银行工作的员工，其工资收入和银行的业绩高度相关。在做股票投资时，为了分散化风险，可以考虑投资在银行以外的行业板块。

当个人的工资收入波动性较大时，将其金融资产投资于流动性较好的资产。

2. 对比年轻家庭的投资计划和刚刚退休夫妇的投资计划 ★ ★ ★

对于年轻的家庭来说，他们的财富主要是他们的人力资本。对于大多数人来说，其人力资本表现出债券型资产的特征，这是因为在工作期内的工资收入会像投资债券获得的稳定利息收入一样，定期发放且数额相对稳定。年轻家庭人力资本的债券属性（bond-like）决定了在做最优资产配置时，应该将其金融资产更多地投资在风险资产（risky assets）上。

对于刚刚退休的夫妇来说，他们的人力资本（HC）下降，且人力资本价值相对于他们的投资组合规模很小。为了减少这种家庭财富的总风险，应该减少投资组合的风险，因为投资性资产在他们全面的资产负债表里占据了很大一部分。（忽略他们的慈善遗赠和其他义务。）

5.5.3 资产配置和减少风险

投资风险、资产风险和人力资本风险会包含其特定的风险（非系统性风险），以及系统性风险。

1. 特定的风险

特定的风险包括个人特定的职业风险、寿命过长的风险、遭受长时间生病的风险、过早死亡的风险、资产损失的风险。在个人全面的财富框架内，这种特定的人力资本风险可通过投资组合的策略来分散，或者可以通过保险产品、年金产品来管理。

2. 系统性风险

所有的人和家庭都会受到系统性风险的影响。例如，即便投资者的投资是一个充分分散化的风险资产投资组合，如果整个市场下跌，也会对其投资组合产生不利影响。如果经济增长变缓或者经济处于衰退，每个人的工资收入都会受到相应的影响。再例如，治疗癌症技术的突破会延长人类的寿命，很多家庭可能因此出现资产不够维持生活的情况。

🖑 【例题】 资产配置和减少风险

构建资产配置策略和减少风险要做的第一步就是确定特定的风险敞口。因为一旦确定了个人或者家庭面临什么样的特定风险，就可以找到相应的方法对冲、管理、分散这种特定的风险。

例如，一个年轻的工程师，有几个小孩。他的妻子收入较低。在这种情况下，他会面临许多特定的风险：第一，这对夫妇的投资组合应该尽可能的分散化，并且不能投资于和工程师收入高度相关的行业；第二，这个家庭最大的资产就是这位工程师的人力资本，如果这位工程师一旦发生事故导致过早死亡或者伤残，这个家庭的人力资本就会大幅下跌。

对冲这部分风险可以用到的工具：①寿险和伤残保险可以帮助管理、对冲人力资本面临的特定的风险；②一旦发生工程事故，工程失误险可以为工程师提供保障，对冲特定的责任风险。

一般情况下，对冲掉这些风险会产生一部分费用，会降低家庭的预期财富，但是进行过对冲之后，家庭的收入和生活费用开支就会更加稳定。

年轻夫妇会受到流动性需求的限制，这种流动性限制会影响他们的金融资产投资。例如，这位工程师预期自己的收入会大幅增长，同时目前他的生活开支很高，可能会选择推迟他们的养老储蓄计划。即便这位工程师受到了一定的流动性限制，他更应该缴纳保险费用去对冲他的人力资本风险。他可以考虑定期人寿保险。因为这样可以为他们提供保障的同时，保费相比长期寿险又更低。这个时期，他们的金融资产投资性组合对其资产状况影响不大，因为目前他们的总财富基本上或者完全是他们的人力资本。该时期的金融资产投资，应该投向流动性更好的资产以防短期收入变动导致生活费用不足。

第 4 章

机构投资者

学科介绍

从广义上来说，机构投资者主要包括：养老金、基金会、捐赠基金、寿险公司、非寿险公司和银行。每一类机构投资者都有着明确的运营目的和商业运作模式，因此每一类机构投资者面对的投资目标和投资限制都很特殊，需要不同的组合管理方式。

本学科从各类机构投资者的投资政策说明书（IPS）的基本概念及重要决定因素出发，分别介绍养老金、基金会、捐赠基金、寿险公司、非寿险公司以及银行的组合管理流程，从而展示基金经理所面临的大部分挑战和复杂的任务。

何老师说

从内容上看，机构投资者资产组合管理是整个三级里面最简单的科目。仅有一个章节的内容，这也是 2018 年考纲发生改变之后的结果，我们 2019 年的考纲与 2018 年一样，没有任何变动。2018 年以前的考纲分为两节，第一个节也是现在保留的这个部分内容，详细地介绍了目前市场中 6 大机构投资者的类型，具体包括：养老金、基金会、捐赠基金、寿险公司、非寿险公司以及银行。其中，养老金里面又包括 DB 型养老金和 DC 型养老金。这 6 种机构投资者对于 CFA 三级这门学科来讲，重要程度按照上面的排序依次递减。养老金和基金会/捐赠基金是考试的重点，特别是养老金几乎每年都会考。

以前的第二个节，也是现在被删除的章节，详细地讲解了 DB 型养老金，关于 DB 型养老金的一些内容在三级固定收益和资产配置这两门学科里有涉及，但在机构投资者资产组合管理这门学科里不做要求。

1 机构投资者组合管理

本章说明

机构投资者主要包括：养老金、基金会、捐赠基金、寿险公司、非寿险公司和银行。每一类机构投资者都有着特殊的投资目标和投资限制，因此需要不同的组合管理方式。

在本章中，我们将分别介绍作为基金经理如何为养老金、基金会、捐赠基金、寿险公司、非寿险公司以及银行准备投资政策说明书以及一系列组合管理流程。

知识点自查清单

- ☐ 养老金计划★★★
- ☐ 基金会★★
- ☐ 捐赠基金★★
- ☐ 寿险公司
- ☐ 非寿险公司
- ☐ 银行

何老师说

市场上机构投资者类型少，且投资风格固定，因此这部分考试题目灵活度较小，考法相对固定，大家不需要特别担心。其中，基金会和捐赠基金可以放在一起来学习，通常在考试中这两种类型也不做区分。

在三级考试中，机构IPS在上下午题目中都会出现，题目比较常规，难度比个人IPS略低。

1.1 养老金

养老金又称退休金，是一种最主要的社会养老保险待遇，即在劳动者年老或丧失劳动能力后，根据他们对社会所做的贡献和所具备的享受养老保险资格或退休条件，按月或一次性以货币形式支付的保险待遇，主要用于保障劳动者退休后的基本生活需要。养老金也可以被看作是一种强制储蓄的方式，特别是在储蓄率极低的美国，当人们年富力强时，所创造财富的一部分被强制投资于养老金计划，以保证老有所养。

1.1.1 基本定义

养老金计划的赞助人（plan sponsor）：需要定期向养老金账户交费，通常是指员工所在公司的雇主。

养老金计划参与人（plan participants）：通常是指公司雇员（employee）。

养老金计划（pension plan）：用于支付未来退休福利所设立的投资组合。

养老金计划受益人（plan beneficiary）：享受养老金计划的好处，既可以是养老金计划的参与人，也可以是其配偶。

1.1.2 养老金计划的种类

养老金计划可以分为 3 类：**固定收益型养老金计划**（defined benefit plans）、**固定缴款型养老金计划**（defined contribution plans）和**混合型养老金计划**（hybrid plans），混合计划又可细分为现金余额计划（cash balance plans）和员工持股计划（ESOP）。

固定收益型养老金计划的基本特点是，雇主又称计划赞助人，在雇员退休之后按照事先约定的条件向雇员提供退休利益（benefits）。对于固定型养老金计划来讲，员工在退休后的退休金收益确定；固定缴款型养老金计划的基本特点是雇主按照事先约定的条件定期向雇员的养老基金计划供款（make contributions）。对于固定缴款型养老金计划来讲，员工在工作时，雇主向其退休计划的缴款确定；混合型养老金计划则兼有固定收益型养老金计划和固定缴款型养老金计划的特点。

1. 固定收益型养老金计划

在固定收益型养老金计划中，雇主承诺在雇员退休后向其提供的退休金福利（benefit payment）是固定的，因此这些未来承诺的现金流支出就是采用养老金计划赞助人未来需要履行的强制义务。雇主负责管理养老金资产并承担相应的投资风险。

当雇员提前离职或雇主可能由于某种原因（比如企业破产倒闭）无力继续支付养老金时，固定收益型养老金计划的受益人将面临养老金**提前终止的风险**（early termination risk）。虽然在固定收益型养老金计划中，雇主向基金缴纳的供款是不确定的，但是为了满足未来养老金的支出义务，美国法律要求采用固定收益型养老金计划的赞助人单独设立基金对所缴纳的养老金供款进行统筹投资管理。

2. 固定缴款型养老金计划

在固定缴款型养老金计划下，雇主唯一的责任就是按照事先承诺的条件定期向雇员的养老金账户供款并向员工提供详细的投资产品建议以供缺乏金融投资经验的员工进行选择。作为养老金的受益人，雇员拥有个人养老金账户并且在离职时，该个人账户可随雇员携带（portable）至下一雇主处，雇员负责投资决策并承担投资风险。

由此可见，在固定缴款型养老金计划中，每个计划收益人的账户得到的供款是确定的，而未来所能获得的养老金福利是不确定的。由于未来所能获得的养老金福利取决于雇员自身的投资能力，从本质上来看，固定缴款型养老金计划和个人投资者无异。

从投资角度来看，固定缴款型养老金计划有两种类型：第一，**赞助人主导**（sponsor directed）

的缴款计划，通常有利润分享计划时，由雇主选择投资（与固定收益型养老金计划类似）；第二，**受益人主导**（participant directed）的缴款计划，由计划赞助人提供分散化的投资选项（a menu of diversified investment options），由受益人自主投资。

3. 混合型养老金计划

混合型养老金计划主要包括**现金余额计划**（cash balance plan）和**员工持股计划**（employee stock ownership plan，ESOP），该计划的特点是结合了固定收益计划与固定缴款计划的部分优势。

- ✓ 现金余额计划：该计划的本质属于固定收益型养老金计划，由雇主发起运作养老金资金并承担投资风险。但是对于雇员而言，他们拥有单独的养老金账户，因此现金余额计划又类似固定缴款计划。但是这个养老金账户是虚拟的（hypothetical），并非真实存在，仅供雇员了解目前所拥有的福利价值。
- ✓ 员工持股计划：允许雇员折价购买雇主公司的股票成为公司的股东，它本质上属于固定缴款型养老金计划。该计划存在天然的分散化不足的问题，员工持股计划的受益人作为公司的雇员，将其养老金投资于公司，使得该投资和公司经营相关性过高，一旦公司经营出现风险，员工的养老金资产也将遭受损失。对于雇员来说，需要考虑投资过于集中的风险。

固定缴款型养老金计划与固定收益型养老金计划的主要区别见表4-1。

表4-1　固定缴款型养老金计划与固定收益型养老金计划的主要区别

计划类型	雇主	雇员
固定收益型养老金计划	1. 养老金支出是雇主的负债 2. 负债水平由服务年限、薪资水平等决定 3. 雇主负责管理养老金计划的资产和投资并承担投资风险	1. 根据约定，在退休后开始收到定期支付 2. 如果雇员提前离职或雇主破产，雇员将遭受"提早终止"的风险 3. 不承担投资的风险/收益的结果
固定缴款型养老金计划	1. 雇主定期供款，养老金计划不是雇主的负债 2. 如果是受益人主导型，雇主必须提供足够的投资工具选项	1. 养老金资产属于雇员，账户可以随雇员转移（portable） 2. 必须做出基金所有的投资决策并承担投资风险和结果

👆【例题】

A 公司考虑冻结当前采用的固定收益型养老金计划，转向开展受益人主导的固定缴款型养老金计划。该固定缴款型养老金计划的缴款将由雇主和雇员共同负担，且雇员拥有既得的权利。Trout 正在考虑固定缴款型养老金计划对于 A 公司和其雇员各自的好处。

要求：

（1）讨论转换养老金计划后对 A 公司的好处。

（2）讨论转换养老金计划后对 A 公司雇员的好处。

解答：

（1）对于 A 公司的好处：从固定收益型养老金计划转型至固定缴款型养老金计划，雇主没有运作养老金资产的责任和义务，不需要设定投资目标和限制，不需要承担投资风险和投资结果。A 公司未来养老金负债更加稳定和可预测，并且 A 公司不需要在资产负债表中确认养老金负债，雇主唯一的义务就是定期缴费并且为员工提供充分投资选择清单。

（2）对于 A 公司雇员的好处：从固定收益型养老金计划转型至固定缴款型养老金计划，雇员可以根据自身财务状况、风险承受能力来设定投资、风险目标，更加符合个人偏好，雇员拥有个人账户并且可携带，因此离职不会面临提前终止的风险（雇主破产的情形除外）。一旦固定缴款型养老金计划成立，雇员拥有既得的权利、负责资产的投资并拥有重新配置调整组合的自主权，这降低了雇员受到雇主未来财务状况恶化的风险。

1.1.3　固定收益型养老金计划的 IPS

1. 基本概念

固定收益型养老金计划是通过运作养老金资产来满足养老金负债的支付义务。养老金负债的规模是精算师根据未来劳动力变化、薪酬水平及变化、提前退休人数比例、雇员预期寿命等因素估算得到的。养老金负债也等于已退休/离职（retired）和在职（active）员工的负债之和。

养老金盈亏状态（funded status）是指养老金资产的市场价值（market value）与养老金负债的现值（present value）的关系。以下为养老金盈亏状态的两个分类：

- ✓ **资金充足**（fully funded）：当资产市场价值大于等于负债现值时。
- ✓ **资金不足**（under-funded）：当资产市场价值小于负债现值时。

养老金盈余（surplus）：养老金资产的市场价值高于养老金负债的现值的部分。

以下是常见的 3 种养老金负债。

- ✓ **累计利益负债**（accumulated benefit obligation）：假设养老金计划现在立即终止，所有已累计利益负债的现值，不考虑未来薪酬的增长因素。
- ✓ **预计利益负债**（projected benefit obligation）：基于公司可持续经营假设并考虑未来薪酬的增长因素情况下估算的利益负债现值。
- ✓ **总体未来负债**（total future obligation）：这是最全面的负债水平的衡量，它不仅考虑到了未来薪酬变化还考虑到了未来新员工的进入以及未来福利的调整，它既包括了累计利益的现值，也考虑了预计未来利益的现值。

2. 资产负债管理的投资策略

机构投资者运作养老金的目的就是确保未来养老金得到完全偿付，只要养老金资产是充足的并足以满足未来养老金负债的支付，那么整个养老金就是运作正常的。这种资产投资的目的就是满足负债支付义务的策略称为**资产负债管理的投资策略**（asset liability management，ALM）。

对于采用固定收益型养老金计划的雇主，未来养老金负债是一笔强制支付义务，如果出现支付困难，雇主需要承担相应的法律责任。因此，机构投资者对于养老金资产的投资必须遵循 ALM 的管理方法。

3. 收益目标

固定收益型养老金计划最首要的收益目标就是确保养老金资产足够偿付养老金负债。因此资产负债管理是固定收益型养老金计划最重要的管理策略。考试通常从以下 3 个维度对收益目标进行考查。

✓ 陈述养老金收益目标
- 必要的收益目标（required return）：使得养老金资产产生的收益足够满足养老金负债的偿付。
- 期望收益目标（desired return）：最小化雇主每一期的缴款额。对于风险承受能力较高的养老金计划，可以允许在必要收益目标之上追求一定的额外收益（excess return），由此可以适度降低雇主定期缴费额。

✓ 影响养老金收益目标的影响因素

养老金计划的风险承受能力决定了它可以获得多少收益的目标。因此，影响风险承受能力的因素同时也影响了养老金计划的收益目标。这部分内容我们将在下一部分风险容忍度进行详细展开。

✓ 计算养老金必要收益目标

养老金计划资金充足时，只要使得养老金资产的增长与养老金负债的增长保持一致，那么未来养老金资产就足以偿付养老金负债。

$$必要收益目标 = 负债的折现率$$

何老师说

对于资金不足的养老金计划，我们需要分情况讨论收益目标。通常，我们理解在资产不足（underfunded）时（资产市场价值小于负债的现值），说明当前养老金计划的风险容忍度较低，不能再承受更高风险的投资，因此资产获得的收益率较低。必要的收益目标在设定时需要低于资金充足（fully funded）时的计划。但是我们发现在之前年度的考题中曾经出现，在资产不足条件下，养老金计算必要收益目标时需要增加一块额外收益（excess return），我们可以理解为由于当前资产价值较小，设定更高的收益目标主要是使得资产的增长速度快于负债的增长，那么将来才能够满足养老金的支出。因此对于资产不足，计划计算必要收益目标就出现了矛盾的地方。我们建议如果考试中从定性角度进行考查，那么风险容忍度决定所能获得的收益目标，风险容忍度越低，收益目标越低。如果定量考查，根据题目给出条件计算即可。

4. 风险目标

考试通常从以下两个维度对风险目标进行考查。

✓ 陈述风险目标
- 最小化短缺风险（shortfall risk）：短缺风险指的是养老金资产规模小于养老金负债现值的风险。
- 最小化资金盈余的波动性（surplus volatility）。

✓ 影响风险目标的因素

固定收益型养老金计划的风险容忍度主要取决于：①计划的盈亏状态；②雇主的财务状况和盈利能力；③雇主和退休金计划的风险敞口的相关性；④计划本身特征；⑤劳动力特征等。固定收益型养老金计划的风险影响因素见表 4-2。

表 4-2　固定收益型养老金计划的风险影响因素

因素种类	变量	解释
计划的盈亏状态	盈余或赤字（缺口）	盈余越高，计划的风险容忍度越大
雇主的财务状况和盈利能力	总负债比率； 当前与未来的盈利能力	总负债比率越低或雇主的盈利能力越强，计划的风险容忍度越大
雇主和退休金计划的风险敞口的相关性	公司正常的业务与养老金计划获得收益的相关性	公司正常的业务和投资与养老金投资的相关性越低，养老金的风险容忍度越高，反之亦然
计划本身特征	提前离职的条款； 一次性付款的条款	这些条款的存在将降低计划的风险容忍度
劳动力特征	雇员的年龄结构； 在职员工占退休员工的比例	雇员平均年龄越小或在职员工比例越高，计划的风险容忍度越大

5. 流动性

固定收益养老金计划的流动性需求 = 当期福利支付 - 当期雇主缴款

下列因素将影响固定收益型养老金计划的流动性的需求：

✓ 退休工人比例越高，流动性要求越高。

✓ 雇主缴款相对于养老金支付的比率越小，意味着领取养老金的人数比例较高，流动性要求越高。

✓ 养老金计划如果有允许提前退休或一次性领取养老金等规定，则流动性要求越高。

6. 投资期限

总体来数，固定收益型养老金计划的期限是长期，根据受益人构成情况可能是多阶段（multi-stage）的。决定固定收益型养老金计划投资期限的主要因素有：①养老金计划是永续的（going concern）还是预期将提前终止；②雇员的年龄、在职雇员与退休雇员的比例。

7. 税收

一般情况下，固定收益型养老金计划的投资收益和资本利得是免税的，不受税收限制。

8. 法律法规

养老金一般都受到法律法规的约束和监管，但是不同的国家具体规定都不一样。以美国为例，《雇员退休收入保障法》（ERISA）规定基金经理在为养老金进行投资时需要尽职尽责，并且对于养老金的投资范围做出了严格的规定。

9. 特殊情形

特殊情形是指对于不同养老金计划的一些特殊限制要求。例如，《雇员退休收入保障法》（ERISA）要求小型养老金在投资其他类资产（alternative investments）时，基金经理必须拥有相关的投资经验并做好尽职调查（due diligence）。此外，养老金的投资领域也有一定的要求和限制，比如，不能将养老金投资于有害道德和社会福利的行业。

1.2　基金会和捐赠基金

基金会（foundations）和**捐赠基金**（endowments）都是慈善事业的重要支柱，基金会一般属于资助机构（grant-making organization），而捐赠基金一般以非营利（operating non-profit insti-

tutions）的方式运营。两者在设立上最大的区别是，前者的资助者往往是个人或少数几个人
（例如，盖茨基金会），而后者一般是由很多人在较长的时间内逐步建立的（最典型的是哈佛
大学、耶鲁大学等名校的捐赠基金，有无数校友，并且在上百年的时间里持续捐赠和运营）。
前者的支出主要依靠基金会资产本身及其投资回报；后者的支出除了依赖基金会资产本身及其
投资回报外，还有持续的捐赠收入。根据美国法律，前者通常有最低年度支出（minimum
annual spending）要求；后者一般没有此项要求。

何老师说

　　基金会和捐赠基金总体来看都是以做公益事业为目的而产生的，但性质稍有不同。基金会
通常是由个人或家族的名义（容易受到个人价值观的影响），以避税为目的，一次性捐助成立
的。因此，美国政府并不希望它可以长期存在下去，对基金会每年的支出比例做出了硬性要
求。例如，基金会每年支出比例至少要达到 5%，投资收入才能享受免税待遇。相比之下，捐
赠基金的资金是通过很多捐助人细水长流慢慢汇集起来的，最典型的捐赠基金就是校友基金
会。由此可见，捐赠基金的设立目的相比基金会更纯粹，以校友基金会为例，其设立目标多以
支持学校的科研项目或其他慈善为目的。因此，捐赠基金更受到政府的拥护并支持其进行长期
运作，政府往往对于捐赠基金年度支付比例并无特殊规定。

1.2.1　基金会的 IPS

　　基金会主要分为 4 类：独立基金会（independent foundation）、公司资助的基金会（compa-
ny-sponsored foundation）、运营基金会（operating foundation）和社区基金会（community founda-
tion）。各类基金会的特点汇总见表 4-3。

表 4-3　各类基金会的特点汇总

基金会类型	描述	资金来源	决策机制	年度支出要求
独立基金会	独立基金会旨在捐助社会、教育、慈善和宗教活动	个人或家族	捐助人、其家族或独立的信托	每年至少支出平均资产的 5% 以及相关的管理费用
公司资助的基金会	法律上独立的捐助机构，与资助公司关系密切	捐赠基金或公司的年度捐赠	受托管理委员会	同上
运营基金会	为开展某项研究或特别的服务专门设立而成	与独立基金会的资金来源大致相同	独立的董事会	必须将每年股息和利息收入的 85% 用于支出
社区基金会	由公共资源支持的成立的，旨在为社会、教育、慈善和宗教目的进行捐助	众多资助人，公众	董事会	没有支出要求

1. 收益目标

　　基金会的首要收益目标就是保本，主要体现在以下 3 个方面：①需要满足最小的支出要
求；②需要保持基金的购买力，即跑赢通胀率；③需要满足基金正常运营所产生的管理费用。

$$需求的收益目标 = 最小的支出要求 + 预期通货膨胀 + 基金的管理费用$$

或

$$需求的收益目标 = (1 + 最小的支出要求) \times (1 + 预期通货膨胀)$$
$$\times (1 + 基金的管理费用) - 1$$

何老师说

对于个人或家族成立的基金会来说，虽然政府不支持其永续经营，但是基金会本身还是希望长期运营下去的，如果资产收益率低于保本要求的收益率，那么基金的资产规模就会不断地萎缩而终结。因此，为了保本，基金收益至少需要满足上述 3 个方面的支出需求。

在考试中，收益目标既可以用算数平均也可以用几何平均来计算，但是从理解上来看，几何平均更加准确，相当于不只基金的本金，每一期支出需求也需要计算其通货膨胀。

2. 风险目标

相比其他类型的机构投资者，基金会的风险承受能力是高于平均水平的，因为通常它的投资期很长并且在未来没有强制的负债义务。因此，在资产配置的管理上，基金会使用的是只关注资产的管理方法（asset only）。

3. 流动性需求

基金会的流动性需求指的是超过定期收到的捐赠以外，预期和非预期的捐赠支出。预期的捐赠支出为政府要求的最低支出比例。在这个最低的支出比例之上，基金会可以根据自身财务状况和捐赠项目的需求来设定意愿的支出比例。

为了谨慎起见，绝大多数基金会会保有相当于 10%～20% 资产规模的储备金以防止非预期的支出对于基金规模产生的侵蚀。

4. 投资期限

通常而言，基金会的投资期期限是持续到永久的（perpetual time horizon）。

5. 税收

美国的相关法律要求基金会产生与慈善目的不相关的收益（unrelated business income），得依据公司所得税税率缴纳税款。例如，一家博物馆经营的礼品商店的收入可视为不相关收益。

另外，美国法律规定，基金会投资所得的股息、利息收入减掉为获取这些收入所产生的成本的部分（净收入）以 2% 征税。如果该年的慈善性支出比例超过或等于基金资产的 5%，那么前述税率可以降低至 1%。

6. 法律法规

在美国，各州适用最普遍的相关法律是机构性基金联合管理法案（uniform management institutional funds act，UMIFA）。基金会适用谨慎投资者规则。

7. 特殊情形

基金会的捐赠来源比较单一，多为捐赠者公司的股票，而且这些捐赠者往往不愿意进行分散化操作以确保股价稳定和绝对的控股地位。因此，持有大量单一类型的股份使得基金会集中度风险显著增加。近年来，很多这样的基金会利用互换等衍生品，在不牺牲捐赠者投票权的基础上，实现分散风险的目的，降低了资产价值波动的风险。

1.2.2 捐赠基金的 IPS

捐赠基金被看作是一个以慈善为目的、由众多捐赠者设立的以不侵蚀本金为条件的永久基金。与基金会不同，捐赠基金通常没有最低支出要求，投资所得通常也无须交税。但是采用支出规则（spending rule）可以最小化每年支出的波动，对于捐赠基金是非常重要的。

1. 收益目标

捐赠基金设立的主要目的是为资助对象（大学、研究院或医院等）提供永久的资金支持和预算保证。具体捐赠基金收益目标如下：①保证捐赠基金资金规模的购买力不变；②为捐赠对象提供足够的、稳定的和可持续的资金支持。

何老师说

既然政府对于捐赠基金的年度支付比例没有硬性规定，那为何捐赠基金还要采用支付规则来约束年度的资助额度？

我们可以设想一下，对于一个没有支付规划的捐赠基金，一旦发生需要资助的慈善事件（例如，地震等）就需要进行捐赠，这意味着整个基金的资产都不能进行长期投资，而需要保有大量的储备金来满足非预期且毫无规则的捐赠需求。但是如果捐赠基金采用支付规则，那么在每年年初就可以知晓今年有多少比例的资金需要用于捐赠，剩余的部分就可以放心地投资较长期的资产。换句话说，采用支付规则能够帮助基金经理做出更有利于基金的投资决策，并实现更高的投资回报。而不采用支付规则将降低捐赠基金风险容忍度，加剧每年捐助额的波动幅度。

捐赠基金常用的支出规则包括以下 3 种类型：

✓ **简单支出法**（simple spending rule）

在简单支出法下，每年支出额是去年年末市值的固定比例。

年度支出的计算公式为

$$支出_t = 支出比率 \times MV_{t-1}$$

式中 MV_{t-1}——$t-1$ 年的期末市值。

这种方法虽然简单，但是每年的支出会随着基金资产市值的波动而波动。

✓ **3 年移动平均支出法**（rolling 3-year average spending rule）

年度支出的计算公式为

$$支出_t = 支出比率 \times \frac{1}{3} \times (MV_{t-1} + MV_{t-2} + MV_{t-3})$$

式中 MV_{t-1}、MV_{t-2} 和 MV_{t-3} 分别为 $t-1$、$t-2$、$t-3$ 年的期末市值。

即过去 3 年的资产市值的平均值的固定比例，该方法只能在一定程度上平滑由于过去某一年基金资产市值波动较大所带来的影响。但是，过去 3 年的资产市值获得相同的权重（都是 $\frac{1}{3}$）并不是一个合理的假设。

✓ **几何平滑法**（geometric smoothing rule）

$$支出_t = 平滑率 \times [支出_{t-1} \times (1 + I_{t-1})]$$
$$+ (1 - 平滑率)(支出比率 \times MV_{t-1})$$

式中 I_{t-1}——$t-1$ 年通货膨胀率。

此法综合考虑了去年的支出、通胀因素、资产市值以及支出比率，而且采用了平滑比率（一般设为 $60\% \sim 80\%$ ）来区分不同因素的影响权重。相比前两种方法，几何平滑法有效地降低了支出的波动率。

2. 风险目标

绝大多数捐赠基金由于投资期长，风险承受能力较高。拥有较低风险容忍度的捐赠基金投资组合通常具有以下特征：

- ✓ 设定过高的支付比例。
- ✓ 捐赠基金对于赞助人提供捐助的依赖程度越高，风险容忍度就越低。
- ✓ 更大的预算依赖：资助项目对于捐赠基金的依赖程度。如果捐赠基金的捐赠占资助项目费用支出的比例过大的话，基金市值的下降将带来较严重的后果。
- ✓ 小型捐赠基金。
- ✓ 不采用支付规则。

3. 流动性

一般而言，捐赠基金都是永续经营的，加之其采用规范的支付规则，流动性要求较低。

捐赠基金的流动性需求高低主要取决于以下几个因素：①支出与赠与之间的比例，比例越大，流动性要求越高；②可能的重大资本项目支出准备好流动性。

4. 投资期限

捐赠基金的投资期是永久的（perpetual）且为多阶段（multi-stage）。

5. 税收

一般在各国都是免税的，少数情况下可能需要交纳所得税等。

6. 法律法规

在美国，各州适用最普遍的相关法律是机构性基金联合管理法案（uniform management institutional funds act，UMIFA）。基金会适用谨慎投资者规则。

7. 特殊情形

捐赠基金的基金经理如果进行其他类投资需要具备相关的投资经验。社会问题（国防、种族问题）在投资时需要予以充分考虑。

1.3 寿险公司与非寿险公司

保险是指投保人根据合同约定，向保险公司支付保险费，保险公司对于合同约定的可能发生的事故因其发生而造成的损失承担赔偿保险金责任。按照保险标的不同，保险可分为寿险和非寿险两大类。

何老师说

由于保险公司的理赔义务具有强制性特点，这类机构投资者使用资产负债的管理策略，因此保险公司负债的特点决定了资产的投资特点。由于保险的标的不同，其负债特点也不相同，所以我们才会把保险公司分成寿险和非寿险这两种投资类型分别进行介绍。

1.3.1　寿险公司的 IPS

1. 寿险主要品种介绍

定期寿险：定期人寿保险是以被保险人在保单规定的期间发生死亡，受益人有权领取保险金，如果在保险期间内被保险人未死亡，保险公司无须支付保险金也不返还保险费，简称"定期寿险"。该保险大都是对被保险人在短期内从事较危险的工作提供保障。

终身寿险：终身人寿保险是一种不定期的死亡保险，简称"终身寿险"。保险责任从保险合同生效后一直到被保险人死亡之时为止。由于人的死亡是必然的，因此终身保险的保险金最终必然要支付给受益人，加之终身保险保险期长，故其费率高于定期保险，并有储蓄的功能。

万能险：投保人可以根据人生不同阶段的保障需求、财力状况和市场利率的变化情况来调整保额、保费及缴费期，在买保险获得保障的同时获得一定的投资收益。

变额保险：针对该类业务，保险公司为取得的保费资产专门设立基金进行投资，最终保险受益人将获得保单承诺的理赔金额及最终的投资收益。总的赔付金额是和投资相挂钩的，因此称为变额保险。

何老师说

开展万能险和变额保险的业务主要是为了与市场上其他金融投资产品相竞争，特别是在市场利率上升时，由于市场上其他投资品种可以为投保人带来更高的投资收益，而传统保险业务由于投资期长且收益固定，就会发生大面积退保的情况。由于退保产生流动性需求上升，从而限制了保险公司投资期限及投资收益，因此保险公司推出了变种的寿险业务，即被保险人未来获得收益是可调整的（adjustable death benefit），以此来降低由于利率上升，传统业务所产生的提前退保的风险。

---

2. 收益目标

保险公司的理赔义务是强制性的，投资获得的收益至少需要满足未来寿险公司承诺的给付支出，因此寿险公司使用资产负债管理策略。收益目标主要分为以下 3 个层次。

- ✓ 必要的收益目标。由于理赔需求取决于投保人的死亡率，寿险公司设定的必要的投资目标需要基于保险精算师通过死亡概率进行一系列的测算而得到的。
- ✓ 次要的收益目标（即分红）。为了增加保险产品的竞争力，保险人在满足最低保障收益率的前提下，承诺给投保人额外的投资收益。
- ✓ 扩大盈余。盈余即寿险公司资产市值和负债现值之差。盈余越高，说明归属寿险公司股东所有的剩余收益越高，这说明保险公司盈利能力越强。提升盈余主要为了提高公司的竞争力。

3. 风险目标

寿险公司首要的风险目标是确保按时足额到期赔付。在公众眼中，保险公司是具有重大社会影响的**准信托基金**（quasi-trust fund），对重大本金损失非常敏感，所以总体上风险容忍度较低。为了应对可能的本金损失，美国保险业协会（NAIC）要求寿险公司设立**资产估值储备**（asset valuation reserve）。

寿险公司资产在投资时可能面临以下 3 个方面的风险。

- ✓ 利率风险：寿险公司风险容忍度低，资产主要投资于风险较低的债券市场，受到利率风险影响较大。利率变化将对债券价值的影响主要体现在以下两个方面。

  - 估值的顾虑（valuation concerns）：又称为久期错配的风险。通常，寿险公司的资产久期大于负债久期。当市场利率上升时，资产价值下降的幅度将超过负债规模下降的幅度，这将最终导致盈余（surplus）缩小并引发资本不足的问题。

  - 再投资风险（reinvestment risk）：一旦利率在非预期情况下大幅下跌，到期利息和本金的再投资收益随之下跌，最初按原利率假设所估算的收益率也无法实现。

    对于年金产品来说，期初承诺给受益人的收益率（guarantee rate）是基于当时预测的利率水平所做出的假设。如果市场真实利率低于预测的利率水平，就会产生年金产品所能获得的投资收益不足以覆盖承诺的收益率（guarantee rate）的问题。

- ✓ 未来现金流的不确定性：由于债券违约或投资含权债券引发的未来现金流取得发生延迟或收不到的情况，将严重影响寿险公司的资金效率。

- ✓ 信用风险：保险公司一般通过分散投资（diversification）来规避信用风险。

4. 流动性

一般来说，保险公司的流动性需求较低。因为：①日益扩张的寿险业务规模；②寿险公司通常以被保险人的死亡为给付条件，因此负债久期较长；③当债券到期时，可以不断地进行滚动投资。

评估寿险公司流动性需求的主要考虑因素如下。

- ✓ 脱媒\退保（disintermediation）风险：

  - 如果市场利率上升，相比其他的投资渠道，传统的寿险产品对于投资者的吸引力就会大幅下降从而引发大面积退保现象。此时寿险公司就需要准备大量的流动性来满足退保需求。换句话说，当市场利率上升时，负债的久期下降，对于流动性的要求增加。

  - 资产负债久期不匹配：当利率上升，发生提前退保，负债久期下降使得资产和负债发生不匹配，盈余受到侵蚀。

- ✓ 资产的市场流通性（asset marketability）风险：如果保险公司投资了一些流动性较差的资产（例如：商业按揭贷款、房地产、VC 等另类投资产品）也会增加寿险公司的流动性需求。

5. 投资期限

寿险公司往往投资期较长，但是如果发生提前退保的情况，投资期就会相应变短。

6. 税收

寿险公司的投资收益可以划分为属于保险受益人（policyholder's share），即支付给保险受益人的收益回报以及属于寿险公司的部分（corporate share）。美国法律规定，寿险公司只承担公司层面的赋税，支付给受益人的收益部分是免税的。

7. 法律法规

保险业是受到高度监管（heavily regulated）的行业，寿险公司可选择的投资品种（eligible investments）、投资比例，监管机构对此都有着明确的规定。例如，投资于股票等高风险产品的比例最多不能超过20%。此外，谨慎投资者规则（prudent investor rule）适用于寿险公司。估值方法（valuation methods），在美国由 NAIC 做出统一的规定。

8. 特殊情形

产品的集中度、公司规模、盈余状况是最常见的特殊考虑因素。

1.3.2 非寿险公司的 IPS

非寿险公司是以除了人寿保险以外的其他保险为主要承保业务的保险公司。

何老师说

非寿险公司的考查重点是其与寿险公司之间的对比。保险公司未来的赔付义务是事先承诺好的，如果不履约，就需要承担法律责任，因此需要使用资产负债的管理策略。也就是说，虽然寿险公司和非寿险公司所承保的项目差异巨大，但均使用资产负债的管理策略，因此在选择投资品种时都需要基于负债的特点。寿险公司由于死亡概率可以通过大量的样本来估计，未来理赔的时间确定性较高有利于制定投资策略。但是对于非寿险公司来说，承保产品的类型繁多，如车险、火灾险、财产险等，每一种保险未来理赔的特点（负债特点）都不同，那么就需要投资不同的资产来满足不同负债类型的理赔支付。也就是说，非寿险公司无法实现统一的投资策略、收益目标，因此对于非寿险公司来讲，撰写 IPS 是很困难的，考试也就很难考查。所以这部分关注的重点就是非寿险与寿险公司之间的对比。

非寿险公司与寿险公司相比，在资产负债结构上有很大差别，主要原因如下。

第一，非寿险公司的负债久期相对较短，理赔和支付流程相对较长。以车险为例，发生理赔的周期短，事故发生频率远高于寿险。但是对于车险来说，定损反而比较耗时，理赔往往发生在车辆修复之后，因此处理理赔的周期较长。

第二，虽然不像寿险公司的负债那样直接面临利率风险，非寿险公司的负债对于通货膨胀却十分敏感。仍以车险为例，其理赔金额取决于修理的总费用，而修理费用需要根据通货膨胀来调整，因此未来理赔的支出需要考虑通货膨胀的变化。而对于寿险来说，理赔金额是在购买之日就约定好的，不会随着未来通胀的变化而变化。因此非寿险公司在进行投资时，需要考虑到其负债受通胀影响的特点。

第三，非寿险公司支出的金额和时间都不确定。对于非寿险来说，理赔发生的频率、理赔时间以及事故严重程度在事前都是无法预估的，该类产品未来的支付规模和时间都充满着不确定性。因此，非寿险公司投资期限较短，流动性需求更高。

第四，非寿险公司其他独特的特性：①长尾特性（"long-tail" nature）主要是指非寿险的赔付会涉及赔付事件的确认、赔付金额的计量、赔付争议的仲裁等一系列流程，因此赔付事件发生的时点到最终赔付支付有着较长的时间间隔；②非寿险公司的产品线（product mix）较多，需要通过资产分割的方式分别对不同产品线匹配相应的资产组合和投资策略；③非寿险公司的资产期限受到承保/利润周期（underwriting/profitability cycle）的限制（通常为 3 ~ 5 年）。这些周期通常由集中索赔和激烈竞争所致，而且和一般的商业周期重叠。非寿险公司可以通过承保/利润周期来确定自身流动性的需求。

1. 收益目标

非寿险公司未来赔付从规模到时间充满着不确定性，因此其负债的特点有别于债券，拥有非利率敏感型的特点。在资产负债的管理策略下，资产的投资包括债券、股票等投资品种。投资债券的主要目的是按时、足额的赔付风险事件，而投资股票市场的目的是获得更高的投资收益，并最终扩大盈余，以应对非预期的大笔的现金流支出。

影响非寿险公司收益目标的因素主要包括以下 5 个。

- **保单的竞争性定价**（competitive policy pricing）：当今，越来越多的非寿险公司意识到可以通过提高收益率目标来实现降低保费从而提高产品竞争力的目的。因此，提高竞争力是设定收益目标的主要考量因素。
- **盈利能力**（profitability）：保险公司的保费收入和投资收益决定了非寿险公司的盈利能力。投资收益被看作是在承保/利润周期平滑利润波动的工具。
- **盈余增长**（growth of surplus）：非寿险公司通过投资于股票、可转债（convertibles）、其他类投资等产品实现增加盈余、扩大公司承保能力的目的。
- **税收考虑**（tax considerations）：在美国，非寿险公司的收益是需要交税的，公司往往更加关注税后收益。
- **总收益**（total return）：非寿险公司通常使用主动的管理策略来最大化投资总收益，从原来只注重期间收益率转向既注重期间收益也注重资本利得（capital gains），即总收益的策略。

2. 风险目标

非寿险公司的理赔金额和发生时间均具有很强的不确定性，因此其流动性的要求更高，风险容忍度低于寿险公司。此外，非寿险公司还需要考虑通货膨胀对其负债规模的影响。

3. 流动性

非寿险公司的流动性需求较高，并且高于寿险公司的流动性需求。未来赔付时间不确定导致非寿险公司在投资时需要投资大量的短期资产以备应对非预期的理赔需求。

4. 投资期限

非寿险公司的投资期通常较短。

5. 税收

非寿险公司的收益需要缴税，具体缴税方法较为复杂，需要咨询相关的税务顾问。

6. 法律法规

美国法律监管不要求非寿险公司设立资产估值储备（asset valuation reserve），但是近年来，美国对非寿险公司实行了风险权重资本（risk-based capital）的监管要求。该监管要求规定非寿险公司至少要满足一个由其公司资产规模、资产风险、信用风险、承保风险和表外资产风险核算出来的最小资本要求。

7. 特殊情形

特殊情形是指基金经理在为非寿险公司进行投资时，需要考虑到该公司当前的财务状况、投资风险的管理情况以及流动性的需求。

1.4 银行

我们这里讨论的银行主要是指商业银行，是涉及吸收存款、发放贷款业务的金融中介。商业银行的主要负债由期限较短的存款组成，而主要资产由期限较长的商业贷款组成。正是由于资产负债的期限不匹配，银行的投资组合主要作用于调整资产和负债的风险敞口。

> **何老师说**
>
> 商业银行的 IPS 并不是考查重点，原因有三：
>
> 第一，银行用于投资的资产规模占总资产规模较小。
>
> 第二，银行受到严格的监管，因此对于银行的投资限制很多。从全球层面来看，《巴塞尔协议》是普遍认可的银行监管国际标准。各个国家的监管机构根据自身情况又进一步建立了各国国内的银行监管管理办法。
>
> 第三，银行内部专业人士可以自行完成 IPS 的工作，无须外部聘请 CFA 来完成。
>
> 对于银行来说，未来承诺还本付息的现金流是强制的，因此也适用资产负债的管理策略。银行负债的主要特点就是期限短，那么银行大部分的资产都不能投资于长期品种，为了应付随时的取款需求，银行的流动性要求相对更高一些。

1.4.1 银行的收益和风险衡量指标

1. 主要利润指标

- ✓ **净息差**（net interest margin）：等于净利息收入（贷款利息收入减去存款利息成本）除以平均获利资产（average earning assets）。
- ✓ **净利差**（interest spread）：等于获利资产的加权平均收益率减去付息负债的平均成本。

2. 主要风险指标

- ✓ 经杠杆调整后的久期缺口（leverage-adjusted duration gap，LADG）。它衡量的是银行整体利率风险敞口。

$$LADG = D_{资产} - \left(\frac{L}{A}\right)D_{负债}$$

式中 $D_{资产}$——银行资产的久期；

$\left(\frac{L}{A}\right)D_{负债}$——经杠杆调整过的负债久期。

- 利率上升情况下：如果 $LADG < 0$，银行资产和负债价值都下降，且资产下降幅度更

小，银行权益价值上升；如果 $LADG > 0$，银行资产和负债价值都下降，且资产下降幅度更大，银行权益价值下降；如果 $LADG = 0$，银行资产和负债价值都下降，且资产负债下降幅度相同，银行权益价值不变（权益价值不受利率风险）。

- 利率下降情况下：如果 $LADG < 0$，银行资产和负债价值都上升，且资产上升幅度更小，银行权益价值下降；如果 $LADG > 0$，银行资产和负债价值都上升，且资产上升幅度更大，银行权益价值上升；如果 $LADG = 0$，银行资产和负债价值都上升，且资产负债上升幅度相同，银行权益价值不变（权益价值不受利率风险）。

✓ 在险价值（Value at risk）：详见风险管理部分。

✓ 信用风险衡量（credit risk measures）：如 Creditmetrics 开发的供给内部或商业之用的模型，例如：EWMA 模型等。

1.4.2 银行管理投资组合的目标

管理资产负债表的整体利率风险（manage overall interest rate risk of the balance sheet）：通过调整资产的久期来应对市场上利率的变化给银行价值带来的影响。

管理流动性（manage liquidity）：银行在经营中相当于把短期的资金来源转向一个长期的资金流出，这种期限不匹配导致其承担了很高的流动性风险。因此，银行需要通过持有流动性较好资产，以应对由于存贷业务引发的流动性需求。

创造收益（produce income）：证券投资收益占银行总收益的1/4 或更多。

管理信用风险（manage credit risk）：通过持有与银行贷款资产相关性较低的投资证券，以实现信用风险分散。

其他需求：保持充足优质资产（美国短期国债），以应对非预期的流动性需求。

1.4.3 银行的 IPS

收益目标：获得正的存贷利差。

风险目标：银行必须从资产负债管理的角度，关注相对负债的风险，而非仅关注绝对风险。相比其他类型的机构投资者，银行的风险容忍度低于平均水平：银行的负债都是强制的；银行资产的投资期较短。

流动性：银行必须保有充足的流动性来满足客户提取存款和自身发放贷款的资金需求，因此流动性需求较高。

投资期限：银行的投资证券资产的期限由未来负债的期限决定。大多数银行的负债期限较短，平均而言，投资期限为短期到中期（3 ~ 7 年）。

税收：银行的证券资产收益需全额征税，具体规定依不同国别而定。

法律法规：监管机构对银行投资有严格限制。《巴塞尔协议》（Basel Accord）是国际上最主要的对于银行的监管规则。

特殊情形：每家银行的情况各不相同，基本无共性情形。唯一需要关注的是银行贷款过于集中的风险。

品职教育·CFA 一考而过系列

CFA三级
中文精讲

何旋 李斯克 编著

机械工业出版社
China Machine Press

图书在版编目（CIP）数据

CFA三级中文精讲／何旋，李斯克编著．—北京：机械工业出版社，2019.1
（品职教育·CFA一考而过系列）

ISBN 978-7-111-61565-1

I. C…　II. ①何…　②李…　III. 金融－分析－资格考试－自学参考资料　IV. F83

中国版本图书馆CIP数据核字（2018）第277103号

　　本书从考生的角度出发，集作者多年CFA培训经验于一体，力邀国内外众多金融投资专业人士精心打造，体现了当今国内CFA考试中文解析的高水准。本书完全参照CFA协会官方指定用书编写，囊括全部核心内容和重点内容，契合中国考生的实际情况，有利于考生快速阅读、备考。本书具有专业性、前沿性、全面性、实用性和效率性等特点，适合作为考生备考CFA三级的参考书。

CFA 三级中文精讲②

出版发行：机械工业出版社（北京市西城区百万庄大街22号　邮政编码：100037）

责任编辑：宋　燕　　　　　　　　　　　　　责任校对：李秋荣

印　　刷：中国电影出版社印刷厂　　　　　　版　　次：2019年1月第1版第1次印刷

开　　本：185mm×260mm　1/16　　　　　　印　　张：17

书　　号：ISBN 978-7-111-61565-1　　　　　定　　价：300.00元（全三册）

目　录

第 5 章
经济分析在组合管理中的运用

第 6 章
资产配置

第7章
固定收益

第5章

经济分析在组合管理中的运用

学科介绍

投资管理中非常重要的一项工作就是规划资本市场预期。唯有准确地预测出不同资产类别各自的收益以及风险特性，基金经理才能在给定的风险水平上，构建出预期收益最大化的投资组合。

本学科分为两节。第一节主要介绍了制订资本预期的方法，如何检验资本预期的有效性以及主要经济分析的工具及手段。第二节侧重介绍了分析师如何运用新古典经济增长理论去开展经济预测以及如何在这些预测的基础上结合股市估值技术估值股票市场。

需要说明的是三级"经济分析"这门学科更多地站在宏观的角度、整体市场的角度去研究分析问题，并且该学科融汇了二级"股权收益"学科中的相关内容。对此，大家要做到触类旁通、活学活用。

1 资本市场的预期

本节说明

　　资本市场的预期对于指导投资者完成资产的战略资产配置，有着积极深远的指导作用。对资本市场做出准确预测并非易事，会遇到各种各样的挑战。为此，我们需要借助各种定量以及定性的方法展开预测活动。此外，我们在 CFA 一二级中所学的有关经济周期和增长的相关理论也将在三级中被提及，它们将成为帮助我们正确预测资本市场的重要工具。

　　通过本节的学习，大家要了解资本市场预测是如何规划的，规划过程中会面临哪些挑战，以及我们应该如何使用相关经济工具方法以形成一个合理的资本市场预期，如何结合新古典经济增长理论做出相关经济预测。

知识点自查清单

- ❏ 资本市场预期框架
- ❏ 预测中的挑战
- ❏ 正式工具 ★★★
- ❏ 调查问卷以及评判的运用
- ❏ 经济周期的分析
- ❏ 经济增长趋势 ★
- ❏ 外部冲击
- ❏ 国家之间的相互影响
- ❏ 经济预测
- ❏ 利用经济信息预测收益
- ❏ 汇率预测 ★★★

1.1 资本市场预期框架

1.1.1 资本市场预期

　　资本市场预期（capital market expectations，CME）是指投资者对于不同类别资产的风险以及收益的预期评估。资本市场的预期直接影响到资产投资的权重分配。具体而言，资本市场预期可以分为宏观和微观两大类。**宏观预期**（macro expectations）主要针对大类的资产类别，微

观预期（micro expectations）则针对每一类资产里具体的资产，该部分预期的重点在于证券的挑选以及估值。

分析师之所以要测算市场预期，是因为结合个人投资政策说明书（ISP），准确的市场预期可以帮助我们完成有效的**战略资产配置**（strategic asset allocation）。有别于**战术**（tactical）资产配置，战略资产配置关注的是一个长期的目标，因此需要考虑整体市场的预期情况。

需要注意的是，计算市场预期通常和 β **研究**（beta research）有关，这是因为 β 研究需要考虑**系统性风险**（systematic risk）的状况，即投资资产通过承担一定的系统性风险，从而获取大盘市场的收益。因此，无论股票还是权益市场，资本市场预期的输入变量都是一致的。不同于 β 研究，α **研究**（alpha research）则是通过配置特殊的资产类型，运用特殊的投资战术（这些战术我们将在其他科目中有所涉猎），以获取有别于大盘收益之外的超额收益。

1.1.2　计算资本市场预期

分析师可以通过以下 7 个步骤，获得资本市场的超额预期。

步骤 1：结合投资者的目标要求（该要求通常记录在个人 IPS 中），确定合适的资本市场预期。

步骤 2：收集宏观数据和历史数据，掌握资产历史表现的内在逻辑，以此建立资产预期表现。

步骤 3：确定需要使用的估值方法以及在考虑到各个变量与投资期限的关系后，该方法的有效性。

步骤 4：确定信息需求的最佳来源；失真的数据容易推演出错误的结论。

步骤 5：使用过去经验从而判断、解读当前的经济投资环境。

步骤 6：计算资本市场预期，自上而下分析法比自下而上分析法能更加深入地分析经济环境。

步骤 7：评估投资的真实表现，并以此为依据对上述步骤过程进行完善、修改。

请注意，步骤 2、3、4 是针对风险及收益的微观预测，步骤 5 考量了整体经济状况，属于宏观预测。结合微观预测和宏观预测，我们最终得到一个资本市场预期。步骤 7 使得整个预测过程形成一个闭环，方便我们对其进行改善调整。关于这些步骤，大家了解即可。

1.2　预测过程中遇到的 9 类问题

考生需要知道，一个高质量的预测一定是**一致性的**（consistent）、**无偏的**（unbiased）、**客观的**（objective）、**有证据支持的**（well supported），并且是**预测错误最小的**。

何老师说

上述"一致性"存在两种理解角度：第一种是从统计学概念出发，随着样本数据的增加，预测的准确性也随之上升；第二种是预测结果内部不应该存在互相矛盾的现象。如图 5-1 所

示，它展现了变量 1、2、3 之间的相关系数。通过表格我们不难发现，变量 1 与变量 2 之间的相关系数为 -1，表示两者呈现完全负相关的关系；变量 1 与变量 3 之间的相关系数也为 -1，两者也呈现完全负相关的关系。由此我们可以推导出变量 2 和变量 3 之间的相关系数应该为 1，呈现完全正相关的关系。但是实际情况却如图 5-1 所示，变量 2 和变量 3 之间的相关系数为 -1，呈现完全负相关的关系。这一结果与我们先前得到的推导结论互相矛盾，因此就违背了一致性的原则。

数据间的相关系数	1	2	3
1	1	-1	-1
2	-1	1	-1
3	-1	-1	1

图 5-1　一致性原则图示

注：该图引自 CFA 协会原版书三级第一本 reading 16。

无偏性是指只要我们多做几次预测，那么所有样本预测结果的均值期望应该是等于真实均值的，但是实际市场上却充斥着大量的有偏估计。有研究结果表明，上市公司倾向于报告一个微小的收益，这体现在市场上就是报告微小收益公司的个数要显著大于报告微小损失公司的个数（正常情况下，市场上所有公司的平均利润应该为零）。这样的报告表明，很多公司管理层对自己的业绩估计是一个有偏的估计（虚报了公司的收益）。

资本市场预期的结果并不都是有效的，预测过程中会出现各类问题。接下来，我们就重点说明一下预测过程中会经常遇到的 9 类问题。

问题 1：经济数据的限制

分析师做预测时需要使用各类经济数据，他们在使用经济数据时可能面临以下 4 类限制。

- ✓ **时滞**（time lag）：经济数据的公布往往存在时滞。例如，通常在次年 2、3 月，政府才会公布该国前一年的 CPI 数据。那么分析师想在当年 1 月就获取该国前一年的 CPI 数据以预测当年该国的 CPI 走势是非常困难的。

- ✓ **修订**（revision）：关于 GDP 等一些经济数据，政府会在年初公布一个初始数据，随后会依据经济形势的变化对其进行修正调整后再公布一个修订数据。如果预测模型中同时包括了初始数据与修订数据，就会影响预测结果的准确性。

- ✓ **定义及计算方法发生的改变**（change in definition or calculation method）。例如 CPI 数据，它衡量的是居民一篮子消费品的价格变化情况。通常情况下，这一篮子消费品的构成情况需要每 3 年调整一次。那么调整后与调整前的 CPI 数据就不再具有可比性。同理，基于中国的消费篮子计算出来的 CPI 指数与基于美国消费篮子计算出来 CPI 的指数也不具有可比性。因为中国消费篮子的构成与美国大相径庭。相比美国的消费篮子，中国的消费篮子中不包含房价（只包含装修费、维护费、租金等费用），并且食品所占权重非常高。

✓ **基期调整**（re-based）：在计算 CPI 指数时，我们首先需要确定一个基期的物价水平。如果我们将基期的年份由 1980 年调整为 1990 年，那么依据不同年份基期计算所得的 CPI 结果也是不一样的。

问题 2：数据计算的错误与偏差

我们将这一问题分为"错误"（error）和"偏差"（bias）两类。相较于"偏差"，"错误"被人们及时发现后，是可以避免的。

✓ **誊写错误**（transcription errors）：这类错误经常发生在数据的收集、处理过程中。例如，在处理数据时，将数字"5.20"看错为"5.02"就属于这类错误，如果数据誊写错误总是偏向一个方向（涉嫌故意篡改数据），这就是非常严重的问题。

✓ **存活偏差**（survivorship bias）★★：如果数据只是反映了一段时期内存活下来的个体情况，就发生了存活偏差。这类偏差在对冲基金的业绩统计中非常非常见。市场上对冲基金的分化情况严重，存活下来的对冲基金通常都有着较高的收益，而那些被市场淘汰的对冲基金则是血本无归。只统计存活下来对冲基金的业绩，就会高估对冲基金投资品种的整体业绩表现。

后果：存活偏差下统计所得的数据由于只考虑到了存活个体的情况，因此将高估投资品种未来收益率的表现，并且低估其风险，从而使得预测结果失真。

✓ **数据平滑**（appraisal［smoothed］data）★★：数据平滑现象经常发生在那些流动性很差的市场上，被平滑的数据一般是该类市场上的成交价格。假设在当前房地产市场上，分析师获取了某套房产月初以及月末的成交价，那么他想要评估该房产位于月中的价值，就只能对相关数据做平滑处理。平滑后数据的波动性，往往小于市场上真实数据的波动性。

后果：如果分析师使用了关于资产的平滑数据，那么他在计算该类资产与其他类资产相关性时，就会低估该相关性的真实数值。此外，数据平滑后计算所得的标准差也是被低估的。

解决方法：分析师可以有意识地对数据的波动性进行放大，如此一来，数据的离散波动幅度也将随之增加，但是数据的均值并不会因此发生改变。

何老师说

分享一个存活偏差的案例：一位分析师正在研究处于经济转型期的 A 国经济，A 国目前经济还处于发展中国家的水平，正在向发达国家的行列迈进。该分析师找到了一些发达国家过去 50 年的经济数据，想借此计算这些发达国家在过去由发展中国家到成为发达国家的这一发展过程中的 GDP 增长率，并以此为依据来预测未来 A 国的经济增长情况。在上述研究方法中，该分析师由于只寻找了发达国家的数据，而忽视了那些由发展国家起步却发展失败的国家的相关数据，因此分析师所得数据中就有存活偏差的问题。

数据平滑现象可以用"黑洞效应"加以解释。如图 5-2 所示，假设一只蝙蝠从方框左侧 A 点处飞入，再由 B 点处飞出。方框代表了一个山洞，我们无从知晓蝙蝠在山洞里的飞行路径。它也许是沿着绿色实线的轨迹上蹿下跳地乱飞，但是结合 A 点与 B 点，人们通常会推测出诸如

图中红色虚线作为蝙蝠的飞行路径。显然，相较于绿色实线，红色虚线的波动程度要小得多。上述现象非常类似于我们讲述的数据平滑。

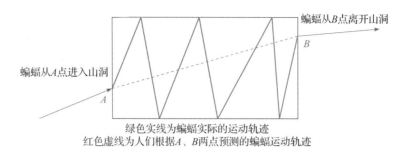

蝙蝠从*A*点进入山洞

蝙蝠从*B*点离开山洞

绿色实线为蝙蝠实际的运动轨迹
红色虚线为人们根据*A*、*B*两点预测的蝙蝠运动轨迹

图 5-2　黑洞效应

大家在学习这 9 大类问题时，每一大类问题的大标题是不需要记住的（例如这里的"数据计算的错误与偏差"），但是对于每一类大标题下讲述的小标题需要大家牢记掌握（例如此处的"存活偏差"和"数据平滑"）。这是因为考试通常会描述一段场景，然后让考生根据场景选择选项，选项就是依据每一类问题下的具体小标题来设置的。例如会让考生识别一个场景究竟是存在"存活偏差""数据平滑"还是"数据挖掘"问题。除了正确掌握这些偏差的定义，我们还需要知晓它们分别对应的后果，这些后果也是考试的重点。大家需要牢记上述复习要点，以便在复习时做到有的放矢。

问题 3：历史估计的局限性

分析师对于诸如股票一类波动性很大的资产历史数据的运用要做到随时更新，与时俱进，尤其是在考虑非平稳性问题的情况下。

非平稳性（non-stationarity）：非平稳性的产生是由于政治制度或是科技环境发生了重大的改变。分析师在使用较长时期的**时间序列数据**（long data series）时，就容易发生非平稳性的问题。例如，分析师获得了我国 1990～2010 年度进出口贸易的历史数据，并且想要预测未来的贸易状况。注意到我国在 2001 年 2 月正式加入了 WTO（世界贸易组织），因此 2001 年 12 月是一个分界点，贸易状况于该时点发生了重大的政策变化。相比较加入 WTO 之前，我国在加入 WTO 后放松了进出口方面的诸多限制，并且我国的商品也能够更容易地被销售至世界上的其他国家。所以 2001 年 12 月之前的数据与之后的数据的特征是不同的，这就导致了数据非平稳的问题。使用 2001 年 12 月之前的数据来预测当前市场环境下未来的贸易情况是没有意义的。

通常，分析师更愿意使用包含更多样本的长时期的样本数据做模型分析，他们认为期限越长的数据，就越能增加模型预测的准确性。但是长期的时间序列数据也会诱发如下问题：

- 长期数据增加了数据包含多个政策时期（cover multiple regimes）的风险。
- 大样本的数据长度往往是不可得的。
- 我们可以采用"高频数据"法同时解决上述两个问题。例如，使用周数据或者天数据。但是高频数据本身也会造成变量间的"不同步性"（asynchronism）的问题，从而低估了数据间的相关性。

何老师说

使用较长期限的数据所产生的问题,我们可以通过以下案例加以说明:假设我们获取了1995~2005年某只股票与A股大盘的相关数据,并借此想研究两者之间存在的关系。我们不能直接使用全部20年的数据,因为这一数据是非平稳的。2006年中国实施了股权分置改革,很多非流通股进入市场,变成了流通股。如果不考虑这一重大政策的影响,直接使用所有数据,那么数据就会覆盖多个政策时期。但是如果我们只使用2006~2015年股权分置改革后的数据,数据的样本量又过小。所以我们可以对数据进行处理,将2006~2015年度的或者月度的数据转化为周的或者天的数据,即高频数据。如此一来,数据的样本量就被人为地放大了。但是使用高频数据也会带来一个问题,那就是在年度或者是月度数据下,这只股票与大盘也许呈现出了比较强的相关关系,可是在高频数据下,这种较强的相关关系就被人为地弱化了。所以我们在使用高频数据时,一定要对高频的"频率"做到适度把握。

问题4:事后风险作为事前风险的有偏估计★★

人们对于事前风险(ante risk)会表现出更多的恐慌与不安。例如,人们在做外汇投资前总是担心汇率风险的发生,但是当投资期结束后,就会发表"我早知道本币会贬值"一类的言论。因此,当我们计算出一个特定时期的事后风险,并以此为依据再去评估还未发生事件的事前风险时,就会低估了事前风险的大小,从而也间接高估了资产收益率的大小。

因此,当分析师在使用事后风险作为评估事前风险的替代时,应当在原有事前风险的基础上增加一定的风险溢价(risk premium),这样度量出的风险才是真实合理的。

问题5:分析方法中的偏差

分析师研究问题的方法也会存在一定偏差,主要包括数据挖掘偏差和时间期限偏差。

- ✓ **数据挖掘偏差**(data-mining bias)★★:分析师可以反复多次地演练或是研究一个数据集,直至发现其中存在的一些统计学上显著的模式、规律。例如,一位分析师发现某些年份大盘的回报收益率与当地降雨量之间呈现出明显的正相关关系:在降雨量充沛的年份,大盘的收益率表现较好。这一现象就是典型的数据挖掘偏差。我们都知道,大盘收益与降雨量之间不存在任何关系,分析师得到两者在统计学上的关系是没有经济理论作为支持的,这样的统计学上的关系对于预测是没有意义的(no story, no future)。所以,没有经济学意义作为支撑的变量之间的关系往往暗示着数据挖掘偏差的存在,我们对此要格外留心、注意。

- ✓ **时间期限偏差**(time-period bias)★★:模型研究结果往往对于一个特定的时期有效,但对于其他时间段就并不适用。例如在一定的历史时期,我国创业板表现高于大盘,但在另一个时间段,这个结论便不再适用。这就是一个典型的时间期限偏差案例。

克服方法:为了在研究问题时能够尽量避免发生上述两类偏差,分析师应该检验不同变量关系背后是否存在合理的经济学解释。分析师可以将一个完整的数据分为两部分,其中一部分用于模型预测,而另一部分(样本外数据:out-of-sample data)用于检验模型的准确性。例如,分析师获取了1991~2010年两组变量的数据后便可以将1991~2000年这一时期的数据用于建

模预测，并用 2001 ~ 2010 年这一时期的数据去验证这一模型预测的准确性。

我们再举一个关于时间偏差的案例。通常情况下，美国国债与公司债之间会表现出正相关的关系，因为美国国债收益率可以看作是其公司债收益率的一个基准利率，国债收益率上升，公司债收益率也随之上升。但在 1998 年，美国国债与公司债之间的关系却出现了戏剧性的反转。这是因为 1997 年的东南亚金融危机波及俄罗斯的经济，俄罗斯当局冻结了所有外籍人士的资产，并且宣布本国的所有对外债务全部违约，不予偿还。于是，全球债券市场出现了空前的恐慌，债券投资者有着强烈的避险情绪，所以当时的投资者纷纷去购买最为安全的投资品种——美国国债。与此同时，投资者卖出了安全性较差的公司债。于是，该年美国国债与公司债之间就表现出了负相关的关系。

问题 6：对于条件信息的遗漏

分析师在做预测时可能会忽视相关条件信息。历史数据所反映的资产表现可能同时包含了多个经济周期条件；但分析师在做出相关预测时，必须关注当前经济的实际情况。

例如，假设分析师通过历史数据预估出一类资产承担的系统性风险 β 值为 3.6。形成这些原始数据的时期可以被分为经济扩张期和经济紧缩期。其中，央行紧缩银根时的 β 值为 2.6，而央行超发货币时的 β 值为 5.5。如果考虑到接下来央行会超发货币，分析师就应当选用 5.5 的 β 值完成相关预测。

问题 7：对于"相关性"的误读

即便分析师发现了变量之间的相关性（correlation），也会对其产生错误解读的可能。

当变量 A 与变量 B 之间呈现出显著的相关性时，那么至少存在 3 种可能可以解读这一现象：A 可以预测 B；B 可以预测 A；存在另一个变量 C 可以预测 A、B。如果分析师对于以上 3 种结果没有展开审慎仔细的研究，变量之间的相关关系就不可以用于模型的预测中。

此外，相关性反映的是变量之间的线性关系。如果变量 A 与 B 之间的相关关系为零，那么我们便可以认定 A 与 B 之间是没有线性关系的，但是我们不能就此认为 A 与 B 之间完全没有关系。因为 A 与 B 之间还可能存有非线性关系，例如 $A = B^2$。

变量之间存在显著的相关关系并不意味着变量之间就一定存在因果关系。例如，美国医学界调查研究发现，当地一个州的空气质量非常好，但同时这个州患有肺部疾病的病人数量也非常多。由此可见，空气质量与肺部疾病病人数量这两个变量之间存在较强的相关性，但是我们却不能武断地得出"因为该州空气质量好，所以肺部疾病发病病人数量多"的荒谬结论。实际上，正是由于该州空气质量非常好，全美患有肺部疾病的病人才会迁徙到这个州生活，以方便他们养病。

此外，两个变量之间表现出的较强相关性，也可能是第三个变量作用影响的结果。例如，

研究发现人们的身高与词汇量之间存在较强的相关关系，但是我们不能对其解释为因为身高长高的缘故，人们的词汇量便不断增加。正确的解释是：身高与词汇量都受到年龄这个变量的影响。一个人随着年龄的增长，他的身高在长高，同时词汇量也在扩增。

问题 8：心理陷阱

分析师在做决定时还会受到各类心理陷阱（psychological traps）的影响。这些心理陷阱的大部分内容与我们此前学习的行为金融学的内容相一致，大家稍作了解即可。

- ✓ **锚定陷阱**（the anchoring trap）：人们倾向于给予最初获得信息一个非常高的认可权重，这些信息包括最初的印象、评估、数据、想法以及评判。

- ✓ **保持现状陷阱**（the status quo trap）：人们倾向于保持现有的预测观点，不愿对其做出变化调整。例如，现阶段市场收益率以两位数的趋势上涨，人们就会在下一阶段对收益率做出同样的预测。特别是处理一些复杂的工作，分析师们可能就不愿意做出理性、审慎的分析，从而落入保持现状陷阱中。

- ✓ **确认证据陷阱**（the confirming evidence trap）：人们给予那些支持他们观点的证据以更高的认可，而刻意忽视那些与其观点相悖的证据。在确认证据陷阱中，分析师通常刻意寻找出一些支持他们观点的"证据"。通过以下方法我们可以有效避免这一陷阱：
  - 公平地看待、检测所有的证据。
  - 募集独立客观（independent-minded）的人群，让其对分析师持有的观点展开反驳、辩论。
  - 诚实地对待动机（be honest to your motives）。

- ✓ **过度自信陷阱**（the overconfidence trap）：人们会高估自己预测的准确性，这会导致分析师在做出预测时确认了一个过窄的概率区间或是过于狭小的假设情景。分析师可以通过在做预测时人为地扩张预测目标的概率区间范围，从而减少此类陷阱对于预测结果的影响。

- ✓ **谨慎陷阱**（the prudence trap）：该陷阱类似于我们在行为金融学中论述的"羊群效应"。它是指人们更倾向于做出一个温和的预测，以使得他们的预测看上去不是那么的激进。该陷阱下，分析师在预测时会表现得特别小心谨慎。分析师可以增加预测概率的区间范围来避免此类陷阱的发生。此外，我们应当仔细检验那些既是最敏感的也是最容易影响预测结果的估计。

- ✓ **回忆陷阱**（the recallability trap）：这类陷阱类似于我们在行为金融学中论述的"易得性"偏差。它是指人们更容易被那些令其印象深刻的事物所影响。所以分析师的预测结果很容易受到过去灾难性或者戏剧性事件的影响。为了最小化回忆陷阱的影响，分析师在做预测时应当基于客观的数据结论，而非通过他们的个人感情或是模糊的回忆得到预测结论。

问题 9：模型及输入数据的不确定性

- ✓ **模型的不确定性**（model uncertainty）：具体是指选择的模型是否正确。例如，分析师在预测一国未来 GDP，会拿不准应不应该使用时间序列模型（考虑到数据非平稳性问题），究竟哪个模型得到的预测结果才是最精确的？

✓ **输入数据的不确定性**（input uncertainty）：分析师往往不能确定模型输入变量的准确性。例如在上述情形下，即便分析师知道了使用时间序列模型是最准确的，恐怕分析师也是难以确定诸如劳动力、资本投入、技术进步率等重要的输入变量。

✓ 如果分析师使用了不正确的模型或是输入数据，他将很难确认市场异常现象，因为一些所谓的市场异常现象只不过是分析师用错了预测模型的结果罢了。与此同时，模型以及输入数据的不确定性使得分析师很难做出准确的市场预测结果。

1.3　预测工具总述

接下来我们将要重点学习一下那些用于规划计算出资本市场预期的具体工具：这些工具主要分为以下 3 大类：正式工具（formal tools）、问卷和专家小组法（survey and panel methods）以及分析师判断法（analyst judgment）。其中，正式工具包含的都是定量的模型；后面两种方法则是偏重于定性的方法。问卷和专家小组法是询问别人的方法。当分析师每次询问的人群不固定时，这种方法就相当于给不同的人做了调查问卷；如果分析师每次都询问相同的人群时，这种方法就相当于分析师雇用了一拨专家小组为他出谋划策。如果分析师每次询问的人是他自己，这种自问自答的研究模式便是分析师自我判断法。请注意，后两种定性的方法不易设置考题，大家对其了解即可，考试的重点在于定量分析的"正式工具"。

正式工具又可以分为以下 4 种方法：统计工具（statistical tools）、现金流折现模型（discounted cash flow models）、风险溢价法（the risk premium approach）以及金融市场均衡模型、（the risk premium approach）。其中，统计工具主要适用于对风险的估计，其他 3 种方法则用于对收益率的预测。由于正式工具部分都是定量性质的内容，考生只要认真准备就能够拿到分数。因此对于这一部分内容，大家一定要重点掌握。

1.4　正式工具之统计工具

统计工具还可以再细分出 4 种方法。它们分别是：延伸历史数据、收缩估计、时间序列估计和多因素模型。接下来我们就对它们分别展开学习。

1.4.1　延伸历史数据

描述性统计可以总结归纳数据的特征，推断性统计能将数据用于预测。如果过去的数据是平稳的（stationary），我们便可以用历史的数据预测未来。这些历史数据包括均值（mean return）、标准差（standard deviation）以及未来数据集之间的相关性（correlations）。

在计算收益率均值时，最常用的两个方法就是算数平均（arithmetic mean）法和几何平均（geometric mean）法，这两个方法究竟哪一个更适合预测未来收益呢？依据 CFA 一级中数量学科的相关知识，我们知道，如果想计算投资品过去多期的平均收益，选择几何平均法是最合适

的；如果我们想要依据投资品过去多期的收益表现预测出该投资品未来一期的投资表现，使用算数平均法求得的结果才是最为精确的。此外，几何平均法下求得的数值一定是小于等于算数平均法下求得的数值，并且这两类方法下计算所得的差异会随着收益方差的增加而增加。

历史样本的收益率数据可以用于预测未来的收益率，同时历史样本的方差数据也可以用于对未来方差的预测。此外，分析师不仅需要估计单个资产的方差，还需要估计组合资产的方差；在估计未来组合资产方差时，他们还需要通过样本中资产的相关性预估出未来资产的相关性。简言之，延伸历史数据（projecting historical data）就是通过历史样本数据预测未来。

1.4.2 收缩估计

当分析师认为历史样本数据不足以反映当下变化时，他就可以使用收缩估计（shrinkage estimators）的方法对历史数据的预测进行修正。收缩估计的具体做法是赋予历史数据一定的权重，再赋予其他估计值一些权重，再对二者求得一个加权平均的结果。

收缩估计法下求得的估计值降低了历史极端值对预测的影响。收缩估计法经常用于对均值以及协方差（Cov）的调整过程。当数据样本容量很小的时候，以及历史数据不太靠谱时，收缩估计法就会被频繁使用。

何老师说

假设历史数据预测出的协方差的数值为 0.022，但是分析师相信该数据包含了历史上出现的极端值，并且这些极端值在未来发生的概率非常小，同时分析师自己预估的协方差数值为 0.018。分析师之所以会更加相信自己的预测值，是因为它是基于一个更长时期的历史平均估计所得的结果，这种预测方法也间接地体现了均值复归的思想。那么此时在收缩估计法下，分析师可以赋予历史的估计值以 0.4 的权重，同时赋予自己的估计值以 0.6 的权重，这样得到最终的协方差估计值为 $0.4 \times 0.022 + 0.6 \times 0.018 = 0.0196$。这样的方法类似于对历史数据做了一个压缩，使得预测结果向分析师预测的方向靠拢。

1.4.3 时间序列估计

时间序列分析同样可以用于市场估计，尤其是对短期的财务和经济变量的预测。**时间序列估计量**（time-series estimators）通常基于因变量的滞后值以及其他变量做出估计。其具体公式如下所示：

$$\sigma_t^2 = \theta \sigma_{t-1}^2 + (1 - \theta) \varepsilon_t^2$$

式中 $0 < \theta < 1$。

对于这个公式，有两种理解方法。第一种方法下，我们可以将该公式看作一个自回归模型（AR），该模型试图用过去的方差波动 σ_{t-1}^2 来解释当前（未来）的方差波动 σ_t^2。等式中的 $(1-\theta)\varepsilon_t^2$ 可以被看作是一个残差项，通常回归模型都会自带一个残差项。第二种方法下，我们可以将该模型看作是一个加权平均的形式，即我们认为今天的方差波动 σ_t^2 是由昨天的方差波动 σ_{t-1}^2 以及一个随机扰动项 ε_t^2 按照一定的加权平均方式得到的。（如果只用昨天的方差波动推导今天的方差波动是不准确的，因为今天的方差波动还受其自身的随机扰动的影响。在这样

的加权平均形式下求得的预测结果才是准确的）。

风险聚集（volatility clustering）是指一个较大（较小）的数据波动之后会跟随一连串的较大（较小）的数据波动，即如果昨天市场波动比较大，今天和明天的市场就会有很大的概率继续这一较大的波动。这是因为市场表现具有一定的惯性，是一个持续的过程。由于风险聚集效应的存在，所以在实务中，上述公式的 θ 值通常会被赋予一个较大的数值，这一数值通常大于 0.95。

1.4.4 多因素模型 ★ ★ ★

多因素模型可以被运用于含有多个风险因子的资产收益率的预测。其模型的标准公式如下所示：

$$R_i = \alpha_i + \beta_{i,1}F_1 + \beta_{i,2}F_2 + \cdots + \beta_{i,k}F_k\varepsilon_i + \varepsilon_i$$

式中　$\beta_{i,k}$——收益 R 对于风险因子的敏感程度；

　　　F_k——资产包含的诸多风险因子；

残差项 ε_i——资产特有的风险。

多因素模型的本质是一个多元回归模型，而两因素模型就是一个二元回归模型。如果一只股票的收益率同时受到一国经济总量 GDP 以及利率水平 i 的影响，那么上述公示中的 F_1 就为 GDP，F_2 就为 i。

分析师用多因素模型做预测，就是通过多因素模型求得资产的收益和方差。分析师在预测资产组合的方差时需要知道组合间的相关系数，于是分析师还需要利用多因素模型估计出资产间的协方差（Cov）。根据多因素模型推导出的资产的方差公式以及资产间的协方差公式如下所示：

$$\sigma_i^2 = \beta_{i,1}^2\sigma_{F_1}^2 + \beta_{i,2}^2\sigma_{F_2}^2 + 2\beta_{i,1}\beta_{i,2}\mathrm{Cov}(F_1 F_2) + \sigma_{\varepsilon,i}^2$$

$$\mathrm{Cov}(i,j) = \beta_{i,1}\beta_{j,1}\sigma_{F_1}^2 + \beta_{i,2}\beta_{j,2}\sigma_{F_2}^2 + (\beta_{i,1}\beta_{j,2} + \beta_{i,2}\beta_{j,1})\mathrm{Cov}(F_1 F_2)$$

何老师说

上述两个公式都可以被严格地推导出来，鉴于推导过程不是我们考试的考点，在此不做赘述。但是鉴于这两个公式形式比较复杂，这里我们介绍一种关于这两个公式的图形记忆方法（见图 5-3）。

		R_i	
		$\beta_{i1}F_1$	$\beta_{i2}F_2$
R_j	$\beta_{j1}F_1$	$\beta_{i1}\beta_{j1}\sigma_{F_1}^2$	$\beta_{i2}\beta_{j1}\mathrm{Cov}(F_1, F_2)$
	$\beta_{j2}F_2$	$\beta_{i1}\beta_{j2}\mathrm{Cov}(F_1, F_2)$	$\beta_{i2}\beta_{j2}\sigma_{F_2}^2$

图 5-3　公式的图形示意

如图 5-3 所示，现在我们要求的资产 i 收益率 R_i 与资产 j 收益率 R_j 之间的协方差 $\mathrm{Cov}(R_i, R_j)$。其中 R_i 由 $\beta_{i1}F_1$ 与 $\beta_{i2}F_2$ 共同决定；我们将它们写于表格的上方。R_j 由 $\beta_{j1}F_1$ 与 $\beta_{j2}F_2$ 共同决定，我们将它写在表格的左侧。表格中心第一象限中数字便是用 β_{i1} 乘以 β_{j1} 再乘以 F_1 与 F_1 之间的协方差（即 F_1 的方差）得到，同理可以求得矩阵中其他 3 个象限内的数值，将它们全部加总后，就得到了上述协方差公式：$\mathrm{Cov}(i, j) = \beta_{i,1}\beta_{j,1}\sigma_{F_1}^2 + \beta_{i,2}\beta_{j,2}\sigma_{F_2}^2 + (\beta_{i,1}\beta_{j,2} + \beta_{i,2}\beta_{j,1})\mathrm{Cov}(F_1 F_2)$。

同理，我们还可以用这个矩阵图形法（见图 5-4）记忆方差的公式。

		R_i	
		$\beta_{i1}F_1$	$\beta_{i2}F_2$
R_j	$\beta_{i1}F_1$	$\beta_{i1}^2\sigma_{F_1}^2$	$\beta_{i1}\beta_{i2}\mathrm{Cov}(F_1 F_2)$
	$\beta_{i2}F_2$	$\beta_{i1}\beta_{i2}\mathrm{Cov}(F_1 F_2)$	$\beta_{i2}^2\sigma_{F_2}^2$

图 5-4 公式的矩阵图形法示意

如图 5-4 所示，求解 R_i 的方差，就等同于求解 R_i 与 R_i 之间的协方差。该表格中上方与左侧同时标注了收益率 R_i 的影响因素 $\beta_{i1}F_1$ 与 $\beta_{i2}F_2$；表格中 4 个象限中数字的求解方法与前一个表格中的数字求解方法完全一致。我们将所有象限中的数字相加再加上残差项的方差 $\sigma_{\varepsilon,i}^2$ 便可以得到上述方差的公式 $\sigma_i^2 = \beta_{i,1}^2\sigma_{F_1}^2 + \beta_{i,2}^2\sigma_{F_2}^2 + 2\beta_{i,1}\beta_{i,2}\mathrm{Cov}(F_1 F_2) + \sigma_{\varepsilon,i}^2$。

根据上图的矩阵记忆法，我们还可以求得三因素模型下资产的方差和协方差。再次说明，以上讲述的只是帮助大家记忆公式的方法，并不是严格的数学推导过程，这两个公式大家一定要牢记，它们都是 CFA 三级考试的重点。

接下来我们来练习一道多因素模型的例题。

【例题】

基金经理 Mary 打算在两个市场上做投资，为此她的团队收集到很多数据，并汇总信息如表 5-1 和表 5-2 所示。

表 5-1 风险因子的协方差矩阵

	全球股票	全球债券
全球股票	0.028 9	0.003 2
全球债券	0.003 2	0.003 6

表 5-2 市场的敏感度和残差项

	敏感度		
	全亚洲股票	全亚洲债券	残差项
市场 1	1.3	0	10.50%
市场 2	0.8	0	7.20%
市场 3	0	0.92	3.90%

根据上述表格，Marry 想要先求得市场 1 与市场 2 之间的协方差，以及市场 1 的方差各是多少？

解答：

表 5-1 呈现的是风险因子的协方差矩阵，该道例题中有两个风险因子，即"全球股票"（F_1）和"全球债券"（F_2）。其中 $0.028\,9 = \mathrm{Cov}(F_1, F_1) = \sigma_{F_1}^2$，$0.003\,2 = \mathrm{Cov}(F_1, F_2)$，$0.003\,6 = \mathrm{Cov}(F_2, F_2) = \sigma_{F_2}^2$。表 5-2 反映了不同市场对于"全亚洲股票"以及"全亚洲债券"这两个风险因子的敏感程度 β，同时该表格还以残差项的形式给出了不同市场的各自特有的风险。由此依据公式我们可以得到：

$$\mathrm{Cov}(i,j) = \beta_{i,1}\beta_{j,1}\sigma_{F_1}^2 + \beta_{i,2}\beta_{j,2}\sigma_{F_2}^2 + (\beta_{i,1}\beta_{j,2} + \beta_{i,2}\beta_{j,1})\mathrm{Cov}(F_1 F_2)$$
$$= 0.8 \times 1.3 \times 0.028\,9 = 0.030\,056$$
$$\sigma_i^2 = \beta_{i,1}^2\sigma_{F_1}^2 + \beta_{i,2}^2\sigma_{F_2}^2 + 2\beta_{i,1}\beta_{i,2}\mathrm{Cov}(F_1 F_2) + \sigma_{\varepsilon,i}^2$$
$$= 1.3^2 \times 0.028\,9 + 0.105\,0 = 0.153\,841$$

这里需要注意的是 CFA 协会在官方教材中明确规定了"residual risk"代表的是方差，而不是标准差。对此概念，大家一定不能混淆。

何老师说

我们再为大家扩展一些单因素模型的相关知识。单因素模型的本质就是一元回归模型，模型方程如下：

$$R_i = \alpha_i + \beta_i R_M + \varepsilon_i$$

单因素模型中影响个股收益率的关键因素就是市场收益率 R_M，β_i 代表是大盘对于个股收益的影响程度，$\beta_i = \dfrac{\mathrm{Cov}(i, M)}{\sigma_M^2} = \rho\,\dfrac{\sigma_i\sigma_M}{\sigma_M^2} = \rho\,\dfrac{\sigma_i}{\sigma_M}$。根据上述方程，我们也可以求得与之对应的方差以及协方差：

$$\sigma_i^2 = \mathrm{Var}(R_i) = \beta_i^2\sigma_M^2 + \sigma_{\varepsilon_i}^2$$

由此可见，资产收益的方差可以分为两项，$\beta_i^2\sigma_M^2$ 这一项反映了大盘收益波动的风险（系统性风险），$\sigma_{\varepsilon_i}^2$ 这一项反映了公司特有的风险（非系统性风险）。

$$\mathrm{Cov}(R_i, R_j) = \mathrm{Cov}(\alpha_i + \beta_i + \varepsilon_i, \alpha_j + \beta_j + \varepsilon_j) = \beta_i\beta_j\sigma_M^2$$

至此，正式工具中的第一大类工具——统计工具我们就都已经全部介绍完毕了，接下来，我们进入正式工具中第二大类工具——现金流折现模型的学习。

1.5 正式工具之现金流折现模型

1.5.1 现金流折现模型

现金流折现模型是根据戈登增长模型推演得出的，该模型认为资产的现值等于其未来现

金流的折现求和。我们可以依据现有市场价格的情况下反推出回报率 R。这一表达形式如下所示：

$$E(R_e) = \frac{D_0(1+g)}{P_0} + g = \frac{D_1}{P_0} + g$$

式中　$E(R_e)$——估计的股票市场的年收益率；

　　　　D_0——当期的股息收益；

　　　　$\frac{D_1}{P_0}$——预期股息率；

　　　　g——股息收益的长期增长率。

请注意，我们需要估计的收益率即上式中的 $E(R_e)$ 其实代表的是整个市场的收益率，而并非某一只股票的收益率。所以这里用的价格 P_0 是整个市场的价格（指数价格）；股息收益 D_1 是预期的整个市场的平均股息收益。股息收益率 $\frac{D_1}{P_0}$ 也是预期的整个市场的平均股息收益率。考生还需要注意的是，整个股票市场收益的长期增长率 g 与 CDP 的长期增长率是不相等的。在 GDP 增长率之外，股市收益还包含了一个超额的增长率，这个超额增长率的数值可正可负，它代表了经济增长与股票市场增长之间的差异。我们用一个具体公式表示上述观点：

$$\text{Earning growth rate}(g) = \text{GDP growth rate} + \text{excess corporate growth}$$
$$\text{收益增长率}(g) = \text{GDP 增长率} + \text{公司超额增长率}$$

这里的 GDP 增长率是一个名义指标，我们可以对其进一步分解得到：

$$\text{nominal growth in GDP} = \text{the real growth rate in GDP} + \text{the rate of inflation}$$
$$\text{名义 GDP 增长率} = \text{真实 GDP 增长率} + \text{通货膨胀率}$$

何老师说

CFA 二级股权收益科目曾经论述过股票收益的长期增率 g 应该等于该国 GDP 的长期增长率。理由是，如果股票收益增长率大于 GDP 增长率，那么总有一天股票的市值会超过该国 GDP 的价值，显然这是不可能的；如果股票收益的增长率小于 GDP 增长率，那么总有一天，股价会趋近于零，股票的发行公司将会消失，这显然也是不可能的。

但是，上述观点只是一个理论的假设。CFA 三级经济学教材更多地从实务的角度出发，认为在不同的历史时期，股票的增长率可能快于 GDP 增长率，也可能慢于 GDP 增长率。

1.5.2　Grinold-Kroner 模型 ★★

Grinold 和 Kroner 在现金流折现模型的基础上，进一步补充发展，得到了 Grinold-Kroner 模型。该模型公式如下：

$$E(R_e) = \frac{D_1}{P_0} - \Delta S + i + g + \Delta(PE)$$

式中　$E(R_e)$——股票市场的年收益率；

　　　　$\frac{D_1}{P_0}$——预期股息率；

ΔS——发行在外的股票股份数的变化；

i——预期的通货膨胀率；

g——股票市场收益的真实增长率；

$\Delta (PE)$——市盈率（P/E 比率）变化的百分比。

我们通过观察发现，该模型在原始的现金流折现模型（戈登增长模型）的基础上，增加了 $-\Delta S$、i 和 $\Delta (PE)$ 这 3 项。接下来我们就对这 3 项逐一展开陈述。

Grinold-Kroner 模型将现金流折现模型中的增长率 g 拆分为两项，即真实的收益增长率 g 和预期的通货膨胀率 i。这样拆分的原因是方便分析师完成预测。

ΔS 代表了发行在外的股票股份数的变化，例如发行在外的股份数由 1 000 股变为 1 200 股，那么 $\Delta S = (1\,200 - 1\,000)/1\,000 = 20\%$。注意到，$\Delta S$ 这一项可以是正值，也可以是负值。正值的 ΔS 表示，公司在增发股票，所以在外发行股票数目增加；考虑到模型公式中，ΔS 之前带有"$-$"号，这就表明公司增发股票会稀释股份收益，从而导致股票收益率下降。通常情况下，公司都会在股价被高估的时候选择增发股票。负值的 ΔS 表示，公司在回购股票；考虑到模型公式中，ΔS 之前带有"$-$"号，这就表明公司回购股票会导致股票收益率上升（类似于给股东分红）。

$\Delta (PE)$ 市盈率的变化代表股票市场上，投资者对于整个股票市场估值看法的变化。更高的估值，代表投资者的看好情绪，它能够增加股票的预期收益率。

我们可以对 Grinold-Kroner 模型等式右边做出变形整理，将其合为 3 大项，得到如下形式的公式。

$$\hat{R}_i = \left(\frac{D_1}{P_0} - \Delta S \right) + (i + g) + \Delta (PE)$$

其中，第一项 $\left(\dfrac{D_1}{P_0} - \Delta S \right)$ 表示预期的利息收益。因为 $-\Delta S$ 表示公司在回购股票（ΔS 为负值的时候），回购可以看作是一种分红，因此可以看作是利息收益（期间现金流部分）。第二项 $(i + g)$ 代表了预期的收益率增长，因为加上了预期通货膨胀率的影响，所以它是一个名义值。第三项 $\Delta (PE)$ 则反映了市场投资者关于股票市场重新估值（repricing）对收益率产生的影响。针对这部分知识点，考试不仅会直接考查收益率的计算，还可能会给出股票市场的名义收益率，以及上述 3 大项中的任意两项，要求考生去求得剩余的那一项。

何老师说

对于 Grinold-Kroner 模型的考查，题目通常不会直接给出字母符号，而是用文字描述的形式描述信息。例如，题目表述"expected dividend yield $=1\%$"即表示"$\dfrac{Div_1}{P_0} = 1\%$"；"expected inflation $= 2\%$"即表示"$i = 2\%$"。如果题目表述"share repurchase yield $= 0.5\%$"那么"$-\Delta S = 0.5\%$"。注意这里一定是表示成"$-\Delta S = 0.5\%$"，因为回购时，公式中"$-\Delta S$"这一项应当表示为一个正数，代表了回购能够增加股票回报率。

此外考试不仅会针对模型的计算做出考查，还有可能让我们识别分析 Grinold-Kroner 模型

相对于现金流折现模型的优点，那么我们就要针对模型中 i、$-\Delta S$ 和 $\Delta\left(\dfrac{P}{E}\right)$ 的这 3 项的定义展开论述，尤其针对后面两项的论述最为重要。因为预期通货膨胀率 i 从严格意义上讲只能算作从现金流折现模型中被拆分出来第一项，而非单纯的增加项。

Grinold-Kroner 模型经常用于预测将来股市收益率，因此模型中的所有输入数据都是一个预测数据（expected）。但是如果题目是让我们求股市历史的收益率，那么我就应当全部选取历史数据（historical）代入模型计算。例如 2009 年的真题就是要求考生计算历史收益率。

下面我们再通过一道具体的例题，讲解一下 Grinold-Kroner 模型。

☞【例题】

分析师 Kaley 让其助手 Bob 对该国股市收益率情况做出预测，以便进一步展开深入的分析。Bob 想运用 Grinold-Kroner 模型完成这一任务，为此他收集到了以下信息，具体见表 5-3。

表 5-3 2017 年经济预期

股市收益的标准差	14%
该国股市的整合因子	0.65
预期股息率	2.8%
真实的长期增长率	3.7%
回购股票产生的收益率	2.3%
当期市盈率变化的百分比	0.33%
流动性溢价	0.15%
通货膨胀率	4.2%

问题：

（1）在 Grinold-Kroner 模型下，Bob 求得的股市收益率应该为多少？

（2）在得到 Bob 提交的结果后，Kaley 问 Bob 为什么没有用戈登增长模型进行预测。为此，Bob 说 Grinold-Kroner 模型与戈登增长模型相比具有一些优势。论述两点即可。

解答：

根据 Grinold-Kroner 模型公式表达，计算结果如下：

（1）$E(R_e) = D_1/P - \Delta S + i + g + \Delta(PE)$

$$= 2.8\% + 2.3\% + 4.2\% + 3.7\% + 0.33\% = 13.33\%$$

（2）Grinold-Kroner 模型是戈登增长模型的延伸与拓展。Grinold-Kroner 模型考虑了回购效应对于股市收益率造成的影响。该模型还通过观察市盈率的变化，考虑了市场上投资者对市场重新估值对股市收益率造成的影响。

表 5-3 显示回购收益率为 2.3%，Grinold-Kroner 模型显性地将其纳入模型计算之中，因此模型的计算结果是更加准确的，这有助于分析师对于市场展开进一步判断、分析。

表 5-3 显示投资期内市盈率增加了 0.33%，Grinold-Kroner 模型将这一变化考虑其中，这样计算得到的结果将有助于分析师对于市场展开进一步判断、分析。

1.6 正式工具之风险溢价法

风险溢价法（risk premium approach）同样适用于预测收益率，它不仅可以预测股权产品（equity）的收益率，还可以预测债权产品（bond）的收益率。该模型下收益率的计算通过累积加总各类风险溢价部分（risk premium），最终求得一个合适的收益率水平。该方法的一般表达式如下：

$$E(R_i) = R_f + RP_1 + RP_2 + \cdots + RP_k$$

预期收益率 = 真实无风险利率 + 第一类风险溢价 + 第二类风险溢价 + ⋯ + 第 k 类风险溢价

如果我们运用风险溢价分析法预测债券的预期收益率，那么上述公式可以改写为

$$E(R) = \text{real risk free interest rate} + \text{inflation premium} + \text{default risk premium}$$
$$+ \text{illiquidity premium} + \text{maturity premium} + \text{tax premium}$$

式中　real risk free interest rate——无风险利率，它是对投资者"不耐"情绪的补偿；

inflation premium——通货膨胀溢价，它是对于通货膨胀的补偿。注意到 TIPS 债券通常不需要考虑通货膨胀溢价，因为 TIPS 每期的息票（coupon）已经包含了通胀的影响，所以其每期息票都是保持购买力不变的；

default risk premium——违约风险溢价，它是对购买公司债风险的补偿；

illiquidity premium——流动性风险溢价，它是对购买流动性较差债券的补偿；

maturity premium——期限风险溢价，它是对长期债券价格波动的补偿；

tax premium考虑到了不同债券间不同的税收处理方式。

如果我们运用风险溢价分析法预测债券的预期收益率，那么上述公式可以改写为

$$E(R) = \text{YTM on a long} - \text{term government bond} + \text{equity risk premium}$$

式中　YTM on a long – term government bond——长期国债的收益率，它是一个基准收益率；

equity risk premium——股票市场相对债券市场的一个风险溢价。

注意到，在 CFA 二级股权部分，我们也曾学习过一个类似的求解股价收益率的公式，但是那个公式中基准收益是股票发行公司发行的长期债券的收益率，而不是上述公式中的长期国债的收益率。之所以会出现这样的差异，是因为在二级，我们要求的是个股的收益率，所以其参考对象就是同一家公司下发行的债券收益率。但是在这里，我们要求的是股票市场的整体预期收益率，所以参考对象就是整个国债。此外，选用长期国债，而不是中短期国债的理由在于股票是一个投资期非常久的金融产品（没有到期日），所以根据期限匹配的原则，我们就应该选择长期国债的收益率。

1.7 金融市场均衡模型

1.7.1 国际资产定价模型

我们在 CFA 一二级的课程里学习过的最经典的金融市场均衡模型便是资产定价模型（cap-

ital asset pricing model，CAPM），在三级的学习中，我们需研究全球资产的战略配置情况，因此需要将关注的重点从单一的个股收益情况转移到整体股票市场的收益情况。所以，这里我们将原先的资产定价模型的应用拓展到国际市场范围，得到了**国际资产定价模型**（international capital asset pricing model，ICAPM）。该模型公式表达如下：

$$E(R_i) = R_f + \beta_i[E(R_M) - R_f]$$

式中 $E(R_i)$ ——市场的预期回报率；

R_f——无风险收益率；

$E(R_M)$——世界市场组合的预期收益率；

β_i——收益率对于全球市场组合的收益率的敏感程度，也可以用于衡量系统性风险的大小。

虽然 ICAPM 与 CAPM 公式的形式相似，但是其中部分参数的含义却有略微的调整。CAMP 中的市场是指一国国内市场；R_M 是指一国国内市场指数的收益率，但是 ICAPM 中的市场是所有国家市场的融合体，是一个国际市场，R_M 则是代表了全球市场指数的收益率。全球统一市场假设"天下大同"，它要求所有国家的资本管制都是放开的，本国投资者可以任意去外国市场投资，外国投资者也可以无条件地来本国市场投资。但是这一假设在现实中却是不成立的，国家与国家之间或多或少地存在一定的资本管制，每个国家与全球其他市场都存有一定的分割。

ICAPM 中的无风险利率 R_f 含义仍然与 CAPM 中的一致，都是代表本国市场上的无风险利率，如本国的银行存款利率。之所以这里的 R_F 并不是全球各国无风险利率的平均值，是因为一国投资者即使将其资产投资于外国无风险资产上，也会面临外汇风险，因此对于投资者而言，只有本国的无风险利率才是真正的无风险收益率。

此外，不同于 CAPM 中 $E(R_i)$ 代表了个股的预期收益率，ICAPM 中 $E(R_i)$ 其实代表的是一国市场的预期收益率。

现在我们对 $E(R_i) = R_f + \beta_i[E(R_M) - R_f]$ 这一公式进行变形，我们将 $\beta_i[E(R_M) - R_f]$ 这一项定义为对于股票风险补偿（ERP_i）。将 $[E(R_M) - R_f]$ 这一项定义为对于市场组合风险补偿（ERP_M），于是：

$$ERP_i = \beta_i[E(R_M) - R_f] = \rho_{i,M}\sigma_i\left(\frac{ERP_M}{\sigma_M}\right) = \rho_{i,M}\sigma_i SR_M$$

式中 SR_M——市场组合的夏普比率；

$\rho_{i,M}$——该国资产与全球市场间的收益相关系数；

σ_i——该资产的收益标准差。

1.7.2 Singer-Terhaar 修正 ★★★

之前我们提到 ICAPM 的模型假设是有悖于常理的，为此 Singer 和 Terhaar 对该模型做出了修正。修正内容主要集中在以下两个方面。

1. 关于流动性的修正

很多发展中国家的市场的流动性比较差，一些诸如私募、房地产投资品市场的流动性也比

较差，分析师在计算这类市场的收益率时不仅要考虑系统性风险的溢价补偿，还要考虑流动性风险的溢价补偿（liquidity risk premium，LRP）。

既然需要补偿流动性风险，那么其补偿溢价究竟是多少比较合适？我们首先求得这个流动性较差资产的多期的夏普比率（MPSR），之所以要计算多期的夏普比率是因为市场流动性差、锁定期长，无法求得其一期的夏普比率。由于该市场流动性比较差，要求风险补偿就较高（要求回报率也高），所以我们算得的该资产的多期夏普比率一定要大于等于市场组合本身的夏普比率。一旦算得的资产的多期夏普要小于市场本身的夏普比率，就说明我们对于该资产的预期收益率估计过小，丢失了流动性风险溢价部分。例如，我们根据 ICAPM 算得资产的收益率为 12%，在这一收益率下求得了资产的多期夏普比率小于市场组合本身的夏普比率。如果想要使得资产的多期夏普比率等于市场本身的夏普比率，那么该条件下求得的资产收益率为 20%。于是 8% = 20% − 12% 就是流动性风险溢价补偿。上述求解流动性风险溢价的方法大家了解即可。通常情况下，考题不会让我们计算流动性风险溢价，而是会在题目中直接给出其具体数据。大家只要掌握调整流动性后的收益率计算公式 $E(R_i) = R_f + \beta_i[E(R_M) - R_f] + LRP_i$ 即可。

2. 关于全球市场分割整合程度的修正

正如我们之前讨论的那样，绝大部分国家市场并非与全球市场是完全融合的，它们甚至是孤立分割的。考虑到一国市场的实际整合分割程度，所以分析师就需要针对一国股票市场是与全球市场完全融合的这一假设进行修正。其实一个国家的市场不可能是完全整合的，也不能是完全分割的。假设一个国家的整合程度是 80%，那么我就可以先求得该国完全整合情况下的风险补偿溢价，再求得该国家完全分割情况下的风险补偿溢价，将这两种情况加权平均，便可以得到市场最终的风险溢价的数值，下面我们就通过一道例题对求解过程加以说明。

☞【例题】

分析师 Bob 打算在 A 国和 B 国这两个国家进行长达 6 年的股权投资。现在假设 A 国的股权市场是一个发达国家市场，B 国的股权市场是一个发展中国家的市场。为此 Bob 对这两个股权市场展开了一番研究。首先他收集到了两个市场的相关数据，具体见表 5-4。

表 5-4 A 国和 B 国的两个市场的相关数据

项目	数据	项目	数据
全球组合的夏普比率	0.32	B 国市场的标准差	33%
全球可投资组合的标准差	8%	A 国市场与全球市场的相关程度	0.88
无风险利率	4%	B 国市场与全球市场的相关程度	0.58
A 国市场的整合程度	85%	预期的 A 国市场的流动性风险溢价	1%
B 国市场的整合程度	73%	预期的 B 国市场的流动性风险溢价	3%
A 国市场的标准差	19%		

现在分析师 Bob 想要通过以上数据计算出 A 国和 B 国这两个国家市场上各资产的预期收益率、贝塔值（β 值）和协方差。

解答:

(1) 首先我们假设 A 国和 B 国这两个国家的市场都是完全整合的, 那么在调整其各自流动性风险后, 可以计算出两个市场的股票风险溢价。依据公式

$$ERP_i = \rho_{i,M}\sigma_i\left(\frac{ERP_M}{\sigma_M}\right) + LRP_i$$

可得:

$$ERP_{A国} = 0.88 \times 0.19 \times 0.32 + 0.01 = 6.35\%$$

$$ERP_{B国} = 0.58 \times 0.33 \times 0.32 + 0.03 = 9.12\%$$

接下来, 我们思考一下, 如果 A 国和 B 国两个市场都是完全分割又会是怎样一种情况呢? 如果 A 国和 B 国两个市场都是完全分割的, 那就意味着该市场的投资者无法去国外进行投资, 因此也无法在全球化的范围内实现风险的分散化, 所以这时市场上的投资者对于风险补偿的要求也是最高的, 即 $\rho_{i,M}\sigma_i\left(\frac{ERP_M}{\sigma_M}\right)$ 要取得最大值, 所以此时 $\rho_{i,M} = 1$。注意到这里 $\rho_{i,M}$ 取 1, 并不是实证观测的结果, 而是我们推理所得, 它是由于投资者无法在全球市场范围内实现分散化造成的。

现在我们再假设 A 国和 B 国两个市场都是完全分割的, 那么在调整其各自流动性风险后, 可以计算出两个市场的股票风险溢价。根据公式可得:

$$ERP_i = \rho_{i,M}\sigma_i\left(\frac{ERP_M}{\sigma_M}\right) + LRP_i$$

$$ERP_{A国} = 0.19 \times 0.32 + 0.01 = 7.08\%$$

$$ERP_{B国} = 0.33 \times 0.32 + 0.03 = 13.56\%$$

由于 A 国市场的整合程度为 85%, 所以其分割程度就是 15%, 而 B 国市场的整合程度为 73%, 所以其分割程度就是 27%。我们以此权重, 对两个市场完全整合以及完全分割情况下的股票风险溢价取加权取平均得到:

$$ERP_{A国} = 0.85 \times 6.35\% + (1 - 0.85) \times 7.08\% = 6.46\%$$

$$ERP_{B国} = 0.73 \times 9.12\% + (1 - 0.73) \times 13.56\% = 10.32\%$$

我们再将 A 国和 B 国市场各自的 ERP 加上无风险利率, 就可能得到每个市场的预期收益率, 注意, 这里题目有一个简化假设, 假设了 A 国和 B 国市场的无风险收益率相同, 同为 4%。

$$\hat{R}_{A国} = 4\% + 6.46\% = 10.46\%$$

$$\hat{R}_{B国} = 4\% + 10.32\% = 14.32\%$$

(2) 依据 CFA 一级所学的关于 β_i 的公式, 我们可以分别计算 A 国和 B 国两个市场的 β 值

$$\beta_i = \frac{\rho_{i,M}\sigma_i}{\sigma_M}$$

$$\beta_{A\boxtimes} = \frac{0.88 \times 19\%}{8\%} = 2.09$$

$$\beta_{B\boxtimes} = \frac{0.63 \times 33\%}{8\%} = 2.60$$

（3）最后我们计算两个市场的相关系数 Cov，本小题与上一小题需要用到的公式，我们在单因素模型扩展知识环节已经提供给了大家，本小题计算过程如下所示：

$$\mathrm{Cov}(i,j) = \beta_i\beta_j\sigma_M^2$$

所以 Cov（A 国，B 国）= 2.09 × 2.60 × 8%² = 0.034 778

何老师说

通过上述例题，大家应该可以体会出为什么我们一开始要将 $\beta_i[E(R_M) - R_f]$ 转换为 $\rho_{i,M}\sigma_i SR_M$ 的形式。这是因为 $\rho_{i,M}$ 存在 [-1，1] 这样一个取值范围。$\rho_{i,M}\sigma_i SR_M$ 取得最大值时，我们就可以推断出 $\rho_{i,M} = 1$，这大大方便了我们后续的计算推导。

可能有同学会产生这样的疑问，既然某个国家的市场是高度分割的，那么我们为什么不单独直接观察计算这个国内市场上的收益率数据，为什么非要依照 ICAMP 的方法求得该国市场的收益率呢？这是因为虽然我们可以直接观察计算出某国市场上的收益率，但是流动性很差的国家其市场数据的真实性也是很低的，即便能够计算出来，对于分析预测也没有多少实质性的帮助。因此，处于审慎性的考虑，我们还是通过 ICAMP 和 Singer-Terhaar 修正的方法，求得该国的预期收益率。

1.8　调查问卷法和自我评判法的运用

1.8.1　调查问卷法和专家小组法

在调查问卷法和专家小组法下，市场参与者通过填写问卷的方式表述出他们对于资本市场的观点和预期。如果参与调查的人员以及他们所提供的答案在长期保持固定，那么这样的方法便是专家小组法（panel method）。例如，费城联邦储备银行就采用调查问卷法以持续地获取关于美国 PPI、GDP、失业率、3 个月期以及 10 年期债券的收益率等相关数据的市场预期数据。

1.8.2　自我评判法

在自我评判法下，分析师通过自我发问的方式解释关于资本市场预期的内在逻辑。尽管诸如均衡模型等定量模型方法可以提供客观的预测，但是有时分析师可以通过自我经验对那些预测做出适当的调整，以提高预测的准确性。

由于调查问卷法和自我评判法过于主观，很难以具体题目的形式考查，因此这部分内容不是考试的重点，大家稍作了解即可。

1.9　宏观经济分析综述

接下来，我们将进入宏观经济分析的学习，三级宏观经济的分析将分析视角由一国拓展到国际。一国宏观经济分析分为短期和长期两个部分，短期分析主要探讨经济周期的话题，长期分析则重点关注经济增长的理论。在国际视角下，经济分析还需关注外部冲击对于本国经济的影响，以及一国与其他国家之间的关联关系。完成基本的分析之后，我们还将学习宏观经济的具体预测方法，最后我们便可以将上述方法用于实际操作：预测每类资产的收益。

1.10　经济周期分析

分析师需要深入理解经济变量与当前经济环境之间的关系，这就需要他们有效识别经济"拐点"（inflection points）。拐点处会存在不可多得的投资机会，并且暗含了潜在的风险。为了有效地识别拐点，分析师需要展开以下分析。

- 当前经济处于扩张阶段还是紧缩阶段？
- 当前经济增长的动力是什么？
- 是什么触发了一个特殊趋势的终结？

经济产出增长的分析包括对周期（cyclical）和增长趋势（growth trend）这两部分的分析；前者关注影响企业利润的因素，后者则决定资产类型的长期回报。

周期分析也可以分为存货周期（inventory cycle）和商业周期（business cycle），存货周期时间简短，通常持续 2~4 年，而商业周期时间较长，持续期为 9~11 年。但是在实务中，两者的实际持续时长不太好确定，因为诸如战争等偶发外部冲击事件会对其造成不可预估的影响。

以下内容可以用于衡量经济活动。

- **国内生产总值**（GDP）。因为 GDP 衡量的是一国当年实际产出的商品总量，而非销售商品总量，因此 GDP 与国民就业息息相关。
- **产出缺口**（The output gap）。在这里，产出缺口被定义为潜在 GDP（potential GDP）与实际 GDP（actual GDP）之间的差值（潜在 GDP–实际 GDP）。其中，潜在 GDP 是指一国倾其所有资源所能达到的产出水平。产出缺口可以是一个正数，也可以是一个负数。潜在 GDP 大于当前实际 GDP，即产出缺口为正，表明经济运行放缓，有较小的通胀压力；而潜在 GDP 小于当前实际 GDP，即产出缺口为负或者产出缺口较小时，表明经济运行强劲，通胀压力较大。很多经济学家都以产出缺口作为制定经济政策的标准，但是经济趋势运行的路径也可能受到科技进步和人口环境的影响。
- **衰退**。它是指大范围的经济下滑的现象，通常表现为 GDP 超过连续两个季度的下滑。

何老师说

有的同学可能会有这样的疑问，既然潜在 GDP 是一国倾其所有的产出水平并且代表了该国的最大产出水平，为什么还会出现真实 GDP 大于潜在 GDP 的情况呢？究其原因，GDP 是以货币形式呈现的，所以它不仅反映了一国的产出水平，同时也反映了一国的通胀水平，如果一国通胀率过高，并且反映在了实际 GDP 上，那么此时就会出现实际 GDP 大于潜在 GDP 的情况。

1.10.1 存货周期

企业家是这个市场上对经济形势最为敏感的人群，当他们依据市场形势试图把当前存货水平调整至他们愿意持有的水平上时，便会引发了存货周期的波动，衡量存货波动的指标为存货/销售比率（inventory/sales）。

在经济扩张阶段，企业盈利收入增加，企业家对于未来经济信心增强，他们增加存货至其意愿水平，此时存货/销售比率会上升。企业家这一行为将增加社会投资以及劳动力的就业。

但是如果企业家预测到未来市场对于自身产品需求会下降，企业家就会减少存货保有量至其意愿水平，企业家这一行为在导致存货/销售比率下降的同时也使得社会投资减少，劳动就业下降。

一些关于存货的管理技巧，有助于减少甚至消除存货周期对于经济的影响，例如零存货（just in time）管理法。零存货管理法是指厂家在接到订单前不再持有存货，只有在接到订单后才开展生产销售工作。假设所有企业家都采用零存货的管理方式，企业家就不会同时增加或者减少"存货"，也不会导致经济过热或过冷的情况发生。

1.10.2 商业周期

理解商业周期与资产收益之间的关系可以帮助分析师更好地对资产进行估值。通常一个商业周期分为早期复苏、早期上升、晚期上升、下降和衰退这样几个阶段，每一个阶段下的不同资产收益情况都是各不相同的。我们对此总结如表5-5所示，大家需要关注不同经济周期阶段下资产市场投资品种的表现。

表 5-5　每一个阶段下的不同资产收益情况

阶段	经济状态	财政以及货币政策	信息程度	资本市场
早期复苏	通胀率持续下降	刺激性的财政政策	信心开始回弹	股票价格强势上涨
早期上升	经济健康增长；通胀率维持在一个较低水平		信心增加	短期利率上升；债券收益率稳步上涨；股价维持上涨趋势
晚期上升	通胀率持续攀升	政策趋于紧缩	信心高涨	短期利率上涨；债券收益率上涨，股价位于最高点，并且出现大幅波动
下降	通胀率加速上涨；开始矫正存货		信心下滑	短期利率位于顶点；债券收益率从顶点开始下滑；股票收益开始下滑
衰退	生产下降；通胀率到达峰值		信心很弱	短期利率下降；债券收益率下滑；股市收益位于谷底并且准备回弹

注：引自 CFA 协会原版书三级第三本 reading 14。

早期复苏阶段（initial recovery）具有以下特点：

- 企业家会率先卖出其原有存货，不会加价销售，因此物价和通胀率都不会上涨，仍然处于下降阶段。
- 政府支持经济发展，实施扩张的财政政策，减免税收的同时增加政府支出。
- 消费者的信心在经历过谷底后开始逐步回弹。
- 由于人们信心增加，股市又是经济的晴雨表，股价开始强势上涨，此时投资股票是最明智的选择。

早期上升阶段（early upswing）具有以下特点：

- 经济健康增长，企业家开始增加生产，但是此时生产规模还赶不上市场需求，所以通货膨胀会维持在一个较低的水平。
- 市场信心得以恢复。
- 社会上投资活动的增加导致短期利率的上升，从而进一步导致债券利率稳步上涨，这时债券并不是一个好的投资品种，因为未来债券价格会持续下降。该阶段股票仍然处于上升趋势，是一个良好的投资品种。

晚期上升阶段（late upswing）具有以下特点：

- 经济活动活跃，通货膨胀开始逐渐上升。
- 政府针对市场过热状况，开始实施一些紧缩性的政策。
- 投资者信心高涨。
- 该阶段股票市场处于最高点，并且出现波动，未来会出现下跌，股票不是现阶段理想的投资品种。
- 短期利率和债券利率同时上升，但是由于此时通胀率较高，所以投资购买一份长期债券可以在未来很长时间获得一个基于较高通胀率制定的利率。因此它是一个不错的投资选择。

下降阶段（slow-down）具有以下特点：

- 该阶段通货膨胀率非但不会下降，反而会上升。这是因为该阶段市场上的货币供给非常多，超额的货币供给体现在物价上的表现就是通胀的上升。
- 人们对于未来的信心开始回落。
- 此时短期利率位于峰值，债券收益率也会到达顶点。该阶段投资者投资债券是一个不错的选择，因为未来债券收益率水平会下降，债券价格将走高。
- 股票市场已经开始出现下跌，因此股票并不是一个好的投资品种。

衰退阶段（recession）具有以下特点：

- 社会生产开始下降，同时通货膨胀率到达最高点。
- 人们对于未来经济呈现悲观态度，没有信心。
- 债券收益率伴随着短期利率开始下降，此时债券就不是一个好的投资选择，因为未来利率会再度上涨从而导致债券价格的下降。
- 股票的价格此时位于谷底，随时准备回升，因此此时投资股票是一个不错的选择。

综上所述，我们可以得出两个结论：第一，通货膨胀是滞后于经济周期阶段的，所以我们

可以将其视作一个滞后的经济指标。第二，在经济刚刚开始复苏或者经济处于谷底的时候，人们应该去投资股票；当经济过热，通货膨胀位于顶点处时（利率最高），人们应该去投资债券。

👆 **【例题】 收益率曲线与经济衰退**

10 年期国债利率与 3 个月期国债利率的利差可以作为未来经济增长的预测指标。解释观察到的以下两个现象：

- 10 年期国债利率与 3 个月期国债利率的利差在经济衰退前会变窄，甚至有变成负数的倾向。
- 收益率曲线的形状（见图 5-5）在经济衰退前有变平坦甚至向下弯折的倾向。

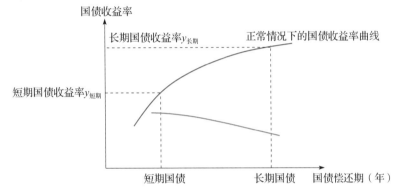

图 5-5　收益率曲线与经济衰退

解答：

如图 5-5 所示，正常的经济向好时的收益率曲线（红色）是向上倾斜的，即长期国债的收益率普遍要大于短期国债的收益率。这是因为人们预期未来利率上涨，投资活跃度会相应增加，经济自然向好。此外，短期利率水平比较低，说明央行正在实施扩张的货币政策，在此政策的影响下，未来经济将会出现增长。

但是当人们预测未来短期利率将要下降时，或者人们持有长期债券的补偿溢价相对于持有短期利率的补偿溢价的差额开始下降时，长期利率（可以被视作短期利率的平均数）就会下降，此时长期利率与短期利率的利差就会缩小，图中红色的收益率曲线就会变得平坦，甚至变成绿色的收益率曲线的形状。

补充说明：上例中我们说明的利差是基于不同年限国债的收益率算得的，它是一个期限利差（term spread）。我们在 CFA 二级权益学科还学到过一类利差，它是由信用风险所导致的，被称为信用利差（credit spread），该类利差可以用同一期限公司债利差减去国债利差求得。

- 期限利差 = 长期国债收益率 – 短期国债收益率
- 信用利差 = N 年期公司债收益率 – N 年期国债收益率

期限利差增大，表明人们预期未来利率上升，经济将要复苏，反之期限利差缩小，表明人们预期未来利率下降，经济将要衰退。而在经济向好时，由于好的公司与坏的公司都

能赚钱，市场相对安全，因此信用利差将会减小。但是当经济衰退时，信用质量较差的公司就会存在很高的风险，这时信用利差就会增加。此外，我们还需要注意，期限利差可以作为预测指标预测经济的未来走势，而信用利差只是不同经济形势下的表现，它没有预测功能。

1.10.3　通货膨胀与通货紧缩对于各类资产的影响

通货膨胀率是衡量经济非常重要的指标。将计算所得通货膨胀率结果按照正负情况分类，我们可以得到两类市场物价变化情况：通货膨胀和通货紧缩。

通货膨胀（inflation）：价格持续上涨的情况。通常，计算的是一篮子商品和服务的物价指数，用居民消费指数 CPI 进行衡量。例如，CPI 指数从 100 上涨到 105，那么通货膨胀率就是 5%。

如前所述，通货膨胀是一个滞后的经济指标，在经济扩张的晚期，通货膨胀仍然处于上升阶段，在经济衰退期以及复苏的早期，通货膨胀处于下降阶段。

恶性通货膨胀会给经济发展带来灾难性的后果，很多人会在一夜之间沦为贫民。例如，此前我有 10 万元的存款，一夜过后，它可能只能买一个鸡蛋。但是良性的、温和的通货膨胀是有利于经济健康发展的。

分析师在做预测时，需要针对通货膨胀在长期的变化做出调整。

通货紧缩（deflation）：价格持续地出现下跌的情况。通货紧缩发生时计算所得的通货膨胀率是一个负数。通货紧缩并不是一个好的经济现象，因为人们都有买涨不买跌的心理。当一国发生通货紧缩时，人们就会将资金储蓄起来，等待市场价格进一步下跌时再采取购买行动。

通货紧缩会降低央行刺激经济的能力。通常情况下，一国央行通过扩张性货币政策降低利率的手段以刺激经济的增长。但是通货紧缩发生时，市场落入流动性陷阱，市场利率已经非常接近于零，央行无法通过进一步降低利率的措施来刺激经济。通常情况下，央行通过在公开市场上买入债券的方式，将资金还发给商业银行，商业银行再将流动性注入市场。但是在通货紧缩的情况下，利率水平极低，市场极度不景气，商业银行即便获取了资金，出于资金安全性的考虑也不会向企业提供贷款。

美国政府经常采用量化宽松计划（quantitative easing）应对该国通货紧缩问题。例如次贷危机时的美国政府实施了如下量化宽松计划（又名长期购买计划）：首先央行购买本国市场上的"有毒"资产——流动性较差的结构化资产，以此支持各大金融机构，避免其倒闭；其次，购买抵押支持债券（MBS），这一举动又支持了各大房地产市场；最后，购买该国国债，这一举动相当于支持了财政部。财政部获得资金后就可以实施积极的财政政策刺激经济发展。由此可见，量化宽松计划绕开了商业银行这一渠道，一国政府直接支持了它想要支持的经济实体部门，因此推动了经济的发展。

人们的投资品种一般包括现金、债券、股票和房地产投资。这里的现金代表了现金等价物，我们可以把它当作是短期理财产品或者是货币市场共同基金。而债券主要指代长期债券。通过表 5-6 我们总结了不同物价水平下，投资者投资不同资产所带来的影响，它可以指导投资

者应该投资于哪一类资产，这部分内容比较重要，需要大家悉心掌握。

表 5-6　不同物价水平下，投资者投资不同资产所带来的影响

	现金	债券	股票	房产/其他房产类资产
通货膨胀小于或等于预期值	短期利率平稳或者下降（中性）	利率水平稳定；市场处于均衡状态（负面）	牛市并且市场处于均衡状态（正面）	资本稳定持续流入；投资回报等于长期历史水平。市场总体均衡（中性）
通货膨胀大于预期值	利率上升（正面）	较高的通货膨胀溢价补偿导致了更高的利率水平（负面）	高通货膨胀对于金融资产造成负面影响。但是有能力转嫁通胀成本的公司/行业受此影响比较小（负面）	资产价值上升，资金流入增加以及更高的预期投资回报（正面）
通货紧缩	利率水平趋向于零（负面）	固定息票在未来会产生越来越强的购买力（假设公司债不会出现违约），利率稳定下跌（正面）	负的财富效应降低了人们对于股票投资的需求。特别对那些资产密集型行业以及大宗商品生产行业（相对于使用大宗商品的行业）以及杠杆性较高的公司造成影响（负面）	资金流开始平稳回落，资产价格面临下跌压力（负面）

注：引自 CFA 协会原版书三级第三本 reading 14。

✓ 通货膨胀小于或者等于预期值：它表明市场上存在一个温和的通货膨胀，这对经济发展是利好的。所以，此时人们投资股票市场是一个不错的选择。该阶段利率水平稳定，债券市场处于均衡状态，人们投资债券市场是一个中性投资策略。由于货币市场基金每一期的利率都是依据市场通货膨胀率进行调整的，因此现金等价物的投资也是一个中性的投资策略。

✓ 通货膨胀率大于预期值：它表明市场上可能发生了恶性通货膨胀，经济处于过热状态，经济在后续出现下滑的可能性很大，此时就不宜投资股票市场。考虑到通货膨胀率会进一步上涨，利率水平也会进一步增加，未来债券价格会下降，所以此时投资债券也不是一个明智的选择。由于现金等价物投资品可以不断地获得随着通货膨胀率调高的利息，所以在该情景下，它是一个比较好的投资品种。此外，房地产在这个时候也是一个不错的投资选择，因为投资房地产可以获得房产增值部分以及期间租金收入。其中租金收入是可以随着通胀不断上涨的，因此房产本身也是一个很好的抗通胀产品。

✓ 通货紧缩：此时股票并不是一个好的投资品种，因为通货紧缩往往伴随着经济衰退的状态，此时的股票市场必然也是下跌的，并且此时的房产也不是一个好的投资品种，因为此时市场资金面不足，房屋的市场价格是在下降的，而且租金也是在下降的。该阶段人们投资现金等价物也不是一个明智的选择，因为此时利率水平接近于零，投资者能获得收益率非常低。通货紧缩的情境下，人们只有投资债券才是合适的。因为随着利率的不断下降，债券价格会一路攀升。

1.10.4　影响经济周期的因素

一国 GDP 由消费、投资、政府支出以及净出口组成，其中消费支出和投资支出是影响经

济周期的重要因素。

- ✓ **消费支出**（consumer spending）：在美国，消费支出占据了 GDP 很高的比例。消费支出数据可以从商铺和相关消费机构处获取。这些数据往往受到季节性和节假日的影响。人们的消费习惯通常取决于其长期的收入水平。例如，你一年的年收入是 50 万元，那么你就不会因为月度业绩不佳而改变原有的消费水平。正是因为这一点，消费支出相较于投资支出是非常稳定的。

  此外，储蓄也非常重要，如果储蓄率稳定，那么分析师可以通过储蓄数据来预测人们未来的消费状况，但是储蓄率是波动的，它会受到消费者信心和资产改变的影响。

- ✓ **投资支出**（business spending）：它受到经济周期影响程度较大，因此其波动性较大。在存货周期的末端，上涨的存货投资往往预示着一个熊市的经济信号，经济随时可能出现下滑。

  经理人采购指数（purchasing managers index，PMI）是一个很好的用于测量投资支出的指标，指标中 50 这个数字可以用来衡量制造业发展的转折点。

1.10.5　货币政策与财政政策

1. 货币政策

一国央行通常运用货币政策影响经济周期，例如，当经济运行伴随着严重的通货膨胀的增长时，央行就应该实施一个紧缩的货币政策以控制通货膨胀。而如果央行想要刺激一国经济发展，那就应该实施扩张的货币政策以降低短期利率水平。

通常，央行实施货币政策需要商业银行这个媒介参与帮助完成。例如，央行通过公开市场操作实施扩张性的货币政策时，便会从商业银行处购得国债，商业银行获得资金后，市场上银行间拆借利率水平便会下降，短期利率水平随之下降，并传导给长期利率。

何老师说

央行决定需要实施扩张或是紧缩货币政策时，需要参考一个目标。这个目标有两类：一类是市场利率水平；另一类则是市场上的信贷总量。

以中国为例，中国人民银行是以市场上所有信贷总量为目标，控制住这个目标就控制住了市场上的投融资活动，也控制住了社会物价水平。而以美国为代表，则是以联邦基金利率（federal fund rate，FFR）作为目标，美联储通过调节联邦基金利率的大小，以控制物价水平和社会投资活动。事实上，信贷总量这个目标更为直接，因为它直接体现了市场上货币供给水平。美联储却对其弃之不用的原因在于：美国市场上的很多投融资活动都已逃离了银行体系，银行体系下所创造出的信贷总量已经不能完全反映市场上投融资活动的真实情况，因此美国以一个类似于银行间隔夜拆借利率的联邦基金利率作为其货币政策的调控参考目标。那么这一目标数值的大小究竟应该设置成多少比较合适呢？这便是我们接下来所要讨论的话题——泰勒法则。

2. 泰勒法则

泰勒法则（the Taylor rule）★★★：可以用来确定美联储的目标利率水平。泰勒法则的具体操作方法：首先确定一个中性利率水平（neutral rate）。所谓中性利率是指经济处于均衡状

态下的利率水平，它通常等于 GDP 的趋势增长率加上央行的目标通货膨胀率（题目一般会直接给出）。在均衡利率水平的基础上，政府再针对当前 GDP 发展水平和通货膨胀水平对其做出一定的调整，如此便得到了最终的目标利率水平，其公式展示如下：

$$r_{目标/最佳} = r_{中性} + \left[0.5 \times (GDP_{预期} - GDP_{长期}) + 0.5 \times (i_{预期} - i_{目标}) \right]$$

式中　$r_{目标/最佳}$——短期目标利率；

　　　$r_{中性}$——短期中性利率；

　　$GDP_{预期}$——预期 GDP 增长率；

　　$GDP_{长期}$——GDP 的长期趋势增长率；

　　　$i_{预期}$——预期通货膨胀率；

　　　$i_{目标}$——目标通货膨胀率。

如上公式所示，（$GDP_{预期} - GDP_{长期}$）这一项是针对 GDP 水平的调整，它反映了央行维护经济增长的目标，该项用基于实际 GDP 增长率预测出的 GDP 增长率减去 GDP 的长期趋势增长率，其中，GDP 的长期趋势增长率通常会被设置为 3%。（$i_{预期} - i_{目标}$）这一项是针对通货膨胀率的调整，它反映了央行维护稳定物价水平的目标，该项用基于实际通货膨胀率预测出的通货膨胀率减去目标通货膨胀率，其中目标通货膨胀率通常被设置为 1%～2%。需要注意的是这两项前的系数都为 0.5，表明在美联储看来，稳定物价与发展经济这两个目标是同样重要的。但是在一些欧洲国家，一国央行认为稳定物价的目标更为重要，因此会给（$i_{预期} - i_{目标}$）这一项设置一个更大的系数。

如果（$GDP_{预期} > GDP_{长期}$）并且（$i_{预期} > i_{目标}$），那么算得的 $r_{目标}$ 数值就会很大，此时美联储就需要将联邦准备利率调升至 $r_{目标}$ 的水平；于是它就会采取一个升息的紧缩性货币政策；同理，如果（$GDP_{预期} < GDP_{长期}$）并且（$i_{预期} < i_{目标}$），那么算得的 $r_{目标}$ 数值就会很小，此时美联储就需要将联邦准备利率降低至 $r_{目标}$ 的水平；于是它就会采取一个降息的扩张性货币政策。接下来，我们通过一道具体例题展示一下泰勒法则的运用。

【例题】

基金经理 Jim 在做投资研究时收集到了某国宏观经济的一些数据，如表 5-7 所示。

表 5-7　某国宏观经济的一些数据

指标	数据	指标	数据
中性短期利率	3.7%	市场上的联邦准备基金率	3.7%
目标通货膨胀率	2.8%	预期通货膨胀率	4.5%
GDP 的长期趋势增长率	5%	预期 GDP 增长率	2%

Jim 假设政府对于控制物价与发展经济同样看重，那么他预估的一个合适的目标短期利率水平是多少？

解答：

根据泰勒法则

$$r_{最佳} = r_{中性} + \left[0.5 \times (GDP_{预期} - GDP_{长期}) + 0.5 \times (i_{预期} - i_{目标}) \right]$$
$$= 3.7\% + \left[0.5 \times (2\% - 5\%) + 0.5 \times (4.5\% - 2.8\%) \right]$$
$$= 3.7\% - 0.65\% = 3.05\%$$

请注意，此题中经济增长的目标与控制物价的目标两者是相互冲突的，前者要求降息而后者要求升息，泰勒法则综合考虑了两者的结果，最终降息 0.65%。

3. 负利率

在 2007~2009 年全球金融危机发生之前，考虑到信贷收缩对于经济的不利影响，普遍的观点认为一国央行不会长期实施负利率的政策。但在这场席卷全球的危机发生之后，鉴于量化政策的效果的不确定性，丹麦、瑞典、日本、瑞士以及欧元区的国家都开始持续使用负利率政策。

现代社会货币化的进程的发展并不足以支持当今经济运行速度以及规模。由中央银行把持的银行存款（bank deposits）和准备金（bank reserves）相比于备用现金有着一定的隐形收益（implicit yield）或是便利价值（convenience value），这些隐形收益和便利价值是实物现金所不具备的。因此，只要以负利率形式存在收益价值超过了持有存款的显性成本，人们就没有动机将存款转为实物现金。在这种情况下，负利率政策就是可以持续实现的。

虽然负利率刺激经济的机制与较低水平（仍然是正数值的利率水平）的利率刺激经济的传导路径非常类似，但是在负利率环境中，经济参与者对于能否获得承担风险的合理补偿这一事项具有更大的不确定性。因此他们可能就不会按照货币政策的制定者希望的那样去参与经济活动。所以在负利率环境下，扩张的货币政策和财政政策的实施结果就不如在稍高一些的利率水平下实施的效果更为有效。

如果现行短期利率水平是一个负，我们就可以用长期均衡的短期利率水平作为无风险利率的指标去计算那些风险资产的收益水平；这样的长期均衡的短期利率还可用作泰勒准则中的中性利率指标。

在形成短期的资本市场预期时，必须考虑到预期的利率路径。在负利率的环境下，像长期均衡收敛的起始点就是一个负数的水平。这样的情景类似于经济收缩或者经济在历经衰退初步复苏时的情境。此情形预示着非常严重的经济困顿，以及对经济复苏力度和时间的不确定性，这时有两点需要我们格外注意：

- 历史数据的信任度被降低。
- 诸如量化宽松等其他货币政策措施同时发生的效果可能会扰乱市场关系，例如收益率曲线形状的改变或者是特定板块的表现改变。

由于上述因素，要想将利率水平的动态不确定性引入资本市场的预期是一件非常困难的事情。

4. 财政政策

财政政策是政府管理经济活动的又一个有效手段，如果政府想要刺激经济的发展，它就可以通过减少税收、增加政府支出的方式实行一个扩张的财政政策。

扩张的财政政策会引起财政赤字的增加，紧缩的财政政策会引起财政赤字的下降。所以，通过观察财政赤字的变化（而非绝对值水平），我们便能够判断出一国政府正在实施的财政政

策的性质。

此外，只有人为有意识地干预财政赤字的变化，才能体现政府财政政策的用意。例如在经济扩张时期，税收会自动伴随着人们收入的增加而增加，失业人口的减少也会导致政府救济金支出的减少，这些都会导致财政赤字的减少，但是我们不能因此就认为政府实施了积极的财政政策。

5. 收益率曲线 ★ ★ ★

分析师可以通过收益率分析收益率曲线的形状，判别出当前经济的形式，并揣测政府未来政策的意图。

货币政策作用于货币市场，它直接影响了短期利率水平，扩张的货币政策导致短期利率下降，而紧缩的货币政策导致短期利率上升。财政政策通过政府购买、政府支出等行为，影响长期利率水平，扩张的财政政策导致长期利率上升，紧缩的财政政策导致长期利率下降。同时，由于货币政策直接作用于货币市场，所以相较于财政政策，货币政策对于利率影响的程度更大，也更为直接。有了上述结论，我们便可以得到不同的财政政策与货币政策组合下的收益率曲线形状（见表5-8）。

表5-8　财政政策和货币政策同时作用于市场时对收益率曲线（利率曲线）的影响

财政政策 货币政策	扩张的财政政策	紧缩的财政政策
扩张的货币政策	收益率曲线变得更加陡峭	收益率曲线适度向上倾斜
紧缩的货币政策	收益率曲线变得平坦	收益率曲线出现反转倒挂

✓ 实施扩张的货币政策与扩张的财政政策：扩张的财政政策导致长期利率上升，扩张的货币政策促使短期利率下降，因此收益率曲线会变得更加陡峭，同时经济会在未来进一步扩张（见图5-6）。

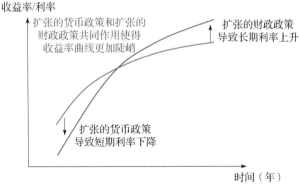

图5-6　扩张的货币政策与扩张的财政政策对收益率曲线的影响

✓ 实施紧缩的财政政策与扩张的货币政策：我们假定维持扩张的货币政策不变的情况下同时将财政政策由紧缩变为扩张，扩张的货币政策依然会引起短期利率的下降，但是紧缩的财政政策会促使长期利率下降。此时，收益率曲线如图5-7所示仍然是向上倾斜的，但是和原先实施了"扩张的货币政策与扩张的财政政策"的收益率曲线（图5-7中的红色虚线）相比，当前收益率曲线（图5-7中的绿色实线）的倾斜幅度变小。所以我们称其为适度地向上倾斜。

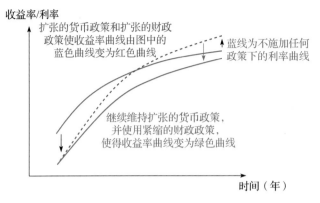

图 5-7　紧缩的财政政策与扩张的货币政策对收益率曲线的影响

✓ 实施紧缩的货币政策与紧缩的财政政策：紧缩的财政政策导致长期利率下降，紧缩的货币政策促使短期利率上升，因此收益率曲线如图 5-8 所示变得向下倾斜，同时经济会在未来开始收缩。

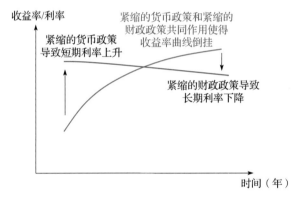

图 5-8　紧缩的货币政策与紧缩的财政政策对收益率曲线的影响

✓ 实施紧缩的货币政策与扩张的财政政策：紧缩的货币政策导致短期利率上升，扩张的货币政策促使长期利率上升，但是由于货币政策对于利率影响程度比较大，所以短期利率上升幅度超过了长期利率上升幅度。此时，收益率变得较为平坦（见图 5-9）。

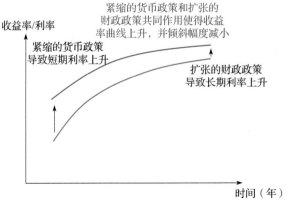

图 5-9　紧缩的货币政策与扩张的财政政策对收益率曲线的影响

何老师说

不同财政货币政策组合下收益率曲线的形状变化是 CFA 三级考试的重点与常考点，对此大家一定要认真掌握。关于收益率曲线形状的结论比较难以死记硬背，大家只要掌握财政政策与货币政策各自对于利率变动影响以及两者影响的相互强弱关系，就可以自行推导出相关结论。考试时，题目会给出一个具体政策组合场景让考生判断出收益率曲线的形状。

1.11 经济增长趋势

此前我们都是站在短期的角度对经济周期进行分析，接下来我们将从长期的角度出发，研究一国的经济增长，即经济趋势增长的源泉都有哪些。经济增长趋势是 GDP 长期增长的路径，经济趋势增长率独立于经济周期，但是也与经济周期息息相关。

根据 $Y = \dfrac{Y}{L} \cdot L$，我们知道一国 GDP 产出 Y 可以表示成人均产出 $\dfrac{Y}{L}$ 以及劳动力 L 的乘积。据此，我们就可以推导出关于经济趋势增长率的主要贡献因素。

1. 劳动力的增加

劳动力的增加会导致经济趋势增长率的增加，劳动力的增加量还可以被分解归功于潜在劳动力规模的增加以及劳动力参与率的增加。

- **潜在劳动力规模**（potential labor force size）：通常一国总人口中，大于等于 16 岁且小于等于 60 岁的人群被称为适龄工作人口（working-age population）。在适龄工作人口中，并不是所有人都参与了社会工作，有的人可能还在念书学习，有的人可能成为全职太太。所以这部分人中只有那些有意愿参加工作的人才被称为劳动力（labor force）。增加劳动力就可以增加潜在劳动力规模，即增加总人口，具体措施就是增加出生率。

- **劳动力参与率**（labor productivity）：在总人口不变的情况下，我们还可以通过增加劳动力参与率的方式来增加劳动力水平。劳动力参与率是指劳动力占适龄工作人口的比率。例如，洗衣机的发明把广大妇女同胞从繁重的家务劳动中解放出来，从而使得越来越多的女性走向职场，增加了劳动力的供给。

2. 劳动力生产率的增加

增加劳动力生产率可以在劳动规模不变的情况下，进一步提高经济趋势增长率。劳动生产率的增加主要归因于资本投入的增加和全要素生产率（即技术水平）的增加这两个方面。

- **资本**（capital）投入：资本投入的增加可以促使生产形式由手工作坊阶段步入机器化大生产阶段，每个劳动者借此获得了更多的"装备"，因此提高了其工作效率。

- **全要素生产率**（Total factor productivity，TFP）：全要素生产率代表了一国的技术水平，技术水平的增加必然导致生产效用的提高。

何老师说

中华人民共和国成立伊始，我们主要通过"上山下乡"运动提高劳动力的参与率，并且以提高出生率的方式试图增加经济趋势增长率，但是其效果并不显著。改革开放之后，我们主要通过增加资本投入的方式试图增加劳动生产率的提高，从而增加经济趋势增长率。

在发达国家，由于资本投入水平非常高，加之资本边际产出递减规律作用的影响，资本对于经济趋势增长率的贡献非常有限，他们更多地通过提高全要素增长率的方式来增加经济趋势增长率。但是提高全要素生产率本身是一件非常困难的工作，因为全要素生产率反映了一国的软实力，如专利权制度以及法律制度的完善程度、教育水平的先进程度等。

上述观点都是从定性的角度对经济趋势增长率加以论述，接下来我们再来说明一下关于经济趋势增长率的定量计算方法。

经济趋势增长率可以分解为人均产出增长率$\left(\dfrac{\Delta y}{y}\right)$以及劳动力增长率$\left(\dfrac{\Delta L}{L}\right)$之和，由此我们得到以下公式推导：

$$\frac{\Delta Y}{Y} = \frac{\Delta y}{y} + \frac{\Delta L}{L} = \frac{\Delta K}{K} + \frac{\Delta T}{T} + \frac{\Delta \text{labor force participate ratio}}{\text{labor force participate ratio}} + \frac{\Delta \text{population}}{\text{population}}$$

经济趋势增长率 = 资本增长率 + 技术进步率 + 劳动参与率的增长率 + 人口增长率。这只是核算经济增长的一种方式，并不是非常精确的，大家了解即可。

👆 **【例题】**

分析师 Bob 在预测一国经济的趋势增长率。为此他通过模型预估出一国的预期人口增长率为 3%，劳动力参与率将增长 0.15%。如果该国投资于新的机器设备的开销将会增长 3.2%，并且该国的全要素生产率将增长 0.8%，那么 Bob 所预测出的该国经济趋势增长率是多少？

依据，经济趋势增长率 = 资本增长率 + 技术进步率 + 劳动参与率的增长率 + 人口增长率，

经济趋势增长率 = 3.2% + 0.8% + 0.15% + 3% = 7.15%

因此，Bob 所预测出的该国经济趋势增长率应该等于 7.15%

1.11.1　消费支出

消费支出是 GDP 的最大组成部分，正如我们此前在"经济周期"那一小节中所做的论述，消费支出是非常稳定的，因为它取决于长期的收入。

经济学中的"财富效应"（wealth effect）认为，随着人们财富的增加，消费支出也是在不断增加的，反之亦然。其实，在经济周期中，人们的消费还是相对稳定的，就此经济学家弗里德曼提出的"永久收入假说"（permanent income hypothesis）理论却认为消费行为在很大程度上取决于人们对于长期收入的预期。当然如果一个事件改变了人们的长期收入（例如中了巨额彩票），那么人们的消费习惯也会随之发生改变。

基于上述理论，在经济衰退期，人们会减少一些储蓄，同时减少一些消费支出，但是减

少的差额不会太大。在经济扩张期，人们会增加一定的消费支出，但是其增幅通常小于收入的增幅。总之，一些在短期能够影响收入事件发生时，人们通常不会大幅改变其消费支出习惯。

1.11.2 政府的结构性政策

一国政府的结构性（持续性的长期的）改革，也能起到促进该国经济增长的作用，这些改革措施如下所述。

- ✓ 政府应该提供与经济增长所需的相关基础设施建设，如机场、高速公路的建设。同时政府应当做好"守夜人"的角色，尽量减少对于经济活动的干预。
- ✓ 政府实施的财政政策应该是牢靠的、负责任的，政府在实施积极财政政策促进经济增长的同时，还应当尽力避免以下两点：
  - 当一国政府实施扩张的财政政策，并且面临财政赤字时，它便会通过向外国借款的方式筹集资金，从而进一步导致贸易赤字的加剧。如果赤字规模不加节制地继续扩大下去，终将导致该国货币贬值，不利于该国经济的持续发展。
  - 扩张的财政政策会引起市场利率的上升，增加融资借贷成本，从而排挤了部分私人投资活动，形成"挤出效应"。
- ✓ 政府实行的税收政策应当是透明的、连续的。过多的征税会对经济发展形成负担，降低经济运行的效率。
- ✓ 政府还应当促进市场的竞争，只有良性的竞争才能推动技术的进步，推动产业的变革，最终实现经济的增长。

1.12 外部冲击

外部冲击（exogenous shocks）的影响也会左右一国经济的发展。外部冲击主要是指那些发生在经济体之外的并对经济体造成影响的事件，诸如战争、自然灾害、政府政策的改变。这类外部事件都是突发的，难以被人们所预料。因此外部冲击发生前，一国市场价格很难捕捉到这些事件的预期。

有两类外部冲击对经济造成负面的影响比较严重，虽然这类影响持续期或许不长，但是这类影响往往会从一个国家蔓延至另一个国家。

- ✓ 石油冲击：当中东地区国家减少石油产量时，国际市场石油的价格就会上升。考虑到石油是重要的化工生产原料。一旦石油价格上涨，就会导致全球性的通货膨胀，产生经济衰退和失业潮问题。与此相反，如果石油价格下降，就会减轻通货膨胀，促进经济增长。
- ✓ 金融危机：金融危机既可以通过直接影响银行贷款利率的方式，也可以通过间接影响投资者信心的方式影响多国的经济发展。当今世界，金融危机的传染性（contagion）表现得非常强。例如次贷危机时，美国雷曼公司宣布破产倒闭，致使其对很多境外交易对手方形成违约，这就形成了多米诺骨牌效应，将危机波及其他国家。

1.13　国家间的相互影响

随着全球化进程的发展，国家间经济的联系变得日益紧密。日益增加的贸易活动、资本往来以及直接投资活动使得几乎所有国家都无法避免地受到国家间的干预影响。那些行业品种丰富、经济体量较大的国家（如美国）往往所受影响较小。这是因为这些国家即使某一行业受到了来自他国的影响与冲击，还有其他行业可以为国民经济的增长提供支持与保障。国家间的经济联系主要体现在以下几个方面。

- ✓ 宏观经济间的联系（macroeconomic linkages）：不同经济体可以通过国际贸易和国际资本流动等形式建立起联系。例如当欧美国家发生次贷危机时，社会经济不断衰退的结果是人们有意识地减少消费，这就影响到了中国的出口贸易，并且减少了对中国的直接投资，这些结果都会对中国制造业造成不小的打击。

- ✓ 利率/汇率的联系（interest rate/exchange rate linkage）：一国短期利率水平也会受到他国利率的影响。通常，一些经济体量较小的发展中国家会实行盯汇制度。在此制度下，该国主动将其货币价值与大国货币价值相挂钩。这样的汇率制度往往是单方面的，这就要求小国必须依附实行大国经济政策。两个国家之间的利率差异还能反映出两国经济增长、货币政策以及财政政策之间的差异。

新兴市场国家

新兴市场国家（发展中国家）在发展经济时往往需要借助外来资本。这些外债在为投资者提供高收益的同时也使其承担了较高的投资风险。许多新兴市场国家政治不太稳定，人均收入水平较低，资产结构单一，这些特点都使其更加容易遭受经济危机的打击。投资者在投资这些市场前，一定要仔细分析其主要风险，例如，债券投资者就应当重点关注该国有没有能力偿还其债务，而股权投资者应当重点关注该国经济的脆弱性。以下 6 个问题是投资者在做决策前必须弄明白的。

- ✓ 该国政府实施的货币政策和财政政策是值得信任的吗？发展中国家的债务规模超过GDP 占比的 70%～80%，就可能会引发麻烦，并且面临违约风险。

- ✓ 该国经济预期增长率是多少？发展中国家的经济增速能够达到 6%～8% 就是比较成功的。如果一个发展中国家的预期增速低于 4%，那么投资者就要重新考虑是否投资该国市场。

- ✓ 该国币值具有竞争力吗？它的外部账户赤字可控吗？如果该国币值长期被高估，就意味着该国借债规模过多，从而产生过多的经常性账户赤字和外债。注意到，一国的经常性账户的赤字规模超过 GDP 水平的 4%，这就是一个不小的警告信号。

- ✓ 该国外债水平可控吗？尽管发展中国家依靠外资发展，但是过高的外债规模最终会诱发金融危机，使得发展中国家的币值和资产价值大幅缩水。注意到，如果一国的外债规模超过了 GDP 水平的 50%，或者超过经常性账户下收入的 200%，那就表明该国杠杆率水平过高。

- ✓ 该国流动性充裕吗？对于很多发展中国家而言，需要该国具备强大的外汇储备用于其在外汇市场的支付。投资者需要警惕一国发生其外汇储备不足以支付其未来一年到期债务的情况。外汇储备/短期债务的比率最好能达到200%，如果这个比率低于100%，那就是值得警惕的。
- ✓ 该国政治形势是否支持其所需实施的政策？如果一个经济体是健康增长的、政策自由化的，并且具备较低的债务、较高外汇储备，那么这个问题是不用过于担心的。

1.14 经济预测

在本小节，我们将重点向大家介绍3类关于经济预测的方法，它们分别是经济模型法、经济指标法和问卷调查法。

1.14.1 经济模型法

经济模型法（econometric models）是指运用相关经济学理论建立预测模型。例如，分析师如果希望通过当前以及过去的投资消费数据来预测未来的 GDP 水平，那么他就可以运用回归模型或者其他计量统计模型实现这一预测。经济模型通常从一个简单的模型开始，然后不停地加入模型变量，直至模型趋于完善。经济模型对于预测变量的改变是非常实用的。但是输入变量间的关系较难预测，因为这些关系都是变动的，并且运用模型预测衰退都不太靠谱。

1.14.2 经济指标法

分析师可以从政府和相关机构处获取经济指标（economic indicators）。这些指标中领先型经济指标可以帮助分析师做出相关预测，而同步型和滞后型经济指标可以帮助分析师确认其预测的准确性。主要经济指标如表5-9所示，它是 CFA 一级经济学的重点内容，大家对此简单了解即可。

表5-9　主要经济指标及其作用

指标类型	具体指标	作用
领先型经济指标 ★★★	制造业平均每周工作小时	在经济衰退初期，企业会先减少工作时间而非裁员；在经济复苏时，企业会先增加工作时间。所以该指标会领先于总体经济发生变化
	失业保险周平均申领数	这个指标能非常敏感地观察到经济衰退与复苏初期企业解雇与再雇用工人的情况
	制造商对商品及原材料的新订单数	制造商为了及时满足消费者需求，将会在市场需求上涨初期增加订单数
	供应管理机构新订单指数	通过观察企业完成订单的速度衡量市场上需求的上升情况
	制造商对非国防资本产品的新订单数	资本产品（如机器设备厂房）的增加，不仅是经济复苏初期的信号，也反映了企业对经济复苏的预期
	新建私人住宅的建造许可证数	该指标反映新增建造数量的增加

（续）

指标类型	具体指标	作用
领先型经济指标 ★★★	标准普尔 500 股票指数	股票价格反映经济运行情况，它是经济周期变化的早期信号
	M2 货币供给	货币供给上升说明政府实行宽松的货币政策，可能带来经济的上涨
	10 年期国债收益率与隔夜拆借利率的利差（联邦基金利率）	利差上升说明短期利率下降或长期利率的上升，短期利率下降表明一国推行宽松的货币政策，长期利率上升则说明人们预测经济在长期会上涨。所以利差上升是经济复苏的表现
	密歇根大学消费者预期指数	消费者预期指数反映其对未来经济的信心状况，也预示了其将来的消费情况，指数上升是经济复苏初期的标志
一致型经济指标	非农业部门在册员工数量	当衰退或者复苏已明确显现，企业将调整全职工人人数
	个人实际总收入（减去转移支付）	通过衡量非公司盈利收入及工资收入，从而捕捉经济的当下状态
	工业生产指数	衡量工业产出，工业是经济活动中波动较大的部门，服务业部门相对比较稳定
	贸易量	反映经济的当下状态
滞后型经济指标	平均失业持续时间	企业在确定衰退或复苏时才会裁员或新增雇用，平均失业持续时间的上升与下降是经济衰退与复苏的滞后性指标
	存货销售比 ★★	经济复苏初期时销售上升，会先消耗存货，导致存货销售比例下降，复苏发生一段时间后存货才会上升。该比例滞后于经济周期变化
	单位劳动力成本改变	在衰退初期，企业在不裁员的情况下降低生产，此时单位劳动成本将上升。当经济衰退一段时间后，该指标才下降。经济复苏初期，企业在不新增雇员的情况下增加生产，此时单位劳动力成本下降。经济复苏一段时间后，该指标才会上升。所以该指标滞后于经济周期
	银行主贷款利率	银行给最优质客户的贷款利率，当经济繁荣投资旺盛时才会上升，滞后于经济周期
	商业或工业贷款	企业多运用贷款购买或生产存货，所以该指标受存货影响滞后于经济周期
	消费者贷款收入比	衰退发生一定时间后未偿还贷款才会上升，滞后于经济周期
	服务业消费者价格指数改变	通货膨胀一般滞后于经济周期，特别是在较为稳定的服务部门

注：引自 CFA 协会原版书一级第三本 reading 17。

　　经济指标法的优点是经济指标非常直观，可以实施个性化定制，在实务中的确发挥了作用；缺点是由于变量之间的关系并不是稳定不变的，所以这种方法不能持续地良好运作。在不同的历史时期，同一经济指标的同向变化可能预示了不同的经济状态。经济指标并不是每次都能做出精准的判断。

1.14.3　问卷调查法

　　分析师可以通过问卷调查的方式，对一系列问题进行登记、判断，从而预测出未来经济的

走向。

相较于经济模型法，问卷调查法的优点是比较简单、灵活程度高，能够考虑到结构性的变化。其缺点是：方法过于主观，每个经济分析师都有自身的观点立场；需要搜集大样本数据，因此比较耗时。此法中问卷分析整合过程需人工完成，因此该方法的复杂性受到一定限制。

我们总结了 3 种预测方法的优缺点，具体见表 5-10。

表 5-10　3 种预测方法的优缺点总结

经济模型法	优点	模型能结合大量因子做分析； 模型结合新的数据能快速产生结果； 提供关于经济变化的定量评估
	缺点	模型构建过于复杂耗时； 输入数据难以预测，它们的相互关系也非静态； 需要审慎分析输出结果； 不能有效预测衰退
经济指标法	优点	构建过程直观，简单易用； 可以从第三方获取数据； 可以进行个性化定制； 实证表明大量第三方数据指标确实好用
	缺点	输入变量之间的关系不是静态的； 指标可能提供虚假的信号指示
问卷调查法	优点	相对比较简单； 灵活性很高
	缺点	过于主观； 构建过程耗时； 考虑到手工制作环节，此法不能被设计得过于复杂

注：引自 CFA 协会原版书三级第三本 reading 14。

何老师说

关于这 3 种预测方法的具体做法，并不是我们的考试重点，大家了解即可。但是这 3 种方法的优缺点比较却是考试的常考点；大家对此要重点掌握。在记忆各自方法的优缺点时，我们可以重点记忆每类方法下有关优缺点的两个关键词，因为上午论述题对于优缺点的考查通常只要求考生写明两点即可。但是除了这两点之外的其他优缺点我们也要理解其含义，这样才能应对下午选择题的考查。

1.15　运用经济信息预测收益

接下来我们就来学习一下如何结合资本市场预期并利用相关经济信息去预测不同类型资产的回报。

1.15.1　现金及现金等价物

这里现金等价现物通常是指一些短期票据。管理者依据自身对于利率的预期，增加或减少票据的久期以此来获利。例如管理者预测未来利率上涨，他们就会降低票据的久期。因为利率上涨将会引起票据未来价格的下跌，所以此时我们就应该减少债券价格对于利率影响的敏感性。此外我们还可以这样分析，在将来利率上涨的情况下，投资者就应该买入短期票据而非长期票据，因为短期票据结束后，我们只要重新购得一份新的短期票据就可以享受到根据上涨利率调整后的高收益回报。

1.15.2　国债

国债（nominal default-free bonds）通常由政府发行，因此它可以被视作是没有违约风险的。这类债券的收益率由债券的真实收益率（real bond yield）以及投资期间预期的通货膨胀率组成。其中债券的真实收益率是由 GDP 增长率以及资本市场的供求关系所共同决定的，它主要用以补偿投资者的不耐情绪。

投资者在买卖国债时，必须密切关注通胀率。此外，投资者还应当更多地从长期角度出发，而短期利率变化的预测作用表现得相对弱一些。

1.15.3　可违约债券

可违约债券（defaultable debt）通常是指公司债，这类债券都承担着一定的违约风险。我们可以用公司债收益率减去同期限的国债收益率以求得该公司债为投资者提供的违约风险溢价补偿，即信用利差。对于这类债券的持有人而言，需要特别关注公司债信用利差在不同经济周期阶段表现出的变化。在经济衰退阶段，公司债违约风险上升，信用利差扩大。在经济扩张阶段，公司债违约风险下降，信用利率缩小。

1.15.4　新兴市场国家主权债券

新兴市场国家主权债券（emerging market government bonds）是指发展中国家发行的主权债券。这些债务本身都是以一些发达国家的货币方式借取，因此一国政府也必须以这些外币作为利息和本金的归还的媒介。这样就避免了借款国通过"滥发"本国货币的方式解决债务问题，但是也增加了该国的违约风险。为了评估这类违约风险，分析师应当进行国家风险（country risk）的研究。该类研究主要用于调查一国的经济、政治状况。

1.15.5　通胀指数债券

最为典型的**通胀指数债券**（inflation-indexed bonds）便是 TIPS（treasury inflation protected securities），TIPS 债券的息票会根据当期的通货膨胀率进行调整，以保证当期息票的购买力不变。例如上一年度息票现金流是 100，之后市场上发生了 3% 的通货膨胀，那么在今年投资者就将获得 103 的息票现金流收入。

该类型的收益虽然与通胀指数相挂钩能够抵御一定的通胀风险，但是该类债券无法预防未

预期到的通货膨胀带来的风险。当经济增长率和短期利率水平上升时，通胀指数债券收益率也随之上升，这是因为此时经济向好，人们都愿意将资金更多地投资于股票市场，于是对于该类债券需求的不足便会导致其价格下降，收益率上升。而当市场上通货膨胀加剧时，该类债券对于投资者的吸引力便会增强，人们对于这类债券的需求也随之上升，上涨的债券价格便会促使收益率下降。宏观经济与通胀指数债券收益率之间的关系如表 5-11 所示。

表 5-11　宏观经济与通胀指数债券收益率之间的关系

观察到经济现象	对于通胀指数债券收益率的影响
经济增长上升（下降）	上升（下降）
通胀预期的上升（下降）	下降（上升）
投资者需求上升（下降）	下降（上升）

注：引自 CFA 协会原版书三级第三本 reading 14。

1.15.6　普通股

普通股（common shares）的收益包括股息收益和资本利得，公司普通股的收益就长期而言取决于一个经济体的经济增速，具体是由劳动力增长率、投资水平和劳动生产率的增长决定的。

公司短期利润的增长主要受到诸如销售额、工资、资本利用率以及利率水平等诸多变量的影响。在经济衰退期，非周期性的或者防御性质的股票（如公共事业类股票）受到经济周期的影响较小，因此这类股票的估值也往往较高。在经济扩张的早期，收益增长强劲。因为企业的销售在增加，但是投入成本一直趋于稳定。工人们不会在此时要求增加工资，闲置的机器设备投入生产也不会带来成本的巨大上升。在经济扩张的后期，股票收入增速放缓是因为企业生产投入的成本开始增加，同时该阶段上升的利率水平（折现率）也会降低股票的估值。

一只股票的估值可以体现在其市盈率（P/E）上。当人们对于股市的收益会有很高的预期时，股票的市盈率将会上升。此时经济往往伴随着早期的复苏，利率水平较低，固定收益率类投资的收益较为引人注目。周期性股票的市盈率会在经济衰退末期表现得特别高。此外，股票的市盈率也体现了经济的长期趋势：低水平的通货膨胀率会导致一个较高的市盈率。

新兴市场国家的股票收益比发达国家市场的股票收益更高，但是其波动性也更大，并且这些收益与发达国家的市场周期存在正相关的关系。

1.15.7　房地产

房地产的收益会受到诸多经济因素的影响，这些因素包括：消费、真实利率水平、利率曲线的形状结构以及不可预期的通货膨胀率。

利率既可以看作是房地产开发商建造房屋时的融资成本，也可以视为购房者贷款买房时的融资成本。因此，较低的利率水平有利于房地产市场的发展。同时较低的利率水平会产生一个较低的折现率（capitalization rates），这非常有利于房地产的估值。

1.15.8　货币

两国货币（currencies）之间的汇率水平体现了外汇市场买卖关系的平衡。买卖外币的动

机之一便是促进国与国之间的商品服务贸易，买卖货币的另一个动机则是促进国家间的资本流动。如果一国进口了更多的商品服务，那么该国货币将相对于外币贬值。如果外国投资者想来本国投资，它就必须先用外币换取本国的货币，这将会导致本币升值，外币贬值。

投资组合现金流会受到经济增长或者国内利率的影响，当一国利率水平升高时，外资将流入该国，造成该国货币升值。

预测汇率被公认为是非常困难的，一些投资者想要完全对冲外汇风险，但是还有些投资者认为由于汇率市场的波动率较大，同时流动性也不错，因此存在一定的预测套利机会。

1.16　预测汇率 ★★★

预测汇率的方法主要有 4 种，每种方法都有自己独到的体系和逻辑理念，分析师在预测汇率时通常会将这些方法相互结合起来使用。接下来，我们就逐一研习这 4 类主要方法。

1.16.1　购买力平价法 ★★★

购买力平价法（purchasing power parity，PPP）认为两国通货膨胀之间的差异决定了两国汇率之间的差异，并且有着通货膨胀率较高国家的货币更容易发生贬值。这里介绍的购买力平价法专指相对购买力平价法，它在短期和中期不一定成立，但在长期却是成立的。假设现在 X、Y 这两个国家之间的汇率标价形式为 X/Y。那么购买力平价公式可以表示为

$$\frac{E(S_1)}{S_0} = \frac{1 + I_X^e}{1 + I_Y^e}$$

式中　$E(S_1)$——预期未来的汇率水平；

　　　S_0——当前汇率水平；

　　　I_X^e——X 国家的预期通货膨胀率；

　　　I_Y^e——Y 国家的预期通货膨胀率。

上述公式是购买力平价法的标准形式，我们由此还可以得出一个近似的公式结论如下：

$$\frac{E(S_1) - S_0}{S_0} = \frac{I_X^e - I_Y^e}{1 + I_Y^e} \approx I_X^e - I_Y^e$$

由该式我们可以很直观地得出汇率的变动率近似地等于两国通货膨胀率的差值。如果 $I_X^e > I_Y^e$，那么 $E(S_1) > S_0$，根据 X/Y 的汇率标价形式，它表明 Y 国家货币升值，X 国家货币贬值，这与我们此前得到的结论相一致。

何老师说

如果考题需要考生运用购买力平价法预测汇率变动，考生直接在题目中寻找有关通货膨胀率的信息即可。

如果考题需要我们预测未来 10 年的汇率变化，我们就可以运用 $\dfrac{E(S_1)}{S_0} = \left(\dfrac{1 + I_X^e}{1 + I_Y^e}\right)^{10}$ 公式进

行预测。但是更为常规的处理方法是找到 X, Y 两国未来 10 年的通货膨胀率 $I_{X,10}^e$、$I_{X,10}^e$，并运用公式 $\dfrac{E(S_1)}{S_0} = \dfrac{1 + I_{X,10}^e}{1 + I_{Y,10}^e}$ 进行求解。

1.16.2　相对购买力强度法

相对购买力强度法（relative economic strength）将关注点集中在投资流而非贸易流。该方法认为一国应该努力营造出良好的投资环境以吸引境外投资者的投资，如此一来就可以增加该国的货币需求，增加该国的货币价值。该理论还认为，较高的短期利率水平能够为投资者提供较高的回报收益，因此也更容易吸引资本投资。即便投资者认为此时该国货币价值高估，但是只要该国较高的利率水平能进行有效地补偿，那么投资者依然会实施投资行为。

短期利率还将影响人们的借贷行为，当人们在低利率国家获取贷款后，就会在外汇市场上卖出这些货币并买入高利息国家的货币，从而诱发低利息国家的货币贬值。

1.16.3　现金流法 ★ ★ ★

现金流法（capital flows approach）主要关注一国长期的外汇资本的流入水平，例如股权投资（equity investment）或者是外商的直接投资（foreign direct investment，FDI）。如果一国出现持续性的外资流入，那么该国货币将会发生升值，反之发生贬值。

如果一国央行降低市场上的利率水平就表明它正在试图推行一个积极的货币政策，这将推动该国经济的增长，从而使得该国的资本市场变得越发具有吸引力，引发外资流入该国股票市场，增加该国价值；反之亦然。

需要注意的是，这里关于"短期利率与汇率"之间关系的结论与我们在"相对购买力强度法"下得到的结论是背道而驰的。对此，考生无须纠结。因为不同预测方法的出发点以及背后逻辑是不一样的，因此不同方法下的结论差异也很正常。大家只需要知道每种预测方法的机制以及判定标准就可以应对考卷上的试题。

1.16.4　储蓄投资失衡法

储蓄投资失衡法（savings-investment imbalances）可以帮助我们理解为什么货币价值在一段时期内会偏离其长期均衡的水平。经常性账户赤字可以看作是政府赤字与私人部分赤字的加总。我们知道一国的投资应该由其储蓄提供资金支持，如果该国的国内储蓄不足以满足其投资需求，那么该国就需要外国的资金用以支持本国的投资活动。

为了能够吸引外资流入，一国政府必须提升该国短期利率水平或者投资收益率水平以此增加其投资吸引力，这就会导致该国汇率水平偏离其长期均衡水平。同时，本国货币的升值，将进一步扩大经常性账户赤字的状态，这最终会促使本币价值开始下降。

股票市场估值

本节主要讲述了有关股票市场估值的内容。这一章节中出现的所有计算公式都有可能在 CFA 三级考试中出现。这些公式和计算方法有的在其他级别的考试教材中已经出现过，有的则是全新的话题。

知识点自查清单

☐ H 模型和合理的市盈率★

☐ 预测中的挑战

☐ 新古典方法下的经济增长核算★★★

☐ 自上而下与自下而上预测法★

2.1 股票市场估值：戈登增长模型、H 模型以及合理的市盈率

2.1.1 戈登股利增长模型

戈登股利增长模型（GGM）公式表达如下：

$$V_0 = \frac{D_1}{r-g} = \frac{D_0(1+g)}{r-g}$$

式中 V_0——一个股票市场理论的公允价值；

D_1——未来一期的市场股票分红；

r——真实的折现率；

D_0——当前的股息；

g——股息真实的单期增长率。

2.1.2 H 模型

对于发达国家的市场，我们通常使用戈登股利一阶段增长模型预测这类国家整体股票市场。但是对于欠发达国家的市场，经济数据的可得性和真实性都大打折扣，公司股息增长与经济体之间的关联并不紧密，通货膨胀率的大幅变化会扭曲分析师对于输入变量的估计。此外，这些国家往往在率先经历了一个高速的增长之后，会步入一个平稳的增长期。鉴于上述原因，

我们应该用 H 模型去预估这一类国家股市的市值情况。H 模型公式表达如下：

$$V_0 = \frac{D_0}{r - g_L}\Big[\,(1 + g_L) + \frac{N}{2}(g_s - g_L)\,\Big]$$

式中　V_0——一个股票市场理论上的内在公允价值；

　　　r——真实的折现率；

　　D_0——当前的股息；

　　g_L——真实的长期可持续的增长率；

　　g_s——真实的短期高速的增长率；

　　　N——增长率从 g_L 过渡到 g_s 所历经的时间。

何老师说

　　如图 5-10 所示，H 模型估值可以通过画图的方式记忆，该公式可以分为两个部分：一部分是长方形区域①的面积，它代表了稳定增长阶段的股市价值；另一部分是三角形区域②的面积，它代表了高速增长部分的价值。这两部分区域面积之和便是最终的估值结果。

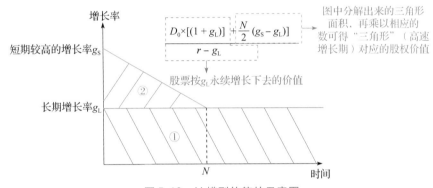

图 5-10　H 模型估值的示意图

2.1.3　合理的市盈率

　　在求合理的市盈率（P/E）时，分析师所用的价格 P 并不是我们在市场上观察到的数值，而是基于戈登股利增长模型计算得到的内在价值。合理市盈率的形式可以分为领先型（leading）和追随型（trailing）两种，它们的表达式分别为

$$领先型：P_0/E_1 = \frac{D_1}{r - g}\Big/E_1 = \frac{b}{r - g}$$

$$追随型：P_0/E_0 = \frac{D_0(1 + g)/E_0}{r - g} = \frac{b(1 + g)}{r - g}$$

式中　E_0——市场当期的平均收益表现；

　　E_1——预期的市场未来的平均收益表现；

　　　b——市场平均的分红比率。

何老师说

　　关于合理收益率部分，定量的计算考察不是 CFA 三级考试的重点，但是该模型下每个输

入变量变化对于合理市盈率大小的改变是 CFA 三级的常考点。例如折现率的增加会降低合理收益率的估值。对此，大家要能够依据上述公式，做出准确快速的推导。

无论我们是使用戈登股利增长模型还是 H 模型，都需要知道市场收益率的增长率 g，它又等于 GDP 增长率与超额收益率之和。那么应该如何准确地估算 GDP 增长率呢？这便是我们接下来要讨论的话题。

2.2　新古典方法下的经济增长核算 ★★★

一国的经济增长通常与该国劳动力、资本、技术水平以及自然资源等因素有关。但是一国的自然资源对于本国经济的影响不是十分确定的。例如，日本、新加坡这类资源贫瘠的国家的经济在 20 世纪依然取得了高速发展，而诸如巴西这样资源丰富的国家，却一直没有步入发达国家的行列。

新古典方法下，分析师常用柯布道格拉斯生产函数测量一国 GDP 的增长率。柯布道格拉斯生产函数同时考虑了劳动力、资本以及技术进步率对于经济的影响，其一般表达如下：

$$Y = AK^{\alpha}L^{\beta}$$

式中　Y——真实的经济产出；

A——全要素生产率，即一国的生产效率，也是技术进步率；

K——资本存量；

L——劳动力输入；

α——资本的产出弹性，即增加 1 单位资本对于产出的带动作用有多少；

β——劳动力的产出弹性，即增加 1 单位劳动对于产出的带动作用有多少。

柯布道格拉斯生产函数存在一个隐含假设，即假设规模报酬不变（constant returns to scale）。所谓规模报酬不变就是指资本与劳动力同时增加 n 倍，那么产出也增加 n 倍。现在我们假设资本与劳动同时增加 n 倍，上述公式变形为

$$Y' = A\,(nk)^{\alpha}\,(nL)^{\beta} = n^{\alpha+\beta}AK^{\alpha}L^{\beta} = n^{\alpha+\beta}Y$$

要使得 $Y' = nY$，就要使得 $\alpha + \beta = 1$，这便是隐藏在柯布道格拉斯生产函数中的重要假设。所以柯布道格拉斯生产函数还可以表示为

$$Y = AK^{\alpha}L^{1-\alpha}$$

对该式左右两边分别取对数得到

$$\ln(Y) = \ln(A) + \alpha\ln(K) + (1 - \alpha)\ln(L)$$

再对上式做微分处理得到

$$\frac{\Delta Y}{Y} \approx \frac{\Delta A}{A} + \alpha\,\frac{\Delta K}{K} + (1 - \alpha)\,\frac{\Delta L}{L}$$

由此我们可以很直观地看到一国经济率的增长等于全要素生产率的增长率 $\frac{\Delta A}{A}$ 加上资本对于产出的贡献 $\alpha\frac{\Delta K}{K}$ 加上劳动力对于产出的贡献 $(1 - \alpha)\frac{\Delta L}{L}$。

何老师说

关于柯布道格拉斯生产函数的考法主要有以下 3 种。

第一种：直接运用公式计算经济增长率。在做这类型题目时，第一，大家一定要区分清楚资本产出弹性（α）与劳动产出弹性（$1-\alpha$）。第二，$\frac{\Delta L}{L}$ 代表的是劳动力（labor force）的增长率，而非总人口（population）的增长率，大家切莫混淆。第三，题目可能不会直接给出劳动力的增长率，需要考生自行计算。考生需要结合我们此前章节的学习内容，牢记公式：劳动力增长率 = 劳动参与率的增长率 + 潜在劳动力增长率。即

$$\frac{\Delta L}{L} = \% \Delta \text{labor participation ratio} + \% \Delta \text{potential labor force}$$

这里的潜在劳动力的增长率就近似等于总人口增长率或出生率。此外，大家不要忘记我们在上一章还介绍了一个关于计算经济增长率的公式：

$$\frac{\Delta Y}{Y} = \frac{\Delta y}{y} + \frac{\Delta L}{L}$$

第二种：反求索洛剩余。在实务中，技术进步率通常是非常难以被直接估算的，因为它涉及对国家的许多软实力的评估。于是，经济学家索洛便提出可以通过柯布道格拉斯生产函数反求出技术进步率。因为这种方法由经济学家索洛提出，所以求得的技术进步率也被称为"索洛剩余"。索洛剩余的一般表达式如下：

$$索洛剩余 = \% \Delta TFP = \% \Delta Y - \alpha(\% \Delta K) - (1-\alpha)\% \Delta L$$

第三种：题目会让考生计算劳动力或者资本对于产出的贡献。例如，题目给出 A、B、C 三个国家的相关信息，并要求考生计算在这 3 个国家中，哪个国家的资本对于产出的贡献最大？在计算劳动力对于产出贡献时，考生一定不要忘记劳动力的产出弹性（$1-\alpha$）这一项；在计算资本对于产出贡献时，考生一定不要忘记资本的产出弹性（α）这一项。

因子变化对于经济增长的影响 ★ ★ ★

对于柯布道格拉斯生产函数的应用，我们不能满足于机械的计算，还要通过这个函数观察推断出影响经济的增长因素都有哪些，并且要能基于这些影响因素的变化，判断出经济变化的方向。

- 储蓄率会影响到资本的可得性。如果储蓄率增加，表明资金供给充裕，未来资本将会增加，这将促进经济的增长。
- 生产效率的提高伴随着技术水平的提高，因此能够促进经济的增长。
- 治理环境对经济运行而言会带来成本的增加，生产成本的增加会导致产量的减少以及价格的上升，从而阻碍经济的增长。
- 每个家庭抚养儿童数量的增加，说明出生率在提高，这将增加潜在劳动力水平，从而促进一国经济的增长。
- 夫妻双方均从事工作，表明女性也在外出工作，这说明劳动参与率在提高，劳动力因此增加，从而促进一国经济的增长。

- 退休年龄的增加，表明人们延迟了退休，这是劳动参与率提高的表现，劳动力因此增加，从而促进了一国经济的增长。
- 增加进口关税或是设置其他国际贸易的限制会引起经济运行成本的增加，并且降低了市场的竞争程度，从而阻碍了一国经济的增长。

何老师说

　　大家在学习这部分内容的时候应当尽量把这些影响因子与柯布道格拉斯生产函数中A、K、L这3项关联起来，我们只要明白这些因子具体影响到了A、K、L中的哪一项，便能够解释这个因子对于经济增长带来的影响是什么。例如有一年考题设问：提高免税账户的限额对于经济增长会有什么样的影响？其实提高免税账户的限额能够鼓励投资者向这些账户里增加储蓄，增加储蓄的结果就是增加未来的投资（K），因此这一措施能够促进一国经济的增长。

👆【例题】

　　分析师 Andy 正在对 A、B 和 C 这3个国家的经济状况展开分析。为此他的团队搜集了关于这3个国家未来15年的预测数据，如表 5-12 所示。

表 5-12　A、B 和 C 国家的经济状况汇总

国家	全要素生产率的增长率	资本存量的增长率	劳动力的增长率	资本产出弹性（α）
A	1.1%	1.7%	0.9%	0.5
B	2.3%	1.5%	4.7%	0.2
C	2.8%	7.2%	2.3%	0.6

通过这些数据，分析师 Andy 如何：

（1）计算出了未来15年各国 GDP 的年化增长率？

（2）会如何评述上述3个经济体？

解答：

（1）分析师首先运用柯布道格拉斯生产计算各国的预期经济增长率，过程如下所示：

$$\%\Delta Y \cong \%\Delta A + \alpha(\%\Delta K) + (1-\alpha)(\%\Delta L)$$

$$A: \%\Delta Y = 1.1\% + 0.5 \times 1.7\% + 0.5 \times 0.9\% = 2.40\%$$

$$B: \%\Delta Y = 2.3\% + 0.2 \times 1.5\% + 0.8 \times 4.7\% = 6.36\%$$

$$C: \%\Delta Y = 2.8\% + 0.6 \times 7.2\% + 0.4 \times 2.3\% = 8.04\%$$

（2）接下来分析师对 A、B 和 C 这3个国家的增长率做出了如下分析：

- A 国每年 0.9% 的人口出生率已经非常接近均衡水平。但是该国资本、劳动力、技术进步率以至于产出水平都很低，这表明 A 国是一个经济发达的大国。
- B 国劳动力以 4.7% 的速度高速增长，同时该国增加的资本只对 GDP 做出了 0.46% = 2.3% × 0.2 的贡献。鉴于如此高速的劳动力增长率以及较小规模的资本贡献率，我们可以推断出 B 国是一个规模较小的经济体，并且还处于发展的初级阶段。

● C 国劳动力的增速有所放缓。资本存量却在显著增加。相较于 B 国，C 国的增长资本存量可以有效地转化为对 GDP 的增长贡献（$\alpha = 0.6$）。这说明 C 国是一个规模更大、发展程度更高的经济体。

至此，关于戈登股利增长模型、H 模型以及柯布道格拉斯生产函数的相关内容我们就全部给大家介绍完毕了。大家需要记住这 3 类模型方法都属于绝对估值方法，接下来我们即将进入相对估值方法的学习。

2.3 相对估值模型 ★ ★ ★

CFA 二级权益学科已经为我们介绍过股票的相对估值方法，其主要思路是：在求得股票相关乘数（如 P/B，P/E）的基础上，将该乘数与行业平均的乘数做比较，以此来判定股票市值究竟是被高估了还是被低估了。但是在 CFA 三级中，我们是要对一国股票市场进行估值而非对某一只具体股票估值，因此上述估值方法便不再适用了。为此，该学科又专门引入了 4 个相对估值模型。它们分别是 Fed 模型（Fed Model）、Yardeni 模型（Yardeni Model）、10 年移动平均市盈率模型（10-year Moving Average Price/Earnings）以及托宾 q 比率（Tobin's q Ratio）。其中，前 3 个模型是基于资产收益的相对估值模型，而托宾 q 比率则是基于资产价值的相对估值模型。

何老师说

对于上述每类模型，我们需要掌握以下 3 点：①模型的基础假设是什么？②如何运用该模型判断股票市场被高估了或者低估了？③人们对于模型的批判是什么，即每个模型的优缺点分别是什么？

2.3.1 Fed 模型

1. 假设

Fed 模型假设标普 500（S&P500）的预期收益率应当等于美国长期国债的收益率，即 $\dfrac{E_1}{P_0} = y_{\text{长期国债}}$。这里需要注意两点：第一，国债收益率使用的是预期收益率，因为投资者买入股票后获取的是股票未来的收益率，而非当前以及过去收益率；第二，使用的国债都是长期国债，因为股票是投资期非常长（没有到期日）的一类投资品种。因此选择长期国债能够使得其投资期与股票投资期相匹配。

2. 相对估值方法

如果 $\dfrac{E_1}{P_0} > y_{\text{长期国债}}$，就说明股票指数的价格 P_0 相对于其收益 E_1 显著偏小，即股市市值被低估。

如果 $\dfrac{E_1}{P_0} < y_{\text{长期国债}}$，就说明股票指数的价格 P_0 相对于其收益 E_1 显著偏大，即股市市值被高估。

3. 关键批判

关于 Fed 模型，理论界有以下关键批判。

- ✓ 模型忽视了投资股票的风险溢价：投资者在投资股票时可能额外地承担股票市场特有的风险，这部分风险溢价应该体现在股权的回报率中。但是 Fed 模型却假设股权的收益率等于国债的收益率，这就低估了股权的风险溢价。

- ✓ 模型忽视了收益率的成长性：投资者之所以投资股权市场，很重要的一个原因就在于其看中了股权市场的收益率在长期具备优秀的成长性。与之形成对比的是，如果投资者买入一份债券，其未来的收益率基本就被锁定了。所以 Fed 模型假设股市的收益率等于一个国债的收益率是不合适的。

- ✓ 将实际变量与名义变量做对比：股市的收益其实是一个实际变量，这是因为投资者可以通过投资股权市场去对冲市场的通货膨胀风险。很多公司可以通过提价销售的方式，将部分通胀成本转嫁给消费者，从而获得一个调整通胀后的收益率。但是投资者投资债券获得的收益率却没有针对通胀调整，因此国债收益是一个名义变量。因此 Fed 模型用股市的收益去比照一个国债收益是不合适的。

在实务中，分析师首先求得当前股市预期收益与国债收益之间的比率，然后将这一比率与其历史数值进行比较，如果这一比率高于其历史均衡水平，股票将受到青睐，反之亦然。

2.3.2　Yardeni 模型

1. 假设

Yardeni 对 Fed 模型做出了相关修正，得到了 Yardeni 模型。Yardeni 模型从股利增长折现模型出发，并对其做出了一定的变形。Yardeni 模型假设，股票投资者获得的不仅仅是股息分红，还包括股息分红、留存收益在内的公司的全部收益。于是推导变形过程如下：

$$P_0 = \frac{E_1}{r-g} \Rightarrow \frac{E_1}{P_0} = r - g$$

等式代表了标普 500 指数应该获得的收益率。我们再赋予等式右边 r、g 以具体的经济含义，最终得到 Yardeni 模型表达式

$$\frac{E_1}{P_0} = Y_{\text{B}} - d \times LTEG$$

式中　　Y_{B}——穆迪评级下 A 等级公司债的收益；

　　$LTEG$（Long term earning growth）——人们对于标普 500 指数未来连续 5 年收益率增长的预测值；

　　d——一个因子权重，用以测量收益率成长的重要程度，历史数据表明 $d = 0.1$。

考虑到标普 500 的成分股票都是美国市场上最优秀的公司发行的股票，它们的增长率 $LTEG$ 要明显高于整体股票市场收益的平均增长率，因此对 $LTEG$ 乘以权重因子 d，使其与整体股市收益率的增长率相匹配。通常，因子 d 的数值题目会直接给出，假使题目没有直接给出其

数值，我们便取 0.1 代入公式运算。

通过上式我们不难发现 Yardeni 模型假设标普 500 的预期收益率应当等于 $Y_B - d \times LTEG$。

2. 相对估值方法

如果 $\frac{E_1}{P_0} - [Y_B - d \times (LTEG)] > 0$，那么说明股票指数的价格 P_0 相对于其收益 E_1 显著偏小，即股市市值被低估。反之，$\frac{E_1}{P_0} - [Y_B - d \times (LTEG)] < 0$，那么说明股票指数的价格 P_0 相对于其收益 E_1 显著偏大，即股市市值被高估。

3. 关键批判

✓ Yardeni 模型考虑了 A 等级公司债的收益率，并试图以此衡量股票市场的风险溢价。但是 A 等级公司债的收益率实际上考虑的是债券的违约风险而非股票风险。

✓ 该模型的估值评判结果与因子 d 息息相关，模型假设 d 的取值固定，在长期是保持不变的，但是实际情况并非如此。

✓ 此外，模型中的 $LTEG$ 只是人们对于标普 500 指数未来连续 5 年收益率增长的预测值，这一数值并不能很好地反映股市的长期可持续增长率（long-term sustainable growth）。

✋【例题】 Yardeni 模型的应用

分析师 Allen 想要计算一下该国股权市场的市盈率（P/E），具体条件如下：

（1）Allen 首先对该国一个的长期（5 年期）的增长率做出了预测，预测值为 8.92%。后来 Allen 观测到债券市场上 A 评级的公司债收益率为 6.27%，依据 Yardeni 模型，Allen 假设 $d = 0.1$，那么他所计算出的合适的收益率水平应该是多少？

（2）Allen 依据当前股票指数以及预期未来市场收益估计所得的市场收益率水平为 5.75%，以此 Allen 判定股市市值是被低估，Allen 这个判定正确吗？

（3）使用 Yardeni 模型，Allen 计算出的股权市场的合理市盈率水平应该是多少？

解答：

（1）根据 Yardeni 模型公式：$Y_B - d \times LTEG = 0.062\,7 - 0.1 \times 0.089\,2 = 5.38\%$

（2）根据 Yardeni 模型公式 $\frac{E_1}{P_0} - [Y_B - d \times (LTEG)] = 5.75\% - 5.38\% > 0$，那么说明股票指数的价格 P_0 相对于其收益 E_1 显著偏小，即股市市值被低估。

（3）根据 Yardeni 模型，合理的 $\frac{E_1}{P_0} = 0.053\,8$，那么 $\frac{P_0}{E_1} = \frac{1}{0.053\,8} = 18.59$

2.3.3 10 年移动平均市盈率

1. 假设

10 年移动平均市盈率法（10-year moving average price/earnings）又被称为周期调整的市盈率法（cyclically adjusted P/E ratio）。顾名思义，该方法是关于市盈率的一个变形计算。

此种方法所计算的市盈率是用真实的标普 500 指数去除以过去 10 年报告的平均收益。之所以要用 10 年的平均数据，是因为在经济扩张期公司的收益较高，而在经济衰退期公司的收益较低，取得 10 年期的平均收益就考虑了经济周期对于收益的影响。例如当前为 201×年，那么 10 年移动平均市盈率法下的表达式为

$$\frac{P_{201\times\text{真实}}}{\dfrac{EPS_{201\times-9} + EPS_{201\times-8} + \cdots + EPS_{201\times-1} + EPS_{201\times}}{10}}$$

注意到该市盈率，无论分子还是分母，都是采用"真实"的变量。所谓"真实"就是指该变量是考虑通货膨胀后的变量，这些变量都是基于同一"基期"的价格水平进行了调整，反映的都是这一基期水平下变量的真实价格水平。例如，我们需要将 2001 年的 EPS_{2001}（每股收益）调整为 2010 年的物价水平下的真实值，那么就可以先将 EPS_{2001} 除以 2001 年的 CPI 指数，再将结果乘以 2010 年的 CPI 指数，便得到了该数据在 2010 年物价水平下的数值。

2. 相对估值的方法

10 年移动平均市盈率法下，我们将计算所得的市盈率数值与其历史平均数值做出比较：

- ✓ 如果当前数值大于其历史平均数值，就表明当前比率偏高，未来会出现回落，当前市场价值（市场指数）被高估。
- ✓ 如果当前数值小于其历史平均数值，就表明当前比率偏低，未来会出现回升，当前市场价值（市场指数）被低估。

3. 关键批判

- ✓ 该方法基于同一时期的 CPI 指数，对收益和价格的变量进行了调整，因此它考虑了通货膨胀的影响，运用过往 10 年平均收益率数据考虑了经济周期对于收益率的影响。这是该模型的优点。
- ✓ 历史数据提供的信息也是有限的。当前的以及预测的其他一些方法也许能为我们提供比过往 10 年平均收益率更加有用的信息。
- ✓ 该方法没有考虑相关会计准则制度改变带来的影响。在模型数据存续的 10 年期间，部分标普 500 指数成分股所属公司很有可能改变了其会计记账方法，例如将后进先出存货法改为先进后出存货法，这些方法的改变对于收益的计算评估有着重要的影响。但是 10 年移动平均市盈率法却没有考虑到会计方法改变后所产生的影响结果。
- ✓ 实证研究表明，很高的或者很低的 10 年移动平均市盈比率是可以长期存在的，这一事实也限制了该模型对于短期预测的使用。

上述 3 种模型方法都是基于收益表现进行估值，接下来我们要介绍的托宾 q 比率则是基于资产来衡量市值水平。

2.3.4　托宾 q 比率

1. 假设

托宾 q 比率的具体表达式如下：

Tobin's q ratio = market value of a company/replacement cost of its assets

$$托宾\ q\ 比率\ =公司当前的市场价值／公司的重置成本$$

其中，公司当前市场价值＝公司债券的市场价值＋公司股权的市场价值。题目可能不会直接给出公司的市场价值，大家要能够根据这一公式自行求出。

我们假设托宾 q 比率为 1，这是因为托宾 q 比率假设一个公司当前的市场价值应该等于其资产的重置成本。这意味着一个投资者从资本市场上购得这家公司的成本，应该等于其在实体经济中重新组建这家公司所耗费的成本。

2. 相对估值的方法

托宾 q 比率的方法仍然基于均值复归思想对相对市值做出评估。

✓ 如果托宾 q 比率大于 1，说明市场价值大于其重置成本，这表明其估值过高，在未来会出现回落。

✓ 如果托宾 q 比率小于 1，说明市场价值小于其重置成本，这表明其估值过低，在未来会出现回升。

✓ 如果托宾 q 比率等于 1，表明市场价值估值合理。

3. 股权 q 比率

托宾 q 比率是站在全公司的角度分析市值，如果我们从公司股东的角度出发，就要对上述公式进行修正，剔除债务部分的影响。于是我们得到了股票 q 比率的表达式如下：

$$equity\ q\ ratio = \frac{equity\ market\ capitalization}{asset\ replacement\ costs - the\ debt\ market\ value}$$

$$股权\ q\ 比率 = \frac{股权的市场价值}{资产的重置成本 - 债券的市场成本}$$

股权 q 比率的理论数值也为 1，其判别方法与托宾 q 比率的判别方法完全一致，该比率数值大于 1，表明市值被高估；该比率数值小于 1，表明市值被低估；该比率数值等于 1，表明市值估计合理。

4. 优缺点

优点：

• 两种方法都是用证券的价格与重置成本做比较，并且都运用了均值复归的思想。

• 历史数据表明，托宾 q 比率和股权 q 比率与股市回报率之间存在反向关系（比率数值越大，价格 P 越大，收益率就越低），这说明我们用这些比率衡量估值的方法是可行的。

缺点：

• 公司很多资产的重置成本是非常难以估计的，因为这类资产缺乏一个流动性很强的交易市场，并且无形资产的价格也是非常难估计的。

• 有研究证据表明，无论是较低水平的或者较高水平的托宾 q 比率和股权 q 比率在长期都是可以持续存在的。

到此为止，关于相对估值的 4 种方法，我们也都向大家介绍完了。对于这 4 种方法的优缺点，我们再次进行了总结，如表 5-13 所示。除了 Yardeni 模型需要同时关注其优缺点外，对于其他 3 类方法，大家着重关注其缺点即可。

表 5-13　4 种相对估值的优缺点总结

方法	优缺点对比	
Fed 模型	预测	如果股票市场收益率超过长期国债的收益率，股市市值被低估
	优点	简单易用； 符合折现金流模型，即价值与折现率之间呈现反比的关系
	限制	忽视了股市风险溢价； 将一个真实变量同名义变量做比较； 忽视了收益的增长
Yardeni 模型	预测	如果由模型预测出的公允收益率超过了实际市场上估值的收益率，那么股市市值被高估
	优点	相比 Fed 模型，它在估值时运用了风险债券的收益率，这是一个进步
	限制	该模型所捕捉到的风险溢价是一个违约风险溢价，它不能用于衡量股市的风险； 预测的收益率的增长率也许是不准确的并且是不能持续的； 该模型假设用于估值的因子 d 在长期是稳定不变的，但是事实并非如此
10 年移动平均市盈率法	预测	求得的 10 年移动平均市盈率越低，那么未来股票的收益率就越高
	优点	收益率是过去 10 年移动平均值，并且是一个"真实"的变量，它同时考虑了通货膨胀率以及经济周期对于收益造成的影响； 历史数据表明 10 年移动平均市盈率与未来股市收益之间确实存在负相关的关系
	限制	用于报告收益率的会计记账法则的改变对于数据间的比较会产生影响； 运用当前时期的数据或者其他衡量收益率的方法也许能提供一个更好的估值预测结果； 有证据表明过高或者过低的 10 年移动平均市盈率是可以持续存在的
托宾 q 比率	预测	托宾 q 以及股权 q 比率很低时，未来股票的回报率将变高
	优点	两种方法都是用证券的价格与较重置成本做比较，并且都运用了均值复归的思想； 历史数据表明，托宾 q 比率和股权 q 比率与股市回报率之间确实存在反向关系
	限制	公司很多资产的重置成本难以估计，因为对于这类资产没有一个流动性很强的交易市场，并且无形资产的价格也是非常难估计的； 有研究证据表明较低的以及较高水平的托宾 q 比率或者股权 q 比率在长期是可以持续存在的

2.4　自上而下与自下而上预测法

预测方法可以分为自上而下和自下而上两大类。在自上而下预测法中，分析师通过宏观经济预测形成了对整体股票市场的预期回报观点，在此基础上，分析师又预测出相关行业板块的预期回报，确定最好表现的板块，最后分析师再预测出关于个股的回报收益，挑选个股。而在自下而上预测法中，分析师通过展望个股发行公司的基本面前景，从而确定其估值。

2.4.1　自上而下预测法

1. 市场分析

市场分析（top-down analysis）主要用以评估不同股票市场的各自表现，确认其中的佼佼

者。它将相对估值法分别应用于每个市场分析中，具体通过比较每个市场当前表现与其历史表现，以确定这些市场市值究竟是被高估了还是低估了。接着，分析师要检验每个市场当前表现是否存在趋势，以识别出市场惯性。最后，分析师会选择这些股票市场里表现较好的市场，并将其预期收益与其他资产类型的市场（如债券、房地产、大宗商品）收益做出比较。

2. 行业分析

行业分析（industry analysis）重点评估国内以及全球经济周期形式，从而确定在那些表现优异的股票市场中有着突出表现的行业。这一过程，分析师通常会比较不同行业间的相对增长率和预期利润率。此外，分析师还应当判别出那些能够从当前利率、汇率以及通货膨胀率趋势中受益的行业。

3. 公司分析

确认了最好的股票市场，并确认该市场中最好的行业，接下来分析师就要确认在这些行业下表现最好的一类股票。

2.4.2 自下而上预测法

1. 公司分析

公司分析试图寻找到那些表现出众股票之所以获得如此佳绩的背后逻辑，这一过程通常不用去考虑当前的经济形势背景。同时分析师还要确认公司产品、技术、服务能够获取成功的原因；评估公司管理、历史、商业模式以及增长前景；选取合适现金流折现模型计算出个股收益。

2. 行业分析

分析师通过加总每个行业内所有股票的预期收益，以此识别出那些表现最为优异的行业佼佼者。

3. 市场分析

分析师通过加总每个股票市场中不同行业的预期收益，以此识别出那些表现最为优异的股票市场。

2.4.3 选用哪一种方法

自上而下预测法与自下而上预测法有着各自的优势及特点，分析师在做预测时应该选用哪类方法，需要视具体情况而定。

1. 方法的选择

对于对冲基金经理而言，其投资策略决定了他的关注点在于全球市场以及货币的合理分配，他需要更多的基本面分析，因此适合选用自上而下预测法。

而对于一个积极主动型基金经理而言，他更倾向于捕捉市场短期的无效性，通过卖出高估股票买入低估股票的方式赚取收益，因此他应当选用自下而上预测法。部分个股本身所具备的独特性质会使得对其开展行业分析以及市场分析是无效的。如果一个组合注重在市场成分间（不同的行业或者板块）实施战术性资产配置，那么自下而上预测法也是非常合适的，这时，分析师就需要把关注点集中在行业股票的相对优势上。

2. 同时用两种方法做预测

在进行基本面分析时，我们鼓励分析师同时使用自上而下预测法和自下而上预测法。两种方法的结合使用能够在一定程度上避免分析师做出错误的投资决定。

何老师说

在实务中，在做自下而上预测时，分析师通常结合个股的收益，预测个股的价值。而在运用自上而下预测法时，分析师通常结合宏观经济的风险因子运用回归模型求得市场的收益率。回归模型的构建需要选取大量的历史数据，所以其滞后性更强，预测性较差。而做自下而上预测时，分析师更关注公司当前的收益情况，所以该方法的预测性更强。此外，如前所述，相比较自下而上预测法，自上而下预测法更关注宏观经济的表现。

3. 结论

✓ 当经济进入衰退期时（已经衰退）：

- 由于自上而下预测法关注宏观经济，而自下而上预测法不注重考虑宏观经济，因此自上而下预测法预测的结果较为悲观。
- 自下而上预测法预测性更强，它通过观察当前公司收益情况就能看到未来经济复苏的转折点，因此其预测结果更加乐观，而自上而下分析法的预测结果相比就较为悲观。

✓ 当经济走出衰退时（已经复苏）：

- 由于自上而下预测法关注宏观经济，而自下而上预测法不注重考虑宏观经济，因此自上而下预测法预测的结果较为乐观。
- 自下而上预测法预测性更强，分析师通过观察当前公司收益情况就能看到未来经济衰退的转折点，因此其预测结果更加悲观，而自上而下分析法的预测结果相比就较为乐观。

无论我们从哪一个维度进行思考，得到的结论都是一致的。

第 6 章

资产配置

学科介绍

所谓资产配置，就是研究如何将资金转化为投资组合（portfolio），因此资产配置的过程就是构建一个投资组合的过程。决定投资组合最重要的两个要素为资产类型（asset class）和每种资产类型在组合中所占的权重。资产类型的选择主要取决于客户本身的特点，即客户的 IPS，以及未来资本市场预期。当资产类型确定之后，基金经理给不同的资产类型配置不同的权重就形成了不同的投资组合，并希望可以得到一个权重的配比，使得投资组合为最优的投资组合（efficient portfolio），这就是资产配置的原理。

本学科共有 4 节，第 1 节为资产配置的总体介绍，第 2 节以资产配置中的 3 大类方法展开，并对比了各方法下常用的模型和优缺点，第 3 节讲述了实务中资产配置的限制，第 4 节涉及外汇管理的讲解。

1 资产配置的基本框架

本节说明

这一章对资产配置的整体框架进行了全面的介绍，是从全局的角度来看资产配置。本节主要包含以下内容：从全面的资产负债表看其对投资者资产配置的影响，3 种主要的战略资产配置方法的概念和特征，大类资产分类的方法，基于风险因子的投资方法，以及在执行过程中，如何选择主动、被动投资，如何来做风险预算、战略资产配置的调整策略。

知识点自查清单

- ❏ 全面的资产负债表与资产配置★
- ❏ 战略资产配置的 3 大方法★★★
- ❏ 大类资产分类的方法★★
- ❏ 资产类别间与单个资产内部的投资策略★★
- ❏ 风险预算★★
- ❏ 战略资产配置的调整策略★★★

何老师说

这一节介绍资产配置整体框架以及整体流程，主要涉及很多资产配置的概念和名词。在后面的章节中，我们会针对不同的资产配置方法展开深入的学习。本节主要考查对基本概念的理解。

1.1 全面的资产负债表与资产配置★

1.1.1 全面的资产负债表的概念

全面的资产负债表（economic balance sheet），主要是与传统的资产负债表来做对比的。

传统的资产负债表只包含金融类资产和金融类负债，是可以直接观察到的资产和负债，比如个人购买的股票或者债券，就是金融资产，如果背负房贷，就是金融负债。

全面的资产负债表，在传统的资产负债表基础上，扩展了资产和负债的范围。以个人投资者为例，每个人的人力资本（human capital）也可以看作是一项资产，也就是未来所能实现的收入的折现，而未来现金流流出的折现就可以看作是一项负债，如日常的消费、小孩未来教育

的支出、未来的捐赠等。这些收入和支出虽然没有在个人投资者的金融资产或负债中，但是它也会实际影响个人投资者的资产配置。所以在传统的资产负债表基础上加上这些收入与支出的现值，就可以构建出一张全面的资产负债表。基金经理应该根据投资者全面的资产负债表来进行资产配置，做出投资决策。

对于机构投资者来讲，比较常见的延伸资产是未来不确定性的收入的折现，如捐赠等，而延伸的负债是未来支出的现值。如果是一个主权财富基金，比较常见的延伸资产可能是还未开采的石油资源所能带来的现金流现值之和。阿拉伯国家整个石油资源是归国家所有的，将来挖石油所获得的出口石油的现金流收入，是可以归属在这个国家的主权财富基金里进行投资的。所以整个油田还没有开采出来的石油可能产生的现金流现值之和，就可以看作是延伸资产。

在明确了个人投资者和机构投资者的各项资产和负债之后，就可以制作出一张全面的资产负债表，其中资产大于负债的权益头寸，就叫作**全面的净资产**（economic net worth）。

1.1.2　全面的资产负债表对资产配置的影响

为什么全面的资产负债表会影响到资产配置决策呢？我们以个人投资者来看，个人投资者的金融资产和人力资本在不同年龄的占比是不一样的。在年轻的时候，人力资本占比会更大一些，因为年轻的时候，将来还有很多笔收入，它们的现值之和一般会大于年轻时所累积的金融资产。而随着年龄的增长，每年的收入会转化为累积的金融资产，而未来能产生的收入的现值就会相应地下降了。

在进行投资的时候，一是要判断个人投资者目前属于什么样的人生阶段，金融资产和人力资本的占比情况；二是要看人力资本的属性。如果人力资本更像是股票属性，那么对应的金融资产就应该去投资债券。如果人力资本更像是债券属性，那么对应的金融资产就应该去投资股票。这样把人力资本和金融资产的风险进行分散。

1.2　战略资产配置 ★ ★

基于客户的 IPS 以及长期的资本市场预期，基金经理会形成一个长期的、明确的大类资产配置方案，也就是我们所说的**战略资产配置**（strategic asset allocation）。战略资产配置主要有 3 种方法，以资产驱动的资产配置、以负债驱动的资产配置和以目标驱动的资产配置，在这节中我们要了解这 3 种方法分别有哪些投资目标、它们的风险特征是怎样的、它们之间的区别是什么，下一节再具体展开讲解这 3 种方法如何执行。

1.2.1　战略资产配置的概念

战略资产配置是基于客户的 IPS 以及长期资本市场的预期共同形成的大类资产配置方案。战略资产配置之所以跟市场预期有关，主要是因为不同的历史时期，每个市场的表现会不一样，这会影响每类资产的表现，进而影响组合的整体表现。比如，20 世纪 80 年代之

后到 21 世纪初，由于互联网的迅猛发展和金融市场的不断完善，中国经济腾飞，全球经济增长，这时投资股票的收益率就非常可观。而从次贷危机之后，特别是 2015 年左右，中国经济的发展速度放缓，使得全球经济的增速下降，全球股票市场表现不如之前，创业热潮涌现。这时去投资一些初创型企业，则会比直接投资公开市场的股票获得更多的回报。所以战略资产配置是跟市场预期息息相关的，但它主要取决于长期的市场预期，而非短期的资本市场的变动。

战略资产配置之所以跟客户的 IPS 有关，是因为每个客户的投资期和风险承受能力不同，所需要配置的资产也应该有所区别。如果这个客户的风险承受能力比较差，投资期比较短，就不适合另类投资产品，或者只能配置流动性非常好的另类投资产品（如 REIT 等），达到用另类投资品进行风险分散化的效果。

所以当客户的 IPS 和长期资本市场预期都确定下来，战略资产配置也就确定了，它不会随着短期市场的波动而发生改变，所以战略资产配置又叫作**目标配置**（target allocation）或**目标组合**（target portfolio）。

和战略资产配置非常相关的一个概念是**战术资产配置**（tactical asset allocation）。战术资产配置是基于短期资本市场的预期，发现短期资本市场的波动来赚取超额回报的投资机会。战术资产配置会在战略资产配置的基础上做出一定的偏离，主要的目的就是赚取超额回报。比如，根据客户的 IPS 和长期资本预期，基金经理为客户配置了 50% 的股票、40% 的债券以及 10% 的现金。现在通过审慎的研究发现了一个短期的股票交易机会可以获得很好的回报。那么基金经理可以做一个短期的偏离，将一些现金等价物变现，投资于这一股票，股票在所有资产的份额中会上升到 55%，而现金会下降为 5%。这种短期的偏离，就是战术资产配置。

战术资产配置本质上来讲还是针对大类资产类别，并不是对个股进行选择。一般的战术资产配置会对每种投资产品设置一个资产配置比例的范围，战术资产配置可以根据短期的情况在这个范围内调整每个大类资产的比例。比如，3 种大类资产，股票、债券以及现金等价物，战略资产配置后的比例是 50%、40%、10%，同时我们规定股票偏离的幅度可以在 45% ~ 55% 之间，债券在 30% ~ 50% 之间，现金等价物在 5% ~ 15% 之间。这种偏离规定了基金经理可以在哪个范围之内进行短期操作和偏离。

1.2.2 以资产驱动的资产配置概述

1. 以资产驱动的资产配置方法的核心

在以资产驱动的资产配置中，基金经理只注重资产端，主要目的是在充分利用资产风险的情况下，规划出风险分散化效果最好的最优组合。其理论基础是马科维茨均值方差最优（mean-variance）的方法。

在均值方差的方法中，投资者主要关注两个目标——收益率目标和风险目标，分别用预期收益和标准差来衡量，再结合资产间的相关系数，最终形成一条有效前沿。有效前沿上面的点，都是相同风险水平下的收益率最高的点，或者相同的收益率水平风险最低的点。基金经理基于夏普比率（Sharpe ratio）进行投资。

2. 基于夏普比率进行资产配置的缺点

夏普比率在以资产驱动的投资方法中，是一个核心的指标，非常容易计算。它同时也有很多缺点。

- ✓ 它只是用标准差来衡量风险，但并不能反映组合的一些其他风险特征。例如：组合的最大损失是多少？组合的最大回撤（drawdown）是多少？这是其最主要的缺点。
- ✓ 夏普比率无法保证最优的组合的风险是符合投资者预期的范围之内的。夏普比率只能用来选出最优的组合，但是这时最优组合的风险不一定符合客户的要求。如果要将最优组合的风险与客户的风险进行匹配，那么可以通过引入无风险资产来调整对这个最优组合的投资比例。如果最优组合的风险高于客户能够承担的风险水平，就投资一部分钱在现金里，剩下部分投资在最优组合中。如果最优组合的风险小于客户能够承担的风险水平，那么可以举杠杆借入无风险资产投入到最优组合中。
- ✓ 夏普比率实际上没有充分考虑分散化的效果。投资者已经投资了一个资产组合，现在想要给它加入一个新的资产，判断的标准不能只看这个新资产的夏普比率。因为单个资产的夏普比率高并不能代表加入一个资产组合中，可以提高新组合的夏普比率，因此夏普比率不是一个完全绝对化的组合选择标准。

3. 全球市场组合

全球市场组合（global market portfolio），是包含了全世界所有的风险资产，并以这些风险资产的市值为权重的一个组合。在具体构建的时候，可以从两个维度出发：第一，先把所有的风险资产按照资产类型进行分类，如股票、债券、房地产、私募股权投资等；第二，在每个资产类别下，再按照地域或者国家来划分。在梳理好所有资产之后，就可以用这些资产的市值作为权重，构建一个全球市场组合。

通过实证研究发现，我们在实务中如果直接用马科维茨均值方差模型，可能会带来预期收益估计不准确、组合分散化不足的问题，而引入全球市场组合，就可以很好地解决这一问题。具体来说，在做资产配置时，选取全球市场组合的各类风险资产的权重作为基础，基金经理再根据自己对不同风险资产的收益风险预期，调整风险资产在组合中的权重。比如，预期未来股票会增长得比较好，就可以多配置一些股票；如果预期债券的收益率会走低，就可以少配置一些债券；如果有些客户投资风格偏向保守，就可以少配置一些高风险的资产。

使用全球市场组合来做资产配置，有两个优点：

第一，全球市场组合是一个充分分散化的组合，可以避免直接用马科维茨均值方差模型时组合分散化不足的问题。从理论上来看，全球市场组合是无风险资产和有效前沿所得到的一条切线上的切点，是充分分散化的组合。

第二，可以避免一些投资者的偏差。比较典型的是**本土偏差**（home bias），投资者更偏向于投资本国内的风险资产，而出于对国外市场的不了解，会避免投资国外的风险资产。而全球市场组合，已经充分包含了全世界的风险资产。

使用全球市场组合来做资产配置，也有以下几个缺点：

第一，有些流动性比较差的资产很难准确地估计资产的市值。股票、债券这些市场的市值

比较容易估计。但是像私募股权、房地产等在非公开市场上进行交易的资产类别的市场价值就很难准确估计。

第二，房地产投资在实务中很难操作。比如，许多城市的限购政策并不允许购买很多房产。

第三，商业地产和私募股权的投资额度都很大，个人投资者无法拆分成太小的份额进行投资。

何老师说

鉴于以上缺点，在实务中，对于全球市场组合，我们会去找替代品，比如直接以股票来代替风险资产，以 MSCI 指数作为这个全球市场组合的替代。

1.2.3 以负债驱动的资产配置概述

顾名思义，以负债驱动的资产配置（liability-relative asset allocation，ALM）主要关注负债端，我们投资的目的是用资产和其收益来满足强制负债和准负债的支出。**强制负债**（legal liabilities）是那些法律规定必须支付的支出，如保险责任。**准负债**（quasi-liabilites）是未来或有的现金流流出。两类投资者拥有比较典型的准负债：一是个人投资者，比如将来小孩上大学的费用、对奢侈品的消费等，这些并不是强制的；二是基金会（endowment），未来现金流流出主要是基金会每年的花费，如博物馆的运营费用、对大学图书馆的捐赠等，这些支出并不是强制的。所以，以负债驱动的投资主要目的就是满足强制负债和准负债，它最大的一个特点就是在做资产配置的时候，投资于固定收益的比重会比其他两种方法更多。

何老师说

基金会每年都会规定一个支出比例，但是这个支出并不是强制的。我们政策只是规定，如果基金会每年的支出达到收入的 5% 的水平，就会给基金会一个税收优惠，如果达不到 5% 的支出比例也是可以的，只是拿不到税收优惠而已。

以负债驱动的资产配置的核心，就是需要用资产来满足负债支出，所以负债有什么特点，资产也应该有相应的特点。以固定收益型养老金为例，在员工退休后需要支付固定额度的养老金，所以未来会有比较固定的类似债券的现金流支出。那么资产在进行投资时，就要投资债券产品。所以，以负债驱动的投资会比较多地配置固定收益型产品。总结来看，如果说负债类型类似于名义债券，那我们投资资产时就应该投资名义利率债券；如果说负债类型类似于实际债券，那我们投资资产时就应该投资实际利率债券。

以负债驱动的投资大部分会投资固定收益型产品，同时也会有一部分投资股票。比如，如果固定收益型养老金的养老金资产小于养老金负债的时候，会投资比较多的股票，这是因为要投资得更加激进一些，让资产端有更高的增长，未来才有可能满足负债支出的部分。

1.2.4 以目标驱动的资产配置概述

以目标驱动的资产配置（goal-based asset allocation）主要是为了解决个人投资者的投资问题。核心理念就是会将个人投资者的目标按照紧迫程度划分为不同类别，针对每种类别的特征来配置不同的资产组合。根据紧迫程度，我们将个人投资者的目标划分为个人风险层面、市场风险层面和理想风险层面。

- ✓ 个人风险层面（personal risk bucket）的主要目标是保证现有生活水平不发生大幅下降，在投资时会使用非常保守的投资方式，比如说自有的住宅、低风险的短期国债、货币市场基金等。
- ✓ 市场风险层面（market risk bucket）的主要目标是维持现有的生活水准，在投资时会主要选择股票、共同基金等。
- ✓ 理想风险层面（aspirational risk bucket）就是要满足财富增长的目标，为了实现更高的收益，在投资时可以选择私募股权、对冲基金等风险更高的资产类别。

以目标为驱动的投资方法和行为金融学中的心理账户（mental accounting）非常类似。根据目标把不同的资产配置不同的组合，这样做的好处是，在保证了前两层目标的基础上，投资者更愿意加入一些高风险资产的投资来实现理想层面的目标。

以目标为驱动的投资方法也有一些自身的缺点。

第一，比以资产驱动的方法更复杂。以资产驱动的方法把所有的资产看作一个整体做最优化，而以目标驱动的方法需要把资产分层，在每一层中做最优化，增加了复杂性。

第二，目标的客观定义标准模糊，也会随着时间的变化而变化。目标有时是非常不明确的，比如，将来的消费需求应该等于多少是属于紧迫层面的目标有时很难量化，并且，目标会随着时间的推移发生变化。

第三，无法保证分层投资后整个组合层面是否有效。虽然每个子层级的组合是有效的，但是从总的组合的角度来看，也许并没有达到分散化的最优程度，不如直接将所有资产使用马科维茨最优化资产配置的方法好。

一般机构投资者的未来现金流流出，都是法律强制要求的负债，采用以负债驱动的投资，而个人投资者未来现金流流出，并不是强制的，就是目标，采用以目标驱动的投资。另外，负债往往在性质上是统一的，而每个目标都是不统一且会变化的。比如，养老金中每一笔的支出在性质上都是一样的，保险的理赔支出在性质上也是一致的。而个人的目标则是不同的，有一些用来满足生活需求，有一些希望实现财富增长等。最后，机构投资者的负债更容易预测。例如，精算师可以通过一些基本假设计算出保险理赔支出，而个人的支出有随机性，很难准确预测。

1.2.5 3 大类方法的目标和风险特点

3 大类方法分别的目标是：

- ✓ 以资产驱动的资产配置的目标就是找到一个有效组合，满足在相同风险水平下收益最大或者找到夏普比率最高的一个组合。找到风险资产的组合之后，再根据客户的风险目标

将组合和无风险资产之间再做组合，利用杠杆满足客户的风险目标。采用这种配置方法的主要投资者有个人投资者、基金会、主权财富基金等，他们共同的特点就是没有强制的负债，或者没有明确的支出目标。

- ✓ 以负债驱动的资产配置的目标是资产及其收益要足够满足负债的支出，盈余部分可以带来资产规模的增长。
- ✓ 以目标驱动的资产配置主要就是在要求的成功概率下满足不同的目标。

3 大类方法分别的风险衡量指标是：

- ✓ 以资产驱动的资产配置中，更关注资产的总风险，最优的情况是配置的资产与资产之间的相关性越小越好。常用的风险衡量指标就是波动性，或者用一些相对的风险衡量指标，比如跟踪误差来评判基金经理的投资是否超越基准，或者主要关注资产的下行风险，如半方差，或者主要关注最大损失的情况，如最大回撤、风险价值法。
- ✓ 以负债驱动的投资中，主要关注资产不足以覆盖负债的**缺口风险**（shortfall risk），也会关注弥补资产不足的风险，因为如果资产不足以覆盖负债，那么不足的部分很有可能需要发起人继续投钱，才能满足这个缺口。另外一种衡量风险的角度是从风险因子出发，看资产和负债对同一个风险因子的敏感性，比如资产和负债的久期是否匹配等，详细的方法会在下一节讲解。整体来看，在负债驱动的投资中，资产和负债之间相关性越大越好。
- ✓ 以目标驱动的投资中，主要关注不能满足各种目标的风险，可以用可接受的最大失败概率来衡量。组合整体的风险就是每一层资产的风险的加权。

1.2.6　大类资产的分类和风险

大类资产（asset class），就是一系列具有相同性质的资产。把全世界所有的资产类别来划分的话，主要有以下 3 种类别。

- ✓ **资本性资产**（capital asset）。这类资产的特性是可以在未来产生现金流。最典型的是股票和债券，股票投资可以产生分红，债券投资可以产生利息，未来都是可以产生现金流的。对于这类资产，我们通常会用现金流折现法进行估值。
- ✓ **可消费性资产**（consumable/transformable assets），或者称为生产性资产或可转移资产。这类资产的特性是自己本身不会产生现金流，但是它可以用来生产其他有价值的商品，如一些大宗商品、玉米、大豆等，自身不产生现金流，但是通过再加工生产可以成为能带来现金流的资产。
- ✓ **储存性资产**（store of value assets）。这类资产是具有储存价值的资产。这类资产的价值是通过出售或者与其他资产进行交换来实现的，如黄金、艺术品、货币等。这些资产都不能在未来产生一系列的现金流，也不是主要用来生产的。

具体来看，对资产进行分类有一些基本的原则，主要有以下 5 条。

第一，在同一个资产类别内部的资产要具有相同的性质。如果某个资产类别中同时包括股票和房地产，那么这个划分就不符合同质性的原则。

第二，资产类别之间应该是互斥的。如果资产类别之间有重合，就会降低资产配置的有效性。例如，我们把资产类型分为美国股票和全球股票，这种分类就不是互斥的，美国股票是包

含在全球股票范围内的。

第三，资产类别之前要分散化，或者说相关性越低越好。一般来说，如果两者的相关系数超过 0.95，就算是两个资产类别的分散化效果不好。这一原则是为了保证做资产配置时，投资的资产之间能有很好的风险分散化作用。

第四，要尽可能全面地包含全世界的可投资资产。如果划分资产类别的时候，包含的资产种类不够多的话，那么做投资的时候分散化的效果就会受到影响。

第五，选来做投资的资产类别要考虑到该资产的可投资性，具体表现在流动性和交易成本两个方面。基金经理在对客户做资产类别筛选时，要考虑客户的资产量和对投资的一些限制。如果投资一项资产所需要的资金量非常庞大，那么对于一个个人投资者来说并不是适合的投资标的。

一些比较常见的资产类别有以下几种：

- 全球公开市场股票，包括发达市场、新兴市场的大盘股、中盘股和小盘股。
- 全球非公开市场证券，包括风险投资，杠杆收购等。
- 全球固定收益投资，包括发达市场、新兴市场的债券，又可以进一步划分为主权债券、投资级、高收益债券。
- 实物资产，包括房地产、大宗商品以及一些和通胀相关的资产。

注意，对冲基金不是一种资产类别，而是属于一种投资策略。同样的资产类别，我们可以用对冲基金来投资，也可以用共同基金来投资。这两种都不是资产类别，而是投资的策略。

1.2.7 基于风险因子的资产配置

基于风险因子的资产配置（factor-based asset allocation）是一种比较前沿的方法。前面几种方法都是基于资产类别来进行资产配置，就是在不同的资产类别中做出最优的配比，这种方法的一个缺点是组合会受到哪些风险因子的影响并不能准确衡量，而且不同资产类型有可能会对同一个风险因子有敏感性。比如，美国的股票和公司债都会受到波动性、汇率、流动性等因素的影响，在这些因素上会有交叉。而基于风险因子的投资理念就是针对风险因子来做分散化的，包括利率风险、通胀风险、流动性风险等。

风险因子是不能直接投资的，不具有直接的投资性。基于风险因子的投资的基本方法是通过同时做多做空相关的两种资产把一个风险因子隔离出来，从而获得超额回报。

一些常见的隔离风险因子的方法：

- ✓ 通货膨胀风险。做多一个名义利率的债券，做空一个和通货膨胀相关联的债券（TIPS），这样就可以把通货膨胀风险隔离出来了。投资名义利率的债券会承担通货膨胀风险，因为每期获得的名义金额是相同的，但是由于通货膨胀的因素，投资者的实际购买力是在不断下降的，如果投资者投资 TIPS，收到的现金流是随通货膨胀而进行调整的，所以实际购买力是不变的。两者之间的区别只是对通货膨胀的敏感性不同，因此同时做多做空这两个资产可以隔离出通货膨胀风险。
- ✓ 利率风险。投资实际收益率的债券，投资者能够获得的是实际的利率。名义债券的收益率是在实际收益率基础上额外加上了通货膨胀的补偿。

✓ 信用风险。做多一个高收益的债券，同时做空一个相同久期的国债。

✓ 久期风险。做多一个 10 年期国债，同时做空一个 3 年期国债。除了期限不同，国债的利率风险、信用风险都是相同的，这样组合只承担久期风险。

基于风险因子的资产配置和基于资产类别的资产配置是并列的两种方法，在这两种方法下，又可以使用以资产、负债或者目标驱动的 3 种资产配置方法来具体构建。越来越多的投资者对于基于风险因子的投资方法更加青睐，主要是因为它具有以下几个方面的优点：

第一，有些资产配置的目标没有办法用以资产类别投资的方法来表达，最典型的就是以负债驱动的资产配置。它的目标就是资产要覆盖未来的负债支出，因此最好的方式就是用风险因子来表达，来看负债受到了哪些风险因子的影响，资产也对应地投资这些风险，从而做到风险因子的完全匹配。此时，用风险因子的投资方法更加准确、贴合。

第二，主要的风险因子目前都有衡量的方法和管理的工具，再加上金融产品越来越多样化，这也是基于风险因子投资的基础。比如利率风险，可以用久期进行衡量，用衍生品进行管理，单独用利率衍生品就可以覆盖利率风险。

第三，用资产类别进行资产配置的方法的分散性效果不是特别好。比如投资了 50% 的美国股票和 20% 的非美国股票，这两种资产其实对于风险的敏感性是有交叉的，所以分散化效果并不是特别好。

第四，不同的资产类型在风险因子方面是会有交叉的。比如说股票和衍生品，特别是以股票为基础资产的衍生品，其实都是受到同样的风险因子的影响，所以有时候在一个看起来很好的分散化的组合当中，股票的风险所占的比例会很高。因为现在绝大部分的组合在投资时，对股票投资权重特别高，或者即使直接对股票投资的权重不高，但其他资产类型中其实有很多风险都是股票的风险。

1.3　执行选择★★

在做资产配置之前，我们还需要对一些角度做出思考，即是采用主动的配置方式（active management）还是被动的配置方式（passive management）。这里有两个维度，第一是在资产类型上选择主动的还是被动的方式，具体来说，在配置资产类别时，在战略型资产配置的基础上，可以根据市场的情况和对资产的预期对资产配置进行短期的偏离，也就是之前讲到的战术型资产配置。第二个维度是在资产内部是采用主动还是被动的方式来进行具体标的的选择，如选择具体的股票、债券等。

1.3.1　资产类别间的投资选择

战术型资产配置虽然是叫作资产配置，但它本质上不是一种资产配置的方法，实质上是一种主动的管理策略。以例子来说明，我们目标组合的配比是股票 50%，债券 40%，现金等价物 10%。如果认为股票市场短期是有机会的，那么可以执行一些偏离，多买一些股票，如股票的占比提升到 55%，现金下降到 5%。为了防止大范围的偏离，一般会在目标组合的基础上规

定一个偏离的范围，基金经理只能在这个范围内对资产的比例进行调整。总体来说，战术型资产配置体现的是对短期资本市场预期的主动管理，相当于择时。它会随着经济周期的变化而对资产配置进行调整，在经济状况好的时候，股票的表现也比较好，那么可以多投资一些股票；而当经济状况变差的情况下，股票的表现也会不好，就需要减少股票的占比。战术型资产配置能获得短期的超额收益，同时，它也需要承担额外的风险，另外，在交易过程中也会产生管理和交易成本，在短期调整时，需要对资产进行买卖，这些操作就会促使资本升值，需要缴纳相应的税费，从而带来额外的交易成本。

如果基金经理对资本市场产生了长期预期的变化，那么也需要对战略型资产配置做出相应的调整，这种调整就是**动态的资产配置**（dynamic asset allocation，DAA）。

1.3.2 资产类别中的投资选择

在一个资产类别中，也需要选择是做主动的还是被动的选择。被动的选择主要是指直接投资于指数，不受资本市场预期改变的影响，也不受投资者个人观点的影响。而主动的选择，就意味着需要在资产内部根据资本市场预期来选股做成一个最终的组合。

从成本角度来考虑，被动的投资是直接投资于指数，也是成本最低的一种投资方式，不需要自己额外的研究成本，也不需要进行频繁地调整，但需要承担一些交易成本。比如一只股票从指数中剔除掉了，对应地，我们投资的组合中，也需要把这只股票卖掉，加入新的股票，因此会产生交易成本。固定收益产品的交易成本比股票会更高一些，因为债券与股票相比，债券有到期日，一旦组合中有一只债券到期了，那么需要补充其他的债券则要发生交易成本。另外，债券比股票种类更丰富，债券有不同的发行人，每个发行主体可以发行很多个债券，所以每一只债券的交易量都比较小，流动性不如股票。如果我们按照债券的指数来做投资的话，每一只债券都要买到，交易的成本会比股票高。而主动型投资这种方式，需要基金经理在对每个资产做出深入研究后做出投资的决策，相对地，研究成本会比较高。

在实务操作中，很难有绝对的被动或者主动投资，大部分的情况都是在指数的基础上做出一些小幅的调整，比如在指数的所有股票中，多配置一些被低估的股票，卖出一些被高估的股票。从绝对的被动投资到主动投资，还会有一些混合的策略。比如半指数投资（semi-index），就是在指数的基础上做一个小幅的调整。

究竟选择主动投资还是被动投资，主要受到以下因素的影响：

- ✓ 是否有直接可投资的指数。如果有一个直接的可投资的指数，就更容易选择被动投资，如股票等。而像房地产市场没有直接的可投资的指数，就无法使用被动投资。
- ✓ 资产的可扩展性，是指主动的策略可以投资的空间是怎样的，或者说它的可扩展性是怎样的。比如有一些资产类型，如国债，主动投资的空间非常小。同时，对于资产规模比较小的投资者来说，并不适合主动的投资，因为成本比较高，还会存在分散化不足的问题。
- ✓ 投资者的投资限制会影响投资选择。比如说，在伊斯兰国家投资时需要遵守一些限制，不能投资烟草、赌博、色情、军火等行业，还有一些会产生利息的银行业，以风险转移为目标的保险业也不能投资。这些投资的限制导致了投资者对于当地的投资就无法直接使用被动策略投资指数。

✓ 对市场有效性的看法会影响投资方式。如果相信市场是有效的，那么任何主动投资都不可能跑赢大盘，直接投资指数是更好的方式。如果相信市场是无效的，那么主动投资是会带来超额收益的。

✓ 成本与收益之间的平衡。主动投资的成本会比较高，除了有交易成本之外，还会有管理成本，包括研究成本等，所以要平衡好收益与成本之间的关系。频繁调仓会带来税收增加，有资本利得就需要交税。因为主动投资的投资成本很高，投资者在选择前需要平衡成本与收益。

✓ 税收的因素。如果是需要交税的投资者，则不太适合做主动的投资。因为主动投资是需要交税的，所以主动投资比较适合在有税收优惠的账户里进行投资。

1.3.3 风险预算

风险预算（risk budgeting）主要解决需要承担的风险类型，承担的总风险是多少，以及每种风险类型的配比问题，以达到最优的风险安排，这个概念和资金预算的概念非常相似。

比如，公司决定总共要承担的风险为 100 万元的损失，然后再把这 100 万元分别分配给固定收益部门 10 万元，外汇部门 30 万元，股票部门 60 万元，这个过程就是风险预算。

风险预算也可以看成是与 3 大类方法并行的一种资产配置方法。在这种方法下，我们只关注风险，不关注资产的预期收益，也不考虑投资的目标，只要达到风险的最优配比就可以。

风险预算中最典型的就是风险平价法（risk parity or equal risk contribution approach）。这个方法最早是由桥水基金提出来的，基本的理念是在整个组合中，每种资产对于整个组合的一个风险贡献是相等的，这时，风险是平价的。这里对于风险平价的概念主要是跟马科维茨传统的资产配置的方法来做一个对比。马科维茨均值方差模型最大的问题就是预期收益不靠谱，求解出来的组合的分散性效果也不是很好。从风险的角度来看往往是失衡的，这主要是因为不同类别的资产的风险影响程度不同。比如构建的一个组合 50% 股票 +50% 债券，看起来两种资产的比例是均衡的，但实际上，因为股票的风险比债券的风险要大很多，那也就意味着在整个组合中，其实 90% 的风险都集中在股票上面，或者说股票这种资产类别的涨跌几乎决定了整个组合的收益表现和波动情况。所以，用传统的资产配置方法会存在风险不均衡的问题。

根据实证研究，股票的风险基本上是债券风险的 5~8 倍，如果股票的风险是债券风险的 8 倍，就意味投资 1 元钱的股票，需要同时投资 8 元钱的债券才能做股票与债券的风险 1:1 平衡，而不是资金上的 50%/50%。而风险平价的思想，就是要使每种资产在组合中对风险的贡献程度是等价的，这时就是风险的最优配比，此时得到的整个组合的风险就是均衡的，风险是最低的。

1.4 战略资产配置的调整策略 ★ ★ ★

1.4.1 基本概念

战略资产配置调整策略（rebalancing）的概念是指当组合配置发生偏离时，将组合调整回

原始的资产配置比例的过程。这是因为虽然市场短期内会有获得超额回报的机会，但是根据有效市场假说理论，市场长期还是会回归到有效市场的状态下，所以长期做积极主动的偏离是不会获得任何超额回报的。如果长期不做战略资产配置调整的话，资产的权重会与最初的设置发生偏离，组合的风险也会随之变化。举例来说，最优的资产配置比例是股票 50%、债券 40%、现金等价物 10%。当股票市场涨得比较多时，股票资产在组合中的权重就会大幅上升，那么组合的风险也会随之上升。具体做调整的方式就是卖出一些股票资产，买入其他资产，使得资产配置的比例调整回最初股票 50%、债券 40% 以及现金等价物 10% 的最优配比。由此可以看出，资产配置的调整是属于逆周期的投资方式，采用反向投资策略。

调整策略的类型，主要有以下两种：根据日期来做调整和根据设定的资产比例来做调整。

- ✓ 根据日期来做调整（calendar rebalancing），比如规定每个月、每个季度、每半年进行调整。这种方法相对简单，只要在规定的时间将偏离的资产配置调至目标配比就可以。
- ✓ 根据设定的资产比例来做调整（percent-range rebalancing）。这种方法会在基准的比例上设置上下限。如果资产的价值变动超过了这个限制，就需要进行调整。比如，目标组合股票的基准比例为 50%，设置上下限为 45% ~ 55%，如果股票的权重超过了 55%，就要卖出一些，如果股票的权重低于 45%，就要买入一些，相当于调整的区间是 10%（rebalancing range, or corridor），45% 和 55% 是调整的临界点。这种方法的成本比较高，需要对资产价值实时监控，而且一旦发生偏离就需要调整，会产生各种交易成本。但是这种方法在实务中更常用，因为它更科学，更加符合资产配置的基本理念。

1.4.2　资产配置调整的影响因素

了解了资产配置调整的概念，这里讨论影响因素：①调整频率的决定，也就是哪些资产需要频繁做调整，哪些资产不需要频繁做调整；②调整区间的设定，也就是哪些资产的调整区间需要设定更宽，哪些资产的调整区间需要设定更窄。资产配置的调整主要有以下 8 个方面因素。

1. 交易成本会影响资产配置的调整策略

交易成本越高，频繁调整的成本就会越高，很可能会超过调整所带来的好处。在这种情况下，不需要频繁做调整，设置比较宽的调整区间是更优的策略。比如投资国外的股票，通常情况下成本比投资国内股票更高，那么针对国外的股票，就无须频繁调整，可以设置比较宽的调整区间。

2. 投资者的类型及风险偏好

如果投资者风险厌恶程度较高，对风险的承受能力低，不希望承担超额风险，那么资产配置尽量不要偏离设定的目标配置。因此，针对这类投资者需要设定比较窄的调整区间，当资产配置偏离临界值时及时调整，也就意味着调整的频率会更频繁。

3. 针对某个资产类别来看，该资产与其他资产之间的相关性也会影响调整策略的设定

如果某类资产类别和其他资产之间的相关性越高，就需要设定比较宽的调整区间，反之亦然。以资产价格上涨为例来理解，当该资产的价格上涨，因为与其他资产的相关性高，那么其他资产的价格也会上涨，这些资产在组合中的权重变动幅度不大，就不需要做频繁地调整，可以设置比较宽的调整区间。而如果该资产与其他资产之间的相关性很低，那么该资产价格上

涨，其他资产价格是下跌的，这种资产在组合中的权重比例就会大幅上升，影响组合的风险水平，此种情况下，就需要设置比较窄的调整区间，当资产价格发生变化时，频繁地做出调整。

4. 对趋势的看法会影响调整策略的设定

如果相信市场是有惯性（momentum）的投资者，他会认为进入上涨趋势将来还会持续上涨，就不需要频繁地将资产比例调整为目标配置，可以设置比较宽的调整区间。如果认为市场是会均值复归（mean reversion）的投资者，他相信资产上涨后会下跌回均值的，就需要及时做调整，才不会在将来损失太多，因此需要设置比较窄的调整区间，频繁做出调整。

5. 资产的流动性会影响调整策略的设定

流动性较差的资产类型如果频繁调整的话，交易成本会比较高，交易时间也会比较长，因此需要设定比较宽的调整区间，避免太过频繁的调整。另外，在个别情况下，也可以用相近的一些流动性比较好的资产作为替代来间接对流行性差的资产进行调整。例如，整个组合中有一部分投的是 PE 资产，一部分投的是上市公司的股票，PE 就是一种流动性比较差的资产，现在如果 PE 的价格上涨，我们应该卖出一些回调至目标权重，但是没有公开市场可以卖 PE 的，在这种情况下，就可以卖出一些与 PE 比较相似的上市公司的股票，这样也能使整个组合在股票这个方面的风险下降一些，使得整个组合保持在平衡的范围内。最关键的还是遵循流动性差的资产设定比较宽的调整区间，不要频繁调整。

6. 资产的波动性会影响调整策略的设定

如果资产的波动性比较高，就需要设定比较窄的调整区间，频繁调整资产的权重。因为波动性比较高，说明资产的风险比较大，需要做频繁调整，所以就要设定一个比较窄的调整区间。

7. 使用衍生品可以降低调整的成本

举例来说明，最初设定整个组合股票 60%、债券 40% 的配比，如果股票价格上涨使其所占比重上升到 65%，债券比重相应下降到 35%。如果直接进行调整，那就需要卖出 5% 的股票去买入 5% 的债券，交易的过程中就会产生交易成本和相关的税费。如果用衍生品来调整，只要改变整个头寸的风险即可，不用产生中间繁多的成本。简单来说，可以做空股指期货来对冲股票的风险，手中的头寸变为现金，再用这部分现金的头寸，做多一个债市期货，将现金头寸转变为债券头寸。这就完成了调整的目标，还可以降低交易成本。利用衍生品来做资产组合的调整有以下几个优点：

- ✓ 可以很好地解决不同资产在不同账户下投资的问题。有可能股票的资产与债券的资产不是在同一个基金经理的管理下来进行投资的，直接的调整策略需要涉及多个基金经理相互配合；而利用衍生品可以单独使用一个账户，与股票债券的头寸和账户安排没有关系，因此可以避免单独账户之间相互干扰的问题。
- ✓ 衍生品交易成本比较低，还可以避免出售资产的资本利得税收。
- ✓ 衍生品市场的流动性好，交易量比较大，可以很快速地完成组合调整的工作。如果直接去购买债券，市场流动性不好，会影响调整的效率。

利用衍生品做调整也有个缺点，就是要求更高的风险管控能力，衍生品毕竟波动比较剧烈，所以对于风险控制、风险管理的要求就会更高一些。

8. 税务安排对调整策略的影响

与交易成本非常类似，如果有税的话，就需要设定一个比较宽的调整区间，避免频繁调整实现资本利得产生税费。

何老师说

总体来看，需要频繁调整的情况下就设定一个比较窄的调整区间，不需要频繁调整的情况下就设定一个比较宽的调整区间，每一条都可以从这个角度来进行理解。这 8 条是非常重要的一个知识点，需要重点掌握。

除了上述的 8 点因素之外，还有一些其他需要考虑的方面。

第一，在做调整策略决定时，要做成本收益分析，要考虑交易成本、税费、投资者风险厌恶程度等。

第二，不同的资产配置方法下，对组合调整关注的侧重点不同。如果是用基于风险因子而做的组合，那么首先要从风险因子角度进行考虑，来看整个资产的风险因子是否和负债的风险因子相匹配，假设资产的久期发生了变化，这时可以做调整使得资产和负债的久期风险因子保持一致。

第三，如果是以目标为驱动的投资方法，在整体组合下会有很多子组合，可能还会涉及你的子账户之间资金转移的问题等。

2 资产配置的原理

本节说明

上一节介绍了以资产、负债和目标驱动的 3 种资产配置的方法，本节的重点将围绕这 3 种方法如何操作以及各种方法下的细分展开。这部分内容结构清晰，理论性强，是考试的重点。除了核心的 3 种方法外，一些在长期实践中形成的经验方法也会在之后做简单介绍。

知识点自查清单

- [ ] 以资产驱动的资产配置 ★★★
- [ ] 以负债驱动的资产配置 ★★★
- [ ] 以目标驱动的资产配置 ★★★
- [ ] 其他资产配置管理方法
- [ ] 投资组合调整

2.1 以资产驱动的资产配置

以资产驱动的资产配置只关注资产特点，不考虑负债结构。它的本质是画一条有效前沿，在有效前沿上选取有效组合，则该组合是相同收益率水平下风险最小、相同风险水平下收益率最大的。由于以资产驱动的资产配置没有针对债务进行模拟，因此仍存在不能足额偿还债务的风险。接下来的内容将对这种资产配置详细展开。

何老师说

以资产驱动的资产配置是 3 种方法中名词最多、内容最多的方法。在这个方法中，最简单、最核心的就是均值方差最优化，然而这种方法的缺点也很多，针对各种各样的缺点可以提出不同的改进方法。以资产驱动的资产配置的框架结构就是围绕均值方差最优化和它的改进方法展开的，思路非常清晰。

2.1.1 均值方差最优化

均值方差最优化（mean-variance optimization）基于马科维茨有效前沿理论（Markowitz modern portfolio theory），是实务中最常用的资产配置量化方法。均值方差最优化寻求在相同风

险水平下的收益最大化，或者说，在确定的收益水平下风险最低的投资组合，因此是一种风险预算工具。这种方法需要 3 个输入变量：收益率、风险（标准差）和两两资产间的相关性。用公式可以表达为

$$U_P = E(R_P) - 0.005\lambda\sigma_p^2$$

式中　U_P——投资组合的效用（utility）；

$E(R_P)$——组合的预期收益率；

λ——投资者的风险厌恶程度；

σ_p^2——组合的方差。

风险厌恶系数 λ 代表投资者在风险和收益之间的权衡。$\lambda > 0$，意味着 σ_p^2 是减项，风险越大，效用越低，因此投资者是风险厌恶型；$\lambda < 0$，投资者对于风险越高的产品觉得越刺激，效用越高，因此投资者是风险喜好型；$\lambda = 0$，意味着风险对于投资者来说无所谓，只求高收益，因此这样的投资者属于风险中性型。在马科维茨的理论体系下，投资者都是风险厌恶的，也就是 $\lambda > 0$。一般 λ 的取值范围是 1～10。λ 越大，意味着这个投资者的显现厌恶程度越高，也就是风险增加一点点，效用就有巨大下跌。

何老师说

效用（utility）综合考虑了风险和收益率两个方面。通俗地讲，效用是投资者的爽度，收益率最高，风险越低，投资者就越爽。

效用的公式并不是严格的数学推导。我们需要掌握以下两点。一是 λ 的情况：$\lambda > 0$ 代表风险厌恶；$\lambda < 0$ 代表风险喜好，λ 数值越大代表风险厌恶的程度越高。二是这个公式的计算，考试会给出几个投资组合选项，要求选出一个最好的投资组合，也就是通过将数值代入公式，选择效用最大的那个投资组合。

👆 **【例题】　均值方差最优化**

已知投资者小王有金融资产 1 000 000 美元，风险厌恶程度 λ 为 3，假设他每年需要从账户中支取 65 000 美元用于日常生活，为确保年末本金至少不低于现状，有以下 3 种资产配置方案，请问小王应该选择哪一种？

方案 A：预期收益率为 8%，收益的标准差 15%

方案 B：预期收益率为 7%，收益的标准差 10%

方案 C：预期收益率为 11.5%，收益的标准差 20%

解答：

首先，为确保年末本金不受生活费用支出而减少，投资者账户收益至少为

$$R_L = \frac{65\,000}{1\,000\,000} = 6.5\%$$

由于 A、B、C 三个方案的预期收益率都超过 6.5%，在此限定条件下，均可满足要求。

接下来，将相关数据代入公式：$U_P = E(R_P) - 0.005\lambda\sigma^2$

方案 A：$U_A = E(R_A) - 0.005 \times 3 \times \sigma_A^2 = 8\% - 0.005 \times 3 \times (15\%)^2 = 4.625\%$

方案 B：$U_B = E(R_B) - 0.005 \times 3 \times \sigma_B^2 = 7\% - 0.005 \times 3 \times (10\%)^2 = 5.5\%$

方案 C：$U_B = E(R_C) - 0.005 \times 3 \times \sigma_C^2 = 11.5\% - 0.005 \times 3 \times (20\%)^2 = 5.5\%$

B、C 两个方案计算所得效用最大，方案 A 被排除。

由于 6.5% 为临界收益，我们还可以计算安全第一比率（safety-first ratio）：

$$SFR = [E(R_P) - R_L]/\sigma_P$$

方案 A：$(8\% - 6.5\%)/15\% = 0.1$

方案 B：$(7\% - 6.5\%)/10\% = 0.05$

方案 C：$(11.5\% - 6.5\%)/20\% = 0.25$

在 B、C 方案中，C 有更大的概率满足 6.5% 的收益率，因此小王应当选择方案 C。

接下来探讨的是均值方差最优化在实务方面的问题。

1. 均值方差最优化的两个最常见的约束

✓ 预算约束。在马科维茨均值方差最优化的过程中，没有引入无风险资产，因此所有风险资产的权重相加之和为 1。实务中，投资者可以向银行借钱投资风险资产，使得风险资产的权重之和大于 1；或者投资者可以将一部分资金存到银行，这样风险资产权重之和小于 1。所以说，均值方差最优化没有考虑无风险资产，没有考虑运用杠杆。

✓ 不允许卖空。在均值方差最优化过程中，如果没有添加此约束条件，那么求出的组合权重就可能有正有负，其中权重为负的资产相当于持有卖空头寸。而在实务中，尤其对于个人投资者和部分机构投资者来讲，往往有不允许卖空这个约束条件。此时运用均值方差最优化，得到的有效前沿从一条光滑致密的曲线变为分散点，这些分散点中每个资产的权重都大于零，这样的分散点被称为**角落资产组合**（corner portfolio）。

2. 均值方差最优化有投资期的限制

均值方差最优化是一个静态的资产配置方案，构建的是一个**单周期的框架**（single period framework）。这意味着选中的最优组合在接下来的时间段内都不会变化。而实务中，投资组合的资金量和表现是动态变化的。例如投资业绩表现好，投资者就会追加新的资金，因此资产配置应当是一个动态的周期性调整的工作。

3. 关于现金及现金等价物

关于现金及现金等价物，实务中一般会有两种处理方法：

✓ 将现金和现金等价物视同于无风险资产。这种方法将无风险资产与风险资产进行分割，风险资产的组合通过有效前沿画出，无风险资产通过与有效前沿相切的切点，也就是夏普比率最大的点进行投资。

✓ 将现金和现金等价物视作一种风险资产。假设原本有 5 种资产类型求最优化，现引入无风险资产作为第六种资产类型，分别求出这 6 种资产的预期收益率、标准差、两两之间的相关性，画出有效前沿，那么最优资产组合就落在这条有效前沿上。

4. 对个人投资者使用全面的资产负债表

在个人投资者的资产配置中,应当将人力资本纳入总资本。假设某个人投资者的工作收入稳定,有相对稳定的现金流流入,因此人力资本的性质与债券相似,为充分分散总资本,此类投资者的金融资产适合投资更多的股票。假设某个人投资者的工资收入不确定性很强,与股票相似,那么金融资产配置应当尽可能多地投资债券类。

🖎 【例题】 角落资产组合

某捐赠基金的基本投资目标是在维持投资组合的实际购买力,已知该捐赠基金每年的捐赠目标为资产总额的4%,预期通货膨胀率为2.4%,基金管理成本47bp,无风险资产的预期收益率为2%,且市场存在卖空限制,请基于表6-1列出的角落资产组合为捐赠基金选出最合适的资产配置投资组合。

表6-1 角落资产组合的相关信息

角落资产组合	预期名义收益率	标准差	夏普比率
1	9%	16%	0.436
2	7.50%	11.50%	0.478
3	5.50%	7.70%	0.455
4	5.30%	7.60%	0.434

解答:

捐赠基金的名义收益率目标为 $(1+4\%)\times(1+2.4\%)\times(1+0.47\%)-1=7\%$。

由于角落资产组合2夏普比例最大,因此它与无风险资产形成的新资产组合是最有效的。

$$7.5\%w+2\%(1-w)=7\%,\ w=90.9\%,\ 1-w=9.1\%。$$

即90.9%的投资权重分配在角落资产组合2,9.1%的投资权重分配在无风险资产。

由于无风险资产的标准差为零,且与任何资产类型之间的相关系数均为零,因此新资产组合的风险为

$$\sigma_P=w\sigma_2=0.909\times11.5\%=10.45\%$$

何老师说

早在一级组合管理中我们就学到,如果将无风险资产与有效前沿中的资产连线再做组合,那么最优的资产组合位于无风险资产与有效前沿的"切线"上,这条切线即资本市场线(capital market line,CML)。投资者会选择切线而非其他连线的原因是,切线上的资产组合夏普比率最高,即风险调整后收益率最大。

在实务中,由于存在卖空限制,有效前沿并非一条光滑致密的曲线而是一个个代表角落资产组合的散点。如果资本市场线的"切点"恰好是包含卖空的资产组合,那么我们就无法再通过画切线的方式找到引入无风险资产后的最优资产组合。此时,每一个散点与无风险资产组合的连线,就代表该角落资产组合与无风险资产组成的新组合,而在所有的连线中,斜率最大即夏普比率最高的连线是最优资产组合。

最后，均值方差最优化具有以下缺点。

- ✓ 均值方差最优化求得的结果非常敏感，即使输入值小幅变化，输出值（资产配置的权重）的变化也非常大。
- ✓ 通过均值方差最优化得出的资产组合通常分散化不足。通过实证检验，有效前沿上大部分的投资组合包含了可卖空的资产，这些可卖空资产的存在导致买方头寸的资产权重占比过大，于是组合的分散化程度不够。
- ✓ 只关注 3 个变量：资产的均值、方差和两两资产间的相关性。如果资产的收益率不服从正态分布，投资者就还会关注其他变量，如偏度、峰度。
- ✓ 尽管资产类型之间做了分散化，风险的来源，也就是风险因子，没有被分散化。
- ✓ 大多数投资组合会用来支付债务和消费支出，这种方法没有考虑到负债方面的影响。
- ✓ 它是静态的资产配置方案，没有考虑交易成本、再平衡成本以及税收。

2.1.2 蒙特卡罗模拟

以资产驱动的第二种资产配置方法是蒙特卡罗模拟。蒙特卡罗模拟的主要目的不是寻找最优化组合，也不是画有效前沿。它衡量和预测了整个资产组合长期动态的表现，是对均值方差最优化的补充。

蒙特卡罗模拟的优点：

- ✓ 蒙特卡罗模拟解决了均值方差最优化中关于单周期的问题，从数学角度模拟了资产配置多个周期内的业绩表现，是动态的资产配置方式。
- ✓ 蒙特卡罗模拟应用的是假设分析法（what-if），在客户风险承受能力未知或者改变的情况下，它可以用图形展示未来可能的结果，并通过图形中统计概率的分布，判断备选的投资组合预期收益率是否满足投资目标。
- ✓ 蒙特卡罗模拟考虑了交易成本、调整成本和税收对于资产配置的影响。
- ✓ 蒙特卡罗模拟解决了路径依赖的问题。所谓路径依赖是指将来的结果取决于之前的路径是如何走的，在资产配置中主要体现在投资期内现金流的流入或者流出，因为投资者每一阶段的追加资金或者取现的多少会直接影响最终的财富价值。

👆 【例题】 蒙特卡罗模拟

老赵今年 65 岁，刚退休，持有投资账户价值 100 万美元。根据他的身体状况和家族历史，他相信自己还能活 20 年。20 年后，他希望留一笔遗产给他的孩子，除去正常的生活开销后，这笔遗产价值的中位数要求不低于当前价值，也就是不低于 100 万美元。目前老赵将账户中 30% 的钱投资到股票，70% 投资到国债。相关资产类型的市场预期如表 6-2 所示。

表 6-2　相关资产类型的市场预期

	股票	国债
预期收益率	8.50%	3.70%
标准差	22.50%	4.50%
相关性系数	0.18	
长期通货膨胀率	2%	

基于老赵的投资目标，基金经理为老赵重新制订了资产配置方案，在新的资产配置下，老赵的投资组合预期名义收益率为 7.2%，标准差为 10.5%，20 年后组合价值的分布结果如图 6-1 所示，请判断新的资产方案在 20 年后是否能满足老赵的遗产要求？

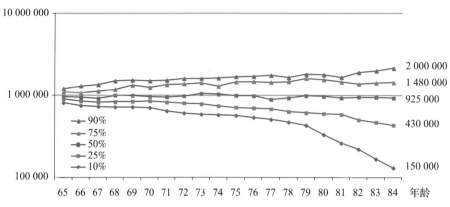

图 6-1　20 年后组合价值的分布结果

解答：

老赵的遗产目标是 20 年后账户价值的中位数不低于 100 万美元，也就是说，20 年后有 50% 的概率资产价值大于或等于 100 万美元。

从图 6-1 中可以得知，50% 的概率对应的期末价值为 925 000 美元。这代表了 20 年后资产价值有 50% 的概率大于 92.5 万美元，有 50% 的概率小于 92.5 万美元，低于老赵的目标价值，因此新的资产配置不能满足老赵的要求。

为了到达原有遗产目标，可以从以下 3 个方面考虑改进新的资产配置方案：

一是投资更激进的资产类型。基于老赵的年龄和风险容忍度，这种改进方法不妥。

二是减少生活开销或者降低遗产目标。老赵必须在两者之间做出选择，要么降低生活标准，减少日常生活费用支出；要么降低遗产目标，从未来账户价值的中位数不低于 100 万美元降低为不低于 92.5 万美元。

三是延迟退休，增加收入来源。这一改进方法视投资者个人状况而定，不具有普遍适用性。

2.1.3　反向最优化

以资产驱动的资产配置的第三种方法是**反向最优化**（reverse optimization），它是均值方差最优化的反过程，用来解决均值方差最优化的缺点之一——所求结果对输入值的变化过于敏感。

在 3 个输入值（预期收益率、标准差和两两资产间的相关性）之中，预期收益率不仅是最敏感的输入变量，而且是最难精确预测的。因此，我们在使用均值反差最优化的过程中发现，预期收益率的微小变动就会导致计算所得的资产大类有很大幅度的权重变化。

反向最优化反其道行之，先假设有一组最优权重，如资产大类的市值权重，然后基于历史

数据估计的标准差和两两资产减的相关性，解出预期收益率。有着同样反向思维方式的还有 Black-Litterman 法，后文将对这一方法做进一步介绍。

反向最优化的优点：

- ✓ 均值方差最优化中的预期收益率是输入变量，通常是基于历史数据的。而预期收益率作为反向最优化的输出变量，又被称为隐含收益率，是一组具有前瞻性的数据。
- ✓ 通过反向最优化，可以将资产的预期收益率与系统性风险关联起来。如果预期收益率与系统性风险没有持续一致的关联，那么基金经理可以将这种不一致性视为投资机会。

反向最优化的缺点：隐含收益率代表了所有投资者对于系统性风险的一致性观点，然而实践中，基金经理往往持有不同的预测方向或者观点，这是隐含收益率没有考虑到的方面。为解决这一缺点，Black-Litterman 法提供了新的改进方式。

2.1.4 Black-Litterman 法

Black-Litterman 法是由费希尔·布莱克（Fischer Black）和罗伯特·利特曼（Robert Litterman）共同创建的。这个模型是对反向最优化的补充，它以反向最优化得出的隐含收益率为起点，加入投资者对某具体资产的特别看法并对隐含收益率进行调整。由于它从未受限制和受限制两个角度分别考虑了最优化，因此在允许卖空和不允许卖空的情况下均可以使用。

Black-Litterman 法的优点：

- ✓ 允许投资者在反向最优化求出的收益率的基础上加入自己的观点。
- ✓ 包含市场公认的预期，得到的资产配置更加稳定，并且分散化的效果更好。
- ✓ 在实务中可以通过资产配置软件实现。

2.1.5 增加除预算以外的限制

在寻找最优化资产配置的过程中，除了预算和禁止卖空这两个限制，还有一些其他限制。增加其他限制的主要原因有两个：一是将实务中的问题引入最优化过程；二是解决均值方差最优化的潜在问题。

这些限制条件包括：

- ✓ 对某一具体的资产类型设定投资权重。例如，投资房地产的比重为 30%，人力资本的占比为 55%。
- ✓ 对某一资产类型设定投资范围。例如，新兴市场占比为 5%～15%。
- ✓ 出于流动性考虑，设定投资上限，特别是针对另类资产的配置上限。例如，私募股权的投资上限为 10%。
- ✓ 限制两个或多个资产之间的相对比重。例如，债券的投资比重与股票的投资比重之差不能超过 5%。
- ✓ 考虑负债的影响。限制资产端必须持有一定比重的固定收益资产覆盖掉负债的头寸。

2.1.6 重复抽样的均值方差最优化

与前文所述的蒙特卡罗模拟、反向最优以及 Black-litterman 法一样，重复抽样的均值方差最优化（resampled mean-variance optimization）也是用来解决均值方差最优化缺点的方法。它解决的是均值方差最优化过程中历史数据不足的问题。

如果历史数据量太小，那么基于历史数据做出的估值也是不准确的。为了扩大数据量，常用的方法是蒙特卡罗模拟。与前文所述的蒙特卡罗模拟的资产配置不同，重复抽样下的蒙特卡罗模拟是一种统计工具。通过蒙特卡罗模拟，我们可以获得多组资本市场预期下的输入变量，并获得一系列的有效前沿。对这一系列的有效前沿求平均，可以得到一条模拟的有效前沿。这条平均的有效前沿是通过多次估值得到的，分散化的效果更好，资产配置的结果更稳定，所以是一个更好的有效前沿。

重复抽样的均值方差最优化的优点：

- ✓ 分散化效果更好。这种方法综合了均值方差最优化的过程和蒙特卡罗模拟的统计方法，得到的有效前沿更稳定、更准确。
- ✓ 相比反向最优化和 Black-litterman 法，这种方法的重点不是单纯地把预期收益率估计得更精确，而是对多次估计的有效前沿求平均，使得最优化结果对输入变量的改变不那么敏感。

重复抽样的均值方差最优化的缺点：

- ✓ 有效前沿存在**凹性碰撞**（concave bump）的可能性，即存在随着风险增加，收益率减少的反常现象。这是因为重复抽样的方法完全基于统计学，统计结果可能无法从金融学角度解释。
- ✓ 可能会出现过度拟合的问题。
- ✓ 如果初始输入值存在误差，那么重复抽样只会重复误差，导致估计的有效前沿也是有误差的。
- ✓ 缺少理论支持，理论上无法证明平均有效前沿更加精确。

2.1.7 其他非正态最优化方法

均值方差最优化只关注均值、方差和两两资产之间的相关性这 3 个变量，这种假设默认了资产的收益率是服从正态分布的。在正态分布中，分布曲线的偏度（skewness）为零，峰度（kurtosis）为 3。

从客观的金融市场历史数据来看，资产的收益率不会服从正态分布。在非正态分布中，投资者就会关注其他变量，如峰度和偏度的问题。特别是尖峰肥尾的分布曲线，投资者将有高于正态分布的概率获得极端损失。

从主观投资者的特点来看，均值方差最优化基于马科维茨的理论，即假设投资者是风险厌恶的。然而根据行为金融学中的前景理论，投资者对待收益是风险厌恶的，对待损失是风险喜好的，也就是说对于风险持有不对称的态度，所以均值方差最优化所假设的对称的正态分布也是不准确的。

以下是一些非正态最优化的方法及其作者（见表6-3），了解即可。

表6-3　非正态最优化的方法及其作者

非正态最优化方法	研究成果（作者，时间）
均值—半方差最优化	Markowitz（1959）
均值—条件风险价值最优化	Goldberg，Hayes，and Mahmoud（2013） Rockafellar and Uryasev（2000） Xiong and Idzorek（2011）
均值—方差—偏度最优化	Briec，Kerstens，and Jokung（2007） Harvey，Liechty，Liechty，and Müller（2010）
均值—方差—偏度—峰度最优化	Athayde and Flôres（2003） Beardsley，Field，and Xiao（2012）

注：本表引自 CFA 协会原版书三级第三册 reading 19。

2.1.8　配置流动性较差的资产

大型机构投资者具有投资流动性较差的资产类型的能力，如房地产直接投资、基础设施建设和私募股权。这些流动性差的资产在以资产驱动的资产配置中是一种挑战，原因主要有以下两个。

- ✓ 流动性差的资产缺少被广泛接受的指数。由于流动性差的资产很难计算准确的市值，如果指数以资产市值为权重，那么这个衡量流动性差的资产的指数就很难计算。即使存在流动性差的资产的指数，基金经理也很难通过被动投资进行追踪，因为流动性差的资产交易成本太高。

- ✓ 流动性差的资产很难做资本市场预期。对于流动性较强的资产，基金经理往往是基于指数做市场预期。例如最常用的 CAPM 模型，先找到一个市场投资组合，实务中通常用指数代替，然后通过历史数据找到某只股票的收益率和指数之间的关系，即系统性风险，最后估计出这只股票的合理收益率。但是对于流动性差的资产，没有相应的指数，因此做资本市场预期就会有一定的困难。

如果大型机构投资者决定把流动性较差的资产纳入资产配置，可以选择以下方式：

第一，间接投资流动性差的资产。投资者可以考虑投资市场上已有的房地产、基础设施建设和私募股权的基金，作为直接投资的代替。

第二，对于已经包含在资产配置里的流动性差的资产，可以找相似风险特性的资产来帮助已持有资产的估值。例如，类比同一行业规模相同的上市公司股票价格。

2.1.9　风险预算

至此，均值方差最优化的缺点还剩下两个：一是没有考虑到负债方面的影响，这个缺点主要通过以负债驱动的资产配置来解决；另一个是资产的风险来源，也就是风险因子，没有被分散化，这就用到了**风险预算**（risk budgeting）这个方法。

风险预算包含 3 个方面：

- ✓ 识别和估算风险总量，将风险分配到投资组合中相应的组成部分。

- ✓ 用最优风险预算有效地分配风险。

- ✓ 这个寻找最优风险预算的过程就叫作风险预算。

区别于既关注收益又关注风险的均值方差思想，风险预算更关注风险，因为它的目标是有效地分配风险。在风险预算中，如果各资产的风险达到了，那么资产配置是最优的，表达公式为

$$\frac{超额回报_i}{MCTR_i} = \frac{超额回报_j}{MCTR_j}$$

式中　超额回报 $= R_i - R_f$；

　　　R_i——资产类型 i 的收益率；

　　　R_f——无风险收益率；

　　　$MCTR_i$——资产 i 对于投资组合总风险的边际贡献率。

$MCTR$（marginal contribution to total risk），指的是对于某个资产的权重增加一点，整个投资组合的风险会增加多少。因此这个公式的含义是，在风险预算中，任何资产承担 1 单位风险所带来的超额回报是相同的。

此外，关于 $MCTR_i$ 还有两个公式：

$$MCTR_i = \beta_i \sigma_p$$

式中　β_i——资产类型 i 相对于投资组合的系统性风险；

　　　σ_p——投资组合收益的波动率。

$$ACTR_i = 权重_i \times MCTR_i$$

绝对风险贡献率（absolute contribution to total risk，ACTR）代表某资产类型对于整个资产组合的一个风险贡献。

👆 **【例题】** 风险预算

某基金经理采用风险预算方法为客户配置资产，资产类型包括现金、国内大盘股、国内小盘股、新兴市场股票、国内债券和国外债券。在最优风险配置的情况下，国内小盘股的占比为 20%，已知国内小盘股的系统性风险 β 为 1.2，预期收益率为 6.5%，投资组合的波动率为 10%，无风险收益率为 2%。求：

（1）国内小盘股对于投资组合总风险的边际贡献率 $MCTR$。

（2）国内小盘股的绝对风险贡献率 $ACTR$。

（3）假设国内大盘股的预期收益率为 4.2%，那么目前国内大盘股对于投资组合总风险的边际贡献率是多少？

解答：

（1）国内小盘股 $MCTR_i = \beta_i \sigma_p = 1.2 \times 10\% = 12\%$

（2）国内小盘股 $ACTR_i = 权重_i \times MCTR_i = 20\% \times 12\% = 2.4\%$

（3）在最优风险配置的情况下，任何资产承担 1 单位风险所带来的超额回报是相同的。所以

$$\frac{超额回报_{小盘股}}{MCTR_{小盘股}} = \frac{超额回报_{大盘股}}{MCTR_{大盘股}}$$

$$\frac{6.5\% - 2\%}{12\%} = \frac{4.2\% - 2\%}{MCTR_{大盘股}}$$

$$MCTR_{大盘股} = 5.87\%$$

2.1.10 基于因子的资产配置

与风险预算方法一样，基于因子的资产配置（factor-based asset allocation）也是用来解决均值方差最优化中资产风险因子没有被分散化的缺点。均值方差最优化基于资产类型做资产配置，但是不同的资产类型可能对相同的风险因子具有敏感性，因此这种相同的风险因子没有做到充分分散化；基于风险因子的资产配置不是投资资产类型，而是通过多空头寸将风险因子剥离，从而达到投资风险因子的目的。

风险因子通常来源于市场溢价和市场异常。在 CAPM 模型中，股票合理的收益率取决于无风险利率和对系统性风险的补偿，而市场异常可以解释 CAPM 中不能被市场风险解释的风险因子。例如，在 CFA 二级学过的 Fama-French 三因子模型指出，规模（size）和价值（value）这两个因素就是显著的市场异常现场。

构建风险因子的常用方法是零投资（zero investment），也被称为自融资投资（self-financing investment），也就是说，通过买入和卖空等量资产而产生的净价值为零的投资组合。例如规模这个风险因子，可以通过看多小盘股的收益同时看空大盘股的收益这两个头寸完成剥离（即规模因子收益 = 小盘股收益 − 大盘股收益）。剥离后的风险因子与其他风险因子的相关性极低，与市场上的资产类型相关性也很低。因此在多个风险因子之间做投资可以得到很好的分散化效果。

在实务中，基于风险因子的分散化效果是否优于基于资产类型的分散化效果呢？图 6-2 就是通过实证研究得出的结论。

图 6-2 中共有两条实线，其中蓝色实线以资产类型为基础做资产配置，红色实线以风险因子为基础做资产配置。观察图形后可以得出两条结论：一是基于资产类型和基于风险因子的有效前沿非常相似；二是不论使用哪一种资产配置方式，在实务中新增相关性低的资产类型或者风险因子都可以起到改进作用。

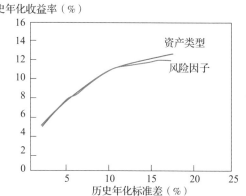

图 6-2 基于历史资本市场假设的有效前沿
（1979 年 1 月至 2016 年 3 月）
注：图引自 CFA 协会原版书三级第三册 reading 19。

2.2 以负债驱动的资产配置

以负债驱动的资产配置（liability-relative asset allocation）基于投资者负债情况。在这种方法下，债务的特点将决定资产端投资的方向。以负债驱动的资产配置原本是运用于机构投资者范畴的，但如今个人投资者也逐渐开始使用这种方法。本节我们关注的主要是机构投资者。

为了充分运用以负债驱动的资产配置，首先要掌握的是债务的基本特点。影响资产分配的债务性质有：

- 固定债务和或有债务。
- 强制债务与准债务。
- 债务现金流的久期和凸性。
- 债务的价值（与发起人组织的规模相比）。
- 影响未来债务现金流的因素（通货膨胀、经济环境、利率和风险溢价）。
- 债务期限，如长寿风险（longevity risk）。
- 影响负债现金流计算的法律法规。

何老师说

什么是固定债务和或有债务？

如果未来的时间和金额固定，债务就是固定的，如房贷。

如果未来现金流发生的时间或者金额不确定，这种债务被称为或有债务（contingent liability）。大多数机构投资者的债务都是或有债务。例如：人寿保险公司对于寿险的理赔，金额是固定的，时间不确定；非人寿保险公司对于车险的理赔，发生的时间和理赔金额都是不确定的。

什么是具有法律责任的强制债务和准债务？

强制债务（legal liability）是强制的未来现金流，比如银行对存款人做出还本付息的承诺，如不支付，则违反法律规定。

准债务（quasi-liability）的未来现金流没有法律的强制性要求，比如捐赠基金的现金流支出，个人投资者的消费需求。

除了以上 7 点债务的性质外，折现率也会影响债务的现值，从而决定资产债务之差，也就是盈余（盈余 = 资产的市值 - 债务的现值）的水平。盈余低，机构投资者的风险承受能力就比较低，那么资产端的投资就应当偏保守。

以下具体介绍 3 种以负债驱动的资产配置方法。

2.2.1 盈余最优化

在以资产驱动的资产配置中，投资者关注资产的收益率和风险，基本方法是用均值方差最优化找到投资者效用最大的组合。而在以负债驱动的资产配置中，投资者担心资产是否能覆盖负债，因此将关注点放在盈余上。

盈余最优化（surplus optimization）是均值方差最优化的延伸。目标是找到一个在波动相同的情况下盈余最大的最优组合，换句话说，这个最优组合在盈余相同的情况下，波动率是最小的。

类比均值方差最优化，盈余最优化用公式可以表达为

$$U_m^{LR} = E(R_{s,m}) - 0.005\lambda\sigma^2(R_{s,m})$$

式中　U_m^{LR}——投资组合 m 盈余的效用；

　$E(R_{s,m})$——m 的预期盈余收益率，且

$$E(R_s) = \frac{（资产_1 - 资产_0）-（负债_1 - 负债_0）}{资产_0}$$

λ——风险厌恶程度；

$\sigma^2(R_{s,m})$——m 的预期盈余方差。

2.2.2 对冲/寻求收益组合法

对冲/寻求收益组合法（hedging/return-seeking portfolio approach）将资产端分成两个部分：一部分称为对冲投资组合；另一部分称为寻求收益投资组合。因此，对冲/寻求收益组合法又被称为两投资组合法（two-portfolio approach）。

1. 基本法

对冲投资组合负责抽取部分资产用于完全匹配债务的现金流，对冲的方式可以是现金匹配、久期匹配或者免疫。关于债务现金流的匹配方法会在固定收益这门学科详细展开。

寻求收益投资组合负责独立运作剩下的资产，通常会做一些高风险、高回报的投资以带来整个资产规模的增长。

基本法只适用于保守型机构投资者和资金过剩的机构投资者。只有在留足支付未来现金流的资金后，盈余部分仍大于零，这样寻求收益的投资组合才有意义。如果机构投资者资金不足，盈余部分小于零，为了继续使用对冲/寻求收益组合法，那就必须做出让步。于是，对冲/寻求收益组合法延伸出两种方法。

2. 基本法的两种变形

部分对冲：对于相对激进的机构投资者，可以采用部分对冲负债的方法。在这种方法下，债务的现金流没有被完全匹配，因为更多的资产将分配到寻求收益的投资组合中。

动态对冲：当资产规模不足以覆盖负债时，机构投资者偏激进，分配给对冲投资组合的资金减少，分配给寻求收益的投资组合增加；当资产规模随投资收益增加后，投资者变得保守，分配给对冲投资组合的部分增加，分配给寻求收益的投资组合相应减少。因为这是一个动态调整的过程，所以这种方法被称为动态对冲。

3. 对冲/寻求收益组合法的缺点

如果机构投资者的资金比率（资金比率 = 资产的市值/债务的现值）小于 1，且未来没有足够的资金流流入，那么机构投资者无法构建完全对冲的投资组合，只能选择部分对冲和动态对冲。在实务中，对冲投资组合很难构建。例如，保险公司在极端天气（地震、飓风）后的理赔，时间和金额的不确定性很强。另外，完全对冲不是完美对冲，债务仍可能存在不能完全对冲的风险。

2.2.3 综合资产负债法

第三种以负债驱动的资产配置方法是综合资产负债法（integrated asset-liability approach）。这是以负债驱动的 3 种方法中最复杂的，通常用于银行和保险公司，是一种将资产和负债联合在一起做最优化的方法。

在财产或者灾害保险公司，资产和负债的决策往往与全面风险管理体系挂钩。假设在市场

最糟糕的情况下，资产面临极大损失，那么当前资金是否能覆盖损失并且支付多期的理赔额，这就是保险公司需要去分析的市场极端情况。

同样地，大型银行在《巴塞尔协议》的框架下也必须通过压力测试，确保资本金充足。压力测试的方法是将影响银行利润的因素压到最低，然后计算此时银行的损失是多少，如果在最差情况下银行有充足的资本金应对，就能够通过测试，目前，《巴塞尔协议》已经出到第3版，对于压力测试的要求和计算也更加严格了。

2.2.4　3种资产负债管理方法的对比

至此，我们已经掌握了以负债驱动的资产配置下的3种方法：盈余最优化、对冲/寻求收益组合法和综合资产负债法。在考试中，这3种方法的对比也是重要考点。表6-4总结了3种方法的特点。

表6-4　3种资产债务管理方法的特点

	盈余最优化	对冲/寻求收益法	综合资产负债法
操作难易程度	简单	简单	复杂
资产与债务相关性	线性相关	线性或非线性相关	线性或非线性相关
适用风险水平	各类风险水平	保守型	各类风险水平
资金比率	任意资金比率	对于基本方法，要求正的资金比率	任意资金比率
期限	单一期限	单一期限	多期

注：本表引自CFA协会原版书三级第三册reading 19。

【例题】以负债驱动的资产配置的对比

某公司有一笔为期10年的债务，基金经理通过计算分析发现这家公司有充足的资金来覆盖这笔固定债务。公司管理层表示，除了确保有充足的资金偿还债务，他们还希望获取一些比较高的风险调整后的回报率。请问基金经理应当选用以下哪种资产配置方法？

A. 盈余最优化

B. 综合资产负债法

C. 对冲/寻求收益组合法

答案： C

2.3　以目标驱动的资产配置

资产配置的第三大方法叫作以目标驱动的资产配置（goal-based asset allocation）。以目标驱动的资产配置将投资者的投资组合许多子组合，每个子组合有各自不同的目标、投资期和成功概率。在行为金融学中，这些子组合又被称为心理账户。

机构投资者和个人投资者的目标是大相径庭的，表6-5对比了这两类投资者在使用以目标驱动的资产配置时的区别。

表6-5　机构投资者与个人投资者在使用以目标驱动的资产配置时的区别

项目	机构投资者	个人投资者
目标	单一	多个
投资期	单一周期	多期
风险的衡量方式	收益或盈余的波动率	未达到目标的概率
收益率计算	数学上的期望值[①]	最低期望值[②]
风险计算	自下而上/自上而下	自下而上
税收状态	单一，通常免税	大多是征税的

①数学上的期望值：投资组合各部分的加权预期收益率。
②最低期望值：在给定投资期和最低要求成功率的情况下，赚取的最低预期收益率。
注：本表引自CFA协会原版书三级第三册reading 19。

基于目标的管理法的具体步骤如下。

1. 描述客户的目标

目标通常分为两大类：一类是投资者希望达到的；另一类是投资者希望避免的。达到和避免的程度可以通过语言描述或者百分比的形式表达。以下通过一个例子来讲述孙先生一家的目标。

假设孙先生一家共有金融资产2 500万美元，孙先生和夫人的年龄都在50岁左右，每年家庭支出为50万美元，预计未来的通货膨胀率在2%。他们有如下投资目标：

- 需要有95%的概率在未来5年内可以维持当前的家庭支出。
- 想要达到有85%的概率在未来25年内可以维持当年的家庭支出。
- 需要有90%的概率在10年后将1 000万美元财产转移给他们的孩子。
- 想要达到有75%的概率在20年后建立1 000万美元的家族捐赠基金。

从这个例子可以看出，交流沟通中的措辞可以反映投资者的目标迫切程度，例如："需要"比"想要"的程度更强烈。当然，更直接的方法是对比概率的大小，期望达到目标的概率越大，投资者目标的迫切程度也更强烈。

2. 构建子投资组合

在明确客户的目标后，第二步就是确定每个目标需要被分配的金额。根据投资期和目标要求成功率判断投资者风险容忍程度，实现子投资组合的收益最优化。

通常，基金经理不会为某个投资目标构建单独的子投资组合，而是从一些已经提前建立的标准化模块中选出一个能够满足客户目标的。只有当遇到复杂的情况或者投资者有非常特别的需求或者限制时，基金经理才会为客户量身定制模块。

仍以孙先生一家的投资目标为例，我们来看一道关于如何选择模块的例题。

【例题】 选择模块

如下表所示，基金经理共有6个标准化模块A、B、C、D、E、F，分别代表6种投资组合，每种投资组合的性质分为预期收益率和预期波动率。根据不同的投资期，每个投资组合按照要求成功率所能达到的年化最低预期收益率也分别罗列在下。

不同投资期与不同概率情况下的"最高概率 – 调整投资期后收益率"的子投资组合模块						
	A	B	C	D	E	F
投资组合性质						
预期收益率	4.50%	5.60%	6.5%	7.40%	8.10%	9.00%
预期波动率	2.50%	4.30%	5.80%	7.20%	9.80%	12.00%
年化最低预期收益率						
投资期（年）	5					
要求成功率						
95%	1.40%	1.10%	0.50%	−0.20%	−2.10%	−4.50%
90%	2.50%	2.10%	1.60%	1.20%	0.60%	−0.30%
85%	2.80%	3.10%	3.20%	2.70%	2.40%	1.80%
75%	3.60%	4.10%	4.80%	4.90%	5.10%	4.90%
投资期（年）	10					
要求成功率						
95%	2.60%	2.20%	1.80%	1.30%	0.70%	−0.60%
90%	2.90%	3.30%	3.40%	2.90%	2.50%	2.00%
85%	3.50%	4.20%	4.90%	5.00%	5.20%	5.00%
75%	4.10%	4.30%	4.60%	4.20%	4.00%	3.90%

为满足孙先生一家的第一个目标，即"需要有95%的概率在未来5年内可以维持当前的家庭支出"，基金经理可以达到的最高预期收益率是多少？在初始投资中，需要分配的资本金是多少？

解答：

孙先生一家的目标投资期为5年，要求成功率为95%。通过查表，对应的子投资组合模块应为

年化最低预期收益率						
投资期（年）	5					
要求成功率	A	B	C	D	E	F
95%	1.40%	1.10%	0.50%	−0.20%	−2.10%	−4.50%

在这一行的模块里，模块 A 是基金经理的最优选择，因为 A 的预期收益率最高，为1.4%，对于目标1来说有最低的"筹资成本"。

孙先生一家每年的家庭支出为50万美元，并且有2%的通货膨胀率，将50万美元用3.4%（1.4% + 2%）的折现率连续折现5年并加总，得到初始投资所需分配的金额226.39万美元，占孙先生一家总金融资产的9.06%（总金融资产2 500万美元）。

3. 形成总投资组合

当每个目标的子投资组合构建完成后，将所有子投资组合根据资产类型求加权平均的资金配置占比，形成一个总投资组合。

以孙先生一家的资产配置为例，体会如何将每个目标的子投资组合汇总。

【例题】 形成总投资组合

基金经理分别对孙先生一家的 4 个目标进行模块选择，最终选择结果以及分配资金明细如下：

模块	目标			
	1	2	3	4
	A	F	C	D
所需分配资金（万美元）	226.39	598.12	812.56	862.93
占总资产比重（%）	9.06%	23.92%	32.50%	34.52%
现金	75%	5%	60%	30%
大盘股	15%	20%	20%	15%
小盘股	0%	35%	10%	20%
投资级债券	10%	10%	10%	15%
投机级债券	0%	30%	0%	20%
合计	100%	100%	100%	100%

请问在总投资组合中，现金的占比是多少？大盘股所需分配资金是多少？

解答：

基金经理为孙先生一家的 4 个目标选定的模块分别为 A、F、C、D，4 个模块所需分配的资金分别为 226.39 万美元、598.12 万美元、812.56 万美元和 862.93 万美元，占总资产比重为 9.06%、23.92%、32.50% 和 34.52%。

因此总投资组合中，现金占比为

$$9.06\% \times 75\% + 23.92\% \times 5\% + 32.5\% \times 60\% + 34.52\% \times 30\% = 37.85\%$$

大盘股所需分配的资金为

$$226.39 \times 15\% + 598.12 \times 20\% + 812.56 \times 20\% + 862.93 \times 15\% = 445.53 （万美元）$$

4. 定期调整

投资者的目标会随着时间的变化而改变，因此投资组合需要定期追踪调整。在调整的过程中，有两个注意点：

- ✓ 如果设定的目标是有固定期限的，过了一年后，目标的期限不一定会减少一年。例如第一个目标是满足未来 5 年的家庭支出的需求，过了一年后，对于孙先生一家这个目标并不是满足未来 4 年的消费需求，仍是 5 年的消费需求。因为这是他们一家最紧迫的、要求成功率最高的目标。
- ✓ 考虑税收因素。对于纳税客户，每一次调整都会涉及资本利得税的缴纳，因此调整过程中应当权衡账户收益与纳税。

2.4 其他资产配置方法

前文介绍了资产配置的 3 种方法：以资产驱动的资产配置、以负债驱动的资产配置和以目

标驱动的资产配置。在长期实践过程中，还有一些通过经验总结得出的方法。

1. 120 - 年龄法

这种方法认为随着投资者年龄的增长，股票投资的占比是下降的。配置规则为

$$股票配置比重 = 120 - 年龄$$

假设投资者当前年龄为 30 岁，那么分配在股票上的金融资产比例为 90%（120 - 30 = 90）。当投资者年满 60 岁时，分配在股票上的金融资产比例为 60%（120 - 60 = 60）。这种方法的优点是配置规则非常简单，缺点是不能帮助投资者找到最优的投资组合，且股票投资比重可能产生负值。

2. 60/40 股票/债券法

顾名思义，这种方法简单地将 60% 的金融资产投资于股票，另外 40% 投资于债券。原因是全球资本市场中股票与债券的配比也是 60/40。这种方法的优点依然是配置规则非常简单，但最大的缺点是没有配置现金及现金等价物，因此缺乏流动性。

3. 1/N 法则

1/N 法则将所有金融资产平均地分配到每一种资产类型上。对于不太懂金融的投资者，要做一个充分的分散化，最简单的办法就是多买一些资产类型，每一种都分配同样的金额。虽然不能得到最优的分散化效果，但是由于不需要估计预计收益率、波动率和两两资产间的相关性，这种方法可以帮助投资者避开输入变量的估计错误。

4. 捐赠基金模型

这是一种强调大比重配置非传统业务的投资方式，通常需要基金经理具有很强的主动投资能力。这种模型是大卫·斯文森（David Swensen）在 20 世纪 90 年代为耶鲁大学管理大学捐赠基金时采用的模型。这种方法对美国许多大学的基金产生了重大影响。**捐赠基金模型**（the endowment model，Yale model）适合长期的、风险承受能力比较强的金融机构，大比重配置在私募股权、房地产等另类投资资产，寻求超额的流动性溢价。

与捐赠基金模型相对的还有**挪威模型**（Norway model）。这种方法源于挪威政府养老基金采用的模型，以被动投资为主。由于养老基金需要随时支付退休员工的养老金，因此流动性要求更高。另一方面，养老基金的负债是强制的，因此投资要求相对安全公开。自 2009 年以后，挪威政府养老基金也近乎遵从 60/40 股票/债券的资产配置比例。

5. 风险平价

风险平价（risk parity）资产配置的宗旨是在充分分散化的投资组合中，每种资产在组合总风险的贡献是相等的。即

$$ACTR_i = ACTR_j$$

与 2.1.9 风险预算中的含义相同，$ACTR$ 代表绝对风险贡献率。

为达到这个均衡，各资产需满足条件：

$$w_i \times \text{Cov}(r_i, r_p) = \frac{1}{n} \sigma_p^2$$

式中　　w_i——资产 i 的权重；

$\text{Cov}(r_i, r_p)$——资产 i 与组合的协方差；

n——资产数量；

σ_p^2——组合的方差。

这种方法有 3 个缺点需要掌握：一是忽视了预期收益；二是每种资产的风险贡献取决于投资者可投资的资产类型范围，资产类型上的风险平衡不等于风险因子的风险平衡；三是在实务中，风险平价形成的资产配置收益率偏低，通常需要用杠杆才能达到客户的目标。

2.5　投资组合调整

随着市场情况的改变，投资组合的配比随投资收益发生改变，与原有的目标配比产生偏离。基金经理需要将组合的配比调回到正常水平，这就涉及投资组合调整的问题。一个好的调整策略需要平衡收益与成本，因为每一次调整都会产生成本，如交易成本、税收，如果调整后可以降低由于偏离带来的损失，或者增加由于回到正常水平而带来的收益，那么调整可以为投资组合带来一定的好处。

实务中，基金经理经常采用的两种策略是固定时间调整法和按比例调整法。**固定时间调整法**（calendar rebalancing）是指每隔一段时间将组合的权重调整到目标权重，通常为每季度调整一次，这种方法的优点是成本低。**按比例调整法**（percentage-of-portfolio rebalancing）会设置一个权重的最大波动范围，超过这个范围就需要调整，不受时间限制，这种方法是更科学的风险控制政策，但因为实时监控，所以成本更高。

关于影响资产调整区间的因素，我们在上一节末进行了详细的探讨，在此不做赘述。

3 资产配置在实务中的限制

本节说明

本节介绍了实务中资产配置时需要考虑的一些限制，主要为资产规模、流动性需求、税收、时间监管和其他外部因素。这部分难度不大，以结论为主，可以与 IPS 关于投资者限制的内容结合起来理解，从而将 CFA 三级的知识点融会贯通。

知识点自查清单

- ☐ 资产配置中的限制
- ☐ 应税投资者的资产配置
- ☐ 战略资产配置的修正
- ☐ 资产配置的短期偏离
- ☐ 资产配置中的行为偏差

3.1 资产配置中的限制

投资者在资产配置中常见的限制有资产规模、流动性需求、税收、时间、监管和其他外部因素。

3.1.1 资产规模限制

资产规模大的机构可以形成规模经济。它们拥有：

- ✓ 更完善的投资管理能力。在更完善、更充足的制度安排下，机构拥有经验丰富的员工，并且投资比较复杂的资产类型和投资策略。
- ✓ 足够的资金去构建充分分散化的投资组合，如投资私募与房地产。
- ✓ 成本更低的内部管理人员，与外部管理人员的议价能力更强。

资产规模大的机构也可能形成规模不经济。这主要是因为：①影响交易规模。资产规模太大，交易规模大，在市场上交易时价格影响较大，导致市场冲击，从而成本上升。②限制投资机会。例如：大型机构投资者想要运用小盘股投资策略，但由于资产规模太大，购买成本较高，收益率就会降低。③机构组织架构层级化，降低了决策制定的效率。

资产规模小也会带来资产配置的限制。资产规模小的认定标准为：机构投资者资产规模小

于 5 亿美元，或者个人投资者资产规模小于 2 500 万美元。

资产规模小的机构在资产配置中的缺点有：①可投资产类型的范围和数量有限制，达不到充分分散化。②内部管理人员缺乏经验，无法操作复杂的投资策略。对于上述两项缺点，基金经理可以通过投资综合基金（commingled fund）达到资产配置的分散化。③法律法规对资产规模有下限要求。④资产规模的限制对于个人投资者比机构投资者更为紧迫。

3.1.2 流动性

关于流动性的限制有两个维度需要考虑：一是站在投资者的角度，对资产的流动性需求；二是从资产类型的角度，因为每个资产类型都有不同的流动性特征。

从投资者角度来看，不同类型的投资者对流动性需求不同。对于短期投资者，如银行，流动性需求较高，必须持有高质量、短期、高流动性的资产；对于长期投资者，如捐赠基金或者主权财富基金，流动性需求较低，可以更多地投资私募、房地产和基金设施建设等流动性溢价较高的产品。

流动性需求的另一影响因素是投资者自身的财务状况。以大学捐赠基金为例，如果大学新增一项教学楼翻修项目，面临运营维护费用的显著提高，仅用学生缴纳的学费不足以支付，那么捐赠基金的资产配置需要体现出更高的流动性需求，以应对当前的现金流流出。

此外，投资者还需注意市场发生极端情况的可能性，考虑在金融危机状况下对流动性的需求。

3.1.3 时间

随着时间的流逝，资产和负债的性质发生改变，从而对资产配置造成影响。

时间会对人力资本产生影响。对于个人投资者来讲，年龄增长，人力资本减少。而通常人力资本与债券类似，以个人的总资产投资看来（人力资本 + 金融资本），随着时间的流逝，人力资本（债券）比例下降，金融资产占比增加，对于金融资产的资产配置就会产生影响。

时间对机构投资者的负债也会造成一定的影响。例如企业的养老金，早期企业员工比较年轻，机构的负债是长期的，因此可以投资长期债券。若干年后，员工的年龄逐渐增长，导致负债期限变动，那么资产的投资就要集中在中期或者短期的债券。

时间还会影响投资者对目标和负债的优先排序。例如某个人投资者 50 岁，有两个投资目标：一是满足 50～70 岁这段时间的日常开支，二是满足 71～90 岁期间的日常开支。基金经理应当优先满足客户的第一个投资目标，因为投资者活到 70 岁的概率比活到 90 岁的概率更高，所以第一个目标达成的可能性更大。由于第二个目标要求的成功概率低，基金经理可以选择更激进的投资方案。

3.1.4 监管和其他外部因素

法律法规对资产配置，尤其是机构投资者的资产配置，具有重大影响。

  ✓ 保险公司：每个国家对于保险公司的监管要求是不同的，但由于保险公司会采用资产与未来现金流匹配的方法，固定收益型资产在配置中通常是占比最大的。因此监管方会提出资产类型和资产投资百分比的限制。

- ✓ 养老金：一些国家在养老金的监管上规定了某些资产类型投资占比的上下限，此外，融资、会计、税务上的政策限制也会影响到资产配置的决策。
- ✓ 主权财富基金：主权财富基金是政府控制和支配的代表人民利益的基金，由于受到广泛的公众监督，这种基金通常投资在长期、低风险、有利于发展的行业，如基础设施建设、绿色环保行业等。
- ✓ 捐赠基金：捐赠基金最典型的是税收优惠政策。大多数国家规定，当捐赠基金的捐赠支出超过一定范围时可享受税收优惠。
- ✓ 除了法律法规，资产配置还可能受到环境、社会文化和政治方面（environmental, social, and governance, ESG）的因素限制。这些因素对于机构投资者和个人投资者的影响越来越重要。例如，禁止投资烟草、污染环境的行业等。

3.2　应税投资者的资产配置

大部分国家的税收环境是非常类似的。通常，利息所得税的税率是最高的，股息红利税其次，而长期资本利得税具有税收优惠，因为一些国家允许用资本损失抵税，一些国家对资本利得免税。

3.2.1　税后投资组合最优化

关于税后投资组合的收益率计算在个人资产管理部分已经有详细的展开，以下内容可以看作是知识回顾总结，讲述的是税收对于预期收益率、标准差和相关性的影响。

无分红的债券和股票的预期税后收益率：

$$r_{at} = r_{pt}(1 - t)$$

式中　r_{at}——税后收益率；

　　　r_{pt}——税前收益率；

　　　t——预期税率。

有分红的股票预期税后收益率：

$$r_{at} = p_d r_{pt}(1 - t_d) + p_a r_{pt}(1 - t_{cg})$$

式中　p_d——股息收益在 r_{pt} 的占比；

　　　p_a——价格增值在 r_{pt} 的占比；

　　　t_d——股息所得税税率；

　　　t_{cg}——资本利得税税率。

预期税后标准差：

$$\sigma_{at} = \sigma_{pt}(1 - t)$$

式中　σ_{at}——税后标准差；

　　　σ_{pt}——税前标准差。

从标准差的公式可以得知，税收能够帮助投资者降低风险。

最后一个结论是税收对于资产之间的相关性没有影响。

3.2.2 税收与投资组合调整

回顾前文，对于应税投资者来说，资产配置的调整不宜过于频繁。因为每一次调整都会涉及实现一次资本利得，投资者的税负就会更重，因此应税投资组合的调整范围比免税投资组合宽。从另一方面来看，税收会降低投资风险，从而降低收益的波动率。波动率降低，则调整频率可以降低，设定更宽的调整范围。

调整范围的公式如下：

$$R_{at} = R_{pt}/(1 - t)$$

式中　R_{at}——税后调整范围；

　　　R_{pt}——税前调整范围。

3.2.3 降低税收影响的策略

第一种降低税收影响的策略是**盈亏互抵**（tax-loss harvesting），通过实现资本亏损，抵消资本收入的影响，从而降低税收。

第二种降低税收影响的方法是**策略资产定位**（strategic asset location），把税率比较高的投资放在有税收优惠的账户里面，如退休账户。

在免税账户（tax-exempt account）中，资产无须在市值的基础上做税收调整。在递延税款账户（tax-deferred account）中，资产的增值部分是免税的，但在支取时会被征税。公式如下：

$$V_{at} = V_{pt}/(1 - t_i)$$

式中　V_{at}——税后资产价值；

　　　V_{pt}——税前资产的市值；

　　　t_i——支取时的预期税率。

> **何老师说**
>
> 关于税收优惠，同学们可以记一个结论：有税收优惠的资产可以放在普通投资账户（taxable account）里面，而税率比较高的资产类型，如债券，可以放在免税账户里面。
>
> 这个结论有一个例外情况。假如某投资者短期有一个流动性需求，那么对应的这一笔钱只能去买短期债券，并在普通投资账户里面持有它。因为如果放在有税收优惠的账户里，常见的如退休账户里，短期是取不出来的。所以说，这个结论的例外情况就是支持短期消费需求，这部分钱必须持有在普通投资账户里面。

3.3 战略资产配置的修正

对战略资产配置的修正本质上就是一个监控加调整的过程。通常，引起基金经理修正的主要原因是投资者目标、限制和信仰的改变这 3 个方面。

投资者目标的改变源于两种情况：一是商业环境发生改变导致机构投资者的预期现金流发生变化。例如：公司本身的财务状况变差导致它的养老基金的投入没有保障。二是投资者的个人状况发生改变。例如结婚生子，就会影响到个人投资者的目标。

投资限制的改变主要有以下几种原因：①基金的预期支出发生改变；②显著的现金流流入或者未预期的支出；③法律法规发生变化；④由于流动性需求的改变导致投资期的改变；⑤资产规模的改变。

投资信仰的改变基于两个原因：一是经济环境和资本市场预期的改变；二是投资委员会成员的改变。

3.4 资产配置的短期偏离

回顾第一节关于战略资产配置和战术资产配置的相关内容。战略资产配置主要用于确定长期投资的资产类型，对于投资者在单只股票上的投资比例不做判断，而战术资产配置只关注短期资本市场预期的变化。

如果发生短期资本市场预期改变，基金经理将短期偏离战略资产配置，以抓住市场短期获得超额收益的机会，因此战术资产配置是基金经理主动管理的结果。战术资产配置产生的超额回报取决于择时而非选股，由于它只关注资产端能否抓住短期机会，不考虑债务端的性质，因此是一种资产管理方法。

如何衡量资产配置短期偏离的业绩表现？常用的有以下 4 种方法。

- ✓ 夏普比率：将战略资产配置的夏普比率与战术资产配置的夏普比率做比较。如果抓住短期机会后，夏普比率上升，说明这一次积极主动的管理是成功的。
- ✓ 信息比率：以战略资产配置为衡量基准，如果抓住短期机会后，超额回报大于零，超额风险较小，说明每承担 1 单位的超额风险带来的超额回报较大，这样的短期偏离效果好。
- ✓ t 统计量（t-statistic）。这里将用到假设检验的方法。我们以原假设（H_0）：超额回报小于等于零；备择假设（H_a）：超额回报大于零，做假设检验，根据相关数据计算 t 统计量。如果拒绝原假设，说明超额回报大于零，也就是说相对于战略资产配置，战术资产配置可以获得一个超额回报。
- ✓ 画图：将实际收益率（realized return）为纵轴与风险为横轴，将战略资产组合与战术资产组合画在图形上。如果战术资产组合的直线高于战略资产组合，说明相同风险下战术资产组合实现的收益率更高，那么战术资产配置可以获得一个超额回报。

战术资产配置共有两种方法：可自由支配的战术资产分配和系统性战术资产分配。

可自由支配的战术资产分配（discretionary tactical asset allocation）是运用定性的方法分析政治环境、经济环境、金融市场，基于基金经理的能力和短期资本市场的时机，从而短期偏离战略资产配置获得超额收益。

系统性战术资产分配（systematic tactical asset allocation）是运用定量的方法，通过模型找到短期机会的信号，抓住市场反常获得收益。

3.5　资产配置中的行为偏差

资产配置中的行为偏差主要有损失厌恶偏差、控制错觉偏差、心理账户偏差、近期偏差、框架依赖偏差和易得性偏差。一个有效的投资项目会在资产管理的过程中将目标框架、管控和心理偏差有机结合。这一知识点与行为金融学内容一致，因此下文做简单回顾，结论以行为金融学结论为主。

1. 损失厌恶偏差

损失厌恶偏差属于感情偏差，是指相对于获取收益，人们更加担心损失的发生。

后果：过久地持有损失头寸，过早地卖出小幅收益的头寸。从机构投资者角度来看，损失厌恶偏差还会带来羊群效应，因为机构投资者往往具有相同的投资策略，害怕表现得过于不同，以避免声誉风险。

克服方法：减少对损失的关注，关注优先级别高的目标。

2. 控制错觉偏差

控制错觉偏差属于认知错误，是指人们会错误地高估自己对某件事的掌控能力。

后果：过多地从事交易，持有未充分分散化的组合，更愿意频繁地战术性偏离，认为自己有充足地资源，采用杠杆、卖空交易。

克服方法：以全球市场组合为起点，构建资产配置，以到达充分分散化的目标，制定资产配置流程，综合考虑长期收益和风险，严格执行政策方案，规定资产类型的权重范围。

3. 心理账户偏差

心理账户偏差是一类信息处理偏差，属于感情偏差，是指人们会以不同的方式对待两笔相同金额的资金，原因是这两笔资金属于不同的心理账户。

后果：投资者会对心理账户进行金字塔式的分层，在分层中建立子投资组合，以此来满足其实现不同的投资目标需求。这种分层的方式虽然可以帮助投资者战胜一些其他的偏差，但是从传统金融学的角度而言，分层的模式忽视了不同层级间的相关性，因此在这种方法下得到的组合只是一个次优组合，而非最优组合。

应用：心理账户偏差可以让投资者减少过度集中的股票头寸，并且根据目标优先程度分配金融资产额度。

4. 近期偏差

近期偏差属于认知错误，是指人们会过分强调最近发生的事件的重要性，忽略早期发生的重要事件或者信息。

后果：基于近期发生的事件认为可以获得超额回报，因此过于频繁地产生资产配置的短期偏离，过度集中地投资近期收益较好的资产类型。

克服方法：提前设定资产配置中各资产类型的投资占比范围，建立机构内部有效、完善地投资管理体系，避免情绪化的投资决策。

5. 框架依赖偏差

框架依赖偏差是一类信息处理偏差，是指人们会依据问题提问的表述方式不同，而对同一问题给出不同的答案，得出不同的结论。

后果：由于风险和收益的表述方式而影响投资者的资产配置。例如风险的表达方式，可以用标准差，也可以用 VaR，但是 VaR 表达的是极端情况下的损失，投资者可能会因为风险指标的不同而错误地判断风险承受能力。

克服方式：从多个角度衡量和考虑，做出更加理性的决策。

6. 易得性偏差

易得性偏差也是一类信息处理偏差，是指人们通过思维捷径（mental shortcut）去评估特定事件概率结果时，往往会基于大脑获取这一结果的容易程度。

后果：产生熟悉偏差（Familiarity bias），人们更容易选择自己熟悉的而不是独特的、新颖的。最典型的是本土偏差（home bias），投资者会维持一个较高的投资比例在其本国投资品上，因为他对本国投资品更加熟悉。另一方面，投资者也会选择拿自己熟悉的人所做的决定与自己对比，不管两者是否具有可比性。

克服方法：以全球市场组合为起点构建资产配置，在做出偏离目标配置的决策前必须有全面、审慎地考虑过程，避免将自己的投资收益或资产配置决策与他人对比。

4 外汇管理

本节说明

本节主要学习的内容是管理外汇风险，外汇管理之所以出现在资产配置的内容中，主要是因为全球资本市场之间的联系越来越紧密，基本上基金经理都会进行全球资产配置，而投资者关注的是以本国货币衡量的收益率，因此在国外资产配置过程中如何分散风险就显得格外重要。

知识点自查清单

- ☐ 回顾外汇市场中的基本概念
- ☐ 外汇管理中的衍生品
- ☐ 外汇对资产组合风险与收益 ★★★
- ☐ 外汇管理：战略性决策 ★★
- ☐ 战术性外汇管理决策 ★★
- ☐ 外汇管理的工具：远期合约 ★★★
- ☐ 外汇管理的工具：期权 ★★★
- ☐ 外汇管理的工具：对冲多种货币
- ☐ 新兴市场投资的外汇管理

4.1 回顾外汇市场中的基本概念

4.1.1 标价货币与基础货币

在 CFA 二级的学习中，我们知道外汇市场是相对的，外汇报价通常涉及两种货币，一般形式为 A/B，其中，B 这种货币为考察对象，称为**基础货币**（base currency），在后续的学习中，所有说到的"买"或者"卖"都是针对基础货币而言的。而 A 货币是用来标价的，因此，A 称为**标价货币**（price currency）。以 6.3RMB/$ 为例，美元为基础货币，人民币为标价货币，1 美元价值 6.3 元人民币。当该汇率由 6.3RMB/$ 上升至 6.4RMB/$ 代表美元升值，即人民币贬值。需要特别注意的是，美元的升值幅度为 1.6% 。但这并不等于人民币贬值的幅度。我们计算货币的升值或贬值幅度时，需要将该货币放在基础货币的位置后，再进行计算。

举例：在 GBP/USD 0.790 0 的价格上买入 100 万美元现货，代表买入 100 万美元，支付 79 万英镑。

4.1.2　外汇的报价

外汇市场是一个做市商市场。**做市商**（dealer）是承担了向市场参与者持续提供买、卖价格义务，通过自身的买卖行为为市场提供流动性并从中赚取买卖差价的商业银行。

外汇牌价上的买价和卖价都是做市商买入或卖出的价格。例如：0.789 0 ~ 0.791 0GBP/USD，代表做市商买 1 美元的价格为 0.789 0GBP，卖 1 美元的价格为 0.791 0GBP。做市商的买卖与投资者刚好是相反的，做市商买美元相当于投资者在卖美元，反之亦然。

☝【例题】　外汇现货和外汇远期报价

已知澳元与英镑之间现货报价和远期报价如表 6-6 所示。

表 6-6　澳元与英镑之间现货报价和远期报价

到期时间	汇率报价及远期升贴水
现货澳元/英镑	1.750 0/1.751 0
90 天	+70/ +100
180 天	+130/ +140

问题 1：90 天的外汇远期的买卖报价？

答案：

$$买价 = 1.750 0 + 0.007 0 = 1.757 0$$
$$卖价 = 1.751 0 + 0.010 0 = 1.761 0$$

问题 2：如果基金经理想要在 180 天后卖出 20 万英镑，计算基金经理付出和收到的货币量。

答案：

基金经理卖出英镑，相当于买入澳元，即在 180 天后交付英镑，并收到澳元。基金经理采用的是 180 天的远期合约，因此我们需要计算 180 天远期合约锁定的报价。和第一问计算一样，180 天的合约锁定报价为 1.763 0 ~ 1.765 0 澳元/英镑。回忆二级知识"乘小除大"。将英镑换成澳元，应到采用乘法，因此用 200 000 乘以 1.765 0，得到 353 000 澳元，即基金经理付出 20 万英镑，收到 35.3 万澳元。

4.2　外汇管理中的衍生品

4.2.1　远期合约

在金融市场中，衍生产品是对冲风险最有利的工具，在正式介绍外汇管理中常用的衍生工具之前，我们先来讲解一下何为外汇风险。假设一个美国基金经理计划在组合中配置欧元资产，第一步需要先将持有的美元转换为欧元后才能在欧洲进行投资。由于基金经理更关注以本币计价的投资收益，在投资期满后，还需要将欧元再兑换回美元。期初兑换时由

于当期汇率是确定的，并不存在汇率风险，因此在整个投资过程中，基金经理面临的风险点有以下两个：

- ✓ 投资期间欧元资产收益率的不确定性带来的风险。
- ✓ 投资期末将收益由欧元转换为美元时，汇率的不确定性带来的风险。

其中，欧元资产的投资风险如何对冲，我们将在学到具体金融产品时展开，本章只讨论由于汇率的不确定性带来的风险对冲问题。我们也可以把境外投资看作是投资了两种资产：一种是国外的金融资产；另一种是外汇。由于汇率价格的变动造成的投资收益的不确定就是外汇风险。在实务中，基金经理在对冲外汇风险时最常用到的衍生产品为**远期合约**（forward contracts），即在当期通过签订一份远期合约，来锁定未来一段时间的汇率水平。我们知道一旦未来汇率的水平被锁定了，那么投资期结束后，将外币资产转换为本币时也就不存在任何不确定性了。

一般而言，远期合约都有明确的价值，即**名义本金**（notional principal）的金额。由于资产的投资收益情况在事前无法预估，也就是说，未来欧元资产的规模在签订远期合约时是未知的，那么远期合约的名义本金和未来实际需要兑换的外汇规模就存在一定的偏差。这种对冲不完全的问题就是使用远期合约对冲外汇风险中最大的缺点。

何老师说

为解决上述缺点，通常会选择初始的欧元资产价值作为名义本金，或者采用初始欧元价值×（1＋欧元名义利率）作为远期合约的名义本金。但是这两种方法与未来实际需要兑换的外汇规模还是会存在一定的误差。

远期合约并非交易所标准化产品，相比期货合约来说，远期合约最大的特点在于不需要逐日盯市结算盈亏，但这也意味着它的信用风险较高。由于外汇市场的主要参与者多为大型机构投资者，机构投资者之间直接签订远期合约即可，无须通过交易所进行标准化，这可以降低机构投资者的交易成本，且增加交易自由度。因此在实务中，远期合约的交易量远远大于期货合约。

【例题】 对冲交易

某基金经理签订一个期限为 3 个月的远期合约，锁定在 3 个月后以澳元/英镑 1.755 0 卖出 20 万英镑。1 个月过去了，外汇汇率变化如下：

到期日	汇率报价及远期升贴水	澳元的 LIBOR
现货澳元/英镑	1.750 0/1.751 0	
1 个月	+15/ +30	1.00%
2 个月	+45/ +70	1.15%
3 个月	+70/ +100	1.20%

问题 1：确认使得初始远期合约平仓的合约以及反向对冲产生的收益或损失？

问题 2：计算 1 个月之后，远期合约的盯市价值？（假设每月天数为 30 天）

答案：

这类问题画图是关键，实际计算很简单。

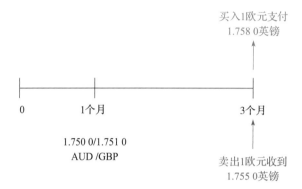

1 个月过去了，当前我们站在 1 个月这个时刻签一个反向对冲合约，那么我们能够获得多少收益或损失就是此题要求计算的盯市价值。对于问题中 3 个月的远期合约进行反向对冲就是在 3 个月这个时间点（即两个月后）买 20 万英镑（60 天的远期合约）。我们需要用 1 个月这个时间点的当期汇率与未来两个月的远期升贴水来计算这份远期合约的锁定价格为 1.754 5/1.758 0AUD/GBP。

2 个月后的盯市价值为：20 万英镑 ×（1.755 0 - 1.758 0）= -0.06 万澳元，负号代表损失，即损失 600 澳元。

将 2 个月后的盯市价值折现到 1 个月这个时刻，由于澳元是标价货币，因此我们需要用澳元的利率折现（选择两个月的澳元折现利率）。需要特别注意的是，在考试中没有特别说明的话利率都是年化利率，需要将其进行天化处理。

当前的盯市价值 $= \dfrac{(1.755\,0 - 1.758\,0) \times 20\ \text{万英镑}}{1 + 1.15\% \times 60/360} = -598.85$ 澳元，负号代表损失。

因此，远期合约的盯市价值为损失 598.85 澳元。

4.2.2　汇率互换

汇率互换（foreign exchange swap），本质上是由一系列的外汇远期合约构成并非传统意义上的互换，通过对远期合约不断展期旨在解决远期合约名义本金对冲不完全的问题。我们将通过一道例题来简单介绍一下汇率互换在实务中是如何被应用的。

【例题】汇率互换

基金经理购买了本金为瑞士法郎 100 万元的 3 个月的远期合约，合约锁定的汇率为 0.993 1CHF/USD。在这份合约到期前两天，基金经理决定对该合约展期 30 天，请问如果采用汇率互换，如何操作能够实现基金经理的要求。

答案：

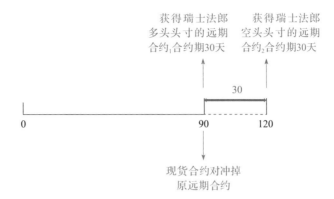

获得瑞士法郎多头头寸的远期合约₁合约期30天

获得瑞士法郎空头头寸的远期合约₂合约期30天

现货合约对冲掉原远期合约

在原合约到期前，我们通过新签一份现货合约对冲掉原远期合约，并同时签一份 30 天的远期合约相当于对原合约进行了展期。由此可见，我们通过不断地往前滚动展期的方式即用新合约替换老合约的策略，称为汇率互换。

何老师说

还是借用远期合约正文中欧元兑美元的例子，由于我们在期初无法准确估计未来欧元资产的规模，如果只签订一期远期合约来对冲未来的外汇规模，对冲效果不好。我们在此引入汇率互换的主要目的就是在解决远期合约名义本金不确定的问题。基金经理可以通过不断滚动展期远期合约的方式逐步缩小合约名义本金与实际欧元资产规模之间的差距，以实现更好地对冲效果。我们最终目的是在 1 年后把欧元资产换回美元，因此整体远期合约应当是卖欧元的合约。

首先，我们先签订一份 1 个月的卖欧元的远期合约，锁定 1 个月后兑换欧元的汇率。名义本金为期初投资欧元资产的规模（$€_0$）。

其次，合约到期前，我们做一份反向对冲现货合约买入欧元，将第一份远期合约对冲掉，并同时将上述合约以当前资产规模继续展期 1 个月。在 1 个月后这个时间点，我们已知当前欧元资产的规模（$€_1$）。相比于$€_0$，此时$€_1$更接近于期末欧元的数量。

重复上述操作。

当滚动到第 11 个月的月末时，我们可以看到此时欧元资产的价值（$€_{11}$），相比在零时刻，$€_{11}$与期末欧元资产价值已经非常接近了。此时，我们只需再滚动 1 个月，即以$€_{11}$作为名义本金签订一份为期 1 个月的卖欧元的远期合约。

由上述操作过程可见，采用汇率互换可以在一定程度上解决远期合约名义本金不确定、对冲不完全的问题。

4.2.3 外汇期权的基础

我们先来回顾一下期权的基础知识。

看涨期权（call option）：期权的购买者拥有在期权合约有效期内按执行价格买进一定数量标的物的权利。当标的证券的价格超过执行价格（strike price）时，看涨期权能够获得收益。看涨期权的 delta 相当于看涨期权价值曲线的斜率，其取值范围在 0 ~ 1 之间。

看跌期权（put option）：期权的购买者拥有在期权合约有效期内按执行价格卖出一定数量标的物的权利，但不负担必须卖出的义务。当标的证券的价格低于执行价格时，看跌期权获益。看跌期权的 delta 相当于看跌期权价值曲线的斜率，其取值范围在 – 1 ~ 0 之间。

> **何老师说**
>
> 需要注意的是，在 CFA 三级中 delta 在表示时往往会省略百分号（%），当 delta 的绝对值等于 1 时，我们会写作 100-delta 的看涨期权或 100-delta 的看跌期权。Delta 前面的数值越大，越接近于 100，表示 delta 的绝对值越接近于 1，期权的价格越贵。

与普通期权相比，外汇期权的标的物涉及一对外汇资产，继续沿用美国投资者在欧洲投资的例子，假设汇率为 X USD/EUR，买入欧元的看涨期权等价于买入美元的看跌期权（买入一个期权代表我们拥有了一个权利，有权买欧元等价于我们有权卖美元）。作为美国投资者，将来要卖出欧元换回美元，希望锁定未来卖出欧元的价格，因此该投资者需要拥有卖出欧元的权利，即买入欧元的看跌期权，也就相当于买入美元的看涨期权。

4.3 外汇资产组合的风险与收益率

本节主要研究的是当基金经理投资国外资产时，汇率的变化对于资产组合风险与收益率的影响。

4.3.1 计算以本币计价的资产收益率

基金经理在整个投资过程中，相当于投资了两种资产类型：一是国外的金融资产（股票、债券等）；二是外汇资产。我们把投资国外的金融资产获得的收益称为外币资产收益率 R_{FC}，或当地市场的收益率；而由外汇资产的涨跌幅带来的收益被称为**外汇资产的收益率**用 R_{FX} 表示。在实务中，基金经理更关心的是投资期末以本币计价的总收益率（R_{DC}）：

$$R_{DC} = (1 + R_{FX})(1 + R_{DC}) - 1 = R_{FC} + R_{FX} + R_{FC}R_{FX}$$

> **何老师说**
>
> 公式的简单推导如下：我们将整个境外投资过程简化为本币（DC）→外币（FC）→外币′（FC′）→本币′（DC′）。假设期初 DC 本金为 1 元，初始汇率为 S_0（DC/FC 的表示方法），那么可以得到 FC 规模为 $\dfrac{1}{S_0}$；假设投资期为 1 年，外币收益率为 R_{FC}，那么一年后 FC′ 的规模为 $\dfrac{1}{S_0}(1 + R_{FC})$，1 年后的汇率为 S_1，期末 DC′ 的规模 $\dfrac{S_1}{S_0}(1 + R_{FC})$。那么以本币衡量的 R_{DC} 就

可以表示为

$$R_{DC} = \frac{DC' - DC}{DC} = \frac{S_1}{S_0}(1 + R_{FC}) - 1 = (1 + R_{FX})(1 + R_{DC}) - 1$$
$$= R_{FC} + R_{FX} + R_{FC}R_{FX}$$

其中，$R_{FX} = \dfrac{S_1 - S_0}{S_0}$

从上述公式可以看出，国外投资相当于投资了两种资产类型，所能够获得的以本币计价的收益率包括两种资产类型各自的收益率，以及外国资产投资收益受到汇率变化的影响的部分。

【例题】 计算以本国货币计价的收益率

假设英国的投资者投资了德国的股票资产。1 年之后，股票资产的价值上涨了 4%（以欧元计价），英镑/欧元的汇率从 0.894 9 美元/欧元变为了 0.901 5 英镑/欧元，求以本国货币计价的收益率。

答案：

$$R_{GBP} = R_{FC} + R_{FX} + R_{FC}R_{FX}$$
$$R_{FC} = 4\%$$
$$R_{FX} = \frac{0.901\,5 - 0.894\,9}{0.894\,9} = 0.74\%$$
$$R_{USD} = 4\% + 0.74\% + 4\% \times 0.74\% = 4.77\%$$

4.3.2 投资多个境外市场资产的组合收益率

为了实现更好的分散化效果，在配置资产时，基金经理往往投资于多个境外市场的多种外汇资产。在这种情况下，以本币计算的资产组合的收益率就等于各个外汇资产以本币计价收益率的加权平均，用公式表示为

$$R_{DC} = \sum_{i=1}^{n} w_i(R_{DC,i})$$

式中 w_i——各个外汇资产（以本币计价的资产价值）占整个组合资产价值的百分比；

$R_{DC,i}$——单个外汇资产以本币计价的收益率。

【例题】 计算投资于两个境外市场的以本国货币计价的收益率

假设有一位英国的基金经理，他的资产组合中有 70% 的欧元资产和 30% 美元资产。已知：

	R_{FC}	期初汇率	期末汇率
欧元资产	10%	EUR/GBP = 0.898 0	EUR/GBP = 0.899 5
美元资产	6%	GBP/USD = 0.779 3	GBP/USD = 0.780 4

请计算该资产组合以本币英镑计价的投资收益率。

解答:

首先计算欧元资产以本币计价的收益率,即

$$R_{DC} = 10\% + (1/0.899\,5 - 1/0.898\,0)/(1/0.898\,0)$$
$$+ 10\% \times (1/0.899\,5 - 1/0.898\,0)/(1/0.898\,0)$$
$$= 10\% + (-0.17\%) + 10\% \times (-0.17\%)$$
$$= 9.81\%$$

再计算美元资产以本币计价的收益率,即

$$R_{DC} = 6\% + (0.780\,4 - 0.779\,3)/(0.779\,3)$$
$$+ 6\% \times (0.780\,4 - 0.779\,3)/(0.779\,3)$$
$$= 6\% + 0.1\% + 6\% \times 0.1\%$$
$$= 6.11\%$$

资产组合的收益率 $R_{DC} = 70\% \times 9.81\% + 30\% \times 6.11\%$
$$= 8.7\%$$

4.3.3　外汇风险

风险主要是指未来投资收益的不确定性,通常用标准差(δ)来衡量。外汇风险其实就是外汇收益的不确定性,即外汇收益率的波动幅度。根据上面得到的以本币计价的收益率公式我们知道 $R_{DC} = R_{FC} + R_{FX} + R_{FC} \times R_{FX}$,该公式涉及 3 项,为简化外汇风险的计算,我们假设 R_{FC}、R_{FX} 二者乘积可近似等于 0,因此 R_{DC} 可以简化为 R_{FC} 与 R_{FX} 之和,即

$$R_{DC} \approx R_{FC} + R_{FX}$$

随后,对上述近似等式两边同时求方差,可得以本币计价的外汇风险为

$$\delta^2(R_{DC}) \approx \delta^2(R_{FC} + R_{FX}) = \delta^2(R_{FC}) + \delta^2(R_{FX}) + 2\delta(R_{FC})\delta(R_{FX})\rho$$

由此可见,如果国外资产收益率与外汇汇率之间的相关系数 ρ 较小,说明分散化效果越好,以本币衡量总的外汇风险就越低。

何老师说

ρ 代表 R_{FC} 和 R_{FX} 之间的相关关系。举例来看,假如一名中国投资者在美国投资出口贸易型公司的股票,那么这家公司的股票价格势必会受到汇率的影响。如果美元汇率升值,即 R_{FX} 上升,出口贸易公司的利润就会下降,这将直接导致公司股票价格下降,股票收益率 R_{FC} 下降。由此可见,在出口贸易公司的例子中,R_{FX} 与 R_{FC} 是负相关关系,即 $\rho < 0$。反之,假如该中国投资者在美国投资的是一家进口贸易公司的股票,那么 R_{FX} 与 R_{FC} 是正相关关系,即 $\rho > 0$。从投资组合的角度来说,我们希望 R_{FX} 与 R_{FC} 是负相关的关系,有助于风险分散化。

一种特殊的情况是当国外投资的资产为无风险资产时,例如美国政府发行的短期债券

$(\delta(R_f)=0)$，那么组合的总风险只取决于汇率变化引起的风险。此时，总风险的公式可以被简化为

$$\delta^2(R_{DC}) = (1 + R_{FC})^2 \times \delta^2(R_{FX})$$
$$\delta(R_{DC}) = (1 + R_{FC}) \times \delta(R_{FX})$$

【例题】 计算资产组合的收益率和风险

已知：

	英镑资产价格	美元资产价格	汇率
$T=0$	200	300	GBP/USD = 0.779 3
$T=1$（预期）	210	295	GBP/USD = 0.780 4

问题1：对于持有美元资产的英国投资者而言，计算其以本币计价的资产收益率？

答案：

首先，计算以美元计价的资产收益率 R_{FC}，$R_{FC} = \dfrac{(295-300)}{300} - 1 = -1.67\%$

其次，计算美元的外汇收益率（即 GBP/USD 的收益率）R_{FX}，$R_{FX} = \dfrac{0.780\,4 - 0.779\,3}{0.779\,3} - 1 = 0.14\%$

最后，我们可以得到 $R_{DC} = (-1.67\%) + 0.14\% + (-1.67\%) \times 0.14\% = -1.53\%$

问题2：对于持有英镑资产的美国投资者而言，计算以其本币计价的资产收益率？

答案： 此时，本国货币为美元。

首先，计算以英镑计价的资产收益率，$R_{FC} = \dfrac{210}{200} - 1 = 0.5\%$

其次，计算英镑的外汇收益率，$R_{FX} = \dfrac{\dfrac{1}{0.780\,4} - \dfrac{1}{0.779\,3}}{\dfrac{1}{0.779\,3}} = -0.14\%$

最后，我们可以得到，$R_{DC} = 0.5\% + (-0.14\%) + 0.5\% \times (-0.14\%) = 0.36\%$

问题3：我们站在美国投资者的角度，假设 $\delta(R_{FC}) = 4\%$（即以英镑衡量的英镑资产收益率的风险为4%），同时 $\delta(R_{FX}) = 6\%$（即预期汇率波动为6%），英镑资产收益率与汇率变动的相关系数为 +0.6，求以本币计价的收益率风险 $\delta(R_{DC})$。

答案：

$$\delta^2(R_{DC}) \approx \delta^2(R_{FC} + R_{FX}) = \delta^2(R_{FC}) + \delta^2(R_{FX}) + 2\delta(R_{FC})\delta(R_{FX})\rho$$
$$\delta^2(R_{DC}) \approx (4\%)^2 + (6\%)^2 + 2 \times 4\% \times 6\% \times 0.60 = 0.008\,1$$
$$\delta(R_{DC}) \approx 8.99\%$$

4.4　外汇管理：战略性决策

本节将从定性的角度介绍外汇管理的两种策略：战略性决策（strategic decision）和战术性决策（tactical decision）。二者的区别在于：战略性外汇管理决策基于的是客户自身的特点，从长期的角度决定是否为客户对冲外汇风险以及决定外汇管理方式是主动管理还是被动管理；战术性外汇管理决策主要是指在短期的外汇的变动中抓住潜在获得超额收益的机会，即在短期对外汇资产进行主动管理的策略。

4.4.1　战略性外汇管理决策

战略性外汇管理决策主要包括两个方面：①对是否对冲外汇风险进行决策；②如果选择不对冲外汇风险，如何进行外汇管理（主动还是被动管理）。

1. 对是否对冲外汇风险进行决策

我们认为，基金经理在全球配置资产时不需要对冲外汇风险的主要原因包括以下几点。

第一，成本。外汇对冲和外汇交易都意味着成本的增加，不管是行政管理支出，还是交易过程中的买卖价差（bid-ask spread）、期权费等，对于获得持续的超额收益都有负面影响。除此之外，还有一种隐性的成本——机会成本。

第二，价格变动的相对性。外汇市场的价格变动是相对的，一种货币升值一定建立在另一种货币贬值的基础上，整个外汇市场可以被视为是"零和游戏"（zero-sum game）。从长期来看，如果组合中投资多种货币，货币之间可以实现一个天然的风险分散作用。

第三，长期呈均值复归。实证研究发现，外汇市场是均值复归的，从长期来看外汇风险会降低，外汇价格会回到其均值水平。

我们认为，基金经理在全球配置资产时需要进行风险对冲的主要原因如下。

第一，客户的风险偏好。如果客户 IPS 中表明外汇风险的容忍度较低，基金经理就应当对冲外汇风险。

第二，客户的投资期较短。从短期来看，汇率的波动可能非常剧烈，出现极端波动的可能性较大，因此外汇风险对于组合收益的影响可能是非常巨大的。在这种情况下，基金经理就应当对冲外汇风险。

第三，市场因素。外汇市场会受到诸多因素的影响。虽然外汇市场是均值复归的，但是如果存在中央银行政策干预、国际贸易交易等干扰因素的存在，外汇价格可能将长期偏离其均值水平。

2. 如果选择不对冲外汇风险，如何进行外汇管理

如果不对冲外汇风险，那么基金经理需要对如何进行外汇管理进行决策。决策的基本策略为被动管理法和主动管理法。

- ✓ 被动管理法：完全复制组合基准（外汇指数）的外汇敞口。采用被动管理方式的基金经理在外汇领域通常缺乏自己的观点或投资经验，为了有效地管理组合受到汇率波动的影响，被动地将手中外汇资产的风险敞口与基准组合保持一致的策略。

✓ 主动管理法：该方法基于基金经理的判断在基准的外汇敞口基础上进行积极主动的管理（增加未来预测升值货币的权重，调减那些贬值概率较大的货币权重），该方式下的资产组合外汇敞口独立于基准的外汇敞口。

从主动性强弱的角度，我们又可以将完全被动管理法到主动管理进一步细分，需要注意的是，下述 4 种策略基金经理参与管理的主动性逐步提升。

- **完全被动对冲**（passive hedging）：使得资产组合的外汇敞口与基准外汇敞口完全或者几乎完全匹配；是基于策略的方法，基金经理无须加入自己对市场的观点；需要定期对资产组合的外汇敞口进行调整，以便实现完全匹配；目的是彻底消除相对于基准的超额外汇风险。

- **自主对冲**（discretionary hedging）：允许基金经理有一定的自主性，表达一些对未来外汇变动的看法；目的是在降低外汇风险的同时获得少量超额外汇收益，其中降低外汇风险是首要目标；小幅偏离基准风险敞口，如5%的偏离；基金经理的实际业绩将与基准对比。

- **主动外汇管理**（active currency management）：在风险范围内，允许基金经理对于基准外汇敞口有较大幅度的偏离；主动对冲的首要目的是获得超额外汇收益，而不是降低外汇风险；与自主对冲的区别在于允许更大幅度的偏离，且获得超额收益的意愿更强。

- **外汇管理外包法**（currency overlay）：将外汇管理外包给专业的外汇管理公司，可以降低运营成本、获得专业人士的服务等。它将外汇当成一种独立资产类别。外包的基金经理可以选择对冲外汇风险，也可以选择不对冲外汇风险，完全取决于外包基金经理的选择。

4.4.2 战略性决策：投资政策说明书

基金经理对于外汇组合进行战略性决策时，还应基于客户自身的特点，即客户的 IPS。比如，为指导外汇投资，IPS 中应当明确以下内容：

- 客户的投资目标。
- 客户的风险容忍程度。
- 流动性需求。
- 投资组合中的固定收益资产比例。
- 对冲的成本。
- 市场环境。
- 是否主动管理的意愿。

🖐 【例题】 选择合适的对冲方法

1. 一家总部在美国的跨国公司，长期持有大量欧元和英镑资产。管理层希望在外汇管理上获取超额收益，但是公司内部缺少具有外汇专业知识的员工。请问这家公司最有可能采取怎样的外汇管理策略？

A. 自主对冲

B. 主动外汇管理

C. 外汇管理外包

答案：C

外汇管理外包法将外汇交由外部专业的基金经理进行管理，其主要就是获得超额外汇收益。

2. ABC 是一家位于英国的保守型资产管理公司，为避免资产组合中的所有外汇风险，基金经理最有可能采用的投资策略是：

A. 完全被动投资

B. 主动管理

C. 自主对冲

答案：A

完全被动投资可以彻底消除相对于基准的超额外汇风险，因此避免资产组合中的所有外汇风险。

🖑 【例题】 外汇管理外包法

某公司将外汇资产作为独立的资产外包给了多个基金经理，以下哪种说法最不正确：

A. 外包基金经理之间的外汇投资收益相关性越低，外汇管理的风险敞口越小

B. 外汇投资收益与本公司的资产组合收益相关性越高，外汇管理的风险敞口越小

C. 外包基金经理之间的策略差别越大，外汇管理的风险敞口越小

答案：B

找多个外包基金经理的目的是希望基金经理之间、外汇投资与本公司的资产之间可以实现良好的风险分散效果。外汇管理外包法中，外汇资产是当作一种独立的资产类型，外汇投资收益与本公司的资产组合收益相关性低，说明分散化效果好，外汇管理的风险敞口越小。

4.4.3 全球配置资产中风险分散化和成本问题

1. 风险分散化的考虑因素

基金经理在全球配置资产时，关于风险分散化的考虑因素如下。

✓ 短期汇率波动幅度大于长期：从前文我们得知，外汇市场在实证检验中是均值复归的。因此从长期来看，外汇波动幅度减小，风险降低，外汇对冲的必要性降低；从短期角度来看，外汇波动幅度增大，风险增加，因此外汇对冲的必要性增加。

✓ 外币资产收益率（R_{FC}）与外币汇率变动（R_{FX}）的相关性：如果两者之间呈正相关性，以本币计价收益率（R_{DC}）的风险增加，外汇对冲的必要性增加；如果两者之间呈负相关性，以本币计价收益率（R_{DC}）的风险减少，外汇对冲的必要性增加降低。

✓ 债券收益率和汇率变动：经验表明，债券和股票相比，债券收益率和汇率变动之间的相关性更高，且二者之间相关性为正。这主要是因为债券和外汇都与利率的变化息息相关，而股票收益率和汇率变动之间的相关性较低，因为股票反映的是对未来收益的预期。因此，如果投资的是境外债券资产，就更需要进行对冲。

✓ 对冲的比例：最优对冲比例与市场环境和两国货币间汇率的长期变化趋势有关。此外，不同基金经理在实践中的对冲比例大小是不同的。

2. 成本的考虑因素

基金经理在全球配置资产时，关于成本的考虑因素如下。

✓ 交易成本

- 外汇市场又称做市商市场，由做市商进行报价，并从中赚取买卖差价。基金经理作为交易的对手方在进行外汇风险对冲时，买卖价差会使得交易成本增加。
- 期权费：如果我们采用期权来对冲外汇敞口，那么就需要支付期权费。
- 如果我们采用远期合约来对冲外汇敞口，我们不得不采取不断滚动展期的方式来解决远期合约名义本金不确定的问题，而不断地滚动展期的本身也会产生现金流波动的问题，使得不确定性和成本增加。
- 管理成本较高。管理成本是指在进行外汇敞口对冲时，所产生的必要的人力、物力成本。

✓ 机会成本：如果我们完全对冲外汇风险，一旦汇率波动对我们是有利的，就可能会丧失获得超额收益的机会，而错过的外汇收益我们称为机会成本。

为了有效地控制对冲成本，在对多种货币的资产组合进行风险对冲时，基金经理通常采取部分对冲策略。此外，降低对冲频率采取每月对冲取代每天对冲，或者允许一定程度的外汇收益损失，而非追求外汇收益为零（完全对冲）也可以进一步降低成本。

4.4.4 完全对冲外汇风险的理由

完全对冲外汇风险的理由具体如下：

- 客户投资期较短。
- 客户的风险厌恶程度高。
- 客户不关注机会成本，不在乎完全对冲可能会错过的外汇收益。
- 客户流动性要求高，意味着基金经理要面临短期汇率的波动。
- 客户的外汇资产主要为债券时，或者客户投资的资产收益率和外汇之间有正相关性时。
- 对冲成本较低时。
- 当金融市场波动较大时，意味着整个市场的风险隐患较高。
- 客户质疑基金经理自主管理的能力。

4.5 战术性外汇管理决策

战术性决策是指在汇率的短期变化中寻找赚取超额收益机会的策略。如果进行战术性的外汇管理，基金经理就不需要对冲外汇风险，即对汇率变化进行主动管理。本节我们将介绍 4 种主动管理策略。

4.5.1　经济基本面分析法

经济基本面分析法（economic fundamentals）又称为价值分析法，是以证券的内在价值为依据，侧重于对影响证券价格及其走势的各项因素进行分析，以此决定投资购买何种证券及何时购买。以股票投资为例，我们认为股票的价格受政治、经济、心理的等诸多因素的影响而频繁变动，很难与价值完全一致，但总是围绕着价值上下波动，从而买入被低估的股票，卖出被高估的股票。同理，外汇价格也是由其内在价值决定的，我们通过基本面分析要找到外汇币种的合理价值水平（fair value），从而判断当前外汇币种是被高估还是低估。外汇合理价值水平如何确定请详见 CFA 二级经济的相关知识，如利率平价理论、购买力平价理论等。

何老师说

宏观经济信息也可以用于判断汇率的变化。例如经济高速增长的发展中国家，该国货币未来肯定会升值，而一个长期国际贸易赤字的国家，只有通过货币贬值，才能带动出口，使得国家贸易账户的平衡。除宏观因素以外，外汇还会受到政治、战争等许多其他因素的影响，因此外汇基本面分析相对复杂。

导致货币在未来升值的因素主要包括以下几点：
- 该币种的长期均衡实际汇率增加。
- 该国的实际利率或名义利率较高，可以吸引外国资本流入。
- 他国的通货膨胀率增加，导致外币贬值。
- 外币的风险补偿高，导致他国资产不及该国的本国资产具有吸引力。

反之，则会导致货币贬值。

长期和短期因素的互相作用下外汇的表现如图 6-3 所示。

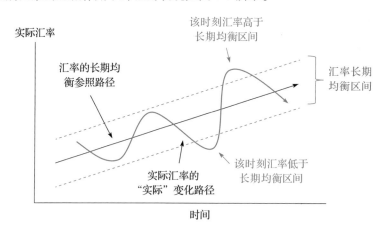

图 6-3　长期和短期因素的互相作用下外汇的表现
注：引自 CFA 协会原版书三级第三册 reading 19。

图 6-3 形象地展现了价值投资的核心思想"均值复归"。我们根据外汇决定理论可以得到外汇汇率的长期均衡区间，如果当前汇率高于长期均衡区间，那么该币种未来一定会贬值。

4.5.2 技术分析法

我们知道 CFA 是崇尚价值分析理论的，而技术分析法（technical analysis）作为价值分析法的对立面，并非 CFA 考查的重点，了解即可。

外汇资产的技术分析与股票的技术分析思路基本相同，主要基于以下 3 个基本原则：

- 过去价格的数据可以用于预测将来价格的走势。
- 人类的行为在碰到相似的事件时总是有相似的行为方式，即历史总会重演。技术分析主要是基于价量信息，而市场的价格和交易量数据是由供求关系决定的，供求关系又是由市场投资的行为决定的，而行为又是由人类的心理因素导致的。人类面临类似事件的心理活动可能是一样的，从而导致市场的数据有章可循。
- 我们不需要分析汇率的均衡价值，只要能够判断出该历史时期投资者的心理，从而判断交易趋势即可。

技术人员试图利用的典型模式如下。

- ✓ 超买和超卖：如果在一个超买的市场下，外汇的价格会上升；反之，如果市场超卖，外汇的价格会下降。
- ✓ 支撑位和阻力位：支撑位通常出现在下跌趋势中，即在下跌趋势中，当发现外汇价格下降到某一价格后，就不再继续下降，而是发生反弹，我们就称该价格为支撑位。阻力位通常出现在上涨趋势中，即在上涨趋势中，当发现外汇价格反弹到某一价格后，就无法继续上涨，而是发生反弹，我们就称该价格为阻力位。
- ✓ 移动平均线：200 日移动平均线，与支撑位和阻力位一样，是技术分析方法中常用的量化指标。例如：当 50 日移动平均线向上穿越 200 日移动平均线，称为"金叉"，反之则称为"死叉"。

4.5.3 外汇套息交易法

外汇套息交易基于一个简单明了的构想：投资者先从利率低的国家借钱，再把这些借来的钱投放在利率高的国家里，从而赚取其中的利息差。在套息交易中，低利率国家的货币又被称为**融资货币**（funding currency），并且投资者并不对他的头寸进行风险对冲。

举例来说，投资者发现 X 国家的利率（r_X）小于 Y 国家的利率（r_Y），也就是 $r_X < r_Y$，所以他准备把从 X 国家借到的钱投资到 Y 国家。假设两国目前的即期货币汇率是每单位 X 可以兑换 $1/S_0$ 单位的 Y 货币，在投资期末，两国的汇率为每单位 Y 可以兑换 S_1 单位的 X 货币。并且我们假设投资期为 1 年。获得上列条件后，我们可以把这项投资拆成 4 个步骤，见表 6-7。

表 6-7　外汇套期交易法的实施步骤

投资期	步骤	操作
投资期始（$t=0$）	1	投资者从 X 国以 r_X 的利率借到了 1 单位的 X 货币
	2	投资者将这 1 单位的 X 货币立即兑换成了 $1/S_0$ 单位的 Y 国货币，并且以 r_Y 的收益率投资在 Y 国

（续）

投资期	步骤	操作
投资期末（$t = 1$）	3	投资期结束，Y 国的投资回报为 $\dfrac{1}{S_0}(1 + r_Y)$，记为 Y'
	4	投资者把在 Y 国的投资回报用 S_1 的价格兑换回 $\dfrac{S_1}{S_0}(1 + r_Y)$ 的 X 货币用来还本付息，记为 X'，X 国一年的借款利息为 $(1 + r_X)$

因此，外汇套息的利润为

$$\frac{S_1}{S_0}(1 + r_Y) - (1 + r_X) = (1 + \frac{S_1 - S_0}{S_0})(1 + r_Y) - (1 + r_X)$$

$$= r_Y - r_X + \% \Delta S + \% \Delta S \times r_Y$$

$$\approx r_Y - r_X + \% \Delta S$$

在上面的公式中，S_0，S_1 分别是期初和期末的即期汇率，$\% \Delta S$ 表示投资期中汇率的变化率。一般来说，在一年中汇率的变化是非常小的，所以利率乘以汇率变化（$r_A \% \Delta S$）可以近似看作为零。由此可见，如果在投资期间汇率不发生变动，我们最终得到的套息利润就等于两国利率的差额。

套息交易获利的前提是基于**无抛补利率平价**（uncovered interest rate parity，UIRP）不成立。通过二级学习我们知道，无抛补利率平价理论并不像**抛补利率平价**（covered interest rate parity，CIRP）理论那样有套利机制能够促使其成立，所以无抛补利率平价理论在短期内是极有可能不成立的。

无抛补利率平价理论是指我们不用远期合约锁定外汇风险，那么预期汇率的变化可以近似看作是两国利率之差：

$$\frac{S_1 - S_0}{S_0} = \% \Delta S = \frac{r_X - r_Y}{1 + r_Y} \approx r_X - r_Y$$

由上式可知，如果无抛补利率平价理论成立，那么外汇套息交易法的收益将为零。因此，外汇套息交易只有在无抛补利率平价理论不成立的时候才能获利。

外汇套息交易中的重要结论：

✓ 外汇套息交易法是基于无抛补利率平价理论不成立的前提。如果无抛补利率平价理论成立，最终外汇套息交易的收益为零。

✓ 抛补利率平价理论是成立的，因为有套利机制促使它成立。远期合约锁定的汇率与当前汇率之差就等于两国利率的差额。利率比较高的国家的货币倾向于远期贴水（forward discount），即 $F < S_0$；说明当前利率较高的国家，将吸引热钱不断涌入该国投资，而在未来投资期满，撤资需要兑换为本币时，引发大量货币抛售，从而导致该国汇率下降。相反，利率较低的国家货币则倾向于远期升水（forward premium），即 $F > S_0$。

✓ 外汇套息交易的获利是建立在违反无抛补利率平价理论的前提下，这种违反无抛补利率我们称为远期汇率有偏性（forward rate bias）交易，即远期合约锁定汇率（F）将并不等于未来即期汇率（$E(S_1)$），因此远期合约汇率就不是未来即期汇率的无偏估计量。

实证研究表明，虽然高利率国家的币种有天然的贬值倾向，但贬值幅度通常小于无抛补利率平价理论的预期。只有在很少的情况下，才会出现贬值幅度超过无抛补利率平价理论的预期。由此可见，我们做汇率的套息交易还是有利可图的。

✓ 外汇套息交易的初始本金是从利率较低国家借入的资金，相当于运用了杠杆，而运用杠杆不仅仅会放大盈利，也会放大亏损，所以该交易风险特别高。一般情况下，汇率套息交易采用的是在美国、英国等经济相对成熟的国家融资，再投资到经济增加速度较快的新兴市场；而新兴市场国家的经济环境和币值往往都不稳定，外汇涨跌幅度大，特别是在金融危机等特殊环境下，新兴市场国家的货币会出现急剧贬值的情况，从而导致利率套息交易产生巨额亏损。

4.5.4 波动率交易法

波动率交易法（volatility trading）是利用期权来进行主动外汇管理的方式，我们知道期权的风险指标通常用希腊字母表示，包括 delta、gamma、vega 等。波动率交易法，顾名思义就是只关注外汇波动率的投资策略，该方法允许交易员将期权中除了波动率（vega）以外的风险指标进行隔离，即将不需要的风险敞口（如 delta 对冲）进行对冲，只留下期望的风险敞口。下面我们简单介绍几种常见的波动率交易策略。

1. 买入跨式期权组合

买入跨式期权组合（straddle）是指以相同的执行价格同时买入看涨期权和看跌期权，两份期权的到期时间和标的物均相同且为平价期权。应用场景为做多波动率。图 6-4 为买入跨式期权组合策略的最终损益图。

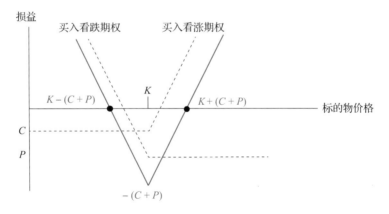

图 6-4　买入跨式期权组合策略的最终损益图

从图 6-4 中我们可以很明显地看出，跨式期权组合适合于波动性行情，而不是方向性行情，即在投资者只需要判断出外汇市场将要出现一定的波动而不必考虑波动的方向，即外汇市场价格上涨或下跌，我们都可以获得收益。

2. 卖出跨式期权组合

卖出跨式期权组合（straddle）是指同时卖出具有同样执行价格与到期日的看涨期权和看跌期权。卖出跨式期权组合是基于基金经理认为外汇价格近期不会发生剧烈的波动，卖掉两份

期权可以赚取双份的期权费。但如果股票波动与预期相反，无论外汇价格是上涨还是下跌，卖出跨式期权组合的做法都会产生较大损失。因此，该策略是盈利有上限而损失无上限的策略。图 6-5 为卖出跨式期权组合策略的最终损益图。

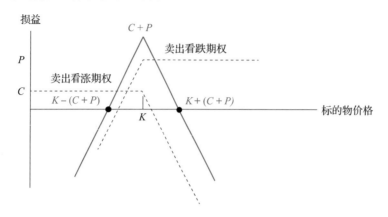

图 6-5　卖出跨式期权组合策略的最终损益图

3. 宽跨式期权组合

宽跨式期权组合（strangle）是指以不同的执行价格同时买入或卖出相同标的资产的看涨期权和看跌期权，需要注意组合中的期权均为虚值期权。宽跨式期权组合与跨式期权类似，预期价格会有大波动，但是不确定方向。但是与跨式期权相比，汇率必须有更大的波动才能获利，而当价格位于中间价态时，宽跨式期权组合的损失也较小（初始投入也较低）。当基金经理认为外汇价格将剧烈波动时，应当买入宽跨式期权组合；当基金经理认为外汇价格比较平稳时，应卖出宽跨式期权组合。与跨式期权组合不同的是，购买宽跨式期权组合的成本更低，因为虚值期权的费用低于平价期权的费用。

4.5.5　战术性策略的选择

1. 相对货币

如果预测相对货币升值，可以采取的策略是降低对冲比例或者增加做多该货币的头寸；如果预测相对货币贬值，则降低对冲比例或者增加做多该货币的头寸。

2. 波动率

如果波动幅度增加，可以采取的策略是购买跨式期权组合（或宽跨式期权组合）；如果波动幅度降低，则卖出跨式期权组合（或宽跨式期权组合）。

3. 市场环境

如果市场环境稳定，可以采用外汇套息交易法；如果市场环境不稳定或发生金融危机，应当停止使用外汇套息交易法。

【例题】　主动管理策略

1. 某基金经理正考虑采用外汇套息交易法选择两国外汇进行投资，他应当：

A. 在低利率国家融资，在高利率国家投资，且两国汇率波动幅度很小

B. 在低利率国家融资，在高利率国家投资，且两国汇率波动幅度很大

C. 在高利率国家融资，在率利率国家投资，且两国汇率波动幅度很小

答案： A

解答： 我们应当尽可能选择汇率波动率较小的货币进行投资，并且从利率低的国家借钱，再把这些借来的钱投放在高利率国家，从而赚取其中的利息差。

2. 基金经理 X 认为巴西近几年的通货膨胀率较高，加拿大的通货膨胀率相对稳定。基于上述关于通货膨胀的预测，如果其他情况都不变，X 可能得到的预测为

A. 从长期来看，CAD/BRL 增值

B. 从巴西流向加拿大的资本增加

C. 巴西央行将制定紧缩的货币政策

答案： C

解答： 巴西通货膨胀率较高，长期来看货币可能发生贬值，央行应采取紧缩的货币政策。通货膨胀率高代表金融市场环境不稳定，因此不会有很多资本流入。

3. 基金经理 Y 认为土耳其里拉和美元之间（TRY/USD）的波动幅度比平时更为剧烈，但是无法判断里拉是会升值还是贬值。下列哪种策略既能符合她的市场判断，又能使得交易成本最低？

A. 购买跨式期权组合

B. 购买 30-delta 的宽跨式期权组合

C. 卖出 25-delta 的宽跨式期权组合

答案： B

解答： 汇率的波动增加，但无法判断方向，应当购买跨式期权组合或宽跨式期权组合。为了使成本最小化，应当选用宽跨式期权组合，且 delta 越小越便宜。

4.6　外汇管理的工具：远期合约

4.6.1　远期合约的特点

在外汇风险对冲中，基金经理通常使用远期合约而非期货合约，主要原因如下：

✓ 远期合约是非标准化合约，可以满足不同币种的需要，而期货合约由于是在交易所交易的标准化合约，只适用于有限的币种。

✓ 期货合约在期初需要缴纳保证金，因此会占用机构的现金流降低经营的灵活度。

✓ 外汇市场主要的参与者为大型的机构投资者，一般交易量较大，远期合约可以提供更好的流动性。

4.6.2　对冲比例的调整

一般而言，我们把对冲机制分为静态与动态两种。静态对冲是指在建立对冲机制后，保持

对冲比例不变直至合约到期。动态对冲是指在建立对冲机制后，将对对冲比例进行定期的调整。采用动态对冲的主要原因是到期时刻实际的对冲规模不确定，通过不断地动态调整对冲比例以实现更好的对冲效果。

在选择动态对冲机制时需要考虑：

- 更为频繁的动态对冲会增加交易成本，但可以提高对冲的效果，降低汇率风险。
- 对于风险厌恶程度较高的投资者，应当选择更为频繁的调整。
- 如果客户的风险厌恶程度较低，并且基金经理对于汇率走势拥有较强观点时，基金经理拥有更大的外汇自主管理空间。

在实务中，基金经理常用的外汇动态对冲方法有两种，接下来我们将通过例题来一一进行介绍。

👆 【例题】 动态对冲

本币为美元的基金经理，想对冲澳元资产的汇率风险，投资的初始本金为 500 000 000 澳元，1 个月之后，资产升值为 550 000 000 澳元，基金经理应如何进行动态对冲？假设他可以在期初选择签订 1 个月或 3 个月卖出澳元的远期合约。

解答：

方法一：采用期初签订 1 个月的远期合约方式

在期初，先签订一份名义本金为 500 000 000 澳元的 1 个月后卖出澳元的远期合约。1 个月后，在现货市场购买 500 000 000 澳元，平仓第一份远期合约。同时，再签订一份 1 个月的卖出澳元的远期合约，其中名义本金为 550 000 000 澳元。

在第二个月月末，在现货市场购买 550 000 000 澳元，平仓第二份远期合约。最后，再签订第三份 1 个月的卖出澳元的远期合约，其中名义本金为第二个月月末澳元资产的金额。此时的名义本金与 3 个月到期时的名义本金金额较为接近，可以有效降低外汇风险敞口。

方法二：采用期初一次性签订 3 个月的远期合约方式

在期初时，一次性签订一份 3 个月的名义本金为 500 000 000 澳元卖出澳元的远期合约。

在 1 个月后，澳元的本金增值了 50 000 000 澳元，我们对于增值部分补签一份两个月的卖出澳元的远期合约，名义本金就为增值额 50 000 000 澳元。

在第二个月的月末，如果澳元本金资产价值继续增值了 40 000 000 澳元，我们对于新增值部分再补签一份一个月后卖出澳元的远期合约，名义本金为 40 000 000 澳元。

两种方法的区别在于，第一种方法需要平仓之后再跟进一份新的合约，从始至终手中只有一份合约，而第二种方法存在同时持有多份合约的情况。

何老师说

在方法二中，需要特别注意，如果在第一个月末资产贬值为 450 000 000 澳元，那么在第一个月月末我们要补签一份两个月后买入澳元的远期合约，名义本金为 50 000 000 澳元。

4.6.3 展期收益

展期收益（roll yield）的概念我们曾在 CFA 二级学习期货盯市机制时涉及。和期货的每日盯市结算相同，**汇率互换**（FX swap），也是通过不断平仓、展期进入新的合约。因此每签订一份新的远期合约就可以获得一份展期收益。唯一的区别就是汇率互换采用的是远期合约而非期货合约。

在 CFA 二级的学习中，我们知道期货的盯市价值（期货合约价格的变动）等于现货价格的变动与展期收益之和。当假设现货价格变动等于 0（$SP_0 = SP_1$），期货价格的变动就等于展期收益。由于到期时的期货价格等于到期时的现货价格，如果站在买方的角度，那么我们可以得到展期收益 $= FP_1 - FP_0 = SP_1 - FP_0 = SP_0 - FP_0$。

而在 CFA 三级中，我们做汇率互换时采用的远期合约往往是卖出外币资产的合约，对于卖出资产的远期合约，展期收益为（$FP_0 - SP_0$）。我们研究收益时大多使用收益率的形式而非收益的绝对金额，因此站在卖出资产合约的角度的展期收益率等于（$FP_0 - SP_0$）$/SP_0$。

如果 $FP_0 > SP_0$，远期升水，展期收益为正值，可以降低外汇对冲成本；如果 $FP_0 < SP_0$，远期贴水，展期收益为负值，会增加外汇对冲成本。

另外，展期收益可以看作我们通过签订的远期合约锁定的确定性收益或损失。如果展期收益大于零，那么每滚进一份合约就可以获得一份确定的收益。滚动的频率越多，虽然会增加对冲成本，但滚进多份合约可以带来更多的展期收益，从而抵消部分对冲成本。

判断是展期收益还是展期损失取决于以下两个因素：①货币本身是远期升水还是远期贴水；②持有的远期合约是买入资产合约还是卖出资产合约。

表6-8 总结了针对基础货币远期合约不同头寸下的展期收益、对冲成本和影响。

表6-8　针对基础货币远期合约不同头寸下的展期收益、对冲成本和影响

对冲头寸		远期价格曲线向上倾斜	远期价格曲线向下倾斜
买入远期合约	展期收益	负	正
	对冲成本	增加	降低
	影响	降低对冲的吸引力	增加对冲的吸引力
卖出远期合约	展期收益	正	负
	对冲成本	降低	增加
	影响	增加对冲的吸引力	降低对冲的吸引力

【例题】 对冲和展期收益

资产组合本币为日元（JPY），组合中包括以欧元（EUR）、美元（USD）、加拿大元（CAD）计价的资产，货币之间的汇率信息详见下表。

	即期汇率	6 个月远期合约汇率	基金经理预测 未来 6 个月的汇率
JPY/EUR	132.79	141.04	130.87
JPY/USD	112.46	119.15	125.85
JPY/CAD	101.2	87.98	81.37

问题1：判断哪一种外币是远期升水？哪一种是远期贴水？

解答：鉴于我们要考查的是外币的远期升水还是贴水，我们应当把外币作为基准货币，即出现在"/"的后面。题干中给出的标价方式刚好是把外币作为基准货币的。

JPY/EUR 和 JPY/USD 远期汇率大于即期汇率，远期升水；JPY/CAD 远期汇率小于即期汇率，远期贴水。

问题2：哪一种外汇对冲能够获得正的展期收益？

解答：因为我们持有的是卖出外币的远期合约，展期收益等于 $(FP_0 - SP_0)$，远期升水的货币有正的展期收益，因此 JPY/EUR 和 JPY/USD 正的展期收益。

问题3：哪一种汇率我们应当进行对冲？

解答：对于外汇投资是否对冲，取决于对冲是否合算。对冲就是指通过签订一份卖出外币的远期合约，锁定未来卖资产的价格；不对冲就是直接持有外币等到将来按照市场汇率进行兑换。但我们并不知道未来市场的汇率价格，只能通过预期（如表6-8最后一列所示）。因此，我们可以通过比较对冲和不对冲所能获得的收益率，来判断是否进行对冲。

对于 EUR 来说，对冲的收益 = 141.04/132.79 − 1 = 6.21%；不对冲的收益 = 130.87/132.79 − 1 = −1.45%，因此，欧元应当对冲。

同上，可以计算出美元不应对冲。

同上，可以计算出加拿大元应当对冲。

问题4：请评价展期收益如何影响对欧元和美元是否进行对冲的这个决策。

解答：从问题2的答案中我们知道美元和欧元的展期收益都是正值。正的展期收益可以降低对冲成本。但是展期收益只是决定是否对冲的考虑因素之一，并不是一个决定性因素。

问题5：资产组合中购买了以加拿大元计价的资产，计算非年化的加拿大元的展期收益率。

解答：目前资产组合中持有以加拿大元计价的资产，将来是要出售加拿大元换成日元的，因此我们持有的远期合约是卖出加拿大元。

$$展期收益率 = (F - S)/S = (87.98 - 101.2)/101.2 = -13.06\%$$

何老师说

在上述计算中，基金经理的预测是否准确不在我们的考虑范围内，我们仅基于基金经理的预测情况来判断某种外汇是否需要对冲。但是我们需要清楚的是，基金经理的预测可能是不准确的。如果对冲的话，可以获得一个无风险且确定的收益率，但如果不对冲，仅基于基金经理的预测，是存在较大风险的。

4.7 外汇管理的工具：期权

4.7.1 对冲成本

远期合约作为一项必须履行的义务，在对冲外汇风险时能够消除汇率的下行风险，但同时

也消除了汇率变动有利带来的任何好处，即机会成本较高。

相比远期合约，期权作为一项权利而非义务的主要优点就是在对冲风险的同时不会丧失获利机会，当汇率朝着有利方向发展时，期权持有人可以选择不执行期权，而是直接在现货市场进行兑换以获得更高的收益。唯一的不足就是期权需要支付期权费。

4.7.2　对冲外汇风险的策略

下面的策略介绍都基于同一个假设：欧洲基金经理希望对冲组合中持有的瑞士法郎资产，汇率报价形式为 EUR/CHF。

1. 远期合约：根据基金经理的观点，调增或调减对冲比例，降低对冲成本

如果基金经理预期瑞士法郎未来会升值，那么应当降低对冲比例。在极端的情况下，如果基金经理不对冲，则可以获得因汇率升值而产生的所有收益，以收益抵成本，从而降低了对冲成本。如果基金经理预期瑞士法郎未来会贬值，那么应当选择完全对冲或者超额对冲。因为对冲可以减少贬值带来的损失。这种动态的对冲方式可以增加收益降低损失，我们把这种涨多跌少的性质称为**正凸性**（positive convexity）。对比期权，远期合约的成本较低。

2. 购买虚值看跌期权来对冲外汇风险

虚值看跌期权的执行价格比平价看跌期权低，如 30-delta 期权。delta 绝对值越小的虚值，看跌期权越不容易被执行，因此价格越便宜。例如，15-delta 期权的价格比 30-delta 期权的价格低。虚值期权的期权费用较低，可以降低一定的初始成本，但无法消除所有的下行风险。

3. 风险反转策略

基金经理可以购买一个低成本的看跌期权（如 30-delta 期权），再卖出一个 30-delta 的看涨期权（如 35-delta 期权），来降低初始成本。由于买入和卖出期权的 delta 相同，此策略被称为风险反转策略。此策略在保留一定的下行风险保护的同时，降低了初始成本。当外汇升值时，持有看跌期权可以不行权，从而保留上涨空间，但因为该策略又卖出了看涨期权，削弱获得上行收益的空间。与购买虚值看跌期权相比，风险反转策略的成本进一步降低，但也限制了上涨的潜力，并且无法消除所有的下行风险。

4. 看跌期权价差策略

看跌期权价差策略（put spread）由两个执行价格不同的看跌期权组成：购买执行价格较高的看跌期权来降低外汇下行风险。为降低该成本，卖出另一个执行价格较低的看跌期权。如果外汇价格进一步下跌，跌破卖出的看跌期权的执行价格时，下跌风险的保护作用失效。与购买虚值看跌期权相比，本策略在降低了初始成本的同时也降低了下行的保护力度。

5. 海鸥价差策略

海鸥价差策略（seagull spread）是指购买看跌期权的同时卖出一个看涨期权和一个执行价格更低的看跌期权。该策略相当于将上述两个策略合并在一起。该策略的初始对冲成本是上述策略中最低的，但减弱了下跌风险保护，同时限制了上涨的潜力。

4.7.3　奇异期权

除了上面介绍的常规期权组合以外，基金经理在对冲外汇风险时还会用到比常规期权更为

复杂的**奇异期权**（exotic options）。这些非标准化的奇异期权品种类繁多，在 CFA 三级的学习中我们只涉及以下几种简单的类型。

1. 敲入期权

当标的资产价格达到一个特定障碍水平时，期权自动生效，我们称具有这一特征的期权为**敲入期权**（knock-in option）。例如，敲入期权可以规定只有资产价格超过 10 元时看跌期权才生效。

2. 敲出期权

当标的资产价格达到一个特定障碍水平时，期权自动作废，我们称具有这一特征的期权为**敲出期权**（knock-out option）。例如，敲出看涨期权可以规定敲出价格 14 元，行权价格为 12 元。那么资产价格超过 12 元时，看涨期权才开始行权，而当价格超过 14 元后，看涨期权失效，可以看出此敲出期权最多收益为 2 元。

敲入期权和敲出期权相比于传统期权（vanilla option）来说，限定条件更多，因此选择权的价值下降，期权费更低。而敲入期权和敲出期权在增加了诸多限制条件之后，提供的风险保护更少或取得潜在收益更小。

3. 两值期权

两值期权（binary or digital option）是指投资者一旦选择执行期权，获得的收益是固定的。对于普通期权来说，收益会随着基础资产价格的变化而发生一系列改变。而两值期权的收益只有两种情况，执行期权获得固定收益或不执行期权收益为零。

一般而言，两值期权中的固定收益金额较大，所以一般两值期权的期权费会比较贵，只要资产价格变动一点，都可能获得一个较大的固定收益。相比作为对冲的工具，两值期权更多的是服务于基金经理对外汇资产的主动管理中。只要基础资产价格变化一点，都可以让两值期权持有人获得较高的收益。

4.7.4　外汇管理的策略小结

外汇管理的策略小结见表 6-9。

表 6-9　外汇管理的策略小结

管理工具	具体策略	具体措施
远期合约	可以增加或降低对冲比例	取决于基金经理对于市场的观点
期权	购买虚值期权策略	比平价期权便宜
	风险反转策略	卖出期权获得期权费
	看跌期权价差策略	卖出期权获得期权费
	海鸥价差策略	卖出期权获得期权费
奇异期权	敲入期权/敲出期权	提供的风险保护更少或取得潜在收益更少
	两值期权	能够获得较高收益的策略

使用上述策略进行外汇风险对冲时的具体步骤如下。

- 识别基准货币（base currency）：把要对冲的货币放在基准货币上，作为考察对象。

- 判断在进行对冲时，是买入还没卖出基准货币。
- 如果是买入基准货币，为对冲风险：①可以选择买入看涨期权或签订买入资产的远期合约；②为了降低对冲成本，可以采用购买虚值看涨期权或卖出另一个期权来实现，但是这种成本的降低是建立在牺牲风险保护能力或上涨收益的基础上的。
- 如果是卖出基准货币，为对冲风险：①可以选择买入看跌期权或签订卖出资产的远期合约；②为了降低对冲成本，可以采用购买虚值看跌期权或卖出另一个期权来实现，但是这种成本的降低是建立在牺牲风险保护能力或上涨收益的基础上的。
- 如果客户的风险厌恶程度较低，且基金经理对于外汇市场的变化有明确观点时，也可以不进行对冲，而是对外汇进行主动管理，主动去寻找可以获得超额回报的机会。
- 在上述策略中，我们可以通过调整执行价格和对冲规模来创造出零成本的策略（zero-cost structure），即对冲成本为零。但降低对冲成本意味着降低风险保护能力或获得上涨收益的潜力。

4.8　外汇管理的工具：对冲多种货币头寸

一般而言，全球资产组合中往往包含多种以不同货币计价的资产。由于外汇市场价格变动是相对的，一种货币升值，意味着另一种货币贬值，多种货币之间存在着天然的风险分散的效果。如果持有多个国家货币头寸，对每一种货币都进行对冲是没有必要的，且非常耗时耗力。因此，我们接下来就介绍在管理多种外汇头寸时常用的对冲方法。

4.8.1　交叉对冲

交叉对冲，cross-hedges，又称 proxy-hedge。在外汇市场中一些币种交易非常不活跃，这就意味着很难在衍生品市场上找到这些汇率对应的合约报价，当需要对冲这些交易量小的货币币种时，基金经理通常采用和目标货币相关性较高的币种作为替代进行对冲。

我们用于对冲外汇风险的工具主要以远期合约为主，远期合约相较期货合约而言，是非标准化的合约，可以覆盖任何币种。因此在外汇市场上，交叉对冲是没有必要的。

交叉对冲会引入其他风险：①只要替代货币与原外汇币种之间不是完全正相关，那么就会由于对冲不完全而产生剩余风险；②即使历史上两种货币之间的相关性很高也不代表这种较高相关性将会一直保持下去。

此外，远期合约的标的资产和现货资产之间不一致还会引入基差风险（basis risk）问题。

4.8.2　宏观对冲

宏观对冲（macro-hedges）：将所有要对冲外汇资产作为一个整体进行风险对冲。例如，全球债券资产的组合，该组合中包括多个外汇计价的债券。宏观对冲不再对冲单一币种资产，而是将整个资产组合分拆成一个个的风险因子，如流动性风险、期限风险、信用风险等，对逐个风险因子进行对冲。

　　由于我们持有多种货币，货币之间具有天然风险分散作用。宏观对冲是从资产组合整体的角度出发，为调整了资产之间分散化作用之后的风险头寸，寻找合适对冲工具的策略。通常用到的对冲工具为汇率指数的衍生产品。

　　以资产组合为整体来对冲外汇风险的效果肯定要弱于对逐个货币进行对冲，且误差比较大。虽然宏观对冲成本较低，但是由于对冲不完全导致的剩余风险也比较高。同样，由于指数远期合约标的和实际要对冲的现货币种只是相似，但并不完全相同，宏观对冲也会产生基差风险问题。

4.8.3　最小方差对冲比例

　　最小方差对冲比例（minimum-variance hedge ratio，MVHR）是一种决定对冲比例的数学方法。对冲比例是指需要签订多少份的（名义本金规模）远期合约才能够完全对冲外汇风险。

　　这是一种定量回归模型，以本币计价的资产组合过去的收益率变化（R_{DC}）为因变量，对冲工具（如远期合约）的收益率变化为自变量进行线性回归，使得追踪误差最小化。其计算公式为

$$R_{DC} = \alpha + hR_{对冲工具} + \varepsilon$$

式中　R_{DC}——以本币计价的资产组合的历史收益率；

　　　$R_{对冲工具}$——对冲工具（如远期合约）的历史收益率；

　　　h——最优对冲比例；

　　　α——截距项；

　　　ε——残差项。

　　回归模型中斜率 h 就是最优对冲比例。如果 h 等于 2，说明我们可以通过 2 份期货合约来对冲资产组合收益率的变动。由于 h 为回归方程的斜率，因此我们又可以得出一个公式

$$h = \rho(R_{DC}, R_{对冲工具}) \frac{\sigma(R_{DC})}{\sigma(R_{对冲工具})}$$

式中　$\rho(R_{DC}, R_{对冲工具})$——以本币计价的资产组合与对冲工具的收益率的相关系数；

　　　$\sigma(R_{DC})$——以本币计价的资产组合收益率的波动率；

　　　$\sigma(R_{对冲工具})$——对冲工具收益率的波动率。

👆【例题】使用最小方差对冲比例法

　　一个位于法国的资产管理公司，在标普 500 指数基金中投资了 2 000 000 美元。通过收集 8 年的月数据，这个公司计算出了最小方差对冲比例。已知 $\sigma(\%\Delta S_{EUR/USD}) = 3\%$，$\sigma(R_{DC}) = 5\%$，$\rho(R_{DC}, \%\Delta S_{EUR/USD}) = 0.15$，以下哪种头寸最符合最小方差对冲？

　　A. 买入面值为 500 000 美元的 USD/EUR 远期合约

　　B. 买入面值为 180 000 美元的 USD/EUR 远期合约

　　C. 卖出面值为 200 000 美元的 USD/EUR 远期合约

　　答案：A

　　最小方差对冲比例的公式为

$$h = \rho(R_{DC}, R_{FX}) \frac{\sigma(R_{DC})}{\sigma(R_{FX})}$$

> 将数据代入公式，得 0.25。即投资 2 000 000 美元，需要签订卖出 500 000 美元的远期合约。由于选项中的外汇计价基础货币是 EUR，卖出 USD 也就是买入 EUR，所以买入面值为 500 000 美元的 USD/EUR 远期合约才能够完全对冲外汇风险。

4.9　新兴市场货币的外汇管理

4.9.1　管理新兴市场货币

相比投资于货币交易量大的成熟市场，在新兴市场进行投资可能会面临一些额外的挑战，主要分为两大类。

1. 交易成本比较高

由于新兴市场货币交易量较小，买卖价差较高，可选择的衍生品少。一些国家的外汇没有直接报价，而是通过第三国货币来兑换，增加了交易次数和交易成本。

2. 流动性较差，且易受到危机事件的影响

流动性差导致不仅进入交易的成本高，退出交易的成本更高。当经济出现极端情况时，汇率会发生较为剧烈的波动，大部分的投资者会从新兴市场汇率套息交易中退出。因为新兴市场国家的货币比较脆弱，很容易过度贬值，造成汇率套息交易大幅亏损。

一般而言，新兴市场国家最突出的特点就是收益率高。根据利率平价理论，当前利率较高会吸引资金流入，但是在未来当涌入的资金撤走时，远期货币一定会在抛售压力下贬值，即货币远期贴水。这就意味着投资者在使用远期合约对冲新兴市场国家货币时展期收益为负。

新兴市场国家很容易受到危机事件的传染，即只要发达国家发生经济危机，新兴市场等发展中国家由于经济比较脆弱，极有可能受到波及发生经济危机，因此在经济危机中，发达国家和发展中国家的相关性在增强，降低了投资不同市场风险分散化的效果。

新兴市场国家收益率多属于非正态分布，尾部很容易出现大概率的极端损失，即**尾部风险**（tail risk）。

4.9.2　非实物交割的远期合约

远期合约到期后，我们既可以选择进行实物交割，也可以选择不进行实物交割。这里的实物交割是指交割合约对应的货币，不结算差价。

对于新兴市场国家货币的远期合约，我们一般采用非实物交割的形式，即直接现金结算差价。主要原因是因为新兴市场国家往往会进行外汇管制，流通的货币量太少，难以实现实物交割。

即便非实物交割的远期合约在现金结算差价时，使用的也是发达国家的货币，以避免采用新兴市场国家货币进行结算受到外汇管制的影响。

第 7 章

固定收益

学科介绍

  三级固定收益是站在组合管理的角度上，来讲解是如何管理固定收益投资的。其中第一节是三级固定收益的综述型章节，较为宏观地讲解了三级固定收益管理的内容，除了一些小知识点外，其他几个大的知识点会在后面的章节中展开阐述。第二节讲解了固定收益的被动投资策略，其中涉及三级固定收益最重要的知识点，也是考生复习时问题最多的知识点——负债驱动型投资策略。固定收益的第三节主要讲解了主动型投资策略，即收益率曲线策略，如何根据收益率曲线变动的预期做出相应合理的投资。其中在 2019 年的考纲中，第三节在 2018 年的基础上增加了两个小的知识点。固定收益的第四节仍然讲解的是固定收益的主动型投资策略——信用策略。

1 固定收益组合管理概述

本节说明

　　固定收益证券在金融市场上扮演着重要的角色，从全球的角度来看，以市值来衡量，固定收益证券是最重要的融资工具。从融资功能来看，相比股票其融资主体更加广泛，除了有企业之外，还有国际组织、各国中央政府、国内各级政府、政府机构、金融机构等。从种类来说，固定收益证券的种类繁多、形式多样。例如，固定利率债券与浮动利率债券；含权债券与不含权债券、可转换债券等。站在投资者的角度，以投资和资产管理的视角来看，投资固定收益证券会为组合带来众多好处。本节作为 CFA 三级固定收益的第一节，主要从几个大的方面进行概述，其中一些知识点会是后面章节的重点。

　　本节主要从以下几个方面进行讲解：

✓ 为什么要投资固定收益证券？固定收益证券在组合管理中起到什么作用？固定收益证券的预期收益都由哪些部分构成？

✓ 固定收益组合管理的两个主要策略：以满足负债为目标（liability-based mandates）的固定收益组合管理策略和以总收益为目标（total return mandates）的固定收益组合管理策略。

✓ 固定收益组合管理过程中有哪些办法可以增加杠杆，以及固定收益组合投资过程中的税收考虑。

知识点自查清单

☐ 固定收益证券在投资组合中的作用 ★
☐ 固定收益证券的投资策略 ★
☐ 固定收益证券投资收益的分解
☐ 债券投资的杠杆

1.1　固定收益证券在资产组合中的作用

1.1.1　分散化

　　当不同资产的价格变动并非完全相关时，即不同资产收益率之间的**相关系数**（correlation coefficient）小于 1 时，这些资产的组合可以带来分散化的效果，这种分散化的效果能够帮助降低组合的风险。

实证研究发现，投资组合中加入固定收益证券可以有效地降低风险、提供分散化的效果，如投资级债券、高收益债券、新兴市场债券以及股票构成的组合可以实现充分分散化的效果；又例如，由于美国的投资级债券和非美国投资级债券的相关性较低，这两者的结合也能实现分散化的效果。

加入固定收益证券提供的分散化效果主要来自于：

✓ 不同债券种类之间的相关性小于 1；如投资级债券之间尽管相关性较高，但是都小于 1；投资级债券与高收益债券之间的相关性较低；按照发行国家区分，美国投资级债券与非美国投资级债券的相关性很低。

✓ 债券与其他类别的资产相关性较低；如债券与股票之间、债券与大宗商品之间、债券与房地产之间的相关性较低。

从上面总结可知，组合中加入固定收益证券能够实现分散化的效果主要来自于资产价格变动之间的"非完全相关"，即价格之间的相关系数小于 1。这里需要注意的是，在使用相关系数衡量两种资产价格变动之间的关系时，要时刻牢记相关系数并非是恒定不变的，它会随着市场环境的变化而变动。在不同的时期，资产间呈现出的相关系数也不一致，甚至会有较大幅度的波动。例如，当出现危机、市场恶化时，风险资产间的相关系数会变大，如股票、高收益债券之间的相关系数变大，同时高风险资产与低风险资产间（如美国国债）的相关系数降低（降低至较大的负相关系数）。这是因为市场出现危机时，会大面积出现投资者的避险行为（flight to quality），这种避险行为会驱使投资者卖出高风险资产，如高收益债券、股票等，转而买入高质量的美国国债，这时抛售高风险资产的行为会使得高收益债券的价格与股票的价格同步地降低，并且呈现加速下跌的趋势，于是这种同步下跌使得风险资产中的高收益债券与股票间呈现较大的正相关系数。而投资者大规模购买国债的行为又会使得国债价格攀升，这就使得国债价格与风险资产价格之间呈现较强的负相关系数。因此发生危机时，风险资产间的相关系数变大，而避险资产与风险资产间的相关系数降低。

从这个例子可知，相关系数并非是固定不变的，不同时期资产间呈现出不同的相关系数。

1.1.2　固定收益证券能够提供现金流管理

由于固定收益证券有较为确定的现金流，如固定利率债券的期间利息现金流，以及期末偿还的到期本金现金流，这种确定性较高的现金流可以帮助投资者进行现金流管理。有一些投资者有确定性较高或者强制性的未来现金流支出，如机构投资者中的养老金尤其是 DB 型养老金，有合约约定的强制性未来现金流支出；个人投资者也有退休后生活费用的现金流支出、子女教育计划的现金流支出等。这些确定性较高或者必须满足的未来现金流需求，可以用风险较低、现金流确定性高的固定收益证券投资来实现。例如，某投资者的子女今年 8 岁，确定在其10 年后，即 18 岁进入大学学习，预期到时会有一笔 10 万美元的教育费用支出，此时投资者可以购入总面值共计 10 万美元、10 年期的零息国债。这样债券到期后的现金流就恰好完全满足子女教育的现金流支出。此时，固定收益投资起到了现金流管理的作用。

有一些投资者的现金流需求时间较为分散，有一些投资者现金流支出发生的时间较为分散，如某投资者的现金流支出分别发生在 1 年后、2 年后、5 年后和 7 年后。这几年的年末各

有一笔5万元的现金流需求，此时投资者可以投资于多个且到期时间不同的债券，构建出到期日呈现阶梯形的债券组合（ladder bond portfolios）。组合中的每只债券都持有至到期，并且利用债券的期间现金流收入（即利息收入），以及债券面额偿还的现金流收入来满足各期的现金流支出需求。

当利用固定收益证券进行现金流管理时，并非是万无一失的；这种现金流管理，其暗含的一个假设就是投资者能如期收到预期现金流。一些事件，如发生信用违约事件，债券发行人违约时，或者可赎回债债券（Callable bond）被提前赎回时，利用固定收益证券管理现金流会有一定的风险。

1.1.3　固定收益证券用来管理通胀风险

一些固定收益证券可以用来对冲通货膨胀风险。这样的债券有浮动利率债券以及通货膨胀挂钩的债券（inflation-linked bonds），如TIPS。浮动利率债券与通胀挂钩的债券对冲通胀风险的原理有一些不同。

由于浮动利率债券的浮动利率会在基准利率的基础上加上一个利差（spread），而基准利率一般会随着通胀预期进行调整，所以浮动利率债券每期收到的利息是经过通胀调整后的利息，这部分利息现金流可以保证其购买力；但是对于浮动利率债券来说，到期收到的本金不会对通胀进行调整，仍是期初购买债券时确定的债券面额。所以浮动利率债券对冲通胀的原理是：基准利率会对通货膨胀预期进行调整，而债券的本金并不会对通胀做出调整。

对于通货膨胀挂钩的债券来说，债券的面额会对通货膨胀率进行调整；债券的面额通常会随着CPI指数进行调整。有多种形式的通胀挂钩债券，其中就包括每期支付利率固定但面额随CPI浮动的债券。例如，某只债券的初始面额为100，每期利息为固定利率3%，第一年的通胀率为10%，那么这年债券本金调整为 $100 \times 10\% = 110$；利息仍为3%，本期支付的利息现金流为 $110 \times 3\% = 3.3$。

相比较浮动利率债券，通胀挂钩的债券不但能对冲期间利息现金流的通胀风险，还能对冲到期本金的通胀风险。

1.2　固定收益证券的投资策略

广义地来划分，固定收益证券的投资策略可以分为以满足负债为导向的投资策略（liability-based mandates）和以追求总收益为导向的投资策略（total-return mandates）。这两种策略有着不同的目标。

以满足负债为导向的固定收益证券投资策略是指，资产未来的现金流收入能够满足未来的负债现金流支出；这种投资策略追求的目标就是"满足"负债，并且最小化资产现金流不能满足未来负债现金流支出的风险。

以总收益为导向的固定收益证券投资策略，顾名思义就是追求总收益的最大化，这种策略一般是跟踪指数投资或者追求相对于指数的超额收益。

1.2.1　以满足负债为导向的固定收益证券投资策略

最常使用这种方法的机构有银行、养老金（pension fund）、保险公司等。这类机构都有一个共同的特点，就是它们有义务需要在未来偿付一定的负债，所以在进行固定收益证券投资时，需要让资产匹配未来的负债，以降低资产不能满足负债的风险。

以满足负债为导向的固定收益证券投资策略可以进一步划分为现金流匹配策略和久期匹配策略，这两种策略可以统称为**免疫策略**（immunization）。

1. 现金流匹配策略

现金流匹配策略（cash flow matching）是指利用债券组合的利息、到期本金现金流流入来偿付负债现金流支出。其背后的逻辑就是未来有多少负债需要偿付，偿付时，恰好有债券组合投资的利息现金流流入和本金现金流流入来满足负债。

与久期匹配策略相比，现金流匹配策略更简单，也不需要特定的假设条件。理论上来说，一旦现金流匹配策略构建成功，就无须做出调整。同时，一旦债券组合的现金流流入和负债现金流流出完全匹配，即两个现金流发生的时间一样、金额一样时，那么利用现金流匹配策略的债券投资组合不会面临再投资风险。

但在实际操作中，现金流匹配策略存在一些缺点。第一个缺点就是理论上的完美匹配在实操中经常很难实现。例如，现金流支出发生在 9 月 10 日，而债券的利息收入和本金偿还发生在 8 月 1 日，这样就存在一个时间差。第二个缺点是构建完美的现金流匹配策略成本较高。由于这两个缺点的存在，有时构建现金流匹配策略时，会适当放宽条件。例如在构建匹配策略时，可以允许现金流时间差的存在，即资产现金流流入发生在负债现金流流出之前。但是这时候提前收到的现金流流入又会面临再投资风险。

应当注意的是，在使用现金流匹配策略时，需要有确定性较高的现金流流入。如果构建的策略里有债券违约时，该策略就会失败；或者当构建的策略里包括可提前赎回债券时，该债券的提前赎回就会改变债券投资组合的现金流，此时建立好的现金流匹配策略就很难再匹配负债现金流。所以在构建该策略时，可以将投资的债券限制为国债以避免发生现金流的违约，以及限制为不含权债券（option-free bond），以避免被提前赎回的风险。

2. 久期匹配策略

假设存在这样一笔负债现金流支出需要用资产来匹配：5 年后，负债到期需要支付一笔现金流 100 万元；例如 5 年后，某公司高管退休，需要向其支付 100 万元的退休金，如果市场上恰好存在一个 5 年期的**零息债券**（zero-coupon bond），那我们买入到期面额共计 100 万元的 5 年期零息债券并持有至到期；5 年后零息债券恰好到期，且到期额为 100 万元满足负债。由于是持有至到期，所以投资该债券并不存在价格风险；由于是零息债券，所以也不存在期间利息再投资的风险。于是投资这个 5 年期的零息债券，能够很好地匹配这个负债；这 5 年间的利率变动，无论利率如何变动，并不会影响到投资债券的收益，于是资产完美地匹配了负债。

但是，并非所有的负债都可以找到合适的零息债券来匹配，如果使用的是与负债期限不一样的附息债券来匹配时，可能会面临期间现金流的再投资风险与负债到期时卖出债券的价格风险。还是以匹配上面的负债为例，市场上找到了一个 10 年期的固定利率债券，我们可以持有 5

年后当负债到期时卖出债券来偿付负债。

但此时，就涉及两个问题：

✓ 由于不是持有至到期，市场利率的变动可能会导致债券的卖出价格与摊销后的成本不一样，于是会产生资本利得或损失，这会影响到卖出债券时的收益。

✓ 由于该债券存在期间利息现金流，市场利率的变动会影响利息的再投资收入，最终会影响到持有债券的期间收益。

于是，当市场利率变动时，会从两个方面影响债券的投资收益：一是期间利息的再投资收益；二是卖出债券时的资本利得和损失。利率变动的不确定性，会使得债券期间现金流的再投资收益不确定，尤其是当利率下降时会有再投资收益降低的风险，我们把这种风险称为**再投资风险**。同时，利率变动的不确定性使得卖出债券的价格变得不确定，尤其是当利率上升时，债券的卖出价格（下降）具有不确定性，我们把这种风险称为**价格风险**。最终期末时，由于市场利率的影响，卖出债券资产产生的现金流有可能会无法满足负债的现金流需求。当市场利率降低时，债券持有期间收到的利息现金流会面临再投资的风险，再投资收益降低，但同时利率降低时，卖出债券的价格上升获得资本利得，此时再投资收益的降低与资本利得可以一定程度地相互抵消。当市场利率上升时，债券卖出的价格降低，其面临价格风险，产生资本损失，但同时债券期间现金流的再投资收益增加，债券的资本损失与再投资收益的增加也可以一定程度地相互抵消。我发现，无论利率如何变动，债券的再投资风险与价格风险具有天然相抵的作用。虽然市场利率降低时，期间现金流的再投资收益降低，但是由于利率下跌，债券的价格上升，未来卖出债券时会存在资本利得；而当市场利率上升时，虽然债券的价格下跌，未来卖出债券时会存在损失，但是期间利息的再投资收益上升。如果债券利率风险的影响和债券价格风险的影响能够恰好完全抵消，那就意味着持有债券期间的市场利率变动不会影响到债券的投资收益，此时用这样的债券去匹配负债，就能很好地"抵御"市场利率变动的影响，从而在负债到期时满足负债的现金流要求。

那么满足什么样的条件才会将这两种影响效应相互抵消呢？有一个结论就是，当债券的麦考利久期（Macaulay duration）等于债券的投资期时，债券的利率风险影响和价格风险影响完全相互抵消。例如，某 10 年期附息债券的麦考利久期为 8.5 年，那么我们把投资这只债券的投资期设置为 8.5 年，就可以使得其再投资风险与价格风险完全抵消，达到一个确定的收益，从而很好地匹配 8.5 年到期的负债。

再用资产匹配负债的策略中，投资资产的目的就是满足未来到期的负债，所以债券（资产）投资期就是负债现金流的到期时间。为了使得债券的投资期内对利率的变动免疫，我们要使得债券的投资期等于债券的麦考利久期。结合上面两个条件进而得到：达到"债券的麦考利久期等于负债现金流的到期时间"时，可以实现利率的免疫。因为现金流的平均到期时间可以用麦考利久期来衡量，因此我们可以由负债现金流发生的时间得到负债的麦考利久期。于是利率免疫的条件从"债券的麦考利久期等于负债现金流的到期时间"进一步变为：债券（资产）的麦考利久期等于负债的麦考利久期。在满足一定假设的条件下，我们可以从麦考利久期相等的条件推导出久期（修正久期）相等的条件。这就是久期匹配的第一个条件：资产的久期等于负债的久期。

由于要在未来满足特定的负债金额，所以需要未来的现金流相等；折现回来就是投资的债

券资产的现值等于负债的现值。这是久期匹配的第二个条件。

于是，满足久期匹配的两个条件为：第一，资产的久期等于负债的久期；第二，资产的现值等于负债的现值。

满足以上条件就做到了市场利率的变动不会影响到债券资产的投资收益，让资产能够在负债到期时仍能满足负债的现金流，即对利率免疫；这就是为什么我们称久期匹配策略是（利率）免疫策略的一种。

✋ 【例题】

某公司对其负债进行久期匹配策略。经过对资产的调整，使得资产负债满足久期匹配的所有条件。假设利率发生了小幅的平行向上移动，此时公司资产负债的状态是：

A. 资产的变动大小与负债的变动大小一致

B. 资产的变动大小小于负债的变动大小

C. 资产的变动大小大于负债的变动大小

解答：正确答案为 A。由于已经达到了资产负债久期匹配的所有条件，达到了利率免疫的条件。利率的变动对资产负债的影响大小一致，使得资产仍能满足负债。

久期匹配做出来的免疫策略仍然会有一些不足：

✓ 假设利率是平行移动的，才能达到免疫的效果。但实际中，往往会碰到利率的非平行移动，而非平行移动可能会造成资产负债的不匹配。

✓ 期初按免疫策略的要求条件做好免疫策略，只能对一次利率的平行移动"免疫"；或者只有在期初特定的时间段内达到免疫效果。因为随着利率的变动或者随着市场条件的变动，债券资产可能不再满足免疫的条件，需要重新调整。

✓ 由于免疫策略需要定期对资产进行调整，所以就需要考虑资产的流动性。

✓ 久期匹配免疫策略的成功，有一个隐含的条件就是债券资产不会违约。

以现金流匹配和久期匹配为基础，还会衍生出来其他的混合型匹配策略来构建债券组合满足未来负债现金流需求。其中就包括**或有免疫**（contingent immunization）策略和**分段匹配**（horizon matching）策略。其中或有免疫是指，当资产的现值大于某个临界值时，如负债的现值为临界点，即资产的现值大于负债的现值有盈余时，可以采用主动的管理策略来管理资产；一旦资产的现值低于临界值，就采取现金流匹配、久期匹配等被动型管理策略。

分段匹配策略是结合现金流匹配和久期匹配的方法，即对于短期需要满足的负债现金流，其对应的资产采用现金流匹配的方法，对于长期需要满足的负债现金流，其对应的资产可以采用久期匹配的策略。

✋ 【例题】

某养老金当前的资产为 200 亿元，养老金负债经过估算为 120 亿元。此时该养老金具有较大的盈余。该公司为了扩大养老金的盈余最合适的投资策略为

A. 现金流匹配策略

B. 久期匹配策略

C. 或有免疫策略

解答：正确答案为 C。因为当前养老金具有一定的盈余，养老金资产大于养老金负债；同时养老金想要扩大其盈余。此时可以采用或有免疫的策略，采取积极主动的投资策略以追求较高的收益。

1.2.2 以追求总收益为导向的固定收益证券投资策略

在以满足负债为导向的固定收益证券投资策略中，投资资产的目的就是能够满足未来到期的负债；而以追求总收益为导向的固定收益证券投资策略，其目的就是尽可能实现较高的收益，这个收益可以是相对于某个指数的相对收益，如相对于债券指数的相对收益、超额收益，也可以是绝对收益。按照投资的超额收益（active return）与追踪误差（tracking error）的大小程度不同，以追求总收益为导向的投资策略可以进一步划分为：超额收益与追踪误差都为零的完全追踪指数的投资策略；有部分追踪误差，部分超额收益的增强型指数投资策略；超额收益与追踪误差都很大的完全主动型投资策略。

1. 完全追踪指数的投资策略

在完全追踪指数的投资策略（pure indexing）下，投资的债券组合完全模拟、复制指数，即按照指数中的成分以及比例构建资产组合。所以，在这种方法下，超额收益和追踪误差的理论值应该都为零。然而，在实践中，由于指数没有交易费用和管理费用等，即便债券组合完全模拟、复制指数，其收益也是低于指数收益的。实践中，这种完全复制的方法难度较大且费用较高，这是因为如果要完全复制指数，可能会需要购买一些流动性较差、发行较少的债券，这就增加了复制指数的成本与难度。因此，在实务中，可能会对复制的条件适当放宽。在完全追踪指数的投资方法下，债券组合的周转率大体与指数一致。

2. 增强型指数投资策略

在增强型指数投资策略（enhanced indexing）下，投资的债券组合尽可能地模拟指数的一些最主要的风险特征，然后对于一些次要的风险特征可以适当地偏离指数。这种偏离的目的就是追求超额收益。由于存在部分主动投资，所以这种方法下组合的周转率要略微大于指数的周转率。

3. 完全主动型投资策略

完全主动型投资策略（active management）有更大的自由度，甚至可以完全偏离指数。在这种方法下组合的周转率要大于指数的周转率。

【例题】

根据以下表格中的数据，判断投资经理 A 最有可能采取的是哪种投资策略？

债券类型（权重）	投资者 A	投资者 B	投资者 C	指数
国债	42%	33%	47%	42.30%
公司债	33%	40%	36%	32.50%
MBS	10%	21%	16%	10.50%
地方政府债	15%	6%	1%	14.70%

债券来源国家类型 （权重）	投资者 A	投资者 B	投资者 C	指数
美国	68.20%	68%	65%	68%
英国	12.30%	16%	22%	12%
德国	9.70%	7%	11%	10%
日本	9.80%	9%	2%	10%

债券特性	投资者 A	投资者 B	投资者 C	指数
平均到期日	10.2	13	8	10.5
修正久期	8.2	9.5	6.3	8.3
凸性	0.72	0.85	0.62	0.7

A. 完全追踪指数的投资策略（pule indexing）

B. 增强型指数投资策略（enhanced indexing）

C. 完全主动型投资策略（active management）

解答： 正确答案为 A。从以上 3 个表格发现，投资者 A 的特点几乎完全接近指数的特点。因此投资者 A 最有可能在进行完全追踪、复制指数的投资策略。

1.3　债券市场的流动性

流动性的好坏可以依据资产能否以市场价格快速变现来衡量。流动性的好坏可以看资产能否以市场价格快速变现来衡量。这里面需要注意的有两点：第一，交易是以市场价格完成的；第二，资产快速地变现。满足以上两点的资产才能称为流动性好。因为如果以高出市场价格很多的报价来购买资产，以低于市场价格很多的报价来卖出资产，也能较快速地实现资产交易，但这种快速实现的交易并不是因为资产的流动性好，而是因为价格优势；同时要注意变现的速度，如果资产虽然是以市场价挂牌卖出，但是变现时间长达半年，交易时间较长，此时也并非流动性好的表现。

整体来看，债券的流动性要比股票的流动性差，同时不同的固定收益证券之间的流动性千差万别。通常来讲，国债的流动性要好于公司债的流动性；而最新发行的债券（on the run），其流动性又好于之前发行的债券流动性（off the run）。一般来说，对于一只债券，其流动性最好的时期是刚刚发行时，这是因为发行时交易活跃，而发行一段时间后，债券逐渐被持有至到期投资者买走，流通在债券市场上进行交易的债券逐渐减少。

由于债券主要是通过场外交易完成（over-the-counter）的，债券的交易需要通过做市商（dealer）完成，因此债券的买卖差价（bid-ask spread）在一定程度上可以反映债券流动性的好坏。

站在债券投资者的角度来看，投资流动性较差的债券，投资者承担了流动性风险，因此投资者会对这部分风险有一个要求补偿，即**流动性溢价**（liquidity premium）。

1.3.1　不同债券之间流动性的比较

上文提到过不同类别的债券，其流动性差异很大。这里就主要以国债和公司债为主进行介

绍。通常来说，国债的流动性要好于公司债。这是因为通常来说，国债的发行量大，且国债经常会充当债券市场的衡量标准，并且国债常常会作为回购市场的抵押品，这些原因导致国债的流动性要好于公司债。此外，信用质量好的国家，其国债的流动性要好于信用质量较差国家的国债。

而对于公司债，其主要有以下特征：

✓ 对于信用质量较差公司的公司债，其流动性要比信用质量较好公司的公司债差。

✓ 对于在债券市场发债融资频率较高的企业，其债券的流动性要好于那些发债频率较低企业的债券。这是因为发债频率高的企业，"露脸"次数多，被市场参与者熟知市场更加了解该企业。

✓ 发行债券的规模也会影响到该债券的流动性。通常来说，发行规模较小的债券其流动性要比发行规模更大的债券的流动性差。

✓ 长期债券的流动性要比短期债券的流动性差。

1.3.2 流动性对债券组合投资的影响

债券的流动性会从以下 3 个方面影响债券的组合管理：债券的定价、债券组合的构建，以及使用债券的"替代投资品"（如衍生品）获得债券相应的风险头寸。

1. 债券的定价

由于债券市场的特性，很多债券，尤其是交易不活跃的公司债，其交易信息不够透明，投资者有时很难获得此类债券的交易信息作为参考。同时，对于一些交易不频繁的债券，其之前的交易价格很难作为当前时刻的参考，因为很可能自最近的一次交易到当前时刻，中间的时间间隔较长，市场可能已经发生了较大的变化。

对于那些交易不够活跃的债券，可以在市场上寻找可比债券的信息进行估价，必要时可以使用线性差值法进行估价。例如，若需要对交易不够活跃的债券 A 进行估价，可以先在市场上寻找条件相似且交易活跃的债券，如可以找到与债券 A 信用质量、到日期、利率相同或相近的可比债券，然后找到可比债券的折现率作为交易不活跃的债券 A 的要求回报率。这种方法的优点就是简单，但是债券间一些其他影响价格的因素可能会被忽略。

2. 债券组合的构建

债券的流动性主要是从以下两个方面影响债券组合的构建。

✓ 一般流动性越差的债券，其流动性补偿越高，债券的收益率越高。所以在构建债券组合时，投资者会平衡流动性需求与对收益率的追求。对于持有至到期的投资者，对于流动性需求较低，于是可以购买一些流动性较差的债券而获得较高的补偿。而对于一些对流动性要求较高的投资者，会放弃购买流动性较差的债券。

✓ 债券的流动性会影响到债券的交易成本。前文提到过，债券的交易主要依靠场外市场，通过做市商完成交易。而对于流动性较差的债券，做市商提供的买卖报价价差较大，而这个价差直接影响了投资者投资这些债券的成本。因此债券的流动性会从这个层面上影响债券组合的构建。

3. 使用债券的"替代投资品"（如衍生品）获得债券相应的风险头寸

除了可以直接投资债券获得相应的风险敞口外，投资者还可以通过其他途径获得相对应的风险，如可以通过衍生品、债券 ETF 等。常用的衍生品有债券期货、信用违约互换、利率互换等。通常，这些衍生品的流动性要好于标的债券，如交易所交易的标准化期货合约可以获得对应的债券风险敞口，同时流动性要好于标的债券。

1.4　债券预期收益的组成

由于投资者会对未来的经济状况，如收益率的变动、汇率的变动、债券违约率的变动有不同的预期，而这些因素都会不同程度地影响到债券的预期收益，为了更好地展示出影响债券预期收益的来源，我们可以将债券的预期收益拆分成 5 个部分。

1.4.1　预期收益的分解模型

一般来讲，债券的预期收益可以拆分成 5 个部分，所以有以下公式：

预期收益 = 现时收益率 + 收敛收益率 + 由预期基础利率变动和息差变动带来的债券价格变动率
－ 预期信用违约带来的收益影响 + 预期汇率变动带来的收益影响

以上公式是对债券预期收益的近似拆解，目的是帮助投资者了解自己债券的头寸，注意该公式忽略了税收因素，同时这个公式适用于所有类型的债券。下面将逐项解释各部分。

- ✓ **现时收益率**（yield income/current yield）是用债券的年利息除以债券当前的价格，一般忽略利息收入的再投资收益，即

现时收益率 = 年利息/债券的当前价格

- ✓ 对于溢价或者折价发行的债券，即便市场利率在保持不变的情况下，随着时间的流逝，其价格有向债券面值收敛的现象。**收敛收益率**（rolldown return）是指在市场利率不变的情况下，由于收敛现象产生的收益。

收敛收益率 = (期末债券价格 － 期初债券价格)/期初债券价格

注意，一定要保持市场利率不变，所以这里的价格变化完全是由收敛效果产生的。

现时收益率与收敛收益率的加总就是债券的**滚动收益率**（rolling yield）。

- ✓ 投资者会对基准收益率的变动或者息差的变动做出预期。基准收益率的变动与息差的变动预期构成对债券收益率变动的预期由这部分变动带来的债券价格的变动可由以下公式衡量：

债券的价格变动率 = － 修正久期 × 收益率的变动%
$+ \frac{1}{2} ×$ 凸性 × (收益率的变动%)^2

需要注意的是，如果债券是含权债券，那么应该使用**有效久期**（effective duration）和**有效凸性**（effective convexity）来替代修正久期及凸性。

- ✓ 预期信用违约带来的收益影响。这部分主要衡量违约带来的损失。这部分可以用违约概率乘以违约条件下的损失率来衡量。

✓ 预期汇率变动带来的收益影响。如果投资者投资的债券是以外币计价的，那么需要将外币收益转换成本币，而汇率的变动会影响到投资债券的收益。

🖐 【例题】

中国某资管公司，其有一笔资产投资在以美元计价的债券上，根据以下相关信息计算债券的预期投资收益。

债券组合的投资额（百万元）	120
平均利息收益（每 100 元）	1.5
付息期	年
当前平均债券价格（元）	99
预期 1 年后的债券价格（假设收益率曲线不变）(元)	99.5
平均凸性	20
债券平均修正久期	6
预期收益率变动	0.1%
预期违约损失	0.5%
预期汇率收益（美元相对人民币升值）	1%

A. 1.52%

B. 2.03%

C. 1.931%

解析：正确答案为 C。现时收益率 = 年利息/债券的当前价格 = 1.5/99 = 1.52%。

收敛收益率 = (期末债券价格 − 期初债券价格)/期初债券价格 = (99.5 − 99)/99 = 0.51%。现时收益率与收敛收益率的加总就是债券的滚动收益率，因此滚动收益率为 2.03%。

由收益率曲线变动带来的债券的价格变动率 = − 修正久期 × 收益率的变动% + $\frac{1}{2}$ × 凸性 × (收益率的变动%)^2 = − 0.1% × 6 + 1/2 × 20 × (0.1%)^2 = − 0.599%

因此总预期收益为：2.03% − 0.599% − 0.5% + 1% = 1.931%

1.4.2 预期收益分解模型的局限性

预期收益分解模型仍存在一些不足和局限性。例如，该模型求得的是近似关系；整个公式只用到了久期和凸性来进行价格估算；同时，模型的一个内含假设是债券的期间现金流是以持有至到期收益率进行再投资的。同时该模型只考虑了收益率曲线的整体影响而忽略了局部的非平行变动。此外，该模型没有考虑到某些产品的融资优势，如国债的回购。

1.5 债券投资的杠杆

在低利率的环境里，投资债券获得较高的收益目标较为困难，此时投资者可以使用杠杆扩

大其债券头寸，以获得更高的收益。但是杠杆的使用会伴随着更高的风险，一旦发生亏损，其损失也会被放大。

我们用 R_P 来表示组合的收益率，用 R_I 表示投资收益率，用 V_E 表示自有资金，用 V_B 表示借入的资金，用 R_B 表示借入资金的利率，则可以得到组合的收益率为

$$R_P = \frac{R_I \times (V_E + V_B) - V_B \times R_B}{V_E}$$

如上公式所示，分子中的前半部分 $R_I \times (V_E + V_B)$ 表示投资的总收益，后半部分 $V_B \times R_B$ 代表借入资金的融资成本，则分子表示扣除掉融资成本后的组合收益。除以分母的自有资金后，R_P 就代表组合的收益率。

上面的公式可以进一步变形为

$$R_P = \frac{R_I \times (V_E + V_B) - V_B \times R_B}{V_E} = R_I + \frac{V_B}{V_E} \times (R_I - R_B)$$

从以上公式可以知道以下关系：

✓ 当 $R_I > R_B$ 时，即投资收益率大于资金的借入成本时，使用杠杆可以增加投资收益。

✓ 当 $R_I < R_B$ 时，即投资收益率小于资金的借入成本时，使用杠杆可以增加投资收益。

✓ 使用杠杆能具体扩大多少收益，还需要参考杠杆率，即 V_B/V_E。

1.5.1 债券投资增加杠杆的方法

1. 期货

使用期货可以获得债券的杠杆头寸。由于期货需要一定的保证金，所以期货的杠杆为

$$杠杆 = \frac{期货合约的名义价值 - 保证金}{保证金}$$

其中期货合约的名义价值等于标的资产的现值乘以期货合约的乘数。

2. 互换合约

利率互换合约，如收固定利率支付浮动利率的互换合约可以看成是投资者做多固定利率债券，做空浮动利率债券；而支付固定利率收浮动利率的互换合约可以看成是投资者做空固定利率债券做多浮动利率债券。因此，利率互换合约可以获得债券的杠杆头寸。

3. 结构化金融产品

很多结构化的产品自身就有杠杆，如**反向浮动利率债券**（inverse floater）。

如某个反向浮动利率债券的支付利率为

$$支付利率 = 10\% - (2 \times LIBOR_{3个月})$$

由于是两倍的 3 个月 *LIBOR*，所以该产品获得了利率的杠杆头寸。

4. 债券回购协议

债券回购协议（repurchase agreement 或者 repos）是金融机构及债券做市商的重要短期融资工具。它是指债券的持有者暂时将债券卖给资金的提供者，约定在未来某时间以某价格将债券购回。债券回购协议的时长是以天为单位，同时最常见的债券回购协议是隔夜回购协议。从债券回购协议的操作上看，这种融资方式本质上属于质押债券贷款。

从债券持有者资金借入方的角度来看，这样的交易叫作债券回购协议；从资金借出方的角度来看这样的交易称为**逆回购**（reverse repos）。

由于债券的持有者借入了资金，并且占用了资金，所以通常会有一个**回购利率**（repo rate）。可以通过回购价与期初卖出价之间的差额得到回购利率。如果知道回购利率的情况下，可以通过以下公式得到需要支付的利息：

$$利息 = 本金 \times 回购利率 \times（合约天数/360）$$

债券回购协议从交易的目的来分，可以分为资金驱动型和债券驱动型。**资金驱动型**（cash driven）是指债券的持有者为了获得资金从而进行的债券回购协议；**债券驱动型**（security driven）是指资金的出借方为了获得特定的债券，而向债券的持有者提供资金获得债券，进行债券回购协议。债券驱动型的债券回购协议的目的就是获得特定的债券，通常投资者获得该债券是为了对冲其他头寸、做空或者进行套利交易。

在债券回购协议中，双方都面临一定的信用风险，其中主要是资金的借出方会面临较大的信用风险。为了降低信用风险，资金的借入方（债券的持有者）会将债券质押给资金的借出方；此外，还会有**价值折扣**。价值折扣是指质押债券的价值大于借出的资金额，如债券的价值为 100 万元，而资金借出方只借出了 80 万元。通常，债券的信用质量越好，价值折扣越少。价值折扣不仅能够降低信用风险，还可以有效地控制融资方的杠杆比率。

5. 证券借贷

证券借贷也是一种融资、融券的方式。作为债券的持有者，将其债券"借出去"，而债券的借入方通常会用现金作为担保物，这样债券的持有者就融到了资金。有时，高信用质量的债券也会作为担保物，只不过用债券当担保物时，会存在一个价值折扣；如债券持有者借出的债券价值 100 万元，那么债券借入方提供担保的债券价值需要超过 100 万元，如 120 万元；一般担保债券的信用质量越高，价值折扣越低。站在债券借入方的角度，其借入债券的主要目的是做空；而站在债券借出方的角度，其主要目的是融资。

由于债券的借入方借入了债券、占用了债券，所以需要向债券借出方支付一定的利息，即借入债券需要支付的利率，这笔利息按借出债券价值的一定比例计算；债券的借出方，借出债券，同时收到现金作为担保，所以可以用这笔担保的现金进行投资获取额外收益。如果债券的借出是以融资为目的，那么债券的借出方（融资方）需要支付给资金出借方一笔费用，当作占用资金支付的利息。

当使用债券作为担保物时，由于担保债券会有利息收入且通常是大于债券借入方需要支付的利息，即抵押品有收益且大于融券的利率，此时债券的借出方需要偿还给债券的借入方部分利息。这部分偿还率就是**回扣率**（rebate rate）。偿还率的计算公式为

$$偿还率 = 抵押物的收益率 - 借入债券需要支付的利率$$

当债券很难在市场上融到资时，这个回扣率甚至可以为负，即债券的借入方支付给债券的借出方一部分利息。

1.5.2 使用杠杆的风险

杠杆的使用同样会扩大风险，即使标的资产的价格下跌幅度较小，由于杠杆的存在，整个组

合也会有较大的亏损。使用杠杆有时会引起强制平仓,资金的借出方为了保证其资金的安全性通常会要求一个杠杆比率,当资产价值下跌时,杠杆率上升,为了控制风险,资产会被强制平仓以降低杠杆率;这种情况尤其会发生在危机发生时,而这种行为又会进一步引起资产价值下跌。

1.6　固定收益组合的税收

对于固定收益组合投资的税收主要有两种:第一种是针对利息收入的税收;第二种是针对资本利得的税收。

通常来讲,利息税和资本利得税通常会在实际收到利息、资本增值部分后征收;对于零息债券,有时会按比例将资本增值部分打散至持有期的每年,按利息收入征税。

此外,资本利得税率通常要低于利息税率。**资本损失**(capital loss)可以冲抵资本利得以减少当年的应税收入。同时,在一些国家,持有债券的时间越长,对应的资本利得税率越低,如同样获得资本利得 3 万元,一个是通过持有债券 5 年获得,另一个是持有债券 10 年获得,那么通过持有 10 年获得的资本利得对应的税率较低,即短期资本利得税高于长期资本利得税。

由于固定收益组合的税收存在以上特点,那么在进行固定收益组合投资时,可以相对应地考虑以下问题:

- ✓ 当年暂时卖出有损失的投资头寸,实现资本损失以冲抵当年应税收入;随后若想继续持有该头寸,可购回。
- ✓ 如果短期的资本利得税率高于长期的资本利得税率,需要考虑实现短期的资本利得是否划算。
- ✓ 由于资本利得税率和利息税率的不同,需要权衡选择多利息收入还是多资本利得的债券投资。

【例题】

某大学需要 500 万元人民币去建设一个新的实验室。学校计划这笔支出由学校管理的基金来支付。当前基金资产 A 与 B 的市值均为 500 万元。不同的是,年初购买资产 A 的成本为 400 万元,即投资资产 A 有未实现资本利得 100 万元;而资产 B 期初的购买价格为 550 万元,即投资资产 B 有损失 50 万元。假设当前的资本利得税为 30%。假设资本损失可以冲抵资本利得以减少当年的应税收入。若该大学的基金账户为缴税账户,则这种情况下卖出哪个资产较好?

A. 卖出资产 A

B. 卖出资产 B

C. 卖出资产 A 与 B 无区别

解答:正确答案为 B。由于允许资本损失可以冲抵资本利得,应该卖出资产 B,以实现资本损失,减少当期应税额,递延资本利得税。

本节主要讲解两种被动（passive）投资策略：负债驱动型（liability-driven）投资策略与指数投资策略（index-based）。在上一节中，我们已经简单地介绍过这两种策略，其中负债驱动型投资策略也是上一节中我们讲到过的以满足负债为目的的投资策略。将负债驱动型投资策略和指数投资策略称为被动投资策略是因为这两种策略是为了匹配、满足客观的目标，如匹配负债、跟踪指数，而并没有表达投资管理的主观观点。本节将从以下几个方面展开学习：

- 根据负债现金流的金额、到期日是否明确来对负债的类型进行分类。
- 依据负债驱动型策略（以满足负债为目的的投资策略）来匹配一个单一负债，以达到免疫的效果。
- 依据以满足负债为目的的投资策略来匹配多个负债。
- 如何应用现金流匹配策略达到免疫的目的。
- 指数投资策略以及其优缺点。

知识点自查清单

- ☐ 负债驱动型投资策略★★★
- ☐ 匹配单个负债的负债驱动型投资策略★★★
- ☐ 匹配多个负债的负债驱动型投资策略★★★
- ☐ 债券指数化投资策略
- ☐ 选择合适的参考基准
- ☐ 梯形债券投资组合

何老师说

本章要讲的内容属于被动型投资策略。这里就需要明确一个问题：被动型投资策略是否就等于买入并持有的投资策略（buy-and-hold）？

买入并持有型策略就是买了之后一直持有至到期，中间不进行调整。而被动型的策略不一定是买了之后一直持有，它在中间可能会要进行一定的调整（rebalance）。比如说上个章节讲过，我们匹配负债的策略有一个是久期匹配，即资产的久期要匹配负债的久期，负债的久期就是我们的投资期。市场利率一旦发生一次改变之后，资产的久期就一定会发生改变，于是资产的久期与我们的投资期，也就是负债的久期不再一样了，不能满足匹配要求，这时候就要对资

产进行调整，把它再调回到与负债的久期相一致的水平。而匹配策略就属于被动型投资策略，它也是有可能要对资产进行调整的。所以被动型投资策略不等同于买入并持有型策略。

反过来说，买入并持有也不一定是被动型投资策略，它也有可能是主动型的。因为买入并持有只是说买了债券之后一直持有它，但是怎么买的、如何挑选购买标的，就有可能是基于基金经理对未来市场的预测。一旦基于主观预测进行了积极主动的选择，就属于主动型的投资策略了，因此即便是买入并持有的策略，但是买入的资产经过了主动的选择，该策略就属于主动型投资策略。因此买入并持有和被动型投资策略这两个概念是完全不一样的。它们的最大区别就在于是否依赖基金经理的观点。

2.1 负债驱动型投资策略

负债驱动的投资是在讲，当进行资产投资时，需要考虑负债，并以满足负债为目的进行相应的资产匹配。所以负债驱动型投资实际上是属于**资产负债管理**（asset-liability management，ALM）。

资产负债管理可以分成两类：第一类就是本节要讲的负债驱动型投资策略，第二类是**资产驱动型负债策略**（asset-driven liability）。两者的共同点是，两个方法都考虑了资产与负债的匹配；不同点是，负债驱动型投资策略是已知负债，然后投资资产时进行相对应的匹配。最常见的就是养老金，保险公司发行的保险。公司的养老金、保险公司的保险对于公司来说都是未来需要满足的负债，于是公司已知负债然后匹配资产。而资产驱动型负债策略是已知资产，然后匹配相对应的负债。最常见的就是租赁公司，租赁合约是其资产，然后进行相对应的融资。

当进行资产负债管理、匹配时，第一步需要做的是依据是否提前已知确定的现金流金额、现金流到期日来对资产、负债分类。由于最常见的就是负债驱动型投资策略，所以本节从负债驱动型投资策略的角度进行讲解，只考虑对负债进行分类，资产的分类方法类同。

从匹配负债的目的出发，要对负债进行有效的匹配，需要知道负债发生在什么时候？负债的金额是多少？因此，从以上两点为基础，负债可以分为以下 4 类。

- ✓ 负债的现金流金额已知，现金流的发生日期已知。例如，对于一个固定利率的债券，现金流的金额（利息、本金）在债券发行时就已确定，而现金流发生的时间也已知，因为发放利息的日期、到期日确定。
- ✓ 负债的现金流金额已知，但是现金流的发生日期不知。例如，可提前赎回的债券（callable bond）就属于这一类，因为赎回价都是在债券发行时约定好的，而是否会赎回、在第几个赎回期赎回具体要看是否对发行人有利。
- ✓ 负债的现金流金额不知，但是现金流的发生日期已知。例如，浮动利率债券可以知道现金流发生的日期，但是由于利率是浮动的，所以具体的现金流金额不能提前知道。
- ✓ 负债的现金流与发生日期都不知道。例如，车险，具体要赔付多少要视损坏程度，什么时候要赔付也不能提前预知。

何老师说

第四种类型就比较复杂，时间跟数额都不确定。这一类最典型的就是养老金。养老金在员工退休之后，每年都会给员工一定支付，支付金额的大小取决于多种因素：员工退休前工资、员工在这家公司总共工作了多少年等。所以支付的金额就有较大的不确定性。支付现金流发生的时间也不确定，因为员工退休后还能活多久也无法确定。

此外，车险也是这种类型。例如发生车祸时，保险公司会给出一定的赔付，金额取决于这场车祸所带来的损失大小，这样现金流数额是不确定的。被保车辆发生车祸的时间也不确定，一个月可能会被撞好多次，所以现金流发生在什么时间点也是不确定的。因此，最后一种负债是很难进行匹配的，负债本身的特点就是不确定，更别说要用资产去匹配它了。

一般来讲，资产负债管理，就是通过资产负债来管理利率敞口。而衡量利率风险最重要的一个指标就是久期（duration）。对于第二、三、四类负债，要么现金流金额未知，要么现金流发生日期未知，无法得到有效的收益率，所以无法得到收益率久期数据，如麦考利久期（Macauley duration）、修正久期（modified duration），基点价值（PVBP）等。所以在衡量第二、三、四类负债的相关风险时，需要用到的是有效久期（effective duration）。而对于第一类负债，存在有效的收益率久期数据。

何老师说

资产负债管理的策略是在 20 世纪 70 年代逐渐流行起来的，该策略最早出现在银行业。出现在那个时代，是因为当时的通货膨胀非常严重。

OPEC 组织的成立，限制了石油的产量，提高了石油的价格，从而影响到了其他商品的价格，最终导致了市场上物价普遍上涨的情况，发生了较为严重的通货膨胀。为了应对通胀，美联储利用利率进行调节。因此较高的通胀使得市场利率的波动加大。此时的银行，为了管理利率风险纷纷采用资产负债管理策略，对资产和负债的利率风险做一个平衡。

在使用资产负债管理策略之前，银行都是分别来制定贷款和存款的利率，在使用资产负债管理策略之后，很多银行成立了资产负债委员会来监控和管理资产和负债之间的期限差。例如，如果银行最近的贷款都是长期的，即资产为长期，而银行的资金来源都是短期的，即存款人存的都是短期。于是就会出现这种情况，贷款还没有收回，短期存款人就需要提款，此时银行就有可能无法及时足额地归还存款人的存款。如果长期贷款可以用长期的存款来满足，就可以降低不匹配的风险。于是，银行可以提高长期存款利率引导存款人进行长期存款来匹配银行的长期贷款。这种情况就是把资产和负债结合在一起了进行考虑。这就是资产负债策略的来源。

【例题】

根据以下现金流的特点分别对其进行分类，并选出匹配的选项：5 年后到期且每年年末可提前赎回的债券；5 年期的固定利率债券；DB 养老金。

A. 第二类负债；第一类负债；第三类负债

B. 第二类负债；第一类负债；第四类负债

C. 第四类负债；第一类负债；第四类负债

解答：正确答案为 B。对于可提前赎回的债券，赎回价格是债券发行时提前约定好的价格，虽然赎回日期不确定，但是如果赎回就可以提前知道其确定的现金流；因此属于第二类。5 年期的固定利率债券，因为现金流发生的时间，金额都是确定的，因此属于第一类。对于 DB 养老金，由于现金流金额与时间不能提前确定，因此属于第四类。

2.2　匹配单个负债达到利率免疫

利率免疫（immunization）是指当有一笔确定的负债需要在未来进行偿付时，利率的变动不会影响到资产端债券组合的收益，从而负债到期时，资产端的资产能够满足负债的现金流需求。换句话说，当我们已知负债，对资产投资进行管理时，使资产能够尽量确保实现一个收益率，完成这个收益率增值后能够在期末满足负债。而资产实现的收益率不会受到期间利率变动的影响，于是就实现了利率免疫。注意本节用债券匹配负债时，不考虑债券的违约风险，即假设我们使用的都是高质量的国债。

于是，从免疫的定义来看，匹配单个负债时，最好的免疫策略就是购买一个时间匹配的零息债券。例如，已知 3 年后有一笔负债需要偿付，负债金额为 100 万元，此时购入一个 3 年后到期且本金为 100 万元的零息债券。当负债到期需要偿付时，零息债券恰好到期，收到的 100 万元可以用来偿付负债。由于零息债券没有期间利息现金流，所以不存在利息的再投资风险（reinvestment risk），持有期间的利率变动不会影响投资收益；同时这个零息债券持有至到期，不需要提前卖出，于是不存在债券卖出价受到利率变动的影响，即没有价格风险（price risk）。于是，购买这个零息债券完美地匹配了负债，且无论期间利率如何变动，都不影响到期时资产能完美地偿付负债。换句话说，购买该零息债券匹配负债时，已经提前锁定了零息债券的收益率，期间利率的任何变动，都不会影响该收益率的实现，于是负债到期时可以偿还负债。

用零息债券来匹配负债是最完美的利率免疫策略，然而要找到合适的零息债券并不容易，经常出现的情形是用附息债券匹配负债。即便如此，用零息债券做免疫策略为我们提供了完美免疫的模板，当用附息债券匹配负债做免疫时，可以尽量模拟零息债券，尽量实现零息债券免疫的程度。

当我们对附息债券进行投资时，其投资收益率会受到两个方面的影响。虽然在上一节我们讲解过这两个方面的影响，但是为了本节知识的系统性，这里再做一次介绍。这两个影响是：第一，期间收到利息以及其再投资收益；第二，卖出债券的价格，产生资本利得、损失。所以投资时面临两个风险：第一个是利率的变动，尤其是利率的降低，会使得利息的再投资收益降低，即再投资风险；第二个是利率的变动，尤其是利率的上升，会使得债券卖出时的价格降低产生损失，即价格风险。于是，当投资一个附息债券试图匹配负债时，期间利率的变动会影响到债券的投资收益，期末能否实现收益满足负债是一个未知数。研究发现，利率变动产生的再投资风险与价格风险对债券收益的影响相反。例如，当利率降低时，再投资收益降低，但是债

券的价格上升；当利率上升时，虽然债券的价格降低，但是再投资收益上升。如果，再投资风险与价格风险的影响能够相互抵消，那么不论利率是上升还是下降债券的收益都不会受到利率变动的影响，即利率免疫。

那么什么时候能让两者相互抵消呢？研究发现，如果让债券的投资期等于其麦考利久期，两者的影响就会相互抵消。例如，某 10 年期固定利率债券，其麦考利久期是 7 年，如果我们投资该债券 7 年，那么持有债券期间利率的一次变动不会对投资收益产生影响。而我们持有债券的目的是匹配单笔负债，所以债券的投资期等于负债的年限。如 5 年后一笔负债到期，我们就投资一个麦考利久期为 5 年的债券进行匹配。回忆前文用零息债券匹配一个 3 年期的单个负债，投资期是 3 年，而我们选择的是 3 年期的零息债券；这是因为对于零息债券而言其麦考利久期等于其期限。这就是免疫策略需要满足的第一个条件：债券的投资期（负债的期限）等于其麦考利久期。由于需要在负债到期时支付确定的数额，所以债券到期时的金额要至少等于负债的金额；未来值相等，那么其现值也应该相等。所以引出免疫需要满足的第二个条件：资产的现值要大于等于负债的现值。免疫还有第三个条件稍后引出。

这里需要注意的是，当我们构建一个债券组合来匹配单个负债时，需要让债券组合的麦考利久期等于其投资期。注意再求债券组合的麦考利久期时，需要按照麦考利久期的定义求得，如果用加权平均的麦考利久期会引入模型风险。

前文提到过，零息债券为我们提供了利率免疫的完美模板，这是因为期间利率的任何变动，包括平行移动、非平行移动，都不会影响债券到期时完美地满足负债的要求。当用附息债券组合做免疫时，满足了前两个条件还是不够的，因为如果碰到利率曲线的非平行移动，可能产生**结构性风险**（structural risk）。结构性风险是指，当利率曲线非平行移动时，由于债券组合的构成结构而引起的无法匹配负债的现象。从这里可知，零息债券是不存在结构性风险的，因为非平移移动时，零息债券仍能完美地与负债匹配。当用附息债券组合构建免疫策略时，为了能在大多数利率曲线的非平行移动时仍能较好地匹配负债，就需要降低其结构性风险。由于零息债券不存在结构性风险，让附息债券组合出来的"结构"越像零息债券，附息债券在利率曲线的大多数非平行移动时，也能实现较好的免疫效果。而这里的结构就是指现金流的分布。

麦考利久期衡量的是债券现金流发生的**加权平均时间**（weighted-average mean），而现金流的分散程度衡量的是现金流相对于麦考利久期的离散程度。当债券组合的分散度越大时，说明债券组合的现金流离麦考利久期越分散；当债券组合的分散度越低时，说明债券组合的现金流越集中在麦考利久期附近。而我们知道，零息债券只有一笔现金流就发生在债券到期时，所以现金流就集中在麦考利久期的时间点。如果想让附息债券组合尽可能地模拟零息债券，就要使附息债券组合的现金流分布越集中在其麦考利久期附近，即债券组合的分散度越小。这样匹配负债时，构建出来的附息债券组合就像是用零息债券匹配负债一样。

何老师说

在实务中，计算组合的麦考利久期时可能是直接加权平均各成分债券的麦考利久期，这样算出来的结果可能是不对的，有一定的误差。理论上计算麦考利久期，最好直接按照它的定义，把整个债券组合当成一个大的债券来看，每一笔现金流都用内部收益率进行折现，这样算

出来的组合麦考利久期才是最准确的。但在实务中往往直接是用各债券的麦考利久期的加权平均来代表整个组合的麦考利久期，会带来一个模型风险（model risk）。

债券组合的凸性、分散度与其麦考利久期、现金流收益率（现金流收益率为债券的内部收益率，该收益率作为折现率使得债券组合未来的现金流折现等于债券组合构建成本）有以下关系：

$$凸性 = \frac{麦考利久期^2 + 麦考利久期 + 分散度}{(1 + 内部收益率)^2}$$

从以上关系式可得：在债券组合麦考利久期、内部收益率一定的情况下，发现债券组合的现金流分散度越大，债券组合的凸性就越大；债券组合的现金流分散度越小，债券组合的凸性就越小。为了使得附息债券组合能够尽可能地模拟零息债券的免疫策略，需要其现金流分散度足够小（集中在麦考利久期附近），而从上面关系式得知，该条件会使得其凸性足够小。于是，就引出了免疫策略的第三个条件：债券组合的凸性尽可能的小。而在凸性尽可能小的情形下，结构性风险也足够小。这样构建出来的免疫策略，不仅可以抵御收益率曲线的平行移动，还可以抵御收益率曲线的大多数非平行移动。

何老师说

怎么尽可能地降低结构性风险？最直接的方法就是用零息债券来匹配；尽可能地使构建好的资产组合像一个零息债券，这样的话，它的表现一定可以完全匹配这个负债的表现。实际上当我们用零息债券时，其实就没有结构性风险了，或者说没有任何风险（假设用国债匹配不存在违约的情况）。我们根本就不需要关心收益率曲线是怎么变的，平行移动也好、非平行移动也好，都无所谓，因为到期恰好满足负债。在久期相同的情况下，零息债券的凸性最小。因为零息债券是现金流最集中的情形，现金流集中在到期日这点。在使用附息债券组合匹配时，我们应该怎么尽可能地降低结构性风险？就是尽可能地降低债券组合的现金流的分布，使之像零息债券，现金流集中在麦考利久期附近。当我们构建的资产组合现金流分布足够集中的话，就达到了最小化该组合的凸性。

下面将匹配单个负债免疫策略的 3 个条件总结如下：
　✓ 债券组合的投资期（负债的期限）等于其麦考利久期。
　✓ 债券组合的现值大于等于负债的现值。
　✓ 尽可能地降低债券组合的凸性数据。

由附息债券组合构建免疫策略时，我们尽可能模拟的是零息债券；而零息债券的免疫策略对利率曲线的一切变动，包括平行移动和非平行移动都免疫，所以一旦达成了上面的 3 个条件，附息债券组合的免疫策略会对平行移动以及大多数非平行移动免疫。此时，我们得到以下的总结：平行移动是免疫成功的充分非必要条件。

需要注意的是，按照以上条件期初构建的免疫策略并不能时刻保证免疫，需要定期做调整使得债券组合重新达到免疫条件。这是因为，即便利率没有发生变动，债券组合的麦考利久期会随时间发生变动，逐渐满足等于投资期的要求；当利率发生了一次变动，可能会使构建的债券组合不再满足免疫条件，因此也需要进行一定的调整。调整的程度与频率要权衡调整的成本和收益。

【例题】

某机构想要对其 5 年后到期的单笔负债进行匹配，构造一个免疫策略。已知负债的到期金额为 100 万元，现值为 75 万元。由于当前没有合适的零息债券来构造免疫策略，投资者需要构建一个附息债券组合来达到匹配的效果。根据以下条件选出以下最适合构造免疫策略的债券组合：

	债券组合 A	债券组合 B	债券组合 C
麦考利久期	5	5.01	4.99
现金流收益率	5.50%	5.51%	5.49%
凸性	30	30	80
现值	75.5	73	80

A. 选择组合 A

B. 选择组合 B

C. 选择组合 C

解答：正确答案为 A。需要达到免疫策略的 3 个条件是：

- 债券组合的投资期（负债的期限）等于其麦考利久期。
- 债券组合的现值大于等于负债的现值。
- 尽可能地降低债券组合的凸性数据。

3 个债券组合的麦考利久期基本上满足负债的麦考利久期。3 个债券的现金流收益也基本相近。在上面两个条件相等的情况下，选择凸性最小的债券组合来匹配，这样达到的免疫效果最好。债券组合 B 与 A 相比，虽然凸性、麦考利久期符合条件，但是其现值小于负债的现值，因此不满足免疫的条件。

何老师说

我们做免疫的基本原理就是最小化投资收益率的波动，也就是我们要获得一个较为确定的投资收益，即再投资风险和价格风险可以完全抵消。

2.3　匹配多个负债达到利率免疫

与单个负债不同的是，多个负债需要在未来偿付多笔现金流支出。例如，某公司发行了一个固定利率债券，未来每年都会有一笔利息支付（假设按年支付利息），以及到期会有一笔到期本金，公司想构建匹配的资产组合来支持负债现金流流出。匹配多个负债的方法有：现金流匹配、久期匹配、使用衍生品和或有免疫。

2.3.1　现金流匹配

当公司未来有多个负债需要偿付时，可以构建一个高信用质量的专用债券组合（dedicated

asset portfolio）来匹配未来的现金流流出，使得债券资产组合的现金流发生的日期和金额尽可能地与负债现金流发生的日期和金额相匹配。专用债券资产组合是指组合内的债券都是持有至到期，不需要提前卖出偿付负债，而持有至到期的债券不会面临价格风险。使用高信用质量的债券是因为需要确保能收到现金流偿付负债。

对于企业来说，通过现金流匹配负债的办法，可以用资产组合匹配负债（如公司已发行的债券），可以视同"偿付"了负债，从而提高公司信用评级。在一些会计准则中，如果使用高信用质量的国债构建专用资产组合来匹配负债，这样的专用资产组合和对应的负债可以从资产负债表中去除（accounting defeasance）。

可能会有同学发现，既然公司都有资金构建专用债券组合来匹配负债达到了实际"清偿"负债的目的，为什么不直接从市场上回购已发行的债券呢？这是因为，债券市场上持有至到期的投资者较多，债券一旦发行，其流动性较小，很难从市场上回购。对公司而言，如果回购其流动性较差的已发债券，将会抬高市场价从而提高了回购清偿债务的成本。因此，用现金流匹配是一个有效的方法。

现金流匹配需要从匹配最后一个负债开始逐渐向前，这是因为一旦用债券资产匹配好了最后一笔负债，就可以知道债券资产在前面期间的利息现金流，而期间的利息现金流可以用来偿付中间的负债现金流流出，从而就知道了中间负债需要匹配的剩余额度。下面我们用一个例子帮助大家理解现金流匹配的方法。

假设公司未来 3 年有 3 笔负债现金流需要满足，如下图所示。

当前时刻为零时刻，未来第 1 年需要支付现金流 77，第 2 年需要支付现金流 55，第 3 年需要支付的现金流为 103。

首先从最后一笔负债开始，3 年后需要支付 103，所以构建一个 3 年后到期，到期本金和利息共计 103 的债券，即面额为 100，利率为 3% 的债券。由于这个 3 年期的债券在前两年每年还有利息收入 3，所以前两年需要匹配的负债如下图所示。

现在第 2 年需要匹配的负债为 52，即第 2 年到期本金和利息共计 52；构建到期本金为 50，利率为 4% 的债券组合；则到期偿还本金 50，利息 2，共计 52；由于第 1 年会收到利息 2，则第 1 年需要匹配的负债如下图所示。

则可以构建一个利率为 2.9%，本金为 70 的 1 年期债券。

通过以上方法就实现了现金流匹配的目的。现金流匹配方法用来偿付负债现金流的来源为债券的利息和到期本金，不存在提前卖出债券偿还的情况，这是与久期匹配的一个区别。以上匹配是假设负债现金流的支出和债券资产现金流的流入发生在同一时间点，但是实际中不可能做到完美匹配，而为了能够顺利偿付负债，需要保证资产现金流的流入发生在负债到期之前，于是这就面临了再投资风险。

2.3.2 久期匹配

用久期匹配多期负债，和用久期匹配单期负债的原理是一样的。在用久期匹配单期负债时，我们要求债券资产的现值至少等于负债的现值；投资期（负债的期限）等于债券资产的麦考利久期，即负债的麦考利久期等于资产的麦考利久期（满足一定假设的情况下，可推出两者修正久期相等）；综合以上两个条件，可以得到资产的货币久期（money duration）和基点价值（basis point value）等于负债的货币久期和基点价值。从久期匹配单期负债推广到久期匹配多期负债，我们更常用的是资产的货币久期或者基点价值等于负债的货币久期或者基点价值。这是因为在匹配多期负债时，资产、负债的价值与现金流收益率（内部收益率）不一定相等。

构造多期负债免疫策略需要满足的条件如下：

✓ 资产的现值大于等于负债的现值。
✓ 资产的基点价值等于负债的基点价值。
✓ 资产的凸性要大于负债的凸性。

回忆在前文讲到过凸性和现金流的分散程度有关，一般来讲，凸性越大，现金流越分散。在匹配多期负债时，为了能让资产顺利偿付负债，需要让资产的现金流需要发生在负债现金流到期之前，而当资产与负债的久期匹配的情况下，资产的这种现金流分布会使其凸性大于负债的凸性。所以，就有了匹配多期负债的第三个条件：资产的凸性大于负债的凸性。

在单期负债的久期匹配时，为了降低结构性风险，要求构建的债券资产组合的凸性要尽量小。而在多期负债久期匹配时，又要求资产的凸性大于负债的凸性，在这种情况下，是否资产的凸性越大越好呢？并不是这样的，因为凸性越大，结构性风险越大。和单期负债久期匹配策略一致，为了降低多期负债久期匹配的结构性风险，即为了让免疫策略在大多数非平行移动下仍能保持效果，需要让资产的凸性在大于负债凸性的基础上，尽可能地保证资产的凸性足够小。

与单期负债的久期匹配策略一致，匹配多期负债时，需要定期调整资产以重新达到免疫的条件。

👆 【例题】

某公司未来有多笔负债到期。为了对其资产进行有效的管理，公司计划利用免疫策略来匹配负债。已知当前负债的现值为 70 亿元；负债的修正久期为 6.5；凸性为 55；负债的基点价值为 4 550 000。请从以下组合中选择出合适的一个来进行匹配。

	债券组合 A	债券组合 B	债券组合 C
资产现值（亿元）	60	70	78.5
修正久期	6.5	6.5	5.8
基点价值	3 900 000	4 550 000	4 570 400
凸性	75.5	50	59

　　A. 债券组合 A　　　　　B. 债券组合 B　　　　　C. 债券组合 C

　　解答：C。债券组合 A 的基点价值小于负债的基点价值，因此不满足免疫的要求。债券组合 B 和 C 的主要区别在于凸性，而其他条件都满足免疫的要求。根据免疫策略匹配多笔负债的要求，资产的凸性应该大于负债的凸性。因此债券组合 C 满足免疫的所有条件。

2.3.3　使用衍生品构建免疫策略

　　前文我们学到过，当多期负债匹配好后，如期初满足免疫的 3 个条件，其中包括资产的基点价值等于负债的基点价值。但是，随着时间的流逝或者利率变动一次后，很有可能之前构建的免疫策略不再有效，为了重新使债券资产组合达到免疫的条件，需要进行一定的调整。而有时，调整债券组合的久期、基点价值成本较高，因为需要交易债券，而债券市场的流动性较差。因此，此时就可以通过交易期货，如债券期货重新调整债券组合的免疫条件。所以，在重新调整债券组合时，使用衍生品是一种高效、成本较低的策略。

　　使用衍生品构建免疫策略（derivatives overlay）的第二个原因是，构建合成杠铃型债券组合。由于一些原因，长期债券流动性差或者监管要求，投资者只能购买短期债券，但是只购买短期债券可能无法匹配负债的久期、基点价值。为了满足匹配的条件，就买入 10 年期国债期货合约，而短期债券与这样的期货合约的搭配就合成了杠铃型的债券组合结构。需要注意的是，这样的期货合约，对于空头方可以选择最便宜的可交割债券（cheapest-to-deliver），因此这里假设期货合约的久期就等于 CTD 债券的久期。当用期货合约来调整资产组合的基差价值时，需要算出需要使用的合约份数，因此有以下公式：

　　　　资产组合的基点价值 + 期货合约的基点价值 × 期货合约份数 = 负债的基点价值

> **何老师说**
>
> 　　这个公式其实非常简单、好理解，就相当于：资产的基点价值加上衍生品的基点价值等于负债的基点价值。就是用衍生品来弥补负债和资产的缺口（duration gap）。

　　如果算出来的合约份数为正，代表应该进入合约多头头寸，以增加资产组合的基点价值，使新的基点价值等于负债的基点价值；如果算出来的合约份数为负，说明应该进入合约空头头寸，减少资产组合的基点价值，使新的基点价值等于负债的基点价值。

　　其中期货合约的基点价值等于 CTD 债券的基点价值除以转换系数（conversion factor）。

　　　　　　期货合约的基点价值 = CTD 债券的基点价值/转换系数

> ✍ **【例题】**
>
> 　　某资产管理公司正在对其负债实施免疫策略。由于市场的波动，之前构造好的免疫策略已经失效，当前资产负债并不满足免疫的条件。负债的现值为 450 万元，资产的现值为 470 万元，资产的基点价值为 31.5 万元；负债的基点价值为 35 万元。公司决定利用期货弥补差额，使得组合重新达到免疫条件。已知期货的基点价值为 70 元，则以下哪个选项可以帮助实现免疫？

A. 期货合约多头头寸, 450 份

B. 期货合约空头头寸, 450 份

C. 期货合约多头头寸, 500 份

解答: C。资产基点价值 + 合约份数 × 衍生品基点价值 = 负债基点价值

$$315\,000 + n \times 70 = 350\,000 \rightarrow n = 500$$

因此投资者需要持有 500 分多头头寸来弥补差额使得资产组合重新达到免疫条件。

2.3.4 或有免疫

当构建资产组合匹配负债时, 若资产的现值大于负债的现值, 这个超出部分称为**盈余**（surplus）。如果这个盈余较大, 超过了策略设定的临界值时, 基金经理可以采取混合型的管理策略管理资产, 即盈余超过临界值时, 可以采取主动的管理策略管理资产; 而当管理不善, 盈余下跌至临界点之下时, 则需要转为被动型的免疫策略。这样做的目的是当有盈余时, 通过主动管理扩大盈余, 从而降低偿付负债的成本。

当有盈余进行主动管理时, 投资者可以根据自己对利率的预期利用衍生品来调节头寸。例如, 原本需要进入 100 份国债期货合约多头来使得资产的基点价值与负债的基点价值相等, 但是投资者预期未来利率会降低, 所以可以进入 300 份国债期货多头合约, 以增加国债头寸, 扩大盈利; 如果投资者预测未来利率会升高, 则可以进入 200 份国债期货合约的空头, 来扩大盈利。因此, 盈余的存在就使得投资者可以对利率的预期做出相应的策略。

2.4 负债驱动型投资策略: 以 DB 养老金为例

在前面针对单期负债、多期负债进行相应的资产投资时, 我们面对的是现金流金额确定、现金流时间确定的第一类负债; 而对于第二、三、四类负债, 如果要以其为目标进行匹配, 难度将会更大。这里我们以第四类负债, 最常见的养老金为例讲解养老金是如何进行负债匹配的。由于养老金这种负债的金额和现金流日期不能提前获知, 所以对其进行管理时, 第一步就是要用模型估算养老金负债的金额, 这就涉及一些输入变量的假设, 假设不同, 得到的负债规模就完全不同。此外, 养老金负债可以用两种形式衡量: 一种是 PBO; 另一种是 ABO。其中 PBO（projected benefit obligation）称为预计养老金负债, 是以员工将来退休时的工资为基础, 基于一定假设计算的预期养老金给付义务的现值。而 ABO（accumulated benefit obligation）称为累计养老金负债, 是基于员工当前的工资水平, 基于一定的假设计算的累计给付义务的现值。PBO 与 ABO 的唯一区别就是 PBO 在计算养老金义务时使用的是未来工资, 而 ABO 使用的是员工当前工资。当采用不同的衡量方式时, 算出来的负债金额不同, 所以这里就涉及选择哪种表达来衡量负债。在构建负债免疫策略时, 一个重要的数据就是负债的久期, 基点价值。而对于第二、三、四类负债, 又因为这类负债没有一个有效的收益率数据, 则无法得到其有效的收益率久期数据。所以此时就需要算出这类负债的有效久期。这里又面临一个问题, 选用 PBO 和

选用 ABO 得到的负债有效久期数据是不一样的这是匹配此类负债的困难之处。所以在估算负债相关数据时要格外注意。

当估算出来了负债以及负债的相关久期数据，此时就需要构建资产进行匹配了。对于养老金资产，通常是投资于不同类型的资产，如权益投资、另类投资、债券等，以达到风险分散化的目的，所以这里就需要确定权益投资、另类投资的有效久期是多少。这里可以假设权益、另类投资的久期为零。因为权益、另类投资的价值虽然会有利率风险，但是无法像债券一样找到一个精确的利率价格关系，另外权益、另类投资的价值会随利率的变动而变动，但我们更多关注的是利率变动背后的原因。从以上的假设和数据，我们可以得到关键的数据：资产的基点价值和负债的基点价值。如果资产和负债的基点价值没有匹配，有一定差额时，我们可以选择用衍生品进行调整。其中一个选择就是用期货合约调整，但使用期货合约的最大问题是期货合约需要逐日盯市每日清算，对于资金量庞大的养老金管理意味着每日的现金流变动很大。所以，对养老金调整利率风险时，一般使用的是场外市场合约，如利率互换。

对于利率互换合约，我们可以将其看作是债券的组合。例如对于收固定付浮动的互换合约来说，这样的合约就相当于购买了一个固定利率债券，发行了一个浮动利率合约。因此通过这样的互换合约，投资者获得了正的久期头寸。而对于收浮动付固定的互换合约来说，这样的合约就相当于购买了一个浮动利率债券，发行了一个固定利率债券。因此通过这样的互换合约，投资者获得了负的久期。这样投资者就可以进入不同的互换合约来调整养老金的利率风险来实现免疫策略。需要签订互换合约的名义金额可由以下公式进行计算：

资产基点价值 + 互换合约的名义本金 × （互换合约的基点价值/100） = 负债的基点价值

例如，当资产的基点价值为 50 000，负债的基点价值为 120 000 时，此时资产的基点价值小于负债的基点价值，需要进入收固定付浮动的利率互换合约进行调整，因为此利率互换合约可以获得正的久期。假设这样的互换合约基点价值为 0.15 每 100 名义本金，则由以上公式可以计算出需要签订互换合约的名义本金为

$$50\ 000 + 名义本金 × （0.15/100） = 120\ 000$$

所以需要签订的互换合约名义本金为 4 667 万。

通过以上合约，可以使资产组合的基点价值等于负债的基点价值达到免疫，即完全对冲利率风险。在实际操作中，很多养老金允许对收益率变动的预期做出相应的策略。例如，还是使用上例数据，如果预期利率会上升，可以不签订互换合约，保留资产负债基点价值的缺口。因为利率的上升，资产负债的价值都会下降，而由于负债的基点价值更大，下跌幅度会更大。**对冲比例**（hedge ratio）可以用来衡量利率风险。如果对冲比例为零，则意味着保留基点价值缺口不进行对冲；如果对冲比例为 100%，则意味着弥补资产负债基点价值缺口，达到免疫策略。而很多养老金会选择部分对冲，即比例在 0 ~ 100% 之间。

除了可以进入互换合约调整资产负债的利率风险，还可以选择互换期权。互换期权本质上是期权，其标的物是互换，权利的购买者可以选择是否进入约定好的互换。因此对于使用互换期权，需要期初支付一笔权利金。仍然使用上面的例子，由于资产的基点价值小于负债的基点价值，如果要增加资产的基点价值就需要购买收固定付浮动互换合约的期权，这样可以增加资产端的久期。由于期权费通常较贵，投资者可以在购买收固定付浮动互换合约的期权基础上，卖出一

个付固定收浮动互换合约的期权，其中后者的行权价大于前者；这样可以通过调整两个期权的相对行权价来构建一个零成本期权策略。与互换合约和零成本期权相比，使用互换期权（如购买收固定付浮动互换合约的期权）时，可以有效地控制损失，其最大的损失就是期权费。互换合约、互换期权与零成本期权在不同的利率预期下有不同的表现，基金经理可以根据自己的预期选择合适的工具来调整利率风险。

2.5 负债驱动型投资策略的风险

负债驱动型投资策略会面临很多风险，如模型风险、利差风险、信用风险、抵押品限制风险、流动性风险等。

当我们使用模型进行或者做出假设时，会面临模型风险。比如，在对养老金负债进行估值时，会对很多变量做出假设，一旦这些假设和实际有出入，或者假设错误，将会导致免疫策略不够准确。例如，在养老金的例子里，假设了权益、另类投资的久期为零，但实际上，权益和另类投资的价值会受到利率的影响，它们的久期并不完全等于零，因此用这样假设得到的结果去做免疫策略会导致免疫策略没有预想的效果好。此外，在进行免疫时，我们只考虑了久期对债券价格的影响，并没有考虑凸性对债券价格的影响，这也是免疫策略里不够精确的地方。

在构建免疫策略时，往往会构建债券资产组合来匹配负债，而债券资产组合的久期、基点价值数据是构建免疫策略的关键，如果久期数据、基点价值数据不够准确的话，构建出来的免疫策略效果就不够好。而在实际操作中，在求债券资产组合的久期时，一般会对各成分债券的久期进行加权平均，这样计算出来的久期数据与真实的久期数据有一定的差距。更精确的算法应该是按照求麦考利久期的定义，罗列出债券组合的现金流，求其现金流发生的加权平均时间。此外，在利用衍生品时，如利用国债期货构建免疫策略时，在算期货的基点价值时，我们也用了近似的算法；然而用这种近似数据得到的期货合约份数与实际需要的份数有一点点误差。这样的误差也会影响到策略的效果。

第二类主要的风险是利差风险，在构建免疫策略、达到利率免疫时，可以总结为以下公式：

资产基点价值×资产收益率的变动 + 对冲工具的基点价值×工具的收益率变动
= 负债的基点价值×负债的收益率变动

免疫策略的成功是假设资产收益率的变动、对冲工具收益率的变动，以及负债收益率的变动是一样的。例如，公司需要对公司债构建免疫策略，使用的资产是国债，显然国债的收益率与公司债收益率的变动并非时刻都相等。此外，在使用国债期货、利率互换合约管理利率风险时，也会面临这样的问题，即以上等式中 3 个收益率的变动并非同步完全相等。

第三类风险是信用风险，尤其是当使用没有抵押物的场外合约，如我们之前用到的利率互换合约以及互换期权。近年来，虽然很多场外交易的合约也引入抵押品，但是这样就会产生另一种风险，抵押品限制风险。如前文的例子，养老金进行利率风险管理时使用了互换合约，且是一个名义本金相当大的合约。如果合约产生损失较大的话，要对这样的合约提供比较大额的抵押品，也许养老金期初能够提供较多的抵押品，但是如果合约继续亏损，需要提供更多的抵

押品，养老金可能面临抵押品不够"枯竭"的风险。

何老师说

次贷危机之后，全球衍生品市场上不管是场外还是场内交易所交易的衍生品，都要求交担保物。尤其是场外衍生品市场的监管，就会引发一个问题：担保物的可得性越来越差。这就意味着大家对于高质量债券的追逐（需求）会越来越高。如果没有担保物的话，就没法用衍生品去做免疫策略弥补缺口。而使用衍生品做免疫策略在养老金中很重要。养老金本身就是一个特别复杂的多期负债，所以用普通的免疫策略，如现金流匹配策略，根本行不通。所以养老金就是用衍生品去弥补缺口，使得资产可以匹配负债。所以如果"抵押品枯竭"，就会严重影响养老金的匹配策略。

当资产有一定的盈余时，可以采取主动的投资，当盈余降低至一定的临界值时，需要转为免疫策略，此时就对资产流动性的要求较高。如果投资的资产流动性较差，可能会面临流动性风险。

2.6 债券指数及跟踪指数投资面临的诸多问题

跟踪债券指数能为投资提供更分散化的效果，同时实施这类被动投资策略的投资者认为，跟踪债券指数能够避免主动投资产生的不必要的费用。衡量跟踪指数是否成功，需要看构建的组合能在多大程度上模拟指数的收益。追踪误差可以用来衡量跟踪指数的程度。

2.6.1 跟踪指数的方法

跟踪指数的方法具体如下。

- ✓ **完全模拟指数**（pure indexing）：这种方法顾名思义，就是完全按照指数的构成复制指数，即指数里面有什么成分，就购买什么，指数里面各成分的权重是多少，就在组合里给其配置多少权重。
- ✓ **增强型指数策略**（enhanced indexing）：由于完全模拟指数通常是较为困难的，且需要花费的成本较高，因此增强型指数策略就是通过模拟指数的主要特征来跟踪指数。
- ✓ **主动型管理策略**（active management）：可以偏离指数的特征以寻求超额收益。

2.6.2 债券市场的特点

与股票市场相比，债券市场有其独特的地方：

- ✓ 债券市场资产规模向来要远远大于股票市场，从证券数量上来讲也是股票所无法比拟的。股票的发行主体是公司，债券的发行主体范围更广，除了公司，还有国际机构、政府、政府机构等。
- ✓ 债券的种类是多样的。同一发行人，按照债券的到期日、票面利率、是否含权、优先级别、利率是否固定等条件可以发行不同的债券。同时，还有资产证券化后的债券。

✓ 债券本身是场外交易的。场外交易的特点以及监管对做市商经纪商的监管要求，使得债券市场流动性相比股票市场较差。

正是以上几点原因，导致完全模拟债券指数是相当困难且耗费成本的。由于债券市场的广度，要完全购买各成分需要花费较多的资金；再加上很多债券的交易并不活跃，流动性较差，这些成分债券购买起来较为困难；即便能购入，也需要花费较多的成本。此外，债券指数的调整频度也是较高的，如果要完全跟踪、模拟债券指数，需要进行频繁地调整，从而产生较高的交易成本。这是因为时常有新的债券发行，并且有旧的债券到期，债券指数的调整频率较高；同时债券的评级发生变动也会引起指数的调整。债券的这些特点，也给债券估值造成了一定的难度，尤其是对一些交易不频繁的债券进行估值，因为没有相应的交易数据作为参考。

2.6.3 债券指数的主要特征

由于跟踪模拟债券指数的难度较大，可以让债券组合模拟债券指数的主要特征，从而达到跟踪指数的目的。这些主要特征有：

✓ 让债券组合的久期模拟债券指数的久期。目的是保证债券组合受到利率平行移动时的风险与指数的一样。

✓ 让债券组合的关键利率久期模拟指数的对应关键利率久期。这样做就保证了债券组合能够模拟指数对利率非平行移动的敏感度。

✓ 债券指数中的成分债券可以有不同的划分，同时会有不同的信用质量。不同类别债券、不同信用质量的债券占指数的权重不同。债券组合需要按照以上划分配置与指数一样的权重。让债券组合的利差久期（spread duration）与指数一致。债券（非国债）的收益率由两部分构成：第一部分为基准收益，即国债收益部分；第二部分为利差，由投资非国债承担了额外风险所获得的补偿。利差久期反映了当债券的利差发生变动时，其价格的变动敏感程度。

何老师说

模拟指数的利差风险时可以对指数进行一个分解，如分解成国债、政府机构发行的债券、公司债（投资级、高收益债），可以得到这 4 个部分占指数的权重。

构建的债券组合怎么样才能和指数的利差久期一样呢？就是让组合也去按这 4 个部分构建组合，让每一部分的利差久期等于指数的利差久期就可以了。组合总的利差久期跟踪指数总的利差久期是远远不够的，因为要模拟这个风险，除了模拟组合受到利差久期的影响程度以外，还要看看利差的变动幅度是否一样。但是我们认为，不同的发行人，不同的信用级别，其实其利差在同样的市场情况下变动幅度是不一样的，所以不能把整个组合或者整个指数当成一个整体来看，只能拆分，比如说 4 个部分。这 4 个部分的利差的变动幅度是一样的，然后再模拟每一部分的利差久期，这样的话，利差变动对构建的整个债券组合和指数造成的影响才是完全一致的，这样才模拟了指数的利差风险。

✓ 含权风险。指数中有时含有含权债券，如果跟踪模拟指数去购买这些含权债券，其难度就较大，因为含权债券本身发行量就比较小，极有可能购买不到此类债券。此时就需要采取一种迂回的办法，对指数中含权债券按到期日、利率、发行主体特征进行归类，然后债券组合就按照这些类别模拟指数。

2.6.4　现金流分布的现值法

模拟指数的利率风险时，除了模拟指数的关键点利率久期之外，还有另外一种方法称为现金流分布的现值法。具体的做法如下。

✓ 将指数中不含权债券的现金流按照半年的间隔进行归类，归类到不同的时间点上；对指数中的含权债券按照行权的概率计算其现金流；将所有现金流划归到各自对应的时间点上。

何老师说

例如指数中只有两个债券：一个 2 年期的债券和 5 年期的债券。2 年期的利率是 10%，5 年期的利率是 6%，两个债券的本金都是 1 000，假设半年付息一次。按照现金流的发生的时间段划分到各自的时间点上。这两个债券的现金流分布如下：

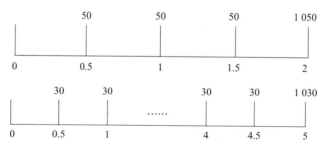

把这两个债券当成一个整体来看，把对应各期所有的现金流加在一起，得到以下现金流：

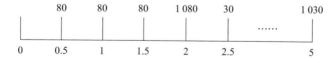

✓ 计算出各个时间点现金流的现值。
✓ 将所有现金流的现值加总得到总现金流的现值。
✓ 用各个时间点上的现金流现值除以总的现金流现值得到各个时间段现金流的权重。
✓ 将各个时间点的现金流看成是零息债券的现金流，则各个时间点代表现金流的久期。然后用各时间的现金流的权重乘以其久期，然后加总就得到债券指数的久期。构建债券组合时，债券组合每个时间点上的现金流权重需要模拟债券指数各个时间点上的现金流权重。

2.6.5　完全模拟指数的方法与增强型指数策略

上文讲到过，被动投资跟踪指数的方法有完全模拟指数的方法以及增强型指数策略。下面将对这两种方法进行对比。

1. 完全模拟指数的方法

完全模拟指数的方法就是构建债券组合时完全按照指数的成分以及比例进行复制，这种方法的优点是不需要对投资标的进行分析，只需要完全复制指数、跟踪指数的变动。同时由于是完全复制指数，这种方法能够充分分散风险。但是其最大的缺点就是购买所有成分的构建成本较高，同时还要购买一些流动性较差甚至很难买到的债券，这增加了跟踪指数的构建成本；此外，为了使得组合时刻保持和指数一致，又由于债券指数的调整频率较高，所以完全跟踪又会产生较高的交易成本。从这两个方面来讲，通过完全模拟指数的方法是较难成功且耗费成本的。

2. 增强型指数投资策略

由于完全模拟指数的方法存在诸多不足，于是，增强型指数投资策略就给我们提供了第二种跟踪、模拟指数的办法。常用的方法是**分层抽样法**（stratified sampling）。分层抽样法首先是对债券指数按照债券特征进行分层，然后从每一层中选出一部分债券构成我们的组合，或者选用合适的衍生品来获得这一层对应的风险特征，构建出来的债券组合要能够模拟指数最重要的特征；最后需要定期对组合进行调整以保证能够模拟债券指数。

由于增强型指数投资策略并没有完全按照指数进行复制，而是利用分层抽样的办法模拟了指数的最主要特征，达到了购买较少债券且能跟踪指数的目的。这种方法模拟指数也适合于社会责任型投资者（ESG investing）。这类投资者关心投资标的公司的社会责任，如对环境的影响（environmental）、对社会的影响（social）以及公司的公司治理（corporate governance）。由于这类投资者的投资限制，指数中的一些与赌博、烟草等有关的公司是不能进行投资的，此时可以利用分层的办法，先将这类公司剔除，然后对其他层进行投资。需要注意的是，由于增强型指数投资策略并没有完全跟踪、模拟指数，所以会产生一些追踪误差。

当追踪指数时，即便我们较好地模拟、跟踪了指数，我们的收益也会与指数的收益有一定的追踪误差，这是因为我们构建的组合收益会扣除管理费用、交易费用等，而指数并不存在这些费用。为了消除这些因素带来的追踪误差，有一些办法可以帮助我们适当地增强组合的收益：

- ✓ 控制构建组合所产生费用，优化交易策略降低交易成本等。
- ✓ 在收益率曲线上，对价值相对低估期限上的债券增加头寸，对价值相对高估期限上的债券，减少头寸。
- ✓ 对价值低于其内在价值的债券，可以增加头寸。
- ✓ 增加对一些特定的分类、质量的债券。例如，某一行业的公司整体经营质量提升，对这一行业的投资权重可以增加。
- ✓ 增加含权债券的头寸。例如，对于可提前赎回的债券，因为投资者额外承担了被提前赎回的风险，所以该债券的收益一般高于其他条件相同的不含权债券；当利率较高时，行权的概率较低，可以增加可提前赎回的债券头寸增强收益。

🖐 【例题】

某资产公司有以下的投资目标：尽可能地模拟、跟踪指数，同时又尽可能地降低成本。已知该债券指数中有一些成分交易非常不活跃。以下哪种策略能够满足要求：

A. 完全模拟指数策略

B. 增强型指数策略

C. 主动型投资策略

解答：B。已知有两个投资目标，第一个是模拟跟踪指数，要实现这一目标说明需要采取的是被动型投资策略，排除 C 选项。第二个目标是尽可能地降低模拟成本，且已知指数中有一些成分交易不活跃较难购买，因此采用增强型指数法。

2.7 进行债券指数投资的其他方法

除了可以像前文介绍的内容一样，直接对债券进行投资来模拟债券指数，投资者还可以通过债券投资基金（bond mutual fund）、固定收益 ETF 以及衍生品对债券指数进行投资，以达到被动投资的目的。

大体而言，相比较直接投资债券，这种间接投资方法的优点是：通过间接投资的方法，跟踪指数的成本更低，费用也更低。尤其是当要购买指数中一些流动性较差的债券时，直接投资的方法成本较高；而通过间接投资的方法，如购买基金可以有效降低成本。当投资者想要卖出债券头寸时，对于开放式债券基金的投资者来说，可以以资产净值（NAV）赎回基金。相比而言，对于直接投资债券的投资者，尤其是对于购买了流动性较差债券的投资者，可能需要花费较多的时间成本、费用卖出债券。

但是间接投资的方法也有其缺点：投资者购买债券 EFT、债券基金获得的是一篮子的债券风险。如果投资者特别看好某只债券时，这种方法无法单独获得该头寸。

2.7.1 债券投资基金

债券投资基金（bond mutual fund）是一种集合投资方式，投资者并不直接购买债券，而是购买基金份额，每一份代表对基金标的资产（债券）一定比例的所有权。债券投资基金的优点就是能够获得规模效应，能以较低的进入门槛获得分散化的债券头寸，尤其是对中小投资者而言，由于资金量有限，很难通过直接投资构建这样分散化的债券组合。对于投资单个债券来说，债券会有到期日，而投资债券投资基金时，基金并没有这样的到期日。通常对于债券投资基金来说，如果投资者在规定的时间前提前赎回可能会面临一定的费用惩罚。

2.7.2 交易所交易基金

对于交易所交易基金（ETF），可以像债券投资基金一样，在收盘之后按照资产净值通过基金发行单位进行申购赎回，但是除此之外，ETF 还可以像股票一样在二级市场进行实时交易。因此，相比债券投资基金，ETF 的流动性更好。对于债券而言，ETF 又有其特殊性，一般对于股票 ETF，如果基金净值和标的股票市场之间存在价差，套利行为会使得价差消失。而对于债券而言，由于很多债券的交易量较小或者没有交易，投资者很难通过套利行为抹平价差。所以对于债券 ETF 来说，其资产净值与标的物之间的市场价的价差可能会持续较长时间。

2.7.3 衍生品

第三种获得债券指数头寸的方法是衍生品，其中，最常用的工具是**总收益互换**（total return swap）。对于总收益互换，合约的接受者将会获得标的债券指数的收益，标的指数的收益由总收益合约的支付者支付；而总收益的支付者将会获得基准利率加上一定的利差。例如，投资者 A 向投资者 B 定期支付 LIBOR 加 200bps，而 B 定期向 A 支付债券指数的收益包括期间利息现金流，如本期债券指数上涨 1%，则 B 向 A 支付 1% 的收益；这样，投资者 A 就获得了债券指数的头寸。由于投资者通过互换获得了债券指数的收益，所以当债券指数下跌时，相当于 A 有了亏损，所以 A 除了需要向 B 支付 LIBOR 加 200bps 外，还需要支付债券指数下跌的部分。

总收益互换合约具有以下特点：

- ✓ 总收益互换属于衍生品。相比直接投资于债券组合，总收益互换需要的期初投资额更小，因为投资者并不需要直接持有标的债券而可以获得标的敞口。
- ✓ 得益于场外交易，总收益互换可以实现定制化（customized）来获得投资者想要有的头寸，而这些头寸又很难在场内获得。
- ✓ 即便近年来衍生品合约受到了一些监管，总收益互换仍然面临对手方的信用风险。
- ✓ 如果投资者的投资期较长，而互换合约的期限较短，投资者又面临再投资风险。
- ✓ 近年来，衍生品市场受到的监管增加了投资者的交易成本。

2.8　选择参考基准

无论对于主动型投资策略还是对于被动型投资策略，选择合适的参考基准是十分重要的，而参考基准的选择要考虑该项投资的目的、目标等。一般来讲，一个合适的参考基准要满足以下条件：参考基准成分的选择标准以及权重标准要公开透明；参考基准要具有可投资性；可以获得参考基准的历史数据，参考基准每日都有其价格信息。投资者根据其投资寻找合适的参考基准，而因为债券具有以下特性，会导致债券投资偏离其参考基准：

- ✓ 对于静态的债券组合，由于不对债券进行调整，随着时间的流逝债券到期日的临近，组合的久期会逐渐下跌。
- ✓ 债券市场上的发行人偏好的变化会影响到参考基准指数的特性。
- ✓ 债券指数如果采用的是价值加权法确定权重，那些负债越多、杠杆越高的发行人其权重越高，而负债越多、杠杆越高的发行人其信用质量就越低。当投资者选择这样的指数当作参考基准进行投资时，它们的组合会有较多的头寸在这些杠杆较高的发行人上。

正是因为债券市场的这些特性，投资者在选择债券参考基准时就需要充分了解自己投资的风险、收益目标、投资偏好等。例如，投资者的风险偏好较低，投资期限又较短，此时在选择参考基准时，需要选择成分为短期、信用质量较高的债券指数作为参考基准。

2.9 梯形债券组合

梯形债券组合的特点是组合的现金流较为均匀地分布在其投资期内。例如，投资者的投资期限是 10 年，其购买了 2 年、4 年、6 年、10 年到期的债券，到期的金额相近。这样，这个投资组合的现金流就较为平均地分散在投资期限内。梯形债券组合这个名字非常形象地描述了组合的现金流分布，可以理解为组合的现金流像梯子中间的横杆一样，等间距、等长度地分布着。但是，梯形债券组合期间现金流、现金流时间的间隔并不一定是严格的相等。梯形债券（laddered）投资组合是相对于杠铃型（barbell）债券投资组合和弹头型（bullet）债券投资组合而言的。杠铃型债券组合，顾名思义，现金流像杠铃一样集中在投资期的两头，而中间的现金流减少。弹头型债券组合是现金流集中在投资期的某一个时间点附近，而其他时间点的现金流较少。由于这 3 种组合现金流的分布不同，当收益率曲线发生非平行移动时，三者的表现也不同。对于债券到期时间短于投资者投资期限的情况，投资者面临再投资风险；对于债券到期日时间长于投资期投资期限的情况，投资者面临价格风险；而由于梯形债券组合的现金流较为平均地分散在投资期内，这种债券组合平衡了投资债券面临的价格风险和再投资风险。这是梯形债券组合的第一个优点。梯形债券组合的第二个优点是其凸性特点。对于 3 种现金流分布的债券组合，当债券组合的久期和内部收益率相等时，按照凸性由大到小排序为：杠铃型债券组合 > 梯形债券组合 > 弹头型债券组合。这是因为三者的久期数据相等，杠铃型的债券组合现金流分布在短期和长期两头，现金流分布离麦考利久期较远，分散程度最大；而弹头型债券组合，现金流集中分布在麦考利久期附近，分散程度最小；梯形债券组合，现金流较为均匀地分布在麦考利久期附近，现金流分散程度居中。相较于杠铃型债券组合，梯形债券组合面临更小的再投资风险。梯形债券组合的第三个优点是这样的现金流分布可以进行现金流管理。当投资者有较高的期间现金流需求时，梯形债券组合期间的现金流能满足这种需求。

对 3 种现金流分布的债券组合进行对比，梯形债券组合最大的优势就是可以进行现金流管理，但当和债券基金相比时，这个优势又不够突出。债券基金的流动性更好，并且能够提供更加分散化的投资以降低风险。

何老师说

我们可以通过 ETF 来构建梯形债券组合，买不同期限的 ETF。比如，我们在 2010 年想构建一个 10 年期的梯形现金流债券组合，需要每年都有现金流。这时可以买入从 2011～2020 年各期限的 ETF。通过 ETF 来构建比直接购买债券的成本更低。

【例题】

A 和 B 是某资产管理公司新入职的员工。在某次小组讨论会上，关于构建债券组合现金流分布的特点，A 和 B 有以下的说法。

A 员工的说法 1：在其他条件相同的情况下，相较于弹头型、杠铃型债券组合，梯形债券组合的凸性最大。这是因为梯形债券组合的现金流较为均匀地分布在投资期内。

A 员工的说法 2：梯形债券组合的最大优势是可以进行现金流管理，满足一定的现金流需求。此外，投资者可以购买期限不同的 ETF 来构建梯形债券组合。

B 员工的说法 1：在其他条件相同的情况下，杠铃型债券组合面临的再投资风险最大。

B 员工的说法 2：公司需要构建免疫策略去匹配某个单笔负债，已知有 3 个债券组合可以备选提供免疫策略，3 个组合的麦考利久期、现值都与负债相关数据相近。3 个债券组合最大的区别就是现金流分布不同，分别为杠铃型、弹头型和梯形。为了能够使得免疫策略既能在收益率平行移动时有效，又要保证在大多数非平行移动时有效，只有弹头型债券组合能够最好地满足要求。

以下选择中正确的是：

A. 员工 A 的说法 1 正确，说法 2 正确；员工 B 的说法 1 正确，说法 2 错误

B. 员工 A 的说法 1 错误，说法 2 正确；员工 B 的说法 1 正确，说法 2 错误

C. 员工 A 的说法 1 错误，说法 2 正确；员工 B 的说法 1 正确，说法 2 正确

解答：正确答案为 C。员工 A 的说法 1 错误，在其他条件相同的情况下，按照凸性排序为：杠铃型大于梯形大于弹头型。这是因为弹头型现金流最为集中，而杠铃型现金流的离散程度最大，梯形现金流分布较为均匀，离散程度居中。员工 A 的说法 2 正确。员工 B 的说法 1 正确，因为期初有较大笔现金流需要再投资。员工 B 的说法 2 正确，在其他条件都满足免疫要求的情况下，弹头型债券组合的凸性最小，因为除了能够提供平行移动的免疫，还能保证大多数的非平行移动也达到免疫。

3 收益率曲线投资策略

本节说明

　　前面章节介绍了被动型投资策略，本节开始介绍固定收益主动型投资策略。主动投资策略分为两类：收益率曲线投资策略和信用策略。收益率曲线投资策略是基于收益率曲线形状的预期改变做出相应的投资策略。信用策略是通过预测未来信用风险的改变，选择投资相对价值较高债券的投资策略。本节围绕收益率曲线策略展开讨论。

知识点自查清单

- ❑ 收益率曲线及其变化
- ❑ 久期和凸性
- ❑ 收益率曲线不变假设下的主动投资策略 ★ ★
- ❑ 收益率曲线变化的主动投资策略 ★ ★ ★
- ❑ 评估收益率曲线交易的框架

3.1 收益率曲线及其变化

　　收益率曲线是一种利率期限结构，即投资者在不同到期日可获得的收益，隐含的假设是这一条收益率曲线适用于给定市场中的所有投资者。

　　收益率曲线的变化可以分为 3 种：①平行移动（level）；②倾斜（slope/twist，斜率变化，即收益率曲线变平或变陡）；③弯曲（curvature，曲率变化）。其中倾斜和弯曲统称为非平行移动。

3.1.1 收益率曲线的平行移动

　　广义的收益率曲线的平行移动：收益率曲线上所有期限的利率变动的方向相同，即同时变大或变小。通常考虑狭义的平移，收益率曲线上每个期限的利率向同一个方向变动相同的幅度，则整个收益率曲线发生平移。如图 7-1 所示，收益率曲线整体的变动方向相同（向下），变动的幅度也相同。

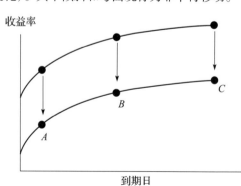

图 7-1　收益率曲线向下平行移动

注意，一条收益率曲线代表一个时刻利率的期限结构，并且收益率曲线上所有的收益率都是年化利率。

一般情况下，收益率曲线都是向上倾斜的（up-ward sloping），称为**正常收益率曲线**（normal yield curve），向下倾斜的收益率曲线称为**倒挂的收益率曲线**（inverted yield curve）。

3.1.2 收益率曲线的倾斜

收益率曲线的倾斜（slope/twist）：曲线斜率的改变，变得更平坦（flattening）或者更陡峭（steepening）。

平坦：①短期长期利率都上升，短期利率上升幅度大于长期利率上升幅度；②短期长期利率都下降，长期利率下降幅度大于短期利率下降幅度；③短期利率上升，长期利率下降。图 7-2 是短期利率上升幅度大于长期利率上升幅度的情况。图 7-3 为短期利率上升，长期利率下降的情况。

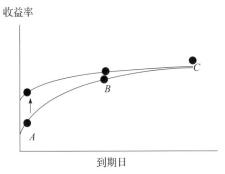

图 7-2　短期收益率曲线上升幅度大于长期收益率曲线上升幅度

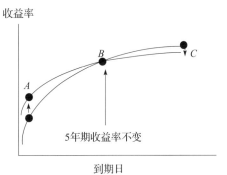

图 7-3　短期收益率曲线上升，长期收益率曲线下降

陡峭：①短期长期利率都下降，短期利率下降幅度大于长期利率下降幅度；②短期长期利率都上升，长期利率上升幅度大于短期利率上升幅度；③短期利率下降，长期利率上升。图 7-4 是短期利率下降，且下降幅度大于长期利率下降幅度的情况。

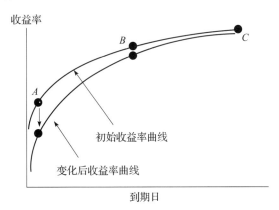

图 7-4　短期利率下降且下降幅度大于长期利率下降幅度

综上所述，收益率曲线斜率的改变涉及债券长期利率和短期利率变动的对比，通过引入长短期利差来描述斜率的变化：

$$利差 = Y_{LT} - Y_{ST}$$

式中　Y_{LT}——长期利率；

　　　Y_{ST}——短期利率。

长短期利差上升，收益率曲线变得陡峭；利差下降，收益率曲线变得平坦。

通常以 30 年期债券利率作为长期利率，2 年期债券利率作为短期利率。

何老师说

在大多数情况下，长短期利差是正的，收益率曲线向上倾斜，称为正常收益率曲线。也会出现极端情况，当利差为负，长期利率小于短期利率，收益率曲线向下倾斜，称为倒挂的收益率曲线。

3.1.3　收益率曲线的弯曲

收益率曲线的弯曲（curvature）：收益率曲线的曲度变化。

曲度变大（more curvature）：①中期利率上升，长短期利率上涨幅度较小；②中期利率下降，长短期利率下降幅度较大。

曲度变小（less curvature）：①所有利率都上升，但中期利率上升幅度较小，长短期利率上升幅度较大；②所有利率都下降，中期利率下降幅度较大，长短期利率下降幅度较小。

综上，曲率的改变涉及短期、中期和长期 3 个利率。通过引入**蝶形利差**（butterfly spread）来描述曲度的变化：

$$蝶形利差 = 2 \times Y_{中期} - (Y_{短期} + Y_{长期})$$

蝶形利差上升，中期利率变动较大，收益率曲线曲度变大；蝶形利差下降，收益率曲线曲度变小。

通常以 2 年期、10 年期和 30 年期利率作为短期、中期和长期利率。即

$$蝶形利差 = 2 \times Y_{10年期} - (Y_{2年期} + Y_{30年期})$$

何老师说

Curvature 也称为 butterfly。曲度的改变就好像蝴蝶在扇动翅膀一样。中期利率相当于蝴蝶的头，短期、长期利率相当于蝴蝶的翅膀。比如，翅膀使劲往下扇，整个曲线曲度增加。

收益率曲线形状的 3 种变化经常同时发生，即利率水平的方向性移动与曲线形状的变化相关联。

✓ 收益率曲线水平向上移动，曲线通常变得平坦并更少弯曲。

- 短期利率波动剧烈，长期利率相对稳定。利率上涨，短期利率上涨幅度大于长期利率上涨幅度，曲线变得平坦。
- 短期利率的变动幅度大于中期利率的变动幅度。收益率曲线向上移动，短期利率变动较大，曲线更少弯曲。

✓ 收益率曲线水平向下移动，曲线通常变得陡峭并更加弯曲。

- 收益率曲线向下移动，短期利率下降幅度大于长期利率下降幅度，曲线变得陡峭。
- 短期利率的变动幅度大于中期利率的变动幅度。收益率曲线向下移动，短期利率变动较大，曲线更多弯曲。

何老师说

短期利率受到的影响因素更多，比如央行的货币政策、短期资金的充裕程度等，所以波动剧烈。在一般情况下，长期利率变动幅度很小，不太可能和短期利率变动幅度一样。实证统计曲度改变的概率较小，收益率曲线发生改变的案例中，曲度改变只占 1.5%。

3.2 久期和凸性

债券的久期是债券价格对利率的一阶导数，代表利率变动 1%，价格的变动百分比，是价格和利率之间的线性关系。实际上价格和利率之间呈现曲线关系，因此需要对价格求二阶导数，观察曲度对价格的影响。

3.2.1 久期

下文介绍几种久期的定义。

1. 麦考利久期

麦考利久期（Macaulay duration）：债券承诺付款的加权平均时间，衡量平均还款期或者现金流的平均回流时间。权重是每一笔现金流的现值除以总的现金流现值之和（债券的价格）。零息债券的麦考利久期是债券期限，到期只有一笔现金流，中间没有任何现金流的归还，所以零息债券的平均还款期就是它的期限本身。

2. 修正久期

修正久期（modified duration）：用于衡量债券的利率风险。修正久期是债券价格对利率的一阶导数，代表利率变化 1%，价格变动的百分比。

修正久期 = 麦考利久期/(1 + y)，y 代表的是一期的利率。

注意，修正久期是通过全价（full price）求导得到的，全价即未来现金流折现求和，等于应计利息（accrued interest）加上净价（clean price）。

3. 有效久期

有效久期（effective duration）：利用市场真实数据计算，观察到市场上由于利率的改变导致价格的变化，反求价格对于利率的敏感程度，适用于含权债券。

4. 货币久期

货币久期（money duration）：利率变动 1%，价格变动多少元。PVBP 是利率变动 1bp，价格变动多少元。PVBP = 货币久期 × 1bp

5. 关键利率久期

关键利率久期（key rate duration，KRD）：主要用于非平行移动，是指一个关键利率点利

率变动 1% 对于整个组合价值的影响。

关键利率久期 = $W_i \times D_i$，W_i 代表的是关键时间点现金流所占的权重。假设组合中所有债券都是零息债券，整个组合的久期等于所有关键利率久期的加总。

3.2.2 凸性

久期是价格对利率的一阶导数，捕捉债券价格与到期收益率之间的线性关系。**凸性**（convexity）是二阶导数，描述了债券价格对于较大的收益率变动的反应，捕捉了收益率和价格之间偏离线性关系的程度。当利率变动幅度比较小时，凸性的影响就较小，可以忽略。当利率变动幅度比较大时，就必须考虑二阶导数的影响。

债券价格具有正凸性，利率下降，债券价格的上升幅度会比久期估计的更多，利率上升，债券价格的下降幅度会比久期估计的更少，即凸性使债券价格"涨多跌少"。债券凸性越大，则价格更贵，所以如果预测将来利率不变或较为稳定时，投资者会倾向购买凸性小的债券。如果预测将来利率会改变或波动大时，投资者会购买凸性大的债券，由于涨多跌少的性质，不管利率上升还是下降，收益高于同久期低凸性的债券。

含权债券的凸性要用有效凸性（effective convexity）来衡量。例如，可提前赎回债券（callable bond），在利率下降时，价格上涨到行权价（call price），发行人会提前赎回债券，此时债券价格呈现负凸性（negative convexity）。住房抵押贷款支持证券（MBS），在利率下降时，借款人会提前偿还贷款，使 MBS 具有负凸性。可提前卖回债券（putable bond），当利率上升时，价格下跌到行权价（put price），投资者提前回售，此时含权债券的凸性变大。

通过做空或做多期权可以改变组合的凸性，做多期权增加凸性，做空期权降低凸性甚至可以获得负凸性。同期权一样，增加凸性不是免费的，需要付出一个更高的价格，降低收益率才能获得更高的凸性。

3.2.3 零息债券的久期和凸性

零息债券的麦考利久期等于债券期限。麦考利久期随着期限的增加呈线性增长，30 年零息债券的久期是 10 年期零息债券久期的 3 倍。凸性大致与久期的平方成正比，30 年期零息债券的凸性约为 10 年期零息债券的 9 倍。

久期相同的债券，现金流越分散，凸性越大，零息债券的凸性最小。附息债券比相同久期的零息债券更具有凸性。

通常，用零息债券匹配单一负债（match single liability），最小化凸性的影响。

3.3 假设收益率曲线不变的主动投资策略

主动策略表示投资者故意选择偏离相关基准的特征，以获得超额收益。投资组合经理可以通过调整久期、杠杆、凸性等来增强投资组合收益。主动投资策略的应用取决于以下几个因素，包括：

- ✓ 客户的 IPS 和基金的投资风格。
- ✓ 客户的投资指引（investment guideline），如久期，即久期调整、信用质量、地理限制、集中度等。
- ✓ 基金经理对未来收益率曲线变动的预期。
- ✓ 投资决策错误的成本。

何老师说

收益率曲线不变（stable yield curve）的含义：水平（level）、斜率（slope）、曲率（curvature）均不发生变化。

每一条收益率曲线都分别和一个时刻对应。如果收益率曲线是不变的，今年在市场上观察到的利率期限结构和去年市场上的利率期限结构是一样的。比如：2010 年 1 月 1 日投资 1 年获得的收益率是 1%。1 年后的 2011 年 1 月 1 日，投资 1 年还是获得 1% 的收益率。如果到了下一个时间点，投资 1 年是获得 2% 的收益率，则收益率曲线发生改变。

基金经理在预期收益率曲线保持不变/稳定时的主要策略是：①买入并持有；②骑乘收益率曲线；③做空凸性；④套利交易。

3.3.1 买入并持有策略

买入并持有策略（buy and hold）是买入一个长期债券并持有至到期，以获得较高的到期收益率。本策略最大的特点在于持有至到期。

买入并持有可以是被动策略，也可以是主动策略，区别在于是否依赖基金经理的观点。基金经理观点的假设前提是未来收益率曲线不变，没有利率风险。

3.3.2 骑乘收益率曲线策略

使用骑乘收益率曲线策略（riding the yield curve）的前提条件：①收益率曲线不变；②收益率曲线向上倾斜。

骑乘收益率曲线策略的操作：买入一个期限大于投资期债券，在投资期末以较高的价格卖出。这一过程又称为"向下滚动债券"（roll down）。

简单来说，收益率曲线向上倾斜，长期利率大于短期利率。同样投资 5 年，买一个更长期限的债券带来的收益率会更高。假设投资期是 5 年，有 3 种不同的投资方式：①买一个 5 年期的债券并持有至到期，没有价格风险（price risk）；②买一个 2 年期债券到期后以两年之后的市场利率进行再投资，再投资 3 年，有再投资风险。③买一个更长期的债券，在第 5 年年末卖出，由于第 5 年年末卖出的价格和一开始设想的价格有可能不一样，有价格风险，因此，这个策略承担了很高的风险。

收益率曲线越陡峭，30 年期和 25 年期利率差得越大，如果投资期是 5 年，则购买 30 年期债券投资 5 年，5 年后以 25 年期收益率算得的价格卖出，可以获得更大的资本利得，骑乘收益率曲线策略会越有效。

何老师说

骑乘收益率曲线和买入并持有两个策略的相似点：一旦购买并持有，中间不会交易调仓。

其区别在于：①骑乘收益率曲线策略买入一个长期的债券，投资者在债券未到期时卖出；买入并持有策略下买入债券要持有至到期。②两种策略购买的债券不同。若投资期是 4 年，采用骑乘收益率曲线策略，要购买长于 4 年到期的债券并在第 4 年年末卖出；采取买入并持有策略要购买 4 年期的债券持有至到期。③两种策略累积的总收益来源不同。骑乘收益率曲线策略的总收益来自于买卖价差，即把债券以一个更低的收益率卖出；买入并持有策略获得本金归还。

当收益率曲线向上倾斜时，相同的投资期，骑乘收益率曲线策略比买入并持有获得的收益更高。

👆 【例题】

一名投资固定收益债券的基金经理的投资期为 1 年，他在考虑两种投资策略：①买入并持有策略——买入一个 1 年期零息国债。②骑乘收益率曲线策略——买入一个 2 年期零息国债，在第 1 年年末卖出。目前收益率曲线向上倾斜，并且经理预测将保持不变。

债券信息如下：

策略	买入并持有策略	骑乘收益率曲线策略
投资期限（年）	1	1
购买时债券的期限（年）	1	2
息票率	0	0
到期收益率	2%	3%
目前债券价格	98.039 2	94.259 6
1 年后预期债券价格	100	98.039 2

问题：两种策略的收益分别是多少？

解答：

	买入并持有策略	骑乘收益率曲线策略
期间利息收益	0	0
资本利得	(100 − 98.039 2)/98.039 2 = 2%	(98.039 2 − 94.259 6)/94.259 6 = 4.01%

骑乘收益率曲线策略获得预期收益更高，收益来源于买卖价差。

长期限的债券可以获得更高收益的原因：收益率曲线向上倾斜且不变时，长期限的债券过了几年之后变成相对短期的债券，收益率是下降的，折现率更低，算出来的价格更高。

3.3.3　做空凸性策略

在利率波动幅度较大时，高凸性债券对投资者有利。当收益率曲线不变时，利率几乎无波动，高凸性和低凸性债券的收益相近，但高凸性债券价格较贵，投资者可以通过购买低凸性债

券或卖出凸性获得更高收益。

做空凸性有以下两种方法。

1. 卖出期权

收益率曲线不变时，投资者无法享受债券凸性带来的"涨多跌少"的好处，于是可以卖出期权头寸，卖出期权的凸性，从而降低整个组合的凸性，通过赚取期权费来增强债券投资收益。

2. 买入含权债券

买入可提前赎回债券（包括 MBS）与卖出期权的效果相同。可提前赎回债券具有负凸性，比相同条件下不含权债券更便宜，收益率更高。如果未来收益率曲线不变，嵌入的期权不行权，此时，含权债券和不含权债券价格接近，由于可提前赎回债券买入价便宜，投资者可获得高收益。

在实务中，降低凸性，投资者常用买入含权债券的方法，因为监管方通常不允许机构投资者做空期权。

何老师说

预期收益率曲线不变，投资者通过做空凸性来获得高收益。如果收益率曲线改变，则做多凸性会带来更高收益。

首先，凸性具有涨多跌少的性质，一旦利率发生改变，凸性大的债券带给我们更有利的价格。

其次，$\Delta P = -D \times \Delta y + 0.5 \times C \times (\Delta y)^2$。不考虑其他收益率的来源，凸性越大时，$\Delta P$ 越大。

3.3.4 套利交易策略

一般来说，套利交易（carry trade）策略是以较低的利率融资然后投资于较高收益的证券，这样就可以赚取差价。常见的套利交易：A 国的利率较低，投资者在 A 国借入资金，然后将 A 国货币转换成 B 国货币，在 B 国投资收益较高的证券。这样做的目的是赚取差价，即投资收益大于融资成本。从以上的交易步骤可以知道，这样的交易往往伴随着较高的杠杆，同时投资者还面临汇率风险。套利策略要成功地实施就需要在相对利率、汇率发生变动而产生损失之前，投资者终结交易。以上涉及两个国家多种货币的套利策略，称为跨境套利交易。此外，套利交易还可以在同一个市场（同种货币）上进行，当收益率曲线不变时，假设一个国家里的两只债券 X 和 Y，如果债券 X 的收益率小于债券 Y 的收益率，做空债券 X，投资债券 Y，可以获得收益率的差。当投资者对同一市场进行套利交易时，一般是通过对向上倾斜的收益率寻找机会，因此这样的交易会发生期限错配的情形，从而这种交易就存在较大的利率风险。

当收益率曲线向上倾斜时，至少存在以下 3 种套利策略：

✓ 回购市场上融资买入债券。

✓ 进入收固定利率支付浮动利率的互换合约（掉期）。

✓ 进入债券期货的多头头寸。

对于向上倾斜的收益率曲线，意味着长期收益率大于短期，因此前两种策略的本质是在收益率曲线上借入短期，投资于长期。对于第一二种策略，其区别是回购市场融资买入债券包括资产负债头寸形成组合，而互换合约是在模拟资产负债头寸的现金流。对于第三种期货合约，实际上是通过期货市场与现货市场的差价进行套利。如果期货合约的价格大于持有现货至交割日的成本（扣除期间收益），投资者可以买入现货（债券）进入期货空头头寸，等到期日交割。相反地，当期货价格较低时，可以进入期货多头头寸，做空现货债券，做空所得资金可以投入货币市场赚取收益。

跨市场套利交易（inter- market carry trades），涉及多种货币的交易更加多样化和复杂化。首先，交易取决于多条收益率曲线。其次，投资者必须接受或以某种方式对冲货币风险。最后，可能存在也可能不存在久期不匹配。问题的详细讨论在后面的章节中展开，本节概述跨市场套利交易的几种方法。

当投资者愿意承担汇率风险时，实施跨境套利交易的方法有：

- ✓ 从低利率国家的银行借入资金，将这笔资金转换为高利率国家的货币，并且投资于该国债券。
- ✓ 进入一个汇率互换合约。支付低利率国家的货币，收到高利率国家的货币。
- ✓ 从高利率国家借入资金，投资于该国资产，并且通过汇率远期合约将融资头寸转为低利率国家货币。

因为投资目的在于获得各收益率曲线之间的差异，而不是期限错配，投资者可以在交易时选择最有利的到期日。例如，货币互换可以是固定利率换浮动利率、浮动换浮动或固定换固定。

回想无抛补利率平价理论（uncovered interest rate parity），在资本具有充分国际流动性的条件下，投资者的套利行为使得国际金融市场上以不同货币计价的相似资产的收益率趋于一致，也就是说，套利资本的跨国流动保证了"一价定律"适用于国际金融市场。短期利率差异将被较高利率货币的贬值而抵消，意味着市场间套利交易不能捕捉短期利率的差异。实证研究表明，无抛补的利率平价并不成立。高利率货币不会系统性地贬值，而且市场间套利交易盈利的可能性相当高。然而，收益的分布是肥尾负偏的，当损失发生时，可能相对较大。

对于上面的第三种交易策略的例子有：投资者在高利率国家买入债券，然后通过回购市场借入资金，这样就相当于回购市场上融资买入债券，即在高利率国家借钱买入了资产，假设债券的价值为 A。投资者约定在未来 T 时刻以确定的价格买回债券，同时签订一份汇率远期合约，约定在 T 时刻用低利率国家的货币 $FX \times A \times (1 + R_{低})$ 买入高利率国家货币 $A \times (1 + R_{高})$，其中 $R_{高}$ 代表高利率国家的利率，$R_{低}$ 代表低利率国家的利率，FX 代表期初的汇率。最终投资者收到的 $A \times (1 + R_{高})$ 购回高利率国家的债券。由于投资者支付了低利率国家的货币，收到了高利率国家的货币，这样就相当于投资者期初在低利率借入了货币 $FX \times A$，利率为 $R_{低}$；投资者在高利率国家投资债券成本 A，利率为 $R_{高}$，从而实现了借入低利率国家资金，购买高利率国家资产。

当投资者想要消除跨境套利交易的汇率风险时，投资者可以在每种货币的市场上同时借入资金并且进行投资。这种交易的实质是利用两条收益率曲线的斜率差异，而不是整体利率水平

的差异。假设正常向上倾斜的收益率曲线，在相对陡峭的曲线上，借出长端并借入短端，在相对平坦的曲线上借入长端并借出短端。同理，方法有以下几种：

- ✓ 在收益率陡峭的市场上进入收固定支浮动的互换合约，并且在较平收益率曲线的市场上进入支付固定收浮动的互换合约。
- ✓ 在收益率曲线陡峭的市场上进入债券期货多头头寸，在收益率曲线较平的市场上进入期货空头头寸。

何老师说

套利交易主要发生在两个国家，目的是赚取两国利差。同一个国家两个债券之间的套利交易在实务中不太常见。

3.4　假设收益率曲线变化的主动投资策略

如果收益率曲线发生改变，基金经理应采取哪种主动投资策略？曲线改变分为 3 种——平行移动、倾斜、弯曲，其中，倾斜和弯曲为非平行移动。此时可以采用的策略主要有 3 种：①久期管理；②做多凸性；③子弹型策略（弹头型策略）、杠铃型策略和蝶形策略。

3.4.1　久期管理

久期管理（duration management）的前提假设是收益率曲线发生平行移动。久期管理的基本原则：预测利率上升时，降低组合久期；预测利率下降时，增加组合久期。本节暂不考虑凸性的影响。

久期管理策略的成功取决于基金经理能否准确地预测利率的变化。若收益率曲线发生非平行移动，需要在久期管理的基础上，增加久期分配的管理（duration distribution），即管理关键久期（key rate duration，KRD）。

何老师说

具有相同久期的两个组合，一个现金流集中在中期，另一个现金流分散在短期和长期。若收益率曲线发生非平行移动，中期利率变化大，长短期利率变化小，则子弹型债券价格变化更大。非平行移动，应关注每个关键时间点久期。

收益率曲线出现大幅的平行移动，在久期管理的基础上，凸性大的策略（即杠铃形债券）会表现得更好。

久期管理策略的工具主要有 3 种：①期货；②互换；③杠杆。

相较于直接买卖债券来改变久期，用衍生品做久期管理可以降低成本，这是因为：①衍生品流动性更好；②头寸可以随市场条件的改变来调整，因此更加灵活；③不改变原始投资组合的结构。

下文具体介绍 3 种工具如何做久期管理。

1. 用期货做久期管理

$$合约的份数 = \frac{需要改变的 \; PVBP}{单个期货合约的 \; PVBP}$$

$PVBP(BPV)$ 为利率变动 1bp，债券价格变动多少元。

$$PVBP = 久期 \times 市场价值 \times 1bp$$

$PVBP_{组合} + PVBP_{衍生品} = PVBP_{目标}$，衍生品的头寸加组合头寸即可调到目标水平。

👆【例题】

　　一个市值 1 000 万元的投资组合，久期为 5 年。一份 10 年期国债期货的基点价值为 75 元。若要将组合的久期扩展为 6 年，应买卖多少份期货？

　　解答：$(6-5) \times 10\,000\,000 \times 0.000\,1/75 = +13.33$，应买入 13 份期货。

---

2. 用利率互换做久期管理

　　确定要增加到投资组合的互换的名义价值的计算过程与期货相同。首先，确定投资组合的期望基点价值，然后计算所需互换的金额。

　　互换相当于两个债券的组合，"收固定，支浮动"等价于购买固定利率债券，做空浮动利率债券，延长久期，反之亦然。

$$PVBP_{收固定付浮动的互换} = PVBP_{固定利率债券} - PVBP_{浮动利率债券}$$

👆【例题】　计算互换的名义本金

考虑以下 3 个利率互换（所有利率为 3 个月 $LIBOR$）。

期限	有效 PVBP：收固定	有效 PVBP：支浮动	PVBP 净值（每 100 元）
5 年	0.048 5	0.002 5	0.046
10 年	0.093 3	0.002 5	0.090 8
20 年	0.170 1	0.002 5	0.167 6

　　使用前一例题的基本条件，如果起始投资组合为 1 000 万元且久期为 5，须添加多少互换头寸才能使投资组合久期达到 6？

　　解答：需要添加 1 000 元的 $PVBP[\, = (6-5) \times 10\,000\,000 \times 0.000\,1\,]$ 才能将投资组合久期从 5 增加到 6。

　　使用 5 年期互换，需要增加 $1\,000/0.046\,0 \times 100 = 217$（万元）的互换交易。

　　使用 10 年期互换，需要增加 $1\,000/0.090\,8 \times 100 = 110$（万元）的互换交易。

　　使用 20 年期互换，需要增加 $1\,000/0.167\,6 \times 100 = 60$（万元）的互换交易。

　　与期货合约相比，互换合约的流动性较差，同时当作为短期内增加组合敞口的工具时，互换合约的灵活性也不如期货合约好。但由于互换合约是场外交易合约，其期限可以是任意的，不像期货一样局限于标准化的期限。

3. 用杠杆做久期管理

　　我们可以使用杠杆来延长投资组合久期。仍使用上述例题举例。

【例题】

一个市值 1 000 万元的投资组合，久期为 5 年。如何运用杠杆将组合的久期扩展为 6 年？

解答：为了将有效投资组合持续时间增加到 6，我们需要增加（6 – 5）× 10 000 000 × 0.000 1 = 1 000（元）的 PVBP。投资组合经理可以使用杠杆购买 200 万元久期为 5 的类似债券。以下计算估算所需债券的价值：

需要增加的 PVBP	1 000
/购买的债券的久期	/5
× 10 000	× 10 000
使用杠杆应该增加购买的债券价值	= 2 000 000

运用杠杆之组合的有效久期，也就是自由资金的久期变成了多少。

$$组合的有效久期 = \frac{组合的名义价值}{组合自有资金} × 久期$$

总投资来自于借入资金和自有资金两部分，在杠杆的放大作用中我们假设 $D_b = 0$。

运用杠杆做久期管理的特点：①运用杠杆增加久期时，可以购买比原始组合久期更短的债券；②买入与原始投资组合久期不同的债券，会改变组合收益率曲线的结构，引入收益率曲线风险（curve risk）；③相比衍生品，运用杠杆的最大缺点是会放大利率风险及信用风险、流动性风险等。运用期权和互换，只增加组合的利率风险，不会额外增加其他风险。

3.4.2 做多凸性

做多凸性（buy convexity）策略主要适用于收益率曲线的平行移动。

久期相同，凸性越大，债券对于利率越是"涨多跌少"，即高凸性可以带来高收益。3.3.3 介绍了预测收益率曲线不变时的做空凸性策略，可以获得更高的收益率。

当预测收益率曲线平行移动时，可以通过做多期权（long option）或做多可回售债券（putable bond），增加凸性，以获得更高的收益。

1. 买入期权增加凸性

期权价值相对于基础资产价格具有正凸性，当利率下降，债券价格上升时，看涨期权的价值上涨得更多、更快，看跌期权的价值下跌得更少、更慢。当利率上升，债券价格下降时，看涨期权价值下降得较少、较慢，看跌期权的价值上升得更多、更快。因此，通过做多期权可以增加凸性。

增加凸性相当于曲线曲度增加，可以通过做多期权来增加曲度。反之，做空期权会减少凸性。

何老师说

用期权的对冲值（delta）来解释。

delta 代表基础资产的价格变动 1 单位，期权的价格变动多少单位。当基础资产的价格上涨，看涨期权成为实值期权（in the money），*delta* 大于 0.5，债券价格上涨带来的期权价格上

涨更多。当基础资产价格下跌,期权变成虚值期权(out of money),*delta* 较小,期权价格下降得更少。从 *delta* 的角度来看,期权有正凸性的性质。

> 👆 【例题】
>
> 目前投资组合的现金流从 2 年到 30 年均匀分布,基金经理:①卖掉部分 30 年期债券,购买期权;②卖掉部分 30 年期债券以保证组合货币久期不变;③购买债券取得的多余现金作为组合的现金部分。
>
> 看涨期权是近期到期的平值期权,行权价为 161:
>
> | 工具 | PVBP | 价格 | *delta* | 凸性 |
> |---|---|---|---|---|
> | 看涨期权 | 0.149 | 3.97 | 0.644 | 826.041 |
> | 30 年期债券 | 0.211 3 | 106.82 | | |
>
> 若卖出 6 800 份债券,要在买入看涨期权后,保持组合货币久期不变,应购买多少期权?
>
> **解答**:若要使 PVBP 不变,卖出 1 份债券,应买入 0.211 3/0.149 = 1.418(份)期权。应买入 6 800 × 1.418 = 9 640(份)期权,此时组合凸性增加。

做多凸性策略的缺点:

✓ 只适用于收益率曲线发生瞬时改变。凸性高的债券通常票息低。假如收益率曲线在很长时间之后才发生改变,那么损失的期间利息收入和其再投资收入比较多,拖累债券的总收益。

✓ 若收益率曲线平移幅度较大,做多凸性策略几乎无效,相比之下,久期的影响更大。收益率曲线平移幅度较小时,做多凸性策略比较有效。

2. 用含权债券

基金经理可以做多可回售债券增加凸性。

何老师说

增加凸性会拖累实现收益。买入期权要支付期权费。久期相同,买高凸性债券,价格高于低凸性债券,机会成本很高。

但是无论收益率曲线怎么变,买入期权构建的组合表现会更好。

3.4.3 子弹型策略与杠铃型策略

由于收益率曲线移动通常不是平行的,因此投资者经常会基于非平行移动的预测(斜率或曲率变化)构建其投资组合。适用于收益率曲线的非平行移动的最常见策略是子弹型和杠铃型结构。

何老师说

本节是考试必考知识点,但考查得并不难。假如收益率曲线变得平坦,有可能长期利率下降,幅度更大,短期利率下降,幅度更小,最好构建组合在长期有大额现金流,长期现金流占比更大,则组合受到长期利率下降带来的价格上涨的好处更多,用杠铃型策略。

考试形式：给出一种收益率曲线的变动情况，问哪一种策略会更好一些，应该构建怎样的策略。

子弹型结构现金流集中在中期，杠铃型结构现金流集中在短期和长期。假设两种结构的组合久期相同，则组合久期的分布不同，两者对于收益率曲线的非平行移动的反应是不同的。

子弹型结构通常用于变陡峭的收益率曲线。如果长期利率上升更多（收益率曲线变得陡峭），子弹型组合的损失将小于同久期的杠铃型投资组合。如果收益率曲线因短期利率下降更多而变得陡峭，由于曲线短端的价格变化幅度很小（久期短），子弹型组合的损失更少。图 7-5 为典型的弹头型结构的现金流分布。

图 7-5　典型的弹头型结构的现金流分布

杠铃型结构通常用于变平坦的收益率曲线。如果长期利率下跌超过短期利率（收益率曲线趋于平缓），则杠铃型组合中的长期债券价格上升，优于子弹型组合。如果收益率曲线因短期利率上升而趋于平缓，短期债券久期较短，杠铃型组合的损失较低，子弹型结构的中期证券则因久期较长，价格下降多。图 7-6 为典型的杠铃型结构的现金流分布。

图 7-6　典型的杠铃型结构的现金流分布

关键点久期，也称为局部久期，常用于识别子弹型结构和杠铃型结构。关键点久期可用于估计债券对基准收益率曲线形状变化的敏感度。关键点久期常为 2 年期、5 年期、7 年期、10 年期和 30 年期。

3.4.4　蝶型策略

本节介绍的策略适用于收益率曲线的非平行移动。

蝶形策略是杠铃（蝴蝶的翅膀）和子弹（蝴蝶的身体）的组合，蝶形涉及 3 种不同期限的债券持仓：短期、中期和长期。

蝶形策略由"做多杠铃 + 做空子弹"或"做空杠铃 + 做多子弹"组成（见图 7-7）。由于蝶形结构是货币久期中性，因此收益率曲线的小幅平行移动不影响蝶形组合的价值。

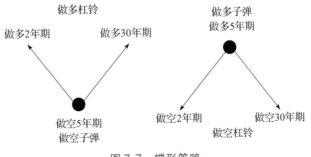

图 7-7　蝶形策略

蝶形策略和秃鹫策略（见图 7-8）都运用了杠杆，用做空所获得的收入去做多其他头寸。

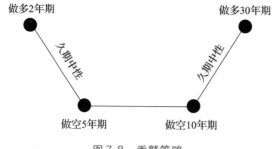

图 7-8　秃鹫策略

考试形式：给定一种收益率曲线变化的描述，问应该如何构建蝶形策略。比如，预测曲线变得平坦，应做多短期长期债券，做空中期债券。又如，预测收益率曲线曲度增加，采用做多杠铃，做空子弹策略。基金经理认为现在收益率曲线太直，预测将来曲度会变大，预测将来中期利率会上涨。而现在中期利率太低，中期债券的价格被高估，所以我们应该做空中期债券，做多短期长期债券。

3.5　跨境市场收益率曲线策略

跨境市场投资会涉及多条收益率曲线，同时投资者还会面临一定的汇率风险。

进行跨境市场投资的主要动力是投资者会对不同市场收益率曲线之间的差异的相对变化有一定的预期，根据这一预期进行投资。根据收益率的预期进行投资获得的收益来源主要包括套利、骑乘、利差的预期变动。在大多数情形下，最主要的收益来源为利差变动所带来的收益。

因此不同市场间的利差能否持续就是跨境市场投资能否盈利的关键。而不同市场间的利差能否持续就是在问不同市场间能否具有相同的收益率曲线？要回答上面这一问题，可以先回答在满足什么条件下能够使得不同市场间存在相同的收益率曲线？如果现实的情况不满足以上条件，说明市场间是存在差异的。要实现不同市场间拥有相同收益率曲线的这一情形，需要满足的第一个条件就是：市场间的资本可以完全自由流动，从而使得不同市场间的收益相同。目前这一条件在当前世界上的主要市场间可以实现。第二个条件就是货币间的汇率需要永远保持固定，即不存在汇率变动带来的风险。如果这两个条件无法满足，不同市场间就会存在不同的风险以及预期收益率，即不同的市场有不同的收益率曲线，市场之间存在利差。在这种情况下，不同市场间的收益率曲线并不是完全相关的。

因此，这种不完全相关性，就保证了即使对冲掉汇率风险之后，不同市场间利差的收益仍然存在。在实务中，投资者可能会使用短期的汇率远期合约来对冲汇率风险，然后远期合约到期时重新进入一个新的合约，滚动下去直至投资到期。例如，投资者买入 5 年期的海外资产，

并且签订了 3 个月的汇率远期合约。当使用这样的滚动合约对冲汇率风险时，如果本币的 3 个月利率与外币的 3 个月利率差加大，则这样的汇率合约滚动会产生一个收益，反之亦然。因此，利用 3 个月的汇率互换合约实际上是对收益率曲线上的短期点利差做出了一定的预期。

当投资于不同的市场，且没有对冲汇率风险时，这些市场间的收益率是不可比的，因为它们的收益率以即期汇率转换成本币，这样的收益中反映不同的汇率风险。而当投资者对汇率风险进行了对冲后，进行跨境市场投资时，资产的基础货币就不需要考虑了。

3.6 评估收益率曲线交易的框架

债券的预期回报可以分解如下：

$$E(R) \approx 息票收益 + 收敛收益 + E(基于投资者对收益率和收益率差异的看法的价格变化)$$
$$- E(信用损失) + E(货币收益或损失)$$

式中 $E(\cdots)$ 表示预期。

投资债券的期望收益来源于以下 5 个方面：

- ✓ 息票收益 = 息票/P_0，分子是息票和息票的再投资收入，投资期为 1 年时可以不考虑再投资收入。
- ✓ 收敛收益 = $(P_{期末} - P_{期初})/P_{期初}$，假设市场条件没有改变（例如收益率曲线不变），随着时间的推移，债券价格改变带来的收益。
- ✓ 利率的瞬时改变带来的预期收益，包含基准利率改变以及利差改变的影响。
- ✓ 信用损失收益 $E(CL)$。
- ✓ 外汇收益 E。

后两项不一定有，前三项一定有。

🖐 【例题】

投资组合经理预期收益率曲线，下表给出了在收益率曲线不变和平行向上移动 60 个基点的假设下，投资组合（初始的和调整的）的特征信息。

	收益率曲线不变（初始投资组合）	收益率曲线平移 +60bps（初始投资组合）	收益率曲线平移 +60bps（调整的组合）
投资期（年）	1	1	1
组合平均年票息	2.01%	2.01%	1.91%
组合平均债券初始价格	100	100	100
投资组合的平均期末债券价格（假设滚动和稳定收益率曲线）	100.46	100.46	100.4
组合持有期内的预期有效久期	1.313	1.305	0.979
组合持有期内的预期凸性	0.9	0.9	0
国债收益率曲线的预期变化	—	0.6%	0.6%

使用上述收益分解框架，计算每个投资组合的预期回报。

解答：

收益组成	公式	初始组合 （收益率曲线不变）	初始组合 （+60bps）	调整后组合
息票收益	年息票/P_0	2.01/100 = 2.01%	2.01/100 = 2.01%	1.91/100 = 1.91%
收敛收益	$(P_e - P_b)/P_b$	(100.463 − 100)/100 = 0.463%	(100.463 − 100)/100 = 0.463%	(100.404 − 100)/ 100 = 0.404%
杠铃型收益率滚动收益	息票收益 + 收敛收益	= 2.473%	= 2.473%	= 2.314%
利率的瞬时改变带来的预期收益	− 麦考利久期 × Δ 收益率 + 1/2 × 凸性 × Δ 收益率^2	—	− 1.305 × 0.006 + 1/2 × 0.9 × 0.006^2 = − 0.781 4%	− 0.979 × 0.006 + 1/2 × 0 × 0.006^2 = − 0.587 4%
总预期收益		2.47%	1.69%	1.73%

表格将投资组合的预期收益分解为收益收入、收敛收益和预期价格变化。

在利率上升的情况下，调整后的投资组合产生的总预期回报率为 1.73%，而初始投资组合的预期回报率为 1.69%。

调整的投资组合放弃了 10 个基点的息票收益和 6 个基点的收敛收益，以换取短期内 19 个基点的价格保护，相对于初始投资组合，调整后的组合收益多出 3 个基点。

初始投资组合的息票收益率为 2.01%，调整后的投资组合收益率为 1.91%。

初始投资组合的下滚回报率为 0.463%，略高于修订后投资组合的 0.404% 下滚回报。初始投资组合中的中期债券有助于该投资组合的较高的下跌回报：这些中期到期债券的价格涨幅大于短期债券（2s），后者是修订后的投资组合中唯一的债券。

收益率视图的价格变动为修订后的投资组合的 − 0.587 4%，而初始投资组合为 − 0.781 4%。

总的来说，这些组成部分解释了调整后的投资组合在预期的利率上升时表现优于初始的投资组合 4 个基点。

4 固定收益主动管理：信用策略

本节说明

本节涵盖了信用组合构建和管理使用的策略。公司债是信用市场的最大部分。4.1 节比较了投资级和高收益公司债券，介绍二者的差异和对投资组合构建的影响。4.2 节介绍评估信用债的方法，包括信用利差和超额收益。4.3 节讨论信用策略的两种主要方法，自下而上法和自上而下法。4.4 节讨论了如何管理组合的两个非信用风险：流动性风险和尾部风险。4.5 节讨论了与国际信用组合相关的问题和风险。除公司债券外，投资者还可考虑结构性金融工具，4.6 节介绍了信用组合中使用的结构性金融工具。

知识点自查清单

- ☐ 投资级和高收益债券 ★★★
- ☐ 信用利差 ★★★
- ☐ 信用策略构建方法
- ☐ 流动性风险和尾部风险
- ☐ 国际信用组合
- ☐ 结构性金融工具 ★★★

4.1 投资级债券和高收益债券

全球信贷市场（credit market）一半以上是公司债券。公司债券可分为投资级（investment-grade）和高收益债（high-yield，也称为垃圾债）两种。投资级公司债券通常具有较低的信贷和违约风险以及较低的收益率，其信用评级高于高收益债。

在评估债券对其投资组合的适用性时，信贷组合经理有时必须投资于某些评级类别。例如，投资组合经理的投资指南可能禁止投资于一个或多个信用评级机构评级低于投资等级的债券。

何老师说

本节针对信用风险的预测，即对于将来市场上信用质量的改变的预测而做出的主动管理，多是定性的内容，记住结论非常重要。

4.1.1　信用风险

广义的**信用风险**（credit risk）包含 3 种风险：①违约风险；②评级下调风险，还没有违约，但是评级机构认为公司违约的可能性上升；③利差风险，即信用利差改变对债券价格的影响。

信用利差改变的原因：①公司评级下调；②宏观经济状况变差。

狭义的信用风险特指**违约风险**（default risk），即借款人根据债务担保条款违约或未能履行其全部及时支付本金和利息的义务的损失风险。信用风险有两个组成部分：①违约率（probability of default，PD），即发生违约的概率；②损失严重程度/违约损失（loss severity/loss given default，LGD），即违约发生时的损失金额。

信用损失率（credit loss rate），又称预期损失率，等于两者相乘。如预期违约概率是 5%，一旦发生违约会损失 60%，那么预期损失率就是 5% 乘以 60% 等于 3%。一般情况下，违约损失小于等于 1，所以信用损失率小于等于违约率。

历史上来看，投资级债券的信用风险、违约风险和信用损失率都是远低于高收益债券的。因为垃圾债的信用损失率较高，因此投资垃圾债时，最主要的考虑因素就是信用风险。而对于投资级债券，投资组合经理更关注公司债券固有的其他风险（信贷迁移、信用降级风险、利差风险、利率风险）对价格变化的影响。

4.1.2　信贷迁移风险和利差风险

信贷迁移风险是指投资级债券的信用质量下降、评级下调，并且随着风险越来越大，其信贷利差通常会扩大，导致债券价格下跌。如果信用评级机构将公司债券从投资级降至高收益级，高收益债券可能会被强制出售。

相比于信用违约损失，信用利差波动对投资级债券价格影响更直接。投资级债券的风险通常以**利差久期**（spread duration）来衡量。

利差久期衡量投资组合对信用利差变化的敏感程度，即信用价差变化 1%，预期债券价格变动的百分比。

👆 【例题】

银行发行的债券的票面利率为 2.10%，到期日期为 2021 年 5 月 13 日，久期和息差久期均为约 4.7 年。债券交易价格为 99.60，信用利差为 80bps。如果发行约两周后该债券的信用利差缩小 20bps 降为 60bps，且利率不变，则其价格是多少？

解答：价格增加至 $99.60 \times \{1 + [-4.70 \times (0.006\,0 - 0.008\,0)]\} = 100.54$。

何老师说

对于不可赎回的固定利率公司债券，利差久期通常非常接近修正久期。换句话说，利率变化和利差变化对不可赎回的固定利率公司债券的影响几乎相同，都是通过影响折现率来影响价

格的变动程度。

利率风险（interest rate risk）是由于基准利率的改变引起的，利差风险是由于利差的改变引起的。

特例：

✓ 国债的利差久期为零，但国债的修正久期不等于零。

✓ 浮动利率债券（FRN）的修正久期为零，利差久期不为零。浮动利率债券的利差风险应该通过利差久期来衡量，而不是通过修正期限来衡量。

对于投资级债券，投资者更加关注信用利差的变动。而高收益债，投资者更加关注违约风险和头寸的市场价值（风险敞口）。

违约概率较低的高收益债，可以等价于投资级别的债券，但如果违约概率较高，就等价于权益类资产。

4.1.3 利率风险

高收益债通常具有更大的信用风险敞口，但投资级债券的利率风险敞口比高收益债券更大。投资级债券的利率风险更大。

理论上讲，利率变化对无风险债券（没有违约风险的债券）的影响与对风险债券的影响相同。债券的收益率等于无风险利率加上利差。无风险证券的利差等于零，风险证券的利差大于零。因此在其他条件相同的情况下，无风险利率的变化应对无风险债券和风险债券的收益率的影响完全相同。

然而，在实践中，信用利差往往与无风险利率（r_f）负相关。造成这种现象的一个重要原因是，宏观因素（如经济增长、违约率和货币政策）通常会对无风险利率和利差产生相反的影响。例如，宏观经济环境向好通常会导致更高的无风险利率和更窄的信贷利差，而较弱的经济环境通常会导致较低的无风险利率和较宽的信贷利差。由于无风险利率与信贷利差之间的负相关关系，利差的改变会抵消掉一部分由于无风险利率改变带来的影响，所以无风险利率变动了1%，但公司债的总收益率的变动小于1%，导致公司债的价格受到的影响并没有理论上那么高。对于具有高信用风险和大额信贷利差的证券而言，这种降低的影响甚至更为明显，即信用利差相对较大的债券对利率变化的敏感度低于信贷利差较小的债券。因此，具有高信用风险的债券的价格行为通常更接近于股票而非固定收益债券。

何老师说

利差和无风险利率的这种负相关关系其实是经验得出的，而不是理论上的真理。事实上，在某一个历史时期，这两者之间也曾呈现出正相关关系。2013 年 5 月，美联储宣布将开始减少其抵押贷款和国债购买计划，"Tapenr tantrum"即削减恐慌，引起了很多投资者对量化宽松削减引起的恐慌症，因为美联储一旦不再购买债券，不再购买这些次债危机时的有毒资产，就会导致不管什么债券的价格都会大幅下跌，意味着整个市场上的利率都是大幅提升的，在此期间，许多信用证券的经验久期都超过理论久期。所以在某些历史时期，它们也会呈现出一个正相关关系。

经验久期（empirical duration）是根据市场数据确定的利率敏感度。计算债券经验久期的常用方法是对其无风险利率和债券价格变化率进行回归。由于无风险利率与信贷利差之间的负相关关系，经验久期比理论上的久期更小。信用利差较低的高评级债券往往具有更大的经验久期。

由于投资级债券的利率敏感性，投资级投资组合经理通常会密切管理其投资组合持续时间和收益率曲线风险。相反，高收益投资组合经理不太可能关注利率和收益率曲线动态，而是关注信用风险。然而，当违约损失较低且信贷利差相对较紧时，高收益债券往往表现得更像投资级债券，即利率敏感性更高。

高收益债券平均具有比投资级债券更大的利差和更大的波动性。低平均信贷利差反映了强劲的经济环境，在高收益市场的利差接近投资级市场的时期，投资者容易忽视利率风险。

4.1.4　流动性风险和交易

流动性：以接近公开市场价格的价格快速、轻松地购买或出售资产的能力。买卖价差是衡量债券市场流动性的常用指标。较小的买卖差价表明流动性更大。

债券的流动性与债券的发行规模和债券交易市场的规模正相关。投资级债券市场流动性大于高收益债券市场，原因是：①投资级债券的发行规模大于高收益债；②债券交易商（dealer）库存中持有较大规模的债券通常更具有流动性。出于监管和风险管理的原因，交易商倾向于持有波动较小且信用评级较高的债券。因此，交易商通常持有较多的投资级债券，导致高收益债券的流动性较低。

高收益债和投资级债券之间的流动性差异会影响到投资组合的管理。高收益债券的买卖差价大于相似期限的投资级债券，因此高收益债券投资组合的交易成本更高。债券主要在场外交易市场（OTC）进行交易，许多高收益债券不经常交易，很难买卖。有些高收益债券和长期投资级债券在市场上可能无法买到，需要寻找替代品。

债券的报价方式在投资级债券和高收益债券市场之间有所不同。投资级债券通常以与政府债券的差价报价。高收益债券往往表现得更像股票而不是投资级债券，通常以价格形式引用。

4.2　信用债的方法

构建债券组合时，投资者通常分别分析债券利率风险与信贷相关风险（credit-related risks，如信用利差风险、信贷转移风险、违约风险和流动性风险）。本节重点介绍信用利差，包括对信贷利差的一些关键指标以及超额收益的讨论。

4.2.1　信用利差计量

信用利差（credit spread）是衡量信用风险的重要指标，它是投资者因承担信用风险而获得的补偿。债券信用利差的影响因素包括违约概率、违约可能的损失、信贷迁移风险以及市场

流动性风险等。

1. 基准价差和 G-利差

信用利差的计算：从具有相似久期的债券的收益率中减去信用风险很小或没有信用风险的债券（基准债券）的收益率。通常，基准债券是新发行（on-the-run）的国债。信用债券与基准债券之间可能存在**期限错配**（maturity mismatch）。信用债券和基准债券的期限要匹配，否则可以用线性差值法来计算久期匹配的基准债券收益率。

$$基准价差 = 收益率_{债券} - 收益率_{基准债券}$$

G-利差是信用债与国债到期收益率的利息差。

G-利差的优势：①易于计算和理解；②G-利差的计算过程隐含了一种对冲利率风险的方式，投资者可以通过出售其投资组合中的两个基准国债的久期加权金额来对冲信用债的利率风险、久期匹配，把所有的利率风险抵消；③G-利差的计算过程可以用来估计利率和价格的变动幅度。

【例题】

利用 G-利差套期保值和计算价格变动。

2016 年 3 月 31 日，投资组合经理收集以下债券的信息：

a. 工商银行于 2024 年 6 月 16 日到期的 3.75%。

b. 2023 年 3 月 31 日到期的 1.5%（新发行的 7 年期国债）。

c. 2026 年 2 月 15 日到期的 1.625%（新发行的 10 年期国债）。

3 种债券的价格，收益率和有效期限度量如下：

	价格	收益率	有效久期
工商银行于 2024 年 6 月 16 日到期	103.64	3.24%	7
国债于 2023 年 3 月 31 日到期	99.8	1.53%	6.7
国债于 2026 年 2 月 15 日到期	98.7	1.77%	9.1

后来投资组合经理观察到 7 年期国债收益率从 1.53% 下降至 1.43%，而 10 年期国债收益率保持不变。

根据利率变化情况，投资组合经理对工商银行债券价格变动的估计是多少？

解答：

7 年期国债的权重为 87.5% = [(9.1 - 7.0)/(9.1 - 6.7)]，10 年期国债的权重为 12.5% = [(7.0 - 6.7)/(9.1 - 6.7)]，匹配工商银行债券的久期 = 0.875 × 6.7 + 0.125 × 9.1 = 7.0。

两个国债的线性插值收益率为 0.875 × 1.53% + 0.125 × 1.77% = 1.56%。线性插值的收益率也可以使用久期计算，(7.0 - 6.7)/(9.1 - 6.7) × (1.77% - 1.53%) + 1.53% = 1.56%。

工商银行债券的 G-利差是 1.68% = 3.24% - 1.56%，即 168bps。

为了对冲工商银行债券，投资组合经理分别以 87.5% 和 12.5% 的权重卖出或做空 7 年期国债和 10 年期国债。

当投资组合经理观察到 7 年期国债收益率从 1.53% 下降至 1.43% 时，新估计的线性插值的收益率为 $0.875 \times 1.43\% + 0.125 \times 1.77\% = 1.47\%$ 或 $(7.0 - 6.7)/(9.1 - 6.7) \times (1.77\% - 1.43\%) + 1.43\% = 1.47\%$。内插国债收益率从 1.56% 下跌 0.09% 至 1.47%，则经理认为工商银行债券的收益率也下降了 0.09%。

投资组合经理估计，工商银行债券的价格已从 103.64 上涨至 $103.64 \times [1 + (7 \times 0.09\%)] = 104.29$，增长 0.65 或增加 0.63%。

2. I-利差

I-利差的基准债券利率选择的是**互换利率**（swap rate）。

使用互换利率的一个关键优势是，**互换利率曲线**（swap curve）比政府债券收益率曲线"更平滑"，覆盖的期限更多。政府债券收益率曲线有时受特定政府债券的供求关系影响，尤其是新发行的较少，能用到的国债的期限非常少，所以国债的收益率曲线断断续续。但互换市场上的期限种类非常多，且流动性较高，互换利率曲线平滑连续。

在比较 G-利差和 I-利差时，应注意：第一，当基准利率代表信用无风险利率时，通常最有帮助。如果政府债券或银行存在信用风险，那么政府债券收益率或银行间利率不是无风险利率。第二，在使用基准债券对冲利率风险时，如果投资者计算的是 I-利差，但使用政府债券来对冲风险，那么他实现的利差可能会与他计算的利差不同。对冲利率风险应选择与所使用的利差指标相对应的债券。

3. Z-利差和期权调整利差

当投资者比较信用债的相对价值（relative value）时，通常使用 Z-利差和期权调整利差（OAS）。相似的信用风险下，选择信用利差大的债券可以获得高收益。

Z-利差：在国债的即期利率加 Z-利差得到公司债的即期利率，以使债券现金流的现值等于其当前市场价格，适用于没有含权债券。

在 Z-利差基础上计算 OAS，OAS 考虑了权利执行之后的影响，适用于含权债券。OAS 是在 Z-利差的基础上把权利的影响剔除掉的利差；对于可赎回债券（callable bond），OAS < Z-利差，对于可回售债券（putable bond），OAS > Z-利差。

4. 投资组合的信用利差

投资组合的信用利差常用按债券市场价值加权的期权调整利差。

4.2.2　超额收益

评估和管理利率风险和信贷相关风险，除了上一小节的信用利差外，另一个工具是**超额收益**（excess return）。它是指在对冲利率风险后债券信用相关风险带来的回报。超额收益是债券投资者因承担信用风险而获得的补偿，所以并不能说明利率变化带来的回报或风险，因此使用超额收益时，通常将投资组合的利率风险与信用相关风险分开管理。

债券的信用利差与其预期的超额收益相关。如果证券的收益率或利率没有变化，并且如果证券在持有期间没有违约，则信用利差等于超额收益。然而，信用利差的变化通常会导致债券的超额收益偏离其利差。

信用债的超额收益（XR）计算公式为

$$XR \approx s \times t - \Delta s \times SD \qquad (7\text{-}1)$$

式中　XR——持有期超额收益；

　　　s——持有期开始时的利差；

　　　t——持有期（年）；

　　　Δs——持有期间信用利差的变化；

　　　SD——债券的利差久期。

公式假设没有违约损失。违约损失可以纳入预期的超额收益（EXR），计算公式为

$$EXR \approx s \times t - \Delta s \times SD - t \times p \times L \qquad (7\text{-}2)$$

式中　p——年度预期违约概率（PD）；

　　　L——预期损失严重程度；

　　　$(p \times L)$——预期的年度信用损失（expected annual credit loss）。

【例题】

公司债券的期限为 5 年，信用利差为 2.75%。

1. 如果债券持有 6 个月并且信贷利差缩小 50 个基点至 2.25%，那么近似的超额收益是多少？假设利差久期为 5 年，债券没有违约损失。

2. 如果利差上升到 3.25%，那么即时（持有期为零）超额收益是多少？

3. 假设债券违约的年化预期概率为 1%，预计损失严重程度为 60%。如果债券持有 6 个月并且预计信贷利差将下降至 2.25%，那么预期的超额收益是多少？

解答：

1. 债券的超额收益率约为 2.75% × 0.5 - (2.25% - 2.75%) × 5 = 3.875%。

2. 债券的瞬时超额收益率约为 2.75% × 0 - (3.25% - 2.75%) × 5 = -2.5%。

3. 债券的预期超额收益率约为 2.75% × 0.5 - (2.25% - 2.75%) × 5 - 0.5 × 1% × 60% = 3.575%。

何老师说

超额收益和信用利差的区别：超额收益可以看成是已经实现了的利差，而信用利差是根据一开始买入债券时观察到的收益率计算出来的利差，未来市场情况改变会造成真正实现的利差和买债券时计算的有差距。

见式（7-1），如果按照一年来考虑，正常来讲超额收益等于利差，但是超额收益代表真正实现了的利差，相当于你一开始根据到期收益率算出来的利差，和持有一段时间实现了的利差可能会不一样，因为要考虑将来利差的改变给超额收益带来的影响。

　　债券投资的预期收益 E（R）可以分解成 5 个方面：①现时收益率就是息票收益率；②收敛收益率；③由于利率的改变所带来的收益，利率的改变有两种，第一个是市场基准利率的改变，第二个是利差的改变；④E(CL)；⑤货币利得或损失。

　　利差的计算不考虑将来市场的变动，即③、④、⑤都不考虑。但是最终实现的利差是考虑了将来市场的变动。

　　注意式（7-2）是重要考点。

4.3　信用策略构建方法

　　本节讨论两种积极管理的信用策略方法。4.3.1 节讨论了自下而上法，该方法涉及选择投资者认为具有相似特征的一组债券或发行人中具有最佳相对价值的个别债券或发行人（通常是同一行业，同一国家的住所）。4.3.2 节讨论了自上而下法，该方法涉及投资者确定宏观经济趋势的观点（经济增长、公司违约率等），然后选择投资者认为会在预期环境中表现最佳的债券。

4.3.1　自下而上法

　　自下而上法（the bottom-up approach）的信贷策略方法有时被称为"安全选择"策略，其关键特征是评估个别发行人或债券的相对价值。这种方法最适合分析具有可比信用风险的公司，而不是信用风险差异很大的公司。

　　1. 划分债券

　　自下而上法的第一步是建立合格债券范围，然后将符合条件的债券范围根据行业划分开来，还可以根据业务种类、地域等做进一步划分。每个分类要足够细致，保证每一个分类（sector）里面只有单个公司的风险（company-level risk）的不同，其他风险都一样，然后可以使用相对价值分析来确定最值得投资的债券。

　　2. 自下而上法的相对价值分析

　　信贷组合管理中相对价值决策的关键是将信贷相关风险（即预期超额收益）的补偿与信贷相关风险进行权衡。如果两个发行人具有类似的信用相关风险，那么购买高利差的债券，可能有更高的超额回报。对于具有不同信用风险的发行人，投资者必须决定超额收益是否足以补偿所承担的额外信用风险。比较具有不同信用相关风险的发行人需要考虑的因素包括：①基于信用评级的历史违约率可以帮助投资者决定额外违约风险需要多少补偿；②每个行业分类的平均利差水平和信用评级信息。

　　分析超额收益，投资者需要预期信用利差的变化。如果投资者计划将债券持有至到期，则整个持有期间的信用利差变化为零。如果投资者的持有期短于债券的到期日，还要考虑信用利差的预期变化。

　　流动性、投资组合多样化和风险都是决策中的重要考虑因素。例如，如果两个债券的风险或流动性差别很大，即使会有较低的超额收益预期，那么投资者也有可能更喜欢低风险债券。

如果投资者没有对冲利率风险，或者他没有将利率和信用风险管理分开，则应在选择证券时考虑总回报，而非只考虑超额回报。

3. 利差曲线

行业分类内相对价值分析的关键是确定具有最佳相对价值的发行人。

发行人通常都有多个债券发行，通常每个债券的到期日和久期都不同。利差曲线拟合了同一发行人、不同到期日或久期的债券的信用利差。一般认为，到期期限越长，利差越大，风险更大。

图 7-9 显示了 2018 年 2 月 4 日两家电信公司 A 和 B 债券的 Z-利差与利差久期的关系。

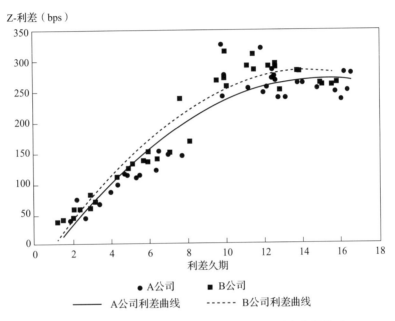

图 7-9 A 公司和 B 公司债券的 Z-利差与利差久期的关系

这两家公司都是移动通信行业，公司规模相近，信用风险相近，如果同样期限，不考虑利率风险，二者应有相似的利差。由图 7-9 可以看出，B 债券的利差比 A 债券略宽。如果投资者认为两个发行人的债券具有相似的市场流动性，那么市场认为 B 的信用风险略高于 A。

何老师说

B 和 A 的一些债券的利差明显高于或低于拟合点利差曲线。由于债券特征的差异，这些债券与其他债券相比可能具有不同的风险或流动性特征。风险或流动性差异可能导致利差与各自的利差曲线有很大差异。每次发行的利差，和这条曲线上的利差不一样，而且每次发行偏离的距离都不一样。因为每一次发行债券的结构特征、发行量不一样，在公司的资本结构里优先级别不一样，导致每一次发行债券的风险都不一样，而且这个差距是会变化的。

如果投资者也认为 B 实际上比 A 更有信誉，那么他可以维持 B 债券的超配头寸，减持或零权重 A 债券。如果监管允许，投资者可以通过购买 A 的信用违约互换、购买看跌期权或卖空 A 债券，反过来，可以做空 B 的信用违约互换。

4. 其他因素

除了分析超额收益和利差曲线外,自下而上法的相对价值分析还要考虑以下因素。

- ✓ 债券结构。在进行相对价值分析时,投资者应考虑债券的特征及其在资本结构中的优先级。例如,次级债券通常提供比高级债券更高的信用利差,可赎回债券通常具有比其他可比的不可赎回债券更大的期权调整利差。
- ✓ 发行日期。最近发行的债券往往具有较窄的买卖价差和较高的日交易量。如果投资者希望持有期较短,就会倾向于购买更具流动性的债券,因此信用利差较窄。
- ✓ 供给。当发行人宣布发行新债券时,由于债券供应增加,发行人现有债券的价值会下降,利差也会扩大。现有债券之间利差扩大的原因有:①需求不是完全弹性的,因此新发行的债券通常会给予新债券的优惠价格;②这种促销可能导致发行人现有债券根据新发债较宽的利差进行重新定价;③更多的债券发行可能预示着发行人信用风险的增加。
- ✓ 发行规模。发行规模对利差的影响不确定。具有较大发行规模的债券可能更频繁地交易并由更多的市场参与者持有,会增加债券的流动性和价值,并减少债券的利差。从信用风险角度来看,发行规模比较大,说明公司的借债规模大,财务杠杆大,信用风险较高。

5. 自下而上法的投资组合构建

在自下而上法的投资组合构建中,投资者可以根据行业和单个债券确定具有理想头寸规模的投资组合。然后,投资者购买最能代表组合中适当风险敞口的债券。

调整头寸最简单的指标是市场价值(market value)。在每个行业分配中,选择购买具有相同市场价值的头寸。其好处是可以模拟整个市场的变动,坏处是市值越高,说明公司发行的债券越多,财务杠杆越高,反而给了风险比较高的公司更高的权重,扩大了信用风险敞口。

头寸调整常用的另一个权重指标是利差久期。假设基金经理正在考虑两种投资级债券,他预计这两种债券具有类似的信用利差波动。债券 A 的期限为 5 年,债券 B 的期限为 10 年。他认为债券 A 中 2% 的投资组合加权头寸与债券 B 中 1% 的投资组合加权头寸的风险几乎相同,即如果他在债券 A 中持有 2% 的头寸且在债券 B 中持有 1% 的头寸,任一债券信用利差增加 1%,对投资组合的回报贡献约 $1\% \times 2\% \times -5 = 1\% \times 1\% \times -10 = -0.10\%$。

投资者也可以严格按照市场基准设置投资组合中的行业权重。若希望购买的债券在市场上不可得,有 3 种解决方法:①替代;②指数 ETF;③现金。

4.3.2　自上而下法

自下而上法(the top-down approach)的信用策略方法侧重于单个债券和发行人。自上而下法的信用策略方法侧重于宏观因素:经济增长、企业整体盈利能力、违约率、风险偏好、预期市场波动的变化、信用利差的变化、利率、行业趋势和货币走势。

自上而下法通常根据投资者对宏观因素的看法确定市场中哪些行业的相对价值具有吸引力,通过购买这些行业的债券来超配这些行业,并且减少对宏观前景不利的行业债券的配置。

自上而下法和自下而上法的一个重要区别:运用自上而下法投资者使用的类别划分通常比

运用自下而上法的投资者更广泛（broader）。例如，运用自上而下法的投资者将所有债券按照投资级和高收益划分为两类，但自上而下法不能这样划分。

1. 信用质量

运用自上而下法投资的一个关键是确定其投资组合的目标信用质量（desired credit quality）。当信用利差缩小且违约率下降时，持有低质量债券的信贷组合通常会优于市场基准。当信贷利差扩大且违约率更高时，更高质量的信贷组合通常优于市场基准。

投资者决定信用质量的两个关键因素为：①对信贷周期的预期；②对信用利差变化的预期。信贷利差和信贷周期都受到宏观因素的严重影响。经济增长的急剧下降通常会导致违约率大幅上升。

投资者常用以下方法来评估投资组合的信用质量。

✓ **平均信用评级**（average credit rating）。这种方法给每个信用级别分配了分数，既可以使用算数加权，也可以使用非算数加权。随着发行人的信用评级下降，违约风险通常加速增长，使用非算术加权是处理债券风险的非线性关系的合理方式。

【例题】

计算 50% 的债券被评为 A1/A + 而另外 50% 被评为 Ba3/BB - 的投资组合的平均信用质量。

穆迪	标普	惠誉	算数分数	穆迪评级因子
Aaa	AAA	AAA	1	1
Aa1	AA +	AA +	2	10
Aa2	AA	AA	3	20
Aa	AA -	AA -	4	40
A1	A +	A +	5	70
A2	A	A6	6	120
A3	A -	A -	7	180
Baa1	BBB +	BBB +	8	260
Baa2	BBB	BBB	9	360
Baa3	BBB -	BBB -	10	610
Ba1	BB +	BB +	11	940
Ba2	BB	BB	12	1 350
Ba3	BB -	BB -	13	1 766
B1	B +	B +	14	2 220
B2	B	B	15	2 720
B3	B -	B -	16	3 490
Caa1	CCC +	CCC +	17	4 770
Caa2	CCC	CCC	18	6 500
Caa3	CCC -	CCC -	19	8 070
Ca	CC	CC	20	10 000

算术加权：得分为 50% × 5 + 50% × 13 = 9。9 对应于 Baa2/BBB 的平均信用评级。

非算术加权：组合的平均信用质量得分为 50% × 70 + 50% × 1 766 = 918，接近于 Ba1/BB + 的平均信用评级。使用非算术加权的平均信用评级是使用算术加权低于评级的两个级别（缺口）。

当投资组合中的债券涵盖的信用范围较广泛时，使用算术加权来评估投资组合的平均信用质量可能会高估其信用质量并低估其信用风险。

- ✓ **平均期权调整利差**（average OAS）。投资组合的信用质量也可以使用 OAS 进行估算。组合的平均 OAS 等于每个债券的单个 OAS 按其市场价值加权。
- ✓ **平均利差久期**（average spread duration）。平均 OAS 没有完全考虑信用利差波动的风险。例如，平均 OAS 为 100 的两个组合分别由 30 年期债券和 2 年期债券组成，30 年期债券对信用利差的变化更敏感。加权平利差久期可以衡量信用利差波动的风险。
- ✓ **久期与利差乘积**（duration times spread，DTS）。久期与利差乘积是衡量信用质量的指标，考虑平均 OAS 和平均利差久期的综合影响。DTS = 久期 × OAS，投资组合的 DTS 是其各个债券的 DTS 的加权平均。

自上而下法中的超额收益：自上而下法可以应用对违约损失和信用利差变化的预期来计算投资组合的预期超额收益：$EXR \approx s \times t - \Delta s \times SD - t \times p \times L$。

自上而下法中一般针对某一个评级，计算平均利差和利差久期，然后根据宏观环境选择某一评级的债券。

2. 行业权重配置

行业权重配置（industry sector allocation）是自上而下法的重要部分。自上而下的行业分配方法主要基于投资组合经理的宏观观点。同时，投资组合经理可以使用定量工具（如回归分析）进行行业配置，也可以考虑行业部门的利差等因素以及使用财务比率分析。

3. 自上而下法中的利率测量与管理

利率变化是投资级别以及信用较好的高收益债券收益率的重要因素。使用自下而上法的投资组合经理倾向于减少利率变动的影响，也可以基于对未来利率变化和未来利率波动的预期来积极管理投资组合。

利率风险度量：①有效久期；②关键点久期；③凸性。

管理利率风险：①久期管理，可以在不使用衍生品的情况下完成，然而直接通过买卖债券的方式其实不能把利率风险和信用风险分解开，匹配关键利率期限的债券可能流动性较差，为了降低久期做空债券难度较大。②衍生品，把利率风险和信用风险分开管理，衍生品市场的流动性充裕。其主要缺点是并非所有投资者都愿意或能够投资衍生品。③波动率管理，可以使用期权、可赎回债券或**代理转让抵押贷款**（agency pass-through mortgages）。

4. 主权和货币风险

信贷组合经理可以在本国之外或以本币以外的其他信贷工具进行投资。如果投资者认为两

个国家之间的利率差异将发生变化，他可以用他预期收益率下降的货币购买信用证券，并以他预期收益率上升的货币出售信用证券，也可以用衍生品对冲货币风险，否则他的投资组合将面临货币波动以及利率变化的风险。

5. 自上而下法中的利差曲线分析

投资者可以通过自上而下法为行业、评级、到期日构建利差曲线。例如，比较 10 年期 BB 的债券和 3 年期 BB 的债券之间的利差。

6. 自下而上法和自上而下法的比较

投资者可以使用自上而下法、自下而上法或两者的组合来构建投资组合。每种方法都有不同的优点和缺点。

自下而上法的主要优点：投资者在个别公司或债券中有信息优势。在这方面，投资者可以仔细检查一小部分公司，并寻求识别市场可能忽略的风险。其缺点是大部分的信用回报归因于宏观因素影响，自下而上法的证券选择会忽略宏观因素带来的影响。

自上而下法的主要优点：大部分的信用回报可归因于宏观因素，通过自上而下法来识别。然而自上而下法实施难度大，投资者很难以自上而下的方式获得信息优势。

在实践中，投资者通常将自上而下法和自下而上法结合起来运用。

👆 【例题】

信贷投资者对欧洲化学品和消费必需品行业进行了研究。他正在构建这些行业中公司发行的债券组合。投资者寻求超越由欧洲化学品和消费必需品公司发行的债券组成的市场基准。评估自上而下法或自下而上法是否最适合此投资者。

答案：对于这名投资者来说，自下而上法比自上而下法更合适。自下而上的信用策略方法的关键方面是评估个别债券或发行人的相对价值。投资者对行业内的公司进行了广泛的研究。自上而下法首先确定哪些板块有较高的相对价值，然后选择那些板块内的债券。自上而下法涉及对宏观因素的看法。

4.3.3 环境、社会和公司治理

某些投资组合构建时要考虑投资过程中的环境、社会和公司治理因素。信用组合管理可以通过以下一种或多种方式纳入环境、社会和公司治理因素。

✓ 相对价值。由于多种原因，环境、社会和公司治理实践较差的公司和行业可能存在更多的信用风险。

✓ 准则约束（guideline constraints）。一些投资组合的投资政策声明包括禁止购买从事某些活动的实体发行的债券（如禁止购买生产烟草的公司的债券）。

✓ 投资组合级风险衡量指标（portfolio-level risk measures）。监测与环境、社会和公司治理相关的风险因素的风险。投资组合经理可以在内部或通过使用提供环境、社会和公司治理评级或分数的外部供应商来获得发行者的环境、社会和公司治理评级（或分数）。

✓ 积极影响投资机会（positive impact investing opportunities）。投资组合经理可以将其投资组合中的一定比例投资于对发行人产生积极的社会或环境影响的债券，如绿色债券（green bond）。

4.4　信用组合中的流动性风险和尾部风险

本节主要讨论信用市场的流动性风险以及投资者如何在实践中管理流动性风险。国债相对流动性较好，公司债流动性风险较大。

本节还讨论了信用组合的尾部风险及其管理。收益率的正态分布假设低估了尾部的风险，忽略了极端损失。

4.4.1　流动性风险

流动性是信贷投资的重要因素。与发达市场的主权债券相比，公司债券相对缺乏流动性。

1. 二级市场流动性的度量

二级市场流动性的度量指标具体如下。

✓ 交易量。随着经纪人/交易商减持公司债券，信贷市场的交易量在2008～2009全球金融危机之后有所下降，债券市场流动性降低。

✓ 资金流出的利差敏感性（spread sensitivity to fund outflows）。评估流动性的另一个指标是信用基金投资者对大额提款的敏感度。大笔提款需要基金出售资产。相同的资金流出，对高收益债的价格和利差的影响大于投资级，高收益市场的流动性低于投资级市场。

✓ 利差敏感性受经济条件的影响。在金融危机期间及其紧接着的后果中，利差敏感性变大。

✓ 买卖价差。买卖价差越高，信贷市场的流动性越差。请注意，只有当市场稳定时，买卖价差数据才会稳定。波动较大的市场条件往往会对买卖价差产生负面影响。这种影响通常是暂时的，并表明在短暂的波动之后，买卖价差水平趋于稳定。

2. 结构性行业变化与流动性风险

在2008～2009年全球金融危机之后，信贷市场经历了重大的结构性变化。信贷市场的参与者依赖于做市商来提供信用证券的市场流动性。危机过后，做市商的资本成本大幅增加，在资产负债表上维持大量债券头寸的能力和意愿明显下降。出现这些变化有两个原因：①新法规限制做市商承担风险、持有库存，鼓励支持信用市场流动性的交易活动；②做市商更加厌恶风险，自主选择降低风险和资产负债表规模。

并非信贷市场的所有结构性变化都降低了流动性。随着资产管理规模的扩大，信贷投资标的更广泛、分散，集中度下降会增加信贷市场的流动性。电子交易平台的使用，也增加了整个市场的流动性。

3. 流动性风险管理

管理流动性的方法包括持有现金，管理头寸，持有流动、非基准债券，利用信用违约互换（CDS）指数衍生品，交易所交易基金（ETF）。

- ✓ 作为最具流动性的资产，现金是信贷组合中流动性管理的重要考虑因素。在 2008 ~ 2009 年全球金融危机之前，现金水平通常为信贷组合的 2% ~ 3%。危机后现金水平增加到了 5% ~ 7%。

- ✓ 头寸管理。持有更多权重的流动证券和现金可能会降低预期回报，但这些资产的流动性可能是投资组合经理越来越重要的考虑因素。

- ✓ 投资组合经理基准之外的流动信用证券也可用作现金代理。例如，高收益投资组合经理可以使用流动性投资级债券作为现金替代，或者投资级投资者可以使用国债作为现金代理。这些头寸通常提供一些现金增量收益，并且可以相对容易地清算以筹集资金用于投资组合管理需求。

- ✓ 投资组合经理可以使用 CDS 指数衍生品（如 CDX 和 iTraxx）管理流动性风险。CDS 衍生品市场相对比信贷市场更为活跃。例如，2015 年，美国高收益债券和美国投资级债券 CDX 指数的日均交易量分别为 70 亿美元和 250 亿美元。相比之下，2015 年美国的平均每日交易量，公司债券总收益高达 80 亿美元，投资级别达 150 亿美元。换言之，美国高收益债券的单一 CDX 指数几乎与债券市场上所有美国高收益债券的交易量一样多。美国投资级债券的 CDX 指数交易远远超过债券市场的所有美国投资级债券。

- ✓ 在全球金融危机之后，ETF 总市值大幅增长，ETF 的优点是有二级市场可以交易，流动性比较好，缺点是投资者没有办法选择单一债券，而且易受二级市场的大幅波动影响。

4.4.2　尾部风险

尾部风险（tail risk）是实际尾部事件的概率多于模型预测的风险。通过正态分布，基于历史回报的风险模型很难预测尾部风险。尾部风险事件很难建模，几乎不可能提前预测。然而，此类事件确实发生在信贷市场中，并且经常导致意料之外的投资组合回报。信贷投资者必须管理发生尾部事件的风险。

　　1. 评估组合的尾部风险

　　评估组合的尾部风险的方式如下。

- ✓ **情景分析**（scenario analysis）。情景分析的主要目的是在合理但不常见的情景下测试投资组合的表现，情景设计可以基于实际历史或假设事件。历史情景的优点是符合现实，缺点是预测不到从没有发生过的黑天鹅事件，为了解决这个缺点可以用假设的情景，但假设的情景缺点是可能不符合现实。

- ✓ 情景分析中的相关性：在金融危机期间，债券价格之间的相关性往往接近 1。

何老师说

　　一般情况下，金融资产之间的相关性不高，在金融危机时期，相关性会急剧上升。比如中国房地产市场，一线城市的房价和三、四线城市的房价的相关性比较低，但是一旦出现危机，相关性会大幅上升，因为危机的时候，人的非理性因素占主导地位，危机时一线城市和三、四线城市的房价同时下跌。

　　一般情况下，在情景分析里会设定一个比较高的相关系数，测算的极端损失才是真正的尾

部损失。

2. 管理组合中的尾部风险

投资者通常使用投资组合多样化和尾部风险对冲来管理尾部风险事件。

- ✓ 投资组合多样化。例如，投资者的投资组合在石油生产商中具有相当大的超配头寸，投资者担心如果油价大幅下跌，组合回报将受到影响。一个解决方案是增加受益于低油价的行业的头寸，如航空公司和消费品。
- ✓ 对冲尾部风险。尾部风险对冲最常用的工具是信用违约互换（CDS）和期权。上一个例子中，投资者还可以购买石油期货合约的看跌期权，或者购买石油生产商债券的违约互换（CDS）。尾部风险对冲的主要缺点是：购买期权对冲风险或者进入 CDS 对冲风险与买保险一样，需要在期初支付较高的购买成本，因此当尾部风险事件并没有发生时，期初付出的成本则会拖累整个投资组合的回报。而且对于有些投资者，由于受到监管的要求、投资准则的限制不能使用衍生品进行对冲。

4.5 国际信用组合

许多信贷组合包括在多个国家和货币中发行的债券，因此信贷组合经理需要考虑其投资组合受到的全球性影响。

4.5.1 国际信用投资组合的相对价值

国际信用投资组合的相对价值主要受以下因素影响：

- ✓ 信贷周期（credit cycles）通常影响整个全球信贷情况，但不同程度地影响各地区。例如，1997 年和 1998 年，违约主要发生在新兴市场，2001 年和 2002 年，美国和欧洲的企业违约率很高，但新兴市场的相对较低。2008~2009 年全球金融危机期间，违约主要集中在美国信贷市场，但几年后，欧洲主权债务危机期间，欧洲的违约率上升。确定信贷周期减弱的时间和地点是影响相对价值的重要因素。
- ✓ 发行人的信用质量通常因地区而异。例如，欧洲高收益率指数中集中了较高的 BB 级债券，而美国高收益率指数中集中了较高的 CCC 级债券。
- ✓ 板块构成因地区而异。例如，能源行业在美国信贷市场指数中的代表性高于欧洲信贷市场指数（投资等级和高收益率）。
- ✓ 公司债券的市场因素（包括供需因素）在全球范围内往往不同。例如，美国新发行的投资级公司债券在 2015 年创下历史新高，高供应导致美国投资级信贷市场表现不佳。由于投资者类型的构成、偏好不同，对公司债券的需求可能不同，2015 年和 2016 年年初欧洲的负利率环境导致许多投资者偏爱欧洲信用证券而不是主权债券。

4.5.2 新兴市场信用

新兴国家的信贷市场与发达国家的信贷市场存在差异：

✓ 大宗商品和银行业的集中度。大宗商品生产商和银行在新兴市场指数中的比例远高于发达市场。

✓ 政府所有权。许多新兴市场债券发行人是政府所有、政府控股或政府参股。其优势是在公司财务状况危机时可能获得明确或隐含的政府支持，缺点是当国际投资者投资于新兴市场发行的债券且面临此类债券的债务重组时，作为非本国投资者可能会面临债权的不确定性，其利益无法得到确定性的保障。

✓ 信用质量。与发达市场相比，新兴市场信用投资级评级集中在低等级的投资级和高等级的高收益级。评级机构对公司债发行人实施"主权上限"（sovereign ceiling），即公司的评级通常不高于其所在国家的主权信用评级。

何老师说

新兴市场投资级债券集中在较低等级（lower）部分，BBB 级以上的债券是投资级别，所以发行 BBB 级别的债券更多一些，然后高收益债级别里面高等级部分（upper portion）发行得更多，也就是 BB 级别，所以可能在新兴市场上债券的级别集中在 BBB 和 BB，或者说 A 和 B 级别，特别高信用质量的不太多，特别低信用质量的也不太多。

4.5.3　其他因素

其他因素具体包括：

✓ 考虑全球流动性。美国信贷市场是最具流动性的市场之一，新兴市场的流动性往往受到限制。

✓ 货币风险。全球信贷组合通常使用货币互换来对冲外汇风险，或投资于挂钩（或控制的）货币（如人民币和港币），增强地域多样化，同时限制外汇波动。

✓ 法律风险。各国法规法律的差异很大，在一些欠发达的市场中，债权人有时必须面对受政府官员和股东影响的法律制度。

4.6　结构性金融工具

结构性金融工具（structured financial instruments）是由抵押品或资产池支持的证券重新包装风险。常见的结构性金融工具包括抵押贷款支持证券（MBS）、资产支持证券（ABS）、抵押债务债券（CDO）和担保债券（covered bond）。

有关结构性金融工具的术语因司法管辖区而异。值得注意的是，MBS 是 ABS 的一种形式，代表从抵押贷款组合中获得现金流的权利。MBS 和其他类型的 ABS 之间的区别在美国很常见。

使用结构性金融工具的好处：

✓ 与传统的固定收益证券相比，结构性金融工具的投资组合预期回报更大。结构性金融工具多分为多个级别，风险偏好型投资者可以选择购买具有较高潜在风险和回报的夹层部分。

✓ 相对价值机会的潜力（relative value opportunity）。如果投资者希望投资于特定市场或宏观经济因素，如房地产行业、利率波动或消费信贷，结构性融资市场可以为投资者提供这种机会，信贷市场则很难。

✓ 改善投资组合多样性。

4.6.1　抵押贷款支持证券

抵押贷款支持证券（MBS）不仅增加投资组合多样性，还有其他优势：

✓ 流动性。美国政府机构（如政府全国抵押协会、房利美、房地美）发行的 MBS，通常可作为公司债券的替代品，MBS 可提供与高质量公司债券类似的回报和更好的流动性。

✓ 投资房地产。与公司债券相比，MBS 可更直接地投资于房地产市场。

✓ 预期的利率波动变化。机构 MBS 的违约风险较低，因为其利息和本金支付由美国政府机构或美国政府资助的企业担保。机构 MBS 的主要风险是：①提前偿付风险（prepayment risk），即由于利率下降，来自 MBS 的实际现金流的时间早于预定现金流发生的时间；②延期支付风险（extension），由于利率上升，实际现金流量的时间晚于预定现金流量发生的时间。如果投资者预期市场利率波动会减少，可以购买机构 MBS。

✓ 对 MBS 投资可以基于信贷周期和房地产周期观点。因为信贷周期和房地产周期对经济变化的反映并非完全同步，投资者可以利用周期间的"时间差"选择合适的投资产品增强投资收益。例如，在 2014 年年中至 2015 年年末这段时间，出于对全球经济增速和大宗商品价格的担忧，公司债的息差（spread）加大，债券价格有较大的下跌。而同时期，美国商业地产的价格以及以商业地产为抵押的 CMBS 价格坚挺，表现良好。如果投资者能够利用这一特性，在 2014 年年底降低公司债头寸，转而增加 CMBS 等与房地产相关的支持证券，那么在这段时间可以获得较大的收益。

4.6.2　资产支持证券

资产支持证券（ABS）的抵押品包括汽车贷款、汽车租赁应收款、信用卡应收账款、个人贷款、银行贷款和应收账款。ABS 还可以为投资者提供消费者信贷敞口。ABS 是企业债券的更具流动性的替代品。

4.6.3　债务抵押证券

债务抵押债券（CDO）是由一个或多个债务集合支持的证券。CDO 的抵押品通常是公司贷款或债券，投资 CDO 获得的风险敞口就相当于投资公司债获得的风险敞口，因此，CDO 不能提供**分散化收益**（diversification benefit）。将 CDO 纳入信贷组合有如下好处：

✓ 相对价值。CDO 的估值与其基础抵押品的估值不同。例如，在全球金融危机期间，许多 CDO 的交易价格远低于理论水平。

✓ 获得违约相关性的敞口（exposure to default correlations）。CDO 抵押品之间的违约相关性会影响 CDO 的高级和次级之间的相对价值。

随着相关性增加，夹层部分的价值通常高于高级和次级/股权部分。

何老师说

　　一个 CDO，其中包括 A 级高级部分和 B 级次级部分，每个部分的发行规模为 100 亿元。假设抵押品池包含两笔贷款，每笔贷款也是 100 亿元。假设在违约的情况下，任一贷款都无法收回任何本金和利息。

　　如果这两笔贷款之间预期违约的相关性为 −1，则一笔贷款违约，另一笔贷款不会。次级贷款的价值很小（可能会收到一些利息但会损失所有本金）。然而，高级部分将获得全部本金，因此具有更多价值。如果投资者预期相关性为负，那么可以通过出售/卖空 B 类次级部分和购买 A 级高级部分来获利。

　　如果贷款之间的默认相关性为 1，则两种贷款都将违约，或者两者都不会违约。高级和次级部分收回本金的机会相同，次级部分支付的利率高于高级部分，更有价值。如果投资者预期相关性为正，可以通过出售/卖空 A 类并购买 B 类来获利。

- ✓ 获得信用杠杆敞口。如果获得基础抵押品的收益正常，则夹层和次级 CDO 可获得额外收益。相反，在不利的信贷环境中也面临着更高的损失风险。因此，夹层和 CDO 次级部分提供了抵押品的杠杆风险。

4.6.4　担保债券

　　担保债券（covered bond）属于结构性金融工具，是由金融机构（通常是银行）发行的，由资产池支持的债券。如果发生违约，债券持有人可以追索金融机构和资产池里的资产，即对债权人提供双重保护，担保债券通常具有较低的信用风险，并且收益率低于其他类似的公司债券或 ABS。投资者通常将担保债券视为金融债的低风险替代品。

第 8 章

股权投资组合管理

学科介绍

股权投资作为参与者最多的一种投资形式对一个国家的经济增长与国民的财富积累具有很大的促进作用，在国际金融市场上也占据着举足轻重的地位。特别是美国股票市场，其规模体量相当于全球股票市场的一半。因此，股权投资在投资组合中占比非常高，成功的股权投资将显著地提升投资组合的收益水平。本章将重点介绍有关股权投资组合的管理方法。

李老师说

　　CFA 三级股权投资已经多年没有发生过变化，随着近年来量本投资的概念席卷了整个资产管理行业，CFA 协会秉承一贯与时俱进的宗旨，在 FINTECH 大火之际，毫无悬念地将量化投资加入了股权投资这门课。此次考纲更新，由于股权投资更换了作者和参考书，在 CFA 三级所有学科中变化幅度是最大的。但细读下来不难发现，虽然股权投资这门课教材全部换新，但之前考纲中的重点内容还在，本次大换血相当于对原有内容进行了系统性地扩充和完善，特别是在主动投资方法下引入了量化投资策略的介绍，替换后该学科的结构更加清晰，内容更加丰富。

本节说明

本节是整个学科的开篇，对于股权投资组合的管理进行了概述性的介绍。1.1 节讨论股权投资在组合中扮演的角色。1.2 节讨论股票市场的划分方法。1.3 节涉及股权投资组合的收益和成本。1.4 节讨论股东参与对公司经营的优势和劣势。1.5 节讨论了股权投资策略的选择。本节以定性结论为主，内容相对简单，建议大家在理解上进行记忆。

知识点自查清单

- ❏ 股权投资在组合中的角色
- ❏ 股权投资的划分方法
- ❏ 股权投资组合的收益和成本
- ❏ 股东参与
- ❏ 股权投资策略的选择

1.1 股权投资在组合中的角色

1.1.1 股权投资在组合中的重要性

股权投资通常占据投资组合的重要权重，是当今世界财富的重要来源，截至 2011 年 3 月 31 日，摩根士丹利资本国际世界指数（MSCI ACWI）显示全球股票的总市值超过 34 万亿美元，其中美国股票市场总市值几乎占到全球总市值的一半。许多市场的证据表明，使用长期计量期，将权益投资加入组合可以为整体的投资组合中带来诸多好处，比如资本增值、股息收入、与其他资产类别的分散化效果以及对抗通货膨胀。但是，股票是否能够有效地抗击潜在的通货膨胀主要取决于以下两个方面：

- ✓ 公司的营业税和资本利得税并不与通胀挂钩，因此通货膨胀将侵蚀投资者的股票收益，除非股票在定价时已经充分考虑了通货膨胀与税收的相互作用。
- ✓ 对于公司来说，将通货膨胀压力传递给消费者的能力与公司在行业中的地位以及行业竞争程度成反比。竞争越激烈的行业中的公司，其股票对冲通货膨胀的能力越弱。

我们通过观察发现，1900～2010 年 19 个国家股票市场的历史业绩，在剔除通胀的影响后，股权投资的实际收益率长期优于债券市场。

1.1.2 投资者的投资考量

除了上述优势之外，是否投资于股票市场在很大程度上还与投资者的目标和需求有关。一般来讲，投资者的目标和需求包括投资目标、风险承受能力、投资限制以及特殊考量，这部分内容通常被包括在客户的投资政策说明书（IPS）中。基金经理在对客户的目标和需求进行充分的了解和评估后，才能决定股票在客户的投资组合中应该占多大的比例。

自 20 世纪末以来，随着人们对于环境和资源的日益重视，环境、社会和公司治理（ESG）越来越受到投资者的关注。正如我们在二级学过的，ESG 是一种新的投资理念，是指投资者在企业盈利等表现外同时关注目标公司对于环境的影响、社会责任履行以及公司治理情况，并以此作为投资决策的重要标准。这类投资者希望在获取利益的同时能够为社会带来一定的正面影响和价值。因此，越来越多的投资者将其纳入投资决策的考量范围。

以下是常用的几种 ESG 投资的筛选方法。

- ✓ **负面筛选**（negative screening）：在进行资产配置时剔除某些部门。负面筛选是 ESG 投资策略中最常用的策略。
- ✓ **正面筛选**（positive screening）或**最优法**（best-in-class）：进行资产配置时选择在某一产业中 ESG 分数最高的公司。
- ✓ **主题投资**（thematic investing）：通常考虑某一个主题，如节能或气候变化。
- ✓ **社会效益投资**（impact investing）：将投资的社会效益回报放在首位，同时兼顾经济效益回报的新型投资机制。

1.2 股票市场的划分方法

鉴于市场上可投资的公司包罗万象，对于基金经理来说，一项重要的任务就是将公司根据其相似的特征进行分类。有效的分类不仅可以促进基金经理对投资产品进行评估和分析，更重要的是，投资产品的分类有助于股权投资组合内部实现分散化效果。接下来我们将对几种常见的划分方法进行介绍。

1.2.1 按照规模和风格进行划分

市场中最常用的分类方法是基于公司规模或投资风格的。公司规模通常以市值来衡量，主要可以划分为大盘（large-cap）、中盘（medium-cap）和小盘股（small cap）。而从投资风格来说，股票可以划分为价值型（value）、成长型（growth）和混合型（blend or core）。大多数基金经理在进行投资时，并非仅考虑一种因素，而是考虑两种或多种因素，如大盘价值型、小盘成长型等。

李老师说

之所以有价值型和成长型风格的区分，主要因为我们投资股票的收益来源有两个：期间分

红和资本增值。而股权投资这两方面收益都高的股票是不存在的，我们现在就把这个道理给大家讲清楚。通过财务报表的钩稽关系得知，当公司通过经营产生净利润后一部分分红时，剩余的部分留在企业作为再投资之用。换句话说，资本增值基于公司未来收入的增长，留存收益越高，对公司未来股价就有一个很好的支撑。由于公司的净利润是确定性的，当公司增加对外分红的比例，就要以牺牲公司的未来增长作为代价。于是分红和资本增值如同鱼与熊掌不可得兼，好比跷跷板一样是此消彼长的关系。这就是为什么在投资股票时，我们要么选择未来资本成长较好，资本利得较高（成长型的股票）的，要么选择分红高（价值型的股票），只能两者选其一。如果这两种收益比例主要取决于市场情况的股票，我们称之为市场导向型。如果市场前景好，发展机会多，就增加留存收益比例，反之增加分红。一般初创企业的股票大多为成长型，较大比例的利润作为留存收益来支持公司的扩展，而市值较大较成熟的大公司的股票往往多为价值型，偏向高分红。

1. 价值型投资者

价值型投资者主要关注股价低于其内在价值的公司，该类风格的投资者认为企业盈利有均值回归倾向，换句话说，他们认为当前价值型公司的市盈率已经降到了"合理"水平之下，未来的市盈率将会均值复归。价值型公司通常规模大，比较成熟，相比成长型股票，投资价值型股票往往更加安全。

2. 成长型投资者

成长型投资者关注的是未来主营业务和利润有快速增长可能的公司，以追求资本增值为基本目标。成长型投资者通常愿意为成长型公司支付高于市场的市盈率，因为他们认为这些公司具备超强的盈利能力和增长前景。该类风格的公司通常属于高科技、医疗及消费品等行业。成长型投资面临的主要风险是企业预期盈利的增长并未实现，从而导致价格乘数随盈利下跌，使得投资者的损失被进一步放大。

3. 混合型投资者

混合型投资者（blend or core style）着眼于整个股票市场，并不局限于某种投资风格，只关注股票价格是否低于其内在价值，可随时在价值型和成长型风格中进行转换。混合型投资者的目标在于获得超过大盘的收益率，因此该策略最大的弊端就是如果该组合只获得市场平均收益水平，那么不如退回采用被动投资，因为后者成本更低。

4. 小盘投资者

小盘投资者（small-cap investors）倾向小盘股的理由是：①小盘股的增长潜力更大；②由于小盘股的市值规模小，更易于投资；③小盘股受到市场上的关注较少，更容易存在定价偏差。

5. 中盘投资者

中盘股投资者（mid-cap investors）认为，中盘股受到的关注比大盘股少，同时相比小盘股财务状况更强、风险又小。

6. 大盘投资者

大盘投资者（large-cap investors）主要看中的是大盘股的盈利能力较为稳定，风险较小，通过分析大盘股能够获得更多的价值。

按公司规模和投资风格划分股票市场可以为基金经理提供以下几点优势：

✓ 这种分类使得基金经理可以以一种更加简单、易于管理的方式来构建整体权益组合，构建后的组合可以更好地反映期望的风险和回报特征。

✓ 在每个细分市场中，按规模/风格划分的公司可以更好地帮助基金经理实现分散化投资。

✓ 科学的风格划分和风格认定也为投资业绩的考核建立了比对的基础，使得主动投资的基金经理能够被正确的评价。

✓ 该分类方法允许投资组合反映组合中公司所处的生命周期以及潜在的风格变化。

1.2.2 按照地域进行划分

另一种常见的股票市场分类方法是按公司所处地域进行划分。这种方法是基于市场宏观经济发展和财富的阶段性，把股票市场划分为发达市场、新兴市场和前沿市场。这种分类方法多用于投资组合中，国内股票投资占比过高的投资者，他们希望通过全球化投资来实现风险的分散化。

1.2.3 按照商业活动进行划分

按照商业活动划分是另外一种常见的分类标准。公司所从事商业活动的不同主要体现在它们所提供的产品和服务的区别上。例如，生产汽车的公司都可以被归为汽车行业。医院、药厂以及其他相关行业都可被归为卫生保健（health care）板块。目前的公司归类体系主要是根据公司的主营业务来进行的，4 种全球主要的商业活动分类标准包括：

✓ 全球行业分类标准（Global Industry Classification Standard，GICS）。

✓ 行业分类基准（Industry Classification Benchmark，ICB）。

✓ 汤森路透商业分类标准（Thomson Reuters Business Classification，TRBC）。

✓ 罗素全球行业（Russell Global Sectors，RGS）和行业分类基准（Industry Classification Benchmark）。

1.2.4 按照股票指数和股票基准指数进行划分

这种分类方法其实是上述所有方法的集中体现。例如，摩根士丹利资本国际欧洲大盘股增长指数（MSCI Europe Large Cap Growth Index），从该指数的名称就可以看出该指数既考虑了投资地域、公司规模，还考虑了投资风格。

1.3 股权投资组合的收益和成本

股息是股权投资组合的主要收入来源。此外，一些基金经理还可以利用抵押证券业务或股票期权来产生收益。另一方面，股权投资组合的成本，主要是指各种影响投资组合回报的费用和交易成本。

1.3.1 股权投资组合的收益

股权投资组合的收益主要来自以下 3 个方面。

1. 股息收益

股息是指公司根据股东出资比例或持有的股份，按照事先确定的固定比例向股东分配的公司盈余。它主要分为现金股利、股票股利和**可选择的股票股利**（optional stock dividends）。

需要获得固定且规律收入的投资者可能更倾向投资于分红较高且频繁的股票，而以增长为导向的投资者可能对股息没有多大兴趣。此外，税收是对投资决策的另一个重要影响因素，特别是针对个人投资者。一般情况下，股票分红的税率高于资本利得税率，因此投资者往往更倾向于投资分红较低或不分红的公司股票。

2. 融券业务

融券业务，又称抵押证券借款，是指基金公司向客户提供证券供其卖出证券的业务。具体来讲，融券交易发生在当投机者察觉到市场上某些股票价格被高估的时候，他们会通过基金公司借入股票来卖空，从而增加股票的供给量，抑制股票价格泡沫的继续生成和膨胀。而当这些股票回归至合理价格时，重新买入这些股票以归还融券债务并从中赚取收益。

3. 辅助投资策略

通过股息捕获（dividend capture）的交易策略，股权投资组合可以产生额外的收益。在这种策略下，基金经理选择在除息日期前买入股票，持有直至除息日之后在获得收取股息的权利之后，卖出股票。理论上，股票除息后，价格的下降应该等于所分得的股利。但现实中因为股价可能会受到税收、供需等一系列因素的影响，变动可能与理论假设有所不同。实证研究表明，除息后价格往往是围绕除息价格而波动的。

1.3.2　股权投资组合的成本

股权投资组合的成本主要包括基金管理费、基金经理的业绩表现费、行政费用、市场宣传费和交易成本。

1. 基金管理费

基金管理费通常按管理资金的一定比例来收取。

2. 基金经理的业绩表现费

若基金在某一年的投资表现高于特定水平，基金经理可以收取业绩表现费，借此激励他们获取更佳的回报。为保障投资者的利益，大部分收取表现费的基金都会采用高净值水平的机制（high-water mark）。

3. 行政费用

股权投资组合需缴纳管理费，包括存托费用、注册费等。此类费用统称行政费用。

4. 市场宣传费

市场宣传费包括广告费、赞助费以及中介提供投资时产生的"平台费"。

5. 交易成本

基金交易成本是指在进行证券买入或卖出时产生的费用。交易成本分为显性成本和隐形成本。显性成本包括交易佣金、税费、交易所收取的费用等一些列在交易中需要真金白银支付出去的费用。与显性成本相比，一些交易成本本质上是隐性的。这些隐性成本包括：①买卖价

差；②市场冲击；③延迟费用，由于因为订单规模较大或缺乏市场流动性而无法如期完成交易而产生的费用。

1.3.3 投资方式及其对成本的影响

根据基金经理在组合管理中参与股票选择程度的差异，可以将构建股权投资组合方法分为两大类：被动型投资管理和主动型投资管理。

采用主动投资方法的基金经理试图通过主动选股和把握市场时机等手段构建不同于市场的组合旨在获得高于基准组合的收益率，是一种传统的股票投资策略。主动型管理者认为，股票的价格不等于其价值，通过卓越的分析和研究，他们能击败市场。

更为理性的投资方式是被动投资方法（passive management）。被动投资的基金经理避免主观预测，着眼于长期，致力于获得与市场整体相近的回报。被动投资基于的理念是：市场是有效的，定价合理，很难超越，特别是考虑了各种费用之后。

股权投资组合的成本往往因基金经理选择的投资策略的不同而有所不同。被动型管理策略收取的管理费往往低于主动型管理策略，主要是因为管理投资组合的研究成本较低。此外，被动投资的基金经理的交易费用也比较低，因此通常被动投资的基金经理只需要对指数成分进行再平衡，远不及主动投资基金交易频繁度。实证研究表明，主动投资无法在长期跑赢大盘。

1.4 股东参与

股东参与（shareholder engagement）主要是指股东积极性地参与公司一些重大事件，例如在年度股东大会对公司决策进行投票以及其他形式的沟通。一般来讲，股东参与涉及的问题可能会影响公司的价值，以及说得更广一点，可能会影响投资者所持有的股份。

通常，股东参与较多讨论的事项有公司战略、资本配置方案、公司治理、薪酬方案以及董事会的构成。

1.4.1 股东参与的优势和劣势

公司逐渐意识到积极的股东参与可以令公司受益：股东参与可以协助公司搭建更有效的治理体系，反过来良好的公司治理文化可以为公司带来更好的业绩。另一方面，投资者也可以从股东参与中获益：

- ✓ 对于主动投资的基金经理来说，更深入地参与可以获得更多信息，如公司战略、文化、在行业中的竞争环境等，有助于其获得超额收益。
- ✓ 搭顺风车（free rider problem）：一些投资者可以从其他投资者的积极参与中获益。
- ✓ 除了股东之外，公司所有的利益相关方都可以从股东参与中获益。

事物往往都有两面性，股东参与也存在着弊端：①股东参与是非常耗时的；②为了实现短期股价或盈利目标，管理层可能会牺牲企业的长期发展机会；③股东参与可能会促使管理层有选择性地进行信息披露，这是有悖内幕交易规则的。

1.4.2　股东参与的方式

1. 积极主义投资

股东积极分子是指以专业采取策略试图强制公司按照其想要的方式去经营，以此实现股东价值的增长并获益的投资者。对冲基金被视为最主要实施积极参与策略的投资者。

股东积极分子可以通过发起代理战争、股东诉求陈述、公开提高对竞争问题的认识等方式来向管理层施压。此外，股东积极分子还可能发起股东派生诉讼，尤其是当他们发现有董事会或管理层成员试图控制公司股东的时候。

2. 投票

股东通过参加全体股东大会来履行其投票权，表决同意或否决公司经营相关等一系列重要决策。因此投票是股东最具影响力的参与工具之一。

代理投票（proxy voting）是指不能参加股东大会的股东指派代表参加会议，并代为行使投票权。它是一种最为常见的投资人参与股东大会的形式。少数股东可以通过累计投票机制扩大自身在公司决策中的影响力以及在并购中有权保护自己的利益。

1.5　股权投资策略的选择

无论被动管理还是主动管理股权投资组合一直都是一个争论热点，这是投资界长期存在的一个问题。在现实中，决定被动管理还是主动管理投资组合并非是二项选择，相反，投资决策可以是非常综合的。具体策略如何选择主要取决于以下几个方面的考量：

- ✓ 主动投资基金经理对于跑赢大盘的信心。
- ✓ 客户的喜好，如 ESG 的考虑。
- ✓ 税收的考虑，如被动投资策略转手率（turn over）较低具有税收优势（tax efficient）。
- ✓ 投资大盘股，如大盘股信息充分，难以通过积极策略获取额外收益，适合被动投资策略。
- ✓ 投资小盘股，如小盘股信息不对称，易通过积极策略获得额外收益，但是考虑到交易费用，被动策略更为适合。
- ✓ 投资市场的特征，投资于国际市场信息获取较难且不充分，更加适合被动投资策略。

2 资本市场的预期

本节说明

本节主要论述了有关被动投资的相关知识。被动投资的收益表现需要对比参考基准指数衡量。这些股指应当如何构建，指数构建完毕后，被动投资具体应该如何操作，这些比较实务的问题都会在本节得到解答。通过本节的学习，大家将对被动投资的目的、方法、收益来源、策略、管理事项有一个全面的了解。

知识点自查清单

- ☐ 选择参考基准
- ☐ 基于因子的策略
- ☐ 被动股权投资的方法
- ☐ 股指构建
- ☐ 追踪误差的管理
- ☐ 被动股权的收益来源

2.1 全球的税收种类概览

投资者最初使用参考基准指数是为了比较积极主动投资与被动投资之间的表现，后来这些指数成为不同投资策略的基础。许多投资工具都在试图复制指数投资的表现，以获取对应的收益。成功的投资者在选择业绩参考基准时表现得小心翼翼，他们会花费大量的时间研究投资过程以及积极投资策略过去的表现，因为这是获取投资成功关键的一步。现如今，指数构建方法以及表现的分析变得越来越重要，接下来我们就一起学习一下相关的知识内容。

2.1.1 选作投资参考的指数

指数的选取是股权投资策略的基础，它必须满足规则向导（rules-based）、透明性（transparent）和可投资性（investable）这 3 大原则。

- ✓ 规则向导对指数选取成分股票的标准、各股票权重以及需要调整的频率做出了规范说明。积极主动型基金经理也会运用规则向导原则，但是他们的决策过程却很难被复制，而指数规则必须是客观的、连续的并且可预测的。

✓ 透明性：指数的提供商应当披露指数制造过程中所选用的成分股以及规则，以此保证投资者能够更好地理解指数所代表的投资策略，并以此更好地理解他们的投资选择。这便是透明性要求。

众多股权指数供应商需要公布构建指数时所使用的规则，积极沟通成分股发生的变化，及时发布股权投资的收益表现。鉴于上述服务，指数供应商会向想要复制的投资者提供数据，以此赚取费用。

在指数构建、复制过程中，单个成分股会从一类指数转移到另一类指数。例如，某只证券最初被分类为小盘股，随着公司的逐步发展壮大，该只证券逐渐发展成中盘股甚至大盘股。指数供应商会采取一些措施应对上述问题以减少投资者复制指数的成本。这些政策主要包括缓冲和包装。

- **缓冲**（buffering）：首先找到一个临界点。在该点处，个股所属的指数发生变化（如大盘股与中盘股的交界点）。接着，我们以这一临界点为中心建立一个区间。只要这只股票指标在这个区间内浮动，我们就不对其所属指数进行调整。例如，大盘股包含市值排名前 400 的股票。当一只中盘股的市值排名从 500 上升到 400 的时候，我们先不急于把它放进大盘指数内，而是等这只股票市值排名从 400 上升到 250 的时候，我们才把股票由中盘股调整到大盘股。400 至 250 之间的排名形成了一道缓冲区。

- **包装**（packeting）：该种方法下我们把单只股票的头寸拆成多个部分。例如，一只股票原来属于中盘股指数的成分股，现在这只股票市值不断增加，位于中盘股与大盘股之间。此时，我们就可以把它头寸的一部分先转移到大盘指数中，剩余部分仍然保留在中盘股指数中。等到下次指数调整时再将剩余部分一起转入大盘股指数中。这样的方法可以有效地降低组合的交易成本。

✓ 可投资性：股权指数参考基准还应当是可投资的，其收益表现应当是可以被复制的，指数中的成分股应当能够买到，否则该类指数的作用就会被大大降低（例如一些伞形基金指数）。

- 一些股票对于其在外发行部分实行自由浮动调整（free-float adjust）政策。所以很多股票指数对成分股发行在外的比例做出了一定的下限规定。

- 如果在外发现股票数目比例过少，投资者就会因流动性问题购买不到相关股票，投资成本就会上升。

2.1.2　选择参考基准指数时的注意事项

在选择指数时，我们必须关注希望获得的市场敞口（market exposure），这些敞口由投资政策说明书中的投资目标以及限制所决定。市场敞口的关注点在于市场板块（国内或是国外市场、整体或是部分市场）、股权市值（大盘、中盘或是小盘）风格（价值型、成长型或是混合型）以及诸如质量、波动率、惯性等其他风险因子。最终的选择需要结合投资者背景、国籍、风险容忍度、流动性需求、法律限制等因素再做出决定。实施国内、国际投资决策的一种常用方法是使用国家指数，因为这些指数既可以代表单一的国家也可以涵盖众多的国家。

另一个在指数选择时需要我们考虑的事项是**风险因子敞口**（risk-factor exposure）。股权的

风险因子主要来源于以下因素：市值的大小、投资的风格、价格的惯性以及流动性。

较之大盘股，小盘股能提供更高的长期回报，同时也会有更高的风险。小盘股更有适合主动管理产生超额收益 α，而大盘股更适合低成本的被动型投资。我们注意到，指数的分类并不一定是单一的。比如，中小盘指数就包括了中盘市值的股票以及小盘市值的股票。此外，同样市值股票在发展中国家被划分为大盘股，而在发达国家中可能就会被划分为小盘股。

股权参考收益的选择同样需要考虑投资者对于成长股和价值股的个人喜好。不同的投资者有着自己独特的偏好。

   ✓ 成长股有更高的价格惯性、更高的市盈率和更好的成长性。

   ✓ 价值型股票有着更高的分红比率、更低的市盈率以及更低的"价格/净面价值"比率。

2.1.3 指数构建的方法论

股权指数供应商在选择指数成分股时，既可以选择包含符合该指数要求的所有股票纳入指数，也可以选择具有代表性的股票纳入指数。除了个股，每只股票权重的选择方法也会影响指数的业绩表现。

1. 市值权重

最常见的权重法是以股票市值为权重（market-cap weighted），在这种方法下，成分股的权重等于其市值除以整个股票市场的市值。该方法具有以下优点：

   ✓ 这种方法下构建的组合是有效的（mean-variance efficient），它可以在一定给定的风险范围内提供最高的收益。

   ✓ 它能很好地反映一个策略投资的可实现程度。因为以市值为权重其实就是以流动性为权重，大市值股票越容易被购买到，策略实现程度越高，反之亦然。

   ✓ 那些喜欢购买大市值股票组合的投资者用该种构建方法构建出的参考基准，便能够有效地反映这一偏差。

市值加权法最常见的形式便是**自由浮动权重**（free-float weighting）。它是指考虑到非流通的股票数目并不能完全被投资者获得，因此对每只成分股的股票数目进行调整。这种方法工作量巨大，并且各个指数供应商所提供的数据会存在细微的偏差。市场上股票流动性不足的原因包括以下两点：①部分股票被政府、关联公司、公司创始人或者员工所把持；②部分公司股票对外国投资机构持有股票做出了一定的限制。

2. 价格加权

价格加权（price-weighted）指数计算的就是当前市场证券价格的算术平均（arithmetic average），每只股票的权重等于其股价除以指数里所有股票的价格之和。这一指数构建的前提是假设指数中每只成分股被购买了相同的数量，这其实是价格加权法的一个缺点，因为很少有投资者是这样投资的。价格加权法下，当成分股发生拆股的时候，计算会变得复杂，发生拆股的股票权重将会减小。鉴于这些缺点，基金经理也很少使用该种方法。

3. 等权重法

等权重法（equally weighted）假设每只成分股的权重都是 $1/N$，其中 N 代表了股指里的成分股个数。该方法被认为是一种天然的策略，因为它不会对任何单一股票产生偏好，因此单一

股票的集中风险度降低。此外缓慢变化的板块风险使得该方法对投资者具有不少的吸引力。但是该方法也存在一定的缺点：

- ✓ 加权因子可能被错误定价。该方法下计算的指数波动率要大于市值加权法，这其中的原因可能是因为该方法更偏向小盘股的投资。
- ✓ 为了保证权重相等，指数需要频繁地重新调整。
- ✓ 它限制了投资的可执行性，因为指数里的小盘股往往具有较差的流动性。

但是等权重法也有一些优势：第一，相对于数值加权指数，等权重指数在成分股定价出现错误定价的时候，依然能最大限度地反映其内在价值；第二，一些享有免税政策的投资者可以通过该种方法获得可观的收益。

4. 基本面法

其他一些非市值加权指数则以股票的基本面特征作为权重参考。基本特征作为权重的依据在于无论股票被高估或者低估，终将回归价值。市值加权指数和基本面法的优势在于它们成本低、透明度高、可投资性强。但是市值加权法假设市场是有效的，而基本面加权指数则认为市场无效。这是两者的重要区别。

发生在 2000 年以及 2008 年的金融危机导致投资者空前关注防御性或降低波动性的投资策略。一些以收益为导向的投资者开发出了新的策略。这些策略中参考基准成分股的权重给予它们各自的分红收益，而波动加权则计算出每只成分股的波动，并以此为依据反向赋予每只成分股各自的权重。

5. 重新平衡指数与重现构建指数

另一个在构建需要考虑的事项是**重新平衡**（rebalancing）和**重新构建**（reconstitution）指数的周期应该是多久。重新构建指数包括从指数中增加或者删除成分股，而重新平衡指数主要是指为成分股赋予新的权重。指数的重新构建和重新平衡创造了成交量。

重新平衡指数与重现构建指数会产生证券交易费用。通常，大盘股指数被重新构建的频率较低，而选择代表性成分股方法构建的指数比那些通过涵盖所有成分股所构建出的指数会产生更多的交易费用。

股指的重建还能产生一些其他效应：

- ✓ 当股指重建时，用以追踪股指的组合、共同基金、ETF 都希望自己的组合中包含进新纳入的成分股，剔除已经被淘汰的成分股。
- ✓ 新加入的成分股价格通常会上涨，而已被淘汰的成分股的价格会下降。一些投机者便会利用这一原理提前布局完成套利。
- ✓ 但有时哪些股票将加入指数中、哪些将会被剔除是很难预判的，特别是重新构建股指的标准更多的带有主观因素时，投机者就更加难以做出准确的预测。注意到，即便重新构建股指采用了客观的标准，但是具体实施这一举措的时间仍然滞后于公布时间几周之后。

6. 可投资性

在构建股指时，我们还应该考虑可投资性，这也是有效的参考基准所具备的优良特性之一。对于因为流动性较差而导致可投资性差的指数，投资者虽然可以利用衍生策略进行指数复制，但是这依然是一个次优的选择。

2.1.4 HHI 指数

接下来我们引进两个指标来度量指数的集中度，这便是 HII 指数以及**股票的有效量**（effective number of stocks）。较高的股票集中度通常表现为股票的有效量较小。股票的有效量可以直接用 HHI 指数测得。*HHI* 指数的计算公式为

$$HHI = \sum_{i=1}^{n} w_i^2$$

式中　w_i——股票在组合中的权重。

HHI 的取值范围从 $1/n$ 到 1 不等。数值 $1/n$ 表示一个等权重的组合，而数值 1 代表了组合只投资了一只股票。鉴于上述公式，我们可以得到股票的有效量的表达形式，如下所示。

$$股票的有效量 = \frac{1}{\sum_{i=1}^{n} w_i^2} = \frac{1}{HHI}$$

👆 【例题】 股票的有效量

分析师 Bob 正在研究某发展中国家的资本市场情况。他观察到该国大盘股指数包含 60 只股票。其中最大的 6 只股票的权重分别为 0.082，0.078，0.065，0.062，0.057，0.053。求该组合的 HHI 指数以及股票的有效量。

解析：

首先，我们计算股票的有效量：

股票 1~5	权重	权重的平方
1	0.082	0.006 724
2	0.078	0.006 084
3	0.065	0.004 225
4	0.062	0.003 844
5	0.057	0.003 249
6	0.053	0.002 809
股票 7~60	权重	股票 7~60 的权重平方的加总
	0.603	0.037 866
股票 1~60		股票 1~60 的权重加总
		0.064 801

HHI 计算结果为 0.648 01，那么股票的有效量 = 1/0.064 801 = 15.43，近似等于 15 只股票。

2.2　基于因子的策略

传统的指数化包括追踪参考基准指数的收益。但是这些收益是由众多风险因子决定的。有时投资者有自己特别偏好的风险因子，如市值大小、价值型股指、股票的质量以及惯性等，为此他们会投资指数成分股的子集股票，以此实现自己的投资目的。

投资者既可以针对某一个风险因子进行投资，也可以针对多个风险因子进行投资。

基于风险因子的策略在这些年变得越来越流行，并且他们对于参考基准的选择也很有意义。例如 Fama-French 模型表明至少有 5 类因子可以解释美国股权市场的收益。随着投资者技术手段的不断增加，基于因子的策略可以作为传统的市值加权指数的组合的替代或者补充。表8-1 罗列了常见的股权风险因子。

表 8-1　常见的股权风险因子

因子	相关描述
成长	成长股票所属公司的业绩表现都很好，它们的净收益高于同行，同时也有着较高的市盈率
价值	价值型股票的公司都已发展成熟，它们有着稳定的净收益并且正在经历周期性的衰退。价值型股票有着较低的"价格/账面价值"比率，同时有着较高的股息收益率
大小	对规模较小的股票有所倾斜就意味着购买具有较低浮动调整市值的股票
收益	收益是指相比较于其他股票所产生的股息分红。在一个低利率的环境中，拥有较高股息分红的股票可以产生一定的超额收益
惯性	如果股票在过去实现了高于业界平均的股价，那么惯性就试图让该股取得进一步的收益
质量	优质股票通常可以获取持续的收益以及股息增长，同时它还有丰富的现金流以及较低的"债券/权益"比率
波动	投资者通常都希望股票具有较小的波动率以此规避股票下跌的风险。在这里，股票的波动通常通过收益的标准差进行衡量

被动的基于因子的策略虽然运用被动投资的法则，但是对于何时引入风险因子敞口以及引入敞口的大小这些问题，在做出具体决定时依然会带有积极主动的因素。只不过与传统的积极主动管理有所不同的是，基于因子的策略中的主动决策都是短暂的和非持续性的。

与市值加权指数的策略相比，基于因子的策略风险敞口更加集中，并且该风险敞口确定后，投资者便把投资暴露于该敞口下直至市场行情发生对于该敞口不利的情况。被动的基于因子的策略的因子选择、权重以及再平衡变得越来越透明。由此，其他投资者很容易复制这一类型的策略，从而导致市场的过度拥挤从而减少策略带来的收益。

无论基于被动因子的策略具体风格是什么，它的最终目标都是增加市值加权策略下投资收益的风险以及收益表现。

被动的基于因子的策略可以分为收益导向型、风险导向型和分散化导向型 3 大类。

2.2.1　收益导向型策略

收益导向型策略下又包括股息收益策略、惯性策略和基本面加权策略[⊖]。

1. 股息收益策略

股息收益策略注重股息成长的同时也关注股息收益的绝对值。在 2008 ~ 2009 年全球金融危机的爆发期，利率水平很低，这导致股息收益策略大受欢迎，因为人们非常迫切渴望稳定的现金流。

2. 惯性策略

惯性策略是指股票维持了较长时间的超额价格回报。

⊖　基本面加权策略在 CFA 协会原版书中没有展开介绍，此处也不再展开论述。

2.2.2 风险导向型策略

风险导向型策略的目的在于降低组合向下的波动性和整体的风险。例如，我们依据成分的波动性大小给其分配权重。波动性的成分股获得的权重小，波动性小的成分股获得的权重大。波动性权重的形式多种多样。最小化投资方差是另一种最小化风险的策略。这种策略会对投资实施各种各样的限制，例如对投资国家、板块、股票集中度等设置限制。

风险导向型策略的优势在于简单易懂，并且为减少组合的绝对风险提供了行之有效的手段。但是该策略都是基于历史数据的，这些数据很难反映未来的情况，因此投资者很难真正实现他们的目标。

2.2.3 分散化导向型策略

分散化导向型策略包括等权重指数法（equally weighted indexes）和最大化分散策略（maximum-diversification strategies）。

等权重指数法我们先前已经介绍过了，在此方法下，单个成分股的风险非常小，这是因为每只股票的权重仅为 $1/N$。

最大化分散策略需要计算一个**分散化指数**（diversification ratio）。该指数等于加权平均的波动率除以组合的波动率。该策略运用过去价格收益的波动率数据赋予组合权重的手段来实现未来的分散最大化。

最大化分散策略试图通过观测过去的收益率波动来决定投资的权重，以此实现最大化未来投资收益。

采用被动的基于因子的策略的组合经理通常会使用多个参考基准指数，这其中既包括了基于因子的指数（factor-based index），也包括了市值加权指数，这不免会导致跟踪误差的产生。此外，基于因子的策略还会产生较高的管理费用和交易佣金。基于因子的指数的提供商以及管理者希望获取制作以及管理该指数的溢价。这些费用会降低策略的业绩表现。

以被动因子为基础的方法可能会为那些认为谨慎的投资者寻找有利的回报模式的股票提供了有利条件。主动管理型基金经理同样会投资这类股票，但是他们所产生的费用会完全抵消相关的超额收益。主动管理型基金经理通常还持有参考基准以外的股票，在这种情况下，我们就不太容易对比他们的业绩表现。与之相比，基于被动因子的投资策略可以成功地追踪市场的局部板块，因此存在与之对应的参考基准可以衡量其业绩表现。同时，基于被动因子的投资策略产生的费用相对有限，因为该方法不要求投资人持续监控投资。随着市场条件的变化，投资者将风险暴露于特定风险因子的过程称为因子转换。随着因子的转换，投资者可以使用被动工具在未来的市场环境下实施主动的押注。

2.3 被动股权投资的方法

相较于主动管理基金只有唯一的投资策略而言，被动股权投资策略可以用不同的方法实

现。这些方法、工具主要包括集合投资、基于衍生品的投资和对股票的直接投资。

组合经理通常使用期货和开放式基金将现金头寸转化为权益敞口，这一过程被称作"股权化"。在转化的过程中具体使用上述哪一种方法取决于滚动期货合约的成本。对于跨国指数，购买一套互补的交易所开放式基金可以复制各国市场回报。

2.3.1 集合投资

对于大多数投资者而言，**集合投资**（pooled investments）是最方便的投资工具。因为它容易购买持有和卖出。1970 年发行的 Qualidex Fund 是第一个面对散户投资者的开放式指数共同基金（open-end index mutual fund）。

1. 开放式指数共同基金

同投资积极主动的管理产品一样，被动管理共同基金的投资者也需要在投资前对于收益、风险承受以及投资限制做出详尽的分析。投资者可以在基金市场上或者相关基金的顾问那里直接购得共同基金。

在基金市场上投资公共基金的最大好处在于：第一，成本较低，管理方便。基金管理者需要适时地对基金组合进行重建或者再平衡，在这一过程中，通过分红获得的再投资需要基金管理者格外注意。此外，诸如行使代理投票权、交易证券、报告基金表现等行为都需要投资经理履行职责。第二，投资者可以从不同的供应商处购买，但只需一份账单保存记录即可。

在财务顾问那里投资公共基金的最大好处在于：一个财务顾问在帮助投资者购买股票的同时还能够提供较为便宜的价格和相关投资策略。

无论是在哪里购买获得共同基金，它都会为投资者带来如下好处：

- ✓ 较低的成本以及便利性。
- ✓ 基金经理会及时对基金进行再平衡或者重建，以此确保投资组合与跟踪的股指相一致。
- ✓ 基金经理会承担直接投资人的大部分职责。
- ✓ 复制共同基金的指数在登记、托管和审计等领域承担成本，这与积极管理的共同基金有类似之处。

此外，对于共同基金，我们要记录份额的持有人以及他们购买份额的价格。记录保存者也是基金份额的托管者。因此其必须保证投资者名下证券的安全性。

2. 交易所交易基金

交易所交易基金（ETF）是另一类集合基金投资工具。不同于传统的开放式共同基金，ETF 可以通过融资融券的形式购得，投资者也可以做空 ETF。ETF 有一个独特的结构，这个结构允许基金经理可以将资产交付给经理的授权参与者（authorized participant）。

在其他条件都一样的情况下，ETF 中投资者的应税事项将比类似管理的共同基金的应税事项要小。由于事物交割的关系，投资者因资本利得所需交纳的成分变少。无论对于大型投资机构还是对于中小投资者而言，ETF 在构建组合以及追踪指数方面都能实现较低的成本管控。尽管大量的 ETF 被不断地创造出来，但是目前 ETF 还是没有实现能够追踪市场上所有的指数。

ETF 的优势在于交易简便、管理费用低、有一定的税收优惠。当然，ETF 本身也具有一定的缺点：①买卖证券时存在价差、产生佣金成本和市场流动性欠佳的问题；②参考基准指数的数量要多于 ETF 的数量，因此并非每一个参考指数都有与之对应的 ETF，那么这些指数就依然不能够被有效追踪。

基于因子的 ETF 现在已成为 ETF 市场中最大的一部分。这类 ETF 为投资者提供了单因子的敞口投资品的同时也可以提供多因子的敞口投资品。

3. 如何选择

究竟是使用传统的共同基金还是使用 ETF 需要具体情况具体讨论，最终决定需要视具体产品的成本和灵活度而定。ETF 追踪的股票指数远多于传统的共同基金所追踪的股票指数，长期投资者可以从其略微低廉的费用比率中受益（相比较传统的共同基金）。然而，频繁的投资者交易 ETF 股票所带来的经纪费用会抵消费用比率优势，从而使 ETF 收益表现降低。

李老师说

什么是 ETF？它与开放式基金、封闭式基金相比又有什么区别？

ETF：交易所交易基金。ETF 既保留了开放式基金申购基金灵活的优点，也避免了其赎回基金时需要卖出股票的缺点（基金公司需要承担卖出股票时的资本利得税）。

首先，机构投资者（authorized participant）去申购 ETF 份额时，ETF 公司会列出一份 ETF 包含成分股的股票列表，机构投资者就按照列表上的标示去购买相对应份额的股票，之后机构投资者用相应的股票份额来申购和再申购 ETF 份额；机构赎回 ETF 份额时，就归还 ETF 份额，得到与之相对应份额的股票。在此期间，申购和赎回都是自由进行的。上述流程就保留了开放式基金的特点。

不同机构投资者把各自手上的股票通过 ETF 公司相互交换，形成一个股票池，这就大大降低了单只股票的系统性风险。对于手上没有股票的个人投资者，就可以直接用现金向机构投资者购买 ETF 份额；同时，ETF 的份额也可以在二级市场转让交易，这些流程又保留了封闭式基金的特点。

ETF 税收相比传统基金也比较少。

2.3.2 基于衍生品的投资

除了购买第三方提供的集合基金投资品外，投资者也可以购买诸如期权、互换、期货等衍生品模拟指数收益。

衍生品工具的优势在于其成本低廉、容易实施并且可以提供杠杆。衍生品为投资者提供了杠杆的作用。衍生品的面值可能是投资者初始花费的好多倍。但是衍生品和股票相比，它有一定的期限，过期作废，期货以及互换可以展期。而过期作废的期权于投资者而言就是损失，因为在购买期权时会有所偿付。

但是衍生品工具本身也存在一定的弊端：

第一，不在交易所内交易的衍生品可能会面临违约风险：①期权、互换以及期货能够用于许多股票指数中。其中，期权和期货是在交易所内交易的，而股权互换一般属于场外交易，因

此其违约风险比较大。②期货需要通过保证金的形式进行每日盯市结算。对于投资方而言，需要及时管理每日发生的现金流，这包括追加的投资和取走现金。

第二，普通投资者往往很难接触到部分衍生品工具。

对于被动组合经理而言，他们很少会用衍生品去模拟一个长期的证券的收益表现。衍生品更普遍地适用于调整当前组合的头寸以实现投资者的既定目标。这样的衍生品被称作覆盖物（overlay）。覆盖物可以大致分为以下 3 类。

- **完成覆盖物**（completion overlay）：投资者会因为收到股利现金等情况使得组合的 β 值小于追踪的参考基准的数值。这时，投资者便可以利用衍生品工具对 β 进行调整，调回既定目标的数值。
- **再平衡覆盖物**（rebalancing overlay）：投资者运用股票指数的衍生品降低或者增加部分权重股的权重比率。用衍生品可以实现最小化的成本。
- **货币覆盖物**（currency overlay）：货币覆盖物可以帮助组合经理对冲以外币形式标价证券所带来的收益和风险。

股票指数衍生品相比较基于现金的投资组合有其固有的优势：首先，一个被动投资的基金经理只需要经过一次交易便能够增加或者减少组合相应敞口；其次，那些想进行战术调整的经理发现运用投资品比在货币市场上交易能够更加有效地实现他们的目的。因为衍生品合约的流动性更好。

股票指数衍生品也有其自身的缺点，主要表现在以下几个方面：①如果长期组合的战略意图发生调整，就应该选用现金工具，因为这类工具没有期限限制，并且不需要进行展期操作。②期货市场往往会因为各种政策管制限制而影响到衍生品的使用，在这种情况下，现金工具依然是首选。③如果一个被动投资的基金经理正在追踪的指数，一个合适的在交易所内交易的期货合同可能是无法获得的。

相较于期权这种非线性的支付工具，还有两类股票指数衍生品工具。它们分别是股票指数类期货合约以及股票指数类互换合约。

1. 股票指数类期货合约

股票指数类期货合约通常使用现金而非实物交割。例如，如果股票指数在前一日收盘价格为 1 001.2 点，而在当日收盘价位 1 030.5 点，并且一个点对应的乘数因子为 300，那么一份股票指数期货合约的空头应该向多头支付（1 030.5 − 1 001.2）×300 = 8 790（元）。

股票指数期货合约可以为投资者提供以下好处：

- ✓ 在期货市场的保证金制度下，股票指数类期货合约可以为投资者带来很高的杠杆，这就会放大投资者的收益或者损失。
- ✓ 不同于机构投资者在做空股票方面存在的诸多限制，股票指数类期货合约的期货头寸往往不存在限制。
- ✓ 股票指数类期货合约还具备更好的流动性，更低的买卖价差，因此产生相对较小的成本。

但是股票指数类期货合约也有自身的问题，主要是指期货和现货价格并不统一，会产生基差风险（basis risk）。这样，组合便不能完美地追踪指数。基差风险产生的一个原因在于证券

会发放股利，但是以股票指数为标的物的期货合约并没有考虑到这一点。加入附息证券的头寸，可以有效地缓和上述问题。

2. 股票指数类互换合约

股票指数类互换合约也是一类重要的基于衍生工具的方法。举例：投资者 A 现在有 200 亿元，并且获得某 X 股指的收益。并且愿意付出 $LIBOR + 1\%$ 的收益。假设 6 个月后，X 指数收益为 2.5%，年化 $LIBOR$ 为 1%。那么通过股指互换合约，A 投资者就应该获得 $200 \times 2.5\% = 5$（亿元）的收入，并且付出 $200 \times (0.01 + 0.01) = 4$（亿元）给交易对手方，从而净赚 1 亿元的利润。

股票指数类互换合约存在诸多缺点，具体如下。

- ✓ 交易对手方风险：发生亏损的一方可能不会履行合约。
- ✓ 流动性风险：因为互换合约属于场外交易，因此流动性较差。
- ✓ 利率风险：互换合约中支付利率的一方面临此风险。
- ✓ 政策风险：投资者投资互换合约可以避免交重税，但是具体能不能实现税收优惠取决于不同地区的税法，因此投资者面临相关政策风险。

当然股票指数类互换合约也有其诸多的优点：

- ✓ 只要能找到对手方，那么投资者便可以进入任何标的股票指数类互换合约。
- ✓ 合约可以根据合约双方的需求，制订出定制化产品。
- ✓ 虽然大多数股票指数协议中的期限都是较低的，但是合约双方可以进行磋商以延长合约的到期日。
- ✓ 可以帮助交易者节约交易成本（不需要购买股票指数中所有的成分股）。
- ✓ 互换合约开始的初期，合约双方不会发生交易成本，这无形之中增加了投资品的杠杆效应。

2.3.3 单独管理的基于股票指数的投资组合

以单独管理的组合形式构建股票指数时需要一些特定的技能及工具。投资者需要为此订阅相关的股票指数以及成分股的相关数据，并且还需要一个固定的交易以及核算系统来管理这个组合，此外还要与经纪人保持良好的关系以获取有效、低价的交易，最后还要构建出一套合规系统已符合法律法规的监管。

- ✓ 数据的订阅：数据可以从指数供应商那里直接获取，但是投资者还必须为索引复制策略购买单独的许可证。数据的内容主要包括：公司以及证券的标识符、权重、分红、收益、公司的举动等。其中公司的举动又包括分红、拆股，收购建平、清偿以及成分股的进入和排除。
- ✓ 特定的交易系统：该系统可以帮助基金经理对比其投资收益与其选中的参考基准的投资收益。此外，该系统还支持：投资者与多个经济商、交易所之间的电子沟通；记录应税投资者头寸的必要信息；提供建模工具，方便组合与其参考基准保持一致。
- ✓ 核算系统：报告每天的业绩表现，记录历史发生的交易，产生结算单。基金经理非常倚仗核算系统，因为它们能帮助其更好地理解组合表现的成因。

✓ 与经纪商的关系：和经纪商良好的关系可以约定更为低廉的佣金，提升组合的表现。佣金收取的多寡与交易证券的种类、大小，以及投资者与经纪商的关系密切相关。

✓ 合规工具：合规工具和团队是十分必要的。基金经理和投资者必须服从合约以及监管机构指定的相关规定，否则违约者将失去客户或者被禁止从事有关投资活动。合规规定既可以是公司层面上的，如限制交易关联公司的股票，也可以是针对某个投资账户单独指定的，如禁止现金透支。还有些合规证词用以阻止基金经理的不当行为。

在实务操作中，投资产品很难完美地匹配所选参考基准指数的现金流。但是，基金经理应该在权衡收益与成本后，尽量做到尽量匹配。

为了构建组合，基金经理需要制作交易文件并且把文件传输给具体执行交易的经纪商。这些经纪商购买证券时通常使用程序交易。**程序交易**（program trading）是一种同时买卖多种股票的策略。指数组合的基金经理试图在一份交易文件里录入上千笔交易。这一过程既可以在诸如Excel表格工具中完成，也可以在交易管理系统中创建。基金经理运用交易管理系统构建追踪指数的组合，确定需要实行哪些交易，并在一个安全的沟通线路上传输交易指令。

基于指数的策略旨在复制指数。由于指数最终的价格确定是在每天交易闭市时，因此大部分以指数为基础的交易指令也发生在这一时刻，并且使用封闭市场指令（market-on-close orders）。

在组合构建后，基金经理应当确保指数中发生的改变也体现在组合之中。这些改变包括添加、删除成分股，基金的再平衡调整以及对于股息的再投资。为此，基金经理每天都应当监督组合并采取适当的交易。尤其是对于股息的再投资，需要确定再投资的时间以购买必要的股票。

2.4 股票指数构建

接下来，我们着重探讨一下组合经理在构建被动指数型组合时所使用的主要方法。这些方法主要包括完全复制法、分层抽样法和最优化选择法。

2.4.1 完全复制法

完全复制法（full replication），即按市场上实际的权重购入指数中所有的股票，适用于如下情况：①指数涵盖股票数量不能太多；②适用于指数所含股票流动性较好，比如标普500指数。

完全复制法的优点在于它可以很好地复制指数的表现，并且通俗易懂。

完全复制法的缺点在于它对于指数中成分股的流动性有着较高的要求，否则不便于使用。

随着指数构建时持有证券的数量的增加，跟踪误差逐渐变小。但是如果那些交易不怎么活跃的股票也被纳入指数构建中，那么此交易成本便会上升并且影响跟踪的有效性。当流动性非常差的股票被纳入成分股时，跟踪误差将会再度上升。因此跟踪误差与股票持有数量之间表现出先下降后上升的"U"形的关系。

2.4.2　分层抽样

分层抽样法（stratified sampling）是指基金经理将指数中所含股票分类为两个或多个纬度（可以按市值、行业、公司规模等划分），并在每个维度中选取具有代表性的股票样本，以此构建出整个指数的追踪组合。分层时应该遵守互斥且穷尽的原则（mutually exclusive），因此该方法也能很好地追踪指数。分层抽样的方法使得基金经理能够以较少的股票来模拟指数的基本特性。一般而言，所用维度越多，股票的分类越细，抽取股票的代表性越强，复制效果越好。分层抽样的方法适用于以下两种情况：①指数中所包含的成分股数量较大；②投资产管理规模较小时。

2.4.3　最优化选择法

最优化选择法（optimization）是一种利用量化模型构建资产组合的被动策略，通过对指数进行反复抽样获得样本组合进行多元回归。该方法旨在利用多因素模型对指数的风险敞口包括市值、beta 值、行业以及利率水平等宏观经济因素进行拟合，从而使组合的风险敞口与指数的风险敞口相匹配，以获得与指数相同的收益率。最优化选择法适用于以下两种情况：①组合中的成分证券小于 50 只；②投资限制在市值高于特定水平的股票，投资必须模仿基准的风格特征，投资交易被限制为成批交易，以及那些再平衡成本较低的股票。

最优化选择法既可以单独使用也可以结合分层抽样法使用。相比较分层抽样法，最优化方法：可以减小跟踪误差，同时它也考虑到了用于各因素之间的协方差。而在分层抽样方法中，两只收益率高度相关的股票中，有一只通常会被剔除。

最优化选择法也存在一些不足：第一，量化模型的设置并不完美（imperfectly specified）。风险的敏感程度会随时间和最优化程序的变动而变动；第二，即使不发生指数变动也没有股息现金流的情况下，最优化选择法也要求定期交易调整以使得组合的风险特征与指数风险敞口保持一致。

由于上述原因，该种方法会产生不小的交易成本。

值得注意的是，相比较参考基准，最优选择法追求最小化追踪误差所构建的组合也许是无效的（mean-variance inefficient），但是运用最优化选择法的被动投资的基金经理可以让组合总的波动率等于参考基准组合的波动率。

2.4.4　混合法

如果指数中含有较少的同质成分证券，那么此时完全复制法应该被采用，反之分层抽样法以及最优化选择法应当被采用。如果指数中最大市值部分的股票是流动性较强的股票，那么其交易成本、佣金费用以及买卖价差都会比较小，所以此时就应当使用完全复制法。反之，如果成分股的市值过小，就应该使用分层抽样法或者最优化选择法。所以，一个指数组合在管理时应该结合 3 种方法综合使用。

2.5 追踪误差的管理

被动投资策略使用诸多方法追踪指数，并且这些方法要尽量做到低成本。接下来，我们就学习一下有关追踪误差的管理。

2.5.1 追踪误差与超额收益

追踪误差（tracking error）是指由于基金经理主动管理决策获取超额收益的标准差。它可以用以下公式表示：

$$追踪误差_P = \sqrt{标准差(R_P - R_B)}$$

式中　R_P——组合的收益；

　　　R_B——代表参考基准的收益；

　$R_P - R_B$——超额收益。

跟踪误差与超额收益是不同的衡量方法，前者衡量的是基金经理追踪参考基准的能力，它的数值不能为负；而后者的数值可正可负，它衡量的投资组合是相较于参考基准的表现。

由于指数基金希望复制指数的收益回报，因此通常追踪误差越小越好，并且超额收益不能为负，因为基金经理应当避免组合表现劣于指数的表现。跟踪误差指数的大小往往与经理们追踪指数的方法有关。如果指数含有较多的成分证券，追踪误差就可能偏大，这是因为成分证券过多会阻止基金经理完全复制指数。对于指数基金而言，跟踪误差是随时波动的，这和数据调整周期有关。

2.5.2 追踪误差与超额收益产生的潜在原因

跟踪误差与超额收益的产生可能基于以下原因：

✓ 费用作为成本会拉低收益表现。因此较高的费用会导致较低的收益率并且产生较大的跟踪误差。

✓ 证券的数量。如果证券都是流动性较好并且是可投资的，那么就可以用完全复制法追踪指数，否则只能抽取其中一部分样本跟踪指数。相较于完全复制法，抽取样本的方法就会产生较大的跟踪误差。

✓ 可以日内交易的股票也会产生较大的跟踪误差，可以用闭市时的价格或者在靠近闭市时间段进行交易来缩小此类误差。

✓ 交给经纪商的佣金也会影响跟踪误差的大小。通常，被动投资相较于主动投资会产生更小的跟踪误差。

✓ 组合里会留有现金。股票分发股利，投资者追加投资，卖出股票变现。这些原因都会导致现金的产生。但是股票指数本身没有现金分配，因此就产生了跟踪误差。这类跟踪误差我们将其称作"现金拖累"（cash drag）。当市场行情上涨时，现金拖累对于组合价值会造成负面影响，而当市场行情下跌时，现金拖累会对组合价值带来正面影响。为了解决现金拖累问题，我们可以使用股指期货作为对冲工具。

2.5.3 管控追踪误差

管控追踪误差是基金经理在完全忠于参考基准指数时应当平衡其利益与成本。如果基金经理不受任何限制，那么他应该尽可能地保证组合中的证券数目、权重与基准参考指数中的数目、权重相同。但是即便如此，考虑到交易成本等多方面因素的影响，投资的真实表现仍将与指数的表现产生差异。被动投资并不意味着不去做交易。基金经理应当适当交易以适应组合里现金流的流入与流出，并且以此反映指数的变化。总之，基金经理应当致力于保持组合的 Beta 系数尽量为 1，并且保证组合的其他风险因子敞口与指数对应的风险因子敞口相一致。

2.6 被动股权的收益来源

股票指数类型组合代表着市场的表现。弄清楚影响这些收益的因素来源，是分析被动股权投资过程中非常重要的一步。

2.6.1 归属分析法

投资者在投资时面临着诸多可供投资的资产组合。投资者通常先确定投资哪国市场，然后再决定究竟是投资大盘还是小盘市场，以及投资风格就是哪一类，并且决定加权的计算方法。而对于收益的分析则是之后的内容。

对于复制股票指数收益的组合，其收益来源与主动管理型基金一致，包括了公司特有的收益、板块收益、国家收益和货币收益。基于因子策略的指数，基金经理需要明白指数组合的收益来源，同时还需要明白这些收益与市场指数中成分股的关系。从这一意义上说，被动投资与主动投资有相似之处。投资可以通过归属分析法（attribution analysis）看出投资的收益来源，尤其是行业板块的贡献。

【例题】 归属分析法

假设分析师 Bob 投资了一个追踪板块股票指数 X 的组合 Y，并且假设股票指数 X 包含 A、B、C、D 这 4 只成分股，并且最终组合 Y 也同样含有这 4 只成分股。每只股票的收益与权重如表8-2 所示。

表 8-2　归属分析法举例（%）

| 成分股 | 组合 Y | | | 股票指数 X | | 分析 |
	成分收益 (1)	成分权重 (2)	收益贡献 (3) = (1) × (2)	成分股权重 (4)	收益贡献 (5) = (1) × (4)	差异 (6) = (3) − (5)
总和		100%	8.20%	100%	7.98%	0.22%
A	7.8%	28%	2.18%	30%	2.34%	− 0.16%
B	12.6%	27%	3.40%	25%	3.15%	0.25%
C	5.8%	29%	1.10%	20%	1.16%	− 0.06%
D	2.2%	14%	0.31%	15%	0.33%	− 0.02%
E	10%	12%	1.20%	10%	1.00%	0.20%

表 8-2 中（1）列示了成分股的收益；（2）列示了成分股在组合中的权重，那么（1）×（2）就代表了每只成分股在组合中的收益贡献，如（3）列所示。同理，（4）列示了成分股在股指中的权重，那么（1）×（4）就代表了每只成分股在股指中的收益贡献，如（5）所示。（3）与（5）的差便代表了每只成分股在 X 与 Y 中贡献的差异，将其加总便得到了跟踪误差，如（6）所示。

由表 8-2 我们可以看出，组合 Y 跟踪股指 X 还是比较成功的。两者之间的收益差非常小。这样的归属分析法能够帮助投资者分析追踪误差产生的来源。

2.6.2　证券借贷

证券借贷的借出者会收到因借出证券而产生的一笔收入，这些收入可以很好地抵消管理成本时产生的费用，如果管理组合的成本本身就很低，那么甚至还会产生负的费用。

借出股票的投资者往往需要使用代理。托管银行便是其中代理之一。有时资产管理公司也会提供证券借贷服务。代理人通常向借入者收取抵押物，当抵押物是证券而非现金时，借款代理便将其视作一个担保。代理需要每天评估抵押物以确保它是足值的。如果抵押物是现金，代理就会将其投资于货币市场以获得利息收入。无论如何，借入者都要付给借出者一定的费用。借出者需要将这笔费用分给代理一部分。

证券借贷会承担一定的风险。其中最大的风险便来自于借入者的信用风险和抵押物的市场风险。流动性风险与操作风险也是部分风险来源。抵押物本身也会面临市场风险，物品价值可能下降。此外，还有一类风险是借出者可以把用作抵押物的现金投资在长期或者有风险的证券上，因此抵押物的价值可能会遭受侵蚀。通常做这类投资时，借出者需要付给借入者一定的现金回扣。同样当借贷证券发生分红时，这部分收益也应该属于借出者。

借入者会支付给借出者年化 2%～10% 不等的费用，这笔费用的大小取决于借款人的信用质量以及证券借贷的难易程度。

2.6.3　投资者积极主义与被动管理者的参与

机构投资者尤其是指数基金经理，他们往往是很多公司最大的股东。他们投票的股份会对公司选举和代理过程的结果产生很大影响，他们举足轻重的地位往往给予了他们更多接触公司管理层以讨论公司政策、管理的机会。研究表明，被动型投资者通过投票、积极参与公司的管理能够加强其回报收益。许多对冲基金和其他大型投资者甚至专门从事积极主义活动，以使其投资公司的治理与股东利益保持一致。

对于积极管理型投资者，如果他们积极参与公司治理的活动并没有得到有效的回报，那么他们就会选择卖出这家公司的股票。但是对于被动管理型投资者，由于其为了追踪指数的原因，所以其不能随意卖出股指中的成分股。但是无论是哪种类型的投资者，他们都能通过投票的形式促进公司治理的改善。

被动型投资者的投资风格决定了他们既不会选择业绩最好的股票也不会回避业绩最差的股票，这在一定程度上起到了分散化的效用。只要股票指数中成分股所属公司的治理得到改善并

提升股价表现，那么相应的股票指数以及追踪该股票指数的收益都会随之增加。

相较于主动管理型基金经理，被动管理型投资者能够更大程度地影响公司的治理活动。这是因为被动管理型投资者会更长时间地持有股票，而有些公司会给予持股时间更长的股东以更大的投票权。

被动型基金经理需要代表其投资者客户的利益行使投票权。在这一过程中，付出的成本也必须被考虑到。例如，熟悉公司相关管理制度及流程，参与其管理事务。有时公司会雇用代理投票服务，以完成上述事项。

有时潜在的利益冲突会导致投资人没有激励去改善公司的管理。比如，A 金融公司通过管理 B 公司的养老金计划，赚得了很多的钱。但是同时 B 公司也是 A 公司追踪股票指数组合里的成分股的所属公司。这时，潜在的利益冲突便发生了。

有人会质疑被动型投资者出于追踪股票指数的意愿，并不能卖出组合里的成分股。对此很多公司的管理层也心知肚明，因此他们并不会非常重视被动型管理者的建议。

3 主动型权益投资策略

本节说明

本节主要讲解了两种基本的选股方法：基本面选股法和量化选股法。本节将围绕这两种方法进一步讲解在两种方法中用到的自上而下的分析策略和自下而上的分析策略以及基于因子的投资策略。此外，本节还会讲解在量化投资和基本面投资中存在的一些问题。最后，本节介绍了股票投资的风格分类，并且比较了不同分类方法之间的优缺点。

知识点自查清单

- ❏ 比较股票主动管理策略中的基本面选股法与量化选股法
- ❏ 自下而上的策略
- ❏ 自上而下的策略
- ❏ 基于因子的投资策略
- ❏ 积极参与的投资策略
- ❏ 如何构建基本面投资策略
- ❏ 如何构建量化投资策略
- ❏ 股票投资风格的分类

3.1 实施主动型管理的方法

相对于被动型投资策略，主动型股权投资表达了基金经理对投资机会的"观点"。基金经理通过选择合适的证券来表达其观点。从大的方面上来讲，基金经理有两种方法筛选出合适的股票来表达其对应的观点：第一种方法是通过基本面（fundamental）方法进行筛选；第二种方法是通过量化（quantitative）方法进行筛选。

基本面筛选法基于以下信息：对公司的分析研究；对行业的分析研究；对市场的分析研究；基于分析师的主观判断。量化筛选的方法是基于量化筛选模型。相比而言，量化筛选的方法受到人为主观判断的影响较小。需要注意的是，虽然选股方法划分成了基本面方法和量化法，但是并不意味着基本面与量化是两个割裂的概念。在进行基本面筛选时，也会用到量化的信息及模型。例如，基本面选股法中经常会用到股票的估值模型，如自由现金流估值模型；在信息筛选时会用到量化数据对股票进行过滤；以及会用到回归模型分析等。而在应用量化选股

模型时，也会用到公司的基本面数据。因此，一些划分方法还会列出第三类选股方法，即混合型方法（hybrid）。混合型方法结合了基本面选股法与量化选股法。本章在方法的解读上忽略混合型方法，将重点放在了基本面选股法与量化选股法上。

基本面研究是基本面选股法的核心，而基本面研究通常会以公司财务报表的分析为基础。通过分析公司的财务报表，基金经理可以更加深入地了解公司当前、过去的盈利能力，财务状况，以及现金流情况。除此之外，基本面研究还会分析公司的经营模式、管理团队、产品线、未来前景等信息。综合以上各类信息，分析师可以对公司的未来发展做出判断，同时也会对其股票进行估值。股票的估值通常有两种方法：第一种方法是基于对公司自身预期估算出的内在价值（intrinsic value）；第二种方法是与同行业公司相比，或者与公司过去股票价格相比而得到的相对价值。基金经理会综合股票估值信息以及其他因素，如从组合角度考虑的因素来判断是否购买该股票，或者是增加该股票头寸还是减少该股票头寸；或者相对于组合的基准（benchmark），是增加该股票的权重还是减少该股票的权重。

基本面选股法按照分析起点的不同又可以分为自上而下分析法（top-down）和自下而上分析法（bottom-up）。自上而下分析法由分析宏观层面的信息开始，如分析经济、市场、行业等信息，逐渐缩小范围来选择合适的投资标的，而对于自下而上分析法，其关注点主要集中在对个股的分析上。

主动型投资筛选股票的第二种方法是量化选股法。这种方法在模型构建阶段会存在一些分析师的主观选择，如变量的选择，除此之外，随后的各阶段受到的人为主观影响较小，这是因为随后的量化筛选方法主要是依靠由计算机模型运行的系统化程序。这些系统化程序通过对股票、市场特性，以及规律进行筛选以找到能够提高收益的股票或者交易。系统化程序进行筛选时可能会用到的变量有股票市值的大小、公司盈利指标、公司财务状况指标、市场情绪、股票行业划分、股票估值指标和股票市场价格信息等。分析师通过分析得到以上某个变量或者某些变量和股票价格之间的关系来构建模型。这些模型可以用来估计预期收益。因此站在量化选股的角度来看，投资的成功与否取决于模型的质量。

通过前文我们可知，分析师通过主动投资来表达其观点，而主动投资的选股主要是通过两种方式：基本面选股法和量化选股法。基本面选股和量化的区别可以总结为：

- ✓ 基本面选股的方式会受到分析师、投资者的主观影响，而量化选股的方法是基于客观的数据。
- ✓ 基本面选股的投资决策是任意抉择的；量化选股的方式是系统化的。
- ✓ 基本面选股主要是依靠投资者的技能、经验和主观判断；量化选股主要基于统计模型。
- ✓ 基本面研究用到的信息有经济信息、行业信息、公司信息，而量化选股用到的主要是数据和统计学的内容。
- ✓ 基本面研究的关注点是股票、行业的深度研究，研究范围通过逐步筛选最终变得较为集中；量化选股的关注点是变量，在选股时，将变量应用于大规模股票数据，然后进行大范围的筛选。
- ✓ 基本面分析通过对公司未来情况的预期而形成投资观点；量化分析主要通过对历史数据的总结形成结论。

✓ 基本面分析法构建组合时主要是依据基金经理主观判断；量化分析法是通过最优模型构建组合。

以上 7 点基本上总结了基本面选股与量化选股的主要区别，以下对最主要的 4 点区别做详细介绍。

3.1.1　信息的区别

量化选股法与基本面选股法应用到的信息有很大的区别。例如，对于基本面选股法中的自下而上分析法，其应用到的信息主要是公司的财务报表数据，其中包括报表的脚注、会计假设等信息，以及公司披露的其他数据。通过分析这些数据，基金经理可以知晓公司的盈利能力、杠杆水平、绝对价值与相对价值。分析师通过对比以上数据及其历史数据来发掘趋势，以判断公司管理层的管理能力，预测公司的未来前景，分析公司产品线的未来竞争优势等。在分析时，分析师也会关注公司的治理情况（corporate governance）以及公司的 ESG 特征（environmental, social, and governance characteristics）。

基本面选股法中的自上而下分析法通常最先关注的是区域层面（如亚太地区、欧洲地区等）、国家层面的信息或者是行业层面的信息，关注点在于较为宏观的信息。这些信息包括经济增长、货币供给以及市场估值等。基本面分析中应用到的一些信息可以被量化，如大多数财务报表中的比率等，而一些信息不能被量化，如公司的治理情况、公司的声誉等。

量化选股的方法会用到大量的历史数据，这种数据可能来自于公司报表或者市场收益数据。对信息的处理过程是基于系统化的方法而不是基于分析师的主观判断。一般而言，量化的方法利用历史数据以及统计学方法来寻找变量与股票收益之间的关系，然后利用这些关系来预测个股未来的收益，从而进行投资。这是基于客观的历史数据以及统计模型得到的分析结论。虽然应用量化模型进行筛选时，受到的人为主观影响较小，然而在模型的构建中，尤其是在变量的筛选时，会存在分析师的主观判断与选择。

与基本面方法不同的是，量化筛选的方法通常不会使用不能量化的信息及特征。由于历史数据存在**幸存者偏差**（survivorship bias）和**先窥偏差**（look-ahead bias），基金经理在使用历史数据进行量化分析时应当注意需要包括那些已经退市的股票信息，并且应当使用市场第一次收到的原始会计数据信息，而非此后修正过的数据。

3.1.2　分析焦点的区别

基本面分析法通常将关注点放在小范围的股票中，然后对这些股票依次进行深度分析。因此，与量化分析法相比，基本面分析法的优势是能够对单个公司的业务有更深的了解。对于量化分析法，其关注点在于影响因子。

3.1.3　分析数据目的的区别：预测未来与分析过去

基本面分析通过预测未来变量而做出投资决策。这些变量包括公司未来的收入和未来的现金流。在进行基本面分析时，分析师会利用自己的主观判断和深度分析来对公司未来的发展前景做出预测，以及对公司未来的增长来源做出判断。因此，基本面分析法会依赖分析师的知

识、经验和对未来的判断能力。

对于量化分析，其主要是通过分析历史数据得出结论，利用这些结论做出未来判断从而进行投资决策。量化分析法通过回测已公开的公司历史数据（包括已公开的分析师对未来变量的预测值）来构建模型；模型构建好之后，将其应用于最新的数据来做出投资决策。

3.1.4 构建组合时的区别

基本面投资者选股主要是通过对个体公司进行详尽地分析从而分析得到适合的股票。因此对于基本面投资者，其对应的风险停留在公司个股层面。然而，在进行基本面分析估值时，存在最终分析得到的内在价值是错误的风险。这种估值偏差，要么是由于公司的表现和分析师预期不一致；要么是分析师的判断正确，而市场还没有对此信息做出正确合理的反应。而通过基本面分析法构建组合时，分析师会在符合 IPS 规定的要求下，基于其未来的预测，来决定个股、行业或者国家的绝对权重和相对权重的大小。因此，通过基本面法构建出的组合通常是依照主观判断得出的。

对于量化分析法，其组合的构建是通过最优规划控制组合的风险从而得到个股的权重。该方法是通过投资一揽子股票构建需要的"因子"，因此其风险停留在组合层面而非个股层面。对于量化分析法得到的组合，其风险主要是"收益因子"的表现没有达到预期。

除了在构建组合时的不同外，这两种方法在重调权重时（rebalancing）也会存在不同点。通过基本面法构建的组合，投资者通常会持续监控组合持仓，并且不时地对组合权重进行调整（包括调高权重、调低权重或者是完全去除头寸）。而对于量化法构建的组合，投资者会定期（如每月或者每季度）对组合权重进行调整。头寸调整的决策（减少头寸、增加头寸）是由模型、算法利用事先确定的规则决定。

3.2 实施主动型管理的策略

绝大多数的基本面策略和量化策略可以分为自下而上分析法和自上而下分析法两种。

3.2.1 自下而上分析法

自下而上分析法（bottom-up）首先从分析单个资产（股票）层面、公司层面的数据开始，如分析公司的股价趋势、盈利能力等。对于量化策略来说，自下而上分析法是将股票（资产）信息、公司层面的信息应用于其量化模型进行筛选。而对于基本面策略来说，自下而上分析法首先是对公司层面的信息进行分析以决定是否深入到该公司的行业市场信息等。因此对于执行基本面策略的投资者而言，能否有效地识别出公司基本面的好坏要依赖于投资者能否对该公司产品线、商业计划、管理能力、财务状况以及所处行业有较为深入的了解。当投资者应用自下而上分析法，筛选出了个股，了解了公司状况，以及市场、经济状况，下一步要做的是使用这些信息来确定公司的内在价值（intrinsic value），即估值，然后进一步比较内在价值与当前市场的价格来确定股票当前是否被高估或者被低估。

基本面投资者通常关注公司的以下数据：①公司的商业模式及品牌（business model and branding）；②公司的相对优势（competitive advantages）；③公司的管理能力以及公司治理（company management and corporate governance）。

基本面投资者通过以上信息对公司进行单独的分析，或者应用公司的以上信息和同行业其他公司进行比较。而当基本面投资者对公司进行估值时，通常会使用现金流折现模型或者是市场价值乘数。下面依次对以上 3 个信息进行展开讲解。

- ✓ 公司的商业模式及品牌。公司的商业模式泛指公司经营、创造利润时使用到的策略。其商业模式决定了公司如何将其资源转化成产品、服务，以及如何向顾客提供其产品及服务。

  当公司拥有一套较为出色的商业模式时，其在市场中的竞争力会大大增强。同时其扩张业务的能力、创造利润的能力较强。相比较同行业，当公司拥有较为稳定、适应能力较强的商业模式时，其为股东创造利润的能力更强。通过了解公司的商业模式，投资者可以获得公司的价值信息、营运方式、价值链、品牌策略、市场地位、盈利能力等信息。这些信息可以帮助投资者评估公司能否继续保持其相对竞争力，并帮助投资者做出适合的投资决策。

  公司的品牌可以作为公司的标识，透过公司的品牌可以知晓公司对其商业的定位。好的品牌意味着好的产品质量，同时好的品牌能够提高公司的利润率，为公司在市场竞争中带来优势。

- ✓ 公司的相对优势。公司的相对优势能够帮助提高公司的资本回报率。公司的相对优势可能来自于多个方面，例如公司获得自然资源的优势、技术优势、创新能力、人才优势、声誉、品牌效应、所处行业较高的进入门槛、独享的分销权利（如苹果授权店）、产品优势以及顾客忠诚度等。

  当执行价值分析策略的投资者在寻找相对低估的股票并分析股票能否回归其正常价值时，需要留意公司能否继续保持其相对优势。

- ✓ 公司的管理能力以及公司治理。优秀的公司管理团队，对公司经营的成功与否至关重要。管理团队的作用就是分配公司资源和资本来为公司股东创造最大化的企业价值。当公司的管理团队更多地关注于公司的长期目标而非实现短期目标时，长期来看公司更有可能为其股东创造出更大的价值。

  当投资者对公司管理能力进行定量分析时，可以关注公司的财务报表。通过对比公司当前收益指标与其历史数据，或者公司当前收益指标与其同行业公司数据来判断公司管理团队为公司增加价值的能力，这些指标包括资本回报率（return on assets）、投资资本回报率（return on invested capital）。

当投资者对公司的管理能力、公司的治理能力进行定性分析时，可以关注以下 4 点：①公司是否绑定了管理团队的利益与股东的利益从而最小化代理人问题；②公司管理团队是否具备实现公司目标、长期计划的能力；③公司管理团队的稳定性，公司能否吸引，留住关键性高管人才；④识别风险、机遇的能力。

除此之外，投资者仍需要关注管理团队对于其公司股票的态度，如管理团队是否回购、出售其手中的股票。通过分析管理团队对其公司股票的态度，我们可以判断出公司管理团队对其

未来发展前景的态度。

通过对财务报表的定量分析和对公司的定性分析，投资者可以预测公司未来的收入、现金流、风险等。利用这些预测值可以对公司股票进行定价、估值。基本面策略的自下而上分析法可能会用到多种股票的定价方式。如基于现金流折现、红利折现模型的绝对估值法，以及基于市盈率（*P/E*）、市净率（*P/B*）、企业价值倍数（*EV/EBITDA*）的相对估值法。自下而上的策略可以进一步分为投资于价值型股票的方法（value-based）和投资于增长型股票的方法（growth-based）。

3.2.1.1 投资于价值型股票的方法

投资于价值型股票的方法是投资于那些当前市场价格低于其内在价值的股票。价值型投资者通常关注于反映公司价值的指标。价值投资者认为，由于当前市场的非理性行为、投资者对负面消息的过度反应使得当前的市场价格低于由公司基本面分析得到的股票内在价值。

1. 相对价值投资策略

执行相对价值法的投资者通过比较公司当前的价值乘数（如 *P/E*，*P/B*）与其行业平均数，以此来判断公司股票价格的相对高低。由于不同的行业有不同的市场结构，面临不同的监管要求，以及拥有不同的市场竞争环境，各行业平均乘数也不相同。

当投资者对比公司的价值乘数与行业平均值时，需要了解为什么会出现不同，是否当前个股相对于行业平均的溢价、折价已经充分地反映了公司的基本面信息。

2. 逆向投资策略

执行逆向投资策略的投资者进行逆势操作。例如，他们买入当前市场表现较差的股票，等待股票恢复其价格，然后卖出获利。这类股票大多是周期股票中处于低谷状态公司的股票，其公司当前收入较低，甚至为负，或者其股利分红较低，投资者买入此类股票等待公司状况变好，股票价格回升。逆势操作的投资者认为市场上的投资者对当前市场趋势反应过度，存在羊群效应。

逆势投资与价值投资都是买入当前市场价格相对于其内在价值折价的股票。他们的主要区别是：价值投资者依靠的是基本面分析；逆势投资依靠的是市场情绪和股票价格动量信息。

3. 高质量价值投资

一些价值投资策略十分重视公司的财务状况和盈利能力。例如，他们会要求公司过去已有持续的盈利能力，有高于平均水平的净资产收益率（ROE），有高于平均水平的财务状况，以及有优秀的管理团队。

4. 收益型投资

执行收益型投资策略的投资者关注那些现金分红率较高，并且分红增长率为正的股票。支持这种投资策略的原因有很多种，其中一些人认为有实证研究发现，这类股票在股市整体下跌时有较好的抗跌能力，也有人认为正是由于较高的分红，能够有效地支撑股票价格。

5. 深度价值投资

深度价值投资关注于那些价格相对于其公司资产被极度低估的股票，如股票具有较低的市净率（*P/B*）。一般这类公司可能存在财务危机。执行这类策略的投资者认为这类股票会被市场忽略，从而其价值没有被有效发掘。同时，他们认为此类公司存在重组等运作使得公司恢复

正常状况。

6. 重组与减值资产投资

当公司面临短期的财务危机时，他们可能会进行债务重组或者资本结构调整。重组与减值资产投资的投资者会购买处在危机中公司的债务与股票。他们认为，即便公司目前处在危机之中，其仍然存在有价值的资产、分销渠道、专利等，从而公司有可能会成为重组的目标；或者公司进行完清算后仍然剩余有一定价值的资产。执行此类策略的目的是以较低的成本获得公司的控制权或者获得较高的影响力，以此推动公司进行重组、调整以恢复其价值，从而投资者获得盈利。此类投资通常发生在公司破产前，或者正处在破产程序中。此类投资要求投资者具备一定的专业能力和技能来寻找出那些经营状况被市场低估的公司。

7. 特殊情景投资

特殊情景投资关注于那些由于公司事件所引起价格偏离的股票。这些公司事件包括资产剥离、资产分拆、兼并等。有研究认为，投资者会忽略此类公司事件带来的盈利机会。

3.2.1.2　投资于增长型股票的方法

增长型股票的投资方法关注于那些相比其同行业公司，或者相比于市场有更高收入增长率、盈利增长率或者现金流增长率的公司股票。执行此类策略的投资者认为由于公司拥有较为稳固的商业模式、成本控制能力或者公司的管理团队能够专注其长期的发展目标等原因，公司的现金流、利润等会有较高的增长率。因此，此类公司往往有较高的净资本收益率（ROE），并且绝大多数利润会进行再投资以支撑未来的增长。需要注意的是，由于增长型公司的现金流、利润的波动性较大，利用未来现金流折现模型计算出的内在价值存在较高的不确定性。同时，相较于价值型投资者，增长型投资者对公司股票较高的价值乘数有更高的接受能力。

以合理价格增长投资策略（growth at a reasonable price，GARP）是投资于增长型股票策略中的子策略。这种投资策略关注于那些拥有高于平均水平的增长率，同时又有合理价值乘数的股票。所以，此类投资更像是价值型投资策略与增长型投资策略的混合策略。许多投资者会以市盈率相对于盈利增长率的比率（P/E-to-growth ratio，PEG）来衡量 GARP。PEG 的计算是用公司股票的市盈率（*P/E*）除以公司收入的增产率。此外，执行 GARP 型策略的投资者还会关注公司的增长时长与风险变化。

👆 【例题】

根据以下信息，收益型投资策略会更倾向于投资哪一家公司的股票？

公司	股票价格	12 个月预期 EPS	3 年 EPS 预期增长率	分红率	行业平均 *P/E*
甲	48	4.8	19.2%	0.8%	10
乙	52	1.86	1.86%	0	32
丙	18	1.04	1.2%	9%	17

A. 甲公司

B. 乙公司

C. 丙公司

解析：

C 为正确答案。收益型投资策略关注于分红率较高的股票，由于丙公司有较高的分红率 9%，因此收益型策略更倾向于投资丙公司股票。

✋【例题】

根据以下信息，合理价格增长投资策略会更倾向于投资哪一家公司的股票？

公司	股票价格	12 个月预期 EPS	3 年 EPS 预期增长率	分红率	行业平均 P/E
甲	48	4.8	19.2%	0.8%	10
乙	52	1.86	1.86%	0	32
丙	18	1.04	1.2%	9%	17

A. 甲公司

B. 乙公司

C. 丙公司

解析：

A 为正确答案。GARP 型投资者的关注点在 PEG 指标。甲公司的 P/E 为 $48/4.8 = 10$，其增长率预期为 19.2%，因此其 PEG 为 $10/19.2 = 0.52$。甲公司的该指标低于其他公司的 PEG，乙公司的 PEG 为 15；丙公司的 PEG 为 14。

3.2.2 自上而下分析法

与自下而上的投资策略相反，自上而下的投资策略从分析宏观层面的信息开始，如宏观经济环境、人口趋势、政府策略等。执行自上而下策略的投资者经常会应用远期合约、ETF、互换（swap）等来捕捉宏观经济变量变动所带来的收益。

1. 国家地区权重

一些投资者以国家为单位，对其股权投资进行分配。他们的投资一般会基于其对不同区域的预期而分布于不同的地域。例如一些投资者偏爱于欧洲市场，会将其股权投资限制在欧洲范围内；而另一些投资者倾向于更全球化的投资，将其股票投资根据对不同区域的预期分散在不同的区域。

2. 板块行业投资策略

投资者对不同的行业板块也会有不同的收益预期。一些行业受到国际化产业链的影响更大，因此这些行业也适合于做地域分散化投资。这类行业包括 IT 行业、能源行业等。而另外一些板块、行业受到本土因素的影响更大，因此适合于做本国投资的行业分散化配置。这类行业包括房地产行业和日用消费品行业。如果投资者不想投资于个股，他们也可以通过行业、板块 ETF 来获得行业的头寸。

3. 波动率策略

波动率策略是基于投资者对波动率预期的自上而下的投资策略。波动率策略通常会使用衍生品来实现。当投资者认为市场工具中隐含的波动率与其自己预期的波动率不一致时，可以交易一些衍生产品获取利润。

例如，当投资者预期市场的波动率将会更大时，但又不明确市场波动的方向，此时投资者可以构建出一个跨式套利（straddle）策略。在 CFA 三级衍生品中我们会详细地对此策略进行讲解。大体来说，该策略的投资者同时购买标的物相同，如标的物都为指数的看涨期权和看跌期权；两个期权的标的物、到期日、行权价一致。因此，无论指数的涨跌方向是什么，只要其波动率较大，该策略可以获利。当标的物，如指数的波动率较小时，该策略就会损失双份的期权费。

4. 主题投资

主题投资（thematic investment strategies）包含的范围较广。例如，该策略可以关注宏观经济变量、人口结构变动、政治因素、行业观点等。科技、创新、监管、经济周期的变动会对当前企业带来挑战与风险，同时也为投资者带来新的投资机遇。主题投资策略会不断地寻找新的发展趋势、有前景的主题概念进行投资。主题投资的关注焦点包括新科技、移动互联技术、人工智能、清洁能源等。在进行主题投资时，投资者需要注意新的趋势是长期趋势还是短期趋势。长期趋势会对市场运行、人类活动产生较大的影响。例如，智能手机的发展、云技术等的应用就带来了长期的变化。对于关注长期主题投资的投资者来说，主题投资的成功取决于投资者能否识别某个趋势是长期趋势而非短期流行因素。而对于关注短期主体趋势的投资者来说，短期汇率的波动，也会对外贸公司产生一定影响从而带来一定的投资机会。

3.2.3　基于因子的投资策略

因子是与单个资产收益变动相关的变量。因子可以用来预测资产的收益与风险。一些因子，如规模、价值、趋势、质量等呈现与股票长期额外收益正相关的关系，这些因子可以归为**奖励因子**（rewarded factors）。在构建组合时，可能会涉及上百种因子，但是大多数因子并不能长期地提供持续的额外收益。基于因子的投资策略利用能够预测股票收益的因子构建出投资者期望的具有特定风险敞口的组合。一些投资策略依赖某单个因子，并会持续地对该因子的风险敞口进行调整。而也有一些策略，基于多个因子。最常见的因子投资策略是基于 Fama-French 多因子模型的对冲投资组合方法。在该策略中，投资者首先选择需要获得的因子，然后对可投资股票按照因子进行排序，在该因子内部将排好序的股票进行分位。多/空对冲组合（long/short hedged portfolio）通常会做多处于高分位的股票，而做空处于最差分位的股票。

股票风格轮动策略是因子投资策略的子策略。该策略认为不同的因子，如规模、价值、趋势和质量等在某些时期表现较好，而在另外一些时期表现较差。当投资者预测某风格类型的股票表现较好时，可以配置于该类型的股票因子以获得超额收益。

在使用因子投资策略时，需要注意的是该因子关系逻辑上能否讲得通。大多数因子能够通过统计回测检验，但是这并不代表他们能从逻辑上讲得通。如果，某因子通过了统计检验，但统计结论反映出的关系只是出于巧合等，并不具备经济意义，那么投资者可能犯了**数据挖掘偏差**（data-mining bias）。投资者需要注意的是，统计回测找出的显著关系并不一定代表投资于

该因子会在未来带来价值。对于按因子构建的对冲组合策略来说，其存在一定的缺陷。

第一，在因子投资策略中，一个隐含的假设就是因子与股票未来收益之间呈现的是线性关系，然而在现实中该关系不一定成立。

第二，由于做多了最优分位的股票、做空了最差分位的股票，中间分位所包含的信息会被忽略。

第三，当市场上的投资者使用相同、相似的因子进行投资时，最终构建出来的组合类似，导致的结果就是市场上的投资集中于某些特定的股票。

第四，在多/空对冲策略中，做空了最差分位的股票，但是在现实中并非所有的股票市场都可以进行做空操作，同时在一些市场上做空的成本高昂。

最后一个缺点，也是最重要的一个缺点就是对冲策略获得的因子组合，除了会获得投资者想要的因子外，还会获得其他类风险因子的头寸，也就是说，构建的因子组合包含一定的"杂质"，并非投资者想要获得的纯因子组合。

除了多/空对冲组合策略外，投资者也可以构建做多因子组合。通过只做多，投资者可以获得特定因子的敞口。

因子模拟组合（Factor-mimicking portfolio，FMP）是理论上的纯因子组合。该组合通过多/空对冲策略，只获得某个特定风险因子的头寸，而对其他风险因子免疫。构建因子模拟组合可能需要做多、做空大量的个股以获得想要的因子头寸，因此如果考虑到交易费用、做空限制，该策略的实施成本较高。

1. 风格因子

在量化投资中，因子可以定性为构建投资的原材料。量化基金经理通常会投入较多的时间对因子进行研究。

2. 价值型因子

尽管理论界的很多研究，以及很多从业者认为价值型股票能够带来更好的收益，但是解释这一现象的原因却众说纷纭。例如，Fama 和 French（1992，1993，1996）认为价值型股票的额外收益是由于投资者承担了价值型股票的公司，其陷入财务危机的风险更高。而其他的研究认为该额外收益源于投资者的行为偏差。

价值型风险因子可由公司基本面表现指标来表示，如公司的分红、利润、收入、现金流、EBIT、EBITADA 等。

3. 价格动量因子

投资者研究发现，在大多数市场中，存在较强的价格动量因子效应。例如，Jegadeesh 和 Titman（1993）将过去 12 个月表现较好的股票记为"Winners"，将过去 12 个月表现较差的股票记为"Losers"，他们发现在随后的 2 ~ 12 个月内，"Winners"将会持续地表现更好。

4. 增长型因子

增长型因子可以用来衡量一家公司的增长潜力，该因子可以通过对公司的历史增长率计算获得，或者可以通过预测未来增长率获得。增长型因子可以划分为短期增长型和长期型。通常，高于市场的增长因子或者高于行业板块的增长因子意味着公司的股票在未来可能会具有较高的增长空间。

5. 质量因子

除了利用会计比率、股票价格数据作为基本面风格因子外，投资者还可以依据公司的会计信息构造出更为复杂的因子，如**收入质量因子**（earnings quality）以及与其相关的应收因子。划分出这两个因子是因为有研究发现，股票的价格并不会充分地对收入中的现金部分和应收部分所表达出的信息做出反应。

除了应收因子外，和公司基本面数据相关因子还包括盈利能力、资产负债表、偿债能力、稳定性、股票分红的持续性、资本利用效率以及公司的管理效率等指标。

6. 基于非结构化数据的非常规因子

随着计算机科技的发展，投资者会获得越来越多的数据。其中**大数据**（big data）是指由结构化数据（如传统的财务报表数据、市场数据）以及非结构化数据构成的大型数据库。称为**非结构化数据**（unstructured data）是因为这类数据由于缺乏可识别的结构还未被投资领域广泛应用。非结构化数据包括卫星影像、文本信息、信用卡支付信息以及其他互联网信息等。

3.2.4 积极参与的投资策略

实施该策略的投资者（激进投资者）通过获得上市公司的股权，试图影响公司做出改变来获利。该类投资者可能会试图获得公司董事会席位来影响公司，或者利用其他手段去发起公司战略层面、运营层面、财务结构层面的改变。例如，激进投资者可能会支持公司出售其资产、实施削减成本的措施、改变公司管理层、改变公司资本结构、提高股票分红以及实施股票回购等行为。激进投资者的目的是对目标公司进行改变从而获利。通常来讲，激进投资者的目标并不是获得公司的全部股权，而是通过获得公司的小部分股权（通常是小于10%）来推动公司的改革。实施积极参与策略的投资者的投资期一般短于买入并持有投资者的投资期，即便如此，该策略的整个投资期也会持续数年。

图 8-1 是一个典型的股东积极主义投资策略流程图。

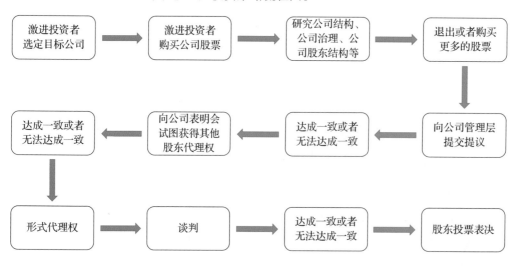

图 8-1 典型的股东积极主义投资策略流程图

1. 股东积极主义的流行

股东积极主义并非近期才开始流行的投资策略。该策略始于 20 世纪 70 ~ 80 年代，当时实行该策略的投资者通过获得较高比例的股权来影响目标公司的运作，从而发掘公司的潜在价值，最终能够达到提高公司股价的目的而获利。支持该策略的人士认为，正是由于这些激进投资者积极主动的参与，公司的管理层受到了有效的约束与监督，最终会使得广大投资者收益。但是，该策略的反对者认为，这种干预策略最终会使得公司偏离既定目标，从而使得公司的管理活动、经验受到了负面的影响。

2. 激进投资者使用到的干预策略

激进投资者使用一系列的策略来影响目标公司从而增加股票价值。这些策略包括：

✓ 获得董事会席位和提名。

✓ 私下会见公司管理团队、参与公司管理讨论、写信向管理团队提议改变、获得其他股东代理权等。

✓ 在年度股东大会上提议重大公司变革。

✓ 提议对资产负债表进行调整，从而更加有效地利用资本，提议股票回购计划或者提高股票分红。

✓ 对管理团队的受托义务失职行为提起法律诉讼。

✓ 与公司其他股东达成一致，共同行动。

✓ 通过媒体声讨管理团队。

✓ 拆分大型企业挖掘公司潜在价值。

积极主动的干预能否有效取决于当前管理团队的回应以及管理团队能够用到的回应手段。例如，在一些国家，管理层或者大股东拥有一些防御机制来防止这种激进主义投资者的干预。其中包括多层股权结构，在这种结构中，公司创始人的每份股票会被授予更多的投票权利。**毒丸计划**（poison pill）允许公司可以以较大幅度的折价发行新股，以稀释激进主义投资者的股权。**分期分级董事会条款**（staggered board provisions）规定董事会成员的改选期不同，即每期只有一部分成员会面临改选，这样做的目的是保证董事会成员不会在一期全部被改选。

3. 激进投资者的目标公司

激进投资者的目标公司平均而言呈现出低于市场收入、利润增长速度，遭受到负的价格动量的公司，其公司治理情况也低于行业平均水平。通常来说，目标公司是小型、中型上市公司。当然也有一些大型的公司也成为激进投资者的目标，如雅虎。激进投资者通过获得这类公司的股权，并且发起改革，从而挖掘公司的潜在价值。投资此类表现较差的公司的另外一个优势是，当激进投资者提议改革时，更容易获得其他投资者、市场参与者的支持。

3.2.5 其他策略

除了以上提及的策略外，主动管理型投资者还有其他策略来帮助其获得能够战胜市场标准的收益。在本小节，主要展示两种这类策略。第一类是**基于统计套利策略**（statistical arbitrage），第二类是**事件驱动型策略**（event-driven strategies）。这两种策略都依赖于量化数据，并且这两种策略在实施时虽然可以结合基金经理的主观判断，但是通常这两种策略都是以系统

化、规则化的方式实施。

1. 基于统计套利和市场微观结构的策略

基于统计套利策略应用统计学分析和技术分析来发掘错误的定价。统计套利会用到大量的数据，如股票价格、股票分红、股票交易量等。统计套利用到的分析工具有：①传统的技术分析；②复杂的时间序列分析和计量模型；③机器学习技术。

实施该策略的投资者通常通过股票价格均值回归或者市场微观结构带来的机会获利。

配对交易（pairs trading）是最简单且流行的一种统计套利策略。配对交易利用统计学技术并且使用股票的历史数据，发掘两只高度相关的股票。当两只股票的价格关系偏离历史平均水平时，投资者预期这种偏离是短期行为，最终两者的关系将会回归历史平均。于是，投资者买入表现较差的股票，同时做空表现较好的股票。当两只股票的价格回归其历史平均时，投资者获利。因此，配对交易暗含的假设就是股票的表现能够均值回归。这种策略面临的最大风险就是当前偏离历史平均的现象并非是短期行为，而是由结构性变动带来的。当价格没有回归均值时，投资者面临较大的风险。因此，当投资者执行该投资策略时，往往会配以**止损退出规则**（stop-loss rules）。当损失超过一定数额，将会退出该策略。

实施配对策略最大的困难就是寻找到合适的"一对"股票。这一步通常通过量化策略构建模型来完成，或者利用基本面方法来判断两只股票的相关性。

在美国，许多市场微观结构的策略通过利用纽约交易所交易报价数据库，并且通过分析限制订单来寻找超短期内的错误定价机会。例如，买卖订单的失衡可能会造成短期内股票价格的上涨，通常这样的失衡状况只会持续几毫秒钟。只有具备高频交易能力的投资者才能把握住这种超短期内的投资机会。

2. 事件驱动型策略

事件驱动型策略通过发掘公司兼并重组，宣布利润、重组计划，进行股票回购，发放特别股息以及进行公司拆分等一系列事件导致公司的股票价格由于短暂的市场无效性而产生的错误定价。通过公司兼并重组活动进行套利的策略是最常见的事件驱动型策略。当公司使用现金以一个目标价格对目标公司股权进行收购时，通常在收购完成前，收购价格高于目标公司的市场价格。因此投资者可以购买目标公司的股票等待收购计划完成从而获得利润。

当公司利用自己的股票以一个确定的比率收购目标公司的股票时，投资者通过购买目标公司的股票，做空收购方的股票套利赚取差价。因此，通过公司兼并重组进行套利策略面临的第一个风险是收购交易失败的风险。收购交易失败时，目标公司的股价下跌，会对套利带来巨大亏损。当实施该策略时，另外一个需要考虑的因素是完成交易所要耗费的时间。时间长短会影响到投资者实施该策略的年化收益率。

3.3 构建基本面分析的主动投资策略

以下内容将会展示基本面投资者是如何规划其投资步骤的。

3.3.1　基本面投资者的主动投资步骤

主动投资的目的是相比既定的投资标准获得一个风险调整后、扣除交易管理等费用后的超额收益。在投资不同的步骤阶段都有可能为投资带来价值。例如，价值增加可能来自于专有数据的利用，或者来自于股票分析、估值的技能，或者来自于行业板块的筛选等。

大多数执行基本面投资者的投资步骤如下所示。

- ✓ 在满足 IPS 要求的情况下确定投资范围和市场机会。其中，可投资范围通常由事先确定的 IPS 确定。IPS 会限定投资的市场，投资的区域、国家等。
- ✓ 对可投资范围进行预筛选进一步缩小筛选范围，对筛选后的标的进行更深入的分析。投资者可以利用量化标准或者一些定性标准来对投资范围内的股票进行筛选。预筛选条件可能还包含特定的投资风格。例如，对于价值型投资者，其筛选条件可能会排除具有较高的市盈率（*P/E*）的股票。
- ✓ 筛选出来的标的，投资者会对其商业模式、行业通过以下方式进行深入分析：
  - 行业和相对优势分析。
  - 财务报表分析。
- ✓ 对公司未来表现（如现金流、利润）做出预测。
- ✓ 利用预测值对公司股票进行估值，并且寻找能够盈利的投资项目。
- ✓ 在满足 IPS 既定要求的情况下构建投资组合。在这一步中，投资者通过分析决定是否提高某些行业板块的风险敞口。
- ✓ 在满足既定买卖规则要求的情况下对组合进行调整。在调整时，IPS 既定的风险要求仍需要满足。

对于价值分析，每只股票都会有一个目标价格，该价格是投资者认为的合理的内在价值。一旦当股票价格达到其目标价格时，该股票就会从之前的低估重新划分为高估。此时，投资者就需要按照卖出规则减少该股票的头寸。此外，股票的目标价格也并非是一成不变的，由于市场情况的变动，其目标价格会被不断地更新。当目标价格被下调时，尤其是当下调后的目标价格低于当前的市场价格时，股票的状态立即变为被高估，此时投资者就需要按照既定的买卖规则减少股票投资，或者完全卖出该股票头寸。

3.3.2　在价值投资时易犯的错误

在进行价值投资时，易犯的错误包括行为偏差、价值型陷阱和增长型陷阱。

1. 行为偏差

在进行价值投资分析时，股票的筛选会以分析师的研究和分析为基础，因此存在较多的主观决策影响。而人为的决策会存在一定的行为偏差。在 CFA 三级的行为金融学中，会对此部分进行详细讲解。在那部分行为偏差的讲解中，我们把行为偏差进一步分为认知错误和情感偏差。认知错误是指由基本统计错误、信息处理错误或者错误的记忆等使得投资偏离传统金融中的理性决策。情感偏差是指由于态度情感的变化使得投资决策偏离传统金融中的理性决策。在基本面分析时，存在许多偏差。

✓ **证实性偏差**（confirmation bias）。证实性偏差属于认知错误。它是指投资者和分析师过于关注能够支撑自己投资决策的信息，而忽略那些相左的信息。证实性偏差带来的结果就是不够分散化的投资组合、过多的风险敞口以及购买表现较差的股票。投资者可以通过获取其他团队成员的意见、其他各种渠道的信息来减少证实性偏差。

✓ **控制错觉**（illusion of control）。控制错觉也属于认知错误中的一种。它是指投资者过度放大自己的能力，认为自己有能力控制。控制错觉会导致过度交易，或者会使投资者过度集中地投资于某些特定的股票。投资者应该设立合适的交易、组合分散化规则来避免该问题。寻找对立观点也可以帮助减少该问题。

✓ **可得性偏差**（availability bias）。可得性偏差也属于认知错误的一种。它是投资者在信息处理时存在的偏差。可得性偏差是指那些能够被记住的结果往往会被认为有更高的发生概率（发生概率大于那些不容易被记住的结果）。在投资中，可得性偏差可能会导致组合的分散化效果不够充分，或者投资者的可投资范围过小。这是因为投资者更多地关注那些他们熟悉的股票（由于熟悉信息的可得性）。通过设立合适的投资策略，建立严格的组合分析标准，并且关注于长期结果可以帮助减少由此偏差带来的过度关注短期的问题。

✓ **损失厌恶偏差**（loss aversion）。损失厌恶偏差属于情感性偏差的一种。由于损失厌恶，投资者更倾向于承认盈利而避免承认亏损。这是由于等量的亏损带来的负效用远远大于等量收益带来的正效用。损失厌恶会导致投资者的投资组合将过多的权重放在那些表现较差的股票上。这是因为投资者避免承认亏损，保留这些亏损的头寸以希望股票价格能够反弹弥补亏损，同时投资者更倾向于承认盈利而过早地卖出盈利的头寸。制定严格的交易规则能够帮助投资者避免陷入此类陷阱。

✓ **过度自信偏差**（overconfidence bias）。过度自信偏差也是一种情感性偏差。投资者对其推断、判断以及认知能力过度自信。由于过度自信，投资者会放大其知识、技能以及获得信息的能力。由于过度自信偏差，投资者可能会将投资盈利归结为其投资能力而非运气。正是由于过度自信偏差的存在，投资者会低估风险，同时高估投资收益。定期回看实际投资记录，并且向其他投资专业人士寻求专业意见，可以帮助投资者减少此类偏差。

✓ **后悔厌恶偏差**（regret aversion bias）。后悔厌恶偏差属于情绪偏差中的一种。正是由于后悔厌恶偏差的存在，投资者会避免做决策从而避免较差结果的发生，即投资者避免由于错误决策所带来的后悔。这类偏差实际上阻止了投资者去做决策。由于后悔厌恶偏差的存在，投资者可能会对某头寸持有过长的时期，同时失去一些能够盈利的投资机会。

审慎的组合检查程序能够帮助投资者减少后悔厌恶偏差带来的影响。正是由于这些程序的存在，投资者需要定期检查确定当前的组合头寸。

2. 价值型陷阱

价值型陷阱是指通过一些比率，如较低的市盈率（P/E）、较低的市净率（P/B）以及较低的市现率（P/CF）等数据，可以表面上判断股票属于价值型股票，但事实上该股票的数据

存在一定的迷惑性，投资者误以为其为被低估的价值型股票。然而，即便股票有较低的价值乘数，它仍有可能是被高估的，因为公司的未来前景比较糟糕。价值型投资者在投资之前应当做到充分的分析，如除了通过表面上的比率判断某只股票是否被低估，投资者仍需知道为什么这只股票呈现出这样的估值。通过这样的方式来避免陷入价值陷阱，从而投资于真正的价值型股票。

3. 增长型陷阱

同理，当公司预期有高于平均的未来增长率时，投资者容易得出结论：股票价格属于增长型，其有较大的上升预期。然而，当未来的预期公司无法实现时，公司的股票价格将会受到负面的影响。同时，股票在购买时，有可能存在这种情况：其购买价格已经是被高估的。在这种情况下，即便公司有高于平均的增长率预期，但是股票价格未能上涨至更高的价位。以上这两种情况就是增长型陷阱。

3.4 构建量化型的主动投资策略

3.4.1 构建量化投资策略的步骤

量化投资策略通常拥有一个清晰明确的投资步骤。投资者首先会广泛收集各类数据，在此过程中需要对缺失的数据、异常数据做出调整。然后，投资者需要构建量化模型对其假设做出验证。一旦通过验证，投资者利用其构建好的模型在控制整体风险的情况下，构建其组合。

1. 确定市场机会

与价值型投资一致，量化型投资认为市场存在不完全有效的情况。因此可以利用公开信息来预测股票未来收益，利用因子来构建其收益模型。

2. 获取数据与数据处理

对于量化投资者，其通常在数据收集环节花费最多的时间。此阶段需要构建数据库，对不同的信息来源做好信息映射，同时投资者还要了解信息的可获得性，对数据进行清理，然后将数据转化为可使用模式。在量化投资中，最常用到的数据如下。

- ✓ 公司映射（company mapping）。它是指将不同信息提供商所提供的公司信息以及不同时期的公司数据做好信息匹配。这是因为不断有公司因为破产、重组、收购等退出市场，也不断地有新的公司进入市场，新老数据更迭。同时公司的名称、标识和一些其他识别信息也会不断地改变；不同的信息供应商会对同一家公司使用不同的标识。因此，需要投资者对同一家公司的不同来源的信息做出匹配。
- ✓ 公司的基本面信息。具体包括公司结构、公司财务报表以及公司的市场信息。例如，公司的股价、股息分红、股票拆分、交易量等信息。对于量化投资者，公司的基本面信息通常由诸如 Bloomberg、Reuters 的信息供应商提供。
- ✓ 调查数据。例如，市场参与者对公司收入的预测数据。调查数据还包括宏观经济变量、市场情绪指数、资金流动等数据。

✓ 非常规数据（unconventional data）或者非结构性数据。此类数据包括卫星影像、企业事件、顾客 - 供应链指标等。

由于原始数据不一定会满足量化投资分析的要求，因此投资者需要检查数据的持续性，需要清理错误数据和异常数据，并且将原始数据转化为可用的数据。

3. 对策略进行回测

一旦找到了需要的数据，并且将数据转换成了可用模式之后，投资者就开始对策略进行回测。回测是对现实数据进行的投资模拟。投资者按照既定的规则进行回测，以此判断策略组合的表现如何以及检验其有效性。

✓ 信息系数（information coefficient）。由于假设了预期收益与因子敞口之间存在线性关系，在进行量化回测时，两者之间的相关系数可以用来衡量因子的表现。某一个因子的相关系数可以称为其信息系数。使用信息系数的优势是信息系数包括了可投资范围内所有股票的因子信息。

✓ 构建一个多因子模型。当投资者检验了单个因子的有效性后，他们需要决定选择哪些因子构建一个多因子模型。选择因子以及给各个因子配以权重是一个相对复杂的程序。均值方差组合模型（MVO）可以用来确定因子的权重。需要注意的是，当单独对因子进行分析时，也许因子是有效的，但是当将多个有效的单因子一起使用构建一个多因子模型型，因子之间可能存在相关性。

4. 评估策略

当完成了历史数据的回测之后，可以使用样本外数据进行检验，使用不同的数据对策略的有效性进行评估。需要注意的是，即便策略模型通过了样本外数据检验，其仍有可能在实际交易中表现较差。通常，投资者需要计算多个统计数据，如 t 检验数据、夏普比率、索提诺比率、VaR、条件 VaR、最大回撤特征等数据来对样本外检验的结果做出判断。

5. 利用量化投资策略构建组合时存在的问题

当利用量化策略构建组合时，需要考虑以下问题。

✓ 交易成本（transaction costs）。这里的交易成本有两种形式：第一种是显性成本（如交易佣金、费用，税费等）；第二种是隐性成本（如买卖价差，市场影响等）。当两只股票拥有相似的预期收益及风险时，首选交易成本较低的那一个。

✓ 风险模型（risk model）。风险模型估算股票收益的方差—协方差矩阵。投资者通常可从信息供应商处获得此类数据。

3.4.2 在使用量化投资模型时易出现的错误

在使用量化模型构建策略时，投资者需要注意出现以下各类错误。

1. 幸存者偏差、先窥偏差、数据挖掘偏差以及过度拟合的问题

在使用量化投资模型时，最常见的问题就是幸存者偏差（survivorship bias）。例如，在使用历史数据进行回测时，一般只会涉及当前仍然存在的股票数据，即仍然存活在市场上的公司，那些因为破产等原因退市的股票数据会被忽略。因此这种回测方法就会产生偏差，因为只包含了成功的股票。它暗含的假设是投资者投资的公司只会成功，不会失败。幸存者偏差一般

会导致投资者对投资结果过于乐观，甚至会导致投资者得出错误的结论。

第二个问题是先窥偏差（look-ahead bias）。投资者在真正做决策时，一些信息是无法获得的，或者是未知的。例如，投资在公司公布财务报表之前的财务报表数据，此类信息实际上是未知的。

数据挖掘偏差是指通过分析数据得到的某个关系，该关系的存在只是因为巧合等因素，而不具备实际意义。数据挖掘偏差还会引起模型的过度拟合问题。

2. 周转率、交易成本以及能否做空

回测检验通常会忽略交易成本、股票的周转速度，同时也会忽略能否做空的问题。然而，在实际中，投资者可能会面临周转率的限制，同时在一些市场上做空也会受到限制。由于这些问题的存在，实际交易可能不会获得模型所预测的预期收益。此外，在现实中交易并非是免费的，频繁的交易可能会吞噬利润。例如，利用短期反转信号做投资时，虽然通过回测检验该策略能够产生一定的利润，但是在实际中，考虑交易成本之后，收益会大幅下降。

3.5　股权投资风格的划分

股权投资会按照其投资股票的特性划分为不同的风格类别。同一类投资风格的股票收益，其相互之间存在相关性，而不同风格之间的收益相关性较弱。在主动投资管理中常见到的风格特性有价值型、增长型、混合型、规模大小、价格动量、波动率大小、收益型以及收入质量。股票所属的行业、板块、国家等属性也可以作为投资风格的划分。

投资风格的划分对于主动型投资者来说十分重要。这是因为，投资者可以比较相同风格之间不同组合、不同基金经理的收益，来确定其资产表现。与合适的风格指数比较基金经理的超额收益与头寸，可以帮助投资者更好地理解基金经理的策略及投资方法。例如，当某基金经理的头寸与市场大盘指数相比，可能存在积极主动的头寸管理，但是当选择了合适的风格指数进行对比之后，基金经理的管理策略实际是被动型管理策略。因此，确定投资的实际投资风格对投资者的投资决策至关重要。

3.5.1　风格划分的不同方法

按照属性划分，股票投资的风格有：价值型投资风格与增值型投资风格，大市值公司投资风格与小市值公司投资风格，高波动率风格与低波动率投资风格，高股票分红风格与低股票分红投资风格，发达国家市场投资与新兴市场投资。一些股票的收益呈现出多个风格。

明确基金经理的投资风格可以帮助寻找在投资管理过程中价值增加的来源。同时，明确基金经理的投资风格可以帮助评估基金经理的投资业绩，帮助确定其投资是否偏离既定投资风格。

有两种方式可以帮助确定基金经理的投资风格，一种是基于持仓的方法；另外一种是基于收益来源的方法。每一种方法都有其优缺点。

1. 基于持仓的方法

投资组合的风格受到组合中每只股票属性的影响。基于持仓确定投资风格的方式，就是从投资的个股风格自下而上判断整个组合的投资风格。但是由于不同投资者、不同信息提供商对个股的风格划分不一，如不同的人对价值型、增长型股票的定义不同，因此即便是同一个组合，不同的人会总结得到不同的投资风格。组合对某个特等风格的主动（超额）风险敞口就等于每个个股的风格属性的加权平均，其中权重为其超额权重比例。

- ✓ 高市值、中等市值以及小市场划分。规模大小的划分是由公司的市值大小所决定的。目前，并没有一个统一的标准来区分多大的市值规模可以归为大市值公司，多小的市值规模可以归为小市值公司。不同的投资者，不同的信息提供商的划分标准也是不同的。一般而言，大市值公司一般是比较成熟的公司，在市场中的"存在感"较强，有较好的信息披露制度，并且广泛地受到投资者与媒体的关注。一般来说，大市值公司相比小市值公司，其风险会更低，且提供的未来增长空间有限。而小市值公司一般为那些还不太成熟的公司，其具有较大的上升空间，但同时也有较大的失败风险，小市值公司受到分析师和公众的关注程度相比而言较低。中等市值公司按照其市值规模、员工数量、客户数量、收入规模等数据划分处于大市值公司与小市值公司之间。通常，中等市值公司相比小市值公司而言，发展更加成熟；同时相对于大市值公司而言，又有较高的未来增长空间。

- ✓ 衡量增长型、价值型以及核心特征的方法。在衡量组合的股票投资风格时，组合内的每只股票都会按其风格有一个风格分数。以增长型/价值型风格为例，每只股票会按其自身不同的价值因素、增长因素特征赋予一个价值分数。如组合内的所有股票按照其 P/B 进行由大至小的排序，处在上半部分的股票（高 P/B 的股票）就属于增长型股票；处在下半区域的股票（低 P/B 的股票）就属于价值型股票。每只股票按照其头寸大小赋予权重，因此可以计算出一个价值型分数。除了可以应用一个单一的因素（如上面例子中的 P/B）来划分，还可以引用更多的因素，如 P/E、P/S、P/CF、ROE、分红率等因素来判断投资的价值型分数。最终通过算出来的价值型分数就可以明确投资风格。例如，某股票的价值分数为 60%，这就代表着其市值的 60% 可以归为价值型指数，剩余的 40% 可以归为增长型指数。

2. 基于收益来源的方法

很多基金经理不会公开其全部持仓信息，因此基于持仓的分析方法就不能帮助我们分析出基金经理的投资风格。此时，可以利用风格指数以及基金经理的投资收益来判断其投资风格。基于收益的风格分析方法是使用统计回归的方法，判断出风格指数对收益的贡献程度，从而判断出相应的投资风格。例如，用基金经理的投资收益与风格指数收益进行有限制的多元回归：

$$r_t = \alpha + \sum_{s=1}^{m} \beta^s R_t^s + \varepsilon_t$$

式中　r_t——t 时期内的投资收益；

R_t^s——同时期内风格指数的收益；

β^s——组合对风格因子 S 的敞口；

α——基金经理管理带来的价值增加部分；

ε_t——无法被风格因子所解释的残差项。

3. 基金经理的自我描述

除了以上两种方法外，还可以从基金的 IPS、发行说明中找到基金的投资目标、风格。这类信息属于基金经理的自述信息。虽然以上两种方法得到了广泛的应用，但是并非所有的投资风格都可以用这两种方法判别，投资者依然需要参考基金经理的自述。例如，一些对冲基金的投资风格并非标准化的风格，在分析时可能需要同时借鉴两种方法的结论以及基金经理的自述信息加以判断。

3.5.2 投资风格分析的优缺点

通常来讲，基于持仓的分析方法要比基于收益的分析方法更加准确。这是因为前者在分析时用到的是投资者实际的持仓数据。与基于收益的分析方法不同的是，基于持仓的分析方法可以帮助展示任何一个组合的投资风格，因此这些信息可以帮助基金经理在做风格分配决策时提供信息输入。

基于持仓的分析方法要求能知晓组合的成分股票以及每只股票的风格属性。对于当前的组合，这些信息易于获得，但是对于历史数据，寻找这些数据存在一定的困难。因此，对于组合的成分以及各成分的风格属性需要及时进行记录，以备后用。

收益分析法会用到统计技术，由于数据的缺陷或者模型的设计缺陷，这种分析方法得到的结果可能不够精确。

由于基金经理在管理时可能会用到衍生品，而又由于衍生品的数据较难得到，此时基于持仓的分析方法可能就不够有效。发现两种方法各有优缺点，因此在分析组合的投资风格时，考虑到这类优缺点而选择合适的方法会使得结论更加准确。

4 主动投资：组合的构建

本节说明

主动权益组合构建的目的是将基金经理优异的市场预测能力反映在投资组合的业绩中。在理解投资组合的收益目标，了解投资者可以接受的风险水平之后，找到合适的股票组合，平衡预期收益率、风险和其他限制，这个过程就是主动权益组合构建的过程。在构建时，我们可以采用仅做多、多空头、多头延长和市场中性这几种投资策略。

知识点自查清单

- ❑ 主动权益组合构建的砌块
- ❑ 组合构建方法
- ❑ 执行过程：目标和限制
- ❑ 风险预算的分配
- ❑ 其他风险衡量的方法
- ❑ 构建组合的隐性成本
- ❑ 结构良好的投资组合
- ❑ 多空头、多头延长和市场中性投资组合的构建

4.1 主动权益组合构建的砌块

投资者在做主动管理时寻求的是在一定风险水平下超出基准回报的、除去所有成本的组合收益。**超额收益**（excess return），又称**主动收益**（active return），是由投资组合与基准的权重之差所决定的，用公式表达为

$$R_A = \sum_{i=1}^{n} \Delta w_i R_i$$

式中　　　　R_i——股票 i 的收益率；

$\Delta w_i = w_{Pi} - w_{Bi}$——组合中个股 i 的权重与基准中个股 i 的权重之差。

Δw_i 又被称为**主动权重**（active weight）。

通过公式可以得知，主动投资的基金经理在以下两种情况下可以获得主动收益：①对业绩好于基准的股票增加权重；②对业绩差于基准的股票降低权重。

4.1.1 组合构建的基础

理论上，一个基金经理可以通过以下方式获取主动投资收益。

- ✓ 主动权重：战略性地在基准权重上调整某些股票的主动权重，形成长期的获益风险（reward risk）。
- ✓ 技能：通过运用自己的技能或者专业知识来识别被错误定价的股票、行业或者获益风险，战术性地调整这些股票的主动权重，获得不能被长期获益风险解释的 alpha。
- ✓ 运气：由于运气，承担了**非系统性风险**（idiosyncratic risk）而获得回报。

在此之前，对于超出基准的收益我们都统称为 alpha。但是研究指出，我们之前所认为的 alpha 事实上是 alternative beta，也就是**获益风险**（reward risk）的敞口。获益风险，也被称为**价格因子**（priced factors）或**获益因子**（rewarded factors），在本章特指投资者期望通过长期回报溢价得到补充的投资风险，如市场风险和流动性风险。

无论基金经理是采用基本面分析或者自主选择策略，是量化投资或是系统性投资方式，是价值型还是成长型投资者，主动投资收益的 3 个来源是不会改变的。以下是主动投资收益的表达式，将 3 个来源体现在了公式中。

$$R_A = \sum (\beta_{pk} - \beta_{bk}) \times F_k + (\alpha + \varepsilon)$$

式中　β_{pk}——投资组合 p 对每个获益因子 k 的敏感程度；

　　　β_{bk}——基准对每个获益因子 k 的敏感程度；

　　　F_k——每个获益因子的收益；

$(\alpha + \varepsilon)$——不能被获益因子解释的收益。

$(\alpha + \varepsilon)$ 的波动率与基金经理对个股的投资规模息息相关。α 代表了基金经理的技能或者专业知识带来的主动投资收益，如个股选择、择时能力。ε 代表了因承担非系统性风险而带来的收益，是运气使然，例如某公司的年度财务报告超出市场预期水平。

4.1.2 组合构建中的砌块

在组合构建中共有 4 个重要组成部分：获益因子的权重（rewarded factor weightings）、alpha 技能（alpha skills）、头寸规模（position sizing）和专业知识的宽度（breadth of expertise）。这 4 个部分综合在一起，才是一个成功的投资组合构建过程（见图 8-2）。

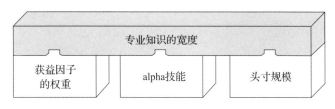

图 8-2　组合构建中的砌块

第一砌块：增加或减少获益因子的权重

主动投资的基金经理可以通过选择性地主动承担获益风险来为投资组合增值。在实务中，

有很多金融投资产品可以让投资者直接获取这些获益因子，如价值、规模、动量和质量。正因如此，一个主动投资成长型股票的基金经理，他的业绩不仅要优于被动型投资的成长股指数，还要优于基于规则选定的成长型量化产品的业绩。也就是说，量化投资形成的基于规则的指数才是基金经理真正的基准。

第二砌块：alpha 技能

理论上，获取 alpha 的方法有很多种，但事实上在一个零和游戏的环境中，获取正的 alpha 是很困难的。此外，就算主动投资的基金经理获得了 alpha，还需要支付主动管理过程中的各项费用。

总的来说，alpha 的来源有以下两个。

✓ 通过择时承担获益风险敞口。当市场处于上行期间，如果基金经理的组合 beta 大于 1，那么这个组合的业绩就会比市场更好，甚至比其他基金经理更好；反之，当市场处于下跌期间，如果基金经理的组合 beta 小于 1，那么这个组合的业绩也会比市场更好。

不仅是对于市场风险 beta，对于其他获益风险，如价值和规模，也是可以有同样的择时策略。但正如前文所说，择时是很困难的，到底是否能通过择时获取 alpha 在学术上并没有达成共识。

✓ 抓住短期机会承担非获益风险。非获益风险，如区域、行业、大宗商品价格，或者选股，也是可以通过择时来获取 alpha 的。例如石油价格，石油价格会波动，但它不是一个获益因子，因为没有证据证明，长期持有敏感度高于基准石油价格的投资组合能够获得长期的收益。但是如果基金经理准确预测到了未来一年内石油价格将会显著下跌，他就会减少手中能源股的头寸，避免短期价格变化带来的损失。

第三砌块：头寸规模

头寸规模对主动权重、alpha 技能和非系统性风险都会产生一定的影响，但主要影响的是非系统性风险。总的来说，基金经理对头寸规模的选择主要取决于他的投资方法以及他对自己工作的信心。

如果基金经理对自己的分析很有信心，就会集中投资某几只股票，从而承担较高的非系统性风险，这与公式中的（$\alpha + \varepsilon$）一致。主动投资收益的公式表达，那就是在一个集中投资的组合中，主动投资收益的波动率 σ_{R_A} 主要受 σ_ε 的影响。如果基金经理关注于投资获益因子，他就没有较高的非系统性风险，因此构建的投资组合就是分散化程度比较高的。

整合砌块：专业知识的宽度

除了以上 3 个主动投资收益的来源，还有一个增加基金经理持续获得主动投资收益的重要因素，那就是基金经理专业知识的宽度。这部分内容在 CFA 二级的投资组合中已有所介绍，这里采用的是主动管理的基本法则，其计算公式为

$$E(R_A) = IC \sqrt{BR} \, \sigma_{R_A} TC$$

式中　IC——基金经理的信息系数，信息系数越高，说基金经理的预测越准确；

　　　BR——宽度，代表基金经理在一年内进行独立预测的次数；

　　　σ_{R_A}——基金经理的主动投资风险；

　　　TC——转换系数，代表基金经理能否将自身的想法转换为实际的能力。

如果 $TC=1$，说明基金在构建组合时没有限制，基金经理的预测可以被完全实现，基金组合的构建能完全体现出基金经理的预测和想法。

4.2 组合构建的方法

组合构建既是艺术又是科学。它要求基金经理理解投资组合构建的技术原理，同时融合了上文讨论的 4 个重要组成部分：获益因子、择时、头寸规模以及知识宽度。大多数投资方法可以被分为两种：第一，系统性策略或自主选择策略。这种分类方式探讨了一个投资组合的构建过程中符合预定规则的程度，或者符合基金经理个人观点的程度。第二，自下而上或自上而下。这种分类方式探讨了一个投资组合的构建过程中个股独有因子或者宏观因子的占比程度。

4.2.1 实施过程：组合构建方法的选择

基金经理在实施构建组合的过程中应该使用哪种方法，下面我们通过列表的方式分别对比系统性策略与自主选择策略和自下而上法与自上而下法这两种投资分类方法。

系统性策略与自主选择策略的对比见表 8-3。

表 8-3 系统性策略与自主选择策略的对比

系统性策略	自主选择策略
通过平衡已知的获益因子来追求回报溢价	通过深度研究公司的治理、经营模型和竞争力来判断未来表现，或者通过成功的择时能力来寻求主动投资的回报
基于研究型规则，研究的股票数量极多	基于基金经理的判断，通常只研究少数股票
基金经理通常使用分散化的投资组合，减少非系统性风险	根据对某些公司的特性和竞争力的判断，基金经理集中投资某些个股
更接近于常规的投资组合最优化的过程，例如：最大化信息比率、夏普比例，或者最小化波动率、下行风险等	构建具有吸引力、服从一定风险约束的投资组合，构建的过程非正式

自下而上法与自上而下法的对比见表 8-4。

表 8-4 自下而上法与自上而下法的对比

自上而下法	自下而上法
掌握整体的地缘政治、经济、金融、社会和公共政策环境，理解外部环境将如何影响国家、资产大类、行业以及个股	首先评估个股的风险和收益，这些风险和收益的预期体现了基金经理对整体经济和市场环境的预期
收益主要受宏观因子影响	收益主要受个股特有因子影响
择时在投资过程中很重要。基金经理会相机偏离投资组合，以赚取获益因子和非获益因子的收益，这些因子可以是国家、行业、投资风格	基金经理关注于价值、规模、动量和质量这样的风格

不同方法的总结见表 8-5。

表 8-5　不同方法的总结

系统性策略	自上而下法		自主选择策略
	<ul><li>强调宏观因子</li><li>择时</li><li>分散化</li></ul>	<ul><li>强调宏观因子</li><li>择时</li><li>是否分散化取决于战略和风格</li></ul>	
	<ul><li>强调个股特有因子</li><li>没有择时</li><li>分散化</li></ul>	<ul><li>强调个股特有的性质和因子</li><li>潜在的择时</li><li>是否分散化取决于战略和风格</li></ul>	
	自下而上法		

4.2.2　主动比重与主动风险

基金经理可以通过绝对风险或者相对风险来表述他们可以容忍的风险水平。其中，相对风险（relative risk）以基金经理选取的投资基准来衡量。如果基金经理希望拥有优于基准的业绩，那么他的主动权重就不能为零。衡量基金经理是否成功的基准相对风险指标有两个：**主动比重**（active share）和**主动风险**（active risk）。

1. 主动比重

主动比重的计算比主动风险简单，我们只需要知道在组合中每只股票的权重以及在基准中每个股票的权重就可以求出，其计算公式为

$$主动比重 = \frac{1}{2} \sum_{i=1}^{n} \left| 权重_{组合,i} - 权重_{基准,i} \right|$$

式中　n——在投资组合或者在基准中的股票总数。

主动比重衡量的是基金经理的投资组合与基准在股票数量和规模上的不同程度。在计算上没有涉及复杂的统计分析和估值，而是简单的数学运算。如果一个投资组合计算得出的主动比重为 0.2，那么我们可以说这个投资组合中有 20% 的股票头寸与基准不同，有 80% 与基准完全一样。

主动比重的来源一共只有两个：一是投资组合中包含了基准中没有的股票；二是投资组合中包含了基准中的股票，但是与基准的权重不同。

因此，一个只包含了少数个股的投资组合比一个高度分散化的投资组合有更大的主动比重。

2. 主动风险

与主动比重一样，主动风险也取决于投资组合与基准中的个股权重之差。收益的方差—协方差矩阵在计算主动风险时非常重要，但正因为如此，主动风险的计算就较为复杂。其计算公式为

$$\sigma_{R_A} = \sqrt{\sigma^2 \left(\sum (\beta_{pk} - \beta_{bk}) \times F_k \right) + \sigma_e^2}$$

这个公式可以理解为：投资组合的主动风险 σ_{R_A} 是由因子的方差 $\sigma^2 \left(\sum (\beta_{pk} - \beta_{bk}) \times F_k \right)$ 和非系统性风险的方差 σ_e^2 共同决定的。

3. 主动比重与主动风险

虽然主动风险越高的投资组合通常有更高的主动比重，但也有一些特例。例如：同时减持一个医药股、增持另一个医药股，会增加主动比重，但因为同属一个行业，风险因子几乎完全相同，所以主动风险几乎不变；但是如果同时减持一个医药股、增持一个石油股，那么主动比重和主动风险会同时增加。

此外，主动风险受资产之间相关性程度的影响，但主动比重不受影响。一个基金经理可以完全控制住主动比重，但他无法完全控制主动风险，因为主动风险取决于股票之间的相关性和股票的方差，这是基金经理没有办法控制的。

Sapra 和 Hunjan（2013）找到了主动风险、主动比重和风险因子之间的关系。假设一个没有限制的投资者，在单因素模型的前提下，可以得到以下结论：

- ✓ 不管非系统风险大小如何，承担的风险因子敞口越高，那么主动风险就越大。
- ✓ 如果风险因子被完全中和，也就是说，风险因子被完全对冲掉，那么主动风险就完全取决于主动比重。
- ✓ 如果股票数量很大，非系统风险很小，那么由于主动比重导致的主动风险就会减小。
- ✓ 如果风险因子增加，非系统性风险增大，那么主动风险就会增大。

这些结论非常直观，因为投资组合与基准的相关性越低，主动风险就会越大。

我们如何使用主动比重和主动风险这两个衡量指标来区分投资组合管理的方法和管理风格呢？根据 Sapra 和 Hunjan（2013）的研究，我们根据这两个维度把基金经理分为：①风险因子中性、风险因子分散化、风险因子集中化；②分散化（股票集中度低，非系统性风险低）、集中化（股票集中度高，非系统性风险高）。

图 8-3 展示的就是在主动比重和主动风险两个维度下的投资风格特征。

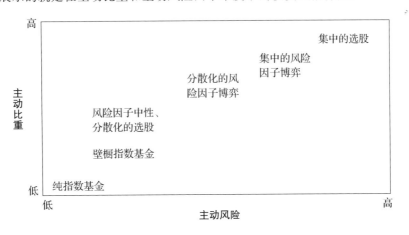

图 8-3 在主动比重和主动风险两个维度下的投资风格特征

术语解释

壁橱指数基金（closet indexer）：对外宣传自身是一种主动管理型基金。但是，从实际的投资股票范围和权重来看，该类基金指数股票大盘指数十分接近，实质上应为消极被动管理型基金。也就是说，只有"打开壁橱柜门"，才会发现它其实是指数型基金。

主动比重和主动风险可以衡量基金经理相对于基准的主动管理程度，但几乎没有研究是关于"不同的资产管理风险如何有效地将主动风险或者主动比重转化为主动收益"。实务中，很多投资者会使用主动比重来衡量他们支付的主动管理费用。例如，A 基金的主动比重为 0.1（壁橱指数基金），B 基金的主动比重为 0.7，如果两个基金收取相同的管理费，那么显然 A 基金的管理费就更贵。

☝ 【例题】

根据下表，下面哪项结论正确？

	基金经理 X	基金经理 Y
主动比重	0.82	0.79
主动风险	3.5%	7.2%
所持股票数量	75	78

A. 与基金经理 Y 相比，基金经理 X 的投资组合的个股权重与基准的相似程度更高

B. 与基金经理 X 相比，基金经理 Y 主动承担了更多的行业风险而不是个股风险

C. 基金经理 Y 的收益率将高于基金经理 X 的收益率

答案：B

解答：基金经理 X 和 Y 的主动比重和所持股票数量都非常接近。基金经理 Y 的主动风险明显高于基金经理 X。从主动比重来说，0.82 > 0.79，主动比重越小的投资组合与基准的个股比重越相似，因此 A 说反了。

对于个股，在一个股票上增持 1%，或是在另一个股票上减持 1%，不论这两只股票是否在同一行业，对于主动比重的影响是完全一样的。由于 X 和 Y 的主动比重接近，而主动风险 3.5% 明显小于 7.2%，因此 X 与 Y 的主动投资策略完全不同，Y 承担了更多的行业风险，所以 B 正确。

通过主动风险、主动比重，不能确定哪位基金经理的收益更高，所以 C 不正确。

☝ 【例题】

3 位以标普 500 指数为基准的基金经理，投资中有以下限制：

限制 \ 基金经理	1	2	3
目标主动风险	12.3%	1.5%	5.1%
最大行业偏离	0%	2.4%	11.9%
个股最大风险贡献度	5.5%	1.2%	1.2%

1. 哪位基金经理最有可能构建的是壁橱指数基金？

A. 基金经理 1

B. 基金经理 2

C. 基金经理 3

答案：B

解答：基金经理 2 有最小的目标主动风险，同时行业偏离也比较低，说明他几乎没有主动投资。

2. 哪位基金经理最有可能集中选股？

A. 基金经理 1

B. 基金经理 2

C. 基金经理 3

答案：A

解答：12.3% 的目标主动风险代表基金经理 1 有承担业绩偏离市场的意愿。5.5% 的个股最大风险贡献度说明他愿意集中投资于某些股票。他不允许在投资组合中有行业偏离，因此基金经理 1 更重视选择个股，因此是一个集中选股的基金经理。

3. 哪位基金经理最有可能是分散化的多风险因子投资者？

A. 基金经理 1

B. 基金经理 2

C. 基金经理 3

答案：C

解答：基金经理 3 的个股最大风险贡献度为 1.2%，说明他的投资组合分散化效果非常好，但是他的主动风险比较高，行业偏离度也是最大的，因此他是一个多风险因子的投资者。

4.3 执行过程：目标函数和限制

构建投资组合归根到底就是解决最优化的问题，而最优化通常有一个目标函数和一系列的限制条件。目标函数用来定义投资者的投资目标，限制条件限定了实现这个目标所能采取的行动范围。基金经理要在限制允许的范围内尽可能地帮助投资者达到理想的投资结果。

通常来说，基金经理的目标函数是最大化调整风险后的收益率。如果风险是以主动风险来衡量的，那么目标函数就是**最大化信息比率**（information ratio）。如果风险是由组合的波动率来衡量的，那么目标函数就是**最大化夏普比率**（Sharpe ratio）。在理想情况下，这些目标函数计算的都应该是净收益，也就是扣除了组合投资执行过程中的所有成本。

在组合最优化的问题中，典型的限制条件包括地理、行业和个股，有些投资还会限制交易成本。例如，设定组合中的个股最小市值，或是为整个投资组合设定一个最大的平均市盈率。这些限制可以是与基准相比，也可能是一个绝对数值。表 8-6 对比了两个维度下的目标函数与限制。

表8-6 两个维度下的目标函数与限制

限制 \ 目标函数	绝对维度 最大化夏普比率	相对维度 最大化信息比率
个股权重	$w_i \leqslant 5\%$	$\lvert w_{ip} - w_{ib} \rvert \leqslant 7\%$
行业权重	$W_i \leqslant 25\%$	$\lvert W_{ip} - W_{ib} \rvert \leqslant 15\%$
投资组合波动率	$\sigma_p < 0.8\sigma_b$	—
主动风险	—	$TE \leqslant 4\%$

然而，不是所有的目标函数都会明确风险或者收益率。例如，下面这个公式，是量化投资者用来寻找最大化获益风险因子的目标函数：

$$\text{Max}\left(\sum_{i=1}^{N} \frac{1}{3}\,规模_i + \frac{1}{3}\,价值_i + \frac{1}{3}\,动因_i \right)$$

如果有明确的预期收益率和风险，基金经理就可以写出诸如最大化夏普比率或者信息比率的目标函数。但是一些基金经理，例如采用自主选择策略的基金经理，他们没有明确的风险和收益率预测，而是只有一些模糊的收益—风险目标，比如声称是"最大化美国小盘股的成长型风险敞口的基金经理"，这样的基金经理为了确定投资组合中的股票权重，可以参考一些经验法则：

✓ 根据股票性质打分。例如，市盈率为20的股票权重占比是市盈率为10的股票权重的两倍。

✓ 根据股票性质做排序，根据排序确定权重。例如，对4个小盘股的市值进行排序，市值最小的股票占比为40% = 4/(1 + 2 + 3 + 4)，市值最大的股票占比为10% = 1/(1 + 2 + 3 + 4)。

✓ 根据股票性质做排序，选择优先的 x% 股票，然后用上面两种方法之一配比权重。例如某指数有800只股票，按照市值排序，选排在前20%的股票，然后根据打分配比权重。

4.4 风险预算的分配

所谓风险预算就是将愿意承担的总风险分配到各个投资组合中的过程。一个有效的风险管理过程需要做到以下几个步骤：

✓ 如何最优地衡量某种策略的风险。每种策略的风险特征是不一样的，所以需要选择合适的方法进行衡量。

✓ 明确每种策略对总风险的影响。

✓ 明确适合的风险预算头寸。

✓ 对总风险进行有效的分配。

4.4.1 绝对风险的衡量与相对风险的衡量

用绝对风险衡量还是相对风险衡量取决于投资风险与投资者的目标。如果投资收益的目标是超过大盘，则更适合相对风险的衡量；如果投资目标是总收益达到多少，则更适合绝对风险的衡量。计算组合的方差就是一种绝对风险的衡量方法，而计算主动风险则是一种相对风险的衡量方法。

基金经理获得超额收益的方法也影响了风险的衡量。如果基金经理只要可以将风险控制在门槛值以下，他就能脱离参考标准任意构建组合，那么这个组合适合用绝对风险的衡量方法。

如果基金经理只能以参考标准的风险特征为基准，不能偏离其太远来构建组合，那么就适合用相对风险的衡量方法。

基金经理需要依照自己的能力选择承担相应的风险，其他风险就应该尽量做分散化。比如行业轮动型的投资风格就应该专注于行业相关的风险。因此风险预算分配的第一步就应该是了解组合风险的驱动因素。

1. 绝对风险的来源

通过之前的知识我们知道，在组合里用一个新的资产替换旧的资产，如果新资产与组合的协方差大于旧资产，那么组合的总风险将上升；反之，组合的总风险将下降。

如果在组合里新增一个资产，它与组合的协方差大于组合中现有的绝大多数资产，那么组合的总风险也会上升；反之，组合的总风险将下降。

现在我们希望具体研究某一项资产对组合总风险的贡献有多少。

🖐 【例题】

假设有如下情景：

	权重（X）	标准差（σ）	相关系数（ρ）		
			资产1	资产2	资产3
资产1	30%	25%	1	0.5	0.2
资产2	60%	15%	0.5	1	0.1
资产3	10%	5%	0.2	0.1	1
组合	100%				

第一步，计算两两资产之间的协方差。

根据 $\text{Cov}(i, j) = \rho(i, j)\sigma_i\sigma_j$ 可得：

	协方差		
	资产1	资产2	资产3
资产1	0.062 5	0.018 75	0.002 5
资产2	0.018 75	0.022 5	0.000 75
资产3	0.002 5	0.000 75	0.002 5

第二步，计算组合的总风险 V_P，根据 $V_P = \sum_{i=1}^{n}\sum_{j=1}^{n}x_ix_j\text{Cov}_{ij}$ 可得：$V_P = 0.020\ 74$

即组合的标准差 $= \sqrt{0.020\ 74} = 0.144\ 0$

第三步，计算单个资产对组合总风险的贡献

$$CV_i = \sum_{j=1}^{n}x_ix_j\text{Cov}_{ij} = x_i\text{Cov}_{ip}$$

所以资产1对组合总风险的贡献为

$$CV_1 = x_1x_1\text{Cov}_{1,1} + x_1x_2\text{Cov}_{1,2} + x_1x_3\text{Cov}_{1,3} = x_1(x_1\text{Cov}_{1,1} + x_2\text{Cov}_{1,2} + x_3\text{Cov}_{1,3})$$

$$= 0.3 \times (0.3 \times 0.062\ 5 + 0.6 \times 0.018\ 75 + 0.1 \times 0.002\ 5) = 0.009\ 075$$

其中 $(0.3 \times 0.062\,5 + 0.6 \times 0.018\,75 + 0.1 \times 0.002\,5 = 0.030\,25)$ 为资产 1 与组合的协

方差，根据 $\rho_{i,p} = \dfrac{\mathrm{Cov}_{i,p}}{\sigma_i \sigma_p} = \dfrac{0.030\,25}{0.25 \times 0.144} = 0.84$ 可知，资产 1 与组合的相关系数为 0.84。

对于 CV 这个公式，我们可以简单地理解为单项资产 i 对组合总风险的贡献，即总风险中所有与 i 有关的项加总得到。

第四步，资产 1 在组合总风险中的占比 $= 0.009075/0.02074 = 43.76\%$

从中我们可以看出，虽然资产 1 只占组合权重的 30%，但它与组合收益高度相关（相关系数为 0.84），所以资产 1 对组合总风险的贡献度为 43.76%。同理可求出资产 2 与资产 3 的相关数据。

有时基金经理还希望知道组合的风险是由哪些因素所导致的以及风险中不能被解释的部分占比有多少。比如有的基金经理擅长价值投资，他们就希望最小化组合中不能由该风险因素解释的风险，专注于自己擅长的领域。

我们可以将组合的总风险分成两个部分：一部分为可以由变量解释的（前半部分）；另一部分为不能被解释的（后半部分）。用公式可以表示为

$$V_P = \mathrm{Var}\left(\sum_{i=1}^{K} (\beta_{ip} \times F_i) \right) + \mathrm{Var}(\varepsilon_p)$$

式中　β_{ip}——投资组合 p 对每个解释因子（i）的敏感程度；

　　　F_i——每个解释因子的收益；

　　　ε_p——特殊收益；

$\mathrm{Var}(\varepsilon_p)$——组合总风险中不可以被变量解释的风险部分。

假设某大盘指数的总风险可以由 4 个变量解释，它们分别为市场因素、规模因素、价值因素和动力因素，经过回归，它们对总风险的贡献值分别为 100.5%，-2.0%，0.1% 和 0.6%。那么总的可被解释的风险为 99.2%，不可被这些变量解释的风险为 0.8%。

2. 相对风险的来源

衡量相对风险的其中一种方法为计算超额收益的方差：

$$AV_P = \sum_{i=1}^{n} \sum_{j=1}^{n} (x_i - b_i)(x_j - b_j) RC_{ij}$$

式中　x_i——资产 i 的权重；

　　　b_i——资产 i 参考基准的权重；

　　　x_j——资产 j 的权重；

　　　b_j——资产 j 参考基准的权重；

　　　RC_{ij}——资产 i 与资产 j 相对收益的协方差。

单个资产对组合超额收益的方差贡献为

$$CVA_i = (x_i - b_i) RC_{ip}$$

式中　RC_{ip}——资产 i 与组合相对收益的协方差。

需要注意的是，相对风险的衡量与绝对风险的衡量不同，在绝对风险的衡量中，如果在组

合中加入一个风险更小的资产可以降低整体的风险；而在相对风险的衡量中，加入一个本身风险很小的资产可能会增加主动风险。这个取决于参考基准的组合建构情况。

如果参考基准由两个股票指数构建，各占 50%。组合 A 的头寸与参考基准一样，两个股票指数各占 50%，而组合 B 的头寸为两个股票指数各占 45%，现金占 10%。哪一个组合的主动风险更高呢？

虽然现金本身的风险很小，将其加入组合之中可以降低组合整体的风险，但这个风险是绝对风险。如果我们考虑的是相对风险，就不能考虑现金的绝对风险大小，而应该考虑它的相对风险大小，即主动风险。因为现金与股票的相关性很低，那么现金的收益与股票的收益偏离较大，所以现金的主动风险就很高。加入现金反而会增加组合的主动风险。

同样地，除了可以通过上面的公式计算出某项资产对组合主动风险的贡献额，我们也可以通过方程的形式得出主动风险由哪些因素导致，有多少是不能由这些因素所解释的。因为主动风险是由于构建的组合与市场不同所导致的，所以，市场因素对主动风险的贡献较少；规模因素与价值因素对主动风险的贡献较大，其具体占比取决于投资的风格。

至此我们讲了两种风险衡量的方法，在上面的例子中资产都是以证券为例的，但实际上这个资产可以理解得更为宏观，它可以是某个行业、某个国家甚至是代表某一种风险因素的一类资产。

4.4.2 确定风险水平

不同的投资风格，它们的目标风险水平是不一样的。比如市场中性的对冲策略，它的风险目标一般为 10% 的绝对风险，而脱离参考基准的单边做多策略的风险目标一般为 6% ~ 10% 的主动风险。

风险水平的确定非常主观且受很多因素的影响，如投资风格、投资能力、风险偏好等。另外，风险水平也受到诸多因素的限制，并非可以设定到任意水平。这些限制包括：

- ✓ 实现的限制。信息比率（information ratio）通常被用来衡量承担主动风险的有效性，即承担 1 单位的主动风险可以获得多少超额收益。如果投资者想提高主动风险的同时保持信息比率不变，他需要提高主动投资的比例来增加超额收益，比如增加杠杆。但如果市场不允许做空，或者交易资产流动性很差，那么在增加主动风险的同时超额收益是无法同比例增加的，此时信息比率会下降。
- ✓ 分散化的限制。风险越高，收益越高，但两者并不是成比例增加的。当风险越高时，预期收益上升的速度会减慢，此时分散化的效果减弱，夏普比率会下降。
- ✓ 杠杆的限制。加大杠杆会增加风险，但并不一定会增加收益率，最终还会导致收益率下降。假设资产的预期连续收益率（几何收益率）为 R_g，资产的预期期间收益率（算术平均收益率）为 R_a，资产的波动率为 σ。它们三者的关系可以近似地表达为

$$R_g = R_a - \frac{\sigma^2}{2}$$

从这个公式中我们也能看出，由于风险的增加，连续收益率是加速下降的。

假设 $R_a = 8\%$，$\sigma = 15\%$，可得 $R_g = 8\% - \dfrac{15\%^2}{2} = 6.875\%$

如果使用杠杆，倍数为 2，则 $R_g = 2 \times 8\% - \dfrac{(2 \times 15\%)^2}{2} = 11.5\%$

如果杠杆倍数为 3，则 $R_g = 3 \times 8\% - \dfrac{(3 \times 15\%)^2}{2} = 13.875\%$

如果杠杆倍数为 4，则 $R_g = 14\%$

如果杠杆倍数为 5，则 $R_g = 11.875\%$

由此可以看出，杠杆越高，其收益率上升的速度越慢，最终会导致预期收益的下降。如果考虑到借款费用，收益率下降得会更多，并且夏普比率下降的速度会更快。

4.4.3 风险预算的分配

此前我们已经学习了绝对风险和相对风险如何衡量，而且也学习了如何计算某个资产对总风险的贡献度。

投资风格和投资策略都会影响到风险预算的分配。比如擅长行业轮动的基金经理，他的组合总风险应该大部分来源于行业因素。通过分析基金经理的风险来源可以判断他是否有效地分配了风险预算，如果主要的风险来源与投资风险和策略不匹配，说明风险的分配有问题。

比如基金经理 A 擅长通过分散化，平衡大盘股与中盘股获得收益，而基金经理 C 擅长利用时间错位对行业进行轮动获得收益，同时他也擅长管理现金资产。表 8-7 列出了两位基金经理的风险来源，从中可以判断他们的风险分配是否符合他们的投资风格。

表 8-7　两位基金经理的风险来源

	基金经理 A	基金经理 B
投资风格	多因素分散化	行业轮动
证券数量	756	25
前 5 名证券的占比	3.9%	26.1%
现金及债券占比	0.2%	22.1%
绝对风险	10.68%	11.23%
主动风险	3.8%	4.6%
行业偏离的程度	3.7%	5.8%
风险来源：市场	99%	68%
风险来源：行业	-2.5%	12%
风险来源：风格	3%	10%
未被解释的风险	0.5%	10%

从表 8-5 中可以看出，两者的主动风险均超过 3%，说明都没有紧密地追踪大盘。基金经理 A 的证券数量远超过基金经理 B，也反映出他们投资风格的不同。

基金经理 B 给了前 5 名证券较大的权重，且现金及债券的占比也较高，这应该会造成主动风险较高，但比较意外的是基金经理 B 的主动风险只比基金经理 A 高一点（4.6% - 3.8%）。

基金经理 B 给了现金及债券 22.1% 的权重也侧面验证了他擅长现金类管理的风格，也同时解释了绝对风险水平不太高的原因。

虽然两者的主动风险相差不大，但它们的来源却大相径庭。基金经理 A 是多因素分散化的风格，所以风险主要来源于市场（99%），而基金经理 B 是行业轮动的风格，其风险主要来源于行业和风格。偏离参考基准的行业程度（5.8%）也能侧面反映基金经理 B 的投资风格。

4.5 其他风险衡量的方法

风险衡量可以分为两类：一类是正规的，它可以通过统计的方法得到；另一类是启发式的，它通常是根据经验法则得到的。

4.5.1 启发式的风险衡量方法

启发式的风险衡量方法一般但不限于用在以下的场景中：
- 限制过于集中的风险敞口。
- 限制货币的净风险敞口。
- 限制杠杆率。
- 限制非流动性的水平。
- 限制交易成本等。

启发式主要用于自下而上的风险管理方法，即从组合本身出发。比如，规定某项资产占比不能超过 5%，持有某项资产的头寸不能超过该资产日交易量的 3 倍等。

4.5.2 正规的风险衡量方法

正式的风险衡量方法包括波动率、主动风险、偏度、回撤率、VaR、CVaR、IVaR、MVaR 等。这些方法会在风险管理学科重点学习，在此不再赘述，我们只列举它们的概念解释。
- 波动率是组合收益的标准差。
- 主动风险是超额收益的标准差，有时也称为**追踪风险**（tracking error/risk）。
- 偏度衡量了收益偏离正态分布的程度。
- 回撤率是指组合收益的最高值回落到最低点的幅度。
- VaR 是一段时间内，某个概率下（比如 5%）的最小损失。
- 现金流风险（cash flow at risk，CFAR）衡量了公司现金流的风险。与 VaR 的不同之处在于，它衡量的是现金流损失，即它表示一段时间内，在给定概率下的最小现金流的亏损。
- 增量 VaR（incremental VaR，IVaR）反映增量的概念，即当投资组合中加入一个新资产后会额外给组合增加多少风险。它等于加入新资产后组合的 VaR 值与加入新资产前组合的 VaR 值之差。
- 边际 VaR（marginal VaR，MVaR）反映了头寸规模的小幅改变对 VaR 的影响。在一个完全分散化的组合中，MVaR 可以衡量单个资产对组合 VaR 的贡献。

需要用哪一种风险衡量方法取决于投资的风格。比如强调绝对收益的基金经理就不太会考虑主动风险，他们通常使用最大回撤来衡量风险。另外，如果组合中的证券数量有限，就不适合使用正规的风险衡量方法。因为这些方法都基于统计学的原理，且大多数依赖正态分布的假设。如果证券数量有限，就很难满足这个假设。

正式的风险衡量方法主要应用于投资组合的优化过程中，或者作为反馈机制来决定投资者的风险承受水平是否符合当前的情况。

无论是启发式还是正规的风险衡量方法都可以分为绝对的或是相对的。它们最大的不同在于，正规的衡量方法需要基金经理依照历史数据来预测风险。比如，预测绝对风险不超过10%。如果预测风险与实际的风险偏离很大，则说明组合的表现与预期有很大的不同，在金融危机时表现得尤其明显。

风险预测错误所导致的结果可能很严重，特别是在危机时用了杠杆。比如举杠杆买了高评级的 MBS。正常情况下高评级的 MBS 价格比较稳定，但在金融危机时，由于市场和流动性的影响，造成价格的大幅下降。又因为举了杠杆，未预期到的风险造成的损失更多，此时无法等到价格回升，不得不低价处理掉资产换取现金。

4.6　构建组合的隐性成本

投资的净收益受到很多成本的影响。这些成本可以分为显性成本和隐性成本，显性成本，如有佣金、税费等，隐性成本有延迟成本和市场冲击成本等，它是我们这部分的主要内容。

基金经理需要在执行策略的时候平衡显性成本和隐性成本。交易证券可以带来好处，也会带来成本，因此也需要仔细平衡其利弊。

4.6.1　市场冲击成本

所谓市场冲击成本，即投资者大量买入或者卖出证券带来的证券价格的变化，这个变化会导致投资收益下降。

市场冲击成本与证券的流动性、资产管理规模还有换手率有关。另外，不同的交易策略也或多或少地决定了投资者所面临的市场冲击成本的大小。比如，有的策略需要立即执行，这样的策略天然的市场冲击成本就较高；有的策略可以耐心地等待合适的时机，那么它的市场冲击成本自然就比较低。

通过对罗素 2000 指数里所包含的公司进行数据分析，我们可以观测到两个结论：

✓ 如果将公司按市值的大小从高到低排列，市值是偏态分布的。也就是说，随着排名的降低，市值会急速下降。

✓ 市值较小的公司日交易量也较小，且交易量占它们市值的比例较高。这样的股票市场冲击成本较高。所以，通常会限制该类股票在组合中的占比。

证券交易量的绝对大小会影响投资组合中该证券的头寸，特别是资产规模较大的投资组合。

回忆一下，在启发式的风险衡量方法中，为了限制非流动性风险或者交易成本，可能会规定股票的头寸不得超过它日交易量的 10% 或者头寸不得超过资产管理规模的 2%。假设某基金也有类似的规定。如果这只基金的资产管理规模非常大，那么按照后者的条款，它可以持有的股票头寸也相应较大。但如果这只股票的日交易量非常小，按照前者的条款，无论该基金的资

产管理规模有多大，它能持有的股票头寸就被限制在 10% × 日交易量的水平上（两者取其低）。如果该基金经理的策略需要持有较多的该股票，那么这个策略就无法被实施。因此，日交易量在很大程度上影响了基金经理的投资机会。

特别是对于那些专注于投资小盘股的基金，它们的头寸大小受市值与交易量的限制更大。小盘股的指数市值本身就很小，更别提单个股票的市值。我们之前提到过通过对罗素 2000 数据的观察，市值小的公司，它的股票交易量也很小，所以小盘股的日交易量也普遍偏低。在这种情况下，符合基金限制性条件的股票较少，且头寸金额也不会太大。这样一来，基金的头寸就集中在市值比较大、流动性比较好的股票中，就会有头寸过于集中的风险。

另外，面对不同的状况需要不同的交易策略来保证其可行性。比如，高换手率的策略可能适合大量投资于小盘股的小规模基金，但是一旦基金规模上升到一定程度，该策略可能就很难顺利地执行。

4.6.2 延迟成本

延迟成本（delay/slippage cost）等于执行价格与交易首次进入的买卖中间价之差。它包含了**市场冲击成本和趋势成本**（volatility/trend costs），其中趋势成本是指在上升市场中买入与在下降市场中卖出的成本。

这种方法只适用于衡量单个交易的成本。如果是一个较大的交易分多个交易日完成的，那么在计算下一个交易的市场冲击成本时，无法考虑到前一个交易对后续价格的影响。为了减少交易对市场价格的影响，很多大订单会被拆小进行执行。

交易量越大，特别是对于流动性较差的资产来说，市场冲击越大，越影响交易成本。这也是为什么小盘股的交易成本往往大于大盘股。另外根据研究结果显示，非流动性往往呈现周期性的特点，在衰退期初的时候，非流动性会增强，在衰退快结束的时候，非流动性会减弱。

如果基金的资产管理规模较高，为了减少交易成本，更适合投资于大盘股。如果基金需要投资于小盘股，为了减少市场冲击成本，要么限制资产管理的规模，要么构建一个分散化更好的组合，或限制换手率或者更换投资策略。

根据实证研究可以得到以下 4 个结论：①延迟成本往往比佣金更重要；②小盘股的延迟成本大于大盘股；③新兴市场的延迟成本不一定更高；④延迟成本并不稳定，特别是当市场波动性很高的时候。

延迟成本可以通过实施不同的策略进行管理。有的交易策略只适合资产规模比较小的基金，如果资产规模变大，该策略也许无法执行，此时延迟成本就是策略无法执行的机会成本。

👆 **【例题】**

某基金的资产管理规模为 2 亿元，对组合的头寸有如下限制：

- 任何一只股票的占比不能超过该股票日交易量的 10%
- 任何一只股票的占比不能超过资产管理规模的 2.5%
- 任何一只股票的占比不能超过该股票所占指数比例的 10 倍

現有一只股票，其市值为 25 亿元，在指数中的占比为 0.15%，日交易量为市值的 1%。

要求：计算基金中该股票的最大头寸是多少？

解答：

该股票的日交易量 = 1% × 25 = 25 000 000（元）

第一点限制：10% × 25 000 000 = 2 500 000（元）

第二点限制：2.5% × 200 000 000 = 5 000 000（元）

第三点限制：200 000 000 × 10 × 0.15% = 3 000 000（元）

最大头寸应该是三者取其低，即 2 500 000 元。

4.7　结构良好的投资组合

一个结构良好的投资组合（the well-constructed portfolio）会依照投资者的风险和收益预期进行构建，且未能被解释（unexplained/idiosyncratic）的风险占总风险的比例较小。它包括以下几个方面：

- ✓ 清晰的投资理念以及一致的投资过程。
- ✓ 风险特征符合客户预期。每个客户的预期可能不同，只要符合他们的要求即可。
- ✓ 风险的有效性。风险的有效性应该站在投资者总的投资组合的层面上来判断。
- ✓ 在既定策略的情况下最小化成本。

如果两个组合，它们所面临的风险敞口类似，交易成本也类似，那么绝对风险与相对风险较小的则更优。如果它们的绝对风险与相对风险类似，交易成本也类似，基金经理获得超额收益的能力也类似，那么主动投资比率（active share）更高的组合更优，因为可以放大获得超额收益的能力，从而获得更高的期望收益率。

4.8　多空头、多头延长和市场中性投资组合的构建

多头是指投资者对股市看好，通过分析研究主动买入被低估的股票，待股票上涨或回归至其合理价值水平时再卖出，以获取超额收益的策略。空头指的是投资者认为当前股价已上涨到了最高点，很快便会跌落，主动卖出被高估的股票，待其下跌或跌至合理水平时再买入并从中赚取差价的策略。

多空头（long/short）、**多头延长**（long extension）和**市场中性**（market-neutral）这 3 种方法都有同样的目的，就是不仅要获取业绩好的股票的收益，同时在业绩差的股票上也要获取回报。"多空头"这个术语可以包括多头延长和市场中性，因为这个策略可以同时运用正面和负面的预测。

4.8.1 仅做多策略的优点

仅做多策略（long-only investing）是纯粹的多头策略，即不能卖空，只能在上涨行情中获利，获得的是多头方的 alpha。该策略符合大多数投资所面临的投资政策和监管限制。投资者到底是选择仅做多策略还是多空头策略，主要有以下考虑因素。

1. 长期风险溢价

对于长期投资者，选择仅做多的策略主要是认为，从长期来看，承担了某些风险因子可以带来正的风险溢价；对于短期投资者，长期的风险溢价带来的收益可能无法抵消市场下行带来的风险，这样的投资者就不会严格采取仅做多的策略。

2. 容量与规模

仅做多的投资策略主要关注大盘股，并且投资规模大于其他投资方法。做多的投资策略受限于可以看空的股票的规模。

- ✓ 有限法律责任与风险偏好。普通股是一种有限责任的金融工具。对于做多股票的一方，由于股票价格最低就是零，因此投资者所能损失的最大金额就是他购买这个股票的金额。而对于做空股票的一方，投资者的损失是没有上限的，只要股票价格上升，做空方就会面临损失，因此纯做空是风险很大的。正因如此，在实务中，投资者在做空的同时也会做多。

- ✓ 规章限制。一些国家禁止做空，另有一些国家对做空设有限制或者曾短期禁止做空交易。

- ✓ 交易复杂性。相对来说，做多投资操作简单且易于理解。做空交易比较复杂，投资者首先需要找到市场上可以出借的股票份额，有些股票的借出成本很高，然后投资者还需提供抵押品以确保当股票价格上涨仍可以赎回这些股票。

- ✓ 管理成本。从管理费和运营角度来看，做多投资更省钱。多空头的基金产品收费通常是做多基金的好几倍。

- ✓ 个人想法。投资者出于个人想法更偏向于做多投资。有些投资者认为，做空是从投资失败者手上获得收益，在道德上是有问题的。还有些投资者认为，做空需要很强的专业能力，这样的专业能力很难得，也很难持久。

4.8.2 多空头组合构建

投资者热衷于多空头策略的原因如下。

- ✓ 空方市场的参与者较少，因此空头方市场的定价更无效，更容易找到定价不合理的股票从而获得 alpha。

- ✓ 空方市场的分析师覆盖少，基金经理可以充分发挥他们的专业技能。

- ✓ 用卖出被高估的股票的资金买入被低估的股票，不仅成本低还可以获得两个 alpha。

在仅做多的投资组合中，每个资产的权重都必须大于或者等于零，所有资产的权重之和等于 1；在多空头组合中，资产的权重可以为负，权重之和也不要求为 1。

多头方的绝对值减去空头方的绝对值被称为投资组合的**净敞口**（net exposure）。多头方的

绝对值与空头方的绝对值之和被称为投资组合的**总敞口**（gross exposure）。例如，许多权益类对冲基金的决策是总敞口（多头 + 空头）在 150% ~ 200% 之间，净敞口（多头 - 空头）在 0% ~ 60% 之间。净敞口大于零，意味着投资组合有一些市场风险因子的敞口。

4.8.3　多头延长组合构建

多头延长策略是仅做多策略和多空头策略的结合，通常又被称为**强化主动权益策略**（enhanced active equity）。

在全球金融危机之前，有一种被称为"130/30"的强化主动权益策略很受欢迎。这个策略的多方是以 1.3 倍的资金量投入的，即 130% 投资于多方市场，同时又以 30% 的资金量投资于空方市场。多空双方头寸之和正好是 100% 的资金，而投资的总敞口达到了 160%（ = 130% + 30%）。

多头延长有两个优点：第一，较为充分地利用了负面信息，即卖空具有负面信息的股票；第二，卖空股票所得又可以被用来买入被低估的股票，更充分地利用了正面信息，从而明显加强组合的整体收益。

4.8.4　市场中性组合构建

市场中性组合是多空头策略的一个特殊形式。很多同学会简单地认为这种策略是指投资于多方市场的金额等于投资于空方市场的金额，然而这样的净投资为零的投资组合通常被称为**美元中性**（dollar neutral）。美元中性与市场中性不是一个概念，因为多方收益的经济动因与空方收益的经济动因不一定相同，所以多空方的投资金额并非完全相同。

真正的市场中性策略对冲掉的是市场风险，也就是将多方的系统性风险与空方的系统性风险匹配起来并消除。例如，以 beta 来衡量系统性风险，那么市场中性的组合将使用多空头寸，使得组合的 beta 等于零。换句话说，在多方投资 beta 为 1 的 100 万美元资金，假设空方的 beta 为 2，那么空方需要投资的资金为 50 万美元。除了系统性风险、其他风险因子，如规模、价值和动量都可用来构建市场中性的投资策略。

市场中性策略有两个缺点：第一，实务中很难维持 beta 等于零。不是所有风险都可以被有效地对冲掉，同时资产之间的相关性并非一成不变。第二，在牛市中市场中性策略的上行空间有限。因此，一些投资者采用指数加多空头策略，既可以获得系统性风险敞口，又可以叠加一份多空头策略的收益。

4.8.5　多空头策略的优缺点

多空头投资是回报影响、风险来源和成本之间的权衡，它的优缺点可以用表8-8 概括。

表8-8　多空头策略的优缺点

优点	缺点
空头头寸可以降低市场风险； 做空增加了风险溢价和 alpha 带来的收益； 多空头寸结合使得分散化效果更佳	空头头寸可能会降低市场回报溢价； 做空可能会放大主动风险； 做空相对做多有更高的执行成本、更复杂的操作，同时增加了杠杆

CFA协会投资系列
CFA协会机构投资系列

　　机械工业出版社华章公司历时三年，陆续推出了《CFA协会投资系列》（共9本）《CFA协会机构投资系列》（共4本）两套丛书。这两套丛书互为补充，为读者提供了完整而权威的CFA知识体系（Candidate Body of Knowledge，简称CBOK），内容涵盖定量分析方法、宏微观经济学、财务报表分析方法、公司金融、估值与投资理论和方法、固定收益证券及其管理、投资组合管理、风险管理、投资组合绩效测评、财富管理等，同时覆盖CFA考试三个级别的内容，按照知识领域进行全面系统的介绍，是所有准备参加CFA考试的考生，所有金融专业院校师生的必读书。

序号	丛书名	中文书号	中文书名	原作者	译者	定价
1	CFA协会投资系列	978-7-111-45367-3	公司金融：实用方法	Michelle R. Clayman, Martin S. Fridson, George H. Troughton	汤震宇 等	99
2	CFA协会投资系列	978-7-111-38805-0	股权资产估值（原书第2版）	Jeffrey K.Pinto, Elaine Henry, Jerald E. Pinto, Thomas R. Robinson, John D. Stowe, Abby Cohen	刘醒云 等	99
3	CFA协会投资系列	978-7-111-38802-9	定量投资分析（原书第2版）	Jerald E. Pinto, Richard A. DeFusco, Dennis W. McLeavey, David E. Runkle	劳兰珺 等	99
4	CFA协会投资系列	978-7-111-38719-0	投资组合管理：动态过程（原书第3版）	John L. Maginn, Donald L. Tuttle, Dennis W. McLeavey, Jerald E. Pinto	李翔 等	149
5	CFA协会投资系列	978-7-111-50852-6	固定收益证券分析（原书第2版）	Frank J. Fabozzi	汤震宇 等	99
6	CFA协会投资系列	978-7-111-46112-8	国际财务报表分析	Thomas R. Robinson, Elaine Henry, Wendy L. Pirie, Michael A. Broihahn	汤震宇 等	149
7	CFA协会投资系列	978-7-111-50407-8	投资决策经济学：微观、宏观与国际经济学	Christopher D. Piros	韩复龄 等	99
8	CFA协会投资系列	978-7-111-46447-1	投资学：投资组合理论和证券分析	Michael G. McMillan	王晋忠 等	99
9	CFA协会投资系列	978-7-111-47542-2	新财富管理：理财顾问客户资产管理指南	Roger C. Gibson	翟立宏 等	99
10	CFA协会机构投资系列	978-7-111-43668-3	投资绩效测评：评估和结果呈报	Todd Jankowski, Watts S. Humphrey, James W. Over	潘席龙 等	99
11	CFA协会机构投资系列	978-7-111-55694-7	风险管理：变化的金融世界的基础	Austan Goolsbee, Steven Levitt, Chad Syverson	郑磊 等	149
12	CFA协会机构投资系列	978-7-111-47928-4	估值技术：现金流贴现、收益质量、增加值衡量和实物期权	David T. Larrabee	王晋忠 等	99
13	CFA协会机构投资系列	978-7-111-49954-1	私人财富管理：财富管理实践	Stephen M. Horan	翟立宏 等	99

CFA协会金融前沿译丛

本套丛书为机械工业出版社华章公司与北京CFA协会携手合作，翻译、出版的一系列金融投资领域的前沿著作，甄选全球金融领域最新鲜、实用的金融知识和经验，务求贴合广大金融从业人员的实践需要。

书名	作者	ISBN	价格
华尔街证券分析	Jeffrey C. Hooke	9787111552048	79.00元
债券投资策略	Anthony Crescenzi	9787111524434	69.00元
REITs:人员、流程和管理	David Parker	9787111513544	59.00元
并购指南：如何发现好公司	Jeffrey C. Hooke	9787111520481	59.00元
证券化与结构化融资：全流程最佳实践指南	Markus Krebsz	9787111547679	99.00元
现金流建模边学边练	Keith A. Allman	9787111521211	49.00元
债券组合投资	Vineer Bhansali	9787111530152	59.00元
投资组合绩效测评实用方法	Carl R. Bacon	9787111487623	59.00元
多资产配置：投资实践进阶	Pranay Gupta	9787111565956	69.00元
并购套利：全球并购投资策略（原书第2版）	Thomas Kirchner	9787111581239	80.00元
波动率微笑：宽客大师教你建模	Emanuel Derman	2017即将出版	60.00元(暂定)

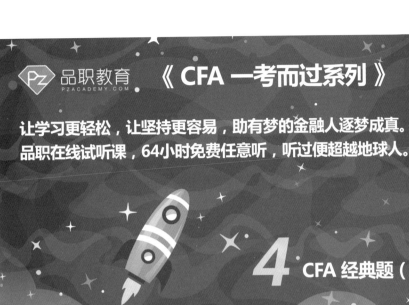

《CFA 一考而过系列》

让学习更轻松，让坚持更容易，助有梦的金融人逐梦成真。
品职在线试听课，64小时免费任意听，听过便超越地球人。

扫码下载App

4 CFA 经典题（待出版）

3 CFA FlashCard（待出版）

2 CFA 框架图

1 CFA 中文精讲

品职教育·CFA一考而过系列

CFA三级
中文精讲

何旋 李斯克 编著

机械工业出版社
China Machine Press

图书在版编目（CIP）数据

CFA三级中文精讲 / 何旋，李斯克编著 . —北京：机械工业出版社，2019.1
（品职教育·CFA一考而过系列）

ISBN 978-7-111-61565-1

I. C… Ⅱ. ①何… ②李… Ⅲ. 金融 – 分析 – 资格考试 – 自学参考资料 Ⅳ. F83

中国版本图书馆 CIP 数据核字（2018）第 277103 号

　　本书从考生的角度出发，集作者多年 CFA 培训经验于一体，力邀国内外众多金融投资专业人士精心打造，体现了当今国内 CFA 考试中文解析的高水准。本书完全参照 CFA 协会官方指定用书编写，囊括全部核心内容和重点内容，契合中国考生的实际情况，有利于考生快速阅读、备考。本书具有专业性、前沿性、全面性、实用性和效率性等特点，适合作为考生备考 CFA 三级的参考书。

CFA 三级中文精讲③

出版发行：机械工业出版社（北京市西城区百万庄大街 22 号　邮政编码：100037）
责任编辑：宋　燕　　　　　　　　　　　　　责任校对：李秋荣
印　　刷：中国电影出版社印刷厂　　　　　　版　　次：2019 年 1 月第 1 版第 1 次印刷
开　　本：185mm×260mm　1/16　　　　　　印　　张：14.5
书　　号：ISBN 978-7-111-61565-1　　　　　定　　价：300.00 元（全三册）

凡购本书，如有缺页、倒页、脱页，由本社发行部调换
客服热线：（010）88375261　88361066　　　　投稿热线：（010）88379007
购书热线：（010）68326294　88379649　68995259　　读者信箱：hzjg@hzbook.com

第 9 章

另类投资的组合管理

学科介绍

另类投资（alternative investments）又称为其他类投资。与传统的投资产品（如股票、债券）相比，另类投资的风险和收益特征有较大的差异，比如流动性差、收益比较难衡量等。同时，另类投资与传统类产品的相关性较低，所以可以提供较好的分散化作用，因此现在越来越多的机构投资者和高净值客户都会在传统的投资组合中增加另类投资。对于基金经理来说，了解另类投资的特征也是增加自己知识储备、提高竞争力的一种方式。

1　另类投资的组合管理

本章说明

如今，越来越多的养老金、捐赠基金、个人基金还有高净值客户在原来传统的投资资产中加入了另类投资。这样做的目的在于投资者试图寻求风险分散化的好处或者主动投资的机会。如果基金经理懂得一些另类投资的产品特征，就会比那些不懂的人更具有优势。

本章包括 6 种另类投资产品：房地产、私募股权、大宗商品、对冲基金、管理型期货基金和困境证券。这 6 种产品都有其各自独特的收益和风险特征，所以本章的重点是学会区分每种另类投资的特征和这些产品对整体组合的影响。

知识点自查清单

- ❏ 另类投资概述
- ❏ 房地产 ★
- ❏ 私募股权 ★★
- ❏ 大宗商品 ★★
- ❏ 对冲基金 ★★★
- ❏ 管理型期货基金 ★
- ❏ 困境证券 ★

李老师说

另类投资在 CFA 三级考试中的占比比较小，大家主要掌握每种类别的概念即可。

1.1　另类投资概述

1.1.1　另类投资的特点 ★

另类投资的风险和收益特征与传统类投资（股票、债券）相比有非常大的差别，甚至不同类型的另类投资都有自己的特性，但它们之间也有一些共性。

- ✓ 流动性差。因为没有活跃的交易市场，另类投资普遍存在流动性较差的问题。但也正是因为流动性差，所以会有流动性溢价补偿投资者的流动性风险，另类投资的收益普遍较传统投资更高。

- 与传统投资相比，另类投资具有分散化效果。另类投资产品与传统的投资产品（如股票、债券等）之间的相关性低，可以提供很好的分散化效果。
- 由于另类投资的结构、策略非常复杂，非常依赖于投资经验和投资技能，加之信息缺乏透明性，所以另类投资所需的尽职调查的成本很高。
- 衡量投资业绩尤为困难，因为找到或者建立一个有效的参照标准（benchmark）非常复杂。
- 另类投资市场的信息有效性很弱，所以有机会获得超额收益。

1.1.2 另类投资的分类

另类投资照传统/现代的维度来分类，可以分为以下两类：①传统投资，包括股票和债券；②传统另类投资，包括私募股权、大宗商品和房地产。

私募股权主要投资非上市公司的股权，常见的大宗商品包括农产品、金属和石油，而房地产主要针对土地和房屋的所有权，我们可以看出这些传统的另类投资往往跟实体经济相关联。近年来，越来越流行的现代另类投资则离不开电子化系统和金融工具的发展，它们更依赖于投资工具和投资策略。

从某种程度上来讲，有的投资种类可以归属于不同的类别下。比如困境公司证券，如果是非上市公司的破产债券，它可以归为私募股权；如果是基于事件驱动的策略（在后文中会学习到），则它可以归为对冲基金；或者困境公司证券自己本身就可以归为一种类型。

此外，还可以根据该项投资在组合中的作用，将另类投资分为以下 3 种类型。

- 提供不同于股票、债券的风险敞口。比如房地产和大宗商品（多头头寸），它们都是实物形态，与股票和债券的风险特征不同。
- 提供专业化投资策略，通常需要由外部的专业基金经理操作。比如，对冲基金和管理型期货基金，它们的收益在很大程度上取决于基金经理的技能水平。
- 结合以上两种特征的投资类型。比如，私募基金和困境公司证券。

1.1.3 另类投资尽职调查中需要注意的问题

另类投资的参与者主要是机构投资者与高净值客户，在尽职调查的过程中，有一些共性问题需要两类投资者都关注，还有一些则主要针对高净值客户。

1. 尽职调查中的共性问题

- 市场机会（market opportunity）：机会是什么，为什么有这个机会？我们需要识别市场中的无效性，并研究产生无效性的原因。比如，是因为监管结构导致的还是行为偏差导致的。我们还需要弄清楚基金经理获得超额收益的原因，这个原因是否能在未来持续性地带来超额收益，否则只看历史业绩是没有任何意义的。
- 投资过程（investment process）：哪个基金经理是最好的？他的优势在哪里？需要详尽地分析相似的基金经理中不同基金经理的投资策略和优势。
- 组织架构（organization）：组织架构是否健全并且是否稳定？公司部门的设置是不是全面合理？人员的薪酬安排是怎样的，是否公允？员工的流动性如何？

- ✓ 人员（people）：我们信任他们吗？在尽职调查的过程中，需要与负责人当面谈话，了解他们的性格、经验、天赋、品格。在做背景调查的时候，需要与他们之前或者现在的老板、同事、商业伙伴还有客户进行交谈，也需要在网上搜寻相关信息。
- ✓ 条款和结构（terms and structure）：条款是否公允？结构的设置是否符合投资机会？应该在项目中投资多少钱？管理者和投资者的利益是否关联？每个项目的细节都要根据市场情况、资产类别和策略进行特别的安排。
- ✓ 服务的提供者（service providers）：需要调查在投资过程中的第三方，如律师、审计师和主要经纪商等。
- ✓ 文件（documents）：需要阅读招股说明书或者增发募集说明。如果对文件的内容不太清楚，可以聘请律师协助。
- ✓ 记下来（write-up）：在最终进行一项投资决定前，我们需要将所有的投资讨论形成书面资料，以便于在投资过程中沟通、记录。

2. 个人客户所特有的需要注意的问题

相较于机构投资者，个人投资者拥有的市场信息量很少，没有很多专业的投资经验，所以在投资另类产品时，还有一些特别要考虑的问题。

- ✓ 税收（taxes）：税收对于个人投资者来说是一个普遍的问题。很多另类投资都是以有限合伙制的方式运行的，它的税费问题与股票、债券类的投资是有区别的。
- ✓ 适合性（suitability）：不像是养老金、基金会这些具有长期投资期限的机构投资者，个人投资者的投资期限和流动性需求是随时发生变化的。当这些变化发生时应该如何处理，也是投资顾问在为个人进行投资规划时需要考虑的问题。
- ✓ 交流（communication with client）：个人投资者通常是非专业的投资者，他们的金融知识比较匮乏，投资顾问很难向他们解释清楚一些复杂的投资问题。
- ✓ 决策风险（decision risk）★：在损失最大的时候改变投资策略的风险。因为个人投资者对亏损特别敏感，很可能在投资还没有实现收益的时候（处于亏损的时候）决定卖出，那么就实现了亏损，而无法享受未来的收益。很多另类投资的风险特征都比较复杂，基于这种天然的风险属性，决策风险也会随之提高。决策风险在以下情形中比较高：
  - 小幅的正收益经常发生，亏损不常发生，但是一旦发生，亏损的金额就比较大，即负偏态分布（negatively skewed returns）。
  - 发生极端收益的概率比一般情况高，即高峰度（high kurtosis）。
- ✓ 集中性（concentrated equity position of the client）：有些情况下容易造成投资者资产的集中化，比如拥有一家公司的股权或者拥有大量的房地产等，所以投资顾问需要考虑这些产品的期限和流动性是否适合投资者。

如何在传统的投资方式中加入另类投资呢？其中一个方法叫作核心—卫星法（core-satellite）。

传统的核心—卫星法将有竞争力的资产放在核心的位置，如国债、高市值的股票等。因为超额收益比较难获得，所以"核心"一般采用被动投资或者风险可控的主动投资；而

"卫星"的主要职责就是获得超额收益和降低风险（选择与核心相关性低的投资）。正是由于另类投资的特征非常符合"卫星"的要求，现在越来越多的组合选择将它放在"卫星"的位置。

下面我们就依次介绍 6 种另类投资的产品。

1.2 房地产★

房地产（real estate）投资是最早的另类投资之一，在机构投资者和个人投资者的投资组合中都起到了非常重要的作用。这一节的内容着重讨论了以股权方式投资的房地产（equity investment in real estate），即用自用资金投资，以债的形式的投资（MBS 等）不在讨论范围之内。

1.2.1 房地产投资的分类

房地产的投资可以分为直接投资和间接投资。直接投资包括投资实物房地产，如住宅、商业地产或者农业土地等。间接投资通常是投资以房地产为标的的证券产品，主要有以下几种投资产品。

- ✓ 上市的房地产开发、房地产管理公司的股票。比如投资上市的万科股票。
- ✓ 房地产信托投资基金（real estate investment trusts，REIT）。它是公开出售的基金份额，该基金由专门的投资机构进行房地产投资、经营和管理。权益型 REIT 直接投资房地产（办公楼、公寓、商场等）并对其进行管理，投资者获得租金收入和变卖时的资产升值。抵押型 REIT 则是把募集的资金用于发放抵押贷款，以获得贷款利息的收入。REIT 使得中小投资者也可以以较少的资金获得由专业物业管理人管理的分散的房地产行业投资，具有很好的流动性。
- ✓ 混合地产基金（commingled real estate funds，CREF）。它是非公开交易的，投资于房地产的基金池，主要适用于机构投资者和高净值个人客户，它比 REIT 的灵活性更高。混合地产基金可以是开放式的，即新的投资者在首次发行后可以随时进入的；也可以是封闭式的，即基金规模是固定的，新投资者无法进入。封闭式往往杠杆率更高，并且要求更高的收益率。
- ✓ 独立管理账户（separately managed accounts）。它类似于 CREF，适用于高净值客户。
- ✓ 基础设施基金（infrastructure investments）。基础设施的投资主要通过社会资本来实现。这些公司投资设计建设和运营一项基础设施，建成之后，政府租用这些基础设施为公用事业提供服务，并向社会资本每年支付相应的租金。

1.2.2 房地产投资的特征及其优缺点

其他的另类投资，比如对冲基金，它本身其实是投资策略的体现，而房地产本身就是一项资产，它可以为投资者带来一些好处。另外，房地产特别是商业地产，可以产生持续的租金收入，这也可以增加房地产投资收益的稳定性。

房地产的投资特性影响着房地产的收益。实物形态的房地产市场往往缺乏流动性，需要投资的资金规模和交易成本也相对较高。另外，房地产之间都是不同质的（heterogeneity），比如对于一个商场内的商铺，不同的地理位置、面积、楼层的商铺的价值是不同的。房地产还有不可移动性（immobility），即房地产的位置是固定的，此外，房地产市场的信息透明性较低，卖方掌握的信息通常多于买方。

正是因为如此，在这个市场中，谁能以较低的成本掌握更多有效的信息，谁就可以抓住市场机会获得较高的收益。

另外，不同的经济因素也影响了房地产市场，如利率。它可以通过直接或间接的方式来影响房地产的供需，如商业融资成本、就业水平、储蓄习惯、房贷的供需双方。市场中缺乏可靠的、高频率的交易数据也影响了房地产的估值。

从全球范围来看，房地产的收益与国民生产总值的变化呈正比；从长期来看，人口增长对房地产的收益也有正面的影响。但是对于房地产投资是否能抗通货膨胀这个问题，不同的研究得出了不同的结论。

最后，房地产的价值会受特定变量（idiosyncratic variables）的影响，如地理位置，所以房地产投资的完全分散化可以依靠全球性的投资来完成。

李老师说

总的来说，房地产投资是可以抗通货膨胀的（inflation-hedging），因为当通货膨胀上升的时候，租金是可以随之上涨的；但是在合约期内，租金一般是维持不变的。因此，在合约期内，租金类似于债券，现金流是固定的，没有抗通货膨胀的作用；但当合约到期重新签订的时候，是可以随着通货膨胀的上涨而上涨的。

下面我们就来总结一下房地产直接投资的优点及缺点。

1. 优点

房地产直接投资的优点包括：

✓ 抵押贷款利息、财产税或者房地产投资的其他相关费用可以用来抵税，有税费抵减（tax deductible）的功能。

✓ 相对于其他证券投资，抵押贷款可以允许房地产投资者运用更高的杠杆。

✓ 房地产直接投资有投资物的控制权，可以直接做出扩张或者装修的决定。而间接投资就无法对投资项目直接进行决策。

✓ 通过分散化投资不同区域的房地产可以达到减少各地巨灾影响的风险，比如龙卷风。

2. 缺点

房地产直接投资的缺点包括：

✓ 房地产不能拆分为小的投资份额，而所需的投资额又比较大，所以，通常来讲，房地产直接投资在投资组合中的占比较高，导致风险较为集中。

✓ 因为每一个房地产都是独一无二的，所以获取信息的成本较高。

✓ 与普通的股票等证券交易相比，房地产经纪人收取的佣金也较高。

✓ 房地产直接投资有持续性的经营和维护成本，如管理费、租赁、维修等。另外，房地产
　投资需要实际的管理经验，而证券投资者则不需要。

✓ 房地产的投资者面临周围环境恶化的风险，而这个风险不受投资者的控制，如生活环境
　的恶化。

✓ 个人投资者房地产税收减免的政策会面临政策变化的风险。

1.2.3　房地产投资业绩的参照标准和历史表现

房地产的指数可以分为两类：一类是针对直接投资（direct investment）的，如 NCREIF 指
数（national Council of Real Estate Investment Fiduciaries）；另一类是针对间接投资（indirect
investment）的，如 NAREIT 指数（National Association of Real Estate Investment Trusts）。

1. NCREIF 指数

NCREIF 指数用于直接投资，它是以价值作为权重（value-weighted index）、每季度发布一
次的指数，指数中的样本是根据地理位置和地产类型（公寓、工业、写字楼和零售）选择出
来的。因为房地产市场的买卖活动并不频繁，所以流动性很低、成交价不多，NCREIF 指数的
价值在很大程度上取决于对房地产的估值，而房地产的估值通常来讲也很不频繁（一般一年一
次），所以基于估计的房地产价值（appraisal-based property value，也称为 smoothed value）表现
出很强的滞后性。它会低估市场的波动性，是一个不可投资的指数。

另有一种方法是不需要平滑数据的（unsmooth），它称为基于交易的指数（transaction-
based index）。这种方法是利用计量经济学中回归的方式来解决市场缺乏交易数据的问
题的。

2. NAREIT 指数

NAREIT 指数用于间接投资，它是按照市值作为权重（market-cap-weighted index），指数中
包括了所有公开交易的 REIT。因为交易相对活跃，所以这个指数是每个月发布一次。

表 9-1 显示了 1996～2015 年房地产的直接投资和间接投资的历史业绩。

表 9-1　1996～2015 年房地产的直接投资和间接投资的历史业绩

	房地产间接投资指数	房地产直接投资平滑指数	房地产直接投资非平滑指数	标普 500	美国综合债券指数	私募股权投资
年化总收益率	10.3%	9.9%	8.3%	8.5%	5.4%	8.2%
年化标准差	20.1%	4.6%	16.3%	16.9%	3.5%	35.1%
平均收益波动率	0.51	2.14	0.51	0.50	1.55	0.23
与 S&P 500 指数的相关性	0.59	0.21	0.38	1	—	—
与债券指数的相关性	0.03	−0.09	−0.08	—	1	—

我们可以看出，在 1996～2015 年，这段时间内无论是房地产的直接投资还是间接投资，
它们风险调整后的收益（用 $\frac{平均收益}{波动率}$ 衡量，即 mean return-to-volatility ratio）都好于股票和私募

的业绩。其中直接投资和间接投资的差异比较大，REIT 的收益相对较高（10.3%），但同时波动性也较大（20.1%）；而平滑后的直接投资的收益相对较低（9.9%），波动性也较低（4.6%）。同时我们可以看到，直接投资非平滑的波动性（16.3%）几乎是平滑后的波动性的 4 倍，而且其收益率也从 9.9% 降至 8.3%。

1.2.4 房地产投资在组合中的作用

房地产投资在组合中主要起到了分散化的作用，该作用可以从两个方面来看：一方面是房地产投资与其他资产之间的分散化作用；另一方面，不同类型房地产之间的投资也具有分散化的作用。

首先我们来看第一个方面。房地产投资与其他资产之间的相关性不高，而且从历史表现来看，房地产收益受短期经济环境的影响较小，所以它的波动性小于其他资产。特别是对于产生期间收益（租金）的商业地产，它们可以提供更稳定的现金流，因此房地产投资可以提高整个组合的收益。

从表 9-2 中我们可以看到，在传统投资的组合中加入了房地产投资之后，新的组合的收益有小幅上升，但由于 REIT 的波动性太高（见表 9-1），所以风险调整后的收益并没有太多的变化（从 0.93 下降至 0.92）。

表 9-2　1996～2015 年房地产投资在组合中的业绩表现

组合	50 股票/50 债券	45 股票/45 债券/10 REIT
收益率	7.26%	7.70%
标准差	7.83%	8.36%
平均收益波动率	0.93	0.92
与房地产的相关性	0.6	—

因此，总的来说我们认为相对于直接投资，REIT 带来的分散化作用是有限的。

另一方面，对不同类型、不同地域的房地产进行投资也能产生分散化的作用（见表 9-3）。

表 9-3　1996～2015 年房地产各类直接投资的非平滑业绩表现

	NCREIF（非平滑）	公寓	工业	写字楼	零售业
收益率	8.25%	8.23%	8.91%	7.63%	10.20%
标准差	16.32%	16.15%	15.11%	18.17%	11.05%
平均收益波动率	0.51	0.51	0.59	0.42	0.92

如表 9-3 所示，有的房地产类型对经济周期较为敏感，呈现出较大的风险特征，比如写字楼，它的风险很高，收益却较低，所以以风险调整之后的收益较低。而有的房地产类型可以获得一个较高的风险调整之后的收益，如零售业房地产。总的来说，房地产的直接投资可以提供一定的抗通货膨胀的作用。

1.3　私募股权 ★★

私募股权（private equity/venture capital）是指投资于非上市公司（private company/non-publicly-traded company）的股份。私募是通过私下而不是公开募集的权益资本且受到的监管比较少，投资者主要是机构和高净值客户。私募股权的投资方式可以分为两种：一种是与融资需求方进行面对面（face-to-face）的直接投资；另一种是通过私募基金（private equity funds）进行间接投资。

私募基金的投资范围很广，从帮助非上市公司融资到对上市公司进行杠杆收购，或者从事非上市公司破产债务的投资，又或者是对公共基础建设工程进行私人融资。而我们这一节的主要内容只侧重于：①风险投资（venture capital），即对刚成立或者刚起步的公司进行股权融资；②对较成熟公司的并购，即并购基金（buyout funds）。

风险投资通常是帮助处于早期的公司逐渐成长，以最终达到上市的目的；而并购基金相反，它通常是将上市公司私有化或者购买上市公司其中一个部门或者买入私有化企业。

1.3.1　上市公司与非上市公司股权投资的对比

投资上市公司股权与投资非上市公司股权的投资过程差异比较大。在这一部分，对于非上市公司股权投资我们主要针对的是直接投资，也就是投资人与投资企业是以面对面的方式进行交易的，而不是通过私募基金进行的。

在很多地区，投资非上市公司股权面临着一系列的问题。初创型企业的失败率特别高，因为它们想要发展成为一个相对成熟的公司需要好的产品或服务、优秀的企业家或者经验丰富的管理团队，这些条件缺一不可，然而这些条件又恰恰是极少企业所具备的。

大多数的上市公司股权的投资者具有丰富的经验与知识储备，虽然上市/非上市公司的股权投资有很多相似之处，但非上市公司的投资需要更多的知识与经验。在两者的投资过程中，我们总结了以下的不同之处，见表9-4。

表 9-4　上市公司与非上市公司股权投资的对比

	投资于非上市公司股权（直接）	投资于上市公司股权
交易结构与估值	交易结构与价格是投资者与企业管理层谈判形成的	价格由市场决定，交易的结构是标准化的。如果有变动，通常需要证券监管机构的同意
投资相关信息的获取	投资者可以要求获得所有的信息，包括内部的规划等	只能用公开信息做投资分析
投资后的活动	在交易结束后，投资者会进入公司的董事会，积极参与到企业的经营管理当中	投资者一般不在董事会中，无法参与公司的管理决策

1.3.2　风险投资

对于初创型企业来说，除了缺乏资本维持日常运作和企业快速成长以外，它们还缺少专业

的管理技巧与经验。风险投资者不但可以为这些企业解决资金的问题，还会以更专业的管理来协助企业。

1. 风险投资的需求方

有哪些企业需要风险投资呢？具体来讲，以下两类公司需要风险投资，见表9-5。

表9-5 风险投资的各个阶段

	形成阶段的公司			扩张阶段的公司		
	早期阶段			后期阶段		
	种子期	启动期	第一阶段	第二阶段	第三阶段	夹层
阶段特征	只有想法	开始运营，有初始收入		收入增长		为IPO做准备
投资方	创始人及其家人、朋友①、天使投资人、风险资本	天使投资人、风险资本		风险资本、战略投资人		
融资目的	建立公司、市场调研	产品研发、初始市场营销	初始生产和销售活动	第一轮扩张	第二轮扩张	为IPO提供资金，股权和债权混合

①创始人的家人和朋友被称为 FF&F，即 founder's friends and family。

✓ 形成阶段的公司

形成阶段的公司（formative-stage companies），也称为早期阶段（early stage），从刚刚成立的公司到刚开始产品研发的公司，再到刚刚开始进入销售的公司都属于这个范围。所以，它可以再细分为以下3个阶段：

- 种子期（seed）。该阶段往往只有一个想法（idea），此时只需要投入很少的金额帮助创始人成立公司、确保这个想法是一个合理的商业机会即可。它的出资人一般是创始人以及他的朋友和家人，天使投资人和风险投资。
- 启动期（start-ups）。该阶段公司已经形成，现在需要资金将想法商业化，主要是用于产品的研发和初期的市场营销，所以该阶段也称为"收入前"的时期（pre-revenue）。它的出资人主要是天使投资人和风险投资。
- 第一阶段（first stage）。这一阶段与启动期基本不做区分，只不过此时的资金可能会用于最初的生产活动或者最初的销售。

✓ 扩张阶段的公司

过了形成阶段，公司开始步入扩张阶段（expansion-stage companies），也称为后期阶段（later-stage）。年轻的企业需要资本来扩张销售、已经拥有相当多收入的中等规模公司甚至是准备IPO的公司都属于这个阶段。它可以分为以下3个子阶段。

- 第二阶段（second stage）。此阶段的主要任务是促进收入的增长，属于第一轮扩张。它的主要投资人是风险投资与战略投资人（strategic partners）。
- 第三阶段（third stage）。此阶段的主要任务也是促进收入的增长，但它开始进入第二轮的扩张。它的主要投资人与上阶段一样，即风险投资与战略投资人。
- 夹层（mezzanine）或者IPO前（pre-IPO）。顾名思义，此时的主要任务是为IPO做准备。夹层融资有时也称为过桥（bridge），主要由股权和债权相结合的方式进行。

李老师说

　　早期的公司想要获得融资，通常需要向潜在投资者提供商业计划书，其内容包括产品/服务设定、目标人群/市场、商业策略、里程碑（比如，何时实现盈利）、现金预期的燃烧率（cash burn rate）、下一轮融资需求和其他相关信息。

　　如果资金是通过中间方来募集的，则需要基金募集说明书（private placement memorandum）。该文件需要说明各种因素对公司的影响、如何使用募集的资金，还需要提供财务报表，虽然这个财务报表是没有被审计的。

　　2. 风险投资的资金提供方

　　风险投资的资金提供方是谁呢？

- ✓ **天使投资人**（angel investors）。作为一个合格的投资人，天使投资人主要投资处于种子期和早期的公司。他们往往是企业第一个外部的投资者，投资的金额比较小，但因为投资的企业处于最早期，所以风险是最高的。
- ✓ **风险资本**（venture capital）。风险资本是一个广义的概念，只要是由风险投资人管理的资金池都可以称为风险资本。风险投资人主要负责寻找目标公司，即有良好商业机会且有融资需求、管理需求或者战略需求的公司。风险资本除了提供资金以外，通常会在公司董事会占有一定的席位，对公司的经营决策具有控制权，以提供丰富的管理经验。用于风险投资的资金池可以称为**风险投资基金**（VC fund），它一般以有限合伙制的形式设立。
- ✓ **大型公司**（large companies）。它们通常用自有资金投资相同领域的年轻企业，这种活动称为公司风险投资（corporate venturing），投资人被称为战略投资者，这种投资基金不向公众开放。

1.3.3　并购基金

　　大多数投资者都是通过私募基金来投资非上市公司股权的，在这些基金中，**并购基金**（buyout funds）占了相当大的份额，其规模大概是风险投资基金的 2～3 倍。并购基金的规模通常由资产管理规模（asset under management，AUM）或者承诺投资的规模（capital commitments）来衡量。按照规模的不同，并购基金可以分为以下两种类型。

- ✓ **中等规模的并购基金**（middle-market buy-out funds）。它通常是购买已经成立的公司，如小型的非上市公司；或者购买大公司剥离出来的一个部分。
- ✓ **超大规模的并购基金**（mega-cap buy-out funds）。它通常是将上市公司私有化。

　　并购基金通过以下方式增加收益：①提高管理水平、经营重组；②识别机会，在公司价格比较低的时候买入；③通过债务重组实现收益。

　　实现收益的方式也有 3 种：上市（IPO）、卖出公司和股息资本重构（dividend recapitalization）。其中股息资本重构是指被投资企业通过发债的方式获得现金，然后将这些现金以股利的形式发放给股东，以实现收回投资成本的目的，此时所有权保持不变，股东依旧可以控制公司。但是这种方式对公司具有潜在的威胁，因为它会使公司承受过高的杠杆，对持续经营不利。

1.3.4 私募股权投资的类型

私募股权的直接投资主要是通过可转换优先股（convertible preferred stock）而非普通股实现的。优先股的条款规定：在付给普通股股东（创始人）任何现金之前，需要先返还给优先股股东初始投资的倍数（比如2倍）。在公司进行清算的时候，优先股股东比普通股股东有优先求偿权。这种设置是为了保护私募股权的投资者，同时也为了激励公司实现它的收益目标。

李老师说

比如投资者投资 20 万元占股 A 公司 20% 的股份（优先股形式），投资之后 A 公司价值 100 万元。如果当 A 公司价值为 120 万元时被卖出，此时投资者可以拿回多少钱呢？是不是 120 × 20% = 24（万元）呢？

并不是，因为在普通股股东收到现金之前，优先股股东要先拿回投资金额的 2 倍，即 40 万元，剩下的钱再按比例分配，此时投资者再分配（120 - 40）× 0.2 = 16（万元），总共获得 56 万元，占总金额的 47%（56/120）。

只有当公司的价值越高时，普通股股东拿到的回报才越接近于 20%，因为此时初始投资的 2 倍在总价值中的占比就非常小了。

在获得一轮投资之后，接下来，企业往往还有多轮融资。接下来的投资者的优先级别会更高，所以在其他条件一定的情况下，新一轮融资的股权价值会比早期的股权价值高，但这种差距是比较小的，我们在估值时可以忽略不计。对于可转换优先股来说，只要有好的价格购买普通股，都会促使优先股转化成为普通股。

私募股权的间接投资则主要通过私募基金，包括风险投资基金和并购基金。它们通常以有限合伙制（limited partnerships）或者有限责任制（limited liability companies，LLC）的方式成立，存续期一般是 7~10 年，也许会延长 1~5 年。

有限合伙制和有限责任制越来越受到青睐，因为这种结构与公司制相比，避免了双层征税的问题。另外，有限合伙人（LP/LLC 的股东）的最大损失不会超过他的投资金额；而普通合伙人（GP/LLC 的董事总经理，managing director），即风险投资人，他们可以是个人也可以是一个主体，如公司，他们的职责是挑选目标公司，同时也会有一部分出资。这样一来，有限合伙人和普通合伙人的利益就实现了捆绑。

私募基金的费用结构分为两个部分：管理费（management fees）和绩效奖（incentive fee/carried interest）。管理费基于投资者承诺投资的金额，而不是实际投资的金额，占比通常是 1.5%~2.5%。比如投资者承诺投资 500 万元，实际投入了 10 万元，每年的管理费应为 500 万元 × 2% = 10 万元（假设为 2%）。

一旦基金的收益达到了目标（通常会说明是达到承诺资本还是投入资本），基金经理就可以获得绩效奖，一般是 20%。有的条款规定只针对超过最低回报率（hurdle rate/preferred return）的部分发放奖金。或者有的基金在期初时表现非常好，后期表现很差，此时为了保护

投资者，也会设有追索条款或回拨条款（claw-back provision），即如果投资者没有收回投资本金和应有的收益，那么基金经理需要返还一部分金额给投资者。

1.3.5　私募股权投资的特征

一般来说，私募股权投资具有以下特征。

- ✓ 流动性差（illiquidity）。直接投资者的可转换优先股不能在二级市场中交易，而间接投资的私募基金的限制条款也比较多。
- ✓ 投资期长。
- ✓ 投资风险比较高。私募股权投资收益的波动性较高，创业公司失败的概率也比较高。
- ✓ 内部要求回报率高。因为较高的风险和非流动性，投资者要求的回报率也比较高。
- ✓ 风险投资获取的信息非常有限。这些企业的产品或者服务可能处于一个新型的市场中，未来的现金流非常难以预测，估值需要很多的假设。然而，高度的不确定性往往也可能带来超预期的收益（如果项目成功）。

风险投资基金与并购基金的收益特征存在以下区别：

第一，并购基金杠杆较高。因为并购基金投资的公司比较成熟，它可以通过抵押目标公司资产来借债进行收购，而且成熟的公司有能力产生足够的现金流归还贷款。但风险投资一般不用杠杆。

第二，并购基金可以更早地收回现金，且现金流比风险投资更稳定。因为并购基金投资的公司比较成熟，所以并购基金比风险投资可以较早地实现收益。而风险投资的公司都处于早期"烧钱"（cash-burning）的阶段（比如前5~6年），而后期一旦成功退出，收益就会迅速积累。一般来说，投资越早期的公司，风险就越大，潜在的收益也越高。

第三，风险投资的收益很难衡量，误差较大。收益率的计算不仅取决于未来的现金流，还取决于被投资公司的估值，这些因素相比并购基金投资的公司来说，不确定性更大。

总的来说，风险投资的风险更大，亏损的可能性也更高，但是潜在的收益也更高。

> **李老师说**
>
> 这里只需要抓住两个要点，即并购基金投资的公司相对成熟，风险投资的公司都处于早期。成熟的公司不确定性更小，未来现金流更稳定；而早期的公司不确定性更大，所以风险投资失败的概率更大，但潜在的收益也更高。

1.3.6　私募股权投资业绩的参照标准和历史表现

私募股权投资的市场价格难以衡量，只有当特定事件发生的时候，我们才可以获得它们的市场价格，比如新一轮融资、被其他公司收购、上市或者经营失败。但这些事件并不经常发生，那么市场价格就很难衡量，这就给构建指数造成了很大的困扰。

当投资者衡量私募股权投资表现的时候，可以根据公司产生的现金流以及投资期结束时的公司估值来计算内部收益率（IRR）。

美国和欧洲绝大多数私募股权投资者使用的业绩参照标准是由美国康桥咨询公司（Cambridge

Associates）与汤姆森风险经济公司（Thomson Venture Economics）提供的指数，指数分为两类：风险投资基金与并购基金。另外，定制化指数也是私募股权投资者经常使用的一种方式。

从短期来看，风险投资基金和并购基金的收益是低于纳斯达克和标普 500 指数的，而 5 年、10 年甚至 20 年，风险投资基金和并购基金的收益都是高于纳斯达克指数和标普 500 指数的（见表 9-6）。这主要是因为风险投资基金和并购基金的投资期限都比较长。

表 9-6　截至 2014 年 9 月 30 日美国私募股权投资收益（%）

时间	纳斯达克	标普 500	风险投资基金（早期）	风险投资基金（后期）	并购基金
3 年	23.0	23.0	15.7	13.7	17.9
5 年	16.2	15.7	15.5	17.5	17.2
10 年	9.0	8.1	9.3	13.2	14.0
20 年	9.3	9.6	53.9	11.5	n/a

1.3.7　私募股权投资在组合中的作用

私募股权投资的分散化作用是有限的，它们与上市公司股票收益的相关性比较高（moderately high correlation），原因有二：第一，所有类型的企业或多或少都面临着经济和行业的风险敞口，所以上市公司和非上市公司的收益可能呈现出正相关的关系；第二，上市是风险投资退出的主要渠道，如果公开市场中的股票价值较高的话，那么风险投资的期望收益也相对较高。

但是除了与上市公司具有相同的风险敞口以外，私募股权更多地承担了公司个别的风险，所以虽然它们与上市公司的相关性比较高，但并不是非常高（not extremely high）。

总的来说，私募股权投资起到的分散化作用是中等的，投资者投资私募股权往往是想获得长期的收益（return enhancement）。但在投资的时候，有以下几个问题需要注意：

✓ 有没有能力做到充分的分散化。如果投资者只投资一个私募股权，那么风险是比较集中的，往往需要投资多个非上市公司股权达到分散化的效果，但此时的资产规模的要求比较高。如果资产规模不够，特别是对于小的投资者来说，通过投资私募基金中的基金（private equity fund of funds）也可以达到分散化的效果，但需要收取两层费用。

✓ 流动性。不管是私募股权的直接投资还是间接投资，流动性都比较差，私募基金的投资往往需要 7 ~ 10 年。

✓ 承诺资本量的条款。投资是分批进行的，投资者不可能一次性把承诺的资本金交给基金管理人，但是当有资本请求（capital call）时，这些现金是要准备好的。投资人承诺出资的期间（commitment period）一般是 5 年。

✓ 合适的分散化策略。不仅仅要考虑每一个非上市股权的风险特征，还要综合考虑组合的平均风险特征。不同私募基金侧重于不同的风险点。分散化可以通过以下 3 个方面实现：①行业的分散化，如信息科技行业、生物医疗行业、能源行业等；②阶段的分散化，如早期公司、扩张期的公司、成熟期的公司等；③地理上的分散化，如本地的、国际的等。

1.4 大宗商品★★

大宗商品（commodity investments）是实物资产，所以相对来说同质性较强，因此它们的买卖合约是比较标准化的。在有的国家，个人投资者在贵金属的现货市场上表现得非常活跃。在有的市场中，商品交易顾问（commodity trading advisors，CTA）是活跃的投资者。

不管是过去还是现在，机构投资者在金融产品期货市场上的活跃程度都比在大宗期货市场上的活跃度高。如果投资者想要获得大宗商品的风险敞口，他们更愿意通过购买从事大宗商品交易的上市公司股票来间接获得。但这种投资方式并不属于另类投资，只有通过投资现货市场或者衍生品市场的大宗商品才属于另类投资。

1.4.1 大宗商品投资的分类

大宗商品的投资可以分为两类：直接投资和间接投资。

直接大宗商品投资（direct commodity investment）包括在现货市场（spot market，或者 cash market）中购买实物商品，如农产品、金属、原油等；或者是通过衍生品市场获得大宗商品的风险敞口。大宗期货交易可以是实物交割，也可以是现金交割，在实务中，很多期货合约在到期之前会签反向合约抵消。购买实物商品往往会有储存成本、持有成本，因此投资者一般会偏向于衍生品市场。

间接大宗商品投资（indirect commodity investment）包括购买与大宗商品交易相关公司的股票，或者购买投资大宗商品市场的基金（被动投资）。虽然大多数投资者都是通过这种方式来获得大宗商品的头寸的，但是，越来越多的证据表明，这些公司的股票价格并不完全取决于大宗商品的价格变化。比如，中石油公司的股价与石油价格的变化并非完全呈正相关。这就导致通过购买与大宗商品相关的公司的股票并不能有效地获得大宗商品价格变动带来的敞口（does not provide effective exposure）。因此，现在越来越多的投资者更偏向于直接投资衍生品市场来获得大宗商品的风险敞口。

1.4.2 大宗商品投资的特征

大宗商品有两个比较重要的特征：一个是风险特征（special risk characteristics）；另一个是抗通货膨胀（inflation hedge）。

1. 风险特征

总的来说，大宗商品与股票、债券市场收益的相关性极其的低。

决定大宗商品收益的影响因素包括几下几点：

✓ 和经济周期相关的供给与需求（business cycle- related supply and demand）。大宗商品的价格依赖于它的供给与需求，而供需又取决于当时的经济状况，所以大宗商品对经济周期也是比较敏感的。但它们与股票和债券的相关性很低，甚至呈负相关，原因有三：第一，大宗商品与通货膨胀呈正相关，而股票、债券与通货膨胀呈负相关；第二，在不同

的经济周期的阶段，大宗商品和股票、债券的价格表现不同，大宗商品的价格受短期预期的影响，而股票、债券受长期预期的影响；第三，市场不好时，大宗商品价格下降。

✓ 便利收益率（convenience yield）。它是指持有现货的好处（非货币性的）。在期货合约的有效期内，商品存货水平越低，商品短缺的可能性越大，便利收益就越高。

✓ 实物期权的不确定性（real option under uncertainty）。实物期权是指生产者有选择生产或者不生产的权利。如果远期价格的现值小于现货市场的价格，生产者会选择执行该权利。

2. 抗通货膨胀

历史数据表明，股票、债券市场的收益率与非预期通货膨胀（unexpected inflation）呈负相关，也就是说，它们的抗通货膨胀效果比较弱。同时，不能储存的（non-storable）大宗商品，如农产品、家畜，与非预期通货膨胀也呈负相关关系，因此它们的抗通货膨胀性也较差。

但可储存的（storable）大宗商品，如能源、贵金属，它们与非预期通货膨胀呈正相关关系，因此，它们可以提供很好的抗通货膨胀性。尤其是能源类产品，它们与经济活动的强度紧密相连，体现出了超强的抗通货膨胀性。

李老师说

我们在判断该大宗商品是否能起到抗通货膨胀的作用时，主要看两个方面：一是看是否可以储存；二是看与经济活动是否紧密相关。

1.4.3 大宗商品投资业绩的参照标准及历史表现

有很多指数都是基于期货价格来计算的，只要是以期货来投资大宗商品的策略都可以使用这些指数作为参照标准。其中 BCOM 大宗指数和 S&P 大宗指数代表了期货市场中的被动投资。

大多数的大宗指数都是可投资的（investable），但是根据它们的构建与权重类型的不同，各个指数的差别较大。

表 9-7 为大宗商品指数、股票指数、债券指数还有其他另类投资指数在 1996 ~ 2015 年的业绩表现。

表 9-7　大宗商品指数及其他资产类别的业绩表现（1996 ~ 2015 年）

业绩表现	大宗商品指数	标普 500	美国综合债券指数	对冲基金	管理型期货基金	房地产	私募股权投资
年化收益率	− 1.01%	8.51%	5.37%	9.15%	7.22%	10.32%	8.23%
年化标准差	22.79%	15.31%	3.47%	7.36	8.54%	19.47%	27.17%
平均收益波动率	− 0.04	0.56	1.55	1.24	0.85	0.53	0.30
最大回撤率	− 79.44%	− 50.95%	− 3.83%	− 21.71%	− 11.93%	− 67.89%	− 80.44%
与大宗商品指数的相关系数	1.00	0.25	− 0.10	0.42	0.14	0.16	0.33

根据年化收益率与平均收益与波动率的比值这两个指标来看，大宗商品的业绩表现劣于股票、债券及其他另类投资。如果根据最大回撤的指标来看，大宗商品的业绩仅仅优于私募股

权投资。

大宗商品指数与传统投资产品的相关性很低，说明了它具有分散化作用。

1.4.4 大宗商品投资在组合中的作用

大宗商品投资在组合中的作用主要有两点：第一，风险分散化的作用；第二，抗通货膨胀的作用，可以抵消组合中由于非预期通货膨胀所导致的损失，比如传统的债券产品。

对于养老金这样的长期投资者且其负债水平往往与通货膨胀挂钩，在它们的组合中加入大宗商品的投资有助于提高组合风险调整之后的收益。大学捐赠基金往往需要向大学的运营费用提供支持，而这些运营费用对通货膨胀十分敏感，所以大宗商品投资在捐赠基金的组合中也可以提供风险分散化和抵抗通货膨胀的作用。

1.5 对冲基金★★★

对冲基金（hedge funds）是近年来另类投资中比较热门的一类投资，吸引了很多的机构投资者与高净值客户。什么是对冲基金？其实它并没有一个严格的定义。最初的时候，对冲基金是私人合伙制（private partnerships），在可以接受获得较低收益的情况下，通过同时做多和做空股票的头寸来减少净市场的风险，所以被称为风险"对冲"了的基金。现在，对冲基金的定义更为广泛，除了在组合中采用对冲策略，一些组合中的组织结构特征也被称为对冲基金。

一般来说，虽然对对冲基金的监管日趋严格，但总的来说，它的监管是相对较宽松的。因为对冲基金是私人投资，它不需要向其他人报告或遵守一些其他要求。比如，不同于传统的共同基金，对冲基金的杠杆比率很高，它们可以大量地运用多头和空头的头寸来撬动杠杆。

对冲基金往往运用很多不同的交易策略，所以我们可以将对冲基金按照投资风格进行分类。

1.5.1 对冲基金的分类

1. 按对冲基金的投资策略进行分类

✓ **市场中性策略**（equity market neutral）：基金经理通过识别市场中被高估/被低估的股票，同时买入、卖出股票使得组合的市场风险为零，即系统性风险等于零。在这种策略中，买入和卖出的股票一般对市场风险或者行业风险的敏感程度是基本相同的，它们的投资机会主要来自于两个方面：一是对冲基金可以自由地运用多头和空头的头寸；二是，市场是无效的，特别是被高估的股票。因为很多投资者受限于不能做空，所以被高估的股票价格回归内在价值的速度更慢，市场更无效，投资者能获得的市场机会更多。

✓ **可转换套利**（convertible arbitrage）：该策略通过识别可转换证券价格的异常来获利，如可转换债券、可转换优先股、认股权证等。在这种策略中，基金经理会买入或者卖出这

些债券，并对冲全部或者部分的相关风险。最简单的一种策略是买入可转债，为了对冲可转债中股票部分价格下降的风险，可以同时卖出股票。当债券现在的收益大于利息支出时，对冲基金可以通过举杠杆获得更多额外的收益。因为可转债可以看作拥有公司股票的看涨期权，所以除了获得债券的利息以外，投资者还可以通过股票价格的上升或者价格的波动来获利。另外，当可转债发行者的信用质量上升时，该策略也可以赚钱。

✓ **固定收益套利**（fixed-income arbitrage）：基金经理通过预测市场利率的变化、信用质量的变动或者其他因素来识别被高估和被低估的固定收益证券；同时做多和做空可以中和市场变动对固定收益证券价格的影响。

✓ **困境证券**（distressed securities）：主要投资面临财务困境、濒临破产公司的股票或者债券，它们与普通的股票、债券投资有根本的不同。很多投资者并不想处理这些证券的法律合规问题，不希望与债务者和其他投资者进行协商。因为困境债券的流动性很差，很难进行做空，因此对冲基金通常持有多头的头寸。

✓ **并购套利**（merger arbitrage）：也称为**交易套利**（deal arbitrage），该策略通过识别出公司完成收购、合并或者与之类似的交易前后的价格变化实现收益。比如，X 公司将要收购Y 公司，那么该策略会买入 Y 公司股票，卖出 X 公司股票。

✓ **对冲股票**（hedged equity）：该策略同市场中性策略一样，也是通过识别被高估和被低估的股票，同时做多做空实现获利。但不同的是，该策略并不会使市场风险或者行业风险等于零（中性），它很可能造成头寸过于集中（highly concentrated）。比如，空头头寸的价值只占多头头寸的一部分，整个组合的净头寸还是多头头寸。对冲股票的策略是对冲基金使用的最主要的策略。

✓ **全球宏观策略**（global macro strategies）：该策略在全球范围内投资各个经济体（金融市场和非金融市场）的货币、期货、期权、大宗商品等，其中股票、债券的头寸也占了相当大的份额。全球宏观策略主要是研究市场趋势，而不是个股的投资机会，所以一般使用自上而下（top-down）的分析方法。此外，该策略的基金经理会使用大量的衍生产品，所以管理型期货（managed futures）在某些时候也可以划分为全球宏观策略。

✓ **新兴市场**（emerging markets）：该策略侧重投资于新兴市场或者不太成熟的市场。因为新兴市场往往禁止卖空，有的市场中没有期货和期权产品，所以这种投资策略通常以多头的头寸为主。

✓ **基金中的基金**（fund of funds，FOF）：它是投资于多个对冲基金的基金。典型的 FOF 会投资 10～30 个对冲基金，有的 FOF 甚至会投资更多的对冲基金以实现更多的分散化。虽然投资 FOF 可以实现分散化，但投资者也需要交两层的费用：一层交给对冲基金的经理；另一层交给 FOF 的基金经理。

2. 其他分类

除了按照上述的交易策略进行分类以外，对冲基金还可以按照以下更为广泛的方式进行分类。

✓ **相对价值**（relative value）：买入并且卖出价格与内在价值有差异的股票或者债券。比如市场中性策略、可转换套利、对冲股票策略等都属于这一类。

✓ **事件驱动型**（event driven）：基金经理在公司的交易中寻找机会。比如并购套利、困境证券等。

✓ **股票对冲**（equity hedge）：利用同时做多做头来改变市场风险的敞口和杠杆水平。

✓ **全球资产配置**（global asset allocators）：全球范围内，买入和卖出金融或非金融资产。

✓ **卖空**（short selling）：如果预测市场下滑，则卖空股票。

1.5.2　对冲基金的薪酬结构

在通常情况下，对冲基金的薪酬结构包括两个部分：资产管理费和绩效奖励。资产管理费一般是资产管理规模（asset-under-management，AUM）的 1%～2%，而绩效奖励（incentive fee）是满足一定条件后收益的 20%。

只有当对冲基金有正收益的时候才能获得绩效奖，但对收益的定义每只基金并不一样。有少数基金会规定一个门槛值，即**门槛收益率**（hurdle rate），只有收益率达到最小收益率以上，才能获得绩效奖。但更多的对冲基金会设定一个**最高水位线**（high-water mark，HWM），即基金的业绩超过历史最好业绩才能发放绩效奖。

具体来说，一旦发放了一次绩效奖，那么这一期期末的**资产净值**（net asset value，NAV）就是最高水位线。如果下一期期末的资产净值比最高水位线低，则不能发放绩效奖，只有当资产净值高于最高水位线时才能发放绩效奖，此时新的资产净值就变成了新的最高水位线。假设绩效奖为利润的 20%，那么绩效奖 = 20% ×（期末资产净值 - 最高水位线）。

最高水位线法防止了对同一收益发放两次绩效奖的现象发生。对于对冲基金来说，最高水位线类似基金净值的看涨期权，只有高于最高水位线，才能收到奖金。比如对冲基金的收益为 15%，如果超过了最高水位线，对于 1%～20% 的基金来说，基金经理可以收到 1% 的管理费 + 20% × 15% 的绩效奖 = 4%；但如果该收益没有超过最高水位线，对基金经理只能收到 1% 的管理费，没有绩效奖。

一般来说，对于两个资产规模和投资策略类似的对冲基金，管理费收取较低的基金更有动力获得一个较高的投资收益。另外，如果对冲基金的基金经理的历史业绩非常优秀，那么他获得的绩效奖的比例也相对较高。但投资者需要注意的是，他的好业绩在将来能否持续下去。

除了最高水位线，**锁定期**（lock-up period）也是普遍存在于对冲基金中的条款。锁定期规定了最短投资期限，在这一段时间内（比如 1～3 年）投资者不能赎回。投资者只能在规定的时间内才能赎回。比如，锁定期后的每季度。这样做的目的是避免基金经理为了应对突然的赎回而不得不做出不必要的交易。FOF 一般没有锁定期，可以提供给投资者更强的流动性，与此同时，为了应对投资者的赎回，FOF 的经理需要预留一些现金（cash buffer），这样就会降低投资收益。

对于对冲基金的费率安排，市场中也有一些争议。一种说法是，对冲基金的投资者不仅仅是为了获得和传统只可做多的共同基金所追求的系统性风险，他们要求更高的收益，所以也需要更高的费用结构。另外一种说法是，为了控制投资组合的**下跌风险**（downside risk），类似于提供保护性看跌期权，所以他们应该收取更高的费率，类似于保险费。

1.5.3 基金中的基金

基金中的基金（Fund of funds，FOF）是投资于若干个对冲基金的基金。FOF 是一项很好的入门级投资产品，他会委托专业的投资组合经理在若干个对冲基金中进行筛选，降低了投资者做尽职调查的成本，更适合资产量较小的投资者。通常，FOF 会投资 10～30 只对冲基金，甚至更多。FOF 可以很好地在对冲基金产品或策略中实现分散化，有时还可以投资到一些封闭式的对冲基金中。正是由于具有很好的分散化作用，FOF 需要支付两层费用：一层是给被投资的对冲基金的经理们；另外一层就是给 FOF 的投资组合经理。

FOF 一般没有锁定期的限制，投资者可以享受更强的流动性随时退出。但对于 FOF 的基金经理来说，需要预留一部分的现金以备不时之需，这样就会降低整体收益率。

FOF 的业绩表现可能不同于组合中所有对冲基金的业绩，这主要是因为 FOF 的幸存者偏差（survivorship bias）更小，因此也能更加准确地预测未来的收益。

FOF 的分类和风格也是投资者需要考虑的问题。许多 FOF 是根据与标准指数的相关性以及与一些宏观经济因素的敏感性来分类的。投资者需要仔细分析不同因素之间的相互关系。FOF 的风格也会随着资产配置的变化发生偏差。当对冲基金与对冲的股票的相关性升高，与宏观策略的相关性降低时，那么 FOF 会更多地配置对冲的股票，减少对宏观策略的配置。这也说明 FOF 整体的风险因子会经常发生变化，相对于固定策略的对冲基金来说，不适合加入大类的资产配置中。

1.5.4 对冲基金业绩的参照标准

不同的对冲基金指数划分主要是根据业绩报告的频率、是否可投资、指数的构成元素等。

1. 构建对冲基金指数的考虑因素

在构建对冲基金指数时，我们需要考虑以下几个方面。

- ✓ **选择标准**（selection criteria）：决定哪些对冲基金可以加入指数中。选择的标准包括可追踪记录的时间长短、资产管理规模、对新投资的限制条件等。

- ✓ **风格分类**（style classification）：决定每只对冲基金是否适合特定风格的指数，排除那些不适合该风格的对冲基金。

- ✓ **加权方式**（weighting scheme）：不同的指数具有不同的加权方式，通常情况下是使用相同权重或者以对冲基金的资产规模来做权重。

- ✓ **调整方案**（rebalancing scheme）：等权重的指数需要随着资产价值的变化定期调整。在制定指数时，需要明确是每月调整还是每年调整。

- ✓ **可投资性**（investability）：有些对冲基金指数是可以被直接投资或者间接投资的。大部分的每月发布的指数是不可投资的，而每日发布的指数是可投资的。

2. 每日发布的指数

每日发布的指数主要是 HFR（Hedge Fund Research）。每月发布的指数具体如下。

- ✓ **麻州大学的 CISDM**：由对冲基金向指数机构汇报业绩。它包含了对冲基金与管理型期货基金。

✓ **瑞信**（Credit Suisse）：该指数涵盖超过 10 种策略，会披露其构建方法和包含的每一只对冲基金。

✓ **Hedge fund Intelligence**：以等权重的方式来构建亚种和欧洲的对冲基金指数。

✓ **Hedge fund net**：覆盖了超过 40 种策略，都是以等权重来进行加权计算的。

✓ **Morningstar MSCI**：覆盖 5 种基本的类别，构建了一个综合的指数。每个类别中，指数会广泛包含不同资产类别和地区分布。被包含的对冲基金资产规模至少要在 1 500 万美元以上。

3. 对冲基金指数存在的问题

对冲基金指数存在以下几个方面的问题。

✓ **流行偏差**（popularity）：以市场价值为权重的指数很容易被业绩表现好的对冲基金占据很多的份额。因为某个对冲基金表现得好，那么它会吸引到更多的投资，指数中就会有更多这个对冲基金，从而忽视了表现较差的基金。这会高估市场整体的收益水平。以等权重的方法构建的指数能避免流行偏差，但是指数后期需要随基金价值的变化频繁调整，成本较高。

✓ **历史业绩的相关性**（relevance of past data on performance）：对冲基金的历史业绩能否用于预测未来业绩一直是个倍受争议的话题。实证研究表明，从历史数据来看，对冲基金的波动性是更一致的衡量指标，所以用过去的收益预测未来的收益的方法并不可靠。对冲基金指数的构成也会经常发生变化，因此，历史业绩只属于以前的基金经理，它并不代表现在的基金经理的能力。

✓ **幸存者偏差**（survivorship bias）：这是对冲基金指数最大的问题。因为在构建指数时，我们只包含那些存活下来的对冲基金，而那些以往失败的对冲基金并没有被包含在指数当中。如果幸存者偏差很大的话，那么过去的对冲基金的平均收益就会高于指数建立之后的平均收益。有研究显示，对冲基金指数收益的误差为每年 1.5% ~ 3%。根据不同的策略，幸存者偏差的程度也有所不同。例如，事件驱动型策略的偏误较低，对冲股票和对冲汇率策略中的偏误较高。

✓ **滞后价格偏差**（stale price bias）：如果基金所在的市场交易非常不活跃，流动性差，那么就会有滞后价格偏差。通常，证券间的相关性会更低，而波动性会根据所选的时间段更高或更低。滞后价格偏差在对冲基金中不是主要的问题。

✓ **回填误差**（backfill/inclusion bias）：当对冲基金被加入指数中的时候，其过去的业绩也会被加入进来。该误差也会导致过去的收益看起来更高，因为只有过去好的业绩才会被加入指数当中。

1.5.5　对冲基金的历史表现及在组合中的作用

表 9-8 中 1996 ~ 2015 年的历史数据表明，从长期来看，对冲基金的业绩优于除了房地产以外的其他资产类型。对冲基金指数与标准普尔 500 指数的相关系数为 0.74，依旧小于 1，所以对冲基金还是可以提供一定的分散化作用的。但这个分散化的作用在 2008 年金融危机时表现得不是特别明显，因为它们两者的相关系数上升至 0.82。在 2008 年，对冲基金的业绩依旧优

于大多数的资产类型。

表 9-8　对冲基金业绩表现（1996~2015 年）

业绩表现	对冲基金	标普 500	美国综合债券指数	大宗商品	管理型期货基金	房地产	私募股权投资
年化收益率	9.15%	8.51%	5.37%	-1.01%	7.22%	10.32%	8.23%
年化标准差	7.36%	15.31%	3.47%	22.79%	8.54%	19.47%	27.17%
平均收益波动率	1.24	0.56	1.55	-0.04	0.85	0.53	0.30
最大回撤率	-21.71%	-50.95%	-3.83%	-79.44%	-11.93%	-67.89%	-80.44%
与对冲基金指数的相关系数	1.00	0.74	0.00	0.25	-0.05	0.57	0.75

采取不同策略的对冲基金的风险、收益和相关性的差异较大。比如，有的策略是为了消除股票市场和债券市场的系统性风险的，这样的策略与股票指数和债券指数的相关性就较小，如市场中性策略与固定收益套利策略。而有的策略保留了股票市场的风险特征，如事件驱动型策略，它们与标普 500 指数的相关性就较高。

也正是因为不同的策略对市场因素的敏感程度不同，所以不同的对冲基金策略之间也具有分散化的作用，在组合中加入多种不同的策略也可以降低组合的波动性。

相对于传统的 50 股票/50 债券的组合来说，加入了 HFCI 之后（权重为 40 股票/40 债券/20HFCI），其收益会增加，风险会降低。但另一方面，投资者希望获得正偏态（positive skewness）、适中峰度（moderate kurtosis）的收益分布，而对冲基金的收益往往呈现出负偏态（negative skewness）和高峰度（high kurtosis），它与投资者的期望是相反的。不过，也不是所有的对冲基金的收益都呈现这样的特点，选择一个好的对冲基金可以减少负偏态的问题。比如全球宏观策略虽然有较高的峰度，但是是正偏态的，市场中性策略可以减少组合的波动性和峰度。

1.5.6　对冲基金业绩衡量的其他问题

如何衡量对冲基金的业绩是对冲基金业界的主要问题。很多人认为，对冲基金的业绩没有参照标准，只用看**绝对收益**（absolute return vehicles），即需要实现正收益即可。如果要看**超额收益**，就必须有一个相对的参照标准，因此，参照标准的选定会对超额收益产生很大的影响。一方面，从超额收益的绝对值来看，不同的参照标准会产生不同的超额收益；另一方面，问题在于超额收益是否符合剔除系统性风险补偿后的剩余收益。一般计算系统性风险的模型都是针对只有多头头寸（long-only）的股票组合，不适用与对冲基金这种多头空头同时持有的策略。

采用不同投资策略的对冲基金的业绩也没有可比性。有两个主要手段可以帮助分析师建立有可比性的组合：①用单因素或者多因素模型；②对有类似收益和风险特征的组合进行追踪。

除了市场因素会影响对冲基金的业绩以外，对冲基金自身的特点也会影响它的业绩，比如，业绩费用、锁定期、基金规模等。实证研究表明：①锁定期越长的基金表现越好；②越年轻的基金表现越好；③基金规模越小的基金表现越好。

另外，投资者也需要注意对冲基金开始的年份（age/vintage effects），因为经济萧条时开始的对冲基金与经济繁荣时开始的基金的业绩是没有可比性的。

李老师说

这就好比酿酒，葡萄的采摘年份对于葡萄酒来说特别重要一样。因为不同的年份，气候和天气状况会有很大的不同，因此葡萄的生长情况也不同，葡萄酒的品质也会受到影响。所以，葡萄酒的年份是判断葡萄酒品质的重要信息之一。

同理，对冲基金开始的年份，那一年经济的好坏也决定了该基金业绩的好坏。

在评判基金经理业绩的时候，投资者需要考虑以下因素：①获得的收益率为多少；②波动率，不仅要考虑标准差，还需要考虑下行风险的波动；③评判业绩的方法是什么；④相关系数，用来判断对冲基金在组合中的分散化作用，但只有当收益的分布为正态分布时，相关系数才最有意义；⑤偏度和峰度，它们会影响业绩评价的质量；⑥一致性。

下面我们首先讨论对冲基金的收益和风险的计算方法，然后再讨论业绩的衡量方法。

1. 收益

对冲基金的数据一般是每月公布一次，那么 1 个月的持有期收益率为

$$收益率 = \frac{(期末组合的价值 - 期初组合的价值)}{期初组合的价值}$$

如果需要计算年化的收益率，一般是按照一年 12 个月进行连续复利，如果是每季度报告一次业绩的话，则按一年 4 个季度进行连续复利。然而年化的频率是会在数字上影响对冲基金收益的：

- ✓ 很多基金在每季度（甚至频率更小）会有资金的流入或者流出。
- ✓ 在计算回撤率（drawdown，下文会详细讲解）时，我们通常计算的是一年中的回撤率，而不是每月计算一次，然后再进行复利，因此会低估亏损。

对冲基金中运用了大量的杠杆与衍生品，这些因素如何在计算收益时进行考量也是非常重要的问题。通常来讲，在计算收益时，常规的处理方法是假设这些资产全部是以自有资金投入的，也就是说忽略了杠杆的作用，所以对冲基金中的杠杆只影响组合中的权重，而不影响组合的收益。同样的原则也适用于衍生品。

对于衡量投资期内对冲基金收益的一致性，投资者通常会采用移动平均的方式（rolling return，RR）来计算收益。这样做的好处除了可以判断收益率的一致性以外，还可以帮助投资者识别收益有无周期性。

李老师说

比如基金的存续期为 3 年，36 个月，投资者的投资期为 12 个月，所以我们需要计算 12 个月的平均收益率。移动平均的方法就是依次计算出 1~12 月的平均收益率，2~13 月的平均收益率，3~14 月的平均收益率，以此类推。

2. 波动率

对于传统投资来说，收益率的标准差是最常见的衡量业绩风险的指标。对于对冲基金来

说，标准差也被用于衡量风险，通常是按月计算的，年化的标准差计算方法如下：

$$年化的标准差 = 每月的标准差 \times \sqrt{12}$$

如果用上式进行转换的话，有两个假设条件：①每个月的收益之间是序列不相关的；②收益呈正态分布。

但是，前文也提到过，对冲基金的收益大多呈现出尖峰和负偏态的分布，也就是极端值发生的概率比较高，与正态分布的假设不符。所以标准差并不能完全反映出对冲基金真实的风险。

3. 跌势差

跌势差（downside deviation）是另一种衡量风险的指标，它只衡量低于某个门槛值的偏离程度，计算公式为

$$跌势差 = \sqrt{\frac{\sum_{1}^{n}\left[\min(r_t - r^*),0\right]^2}{n-1}}$$

其中 r^* 为门槛值（threshold），如果收益大于门槛值，则取值为零。门槛值既可以为零，也可以为任意值。如果门槛值为每月收益的平均值，那么我们把跌势差称为**半方差**（semideviation）。

4. 回撤率

另外一种衡量风险的指标是**回撤率**（drawdown），它是一段时间内的最大净值（最高水位）与最低点的差值。**最大回撤率**（maximum drawdown）则是高水位与接下来的最低点的最大差额。

5. 业绩衡量的方法

行业中最普遍的用于衡量业绩的方法就是夏普比率，它衡量了承担 1 单位的风险所获得的超过无风险利率的收益是多少。事后（ex post）业绩的计算公式为

$$夏普比率(Sharpe\ ratio) = \frac{年化收益率 - 年化无风险利率}{年化标准差}$$

但是用夏普比率衡量业绩有很多的不足：

✓ 夏普比率受时间的影响，年化的夏普比率是月度的夏普比率的 $\sqrt{12}$ 倍。

✓ 该方法适用于对称的分布，而对冲基金的收益并不是对称的。

✓ 对冲基金的资产流动性较差，平滑的数据会导致风险被低估，从而使夏普比率被高估。

✓ 当对冲基金的收益率呈现出序列相关性（趋势性）的时候，标准差会被低估，夏普比率会被高估。

✓ 夏普比率没有考虑到资产之间的相关性。

✓ 研究表明，夏普比率对预测对冲基金的业绩没有帮助。

✓ 夏普比率可以被操纵，操纵的方法有如下几种：

  ● 增加计量周期，时间越长，估计的波动性越低，夏普比率越高。按日收益计算的年化的标准差要大于按周计算的年化标准差，相应地也大于按月收益计算的标准差。

  ● 将月收益进行复利，但标准差不进行复利。

- 卖出价外期权（OTM call/put option），可以在期初收到期权费，增加组合的收益，而且可能很长一段时间不用执行期权（因为是价外的）。
- 平滑收益，低估波动性。
- 极端情况（最好的收益和最差的收益）会增加波动性，人为去除这些极端收益可以降低标准差。

正是因为夏普比率有这些问题，所以有两个替代方案来衡量对冲基金的业绩。第一个是索提诺比率（Sortino ratio），它将夏普比率分母中的标准差用跌势差来代替，即

$$索提诺比率 = \frac{（年化收益率 - 年化无风险利率）}{跌势差}$$

第二个是收益/损失比（gain-to-loss ratio），它衡量了一段时间内正收益与负收益的比例，该比例越高越好。

$$收益损失比 = \frac{产生正收益的月份次数}{产生负收益的月份次数} \times \frac{平均正收益}{平均负收益}$$

1.6 管理型期货基金 ★

管理型期货基金（managed futures）是从 20 世纪 60 年代末兴起的，近几年，越来越多的机构投资者都把它加入自己的分散化的投资组合之中。

1.6.1 管理型期货基金与对冲基金的比较

管理型期货基金也是通过私下募集资金的形式，用来投资货币市场、现货市场和衍生品市场的投资工具。与对冲基金一样，管理型期货基金也是一种主动管理的投资，它的组织架构也是有限合伙制，只向合格的投资者（如高净值客户与机构投资者）开放，其薪酬机制与对冲基金也非常类似，如 2-20。

与对冲基金最显著的不同之处在于，管理型期货基金在大部分时候，只投资于衍生品市场（远期、期货或者期权）；而对冲基金在现货市场中更加活跃，它们投资衍生品市场只是为了对冲风险。

此外，因为对冲基金的投资更着重于个股，而管理型期货基金的投资侧重于更为广泛的期货和期权市场或者一篮子资产。有人认为，对冲基金的投资集中在微观的股票和债券市场（个别证券），微观市场更不有效；而管理型期货基金则在宏观的市场（指数）中寻找机会。

1.6.2 管理型期货基金投资的类型

因为管理型期货基金需要专业的人员进行管理，所以它的一般合伙人通常是商品基金经理（commodity pool operators，CPO），他们可能本身就是由商品交易顾问（commodity trading advisors，CTA）组成，或者雇用了商品交易顾问来管理基金。不论是商品基金经理还是商品交易

顾问，他们必须在美国商品期货交易委员会（U. S. Commodity Futures Trading Commission）注册，并且是美国国家期货协会（National Futures Association）的会员。

管理型期货基金一般按照投资风格、投资市场或者策略的不同进行分类。因为它们会通过主要金融市场或非金融市场和期权合约来抓住宏观市场中的投资机会，所以它们也可以看成是对冲基金中全球宏观策略的一个子分类。

管理型期货基金的交易策略包括以下两种。

✓ **系统性交易策略**（systematic trading strategies）：这种策略通常会根据过去的价格建立起交易的规则，按照该模型进行交易。大多数 CTA 会根据趋势追踪法（trend-following）进行投资，也有一些会根据逆趋势（countertrend）或者与大多投资者采取相反的策略进行交易。趋势追踪法可以分为专注于短期趋势、中期趋势、长期趋势或者结合起来使用。

✓ **自由决定的交易策略**（discretionary trading strategies）：该策略不同于系统性交易策略，它可以有自己的判断。它可以根据经济情况的基本面数据，也可以根据交易者的其他判断。

按照基金的投资市场的不同，管理型期货基金可以分为：①金融市场，包括交易金融（如利率）期货/期权/远期、货币期货/期权/远期；②货币市场，只针对货币期货/期权/远期进行交易；③分散化的市场，除了交易金融衍生产品以外，还交易实物大宗商品期货/期权。

1.6.3 管理型期货基金投资的特征

衍生品市场是一个**零和游戏**（zero-sum games），所以对于没有举杠杆的被动投资来说，它的长期收益等于无风险收益率减去管理费及交易成本，即收益会小于无风险利率。在衍生品市场中，套期保值者（hedgers）愿意出让一部分收益，来获得对未来的确定性，所以他们会付出风险溢价给交易对手方（流动性的提供者）。因此，当市场中有足够多的套期保值者，那么流动性的提供者，如管理型期货基金，才有可能获得超额收益。

CTA 也会在短期的错误定价中寻找投资机会。比如，对于完全相同的两类资产价格不同，CTA 便会从中进行套利。现在越来越多的主动管理的衍生品投资都会遵循**动量交易策略**（momentum strategies）。因为期货市场并不是一个完全有效的市场，所以短期趋势的交易策略往往可以获得超额收益。

大多数的投资者会受禁止空头头寸的限制，但管理型期货基金和对冲基金一般不受这个限制，所以即使当市场处于下滑阶段时，他们也能从中获利。另外，他们还可以通过进入期权市场来获得市场波动带来的收益，而这一点现货市场是没有办法做到的。

1.6.4 管理型期货基金业绩的参照标准及历史表现

管理型期货基金有一些可投资的指数，如 MLMI（Mount Lucas Management Index），它复制趋势追踪法的收益。而有的指数，如 CISDM，它是基于同类型的 CTA 构建的，有的是根据金额进行加权的（CTA $），有的则是等权重指数（CTAEQ）。

从表 9-9 我们可以看出，在 1996 ~ 2015 年管理型期货基金指数的波动率（8.54%）要低

于标普500（15.31%），高于债券指数（3.47%）。管理型期货基金指数风险调整之后的业绩要优于股票，劣于债券。同时，我们可以注意到管理型期货基金指数与其他资产类别的相关系数很低，除了对冲基金。

表9-9 管理型基金业绩表现（1996~2015年）

业绩表现	管理型期货基金指数	标普500	美国综合债券指数	大宗商品	对冲基金	房地产	私募股权投资
年化收益率	7.22%	8.51%	5.37%	-1.01%	9.15%	10.32%	8.23%
年化标准差	8.54%	15.31%	3.47%	22.79%	7.36	19.47%	27.17%
平均收益波动率	0.85	0.56	1.55	-0.04	1.24	0.53	0.30
最大回撤率	-11.93%	-50.95%	-3.83%	-79.44%	-21.71%	-67.89%	-80.44%
与管理型基金指数的相关系数	1.00	-0.06	0.27	0.14	0.74	0.02	-0.06

从表9-10中可以看出，在2008年金融危机时期，管理型基金指数的业绩表现出较大的正收益，同时波动率也不太高，而其他资产类型（除了债券）表现出较大的负收益，同时波动率也较高。值得注意的是，在金融危机时期，管理型基金指数业绩与股票、私募股权投资以及房地产指数的业绩呈现出负相关的关系。

表9-10 管理型基金业绩表现（2008年）

业绩表现	管理型期货基金指数	标普500	美国综合债券指数	大宗商品	对冲基金	房地产	私募股权投资
年化收益率	21.8%	-37.0%	5.2%	-46.5%	-19.2%	-37.3%	-64.1%
年化标准差	10.6%	21.0%	6.1%	42.9%	11.0%	43.4%	38.1%
最大回撤率	-4.4%	-37.7%	-3.8%	-62.2%	-19.9%	-49.2%	-64.1%
与管理型基金指数的相关系数	1.00	-0.50	-0.12	0.13	-0.02	-0.49	-0.40

1.6.5 管理型期货基金在组合中的作用

管理型期货基金最大的好处就是可以提供很好的分散化作用。一些研究表明，当市场处于上升期时，它与股票债券的收益呈正相关，即同时涨；当市场处于下降期时，它与股票债券的收益呈负相关，即股票债券的收益下降时，管理型期货基金的收益会上升。因此，在组合中加入管理型期货基金具有很好的风险分散化效果。用CTA管理型期货基金的预测收益可以用来决定要在组合中配置多少份管理型期货基金。

1.7 困境证券★

困境证券（distressed securities）是指处于财务困难或者濒临破产的公司的证券。虽然股票和债券都属于传统的投资类别，但因为困境公司的股票和债券有其独特的特点与风险，所以投

资困境证券被归于另类投资。它的投资成功在很大程度上取决于投资者的能力。

1.7.1　困境证券投资的分类

困境证券投资按结构的不同可以分为以下 3 类。

✓ **对冲基金结构**（hedge fund structure）：它是最主要的类型。该类型的流动性更高，其管理费基于 AUM，绩效奖通常不设置门槛值。

✓ **私募基金结构**（private equity fund structure）：该类型会有固定的期限（fixed term），而且是封闭式的（closed end）。当资产的流动性非常差时，私募基金结构的困境证券无法提供合适的赎回机会，也很难对资产进行估值，所以此时私募基金的结构会更有优势。

✓ **混合型**（hybrid）：上述两类的组合。

除了这 3 类以外，困境证券投资也可以通过传统的方式进行构建。例如，单独账户资产管理（separately managed accounts，SMA）甚至是共同基金（mutual funds）。

困境证券的投资标的包括以下几类：①公开交易的困境公司的债券和股票；②孤儿股权（orphan equity），公司重组之后新发行的、被低估的股票；③银行或者供应商会卖出他们对困境公司的债权以回收现金；④最终借款人债券（"lender of last resort" notes）；⑤以对冲风险为目的衍生品工具。

1.7.2　困境证券投资的特征、投资策略及风险

因为监管因素或者 IPS 的限制，很多投资者无法投资投机级别的债券，因此当债券从投资级别下降至投机级别以后（也称为堕落天使，fallen angels），这些投资者必须卖出这些债券。此时银行或者公司其他的债权人也倾向于卖出这些债权，转化成现金，因为如果公司面临破产或者重组，想要将这些债权变现需要经过冗长的程序。正是由于这些原因，困境证券很可能会以一个极低的价格出售，那么有的投资者就有动力去投资这些债券以获得可观的收益。

如果公司进行重组，那么之前的股权就会被新发行的股票取代，但并不是所有的债权人和投资者都会接受这些股票，所以它的定价往往较低。困境证券对那些有经验、有能力去分析这些公司前景的专家具有很强的吸引力，因为他们可以通过信用分析、企业估值、识别企业的核心问题与资产来判断这些困境证券是否值得投资，这些技能往往取决于他们的经验。

此外，前文中也提到过，流动性差也是困境证券投资的一个问题。因为它的风险较大，收益往往呈现出尖峰肥尾（positive kurtosis）和负偏态（negative skewness）的特征。

困境证券的投资有如下策略。

1. 多头策略

多头策略（long-only value investing）是最简单的投资策略，即买入被低估的困境证券，如果以后升值便可获利。当困境证券为公开市场出售的债券时，这种方法称为高收益投资（high-yield investing）；当困境证券为孤儿股权时，则称为孤儿股权投资。

2. 困境债券套利

困境债券套利（distressed debt arbitrage）是以非常低的折扣买入破产公司的债券，并卖空它的普通股。当公司情况恶化时，债券和股票的价格都会下降，但股票的价格下降得更多，因

为债券的优先级会高于股票。如果公司情况好转，债券和股票的价格都会上升，但债券价格上升的幅度更大，因为公司会优先偿还外部债务。

3. 私募股权

私募股权（private equity），也被称为"主动"（active）的投资策略，因为投资者需要参与公司的经营。一般来说，当公司已经进入重组或者清算的程序中，投资者会以超低的价格买入公司的债券成为主要的债权人，进而影响公司的决策、提高公司的价值。

4. 预先打包破产

预先打包破产（prepackaged bankruptcy）也是一种主动的投资策略，它是将债券转化为股票，等公司情况好转之后，再将股票卖给其他投资者。

> **李老师说**
>
> 这 4 种投资策略，前两种是短期投资，不参与公司的经营，所以属于对冲基金结构的困境证券投资；后两种是长期投资，需要主动参与公司的经营，属于私募股权结构的困境证券投资。

在对困境证券进行投资时，投资者需要特别注意它的风险特征，风险可能包括以下几种。

- ✓ **事件风险**（event risk）：一些跟公司相关的、没有预期到的事件可能会影响到困境证券的投资结果。因为这些风险是公司特有的，它与整个市场的风险（系统性风险）相关性较低。
- ✓ **市场流动风险**（market liquidity risk）：困境证券的市场流动性非常差，而且困境证券的供需具有周期性，所以流动性风险是它最主要的风险。
- ✓ **市场风险**（market risk）：经济环境、利率或者股票市场的变动所带来的风险，但这些风险对困境证券的影响不如流动性风险。
- ✓ **J 因素风险**（J-factor risk）：J 因素指的是法官因素，因为法官在公司破产事件中对是否破产的判决直接影响了困境证券的投资结果。

1.7.3　困境证券收益的参照标准与历史表现

历史数据表明，困境证券的投资收益平均要高于股票和债券的收益，但是它的收益呈现出负偏态，所以困境证券出现较大亏损的可能性要大于出现较大盈利的可能性。此外，风险调整之后的收益都是基于正态分布的假设，用这些指标来衡量困境证券的业绩是不适合的。

困境证券的策略在很大程度上取决于经济周期与经济表现。当经济呈现疲软的状态时，公司破产的情况增加，那么困境证券的投资机会就会增加。然而，这种策略能否成功有一个很重要的风险需要考虑，那就是事件风险，但预测这种风险的能力并不会完全地体现在困境证券的投资业绩中。

第 10 章

风险管理

学科介绍

　　有效的风险管理可以通过识别、度量、控制风险达到收益最大化的目的。随着现在投资组合的复杂程度不断提高，风险管理的技术也在不断发展，分析师可以寻找到适合的工具用来衡量他们所面临的不同风险。

　　本学科主要介绍了风险管理的基本框架，着重阐述了风险的概念以及市场风险和信用风险的衡量方法。

1 风险管理

本章说明

风险管理并不是要消除所有的风险，因为如果不承担任何风险，我们也不可能获得任何收益。我们应该把风险管理作为投资过程的一个组成部分，所以风险的识别、度量以及控制是投资过程的关键因素。

本章的内容安排具体如下：1.1 节介绍了风险管理的流程、风险治理及风险识别；1.2 节和 1.3 节着重介绍了如何度量市场风险以及信用风险；1.4 节则说明了如何对风险进行管理。

知识点自查清单

- ❏ 风险管理概述 ★
- ❏ 风险度量：市场风险 ★★★
- ❏ 风险度量：信用风险 ★★
- ❏ 风险的管理 ★

1.1 风险管理概述 ★

1.1.1 风险管理的流程

风险管理并不是要规避所有的风险，我们需要判断哪些风险是可以长期承担的，哪些风险是值得偶尔承担的，而哪些风险是需要完全规避的。这就需要有一定的流程去完成这个目标。对于一个企业，其风险管理的流程如下。

- ✓ 确定方法，制定流程。站在公司全局的角度来看，其面临各式各样的风险，这些风险可以归为金融风险和非金融风险两大类。公司首先要做的就是制定出风险管理的准则（risk management policies）以及风险管理的流程（risk management procedures）。
- ✓ 确定公司的风险承受能力。公司根据自身情况确定其各类风险的承受意愿（willingness）以及承受能力（ability）。
- ✓ 识别风险。公司需要建立有效的风险识别机制来确定自己具体面临哪些风险。
- ✓ 衡量风险大小。公司需要有一套度量标准来度量其面临的各类风险大小。在进行第三步识别风险以及第四步度量风险时，公司需要分析大量的信息及数据。

✓ 调整风险大小。随着公司的经营发展，其面临的风险及其大小水平会偏离最初既定的目标范围。此时，公司需要将其实际承担的风险大小水平调整到其目标范围内。调整风险大小可以通过衍生品交易或其他交易来实现。

通过交易来调整风险大小时，公司首先需要确定"最合适"的交易，即确定交易哪种"工具"来调整公司面临的风险大小。例如，是选择衍生品中的期权、期货、互换来调整风险大小，还是选择其他投资品来调整风险大小。这个过程，公司会使用合适的模型以及其认为合理的参数对该风险调整"工具"进行定价。模型输出的价格就是公司预期合理的"工具"价格。公司需要对比模型定价与"工具"市场价之间的大小关系，来确定使用这种工具管理风险是否合适。具体而言，如果公司需要买入该"工具"管理其风险，当市场价低于公司预估的价格时，使用这种"工具"管理风险是划算的。如果公司需要卖出该"工具"来管理风险大小，当市场价大于等于公司预估价时，使用这种"工具"来管理风险也是合适的。

一旦合适的"工具"交易完成，就跳转至风险管理流程的第四步，即度量风险。

以上过程可以总结为图 10-1。

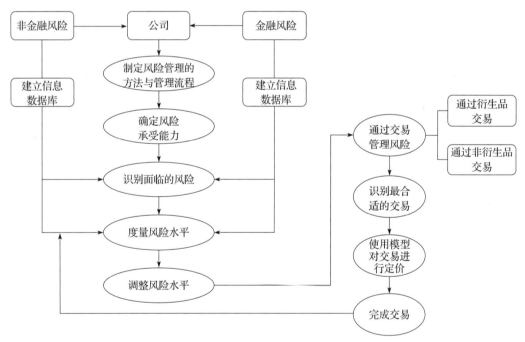

图 10-1　风险管理的流程

注：引自 CFA 三级原版书 reading 31。

从这一流程我们可以看出，风险管理并不是单一的行为，而是一个持续性的过程，需要不断地对数据进行更新和分析。在有些领域里，企业没有经验或者没有相对优势，就很可能选择完全规避该领域的风险；而在它们所擅长的领域中，企业会有战术地选择是否需要规避风险、规避多少风险。企业会根据不同的情况来调整风险敞口。因此，我们说，风险管理并不是一味地减少风险（risk reduction），它更像是风险的修正（risk modification），既可以减少风险也可以增加风险（risk expansion）。

1.1.2 风险治理

风险治理（risk governance）属于公司治理的一部分。为了使公司制定的风险管理准则及流程能够有效地投入使用，公司管理层需要明确风险管理准则及流程的具体使用方式。以上这一过程以及制定风险管理准则的过程统称为风险治理。它包括：确定风险管理的结构、确定风险管理的模式、确定风险管理的途径，以及确定风险管理的方法。风险治理的好坏可以从以下几个方面来评判：

- 风险治理的透明性。
- 风险治理的责任是否明确。
- 风险治理的有效性，即是否达成目标。
- 风险治理的效率性，即是否可以有效地利用资源来达成目标。

公司风险治理的第一步是决定其风险管理的结构是什么，即公司是选择集中化的方式进行风险管理，还是选择分散化的方式进行风险管理。

集中化的风险管理也称为 **ERM 系统**（enterprise risk management）。在这种风险管理结构下，公司站在一个全局的角度管理风险。在这样的管理结构下，公司只设置一个风险管理部门来统筹监控、管理公司所有部门的风险行为。与之相对应的是，分散化的风险管理结构。在这种结构下，风险管理的责任分散到公司的各个部门，风险管理的职责由各个业务部门的主管承担。每个部门单独计算和报告自己的风险敞口，与其他部门是独立的。两种风险管理的结构各有优缺点。

1. 集中化的风险管理结构的主要优点

集中化的风险管理结构下，风险管理的责任由公司的高层管理者承担。这样的好处就是风险管理可以以更广阔的视角，站在公司全局的角度来衡量某一风险对整个公司的影响，而不是仅仅观察对某一部门的影响。

集中化的风险管理结构可以实现集中管理的规模效应，降低风险管理的成本。同时，公司内部各部门之间的风险具有对冲效应。例如，公司的 A 部门做多甲公司股票 1 万股，公司的 B 部门做空甲公司股票 1 万股。站在公司全局的角度来看，公司并没有甲公司股票的风险敞口。

此外，各个风险之间也并不是完全相关的，它们可能会有分散化的效果。因此，公司整体的风险通常来说会小于单个风险的加总。例如，公司在西北的分公司通过银行贷款进行了 10 年的长期融资，在西南分公司通过银行进行了 180 天的短期融资。那么站在总公司的角度，公司整体受到利率的影响远远小于两个分公司利率风险敞口的加总。这是因为 10 年期利率和短期利率的相关性并非是完全相关的。

2. 分散化的风险管理结构的主要优点

分散化的风险管理结构的主要优点是风险管理的负责人更贴近于风险"源头"及真实风险，他们对该部门的业务更熟悉，能更直接地管理风险。

对于资产管理公司，无论其选择的是分散化的风险管理结构，还是集中化的风险管理结构，有效的风险治理需要满足：

- 公司的交易部门与风险管理部门相互独立。

- 公司的后台部门完全独立于公司的前台部门。

后台部门（back office）主要负责事务处理、记录保管、合规管理，一些其他行政部门也属于后台部门；前台部门（front office）主要负责交易、销售。除了独立性以外，投资公司的后台部门人员还需要较高的能力胜任其职责，持续的培训和完整的知识体系，因为一旦公司的业务发生问题，很可能导致严重的损失，特别是有杠杆的情况。后台部门往往还需要和外部第三方相配合，比如托管行等。

实现一个有效的 ERM 系统通常需要完成以下步骤：

- 公司能识别出其所面临的所有风险。
- 公司能将各个风险因素量化成金额形式，变为可衡量的。
- 可以在公司层面上，估算出其面临的风险。VaR 是最常见的一种方法（后文中会详细讲解）。
- 评估出公司面临的总风险，并且评估出每一种风险对总风险的贡献是多少。
- 建立向公司高管的汇报流程，使得高管可以综合各部门之间的情况决定资产分配、风险管理、风险控制等。
- 有效地监控公司是否遵守了第五步做出的资产分配、风险管理、风险控制等决策。

1.1.3　风险识别

有效的风险管理机制需要公司能够有效地识别其面临的各类风险。做到这点就需要一个有效的风险分类框架，这个框架能够帮助投资者将不同风险按其表现特性划分种类。从大的角度来讲，可以将风险划分为金融风险和非金融风险。公司通常会同时面临金融风险与非金融风险。**金融风险**（financial risks）是指由金融市场的事件所导致的风险，除此之外的风险划分为**非金融风险**（nonfinancial risk）。

1. 金融风险

金融风险可以进一步划分为以下类别。

- ✓ **市场风险**（market risk）：市场中利率、汇率、股票价格、大宗商品价格等的变化所带来的风险。市场风险与市场中的供需相挂钩。

- ✓ **信用风险**（credit risk）：信用风险是除了市场风险之外，金融机构主要承担的金融风险类型。信用风险是由于对手方或者债务人未按合约履行支付而造成的损失。

- ✓ **流动性风险**（liquidity risk）：由于市场的交易量不够，金融资产不能及时地以合理的价格买入或者卖出的风险。流动性通常可以用证券的买卖价差来衡量。对于流动性较差的证券，由于承担了较大的流动性风险，做市商的买卖报价之差较大。所以，一般而言，买卖价差较小，表示流动性较好。但是，用买卖价差的方法来衡量流动性风险只适用于一小部分情况，如一些交易量较小的证券交易，因此用它来衡量整个市场的流动性就是不够准确的。一个衡量流动性更好的指标就是成交量（trading volume）。通常来说，成交量越大，则其流动性越好。流动性风险通常是很难衡量和察觉到的，往往只有当不良事件发生时，流动性的问题才会出现；而在此之前，市场的流动性看起来似乎是没有问题的。此外，虽然我们可以利用衍生品来实现资产头寸的买卖，但它并不能帮助我们有

效地管理资产流动性。因为如果基础资产的流动性出现了问题，那么其衍生品的流动性也会随之出现问题。

李老师说

随着信用风险越来越受到人们的重视，信用衍生工具的市场也逐渐发展起来。对于交易所交易的衍生品，因为有交易所作为保证，所以消除了信用风险。但对于 OTC 的产品，头寸价值大于零的投资者就面临信用风险。这部分的内容在后面的信用风险度量中会详细讲解，这里只需了解一个概念即可。

2. 非金融风险

非金融风险包括以下几种。

✓ **操作风险**（operational/operations risk）：由于公司的电脑系统（如电脑病毒、系统崩溃等）、操作过程（人为错误等）或者其他外部不可控的事件（如地震、火灾、恐怖袭击等）所带来的损失。大多数公司应对操作风险的方法有：对公司系统进行监控、提前采取预防措施以及对可能发生的操作风险留有应对预案。常见的应对电脑问题的策略有系统、资料备份，雇用专业的人员管理等。通常，应对外部不可控事件的策略是购买保险。

✓ **模型风险**（model risks）：模型的使用方法不当，或者使用了错误的模型。它的产生主要是由于对衍生品或没有市场报价的产品使用模型定价。因为这些产品的定价主要依赖于模型，而模型的好坏又取决于输入的变量和模型的假设。如果输入变量和假设有问题，就会导致输出的结果不准确，从而产生模型风险，对投资决策的正确性产生影响。

✓ **结算风险**（settlement risk）：对于合约的双方（如期货合约、期权、互换合约等），当某一方已经履行了其合约（如支付了款项），而其对手方却没能履行其合约。交易所、清算中心的存在可以帮助减少结算风险；利率互换和一些特定衍生品的净额结算制度也可以帮助减少结算风险。此外，很多外汇交易所通过**持续联系结算**（continuously linked settlements，CLS）来确保外汇交易的双方可以同时进行交易，以减少结算风险。一般，OTC 交易的结算风险要大于交易所交易的风险。结算风险通常在支付发生于不同时区、外汇交易中的可能性更大。Herstatt 银行破产事件是结算风险的典型案例。Herstatt 是德国一家银行，法兰克福外汇交易所一些银行支付德国马克给 Herstatt 以交换美元。由于支付的时间不同，Herstatt 在获得马克后便被强制破产，结果其他银行没有获得相应的美元。由于这个经典案例，结算风险常常被称为 Herstatt 风险。

✓ **政策（监管）风险**（regulatory risk）：监管政策的变动会带来不确定性，从而产生的风险。对于已经受到监管的业务、产品，存在监管政策变动的风险；对于尚未受到监管的业务、产品存在被纳入监管的风险；就算某种业务不受监管，其交易主体也会受到监管，仍然会受到政策变动的风险。

- ✓ **法律（合约）风险**（Legal/contract risk）：法律体系不能保证合约对手方履行合约而带来损失的风险。
- ✓ **税务风险**（Tax risk）：税法不确定性所带来的风险。
- ✓ **会计风险**（Accounting risk）：会计记账方式的不确定性、会计准则的变动所带来的风险。
- ✓ **主权风险**（sovereign risk）：也是信用风险的一种，只不过债务人是国家。和其他信用风险一样，在分析主权风险时，可以分析借款国家的财务状况、还款能力等，但是除此之外，还需要分析其还款意愿、国内政治环境、其他融资途径等。相比其他信用风险，主权风险分析起来会更加复杂，这是因为主权风险还夹杂一些政治因素分析。
- ✓ **政治风险**（political risk）：政治环境变动所带来的风险。

李老师说

因为衍生品市场是刚刚发展起来的，它们面临了很多的不确定性，所以衍生品的政策风险、税务、财务和法律风险是比较大的。

3. 其他风险

其他风险包括以下几种。

- ✓ **ESG 风险**（environmental，social，governance risk）：公司受到公司决策所引发的环境破坏、公司人力资源政策以及公司治理漏洞等的影响，所引起的市值下跌的风险。
- ✓ **业绩净值风险**（performance netting risk）：当一个基金存在多种交易策略时，会产生这种风险。比如一个对冲基金有两种交易策略，分别由基金经理 A 和 B 负责，如果这两种策略实现了正收益，则可以获得 10% 的绩效奖。如果 A 的策略帮助基金赚了 1 000 万美元，则基金需支付给 A 奖金；同时 B 的策略亏损了 1 000 万美元，则不能获得奖励。但对于整个基金来说，它的收益为零（一正一负抵消），但它却需要支付 100 万美元的奖金，导致最终的结果为亏损状态。除了对冲基金，还有银行、做市商等，任何会产生不对称的绩效结构都会导致该风险。
- ✓ **净额结算风险**（settlement netting risk）：由于交易的一方发生破产清算，可能产生的净额结算在不同法律体系中执行情况不同所产生的风险。

1.2　风险度量：市场风险 ★★★

前面我们学习了几个主要的风险，接下来就看看如何度量这些风险。风险度量主要是针对市场风险和信用风险。从风险管理的角度来看，市场风险主要是看资产（金融工具）的价格受到利率变动、汇率变动、股票价格波动、大宗商品价格波动等而产生的波动。衡量波动率最常见、最重要的一个统计指标就是标的资产的标准差。此外，也可以用**主动投资风险**（active risk）、**跟踪风险**（tracking risk）来衡量标的资产收益率相对于标准收益率的波动性。

对于几个主要的资产，也可以用资产价格相对于某种变量的一阶线性关系和二阶非线性关系来衡量资产的价格波动率。例如，用股票的 beta 这种一阶线性关系来衡量股票价格相对于大盘的敏感程度；用债券的久期（duration）这种一阶线性关系来衡量债券价格相对于利率小幅平行移动的敏感程度；用期权的 δ（delta）这种一阶线性关系来说明期权价格相对于标的资产小幅变动的敏感程度。而对于二阶非线性关系，则有债权的凸性，期权的 γ（gamma）。

此外，在研究期权价格相对于标的物价格的敏感程度的同时，也会研究剩余到期日对期权价格的影响（theta）以及标的资产波动率（vega）对期权价格的影响。这些关系都反映了期权价格对某种因素变动的敏感程度。

1.2.1 在险价值 VaR 的概念

在险价值（value at risk，VaR）是衡量市场风险最重要的工具。自 20 世纪 90 年代起，得益于其简单易懂的表达方式，VaR 逐渐得到了市场的广泛认可，目前是衡量市场风险损失最主要的指标。即便有这些优点，用 VaR 来衡量风险也存在广泛的争议。

VaR 表示某一资产（如公司、基金、资产组合等）在未来一段特定的时间内、在一定概率水平下（常见是 1% 或者 5%）的预期最大损失是多少，该损失可以用百分比的形式表示，也可以用金额的形式表示。VaR 通常有两种方式进行解释：一种是从最大亏损的角度来解释；另一种是从最小亏损的角度来解释。我们以一道例题来进行区别说明。

👆 **【例题】** VaR 的解释方式

某资产组合的市值目前为 10 亿元，在一周内，5% 的概率水平下，VaR 为 200 万美元。

要求：说明该损失所表达的意义。

解答：它表示，一周内，有 5% 的可能性该组合的最小损失是 200 万美元（至少是 200 万美元），这是从最小亏损的角度解释的；或者说有 95% 的可能性该组合的最大损失是 200 万美元，这是从最大亏损的角度解释的。

李老师说

风险最本源的含义就是收益的不确定性，如果我们找出一段时间内的收益分布，如图 10-2 所示，红色阴影部分表示的是累积概率，假设为 5%，该概率会有一个对应的收益率，假设为 -20%。

横坐标表示收益的情况，在 -20% 左边的数值表示其收益比 -20% 更低，在 -20% 右边的数值表示其收益要高于 -20%；而左边的累积概率为 5%，右边的累积概率为 95%。所以我们可以说，在一段时间内，该组合有 5% 的可能性，其亏损会超过 20%；或者说该组合有 95% 的可能性，其亏损不会超过 20%。（注意，我们是在衡量风险，所以要站在亏损的角度来解释）

再假设，现有两个投资组合 A 和 B，它们的平均收益相同，但在 5% 的置信水平下，A 组合对应的预期收益率为 -10%；而 B 组合对应的预期收益率为 -30%。我们可以看出，在同等概率下，A 的预期亏损更小，所以 A 的风险更小。由此可以看出，这个价值可以帮助我们来衡量风险，该价值称为"在险价值"（value at risk），即 VaR。

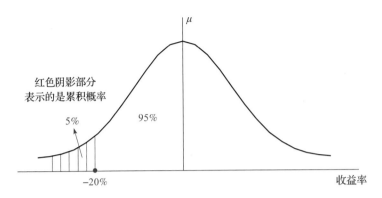

图 10-2 某投资组合一段时间内的收益分布

对于 VaR 的理解，我们可以总结一下：

- 在相同的置信水平条件下才有可比性，比如都是 5%。如果置信水平不同，则不具备可比性。
- 要明确时间段，是一天之内的亏损为 20% 还是一年之内的亏损为 20%，其含义是不同的。
- VaR 可以从两个方面来理解，一种是从最大亏损的角度（95% 的可能性，其亏损不超过 20%）；另一种是从最小亏损的角度（5% 的可能性，其亏损不小于 20%）。
- VaR 的定义就是针对亏损而言的，所以它是将亏损（负数）取绝对值之后得到的数字。如果 VaR 为 200 万美元，就表示其亏损为 200 万美元，即 –200 万美元。

在使用 VaR 这个指标时，我们需要着重关注以下 3 点。

✓ 概率水平是多少。选择不同的概率水平，VaR 所表示的损失大小就不同。最常用的是 5%，1% 的概率（对应 95%，99% 的置信区间）。没有硬性准则规定如何选择概率水平，一般视具体情况而定。在其他条件相同的情况下，1% 的概率下 VaR 衡量的损失要大于 5% 的概率水平下 VaR 衡量的损失。

✓ 选择衡量 VaR 的时间段。对于公司来说，常选择一个季度、一年时间段的 VaR，这是因为可以和其报表周期相匹配。对于基金、高杠杆的衍生品交易等一些交易周转较高的投资主体，常选择一天作为 VaR 的时间段。所以 VaR 时间段的选择由衡量主体的本身特性决定。

✓ 在时间段、概率确定的情况下，选择合适的方法去估计 VaR 值。

1.2.2 计算 VaR 的 3 种方法

有 3 种方法可以用来计算 VaR，分别是分析法、历史模拟法和蒙特卡罗模拟法，下面我们就分别介绍。

李老师说

计算 VaR 的核心在于找出收益的分布，有 3 种方法可以做到：

- 通过历史数据画出收益的分布，这样的方法即为历史模拟法。
- 如果没有合适的历史数据，我们可以假设收益的分布，一般都假设为正态分布，这样的方法即为分析法。
- 除了假设分布，还可以模拟出一个分布，即蒙特卡罗模拟法。

1. 分析法

分析法（analytical method）也称为方差 – 协方差法（variance- covariance method），它假设组合的收益呈现正态分布。一个正态分布可以由它的期望值（μ）和标准差（σ）所决定。某置信水平所对应的预期亏损为 $VaR = |\mu - z\sigma| = -\mu + z\sigma$，其中 z 表示偏离均值的幅度（多少倍的标准差）。

注意，VaR 是单尾检验，因此 5% 的 VaR 对应的是 1.65 倍的标准差（$z = 1.65$），1% 的 VaR 对应的是 2.33 倍的标准差（$z = 2.33$）。

☞ 【例题】 分析法求 VaR

某投资组合由股票和债券组成，通过计算组合的年期望收益率为 16%，年标准差为 25%。目前组合的市场价值为 3 亿元，求在 5% 的概率水平下，1 年的 *VaR* 等于多少。

解答：

$$VaR(\%) = -16\% + 1.65 \times 25\% = 25.25\%$$

$$VaR(元) = 25.25\% \times 300\,000\,000 = 75\,750\,000(元)$$

它表示：在 1 年内，有 5% 的可能性该组合的亏损会超过 7 575 万元；或者说有 95% 的可能性该组合的亏损不会超过 7 575 万元。

在考试中，我们需要注意的是：

✓ VaR 是单尾检验。

✓ 在非常短的时间里（1 天内）计算 VaR，可以默认期望值等于零。该假设会使 VaR 的值更大，使其结果看起来更糟糕。

✓ 对于不同时间段内的 VaR 是可以互相转换的。转换方法如下：

- 月收益 $= \dfrac{年收益}{12}$；周收益 $= \dfrac{年收益}{52}$；日收益 $= \dfrac{年收益}{250}$

- 月标准差 $= \dfrac{年标准差}{\sqrt{12}}$；周标准差 $= \dfrac{年标准差}{\sqrt{52}}$；日标准差 $= \dfrac{年标准差}{\sqrt{250}}$

注：以上计算方法基于两个假设：①一年有 250 个交易日；②数据之间是相互独立的（平方根法则）。

✓ 如果需要求组合（p）的 VaR，该组合由资产 S 和 N 组成，则该组合的期望值和方差的计算如下：

- $\mu_p = w_S \mu_S + w_N \mu_N$

- $\sigma_p^2 = w_S^2 \sigma_S^2 + w_N^2 \sigma_N^2 + 2\rho w_S w_N \sigma_S \sigma_N$

☞【例题】计算周 VaR

以上一个例子的数据来计算在 1% 的概率水平下，该组合每周的 *VaR* 等于多少？

解答：

1% 的概率水平下的标准差个数（z）= 2.33

$$周收益 = 16\%/52 = 0.308\%$$

$$周标准差 = \frac{25\%}{\sqrt{52}} = 3.467\%$$

$$VaR = -0.308\% + 2.33 \times 3.467\% = 7.77\%$$

分析法（方差 – 协方差法）最大的优势就是计算简单，且易于理解。但是其最大的缺点就是应用此方法需要依靠一些假设，这些假设在一些场景下并不一定合理，其中就包括收益服从正态分布的假设。当资产的收益率不服从正态分布时，如组合内包含期权时，组合的收益率分布就不服从正态分布，此时用方差、协方差计算出来的 *VaR* 就不能反映真实风险的大小。又例如，很多资产表现出尖峰肥尾的特点，所以极端值发生的概率更高，当使用 *VaR* 时（假设正态分布）则会低估亏损的金额。当组合中包含现货期权时，如看涨期权，其收益率分布并非对称结构，因为看涨期权的收益无限而亏损有限。此时就可以应用**一阶常态法**（delta-normal method）修正含权组合收益率不服从正态分布的问题。从前面的内容我们可以知道，期权价格的变动可以用线性关系 *delta* 乘以标的资产价格的变动来表示；而对于标的资产，若其收益率是呈正态分布的，常数 *delta* 乘以一个正态分布变量，得到的结果仍然呈现正态分布的结构。经过这样的转换，我们就又可以用方差、协方差等数据计算含权组合的 VaR 值了。但是需要注意，用 *delta* 衡量期权价格变动时，需要保证标的资产的价格是微小波动，当出现标的资产价格大幅波动时，仅仅用线性关系就不够准确了，于是当标的资产价格变化过大时，用这种一阶常态法计算出来的 VaR 值同样会出现偏差。方差 – 协方差法的另一个缺点是当组合中包含较多的资产时，组合的标准差计算与估计就较为复杂，因为需要大量的数据，如各资产的方差，以及各个资产间的相关系数。

2. 历史模拟法

历史模拟法（historical method）是一种非参数法，它不需要对市场因子的统计分布做出假设，即不会受到收益率正态分布的假设限制，而是直接根据 VaR 的定义进行计算。历史模拟法的核心是假设历史数据可以客观地预测未来。历史模拟法的计算方法就是将 N 个历史收益的数据进行排序，如从低往高排列，若计算 5% 的 VaR，则位于 $5\% \times N$ 的临界值就是 VaR 的估计值。具体方法参见下例。

☞【例题】历史法求 VaR

某价值为 2 亿美元的组合，我们收集到了其 120 个日收益数据，然后将它们从高往低进行排列，最后得到了最低的 10 个收益，如下：

$$-0.000\,1,\quad -0.000\,2,\quad -0.000\,6,\quad -0.000\,9,\quad -0.001\,3,$$
$$-0.001\,7,\quad -0.003\,3,\quad -0.003\,9,\quad -0.009\,9,\quad -0.012\,1$$

> **要求**：用历史法计算在 5% 的概率水平下，每日 *VaR* 为多少？
>
> **解答**：
>
> 一共有 120 个历史数据，5% 的临界点为第六个最差的收益；－0.001 3，－0.001 7，－0.003 3，－0.003 9，－0.009 9，－0.012 1，这 6 个收益代表了全部 120 个收益中的 5% 的最低收益，而－0.0013 是第六低的收益，所以 5% 的概率水平下每日的 *VaR* 就是 0.001 3。我们可以说，在一天之中，有 5% 的可能性，该组合的亏损不会低于（会超过）0.13%，或者 26 万美元。

历史法的优点显而易见，就是它很简单，也不用假设收益呈正态分布，适用于各种情况。但是它最大的缺点在于该方法假设了历史可以代表未来。

3. 蒙特卡罗模拟法

蒙特卡罗模拟法（Monte Carlo VaR method）通过电脑软件输入不同的分布的变量来模拟出不同的路径，产生成百上千的随机结果。

如果我们得到了 300 个结果，想求 5% 的 *VaR*，只要找到最低的第 15（300×5%＝15）个数据即可，与历史法类似。如果我们输入的变量分布为正态分布，只要样本数量足够大，那么输出的结果也会呈现出正态分布，那么样本的 *VaR* 更趋近于总体的 *VaR*。

蒙特卡罗模拟法法最大的优点就是不要求输入变量必须呈现正态分布。

1.2.3 VaR 的优缺点

前文中我们讨论了计算 VaR 的 3 种方法以及这些方法的优缺点，在这一部分我们则来讨论用 VaR 衡量市场风险有什么优点，又有什么缺点。

1. 用 VaR 衡量市场的优点

用 VaR 衡量市场的优点具体如下。

✓ 用 VaR 来衡量风险已经成为行业标准，很多监管机构要求用 VaR 来衡量风险。

✓ VaR 清晰明了地用数字展示了可能的风险亏损是多少，公司高管、监管机构、投资者容易理解。

✓ VaR 的应用灵活，可以按投资活动分类来计算各个投资活动的 VaR，也可以按基金管理人分类计算其对应的 VaR 等。

✓ 可以事前计算，可用于资本配置（capital allocation）。比如，一个养老金会先确定这个基金可接受的最大的 VaR 为多少（假设 200 万美元），然后再将该值分配给各类资产，比如债券类的最大亏损不能超过 40 万美元，股票类的最大亏损不能超过 60 万美元。基金可以通过各类资产可承受的最大亏损（VaR）和它们的收益来决定每项资产的资本配置应为多少，这样做的目的是给定 VaR 的条件下，实现利润最大化。这个过程也称为风险预算（risk budgeting），在后文中我们会进行详细的讲解。

2. 用 VaR 衡量市场的缺点

用 VaR 衡量市场的缺点具体如下。

✓ VaR 的估算较为困难，不同的计算法方法有时会得到不同的 VaR 值。对于一些业务复杂的机构，要计算出一个较为准确的 VaR 是十分困难的。

✓ VaR 会让人误以为风险得到了准确的衡量，并且风险得到了合理的管理。但只有当输入的数据和过程是正确的，才有可能得到正确的结果。

✓ 它只衡量亏损，不能告诉我们组合价值上升的潜力，因此告诉我们关于风险头寸的信息是不够完整的。

✓ VaR 通常会低估亏损的严重程度与频度。

当使用 VaR 时，使用者需要持续地进行回溯测试（backtesting）：看看之前模型预测的 VaR 值是否与实际的结果相符。比如计算出在 5% 的概率水平下，每天的 VaR 等于 100 万美元，那么表示，在一年中亏损超过 100 万美元的天数大约是 250 天 × 5% = 12.5 天（假设一年的交易日为 250 天）。如果实际上亏损超过 100 万美元的天数与 12.5 差距很大的话，就说明计算 VaR 的模型不准确。如果经过回溯测试，发现模型预测值与实际发生值相差较大的话，需要及时找到原因，对计算 VaR 的模型进行调整。

由于 VaR 的这些缺点，在使用时需要时刻注意其局限性。要注意，没有一个单一的指标能够完整清晰地反映风险信息，所以为了更全面地了解风险状况，除了关注 VaR，还需要综合考虑其他指标。其他可供参考的信息如下。

- **增量 VaR**（incremental VaR，IVaR）：反映增量的概念，即当投资组合中加入一个新资产后会额外给组合增加多少风险。它等于加入新资产后组合的 *VaR* 值与加入新资产前组合的 *VaR* 值之差。

- **现金流风险**（cash flow at risk，CFAR）：衡量了公司现金流的风险。与 VaR 的不同之处在于，它衡量的是现金流损失，即它表示是一段时间内，在给定概率水平下的最小现金流的亏损。

- **利润风险**（earnings at risk，EAR）：与 CFAR 类似，只不过 EAR 是根据会计上的利润来计算的。

- **尾部风险**（tail value at risk，TVaR）：衡量损失的平均值，可以作为 VaR 的补充。例如，已知 5% 的概率水平下一天的 VaR，那么尾部风险就是最差的那 5% 的结果的平均值。

此外 VaR 还可以用来衡量信用风险。

1.2.4　压力测试

压力测试（stress testing）也被认为是 VaR 的补充，因为 VaR 衡量的是正常市场情况下的亏损情况，而压力测试则试图预测极端情况下的亏损。压力测试可以大体分为以下两种方法：场景分析与压力模型。

1. 场景分析

场景分析（scenario analysis），顾名思义，就是检验组合在不同场景下的表现。通常会假设影响组合重要变量发生较大幅度的变化，然后检验组合的表现。

在这种方法中，分析师首先要确定什么样的极端事件会发生，然后再对比事件发生前后的组合的价值。这些事件通常是会改变资产或者衍生品价值的关键因素的大幅变动，它可以是对

价格有利的变动方向，也可以是不利的变动方向。比如，利率的改变、汇率的改变、波动性的改变、流动性的改变等。

场景分析可以分为以下 3 种类型。

- ✓ **程式化情景分析**（stylized scenarios）：当利率、汇率、股票价格、大宗价格等这些和组合相关的因素中至少有一个因素的改变对组合价值的影响，程式化情景分析就是看看这些变量变动时组合的变化。一些机构和组织制定了程式化分析的标准，所以有时它更像是一个行业标准。比如在 DPG（derivatives policy group）在 1995 年提出的（在 framework for Voluntary Oversight 中）压力测试的 7 种情景：

  - 利率曲线平行移动 ±100bps。
  - 利率曲线非平行移动（twist）±25bps，比如短期利率上升 25bps，但长期利率不变，此时利率曲线会变得更平坦（flatten）。
  - 上述两种情况的组合，一共有 4 种组合情况。
  - 在当前市场数据的基础上，隐含波动率改变 ±20%。
  - 股票指数的变动 ±10%。
  - 主要货币变动 ±6%，其他货币变动 ±20%。
  - 互换利差改变 ±20bps。

  场景分析是对 VaR 的有效补充，场景分析有效地帮助分析者了解一些特定变量对组合的影响。但也正因为如此，场景分析的结果是否有参考价值，取决于场景的"设置"。程式化情景分析的一个主要缺点就是，在分析时变量的变动呈现一定的顺序；而在现实中，变量的变化往往会同时发生。

- ✓ **真实的极端事件**（actual extreme events）：假设过去发生的真实极端事件再次发生的话，对组合价值的影响。这些极端事件往往会对金融市场造成较大的波动。比如，1990 年的科技泡沫，9·11 恐怖袭击事件，2007 年起的次贷危机等。

- ✓ **假设的极端事件**（hypothetical events）：假设某极端事件可能发生，但该事件在过去并没有发生过。

2. 压力模型

场景分析是假设一个或者多个影响组合的因素会改变某一具体数值，再将这些因素的数值合并到某个单一的场景中，然后检验组合的变动；而**压力模型**（stressing models）并不预测某一具体的数值，而是预测一个范围，它假设因素会在这个范围内波动。另外，压力模型是利用既有的模型，然后对该模型的输入变量进行压力测试。它可以通过以下 3 种方式进行：

- ✓ **因素推进法**（factor push analysis）：将影响组合的因素都设置成极端不利的条件数值，测试该情况对组合价值的影响。这种方法对于很多模型都适用，如 BSM 模型、多因素模型等。但这种方法也有一定的缺陷，因为它假设在极端情况下模型仍然适用，如果极端条件下模型不适用，仍继续使用因素推进法就会产生模型风险。

- ✓ **最大损失优化**（maximum loss optimization）：用数学的方法最优化地调整风险因子，使之得到损失最大时的情景。

- ✓ **最差情景分析**（worst-case scenario analysis）：只分析可以预期到的、真实会发生的最坏情景。

1.3　风险度量：信用风险 ★ ★

信用风险就是交易对手方未按合约履行义务的风险。由信用风险带来的损失可以从以下两个方面进行衡量：

✓ 违约事件发生的概率。

✓ 如果信用事件发生，可能造成多少损失。如果对手方违约，债权人可以通过变卖债务人的资产收回一些资金，所以我们需要考虑违约后的可回收比率（recovery rate）。但是，一旦违约方进行破产清算，那么债权人能否收回一定的补偿，能收回多少的补偿都是很难估计的。

和市场风险相比，与信用风险相关的损失数据是十分有限的。一方面是因为信用事件导致的亏损比较少发生，其实证研究的数据也比较有限；另一方面，即便存在可回收比率的统计数据，但是历史可回收比率经常是不可靠的，很难由历史数据做出精确的预测。

在进行风险管理时，风险可以从两个时间维度进行衡量。从信用风险的角度分别是：**现时信用风险**（current credit risk）和**潜在信用风险**（potential credit risk）。如果导致信用风险的事件马上会发生，则称为现时信用风险，或者 **JTD 风险**（jump-to-default risk）。对于有的对手方，现在还具备还债能力，但其未来可能会违约，那么这种未来违约的风险就称为潜在信用风险。所以债权人应该在不同时间点都对信用风险进行评估。

另外一种信用风险是**交叉违约条款**（cross-default-provisions）。在很多的借款合约、衍生品合约里规定，只要债务人对某一项义务违约，那么他就需要对所有的义务违约。比如 A 需要短期内支付给 C 一笔利率，A 目前不需要向 B 支付利率，只需要未来进行支付；如果此时 A 对 C 违约，那么 A 同时对 B 也会违约。

1.3.1　信用 VaR

前文中提到过，衡量信用风险的 VaR 与衡量市场风险的 VaR 类似，它是指在一段时间内，一定概率水平下，由于信用风险所导致的最小亏损。如某公司的信用 VaR 为：1% 的概率水平下，一年的信用 VaR 是 500 万美元，那么就表示在未来一年内，公司有 1% 的概率由信用风险带来的最小损失为 500 万美元。

当使用信用 VaR 时，需要注意的是，信用风险 VaR 与市场风险 VaR 并不能完全地分割开来。信用风险与市场风险相关，因为只有拥有正收益的一方才会面临信用风险，所以信用风险的 VaR 对应的是组合收益分布图的右边部分（right-tail），而对于市场风险对应的是组合收益分布图的左尾。

其次，相比市场风险的 VaR，信用风险的 VaR 更难估计，这是因为信用事件的数据相对比较缺乏，违约概率和可回收率也比较难估计，所以信用 VaR 的准确度也不高。

最后，对于不同信用风险，很难将它们加总进行衡量，因为不同信用风险之间的相关性必须考虑。

李老师说

我们之前已经强调过，只有持有头寸的价值大于零的一方才会面临信用风险。所以我们这一部分的核心就在于头寸的价值如何求解。债券的信用风险很难衡量，在 CFA 考试中，它的重点是计算衍生品的信用风险，即对衍生品求价值。这个知识点是 CFA 二级衍生品的重点，所以需要考生回顾这部分的计算方法。

在衍生品中，期货是交易所内交易的产品，它的信用风险可以默认为零，所以接下来的部分主要侧重于远期、期权、互换的信用风险。

1.3.2 远期合约

在远期合约设立的期初，没有现金流的交换，其初始价值等于零；在合约的期间，也没有任何现金流发生；只有当合约到期时，才会有现金流的发生。在合约期间，合约的远期价值会发生变化，合约的一方会有收益（账面收益），另一方会有损失（账面损失），则盈利的一方面临信用风险。但是在合约到期之前，由于不用进行结算，没有支付现金流的义务，因此没有现时信用风险；由于合约到期时，合约会进行结算，会有一笔现金流的发生，所以当合约到期时，存在现时信用风险；同理，对于处在合约期间未到期的远期，其存在潜在信用风险。

👆【例题】 远期合约的信用风险

假设，在期初设立一个两年后到期的远期合约；在合约设立之初时，基础资产的市场价值为 80 元，无风险利率为 3%，因此远期合约价格 $= 80 \times (1 + 3\%)^2 = 84.87$（元）。

又过去了 1 年，当前时刻的基础资产的价值为 98 元，无风险利率仍为 3%；要求计算：谁面临了信用风险，且信用风险为多少？

解答：

合约的多头需要在 1 年之后以 84.87 元的价格买入资产，多头方的价值为

$$98 - \frac{84.87}{(1 + 3\%)^1} = 15.6 \text{（元）}$$

对于多头方来说，其合约的价值为正，合约的价值为 15.6 元。多头方有权利在 1 年后以 84.87 元买入标的资产，标的资产的当前价格为 98 元，则多头方面临潜在信用风险。其面临的潜在信用风险的现值为 15.6 元。

注：因为合约并不是今天交割，所以没有现时信用风险。

👆【例题】 外汇远期合约的信用风险

某欧洲汽车制造商，其大部分产品出口至美国。由于担心美元相对于欧元贬值，为了对冲这部分的外汇风险，这家公司签订了一份期限为 1 年的外汇远期合约，约定 1 年后以 0.90 欧元/美元的价格卖出美元，进入美元远期的空头头寸，合约本金为 200 万美元。现在距离合约到期还有半年的时间，此时的即期汇率为 0.93 欧元/美元，假设美国的利率为 3.0%，欧元区的利率为 2.0%。

要求：确定谁面临信用风险，且潜在信用风险大小为多少？

解答：

因为外汇远期求价值比较复杂，我们就先来回顾一下其计算原理：

✔ 价格为*FP*的外汇远期合约
✔ 标价方式为本币/外币（DC/FC）
✔ 远期合约为多头方

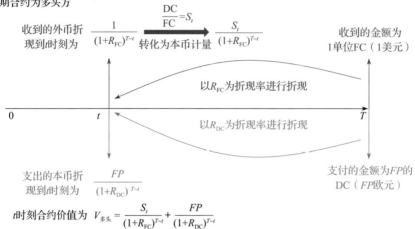

t 时刻合约价值为 $V_{多头} = \dfrac{S_t}{(1+R_{FC})^{T-t}} + \dfrac{FP}{(1+R_{DC})^{T-t}}$

上面这个图是站在远期合约多头方，即买入美元，本币/外币的标价方式，结合本例题，外币为美元，本币为欧元。合约的多头方在期末时可以支付 0.90 欧元来购买 1 美元，将向上箭头（表示现金流入）和向下箭头（表示现金流流出）分别以各自国家利率向 t 时刻（现在时刻）折现，收到的现金流减去支出的现金流，两者求差即为多头头寸的价值。但是由于向上箭头收到的现金流是以美元标价的，向下箭头支付的现金流是以欧元标价的，所以还应该将其调整为同样的货币，即将向上箭头的值乘以即期汇率就可以调成以欧元标价的金额。

$$多头头寸的价值 = \frac{1\,美元 \times 0.93\,欧元/美元}{(1+3.0\%)^{0.5}} - \frac{0.90}{(1+2.0\%)^{0.5}} = 0.025\,223\,欧元$$

总合约价值为 200 万美元，且多头方的价值为正，因此该欧洲汽车商的美元空头头寸的价值 $= 2\,000\,000 \times (-0.025\,223) = -50\,446$（欧元）。

因此，该合约的多头头寸面临潜在信用风险。

李老师说

除了上述对外汇远期求价值以外，我们再回忆一下其他几种远期合约求价值的方法。

- 有期间现金流的、基础资产为股票、债券的远期合约

合约期间的"好处"，如股利、利息，是属于空头方的，所以在对多头方求价值时，应该扣除这部分的现值。

我们约定，向上箭头表示"收到"，向下箭头表示"付出"，所以多头的价值就等于向上箭头与向下箭头现值的差额，其中股利需要扣除（如没有期间现金流则忽略这部分即可），如下图所示。

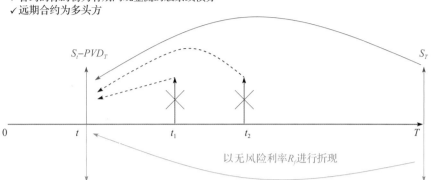

✓ 价格为 FP 的远期合约
✓ 合约的标的物为有期间现金流的股票或债券
✓ 远期合约为多头方

t 时刻合约价值为 $V_{多头} = (S_t - PVD_T) - \dfrac{FP}{(1+R_f)^{T-t}}$

如果是连续复利的情况，在扣除股利的时候用"除法"即可，公式如下：

$$V_{多头} = \left(\dfrac{S_t}{e^{\delta^c \times (T-t)}} \right) - \left(\dfrac{FP}{e^{R_f^c \times (T-t)}} \right)$$

- FRA 求价值

FRA 稍许复杂一些，我们以一个"1×4"的 FRA，画图进行说明。

✓ 计算 1×4 FRA 合约多头方在 $t = 10$ 时刻的合约价值

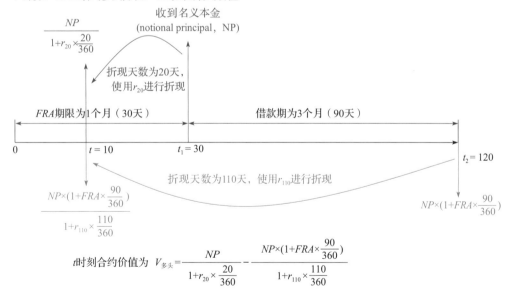

t 时刻合约价值为 $V_{多头} = \dfrac{NP}{1+r_{20} \times \dfrac{20}{360}} - \dfrac{NP \times (1+FRA \times \dfrac{90}{360})}{1+r_{110} \times \dfrac{110}{360}}$

假设现在时刻是 $t = 10$ 天，我们需要计算此时的合约价值。

向上箭头：表示在 $t = 30$ 收到的名义本金，将该金额向 $t = 10$ 折现（注意用 20 天的利率作为折现率）。

向下箭头：表示在 $t = 120$ 支付的本金和利息 $NP \times \left(1 + FRA \times \dfrac{90}{360} \right)$，将该金额向 $t = 10$ 折

现（注意用 110 天的利率作为折现率）。

向上箭头与向下箭头的差额即为多头方的价值。

1.3.3 互换合约

互换合约可以看作是一系列的远期合约，所以对于互换合约的每一个结算日，互换都有现时信用风险。与远期合约一样，我们可以计算互换合约在合约期间的价值，而这个价值就是潜在信用风险。

不同种类的互换，其信用风险的大小分布也是不一样的，例如对于利率互换或者权益互换合约，潜在信用风险最大的时候是处在合约的中期。而在合约签订初期时，现时信用风险较小，这是因为合约的成功签订往往是建立在双方对对方进行了充足的信用风险分析，都对合约条款满意。随着到期日的临近，剩余的现金流越来越少，所以潜在的信用风险是逐渐降低的。所以信用风险最大的时候一般是在合约中期附近。如果互换的双方都需要支付现金流，则双方都面临信用风险。但通常来说，如果合约使用净额结算，那么只有收款的一方（盈利方）才面临信用风险。

以上的例子是利率互换、权益互换的信用风险分布，对于货币互换其信用风险分布又是不一样的。如果双方需要在期初交换货币，那么合约期末双方又要还回对方的货币。通常，合约本金的交换金额远远大于期间现金流的交换金额，且因为现金流的货币单位不同，期间无法使用净额结算，所以双方都面临着信用风险。因此对于货币互换，信用风险最大的时刻处在合约的中后期阶段。

👆 【例题】 互换合约的信用风险

有一个固定利率与浮动利率的互换合约，距离下一次结算日还有两个月，距离最后一次结算还有 8 个月的时间。互换合约的固定利率为 7%，下一次互换的浮动利率为 6.9%，两个月的 $LIBOR = 7.250\%$，8 个月 $LIBOR = 7.375\%$，所有计算基于 30/360。

要求：确定谁面临信用风险，且信用风险的大小是多少？

解答：

$$\text{固定利率端的价值} = \frac{7\% \times \frac{180}{360}}{1 + 7.25\% \times \frac{60}{360}} + \frac{1 + 7\% \times \frac{180}{360}}{1 + 7.375\% \times \frac{240}{360}} = 1.0210$$

$$\text{浮动利率端的价值} = \frac{1 + 6.9\% \times \frac{180}{360}}{1 + 7.25\% \times \frac{60}{360}} = 1.0222$$

对于收到浮动利率的一方来说，它的价值 = 1.0222 - 1.0210 = 0.0012

因此，收浮动付固定利率的一方面临信用风险。当然，随着时间的推移，该互换的价值会改变，面临信用风险的对象和金额也会随之改变。

李老师说

对于利率互换，有两个问题需要注意：

- 因为浮动利率债券在每一个结算日时，其价值会回归面值，即 1，所以浮动端的现金流等于利息与面值之和。

- 其利息是由上一个结算日所决定的。比如合约期为 360 天，每季度付息的互换，90 时刻的浮动利率由 0 时刻决定，180 时刻的浮动利率由 90 时刻决定等。

货币互换，需要注意的问题：

我们以人民币与美元的互换（中国公司角度）为例，如下图所示。

✓中国公司角度的货币互换合约（固定利率换固定利率）
✓计算合约在 $t = 30$ 时的价值
✓ $t = 0$ 时刻汇率：CNY/USD $= S_0$
✓ $t = 30$ 时刻汇率：CNY/USD $= S_{30}$

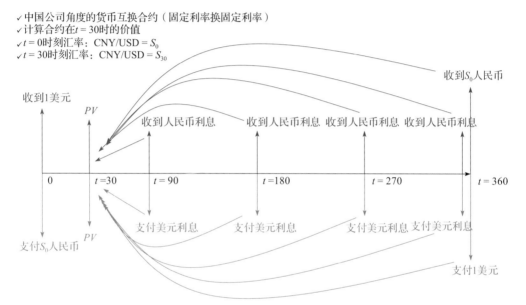

站在中国公司的角度，期初支付人民币，收到美元；期间和期末收到人民币，支付美元。在对货币互换求价值的时候，如现在时刻是 $t = 30$，其折现率应该使用各自币种的无风险利率，还需要在 30 时刻，用该时刻的即期汇率将不同币种的现金流加以统一。向上箭头与向下箭头的差额即为互换的价值（中国公司的角度）。

权益互换，要注意以下几个问题：

✓ 与其他互换合约不同，权益互换合约中可能出现一方仅存在支付，却不能获得任何收益的情况。

✓ 股票的收益只有在结算日时才能确定，不能提前预知。根据股票价格的变化（或者点位的变化）求得的收益就是这段时间内股票的收益，不用再进行年化。

1.3.4 期权

对于远期和互换而言，虽然最终可能只有一方需要支付净额，但合约的双方都有可能面临潜在信用风险，所以信用风险是双边的（bilateral）。与之不同的是，对于期权，它只有单边的信用风险（unilateral credit risk）。这是因为期权的买方除了在期初需要支付期权费外，之后就再没有任何义务，所以在期权里，只有买方面临信用风险。如果当期权的买方行权时，期权的

卖方没能按要求履行合约，那么其违约。

由于欧式期权只有在到期日才会进行结算，所以在到期之前，它只有潜在信用风险，没有现时信用风险。在合约期间，期权买方面临的潜在信用风险的现值等于当时期权的价值。例如，某投资者在期初，以 2 元购买了一个期限为 3 个月的看涨期权，1 个月过后，经计算此时期权的价值为 3.5 元，那么期权的买方此刻面临的潜在信用风险的现值为现在的期权价值，即 3.5 元。

如果是美式期权，其期权的价值要高于相同条件下的欧式期权，所以它面临的潜在信用风险也更高。一旦美式期权的买方选择提前行使权力，那么他会面临现时信用风险。

1.4 风险的管理★

在前面，我们已经学习了如何识别公司运营中面临的各种风险，也学习了如何度量市场风险和信用风险。那么接下来的问题就是，我们怎么知道自己可以承受多少风险？

1.4.1 管理市场风险

近年来，越来越多的基金经理都将风险预算（risk budgeting）加入风险管理的方法之中。风险预算关注两个问题："我们想承担哪方面的风险？""如何将风险在各个部门或者投资机会之间进行分配？"。所以风险预算就是明确哪些风险是可以接受的，如何进行分配的过程。

风险预算涉及两个层面：公司层面和组合管理层面。

首先，从公司层面上来看，公司作为整体可以承担多少风险。然后，公司需要从风险分配的角度出发，来判断各个部门、个人可以承担的最合适的风险大小，即将风险合理地分配至各个部门、个人。从资源的角度来看，公司可支配的资金、可承担的风险的大小都是有限的资源，公司需要将这些资源合理地分配至各个部门，以达到最优化的利润结果。在 ERM 系统中，风险的分配涉及风险额度的分配，以及相对应的资本分配。例如，某投资公司决定给其衍生品交易部门分配资金额度为 1 亿元，风险额度为 1% 的每日 VaR 为 100 万元。在一个运行良好的风险管理制度的公司里，公司除了会合理地分配资金和风险外，还会时刻监控资金的运行效率和风险的管理，并进行合适的调整。

通常来讲，各个部门、个体的风险预算之和往往大于公司层面的总风险预算，因为部门、个体之间有风险分散化的作用。

风险预算的第二个层面是站在组合管理的层面。例如，某投资者将资金分配给不同的基金经理进行管理。

当不同的部门、个人获得了不同的资金额度、风险额度之后，我们可以根据风险调整之后的收益（比如 return on VaR）来比较各基金经理的业绩。例如，某公司的 A 部门的风险额度是 1% 的概率水平下每日的 VaR 为 100 万元，A 部门分配到了资金 1 亿元，经过半年时间的运作，A 部门的收益为 0.5 亿元。B 部门的风险分配是 1% 的概率水平下每日的 VaR 为 100 万元，B 部门分配到的资金为 1.5 亿元，经过同样时间的运作，B 部门的收益为 0.7 亿元。我们发现 A

部门与 B 部门的 VaR 一样，站在 VaR 的角度来看，B 部门获得了更高的利润。但是站在初始资金的角度来看，A 部门的利润更高。这样就更全面地衡量了资金的运用效率，对公司的资金和风险分配进行调整以达到更高的效率。

因此，可以说风险预算是一种更全面的方法，它使公司在考虑了各业务线之间的相关性之后，通过有效的资本和风险分配，以达到利润最大化的目的。

除了 VaR，还可以通过以下方法来管理市场风险。

- ✓ **止损线**（performance stopout）：它设定了某一段时间内，投资组合的最大亏损额。如果超过该亏损额，则需要终止该头寸。

- ✓ **营运资本分配**（working capital allocation）：很多基金会对每个组合的基金经理分配一定的营运资本，一方面它可以帮助基金经理加强风险控制；另一方面也可以提供营运的支持。

- ✓ **VaR 限制**（VaR limits）：设定 VaR 的限额。

- ✓ **情景分析的限制**（scenario analysis limits）：风险管理者会基于事先设定好某一种情景来设定最大亏损额。

- ✓ **风险因子的限制**（risk factor limits）：针对某一种风险因子做出限制。

- ✓ **头寸集中度的限制**（position concentration limits）：限制单个资产的规模，强制让基金经理实现分散化。

- ✓ **杠杆的限制**（leverage limits）：对组合使用的最大杠杆率进行限制。

- ✓ **流动性的限制**（liquidity limits）：很多大的基金会设置基金经理持有的头寸占该资产日交易量的最大百分比，以帮助基金经理管理组合的流动性。

1.4.2 管理信用风险

债权人需要定期监控债务人、对手方的财务状况来帮助其管理信用风险，除此之外还有以下几种方法可以帮助减少信用风险。

- ✓ **限制每个主体的风险敞口**（limiting exposure）。限制对某个特定对象的风险敞口是进行信用风险管理最常用的方法。比如对于银行来说，不能借给一家公司太多的钱。或者在进行衍生品交易的时候，不要与一个交易对手方签订金额太大的合约。这种方法的实质就是分散化。这种方法的缺点在于，"太多"是多少？这个数字很难进行量化。

- ✓ **盯市**（marking to market）：最常见的如期货交易所通过每日盯市结算制度来降低信用风险，此外一些场外市场衍生品也可以利用此制度定期进行结算，或者提高结算的频率以降低信用风险。

- ✓ **抵押物**（collateral）：抵押物也可以帮助减少信用风险，比如以房屋或者流动性强的证券进行抵押。

- ✓ **结算轧差**（payment netting）：这种方法大多应用于衍生品的交易中。因为衍生品交易的双方都可能面临信用风险，比如 A 需要向 B 支付 100 元，B 需要向 A 支付 60 元，此时双方都有信用风险。但如果使用净额结算，那么 A 只需向 B 支付 40 元，因此双方的信用风险都可以降低。

✓ **出清轧差**（close-out netting）：它适用于破产的情况。如果 A 宣告破产，如果 A、B 同意在破产之前轧差，则他们可以将所有合约的市值进行轧差来确定其净额。如果 A 已经破产，也适用该方法，只不过如果 B 欠 A 的钱要大于 A 欠 B 的钱，那么 A 对 B 的追索权则变成 A 的剩余资产。

✓ **对债务人的信用设立最低要求**（minimum credit standards）：比如不能购买 BBB 级别以下的债券。评级代表了该主体的违约风险，所以很多的机构为了提高评级，会成立特殊目的机构（SPV）或者衍生产品公司（enhanced derivatives products companies，EDPC）来提高评级。因为该子公司独立于母公司，它本身拥有足够的资本以获得比母公司更高的评级，因此母公司的信用问题不会影响到子公司。

✓ **信用衍生品**（credit derivatives）：它可以用来转移信用风险，比如信用违约互换（credit default swaps）、总收益互换（total return swap）、信用利差期权（credit spread option）、信用利差（credit spread forward）等。

1.4.3　业绩衡量

我们不能只根据收益的高低来评判基金经理业绩的好坏，因为收益往往和其承担的风险挂钩，所以我们应该衡量风险调整之后的业绩才是比较准确的。

有如下指标可以用来衡量每承担 1 单位的风险可以获得多少收益。

1. 夏普比率

夏普比率（Sharpe ratio）衡量了每单位总风险获得的超额收益（超过无风险利率的部分）。夏普比率是应用最广泛的风险调整收益的指标，该指标的缺点在于它假设了收益是正态分布的，而有些收益分布不对称的资产，比如期权，用夏普比率得到的数据就不够准确了。夏普比率的计算公式为

$$SR = \frac{\overline{R_p} - \overline{R_f}}{\sigma_p}$$

式中　SR——夏普比率；

　　　$\overline{R_p}$——组合的平均收益率；

　　　$\overline{R_f}$——无风险收益率；

　　　σ_p——组合的标准差。

2. 风险调整资本收益

风险调整资本收益（risk-adjusted return on capital，RAROC）是将预期收益除以风险资本。根据不同投资的特性，有多种方法可以衡量风险资本，比如 VaR 可以用来计算风险资本。

3. 最大回撤收益

回撤是一段时间内，组合收益的最高值回落到最低点的幅度，最大回撤率则是它们的最大幅度。**最大回撤收益**（return on maximum drawdown，RoMAD）则是用一段时间内的平均收益除以最大回撤率，如果年收益为 15%，最大回撤率为 10%，那么 $RoMAD = 15\%/10\% = 1.5$。用公式表达为

$$RoMAD = \frac{\overline{R_P}}{最大回撤率}$$

4. 索提诺比率

索提诺比率（Sortino ratio）与夏普比率类似，也衡量了每单位风险所获得的超额收益。但它的分子等于预期收益率减去**最小可接受收益**（minimum acceptable return，MAR），最小可接受收益可以设置为无风险利率；与夏普比率相比，索提诺比率的分母不是标准差，而是**下行标准差**（downside deviation）。用公式表示为

$$索提诺比率 = \frac{\overline{R_P} - MAR}{下行标准差}$$

5. 信息比率

信息比率（information ratio）衡量了每单位主动风险所带来的超额收益。

1.4.4 资本分配

一个公司里可以用来投资的资金是有限的，而投资机会又是多种多样的，如何将有限的资源在不同的投资机会中进行有效的分配呢？资本配置的方法有很多种，我们在这里就着重讨论其中的 5 种方法。

- ✓ 根据名义金额或者持有资金量进行分配：假设公司有 3 个投资部门——固定收益、外汇和股票，在这种方法下，公司根据各部门所管理的资金量进行资本的分配。该方法的好处是简单、易懂，但是没有考虑到每个部门的风险因素。
- ✓ 根据 VaR 进行分配（VaR-based position limits）：这种方式在前文中已经提到过，它最大的优点就是在资本分配中考虑到了风险。但它的问题是只有当 VaR 的计算是准确的时候，这样的资本分配才是有效的，而且不太容易被交易员理解。另外，总体的 VaR 与单个投资品种的 VaR 之间的关联比较复杂，每个投资品种之间可能有分散化的作用。
- ✓ 根据最大亏损进行分配（maximum loss limits）：顾名思义，该方法就是根据公司对每个部门设定的最大亏损额进行分配。最大亏损的设定很重要，它不能太高，也不能太低。如果太高，则可能造成太过激进的投资行为，与保护资本的理念不符；如果太低，则没有办法达成投资目标。一旦发生极端情况，最大亏损的限制很可能会被打破。
- ✓ 内部资本要求（internal capital requirements）：就是管理者认为的公司最合适的资本水平。
- ✓ 监管资本要求（regulatory capital requirements）：很多机构，如银行、证券公司，都需要满足监管部门对他们的资本要求。

此外，公司在进行风险管理时还应该考虑管理者的利益冲突。因为基金经理的工资和奖金一般来说都与业绩挂钩，业绩越好，其奖金越高，所以他们没有很大的动力去最小化风险。实际上，他们更有动力去提高风险，以此希望获得更大的收益。

第 11 章

风险管理的应用：衍生品

学科介绍

这门课主要讨论了如何利用远期、期货、期权策略以及互换来实现风险管理的目标，这些目标包括：改变组合的久期和贝塔值，实现资产配置，管理利率风险等。

在学习了这一部分的内容之后，考生可以更好地理解衍生品策略的优点与缺点以及动态对冲的方法。该学科按不同类型的衍生产品分为 3 个部分。第一部分介绍了如何利用远期与期货进行风险管理；第二部分介绍了不同的期权策略在风险管理中的应用；第三部分则介绍了如何用互换合约进行风险管理。

何老师说

　　CFA 一级的衍生品侧重于对基本知识、基本原理的考查；二级的衍生品侧重于对不同类型衍生品进行定价与估值；在三级中，衍生品被应用于风险管理之中。

　　考生在学习这部分内容的时候，首先要明确我们所站的角度是什么。在三级中，衍生品是帮助我们管理风险的工具，而不是投机的工具，明确了这一点才能更好地理解这一部分所讨论的内容。其次，这一部分有很多复杂的公式，如果考生通过死记硬背的方式来记忆，其实掌握得并不牢固，在考试时很可能因为紧张就忘记了。这些公式需要考生在理解的基础上找到适合的方法来记忆，这样效果才是最好的。

1 远期和期货在风险管理中的应用

本节说明

本节的重点在于如何用远期和期货的策略来实现风险管理，即如何改变风险的头寸。注意，我们在这里更强调管理风险（manage risk），而不是单纯的对冲风险。对冲风险（hedge）是锁定未来的不确定性，它可以帮助我们回避损失，同时也会失去潜在的收益。而管理风险，它比对冲风险更进一步，它会根据情况调整当下风险的头寸，既可能是减少风险的头寸，也可能是增加风险的头寸。

本节分为4个部分：第一、二部分分别讨论了如何管理利率风险和股票市场风险。第三部分则是将前两个部分结合在一起，说明了投资者如何利用期货来改变组合的资产类型。第四部分介绍了用远期、期货管理风险的其他问题，比如如何管理外汇风险，对冲有哪些限制，投资者应该选择远期还是期货等。

知识点自查清单

- ☐ 管理利率风险
- ☐ 管理股票市场风险 ★★★
- ☐ 管理组合的资产配置 ★★
- ☐ 其他问题

1.1 管理利率风险

利率风险可以分为两种：一种是担心借款利率变化，从而导致支付的利息变高或者收到的利息变低；第二种风险是利率变化导致债券价格的变化。我们在这一节主要讲述第二种情况。

何老师说

对于短期借款的利率风险，投资者通常都会使用FRA来锁定借款利率，但它在规避风险的同时也消除了潜在的、当利率下降时所带来的好处。因此更多的投资者愿意使用利率期权来管理短期的利率风险，它放在第二节，即期权的策略中来详细讨论。

在这一部分的内容中，我们着重讨论是的对于长期债，即债券，应该如何管理它的利率

风险。

债券的利率风险，即利率变动会对债券的价格造成的影响。我们在固定收益中学习过，可以用久期来衡量债券对利率变动的敏感程度。所以管理债券的利率风险，即管理债券的久期。我们可以通过增加或者减少债券的久期来达到管理利率风险的目的。

那么如何调整组合的久期呢？其实这个问题在固定收益的部分已经探讨过了。衍生品这一部分的内容与固定收益类似，只不过公式更加简单，它不涉及 CTD 的问题。

用债券期货调整组合久期

我们已经学习过，久期可以用来衡量债券的利率风险。如果投资组合中已经包含了债券，那么利率的改变会导致债券价格的改变，从而带来风险。那么我们该如何管理这种利率风险呢？在固定收益中，我们已经知道，可以通过买卖债券期货来改变组合的久期以达到管理风险的目的。

回顾一下，如果预期利率上升，债券价格就会下降，其中久期大的债券的价格下降得更多，所以此时应该减少久期；反之，如果预期利率下降，债券价格就会上升，且久期大的债券的价格上升得更多，所以此时应该增加久期。

当我们确定了目标久期（想要达到的久期水平）之后，剩下的问题就是需要确定买卖多少份的期货才能达到这个目标。

对于一个包含了债券与债券期货的组合来说，它的美元久期（dollar duration）应该等于债券的美元久期与债券期货的美元久期之和，即

$$DD_P = DD_B + DD_f \tag{11-1}$$

式中　DD_P——组合的美元久期；

　　　DD_B——债券的美元久期；

　　　DD_f——期货的美元久期。

又因为

$$美元久期 = 修正久期 × 价格$$

假设债券的价值为 B，而期货在期初的价值为零，所以组合的价值等于债券的价值（B）。式（11-1）可变形为

$$B × MDUR_T = B × MDUR_B + f × MDUR_f × N_f$$

可求出 N_f，即

$$N_f = \frac{MDUR_T - MDUR_B}{MDUR_f} × \frac{B}{f} \tag{11-2}$$

式中　$MDUR_T$——目标修正久期；

　　　$MDUR_B$——债券的修正久期；

　　　$MDUR_f$——债券期货的修正久期；

　　　B——债券的价格；

　　　f——债券期货的价格。

这个公式成立的提前是：如果市场利率变动 1%，那么该债券的利率和债券期货基础

资产的利率也变动 1%，即市场中所有利率的变化幅度都是相同的。然而，在现实中，它们的变化幅度并不一定相等。我们以 Δy_B 来表示债券利率的变动，以 Δy_f 表示期货基础资产的利率的变动，以 β_y 表示债券利率变化对期货基础资产利率变动的敏感程度，用公式表示，即

$$\Delta y_B = \beta_y \Delta y_f$$

其中，β_y 被称为收益率贝塔（yield beta）。因此式（11-2）我们可以变成更广义的形式

$$N_f = \frac{MDUR_T - MDUR_B}{MDUR_f} \times \frac{B}{f} \times \beta_y$$

如果希望完全对冲利率风险，则应该将目标久期调整为零，此时公式可变形为

$$N_f = -\frac{MDUR_B}{MDUR_f} \times \frac{B}{f} \times \beta_y$$

👆 【例题】 调整久期

有一个债券组合，其价值为 50 000 000 美元，债券期货的价格为 75 000 美元，债券组合的修正久期等于 5.5，期货的久期为 7.5，收益率贝塔等于 1.05。

要求：（1）如果目标久期为 6，需要买卖多少份的期货合约？

（2）如果目标久期为 4，需要买卖多少份的期货合约？

解答：

（1）如果目标久期为 6

$$N_f = \frac{MDUR_T - MDUR_B}{MDUR_f} \times \frac{B}{f} \times \beta_y = 1.05 \times \frac{6 - 5.5}{7.5} \times \frac{50\ 000\ 000}{75\ 000} = 46.67(份)$$

所以需要买入 47 份期货合约（需四舍五入）

（2）如果目标久期为 4

$$N_f = \frac{MDUR_T - MDUR_B}{MDUR_f} \times \frac{B}{f} \times \beta_y = 1.05 \times \frac{4 - 5.5}{7.5} \times \frac{50\ 000\ 000}{75\ 000} = -140(份)$$

所以需要卖出 140 份期货合约。

1.2 管理股票市场风险 ★ ★ ★

1.2.1 调整贝塔和有效贝塔

基金经理的投资组合通常包含了很多种股票，是一个分散化比较好的组合。因此相对于标准差和波动性来说，用贝塔（β）来衡量这种组合的风险更为合适。这也是为什么股指期货经常被用于管理股票组合的风险，它更侧重于管理系统性风险。但其实投资组合并不是完全分散化的组合，它还是存在非系统性风险的，因此用这种方法也有它的局限性，我们在后面会详细讨论。

用股指期货调整系统性风险的大小，其本质就是计算需要多少份的期货合约。类似上一节中所讲解的思路，我们可以得到下面的等式：

$$\beta_T S = \beta_S S + N_f \beta_f f$$

可求得：

$$N_f = \frac{\beta_T - \beta_S}{\beta_f} \times \frac{S}{f}$$

式中 β_T——希望调整到的目标贝塔；

β_S——股票组合的贝塔；

β_f——股指期货的贝塔，注意它并不一定等于1；

S——股票组合的市场价格；

f——股指期货的价格。

如果基金经理想完全消除股票市场的风险，那么目标贝塔应该等于零，此时公式可以变形为

$$N_f = -\frac{\beta_S}{\beta_f} \times \frac{S}{f}$$

此时期货合约的数量为负数，即说明如果希望完全对冲股票市场风险，我们肯定需要卖出期货合约。

何老师说

期货的价格有时会通过点位来表示，比如标普500期货的报价为1 000点，它的"1点"代表250美元，所以我们可以求得该期货的价格 = 1 000 × 250 = 250 000（美元）。有时价格也会直接给出，比如题目中说明期货的价格是250 000美元，那么直接将该数字代入就可以了。

注意：不同指数的每点的乘数是不一样的，一般题目中会给出。

此外，如果基金经理的股票组合大多数是成长股，我们就只能用成长股的股指期货来管理风险，不能用价值股的股指期货。因为它们之间的风险特征是不一样的。

☞ **【例题】** 调整组合的贝塔

基金经理预测股票市场未来1个月会大涨，因此决定将价值为600万美元的股票组合的贝塔从0.9调整至1.2。期货合约的贝塔为0.95，期货的价格为250 000美元。

解答：

目标贝塔 = 1.2

$$N_f = \frac{\beta_T - \beta_S}{\beta_f} \times \frac{S}{f} = \frac{1.2 - 0.9}{0.95} \times \frac{6\ 000\ 000}{250\ 000} = 7.58$$

因此，需要买入8份期货合约。

但很明显，因为存在四舍五入的关系，这样得到的最终组合的贝塔与目标贝塔并不完全相

等。此外还有一些原因也会导致调整结果并不完美。

- 公式中分子分母的基础资产并不一致。分子是基金经理的股票组合，而我们使用的期货合约往往是股指期货，所以它的基础资产是股票指数。
- 用于计算的贝塔与真实的贝塔的偏差。换句话说，就是贝塔的估计并不完全准确。

我们可以用**有效贝塔**（effective beta）来衡量对冲之后组合真实的贝塔是多少，以帮助基金经理评判风险管理的有效性。我们以一道例题来说明。

【例题】 有效贝塔的计算

接上例，1 个月之后，市场整体上升了 5%，股票组合的市场价值上升至 625 万美元。股指期货的价格上升至 262 万美元。

要求：计算有效贝塔。

解答：

1 个月之后：

期货合约所带来的利润 = 8 × (262 000 美元 – 250 000 美元) = 96 000 美元

股票组合的市场价值变为 6 250 000 美元，加上期货合约的收益可以得到整个头寸的价值 = 6 250 000 美元 + 96 000 美元 = 6 346 000 美元，因此整个头寸的收益是

$$\frac{6\,346\,000\ \text{美元}}{6\,000\,000\ \text{美元}} - 1 = 0.057\,7$$

又因为市场的收益率为 5%，而组合的收益率为 5.77%，所以组合的有效贝塔为

$$\frac{0.057\,7}{0.05} = 1.154$$

由此可以看出，有效贝塔是非常接近于目标贝塔（1.2），但与之又不完全一致的。

1.2.2 合成股票头寸

当基金经理持有现金，同时看好未来短期内的股票市场时，他可以通过股指期货合约合成股票头寸（synthetic index fund）来获得未来股票市场上涨所带来的好处。股指期货合约不用真正地买卖股票，到期后头寸自动回归现金头寸，而且股指期货的流动性也较好，所以它比直接买卖股票更节约成本。所以这一节的重点在于，如何通过股指期货将现金的头寸变成股票的头寸。

首先我们需要理解一个基本的公式。通过 CFA 一级衍生品的学习我们知道，当持有一个风险资产时，可以通过卖出期货合约来规避资产价格下降的风险，此时未来的价格被锁定，我们可以获得无风险利率。用公式表达如下：

$$买入股票 + 卖出期货 = 买入无风险资产$$

该公式可变形为

$$买入股票 = 买入无风险资产 + 买入期货$$

因此，我们可以通过买入一个无风险资产，同时买入期货来合成股票的头寸。

我们通过一个例题来说明合成的过程。

【例题】 合成股票头寸

基金经理希望将 500 000 000 美元的现金头寸合成为股指的头寸，该股指为 S&P 500，它的股利为 2%。S&P 500 的期货合约价格为 1 000 美元，价格乘数为 250，该合约 3 个月之后到期。美国的无风险利率为 3%。

分析：

根据公式

$$买入股票 = 买入无风险资产 + 买入期货$$

我们需要通过买入无风险资产和期货来合成 3 个月的股票头寸。但是要注意的是，在购买期货的期初，投资者是不需要支付款项的，在合约到期时才进行交割。

那么 3 个月之后，现金用来投资无风险资产之后的价值为

$$500\,000\,000 \times (1 + 3\%)^{0.25}$$

然后再计算用这么多钱可以购买多少份的期货：

$$N_f = \frac{500\,000\,000 \times (1 + 3\%)^{0.25}}{250 \times 1\,000} = 2\,014.83(份)$$

因为只能买卖整数份的期货合约，所以要四舍五入，即买入 2 015 份期货。四舍五入之后，为了在期末可以买入 2 015 份期货，反求出在期初我们应该投资的金额为

$$\frac{2\,015 \times 250 \times 1\,000}{1.03^{0.25}} = 500\,041\,195 \text{（美元）}$$

因此，本金需要追加 41 195 美元。我们将 500 041 195 美元买入无风险资产，3 个月之后，可以获得

$$500\,041\,195 \times 1.03^{0.25} \approx 503\,750\,000 \text{（美元）}$$

通过买入 2 015 份期货合约，相当于在期末拥有 2 015 × 250 份的股指。因为股指有分红，分红可以再投资，2% 可以看作是收益率，那么在期初，我们只需要购买 $\frac{2\,015 \times 250}{(1 + 0.02)^{0.25}} =$ 501 262 份股指。501 262 份股指经过分红的再投资，在期末就变为 503 750 份股指。

注意：这里面的主要计算包含 3 个方面：①需要多少份的期货；②期初需要投资多少的本金；③相当于购买了多少份的股票。

只要会计算这 3 个数据即可。

除此之外，我们还可以继续验证一下，当基金经理投资了这么多的本金买入无风险资产和期货之后，是不是真的可以获得股票市场的收益。下面我们就进入验证的过程。

假设 3 个月后，股指的价格为 S_T，那么期货的收益（payoff）为

$$期货收益 = 2\,015 \times 250 \times (S_T - 1\,000) = 503\,750 S_T - 503\,750\,000$$

同时基金经理在期初投资的无风险资产，在 3 个月之后的价值为 503 750 000 美元（上面计算过），两个头寸的净额为 503 750S_T，它正好是基金经理想要获得的股票市场（股指）的头寸。

1.2.3　合成现金头寸

根据公式：买入股票 + 卖出期货 = 买入无风险资产，我们也可以将一个持有股票的头寸，通过卖出期货来合成一个现金的头寸。同样地，这种方法可以帮助我们降低交易成本，且不用卖出股票就可以达到目的。

我们还是以一道例题进行说明。

☞【例题】　合成现金头寸

基金经理预期接下来 1 个月股票市场的表现都不好，所以希望将其价值为 10 000 000 美元的股票头寸转变成现金头寸，以获得无风险收益率。

假设股票的股息收益为 0.3%，所使用的期货合约标价为 1 250 点，价格乘数为 100 美元，1 个月之后到期。无风险利率为 5%。

要求：计算需要多少份的期货合约可以达到目标。

分析：

该基金经理希望两个月后可以获得无风险收益率，现在组合的价值为 10 000 000 美元，那么 1 个月之后应该获得 10 000 000 美元 $\times (1 + 5\%)^{1/12}$。

为了期末组合的价值为 10 000 000 美元 $\times (1 + 5\%)^{1/12}$，在初期需要卖出多少份的期货呢？

$$N_f = -\frac{10\,000\,000 \times (1 + 5\%)^{1/12}}{100 \times 1\,250} = -80.326$$

通过四舍五入，应该卖出 80 份期货合约。

期初需要投资的金额为

$$\frac{80 \times 100 \times 1\,250}{(1 + 5\%)^{1/12}} = 9\,959\,424(美元)$$

期初需要的股指数量为

$$\frac{80 \times 100}{(1 + 0.3\%)^{1/12}} = 7\,998(份)$$

该数字说明：7 998 份股指通过股息的再投资，在期末就变成了 8 000 份股指。

1.3　管理组合的资产配置★★

1.3.1　债券与股票之间的转换

所谓管理组合的资产配置就是改变组合的资产配置，即改变大类资产在组合中的比例。比如基金经理希望将 60/40 的股票/债券组合变成 50/50 的股票/债券组合，即需要将 10% 的股票头寸变成债券。要实现这个目标，有两个步骤：

第一，先确定需要转换的金额。比如该组合的总金额为 100 万美元，那么需要转换的金额为 10 万美元。

第二，要将股票头寸变成债券，即将股票的风险特征变成债券的风险特征。所以需要先去除股票的风险敞口，再加上债券的风险敞口。

去除股票的风险敞口，使其贝塔等于零；加上债券的风险敞口，使其久期等于目标值。因此，这一部分的内容实质上是对前两节内容的应用。

何老师说

在调整久期的时候，我们需要用到债券期货合约；在调整贝塔的时候，需要用到股指期货合约。正是因为所用的期货合约不同，我们需要以现金为桥梁，将这个过程连通，如图 11-1 所示。

图 11-1　以现金为桥梁调整久期和贝塔

对于现金，通常来讲，如果题目中没有特别给出条件，我们就默认现金的贝塔等于零，久期也等于零。

所以要将股票头寸调整到债券头寸，我们需要先用股指期货合约将其贝塔调为零，然后将久期调整到目标久期。其具体过程与之前所说的调整贝塔与调整久期一致，这里就不多赘述了。

1.3.2　不同股票类型之间的转换

期货合约也适用于不同股票类型之间的转换，比如将大盘股的头寸转换成小盘股的头寸，此时也需要用现金作为桥梁过渡，因为大盘股与小盘股的风险特征是不一样的，我们需要用不同的期货合约进行调整。

在这个例子里，首先用大盘股的期货合约将头寸的贝塔调整为零；然后用小盘股的期货合约将贝塔调整为目标贝塔。具体计算过程与调整贝塔一致，只不过需要特别注意选择合适的期货合约。

何老师说

到此，我们已经学习了如何利用远期合约和期货合约调整股票和债券的风险以及如何改变现有组合的头寸。实际上，我们也可以通过买卖股票债券来实现这些目标，它们之间的区别是什么呢？

首先，远期合约、期货合约不用真正地买卖证券，所以它们可以帮助基金经理避免交易费用。虽然期货合约可能在期初需要交纳一定的保证金，但数额较小，不会对未来现金流造成太大的影响。其次，远期合约、期货合约的流动性较高，特别是相对于债券来说。债券市场的种类繁多，除了国债的流动性略好，其他债券的流动性较差，所以远期合约、期货合约帮助基金

经理解决了这个问题。

　　然而，用远期合约、期货合约调整风险也有一定的问题。在一开始我们也说过，这一部分的内容着重于调整股票的系统性风险，所以在调整头寸时，我们用的都是股指期货。但是如果投资经理想要将小盘股的股票头寸调整为中盘股的股票头寸时，只调整了它们之间的系统性风险，而忽略了非系统性风险。然而，两者的非系统性风险的特征是不一样的。其次，基金经理需要的远期合约、期货合约数量取决于对股票组合和股票期货的贝塔的估计，或者取决于对债券组合和债券期货久期的估计，这些估计的数据和真实发生的数据往往存在偏差。最后，四舍五入也会对最终的结果造成影响。

1.3.3　提前投资

　　如果基金经理预期 3 个月之后会收到一笔现金，那么他可以根据市场预期买入合约，这个过程就称为**提前投资**（pre-investing）。

　　因为买入合约的期初并不需要现金流的流出，即使是期货合约需要交纳保证金，也只是一小部分，我们假设该基金经理的其他账户可以满足保证金的需求。具体操作我们以一道例题进行说明。

🖐 **【例题】** 提前投资

　　某基金经理知道 1 个月之后将收到 20 000 000 美元现金。他希望将其中的 60% 投资到股票组合，它的平均贝塔等于 1.05，40% 投资于债券组合，它的平均久期为 5.2。

　　市场中适合的股指期货合约价格为 250 000 美元，贝塔等于 0.98；债券期货价格为 110 000 美元，久期等于 6.5。

　　要求：计算需要买入或者卖出多少份的股指期货合约和债券期货合约。

　　解答：

$$N_S = \frac{1.05 - 0}{0.98} \times \frac{12\,000\,000}{250\,000} = 51.43(\text{份})$$

　　所以，应该买入 51 份股指期货合约。

$$N_B = \frac{5.2 - 0}{6.5} \times \frac{8\,000\,000}{110\,000} = 58.18(\text{份})$$

　　所以，应该买入 58 份债券期货合约。

　　因此，为了实现目标，基金经理应该买入 51 份股指期货合约以及 58 份债券期货合约。

1.4　其他问题

1.4.1　外汇风险

　　在资产配置那一章，我们已经详细讲解过如何用远期合约对冲**外汇风险**（exchange rate

risk）。这一部分则是站在国际贸易公司的角度，来讨论它们在运营过程中会面临哪些外汇风险。考生只需掌握下面 3 个名词的含义及其区别即可。

✓ **经济风险**（economic exposure）：由于汇率的变化影响了公司在市场中的竞争力。比如对于一个美国的出口企业来说，如果美元升值，其他国家就要以更高的价格来购买该产品，所以美国出口企业的竞争力下降，收入下降。该风险是无法对冲的。

✓ **折算风险**（translation exposure）：在合并国外子公司报表时，由于汇率变化导致的、由外币转换成本币时汇兑损益的变化。它只是会计上的风险，并不是企业真实发生的风险，不用对它进行对冲，也不能对冲。

✓ **交易风险**（transaction exposure）：在以外币计量的交易中，由于结算时的汇率与交易发生时的汇率不同而产生的风险。它主要指的是以外币计价的应收账款与应付账款。该风险可以通过远期合约、期货合约进行对冲。如果企业拥有一笔应收账款，应该卖出合约来对冲风险；如果企业拥有一笔应付账款，应该通过买入合约来对冲风险。

1.4.2　对冲的限制

现在越来越多的基金经理选择在国外进行投资，对于国外的投资，基金经理面临着两个风险：一个是**国外市场的风险**（foreign market risk），即国外市场的波动所带来的风险；另一个是**汇率风险**（foreign currency risk），即将国外投资转换成本币时，汇率不确定所带来的风险。因此，投资国外的股票或者债券市场的收益不仅仅取决于国外股票市场的表现，也取决于汇率的变化。

基金经理可以选择对冲两种风险也可以选择只对冲一种风险，甚至两种风险都不对冲。如果选择只对冲汇率风险就会出现一个问题，那就是期末投资产品的价值在期初是无法确定的（因为有市场风险），那么我们在签订远期合约对冲汇率风险的时候就没有办法确定需要对冲的本金金额。

此时，有两种处理方法比较常见：第一种是预期一个未来的价值进行对冲；第二种是设立一个最小值，即投资组合的价值最小不会低于多少，以这个最小值的金额进行对冲。因为对冲的金额是不确定的，所以这两种方法所得到的结果都不尽如人意，如果两种风险都对冲的话，因为市场风险被对冲之后可以得到一个确定的值，所以此时再对冲汇率风险就更加容易。

1.4.3　远期还是期货

之前的讨论我们都没有区别是使用远期合约还是期货合约，因为它们基本上是相同的，只不过远期合约是 OTC 产品，而期货是交易所交易的产品，所以它们的某些特征不太一样。比如，远期合约是定制化的，而期货合约是标准化的；期货合约受监控机构的约束，而远期合约是不受约束的；期货合约没有违约风险，而远期合约是有违约风险的。这些区别我们在 CFA一级衍生品中详细学过，这里就不再赘述。

一般而言在实务中，FRA 经常被用于对冲借款的利率风险，债券市场更偏向于使用期货合约，而在外汇市场中，远期合约更受欢迎。做市商们更喜欢用欧洲美元期货，因此欧洲美元期货的交易量非常大。

② 期权在风险管理中的应用

本节说明

与远期合约、期货合约不同，期权的收益是不对称的，它在合约期初有现金的流出。如果市场朝着有利的方向发展，期权的多头方可以获得一定的好处；反之，如果市场朝着不利的方向发展，投资者的损失可以降到最小。正是因为收益不对称的特点，投资者需要为这样的机会支付一定的费用，即期权费。如果站在空头方来说，他们在期初可以获得期权费，但有可能遭受到极大的损失，所以更需要谨慎地管理其中的风险。

本节分为3个部分：第一部分介绍了在股票市场投资中常用的期权策略。第二部分介绍了如何利用期权来管理利率风险。前两个部分都是站在投资者的角度来说明如何利用期权来实现风险管理。第三部分则是站在做市商的角度来说明他们是如何利用期权策略来管理已有的期权头寸的风险。

知识点自查清单

- ❏ 期权策略在股票组合中的应用 ★★★
- ❏ 利率期权策略 ★★
- ❏ 期权组合的风险管理策略 ★★

何老师说

这一节的第一部分和第二部分是站在投资者或者公司的角度来讲的，即他们如果面临股票和利率风险时，应该如何利用期权策略来管理风险。第三部分是站在做市商的角度来讲的。做市商作为投资者期权交易的对手方，他们手中有大量的期权头寸，而期权价格本身会受到很多因素的影响，其中最常见的是受基础资产价格变动的影响，那么这种风险应该如何管理？实际上，我们也可以用期权策略来管理期权所面临的风险。所以考生首先应该明确我们这些策略的出发点，使用的目的是什么，这样才能更好地理解这些策略的逻辑。

对于第一部分的内容，考生需要掌握两个方面：一方面是掌握该策略的目标，即应该在什么样的市场环境中使用；另一方面是掌握该策略的头寸和计算，即该策略由哪些头寸组成，它的最大收益（max profit）、最大亏损（max loss）、盈亏平衡点（breakeven points）是多少。

第二部分则是利率期权在实际中的应用，这一部分以大型的计算题为主，只要掌握常规计算即可。第三部分只需掌握 delta 和 gamma 的影响。

2.1 期权策略在股票组合中的应用 ★★★

这一部分的期权策略可以分为两类：一种是期权加上基础资产（股票）的组合策略；另一种是期权和期权之间的组合策略。那么首先我们来看两种最为常见的期权和股票的策略。

当投资者拥有股票现货时，在不卖出股票的前提下，他可以通过买入看跌期权或者卖出看涨期权来对冲股票价格下降的风险。这两种策略在 CFA 衍生品一级、二级中都有涉及，在三级的衍生品中还会继续考查，下面我们就详细介绍这两种策略。

2.1.1 持保看涨期权

持保看涨期权（covered calls）的头寸为买入一份股票并卖出一份看涨期权，即

持保看涨期权 = 买入股票 + 卖出看涨期权

当投资者认为基础资产（股票）的价格在短期内比较平稳、没有太大变化时，他会使用该策略来获得期权费，增加组合的收益。该策略的损益图如图 11-2 所示。

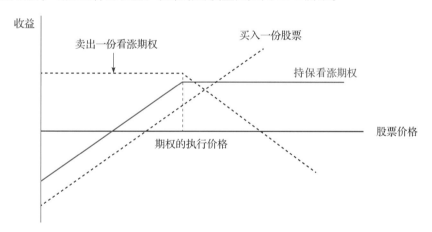

图 11-2　持保看涨期权策略的损益图

从图 11-2 中我们可以清楚地看到，当股票价格大于等于期权执行价格时，持保看涨期权策略有最大收益，且收益有限。当股票价格下降时，该策略发生亏损，但期初收到的期权费会在一定程度上弥补亏损；当股票价格等于零时，该策略有最大亏损。

图形可以定性地告诉我们该策略在什么时候会发生最大收益或者最大亏损，但如果通过图形来定量地计算最大收益或者最大亏损是多少比较困难，所以我们可以通过数学公式的方法进行定量的计算。

在期末的时候，股票的收益等于 $(S_T - S_0)$（S_T 代表期末股票价格，S_0 代表期初股票价格）。看涨期权的收益等于 $\text{Max}(0, S_T - X) - C_0$（$X$ 代表期权的执行价格，C_0 代表看涨期权的期权费），那么看涨期权空头头寸的收益等于 $-[\text{Max}(0, S_T - X) - C_0]$。持保看涨期权策略的

收益（用 Π 表示）为两者之和，即

$$\Pi = -\left[\operatorname{Max}(0, S_T - X) - C_0\right] + (S_T - S_0)$$

当 $S_T \geq X$ 时，发生最大收益（收益有限）

$$最大收益 = -(S_T - X - C_0) + (S_T - S_0) = X + C_0 - S_0$$

当 $S_T = 0$ 时，发生最大亏损

$$最大亏损 = -(0 - C_0) + (0 - S_0) = C_0 - S_0$$

当 $0 < S_T < X$ 时，发生盈亏平衡点，此时 $\Pi = 0$，即

$$\Pi = -\left[\operatorname{Max}(0, S_T - X) - C_0\right] + (S_T - S_0) = 0$$

即，$C_0 + (S_T - S_0) = 0$

可推出，盈亏平衡点时的股价 $S_T = S_0 - C_0$

何老师说

这一节中类似的公式非常多，如果只依靠强行的记忆是很难将其全部准确地记住的。比较好的方法是画出每个策略的图形，根据图形，先定性地判断出在什么时候会发生最大收益、最大亏损，盈亏平衡点又是发生在什么时候。然后再根据策略的头寸组成，写出其收益的公式。

组合的收益即每个单独头寸的收益之和。对于期权来说，我们可以先写出多头方的收益（因为一般考生对多头方更熟悉），因为衍生品是零和游戏，所以空头方的收益就等于多头方的相反数，在其收益之前加"负号"即可。

计算结果如果为正代表"收益"，如果为负则代表"亏损"。

👆 **【例题】持保看涨期权**

某投资者以 $S_0 = 20$ 美元的价格购买一只股票，他预期该股票未来价格比较平稳，因此卖出看涨期权，期权费为 1.2 美元，其执行价格 $X = 22$ 美元。

要求：写出该策略收益的表达式并计算最大收益

解答：

$$\Pi = -\left[\operatorname{Max}(0, S_T - X) - C_0\right] + (S_T - S_0)$$
$$= -\left[\operatorname{Max}(0, S_T - 22) - 1.2\right] + (S_T - 20)$$

由图 10-2 可知，当股票价格大于执行价格时有最大收益：

$$最大收益 = X + C_0 - S_0 = 22 + 1.20 - 20 = 3.2（美元）$$

2.1.2　保护性看跌期权

保护性看跌期权（protective put）的策略由买入股票的头寸和买入看跌期权的头寸组成，即

$$保护性看涨期权 = 买入股票 + 买入看跌期权$$

其中看跌期权的多头可以看作是一份保险，投资者支付一定金额的保费（期权费），用来保护股价下降时的风险。保护性看跌期权策略的损益图如图 11-3 所示。

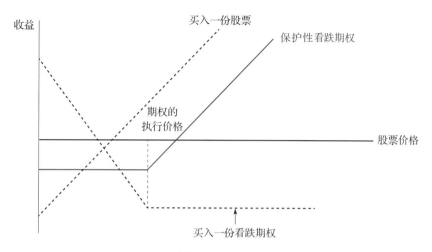

图 11-3　保护性看跌期权策略的损益图

从图 11-3 中我们可以看出，该策略在保护股价下跌风险的同时，还可以让投资者享受到股票价格上涨所带来的好处。当股价下降时，投资者会遭受有限的亏损，当股价上升时，投资者可以获得无限的收益。保护性看跌期权策略的损益用公式表达为

$$\Pi = (S_T - S_0) + \left[\text{Max}(0, X - S_T) - P_0 \right]$$

当 $S_T > X$ 时，发生最大收益（收益无限）

$$最大收益 = (S_T - S_0) + (0 - P_0) = S_T - S_0 - P_0$$

当 $S_T \leqslant X$ 时，发生最大亏损（亏损有限）

$$最大亏损 = (S_T - S_0) + (X - S_T - P_0) = X - S_0 - P_0$$

当 $S_T > X$ 时，发生盈亏平衡点，此时 $\Pi = 0$，即

$$\Pi = (S_T - S_0) + \left[\text{Max}(0, X - S_T) - P_0 \right] = 0$$

即，$(S_T - S_0) + (0 - P_0) = 0$

可推出，盈亏平衡点时的价格 $S_T = S_0 + P_0$

保护性看跌期权看起来并没有什么缺点，因为它既可以保护头寸的下跌风险，又可以保留股票上涨时所带来的潜在收益。但实际上，投资者为了获得这样的好处所付出的代价也是比较昂贵的。我们可以看到只有当股价等于初始的购买价格加上期权费之和的时候，才会盈亏平衡，换句话说，只有当股价上升的幅度大于期权费时，投资者才有可能获利。然而通常来说，期权费是比较贵的，特别是当看跌期权提供的保护越大（执行价格越高）的时候。反之，如果看跌期权的执行价格越低，则提供的保护也越小，此时的期权费也越便宜。

何老师说

看跌期权的执行价格越高（提供的保护越大），其期权费就越贵。比如执行价格为 50 美元的看跌期权的期权费要高于执行价格为 40 美元的看跌期权的期权费。

同样地，对于看涨期权来说，看涨期权的执行价格越低，多头方就有权以更低的价格买入，其期权费就越高。比如，执行价格为 40 美元的看涨期权的期权费要高于执行价格为 50 美元的看涨期权的期权费。

大家对于看跌期权和看涨期权的期权费的这个关系一定要理解并掌握，这个逻辑关系是下面内容的基础。

2.1.3　牛市价差

何老师说

无论是持保看涨期权策略还是保护性看跌期权策略，它们的头寸都由股票和期权组成，我们下面要讨论的几种策略，它们则是由不同的期权所组成的。

所谓价差（spread）策略，它是由买入一个期权的同时卖出一个期权所组成的，这两个期权要么是到期时间不同，要么是执行价格不同（其他条件均相同）。如果它们的到期时间不同，我们把这种策略称为时间价差（time spread），它在 CFA 二级衍生品中有简单介绍，在三级中不进行讨论。如果它们的执行价格不同，我们则把这种策略称为货币价差（money spread），这是我们的重点。

这一部分有很多策略的头寸需要记忆，考生需要掌握两个要点进行理解记忆。在任何一个策略中都有一个头寸负责赚钱或者对冲风险，还有一个头寸负责降低成本。比如上面所说的保护性看跌期权，它的缺点在于期权费很贵，那么投资者可以选择再卖出一个看涨期权，用收到的卖出看涨期权的期权费来支付看跌期权的期权费。这样的一个策略称为保护性封顶保底策略（collar）。它是由看涨期权与看跌期权混合组合的策略，在后面的内容中会详细说明，我们首先来看几种只由看涨期权组成或者只由看跌期权组成的策略。

所谓**牛市价差**（bull spread），就是当市场表现好时，可以通过该策略赚钱。它的头寸组合是买入一个执行价格较低的看涨期权，卖出一个执行价格较高的看涨期权。因为该策略是在牛市中赚钱，而买入执行价格较低的看涨期权更容易获利，所以它在这个策略中是用来赚钱的，而卖出执行价格较高的看涨期权是用来降低成本的。

我们用 X_L 代表较低的执行价格，用 X_H 代表较高的执行价格，用 C_L 代表执行价格较低的看涨期权的期权费，用 C_H 代表执行价格较高的看涨期权的期权费。因为看涨期权的执行价格越低，其期权费越高，所以 $C_L > C_H$。用看涨期权构建牛市价差的图形如图 11-4 所示。

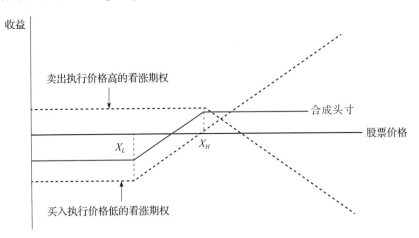

图 11-4　用看涨期权构建牛市价差的示意图

由图 11-4 可知，牛市价差策略的收益有限，亏损也有限。当投资者卖出执行价格较高的期权来降低成本时，他同时也放弃了更高的潜在收益。该策略适合于投资者预期股票价格会上升，但不会高于 X_H 的情况。牛市价差策略的损益用公式表达如下：

$$\Pi = \left[\text{Max}(0, S_T - X_L) - C_L \right] - \left[\text{Max}(0, S_T - X_H) - C_H \right]$$

当 $S_T \geq X_H$ 时，两个期权均被执行，牛市价差有确定的最大收益：

$$\left[\text{Max}(0, S_T - X_L) - C_L \right] - \left[\text{Max}(0, S_T - X_H) - C_H \right] = (S_T - X_L - C_L) - (S_T - X_H - C_H)$$
$$= X_H - X_L + C_H - C_L$$

当 $S_T \leq X_L$ 时，两个期权均不被执行，牛市价差有确定最大损失：

$$\left[\text{Max}(0, S_T - X_L) - C_L \right] - \left[\text{Max}(0, S_T - X_H) - C_H \right] = (0 - C_L) - (0 - C_H)$$
$$= C_H - C_L$$

当 $X_L < S_T < X_H$ 时，执行价格较低的期权被执行，执行价格较高的期权不被执行，牛市价差的盈亏平衡点位于这个区间中：

$$\left[\text{Max}(0, S_T - X_L) - C_L \right] - \left[\text{Max}(0, S_T - X_H) - C_H \right] = (S_T - X_L - C_L) - (0 - C_H)$$
$$= S_T - X_L - C_L + C_H = 0$$

则盈亏平衡点的价格是：$S_T = X_L + C_L - C_H$

👆 【例题】 用看涨期权构建牛市价差

有两个基础资产相同的看涨期权，一个的执行价格为 50 美元，期权费为 8 美元；另一个的执行价格为 60 美元，期权费为 2 美元。两个看涨期权同时到期。

要求：（1）说明如何构建牛市价差并列出其损益的表达式。

（2）计算最大收益、最大亏损以及盈亏平衡点的价格。

解答：

（1）牛市价差 = 买入执行价格较低的看涨期权 + 卖出执行价格较高的看涨期权

$$\Pi = \left[\text{Max}(0, S_T - X_L) - C_L \right] - \left[\text{Max}(0, S_T - X_H) - C_H \right]$$
$$= \left[\text{Max}(0, S_T - 50) - 8 \right] - \left[\text{Max}(0, S_T - 60) - 2 \right]$$

（2）当 $S_T > 60$ 时，有最大收益，且最大收益 $= (S_T - 50) - 8 - \left[(S_T - 60) - 2 \right] = 4$

当 $S_T < 50$ 时，有最大亏损，且最大亏损 $= 0 - 8 - (0 - 2) = -6$

当 $50 < S_T < 60$ 时，令 $\Pi = 0$，即 $(S_T - 50) - 8 - (0 - 2) = 0$，此时 $S_T = 56$

牛市价差除了可以用看涨期权构建以外，还可以用看跌期权构建。在看跌期权构建的牛市价差中，卖出执行价格较高的看跌期权用来获得收益，即期权费；买入执行价格低的看跌期权用来对冲股价下跌的风险。执行价格较高的看跌期权更容易被跌破，从而更容易被执行，所以其期权费更高；相反执行价格较低的看跌期权更不容易被执行，所以其期权费更低，即 $P_H > P_L$。组合的收益是：

$$\Pi = -\left[\text{Max}(0, X_H - S_T) - P_H \right] + \left[\text{Max}(0, X_L - S_T) - P_L \right]$$

用看跌期权构建牛市价差的图形如图 11-5 所示。

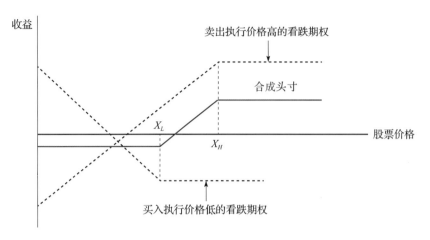

图 11-5 用看跌期权构建牛市价差的示意图

由图 11-5 可知：

当 $S_T \geqslant X_H$ 时，两个期权均不被执行，牛市价差有确定的最大收益：

$$-[\text{Max}(0, X_H - S_T) - P_H] + [\text{Max}(0, X_L - S_T) - P_L] = -(0 - P_H) + (0 - P_L)$$
$$= P_H - P_L$$

当 $S_T \leqslant X_L$ 时，两个期权均被执行，牛市价差有确定的最大损失：

$$-[\text{Max}(0, X_H - S_T) - P_H] + [\text{Max}(0, X_L - S_T) - P_L] = -(X_H - S_T - P_H) + (X_L - S_T - P_L)$$
$$= X_L - X_H + P_H - P_L$$

当 $X_L < S_T < X_H$ 时，执行价格较高的期权被执行，执行价格较低的期权不被执行，牛市价差的盈亏平衡点介于这个区间：

$$-[\text{Max}(0, X_H - S_T) - P_H] + [\text{Max}(0, X_L - S_T) - P_L] = -(X_H - S_T - P_H) + (0 - P_L)$$
$$= -X_H + S_T + P_H - P_L = 0$$

则盈亏平衡点的价格是：$S_T = X_H + P_L - P_H$

2.1.4 熊市价差

如果我们使用与上述策略相反的头寸，即卖出执行价格较低的看涨期权，买入执行价格较高的看涨期权，那么它们形成的结果也是相反的：当股票价格下降的时候，该头寸会有收益；当股票价格上升的时候，该头寸会有亏损。这种策略被称为**熊市价差**（bear spread），即在熊市的时候可以获利。用看涨期权构建出来的熊市价差的损益用公式表达，即

$$\Pi = -[\text{Max}(0, S_T - X_L) - C_L] + [\text{Max}(0, S_T - X_H) - C_H]$$

在这个头寸中，卖出执行价格较低的看涨期权用来获得收益，即期权费；买入执行价格高的看涨期权用来对冲股价上涨时的风险。该头寸的最大收益、最大亏损与盈亏平衡点的价格的计算方法与上述方法类似。用看涨期权构建熊市价差的图形如图 11-6 所示。

当 $S_T \leqslant X_L$ 时，两个期权均不被执行，熊市价差有确定的最大收益：

$$-[\text{Max}(0, S_T - X_L) - C_L] + [\text{Max}(0, S_T - X_H) - C_H] = -(0 - C_L) + (0 - C_H)$$
$$= C_L - C_H$$

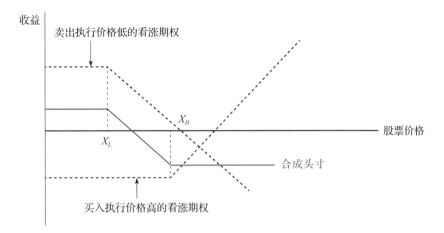

图 11-6　用看涨期权构建熊市价差的示意图

当 $S_T \geqslant X_H$ 时，两个期权均被执行，熊市价差有确定最大损失：

$$-\left[\operatorname{Max}(0, S_T - X_L) - C_L\right] + \left[\operatorname{Max}(0, S_T - X_H) - C_H\right] = -(S_T - X_L - C_L) + (S_T - X_H - C_H)$$
$$= X_L - X_H + C_L - C_H$$

当 $X_L < S_T < X_H$ 时，执行价格较低的期权被执行，执行价格较高的期权不被执行，熊市价差的盈亏平衡点介于这个区间：

$$-\left[\operatorname{Max}(0, S_T - X_L) - C_L\right] + \left[\operatorname{Max}(0, S_T - X_H) - C_H\right] = -(S_T - X_L - C_L) + (0 - C_H)$$
$$= -S_T + X_L + C_L - C_H = 0$$

则盈亏平衡点的价格是：$S_T = X_L + C_L - C_H$

但是，更直观的方法是用看跌期权来构建熊市价差。具体来讲，就是买入执行价格高的看跌期权用来赚取利润，卖出执行价格低的看跌期权用来降低整个策略的成本。看跌期权构建熊市价差的收益是：

$$\Pi = \left[\operatorname{Max}(0, X_H - S_T) - P_H\right] - \left[\operatorname{Max}(0, X_L - S_T) - P_L\right]$$

该策略的图形如图 11-7 所示。

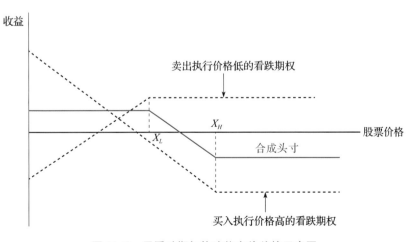

图 11-7　用看跌期权构建熊市价差的示意图

由图 10 – 7 我们可以看出，当 $S_T \leqslant X_L$ 时，两个期权均被执行，熊市价差有确定的最大收益：

$$[\operatorname{Max}(0, X_H - S_T) - P_H] - [\operatorname{Max}(0, X_L - S_T) - P_L] = (X_H - S_T - P_H) - (X_L - S_T - P_L)$$
$$= X_H - X_L - P_H + P_L$$

当 $S_T \geqslant X_H$ 时，两个期权均不被执行，熊市价差有确定的最大损失：

$$[\operatorname{Max}(0, X_H - S_T) - P_H] - [\operatorname{Max}(0, X_L - S_T) - P_L] = (0 - P_H) - (0 - P_L)$$
$$= P_L - P_H$$

当 $X_L < S_T < X_H$ 时，执行价格较高的期权被执行，执行价格较低的期权不被执行，熊市价差的盈亏平衡点介于这个区间：

$$[\operatorname{Max}(0, X_H - S_T) - P_H] - [\operatorname{Max}(0, X_L - S_T) - P_L] = (X_H - S_T - P_H) - (0 - P_L)$$
$$= X_H - S_T - P_H + P_L = 0$$

则盈亏平衡点的价格是：$S_T = X_H + P_L - P_H$

何老师说

由上述内容我们可以看出，牛市价差与熊市价差的关系是：牛市价差的多头方等于熊市价差的空头方。具体来说就是，同样由看涨期权构建的牛市价差和熊市价差，牛市价差的多头方（long bull call spread）等于熊市价差的空头方（short bear call spread）；同样由看跌期权构建的牛市价差和熊市价差，牛市价差的多头方（long bull put spread）等于熊市价差的空头方（short bear put spread）。用公式表达，即

long bull call spread = short bear call spread

long bull put spread = short bear put spread

2.1.5　蝶式价差

无论是牛市价差还是熊市价差策略，它们都是由两个不同执行价格期权所组成的。然而有的策略是由多个期权所组成的，如**蝶式价差**（butterfly spreads），它是由熊市价差与牛市价差合并而成的。

蝶式价差 = 买入熊市价差 + 买入牛市价差

butterfly spreads = long bull spread + long bear spread

我们假设现在有 3 个执行价格的看涨期权，它们的执行价格分别为 X_L、X_M 和 X_H（其中 $X_L < X_M < X_H$）。首先，我们可以通过买入执行价格为 X_L 的看涨期权，卖出执行价格为 X_M 的看涨期权构建出牛市价差。然后，通过买入执行价格为 X_H 的看涨期权，卖出执行价格为 X_M 的看涨期权构建出熊市价差。两个价差合并起来，就是蝶式价差，它的收益表达式为

$$\Pi = [\operatorname{Max}(0, S_T - X_L) - C_L] - 2[\operatorname{Max}(0, S_T - X_M) - C_M] + [\operatorname{Max}(0, S_T - X_H) - C_H]$$

式中　C_L、C_M 和 C_H 分别为执行价格为 X_L、X_M 和 X_H 的期权费。

蝶式价差如图 11-8 所示。

从图 11-8 我们可以看出，该策略损益的取值也在一定的区间之内。当股票价格等于中间的执行价格时，有最大收益；当股票上升或者下降时，有确定的亏损。所以该策略适合投资者

认为股票价格的波动比较平稳时，即当 $S_T = X_M$ 时，投资者卖出两份看涨期权可以获得两份期权费。但是看涨期权空头头寸风险较大，所以另外两份看涨期权的多头头寸是帮助投资者减少风险的。

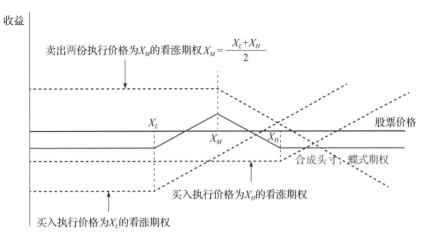

图 11-8　蝶式价差

若 $X_M = \dfrac{X_L + X_H}{2}$，则蝶式价差的图形就是对称的（如图 11-8 所示）；如果该等式不成立，则蝶式期权是不对称的，三级里不讨论非对称的蝶式期权。

由图 11-8 可知，当 $S_T = X_M$ 时，有最大收益：

$$\Pi = \mathrm{Max}(0, S_T - X_L) - C_L - 2\big[\mathrm{Max}(0, S_T - X_M) - C_M\big] + \mathrm{Max}(0, S_T - X_H) - C_H$$
$$= X_M - X_L - C_L - 2(0 - C_M) + (0 - C_H) = X_M - X_L - C_L + 2C_M - C_H$$

当 $S_T \leq X_L$（或者 $S_T \geq X_H$）时，有确定的最大亏损：

$$\Pi = \mathrm{Max}(0, S_T - X_L) - C_L - 2\big[\mathrm{Max}(0, S_T - X_M) - C_M\big] + \mathrm{Max}(0, S_T - X_H) - C_H$$
$$= 0 - C_L + 2C_M - C_H = 2C_M - C_L - C_H$$

当 $X_L < S_T < X_M$ 时（左边盈亏平衡点），$\Pi = S_T - X_L - C_L + 2C_M - C_H = 0$，可得：

$$S_T = X_L + C_L - 2C_M + C_H$$

当 $X_M < S_T < X_H$ 时（右边盈亏平衡点），$\Pi = -S_T + 2X_M - X_L - C_L + 2C_M - C_H = 0$，可得：

$$S_T = 2X_M - X_L - C_L + 2C_M - C_H$$

如果投资者预测股票的价格波动比较剧烈，他可以卖出蝶式价差，即卖出执行价格为 X_L 和 X_H 的看涨期权，买入两份执行价格为 X_M 的看涨期权。

此外，蝶式价差也可以用看跌期权实现，它与用看涨期权构建的方法完全一致。具体来说就是，买入执行价格为 X_L 和 X_H 的看跌期权，卖出两份执行价格为 X_M 的看跌期权。如果看跌期权与看涨期权的定价都是合理的，那么无论用何种方法构建蝶式价差的收益也是一样的。但是，如果看跌期权的价格被低估，那么用它来构建蝶式价差更合适；同样，如果看涨期权的价格被低估，则用它来构建蝶式价差更好。

到此，我们所讲到的关于价差的策略都是只用看涨期权，或者只用看跌期权来构建的，没有混合使用看涨期权和看跌期权。接下来，我们就来介绍混合使用这两种期权的策略。

2.1.6 跨式期权

当市场处于牛市的时候，投资者可以买入看涨期权；当市场处于熊市的时候，投资者可以买入看跌期权。如果投资者认为市场会有波动，但不确定其变动方向的时候，应该用什么策略来盈利呢？我们在前文中提到的蝶式期权的空头头寸可以实现：当股票价格发生较大波动的时候，该头寸可以获得有限的收益。在这里我们介绍另一种可以在市场大幅波动时受益的策略——跨式期权。

跨式期权（straddle）是指同时买入相同执行价格及期限的看涨期权和看跌期权。无论市场是涨还是跌，投资者都可以从中获利。然而，很显然的是，投资为此需要支付双倍的期权费，所以该策略的成本很高。实际上，它是一种赌注，赌基础资产的价格会发生大幅的变动。

跨式期权的收益如下：

$$\text{II} = \big[\text{Max}(0, S_T - X) - C\big] + \big[\text{Max}(0, X - S_T) - P\big]$$

跨式期权示意图如图 11-9 所示。

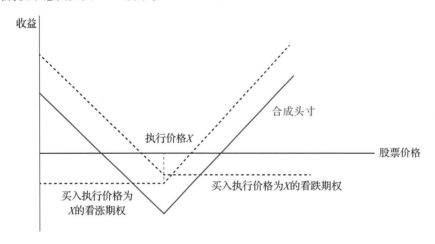

图 11-9　跨式期权示意图

由图 11-9 我们可以看出，如果基础资产的价格不发生变动，或者变动很小的时候，跨式期权的多头方会发生亏损，其最大亏损应该为两份期权费，即 $C + P$。

当基础资产的价格大幅下降或者上升时，该策略会有收益。当价格持续上涨时，跨式期权多头方有无限大的收益，其最大收益 $= S_T - X - C - P$。

该策略的盈亏平衡点有两个：分别发生在价格下降和价格上升时。当 $S_T < X$ 时，盈亏平衡点的价格 $= X - C - P$；当 $S_T > X$ 时，盈亏平衡点的价格 $= X + C + P$。

相反，如果是跨式期权的空头头寸，当基础资产的价格不发生变动时，该头寸会有最大收益，其最大收益就是两份期权费。当基础资产的价格发生大幅波动时，该头寸会面临很大的风险，因为它的最大损失是无限的。

这里需要注意的是，跨式期权特指看涨期权和看跌期权的执行价格相同。如果两个期权的执行价格不同，则其图形的底部就不是一个点，而是一条平滑的线，这种策略被称为**宽跨式期权**（strangle）。

2.1.7 保护性封顶保底策略

在前文我们提到，保护性看跌期权最大的缺点就是成本较高，为了降低成本，投资者可以通过卖出看涨期权获得期权费来支付看跌期权的期权费，这种策略被称为**保护性封顶保底策略**（collar）。如果看涨期权与看跌期权的期权费是一样的，那么投资者可以在不支付任何的成本下实现该策略，它被称为**零成本保护性封顶保底策略**（zero-cost collar）。保护性封顶保底策略示意图如图 11-10 所示。

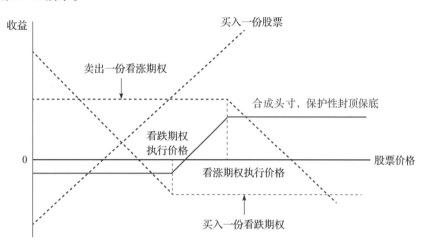

图 11-10　保护性封顶保底策略示意图

从图 11-10 我们可以看出，保护性保底封顶策略兼具了持有保护性看涨期权和保护性看跌期权的特点，在回避风险和降低成本的同时，将收益固定在了特定的区域。因为这个策略的核心头寸是股票现货，所以它在股票价格上涨的时候赚钱。因此，通常来讲，实现该策略的看跌期权的执行价格要低于看涨期权的执行价格。

保护性封顶保底策略的收益公式为

$$\Pi = (S_T - S_0) + [\text{Max}(0, X_p - S_T) - P] - [\text{Max}(0, S_T - X_c) - C]$$

当 $S_T \geq X_c$ 时，看涨期权被执行，看跌期权不被执行，保护性保底封顶获得确定的最大收益：

$$(S_T - S_0) + [\text{Max}(0, X_p - S_T) - P] - [\text{Max}(0, S_T - X_c) - C]$$
$$= S_T - S_0 + (0 - P) - [(S_T - X_c) - C] = X_c + C - S_0 - P$$

当 $S_T \leq X_p$ 时，看涨期权不被执行，看跌期权被执行，保护性保底封顶获得确定的最大亏损：

$$(S_T - S_0) + [\text{Max}(0, X_p - S_T) - P] - [\text{Max}(0, S_T - X_c) - C]$$
$$= (S_T - S_0) + [(X_p - S_T) - P] + C = X_p + C - S_0 - P$$

保护性保底封顶的盈亏平衡点存在于 $X_c > S_T > X_p$ 之间，此时看涨期权和看跌期权均不被执行：

$$(S_T - S_0) + [\text{Max}(0, X_p - S_T) - P] - [\text{Max}(0, S_T - X_c) - C] = S_T - S_0 - P + C = 0$$

则其盈亏平衡点的价格是：

$$S_T = S_0 + P - C$$

2.1.8 盒式套利

如果投资者想在期权市场中寻找套利机会，可以通过买卖权平价关系（put-call parity）或者 BSM 模型来实现。但这两种方法都比较复杂，需要拥有基础资产的现货头寸还要估计很多的变量，如波动性。在这一部分，我们会介绍一种简单、快速并且省钱的方法来识别市场中的套利机会，即**盒式套利**（box spread）。

盒式套利由牛市价差与熊市价差组合，即

box spread = bull spread + bear spread

盒式套利 = 牛市价差 + 熊市价差

假设我们买入执行价格为 X_L 的看涨期权（期权费为 C_L），卖出执行价格为 X_H 的看涨期权（期权费为 C_H），该交易构成了牛市价差。然后我们买入执行价格为 X_H 的看跌期权（期权费为 P_H），卖出执行价格为 X_L 的看跌期权（期权费为 P_L），这笔交易构成了熊市价差。这样的牛市价差和熊市价差合并之后形成的盒式套利的图形如图 11-11 所示。

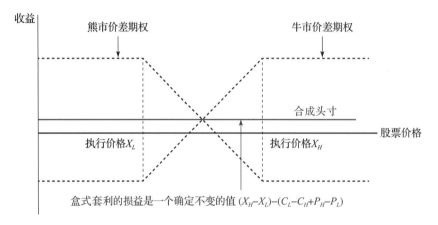

图 11-11　盒式套利示意图

由图 11-11 我们看到，无论基础资产的价格如何变化，盒式套利的损益都是一个确定的值（可以通过头寸的公式推导出来，与前文方法一致，这里省略），即

$$\Pi = (X_H - X_L) - (C_L - C_H + P_H - P_L)$$

我们可以把这个公式分解来看，其中 $(X_H - X_L)$ 是该盒式套利期末时的价值，或者收入；而 $(C_L - C_H + P_H - P_L)$ 是构建这个策略的成本。如果这 4 个期权都是合理定价的，那么该策略的收益应该等于无风险收益率（因为收益是确定值）。

如果收益大于无风险收益率，则说明构建策略的成本较低，即期权多头的价格（C_L、P_H）被低估或者期权空头的价格（C_H、P_L）被高估。虽然无法确定是哪一个期权导致的成本较低，但投资者可以通过买入被低估的、卖出被高估的期权进行套利，即买入看涨期权的牛市价差（long bull call spread）和买入看跌期权的熊市价差（long bear put spread）来获利。

反之，如果收益小于无风险收益率，则说明构建策略的成本较高，即期权多头的价格（C_L、P_H）被高估或者期权空头的价格（C_H、P_L）被低估。此时投资者可以通过与上述相反的头寸合成盒式期权套利赚钱，即卖出看涨期权的牛市价差（short bull call spread）和卖出看跌期权的熊市价差（short bear put spread）。

又因为卖出看涨期权的牛市价差等于买入看涨期权的熊市价差，即 short bull call spread = long bear call spread；而卖出看跌期权的熊市价差等于买入看跌期权的牛市价差，即 short bear put spread = long bull put spread，所以此时盒式套利 = 买入看涨期权的熊市价差 + 买入看跌期权的牛市价差。

何老师说

综上所述，盒式套利 = 牛市价差 + 熊市价差，这个公式是普遍适用的。其中，看涨期权和看跌期权都可以用来合成牛市或者熊市价差，但如果由看涨期权的牛市价差与看涨期权的熊市价差来合成，这两者正好抵消，没有意义。（因为 long bull call spread = short bear call spread 由此可得：long bull call spread + long bear call spread = 0）。

同理，看跌期权的牛市价差与看跌期权的熊市价差也会互换抵消。那么盒式套利的头寸只有剩下的两种组合：

$$box\ spread = long\ bull\ call\ spread + long\ bear\ put\ spread$$

$$box\ spread = long\ bear\ call\ spread + long\ bull\ put\ spread$$

这两种组合都可以实现盒式套利，至于应该选择哪个头寸实现，就要根据期权费的大小来决定。

👆 **【例题】 盒式套利**

用以下期权合成盒式套利：

- 执行价格为 20 美元的看涨期权的期权费为 6.25 美元
- 执行价格为 25 美元的看涨期权的期权费为 3.85 美元
- 执行价格为 20 美元的看跌期权的期权费为 3.2 美元
- 执行价格为 25 美元的看跌期权的期权费为 5.7 美元

以上期权均 3 个月之后到期，无风险利率为 5.0%。

要求：

（1）计算到期时盒式套利的损益和价值。

（2）是否存在套利机会？

解答：

（1）盒式套利到期时的价值是确定的，它等于 $X_H - X_L = 25 - 20 = 5$（美元）

$$收益\ \Pi = (X_H - X_L) - (C_L - C_H + P_H - P_L)$$
$$= (25 - 20) - (6.25 - 3.85 + 5.7 - 3.2) = 0.1（美元）$$

（2）当收益率为无风险利率时，盒式套利期权被合理定价，其合理价格为

$$\frac{X_H - X_L}{(1 + r)^T} = \frac{(25 - 20)}{1.05^{0.25}} = 4.94 \text{（美元）}$$

而现在期初的成本为 $(6.25 - 3.85 + 5.7 - 3.2) = 4.9$（美元），所以成本被低估（4.9 美元 <4.94 美元）。这个结果可能是由于某一个多头头寸的期权价格被低估，也可能是由于某一个空头头寸的期权价格被高估导致的。

所以投资者可以通过买入执行价格为 20 美元的看涨期权，卖出执行价格为 25 美元的看涨期权；买入执行价格为 25 美元的看跌期权，卖出执行价格为 20 美元的看跌期权来合成盒式套利赚取 $(4.94 - 4.9) = 0.04$（美元）的收益。此时，盒式套利 = 买入看涨期权牛市价差 + 买入看跌期权熊市价差。

2.2　利率期权策略 ★ ★

利率期权（interest rate option）的基础资产是利率，它的性质在 CFA 一、二级衍生品的部分已经学习过了。这一节的重点是利率期权在风险管理中的应用，主要是针对浮动利率贷款的风险管理。

利率期权可以分成两种：一种是利率看涨期权（interest rate call option）；另一种是利率看跌期权（interest rate put option）。当基础利率大于执行利率时，利率看涨期权有收益；当基础利率小于执行利率时，利率看跌期权有收益。

我们以利率看涨期权为例，简单回顾一下利率期权的性质。假设某企业（借款人，borrower）现在计划 1 个月之后借入期限为 3 个月的浮动利率贷款，利率约定为 $LIBOR + 1.5\%$。如果 1 个月之后，$LIBOR$ 上升，则企业需要支付更多的利息，为了对冲 $LIBOR$ 上升的风险，该企业可以买入利率看涨期权。当利率上升时，利率看涨期权会有收益，该收益正好可以抵消利率上升所带来的亏损。在这个过程中（见图 11-12），有几个重要的时间点需要注意：

图 11-12　利率期权策略

在 1 时刻，利率看涨期权到期，此时公司可以选择是否执行该期权，但期权的结算日是在贷款结束的时候，即 4 时刻。对于利率看涨期权来说，它的收益是

$$\text{名义本金} \times \text{Max}(0, \text{到期时的基础利率} - \text{执行利率}) \times \frac{\text{贷款期限}}{360}$$

在有些情况下，即使 LIBOR 是按照 30 天、60 天、90 天和 180 天来设定的，但贷款期限是按照贷款的实际天数来计算的。比如基础利率是 180 天的 LIBOR，贷款期限有可能是 180 天或者 182 天等。

对于贷款的借出方（lender）而言，当利率下降时，他们会遭受亏损。所以对贷款人来说，可以买入利率看跌期权来对冲风险，它在到期时的收益是

$$名义本金 \times Max(0, 执行利率 - 到期时的基础利率) \times \frac{贷款期限}{360}$$

2.2.1 利率看涨期权在借款中的作用

我们只需要掌握下面这个例题的计算即可。

👆 【例题】 利率看涨期权

某公司计划在 92 天之后借入期限为 180 天的借款，金额为 50 000 000 美元，利率为 LIBOR + 2%。为了避免在此期间（92 天内）LIBOR 上涨所带来的损失，公司决定买入利率看涨期权，它的到期日为 92 天之后，执行利率为 4.5%，期权费为 150 000 美元，现在的市场 LIBOR 为 5%。

要求： 如果到期时 LIBOR 为 7%，计算有效的借款利率（effective borrowing rates）。

分析：

所谓有效的借款利率就是在买入了利率看涨期权之后，公司实际支付的年化利率为多少（复利形式进行年化）。但请注意，LIBOR 的计算都是单利。

这个计算过程比较复杂，所以在做题的时候，一定要把握好大原则，就是下面的公式：

$$实际的借款利率 = \frac{实际支付的利息}{实际拿到的本金}$$

第一步，计算实际拿到的本金。

实际拿到的本金是在借款金额的基础上调整了看涨期权的期权费。因为公司支付了 150 000 美元的期权费，所以实际上拿到的借款金额不足 50 000 000 美元。但这 150 000 美元不能从 50 000 000 美元里直接扣除，因为它们发生的时间点不一样。所以我们首先应该将现在支付的 150 000 美元的期权费调整到 92 天之后，在 92 天之后，期权费的实际成本应该为

$$FV(premium) = 150\,000 \times \left[1 + (0.05 + 0.02) \times \frac{92}{360}\right] = 152\,683(美元)$$

所以 92 天之后，公司拿到借款时，它的实际借款金额为

实际借款金额（effective loan proceeds） = 50 000 000 - 152 683 = 49 847 317（美元）

第二步，计算实际支付的利息。

公司实际支付的利息包含两个头寸：一个是需要支付给银行的利息，即 LIBOR + 2%；另一个是收到的利率看涨期权的收益，即 Max(0, LIBOR - 4.5%)，其中 4.5% 为期权的执行利率。在做题的时候可以把下图画出来，这样更清晰。

当到期时，$LIBOR = 7\%$，大于执行利率，看涨期权执行：

公司支付给银行的利息为$(7\% + 2\%) \times \dfrac{180}{360} \times 50\,000\,000 = 2\,250\,000$（美元）

公司收到的看涨期权带来的收益 $= (7\% - 4.5\%) \times \dfrac{180}{360} \times 50\,000\,000 = 625\,000$（美元）

所以公司实际支付的利息 $= 2\,250\,000 - 625\,000 = 1\,625\,000$（美元）

根据公式 $49\,847\,317(1+r)^{180/365} = 50\,000\,000 + 1\,625\,000$ 可得：

$$r(\text{实际利率}) = 7.36\%$$

我们可以看出，如果没有购买利率看涨期权，那么该公司需要支付9%的借款利率，但因为购买了利率看涨期权且被执行，该公司的实际利率要更低。

拓展：

如果到期时的 $LIBOR$ 小于或等于执行利率，看涨期权不执行，不会给公司带来额外的好处，但期权费使得实际拿到的本金减少，在这种情况下，如果公司没有买入看涨期权反而更好，它的实际借款利率要低于买了看涨期权时的实际借款利率。

2.2.2　利率看跌期权在贷款中的作用

贷款人（lender）可以通过买入利率看跌期权来对冲利率下降时造成的损失。与利率看涨期权的不同之处在于，在计算有效（实际）利率时，利率看涨期权是将调整期权费的值，并将其从收到的本金中扣除，得到实际借款金额。

然而，在利率看跌期权中，我们也要将期权费进行时间调整，但我们要将其加到贷款金额中，得到实际的贷款金额，因为它们都是贷款人的现金流出。

同样地，我们还是以一道例题来说明。

🖐 **【例题】 利率看跌期权**

银行计划50天之后贷出期限为181天，金额为$100\,000\,000$美元的贷款，贷款利率为 $LIBOR + 1\%$，其中 $LIBOR$ 为180天的 $LIBOR$。

银行担心50天之后 $LIBOR$ 会下降，因此购买利率看跌期权，到期日为50天之后，执行价格为6.5%，期权费为$400\,000$美元。现在市场中的 $LIBOR$ 等于6.75%。

要求：分别计算到期时当 $LIBOR = 8.5\%$ 和 4.5% 时的有效贷款利率。

分析：

同样地，我们的大原则是这个公式

$$\text{实际贷款利率} = \frac{\text{实际收到的利息}}{\text{实际贷款的金额}}$$

第一步，计算实际贷款的金额。

银行贷出的 100 000 000 美元是现金流的流出，同样地，支付的看跌期权的期权费也是现金流的流出，所以我们在计算实际贷款金额的时候，应该把两个现金流的流出相加（调整到同一时间点），这样才能得到总的现金流的流出。

$$实际贷款金额 = 100\,000\,000 + 400\,000 \times \left[1 + (0.067\,5 + 0.01) \times \frac{50}{360}\right] = 100\,404\,306(美元)$$

第二步，计算实际收到的利息。

银行实际收到的利息包括两个头寸：一个头寸是收到贷款的浮动利息，即 $LIBOR + 1\%$；另一个头寸是收到看跌期权的收益，即 $\mathrm{Max}(0, 6.5\% - LIBOR)$，其中 6.5% 为期权的执行利率。

（1）当 $LIBOR = 8.5\%$ 时，大于执行利率，看跌期权不执行

$$实际收到的利息 = 100\,000\,000 \times (8.5\% + 1\%) \times \frac{181}{360} + 0 = 4\,776\,389(美元)$$

根据公式：$100\,404\,306(1 + r)^{181/365} = 100\,000\,000 + 4\,776\,389$，可得：

$$r = 8.98\%$$

（2）当 $LIBOR = 4.5\%$ 时，小于执行利率，看跌期权执行

$$看跌期权的收益 = 100\,000\,000 \times (6.5\% - 4.5\%) \times \frac{181}{360} = 1\,005\,556(美元)$$

$$收到的浮动利息 = 100\,000\,000 \times (4.5\% + 1\%) \times \frac{181}{360} = 2\,765\,278(美元)$$

所以，实际收到的利息 = 1 005 556 + 2 765 278 = 3 770 834（美元）

根据公式：$100\,404\,306(1 + r)^{181/365} = 100\,000\,000 + 3\,770\,834$，可得：

$$r = 6.88\%$$

讨论：

当银行买入看跌期权之后，锁定了实际可以收到的利息的下限，就是 $6.5\% + 1\%$。因为当 $LIBOR$ 小于 6.5% 时，看跌期权会有一定的收益来补偿银行，所以银行至少可以收到 $6.5\% + 1\%$ 的利率。

此外，当 $LIBOR$ 大于等于 6.5% 时，看跌期权不执行，此时的实际贷款利率要低于不对冲时的利率。因为银行在期初要多支付一定的成本，但期末的收入是相同的，所以在这种情况下，银行实际的收益率会降低，即实际贷款利率比不对冲时的利率低。

2.2.3　利率上限、利率下限和利率上下限

何老师说

利率上限、利率下限和利率上下限的原理是一样的，我们在这里以利率上限为例对原理进行详细的讲解，然后用例题的方式来介绍在计算的过程中有哪些方面需要考生特别注意。

公司可以利用利率看涨期权来对冲浮动利率借款的利率风险，但这只适用于单笔利息的情况。往往公司的借款需要支付多笔的利息，比如 3 年期的借款，每半年付息一次。在这种情况下，公司就需要买入一系列的看涨期权来对冲利率风险。我们把用于对冲一笔借款利率风险的一系列利率看涨期权称为**利率上限**（interest rate cap），把组成利率上限的某一个看涨期权称为**利率上限单元**（caplet）。

我们假设有一个期限为 2 年，每半年付息一次的浮动利率借款，如图 11-13 所示。

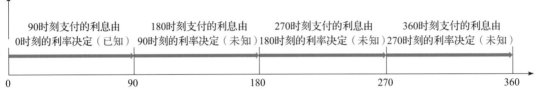

图 11-13　期限为 2 年，每半年付息一次的浮动利率借款

在 0 时刻，公司取得借款，分别在 90、180、270 和 360 时刻支付利息（共需要支付 4 笔利息），其利率为 $LIBOR + 1\%$。

通过 CFA 一级和二级的学习，我们知道虽然利息是在期末支付，但其利率是由期初所决定的。也就是说，90 时刻所支付的利息的利率由 0 时刻决定；180 时刻所支付的利息的利率由 90 时刻决定，以此类推。

对于 90 时刻支付的利息来说，它的利率由 0 时刻决定，然而 0 时刻的 $LIBOR$ 是已知的，所以 90 时刻的利息也是确定的，这一笔利息是没有风险的。但是，对于 180 时刻所支付的利息而言，它的利率由 90 时刻所决定，是未知的，所以存在利率风险。此时公司需要买入看涨期权来对冲利率风险。因此，对于这一笔借款而言，一共有 4 笔利息需要支付，但只有 3 笔利息是有风险的，它们需要用看涨期权来对冲风险。

3 个利率上限单元的到期日分别是 90、180 和 270，但它们**结算日**（payoff）是在 180、270 和 360 时刻。

🖐 【例题】 利率上限

在 4 月 15 日，ABC 公司决定借入期限 2 年，本金为 1 000 万美元的浮动利率借款，利息每半年支付一次，利率 $= LIBOR + 1.5\%$，利息的计算基于真实天数/360。现在市场的利率为 7.5%。

为了对冲利率上升的风险，ABC 公司以 50 000 美元买入每半年支付的利率上限来对冲利率风险，执行利率等于 6.5%。第一笔利率上限单元的到期日为 10 月 15 日，第二笔利率上限单元的到期日为第二年的 4 月 15 日，以此类推。

其他信息见下表。

日期	$LIBOR$	天数（上次日期与这次日期的距离）
4 月 15 日	7.5%	
10 月 15 日	7%	183

（续）

日期	LIBOR	天数（上次日期与这次日期的距离）
4 月 15 日	7%	182
10 月 15 日	6%	183
4 月 15 日	6.5%	182

要求：计算每一期实际支付的利息。

解答：

首先我们要知道每一期的借款利率 LIBOR 由上一期期初所决定；其次需要知道第一笔利率上限单元的到期日是 10 月 15 日而不是 4 月 15 日，因为 4 月 15 日市场中的 LIBOR 是确定的，不需要期权进行对冲风险，因此针对这笔借款只需要 3 个利率上限单元。最后还需要知道利率的确定是在期初，但利息的结算是在期末。

有效利息 = 借款应付利息 - 利率上限单元的结算金额，具体来讲

✓ 第一个 10 月 15 日实际支付的利息：

- 借款应付的利息 $= (7.5\% + 1.5\%) \times \dfrac{183}{360} \times 10\,000\,000 = 457\,500$（美元）

- 第一期没有利率上限单元。

    因此第一个 10 年 15 日实际支付的利息 $= 457\,500$（美元）

✓ 第二个 4 月 15 日实际支付的利息：

- 借款应付的利息 $= (7\% + 1.5\%) \times \dfrac{182}{360} \times 10\,000\,000 = 429\,722$（美元）

- 利率上限单元的结算金额 $= (7\% - 6.5\%) \times \dfrac{182}{360} \times 10\,000\,000 = 25\,278$（美元）

    因此第二个 4 月 15 日实际支付的利息 $= 429\,722 - 25\,278 = 404\,444$（美元）

✓ 第二个 10 月 15 日实际支付的利息：

- 借款应付的利息 $= (7\% + 1.5\%) \times \dfrac{183}{360} \times 10\,000\,000 = 432\,083$（美元）

- 利率上限单元的结算金额 $= (7\% - 6.5\%) \times \dfrac{183}{360} \times 10\,000\,000 = 25\,417$（美元）

    因此第二个 10 月 15 日实际支付的利息 $= 432\,083 - 25\,417 = 406\,666$（美元）

    从第二点和第三点可以看出，即使 LIBOR 是一样的（均为 7%），但因为实际的天数不同，所以利息是不一样的。

✓ 第三个 4 月 15 日实际支付的利息：

- 借款应付的利息 $= (6\% + 1.5\%) \times \dfrac{182}{360} \times 10\,000\,000 = 379\,167$（美元）

- 利率上限单元的结算金额 = 0，因为 LIBOR = 6% 小于执行利率，因此不执行。

    因此第三个 4 月 15 日实际支付的利息 $= 379\,167$（美元）。

利率下限和利率上下限的原理与之类似，这里就不赘述了。只是在计算利率上下限的实际支付

的净利息时稍许复杂一些，它不但要考虑利率下限的结算金额，还要考虑利率上限的结算金额。

2.3　期权组合的风险管理策略 ★ ★

以上我们都是站在投资者的角度来说明应该如何管理风险，比如公司可以通过买入利率看涨期权来对冲利率上涨的风险。但是，作为公司的对手方，做市商拥有看涨期权的空头头寸，他应该如何对冲风险呢？

我们知道，看涨期权的空头方的收益有限而亏损无限，它的风险是非常大的。通常来说，做市商并不希望长时间拥有看涨期权的空头头寸，他有以下几种选择。

第一种方法：找到需要看涨期权的空头头寸的一方，自己成为多头方，与原来的空头头寸抵消。这种方法的前提条件是，两个期权必须完全一致，但是实际上很难找到。

第二种方法：通过买卖权平价公式 $C = P + S - \dfrac{X}{(1+r)^T}$ 合成一个看涨期权的多头头寸。但这种方法非常麻烦，需要买入一个执行价格、到期日相同的看跌期权，还需要买入资产、卖出债券，并且对资产和债券也有限制条件。

第三种方法是我们这一节的重点，也是用得最多的一种方法，叫作 **delta 对冲**（delta hedge）。

2.3.1　delta 对冲

Delta 对冲策略是用基础资产的现货头寸来对冲由于基础资产价格变动所导致的期权价格变动的风险。换句话说，比如做市商现在的头寸是看涨期权的空头，当基础资产的价格上升时，该头寸会有亏损，且亏损是无限大的。这时做市商可以通过买入基础资产来对冲该风险，即当资产价格上升时，现货头寸会有收益，该收益可以弥补期权头寸的亏损。

但这种方法只能在短时间内有效，因为期权价格本身会随着时间的改变而改变。在长时间来看，投资者需要进行**动态对冲**（dynamic hedge），即不断地调整对冲的头寸。

我们先来回顾一下什么是 delta。Delta 是期权价格对基础资产价格变动的敏感程度，用公式表达，即

$$delta = \frac{\text{期权价格的变化}}{\text{基础资产价格的变化}}$$

假设我们用 N_S 份股票和 N_C 份看涨期权构建了一个组合，用 S 代表股票的价格，C 代表看涨期权的价格，那么组合的价值（V）等于：

$$V = N_S S + N_C C$$

组合价值的改变量等于：

$$\Delta V = N_S \Delta S + N_C \Delta C$$

对冲之后的组合价值的变动应该等于零，即

$$\Delta V = N_S \Delta S + N_C \Delta C = 0$$

可推导出：

$$N_s = -N_c \frac{\Delta C}{\Delta S} = -N_c \times delta$$

也就是说，如果做市商希望对冲 1 份的看涨期权的空头头寸的风险，则需要买入 delta 份的基础资产。

同样的道理，如果做市商希望对冲 1 份看跌期权的空头头寸的风险，则需要卖出 delta 份的基础资产。因为当股票价格下降时，看跌期权的空头头寸会遭受损失，而此时卖出股票的头寸会产生收益，该收益正好可以弥补期权的亏损。

👆 【例题】 delta 对冲

假设看涨期权的 $delta = 0.533$，做市商想用股票头寸对冲 10 000 份看涨期权的空头头寸的风险。

要求：计算需要用多少份的股票进行对冲。

解答：

$$N_s = -N_c \frac{\Delta C}{\Delta S} = -N_c \times delta = -(-10\,000) \times 0.533 = 5\,330$$

可以对结果进行验证：

当股票价格上升 1 美元时，1 份看涨期权的价格上升 0.533 美元，空头方（做市商）损失 $0.533 \times 10\,000 = 5\,330$（美元）。另一方面，当股票价格上升 1 美元时，5 330 份股票的多头头寸的价值上升 5 330 美元，两者正好抵消。

2.3.2 动态对冲

想要实现 delta 对冲并没有我们上述说的那么简单，有如下几点原因：

✓ 基础资产价格的变动与期权价格的变动关系是一条曲线（凸性），但 delta 是一阶导，它只衡量了线性关系。所以当基础资产的价格大幅变动时，用 delta 来衡量并不准确。具体而言，对于看涨期权，delta 低估了标的资产价格上升对期权价格的影响，高估了标的资产价格下降对期权价格的影响；对于看跌期权，delta（这里假设看跌期权的 delta 以绝对值表示）低估了标的资产价格下降对期权价格的影响，高估了标的资产价格上升对期权价格的影响。

✓ delta 会随着市场环境的改变而改变。

✓ 就算市场环境不发生改变，但随着时间的流逝，delta 本身就会改变。

✓ 由于期权份数会被四舍五入，这会导致 delta 对冲不准确。

正是因为就算股票价格不发生改变，delta 都会随着时间的改变而改变，所以我们需要进行动态对冲，也就是不断地调整对冲的头寸。

👆 【例题】 动态对冲

假设看涨期权一开始的价格为 1.4 美元，$delta = 0.5739$，30 天后到期。现在的股票价格等于 100 美元。做市商拥有 2 000 份看涨期权空头头寸。为了对冲风险，他以 100 美元/股

的价格买入 11 478(20 000 × 0.573 9) 份股票。

一天之后，股票的价格变成 101 美元，看涨期权的价格为 1.97 美元，*delta* = 0.704 0。

要求：说明做市商应该如何调整对冲头寸？

解答：

Delta 上升，做市商应该买入更多的股票来对冲风险，追加的股票数量 = 20 000 × (0.704 0 − 0.573 9) = 2 602 （股）

为了买入新的股票，做市商应该以无风险利率借款，用借款来买入股票，这样一来，*delta* 对冲的组合的价值就不会改变。

如果对冲是完美的（有效的），那么组合的收益应该等于无风险利率，如果不相等的话，说明对冲不完美。我们以一道例题进行说明。

👆 【例题】 对冲是否有效

一开始，看涨期权的价格为 1.40 美元，*delta* = 0.573 9，30 天到期。做市商卖出 20 000 份看涨期权。为了对冲这个头寸，他以 100 美元/股的价格买入了 11 478 = (20 000 × 0.573 9) 份股票。无风险利率 = 6%。

一天后，股票价格不变，但看涨期权的价格变成 1.39 美元，*delta* = 0.572 7。

要求：计算一开始组合的价值以及一天之后组合的价值。

解答：

组合的头寸 = 股票的多头 + 看涨期权的空头

因为看涨期权的空头相当于一个负债，所以其价值应该在股票价值的基础上扣除，即

一开始组合的价值 = 100 × 11 478 − 1.4 × 20 000 = 1 119 800 （美元）

一天之后组合的价值 = 100 × 11 478 − 1.39 × 20 000 = 1 120 000 （美元）

组合的价值上升了 $\frac{200}{1\,119\,800}$ = 0.017 86%，即一天的收益率为 0.017 86%。我们要将这个值与一天的无风险收益率进行比较，才能知道该对冲是否有效。

已知年化的无风险利率为 6%，一天的无风险利率 = $e^{0.06/365}$ − 1 = 0.016 4%，它与一天组合的收益率（0.017 86%）不相等，所以对冲不是完美的。

此外，我们还可以假设在完全对冲的条件下，求出一天之后组合的价值应该等于多少，再将这个数值与实际的组合的价值进行对比。过程如下：

如果对冲是完美的，则组合可以获得无风险收益率，所以一天之后组合的价值应该等于 = 1 119 800$e^{0.06/365}$ = 1 119 984 （美元）。而现在，一天之后组合的价值等于 1 120 000 美元，两者不相等，所以对冲不完美。

虽然对冲并不是完美的，但它们之间的误差并不大，所以依旧是一个好的对冲策略。

2.3.3　Gamma 的影响

Gamma 衡量的是 *delta* 对基础资产价格变化的敏感程度，即

$$\text{gamma} = \frac{delta\ 的改变}{基础资产价格的改变}$$

如果 delta 是完全线性的，则 gamma 就等于零。但我们知道 delta 并不是线性的，它是曲线，所以 gamma 也不完全等于零。Gamma 越大，头寸的风险就越大。

当平价期权在接近到期日的时候，它的 gamma 是最大的，头寸的风险也最大，此时 gamma 对冲比 delta 对冲更为重要。但如何实现 gamma 对冲不在我们的探讨范围之内。

3 互换在风险管理中的应用

本节说明

互换，即交易双方约定在一段时间内交换一系列的现金流，而且其中至少有一方的现金流是不确定的。互换合约按照基础资产的不同可以分为4类：利率互换、货币互换、权益互换和商品互换。在这一节，我们只介绍金融产品的互换，商品互换不在我们的讨论范畴之内。

利率互换一般来说是一方支付浮动利率，另一方支付固定利率。有时双方都支付浮动利率，但是浮动利率不同。

货币互换，顾名思义，就是双方交换不同币种的现金流。因为交换的货币不同，且交换时的汇率是不确定的，所以即使是固定利率的现金流，它的金额也是不确定的。因此这种互换可以是固定换浮动，也可以是浮动换浮动，或者是固定换固定。

权益互换是指至少有一方支付的是股票或者股指的收益。

我们可以利用这3种不同基础资产的互换合约来帮助管理不同类型的风险。本节分为4个部分：第一部分介绍了如何用利率互换管理利率风险；第二部分介绍了如何用货币互换管理汇率风险；第三部分介绍了如何用权益互换管理股票市场风险；第四部分则介绍了互换期权（swaption）在风险管理中的应用。

知识点自查清单

- ❑ 利率互换的应用：管理利率风险★★
- ❑ 货币互换的应用：管理汇率风险★
- ❑ 权益互换的应用：管理股票市场风险★
- ❑ 利率互换期权在风险管理中的应用★

3.1 利率互换的应用：管理利率风险★★

在前面的章节中，我们已经学习了如何用远期、期货和期权来管理利率风险。除此之外，利率互换合约也可以用来管理利率风险，它通常用于期间需要支付多笔利息的情况。

3.1.1 调整组合的久期

最常见的利率互换合约是浮动利率与固定利率之间的交换，这种合约也称为**单纯利率互换**

（plain vanilla）。比如公司 A 支付固定利率，公司 B 支付浮动利率，它们所依据的名义基金和货币是相同的。在这样一个互换中，我们把公司 A 称为付固定、收浮动的一方；把公司 B 称为付浮动、收固定的一方。

在讨论如何利用利率互换合约帮助我们调整组合的久期之前，我们先来看利率互换合约的久期应该如何计算。

利率互换可以看作是固定利率债券与浮动利率债券的组合，所以它的久期也可以看作是两者之和，即

$$D_{互换} = D_{固定} + D_{浮动}$$

对于付固定（fixed payer）的一方来说，相当于卖出了固定利率的现金流，买入了浮动利率的现金流，即

$$D_{付固定} = D_{浮动} - D_{固定}$$

对于收固定（fixed receiver）的一方来说，相当于买入了固定利率的现金流，卖出了浮动利率的现金流，即

$$D_{收固定} = D_{固定} - D_{浮动}$$

因为浮动利率债券的票息率会每隔一段时间随着市场利率的改变而改变，所以在付息日的时候，浮动利率债券的市场价格会回归面值。而久期衡量的是债券价格对利率的敏感程度，所以浮动利率债券的久期在付息日可以认为约等于零。

如果浮动利率债券处于两个付息日之间，我们可以简单地认为，此时浮动利率债券的久期等于现在至下一次付息日的时间，或者用平均久期来计算。对于一个每季度付息一次的浮动利率债券来说，它的最大久期等于 0.25 年（即每季度），最小久期等于 0，所以它的平均久期等于 $\frac{0.25 + 0}{2} = 0.125$（年）。

约定俗成的，固定利率债券一方的久期 = 到期时间 $\times \frac{3}{4}$，即如果 1 年期的每季度付息一次的固定利率债券，它的久期应该为 $1 \times \frac{3}{4} = 0.75$（年）。

假设互换中，浮动利率债券的久期等于 0.125 年，固定利率债券的久期等于 0.75 年，那么对于付固定利率的一方来说，$D_{付固定} = D_{浮动} - D_{固定} = 0.125 - 0.75 = -0.625$。

因为通常 $D_{固定} > D_{浮动}$，所以：

$$D_{收固定} = D_{固定} - D_{浮动} > 0$$
$$D_{付固定} = D_{浮动} - D_{固定} < 0$$

因此，如果投资者希望增加组合的久期，他可以进入一个收固定利率的互换合约；如果投资者希望降低组合的久期，他可以进入一个支付固定利率的互换合约。问题是，用多少名义本金的互换合约可以达到目标久期呢？与用远期、期货来调整久期类似，我们可以根据下面的公式来计算。

$$V_P \times MDUR_T = V_P \times MDUR_P + NP \times MDUR_{互换}$$

式中　V_P——组合原始的价值；

$MDUR_T$——目标修正久期；

$MDUR_P$——组合原来的修正久期；

$MDUR_{互换}$——互换的修正久期（互换久期）；

NP——互换的名义本金。

由该公式可推出：

$$NP = V_P \times \left(\frac{MDUR_T - MDUR_P}{MDUR_{互换}} \right)$$

由公式可以推出，名义本金与互换久期呈负相关关系，久期越长的互换（互换合约），所需的名义本金就越小。

👆 **【例题】** 确定名义本金

一个基金经理希望用一个互换合约将价值为 5 000 万美元的固定收益组合的久期下降到 2.8，该组合现在的久期等于 4.3。互换合约的久期等于 3.0。

要求：计算该互换合约的名义本金等于多少？

解答：

因为需要降低组合的久期，所以应该进入一个收浮动、付固定的互换合约，它的久期小于零。

根据公式 $NP = V_P \times \left(\dfrac{MDUR_T - MDUR_P}{MDUR_{互换}} \right)$ 可得：

$$NP = 50\,000\,000 \times \left(\frac{2.8 - 4.3}{-3} \right) = 25\,000\,000 (美元)$$

3.1.2 浮动利率贷款与固定利率贷款之间的转换

一般来说，企业希望获得固定利率贷款，而银行希望提供浮动利率贷款。当两者实际获得的头寸与希望的头寸不符时，他们可以通过利率互换合约将头寸调整成希望的头寸。因为利率互换合约基于的货币种类是相同的，所以交易双方可以使用净额结算，且期初不用交换本金，这也是它的本金被称为"名义本金"的原因。

假设某公司现在已有一个固定利率的借款，公司预测未来利率会下降，因此想将固定利率的头寸调整为浮动利率的头寸，该目标可以通过收固定、付浮动的利率互换合约来实现。具体来说，假设公司现在支付的固定利率为 6%，互换合约的固定端利率为 6.5%，浮动端的利率为 $LIBOR + 1\%$，通过进入一个收固定、付浮动的互换合约，公司的总头寸 = $-6\% + 6.5\% - (LIBOR + 1\%) = -(LIBOR + 0.5\%)$。其中负号代表支付，因此公司的头寸就变成了支付 $LIBOR + 0.5\%$ 的头寸，即支付浮动利率的头寸。

我们通常会说，将浮动利率的负债转换为固定利率的负债是一种风险对冲的行为。实际上并不是，我们只是将浮动利率的**现金流风险**（cash flow risk）换成了固定利率的**市场风险**（market value risk）。

通过互换合约，我们将未来现金流不确定的浮动利率负债转化成了未来现金流确定的固定

利率负债，所以未来现金流的不确定性被消除，更有利于公司做预算，因此现金流的风险降低。然而，转化为固定利率负债之后，负债的久期上升（绝对值），它的市场价格对利率变动的敏感程度升高，所以负债的市场价格波动更为剧烈。比如，如果利率下降，负债的价格上升，理论上讲，公司的所有者权益会下降。因此，该互换合约帮助我们降低了现金流的风险，却使得市场价值风险上升。

从公司的角度来说，因为资产的久期通常是大于负债的久期，所以所有者权益的久期通常是大于零的。所有者权益的久期大于零，说明了所有者权益受利率改变的敏感程度比较大，即股东承担的风险比较高。此时公司希望降低所有者权益的久期，那么可以通过增加负债的久期来实现。要增加负债的久期（假设公司现在的负债为浮动利率），则只需要进入一个付浮动、收固定的利率互换合约即可。

3.1.3 管理结构性债券的风险

结构性债券（structured notes）与传统的浮动利率债券不同，因为它具有杠杆的特性。也就是说，结构性债券的利率变动是市场利率变动的倍数，比如 1.5LIBOR；或者也可以是**反向变动**（inverse floater），即市场利率上升时，结构性债券的利率反而下降。

下面我们就具体介绍一下这一系列过程。我们用 FP 代表结构性债券的面值（本金），用 C 代表固定利率债券的利率，用 FS 代表互换合约中固定端的利率。

1. 杠杆化浮动利率债券

我们假设 A 公司计划发行面值为 FP，利率为 1.2LIBOR 的结构性债券，这种债券也被称为**杠杆化浮动利率债券**（leveraged floating-rate note）。A 公司计划将该债券出售给 D 公司，然后再管理该笔业务的风险，其过程如图 11-14 所示。

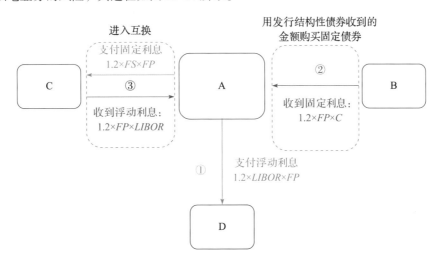

图 11-14　杠杆化浮动利率债券

第一步，A 公司将该债券出售给 D 公司，期间的利息支出为 $1.2 \times LIBOR \times FP$。此时 A 公司有浮动利率风险的敞口。

第二步，A 公司为了对冲浮动利率风险的敞口，首先它用发行结构性债券的收入来购买固

定利率债券，假设对手方为 B 公司。它的票息率为 C，为了使该固定利率债券的票息率与结构性债券的票息率匹配，A 公司应该买入面值为 1.2 个固定利率债券，即 $1.2FP$，此时 A 收到的固定利息为 $C \times 1.2FP$。

何老师说

为什么第二步的时候，A 不直接买入浮动利率债券来对冲风险呢？这里的原因有很多，有可能因为浮动利率债券比较贵，也有可能市场上没有合适的浮动利率债券来对冲风险。

那为什么 A 不直接进入互换合约将浮动利率的头寸转化为固定利率的头寸呢？因为如果这样做，A 需要自己每期支付固定端的利息。现在 A 的目标类似于套利，就是在管理风险的基础上，赚取一定的收益。

第三步，进入互换合约，将第一步中的浮动利息的支出抵消，即要进入一个收浮动、付固定的互换合约。其浮动利息应该与结构债券的浮动利息相等，即 $1.2 \times LIBOR \times FP$，所以这个互换的名义本金应该为 $1.2FP$。此时支付的固定端的利息为 $1.2 \times FS \times FP$，FS 为互换合约中的固定利率，它与固定利率债券中的利率（C）并不一定相等。

经过这三步之后，A 公司的净头寸应该是收到 $1.2FP(C - FS)$，这个头寸是固定的，所以对冲了浮动利率的风险敞口。但是这个头寸到底是收益还是亏损，这个取决于两个固定利率的大小。固定利率的大小可以在一定程度上反映出发行人的信用风险，如果 B 的信用风险要大于互换的违约风险，那么 A 可以获得正收益。所以我们可以认为如果 $1.2FP(C - FS) > 0$，则反映出了**信用风险的溢价**（credit risk premium）。

何老师说

在这个过程中，考生需要掌握以下 3 个要点。

第一个，为了实现风险管理，结构债券的发行方应该买入多少份面值为 FP 的固定利率债券？在这个例子里，是 1.2 倍的 FP。

第二个，为了实现风险管理，结构债券的发行方应该进入一个什么样的互换合约？在这个例子里，进入了收浮动利率为 $1.2L(FP)$，付固定利率为 $1.2FS(FP)$ 的互换。

第三个，结构债券的发行人为了获得收益，承担了相应的风险，其风险就是两个对手方的违约风险。

2. 反向浮动利率债券

假设 W 公司计划发行反向浮动利率债券，它的浮动利率为 $(b\text{-}LIBOR)$，其中 b 为固定值，面值为 FP。用互换合约管理反向浮动利率债券的风险的过程与上述例子类似，其图示如图 11-15 所示。

第一步，W 公司将浮动利率为 $b - L$、面值为 FP 的结构性债券发行给 X 公司。W 公司的利息支出为 $(b - L)(FP)$，即 $-(b - L)(FP)$，相当于 W 公司支付 b 利率、收到 L 利率。

第二步，用发行结构性债券的收入，向 Y 公司买入固定利率债券，收到固定利息等于 $C \times FP$。

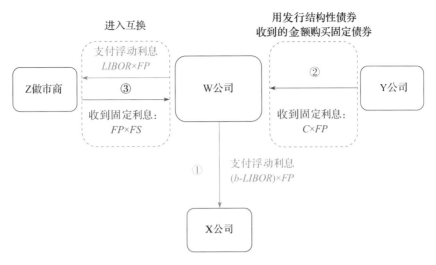

图 11-15　反向浮动利率债券

第三步，为了对冲结构性债券中收到浮动利率的头寸，W 公司需要进入一个支付浮动、收到固定利率的互换合约。其浮动端的利息支出等于 $L(FP)$；固定端的利息收入等于 $(FS)(FP)$。

经过这三步之后，W 公司的净头寸等于 $FP[-(b-L)+C+FS-L]=FP(FS+C-b)$。

从这个公式中我们可以看出，如果 $b<FS+C$，则 W 公司可以获得正收益。其中 b 可以由 W 公司决定，但 FS 和 C 是受市场利率和 Y 公司信用风险所决定的。当 b 越低，则 W 公司的收益就越大，但对于投资者来说（X 公司），就越没有吸引力。

如果市场利率 L 上升，高于 b，则反向浮动利率债券的票息率为负数，这就意味着 W 公司不用支付利息，相反贷款人（X 公司）要向借款人（W 公司）支付利息，这显然是不合理的。如果 b 越低，L 就越有可能超过 b。因此 b 不能太高也不能太低，它需要设置在一个合理的范围内。另外，如果 L 真的大于 b，此时 W 公司可以事先向 X 公司保证其收到的利息不会低于零。但这个保证会造成 W 公司面临一定的亏损，它可以再买入一个利率上限管理这个风险，该利率上限的执行利率为 b。也就是说，当 L 大于 b 的时候，利率上限有收益，它等于 $L-B$，该收益正好可以对冲"保证"所带来的亏损。

3.2　货币互换的应用：管理汇率风险 ★

在这一节，我们会介绍如何利用货币互换来管理汇率风险。

因为互换合约至少需要一方的现金流不确定，这样的互换才有意义。对于利率互换来说，因为交易双方的货币相同，所以通常利率互换只能在浮动利率与固定利率之间进行交换，少数情况存在浮动利率换浮动利率。但货币互换不一样，双方交换的货币种类不同，即使是固定利率换固定利率，但由于汇率的不确定性，未来现金流也是不确定的。所以对于货币互换来说，可以是固定利率换固定利率，也可以是浮动利率换浮动利率，同样也可以固定利率换浮动利率。

3.2.1　改变负债的币种

　　一般来说，当一家公司想在国外拓展业务时，就需要外币融资。但因为种种原因，比如国外银行对该公司缺乏了解，或者说该公司在国外的信用等级没有在本国高，就会导致该公司在国外的借款成本更高。此时公司会选择在国内发行本币债券，然后通过货币互换合约将该负债的币种变成外币来降低借款成本。我们以下面的例子来分析一下整个过程的现金流情况。

　　2017 年 1 月 1 日，一家中国公司计划在美国拓展业务，需要 150 000 000 美元，因为该中国公司在美国的知名度较低，所以直接在美国融资的成本较高。因此该中国公司选择在中国发行债券，然后进入收美元付人民币的货币互换合约，对手方为做市商。

　　假设现在的市场汇率为 7 元人民币/美元，且在合约期间保持不变，那么中国公司需要发行 150 000 000 × 7 = 1 050 000 000（元）的债券。另外该债券的每年年初付息且利率为 6%，互换合约中人民币的互换利率为 5.5%，美元的互换利率为 4.0%，为期 3 年。

　　那么在 2017 年 1 月 1 日（合约期初），中国公司发行债券获得 1 050 000 000 元人民币，同时进入互换合约，支付 1 050 000 000 元人民币给做市商，并从做市商那收到 150 000 000 美元。此时，中国公司的净头寸变成收到 150 000 000 美元。

　　在合约期间，比如 2018 年 1 月 1 日，此时中国公司需要向中国的债券投资者支付利息（= 1 050 000 000 × 6% = 63 000 000 元），同时向做市商支付美元互换利息（= 150 000 000 × 4% = 6 000 000 美元）并从做市商那里收到人民币互换利息（= 1 050 000 000 × 5.5% = 57 750 000 元）。从中可以看出，中国公司从做市商那里收到的互换利息不足以支付债券投资者的利息，其差额 = 1 050 000 000 × (6% − 5.5%) = 5 250 000（元）。这是因为互换中的利率通常是基于银行为主体进行确定的，银行的信用等级较高，所以利率较低。而一般公司信用等级是低于银行的，其信用风险较高，无法按照互换利率进行融资，所以这个差额可以看作是信用风险溢价所需支付的成本。

　　在合约期末，中国公司需要向中国的债券投资者偿还本金 1 050 000 000 元人民币，同时向做市商支付 150 000 000 美元的本金并收到 1 050 000 000 元人民币的本金。此时，中国公司清偿了债券的债务并且结束了整个互换合约。

　　此外，如果公司的初衷不是降低国外的融资成本，而是单纯地想改变负债的币种，也可能通过互换合约实现。具体原理与之类似，这里就不再赘述了。

3.2.2　不交换本金的货币互换

　　如果公司已经在国外开展了业务并且发展稳定，那么运营期间产生的现金流一般是稳定的且可预测的。此时公司可以通过货币互换锁定每次转化后的金额，只不过这种货币互换比较特殊，它不需要交换本金，只用交换期间的现金流。

　　🖐 【例题】　不交换本金的货币互换

　　一家中国公司在美国有一个子公司，每年可产生 8 000 000 美元的现金流，需分两次转换为人民币。该公司希望可以通过互换合约锁定转换率，假设现在的汇率为 7 元人民币/美元，互换合约中美元的固定利率为 4%，人民币的固定利率为 5%。

要求：计算互换合约的名义本金和每一期需要交换的现金流。

分析：

虽然我们不需要交换本金，但还是需要计算名义本金并以此来计算出每一期需要交换的现金流。

该公司每年可产生的现金流为 80 000 000 美元，每半年转换一次，即每次需要交换的现金流为 4 000 000 美元。根据公式 $NP_\$ \times 4\% \times \dfrac{1}{2} = 4\,000\,000$，可得美元的名义本金为 200 000 000 美元。

又因为汇率为 7 元人民币/美元，所以对应的人民币的名义本金 = 200 000 000 × 7 = 1 400 000 000（元）。

中国公司每一期需要支付的金额为 4 000 000 美元并收到 $1\,400\,000\,000 \times 5\% \times \dfrac{1}{2} =$ 35 000 000（元），因此通过该互换合约，中国公司可以有效地将每年产生的美元现金流转换为人民币。

虽然中国公司这样处理可以锁定转换后的金额，但也会面临一定的风险。最主要的风险就是实际产生的现金流与预期不一致。当实际产生的现金流更大时，多余的部分就不能通过互换来转换，它们能转换为多少元的人民币是不确定的；如果实际产生的现金流比预期的少，该公司也只能按照互换合约的现金流进行交换，不足的部分需要补足。

何老师说

注意，在计算期间应该收到多少人民币的时候，不能直接用 4 000 000 × 7 元人民币/美元来计算，而是先要计算出名义本金，再根据名义本金计算出每期交换的现金流。因为如果直接计算相当于假设两国的利率是一样的，但实际上两国的利率是不一样的。

3.3 权益互换的应用：管理股票市场风险 ★

权益互换可以帮助基金经理在不买卖任何股票的情况下获得或者转移一个股票的头寸。但这种头寸是暂时性的，当合约到期时，合成的头寸也随之到期。权益互换的应用有如下几个方面。

第一，权益互换可以帮助投资者管理市场的风险。比如投资者已有一个股票组合的头寸，预期未来股票市场会下跌，那么他就可以进入一个支付股票收益、收到固定利息的互换合约将头寸变成收到固定利息的头寸。其中股票收益通常是股票指数的收益，它只有在每个期末，即结算日的时候才能确定。比如 0 时刻时，点位为 1 100 点，在第一季度末时，点位为 1 050 点，那么指数的第一季度收益 = (1 100 − 1 050)/1 100。

权益互换还有一个特点，就是会出现付两份或者收两份的情况。比如，投资者进入一个支

付股票收益，收到固定利息的互换合约，当指数收益为负数时，投资者会收到两份收益。如果出现支付两份的情况，投资者可能出现现金流不足的问题，此时可能需要卖出一部分股票换取现金，这就导致股票的价值小于互换合约的名义本金，但投资者依旧需要按照名义本金来支付剩下的互换金额。

第二，权益互换可以帮助投资者实现组合的分散化。

通过 IPS 的学习我们知道，有的组合中某一只股票的占比非常大，这样会导致风险过于集中。然而投资者可能并不想卖出股票，这时就可以通过权益互换来降低组合的风险、起到分散化的作用。

第三，权益互换除了可以分散化头寸集中的投资组合的风险以外，它还可以用于做国际化的分散化。如果某基金的投资组合全部由国内的债券或者股票组成，那么它可以通过权益互换，付出一部分的国内证券的收益来换取国外证券指数的收益。

相比卖出国内证券再买入国外证券来实现分散化，权益互换的交易成本更低。但同时，除了上述说到的现金流的问题以外，这样的权益互换还会带来外汇风险。

第四，与用远期、期货合约来管理组合的资产配置一样，权益互换也可以用于改变组合的资产配置，比如：①股票与股票之间的转换，如大盘股与中盘股头寸之间的转换；②债券与债券之间的转换，如投资级别与投机级别债券之间的转换；③股票与债券之间的转换。

3.4 利率互换期权在风险管理中的应用 ★

互换期权（swaption）实质上是一个期权，即进入一个互换合约的权利。它可以进入任何一种互换合约，但我们这里着重介绍**利率互换期权**（interest rate swaption），它可以分为两种：**支付互换期权**（payer swaption）和**收到互换期权**（receiver swaption）。

这里的支付和收到都是针对固定利率来说的，即支付互换期权，就是让期权的持有者有权利进入一个支付固定利率、收到浮动利率的互换。而收到互换期权，就是让期权的持有者有权利进入一个收到固定利率、支付浮动利率的互换。

互换期权的本质就是期权，所以它与我们熟悉的看涨期权与看跌期权具有相同的性质：

- ✓ 期权的买方需要支付一定的期权费来获得这个权利，而卖方可以收到期权费。
- ✓ 可以分为美式与欧式。美式互换期权可以在到期前任意时间行权；欧式期权只能在期权到期时行权。
- ✓ 有执行利率（exercise rate），它与执行价格类似，是合约中事先约定好的。当期权到期时，持有者会将互换合约现在的市场利率与执行利率进行比较。如果互换合约现在市场的利率大于执行利率，则支付互换期权会行权；如果现在的市场利率小于执行利率，则收到互换期权会行权。

例如，现在有一个支付互换期权，期权 1 年后到期，到期后支付互换期权的持有者有权利进入一个 3 年期的，支付固定利率、收到浮动利率的互换合约，其固定利率为 3.6%。用时间轴表示如下：

➤支付互换期权

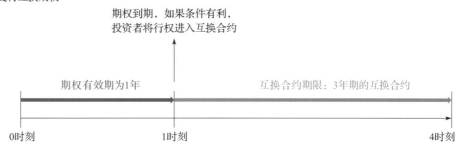

假设 1 年之后，期权到期，此时互换合约的市场利率 $FS(1,4)=4.0\%$，要大于执行利率 3.6%。此时说明，如果执行该期权，持有者只需要支付 3.6% 的利率，如果不执行，则需要支付 4.0% 的利率，所以会选择行权。即当市场利率大于执行利率时，支付互换期权的持有者会选择行权。

因此，我们可以说，当市场利率上涨的时候，支付互换期权的持有者会选择行权，这种性质类似于利率看涨期权。

同样地，当市场利率下降的时候，收到互换期权的持有者会选择行权，这种性质类似于利率看跌期权。

从另一方面来考虑，是进入支付互换期权还是收到互换期权主要取决于基金经理对于利率走势的判断。如果预期未来利率会上升，则按固定利率支付是有利的，因此如果目前基金经理是按浮动利率支付的，则应该进入支付互换期权。如果预期未来利率会下降，那么按浮动利率支付是有利的，因此如果现在基金经理是按固定利率支付的，则应该进入收到互换利率。

何老师说

$FS(1,4)$ 表示 1 时刻开始，4 时刻结束的互换合约的固定利率，即 3 年期的互换合约的固定利率。如果是 2 时刻开始，7 时刻结束的互换合约的固定利率则用 $FS(2,7)$ 表示。

3.4.1 对冲将来借款的利率风险

假设某公司计划未来将发行一个浮动利率债券，它担心未来利率会上涨，那么这家公司可以利用利率互换期权来对冲这个风险。如果未来利率下降，公司可以选择不执行期权，以获得利率下降带来的好处。

因为某公司未来需要支付浮动利率，所以它应该买入一个支付互换期权，即支付固定利率、收到浮动利率。

我们也可以从另一个角度来思考，因为公司未来有一个浮动利率负债，它担心未来利率会上涨，所以应该买入利率看涨期权来对冲风险。由前文我们得知，利率看涨期权类似于支付互换期权，因此公司应该买入支付互换期权。

一般来说，支付互换期权可以将未来的浮动利率负债转化为固定利率负债；而收到互换期权可以将未来的固定利率负债转化为浮动利率负债。

👆【例题】 转换将来借款的性质

假设某公司将在 1 年后以浮动利率借入两年期的贷款，金额为 500 万美元，利率为 *LIBOR* +1%，每年支付一次。公司预期未来利率会上涨，所以希望买入名义本金为 500 万美元的互换期权，期权的执行利率为 6%。

要求：

（1）公司应该进入哪种类型的利率互换期权？

（2）当 $FS(1,3)$ >执行利率时，公司的净头寸等于多少？

（3）当 $FS(1,3)$ <执行利率时，公司的净头寸等于多少？

解答：

（1）公司希望将浮动利率负债变为固定利率负债，因此应该进入支付互换期权。

（2）当 $FS(1,3)$ >执行利率时，期权执行：

公司净头寸 $= [-(LIBOR + 1\%) - 6\% + L] \times 5\,000\,000 = -350\,000$（美元）

（3）当 $FS(1,3)$ <执行利率时，期权不执行，此时公司可以选择直接进入市场中的互换合约来改变借款的性质，此时市场中的互换利率为 $FS(1,3)$。

公司的净头寸 $= [-(LIBOR + 1\%) - FS(1,3) + L] \times 5\,000\,000$
$$= -[FS(1,3) + 1\%] \times 5\,000\,000$$

因为 $FS(1,3)$ <6%，所以此时公司支付的金额要小于 350 000 美元。

3.4.2 提前终止互换合约

假设一名基金经理现在处于一个互换合约中，但他希望可以提前结束这份合约，那么他可以进入一个与现有合约特征相同但头寸相反的合约，如图 11-16 所示。

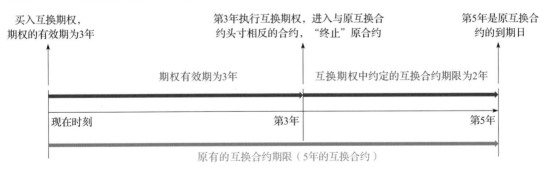

图 11-16　提前终止互换合约

例如，基金经理原有的支付固定利率的互换合约在 5 年之后到期，现在他希望可以在 3 年后提前结束该合约。那么他可以买入一个名义本金与互换利息相同的利率互换期权，该期权 3 年后到期，有权利进入 2 年期的收到固定利率、支付浮动利率的互换合约。这样就可以抵消原有的头寸，使得合约提前终止。

同样地，我们需要在 3 时刻的时候根据市场情况决定要不要执行该期权。如果市场利率大于执行利率，则不行权；如果市场利率小于执行利率，则行权。

3.4.3 用合成的方法增加（或去除）看涨期权的特征

如前所述，付出互换期权相当于利率的看涨期权或债券的看跌期权，而收到互换期权相当于利率的看跌期权或债券的看涨期权。此结论也可以从浮动利率一方来理解，付出互换期权是付出固定利率、收到浮动利率，只有当浮动利率上升时，持有者才会行权，所以付出互换期权相当于利率的看涨期权。同理，收到互换期权是收到固定利率，付出浮动利率，只有当浮动利率下降时，持有者才会行权，所以收到互换期权相当于利率的看跌期权。而利率与债券成反向关系，利率上升，债券价格下降，反之亦然。

可赎回债券（callable bond），即发行人有权利将债券提前赎回，发行人需要支付更高的利息以获得这样的权利。当利率下降的时候，发行人可以将债券赎回，然后以更低的市场利率发行新的债券进行融资。这个性质与债券的看涨期权类似，因为利率下降，债券价格上升，此时期权被执行。

如果发行人预测未来利率大幅下降的可能性很低，即他执行权利的可能性较低，然而他还需要继续支付较高的成本来获得这个权利，此时发行人希望可以去除掉这个期权，利率互换期权可以帮助实现这个目标。

因为债券的看涨期权等于利率的看跌期权，而收到互换期权（收固定）相当于利率的看跌期权。所以卖出债券的看涨期权等于卖出收到互换期权，因此可赎回债券的发行人只需要卖出收到互换期权即可去除可赎回债券中的看涨期权的特征。

何老师说

这里的推导过程比较绕，我们用英文名词来表示可能更直接。

现在发行人有一个 callable bond，现在想去除 callable 的性质（non-callable bond），即需要 short callable on bond。

又因为 short callable on bond = short put option on interest rate，而 put option on interest rate = receiver swaption，因此 short callable on bond = short receier swaption。

所以发行人可以利用 short receiver swaption 的头寸来去除债券看涨期权的性质。

同样地，如果发行人发行的是一个不可赎回债券，也可以通过互换期权加入一个债券看涨期权的性质。加入债券的看涨期权等于买入债券的看涨期权，即买入利率的看跌期权。利率的看跌期权类似于收到互换期权，因此买入利率的看跌期权等价于买入收到互换期权。用等式表示，即

$$\text{long callable bond} = \text{long put option on interest rate} = \text{long receiver swaption}$$

当市场利率很高时，发行人不行权，此时利率过高，发行人也不会选择赎回债券。

当市场利率很低时，互换期权行权。互换中收到的固定利息可以用于支付债券的利息，而发行人此时只需要支付很低的浮动利率即可。这就相当于发行人赎回了债券，以新的较低的利率进行融资。同样地，发行人还可以再利用一个新的互换合约将支付浮动利率的头寸抵消，此时的净头寸就是支付新的互换利率（因为市场利率很低，所以新的互换利率也较低）。

第 12 章

交　易

学科介绍

前面我们学习了如何帮助客户制定投资政策说明书，如何在市场中寻找短期机会，也学习了股票、债券、其他类投资以及衍生品的投资策略，并且介绍了如何在投资过程中控制风险。

当基金经理为客户挑选买入或卖出的证券后，其实投资过程并没有完全结束。证券的买卖过程，即交易的执行过程也是非常重要的环节，执行的好坏直接会影响客户的投资收益。所以这一章着重介绍如何衡量执行成本，如何选择合适的交易策略。

1 投资组合决策的执行

本章说明

我们之前学习的内容主要都是围绕着如何做投资决定进行探讨的，那么投资决策如何实施，实施的成本如何计量就是本节需要解决的问题。

基金经理负责制定组合的投资策略，选择合适的投资标的，然而执行这些交易指令则是由交易员来负责的。在建仓完成交易的这一过程中，会产生交易成本，而交易成本又会影响客户的收益，所以基金经理要对交易成本进行评估。

通过本章的学习，考生需掌握以下知识点：

✓ 区别不同的市场结构与交易成本，选择合适的交易指令。

✓ 能够正确计算衡量交易成本的指标。

✓ 掌握不同的交易策略与交易员的类型。

知识点自查清单

❏ 市场结构与交易成本

❏ 衡量交易成本的方法 ★★★

❏ 交易员的类型

❏ 交易策略

❏ 算法交易 ★★★

❏ 最优执行

1.1 市场结构与交易成本

通过 CFA 一级、二级的学习，我们知道金融市场的作用就是将"有钱人"和"有思想的人"连接起来，实现资金的融通。那么金融市场如何实现融通，其功能主要从以下 3 个方面进行考量：

✓ **流动性**（liquidity）：流动性越强，交易成交得越及时，交易成本也越低。

✓ **透明性**（transparency）：透明性越强的市场，越能提供最正确且最新的市场信息，以帮助投资者做出投资决策。

✓ **确保交易的完成性**（assurity of completion）：交易的完成和产权的转让过程是没有任何纠纷的。

1.1.1　市场结构

正是因为市场的主要职能是进行产权的转移，那么按照交易方式的不同，我们可以将市场分为 4 种类型，分别为：指令驱动型市场、报价驱动型市场、经纪人市场和混合型市场。混合型市场（hyhrid markets）实际上就是前面 3 种市场的组合，所以我们重点在于学习前面 3 种市场。在此之前，我们先复习一下两个概念：**经纪人**（brokers）与**做市商**（dealers）。

在做市商市场中，做市商会买入股票作为存货，并提供买入价和卖出价（注意，这里的买入价、卖出价都是针对做市商而言的）。因此，做市商通过作为买方的卖方，或者卖方的买方为市场提供流动性。另外他们可以自己定价，通过低买高卖赚取利润，如果存货的风险较高，差价就较高，利润也较高。

经纪商是通过代理买卖的服务收取佣金来赚取利润的。对于经纪商来说，他与交易员有委托代理的关系，所以他有法定的义务在代理的过程中以客户的利益最大化。

作为交易员的代理人，经纪人主要的职责有：代理订单，帮助客户找到交易对手方，甚至自己也可以成为对手方，只不过需要有额外的补偿才会承担风险；对客户的交易意图保密；提供市场信息，提高市场的有效性；提供其他增值服务；保证市场可以持续运作等。

接下来，我们看看不同类型的交易市场。

1. 指令驱动型市场

所谓驱动就是影响价格的因素，在**指令驱动型市场**（order-driven）中，价格受市场中买卖指令的影响。在这个市场中，最典型的特征就是，交易在投资者之间进行，并不通过做市商。也正是如此，订单之间的竞争比较激烈，可能导致交易会以一个更好的价格被执行；但另一方面，在这个市场中，没有做市商买入证券作为存货在市场中提供流动性，所以它的流动性比报价驱动型市场弱，这就会导致交易者可能会延迟下单或者无法完成订单。

在指令驱动型市场中，交易者无法选择交易的对手方，因为交易的执行是依靠一定的机制的，比如愿意买卖的价格是否匹配、订单的时间顺序等。

李老师说

什么叫作指令？举一个简单的例子。比如你要以 10 元/股买 1 000 股 ABC 公司的股票，这就是一个指令。一般来说，买入（卖出）价越高（低）的指令越容易成交，如果价格相同就以下单的时间为顺序来成交。这就是价格优先和时间优先，也称为成交的规则（rules）。

在中国，并不是所有人都有资格下单，只有有会员资格的人才能下单，其他人只能委托有会员资格的人帮忙下单。有会员资格的人就是券商，他们帮别人下单的业务实际上就是经纪业务。

在指令驱动型市场中，有 3 个主要的子分类。

✓ **电子交互网络**（electronic crossing networks）。在这个市场中，订单会根据平均的买入价和卖出价，成批（累计）地在某一个固定时间内进行处理。买卖双方不用交给做市商买卖价差，而且交给平台的佣金也较低，所以整体的交易成本较低。另外，交易信息不

会被泄露，这样就可以避免大单交易对市场价格造成的影响（market impact）。它的缺点是订单可能不能完全被执行。

它无法提供**价格发现**（price discovery）的功能。所谓价格发现是指，交易的价格会根据供需达到平衡。但在交互网络市场，交易者无法得知对手方的身份，也无人知晓对手方的交易规模，那么交易的订单很可能只有部分执行，而不会完全被实现。比如，交易员 A 需要买入 50 000 份股票，交易员 B 想卖出 48 000 份股票，双方以 20 元/股的价格成交了 48 000 股。此时交易员 B 的卖出订单全部得以执行，而交易员 A 的买入订单只成交了一部分，市场的供需是不平衡的。按理来说，市场价格应该上涨以吸引更多的卖方来满足交易员 A 剩余的订单，但它不具备价格发现的功能，所以无法使得 A 的订单完全被执行。

✓ **拍卖市场**（auction markets）。在拍卖市场中，交易者提出自己的订单与其他订单进行竞争。拍卖可以是在一天中的某段时间进行（periodic auction markets or batch auction markets），也可以是连续进行的（continuous auction markets）。拍卖市场有价格发现的功能，所以在拍卖市场中，订单部分成交或者不成交的频率要少于电子交互网络市场。

✓ **自动拍卖市场**（automated auctions markets or electronic limit-order markets）。这种市场本质是拍卖市场，只不过是用电子化的竞价方式，用某种订单成交的规则，在一天内连续进行的。ECN（electronic communications networks）[⊖]是典型的股票自动拍卖市场，它与交互网络市场很像，都是基于电子化的，并且对交易信息保密。但它与电子交互网络市场也有所不同，它是连续竞价的，因此提供价格发现的功能。

既然指令会影响这个市场中的价格，那么常见的指令包含哪些呢？接下来我们会讨论两种常见的指令。

一种是**市场指令**（market order）。这种指令旨在以当前最好的价格立刻成交。如果这个订单不能用一个交易完全执行，则会选择下一个最好的价格进行成交，直到完全执行。市场指令的重点不在于成交的价格，而在于成交的速度，所以它的缺点就是成交价格有不确定性（price uncertainty），如果成交价格过高，则交易成本也会变高。

李老师说

举一个简单的例子，比如你下单时说"我要买 1 万股 ABC 公司的股票"，这个订单只有想要成交的数量，而不包含期望成交的价格，这样的指令就是市场指令。

另一种常见的指令是**限价指令**（limit order）。在这种指令下，订单只会以约定的价格或者比约定价格更好的价格成交。假设约定价格为 20 元/股，那么对于买单而言，交易价格必须小于等于 20 元；对于卖单而言，交易价格要大于等于 20 元。如果市场价格不优于约定价格，订单无法成交。

由此我们可以看出，限价指令的重点在于成交的价格，成交的时间并不重要。所以限价指

⊖ 虽然电子交互网络市场的缩写也是 ECN，但在实务中，ECN 的缩写常被用于 electronic communications networks 市场。

令的缺点就是是否被执行有不确定性（execution uncertainty），它存在隐性的机会成本。

2. 报价驱动型市场

报价驱动型市场（quote-driven markets）依赖于做市商对公司证券提出的买入价或卖出价。所以这个市场也称为**做市商市场**（dealer markets）。做市商（dealer，有时也称为 market maker）通过买入证券作为存货或者卖出存货为卖方和买方都提供了流动性，同时赚取**买卖价差**（bid-ask spread）。

当证券的供需不同时发生时，做市商的存在才更有意义，因此流动性天然比较差的市场主要由做市商组成，如债券市场。需要注意的是，在做市商市场中，并不是提供最好的价格（较高的买价或较低的卖价）就能吸引投资者，有时信用是比价格更重要的指标。

比如在外汇市场需要买美元，做市商 A 提供的卖价为 6.87 元人民币/美元，做市商 B 提供的卖价为 6.85 元人民币/美元，哪一个做市商的报价更优呢？我们需要注意的，这里的报价都是针对做市商而言的，对于交易者来说，做市商的卖价是交易者的买价。交易者的买价肯定是越低越划算的，所以按理来说，交易者应该选择与 B 交易，但是最后却选择了与 A 进行交易。其中的一个原因可能就是做市商 A 的信誉比 B 更好，更值得信赖，与 A 交易的信用风险更小。

3. 经纪人市场

这里所说的**经纪人市场**（brokered market）与指令驱动型市场并不相同。指令驱动市场是由经纪人所参与的，但这里所说的经纪人市场是指由经纪人代表做市商进行交易的，换句话说就是需要经纪人才能寻找到对手方的。

一般流动性比较差的或者规模比较小的市场属于经纪人市场。比如房地产投资，它需要专业的房地产中介才能找到交易对手方。所以，经纪人市场主要服务于大单交易（block order），且交易需要保密的订单。因为大单交易的意图如果被泄露，会造成抢单（front-run）现象，从而造成交易成本过高。

1.1.2　有效价差

通过上面的学习，我们知道了在指令驱动型市场中，交易者的成本来源于不同的指令类型。如果是市场指令，执行的速度比较快，但成交的价格不确定，如果成交价格比较高，就有比较高的交易成本。如果是限价指令，价格确定，但执行的速度较慢，就会产生隐性的机会成本。

而对于报价驱动型市场，我们是用**有效价差**（effective spread）来衡量成本的。为了说明这个问题，我们先引入几个概念。

首先我们需要再强调一遍的是，买入价（bid price）是做市商愿意出钱购买证券的价格，买入数量（bid quantity）是做市商愿意买入的数量。卖出价（ask price 或者 offer price）是做市商愿意卖出证券的价格。而卖出价减掉买入价的价差就是做市商承担风险的酬劳，当做市商承担的风险越高时，价差就越高。理论上，这个价差就是交易者进行买卖证券的所有成本。

做市商之间也会有竞争，他们会对同一种证券进行报价，因为这种报价实际上属于限价指令，被称为**限价指令簿**（limit order book）。在限价指令簿中会列示每个做市商对该证券的报价，我

们将最好的买入价（最高的买入价）称为**内部买入价**（inside bid）或**市场买入价**（market bid）；同理，将最好的卖出价（最低的卖出价）称为**内部卖出价**（Inside Ask）或**市场卖出价**（market ask）。最好的买入价与最好的卖出价之间的差称为**内部价差**（inside bid-ask spread）或**市场价差**（market bid-ask spread），这个价差越小，代表市场流动性越高。平均的市场买价和卖价的中间值称为**中间价**（midquote）。

李老师说

这里最好的买入价、卖出价都是针对交易者（不是做市商）而言的。对于交易者来说，可以以最高的价格将股票卖出是最好的情况，此时对于做市商来说，就是最高的买入价，所以最高的买入价是最好的买入价。同理，交易者可以以最低的价格买入股票是最好的情况，此时对于做市商来说，就是最低的卖出价，即最低的卖出价就是最好的卖出价。

有效价差就是真实的成交价格与订单进入市场时的中间价之差的两倍。对于买单而言是执行价格与中间价之差的两倍；对于卖单而言，是中间价与执行价格之差的两倍。

如果有效价差小于市场价差，就说明交易的成本比较低，或者说这个证券的流动性比较好。

用有效价差衡量交易成本要优于市场价差。因为市场价差只是简单地反映了当订单进入市场时平均的买卖成本，而有效价差可以反映交易价格的改善（price improvement）和大单交易对市场价格的改变（market impact）。

价格的改善指的是订单以优于市场报价的价格成交。比如，当买单进入市场的时候，市场卖价为 15.31 元/股，最后以 15.01 元/股成交，购买成本相对于一开始时减少了 0.3 元/股，此时就是价格的改善，此时有效价差小于市场价差。这种情况是可能发生的，因为做市商认为以 15.01 元/股的价格成交是有利可图的。如果最后买单以 15.35 元/股成交，则说明这个买单可能对市场价格有冲击，使市场卖价抬高，此时有效价差大于市场价差。

🖐 **【例题】** 有效价差的计算

假设市场买入价为 8.55 元/股，卖出价为 8.75 元/股，卖单的执行价格为 8.6 元/股，求有效价差。

解答：

第一步：中间价 = $(8.55 + 8.75)/2 = 8.65$（元/股）

第二步：卖单的有效价差 = $2 \times (8.65 - 8.6) = 0.1$（元/股）

第三步：计算市场价差 = $8.75 - 8.55 = 0.2$（元/股）并进行比较

此时有效价差 < 市场价差，所以该笔交易成本低，对市场有价格的改善。

李老师说

这里的市场价差相当于决定交易执行好坏的参照物。上例中有效价差小于市场价差，说明这个交易的执行非常好，以一个较低的成本完成了订单。

由于市场中的买入价和卖出价会不断地改变，而交易的执行也是分批进行的。这时就需要计算平均值，这个值我们叫作**平均有效价差**（average effective spread）。

☞ **【例题】** 平均有效价差

某交易员需要卖出 500 份 ABC 公司的股票，该交易分两次完成，第一笔交易 300 股，执行价格为 15.52 元/股，第二笔交易 200 股，执行价格为也为 15.52 元/股。两次交易执行时的市场报价见表 12-1。

表 12-1　两次交易执行时的市场报价

	买入价（元/股）	买单数量	卖出价（元/股）	卖单数量
第一笔	15.52	300	15.65	200
第二笔	15.50	300	15.62	200

要求：

（1）分别计算这些交易的市场（报价）价差与有效价差。

（2）计算平均市场价差与平均有效价差。

解答：

根据市场价差 = 市场卖价 - 市场买价，可求

第一笔交易市场价差 = 15.65 - 15.52 = 0.13（元/股）

第二笔交易市场价差 = 15.62 - 15.50 = 0.12（元/股）

所以，平均市场报价价差 = (0.13 + 0.12)/2 = 0.125（元/股）

根据公式：卖单的有效价差 = 2 × (中间价 - 执行价格)

第一笔交易的市场中间价 = (15.65 + 15.52)/2 = 15.585（元/股）

第一笔交易的有效价差 = 2 × (15.585 - 15.52) = 0.13（元/股）

第二笔交易的有效价差 = 2 × [(15.62 + 15.50)/2 - 15.52] = 0.08（元/股）

平均有效价差 (0.13 + 0.08)/2 = 0.105（元/股）

如果用成交量作为权重求加权平均有效价差，则

加权平均有效价差 = (300/500) × 0.13 + (200/500) × 0.08 = 0.11（元/股）

分析：

第一个交易中没有价格改善，因为有效价差等于市场价差（均为 0.13 元）。在第二个交易中，有效价差小于市场价差（0.08 < 0.12），所以价格有改善。

总的来说，平均有效价差低于平均市场价差，它反映了交易成本较低。

1.1.3　评判市场质量的标准

前文提到了证券市场的功能是提供流动性、透明性以及确保交易的完成性。那么我们应该如何评判市场是否很好地完成了这几项职能呢？

1. 流动性

一个流动性比较好的市场表现在以下几个方面。

✓ 较小的买卖价差。价差比较小，说明交易成本低，此时投资者更愿意交易，市场的流动性就高。

✓ 较大的市场深度（market depth）。大单交易也不会使证券的价格产生很大的变动，因此交易成本更低。

✓ 市场有弹性（market resilience）。市场价格与内在价值差距很小，即使有偏差也能很快地回到合理价值。如果市场弹性不好，市场在经历大起大落时，回归正常的速度非常慢。

李老师说

关于市场深度，我们可以举一个形象的例子帮助大家理解。

如果市场很浅，假设成一个小池塘，往里面丢个石子就有波浪了，那如果丢个大山进去，就会把整个池塘给填平了，这时市场冲击的影响很大。但如果说是马里亚纳海沟，它非常非常深，你往里面扔石头一点反应都没有，你扔个珠穆朗玛峰进去可能都没有反应。所以市场深度越大，说明交易越不可能改变价格，即使是大单交易，也不影响市场，那么交易成本就比较低。

从上面可以看出，一个流动性比较好的市场可以使投资者的交易成本更低，市场价格也更有效。那么有哪些因素会影响流动性呢？

第一，市场中买家和卖家的数量。参与人数越多，交易被执行的速度越快，市场流动性越好。

第二，投资者的多样化，或者说观点的多样化。如果每个人的观点都相同，都希望买或都希望卖，那么市场会不均衡。只有观点不一致时，即有人希望买，有人希望卖，才会产生交易。

第三，只有交易越便捷，投资者才越活跃。比如交易所运营时间越长，投资者更能方便地选择适合的时间进行交易，交易就越活跃。

第四，市场的诚信度越高，监管越严格，投资者更愿意交易。

2. 透明性

透明性是指投资者获得信息的难度，是否能方便、快速、花费较少的成本就能获得有用的信息。这些信息既包括交易前的价量信息，也包括交易后的信息。

3. 确保交易的完成性

市场交易的完成性取决于每个合约双方是否履行自己的义务，为了保证合约的完成，经纪商和交易所可能对交易双方提供一些保证。

1.2 衡量交易成本的方法

在早期，人们认为投资收益的高低主要取决于投资能力。而现在，越来越多的人意识到交

易成本对投资收益也会产生重要的影响。下面我们就来研究几种衡量交易成本的方法。

1.2.1　交易成本的分类

交易执行的成本我们可以先简单地分为两种：显性成本（explicit costs）和隐性成本（implicit costs）。显性成本是可以直接观察到的，比较容易衡量，它包括佣金、税费、印花税等。隐性成本不能直接观察，但它们又真实存在，具体包括以下 4 类。

- ✓ 买卖价差。在前文中已经讨论过了，这里就不赘述了。
- ✓ 市场冲击成本或者价格影响。它指的是交易本身会对市场价格造成影响。比如，大量的买单进入市场之后可能会推高市场价格。
- ✓ 未成交的机会成本（missed trade opportunity costs）/未实现的损益（unrealized profit/loss）。它是指在一定时间内未完成所有交易而产生的成本。机会成本也很难去衡量，因为选择不同的时间点会影响机会成本的计算。
- ✓ 延迟成本（delay costs/slippage）。它是指由于交易不能立即执行而产生的成本。

衡量显性成本比较简单，因为显性成本的支出都会有收据；而在衡量隐性成本时，通常会用一个对照物去对比。有一种简单的衡量隐性成本的方法，计算如下：

$$买单的隐性成本 = 交易量 \times (执行价格 - 参照价格)$$
$$卖单的隐性成本 = 交易量 \times (参照价格 - 执行价格)$$

其中参照价格通常选用开盘价、收盘价或者 VWAP，下面我们来详细介绍一下 VWAP。

1.2.2　VWAP

VWAP（Volume-Weighted Average Price）就是一天内的加权平均的价格，其中权重是一天总交易量的占比，它可以作为参照价格，帮助我们衡量隐性交易成本。其计算过程很重要，我们以一道例题来说明。

🖐 **【例题】** 计算 VWAP

假设市场中一天内某只股票只有两笔交易：第一笔以 5.8 元/股的价格成交 200 股股票；第二笔以 5.88 元/股的价格成交 300 股股票。

要求：计算市场的 VWAP。

解答：$VWAP = \dfrac{200}{500} \times 5.8 + \dfrac{300}{500} \times 5.88 = 5.848$（元/股）

需要注意的是：我们现在求得的是市场中某只股票在一天中的平均执行价格，它是衡量隐性成本的参照价格。根据订单的方向（买方或卖方）来决定是执行价格减去 VWAP 还是 VWAP 减去执行价格。

假设投资者在这一天中下了买单，以 5.9 元/股的价格买了 200 股股票，那么这个买单的隐性成本 $= 200 \times (5.9 - 5.848) = 10.4$（元/股），计算结果为正数，代表投资者的交易价格大于市场的平均执行价格，是投资者的成本。

如果投资者在这一天中下了卖单（sell order），以 5.9 元/股的价格卖了 200 股股票，那么这个卖单的隐性成本 = 200 × (5.848 - 5.9) = -10.4(元/股)。负的成本实质上是收益，代表交易员以一个更好的价格（高于 VWAP）执行了卖单。

VWAP 具有以下两个缺点。

第一，当某一个交易员的订单占了总市场交易规模绝大部分的时候，这个交易行为会严重地影响到市场 VWAP 的价格。如果市场的总交易量都来源于某一个交易员，那么交易员的执行价格就等于 VWAP，此时隐性成本为零，看似是一个非常好的交易，但实际上交易员付出了很高的价格去购买。

第二，VWAP 容易被操纵。首先交易员根据一天内任意时刻的交易量是可以预测出最后的 VWAP 的。如果交易员准备执行一个买单，但他清楚如果现在执行，那么执行价格会比市场的 VWAP 要高，这样就会发生很高的交易成本。于是他选择在今天不执行，延迟到第二天执行。因为 VWAP 是按天计算的，第二天执行的交易成本可能会"显得"比较低，但如果该股票在第二天暴涨，这个交易员实际付出的成本会比第一天成交的更高。

正是由于有这些缺点，我们将下来会引入另一种更为复杂的方法来衡量成本——执行落差。

1.2.3　执行落差

执行落差（implementation shortfall，IS）是将真实组合的收益与一个假设组合的收益进行比较，其差额就是总的交易成本。**假设组合**（paper portfolio）是完美状态下的组合，即交易者的订单可以立即全部被执行且没有任何费用。我们把决定下单时的价格叫作**决定价格**（decision price），那么假设组合的收益 = 订单数 × (交易期结束时的市场价格 - 决定价格)。其中决定价格通常为前一天的收盘价，有时也可能是决定交易时的中间价，这个取决于题目条件。

真实组合收益（actual portfolio's return）与假设组合收益之差就包含了所有的显性和隐性交易成本，其组成元素主要有以下 4 类。

- ✓ 显性成本：包括佣金、税费等。
- ✓ 实现的损益（realized profit/loss）：反映了执行价格与决定价格之间的价格变化。需要注意的是，如果交易延迟执行（比如第一个交易日没有成交，第二个交易日才成交），那么实现的损益反映的是执行价格与第一个交易日收盘价之间的差。
- ✓ 延迟成本（delay costs/slippage）：反映了下单当天却没有成交所带来的成本。
- ✓ 未实现的损益（Unrealized profit/loss）/机会成本（missed trade opportunity cost）：反映了订单没有被执行所带来的损益，它的计算基于取消订单时的价格与决定价格之差和未执行的订单数量。

李老师说

显性成本比较好计算，后面 3 个成本都属于隐性成本，这样看概念比较模糊，我们以画图的方法来直观感受一下（见图 12-1）。

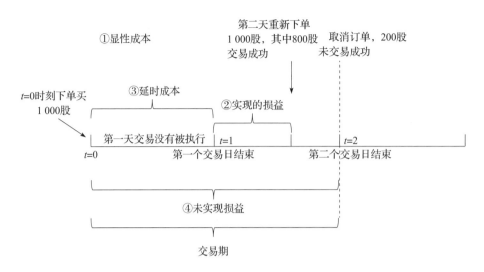

图 12-1　执行落差的 4 个组成元素

以图 12-1 为例，假设 $t=0$ 时刻，交易者决定下单，买入 1 000 股股票。在第一天内没有交易被执行，于是交易者在第二天重新下单，有 800 股买入成功。到了第二个交易日结束，还有 200 股没有成交，交易者决定取消订单。

从图 12-1 的标号我们可以看到，实现的损益为执行价格与前一天收盘价的差（如果第一天就有交易被执行，则实现的损益为执行价格与决定价格的差）（图中②号），用数学表达式可以表示为

实现的损益 =（执行价格 – 第一天收盘价）× 被执行的股票数

延迟成本则为订单未被交易当天的价格变化（图中③号），用数学表达式可以表示为

延迟成本 =（第一天收盘价 – 决定价格）× 被执行的股票数

未实现的损益等于取消时的价格与决定价格之差（图中④号），用数学表达式可以表示为

未实现的损益 =（取消时的价格 – 决定价格）× 取消的股票数

这样以画图的方式表达出来就比较直观了，但没有具体的数据可能还是比较抽象，我们就用一道例题来看看怎么计算。

👆 【例题】　执行落差的计算

周一 XYZ 公司股票的收盘价为 15.00 元/股。周二开盘之前，交易员决定以 14.89 元/股的价格买 1 000 股 XYZ 公司股票。当日未有订单成交，收盘价为 15.03 元/股。

周三交易员重新下单以 15.04 元/股的价格买 1 000 股 XYZ 公司股票，当日以 15.04 元/股的价格买入 750 股，佣金为 20 元。当日 XYZ 公司股票收盘价为 15.06 元/股，剩下的未成交的 250 股订单被取消。

要求：计算执行落差及其组合部分。

解答：

注意决定价格并非下单价，决定价格通常为前一天的收盘价或者题目中会明确说明决定价格是多少，这一题中的决定价格为 15 元/股。

周一交易没有被执行，在周二重新下单才被部分执行，执行价格为 15.04 元/股，剩余 250 股订单被取消，取消时的价格为 15.06 元/股。根据这些条件我们先画图，如图 12-2 所示。

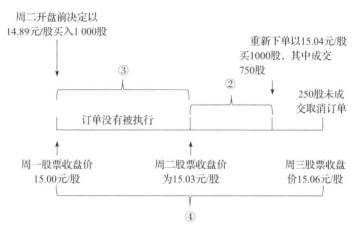

图 12-2　执行落差的计算

如图 12-2 所示，②代表了实现的损益，③代表了延迟成本，④则是错过交易的机会成本，而显性成本题目中已经告诉我们，是 20 元。在分别计算部分成本之前，我们先计算它们的总和，也就是执行落差。

总执行落差：真实组合与假设组合之差。

- 假设组合的收益：回忆一下，假设组合是假设在没有任何成本的条件下立即以决定价格成交。

$$假设组合收益 = 1\,000 \times (15.06 - 15.00) = 60 （元）$$

- 真实组合的收益：包含了真实的成本

$$真实组合的收益 = 750 \times 15.06 - \left[(750 \times 15.04) + 20 \right] = -5 （元）$$

- 总执行落差 $= 60 - (-5) = 65 （元）$

如果以百分号的形式表达，则应把总的成本分配到总的投资成本中，注意这里的总的投资成本是按照假设组合的成本来计算的，即 $1\,000 \times 15$。

$$总执行落差（\%）= 65 / (1\,000 \times 15) = 0.43\% = 43\text{bp}$$

执行落差的分解：

①显性成本 = 20 元

$$百分比：20 / 15\,000 = 0.13\%$$

②实现的损益 $= (15.04 - 15.03) \times 750 = 7.5 （元）$

$$百分比：7.5 / 15\,000 = 0.05\%$$

③延迟成本 = (15.03 − 15.00) × 750 = 22.5（元）

百分比：22.5/15 000 = 0.15%

④错过交易的机会成本 = (15.06 − 15.00) × 250 = 15（元）

百分比：15/15 000 = 0.10%

全部计算完之后，可以检验一下，把 4 部分的分解加总 = 20 + 7.5 + 22.5 + 15 = 65（元），与总的执行落差相等。

百分比加总 = 0.13% + 0.05% + 0.15% + 0.10% = 0.43%

李老师说

有 3 个问题需要注意：

✓ 决定价格通常是前一天的收盘价，但如果题目中明确告诉你决定价格是多少，就用题目中的条件。

✓ 交易期的结束日可能不同。其他条件与上例一样，如果交易取消日不是周三，而是一个月之后，那么机会成本的数值可能就不太一样。

✓ 如果交易执行了两次而不是上例中的一次，我们该如何处理？这个问题我们在下面的内容中会补充说明。

1.2.4　调整了市场变动的执行落差（adjusting for market movements）

市场的变动是执行落差衡量成本其中的一个元素，但是市场的变动往往是随机的，它是交易员无法掌控的。所以有的观点认为，对于市场变动所带来的个股价格的变化是不应该由交易员来承担责任的。因此，现在比较常规的做法是将市场变动的影响从执行落差中剔除。

大盘收益的变化与个股收益的变化我们可以从下面的模型中得到：

$$E(R_i) = \alpha_i + \beta_i E(R_M)$$

式中　$E(R_i)$——资产 i 的预期收益；

　　　R_M——大盘的收益；

　　　α_i——资产 i 的收益中与大盘无关部分的平均值；

　　　β_i——资产 i 收益对大盘收益的敏感程度。

通常来讲，对于每日的收益（daily return）来说，α_i 几乎等于零，所以 $E(R_i) \approx \beta_i E(R_M)$。

接上例，假设该股票收益对大盘的敏感程度为 0.89，大盘的收益为 1%，则该股票的预期收益为 0.89 × 1% = 0.89%，调整了市场影响的执行落差 = 0.43% − 0.89% = − 0.46%。由此我们可以看出，剔除市场影响之后交易费用实际上是负数。负的费用代表对组合来说是收益，是一件好事。

1.2.5　两笔交易的执行落差的计算

我们以一道例题来说明两笔交易的执行落差的计算方法。

【例题】 执行落差的计算 （两笔交易）

周一，某交易员打算购买 500 股 A 公司的股票，其决定价格为 20 元/股。当日订单中的 200 股股票以 20.01 元/股的价格成交，佣金为 15 元。周一该股票的收盘价为 19.98 元/股。

周二，又有 100 股股票以 20.05 元/股的价格成交，佣金为 8 元。当日该股票的收盘价为 20.01 元/股。

剩余的 200 股股票没有被执行，订单于周三收盘时取消，取消时该股票的市场价格为 20.02 元/股。

要求：计算执行落差及其组成部分。

解答：

执行落差的计算：

$$假设组合的收益 = 500 \times (20.02 - 20) = 10 （元）$$

真实组合：

订单实际成交了 300 股，在周三收盘时，该股票市场价为 20.02 元/股，所以真实组合在周三时的价值 $= 300 \times 20.02 = 6\,006$ （元）

真实组合的成本分为两笔：

- 周一：$200 \times 20.01 + 15 = 4\,017$ （元）
- 周二：$100 \times 20.05 + 8 = 2\,013$ （元）

$$总成本 = 4\,017 + 2\,013 = 6\,030 （元）$$
$$真实组合的收益 = 6\,006 - 6\,030 = -24 （元）$$

因此，执行落差 $= 10 - (-24) = 34$ 元，或者 $34\text{bps} \left(\dfrac{34}{500 \times 20} \times 100\% = 0.34\% \right)$

执行落差的分解，见图 12-3。

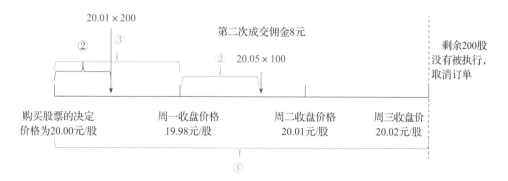

图 12-3 执行落差的分解

这一题有两个执行交易，但原理是一样的，我们可以分别计算两笔交易各部分的成本。

需要注意这一题的交易期是到周三的，所以取消订单时的价格为周三的收盘价（20.02 元/股）而非周二的收盘价（20.01 元/股）。

由图 12-3 我们可以看出，对于第一笔交易（周一执行）来说，因为第一次下单当日就成交了，所以没有延迟成本，只有实现的损益（红色②）；对于第二笔交易（周二执行）来说，因为延迟了一天才执行，所以有延迟成本（蓝色③）以及实现的损益（蓝色②）。对于整个交易而言，有 200 股股票没有执行，因此产生了错过交易的机会成本（蓝色④）。接下来，我们就分别计算每部分的成本：

① 显性成本 $= \dfrac{(15+8)}{500 \times 20} = 0.23\%$

② 实现的损益：

- 第一笔交易：$\dfrac{200 \times (20.01 - 20)}{500 \times 20} = 0.02\%$

- 第二笔交易：$\dfrac{100 \times (20.05 - 19.98)}{500 \times 20} = 0.07\%$

③ 延迟成本：

- 第一笔交易：0.00%

- 第二笔交易：$\dfrac{100 \times (19.98 - 20.00)}{500 \times 20} = -0.02\%$

④ 错过交易的机会成本 $= \dfrac{200 \times (20.02 - 20.00)}{500 \times 20} = 0.04\%$

总执行落差 $= 0.23\% + 0.02\% + 0.07\% + (-0.02\%) + 0.04\% = 0.34\%$

1.2.6　VWAP 与执行落差的对比

前文中已经提到了 VWAP 有一些缺点，同样地，执行落差也有自己的优点与缺点，具体对比如下。

首先回忆一下 VWAP 的优点：VWAP 比较好理解，计算起来也比较简单，可以帮助我们快速地做出交易决策，适用于没有趋势市场中的小单交易。如果市场有趋势，往往代表有市场冲击成本，这时就需要剔除市场冲击成本，所以市场没有趋势，我们就无须调整该影响。

它的缺点是：首先，VWAP 不适于大单交易。对于大单交易来说，该笔订单会严重影响市场，所以会导致执行的 VWAP 与市场的 VWAP 很接近，那么会误导投资者以为这笔交易的成本很低，但实际上却很高。其次，VWAP 很容易被操纵。最后，VWAP 不能衡量延迟成本与错失交易的机会成本，它也无法衡量市场冲击成本。

而执行落差不同，它可以衡量基金经理执行他们投资决策的所有成本，也可以分解，即分别计算出每一部分的成本。交易员可以根据每一部分的成本大小来判断在哪个方面需要改进，从而实现最小化交易成本，最大化投资收益的目的。另外，交易员还可以根据延迟成本与实现的损益的成本大小，在快速执行与市场冲击成本中做出一个判断。此外，执行落差不容易被

操纵。

执行落差的缺点：计算过程比较烦琐，需要的数据量比较大，很多交易员对该方法并不熟悉。

1.2.7 计量模型

计量模型（econometric models）可以用来预测交易成本，它是通过多元回归的方式来完成的。我们首先要确认影响交易成本的因素，然后回归得到交易成本对这些因素的敏感程度。通常来说，影响交易成本的因素有流动性、风险程度、市场走势、交易量的大小以及交易风格。

基金经理通过比较计量模型预测交易成本与实际成本，可以评判交易质量的高低。其次，计量模型还可以帮助交易员来调整交易规模。比如交易员原计划需要买入 5 万股股票，但根据计量模型，预测该交易成本会超过目标收益，那么交易员就可以减少交易量来降低成本。

1.3　交易者的类型

并不是交易成本越低就一定是最优执行，我们的交易目标还受投资风格和策略的影响。有的策略天然地需要尽快执行，但成本就很高；有的策略不在乎速度，更在意成本。所以交易员需要在成交的速度和成交的价格之间做一个平衡。交易的动机往往决定了交易的策略，下面我们就来介绍几种主要的交易者的类型（trader types）。

1. 信息驱动型的交易者

信息驱动型交易者（information-motivated traders）拥有信息，这种机会可能稍纵即逝，所以交易员更在意成交速度而不是成交价格，一般使用市场指令且对流动性的要求很高。当投资者拥有信息的时候，通常希望可以最大化收益，因此很多都是大单交易。另外，他们也很注意隐藏自己的交易动机，否则没有人愿意做他的交易对手方。

2. 价值驱动型交易者

价值驱动型交易者（value-motivated traders）通常通过仔细地分析研究找到被高估或者被低估的证券，他们不经常交易，只有找到合适的投资标的时才交易。相对于成交速度，他们更在意成交价格，所以一般使用限价指令。

3. 流动性驱动型交易者

流动性驱动型交易者（liquidity-motivated traders）交易的目的是将证券变现以备当下的现金需求，或者变现之后再买入其他证券进行调仓。他们对信息和价值的敏感程度不高，所以对于前面两种交易者来说，流动性驱动型的交易者是他们天然的对手方。

4. 被动交易者

被动交易者（passive trader）通常是指数基金的投资者，他们的交易目的也是调仓，但他们更在乎成本，而不是交易速度。

还有一些交易者，他们不完全归属于上面的分类。比如做市商，他们的收益取决于买卖价差，而不太强调交易时间和交易价格。对于套利者来说，交易的价格和速度都很重要。而对于日内交易员（day trader）来说，他需要在几秒钟内或者几分钟之内进行快速地买卖，在价格变动的极短时间内获得收益。

1.4 交易策略

大部分基金经理的**交易策略**（trading tactics）并不是一成不变的，他们在不同的时候会有不同的交易需求。下面我们就讨论几种常见的交易策略，这部分了解即可。

对于专注于流动性的交易策略（liquidity-at-any-cost）来说，可以牺牲成本来换取订单的快速执行。在这种策略中，比较典型的交易者是信息驱动型交易者。

有的交易策略认为成本不是最重要的（cost-are-not important）。交易者认为我们的市场是公平且有效的，所以交易的执行价格已经是最好的，在交易时不用再考虑交易的价格，只用考虑投资决策是否正确即可。

有时候，交易员需要执行大额订单，特别是当交易市场很小的时候，他们需要聘请有经验的经纪商帮助交易的执行（need-trustworthy-agent），这种策略通常需要较长的时间才能执行，所以不适合信息驱动型交易者。

广而告之可以公开吸引投资者（advertise-to-draw-liquidity）。如果公开市场中吸引的交易者足够多，那么流动性就很高，在交易执行的时候造成的市场冲击成本就会比较小。但这种策略会泄露交易信息，造成抢跑的现象。

有的策略则更注重成本，流动性反而不太重要（low-cost-whatever-the-liquidity），这时交易者会发出限价指令以最小化成本。被动投资者和价值驱动型交易者往往会使用该策略。

1.5 算法交易

李老师说

大家需要注意的是，这里的算法交易用于交易的执行过程中，它的目的不在于获得超额收益，而在于最小化交易成本。

算法交易（algorithmic trading）属于自动交易的一种，它是利用计算机程序下单，以实现迅速、低成本地完成订单的执行。通常，大单交易对市场冲击的影响很大、会导致很高的交易成本，这时利用算法交易对大订单进行分割，以达到最小化交易成本的目的。

算法交易可以分为 3 种：逻辑参与策略、机会主义策略和特殊策略。其中逻辑参与策略是我们学习的重点，它又可以分为两个子分类：简单逻辑参与策略和执行落差策略。

1.5.1　逻辑参与策略

1. 简单逻辑参与策略

简单逻辑参与策略（simple logical participation strategies）是研究如何将大单拆小的方法，主要可以分为以下 3 种。

- ✓ **VWAP 策略**（VWAP strategies）。它将历史日交易量作为依据来预测股票的交易量，并以此来决定如何在一天之中分配订单，它的目的在于匹配每天的平均交易价格（以交易量为权重），或者以更优的价格成交。但这个方法的问题在于真实的平均价格只有等当日的交易结束之后才能知道，而真实的平均价格与历史数据之间可能会有出入。

- ✓ **TWAP 策略**（time-weighted average price strategy）。它是将订单按照时间权重来平均分配。比如把一个大订单分为 5 份，每隔一小时发一份小订单出去。这种策略适用于交易量比较小的资产，因为它的日内交易量比较难预测。

- ✓ **POV 策略**（percentage-of-volume strategy）。它是按照市场总交易量的份额的百分比进行拆分，比如按照前 1 小时的市场交易总规模的 20% 发出订单。这样做的好处在于，当市场不活跃的时候，可以少下单；当市场活跃的时候就多下单，从而降低交易成本。

2. 执行落差策略

执行落差策略（implementation shortfall strategies），又称**到达价格算法**（arrival price strategy），它是近期比较新型的一种逻辑参与策略。这种策略的主要目的是最小化执行落差，特别是市场冲击的影响以及机会成本。

既然它想要最小化机会成本，所以执行落差策略往往在早期的时候尽量多成交一些订单（front-loaded）。但这种交易决策也取决于风险厌恶的程度。对于高度风险厌恶的投资者来说，越早交易就越能以一个确定的成本执行订单。相对于市场冲击成本来说，机会成本对他们来说更重要。对于风险厌恶程度较低的投资者来说，他们有耐心等待一个较好的成交价格以获得较少的市场冲击成本，但往往要承担较高的机会成本。对于他们来说，总成本是可变的，更为不确定。

执行落差策略的好处是可以控制没有执行的风险。另外，该策略也适用于转化管理（transition management）的过程中，比如换基金经理时，因为此时更需要正规的风险控制体制。

1.5.2　机会主义交易策略与特殊交易策略

机会主义交易策略（opportunistic participation strategies）主要是在被动投资的同时在市场的流动性中捕捉主动出击的机会。**特殊交易策略**（specialized strategies）包括：猎人策略（hunter strategy），找机会寻找流动性；或者市场收盘策略（market-on-close algorithms），以收盘价作为执行价格。这两个算法类别只需了解即可。

1.5.3　算法交易策略的选择

算法交易策略的选择是一个重点，一般来说会根据交易的紧急程度、买卖价差以及订单规模的占比来选择合适的策略。

如果订单规模占总交易量的比率较高，此时不管如何拆分都会造成很大的市场冲击，算法交易在此时并不适用，应该选择经纪商或者交易平台来最小化市场影响。

如果订单规模的占比较低且价差也较小，我们就可以选择算法交易。此时需要考虑订单的紧急程度，如果紧急程度较高，我们就选择执行落差的策略，因为它会在早期多下单。如果紧急程度不高，我们选择简单算法交易策略即可。

以下面这个例题具体说明。

李老师说

再次强调，这里的算法交易都是针对执行大单的时候如何最小化成本的。如果你的订单额很小，那么直接用限价指令或者市场指令下单就可以了。

【例题】 选择合适的算法交易策略

根据表 12-2 中的数据分别对每笔订单选择合适的策略。

表 12-2　3 笔订单的基本情况

股票	订单规模（股）	平均日交易量（股）	价格（元/股）	价差	紧急程度
A	150 000（买）	4 500 000	32.89	0.04%	低
B	20 000（买）	60 000	8.88	0.60%	低
C	15 000（卖）	300 000	22.45	0.03%	高

解答：

虽然 A 股票的订单规模最大，但它在日交易量的占比最小（3.33%），且它的价差较小，紧急程度也较低，因此适用于简单算法交易。

C 股票的占比也较低（5%），但它的紧急程度较高，因此适用于执行落差策略，因为该策略下会有较多的订单在早期完成。

而 B 公司的订单规模占比相对较大（33%），价差也比较高，所以应该选择经纪商或者通过交互平台以实现最小化交易成本的目标。

1.6　最优执行

如本章最开始提到的一样，**最优执行**（best execution）是一个很重要的概念，因为它会影响到客户的收益水平。最优执行讲的是如何通过最有利的方法买入或者卖出证券，它的目的在于提高投资组合的收益，履行受托责任。

最优执行是具有以下 4 个特征。

✓ 最优执行不能独立于投资决策，也就是说，除了交易成本以外，我们还需要考虑投资策略。比如信息驱动型的投资策略，这种策略讲究时效性，必须迅速地执行，通常来说交易费用就很高，但只要执行该策略就能获得比成本更高的回报，我们就需要快速执行。

✓ 最优执行在事前是无法知晓的。交易是一个协商的过程，是买方和卖方博弈的过程，他们共同决定了什么是最优执行。

✓ 是否为最优执行只能在事后评判，并且需要根据长期表现而不是由一次交易的好坏所决定的。

✓ 交易不是一个结果而是一个过程，它是复杂的、持续性的过程。

怎么去定义一个最优的执行也非常困难。首先一个合适的参考标准很难找到。其次，隐性成本非常难衡量。另外，大单交易往往会拆小，那就需要计算每一笔的交易成本。如果拆成 1 000 个小单，这一笔大单的成本计算起来就非常困难。最后，什么叫"最优"本身就很难定义，每个人的交易目的不同，对于他们来说"最优"的定义就不同。

第 13 章

业绩评估

学科介绍

业绩评估可以帮助人们在评估组合管理结果时弄清楚以下 3 个问题：

- 组合投资的业绩表现如何？
- 为什么组合资产在投资期取得了如此好的业绩？
- 这样的业绩表现究竟是运气使然还是基金经理高超的投资技巧所致？

这些问题将通过业绩衡量、业绩归因和业绩鉴定等环节的剖析被逐一解答。业绩评估的过程为我们提供了以下关键信息：基金经理是否遵照投资政策说明书开展投资活动，他有没有努力去完成客户的投资目标；基金经理的投资表现是否与其对外披露的投资风格、纪律相一致；基金发起人是否应该雇用或是解雇基金经理。

业绩评估使得整个投资环节形成一个闭环，按时、准确、高效的业绩评估可以进一步指导我们的投资活动、不断完善我们的投资过程。

1 业绩评估

基金经理以及他的客户都想知道投资的收益及其来源。对于基金经理，业绩评估是为了评判自己的工作成果以此邀功领赏；对于客户而言，只有通过基金经理专业技能获得的那部分收益才值得自己支付绩效奖金，因此业绩评估对于基金经理以及他的客户都非常重要。对于这部分知识点，考试既会考查考生对业绩衡量、业绩归因的定量计算，也会考查对于业绩评估结果的定性理解，因此本章中涉及计算、结论、相关图表的示意都是我们学习的重点。

知识点自查清单

- ☐ 组合业绩评估
- ☐ 收益计算
- ☐ 数据质量★
- ☐ 组合收益的构成
- ☐ 参考基准的特性、检验及 7 种主要的参考基准指标★
- ☐ 对冲基金业绩的衡量方法★
- ☐ 宏观业绩归因与微观业绩归因★★
- ☐ 基本面因子模型
- ☐ 固定收益组合回报归因
- ☐ 风险调整后的业绩鉴定衡量
- ☐ 质量控制图

1.1 组合业绩评估

投资者把资金交给基金经理管理，基金经理拿着客户的资金去做组合投资。如果基金经理的投资业绩表现出众，那么我们就需要给其发放奖金（通常为本金增值部分的20%）。但是，如何确定基金经理的投资表现究竟是好是坏呢？假设一名基金经理为我们带来了30%的组合年收益，我们就可以确认该经理投资业绩表现一定优秀吗？回答这个问题前，我们必须找到一个参考基准（benchmark），如市场大盘指数。如果该市场大盘指数涨幅为10%，那么基金经理

创造 30% 的收益表现就是令人满意的；如果市场大盘指数的涨幅为 40%，那么基金经理即使获得了 30% 的收益，其表现相对于市场行情而言也是糟糕的。

我们在权益投资里曾学到过，基金经理可以通过直接购买市场指数来获取一个与参考基准完全一致的收益。这一投资过程无须付出额外的努力，为此投资者是不用付给基金经理绩效奖金的；因为投资者只对基金经理辛苦努力的部分（投资组合收益超出参考基准收益的部分）给予奖励。

组合业绩评估既可以从基金发起人的角度出发，也可以从基金经理的观点出发。

1.1.1 基金发起人的观点

基金发起人从外部评估业绩。业绩评估作为反馈机制，反映的是投资政策的实际执行情况。组合业绩评估可以被用来识别投资项目表现的好坏，以及这些表现结果与决策的关系。此外，基金发起人会特别关注业绩差的投资项目，决定该项目基金经理的去留，最终为基金受托人提供投资项目是否有效执行的证据。

1.1.2 基金经理的观点

基金经理从内部评估业绩。一些基金经理采用业绩评估进行自我评价，判断投资过程每个环节的有效性，分析每个环节对于业绩结果的贡献情况，从而进一步改进后续的投资过程。因此，业绩评估是投资管理活动中的反馈环节和控制机制。

1.1.3 框架

不论是从基金发起人还是基金经理的角度，当我们评估一个账户的业绩表现时，都需要考虑以下 3 点，这也是业绩评估这门学科的 3 大结构。

1. 投资期内的账户收益表现

账户收益表现可以通过"业绩测定"（performance measurement）的方式进行阐述，即通过测定账户在投资期内价值的变化从而计算出它的收益率。

2. 账户投资收益的来源

这部分内容可以表述为"业绩归因"（performance attribution），它主要研究基金经理如何实现被观察到的业绩以及这些收益来源的重要程度（例如板块选择或者个股选择）。

3. 业绩收益是否和投资决策有关

这部分内容可以表述为"业绩评估"（performance appraisal），业绩评估的主要目的在于回答下面这个问题："业绩收益主要是受到了投资决策的影响，还是受到了市场环境的影响，或者仅仅是运气使然？"

李老师说

所谓业绩归因就是要归结原因，我们将业绩表现按照来源进行分类（见图 13-1），看一看基金经理取得的业绩，哪些与其能力有关，哪些与其能力无关。

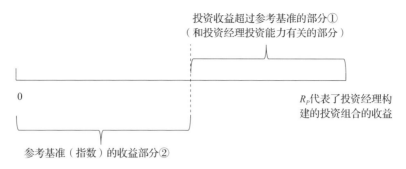

图 13-1　业绩归因（将业绩按照来源进行分类）

如图 13-1 所示，R_p 代表了一个基金经理投资账户的收益，图中虚线将横轴一分为二。左侧代表了参考基准（通常是一个指数）的收益表现②，而右侧则代表了参考账户收益超过组合收益的部分①（和基金经理能力有关的部分）。之后我们还要再对①部分进行评估。如果它对 R_p 的占比很高，就说明基金经理的管理能力还是很不错的。但是如果 R_p 很大，而①部分对于 R_p 的占比过小，就说明基金经理的投资能力比较差。所以业绩评估其实就是看一看我们对①部分大小是否满意。投资者有时不止投资了一个基金经理，因此他可以通过"业绩评估"过程，调整资产在不同基金账户的配置。

1.2　收益计算

投资账户收益率是指账户市值在投资期内的变化百分比，假设投资期内没有外部现金流发生，并且不存在收益的再投资收入，则计算公式为

$$r_t = \frac{MV_1 - MV_0}{MV_0}$$

式中　MV_0——账户内资产在期初的价值；

　　　MV_1——账户内资产在期末的价值。

现实中，基金发起人时常会在投资账户里**提现**（withdrawals）或者**追加投资**（contributions），这两种现金流被称为**外部现金流**（external cash flows）。外部现金流是相对于内部现金流而言的。**内部现金流**（internal cash flows）主要是指股息、息票一类的期间现金流。一个账户的收益计算会受到投资期外部现金流的影响。

如果在投资期伊始发生了一笔追加投资，产生外部现金流 CF，那么在期初基金经理实际可以用于投资的账户资金就等于（$MV_0 + CF$），因为此时外部现金流实际上参与了整个投资过程。那么该投资账户收益率计算公式为

$$r_t = \frac{MV_1 - (MV_0 + CF)}{(MV_0 + CF)}$$

如果追加投资 CF 发生在投资期的期末，那么这笔现金流实际上没有参与投资过程；因此我们在计算期末账户价值时应该将这部分现金流剔除。那么该投资账户收益率计算公式为

$$r_t = \frac{(MV_1 - CF) - MV_0}{MV_0}$$

接下来我们通过一道例题来具体说明一下上述内容。

👆【例题】 没有外部现金流发生的账户

A 投资账户的年初价值为 200 000 元，1 年后它的价值为 205 000 元。假设投资期内没有外部现金流发生，并且不存在收益的再投资收入（内部现金流），那么该账户在这一年的收益率是多少？

解答：

考虑到账户投资期内没有外部现金流也没有内部现金流发生，所以：

$$r_t = \frac{205\,000 - 200\,000}{200\,000} = 2.5\%$$

👆【例题】 发生外部现金流的账户

一个投资账户的年初价值为 200 000 元，1 年后它的价值为 205 000 元。假设账户在期初收到了一笔 2 000 元的追加投资，那么该账户在这一年的投资收益率是多少？如果这笔追加投资发生在期末，那么该账户这一年的收益率又是多少？

解答：

（1）如果该笔追加投资发生在年初，那么在计算账户期初价值时应当加上这笔外部现金流，因此该账户这一年的收益率为

$$r_t = \frac{205\,000 - (200\,000 + 2\,000)}{200\,000 + 2\,000} = 1.49\%$$

（2）如果这笔追加投资发生在年末，那么在计算账户期末价值时应当扣减这笔外部现金流，因此该账户这一年的收益率为

$$r_t = \frac{(205\,000 - 2\,000) - 200\,000}{200\,000} = 1.5\%$$

李老师说

此前我们说明了外部现金流发生在期初以及期末的处理方法，可是如果一笔外部现金流既不是发生在期初，也不是发生在期末，而是发生在投资期的期间，这样的外部现金流应当如何处理呢？

如图 13-2 所示，外部现金流 CF 发生在投资期间的 t 时刻，那么我们以 t 时刻为分界点，将投资期分为前后两段。这笔外部现金流就是发生在第一段投资期的期末和第二段投资期的期初。接下来我们只要根据之前所述的处理方法，分别求得第一段投资期的投资收益 r_1 和第二段投资期的收益 r_2，再把两者衔接（link）在一起，便可以获得整个投资期的收益率 r 了。

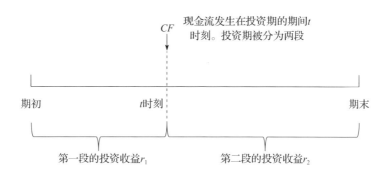

图 13-2　外部现金流发生在投资期间

1.2.1　时间加权收益率

依照我们上述处理期间外部现金流的方法计算所得收益率就是**时间加权收益率**（time-weighted rate of return，TWR）。在计算 TWR 时，首先需要根据外部现金流发生的时间点，将投资期划分为不同的**子时间段**（sub-period），并且计算出每一笔外部现金流发生前后子时间段的收益率。之后，我们将各个子时间段的收益衔接起来，算得投资期收益率。具体的衔接公式为

$$TWR = (1 + r_1)(1 + r_2)(1 + r_3)\cdots(1 + r_n) - 1$$

TWR 计算的是账户期初每 1 单位资金在投资期的复合收益率。该收益率是不被投资期内部和外部现金流发生的时间以及规模等因素所影响的。

1.2.2　货币加权收益率

货币加权收益率（the money-weighted rate of return，MWR）计算的是账户的内部收益率（IRR）。这个内部收益率受到内外部现金流发生的时间以及规模的影响。该收益率假设投资期内每个子时间段的投资收益都是相等的。

接下来，我们通过一组例题来对比一下 TWR 和 MWR 这两种收益率在计算时的差别。

👆 **【例题】** 计算投资期子时间段的收益率

假设一个账户的初始价值为 200 000 元，投资期为 1 年，从当年 1 月 1 日起至 12 月 31 日，期间收到两笔追加投资。第一笔价值 4 000 元的投资发生在 3 月末，第二笔价值 1 500 的投资发生在 10 月末。已知 3 月、10 月、12 月末该账户的市值分别为 205 000 元、210 000 元和 212 000 元（分别已经包含了追加投资的金额）。请计算该账户在投资期内每一子时间段的收益率，以及该账户投资期的 *TWR*。

解答：

（1）如图 13-3 所示，两笔现金流将一年的投资期划分为 3 个子时间段。

第一个子时间段（年初至 3 月末）：期初账户价值 200 000 元。外部现金流 4 000 元发生在期末，应该从账户期末价值中减去。该时间段的收益率为

现金流发生在投资期的期间 t 时刻。投资期被分为两段

CF

期初　　　　　t 时刻　　　　　期末

第一段的投资收益 r_1　　　　　第二段的投资收益 r_2

图 13-3　计算投资期子时间段的收益率

$$r_{t,1} = \frac{(205\,000 - 4\,000) - 200\,000}{200\,000} = 0.50\%$$

第二个子时间段（4月初至10月末）：期初账户价值 205 000 元。外部现金流 1 500 元发生在期末，应该从账户期末价值中减去。该时间段的收益率为

$$r_{t,2} = \frac{(210\,000 - 1\,500) - 205\,000}{205\,000} = 1.71\%$$

第三个子时间段（11月初至12月末）：期初账户价值为 210 000 元，期末账户价值为 212 000 元；该时间段的收益率为

$$r_{t,3} = \frac{(212\,000 - 210\,000)}{210\,000} = 0.95\%$$

（2）该账户在年度内的加权收益率为

$$r_{TWR} = (1 + 0.50\%) \times (1 + 1.71\%) \times (1 + 0.95\%) - 1 = 3.19\%$$

【例题】 计算 MWR

假设一个账户的初始价值为 200 000 元，投资期 1 年，从当年 1 月 1 日起至 12 月 31 日，期间收到两笔追加投资。第一笔价值 4 000 元的投资发生在 3 月末，第二笔价值 1 500 元的投资发生在 10 月末。已知 3 月、10 月、12 月末该账户的市值分别为 205 000 元、210 000 元和 212 000 元（分别已经包含了追加投资的金额）。现在要求计算该账户投资期的 MWR。

解答：

该账户的 MWR 就是账户投资期的内部收益率 r（按月计算），根据内部收益率定义，我们可以得到以下方程等式：

$$200\,000 + \frac{4\,000}{(1+r)^3} + \frac{1\,500}{(1+r)^{10}} = \frac{212\,000}{(1+r)^{12}}$$

解之得：$r = 0.262\,7\%$

那么年度数据 $MWR = \left[(1 + 0.262\,7\%)^{12} - 1 \right] = 3.20\%$

我们可以通过使用德州计算器求解上式中的 r，具体操作时录入如下数据：

$$CF_0 = 200\,000 \text{（期初现金流）}$$

$CF_1 = 0$；$F_{01} = 2$（从年初到 2 月末的期间现金流都为零）

$CF_2 = 4\,000$；$F_{02} = 1$（3 月末发生一笔价值 4 000 元的现金流流入）

$CF_3 = 0$；$F_{03} = 6$（4 月初到 9 月末的期间现金流为零）

$CF_4 = 1\,500$；$F_{04} = 1$（10 月末发生一笔价值 1 500 元的现金流流入）

$CF_5 = 0$；$F_{05} = 1$（11 月的期间现金流为零）

$CF_6 = -212\,000$；$F_{06} = 1$（12 月末发生一笔价值 212 000 元的现金流流出，即投资者取回全部本金以及收益）

$CPT \rightarrow I/Y = 0.262\,7\%$，之后再将月化数据转为年度数据 MWR。$MWR = [(1 + 0.262\,7\%)^{12} - 1] = 3.20\%$

注意到 $MWR = 3.20\%$ 与上一题算得的 $TWR = 3.19\%$ 略有出入，这一差异便是由于账户投资期内发生的外部现金流所造成的。

以上两道例题，投资期为 1 年，因此计算得到的 TWR、MWR 与对应的年化收益率相同。如果账户投资期小于 1 年，我们直接将投资各个子时间段的收益率相乘后减 1 得到 TWR，不对其进行年化处理。但是如果该账户的投资期是大于 1 年的，那么我们就要对上式结果进行年化处理。

✋ 【例题】 计算年化收益率

假设 B 账户在 4 年内的投资收益分别为 4%、6%、-2% 和 1%，计算该账户的年化收益率。

解答：因为该账户投资期超过了 1 年，所以在计算其收益率时，需要对账户的持有期收益率做开方年化处理，具体计算过程如下所示：

$$r_B = [(1 + 4\%) \times (1 + 6\%) \times (1 - 2\%) \times (1 + 1\%)]^{1/4} - 1 = 2.2\%$$

✋ 【例题】 TWR 与 MWR 的差异

假设 C 账户在月初价值 1 000 000 元，该账户于当月 12 日收到投资者追加的投资金额 500 000 元后价值总计 1 500 000 元。月末该账户价值 2 000 000 元。假设一个月共有 30 天，计算账户该月的 TWR 和 MWR，并且分析其中差异。

解答：

TWR 的计算：

如图 13-4 所示，该账户本月的投资期以 12 日为节点被分为前后两个时间段。分别计算前后两个时间的账户收益率：

$$r_{t,1} = \frac{(1\,500\,000 - 500\,000) - 1\,000\,000}{1\,000\,000} = 0$$

$$r_{t,2} = \frac{2\,000\,000 - 1\,500\,000}{1\,500\,000} = 33.33\%$$

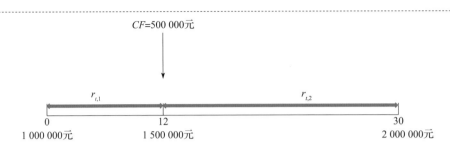

图 13-4　*TWR* 的计算举例

再将两个收益率衔接起来得到 $r_{TWR} = (1+0) \times (1+33.33\%) - 1 = 33.33\%$

MWR 的计算：

根据内部收益率的定义，我们可以得到以下方程式：

$$1\ 000\ 000 + \frac{500\ 000}{(1+r)^{12}} = \frac{2\ 000\ 000}{(1+r)^{30}}$$

通过计算器解之得 $r = 1.105\ 2\%$

将天化的内部收益率 r 转化为月度数据后得到，$MWR = \left[(1+1.105\ 2)^{30} - 1\right] = 39.06\%$。

本例中同一账户同一时间段的 *MWR* 之所以比 *TWR* 高出很多，是因为该账户在第一个子时间段的收益率 $r_{t,1}$ 为零，而在第二个子时间段的收益 $r_{t,2}$ 高达 33.33%。计算 *MWR* 的过程中，追加投资 1 000 000 元被纳入第二阶段投资过程中，考虑了这笔外部现金流带来影响，所以计算所得的 *MWR* 要远高于剔除外部现金流影响的 *TWR*。因此我们可以得到这样的结论，如果在市场即将上涨的时候追加（减少）投资，那么算得的 *MWR* 就将大于（小于）*TWR*；反之，如果在投资即将下跌的时候追加（减少）投资，那么算得的 *MWR* 小于（大于）*TWR*。

1.2.3　TWR 与 MWR 的比较

同一个账户同一段投资期内的 TWR 与 MWR 存在着诸多的差异，具体分为以下几个方面。

1. 定义

TWR：投资账户内每 1 单位资金在投资期的增长率。

MWR：投资账户内所有现金在投资期的平均增长率。

2. 外部现金流的影响

TWR：衔接了多个子时间段的收益率，不受外部现金流的影响。

MWR：同时受到账户资产收益率以及外部现金流发生的时间点的影响。

3. 计算所需的数据

TWR：理论上，只要账户里有外部现金流发生，那么我们就要将其影响剔除，分别计算现金流发生前与发生后的子阶段的收益率。所以这种算法下需要大量的数据，并且是耗资巨大的（data intensive and expensive）。

MWR：只需要知道账户期初以及期末的市场价值即可，不需要知道期间外部现金流的

大小。

4. 如何选择

TWR：通常基金经理是没有办法控制外部现金流的，投资期内追加投资或者减少投资是投资者的自由选择。按照 GIPS（全球投资业绩标准）规定，在制定投资政策说明书时或者在评估基金经理的业绩表现时，我们通常都是用 TWR 这一指标作为衡量标准。

MWR：如果基金经理可以很好地控制账户外部现金流流进流出的时间点，那么 MWRR 就非常适用于评估该基金经理的账户业绩表现。这样的账户是非常少见的。例如部分对冲基金账户或是有限责任合伙公司的投资账户。

1.2.4 衔接的内部收益率

MWR 的计算量比较小，可惜它的适用场景非常有限；TWR 的适用场景比较多，但是计算过程中需要的数据量很大，计算量也很大；对于一些流动性很差的市场，分析师难以获得资产的估值数据。那么有没有一种计算收益的方法可以吸纳两者的优势呢？银行管理协会（Bank Administration Institute，BAI）建议把两种方法的优势合并：投资期每一个子时间段的收益率都是通过 MWR 计算得到的，然后再将这些 MWR 衔接相乘，得出整个投资期账户的近似 TWRR，这种方法被称为**衔接的内部收益率**（linked internal rate of return，LIRR），是一种求近似 TWR 的计算方法。它使得我们不用在乎每笔外部现金流具体发生的时间以及规模，只需要知道投资账户在投资期的每一个子时间段的期初以及期末价值即可。

同时，该银行管理协会还认为，如果那些外部现金流价值超过当前账户总值的 10%，或者投资收益出现剧烈的波动，那么通过衔接的内部收益率所求得的近似 TWR 与真实 TWR 之间的差异就会增大。所以这种方法只适用于外部现金流规模较小同时投资收益表现较为稳定的情景。

李老师说

假设投资期限为一个季度，D 账户每月的 MWR 如下：

- 第一个月的 MWR 为 1.2%
- 第二个月的 MWR 为 0.5%
- 第三个月的 MWR 为 -0.2%

那么该账户衔接的内部收益率为

$$R_{LIRR} = (1 + 1.2\%) \times (1 + 0.5\%) \times (1 - 0.2\%) - 1 = 1.5\%$$

1.3 数据质量 ★

收益率计算的准确性依赖于输入数据的质量。采集数据的过程中，如果账户内包含流动性很差或者交易不频繁的资产，那么对于此类资产的当前价值就很难估计。例如，常用的方式有：

✓ 研究与标的物相似产品的报价，推测目标资产的市场价值，如固定收益类证券。

✓ 以成本价或上一次交易的历史价格作为当前价值。

✔ 对其价值进行直接的猜测估计。

这些估计方法或多或少会影响数据质量。只有当输入数据的质量很高时，我们计算所得才是真实可信的。

李老师说

部分资产的估值还应当考虑"交易日会计"（trade date accounting）以及"应计利息股息"（accrued interest and dividends）等相关事项。

如图 13-5 所示，如果债券交易日发生在两次息票（coupon）付息日之间的 t 时刻，那么债券的实际交易价格，即全价（dirty price）应该等于在其报价即净价（clean price）的基础上再加上应计息票，即

$$全价 = 净价 + (t/T) \times C$$

式中　T——两次息票发放间隔时间；

　　t——债券交易的时间；

　　C——每期的息票。

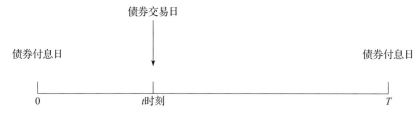

图 13-5　部分资产的估值

由此可见，有时即使我们能在市场上获得资产证券的相关报价，也要对其做出一番调整，才能将其用于收益率的计算。

1.4　组合收益的构成

通常，人们会选择市场指数作为衡量基金经理业绩的参考基准。但实际上，每位基金经理都有自己擅长的领域及投资风格。假使一位基金经理只投资了小盘价值型股票，此时我们要是依然拿市场指数作为其业绩衡量标准就是不合时宜的。为此，我们将一个投资组合的收益 P 划分为以下 3 部分：

$$P = M + S + A$$

式中　P——基金经理投资组合的收益；

　　M——市场指数；

　　S——基金经理的投资风格；

　　A——基金经理积极主动决策下获取的超额收益。

P、M、S、A 之间的相互关系可以通过图 13-6 反映：$P = M + (B - M) + A$

✓ 基金经理的投资风格（S）可以被定义为参考基准收益与市场指数收益之间的差异（$B-M$）。这里的参考基准是指与基金经理投资风格相适宜的一个指数。例如，小盘成长型股票指数或者大盘价值型股票指数。

✓ 基金经理主动管理决策下获取的超额收益（A）可以被定义为投资组合收益与参考基准收益的差异（$P-B$），这一部分的收益就可以完全归功于基金经理的积极主动管理。

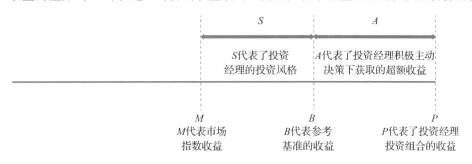

图 13-6　P、M、S、A 之间的相互关系

👆【例题】

假设 X 账户的投资组合在一年内获取了 4.2% 的收益，在同一时期，这一投资账户的参考基准获取了 4.5% 的收益，市场指数获取了 3.3% 的收益。

要求：

（1）求该投资组合收益中归功于基金经理投资风格的部分。

（2）求归功于基金经理积极主动管理的部分。

解答：

（1）该投资组合中归功于基金经理投资风格的部分：

$$S = B - M = 4.5\% - 3.3\% = 1.2\%$$

（2）该投资组合中归功于基金经理积极主动管理的部分：

$$A = P - B = 4.2\% - 4.5\% = -0.3\%$$

注意到，计算该类题目时，我们不用刻意区分 B、M、P 三者之间的大小关系（数轴图形上的位置关系），只需要直接套用相关公式即可。

1.5　参考基准的特性

为了能够有效地评估投资组合的表现，一个被选用的有效的参考基准应该具有以下 7 类特征。这些特征考量了参考基准、投资组合的投资风格、投资风险，并且为基金经理提出了合适的管理目标。接下来我们就对这些特征展开逐一的介绍。

✓ **事先明确**（specified in advance）：参考基准在评估期开始之前就应该被确定下来，并且告知包括基金经理在内的所有利益相关方。

✓ **合适的**（appropriate）：参考基准要符合基金经理的投资风格或者与其专业领域相符。例如，一个基金经理是擅长投资小盘成长股的，如果此时他选择一个大盘成长股指数作为参考基准就是不合适的。

✓ **可衡量的**（measurable）：参考基准的收益 R_B 是可以以合理的频率被计量的。

✓ **清楚的**（unambiguous）：构建参考基准时，选用的证券及其权重，以及相关因子敞口（factor exposures）都是被清晰定义的。之所以有这样的规定是为了方便人们可以毫不费力地复制参考基准去做投资，从而能够确认基金经理基金收益超出基准组合的部分确实是由于他的积极管理所得。

✓ **反映当前投资观点**（reflective of current investment opinions）：基金经理对于相关证券、因子敞口（如债券的久期、凸性等）等投资因素应当持有自己的观点。无论这些观点是利好、利空或者是中性的，在构建参考基准的时候应该考虑到这些观点因素。例如，基金经理预测未来利率下降，债券价格上升，因此他投资了久期期限很大的债券；如果此时基准组合里的成分债券都是久期期限很小的债券，这样的参考基准就是不合适的。

✓ **拥有性及可说明性**（owned and accountable）：基准组合可以不是大盘指数，但是它一定要能更好地反映基金经理的投资风格和投资策略。基金经理应当明白并且接受参考基准的成分及其表现。我们鼓励将投资基准纳入基金经理的决策过程中。

✓ **可投资的**（investable）：基准组合可以被人们简单地复制并用于投资。注意到如果参考基准是"可投资的"，那么其一定是"清楚的"。但是反之，满足"清楚的"的基准组合不一定能满足"可投资的"。这是因为市场上不少投资品种缺乏良好的流动性。

1.6　7 种主要的基准参考指标

1.6.1　参考基准指标的种类

知晓了优秀的参考基准应当具备的特征后，接下来我们再来看看市场上常见的参考基准都有哪些，它们是否满足上述这些优质特性。

1. 绝对值

一个**绝对值**（absolute）数值可以被当成是一个收益率要求，它通常是最低目标收益率。例如对冲基金，由于自身存在诸如存活偏差的问题，其设置的参考基准就是一个绝对数字。

✓ 优点：简单易用、非常直观。

✓ 缺点：它不满足我们上述的大部分优秀参考基准所应该具备的特性。尤其是它是不可以投资的。

2. 基金经理基准比较

基金经理基准比较（manager universes）是指选取一群基金经理业绩表现中的**中位数**（median）作为基准参考。它的优点是可以进行计量；关于这个基准的缺点，我们将在后文中重点阐述。

3. 广义市场指数

市场上存在的比较著名的**广义市场指数**（broad market indices）有标普500指数（S&P 500）、摩根士丹利指数（Morgan Stanley Capital International，MSCI）等。这些指数被许多基金经理和基金发起人作为基准参考，直接拿来使用。

✓ 优点：被投资者广泛认可，便于理解，而且易于获取。

广义市场指数是清楚的、可投资的、可衡量的，并且这一参考基准可以是事前明确的。如果广义市场指数能够有效地反映基金经理的投资方法，那么用它作为参考基准就是合适的。

✓ 缺点：基金经理的投资风格也许是和市场指数风格不相称的。例如，如果用标普500指数衡量一个投资小盘成长股的基金经理的投资业绩，那就是不合适的。

4. 风格指数

风格代表了一个特定的资产分类。比较有名的美国普通股的风格指数（style indices）有大盘成长股、大盘价值股、小盘成长股、小盘价值股。

✓ 优点：被投资者广泛认可，便于理解，而且易于获取。

✓ 缺点：一些风格指数包含了那些投资比重过多的证券以及板块，这些过多的权重也许是超过基金经理预期的。

对于投资风格的不同定义也会导致计算出的参考基准的收益出现差异。例如，股票股息增长率达到多少才能被定义为成长型股票？是10%还是20%？不同的定义必然导致计算结果的差异。

如果存在上述情况，那么选用风格指数作为基准参考指标就是不合适的。

5. 因子模型

因子模型（factor-model-based）包含了一系列与账户收益有关的因子敞口。假设基金经理的组合的收益可以表示为

$$R_P = a + b_1 F_1 + b_2 F_2 + \cdots + b_i F_i + \varepsilon$$

式中　R_P——账户的期间收益；

　　a——所有因子取值为零时的账户的预期收益；

　　F_i——那些对于组合表现有着系统性影响的因子，i 取值范围从 1 到 n；

　　b_i——账户收益 R_P 对于风险因子 F_i 的敏感程度；

　　ε——残差项。

确定因子 F_1，F_2，$\cdots$，F_i 后，我们便可以构建出回归出一个关于参考基准的方程：$R_b = a + b'_1 F_1 + b'_2 F_2 + \cdots + b'_i F_i + \varepsilon$，基于这个方程便能算得参考基准的收益。

✓ 优点：它是有效评估业绩的手段。通过捕捉影响账户收益的风险敞口，从而让基金发起人以及基金经理更好地洞悉基金经理的投资风格。

✓ 缺点：这类关注风险敞口的方式并不为所有基金经理以及基金发起人所熟知。数据以及模型并不总是可得的，获取这些数据也许是非常昂贵的。因为不同的因子模型会产生不同的输出结果，因此这一指标也许并不具备"清楚性"的特征。

6. 基于收益的基准参考

我们可以运用基金经理投资账户在一段时间的收益作为因变量，运用同时间段的风格指数收益作为自变量构建回归方程，即结合"风格指数"与"因子模型"构建出该指标（此时，因子模型中每一个因子代表了一个风格指数下的收益）。

- ✓ 优点：非常直观，便于使用。这符合一个优秀参考基准指标的多数特性：清楚的、可衡量的、可投资的、事先明确的。尤其在我们能够获取的信息只是账户投资收益时，这个指标就是非常适用的。

- ✓ 缺点：与风格指数相似，它可能包含了投资比重过多的证券以及板块，超出基金经理的预期。

  只有在获取了大量月度数据的情况下，建立起的模型指标在统计上是有意义的、模型确定的风险敞口才是令人信服的。如果基金经理的投资风格发生了转变，那么该指标就是不适用的。

7. 自定义证券

基金经理往往挑选出他们认为最好的投资机会。一个**基于自定义证券**（custom security-based）的参考基准反映了基金经理投资领域的特征，并且更加偏重于基金经理的特定投资方法。

- ✓ 优点：符合一个优秀参考基准指标的所有条件；促使投资过程受到持续地监管；基金发起人能够有效地在基金经理团队间分配其风险预算。

- ✓ 缺点：构建以及维护过程需要耗费大量的成本；缺乏透明性，因为它不是由公开发布的指数所构成的。

1.6.2 以自定义证券为基础的参考基准的构建方法

以自定义证券为基础的参考基准的构建方法与指数的构建方法非常相似，主要包含以下步骤，大家了解即可：

- 确认基金经理投资过程中的重要元素。
- 选择与上述投资过程相一致的证券。
- 对上述证券（包括现金）分配权重。
- 回顾最初的参考基准并调整。
- 依照预定的时间表，对该参考基准做**再平衡**（rebalance）。

1.7 对于使用"基金经理经验领域"作为参考基准的批判

基金的发起人通常使用特定的"基金经理经验领域"（manager universes）的中位数作为参考基准。所谓基金经理经验领域是指一群投资风格相似的基金经理的投资账户表现。尽管一个基金经理的账户表现超过了上述的中位数可以算作一个不错的表现，但是以此指标衡量基金经理的业绩依然存在如下诸多问题。

除了满足可测量性之外，它并不满足作为一个有效参考基准的其他优秀性质。首先，这一指标是不确定的，也不能为我们事先所知晓。因为只有在投资期结束后，我们才能确定哪个基金经理投资业绩是整体样本的中位数，因此这个基准参考也是不可投资的。

另外，该指标存在**存活偏差**（survivor bias）。一方面，基金发起人会终结那些业绩表现不佳的基金经理，因此"经验领域"存在"生存偏差"；另一方面，基金经理可以选择不对外披露那些表现糟糕的基金业绩，因此相关数据从我们的样本库中被剔除了。综上，该指标容易将参考基准的要求定制得过高，所以以此参照评估基金经理表现就是不合适的。

基金发起人选择"基金经理经验领域"时，必须依赖于样本数据的提供者，如果数据提供者取数的范围、能力不同，那么相关数据的真实可靠度也就千差万别。

1.8　关于参考基准质量的检验 ★

当我们选定了用以检验基金经理业绩的参考指标后，还需要通过一些检验方法检验被选择的参考基准究竟合不合适，这些检验方法主要包括以下内容。

1. 系统性偏差

投资账户里保留的**系统性偏差**（systematic bias）应当越小越好。如何判定系统性偏差的大小呢？我们可以选择投资账户收益 R_P 作为自变量，参考基准的收益 R_B 作为因变量，建立回归方程 $R_P = \alpha + \beta R_B + \varepsilon$。如果 β 数值显著性地不等于 1，就说明系统性偏差的存在。

正如我们之前对图 13-7 的定义：$A = P - B$，$S = B - M$，$E = P - M$

式中　A——由于基金经理主动管理决策所带来的超额收益；

　　　P——基金经理投资组合的收益；

　　　B——参考基准的收益；

　　　M——大盘收益；

　　　S——由于投资风格带来的超额收益；

　　　E——基金经理投资收益超过大盘收益的部分。

图 13-7　系统性偏差分析

✓ 作为一个好的参考基准，A 与 S 之间应当没有关联，这表明无论参考基准收益如何，它都不会影响到基金经理获取超额收益 A 的能力。

✓ 作为一个好的参考基准，S 应当与 E 之间保持高度的相关性，如此才能说明投资基准的风格充分反映了基金经理的投资策略。这样的投资基准才是一个适合衡量基金经理业绩的指标。

2. 追踪误差

追踪误差（tracking error）是指由于基金经理主动管理决策获取超额收益 A 的标准差。通常，追踪误差越小越好，此外，我们还需要对不同类型的追踪误差做出一番比较。对于一个合适的参考基准，投资组合收益与参考基准收益的差异的标准差应当小于投资组合与市场指数差异的标准差，即 $S_{P-B} < S_{P-M}$。如此便说明：参考基准捕捉到了基金经理大部分的投资风格；相较于大盘指数，当前选用的参考基准用于测量基金经理业绩才更为合适。

3. 风险特性

风险特性（risk characteristics）：基金经理账户中风险的系统性来源应当与投资基准中的风险来源相一致。虽然在短期内，基金经理账户中的系统性风险可能高于或者低于参考基准中的系统性风险；但是就长期而言，两者应该是相等的，否则就会出现系统性偏差。

4. 覆盖率

覆盖率（coverage）是指基金经理账户以及参考基准中所包含的相同的证券所占基金经理账户市值的百分比。越高的覆盖比率表明基金经理越多地复制基准参考，那么这样的基准参考就越能反映基金经理的投资风格。

5. 周转率

周转率（turnover）是指对参考基准定期调整再平衡的过程中，被买卖部分证券的市值比例。被动管理的投资组合选用的参考基准应该维持在一个较低的周转率。

6. 多头的主动仓位（positive active positions）

一个主动仓位是指积极管理的投资中某只股票或者板块持仓的仓位与投资基准组合中该证券或者板块持仓仓位的差异。对于以自定义基准为基础的参考基准而言，基金经理应该持有大量主动仓位，并且这些仓位都是多头状态。如果基金经理持有了大量空头的主动仓位，那就表明参考基准没有很好地反映基金经理的投资风格。

1.9　对冲基金业绩的衡量方法

考虑到对冲基金品种的多样性以及缺乏透明度的特点，对冲基金在选定参考基准时面临重重困难，甚至无法选择出合适的参考基准。

回顾投资账户收益率的计算公式为

$$r_t = \frac{MV_1 - MV_0}{MV_0}$$

由于许多对冲基金同时持有多头与空头仓位，考虑到多空这两个仓位的叠加影响，对冲该基金的初始市值 MV_0 可能是一个非常小的数值，或者近似为零。那计算出的 r_t 就可能会正无穷大或负无穷大，这显然是不合常理的，因此我们无法运用该公式解释其投资期收益率。

要解决这个问题，我们可以用**价值叠加收益法**（value-added return）对权重加总近似为零的对冲基金业绩进行评估：

$$R_V = R_P - R_B$$

式中　R_V——价值叠加收益；

　　　R_P——组合收益；

　　　R_B——参考基准收益。

在该种方法下，我们可以分别求得每一只证券在投资期的超额收益，然后再将它们加总，以获得同时具有多空头寸组合的收益。这种方法运用的缺点在于：第一，如何在个股收益的基础上区分出由于基金经理主动决策所产生的超额收益，同时还要考虑到基金经理的做空能力。第二，有些对冲基金是没有特定的风格（no definable style），对于这类对冲基金，我们无法找到其可比对象。因此持有这个观点的支持者认为，使用对冲基金收益与一般的参考基准做比较是没有意义的，选取一个绝对值作为目标参考基准更为合理。

因为定义对冲基金的参考基准十分困难，所以也有些人索性就用夏普比率（Sharpe ratio）作为比较对冲基金经理之间业绩的基准。但是在这种方法下，如何确认哪些基金经理是可比的，依然是一个难题。此外，由于对冲基金的收益是有偏的，因此在计算夏普比率过程中使用标准差度量其风险也是存在疑问的。

1.10　业绩的宏观与微观归因概述

接下来介绍的是业绩评估的第二大话题——业绩归因。业绩归因可以分为宏观业绩归因和微观业绩归因两大类（见图 13-8）。

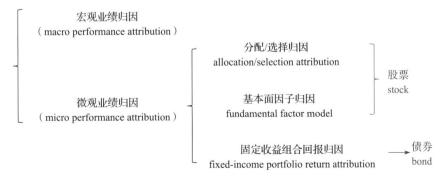

图 13-8　业绩归因：宏观业绩归因与微观业绩归因

✓ **宏观业绩归因**（macro performance attribution）是站在基金发起人的角度展开的。

✓ **微观业绩归因**（micro performance attribution）则是站在基金经理的角度展开的，它可以帮助我们进一步了解掌握基金经理的投资决策过程。

如图 13-5 所示，微观归因下主要包含了分配/选择归因、基本面因子归因以及固定收益组合回报归因这 3 大块内容。其中，分配/选择归因、基本面因子归因是对股票资产收益进行业绩归因分析，而固定收益组合回报归因则主要是针对债券进行业绩归因分析。

1.11　宏观业绩归因

想要精确计算宏观业绩归因，我们必须知道以下 3 类输入变量。

✓ **政策分配**（policy allocations）：不同证券及板块的权重分配是由基金发起人的风险容忍度、长期预期以及负债消费情况所共同决定的，每类板块以及证券的权重分配应当在投资政策报告书中注明。

✓ **参考基准组合的收益**（benchmark portfolio returns）：基金发起人通常用广义市场指数作为资产类别的参考基准，并且使用一些更为"狭隘"的指数作为度量基金经理的投资风格。

✓ **基金的收益、估值以及外部现金流**（fund returns, valuations and external cash flows）：收益的计算应当是基于基金经理的层面的，这将有助于基金发起人挑选出优秀的基金经理。通常，这部分信息是用百分比的形式表述的。

如果上述信息是以货币的形式计量的，那么我们不仅可以通过投资账户的估值、外部现金流等数据计算出账户的收益，还可以评估出基金发起人投资制定的决策对于资产组合价值的影响。

李老师说

通过"政策分配"以及"基金的收益、估值以及外部现金流"这两部分的数据，我们便可以求得投资组合的收益，将其与"参考基准组合的收益"进行比较，从而开展宏观业绩归因的分析工作。

CFA 三级教材中有的知识点是属于每年常考的知识点，有的知识点是属于考过以后就不太被关注的知识点。上述宏观归因 3 类输入变量的知识点就是属于后者，它们曾经在上午的真题中出现过，大家对这种考查有所了解即可。

宏观归因分析

宏观归因起始于投资基金的初始市值，结束于它的最终市值，期间总共经历 6 个层次的分析，以此找到市场价值增加或者减少的原因。如图 13-9 所示，此前我们将投资组合的收益划分为 0 ~ M，M ~ B，B ~ P 这 3 段，但在宏观归因分析中，需要对这些过程进一步细分，接下来就逐一讲解这 6 个层次的分析是如何构建的。

✓ **净贡献**（net contributions）：由于客户发生追加投资以及回撤投资行为导致账户发生的外部现金流的总和。净贡献增加或者减少了投资的最终市值，但是它并不是投资所产生的收益或者损失。

✓ **无风险资产**（risk-free asset）：我们将组合资产的 0 ~ M 部分再做划分，其中 0 ~ r_f 部分代表了如果投资组合及其外部现金流在期初就投资于无风险资产上可以获得的收益（例如投资于 90 天的国债所获取的收益）。

✓ **资产类别**（asset categories）：由于基金经理投资了第 i 类资产所获取的收益，即 r_f ~ M 这部分收益。如图 13-9 所示，该基金经理投资了股票以及债券这两类资产。注意到这里的投资都是指被动投资，意味投资标的是一个资产的市场指数，因此投资在第 i 类资产的市场指数的收益表现定义为 $R_{M,i}$；每一类资产投资的权重定义为 w_i。假设共有 n 个资产类别，那么总的资产组合的收益从 r_f ~ M 的增加部分可以用如下公式表示：

$$R_{AC} = \sum_{i=1}^{n} w_i (R_{M,i} - R_F)$$

✓ **参考基准**（benchmarks level）：代表基金经理依据投资政策权重规定，将投资组合投资于"风格组合经理参考基准"（style portfolio manager benchmarks）。如图 13-9 中，投资于第 i 类资产的资金具体投资在了第 j 种证券指数上（投资于股票的资金投资于小盘股指数上）。其收益率被定义为 $R_{B,i,j}$，其投资权重被定义为 $w_{i,j}$。如果投资组合将 30% 的资金投资在了股票市场上，这其中 80% 的资金又投资在了小盘股指数上，那么投资于小盘成长股指数的资金占总投资的权重即为 24% = 30% × 80%。组合投资收益从 M 到 B 的增加部分可以用以下公式表示：

$$R_B = \sum_{i=1}^{n} \sum_{j=1}^{m} (w_i)(w_{i,j})(R_{B,i,j} - R_{M,i})$$

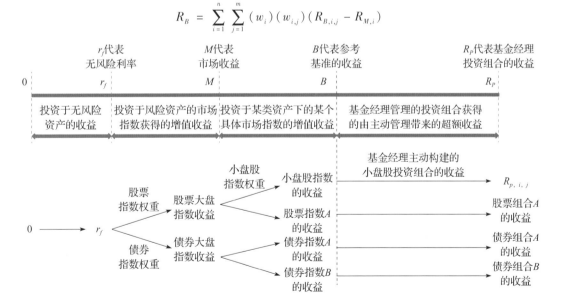

图 13-9 宏观归因分析

通常，基金发起人会选用多个基金经理，将资产分配给他们做组合投资。如果我们假设每个基金经理只负责一个资产类别，并且他只投资了该类别下的某一种参考基准指数，那么上述

公式可以变形为

$$R_B = \sum_{i=1}^{n} (w_i)(R_{B,i} - R_{M,i})$$

✓ **基金经理**（investment managers）：这部分假设投资组合就是按照基金经理实际投资配置所能获取的收益。此时实际投资的资产不一定是参考基准，也可能是某一只具体的股票或者是债券。这里单个资产的收益率就被定义为 $R_{P,i,j}$，其权重被定义为 $w_{i,j}$。那么投资组合的收益从 $B \sim R_P$ 这部的增值收益就可以用以下公式进行计算：

$$R_{IM} = \sum_{i=1}^{n} \sum_{j=1}^{m} (w_i)(w_{i,j})(R_{P,i,j} - R_{B,i,j})$$

✓ **分配效应**（allocation effects）：它是一个调平项。如果通过上述计算求得的基金经理级别下的收益与投资组合的实际收益不相等，那么其中的差异就可以用分配效应来解释。

李老师说

　　正如我们之前所述，宏观归因是站在基金发起人的角度做出的业绩归因分析。基金发起人挑选基金经理，基金经理们依照投资政策说明书开展投资活动。基金发起人知道投资收益是如何由 0 变为 r_f，由 r_f 变到 M，由 M 变到 B 的。但是收益从 $B \sim P$ 的过程是由基金经理投资过程所决定的；对这一部分业绩做归因分析，就属于微观归因的范畴。下面我们通过一道具体的例题回顾上述宏观归因的相关内容。

【例题】

表 13-1 和表 13-2 为宏观归因分析的相关数据。

表 13-1　宏观归因分析：相关数据

资产类别	目标权重	参考基准
国内股票投资	65%	Russell 2000 指数
• 股票投资基金经理 A	• 70%	• Russell 2000 成长股指数
• 股票投资基金经理 B	• 30%	• Russell 2000 价值股指数
国内债券投资	35%	Lehman govt/credit 指数
• 债券投资基金经理 X	• 60%	• Lehman govt 指数
• 债券投资基金经理 Y	• 40%	• Lehman 长期信贷指数

注：假设当前市场的无风险收益率为 0.41%。

表 13-2　基金估值、现金流、收益率

资产类别	初始价值（美元）	终值（美元）	净现金流（美元）	实际收益率	参考基准收益率
国内股票投资	71 873 552	74 004 415	850 000	1.75%	1.69%
• 股票投资基金经理 A	49 023 967	49 344 592	(1 000 000)	2.67%	2.82%
• 股票投资基金经理 B	22 849 585	24 659 823	1 850 000	−0.16%	−0.22%
国内债券投资	40 781 358	39 708 524	(1 500 000)	1.11%	1.06%
• 债券投资基金经理 X	23 847 596	22 613 086	(1 500 000)	1.20%	1.16%
• 债券投资基金经理 Y	16 933 762	17 095 438	—	0.92%	0.96%
总计	112 654 910	113 712 939	(650 000)	1.59%	1.47%

依据表 13-1 和表 13-2 给出的数据，请计算宏观归因中资产类别的收益、参考基准的收益和基金经理的收益。

解答：

依据上述表格，我们知道该投资组合投资了本国股票与债券两大类资产，股票市场上我们选择了 A、B 两个基金经理，并以 Rusell 2000 成长指数作为衡量基金经理 A 表现的参考基准，以 Rusell 2000 价值指数作为衡量基金经理 B 表现的参考基准。债券市场上，我们选择了 X、Y 两个投资经理，并以 Lehman govt 指数作为衡量 X 表现的参考基准，以 Lehman credit 作为衡量 Y 表现的参考基准。我们整合表格中其信息得到图 13-10。

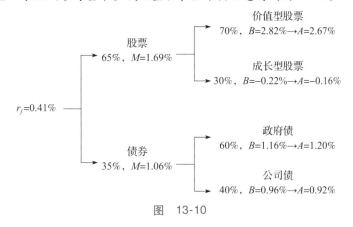

图 13-10

或者我们将其写作之前正文中的形式如图 13-11 所示。

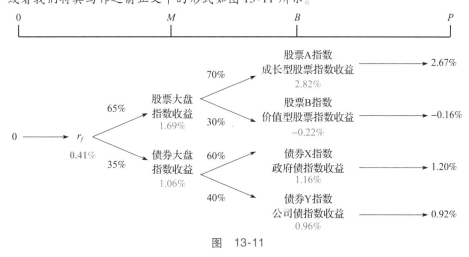

图 13-11

接下来我们就分别运用公式求解。

资产类别的收益 $= 65\% \times (1.69\% - 0.41\%) + 35\% \times (1.06\% - 0.41\%) = 1.0595\%$

参考基准的收益 $= 65\% \times 70\% \times (2.82\% - 1.69\%) + 65\% \times 30\% \times (-0.22\% - 1.69\%) + 35\% \times 60\% \times (1.16\% - 1.06\%) + 35\% \times 40\% \times (0.96\% - 1.06\%) = 0.1487\%$

基金经理的收益 $= 65\% \times 70\% \times (2.67\% - 2.82\%) + 65\% \times 30\% \times (-0.16\% - 0.22\%) + 35\% \times 60\% \times (1.20\% - 1.16\%) + 35\% \times 40\% \times (0.92\% - 0.96\%) = -0.1396\%$

1.12 微观业绩归因 ★

微观归因考察的对象是基金经理的投资收益相对于参考基准收益差异中由于积极主动管理决策带来的超额收益部分。**价值叠加收益法**（the value-added return）主张这类超额收益主要来自于行业的选择、个股的选择以及这两者的交集部分。

1. 单纯板块分配

单纯板块分配（pure sector allocation）衡量了基金经理的行业权重分配决策所产生的超额收益。因为这部分收益只与行业权重的分配有关，所以我们假定基金经理持有的板块股票与参考基准中的成分板块股票是一致的，并且持有的权重也是一致的。我们可以运用以下公式求得单纯板块分配收益：

$$\underbrace{\sum_{j=1}^{S}(w_{P,j}-w_{B,j})(R_{B,j}-R_B)}_{\text{单纯板块分配}}$$

式中 $w_{P,j}$——基金经理投资组合中第 j 个板块所占的权重；

$w_{B,j}$——参考基准投资组合中第 j 个板块所占的权重；

$R_{B,j}$——参考基准投资的第 j 个板块的资产收益；

R_B——参考基准的收益；

S——所分配的板块总数。

2. 板块内部选择收益

板块内部选择收益（within-sector selection return）衡量了基金经理选择的具体股票所产生的超额收益。由于它只是考虑了基金经理的选股能力，所以可以假定基金经理投资的每一个板块的权重与参考基准中所含板块的权重是相同的（$w_{P,j}=w_{B,j}$）。运用以下公式求得板块内部选择收益：

$$\underbrace{\sum_{j=1}^{S}w_{B,j}(R_{P,j}-R_{B,j})}_{\text{板块内部选择收益}}$$

式中 $w_{B,j}$——基金经理投资组合中第 j 个板块所占的权重；

$R_{B,j}$——参考基准中第 j 个板块的资产收益；

$R_{P,j}$——投资组合中第 j 个板块的资产收益；

S——所分配的板块总数。

3. 分配/选择交叉收益

分配/选择交叉收益（allocation/selection interaction return）：板块权重与个股权重这两者共同作用所产生的超额收益，即由于基金经理在加大了对于优秀板块的投资的同时又挑选出了其中表现卓越的股票所带来的收益（此时该部分收益为正）。运用以下公式求得该部分收益：

$$\underbrace{\sum_{j=1}^{s}(w_{P,j}-w_{B,j})(R_{P,j}-R_{B,j})}_{\text{分配/选择交叉收益}}$$

式中　$R_{P,j}$——投资组合中第 j 个板块的资产收益；

　　　$R_{B,j}$——参考基准中第 j 个板块的资产收益；

　　　$w_{B,j}$——参考基准中第 j 个板块的资产权重；

　　　$w_{P,j}$——投资组合中第 j 个板块的资产权重；

　　　S——所分配的板块总数。

将上述 3 类收益加总，便得到了整个组合的价值叠加收益 R_V（超额收益）。

李老师说

我们可以通过作图的方式（见图 13-12），再次论述 3 类超额收益的影响。

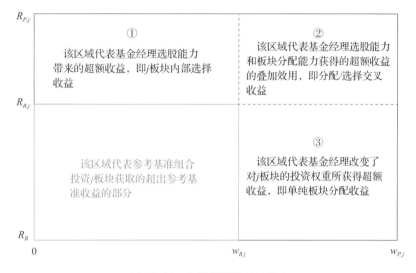

图 13-12　3 类超额收益的影响

如图 13-12 所示：图中左下角的蓝色矩形的面积代表了参考基准组合投资 j 板块获取的超出参考基准收益的部分（相同权重下），图中整个矩形的面积则代表了投资组合投资 j 板块获取的超出参考基准收益的部分（相同权重下）。那么这两块面积的差额便是基金经理通过积极主动决策获取的超额收益。我们可以将上述面积差额部分划分为 3 块，其中①部分代表了由于基金经理选股能力所产生的超额收益，即 j 板块内部选择收益；③部分代表了由于基金经理改变了对于 j 板块的投资权重所获得超额收益，即单纯板块分配收益；②部分代表了上述两类超额收益的叠加效用，即分配/选择交叉收益。该图是针对 j 板块这一个板块而言的，如果我们把投资组合中所有的板块的情况考虑进去，便得到了正文所述的 3 个公式。此外，图 13-12 中左下角原点在纵坐标方向代表的是参考基准的收益 R_B，横坐标方向代表的是权重零，对于这一点，大家千万不要弄错。

经验法则

经验法则（rules of thumb）表明：

✓ 如果基金经理加大对于表现优异的板块的投资，那么他的投资组合会因此获得一个较高的收益。

✓ 如果基金经理减少对于表现优异的板块的投资，那么他的投资组合会因此获得一个较低的收益。

✓ 如果基金经理加大对于表现拙劣的板块的投资，那么他的投资组合会因此获得一个较低的收益。

✓ 如果基金经理减少对于表现拙劣的板块的投资，那么他的投资组合会因此获得一个较高的收益。

上述观点我们总结为表 13-3。

表 13-3 经验法则

$w_{P,i} - w_{B,i}$	$R_i - R_B$	相对于参考基准的表现的影响
正	正	正
负	正	负
正	负	负
负	负	正

👆【例题】 微观业绩归因

表 13-4 为微观业绩归因举例数据。

表 13-4 微观业绩归因举例数据

投资板块	组合的权重（%）	参考基准的权重（%）	投资组合的收益率（%）	参考基准的收益率（%）	单纯板块分配收益	分配/选择交叉收益	板块内部选择收益	总超额收益
基础材料	6.10	7.00	2.15	1.82	-0.01	0.00	0.02	0.01
资本货物	8.25	7.50	1.83	2.21	0.01	0.00	-0.03	-0.02
耐用消费品	2.53	3.00	1.92	2.05	0.02	0.00	-0.04	-0.03
非耐用消费品	35.21	33.00	1.92	2.05	0.02	0.00	-0.04	-0.03
能源	5.60	7.50	-1.38	-0.52	0.03	0.02	-0.06	-0.02
金融	18.74	19.00	2.34	1.93	0.00	0.00	0.08	0.07
科技	11.24	13.00	0.47	0.05	0.02	-0.01	0.05	0.07
公共事业	9.93	10.00	-0.97	-1.40	0.00	0.00	0.04	0.04
现金、现金等价物	2.40	0.00	0.41	0.41	-0.02	0.00	0.00	-0.02
持有的资产和现金总计	100.00	100.00	1.33	1.18	0.06	-0.01	0.09	0.15
交易和其他			-0.03					-0.03
总投资组合			1.30	1.18				0.12

表 13-4 中左侧第 2～5 列分别给出了每一个行业对应对的 w_{Pj}、w_{Bj}、R_{Pj}、R_{Bj}，右侧 4 列给出了计算所得的"单纯板块分配收益""分配/选择交叉收益""板块内部选择收益"的数据以及三者求和后的总的超额收益。通常这些收益数据就是考试中需要我们计算的。请计算一下：

（1）基础材料行业的"单纯板块分配收益"。

（2）资本货物行业的"板块内部选择收益"。

（3）能源行业的"分配/选择交叉收益"。

解答：

（1）我们画出矩形图（见图 13-13）。

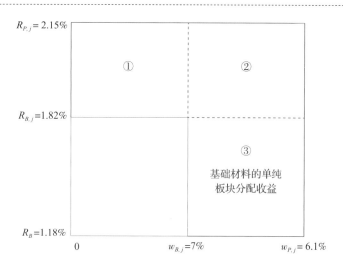

图 13-13　基础材料的单纯板块分配收益

基础材料行业的"单纯板块分配收益"即为图形中③的面积：

$$(6.1\% - 7\%) \times (1.82\% - 1.18\%) = -0.01\%$$

（2）我们画出矩形图（见图 13-14）。

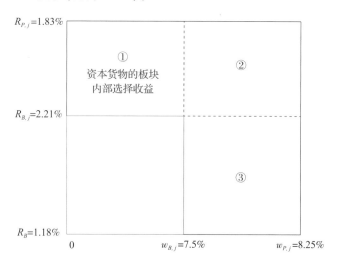

图 13-14　资本货物的板块内部选择收益

资本货物行业的"板块内部选择收益"即为图形中①的面积：

$$7.5\% \times (1.83\% - 2.21\%) = -0.03\%$$

（3）我们画出矩形图（见图 13-15）。

能源行业的"分配/选择交叉收益为图形中②的面积：

$$(5.6\% - 7.5\%) \times (-1.38\% + 0.52\%) = 0.02\%$$

通过这些计算我们发现，微观归因能够让我们仔细判别基金经理选择板块的能力以及选择个股的能力，这些结论是宏观业绩归因不能给予我们的。

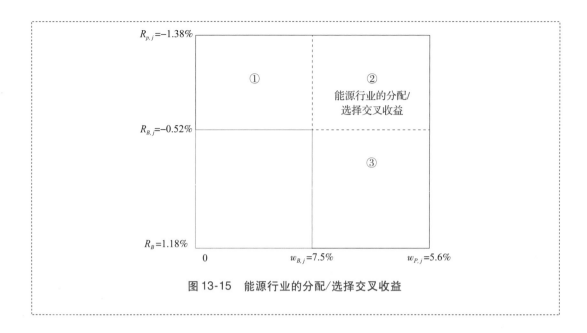

图 13-15 能源行业的分配/选择交叉收益

1.13 基本面因子模型

基本面因子模型是第二类微观归因的方法。该方法结合经济板块因子以及其他基本面因子（如公司规模、成长特征、财务健康情况）来构建多因子回归模型。构建模型通常需要以下步骤，对此大家了解即可：

✓ 确认能够产生系统性收益的基本面因子。

✓ 决定投资组合以及参考基准模型中各个因子的敞口分别是多少。

✓ 判断基金经理投资组合中每一个因子的主动敞口是多少。主动敞口是指参考基准中的敞口与基金经理实际持有的敞口之间的差异。

✓ 决定"主动影响"（active impact），即由基金经理主动敞口所引起的收益变化。

基本面因子通过微观归因在为我们指示出组合收益来源的同时也说明了基金经理择时选股的能力。这一分析方法非常类似于**基于收益的风格分析**（return-based style analysis）。但是基本面因子分析模型运用的因子更多，除了风格指数外，还包含了很多其他因子信息。

李老师说

选定基本面因子 F_1，F_2，…，F_n 之后，我们可以得到关于基金经理投资组合收益的模型 $R_P = a + b_1F_1 + b_2F_2 + \cdots + b_nF_n + \varepsilon$ ①。其中 F_n 代表第 n 个风险因子，b_n 代表第 n 个风险因子对于组合收益的影响程度。同理，我们还可以得到关于参考基准组合收益的模型：$R_B = a' + b'_1F_1 + b'_2F_2 + \cdots + b'_nF_n + \varepsilon'$ ②。用①式减去②式得：

$$R_B = (a - a') + (b_1 - b'_1)F_1 + (b_2 - b'_2)F_2 + \cdots + (b_n - b'_n)F_n + \varepsilon'$$

上式中，$(b_1 - b'_1)$ 就是一个主动敞口，$(b_1 - b'_1)F_1$ 就是超额收益的第一个来源，$(b_n - b'_n)F_n$

就是超额收益的第 n 个来源。接下来，我们通过一道具体例题学习下如何分析基本面因子模型的输出结果。

👆 **【例题】**

表 13-5 是基于基本面因子模型的分析结果，请针对这些结果进行分析。

表 13-5　基于基本面因子模型的分析结果

	组合的风险敞口	参考基准的风险敞口	主动管理的风险敞口	主动管理的影响	收益
市场收益率					6.73%
正常组合收益率					6.12%
现金择时	0.21	0.05	0.16	0.15	
Beta 择时	3.15	2.87	0.28	−0.17	
总市场择时收益					−0.02%
成长因子	4.56	4.32	0.24	0.18	
规模因子	0.39	1.74	−1.35	−0.15	
杠杆因子	2.09	1.57	0.52	0.11	
收益率因子	−0.52	−0.94	0.42	0.04	
总基本风险因子					0.18%
基础材料行业	17.2	14.9	2.30	−0.09	
能源行业	20.95	27.13	−6.18	0.01	
耐用消费品行业	4.07	6.92	−2.85	0.12	
非耐用消费品行业	36.16	27	9.16	0.01	
公共事业行业	19.43	15.38	4.05	−0.10	
科技行业	3.77	2.12	1.65	0.08	
总经济因素					0.03%
未解释的特定因素					0.35%
组合的实际收益率					6.66%

解析：

我们看到投资组合产生了 6.66% 的收益率，与此同时，正常组合收益率为 6.12%（即参考基准组合收益 R_B）；市场指数收益率为 6.73%。

我们用表 13-5 中第 2 列中的组合的敞口减去第 3 列中正常敞口就得到了基金经理的主动敞口（第 4 列数据），再将其乘以对应的风险因子，就得到了主动影响，即第 5 列数据。

基金经理获取超额收益的投资技巧主要划分为以下 4 类。

* 市场择时（market timing）。
* 基本面因子的敞口（exposures to fundamental factors）：这些因子包括成长因子、规模因子、杠杆因子以及收益率因子。

- 经济板块的敞口（exposures to economic sectors）：这些板块包括基础工业、消费业、能源产业、科技行业以及公共事业行业等。
- 一个特殊的或者无法解释的收益部分（a specific or unexplained return component）

市场择时能力受到两方面因素的影响：①投资组合中现金的头寸，即基金经理应当在市场下跌时持有更多的现金头寸；②投资组合中的 β，即基金经理应当在市场上涨时更多地持有股票头寸。

在该例题中，这两方作用造成了一个 -0.02% 的收益影响，说明该基金经理不太擅长择时投资。

基本面因子敞口所带来的收益为 0.18%，经济板块因子敞口带来的收益为 0.03%。这说明该基金经理擅长基本面分析，且略微精通行业选股。

通常，投资组合收益中存在一部分收益是无法通过基本面因子模型解释的。本例中，这一无法解释的部分的收益为 0.35%。这一特殊收益也可以直接归因于基金经理。

有一点需要考生特别注意：该例中所有回归的因子的敞口都是以因子均值的标准差进行计量的，这是因为使用标准差后可以消除变量间单位不统一的影响。

1.14 固定收益组合回报归因

固定收益组合的收益可以归因为两个部分：一是外部利率环境的影响，如国债收益率曲线的移动和扭转，这样的变化通常是市场驱动或者政策导向的，是超出基金经理掌控范围的；二是管理过程的贡献，也就是基金经理通过主动管理获得的回报，这部分的投资回报与基金经理的业绩奖惩息息相关。

1.14.1 外部利率环境的影响

我们可以通过研究无风险债券（国债）的收益率曲线的期限结构获得外部利率的影响。外部利率环境的影响又可以分为两部分：预期利率的影响（远期隐含收益率）和非预期利率的影响（真实实现的收益率与远期隐含收益率的差异）。以无风险债券为参考基准，一个债券投资组合只要通过被动投资就能获得该部分收益率。

李老师说

如图 13-16 所示，如果我们知道国债 1 年期的即期利率 S_1 以及 2 年期的即期利率 S_2，那么我们就可以通过公式 $(1+S_1)(1+f_{1,2})=(1+S_2)^2$ 求得未来 1 年开始的期限也为 1 年的远期利率 $f_{1,2}$。如果 $f_{1,2}=3\%$，这便是国债预期利率产生的收益影响。但是如果该期限利率的实际值是 3.2%，它与我们求得的 3% 之间便会存在 0.2% 的差异，这一差异便是不可预期的利率产生的收益影响。这两部分影响之和就是国债真实利率水平，它也是债券组合参考基准的收益。

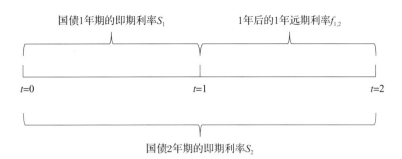

图 13-16　国债预期利率产生的收益影响

1.14.2　管理过程的贡献

基金经理主动管理的影响可以分成以下 4 个部分，这些交易管理活动将会使得投资组合收益在参考基准的基础上有所增减。

1. 利率管理的影响

利率管理的影响（interest-rate management effect）衡量了基金经理预测利率变化的能力以及参考预测调整组合久期和凸性的能力。我们先假设每一个组合资产都是无风险债券（使用国债的远期利率作为折现率来定价）；在此基础上使用调整后的国债利率水平作为折现率对债券进行折现。两者之间的差异体现了基金经理管理的影响，因为上述环节考虑到了基金经理对于久期以及收益率曲线定位的调整。这一部分的影响还可以进一步细分为久期（duration）、凸性（convexity）以及收益率曲线形状（yield-curve shape effects）等方面的影响。

2. 板块/质量管理的影响

板块/质量管理的影响（sector/quality management effect）考虑到了投资组合中板块利差（yield spreads）以及资产质量带来的影响。例如，如果基金经理持有的组合中包含了公司债，并且公司债的利差在缩小，那么该组合的表现将高于那些只投资了国债组合的表现（两者之间会存在一个差异）。加总投资组合中类似的收益差异，便得到了板块/质量管理对于组合收益的影响。

3. 证券选择影响

证券选择影响（security selection effect）检验了基金经理真实选择的债券所带来收益的影响。例如，如果公司债板块的平均利差减少了 25 个基点，与此同时，基金经理组合中持有的真实公司债的利差减少了 30 个基点，那么基金经理的证券选择就会对其组合价值产生一个正的影响。我们可以用每只债券的收益减去其对应板块/质量指数的收益，便得到了每只债券的"证券选择影响"，再将所有债券的"证券选择影响加总"，就得到了基金经理的证券选择影响。

4. 交易活动

交易活动（trading activity）代表了组合收益中无法解释的部分，通常我们将其归因于基金经理的交易活动的结果。

【例题】

表 13-6 是"固定收益组合回报归因"方法得出的分析表格，请分析一下表格结果。

表 13-6 业绩分析期间的收益率（%）

	A 公司	B 公司	债券组合的参考基准
Ⅰ. 利率影响	1.1	1.1	1.1
1. 预期到的利率影响	0.62	0.62	0.62
2. 未预期到的利率影响	0.48	0.48	0.48
Ⅱ. 利率管理产生的影响	0.14	−0.15	0
3. 久期	0.19	−0.27	0
4. 凸性	−0.13	0.03	0
5. 收益率曲线的变化	0.08	0.09	0
Ⅲ. 其他管理影响	−0.07	0.01	0
6. 板块/质量	0.04	−1.02	0
7. 债券选择	−0.11	1.03	0
8. 交易成本	0	0	0
Ⅳ. 交易行为产生的收益	0.12	0.17	0
Ⅴ. 总的收益率（前 4 个部分收益之和）	1.29	1.13	1.1

解析： 表 13-6 中的第 2、3 列分别代表了 A、B 两个公司的债券投资组合。第 4 列则代表了这两个投资组合的参考基准。注意到表格红色虚线内的 3 列数字完全一样。这是因为利率是外界影响因素，不受基金经理所控制，所以其影响对于所有债券投资组合都是一样的。表格中蓝色虚线框的数字都为零，这是因为投资基准和自己做比较时，那些由于基金经理主动管理产生的影响全部为零。

注意到"其他管理影响"（other management effects）中包含了"板块/质量"（sector/quality）、"债券选择"（bond selectivity）以及"交易成本"（transaction costs）这 3 项。大家需要熟记这 3 项内容是属于"其他管理影响"的成分。

考试可能会出类似这样的考题：B 公司的基金经理说他非常擅长利率管理，问这句评论正确与否。通过表格我们很清楚地看到 B 组合的利率管理影响为 −0.15 = −0.27 + 0.03 + 0.09，显然该基金经理的说法有误。再如，A 公司基金经理说他擅长利率管理，并且最擅长其中的凸性管理。这句话前半句是正确的，因为 A 组合基金经理的利率管理影响为 0.14，是一个正数；但是它的凸性管理影响却是一个负数 −0.13，所以这句评述的后半句说法错误。

1.15 风险调整后的业绩鉴定衡量

1.15.1 业绩鉴定衡量

业绩评估的最后一个步骤便是**业绩鉴定**（performance appraisal）。业绩鉴定用以评估投资

结果究竟是技能所致还是运气使然，我们究竟应当雇用或是辞退基金经理？风险调整后的业绩衡量（risk-adjusted performance measures）可以帮助我们解决上述问题。所有的衡量指标都是事后的，这就意味着我们可以使用真实的投资收益去评估业绩表现。常用的衡量指标有以下5种。

1. 事后 α

事后 α（ex-post alpha）是投资组合收益与要求回报（对于承担系系风险的补偿）之间的差异。事后 α 可以通过以下公式求得：

$$\alpha_A = R_{At} - \hat{R}_A$$

式中 $\quad \alpha_A$——投资组合 A 的事后 α；

$\quad R_{At}$——投资组合 A 在投资期 t 时间内的真实收益。

$$\hat{R}_A = R_F + \beta_A(\hat{R}_M - R_F)$$

式中 $\quad \hat{R}_A$——投资组合 A 的预期收益率；

$\quad R_F$——无风险收益率；

$\quad \hat{R}_M$——市场预期收益率；

$\quad \beta_A$——投资组合 A 的系统性风险程度。

如果组合产生的 α 是一个正数，那么该组合将位于证券市场线上方，如果组合产生的 α 是一个负数，那么该组合将位于证券市场线下方，如果组合产生的 α 为零，那么该组合将位于证券市场线上。

2. 特雷诺衡量

特雷诺衡量（Treynor measure）检测的是组合中每单位系统性风险所获取的超额收益，它并不是一个衡量业绩的直接指标。如果一个组合的 α 为正数，那么该组合的特雷诺值就大于市场的特雷诺值；如果一个组合的 α 为负数，那么该组合的特雷诺值就小于市场的特雷诺值。特雷诺衡量的计算公式为

$$T_A = \frac{\overline{R_A} - \overline{R_F}}{\beta_A}$$

式中 $\quad \overline{R_A}$——平均组合的收益；

$\quad \overline{R_F}$——平均的无风险收益；

$\quad \beta_A$——组合的系统性风险程度。

3. 夏普比率

夏普比率（the Sharpe ratio）衡量的是组合中每 1 单位总风险所能获得的超额收益，它是资本市场线的斜率，夏普比率可以用于比较不同组合之间的业绩。夏普比率的计算公式为

$$S_A = \frac{\overline{R_A} - \overline{R_F}}{\sigma_A}$$

式中 $\overline{R_A}$——平均组合的收益；

$\overline{R_F}$——平均的无风险收益；

σ_A——组合收益的标准差。

4. 信息比率

信息比率（the information ratio）衡量的是每单位主动风险（active risk）所能获取的超额收益。它与夏普比率的相似之处在于，两者的超额收益都是依据实际变化来计量的，只不过信息比率在计算超额收益时所用的参考基准并非是无风险利率；通过信息比率计算出的超额收益又名**主动收益**（active return）。信息比率的计算公式为

$$IR_A = \frac{\overline{R_A} - \overline{R_B}}{\sigma_{A-B}}$$

式中 $\overline{R_A}$——平均组合的收益；

$\overline{R_B}$——平均的参考基准收益；

σ_{A-B}——组合超额收益的标准差。

5. M^2 衡量

M^2 衡量（the M^2 measure）比较了投资组合的收益与资本市场的收益。与夏普比率相同，使用该比率需要参照比较其他组合。M^2 衡量的计算公式为

$$M_P^2 = \overline{R_F} + \left(\frac{\overline{R_P} - \overline{R_F}}{\sigma_P}\right)\sigma_M$$

式中 $\overline{R_P}$——平均组合的收益；

$\overline{R_F}$——平均的无风险收益；

σ_P——组合收益的标准差；

σ_M——市场指数的标准差。

如果组合的 M^2 衡量大于（小于）市场收益，表明组合位于资本市场线的上方（下方），也说明考虑到风险调整后的组合的表现要优于（劣于）市场表现。

李老师说

M^2 衡量，它代表了当组合风险与市场风险相一致时，组合能够获取的收益。因为 $\left(\frac{\overline{R_P} - \overline{R_F}}{\sigma_P}\right)$ 代表的就是每 1 单位总风险能够获取的超额收益，用它乘以市场风险 σ_M，则意味着如果将组合风险调整为与市场风险一致时，组合可以获得的超额收益，在此基础上再加上一个无风险利率 $\overline{R_F}$，就表示当组合风险与市场风险一致时，组合能够获取的收益。这一逻辑还可以通过图 13-17 演示。

由于 $\overline{R_F}$ 以及 σ_M 都是常数，因此 M^2 衡量指标的大小就与组合的夏普比率 $\left(\frac{\overline{R_P} - \overline{R_F}}{\sigma_P}\right)$ 密切相关，通常有着越大的夏普比率的组合，其 M^2 衡量的数值也就越大。

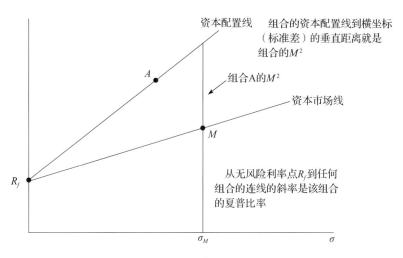

图 13-17　M^2 衡量的举例

1.15.2　业绩鉴定测量的比较

不同衡量指标有着自身的特点，指标之间也存在着内在的联系，我们总结如下。

✓ α 和特雷诺衡量都是基于系统性风险 β 做出的。这两者之间具有以下关系：

  ● 如果投资组合有着正值的 α，那么组合的特雷诺衡量值一定高于市场的特雷诺衡量数值。

  ● 两者排序间不一定存在必然的联系，一群组合里有着最高 α 的组合不一定有着最高的特雷诺衡量值。（注意，这里说的是不一定，也有可能存在排序相同情况）。

✓ 夏普比率以及 M^2 衡量都是基于总风险标准差做出的衡量，夏普比率较大的组合其 M^2 衡量数值也比较大。

✓ 事后 α 以及特雷诺衡量这两个指标常常因为它们过于依赖系统性风险以及资本资产定价模型（CAMP）而受到批评，这些批评内容主要包括：

  ● 资本资产定价模型只假设了一个市场风险，但是忽略了其他存在的风险。

  ● 使用诸如标普 500 指数作为市场收益的代表。市场假设轻微的改变就能大幅改变特雷诺衡量以及事后 α 的计算结果。

✓ 忽略交易成本的考虑，因此使用参考基准的收益率不一定是可靠的。

✓ 任何事后衡量的结果在未来都是可变的。

✓ 事后 α、特雷诺衡量和夏普比率是更为广泛使用的测量指标。

✓ 拥有较高指标的投资组合不一定具有较高的回报率。例如，一个较低风险的组合拥有较低的 β 或者标准差，同时它的事后 α 以及夏普比率可能非常高；一个风险较高的组合可能有着较低的事后 α 或者夏普比率，同时它可以有着非常高的绝对收益。

1.16　质量控制图

我们可以通过绘制**质量控制图**（quality control charts）这一工具来评估组合的业绩表现。

该种方法对投资组合的"价值增加收益"（value-added return：基金经理投资组合回报与其参考基准回报之间的差异）提出了以下 3 点假设。

    ✓ 原假设 H_0 被设定为：投资组合的预期价值增加收益为零，即基金经理没有投资能力。

    备选假设 H_a 被设定为：基金经理增加了组合的价值收益。

    ✓ 价值增加收益在不同的时间段是独立的，并且服从预期增加价值为零的正态分布。

    ✓ 基金经理的投资过程在不同时间段都保持不变，也就是说，价值增加收益的波动率是稳定的。

通过上述假设，我们便能得到如图 13-18 所示的质量控制图。

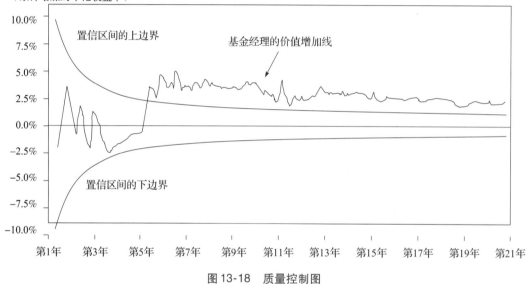

图 13-18　质量控制图

图 13-7 中，横轴代表时间；纵轴代表基金经理累计价值增加收益，纵轴的中点代表原点 0，它表明投资组合的收益与其基准参考的收益是相等的，即组合的预期价值增加为零。图中从"0"点处起始的平行于横轴的红线代表了**参考基准的收益**（the benchmark return）。任何偏离了这条线的组合收益都被认为是发生了组合收益与基准参考不等的情况。

基金经理可以在图 13-7 坐标中画出他们累计的价值增加收益，以此判别出他们获取的价值增加收益究竟是运气使然，还是因为他们卓越的投资技巧。如果组合收益对于基准组合收益的偏离是随机的（依靠运气），那么基金经理的价值增加线也将随机地分布在红线周围。如果基金经理的价值增加线持续地高于（低于）红线，那就意味着一个优秀的（拙劣的）业绩表现。

如何判定组合收益是否显著性地不等于参考基准收益呢？这里我们就需要借助置信区间的概念。我们在图中设置两条曲线，它们分别代表置信区间的上边界和下边界。通常有 95% 的数据落在均值（图中红线）周围两个标准差位置的区域，但是如图 13-7 所示，有大量的数据（基金经理的价值增加线）持续落在了置信区间的上方，那就表明在 5% 的显著性水平下，我们应该拒绝"价值增加收益"为零的原假设，并且认为基金经理确确实实为该投资组合带来了收益的增加。

1.16.1 基金经理续用政策

雇用或者解雇基金经理需要雇主的慎重考虑，因为这会带来很大的时间和金钱成本。如果新聘用的基金经理的投资风格与先前基金经理的投资风格差异很大，那么无论是清空原先基金经理的投资组合还是让新的基金经理模仿之前基金经理的投资风格，都将是耗时耗力的。为了降低员工轮转带来的成本和有效地关注未来业绩变化，很多基金发起人就编纂了一套正式的**基金经理续用政策**（manager continuation policy，MCP）。这个政策目的是：

- ✓ 留用表现突出的基金经理，解雇表现糟糕的基金经理，尤其要在后者影响基金总体表现前发现问题。
- ✓ 合理运用量化的投资业绩表现以及其他非业绩类信息多方面评估基金经理。
- ✓ 最小化不必要的基金经理轮转，短期的投资结果并不足以说明基金经理的业绩变现究竟是好是坏。
- ✓ 关注账户的成长性，不管是投资委员会或者员工人员变动，确保账户管理的持续性。

执行上述基金经理续用政策的同时，基金发起人应当持续不断地监督基金经理的投资活动，并且定期回顾其投资表现。当决定雇用一名新的基金经理时，务必要在面试环节摸清楚这个经理的性格特征。其次，在解雇基金经理时，雇主必须确定这一举动给公司带来的收益是要大于其成本。

1.16.2 第一类错误与第二类错误

回顾前文，在对基金经理评估的假设检验中，我们提出：

- ✓ 原假设 H_0：该基金经理没有增加价值。
- ✓ 备选假设 H_a：该基金经理增加了价值。

在基金经理续用政策的分析过程中，我们将不可避免地遇到假设检验的两大类错误：第一类错误和第二类错误。第一类错误是指错误地拒绝了真实的原命题，第二类错误是指没有拒绝虚假的原命题。代入分析背景，第一类错误表示我们留下了没有增加价值的基金经理。第二类错误表示我们解雇了能够带来价值增加的基金经理。对此，我们总结一下，如图 13-19 所示。

实际情况

	增加价值=0	增加价值>0
拒绝原假设	第一类错误	正确
不能拒绝原假设	正确	第二类错误

图 13-19 第一类错误与第二类错误分析总结

李老师说

如何记忆上述结论呢，相信大家一定玩过三国杀吧，三国杀中最愚蠢的、最不能接受的错误便是主公误把忠臣给杀了。这就好比我们解雇了一个能够给公司带来价值增加的基金经理，这个错误是非常"二"的，因此它属于第二类错误。

第 14 章

全球投资业绩准则

学科介绍

　　全球投资业绩准则阐明了投资公司向合格客户陈述投资业绩时应当遵守的道德以及职业标准。这些准则为基金经理执行业绩计算以及披露业绩提供了指导，这就使得投资者可以更为客观地比较不同基金经理之间的业绩，更为有效地对他们的投资业绩做出评估。

　　本门学科较为详细地介绍了 GIPS 规范。这些规范条款分为"必须遵守的条款"以及"推荐遵守的条款"。其中，"必须遵守的条款"是考试的常考点，尤其是 0 ~ 5 部分的"必须遵守条款"是考生需要重点掌握的内容。

1 全球投资业绩准则

1.1 简介

1.1.1 全球投资业绩准则介绍

1. 全球投资业绩准则适用范围

全球投资业绩准则（Global Investment Performance Standards，GIPS），这一套准则涵盖了投资业绩计算以及业绩披露的相关标准。因此 GIPS 的适用主体是拥有投资业绩的投资公司，像可口可乐一类的隶属于制造业的企业，就不能声称遵守 GIPS 条款。GIPS 条款是一个自愿遵守的准则。

投资公司为了招揽客户会向客户，尤其是潜在客户披露自己公司的投资业绩，这一行为如果没有相关准则的约束，难免滋生问题。例如，投资公司在其所有投资账户中挑选出表现最好的账户业绩披露给潜在（合格）客户。类似这样的行为就容易误导市场上的投资者，使其误以为这家投资公司的平均业绩就如其披露中所示。此外，投资公司还可以通过在计算方法上隐匿潜在风险，从而高估业绩表现。正因为上述原因，GIPS 应运而生，以规范行业相关行为。

2. GIPS 的目标

GIPS 的目标涵盖了以下内容：

- ✓ 建立全球范围内的关于投资表现计算以及业绩陈述披露的最好行业惯例，以便于比较处于不同地域的但都是遵守 GIPS 的公司的业绩表现。
- ✓ 促进公司当前客户以及潜在客户能够获得准确清楚的投资业绩陈述。
- ✓ 促使不同投资公司间的历史业绩得以比较，以使得客户在雇用新的基金经理时能做出合适的决定。
- ✓ 鼓励完整的披露，鼓励无门槛限制的全球公平竞争。
- ✓ 鼓励自我监督管理。

3. GIPS 版本

当前普遍使用的 GIPS 版本为 2010 年版，该版本新增了与风险相关的规定条款，其生效日为 2011 年 1 月 1 日。那些宣称自愿遵守 GIPS 的投资基金公司于 2011 年 1 月起制定的投资业绩标准报告都必须遵守 2010 版本中的所有条款。

4. GIPS 的执行

GIPS 执行委员会积极鼓励那些自身没有制定投资业绩表现准则的国家去推动 GIPS 的实施。需要注意的是，虽然 GIPS 有很多语言的版本，但是英语版本是 GIPS 的官方指定版本。如果 GIPS 的条款与投资基金公司所在地的法律条文相违背，那么该公司应该按照当地法律条文开展投资活动，并且充分披露 GIPS 与法律条文相违背的地方。

何老师说

GIPS 中很多条款与我国基金行业相关法律条文一致，因此在基金公司从事后台实务工作的考生理解 GIPS 相关条文时会更加容易。但是对于一般考生而言，GIPS 条款中包含的大量的专业术语是广大考生准确理解 GIPS 条款含义的一大阻碍。此外，GIPS 条款众多，一般考生很难在短时间内将其全部记住。从应试的角度出发，大家一定要做到有的放矢；重点掌握那些必须遵守的条款，并且在做题时知晓出题人的出题角度以及意图。GIPS 在 2007 年之后便没有以问答题的形式在上午题中出现，考试均在下午以选择题的形式考查这部分知识点。

目前我们学习的 GIPS 条款均来源于 GIPS 执行委员会于 2010 年 1 月最新修订的版本。CFA 协会于 2012 年出版了一个关于 GIPS 条款解读的手册（handbook），该手册并不涉及条款本身的变化，它也仅仅是一个条款解读而已，这个手册长达 500 多页（GPIS 文本本身才不过 60 余页），建议时间不宽裕的同学就不用看了。

1.1.2　专业术语

为了使得大家在学习这部分内容时不被专业术语所妨碍，我们先介绍一下 GIPS 条文里常见的重要名词。

1. 剥离

剥离（cave out）是指从原先的投资中，剥离一块分割出去以做单独管理，通常被单独剥

离的一部分投资应当具有自身的投资风格。GIPS 中规定，除非被剥离的这部分投资有着自身独立的资金余额，否则它就不可以从原先的组合中被剥离。

一个基金公司会投资许多个基金组合（portfolio）。例如，A 基金组合是一个投资了小盘成长股的组合。它具体投资了医药行业、新能源行业、互联网行业等其他成长行业的股票。无论该投资组合的管理者如何分配投资资金，投资过后，该组合账户都会留有一定的现金余额（cash balance）。该部分现金余额只能获得一个很低的投资收益率（比如货币市场基金的收益率），因此相对于整个 A 基金组合的收益而言，现金余额是一个拖后腿的部分。

假设 A 基金管理者发现当前投资的"互联网行业"表现劲爆，他想将这一部分投资单独剥离出 A 组合，进行单独管理。这样的行为究竟允不允许呢？GIPS 是这样规定的，如果在投资期初，基金经理就有相应规划，分配给互联网行业的投资金额为 3 000 万元，分配给其他行业的投资金额为 7 000 万元（A 组合投资金额总计 1 亿元）。那么上述 3 000 万元就只能投资在互联网行业。这笔资金在完成投资分配后，一定还会存在一个专属的现金余额。只要存在互联网行业投资板块有这样一个现金余额，那么我们就可以将互联网行业从原先的 A 组合中剥离出来进行单独管理。如果没有相关现金余额，那么该行业板块就不能被剥离。

之所以会对剥离做出规定，是为了防止投资管理者在没有对应账户余额的情况下，临时起意将组合中收益比较高的部分单独剥离出来重新成立一个组合，以此来虚报业绩（账户余额部分的收益率是非常低的），误导投资者。

2. 组合

组合（composite）是指所有的具有相同投资风格、投资目的、投资策略的组合类别。Portfolio 是指一个基金组合，它是基金经理实际管理的投资单位；composite 也是一个组合的概念，只不过这里的组合是一个虚拟的概念，基金公司要按照 composite 这个概念披露组合的业绩。

假设基金公司投资的所有组合中，A、B、C 这 3 只基金的投资风格、策略以及目标是相似的，那么 A、B、C 这 3 只基金组合就必须归类在同一个组合名下，基金公司在披露业绩时，需要披露整个组合的业绩，即这 3 只基金组合的平均加权收益表现。

GIPS 之所以会做出上述规定，是因为只有披露整个组合的表现，投资者才可能对基金公司从事该类风格投资的投资能力有一个客观准确的评价。否则，基金公司就会倾向于挑选产出 A、B、C 这 3 只基金中收益表现最好的那一只基金，将其披露给合格客户，从而误导了广大投资者。

3. 公司/独立的商业主体

GIPS 中的"firm"不一定是一个"法人"的概念。一家公司可能存在独立的子部门、分支机构、办事处。只要这些部门、分支机构、办事处在形式上与功能上是独立的，是可以自主处置其管理资产的，并且有着自主的投资决策过程（autonomy over the investment decision-making process），那么它就可以被定义成为"firm"。Firm 是独立宣称遵守 GIPS 的单位。

通常一个 firm 具有以下特征："作为一个法律实体，具有明确的市场或客户类型（例如，机构、零售、私人客户等），并使用独立明确的投资过程"。

4. 衔接

衔接（link）的含义包含两个层次，分别是数学计算上的衔接以及业绩表述表象上的衔接。

✓ **数学衔接**（mathematical linking）：将投资期子时间段的收益率进行几何衔接，以求得完整投资期的收益率。这样的数学方法我们在"业绩评估"这门学科中曾经接触过（TWR 的求解方法），其公式表达如下

$$投资期收益率 = (1 + R_1)(1 + R_2) \cdots (1 + R_n) - 1$$

式中　R_1，R_2，$\cdots$，R_n 分别代表了投资期内第 1 个到第 n 个子时间段内的投资收益。

✓ **表象衔接**（presentational linking）：指表象上的连接，具体是指将两段业绩放在一起作为一致性的陈述。例如，某一投资在 1996 ~ 2005 年的年化收益率为 5%，其在 2006 ~ 2015 年的年化收益率为 7%，如果基金公司做业绩披露时将这两部分业绩放在一起陈述，那么这一行为就属于表象衔接。

5. 合格客户

合格客户（prospective client）是指任何对公司组合策略表示出兴趣并且符合投资该组合要求的个人或者实体。

与**潜在客户**（potential client）相比，合格客户重点强调了这部分客户的合格性；表明这些客户有资格也有能力投资于公司的组合。公司当前的客户也可以是公司其他不同策略投资品的合格客户。投资顾问以及其他第三方都有可能成为公司的潜在客户。

6. Gross-of-fees

Gross-of-fees 是指扣除了投资期**交易费用**（trading expenses）后所剩的投资收益。例如在投资股票二级市场时，投资者需要交纳一笔买卖佣金，这笔佣金便是交易费用，扣除佣金这类交易费用后剩余的投资收益就是 gross-of-fees。

7. Gross-of-fees（real estate and private equity）

对于房地产以及私募股权投资而言，**gross-of-fees** 也是指扣除了交易费用后所剩的投资收益。不过这里的交易费用发生在一级市场，因此它有一个专门与之对应的英文表述叫作"transaction expenses"。

8. Net-of-fees

Net-of-fees 是指投资收益在扣减投资期交易费用（trading expenses），也就是在 gross-of-fees 的基础上，再度扣减**投资管理费用**（investment management fees）后所剩的投资收益。管理费用通常包括了基于业绩表现的绩效奖金以及附带权益（performance-based fees and carried interest）。

9. 托管费用

通常，投资人用于购买基金组合的资金不会直接放在基金经理那儿，而是交由第三方（如大型银行）保管。第三方保管人不仅需要负责资金的安全，还会参与基金组合收益率的计算并且监督基金经理，使其投资风格与其在基金招募时所披露的风格相一致。为此，基金组合需要支付给第三方保管人一定的费用，这部分费用就是**托管费用**（custody fee）。托管费用属于行政费用的一部分。它不会在"goss-of-fees"中被扣减，因为后者只扣减了交易费用。

10. 交易日记账

交易日记账（trade date accounting）是指在确认资产以及负债入账时，以交易日（购买出售当日）而非交割当日的市场价格为准。部分资产二级市场交易日当日没有合理价格，那么可以参考交易日后第一日（$T+1$）、第二日（$T+2$）以及第三日（$T+3$）的市场价格记账。

11. 交割日记账

交割日记账（settlement date accounting）是指确认资产和负债时，以现金以及资产完成交割的当日的市场价格为准。多数金融产品交易日与交割日都发生在同一天，但是对于房地产一类的投资品，其交易日与交割日就并不是同一天。

例如，交易双方在5月1日签订了住房购买/出售协议。那么5月1日就是交易日，但是房产和购房款可能要在6月14日才能完成交割，那么6月14日就是交割日。按照最新版的 GIPS 规定，资产及负债应当以交易日记账方式被确认入账。

12. 临时新建账户

当一个投资组合账户发生了一笔外部现金流（通常是指客户的追加投资），并且这笔外部现金流数额非常显著时，这笔外部现金流就需要被先存放至一个**临时新建账户**（temporary new account）中。

假设价值1亿元的 A 基金组合投资了8 000万元的股票和2 000万元的债券。由于该组合表现收益很好，于是客户又在该基金账户中追加了5 000万元的投资。但是基金经理在拿到这5 000万元的追加投资后并不会立刻将其纳入 A 基金组合的投资账户中。因为这是一笔显著的现金流，如果将其立刻纳入 A 基金组合的投资账户中，那么该基金的投资风格就会与其对外宣称的风格不符。并且由于现金所能获取的收益率极低，因此这5 000万元的现金将大幅拉低组合的收益表现。所以在发生外部显著现金流时，基金经理会将其转移至一个临时新建账户。外部现金流在临时新建账户中完成了建仓过程后再并入 A 基金投资账户。这样的做法有利于公正评判基金组合的表现业绩。

那么究竟多大的外部现金流才能算作是**显著性外部现金流**（significant cash flow）呢？GIPS 没有设置统一的标准，每家投资公司需要在相关政策中披露对显著性外部现金流的定义。

13. Vintage year（real estate and private equity）

Vintage year 是针对房地产以及私募股权投资而言的，它是指该类基金投资开始运作收取管理费的年份。通常由于房地产以及私募股权的投资期非常长，寻找一个投资项目需要耗费很长的时间，因此才会出现"vintage year"的说法。

注意到，有以下两个标准可以帮助我们判定"vintage year"：

✓ The year of the investment vehicle's first drawdown or capital call from its investors。
基金公司首次向 LP（有限合伙投资人）发出资本召唤的年份。

✓ The year when the first COMMITTED CAPITAL from outside investors is closed and legally binding。
第一笔外部投资者提供的承诺资本（committed capital）被锁定并且受到法律约束。

14. 打包费

打包费（wrap fee）是指一个特殊的投资品种所附带的一系列费用。这些费用包罗万象，包括以资产为基础的费用以及囊括了投资管理费、交易费、托管费、行政费用的组合体。收取打包费的受托人常常全权代理委托人管理基金日常事务。最常见的通过收取打包费管理的基金

账户便是养老金账户，我们其对应的英文表述为"separately managed account，SMA"或者"managed account"。大家看到这两个英文术语时，要能识别出它们代表的是养老金账户。

15. 授权

授权（mandate）是指一些个人或者一个组织对另外一些个人或组织采取特定行动的书面授权。授权在自动终结前是可以撤回的。自动终结通常由于以下事件的发生：破产、丧失资格能力、解除职务等。GIPS 中规定，投资者与基金经理签订了合约就等同于投资者授权给基金经理，使其能按照一定的投资风格从事基金管理。因此这里的授权就可以理解成基金经理对外宣称的投资风格。

1.1.3　GIPS 概观

GIPS 条款总共分为 9 大部分，这 9 大部分分别反映了业绩陈述中的各个要素，具体如下所示：

0. Fundamentals of Compliance（条款遵守的基础）

1. Input Data（输入数据）

2. Calculation Methodology（计算方法）

3. Composite Construction（组合的构建）

4. Disclosures（披露）

5. Presentation and Reporting（陈述与报告）

6. Real Estate（案例总结）

7. Private Equity

8. Wrap Fee/ SMA Portfolios

其中 0 ~ 5 部分条款针对的是一般股票和债券的投资组合，这部分条款是我们复习与考试的重点。1 ~ 3 部分条款所论述的原则事项会在 4 ~ 5 部分的条款中被充分地说明及体现，因此 4 ~ 5 部分条款就是我们复习的重中之重。6 ~ 9 条款分别阐述了"房地产""私募股权""养老金账户"这些投资品的业绩披露准则。这些条款虽然不是考试的重点，但是在学习这些条款时，我们应当着重区分和掌握它们与普通的股票、债券投资在业绩披露方面的区别。上述每部分条款又分为"requirements"（必须遵守的条款）以及"recommended"（推荐遵守的条款）两大类。其中必须遵守的条款是考试的重点，推荐遵守的条款大家了解即可。考生还需要特别留意所有条款中打星号的内容。

1.2　0 ~ 5 部分条款

接下来我们就仔细看一下，针对一般股权以及债券的条款都有哪些细则规定。

1.2.1　0 Fundamentals of Compliance（条款遵守的基础）

1. "0 Fundamentals of Compliance"下必须遵守的条款

✓ 0. A. 1　Comply with all the requirements of the GIPS standards.

公司应当遵守 GIPS 中所有必须遵守的条款，不可以在只遵守其中部分条款的情况下就宣称遵守 GIPS。

✓ 0. A. 2 Comply with all applicable laws and regulations regarding the calculation and presentation of performance.

遵守有关业绩计量以及披露表述的所有法律规定。

✓ 0. A. 3 Not present information that is false or misleading.

禁止提供虚假以及误导投资者的信息。

✓ The GIPS standards must be applied on a firm-wide basis.

GIPS 的适用单位是整个公司层面。如果投资公司宣称自己旗下的某一类组合或者某一只基金组合遵守了 GIPS，那是不被允许的。

✓ 0. A. 5 Firms must document policies and procedures used in establishing and maintaining compliance with the GIPS standards.

公司必须记录那些用于建立与 GIPS 保持一致的政策和流程。例如，公司过去 5 年的业绩披露都是遵守 GIPS 的，那么这 5 年的业绩就应当留档保存。

✓ 0. A. 6 If the Firm does not meet all the requirements of the GIPS standards, they must not represent or state that it is "in compliance with the Global Investment Performance Standards except for. . . " or make any other statements that may indicate partial compliance with the GIPS standards.

如前所述，公司在没有遵守所有 GIPS 必须遵守条款的情况下，不能发表"公司遵守 GIPS 条款除了……"之类的言论以表示自己只遵守了部分 GIPS 条款。

✓ 0. A. 7 Statements referring to the calculation methodology as being "in accordance," "in compliance," or "consistent" with GIPS are prohibited.

诸如表明公司只有核算业绩的方法是遵守 GIPS 的陈述也是被禁止的。

✓ 0. A. 8 Statements referring to the performance of a single, existing client portfolio as being "calculated in accordance with the GIPS are prohibited, except when a GIPS-compliant firm reports the performance of an individual client's portfolio to that client.

单独向现有客户陈述某一只组合的计算方法是符合 GIPS 规定的这种说法是被禁止的，除非这家宣称遵守 GIPS 的公司在业绩展示时只向该客户报告一个他所投资的投资组合的表现。

何老师说

我们可以将上述 8 条内容总结概括为一家投资基金公司如果要宣称遵守 GIPS，就必须以这家公司为单位，整体遵守 GIPS，并且需要遵守 GIPS 的所有准则。

✓ 0. A. 9 Firms must make every reasonable effort to provide a compliant presentation to all prospective clients. Must not choose to whom they present a compliant presentation. As long as a prospective clients has received a compliant presentation within the previous 12 months, the firm has met this requirement.

公司需要尽一切努力将一个标准陈述披露提供给所有的合格客户（注意到只披露给 ex-isting client 是不行的），不可以选择客户进行披露，并且这些标准陈述披露只要在 12 个月内提供给客户，公司就遵守了这条准则。

✓ O. A. 10　Firms must provide a complete list of composite descriptions to any prospective client that makes such a request. Firms must include terminated composites on the firm's list of composite descriptions for at least five years after the composite termination date.

公司必须提供一份完整的关于组合描述的清单给所有提出该需求的合格客户。此外，公司在制作这份清单时，必须包含那些已经被终结的组合。除非这些被终结的组合的终结时间已经超过了 5 年，那么它们可以不被披露。

例如有一个组合于 2010 年 1 月 1 日被终结，那么在 2015 年 1 月 1 日之前，公司描述组合的清单中都必须包含它。因为被终结的组合的业绩表现通常都是不尽如人意的，因此公司需在终结期后的一段时间内向合格客户披露这些组合，这有助于客户了解投资公司对于这一类性风格组合的真实投资管理能力。一旦终结期超过 5 年，公司或者是基金经理的投资能力、风格通常会发生很大的差异，此时就不需要再披露已终结组合。

✓ O. A. 11　Firms must provide a compliant presentation for any composite listed on the firm's list of composite descriptions to any prospective client that makes such a request.

如果合格客户需要，那么公司必须提供"组合清单"上任何一支组合的标准陈述披露给该潜在客户。

✓ O. A. 12　Firms must be defined as an investment firm, subsidiary, or division held out to clients or prospective clients as a distinct business entity. ★

公司必须被定义为投资公司、其子公司、分支机构，要能在合格客户面前呈现出它是一个独立的商业实体。

正如我们此前所述，GIPS 中定义的公司必须有独立自主的投资决策，不受其他部门的干扰。例如一家全球投资公司，在中国、欧洲、北美、印度都有分公司，位于中国的分公司独立做品牌广告，独立完成投资战略的制定，只是在下单环节要全权委托位于印度的分公司执行；在这种情况下，我们仍然可以说位于中国的这家分公司符合 GIPS 中"公司"的定义。

✓ O. A. 13　For periods beginning on or after 1 January 2011, total firm assets must be the aggregate fair value of all discretionary and non-discretionary assets managed by the firm. this includes both fee-paying and non-fee-paying portfolios. ★

自 2011 年 1 月 1 日起，公司的资产必须以公允价值计价。公司的资产包含：自主支配的资产（discretionary assets）和非自主支配的资产（non-discretionary assets）；付费资产和不付费的资产。

何老师说

投资公司的资产包含"discretionary portfolio"和"non-discretionary portfolio"。其中，"discretionary portfolios"是指公司可以自由支配的组合（见图 14-1）。这部分资产组合的投资策略、

投资标的都是由基金经理自主决定的。但是对于"non-discretionary portfolio"，基金经理就没有自主决策权，这些组合的投资事项都是由客户决定的。题目中通常用"all transction must be approved in advance by***"这样的句子表明基金经理对于基金组合是没有支配权的。

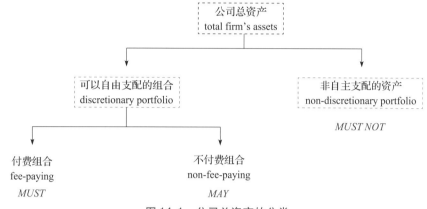

图 14-1　公司总资产的分类

公司的资产也可以分为"fee-paying"以及"non-fee-paying"两大类。公司并不是对所有的基金组合都收取费用。出于优惠大客户或者是推广宣传方面的考虑，公司对于部分基金组合是不征收管理费用的。当然这一部分基金组合的资产占比非常小。

接下来，我们再从组合的角度论述一下上述 4 类基金组合（见图 14-2）。如前所述，composite 是一个业绩披露的单位。如图 14-2 所示，任何一个基金组合（portfolio）都必须至少归类进一个组合中。如果存在一个基金组合没有被归为组合中的情况，就说明公司可能存在故意隐瞒业绩不好的组合以误导投资者，这是被 GIPS 所禁止的。此外，一个基金组合可以被归为多个组合中。例如图 14-2 中组合 1 代表了投资成长股投资风格的基金组合；组合 3 代表了投资标普 500 指数的基金组合。如果基金组合 D 中成分股就是标普 500 中的成长股，那么基金组合 D 就可以既被归类为组合 1 中，也可以被归类为组合 2 中。

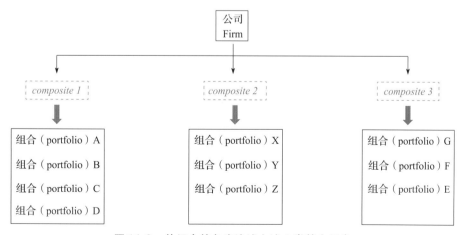

图 14-2　从组合的角度论述上述 4 类基金组合

我们在回到图 13-1 中，"non-discretionary portfolios"是绝对不能被归入任意组合之中的，因为基金经理对于这部分组合是没有支配权的，这些组合取得的业绩不管是好是坏都是客户自

行决策的结果，不能反映基金经理的投资能力。但是对于那些"discretionary portfolio"中的付费组合，就必须归进组合中，因为这部分组合最能体现基金经理的投资管理能力。

此外，对于"discretionary portfolio"中的不付费组合，如果其投资收益较高，那么基金经理就可以将其放入组合中；如果其投资收益较低，基金经理就无须将其放入组合中。之所以有这样的规定是因为对于这部分高收益的组合，它确实是基金经理投资运作的结果，能够反映其投资管理能力，所以可以将其纳入组合中；而对于这部分低收益的组合，由于它们没有付费，所以基金经理可能没有对它们展开悉心的管理，因此不把它们纳入组合之中也是合情合理的。

✓ 0. A. 14　Total firm assets must include assets assigned to a sub-advisor provided the firm has discretion over the selection of the sub-advisor.

公司总资产中必须包含分配给副顾问的资产，只要公司对于雇用的副顾问有自主选择权。

例如，一家中国基金公司的基金经理管理着价值 1 亿元的资产组合。这个资产组合中的 1 000 万元将投资于日本市场，由于这个基金经理对于日本市场不熟悉，所以他会找一个熟悉了解日本市场的副顾问，并再将这 1 000 万元分配给这个副顾问让其代为管理这部分投资事务。那么在计算公司总资产的时候，分配给副顾问的 1 000 万元资产也应当被包含其中。

✓ 0. A. 15　Changes in a firm's organization must not lead to alteration of historical composite performance.

公司组织架构的变化不能改变其历史业绩的表现。否则公司就会涉嫌操纵业绩表现。

✓ 0. A. 16　When the firm jointly markets with other firms, the firm claiming compliance with the GIPS standards must be sure that it is clearly defined and separate relative to other firms being marketed, and that it is clear which firm is claiming compliance.

当一家公司与其他公司合并共享市场时，宣称遵守 GIPS 的公司必须与其他公司划清界限，并且要说明白，究竟是哪一家公司在遵守 GIPS。

2. "0 Fundamentals of Compliance" 下推荐遵守的条款

✓ 0. B. 1　Firms should comply with the recommendations of the GIPS.

公司应该遵守 GIPS 的推荐条款。

✓ 0. B. 2　Firms should be verified.

公司应当被"验证"。

✓ 0. B. 3　Firms should adopt the broadest, most meaningful definition of the firm. The scope of this definition should include all geographical offices operating under the same brand name regardless of the actual name of the individual investment management company.

公司应当采用那些最被广泛接受的、最能诠释"公司"含义的定义，定义的范围应该包括所有公司品牌下运营在所有地域的分支机构而不必拘泥于个体投资管理公司的真实名字。

✓ 0. B. 4   Firms should provide to each existing client, on an annual basis, a compliant presentation of the composite in which the client's portfolio is included.

公司应该提供给现有客户组合的年度标准报告陈述，该组合包含了客户投资的基金组合。

1.2.2   1. Input Data（输入数据）

1. "1. Input Data" 下必须遵守的条款

✓ 1. A. 1   All data and information necessary to support all items included in a compliant presentation must be captured and maintained.

所有用以支持公司标准陈述披露的相关数据和信息都必须被捕获并且妥善保存。当前客户、合格客户包括审计师以及管理者都可以凭借这些数据确认组合估值或是计算其收益率。

✓ 1. A. 2   For periods begging on or after january1, 2011, portfolios must be valued in accordance with the definition of fair value and the GIPS valuation principles.

自 2001 年 1 月 1 日起，基金组合必须以市场公允价值记账。所谓公允价值，是指有意愿并且具备相关知识的市场参与者之间的交易价格（该价格通常包含了任何获取的收益）。流动性较差的市场通常没有现成的公允价值，那么基金经理需要通过其他方法评估出资产的公允价值。

✓ 1. A. 3   Firms must value portfolios in accordance with the composite-specific valuation policy. Portfolios must be valued：

a. For periods beginning on or after 1 January 2001, at least monthly. ★

b. For periods beginning on or after 1 January 2010, on the date of all large cash flows. Firms must define large cash flow for each composite to determine when portfolios in that composite must be valued. ★

c. No more frequently than required by the valuation policy.

公司必须按照组合相关估值政策对基金组合展开估值：自 2001 年 1 月 1 日起，公司应当至少每月开展一次估值活动。自 2010 年 1 月 1 日起，当组合发生大笔外部现金流时，公司也需要对基金组合展开估值。之所以有这条规定，是因为我们在用 TWR 法计算组合收益时，需要知道组合投资期每一个子时间段的收益，而每一个子时间段都是由一大笔外部现金流划分确定的。

大家需要区分此处的大笔现金流（large cash flows）与此前我们在新建临时账户中提及的显著性现金流（significant cash flows）的区别。对于大笔现金流，GIPS 也没有统一的标准，需要公司自行定义（通常以基金组合的百分比形式定义）。估值的频率就按照上述要求即可，不需要更频繁地对基金组合进行估值。

✓ 1. A. 4   For periods beginning on or after 1 January 2010, firms must value portfolios as of the calendar month end or the last business day of the month.

自 2010 年 1 月起，公司必须在日历月的结束日对组合做出估值计算，（如 3 月 30 日就

是一个日历月结束日)。如果该日没有相应的市场价格(如周六、周日闭市),就在该月最后一个商业日计算估值。以3月15日至4月15日这样一个周期来评估组合价值是不被允许的。

✓ For periods beginning on or after 1 January 2005, firms must use trade date accounting.

自2005年1月起,公司必须以交易日价格记账。2005年之前公司是可以使用交割日价格记账的;相比交割日记账,交易日记账能够更加准确地反映资产的价值。

✓ 1. A. 6　Accrual accounting must be used for fixed-income securities and all other investments that earn interest income. The value of fixed-income securities must include accrued income.

固定收益证券或者获取其他利息收入的投资品,必须使用权责发生制记账。对固定收益类证券的估值必须包含应计利息。

债券市场的报价通常是一个净价,但是实际交易价格却是全价。所谓全价就是在净价的基础上加上应计利息(债券当前持有人应当获得的下一期利息收入的一部分)。

✓ 1. A. 7　For periods beginning on or after 1 January 2006, composites must have consistent beginning and ending annual valuation dates. Unless the composite is reported on a non-calendar fiscal year, the beginning and ending valuation dates must be at calendar year end or on the last business day of the year.

自2006年1月1日起,组合在年度估值时,必须具有一致的开始日期和结束日期。只要组合是按照日历会计年度报告的,那么陈述报告的起始、截止日应当都是日历结束日(12月31日),或者是每一年最后一个交易日。

何老师说

上述估值条款规定的重点在于估值的时间和频率,为此我们总结为图14-3。

➢ Timeline

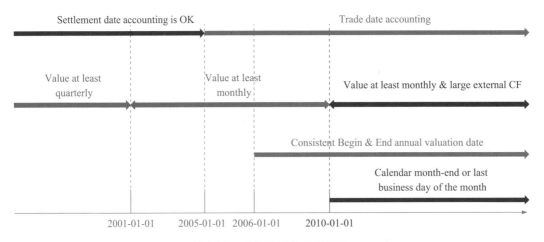

图14-3　估值条款的应用举例

如图14-3所示,基金组合自2001年1月1日起应当至少每月估值一次,自2010年1月1日起,基金组合在发生大笔外部现金流时也需要重新估值。2005年1月1日之后必须使用交易

日记账原则。2010 年 1 月 1 日之后的基金组合估值的起始结束日都应该是每月日历结束日或者是每月的最后一个交易日。

2. "1. Input Data" 下推荐遵守的条款

✓ 1. B. 1　Firms should value portfolios on the date of all external cash flows.
公司应该在基金组合发生外部现金流时对基金组合进行估值。

✓ 1. B. 2　Valuations should be obtained from a qualified independent third party.
估值应从有资质的独立第三方处获得。

✓ 1. B. 3　Accrual accounting should be used for dividends (as of the ex-dividend date).
权责发生制应当用于股息的计量（截至除息日）。

✓ 1. B. 4　Firms should accrue investment management fees.
公司应当承担投资管理费用。

1.2.3　2. Calculation Methodology（计算方法）

1. "2. Calculation Methodology" 中必须遵守的条款

✓ 2. A. 1　Total returns must be used.
计算基金组合收益时，组合所有的收益都应该被包含进去。这包括期间利息收入以及资本利得收入或者损失。

✓ 2. A. 2　Firms must calculate time-weighted rates of return that adjust for external cash flows. Both periodic and sub-period returns must be geometrically linked. External cash flows must be treated according to the firm's composite-specific policy. At a minimum：★

a. For periods beginning on or after 1 January 2001, must calculate portfolio returns at least monthly.

b. For periods beginning on or after 1 January 2005, must calculate portfolio returns that adjust for daily-weighted external cash flows.

公司应该使用时间加权收益率（TWR）计算调整外部收益率的影响，关于 TWR 方法，我们在"业绩评估"这门学科中做过详细的说明介绍，具体流程是将投资期中每一个子时间段的收益率做几何衔接。处理外部现金流必须符合 GIPS 对于组合的相关规定：自 2001 年 1 月 1 日起，组合收益应当至少每月计算一次；自 2005 年 1 月 1 日起，必须考虑调整以"天"为权重的外部现金流。

何老师说

接下来，我们再来详细说明一下 GIPS 对于计算收益要求的演进过程。

1. Original Dietz method（2005 年 1 月前适用）

期初 Dietz 方法的计算公式为

$$R_{\text{Dietz}} = \frac{EMV - (BMV + CF)}{BMV + 0.5CF}$$

式中　EMV——基金组合账户的期末价值；

　　BMV——基金组合账户的期初价值；

　　CF——账户发生的外部现金流（追加投资的外部现金流为正数，撤回投资的外部现金流为负数）。

我们通过下图来具体讲解一下这个公式的逻辑。

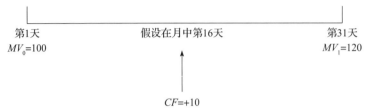

　　假设一个投资账户期初价值 MV_0 是 100 万元，投资期间发生一笔外部现金流 10 万元（追加投资 10 万元），期末账户价值 $MV_1 = 120$ 万元。对于这样的一个账户，Dietz 认为，外部现金流 10 万元是投资者给基金经理的，并非基金经理投资获得，因此账户期末的实际价值应该是 $120 - 10 = 110$（万元）。所以该账户投资期实现的增值为 $110 - 100 = 10$（万元）。这便是上述公式的分子所表示的含义。那么该账户的初始投资成本究竟是多少呢？Dietz 对此做了一个简化处理，他假设这笔外部现金流刚好发生在投资期期中的这一天（如果投资期总共 31 天，那么外部现金流就发生在第 16 天）。这笔外部现金流作为投资成本的时间权重就是 0.5。该账户的投资成本就可以表示为 $100 + 10 \times 0.5 = 105$。这便是上述公式的分母所表示的含义。

　　我们知道，Dietz 关于外部现金流都发生在投资期的中间那一天的假设是不靠谱的。为此"调整现金流天数权重的时间加权总收益法"（time-weighted total return calculation that adjusts for daily weighted cash flows）对这一假设做出了修正。该方法具体可细分为修正的 Dietz 方法以及调整的内部收益率方法。这两种方法以外部现金流的实际存续天数作为权重参与投资成本的计算。

　　2. modified Dietz method（2005 年 1 月后适用）

　　修正的 Dietz 方法假设投资期内的收益回报率都是相同的，其公式表达如下：

$$R_{\text{MDietz}} = \frac{EMV - \left(BMV + \sum_{i=1}^{n} CF_i \right)}{BMV + \sum_{i=1}^{n} w_i \times CF_i}$$

式中　　*EMV*——基金组合账户的期末价值；

　　　　BMV——基金组合账户的期初价值；

　　　　CF_i——账户发生的第 i 笔外部现金流；

$\sum_{i=1}^{n} w_i \times CF_i$——所有外部现金流计入投资成本的部分；

　　　　w_i——第 i 笔现金流以天数计算的时间加权。

w_i 的计算公式为

$$W_i = \frac{CD - D_i}{CD}$$

式中　*CD*——账户的投资期限（天数）；

　　　D_i——第 i 笔外部现金流在投资期的存续天数。

如上图所示，假设此前那笔投资的投资期限为 30 天，外部现金流发生在第 10 天，那么这笔现金流的权重为 $w_i = \dfrac{30 - 10}{30}$。将其代入修正的 Dietz 计算公式，我们便可以得到该笔投资的相关收益。

3. modified IRR method（2005 年 1 月后适用）

调整的 IRR 方法考虑了现金流时间期限的影响，其计算公式为

$$EMV = \sum_{i=1}^{n} \left[CF_i \times (1 + r)^{w_i} \right] + BMV(1 + r)$$

式中　EMV——基金组合账户的期末价值；

　　　BMV——基金组合账户的期初价值；

　　　CF_i——账户发生的第 i 笔外部现金流；

　　　w_i——第 i 笔现金流的以天数计算的时间加权。

4. 时间加权收益率法（自 2010 年 1 月起适用）

在"业绩评估"学科中，我们已经详细介绍过了时间加权收益率法（TWR）。该种方法下，我们首先需要界定出大笔现金流及其发生的时间。n 笔外部现金流将投资期分为 $n + 1$ 个子时间段。每一个子时间段的收益率计算公式如下所示：

$$R_i = \frac{EMV - BMV}{BMV}$$

式中　R_i——账户第 i 个子时间段的投资收益；

　　　EMV——每一个子时间段账户资产的期末价值，它不包括该子时间段末发生的外部现金流，但是包括该子时间段内产生的应计利息；

　　　BMV——每一个子时间段账户资产的期初价值，它包含发生在上一个子时间段段末的外部现金流以及上一个子时间段的应计利息。

有了每个子时间段的投资收益。接下来，我们用几何衔接的方式求得该资产的投资期收益，其公式表达如下：

$$R_{TR} = (1 + R_1)(1 + R_2) \cdots (1 + R_n) - 1$$

式中　R_{TR}——投资期总的收益；

　　　$R_{1,2,\cdots,n}$ 分别代表投资期每个时间段的投资收益。

如果我们想要求得组合的年度收益率，就需要几何衔接该组合的季度收益率，其计算公式为

$$R_{YR} = (1 + R_{Q1})(1 + R_{Q2})(1 + R_{Q3})(1 + R_{Q4}) - 1$$

式中　$R_{Q1 \sim 4}$ 分别代表该组合每一个季度的收益率。

如果我们想要求得组合的季度收益率，就应该几何衔接该组合的月度收益率，其计算公式为

$$R_Q = \left[(1 + R_{M1})(1 + R_{M2})(1 + R_{M3}) \right] - 1$$

式中　$R_{M1 \sim 3}$——组合的月度收益率。

最后我们对组合计算方法做了如下图的总结，大家需要界定账户内发生的大笔现金流并且知晓当前 GIPS 条款在处理大笔外部现金流时使用的是 TWR 的方法。

> Timeline

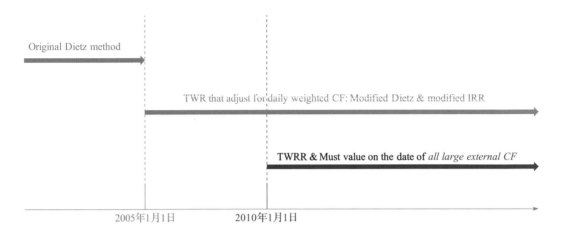

【例题】　最初的 Dietz 方法

PZ 组合在投资期期初（3 月 31 日）的价值为 100 000 美元，在 4 月 7 日的价值为 109 000 美元（包括当日收到的一笔 10 000 美元追加投资）。该组合在投资期期末（4 月 30 日）的价值 110 550 美元，投资期内第一个子时间段的结束日与第二个子时间段的开始日均为发生追加投资外部现金流的那一天。分别用最初的 Dietz 方法以及时间加权收益法计算该组合投资期的收益率。

解答：

我们先将题意用时间轴的方式表示出来：

（1）在原始的 Dietz 方法下，假设外部现金流发生在投资期的期中，所以其权重为 0.5。套用该方法计算公式可得

$$R_{\text{Dietz}} = \frac{EMV - (BMV + CF)}{BMV + 0.5CF} = \frac{11\,850 - 10\,000 - 700}{10\,000 + (700 \times 0.5)} = 0.11 = 11\%$$

（2）在 TWR 法下，我们以 4 月 7 日为界，将投资期划分为前后两个子时间段；分别求得每一子时间段的收益率后再将它们做几何衔接求得最终投资期的收益率。套用该方法计算公式可得

$$R_{t,1} = \frac{V_1 - V_0}{V_0} = \frac{(11\,000 - 700) - 10\,000}{10\,000} = 3\%$$

$$R_{t,2} = \frac{V_1 - V_0}{V_0} = \frac{11\,850 - 11\,000}{11\,000} = 7.7\%$$

$$R_{\text{TWR}} = (1 + R_{t,1}) \times (1 + R_{t,2}) - 1 = (1 + 0.03) \times (1 + 0.077) - 1 = 10.9\%$$

【例题】 调整的 Dietz 方法

根据下表提供的有关组合的数据信息，运用调整的 Dietz 方法，分别计算组合 8 月、9 月和 10 月的投资收益率，并且计算该组合 2018 年的 8～10 月的投资收益率。

日期	市场价值（美元）	现金流（美元）	发生现金流的市场价值（美元）
2018-07-31	32 000		
2018-08-31	32 800		
2018-09-10	33 700	+5 600	38 500
2018-09-30	38 300		
2018-10-19	39 000	−4 100	36 200
2018-10-31	36 500		

解答：

如上表所示，该组合账户分别于 9 月以及 10 月期间各发生了一笔外部现金流，我们将其用时间轴表示为下图。

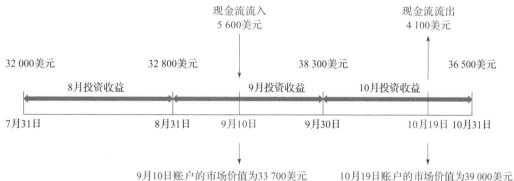

调整的 Dietz 方法以外部现金流在投资期真实存续的天数作为权重，运用该计算公式，我们可以先求得该基金组合 8 月、9 月、10 月的投资收益率如下：

$$R_{8月} = \frac{32\ 800 - 32\ 000}{32\ 000} = 2.5\%$$

$$R_{9月} = \frac{38\ 300 - 32\ 800 - 5\ 600}{32\ 800 + 5\ 600 \times 0.67} = -0.27\%$$

$$R_{10月} = \frac{36\ 500 - 38\ 300 - (-4\ 100)}{38\ 300 + (-4\ 100) \times 0.39} = 6.26\%$$

再将上述各月的收益率做几何衔接就可以求得该组合 8～10 月的投资收益率：

$$R = (1 + R_{8月}) \times (1 + R_{9月}) \times (1 + R_{10月}) - 1 = 1.025 \times 0.997\ 3 \times 1.062\ 6 - 1 = 8.62\%$$

【例题】 时间加权收益法

依据下表提供的信息，运用时间加权收益率法计算该组合 8 月、9 月以及 10 月的投资收益率，并且计算该组合 2018 年 8～10 月的投资收益率。

日期	市场价值（美元）	现金流（美元）	发生现金流的市场价值（美元）
2018-07-31	32 000		
2018-08-31	32 800		
2018-09-10	33 700	+ 5 600	38 500
2018-09-30	38 300		
2018-10-19	39 000	− 4 100	36 200
2018-10-31	36 500		

解答：

如上表所示，该组合账户分别于 8 月和 9 月期间各发生了一笔外部现金流，我们将其用时间轴表示为下图。

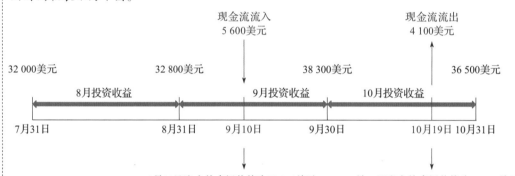

$$R_{8月} = \frac{32\,800 - 32\,000}{32\,000} = 2.5\%$$

9 月投资期第一个子时间段（8 月 31 日 ~ 9 月 10 日）的投资收益率：

$$R_{9月_1} = \frac{33\,700 - 32\,800}{32\,800} = 2.74\%$$

9 月投资期第二个子时间段（9 月 10 日 ~ 9 月 30 日）的投资收益率：

$$R_{9月_2} = \frac{38\,300 - 38\,500}{38\,500} = -0.52\%$$

9 月的投资收益率（8 月 31 日 ~ 9 月 30 日）：

$$R_{9月} = (1 + R_{9月_1}) \times (1 + R_{9月_2}) - 1 = 1.027\,4 \times 0.994\,8 - 1 = 2.2\%$$

10 月投资期第一个子时间段（9 月 30 日 ~ 10 月 19 日）的投资收益率：

$$R_{10月_1} = \frac{39\,000 - 38\,300}{38\,300} = 1.83\%$$

10 月投资期第二个子时间段（10 月 19 日 ~ 10 月 31 日）的投资收益率：

$$R_{10月_2} = \frac{36\,500 - 36\,200}{36\,200} = 0.83\%$$

10 月的投资收益率：

$$R_{10月} = (1 + R_{10月_1}) \times (1 + R_{10月_2}) - 1 = 1.018\,3 \times 1.008\,3 - 1 = 2.68\%$$

该账户 2018 年 8 ~ 10 月的投资收益：

$$R = (1 + R_{8月}) \times (1 + R_{9月}) \times (1 + R_{10月}) - 1 = 1.025 \times 1.022 \times 1.026\,8 - 1 = 7.56\%$$

✓ 2. A. 3   Returns from cash and cash equivalents held in portfolios must be included in all return calculations.

基金组合中的现金及现金等价物所获得的收益必须包含在整个投资收益的计算中。正如我们先前所述，现金的收益会降低整个基金组合的投资收益率。

✓ 2. A. 4   All returns must be calculated after the deduction of the actual trading expenses incurred during the period. Firms must not use estimated trading expenses.

收益的计算必须扣减投资期真实的交易费用，注意到公司不可以使用估计的交易费用参与计算。这里再次强调，托管费并不属于直接交易费用。

✓ 2. A. 5   If the actual trading expenses cannot be identified and segregated from a bundled fee：

a. For gross-of-fees returns, returns must be reduced by the entire bundled fee or the portion of the bundled fee that includes the trading expenses. Firms must not use estimated trading expenses.

b. For net-of-fees returns, returns must be reduced by the entire bundled fee or the portion of the bundled fee that includes the trading expenses and the investment management fee. Firms must not use estimated trading expenses.

如果实际交易费用无法从打包费中被单独分拆出来确认，那么在计算"gross-of-fees returns"时就需要将全部捆绑费用扣除或者扣去包含了交易费的部分捆绑费用，在此环节中，公司不能使用估计的交易费用参与计算。在计算"net-of-fees returns"时需要将全部捆绑费用扣除或者扣除部分包含了交易费以及投资管理费用的捆绑费用。在这一环节中，公司依然不能使用估计的交易费用参与计算。

何老师说

上述条款都是关于基金组合（portfolio）收益率的计算，接下来，我们再继续学习一下关于组合收益计算的相关准则。关于组合估值频率的要求，我们也总结了一幅图，如图14-4所示。

➤Timeline

图14-4　组合估值频率的要求总结

✓ 2. A. 6   Composite returns must be calculated by asset-weighting the individual portfolio returns using beginning-of-period values or a method that reflects both beginning-of-period values and external cash flows.

组合的收益是以每个组合的资产权重进行加权计算求得的收益。但是在确定权重的过程中，公司既可以使用期初的账户价值，也可以使用同时反映了期初价值及外部现金流的方法。

✓ 2. A. 7　Composite returns must be calculated：

a. For periods beginning on or after 1 January 2006, by asset-weighting at least quarterly.

b. For periods beginning on or after 1 January 2010, by asset-weighting at least monthly.

自 2006 年 1 月 1 日起，组合必须至少每个季度以资产为权重的方式计量一次；自 2010 年 1 月 1 日起，组合必须至少每个月以资产为权重的方式计量一次。

何老师说

组合的计算方法总共有 3 种，接下来我们就对这 3 种方法展开逐一说明。

✓ 以组合期初市场价值作为权重，以此计算组合的价值，其具体计算公式如下所示。

$$R_{BMV} = \frac{\sum_{i=1}^{n} (BMV_i)(R_i)}{BMV_{\text{总}}}$$

式中　BMV_i——第 i 只基金组合期初的市场价值；

R_i——第 i 只基金组合的收益率；

$BMV_{\text{总}}$——一只组合中包含的所有基金组合在期初的市场价值。

✓ 以组合期初市场价值以及外部现金流共同作为权重，以此计算组合的价值，其具体计算公式如下所示。

$$R_{BMV+CF} = \frac{\sum_{i=1}^{n} \left\{ \left[BMV_i + \left(\sum_{j=1}^{n} (CF_{i,j})(w_{i,j}) \right) \right] R_i \right\}}{\sum_{i=1}^{n} \left[BMV_i + \left(\sum_{j=1}^{n} (CF_{i,j})(w_{i,j}) \right) \right]}$$

式中　R_i——第 i 只基金组合的收益率；

$CF_{i,j}$——第 i 只基金组合中发生的第 j 笔现金流；

$w_{i,j}$——现金流的权重，其计算公式与"调整的 Dietz 方法"下计算权重公式相同。

$w_{i,j}$的表达式如下所示。

$$w_{i,j} = \frac{CD - D_{i,j}}{CD}$$

式中　CD——整个投资的投资期限天数；

D_{ij}——第 i 个组合中第 j 笔现金流在整个投资期的存续时间（按天计算）。

✓ 加总收益法（the aggregate return method）：该方法将一个组合下的所有资产以及外部现金流看作一个整体，在此基础上再计算出组合的收益。该方法也被认为是一种以资产为权重的加权收益率的计算方法。

上面的论述较为抽象，接下来我们通过一道具体的例题来演示一下这 3 种方法是如何操作的。

【例题】 比较不同组合收益的计算方法

假设某组合中包含 X、Y 两个组合，利用下表所提供的关于 X、Y 组合信息，分别使用以期初市值为权重的方法、以期初市值以及外部现金流为权重的方法加总收益法计算该组合的投资收益率。

基金组合 X				基金组合 Y			
日期	市场价值（美元）	现金流（美元）	发生现金流的市场价值（美元）	日期	市场价值（美元）	现金流（美元）	发生现金流的市场价值（美元）
2018-08-31	300 000			2018-08-31	750 000		
2018-09-10	327 000	100 000	427 000	2018-09-10	756 000		
2018-09-18	441 000			2018-09-18	765 000	−61 000	704 000
2018-09-30	467 000			2018-09-30	735 000		
月收益率 = 19.21%				月收益率 = 6.49%			

解答：

（1）在以期初市值为权重的方法下，每只基金组合的权重就是其期初市场价值相对于组合的占比。所以直接套用公式求解：

$$R_{BMV} = \frac{300\,000 \times 0.192\,1 + 750\,000 \times 0.064\,9}{300\,000 + 750\,000} = 10.12\%$$

（2）在以期初市值以及外部现金流为权重的方法下，我们需要先求得 X、Y 基金各自的权重：

$$w_{\text{基金组合X}} = \frac{30 - 10}{30} = 0.67$$

$$w_{\text{基金组合Y}} = \frac{30 - 18}{30} = 0.40$$

再将该权重分配给各自组合发生的现金流，运用先前公式以此求得组合的投资收益率。注意到下面求解过程，无论是公式的分子还是分母处都考虑到了外部现金流的影响。

$$R_{BMV+CF} = \frac{(300\,000 + 100\,000 \times 0.67) \times 0.192\,1 + [750\,000 + (-61\,000 \times 0.40)] \times 0.064\,9}{300\,000 + 100\,000 \times 0.67 + 750\,000 + (-61\,000 \times 0.40)}$$

$$= 10.76\%$$

（3）加总收益法下，我们把两个基金组合看作一个整体（一个更大的组合），然后运用计算组合收益时所讲述的调整的 Dietz 方法计算这个大的组合也就是组合的投资收益率。第一步仍然是确定 X 组合以及 Y 组合的权重

$$w_{\text{基金组合X}} = \frac{30 - 10}{30} = 0.67$$

$$w_{\text{基金组合Y}} = \frac{30 - 18}{30} = 0.40$$

调整的 Dietz 方法下，分母需要考虑以实际天数为权重的外部现金流，但是分子并不需要对外部现金流进行加权处理，直接用期末组合价值减去期初组合价值；其中，期末的组合价值要扣去外部现金流的影响。所以投资收益率的计算过程如下所示：

$$R_{BMV+CF} = \frac{467\,000 + 735\,000 - (300\,000 + 750\,000) - [100\,000 + (-61\,000)]}{300\,000 + 750\,000 + 100\,000 \times 0.67 + (-61\,000 \times 0.40)} = 10.34\%$$

2. "2. Calculation Methodology" 中推荐遵守的条款

✓ 2. B. 1   Returns should be calculated net of non-reclaimable withholding taxes on dividends, interest, and capital gains. Reclaimable withholding taxes should be accrued.

收益的计算应该扣减不可回收的关于红利、利息以及资本利得的预扣税。可退回的预扣税应当是基于全责已发生的。

✓ 2. B. 2   For periods prior to 1 January 2010, firms should calculate composite returns by asset-weighting the individual portfolio returns at least monthly.

在 2010 年 1 月 1 日之前，公司应当基于每个基金组合的资产权重计算组合的收益，这样的估值应当至少每月进行一次。

1. 2. 4   3. Composite Construction（Composite 的构建）

1. "3. Composite Construction" 中必须遵守的条款

✓ 3. A. 1   All actual, fee-paying, discretionary portfolios must be included in at least one composite. Although non-fee-paying discretionary portfolios may be included in a composite (with appropriate disclosure), non-discretionary portfolios must not be included in a firm's composites.

正如我们此前所述，如果一个基金组合是付费的并且也是基金公司自由支配的，那么它应当至少被归入一个组合中。对于公司不能自由支配的基金组合，则禁止将其归入任何一个组合中。对于那些公司可以自由支配但是没有付费的基金组合，公司既可以将其放入组合之中，也可以不把它们放入组合中，但是放与不放都要进行如实的披露。

✓ 3. A. 2   Composites must include only actual assets managed by the firm.

组合必须只包含那些被公司真实管理的资产组合。有时基金公司会运用软件模拟的方式，模拟出一个资产组合的收益。类似模拟的资产组合就不能被包含进组合之中。

✓ 3. A. 3   Firms must not link performance of simulated or model portfolios with actual performance.

公司不能将模拟的收益表现与真实账户的表现做衔接。这里的衔接有两层含义：一层体现在数学计算方面；另一层体现在业绩披露陈述方面。

例如一个基金经理在 2016 年 12 月 31 日想到了一个非常好的投资策略，在此策略指导下，他管理的 A 组合在 2016 年 12 月 31 日至 2017 年 6 月 30 日这段时间取得了非常理想的成绩。于是，该基金经理就对 A 组合做起了该策略的回溯测试，模拟出了 A 组合从 2016 年 6 月 30 日至 2016 年 12 月 30 日的业绩表现。如果该基金经理将先前求得的真实业绩表现与组合的模拟表现做几何衔接，求得该组合的年化收益表现，那么这种"衔接"就是不被允许的。此外如果该基金经理将该账户真实的业绩表现与模拟的业绩表现放在一起做披露陈述，那么这样的披露陈述衔接也是不被允许的。真实业绩与模拟业绩必须分开做披露陈述。

✓ 3. A. 4   Composites must be defined according to investment mandate, objective, or strategy. Composites must include all portfolios that meet the composite definition. Any change to a composite definition must not be applied retroactively. The composite definition must be made available upon request.

每一个组合必须依照投资风格、投资目标以及投资策略做出定义。每个组合必须包含满足其风格的所有基金组合，不同策略风格的基金组合不能被包含在同一个组合里面。组合任何定义的改变都不能做追溯调整。如果合格客户需要关于组合定义的文件资料，那么投资公司必须提供。

之所以规定投资公司不能对组合的定义改变做出追溯调整，是担心其故意操纵组合的业绩表现，误导投资者。例如，基金经理管理的组合中部分组合投资了垃圾债券，并且投资期内垃圾债的收益表现非常糟糕。如果基金经理可以对组合的定义进行追溯调整，他就可以修改组合的定义，规定该组合下不可以投资垃圾债。如此一来，他便将组合中原本投资于垃圾债的组合给轻松剔除了，从而人为地调高了该组合的收益表现。

此外，诸如"股票类"以及"固定收益类"的定义对于组合而言过于宽泛，不利于客户做出比较。定义应当考虑到板块、参考基准、市值规模、投资风格以及收益回报的前景等因素。但是过多的限定语言也可能造成过剩的相似组合。下面列示了2个组合定义的范例。

Composites 定义范例

- Large Cap Equity Growth

  The Large Cap Equity Growth Composite includes all institutional portfolios that invest in large capitalization U. S. stocks that are considered to have growth in earnings prospects that is superior to that of the average company within the benchmark, the Russell 3000 Growth Index. The targeted tracking error between the composite and the benchmark is less than 3%.

  大盘成长型股权组合

  大盘成长型股权组合包含了所有投资于美国大盘股票的机构基金组合。这些大盘股具有良好的收入增长前景，它们的表现将优于"Russell 3000 成长指数"这一参考基准中成分股票的平均收益。该组合与参考基准之间的目标追踪误差低于3%。

- Balanced Growth Composite

  The Balanced Growth Composite includes all institutional balanced portfolios that invest in large-cap U. S. equities and investment-grade bonds with the goal of providing long-term capital growth and steady income from a well-diversified strategy. Although the strategy allows for equity exposure ranging between 50-70%, the typical allocation is between 55-65%.

  平衡增长组合

  平衡增长组合包含了所有机构的平衡型基金组合，这些组合投资于美国大盘股以及投资级别的债券，这一分散化的策略将为投资资本提供长期稳定的收益。尽管该投资策略允许股票的投资比例为50%～70%；但是实际操作中分配给股票的投资额度通常为55%～65%。

✓ 3. A. 5　Composites must include new portfolios on a timely and consistent basis after each portfolio comes under management.

组合必须及时包含最新的符合其要求的被管理的基金。公司应当制定这方面的相关政策并且争取在下一个业绩衡量周期的伊始就将新的基金组合纳入组合当中。

✓ 3. A. 6　Terminated portfolios must be included in the historical performance of the composite up to the last full measurement period that each portfolio was under management.

被终结的组合必须被包含记录在组合的历史业绩中，过去的历史业绩必须持续记录至该组合上一个完整的业绩评估周期结束为止（见图 14-5）。

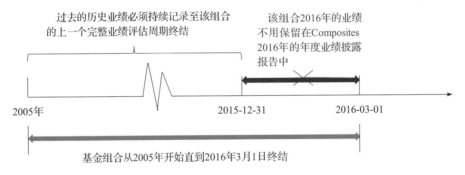

图 14-5　被终结的组合必须被包含记录在组合的历史业绩中

如图 14-5 所示，一个基金组合从 2005 年开始被管理直到 2016 年 3 月 1 日被终结。虽然该基金组合在 3 月 1 日被终结，但是其历史业绩必须被保留进组合中，并且该历史业绩必须被记录至 2015 年 12 月 31 日（即上一个评估周期的结束日）。但是该组合 2016 年的业绩就不用保留在该组合 2016 年的年度业绩披露报告中。

✓ 3. A. 7　Portfolios must not be switched from one composite to another unless documented changes to a portfolio's investment mandate, objective, or strategy or the redefinition of the composite makes it appropriate. The historical performance of the portfolio must remain with the original composite.

一般情况下，一个组合不得从一个组合中被移出或是被编入另一个组合中。除非有记录文件表明该投资基金的投资风格、投资目标、投资策略发生了重大改变，或者是组合本身的定义改变了。当组合本身的定义改变时，其包含的基金组合的历史业绩不得因此追溯调整。

✓ 3. A. 8　For periods beginning on or after 1 January 2010, a carve-out must not be included in a composite unless the carve-out is managed separately with its own cash balance.

自 2010 年 1 月 1 日起，基金经理不能从组合中随意剥离其中一部分，除非被剥离的这部分有着自己的现金余额。其中原因我们在开篇名词解释中详细阐述过，在此不做赘述。

✓ 3. A. 9　If the firm sets a minimum asset level for portfolios to be included in a composite, the firm must not include portfolios below the minimum asset level in that composite. Any changes to a composite-specific minimum asset level must not be applied retroactively.

如果公司设立了一个关于可以被纳入某个组合的组合资产最小标准，那么对于小于该标

准的组合便不能被纳入该组合中。任何针对该标准的修改都不可以做回溯处理。基金组合在短期内可能会低于设置的最小标准，所以基金经理应该站在一个长期连续的角度看待并执行该标准。

✓ 3. A. 10　Firms that wish to remove portfolios from composites in cases of significant cash flows must define "significant" on an ex-ante, composite-specific basis and must consistently follow the composite-specific policy.

公司如果希望在发生显著性现金流时，将该部分现金流暂时移送至"新建临时账户"，那么它就需要参照组合的基准，事先对"significant"（显著）进行定义，并且需要持续地遵循这一政策。

何老师说

我们再来总结一对比一下"large cash flow"以及"significant cash flow"之间的差异。

"large cash flow"是针对基金组合而言的，为了能够准确定义那些影响组合收益计算的大笔外部现金流。公司必须以绝对值或者是以所占基金组合百分比的形式定义出"large cash flow"的具体规模大小。

"significant cash flow"是针对组合而言的，它是为了能够准确定义那些会临时影响到公司执行组合策略的显著性现金流。公司必须以绝对值或者是以所占基金组合百分比的形式定义"significant cash flow"的具体规模大小。

2．"3. Composite Construction"中推荐遵守的条款

✓ 3. B. 1　If the firm sets a minimum asset level for portfolios to be included in a composite, the firm should not present a compliant presentation of the composite to a prospective client known not to meet the composite's minimum asset level.

如果投资公司对被允许纳入组合的基金组合设定了最低资产要求，该公司就不应该向那些已知不满足最低资产要求的合格客户展示关于组合的合规业绩。

✓ 3. B. 2　To remove the effect of a significant cash flow, the firm should use a temporary new account.

为了避免显著性现金流的影响，公司应当使用临时账户作为应对措施。

1. 2. 5　4. Disclosure（披露）

何老师说

该披露条款中涉及 GIPS 下第五部分"5 Presentation and Reporting"中的很多名词概念，所以我们建议大家在初次阅读本条款细则前，先学习下"5 Presentation and Reporting"条款下的内容。以此方便加深对于本条款细则的理解。

1．"4. Disclosure"中必须遵守的条款

✓ 4. A. 1　Once a FIRM has met all the REQUIREMENTS of the GIPS standards, the FIRM

MUST disclose its compliance with the GIPS standards using one of the following compliance statements. The claim of compliance MUST only be used in a COMPLIANT PRESENTATION.

公司一旦遵守了 GIPS 的所有要求，公司就必须披露它是遵守 GIPS 的，并且要用 GIPS 规定的官方措辞进行披露。同时，如果该公司遵守 GIPS 这一事实还是被第三方做过"验证"的，那么这段措辞的表述就如下所示：

"［Insert name of FIRM］claims compliance with the Global Investment Performance Standards（GIPS® ）and has prepared and presented this report in compliance with the GIPS standards. ［Insert name of FIRM］has been independently verified for the periods［insert dates］. The verification report（s）is/are available upon request."

"【公司名】宣称遵守全球投资业绩标准并且已经准备好陈述这份与 GIPS 相一致的业绩报告。【公司名】【期限时间】的业绩已经被独立地验证过，以此表明公司确实遵守了 GIPS。如有需要，我们可以提供相关验证报告。"

公司被独立第三方验证（verified）遵守 GIPS 的行为完全是自愿的。其目的是提高自身的可信度。一旦公司做了独立第三方验证，那么关于第三方验证的陈述表述也是需要披露的，如果其客户需要相关验证报告，公司必须提供。

✓ 4. A. 2   FIRMS MUST disclose the definition of the FIRM used to determine TOTAL FIRM AS-SETS and FIRM-wide compliance.

公司必须披露公司的定义，这些定义可以用于确定公司的总资产以及公司范围内的合规情况。

✓ 4. A. 3   FIRMS MUST disclose the COMPOSITE DESCRIPTION.

公司必须披露对于组合的描述。

✓ 4. A. 4   FIRMS MUST disclose the BENCHMARK DESCRIPTION.

公司必须披露对于参考基准的描述。

✓ 4. A. 5   When presenting GROSS-OF-FEES returns, FIRMS MUST disclose if any other fees are deducted in addition to the TRADING EXPENSES.

当公司提供了"GROSS-OF-FEES"的收益，那么它还必须披露除了交易费用之外是否还扣减了其他费用。

✓ 4. A. 6   When presenting NET-OF-FEES returns, FIRMS MUST disclose：

a. If any other fees are deducted in addition to the INVESTMENT MANAGEMENT FEES and TRADING EXPENSES；

b. If model or actual INVESTMENT MANAGEMENT FEES are used；and

c. If returns are net of any PERFORMANCE-BASED FEES.

如果公司提供了"NET-OF-FEES"的收益，那么除了交易费用以及投资管理费用之外，它还必须披露：是否扣减了其他费用；投资管理费是真实发生的还是模型模拟的；收益是否扣除了基于表现的费用（绩效奖）后得到的。

✓ 4. A. 7   FIRMS MUST disclose the currency used to express performance.

公司必须披露陈述业绩表现时使用的货币。

✓ 4. A. 8　FIRMS MUST disclose which measure of INTERNAL DISPERSION is presented.

公司必须披露其在计量组合的内部偏离时使用了何种方法。

✓ 4. A. 9　FIRMS MUST disclose the FEE SCHEDULE appropriate to the COMPLIANT PRESEN-TATION.

公司必须披露合适的与标准陈述相一致的费用计划。

✓ 4. A. 10　FIRMS MUST disclose the COMPOSITE CREATION DATE.

公司必须披露组合的创立日期。

✓ 4. A. 11　FIRMS MUST disclose that the FIRM'S list of COMPOSITE DESCRIPTIONS is available upon request.

如果客户有需求，公司就必须披露有关组合描述内容的清单。

✓ 4. A. 12　FIRMS MUST disclose that policies for valuing PORTFOLIOS, calculating performance, and preparing COMPLIANT PRESENTATIONS are available upon request.

公司必须披露基金组合估值、业绩计算的相关政策，并且确保这些报告在客户需要时是可得的。

✓ 4. A. 13　FIRMS MUST disclose the presence, use, and extent of leverage, derivatives, and short positions, if material, including a description of the frequency of use and characteristics of the instruments sufficient to identify risks. ★

如果公司使用了空头头寸、衍生品以及杠杆，就必须将它们逐一披露，并且还要披露它们的用途以及使用程度。同时，公司还必须披露这些"杠杆工具"的特性以及使用频率以此确认风险情况。

如果公司没有使用杠杆就不需要披露。

✓ 4. A. 14　FIRMS MUST disclose all significant events that would help a PROSPECTIVE CLI-ENT interpret the COMPLIANT PRESENTATION.

公司必须披露所有的能够帮助合格客户解释标准陈述的重大事件。

✓ 4. A. 15　For any performance presented for periods prior to 1 January 2000 that does not comply with the GIPS standards, FIRMS MUST disclose the periods of non-compliance.

对于 2000 年 1 月之前不符合 GIPS 标准的业绩陈述，公司必须披露这些业绩的发生时间。

✓ 4. A. 16　If the FIRM is redefined, the FIRM MUST disclose the date of, description of, and reason for the redefinition.

如果公司被重新定义，就必须披露其被重新定义的时间及理由，并且要披露有关公司重新定义的描述。

✓ 4. A. 17　If a COMPOSITE is redefined, the FIRM MUST disclose the date of, description of, and reason for the redefinition.

如果组合被重新定义，公司就必须披露重新定义的时间以及理由，并且要披露关于组合重新定义的描述。

✓ 4. A. 18　FIRMS MUST disclose changes to the name of a COMPOSITE.

公司必须披露组合名称的变化。

✓ 4. A. 19　FIRMS MUST disclose the minimum asset level, if any, below which PORTFOLIOS are not included in a COMPOSITE. FIRMS MUST also disclose any changes to the minimum asset level. ★

如果公司规定了最小化的资产水平（低于该水平的组合不得被归于某一组合中），这个最小的资产水平就必须披露，并且公司需要披露这一最小资产水平的变动情况。

✓ 4. A. 20　FIRMS MUST disclose relevant details of the treatment of withholding taxes on dividends, interest income, and capital gains, if material. FIRMS MUST also disclose if BENCHMARK returns are net of withholding taxes if this information is available.

如果公司存有对于利息、股息资本利得的代扣所得税，公司就必须披露关于这些税收的细节情况，同时公司还必须披露参考基准在扣除这些税费后的收益率情况。

✓ 4. A. 21　For periods beginning on or after 1 January 2011, FIRMS MUST disclose and describe any known material differences in exchange rates or valuation sources used among the PORTFOLIOS within a COMPOSITE, and between the COMPOSITE and the BENCHMARK.

自 2011 年 1 月 1 日起，公司必须披露并且描述任何在对组合估值时使用的条件发生的改变，如汇率的变化。这些组合可能属于同一个组合，也可能分别属于不同组合或者参考基准。

✓ 4. A. 22　If the COMPLIANT PRESENTATION conforms with laws and/or regulations that conflict with the REQUIREMENTS of the GIPS standards, FIRMS MUST disclose this fact and disclose the manner in which the laws and/or regulations conflict with the GIPS standards.

如果标准性陈述符合当地法律法规的要求但是与 GIPS 存在冲突，公司就必须披露这一事实，并且披露具体的冲突形式。

✓ 4. A. 23　For periods prior to 1 January 2010, if CARVE-OUTS are included in a COMPOSITE, FIRMS MUST disclose the policy used to allocate cash to CARVE-OUTS.

2010 年 1 月 1 日之前，如果组合中包含剥离，公司就必须披露关于分配现金账户给剥离的政策。

✓ 4. A. 24　If a COMPOSITE contains PORTFOLIOS with BUNDLED FEES, FIRMS MUST disclose the types of fees that are included in the BUNDLED FEE.

如果组合中的基金组合收取了打包费，公司就必须披露打包费中所含费用的类型。

✓ 4. A. 25　For periods beginning on or after 1 January 2006, FIRMS MUST disclose the use of a SUB-ADVISOR and the periods a SUB-ADVISOR was used.

自 2006 年 1 月之后，公司必须披露雇用的副顾问以及其被雇用的时间。

✓ 4. A. 26　For periods prior to 1 January 2010, FIRMS MUST disclose if any PORTFOLIOS were not valued at calendar month end or on the last business day of the month.

自 2010 年 1 月之前，公司必须披露那些不是在日历月最后一天或者不是在最后一个交易日被估值的组合。

✓ 4. A. 27　For periods beginning on or after 1 January 2011, FIRMS MUST disclose the use of

subjective unobservable inputs for valuing PORTFOLIO investments（as described in the GIPS Valuation Principles in Chapter II）if the PORTFOLIO investments valued using subjective unobservable inputs are material to the COMPOSITE.

自 2011 年 1 月之后，如果在估值中使用了对于组合估值至关重要的主观输入变量，那么公司必须披露这些估值使用的主观的不可观察的输入变量。

✓ 4. A. 28　For periods beginning on or after 1 January 2011, FIRMS MUST disclose if the COMPOSITE'S valuation hierarchy materially differs from the RECOMMENDED hierarchy in the GIPS Valuation Principles in Chapter II.

自 2011 年 1 月 1 日起，如果公司组合的评估层次与 GIPS 在估值原则第二章所推荐的评估层次不符，公司就应该披露这一事实。

✓ 4. A. 29　If the FIRM determines no appropriate BENCHMARK for the COMPOSITE exists, the FIRM MUST disclose why no BENCHMARK is presented.

如果公司没有设置关于组合业绩的相关参考基准，公司就必须披露为什么没有参考基准的存在。

✓ 4. A. 30　If the FIRM changes the BENCHMARK, the FIRM MUST disclose the date of, description of, and reason for the change. ★

如果公司改变了参考基准，公司就必须披露改变发生的时间、原因以及究竟发生了什么样的变化。

✓ 4. A. 31　If a custom BENCHMARK or combination of multiple BENCHMARKS is used, the FIRM MUST disclose the BENCHMARK components, weights, and rebalancing process.

如果公司用定制化的参考基准或者是同时使用多个参考基准，公司就必须披露参考基准的成分、权重以及它的再平衡过程。

✓ 4. A. 32　If the FIRM has adopted a SIGNIFICANT CASH FLOW policy for a specific COMPOSITE, the FIRM MUST disclose how the FIRM defines a SIGNIFICANT CASH FLOW for that COMPOSITE and for which periods.

如果公司对一个特定的组合采用了"显著现金流"政策，公司就必须披露它是如何针对该组合的投资阶段定义一个显著性现金流的。

✓ 4. A. 33　FIRMS MUST disclose if the three-year annualized EX-POST STANDARD DEVIATION of the COMPOSITE and/or BENCHMARK is not presented because 36 monthly returns are not available. ★

如果公司由于没有获得有关组合或者参考基准的 36 个月的投资收益从而导致其无法提供该关于组合或者参考基准的 3 年年化的事后标准差的报告，公司就需要披露这一事宜。

✓ 4. A. 34　If the FIRM determines that the three-year annualized　EX-POST STANDARD DEVIATION is not relevant or appropriate, the FIRM MUST：

a. Describe why　EX-POST STANDARD DEVIATION is not relevant or appropriate；and

b. Describe the additional risk measure presented and why it was selected.

如果公司认为使用当前 3 年年化的事后标准差去评估风险是不合适不相关的，它就必须披露其中的原因，并且提供其他风险衡量风险方法的表述报告以及选择这种方法的原因。

✓ 4. A. 35　FIRMS MUST disclose if the performance from a past firm or affiliation is LINKED to the performance of the FIRM.

如果公司将其收购的公司过去业绩表现与本公司的业绩做了衔接（link），公司就需要披露相关事宜。

2. "4. Disclosure" 中推荐遵守的条款

✓ 4. B. 1 FIRMS SHOULD disclose material changes to valuation policies and/or methodologies.

公司应当披露估值政策以及估值方法发生的实质性改变。

✓ 4. B. 2　FIRMS SHOULD disclose material changes to calculation policies and/or methodologies.

公司应当披露计算政策以及计算方法发生的实质性改变。

✓ 4. B. 3 FIRMS SHOULD disclose material differences between the BENCHMARK and the COMPOSITE'S investment mandate, objective, or strategy.

公司应当披露组合与参考基准就投资风格、投资目标以及投资策略方面存在的差异。

✓ 4. B. 4 FIRMS SHOULD disclose the key assumptions used to value PORTFOLIO investments.

公司应该披露对基金组合估值时做出的关键性假设。

✓ 4. B. 5 If a parent company contains multiple firms, each FIRM within the parent company SHOULD disclose a list of the other firms contained within the parent company.

如果母公司包含多个子公司，那么任意一个子公司就应该披露其他子公司的名单。

1.2.6　5. Presentation and Reporting（陈述与报告）

1. "5. Presentation and Reporting" 中必须遵守的条款 A 部分

✓ 5. A. 1　The following items must be presented in each compliant presentation：

a. At least 5 years of performance (or since inception if less than five years) that meets the requirements of the GIPS standards. After a firm presents a minimum of five years of GIPS compliant performance, the firm must present an additional year of performance each year, building up to a minimum of 10 years of GIPS compliant performance.

公司至少需要披露过去 5 年（如果公司成立不足 5 年则从公司成立那一年开始披露）的符合 GIPS 的业绩，除此以外，公司还必须额外披露随后 5 年的业绩表现，以此建立起一个至少 10 年的符合 GIPS 标准的业绩表现。

何老师说

如图 14-6 所示，假设 A 公司在 2017 年 1 月 1 日宣称遵守 GIPS，那么它至少要报告过去 5 年的符合 GIPS 标准的业绩披露，即自 2012 年 1 月 1 日开始的公司业绩都要重新按照 GIPS 规定计算其业绩并加以报告披露。之后，随着时间的推移，往后的每一年公司都要报告该年度符合

GIPS 标准的公司业绩披露；直至 2022 年，此时 A 公司总共建立起了一个长达 10 年的符合 GIPS 规定的业绩报告。那么在 2023 年年底，当公司制定好该年度符合 GIPS 的业绩报告时，它就可以删除其 2012 年当年的业绩报告。

> Timeline

图 14-6　A 公司关于符合 GIPS 标准的业绩披露

如果 A 公司是 2015 年成立的，该时刻距离公司宣称遵守 GIPS 时只有两年的时间，不足 5 年，那么针对这种情况，该公司只需准备自公司成立之日起的符合 GIPS 的报告即可。

b. （1）Composite returns for each annual period. Composite returns must be clearly identified as gross-of-fees or net-of-fees.

组合的收益率应当按年份进行展示（年化收益率）；它的计算方式必须是 "gross-of-fees"，或者是 "net-of-fees"。当然，如果两种形式同时出现在业绩报告中也是可以的。

c. For composites with a composite inception date of 1 January 2011 or later, when the initial period is less than a full year, returns from the composite inception date through the initial annual period end.

自 2011 年 1 月 1 日起，如果公司最初的投资期不足 1 年，那么对于这一年的业绩表现，我们只需要报告自投资开始日起到该年最后一个投资日结束这段时间的投资表现即可。

例如 A 公司于 2017 年 1 月 1 日起宣称遵守 GIPS，但是该公司成立之日为 2014 年 7 月 30 日，那么对于这种情况，该公司准备其 2014 年度的业绩表现报告时，只需要报告披露 2014 年 7 月 30 日到 2014 年 12 月 31 日这一段时间的投资收益即可。这一段时间的收益率不可以被年化陈述。

d. For composites with a composite termination date of 1 January 2011 or later, returns from the last annual period end through the composite termination date.

对于自 2011 年 1 月 1 日以及之后被终结的组合，公司在计算其收益时需要包括从上一个年度年末到组合终止日这样一个时间段。

e. The total return for the (2) benchmark for each annual period. The benchmark must reflect the investment mandate, objective, or strategy of the composite.

每一年度的业绩报告披露必须选取相关参考基准。该参考基准一定要能够反映组合的投资风格、投资目标和投资策略。

f. The (3) number of portfolios in the composite as of each annual period end. If the composite contains five or fewer portfolios at period end, the number of portfolios is not required.

业绩报告必须说明每一个组合包含的基金组合的个数。如果该个数在投资期结束时小于等于 5 个，就可以不用报告披露。

g. (4) Composite assets as of each annual period end.

每一年度结束时组合资产规模需要报告披露。

h. (5) Either total firm assets or composite assets as a percentage of total firm assets, as of each annual period end.

每一年度结束时，公司需要报告披露公司总的资产数目或者报告披露组合资产对于公司总资产的所占百分比。注意到，由于一个组合至少需要归进一个组合中；所以组合的总资产总是大于等于公司的总资产。

i. A measure of (6) internal dispersion of individual portfolio returns for each annual period. If the composite contains five or fewer portfolios for the full year, a measure of internal dispersion is not required.

公司需要报告每一年度组合内部组合收益率的偏离程度。但是如果一个组合中包含组合的个数小于等于 5 个，那么上述偏离程度就不需要被报告。因为组合数量过少的情况下报告偏离程度没有实际意义。

假设某组合的收益率为 10%，这是一个看上去还不错的投资业绩。但是组合中两只基金的收益率分别为 40% 和 –30%，如此大的收益偏离程度也许不会让客户感到满意，这也是为什么需要报告收益率偏离程度的原因。以组合为单位报告收益率，其实是报告了一类组合的加权平均收益，而报告偏离程度就类似于报告这些组合的离散趋势。

注意到上述条款中标注（1）、（2）、（3）、（4）、（5）、（6）的内容是必须报告披露的内容，缺一不可，大家对此一定要熟悉。

何老师说

测量组合内部基金组合年化收益率的偏离方法总共有 5 种，这些方法能够使得我们更好地洞察公司如何一如既往地在同组合中实施其投资战略。每种方法具体如下所示。

✓ 报告组合中一个拥有最高收益的基金组合的业绩收益以及一个拥有最低收益的基金组合的业绩收益。

✓ 披露最高业绩与最低业绩的全距（range）。例如，所有组合中的最高收益为 40%，最低

收益为 –30%。那么公司可报告组合的全距为 70%。

✓ 报告一个关于收益的平均加权的标准差（the equal-weighted standard deviation）。其计算公式为

$$\sigma_C = \sqrt{\dfrac{\sum\limits_{i=1}^{n}\left[R_i - MEAN(R)\right]^2}{n-1}}$$

式中　　　R_i——基金组合 i 的收益；

$MEAN\ (R)$ ——组合内的平均加权收益；

n——组合的个数。

公式中分母处的 $n-1$ 说明了每一个组合收益率的权重都是相等的。

✓ 报告一个关于收益率的以资产为权重的标准差（the asset-weighted standard deviation）其计算公式为

$$dispersion = \sqrt{\sum\limits_{i=1}^{n} w_i (R_i - C_{ASSET})^2}$$

式中　R_i——为加权前基金组合 i 的收益；

w_i——第 i 指基金组市值相对于组合总体市值的占比（权重）；

C_{ASSET}——组合以资产为权重的收益，$C_{ASSET} = \sum w_i R_i$。

✓ 报告一个四分位的全距（interquartile range）。例如，我们将组合内的组合按照收益率从低到高依次排序，对于这样一个序列，我们可以找到其四分之一分位点以及四分之三分位点。两个分位点上收益率之差便代表了一个四分位的全距。

✓ 5. A. 2　For periods ending on or after 1 January 2011, firms must present, as of each annual period end：

a. The three-year annualized ex-post standard deviation (using monthly returns) of both the (7) composite and the (8) benchmark; and

b. An additional three-year ex-post risk measure for the benchmark (if available and appropriate) and the composite, if the firm determines that the three-year annualized ex-post standard deviation is not relevant or appropriate. The periodicity of the composite and the benchmark must be identical when calculating the ex-post risk measure.

自 2011 年 1 月 1 日起，公司在每一年末必须报告组合以及其参考基准的为期 3 年的年化事后标准差（利用月度收益率数据）。注意到先前条款要求公司报告组合内部的收益偏离程度。而这里 GIPS 要求公司披露组合以及参考基准自身的一个波动程度。大家切勿将两者混淆。

此外，如果公司认为 3 年事后标准差不足以反映组合以及参考基准真实的风险情况，就可以报告一个其他的用于计算组合以及参考基准事后风险的衡量方法。不管使用何种方法，在测量风险时必须确保组合和参考基准的周期是相同的。

✓ 5. A. 3　Firms must not link non-GIPS-compliant performance for periods beginning on or after 1 January 2000 to their GIPS-compliant performance. Firms may link non-GIPS-compliant performance to GIPS-compliant performance provided that only GIPS-compliant performance is presented for periods beginning on or after 1 January 2000.

For periods prior to 2000 that does not comply with GIPS, FIRMS must disclosure periods of non-compliance

公司不得将 2000 年之后不符合 GIPS 要求的业绩同那些符合 GIPS 要求的业绩做衔接。除非不符合 GIPS 要求的业绩都发生在 2000 年 1 月之前，那么那些不符合 GIPS 的业绩才可以与当前遵守 GIPS 的业绩做衔接。

何老师说

我们通过一个具体例子来解释一下上述条款的含义。

如图 14-7 所示假设 A 公司成立于 1995 年并于 2015 年 1 月 1 日宣称遵守 GIPS，那么依据 GIPS 规定，公司必须对其 2010 年 1 月 1 日之后的业绩做出调整，使其符合 GIPS 的报告要求。但是该公司 2010 年 1 月之前的业绩数据仍然不符合 GIPS 的相关要求。对此，GIPS 规定针对这部分不符合 GIPS 报告陈述规定的数据，2000 ~ 2009 年的业绩数据是不能与符合 GIPS 的数据做衔接，但是 1995 ~ 2000 年的业绩数据可以与符合 GIPS 的数据做衔接。

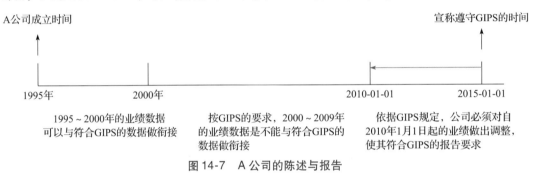

图 14-7　A 公司的陈述与报告

图 14-8 展示了一种特殊的情况：如果一家成立于 1994 年 1 月 1 日的 B 公司于 2005 年 1 月 1 日宣布遵守 GIPS，那么它就需要对此前 5 年业绩进行追溯调整。调整后自 2000 年之后的业绩都是符合 GIPS 业绩报告标准的，此时符合 GIPS 的业绩就都发生在 2000 年以前，所以此时 B 公司所有的业绩相互之间都可以做衔接。

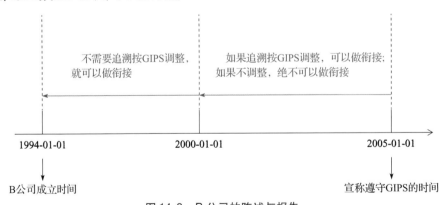

图 14-8　B 公司的陈述与报告

✓ 5. A. 4　Returns for periods of less than one year must not be annualized.

如果投资期限小于 1 年，那么公司只需要披露真实的业绩包含的时间段即可，不可以对

该业绩做年化处理。例如公司于 2014 年 7 月 30 日成立，那么公司在披露这一年份业绩的时候只需要披露自 2014 年 7 月 30 日至 2014 年 12 月 31 日的业绩即可，无须对此业绩做年化处理。之所以有这样的规定是担心基金经理操控业绩。

注意到 GIPS 中业绩披露时都是将组合中每一个月的业绩做衔接，然后求得其年化业绩表现。那么对于缺少了部分月度数据的业绩就不应该对其做年化处理。

✓ 5. A. 5 For periods beginning on or after 1 January 2006 and ending prior to 1 January 2011, if a composite includes carve-outs, the firm must present the percentage of composite assets represented by carve-outs as of each annual period end.

对于那些自 2006 年之后开始的，或是与 2011 年之前结束的组合，如果该组合出现了剁离的情况，那么公司必须于每一年度末报告剁离所占组合的百分比情况。

✓ 5. A. 6 If a composite includes non-fee-paying portfolios, the firm must present the percentage of composite assets represented by non-fee-paying portfolios as of each annual period end.

如果组合中包含了不付费的基金组合，公司就必须于每一年度末报告不付费资产组合占组合的百分比情况。

✓ 5. A. 7 If a composite includes portfolios with bundled fees, the firm must present the percentage of composite assets represented by portfolios with bundled fees as of each annual period end.

如果组合中包含了打包费的基金组合，公司就必须于每一年度末报告那些收取打包费的基金组合占组合的百分比情况。

✓ 5. A. 8

a. Performance of a past firm or affiliation must be linked to or used to represent the historical performance of a new or acquiring firm if, on a composite-specific basis:

i. substantially all of the investment decision makers are employed by the new or acquiring firm (e. g. , research department staff, portfolio managers, and other relevant staff);

ii. the decision-making process remains substantially intact and independent within the new or acquiring firm; and

iii. the new or acquiring firm has records that document and support the performance.

如果 A 公司收购了 B 公司，并且 B 公司想要合并 A 公司过去的历史业绩，那么其必须遵守符合下述与组合规定相关的条款：

- 原先在 B 公司负责制定政策的相关人员应当继续被 A 公司留用，如此 B 公司过往的业绩才有可能重现。
- 原先 B 公司负责制定政策的人员受雇于 A 公司后依然能够保持其独立完整地制定政策的过程。如此 B 公司过往的业绩才有可能重现。
- A 公司必须取得有关 B 公司原先业绩的记录保存文件，如此才能在原有文件的基础上对其进行修正，从而符合 GIPS 的报告披露要求。

b. If a firm acquires another firm or affiliation, the firm has one year to bring any non-compliant assets into compliance.

A 公司收购 B 公司之后，将有 1 年的时间将 B 公司原先不符合 GIPS 的业绩数据转化为

与 GIPS 相一致的业绩数据。

2. "5. Presentation and Reporting" 中必须遵守的条款 B 部分

5. B. 1 Firms should present gross-of-fees returns.

公司应当展示 "gross-of-fees returns"

5. B. 2 Firms should present the following items:

a. Cumulative returns of the composite and the benchmark for all periods;

b. Equal-weighted mean and median composite returns;

c. Quarterly and/or monthly returns; and

d. annualized composite and benchmark returns for periods longer than 12 months.

公司应当陈述下列事项:

a. 所有时期组合以及参考基准的累积收益。

b. 组合收益的等权重加权均值以及中位数。

c. 季度的以及月度的收益。

d. 超过 12 个月期限的组合以及基准组合的收益需要进行年化处理。

5. B. 3 For periods prior to 1 January 2011, firms should present the three-year annualized ex-post standard deviation (using monthly returns) of the composite and the benchmark as of each annual period end.

对于 2011 年 1 月 1 日以前的业绩,公司应当在每年年末提供关于组合以及参考基准 3 年年化的事后标准差(基于月度数据)。

5. B. 4 For each period for which an annualized ex-post standard deviation of the composite and the benchmark are presented, the corresponding annualized return of the composite and the benchmark should also be presented.

公司在展示关于组合以及参考基准 3 年年化的事后标准差的同时,还应当展示同时间段的组合以及参考基准的年化收益率。

1.2.7 案例总结

上述关于 6 大条款的文字表述比较枯燥,接下来我们通过一份具体的符合 GIPS 要求的公司业绩披露报告来复习一下此前所学知识。

案例一

SAMPLE 1 INVESTMENT FIRM BALANCED GROWTH COMPOSITE

				1 January 2002 through 31 December 2011					
Year	Composite Gross Return (%)	Composite Net Return (%)	Custom Benchmark Return(%)	Composite 3-Yr St Dev (%)	Benchmark 3-Yr St Dev (%)	Number of portfolios	Internal Dispersion (%)	Composite Assets ($M)	Firm Assets ($M)
2002	-10.5	-11.4	-11.8			31	4.5	165	236
2003	16.3	15.1	13.2			34	2.0	235	346

（续）

	Composite Gross Return (%)	Composite Net Return (%)	Custom Benchmark Return(%)	Composite 3 – Yr St Dev (%)	Benchmark 3 – Yr St Dev (%)	Number of portfolios	Internal Dispersion (%)	Composite Assets ($M)	Firm Assets ($M)
				1 January 2002 through 31 December 2011					
Year									
2004	7.5	6.4	8.9			38	5.7	344	529
2005	1.8	0.8	0.3			45	2.8	445	695
2006	11.2	10.1	12.2			48	3.1	520	839
2007	6.1	5	7.1			49	2.8	505	1 014
2008	−21.3	−22.1	−24.9			44	2.9	475	964
2009	16.5	15.3	14.7			47	3.1	493	983
2010	10.6	9.5	13.0			51	3.5	549	1 114
2011	2.7	1.7	0.4	7.1	7.4	54	2.5	575	1 236

Sample 1 *Investment Firm claims compliance with the Global Investment Performance Standards* (*GIPS®*) *and has prepared and presented this report in compliance with the GIPS standards. Sample* 1 *Investment Firm has been independently verified for the periods* 1 *January* 2000 *through* 31 *December* 2010. *The verification report is available upon request.* Verification assesses whether (1) the firm has complied with all the composite construction requirements of the GIPS standards on a firm-wide basis and (2) the firm's policies and procedures are designed to calculate and present performance in compliance with the GIPS standards. Verification does not ensure the accuracy of any specific composite presentation.

Notes:

1 Sample 1 Investment Firm is a balanced portfolio investment manager that invests solely in US-based securities. Sample 1 Investment Firm is defined as an independent investment management firm that is not affiliated with any parent organization. Policies for valuing portfolios, calculating performance, and preparing compliant presentations are available upon request.

2 The Balanced Growth Composite includes all institutional balanced portfolios that invest in large-cap US equities and investment-grade bonds with the goal of providing long-term capital growth and steady income from a well-diversified strategy. Although the strategy allows for equity exposure ranging between 50-70%, the typical allocation is between 55-65%. The account minimum for the composite is $5 million.

3 The custom benchmark is 60% YYY US Equity Index and 40% ZZZ US Aggregate Bond Index. The benchmark is rebalanced monthly.

4 Valuations are computed and performance is reported in US dollars.

5 Gross-of-fees returns are presented before management and custodial fees but after all trading expenses. Composite and benchmark returns are presented net of non-reclaimable withholding taxes. Net-of-fees returns are calculated by deducting the highest fee of 0.83% from the monthly gross

composite return. The management fee schedule is as follows: 1.00% on the first $25 million; 0.60% thereafter.

6 This composite was created in February 2000. A complete list of composite descriptions is available upon request.

7 Internal dispersion is calculated using the equal-weighted standard deviation of annual gross returns of those portfolios that were included in the composite for the entire year.

8 The three-year annualized standard deviation measures the variability of the composite and the benchmark returns over the preceding 36-month period. The standard deviation is not presented for 2002 through 2010 because monthly composite and benchmark returns were not available and is not required for periods prior to 2011.

解析:

表头"INVESTMENT FIRM BALANCED GROWTH COMPOSITE"就是对该组合的定义;它是一个平衡增长型的组合。披露业绩的时间范围是2002年1月～2011年12月31日,这一时期长达10年,符合GIPS对于业绩披露的时间要求。

表格第2列与第3列分别披露了"Composite Gross Return(%)",以及"Composite Net Return(%)"。这两列信息如果只披露其中一列也是符合GIPS要求的。第4列参考基准的收益是必须披露的内容。表格第5列与第6列分别披露了该组合以及其参考基准收益率的3年年化标准差。请注意,关于这部分内容,表格只披露了2011年的相关数据,原因是该项披露是从2011年才要求实施的,因此2011年之前业绩可以不用披露该项内容。表格第7列与第8列分别披露了该组合中包含的组合数目以及内部偏差。虽然这两部分内容也是必须披露的内容,但是如果组合内的组合个数少于5个,这两部分内容是可以不披露的。表格第7列披露了组合资产价值规模。表格第8列披露了公司整体资产的价值规模;这部分披露内容也可以用组合所占公司的百分比作为代替。

表头下方是一个标准说明段,该说明段中关于公司遵从GIPS以及被第三方验证(如果它确认被第三方所验证)的事宜必须披露,并且以斜体字标注的部分必须使用官方的标准说辞。

此外,该业绩陈述还补充了8条注释(NOTES):

第1条注释主要在解释公司的定义,这是必须披露的内容。该段还说明了关于估值、计算、相关政策的一些条文,客户如有需要都是可以获取的。

第2条注释主要在描述有关组合的定义。其中关于最小资产标准的披露只有在公司设有类似定义时才需要披露。

第3条注释是关于参考基准的一个说明段,它也是必须陈述披露的内容。

第4条注释是在说明使用的货币单位,它也是必须陈述披露的内容。

第5条注释描述了"gross-of-fees returns""net-of-fees returns"的计算方法,以及费用计划(fee schedule)的安排。这3点也都是必须披露的内容。

第6条注释说明了组合的创立日期(这是必须披露的内容),并且说明了有关组合描述

的列表如有需要都是可以获取的。

第 7 条注释说明了计算组合收益率内部偏离的具体方法，即运用平均加权的标准差衡量该偏离程度。这是必须披露的内容。

第 8 条注释是关于 3 年年化标准差的说明段，这也是必须披露的内容。

案例二

表一：SAMPLE 2　ASSET MANAGEMENT COMPANY ACTIVE WORLD EQUITY COMPOSITE

Creation Date：1 July 2005

Reporting Currency：EUR

Year	Gross Return（%）	XYZ World Index Return（%）	Dispersion（Range）（%）	# of Portfolios	Composite Assets	# of Firm Assets
2011	− 1.9	− 0.5	0.2	6	224.9	2.1
2010	16.3	13.5	0.7	8	256.7	2.0
2009	29.0	25.8	1.5	8	205.6	1.9
2008	− 39.8	− 36.4	1.3	7	164.1	1.5
2007	− 2.8	− 2.7	n/a	≤5	143.7	1.2
2006	9.3	7.5	n/a	≤5	62.8	0.4
2005※	14.2	12.6	n/a	≤5	16.1	<0.1

※Returns are for the period from 1 July 2005 (inception date) through 31 December 2005.

Compliance Statement

Sample 2 Asset Management Company claims compliance with the Global Investment Performance Standards (GIPS®) and has prepared and presented this report in compliance with the GIPS standards. Sample 2 Asset Management Company has not been independently verified.

Definition of the Firm

Sample 2 Asset Management Company is an independent investment management firm that was established in 1997. Sample 2 Asset Management Company manages a variety of equity, fixed-income, and balanced assets for primarily European clients.

Policies

Sample 2 Asset Management Company's policies for valuing portfolios, calculating performance, and preparing compliant presentations are available upon request.

Composite Description

The Active World Equity Composite includes accounts whose objective is to exceed the XYZ World Index by 2% over a rolling three-year period. Securities are selected using the firm's proprietary analytics tool, which selects securities expected to be the top performers from within the XYZ World Index universe. Portfolios are more concentrated, typically holding approximately 100 – 120 securities, versus the benchmark, which reflects the performance of more than 500 holdings. Composite returns may, therefore, have a lower correlation with the benchmark than a more diversified global equity strategy.

Benchmark

The benchmark is the XYZ World Index, which is designed to measure the equity market performance of developed market countries. The benchmark is market-cap weighted and is composed of all XYZ country-specific developed market indices. Sources of foreign exchange rates may be different between the composite and the benchmark; however, there have not been material differences to date. Benchmark returns are net of withholding taxes.

Fees

Returns are presented gross of management fees, custodial fees, and withholding taxes but net of all trading expenses.

List of Composites

A list of all composite descriptions is available upon request.

Fee Schedule

The standard fixed management fee for accounts with assets under management of up to €50 million is 0.35% per annum; 0.25% thereafter.

Minimum Account Size

The minimum portfolio size for inclusion in the composite is €1 million.

Internal Dispersion

Internal dispersion is calculated using the asset-weighted standard deviation of annual gross-of-fees returns of those portfolios that were included in the composite for the entire year. For those years when less than six portfolios were included in the composite for the full year, no dispersion measure is presented.

Ex-Post Standard Deviation

The three-year annualized ex-post standard deviation of the composite and benchmark as of each year end is as follows:

表二

Year	Composite 3-Yr St Dev（%）	Benchmark 3-Yr St Dev（%）
2011	12.9	14.6
2010	13.2	14.1
2009	17.0	16.3
2008	15.6	14.2

解析：

在这个案例中，表头就直接告诉我们组合的创立日期以及使用的货币。

注意到表一中关于 2005 年的业绩有一个 "＊" 号注释，该注释说明组合 2005 年业绩收益的计算时长为 2005 年 6 月 1 日到 2005 年 12 月 31 日。这一点符合 GIPS 对于不满 1 年的业绩收益不可对其进行年化处理的相关规定。注意到该组合于 2005 年 6 月 1 日创立，所以其业绩收益计算包含的时间范畴只能是 "2005 年 6 月 1 日～2005 年 12 月 31 日"。

表一第 2 列举了组合的 "Gross Return"，这部分披露内容可以用 "Net Return" 的相

关内容作为代替。第 3 列内容则是列举了参考基准的收益率。第 4 列与第 5 列分别说明了组合的内部偏差以及组合内部的基金组合个数。注意到由于在 2005 年、2006 年以及 2007 年这 3 年中组合内部基金组合个数均小于 5 个，所以涉及这 3 年的内部偏差可以不用披露。该表第 6 列披露了组合的资产价值。第 7 列披露了组合所占公司总资产的比例；注意到该列披露的内容可以用公司总资产的价值作为代替。

表格之后第 1 段文字是公司宣称遵守 GIPS 的标准段落，注意到这家公司是没有被"验证"过的。

第 2 段描述了公司的定义。

第 3 段说明了公司关于估值、计算、准备报告相关政策的相关条文，这些条文如有需要都是可以获取的。

第 4 段是关于公司组合相关描述的披露。

第 5 段是关于参考基准相关描述的披露。

第 6 段披露了有关 "gross-of-fee return" 是如何被计算出来的，说明了被扣除的费用种类。

第 7 段表明所有组合的描述清单如有需要，是可以提供的。

第 8 段说明组合费用计划的安排，费用的具体组成部分。

第 9 段说明了最小资产设置标准，它不是必须披露内容，但是公司一旦设置了最小资产的水平，就必须将其披露。

第 10 段披露了内部偏差的计算方法。

第 11 段以一个单独的表格披露了组合 3 年年化的事后标准差。因为公司是在 2005 年 6 月 1 日成立的，所以是无法算得其在 2005 年、2006 年以及 2007 年的事后标准差（因为针对每一年的标准差计算，需要用到当年年末之前 36 个月的数据），而且该项披露内容是从 2011 年 1 月 1 日之后才开始实行的，所以这 3 年的相关数据也不是必须披露的内容。

有关 GIPS 内容的考查可以归类为 3 种：第一种直接考查重要条款（0~3 部分的条款）。第二种就是给出如上所示的实际案例，并要求考生判断表格或者附注段落中究竟遗漏了哪些必须披露的事项，这类考题非常难以应付，如果考题是以下午选择题的形式出现，大家就可以借助选项加以甄别。第三种则是要求考生判断类似案例中批注部分的错误。例如 "Gross-of-fees returns" 扣减了投资管理费用这样的错误陈述。第二种和第三种考查方式通常是考查 GIPS 中 4、5 部分的条款内容。由于公司需要披露的内容太多，大家很难记忆。为此我们总结出公司必须披露的内容如下，这部分内容非常重要！

---

1. Claim：如下标准的说明段

" ［Insert the name of FIRM］" claims compliance with the Global Investment Performance Standards（GIPS® ）and has prepared and presented this report in compliance with the GIPS standards.

注意：Verification

①Verification 是自愿的，如果被 Verification→ ［Insert the name of FIRM］ has been independently verified for the periods ［insert dates］. *The verification report（s）is/are available upon request.*

②如果没有被 verification，可以不用讲上面那段话。

③A single verification report is issued with respect to *the whole firm*. Verification cannot be carried out on a composite.

④Verification must be performed by a qualified *independent third party*.

（续）
2. Firm：定义段（organizationally and functionally segregated）
例如：Sample 1 Investment Firm is a balanced portfolio investment manager that invests solely in U. S – based securities. Sample 1 Investment Firm is defined as an independent investment management firm that is not affiliated with any parent organization（摘自 Sample 1）
3. Composite：return，定义、日期、货币、风险（内在与自身）→必须要求的
①Gross of fee return or net of fee return（两者有一个就可以）：   • disclose gross of fee return 和 net of fee return 都是扣了什么费用   • Gross of fee return 是扣了 trading expense   • Net of fee return 是在 gross of fee return 基础上又扣了 management fee，还有可能有 performance fee   • Custody fee 不属于 trading expense. 所以 gross of fee return 里不扣 custody fee，net of fee return 里才扣   ②Composite description   ③Create date   ④Currency   ⑤Internal dispersion（有 5 种方法可以算，了解算法，但是必须有说明段说明是用哪种方法）   • Highest and lowest returns earned by portfolios that were in the composite for the full year.   • Or alternatively，high/low range.   • The equal-weighted standard deviation of returns to portfolios in the composite   • The asset-weighted standard deviation   • The interquartile range – the difference between the returns in the first and third quartiles of the distribution.   ⑥Three-year annualized ex-post standard deviation 计算方法的说明段（using monthly return，所以是 36 个数据求标准差，怎么求的大家不用掌握，但是对标准差的求法要有说明段）   ⑦Fee schedule 说明段
4. Benchmark→必须要求的
①Benchmark description   ②Return   ③Three-year annualized ex-post standard deviation
5. Portfolio→必须要求 "计算 portfolio 收益的 policies 是 available upon request"
6. 总结：3 个客户有需要可以获得的标准段
□必须有的：   • List of composite description   • Policy and procedures of calculation，valuation，preparing COMPLIANT PRESENTATIONS are available upon request.   □如果公司被 verification：   • Verification report（s）is /are available upon request.（但是如果公司没有被 verification，这个可以不说）

至此，GIPS 中关于一般股票、债券投资的条款我们就和大家论述完毕了，这些内容是 CFA 考试中的常考点以及复习的侧重点。大家在学习 GIPS 条款时应该将精力优先放在对这些内容的学习上。

1.3　6~8 部分条款

1.3.1　6. Real Estate（房地产）

GIPS 第六部分的条款针对房地产投资组合做出了相关规定。在解读具体条款细则之前，我们必须明确，以下投资品种并不适用于 GIPS 针对房地产投资设置的条款：公开交易的房地

产公司的股票（publicly traded real estate securities）、商业抵押贷款证券（commercial mortgage-backed securities，CMBS）、涵盖了商业及住房贷款的私人债务投资。之所以将上述投资品种剔除在房地产投资品种之外，是因为这些债务投资只与债务利率有关，与基础房地产经济表现无关。

有关房地产的内容不是考试的重点，大家对这些条款有个印象即可，重点记忆条款后标注星号的条款即可。

"6. Real Estate" 中必须遵守的条款

✓ 针对输入数据的条款

- 6. A. 1   For periods beginning on or after 1 January 2011, real estate investments must be valued in accordance with the definition of fair value and the GIPS Valuation Principles

  自 2011 年 1 月 1 日起，房地产需要按照公允价值对其估值，并且遵守 GIPS 的相关规定。

- 6. A. 2   For periods beginning on or after 1 January 2008, real estate investments must be valued at least quarterly.

  自 2008 年 1 月 1 日起，估值应当至少每季度开展一次。请注意，此前针对股票以及债券的投资估值需要至少每个月实施一次，但是考虑到房地产投资的流动性比较差，所以 GIPS 的相关规定在此也做出了调整。

- For periods beginning on or after 1 January 2010, firms must value portfolios as of each quarter end or the last business day of each quarter.   ★

  自 2010 年 1 月 1 日起，估值是估计组合在每个季度末或每个季度最后一个营业日的价值。

- 6. A. 4   Must have an external valuation：

  a. Before 2012, at least once every 36 months.

  b. After2012, at least once every 12 months unless client agreements stipulate otherwise, but at least not more than 36 months.   ★

  房地产必须有外部估值。这是因为相对于股票以及债券投资品，房地产市场往往缺乏统一的报价，任由基金经理自行估值的后果就容易产生猫腻。

  在 2012 年以前，房地产外部估值需要至少 36 个月实施一次。

  自 2012 年以后，房地外部产估值需要至少 12 个月实施一次，除非与客户的协议另有规定，但即便如此对其评估的时间也不得超过 36 个月。

- 6. A. 5   External valuations must be performed by an independent external professionally designated, certified, or licensed commercial property valuer/appraiser. if not available, only well-qualified independent property valuers or appraisers.

  参与外部估值的个人或者机构应当由独立的专业指定的、认证过的、获取相关许可资质的商业财产评估师担任。如果这样的评估师不可得，我们也可以找那些合格的独立商业资产估价师以获取外部估值。

✓ 针对计算法则的条款

- 6. A. 6　Firms must calculate portfolio returns at least quarterly.

  公司必须至少每个季度计算一次组合的收益率。

- 6. A. 7　All returns must be calculated after the deduction of actual transaction expenses incurred during the period.

  计算收益时，必须扣减投资期发生的真实交易费用，因为房地产投资属于一级市场的交易，因此这里交易费用对应的英文术语为"transaction expenses"。

- 6. A. 8　After 2011, income returns and capital returns (component returns) must be calculated separately using geometrically linked time-weighted rates of return.　★

  自 2011 年起，房地产投资不仅需要计算一个总体收益，还需要计算组合中的成分收益，即投资中的收入回报与资本利得收益必须分开计算，并且在计算时使用几何衔接的时间加权收益法。

- 6. A. 9　Composite time-weighted rates of return, including component returns, must be calculated by asset-weighting the individual portfolio returns at least quarterly.

  组合的收益以及组合的成分收益必须以每个组合基金的资产价值为权重进行计算，并且至少每个季度计算一次。

关于房地产不同时间点的披露要求，我们总结一下，如图 14-9 所示，大家重点记忆 2012 年 1 月 1 日的最新要求即可。

图 14-9　关于房地产不同时间点的披露要求总结

何老师说

接下来我们来介绍一下有关房地产投资收益的计算方法，使用这些计算方法时必须首先算得投资动用的成本（capital employed），这一成本是对投资期所有投资成本的加权平均。其计算公式为

$$C_E = C_0 + \sum_{i=1}^{n} (CF_i \times w_i)$$

式中 C_E——动用的资本;

　　　C_0——期初的资本;

　　　CF_i——第 i 笔现金流;

　　　w_i——第 i 笔现金流的权重。

房地产投资中资本回报(capital return)是指房地产本身价值变化部分的百分比。在计算资本回报时我们还需要同时考虑到对房屋本身的维修改进所支付的费用以及投资期因为卖出部分房产所获取的收益。这部分收益的计算公式为

$$R_C = \frac{(V_1 - V_0) - E_C + S}{C_E}$$

式中 R_C——资本回报;

　　　V_1——投资资产期末价值;

　　　V_0——投资资产期初价值;

　　　E_C——维护改进的资本支出;

　　　S——销售收入;

　　　C_E——动用的资本(capital employed)。

房地产中的收入回报(income return)是指在投资期"动用的资本"所获取的投资性收益。这部分收益中净收益等于其毛收益减去不可回撤的费用。这些费用包括贷款投资产生的利息费用和财产税等。收入回报的计算公式为

$$R_I = \frac{Y_A - E_N - I_D - T_P}{C_E}$$

式中 R_I——收入回报;

　　　Y_A——毛投资收入;

　　　E_N——不可回撤的费用,诸如租赁和维护费用等一类不需要租户偿付的费用;

　　　I_D——债券投资产生的利息费用;

　　　T_P——财产税。

在求得资本回报以及收入回报后,我们将两者加总就可以得到投资的总收益 $R_T = R_C + R_I$。

表 14-1 给出了某房地产投资的收益情况:该表第 2 列反映了每一季度的收入回报,该表第 3 列反映了每一季度的资本回报,每一季度的收益回报加上资本回报就得到了该季度投资的总回报(例如 2.05% + 0.03% = 2.08%)。但是我们注意到这一关系式却在计算年度总收益时失效了(10.56% + 0.66% ≠ 11.69%)。这是因为表格第 6 行中资本回报、收入回报、总收益都是由各自季度数据通过几何衔接求得的。[例如,(1 + 2.05%) × (1 + 3.11%) × (1 + 2.85%)(1 + 2.55%) − 1 = 10.56%]

表 14-1　某房地产投资的收益情况

	收入回报(income return)	资本回报(capital return)	总收益(total return)
Q1,2011	2.05%	0.03%	2.08%
Q2,2011	3.11%	0.55%	3.66%
Q3,2011	2.85%	0.02%	2.87%
Q4,2011	2.55%	0.06%	2.61%
2011	10.56%	0.66%	11.69%

✓ 针对披露事项的条款

- 6. A. 10　The following items must be disclosed in each compliant presentation：

  a. The firm's description of discretion；

  b. The internal valuation methodologies used to value real estate investments for the most recent period；

  c. For periods beginning on or after 1 January 2011, material changes to valuation policies and/or methodologies；

  d. For periods beginning on or after 1 January 2011, material differences between an external valuation and the valuation used in performance reporting and the reason for the differences；

  e. The frequency real estate investments are valued by an independent external professionally designated, certified, or licensed commercial property valuer/appraiser；

  公司必须披露以下事项：

  a. 公司对自由裁量权的描述。

  b. 最新时期的用于房地产投资估值的内部估值方法。

  c. 自 2011 年 1 月 1 日起，估值政策与方法的重大调整。

  d. 自 2011 年 1 月 1 日起，外部估值与业绩报告中所使用的估值之间的差异，以及产生差异的原因。

  e. 外部独立的、专业委派的、合格的并且获取证书资质的财产评估师对于房地产估值的频率。

- 6. A. 11　For any performance presented for periods prior to 1 January 2006 that does not comply with the GIPS standards, firms must disclose the periods of non-compliance.

  对于 2006 年 1 月 1 日之前的不符合 GIPS 陈述披露的业绩，公司应当披露这些业绩具体时期。

- 6. A. 12　When presenting gross-of-fees returns, firms must disclose if any other fees are deducted in addition to the transaction expenses.

  当公司陈述 "gross-of-fees returns" 时，公司必须披露扣减费用中除了交易费用以外的其他费用。

- 6. A. 13　When presenting net-of-fees returns, firms must disclose if any other fees are deducted in addition to the investment management fees and transaction expenses.

  当公司陈述 "net-of-fees returns" 时，公司必须披露扣减费用中除了交易费以及管理费以外的其他费用。

✓ 针对陈述报告事项的条款

- 6. A. 14　Firms must present component returns in addition to total returns. Composite component returns must be clearly identified as gross-of-fees or net-of-fees.

  公司在陈述房地产投资收益时不仅需要陈述一个总的收益，还需要陈述关于组合的成分收益，并且要明确该收益是 "gross-of-fees" 形式还是 "net-of-fees" 形式。

- 6. A. 15　Firms must not link non-GIPS-compliant performance for periods beginning on or

after 1 January 2006 to their GIPS-compliant performance. Firms may link non-GIPS-compliant performance to their GIPS-compliant performance provided that only GIPS-compliant performance is presented for periods beginning on or after 1 January 2006.

公司不能将 2006 年 1 月 1 日以后的不符合 GIPS 规定的业绩同遵守 GIPS 的业绩做衔接（link）。除非不遵守 GIPS 业绩发生的时间在 2006 年 1 月 1 日之前。这一细则所要表达的观点如图 14-10 所示：对于一般股票和债券而言，是以 2000 年这一时间点为界，判断能否对组合业绩进行衔接。

图 14-10　不遵守 GIPS 业绩发生的时间在 2006 年 1 月 1 日之前

- 6. A. 16　The following items must be presented in each compliant presentation：

  a. As a measure of internal dispersion, high and low annual time-weighted rates of return for the individual portfolios in the composite. If the composite contains five or fewer portfolios for the full year,, a measure of internal dispersion is not required. ★

  b. As of each annual period end, the percentage of composite assets valued using an external valuation during the annual period.

  标准陈述还应该陈述以下内容：

  a. 通过计算组合中基金组合的年化时间加权收益率的最大值与最小值，以此衡量组合的内部偏差。如果组合中包含的基金组合个数小于等于 5 个，那么内部偏差就不需要被陈述披露。

  b. 在每一年度末，公司还需要陈述被外部估值的组合所占整个组合的比值。

✓ 下面这些条款是专门针对投资房地产中的封闭式基金（closed-end fund）所特别设立的。这类封闭式基金因为其封闭期较长，导致这些投资组合与一般基金组合存在着不小的差别。针对这部分封闭基金的条款细则如下。

- 6. A. 17　Firms must calculate annualized since inception internal rates of return (SI-IRR) . ★

  公司必须计算自投资开始之日起到当前时刻这样一个时间段的内部收益率（SI-IRR）。因为对于封闭基金而言，它的投资期非常长，投资回报也表现得比较慢，投资伊始的现金流回报很低，但随着时间的推移，其投资回报逐年攀升。为了能够公允地评判封闭式资金的业绩，GIPS 就要求公司计算一个自投资期伊始到当前时刻的收益率，如下图所示。

因为封闭式基金较少地发生外部现金流，并且基金经理相对有能力控制这些外部现金流，因此我们在计算上述收益率时就不再以时间为权重，而是直接计算其内部收益率。

- 6. A. 18　The SI-IRR must be calculated using quarterly cash flows at a minimum.
  计算内部收益率时使用的现金流的最小单位为季度现金流。

- 6. A. 19　Composites must be defined by vintage year and investment mandate, objective, or strategy. The composite definition must remain consistent throughout the life of the composite. ★
  组合除了按照投资风格、投资目的以及投资策略进行归类外，还必须按照 vintage year 进行归类。所谓 vintage year，是指基金开始运作的年份。组合的定义必须始终保持一致。

- 6. A. 20　Firms must disclose the final liquidation date for liquidated composites.
  公司必须披露被清算的组合以及它的清算日期。

- 6. A. 21　Firms must disclose the frequency of cash flows used in the SI-IRR calculation.
  公司必须披露用于计算内部收益率中现金流的发生频率。

- 6. A. 22　Firms must disclose the vintage year of the composite and how the vintage year is defined.
  公司必须披露组合的运作年份，并披露这个运作年份是如何被定义的。

- 6. A. 23　The following items must be presented in each compliant presentation：
  Firms must present the net-of-fees SI-IRR of the composite through each annual period end. ★
  Firms must initially present at least five years of performance (or for the period since the firm's inception or the composite inception date if the firm or the composite has been in existence less than five years) that meets the requirements of the GIPS standards. Each subsequent year, firms must present an additional year of performance.
  b. For periods beginning on or after 1 January 2011, when the initial period is less than a full year, firms must present the non-annualized net-of-fees SI-IRR through the initial annual period end. must present the non-annualized net-of-fees SI-IRR through the initial annual period end.
  c. For periods ending on or after 1 January 2011, present the net of-fees SI-IRR through the composite final liquidation date.
  以下事项必须在标准陈述中被展现：
  a. 公司在标准陈述中还应当披露每一年度组合的"net-of-fees SI-IRR"（即使已经披

露了 "gross-of-fees SI-IRR")。公司应该首先建立起一个 5 年的符合 GIPS 的业绩陈述（如果公司或者组合成立之日起不满 5 年的，以成立之日起开始准备合规业绩）并且往后每过去一年，公司就应当准备一份当年的合规业绩陈述。

b. 自 2011 年 1 月 1 日起，在计算组合的初始投资期的 net-of-fees SI-IRR 时，如果其 net-of-fees SI-IRR 的持续期不足 1 年，那么不能对这一段时期的 net-of-fees SI-IRR 进行年化处理。

c. 业绩期终止于 2011 年 1 月 1 日或之后的组合，需要披露该组合直至最终清算日的 net of- fees SI-IRR。

- 6. A. 24　If the gross-of-fees SI-IRR of the composite is presented in the compliant presentation, firms must present the gross-of-fees SI-IRR of the composite for the same periods as the net-of-fees SI-IRR is presented.

如果公司陈述业绩使用的是 composites gross-of-fees SI-IRR，它就需要披露同时期的 composites net-of-fees SI-IRR。这是因为对于封闭式基金而言，其投资管理费用规模较大，扣除了管理费用的 net-of-fees SI-IRR 才能准确地反映该类基金真实的收益情况。

- 6. A. 25　Firms must present, as of each annual period end：

a. Composite since inception paid-in capital；

b. Composite since inception distributions；

c. Composite cumulative committed capital；

d. Total value to since inception paid-in capital (investment multiple or TVPI)；

e. Since inception distributions to since inception paid-in capital (realization multiple or DPI)；

f. Since inception paid-in capital to cumulative committed capital (PIC multiple)；and

g. Residual value to since inception paid-in capital (unrealized multiple or RVPI)

公司在每一年度年度末还必须陈述：

a. 组合自成立之日起的实收资本。

b. 组合自成立之日起的收益分配。

c. 组合自成立之日起的承诺资本。

d. 组合的 TVPI 乘数；PIC 乘数；RVPI 乘数。★

这些乘数是我们在 CFA 二级"另类投资"学科中的重点内容，因此 CFA 三级考试通常不会在这里难为大家，考生对此有个印象即可。

- 6. A. 26　Firms must present the SI-IRR of the benchmark through each annual period end. Te benchmark must：

a. Reflect the investment mandate, objective, or strategy of the composite；

b. Be presented for the same time period as presented for the composite；and

c. Be the same vintage year as the composite.

公司必须于每个年度末陈述参考基准的内部收益率，其中参考基准必须满足以下要求：

a. 反映组合的投资风格、投资目的、投资策略。

b. 其投资时间段应与组合相一致。

c. 与组合有着相同的 vintage year。

由于"6. Real Estate"这部分内容也不是我们考试的重点，因此关于该部分中 GIPS 推荐遵守的条款我们不再一一列举。最后我们再来简单看一下这部分条款的相关案例。

案例：投资于房地产的开放式基金（1）

Real Estate Advisors Value-Added Strategy Composite
Schedule of Performance Results 1 January 2002 through 31 December 2011

Year	Composite Gross-of-Fees Returns					Composite Net-of-Fees Returns	Value-Added Benchmark Returns（Open-End Funds/Separate Accounts）			Composite Statistics at Year End				
	Income Return（%）	Capital Return（%）	Total Return（%）	Low（%）	High（%）	Total Return（%）	Income Return（%）	Capital Return（%）	Total Return（%）	# of Portfolios	Composite Assets（HKD Million）	External Appraisal % of Composite Assets	Total Firm Assets（HKD Million）	Non-Real Estate % of Composite Assets
2002	7.9	1.9	9.9	n/a	n/a	8.8	8.4	-1.6	7.1	≤5	3 085	25	13 919	0
2003	8.5	2.9	11.7	5.8	20.4	10.5	8.0	1.0	9.2	6	3 294	25	14 911	0
2004	8.2	2.6	10.9	5.5	19.2	8.3	7.5	6.7	14.4	7	3 348	44	15 144	0
2005	6.6	11.2	18.1	9.0	31.6	16.6	6.8	12.7	19.7	7	3 728	72	19 794	0
2006	6.1	7.9	14.2	7.1	24.9	12.5	6.2	9.9	16.3	8	4 022	46	20 482	0
2007	5.4	8.0	13.7	6.8	23.9	11.8	5.6	9.9	15.6	7	4 348	33	24 219	0
2008	5.2	-11.4	-6.6	-9.8	-1.6	-8.2	5.1	-11.1	-5.9	7	3 836	100	21 447	0
2009	7.5	2.7	10.3	5.2	18.1	7.4	7.3	3.2	10.8	7	3 371	52	16 601	0
2010	7.2	1.7	9.0	4.2	19.5	6.9	7.8	3.1	11.1	7	2 852	38	4 516	0
2011	7.2	2.8	10.2	5.1	17.8	8.1	7.1	3.2	10.6	7	3 457	50	17 414	5
Annualized Returns（%）														
3 Year	7.3	1.9	9.8			7.5	7.4	3.2	10.8					
5 Year	6.5	2.9	7.1			5.0	6.6	1.4	8.2					
7 Year	6.4	2.6	9.6			7.6	6.6	4.2	10.9					
10 Year	7.0	11.2	10.0			8.1	7.0	3.5	10.7					
Since Inception	7.0	7.9	10.0			8.1	7.0	3.5	10.7					

这是一个符合 GIPS 的投资于房地产的开放式基金组合的部分业绩披露（省去了披露报告中的文字注释部分）。我们来看一下它与一般投资于股票债券的组合在披露方面有何不同：

表格的第 2~4 列分别披露了该组合的成分收益与总收益，相较于传统的组合，它额外地披露了组合的收入回报（income return）和资本回报（capital return）。表格第 13 列披露了被外部估值的基金组合占整个组合资产的比例。最后一列则说明了该组合中没有投资于房地产的资产占整个组合的比例。

案例：投资于房地产的封闭式基金（2）

2006 Value-Added Strategy Closed-End Fund Composite
Schedule of Performance Results 1 April 2006 through 31 December 2011

	Composite Gross TWR			Composite NET TWR	Benchmark			Composite at Year-End						
Year	Income Return (%)	Capital Return (%)	Total Return (%)	Total Return (%)	Income Return (%)	Capital Return (%)	Total Return (%)	# of Portfolios	Composite Assets (U.S. Million)	Leverage (%)	External Appraisal % of Composite Assets	Total Firm Assets (U.S. Million)	% of Firm Assets	Non-Real Estate % of Composite Assets
04/06 - 12/06	-3.2	0.8	-2.5	-4	4.9	2.2	7.2	1	70	40	35	2 641	20	0
2007	2.5	3.4	6.0	4.5	5.8	1.1	7.1	1	164	45	28	3 125	18	0
2008	6.2	1.9	8.2	6.7	6.9	3.8	10.9	1	215	50	100	2 754	18	0
2009	7.4	30.7	38.6	36.1	7.0	10.2	17.4	1	256	53	44	2 142	21	0
2010	6.6	-13.7	-7.3	-8.8	6.1	-8.8	-2.5	1	111	57	28	1 873	19	0
2011	5.8	-1.5	4.3	2.8	5.4	-2.6	3.0	1	112	60	85	2 247	20	15

Year	Gross SI-IRR	NET SI-IRR	Total Committed Capital (U.S. Million)	Paid-in Capital (U.S. Million)	Cumulative distributions (U.S. Million)	TVPI Multiple	DPI Multiple	RVPI Multiple	PIC Multiple
4/06 - 12/06	-2.3	-3.1	250	71	0	0.99	0.00	0.99	0.28
2007	3.7	2.2	250	161	1	1.02	0.01	1.02	0.64
2008	5.8	4.2	250	226	26	1.07	0.12	0.95	0.90
2009	18.5	15.2	250	236	76	1.41	0.32	1.08	0.94
2010	11.5	9.8	250	240	201	1.30	0.84	0.46	0.96
2011	10.8	9.1	250	245	208	1.31	0.85	0.46	0.98

TVPI（Investment multiple）= total value to paid-in capital

DPI（Realization multiple）= cumulative distributions to paid-in capital

RVPI（Unrealized multiple）= residual value to paid-in capital

PIC（PIC multiple）= paid-in capital to committed capital

　　这也是一个符合 GIPS 的投资于房地产的封闭式基金组合的部分业绩披露（省去披露报告中的文字注释部分）。我们来看一下它与一般投资于股票债券的组合在披露方面有何不同：

　　✓ 表头标注的"2006"的年份其实是一个"vintage year"，它表示组合中的所有基金组合都是 2006 年开始运作的。也正因为如此，表格上方第 9 列列示的基金组合数量不管在哪一年份都没有出现变化。

　　✓ 表格上方第 2~4 列分别披露了该组合的成分收益与总收益，相较于传统的组合，它额外披露了组合的收入回报和资本回报。表格第 5 列"Composite Net TWR"是投资于房地产封闭式基金的组合必须披露的内容。表格第 11 列披露了该组合运用杠杆比例

的情况（如果组合使用了杠杆就必须披露）。表格第 12 列披露了被外部估值的基金组合占整个组合资产的比例。最后一列则说明了该组合中没有投资于房地产的资产占整个组合的比例。

✓ 表格下方披露了该组合的 Gross SI-IRR、Net SI-IR 以及各种乘数。这些都是封闭式基金在做业绩披露时有别于开放式基金的地方。

1.3.2　7. Private Equity（私募股权、PE）

GIPS 第七部分的条款针对私募股权投资做出了相关规定，因为这一部分内容也不是考试重点，大家对这些条款大致了解即可，重点记忆条款后标注星号的条款即可。

"7. Private Equity"中必须遵守的条款

✓ 关于输入变量的条款

- 7. A. 1　For periods ending on or after 1 January 2011, private equity investments must be valued in accordance with the definition of fair value and the GIPS Valuation Principles
  自 2011 年 1 月 1 日起，私募股权的估值必须使用公允价值，并且符合 GIPS 的相关规定。

- 7. A. 2　Private equity investments must be valued at least annually. ★
  考虑 PE 的流动性非常差，私募股权的估值必须至少一年开展一次。

- 7. A. 3　Firms must calculate annualized since inception internal rates of return（SI-IRR）..
  公司应当计算年化的内部收益率。

- 7. A. 4　After 2011, SI-IRR must be calculated using daily cash flows. ★ Stock distributions must be included as cash flows and must be valued at the time of distribution.
  自 2011 年起，内部收益率必须使用每天的现金流进行计算。股票的分配（股息）必须被列入现金流之中，而且在股票分配之日对其进行估值。

- 7. A. 5　All returns must be calculated after the deduction of actual transaction expenses incurred during the period.
  收益的计算必须扣减掉那些发生在投资期的真实交易费用。

- 7. A. 6　Net-of-fees returns must be net of actual investment management fees（including carried interest）.
  Net-of-fees returns 必须扣去投资期管理费（包含附带权益）。

- 7. A. 7　For fund of funds, all returns must be net of all underlying partnership and/ or fund fees and expenses, including carried interest.
  对于那些投资于其他 PE 基金的基金（FOF），其所有的收益必须扣除基础合伙费（或者基础基金费）以及包含了附带权益的其他费用。

- 7. A. 8　Composite definitions must remain consistent throughout the life of the composite.
  组合的定义必须保持一致性。

- 7. A. 9　Primary funds must be included in at least one composite defined by vintage year

and investment mandate, objective, or strategy. ★

主要基金必须至少被包含进一个组合中，这个组合应该以 "vintage year 以及投资风格" "vintage year 以及投资目的" "vintage year 以及投资策略" 这 3 种组合形式中的任意一种进行定义。

- 7. A. 10　Fund of funds must be included in at least one composite defined by vintage year of the fund of funds and/or investment mandate, objective, or strategy.

  投资于其他 PE 基金的基金（FOF）也必须至少被包含在一个组合中。这个组合可以以 "vintage year" "投资风格" "投资目标" "投资策略" 进行定义，也可以以 "vintage year 以及投资风格" "vintage year 目标以及投资风格" "vintage year 以及投资策略" 的方式进行定义。

  市场上 PE 基金的种类本身就不多，那么投资于 PE 基金的 FOF 在投资后很难形成自己的风格、策略，于是 GIPS 规定，对于这样的 FOF 只以 "vintage year" 的形式进行归类也是合规的。

✓ 关于披露的条款

- 7. A. 11　Firms must disclose the vintage year of the composite and how the vintage year is defined.

  公司必须披露组合的 vintage year（开始运作的年份）以及 vintage year 是如何被定义的。

- 7. A. 12　Firms must disclose the final liquidation date for liquidated composites.

  公司必须披露那些被清算的组合的 vintage year。

- 7. A. 13　Firms must disclose the valuation methodologies.

  公司必须披露估值方法。

- 7. A. 14　After 2011, must disclose material changes to valuation policies and/or methodologies.

  在 2011 年之后，公司必须披露估值政策以及估值方法发生的实质性变化。

- 7. A. 15　If adhere to industry valuation guidelines in addition to the GIPS, disclose which guidelines have been applied.

  如果公司在 GIPS 之外还新增了其他行业估值指导方针，公司就必须披露这些方针。

- 7. A. 16　Calculation methodology for benchmark. If firms present the public market equivalent of a composite as a benchmark, firms must disclose the index used to calculate the public market equivalent.

  参考基准的计算方法。如果公司使用公共市场等价物作为组合的参考基准，公司就必须披露用于计算市场等价物的指数。

- 7. A. 17　Frequency of cash flows used in the SI-IRR calculation if daily cash flows are not used for periods prior to 1 January 2011.

  披露自 2011 年 1 月 1 日之后，用于计算内部收益率日常现金流的发生频率。

- 7. A. 18　For gross-of-fees returns, any other fees are deducted in addition to the transaction expenses.

在计算 gross-of-fees returns 的过程中，除了交易费用以外的其他被扣减的费用。

- 7. A. 19   For net-of-fees returns, any other fees are deducted in addition to the investment management fees and transaction expenses.

  在计算 net-of-fees returns 的过程中，除了投资管理费以及交易费以外的被扣除的费用。

- 7. A. 20   For any performance presented for periods ending prior to 1 January 2006 that does not comply with the GIPS standards, firms must disclose the periods of non-compliance.

  对于在 2006 年 1 月 1 前之前结束投资的不符合 GIPS 的投资业绩，公司必须披露其不符合 GIPS 发生的时间。

- 7. A. 21

  a. Both the net-of-fees and gross-of-fees SI-IRR 5 years of performance. ★Each subsequent year, firms must present an additional year of performance. composite returns must be clearly identified as gross-of-fees or net-of-fees.

  公司既要披露5年的 net-of-fees SI-IRR，也要披露5年的 gross t-of-fees SI-IRR。此后每过一年，公司都必须准备一份额外的年度报告。组合的收益必须明确说明是 gross-of-fees 或者 net-of-fees。

  b. After 2011, when the initial period is less than a full year, firms must present the non-annualized net-of-fees and gross-of-fees SI-IRR through the initial annual period end.

  自 2011 年之后，如果公司于投资初年的投资期小于 1 年，就必须陈述披露从公司投资期开始到该年年末的非年化的 net-of-fees SI-IRR 以及 gross-of-fees SI-IRR。

  c. After 2011, firms must present the net-of-fees and gross-of-fees SI-IRR through the composite final liquidation date.

  自 2011 年之后公司必须陈述披露截至清算日组合的 net-of-fees SI-IRR 以及 gross-of-fees SI-IRR。

- 7. A. 22   After 2011, for fund of funds composites, if the composite is defined only by investment mandate, objective, or strategy, firms must also present the SI-IRR of the underlying investments aggregated by vintage year as well as other measures as required in 7. A. 23. These measures must be presented gross of the fund of funds investment management fees and must be presented as of the most recent annual period end.

  自 2011 年之后，投资于 FOF 的组合，如果组合仅仅从投资风格、投资目标以及投资策略这些方面被定义，那么公司还必须同时陈述披露以开始动作的年份为分类的基础投资的内部收益率，以及 7. A. 23 中所列举的其他计算方法指标。这些衡量措施在披露时必须体现 FOF 投资管理费的总额，并且于最近一个年度截止时披露。

- 7. A. 23   Firms must present as of each annual period end：

  a. Composite since inception paid-in capital；

  b. Composite since inception distributions；

c. Composite cumulative committed capital；

d. Total value to since inception paid-in capital（investment multiple or TVPI）；

e. Since inception distributions to since inception paid-in capital（realization multiple or DPI）；

f. Since inception paid-in capital to cumulative committed capital（PIC multiple）；and

g. Residual value to since inception paid-in capital（unrealized multiple or RVPI）.

公司必须于年度截止日披露组合的 TVPI 乘数、PIC 乘数、RVPI 乘数等。★

- 7. A. 24　Firms must present the SI-IRR for the benchmark through each annual period end. The benchmark must：

a. Reflect the investment mandate, objective, or strategy of the composite；

b. Be presented for the same time periods as presented for the composite；and

c. Be the same vintage year as the composite.

这一条款与 6. A. 26 基本相同，在此不做赘述。

- 7. A. 25　For fund of funds composites, benchmark must be the same vintage year and investment mandate, objective, or strategy.

对于投资 FOF 的组合的参考基准，其必须与组合具有相同的投资风格、投资目的以及投资策略，并且具有相同的开始运作的年份。

- 7. A. 26　After 2011, for fund of funds composites, firms must present the percentage of composite assets that is invested in direct investments.

自 2011 年之后，公司必须披露 FOF 组合中投资于直接投资品的比例。

因为对于 FOF 而言，它的主要投资品种应该是其他类型的 PE 基金，所以直接投资品在 FOF 中属于一个"异类"，我们需要对此进行披露。

- 7. A. 27　After 2011, for primary fund composites, firms must present the percentage of composite assets that is invested in fund investment vehicles.

自 2011 年之后，对于主要基金组合，公司必须陈述披露该组合中投资于其他基金的资产的比例。

因为在主要基金中，投资于 FOF 的部分属于一个异类，我们需要对此进行报告披露。

- 7. A. 28　Firms must not present non-GIPS-compliant performance for periods ending on or after 1 January 2006. For periods ending prior to 1 January 2006, firms may present non-GIPS-compliant performance.

公司不得陈述 2006 年 1 月 1 日之后的不符合 GIPS 的投资业绩，对于 2006 年之前的不符合 GIPS 的业绩，公司可以对其进行陈述披露。这一观点正如图 14-11 所示。

由于针对私募股权投资的 GIPS 条款也不是考试重点，因此关于该部分 GIPS 推荐遵守的条款不再罗列。接下来我们再来看一下这部分的相关案例。

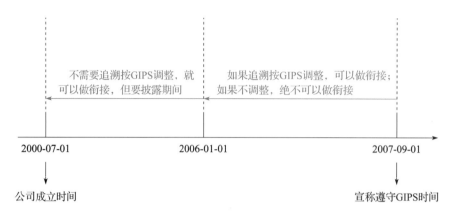

图 14-11　不符合 GIPS 的业绩（2006 年之前）应予以披露

案例：　FOF 型私募股权一

下面所有的表格内容都是关于一个 FOF 型私募股权投资的部分披露事项（省略了文字附注部分）

ABC Fund of Funds Manager, LLC
2006 Buyout Strategy Fund of Funds Composite
Results Reported as of Calendar Year End

Year End	# of Portfolios	Gross-of-Fees SI-IRR（%）	Net-of-Fees SI-IRR（%）	Benchmark SI-IRR（%）	Composite Assets（$Mil）	Composite of Firm Assets	
2006※	8	26.9	26.4	17.2	2 336	80.8	
2007	10	18.5	17.8	10.2	2 512	83.6	
2008	11	18.7	18.1	11.0	3 227	84.2	
2009	13	19.6	18.9	11.5	4 518	84.8	
2010	13	20.7	20.1	11.8	6 330	85.2	
2011	13	21.9	21.3	11.8	9 269	86.0	
2012	14	22.2	21.7	12.3	12 286	86.4	
2013	14	15.1	14.4	9.6	12 346	87.7	

※Partial year from 15 April 2006（inception）through 31 December 2006.

Year End	Paid-In Capital（$Mil）	Cumulative Committed Capital（$Mil）	Since Inception Distributions	Investment Multiple（TVPI）	Realization Multiple（DPI）	Unrealized Multiple（RVPI）	PIC Multiple（PIC）
2006	1 556	3 177	1 205	1.5	0.8	0.7	0.48
2007	1 908	3 675	1 341	1.3	0.7	0.6	0.51
2008	2 371	5 166	1 623	1.4	0.7	0.7	0.45
2009	3 254	6 401	2 186	1.4	0.7	0.7	0.50
2010	4 400	8 370	2 950	1.4	0.7	0.8	0.51
2011	6 303	11 344	4 138	1.5	0.7	0.8	0.54
2012	8 167	13 713	6 513	1.5	0.8	0.7	0.69
2013	9 651	15 290	7 091	1.3	0.7	0.5	0.71

观察上表，该表表头告诉我们这是一个执行收购策略的组合。

与普通投资于股票债券的组合有所不同，该类型的组合既报告了 Gross-of-Fees SI-IRR 也报告了 Net-of-Fees SI-IRR。

表格上方第 2 列反映的该组合下的资金组合数目在逐步累加。例如，2007 年组合下有 10 个基金组合，相比于 2006 年多了 2 只，这就说明该年份公司又新创设了两只同样执行收购策略的基金组合。

表格下方披露了 GIPS 要求"投资于私募股权的组合"必须披露的各种乘数指标。

Aggregate Performance of Underlying
Investments by Vintage Year
Results Reported as of 31 December 2013

Vintage Year	Gross-of-Fees Annualized SI-IRR（%）	Benchmark SI-IRR（%）
2006	22.3	2.5
2007	13.4	1.9
2008	26.0	7.1
2009	18.1	3.9
2010	0.7	1.0
2011	-16.2	-7.5
2012	-25.6	-19.9
2013	-49.9	-40.3

Vintage Year	Paid-In Capital（$Mil）	Cumulative Committed Capital（$Mil）	Since Inception Distributions（$Mil）	Investment Multiple（TVPI）	Realization Multiple（DPI）	Unrealized Multiple（RVPI）	PIC Multiple（PIC）
2006	731	724	939	3.0	1.3	1.7	1.0
2007	710	234	294	1.8	0.4	1.3	3.0
2008	1 475	1 220	1 442	2.0	1.0	1.0	1.2
2009	1 640	1 048	1 156	1.9	0.7	1.2	1.6
2010	1 896	3 695	1 124	1.9	0.6	1.4	0.5
2011	1 984	4 518	1 100	2.1	0.6	1.5	0.4
2012	680	1 998	938	2.2	1.4	0.8	0.3
2013	535	1 853	100	1.1	0.2	0.9	0.3

TVPI（Investment multiple）= total value to paid-in capital

DPI（Realization multiple）= cumulative distribution to paid-in capital

RVPU（Unrealized multiple）= residual value to paid-in capital

PIC（PIC multiple）= paid-in capital to committed capital

上面这张表则是以"Vintage Year"为标准对组合进行了报告披露。例如，表格中"Vintage Year"2006 年那一行反映的就是 2006 年开始运作的所有基金组合的情况，无论该基金组合究竟采用了怎样的投资目标、投资风格、投资策略。

注意到，对于 FOF 这种类型的资金组合，只披露按照"Vintage Year"划分的归类也是符合 GIPS 标准的。

如表格上方第 2、3 列所示，也是靠近当前时间点的年份，无论组合还是其 benchmark 的收益率（SI-IRR）都很小。这恰恰说明了股权私募基金的投资特性，因为这类投资的锁定期非常长，收益回报见效时间也很长，因此越是靠近当前时间点的年份（投资时间越短的年份），其收益越小。

该表格下方还披露了组合按照"Vintage Year"分类后的各个乘数指标。

案例： FOF 型私募股权二

下面的所有表格内容是关于一个 FOF 型私募股权投资的部分披露事项（省略了附注文字部分），该公司以"Vintage Year"对组合进行划分，披露了所有于 2002 年开始运作基金的投资业绩。

Investment 2002 Fund of Funds Composite
Results Reported as of Calendar Year End

Calendar Year	Gross-of-Fees SI-IRR(%)	Net-of-Fees SI-IRR(%)	Benchmark SI-IRR(%)	Composite Assets($Mil)	Total Firm Assets($Mil)	# of Portfolios
2002※	2.5	-5.5	8.5	2.6	250	≤5
2003	-4.2	-12.3	-3.8	4.7	300	≤5
2004	12.5	6.5	14.4	7.5	350	≤5
2005	45.8	40.8	42.7	24.2	400	≤5
2006	35.6	31.5	30.2	21.6	450	≤5
2007	22.2	19.3	13.5	14.7	500	≤5
2008	17.4	15.5	8.1	11.8	550	≤5
2009	17.3	15.3	7.5	11.0	600	≤5
2010	16.5	14.8	8.0	9.3	650	≤5
2011	15.9	13.5	8.5	8.1	700	≤5
2012	16.8	14.0	10.3	6.5	750	≤5

※Returns are for the period from 1 May 2002（Inception date）through 31 December 2002.

Calendar Year	Cumulative committed capital（$Mil）	Paid-In Capital（$Mil）	Cumulative distributions（$Mil）	DPI	RVPI	TVPI	PIC
2002	20	3	0	0.00	1.04	1.04	0.15
2003	20	5	0	0.00	0.93	0.93	0.25
2004	20	8	2	0.22	0.94	1.16	0.40
2005	20	15	4	0.23	1.62	1.85	0.75
2006	20	17	12	0.71	1.25	1.96	0.85
2007	20	18	16	0.89	0.82	1.71	0.90
2008	20	19	17	0.89	0.62	1.51	0.95
2009	20	19	19	0.99	0.57	1.56	0.96
2010	20	20	23	1.18	0.47	1.65	0.98
2011	20	20	25	1.25	0.41	1.66	1.00
2012	20	20	29	1.45	0.33	1.78	1.00

此后该公司又以投资风格对投资组合进行归类，并且披露执行了"并购策略"的组合以及执行了"Venture Capital"策略的组合截至 2012 年 12 月 31 号的收益情况，如下表所示。

Underlying Partnership Investments by Strategy
Results Reported as of 31 December 2012

Investment Strategy	SI-IRR Gross-of-Fees（%）	Benchmark Return （%）	Committed Capital （$Mil）	Paid-In Capital （$Mil）	Cumulative Distribution （$Mil）	Assets （$Mil）	DPI Multiple	RVPI Multiple	TVPI Multiple	PIC Multiple
Venture Capital	65.3	32.6	8.0	8.0	16.0	2.0	2.0	0.3	2.3	1.0
Buyout	11.3	10.2	12.0	12.0	13.0	4.5	1.1	0.4	1.5	1.0

1.3.3　8 Wrap Fee/Separately Managed Account（SMA）Portfolios（打包费/分开管理账户基金）

如果一个组合中包含了大量的捆绑费用（打包费），公司就必须披露捆绑费用中涉及的费用类型。**捆绑费用**（bundled fee）是指将各类费用捆绑在一起统一收取。捆绑费用中包括了投资管理费、交易费用、托管费用、行政费用在内的各类费用，捆绑费用可以划分 all-in fee 和 wrap fee 两大类。

"all-in fee"类型中包括了任何"投资管理费""交易费用""托管费用""行政费用"的组合。通常当特殊的客户将资产交由第三方公司管理，并且第三方提供相应经纪以及托管服务时，就会产生"all-in fee"。

"wrap fee"是针对一类特别的投资产品，"wrap fee"通常由"wrap fee"的发起者缴纳，这些费用一般用于支付投资产品的管理服务，其中包含了与之不可分割的交易费用。"wrap fee"是以资产价值为基准征收的费用，它可以包含各类费用，也可以是投资管理费、交易费用以及行政费用的一个组合。"wrap fee"通常也被称作"separately managed account, SMA"或者"managed account"。

"wrap fee"的一个典型案例便是养老金。养老金的实际拥有者是养老金的参与人。养老金的发起人起到类似渠道的作用，它寻找到相关投资管理公司或者是一个副顾问（sub-adviser）并向其交纳一定的"wrap fee"。此后，便由这个投资管理公司提供相关的投资管理、托管、行政功能以及交易服务。

"8 Wrap Fee/Separately Managed Account（SMA）Portfolios"下必须遵守的条款

✓ 针对组合构建事项的条款

Firms must include the performance record of actual wrap fee/SMA portfolios in appropriate composites in accordance with the firm's established portfolio inclusion policies. Once established, these composites (containing actual wrap fee/SMA portfolios) must be used in the firm's compliant presentations presented to wrap fee/SMA prospective clients.

公司必须根据既定的投资"组合选入"政策，将实际 wrap fee/SMA portfolios 的业绩记

录归类在适当的组合中。一旦这类组合被建立，那么它们必须以合规的形式陈述给打包费的合格客户。

✓ 针对披露事项的条款

- 8. A. 2　For all wrap fee/SMA compliant presentations that include periods prior to the inclusion of an actual wrap fee/SMA portfolio in the composite, the firm must disclose, for each period presented, that the composite does not contain actual wrap fee/SMA portfolios.

  如果一个陈述报告中报告的业绩期包含了早于 wrap fee 实际发生期的时期，公司就必须在每一个投资期都陈述披露没有包含真实 wrap fee 的组合。

- 8. A. 3　Disclose the periods of non-compliance for period before 2006.

  披露 2006 年以前的不符合 GIPS 业绩的具体发生时期。

- 8. A. 4　When firms present composite performance that includes only that sponsor's wrap fee/SMA portfolios（sponsor-specific composite）:

  a. Name of the wrap fee/SMA sponsor.

  b. If the sponsor-specific composite compliant presentation is intended for the purpose of generating wrap fee/SMA business and does not include performance net of the entire wrap fee, the compliant presentation must disclose that the named sponsor-specific compliant presentation is only for the use of the named wrap fee/SMA sponsor.

  当公司的陈述报告只涉及发起人的 wrap fee 的业绩时它必须披露：

  a. 该 wrap fee 发起人的姓名。

  b. 如果一个发起人特别成立的组合的陈述是用于产生 wrap fee/SMA 的业务，并且没有包含扣减 wrap fee 后的业绩表现，那么只有在该指定的 SMA 发起人需要使用时才能对其披露这些指定的投资业绩陈述。

✓ 针对陈述与报告事项的条款

- 8. A. 5　Composite presented must include the performance of all actual wrap fee/SMA portfolios, if any, managed according to the composite investment mandate, objective, or strategy, regardless of the wrap fee/SMA sponsor.

  组合陈述报告必须包含所有真实的 wrap fee 组合，可以依据投资风格、投资目标、投资策略归类组合进行披露，而不用考虑这些组合的管理人的身份。

- 8. A. 6　Performance must be presented net of the entire wrap fee.

  陈述的业绩必须是扣减整个"wrap fee"后得到的结果。

- 8. A. 7　Firms must not link non-GIPS-compliant performance after 2006 to their GIPS-compliant performance. Firms may link non-GIPS-compliant performance to their GIPS-compliant performance provided that only GIPS-compliant performance is presented for periods after 2006.

  公司不能用 2006 年之后不符合 GIPS 的业绩做衔接。公司可以用 2006 年以前的不符合 GIPS 的业绩与当前符合 GIPS 的业绩做衔接。这一观点如下图所述。

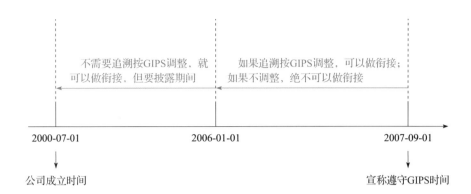

1.4 验证与检查

1.4.1 验证

正如我们先前所述，公司可以找第三方为其遵守 GIPS 这一事项做验证（verification），"验证"属于公司自愿行为，可以实施也可以不实施。帮助公司验证的第三方本身可以是遵守 GIPS 的，也可以是不遵守 GIPS 的。

验证不仅可以增加公司遵守 GIPS 的可信度，还能提高团队的专业性，也有利于保持业绩结果陈述的一致性。验证程序试图在确保业绩陈述的质量、准确性以及相关性的同时，最小化第三方审核成本。

关于验证，公司应该遵守以下条款：

✓ 1. Verification must be performed by a qualified independent third party.

帮助实施"验证"的公司必须是独立的第三方，其与被"验证"公司之间不能存在利益关联。

✓ 2. Verification assesses whether：

a. the firm has complied with all the composite construction requirements of the GIPS standards on a firm-wide basis, and

b. The firm's policies and procedures are designed to calculate and present performance in compliance with the GIPS standards.

验证需要站在整个公司的层面评估公司所有组合的构建是否符合 GIPS 的要求。

验证需要评估公司用于计算以及陈述业绩的政策流程，判别其是否符合 GIPS。

✓ 3. A single verification report is issued with respect to the whole firm. Verification cannot be carried out on a composite.

应当就整个公司的情况发布一份验证报告，验证报告不能针对某一组合实行。

✓ 4. The initial minimum period for which verification can be performed is one year (or from firm inception date through period end if less than one year).

可以被用于验证的初始最小的投资期期限为 1 年（初始投资期不足 1 年的从公司设立之日起到该年度结束时止）。

✓ 5. The firm must not state that it has been verified unless a verification report has been issued.

如果验证报告还没有被发布，那么公司就不能宣称自己被验证过了。

✓ 6. A principal verifier may accept the work of another verifier. Reliance considerations and conclusions must be documented by the principal verifier.

一个主验证人可能会接受其他验证者的工作结果。得以信赖的考虑因素以及结论必须被主验证人记录下来。

✓ 7. Verifiers may use a sampling methodology. Verifiers MUST consider the certain criteria when selecting samples.

在验证过程中，验证第三方可能会使用一个抽样的方法。使用该方法挑选样本时，验证第三方必须考虑特定的标准。由于采用了抽样的方法，因此即使是已经被验证的公司业绩也有可能存在没有被验证检测到从而违反 GIPS 业绩的披露陈述的情况。

✓ 8. After performing the verification, the verifier may conclude that the firm is not in compliance with the GIPS standards or that the records of the firm cannot support a verification. In such situations, the verifier must issue a statement to the firm clarifying why a verification report could not be issued.

实施验证后，验证第三方可能会得出公司不符合 GIPS 的结论，此时它就必须向被验证的公司出具一份声明，说明为什么不能出具合格的验证报告。

✓ 9. The verification report must state that the verification has been conducted in accordance with these verification procedures.

验证报告必须说明验证环节的实施符合相关验证流程。

1.4.2 业绩检查

在"验证"之外，公司还可以针对某个特定的组合，去检验它是否符合 GIPS 的业绩陈述标准。这样针对单一组合的验证，我们称之为"业绩检查"（performance examinations）。请注意，检查也是公司的自愿行为，可以实施也可以不实施。但是如果公司想要被"检查"，就必须是事先被"验证"过的，否则公司就不能出具"被检查"的报告。

此外，验证第三方与检查第三方应该是同一个主体。如果"检查"报告还没有出具，公司就不能宣称它的某一组合被检查过了。一旦公司某一个组合被验证过了，那么这一行为将再次增加该组合的可信度。

1.5 估值原则

GIPS 制定了相关的估值原则，明确了估值的层级。**估值层级**（valuation hierarchy）是指针对特定的组合，确定基金投资的公允价值。一般情况下，参与人数越多的市场，从中获得数据的估值价值就越准确。

✓ 估值层级可以具体划分为以下几类，等级级别逐次降低。

- Investments must be valued using objective, observable, unadjusted quoted market prices for identical investments in active markets on the measurement date, if available. If not available, then investments should be valued using;

  在测量日，使用同一种投资品客观的、可观察到的、没有被调整的活跃市场上的市场报价。如果这样的市场报价是可得的，我们就用它作为资产估值价值，如果这样的价值不可得，我们就再使用下一个层级方法。

- Objective, observable quoted market prices for similar investments in active markets. If not available or appropriate, then investments should be valued using;

  使用相似投资品客观的、可观察到的、没有被调整的活跃市场上的报价。如果这样的市场报价是可得的，我们就用它作为估值价值；如果这样的价值不可得，我们就再使用接下来的层级方法。该层级的方法与上一层级方法相比不同之处在于，它没有使用相同投资品的报价，而是使用了相似投资品的报价，所以其估值的准确性自然不及上一层级方法下的估值结果。

- Quoted prices for identical or similar investments in markets that are not active (markets in which there are few transactions for the investment, the prices are not current, or price quotations vary substantially over time and/or between market makers). If not available or appropriate, then investments should be valued based on;

  使用相同或者相似投资品在不活跃市场上的报价，如果这样的报价不可得，我们再使用接下来的层级方法。类似于房地产投资品市场的交易就十分的不活跃，我们对其估值通常就采用这一层级所述的估值方法。

- Market-based inputs, other than quoted prices, that are observable for the investment. If not available or appropriate, then investments should be valued based on;

  该层级下可以被观察到的价格已经全部不可得了，于是我们需要通过模型估值投资品的价值，但是在该层级下，模型的输入变量本身还是基于市场基础的。如果这样的价值仍不可得，那么我们就使用最后一个层级的方法。

- Subjective unobservable inputs for the investment where markets are not active at the measurement date. Unobservable inputs should only be used to measure fair value to the extent that observable inputs and prices are not available or appropriate. Unobservable inputs reflect the firm's own assumptions about the assumptions that market participants would use in pricing the investment and should be developed based on the best information available under the circumstances.

  该层级中可以观察到的价格依然不可得，我们仍然需要通过估值模型的方法估计投资品的价值，与上一层级方法的不同之处在于，本层级中模型的输入变量都是通过主观推断得到的，这些主观输入变量反映了公司自身的假设，这些假设不仅充分考虑了市场参与者估值时所使用的假设条件，而且充分考虑了当前所能获取的最优信息。

✓ 专门针对私募股权的估值原则

  GIPS 要求：投资于房地产的组合必须具备外部估值；利用外部估值数据时应当遵循可以接受的行业准则以及政府设立的估值原则。外部估值师的服务费用不得与估值结果相

挂钩。尽管估值结果允许以区间的形式呈现，但是 GIPS 仍然推荐以一个数值的形式作为估值的结果。公司应当每隔 3～5 年就轮换其外部估值师。

估值方法的应用必须考虑到投资品的特性、事实、所处环境。当投资私募股权时，以下流程需要被考虑：①可信赖的估值数据；②可比较的企业或是估值数据；③企业当前的发展阶段；④企业当前的独特特征。

1.6 GIPS 广告指导方针

GIPS 广告指导方针（GIPS Advertising Guidelines）的适用对象是那些在公司层面上遵守 GIPS 所有要求的投资公司。如果该公司适用的法律法规与 GIPS 广告指导方针发生了冲突，公司就应当遵守法律法规，并且披露两者自相矛盾的地方。

广告的形式可以是报纸、杂志、公司宣传手册、信件、媒体以及任何书写或者电子形式。只要公司的宣传不是一对一形式，无论其为了维护现有客户还是吸引新的客户，散播上述宣传材料的行为都可以被看作是一种广告的形式。

依据 GIPS 广告指导方针，公司在宣传广告时应当披露以下内容：

1. The definition of the firm.

公司的定义。

2. How a prospective client can obtain a compliant presentation and/or the firm's list of composite descriptions.

公司的合格客户如何能够获取一份关于公司组合的标准陈述的清单。

3. The GIPS compliance statement for advertisements：

"［Insert name of FIRM］claims compliance with the Global Investment Performance Standards（GIPSR ）."

如上所述的公司必须在广告中也宣称自己遵守了 GIPS，不过大家可以将广告中陈述与下文中公司在业绩报告中有关自身遵守 GIPS 的陈述做对比，我们发现，广告中的陈述段落明显要简练许多。

"（Insert name of firm）claims compliance with the Global Investment Performance Standards（GIPs®）and has prepared and presented this report in compliance with the GIPS standards.（Insert name of firm）has not been independently verified."

以上条款是所有公司宣称遵守 GIPS 的广告指导方针必须披露的内容，如果广告中还涉及公司的业绩披露，该公司就还需要在广告中额外披露以下内容：

4. The composite description.

对于组合的描述。

5. Composite total returns according to one of the following：（Note：Returns for periods of less than one year MUST NOT be annualized）

a. 1-，3-，5- annualized composite returns（or since the composite inception date），

b. Period-to-date composite returns +1-, 3-, 5- annualized composite returns（or since...）

c. Period-to-date composite returns +5 years of annual composite returns（or since...）

此外，公司还必须按照以下 3 种方式的一种披露其业绩（注意：对于不满 1 年的业绩表现不可以对其年化）。

a. 该组合 1 年期、3 年期、5 年期的年化收益率（或者自从组合开始运作时的收益率）。

b. 该组合期间至本日的收益率，外加该组合 1 年期、3 年期、5 年期的年化收益率（或者自从组合开始运作时的收益率）。

c. 该组合期间至本日的收益率外加组合过去 5 年每年的收益率（或者自从组合开始运作时的收益率）。

何老师说

上述 3 种业绩披露方法过于抽象，我们举一个具体例子对这 3 种方法加以说明。

假设现在有一个宣称遵守 GIPS 的公司在 2017 年 4 月 30 日决定按照 GIPS 广告指南的要求做广告，那么它有以下 3 种选择披露业绩。

选择一：披露该组合 2016 年 4 月 30 日至 2017 年 4 月 30 日这一年的收益率，同时披露该组合自 2014 年 4 月 30 日至 2017 年 4 月 30 日这 3 年的年化收益率，以及该组合自 2012 年 4 月 30 日至 2017 年 4 月 30 日这 5 年的年化收益率。

选择二：披露该组合 2017 年 1 月 1 日至 2017 年 4 月 30 日这一段时期（period-to-date）的收益率；同时披露该组合自 2015 年 12 月 31 日至 2016 年 12 月 31 日这一年的年化收益率，该组合自 2013 年 1 月 1 日至 2016 年 12 月 31 日这 3 年的年化收益率以及该组合自 2011 年 12 月 31 日至 2016 年 12 月 31 这 5 年的年化收益率。

选择三：披露该组合自 2017 年 1 月 1 日至 2017 年 4 月 30 日这一段时期（period-to-date）的收益率；同时披露该组合自 2015 年 12 月 31 日至 2016 年 12 月 31 日这一年的收益率，该组合自 2014 年 12 月 31 日至 2015 年 12 月 31 日这一年的收益率，该组合自 2013 年 12 月 31 日至 2014 年 12 月 31 日这一年的收益率，该组合自 2012 年 12 月 31 日至 2013 年 12 月 31 日这一年的收益率，该组合 2011 年 12 月 31 日至 2011 年 12 月 31 日这一年的收益率。

6. Performance is gross and/or net of fees.

业绩表现是 gross of fee 还是 net of fee。

7. Total return for Benchmark.

参考基准总体收益。

8. Benchmark description.

对于参考基准的描述。

9. If no benchmark, why

如果没有参考基准，说明其原因。

10. The currency for performance.

计量业绩表现时使用的货币。

11. The presence, use and extent of leverage, derivatives and short positions.

如果公司使用了杠杆、衍生品以及空头头寸就要对其说明，并说明其使用的程度。

12. Period of noncompliant performance before 2000.

2000 年以前的非合规业绩的具体产生时期。

13. Laws and/or regulations conflict with GIPS.

GIPS 条文中与法律准则相违背的地方。

1.7　税后回报

GIPS 虽然不要求宣称遵守其准则的公司提供税后的业绩回报表现，但是 GIPS 执行委员会要求相关的国家倡议者肩负起对于指导本国税后收益计算披露的责任。自 2011 年 1 月 1 日起，所有的税后表现报告的陈述内容将会被视作对标准陈述的信息补充。

税后报告本身难以计算，在对其评估过程中，存在以下挑战：

- 基金经理很难控制客户的指定交易（client-directed trades）；客户可能出于避税目的的考虑，指定基金经理卖出其部分账户的股票份额。
- 很难找到合适的参考基准。
- pre-liquidation 以及 market-to-liquidation 两种方法并没有考虑到未来收益以及损失的情况，因此这两种方法并没有衡量出资产组合的经济价值。

1. 计算税后收益的方法

在 pre-liquidation 方法下，对于未实现的资本收益（unrealized capital gains）是不征税的，因此这种方法实际上低估了税后的影响。而在 market-to-liquidation 方法下，所有的收益都必须征税，考虑到部分税种确实是可以被递延的，因此这种方法实际上又高估了税收的影响。

2. 合适的参考基准

如果公司陈述了组合的税后收益，它还应当披露合适的参考基准税后收益。合适的参考基准应当是有效的，并且反映客户的纳税状态。

通常指数的提供者不会陈述该指数的税后回报，因此如果以指数作为参考基准，那么基金经理就需要自行完成指数的税后回报的计算。

基金经理还可以选择共同基金（mutual fund）或者交易所交易基金（ETF）作为参考基准，然而跟踪指数的共同基金本身还存在执照费用，并且它们的收益率通常有别于真实的指数。此外，共同基金的税收效应还会受到基金经理交易行为的影响以及基金持有人持有以及赎回份额的影响。由于 ETF 不会受到投资者持有以及赎回份额的影响，所以使用它作为参考基准的税后收益更为合适。

最为准确的参考基准税后收益应当是**定制化的参考基准**（custom security-based benchmark），并且这类参考基准还应当调整内部成分，以反映客户的实际情况以及纳税状态。此外，基金经理还可以构建**影子组合**（shadow portfolio）作为参考基准。影子组合通过模拟客户购买以及出售行为时的现金流来反映他们的交易情况。

CFA协会投资系列
CFA协会机构投资系列

机械工业出版社华章公司历时三年，陆续推出了《CFA协会投资系列》（共9本）《CFA协会机构投资系列》（共4本）两套丛书。这两套丛书互为补充，为读者提供了完整而权威的CFA知识体系（Candidate Body of Knowledge，简称CBOK），内容涵盖定量分析方法、宏微观经济学、财务报表分析方法、公司金融、估值与投资理论和方法、固定收益证券及其管理、投资组合管理、风险管理、投资组合绩效测评、财富管理等，同时覆盖CFA考试三个级别的内容，按照知识领域进行全面系统的介绍，是所有准备参加CFA考试的考生，所有金融专业院校师生的必读书。

序号	丛书名	中文书号	中文书名	原作者	译者	定价
1	CFA协会投资系列	978-7-111-45367-3	公司金融：实用方法	Michelle R. Clayman, Martin S. Fridson, George H. Troughton	汤震宇 等	99
2	CFA协会投资系列	978-7-111-38805-0	股权资产估值（原书第2版）	Jeffrey K.Pinto, Elaine Henry, Jerald E. Pinto, Thomas R. Robinson, John D. Stowe, Abby Cohen	刘醒云 等	99
3	CFA协会投资系列	978-7-111-38802-9	定量投资分析（原书第2版）	Jerald E. Pinto, Richard A. DeFusco, Dennis W. McLeavey, David E. Runkle	劳兰珺 等	99
4	CFA协会投资系列	978-7-111-38719-0	投资组合管理：动态过程（原书第3版）	John L. Maginn, Donald L. Tuttle, Dennis W. McLeavey, Jerald E. Pinto	李翔 等	149
5	CFA协会投资系列	978-7-111-50852-6	固定收益证券分析（原书第2版）	Frank J. Fabozzi	汤震宇 等	99
6	CFA协会投资系列	978-7-111-46112-8	国际财务报表分析	Thomas R. Robinson, Elaine Henry, Wendy L. Pirie, Michael A. Broihahn	汤震宇 等	149
7	CFA协会投资系列	978-7-111-50407-8	投资决策经济学：微观、宏观与国际经济学	Christopher D. Piros	韩复龄 等	99
8	CFA协会投资系列	978-7-111-46447-1	投资学：投资组合理论和证券分析	Michael G. McMillan	王晋忠 等	99
9	CFA协会投资系列	978-7-111-47542-2	新财富管理：理财顾问客户资产管理指南	Roger C. Gibson	翟立宏 等	99
10	CFA协会机构投资系列	978-7-111-43668-3	投资绩效测评：评估和结果呈报	Todd Jankowski, Watts S. Humphrey, James W. Over	潘席龙 等	99
11	CFA协会机构投资系列	978-7-111-55694-7	风险管理：变化的金融世界的基础	Austan Goolsbee, Steven Levitt, Chad Syverson	郑磊 等	149
12	CFA协会机构投资系列	978-7-111-47928-4	估值技术：现金流贴现、收益质量、增加值衡量和实物期权	David T. Larrabee	王晋忠 等	99
13	CFA协会机构投资系列	978-7-111-49954-1	私人财富管理：财富管理实践	Stephen M. Horan	翟立宏 等	99

CFA协会金融前沿译丛

本套丛书为机械工业出版社华章公司与北京CFA协会携手合作，翻译、出版的一系列金融投资领域的前沿著作，甄选全球金融领域最新鲜、实用的金融知识和经验，务求贴合广大金融从业人员的实践需要。

书名	作者	ISBN	价格
华尔街证券分析	Jeffrey C. Hooke	9787111552048	79.00元
债券投资策略	Anthony Crescenzi	9787111524434	69.00元
REITs:人员、流程和管理	David Parker	9787111513544	59.00元
并购指南：如何发现好公司	Jeffrey C. Hooke	9787111520481	59.00元
证券化与结构化融资：全流程最佳实践指南	Markus Krebsz	9787111547679	99.00元
现金流建模边学边练	Keith A. Allman	9787111521211	49.00元
债券组合投资	Vineer Bhansali	9787111530152	59.00元
投资组合绩效测评实用方法	Carl R. Bacon	9787111487623	59.00元
多资产配置：投资实践进阶	Pranay Gupta	9787111565956	69.00元
并购套利：全球并购投资策略（原书第2版）	Thomas Kirchner	9787111581239	80.00元
波动率微笑：宽客大师教你建模	Emanuel Derman	2017即将出版	60.00元(暂定)